Municípios e Freguesias
Novas competências

Municípios e Freguesias Novas competências

REGIME DE TAXAS

ANOTADO E COMENTADO

2023 • Volume IV

João Salazar
Licenciado em Direito

ALMEDINA

MUNICÍPIOS E FREGUESIAS. NOVAS COMPETÊNCIAS
Regime de Taxas. Anotado e Comentado

AUTOR
João Salazar

EDITOR
EDIÇÕES ALMEDINA, S.A.
Avenida Emídio Navarro, 81, 3D
3000-151 Coimbra
Tel.: 239 851 904 · Fax: 239 851 901
www.almedina.net · editora@almedina.net

DESIGN DE CAPA
EDIÇÕES ALMEDINA, S.A.

PRÉ-IMPRESSÃO
EDIÇÕES ALMEDINA, S.A.

IMPRESSÃO E ACABAMENTO

Abril, 2023

ISBN
978-989-40-1193-4

DEPÓSITO LEGAL

ALMEDINA | GRUPOALMEDINA

Para a minha mulher, Anabela, pela infinita dedicação e apoio.
Para as minhas filhas, Ana Patrícia e Ana Catarina, com amor e carinho.
Para o meu filho, João Bernardo.

"audaces fortuna juvat"

PREFÁCIO

Com pouco mais de 12 anos assistia às primeiras reuniões da câmara municipal e sessões da assembleia municipal. Filho, primo, sobrinho e neto de advogados, desde cedo fui-me interessando pelo fenómeno da administração local e pela dinâmica das autarquias locais. Antes mesmo de ingressar na Faculdade de Direito, já me cruzara com alguns dos mais ilustres: Mário Soares, João Correia, Esteves de Oliveira, Freitas do Amaral, Barros de Moura, Vital Moreira, Orlando de Carvalho, entre outros. Ingressei na Faculdade de Direito da Universidade de Coimbra, e vivi as dificuldades e as alegrias de qualquer estudante, e depressa ganhei, na primeira pessoa, a influência e o privilégio de grandes professores: Teixeira Ribeiro, Figueiredo Dias, Calvão da Silva, Sinde Monteiro, Castanheira Neves, Almeida Costa, Vieira de Andrade, Maria João Antunes, Costa Andrade, Faria Costa, Fernanda Maçãs, Gomes Canotilho, Avelãs Nunes, Rogério Soares, Lobo Xavier, entre outros. Foi com naturalidade que abracei o contacto e a experiência da administração local. Percorri vilas e cidades, freguesias e municípios, tomando contacto com as melhores e as piores opções e soluções, e vivendo a experiência da administração pública local. Volvidos anos foi crescendo dentro de mim, colhendo a sapiência dos melhores e meus antecessores, a ideia de construir uma obra que envolvesse o regime jurídico, o regime financeiro, o regime das taxas, e o regime dos eleitos locais, determinantes para as opções regulamentares mais importantes, e relacionadas com a administração local. O ano de 2006 foi o ponto de partida deste projeto que conheceu um caminho árduo, repleto de contrariedades, desgostos e desilusões, mas que culmina com a concretização de um sonho que parecia impossível. Volvidos 43 anos sobre as primeiras aventuras daquele menino de 12 anos, o projeto concretiza-se.

Este 4º volume constitui uma abordagem atualística ao Regime Geral das Taxas das Autarquias Locais, que foi aprovado pela Lei nº 53-E/2006 de 29 de dezembro, e que vigora com a redação da Lei nº 117/2009, de 29 de dezembro. Integra, entretanto, a entrada em vigor do Decreto-Lei nº 84-E/2022 de 14 de dezembro.

Esta realização surge, no contexto atual, pela necessidade de se ter à mão um exemplar que possibilite uma consulta rápida e eficaz, e que em simultâneo, permita encontrar respostas para a matéria ou matérias que interessam ao utilizador.

A verdade é que, no quotidiano, verificamos constituir este um instrumento fundamental para aqueles que lidam, nas autarquias locais, juntas de freguesia, assembleias de freguesia, câmaras municipais e assembleias municipais, e entidades intermunicipais, com as matérias nele versadas.

Constitui uma proposta humilde que pretende elevar a condição de todos os técnicos e utilizadores, que espera e deseja constituir uma mais-valia para todos os que servem a coisa pública em proximidade, com as populações.

NOTA PRÉVIA

São algumas as dívidas de gratidão.

Agradeço à Anabela Cantarino Marques de Carvalho Salazar, minha mulher, pelo infinito e incondicional apoio, sem o qual não daria forma a esta obra. Pedra basilar na concretização de um projeto ao qual transmitiu, sem dúvida, a confiança e determinação necessárias. Simplesmente acreditou.

Agradeço às minhas filhas, Ana Catarina e Ana Patricia, pelo amor e carinho que sempre me transmitiram, e por existirem na minha vida.

Ao meu filho, João Bernardo, "uno die invenies rerum veritatem et tunc erit sero. Tunc spero te pacem".

Este reconhecimento envolve, naturalmente, muitos outros anónimos nos aspetos de uma muito grata relação humana e de uma formação aberta. Desta minha dívida de gratidão são por isso credores a Faculdade de Direito da Universidade de Coimbra e todos os meus Professores, que estão naturalmente coenvolvidos neste agradecimento.

Finalmente, para a minha Avó Aida, inesquecível, vai uma infinita e especial lembrança de gratidão e de eterna saudade.

Cádiz, 28 de fevereiro de 2023

JOÃO SALAZAR

JUSTIFICAÇÃO

A Lei nº 53-E/2006, de 29 de dezembro, aprovou o regime geral das taxas das autarquias locais e regula as relações jurídico-tributárias geradoras da obrigação de pagamento das mesmas, vigorando com a redação da Lei nº 117/2009, de 29 de dezembro.

Esta obra surge, no contexto atual, da necessidade de se ter à mão um exemplar que possibilite uma consulta rápida e eficaz, e que em simultâneo, permita encontrar respostas para a matéria ou matérias que interessam a qualquer utilizador.

Deste modo, ainda tendo em conta este ou outro aspeto eventualmente menos bem conseguido deste trabalho, entendi que seria útil publicar este livro e deixar para mais tarde, análises mais profundas, em renovadas edições.

A verdade é que no quotidiano verifiquei constituir este um instrumento fundamental para aqueles que lidam, nas autarquias locais, juntas de freguesia, assembleias de freguesia, câmaras municipais e assembleias municipais, com as matérias nele versadas.

Este o nosso desígnio, humilde e grato, elevando a condição de todos os técnicos e utilizadores.

Trata-se de um projeto que foi pensado em 2005 e que constitui o resultado de anos de pesquisas, experiências, avanços e recuos, com um objetivo eminentemente prático, consciente do papel das autarquias locais e sobretudo dos seus técnicos e trabalhadores, sustentáculo da verdadeira gestão da coisa pública de proximidade.

O AUTOR

Sobre o Autor

João Augusto Sarmento Ribeiro de Carvalho Salazar, licenciado em Direito pela Faculdade de Direito da Universidade de Coimbra, técnico superior jurista da administração pública, foi advogado, por mais de 27 anos, com vasta experiência em administração autárquica. Coordenou diversos gabinetes de assessoria jurídica e de apoio às autarquias locais. Esteve envolvido no sector cooperativo. Foi formador. Foi também dirigente do movimento associativo desportivo. Tem também outras obras publicadas, designadamente sobre o regime jurídico, as novas competências, os diplomas sectoriais e o regime financeiro, das autarquias locais e entidades intermunicipais.

SUMÁRIO:

A Lei nº 53-E/2006, de 29 de dezembro, aprovou o regime geral das taxas das autarquias locais e regula as relações jurídico-tributárias geradoras da obrigação de pagamento das mesmas.

Revogou, no início do segundo ano financeiro subsequente à entrada em vigor da presente lei, as taxas para as autarquias locais actualmente existentes, salvo as excepções previstas.

A presente lei entrou em vigor em 1 de janeiro de 2007.

Última alteração: Lei nº 117/2009, de 29 de dezembro.

Regime Geral das Taxas das Autarquias Locais

Aprovado pela Lei nº 53-E/2006, de 29 de dezembro.
O presente diploma entrou em vigor em 1 de janeiro de 2007.
Esta versão, aquando da sua realização, contemplou as seguintes alterações:
a) Lei nº 64-A/2008, de 31 de dezembro
b) Lei nº 117/2009, de 29 de dezembro.
Última alteração: Lei nº 117/2009, de 29 de dezembro.

Lei nº 53-E/2006 de 29 de dezembro

Aprova o regime geral das taxas das autarquias locais.

A Assembleia da República decreta, nos termos da alínea c) do artigo 161º da Constituição, o seguinte:

CAPÍTULO I – Princípios gerais

Artigo 1º – Âmbito

1 – A presente lei regula as relações jurídico-tributárias geradoras da obrigação de pagamento de taxas às autarquias locais.

2 – Para efeitos da presente lei, consideram-se relações jurídico-tributárias geradoras da obrigação de pagamento de taxas às autarquias locais as estabelecidas entre as áreas metropolitanas, os municípios e as freguesias e as pessoas singulares ou colectivas e outras entidades legalmente equiparadas.

Remissão:

1. Ver o artigo 20º do Regime Financeiro das Autarquias Locais e das Entidades Intermunicipais, aprovado pela Lei nº 73/2013, de 3 de setembro, que vigora com a alteração da Lei nº 66/2020, de 4 de novembro.

Anotação:

1. O Regime Financeiro das Autarquias Locais e das Entidades Intermunicipais, aprovado pela Lei nº 73/2013, de 3 de Setembro, vigora com a alteração da Lei nº 66/2020, de 4 de Novembro, e o artigo 20º dispõe o seguinte:

Artigo 20º – Taxas dos municípios

1 – Os municípios podem criar taxas nos termos do regime geral das taxas das autarquias locais.

2 – A criação de taxas pelos municípios está subordinada aos princípios da equivalência jurídica, da justa repartição dos encargos públicos e da publicidade, incidindo sobre utilidades prestadas aos particulares, geradas pela atividade dos municípios ou resultantes do benefício económico decorrente da realização de investimentos municipais.

Comentário:

1. Enquadramento das contraprestações por serviços locais:
2. Preços e tarifas. Contraprestação por "serviços públicos locais" em cuja fixação do valor as autarquias locais se devem orientar por critérios de mercado (cobertura de custos). Relação jurídica bilateral identificada pela prestação do serviço.
3. Taxas. Contraprestação por "serviços públicos locais" cujo valor tem de ser fixado pelas autarquias locais com respeito pelo princípio da proporcionalidade. Relação jurídica bilateral identificada pela prestação do serviço
4. Impostos municipais. Prestações pecuniárias coactivas impostas por lei e consignadas ao financiamento municipal (com o reconhecimento da possibilidade de exercício de alguns poderes tributários locais), baseadas na capacidade contributiva expressa em factos tributários como o rendimento ou o património. Ausência de bilateralidade.
5. Este diploma tem por objetivo disciplinar uma matéria onde se tem gerado grande conflitualidade entre as autarquias locais e os particulares, a população de uma maneira geral.
6. Os municípios podem criar taxas nos termos do regime geral das taxas das autarquias locais.
7. Idêntica possibilidade é conferida às freguesias.

8. O poder de criação de taxas constituí um dos corolários da autonomia do poder local e aquelas incluem-se no elenco das receitas próprias das autarquias locais.

9. Apesar de este artigo se referir apenas às taxas criadas pelos municípios e pelas freguesias, constitui entendimento generalizado que as áreas metropolitanas, e as associações de municípios, também se encontram vinculadas às regras e aos princípios previstos.

10. E o princípio da igualdade tributária ganha, quando projetado no domínio das taxas, o significado da equivalência. As taxas são tributos que não possuem as características solidárias do imposto, inserindo-se numa lógica de contraprestação.

11. Assim, o princípio da equivalência surge como critério de repartição das taxas (ver a este propósito, Vasques, Sérgio, (2008), Regime das Taxas Locais. Introdução e comentário. Cadernos IDEFF. Nº 8. Almedina. Coimbra. 2008).

12. "No plano tributário, portanto, deu-se desde há longo tempo a esta parte uma especialização das nossas autarquias locais no património e nas prestações com ele conexas, hard services como o saneamento, a recolha do lixo, as obras e os arruamentos. A concentração das taxas locais sobre este tipo de prestações (...). Esta monocultura do património produz, no entanto, efeitos perversos que testemunhamos no dia-a-dia e que se compreendem por isso com toda a facilidade. Assim, amarradas às receitas do património, as nossas autarquias acabam, voluntária ou involuntariamente, por estimular junto dos particulares atividades que, gerando embora receita tributária, produzem a degradação do ambiente, do ordenamento do território e da nossa qualidade de vida. Comprovamos no dia-a-dia a emissão descontrolada de licenças de loteamento e construção que desfigura as nossas cidades, a edificação sem lugares de estacionamento que lança os veículos sobre os passeios, as licenças de ocupação da via pública que multiplicam esplanadas, bancas de venda e roulottes nos espaços de circulação pública, a proliferação de suportes publicitários que empobrece a imagem das cidades. O sistema de taxas empregue pela generalidade dos nossos municípios acaba, deste modo, e paradoxalmente, por fazer com que estes contribuam ativamente para a degradação dos espaços públicos cuja proteção lhes está legalmente confiada," in Vasques, Sérgio, (2008), Regime das Taxas Locais. Introdução e comentário. Cadernos IDEFF. Nº 8. Almedina. Coimbra. 2008.

13. "A primeira tarefa para um Regime das Taxas Locais parece ser, assim, a da diversificação da base de incidência das taxas locais (...). É imperativo que as nossas autarquias locais diversifiquem a base de incidência das taxas que cobram e que para isso contribua o próprio legislador, oferecendo-lhes bases de incidência alternativas, pois não se pode esperar que as autarquias abandonem a monocultura do património enquanto a lei não lhes oferecer "culturas" tributárias diferentes que lhe possam

tomar o lugar." in Vasques, Sérgio, (2008), Regime das Taxas Locais. Introdução e comentário. Cadernos IDEFF. Nº 8. Almedina. Coimbra. 2008.

14. Na verdade, a falta de um critério ordenador nas taxas locais, tem levado a situações de discriminação, dispêndio de recursos e arbitrariedade.

15. E a deficiência técnica evidenciada na construção dos regulamentos municipais que integram taxas locais, revela-se especialmente grave no que respeita à matéria das isenções, fixadas e definidas em função de requisitos subjetivos, e pouco claros.

16. "(...) a consagração do princípio da equivalência como princípio estruturante desta área do sistema, oferecendo à administração local uma baliza clara no seu trabalho de conceção normativa e aos contribuintes um argumento seguro no respetivo controlo e impugnação." in Vasques, Sérgio, (2008), Regime das Taxas Locais. Introdução e comentário. Cadernos IDEFF. Nº 8. Almedina. Coimbra. 2008.

17. A fixação do âmbito de aplicação do Regime de Taxas é feita através da noção de relação jurídica tributária, geradora da obrigação de pagamento de taxas às autarquias locais.

18. O âmbito de aplicação deste regime cinge-se às taxas devidas às áreas metropolitanas, municípios e freguesias.

19. Consideram-se relações jurídico-tributárias geradoras da obrigação de pagamento de taxas às autarquias locais as que sejam estabelecidas com as áreas metropolitanas, os municípios e as freguesias.

20. O poder de criação de taxas pelas autarquias locais resulta do artigo 238º da Constituição da República Portuguesa, que dispõe que as receitas próprias das autarquias incluem as provenientes da gestão do seu património e as cobradas pela utilização dos seus serviços.

21. Obviamente, presentemente, o legislador condiciona a concessão de isenções de taxas locais por parte das autarquias.

Artigo 2º – Legislação subsidiária

De acordo com a natureza das matérias, às relações jurídico-tributárias geradoras da obrigação de pagamento de taxas às autarquias locais aplicam-se, sucessivamente:

a) A Lei das Finanças Locais

b) A lei geral tributária;

c) A lei que estabelece o quadro de competências e o regime jurídico de funcionamento dos órgãos dos municípios e das freguesias;

d) O Estatuto dos Tribunais Administrativos e Fiscais;

e) O Código de Procedimento e de Processo Tributário;
f) O Código de Processo nos Tribunais Administrativos;
g) O Código do Procedimento Administrativo.

Remissão:

1. O Regime Financeiro das Autarquias Locais e das Entidades Intermunicipais, foi aprovado pela Lei nº 73/2013 de 3 de Setembro, e entrou em vigor em 1 de janeiro de 2014.

A última alteração corresponde à Lei nº 66/2020, de 4 de novembro.

O Regime Financeiro das Autarquias Locais e das Entidades Intermunicipais, aprovou disposições de caráter transitório designadamente no que se refere à distribuição do Fundo Social Municipal e ao endividamento excecionado. Determinou a manutenção em vigor da alínea a). do artigo 10º (Transferências financeiras para as autarquias locais), até 31 de dezembro de 2017. Determinou, ainda, que o regime de transferências para as freguesias previsto no artigo 38º (Distribuição do Fundo de Financiamento das Freguesias) iniciava a sua vigência no ano de 2016. Previa que para os contratos de saneamento e reequilíbrio existentes à data de entrada em vigor da presente lei, bem como para os planos de ajustamento previstos na Lei nº 43/2012, de 28 de agosto, se aplicavam as disposições constantes da Lei das Finanças Locais, aprovada pela Lei nº 2/2007, de 15 de janeiro, e do Decreto-Lei nº 38/2008, de 7 de março, alterado pelo Decreto-Lei nº 120/2012, de 19 de junho. Estabeleceu que até à aprovação do decreto-lei a que se refere o nº 12 do artigo 33º que proceda à determinação do índice de desenvolvimento social, mantém-se em vigor o anexo à Lei das Finanças Locais.

Revogou a Lei das Finanças Locais, aprovada pela Lei nº 2/2007, de 15 de janeiro; o Decreto-Lei nº 38/2008, de 7 de março, que densificou as regras referentes aos regimes de saneamento e de reequilíbrio financeiro municipal previstos nos artigos 40º e 41º da Lei das Finanças Locais e regulamentou o Fundo de Regularização Municipal.

2. A Lei Geral Tributária foi aprovada pelo Decreto-Lei nº 398/98, de 17 de dezembro, e vigora com as alterações da Lei nº 44/2022 de 8 de julho.

A presente lei regula as relações jurídico-tributárias, sem prejuízo do disposto no direito da União Europeia e noutras normas de direito internacional que vigorem diretamente na ordem interna ou em legislação especial. Para efeitos da presente lei, consideram-se relações jurídico-tributárias as estabelecidas entre a administração tributária, agindo como tal, e as pessoas singulares e colectivas e outras entidades legalmente equiparadas a estas. Integram a administração tributária, para efeitos do número anterior, a Autoridade Tributária e Aduaneira, as demais entidades públicas legalmente incumbidas da liquidação e cobrança dos tributos, o Ministro das Finanças ou outro membro do Governo competente, quando exerçam competências administrativas no domínio tributário, e os órgãos igualmente competentes dos Governos Regionais e das autarquias locais.

3. A Lei nº 75/2013, de 12 de setembro aprovou o regime jurídico das autarquias locais; o estatuto das entidades intermunicipais; o regime jurídico da transferência de competências do Estado para as autarquias locais e para as entidades intermunicipais, assim como da delegação de competências do Estado nas autarquias locais e nas entidades intermunicipais e dos municípios nas entidades intermunicipais e nas freguesias; e o regime jurídico do associativismo autárquico.

Estabelece disposição específica aplicável às comunidades intermunicipais existentes e aos respetivos regulamentos, determinando a sua manutenção em vigor, com as devidas adaptações em tudo que não contrarie o disposto no regime jurídico das entidades intermunicipais ora aprovado.

Revoga os artigos 2º a 7º, 10º, 11º, 13º, 14º, 44º, 103º, 105º e 177º a 187º do Código Administrativo; o Decreto-Lei nº 78/84, de 8 de março, que estabeleceu a classificação dos municípios do continente e das regiões autónomas; a Lei nº 159/99, de 14 de setembro, que estabelece o quadro de transferência de atribuições e competências para as autarquias locais; os artigos 1º a 3º, 10º-A, 13º a 16º, as alíneas c). a o). e q). a s). do nº 1 e os números 2 a 6 do artigo 17º, os artigos 18º a 20º, o nº 1 do artigo 23º, 30º a 41º, 46º-A, 49º a 52º-A, as alíneas b). a j). e m). a r). do nº 1 e os números 2 a 8 do artigo 53º, os artigos 54º e 55º, 62º a 74º, 81º a 95º, e 98º e 99º da Lei nº 169/99, de 18 de setembro, alterada e republicada pela Lei nº 5-A/2002, de 11 de janeiro; o nº 1 do artigo 2º do Decreto-Lei nº 310/2002, de 18 de dezembro, na parte em que se refere às alíneas b)., c). e f). do artigo 1º do mesmo diploma, bem como as suas subsequentes disposições relativas à titularidade da competência para o licenciamento das atividades de venda ambulante de lotarias, de arrumador de automóveis e atividades ruidosas de caráter temporário que respeitem a festas populares, romarias, feiras, arraiais e bailes; a Lei nº 45/2008, de 27 de agosto, que aprova o regime jurídico do associativismo municipal; a Lei nº 46/2008, de 27 de agosto, que aprova o regime jurídico das áreas metropolitanas de Lisboa e do Porto, com exceção dos artigos 23º a 28º os quais se mantêm em vigor até 31 de dezembro de 2013.

Determina que a revogação da Lei nº 159/99, de 14 de setembro, prevista na alínea c). não prejudica as transferências e delegações de competências efetuadas previamente à entrada em vigor da presente lei.

Determina ainda que a presente lei não prejudica o disposto na Lei nº 56/2012, de 8 de novembro, que procedeu à reorganização administrativa de Lisboa.

Presentemente vigora com as alterações da Lei nº 24-A/2022 de 23 de dezembro.

4. O Estatuto dos Tribunais Administrativos e Fiscais foi aprovada pela Lei nº 13/2002, de 19 de fevereiro, e vigora com as alterações da Lei nº 114/2019, de 12 de novembro.

Os tribunais da jurisdição administrativa e fiscal são os órgãos de soberania com competência para administrar a justiça em nome do povo, nos litígios emergentes das relações jurídicas administrativas e fiscais, nos termos compreendidos pelo âmbito de jurisdição previsto no artigo 4º do Estatuto. Nos feitos submetidos a julgamento, os tribunais da jurisdição administrativa e fiscal não podem aplicar normas que infrinjam o disposto na Constituição ou os princípios nela consignados.

5. O Código de Procedimento e Processo Tributário foi aprovado pelo Decreto-Lei nº 433/99 de 26 de outubro, vigorando com as alterações da Lei nº 56/2021 de 16 de agosto.

O presente Código aplica-se, sem prejuízo do disposto no direito da União Europeia, noutras normas de direito internacional que vigorem diretamente na ordem interna, na lei geral tributária ou em legislação especial, incluindo as normas que regulam a liquidação e cobrança dos tributos parafiscais:

a) Ao procedimento tributário;

b) Ao processo judicial tributário;

c) À cobrança coerciva das dívidas exigíveis em processo de execução fiscal;

d) Aos recursos jurisdicionais.

6. O Código de Processo nos Tribunais Administrativos foi aprovado pelo Lei nº 15/2002 de 22 de fevereiro, vigorando com as alterações da Lei nº 56/2021 de 16 de agosto.

No respeito pelo princípio da separação e interdependência dos poderes, os tribunais administrativos julgam do cumprimento pela Administração das normas e princípios jurídicos que a vinculam e não da conveniência ou oportunidade da sua atuação.

De forma a assegurar a efetividade da tutela, os tribunais administrativos podem fixar oficiosamente um prazo para o cumprimento dos deveres que imponham à Administração e aplicar, quando tal se justifique, sanções pecuniárias compulsórias.

Os tribunais administrativos asseguram os meios declarativos urgentes necessários à obtenção da tutela adequada em situações de constrangimento temporal, assim como os meios cautelares destinados à salvaguarda da utilidade das sentenças a proferir nos processos declarativos.

Os tribunais administrativos asseguram ainda a execução das suas sentenças, designadamente daquelas que proferem contra a Administração, seja através da emissão de sentença que produza os efeitos do ato administrativo devido, quando a prática e o conteúdo deste ato sejam estritamente vinculados, seja providenciando a concretização material do que foi determinado na sentença.

7. O novo Código do Procedimento Administrativo, foi aprovado pelo Decreto-Lei nº 4/2015 de 7 de janeiro, e vigora com as alterações da Lei nº 72/2020 de 16 de novembro.

As disposições do presente Código respeitantes aos princípios gerais, ao procedimento e à atividade administrativa são aplicáveis à conduta de quaisquer entidades, independentemente da sua natureza, adotada no exercício de poderes públicos ou regulada de modo específico por disposições de direito administrativo.

A parte II do presente Código é aplicável ao funcionamento dos órgãos da Administração Pública.

Os princípios gerais da atividade administrativa e as disposições do presente Código que concretizam preceitos constitucionais são aplicáveis a toda e qualquer atuação da Administração Pública, ainda que meramente técnica ou de gestão privada.

Para efeitos do disposto no presente Código, integram a Administração Pública:

a) Os órgãos do Estado e das regiões autónomas que exercem funções administrativas a título principal;

b) As autarquias locais e suas associações e federações de direito público;

c) As entidades administrativas independentes;

d) Os institutos públicos e as associações públicas.

As disposições do presente Código, designadamente as garantias nele reconhecidas aos particulares, aplicam-se subsidiariamente aos procedimentos administrativos especiais.

Anotação:

1. Especial atenção para a Lei nº 50/2018, de 16 de agosto aprova a Lei-quadro da transferência de competências para as autarquias locais e para as entidades intermunicipais, concretizando os princípios da subsidiariedade, da descentralização administrativa e da autonomia do poder local. Estabelece que o disposto no presente diploma não abrange as atribuições e competências das regiões autónomas, sendo que as competências para as autarquias locais nas Regiões Autónomas dos Açores e da Madeira é regulada por diploma próprio mediante iniciativa legislativa das respetivas assembleias legislativas. Prevê que, até à criação de outras formas de organização territorial autárquica, nas áreas de Lisboa e Porto as competências transferidas para as entidades intermunicipais são exercidas pelas áreas metropolitanas respetivas. Revoga o Decreto-Lei nº 30/2015, de 12 de fevereiro; os artigos 132º a 136º do anexo I à Lei nº 75/2013, de 12 de setembro. Determina que as indicadas revogações não prejudicam a manutenção dos contratos interadministrativos de delegação de competências e dos acordos de execução celebrados ao abrigo dos

referidos diplomas previamente à entrada em vigor da presente lei, que podem ainda ser prorrogados, e que caducam na data em que as autarquias locais assumam, no âmbito da presente lei, as competências aí previstas. Estabelece que a presente lei produz efeitos após a aprovação dos respetivos diplomas legais de âmbito setorial (diplomas sectoriais), acordados com a Associação Nacional de Municípios Portugueses e tem que ser concretizado de forma a permitir a aplicabilidade e eficácia do previsto na alínea a). do nº 2 do artigo 4º da presente lei.

2. A transferência das novas competências, a identificação da respetiva natureza e a forma de afetação dos respetivos recursos são concretizadas através de diplomas legais de âmbito setorial relativos às diversas áreas a descentralizar da administração direta e indireta do Estado, os quais estabelecem disposições transitórias adequadas à gestão do procedimento de transferência em causa.

Sobre a execução orçamental, de referir que o artigo 88º do Decreto-Lei nº 84/2019, de 28 de junho que estabelece as disposições necessárias à execução do Orçamento do Estado para 2019, aprovado pela Lei nº 71/2018, de 31 de dezembro, relativas à administração central do Estado, ao orçamento da segurança social e à administração regional e local, a propósito ou sob a epígrafe, de transferências financeiras ao abrigo da descentralização, determina que os montantes financeiros previstos nos diplomas setoriais que concretizam a descentralização de competências estabelecida pela Lei nº 50/2018, de 16 de agosto, são transferidos diretamente do respetivo programa orçamental ou do Orçamento da Segurança Social para os municípios que, em 2019, exerçam as competências, pelos serviços competentes do ministério responsável pela respetiva área setorial, tendo em consideração o disposto no respetivo decreto-lei setorial e os valores refletidos no mapa constante do despacho dos membros do Governo responsáveis pela área das finanças, pela área das autarquias locais e pela respetiva área setorial. As transferências financeiras previstas são realizadas em base duodecimal, sem prejuízo do acréscimo de encargos que resulta do pagamento dos subsídios de férias e de Natal, e demais suplementos e abonos a que os trabalhadores tenham direito. O valor máximo a transferir, em 2019, é proporcional ao período desse ano durante o qual ocorreu a efetiva descentralização. As transferências financeiras são realizadas mensalmente até ao dia 16 do mês a que dizem respeito ou, no caso de transferências financeiras realizadas pelos serviços competentes da área governativa da cultura, trimestralmente.

3. Sobre as praias. O Decreto-Lei nº 97/2018, de 27 de novembro procede à concretização da transferência de competências para os órgãos municipais no domínio da gestão das praias marítimas, fluviais e lacustres, identificadas como águas balneares nos termos da Diretiva 2006/7/CE, do Parlamento Europeu e do Conselho, de 15 de fevereiro de 2006, e da Lei nº 58/2005, de 29 de dezembro, integradas no

domínio público hídrico do Estado, ao abrigo do artigo 19º da Lei nº 50/2018, de 16 de agosto. Altera os artigos 3º e 13º do Decreto-Lei nº 96-A/2006, de 2 de junho, que estabelece o regime contraordenacional aplicável no âmbito da assistência aos banhistas nas praias de banhos, aos titulares de licenças ou concessões, aos nadadores-salvadores e aos utentes das zonas de apoio balnear; os artigos 12º e 83º do Regime de Utilização dos Recursos Hídricos, aprovado pelo Decreto-Lei nº 226-A/2007, de 31 de maio. Determina que as referências constantes de outros diplomas legais relativas às competências objeto do presente decreto-lei se consideram feitas aos municípios. Aprova disposição transitória relativa à tramitação dos procedimentos para atribuição de autorizações, licenciamentos e concessões pendentes, bem como quanto à validade dos títulos de utilização de zona de praia referidos nas alíneas a). e b). do nº 3 do artigo 3º, vigentes à data da produção de efeitos do presente diploma.

4. Sobre os jogos de fortuna ou azar. O Decreto-Lei nº 98/2018, de 27 de novembro procede à concretização do quadro de transferência de competências para os órgãos municipais no domínio da autorização de exploração das modalidades afins de jogos de fortuna ou azar e outras formas de jogo, nomeadamente rifas, tômbolas, sorteios, concursos publicitários, concursos de conhecimentos e passatempos, ao abrigo do artigo 28º da Lei nº 50/2018, de 16 de agosto. Altera os artigos 150º, 159º, 160º, 163º e 164º do Decreto-Lei nº 422/89, de 2 de dezembro, que reformulou o regime jurídico dos jogos de fortuna ou azar; os artigos 3º, 4º e 5º do Decreto-Lei nº 14/2009, de 14 de janeiro, que estabelece atos praticados pelos governadores civis e pelos governos civis pelos quais são cobradas taxas e o respetivo regime. Adita o artigo 164º-A (Coima) ao referido Decreto-Lei nº 422/89, de 2 de dezembro. Determina que se consideram feitas aos municípios as referências constantes de outros diplomas legais relativas às competências objeto do presente diploma. A Declaração de Retificação nº 2/2019, de 24 de janeiro retifica o Decreto-Lei nº 98/2018, de 27 de novembro.

5. Sobre a promoção turística. O Decreto-Lei nº 99/2018, de 28 de novembro procede à concretização do quadro de transferência de competências para as entidades intermunicipais no domínio da promoção turística interna sub-regional, em articulação com as entidades regionais de turismo, ao abrigo do artigo 36º da Lei nº 50/2018, de 16 de agosto. Determina que se consideram feitas às entidades intermunicipais as referências constantes de outros diplomas legais relativas às competências objeto do presente decreto-lei.

6. Sobre as vias de comunicação. O Decreto-Lei nº 100/2018, de 28 de novembro procede à concretização do quadro de transferência de competências para os órgãos municipais no domínio das vias de comunicação, ao abrigo dos números 1 e 2 do artigo 21º da Lei nº 50/2018, de 16 de agosto. Prevê a manutenção em vigor

dos títulos de utilização referentes às estradas e bens que foram transferidos para os municípios, emitidos até à data da entrada em vigor do presente decreto-lei. Determina que todas as referências legais ou regulamentares a entidades integradas na administração direta e indireta do Estado ou ao setor público empresarial, relativamente às competências abrangidas pelo presente decreto-lei, consideram-se feitas aos municípios. A Declaração de Retificação nº 3/2019, de 25 de janeiro retifica o Decreto-Lei nº 100/2018, de 28 de novembro.

7. Sobre a justiça. O Decreto-Lei nº 101/2018, de 29 de novembro procede à concretização do quadro de transferência de competências para os órgãos municipais e das entidades intermunicipais no domínio da justiça, ao abrigo do artigo 35º da Lei nº 50/2018, de 16 de agosto.

8. Sobre fundos europeus. Captação de investimento. O Decreto-Lei nº 102/2018, de 29 de novembro procede à concretização do quadro de transferência de competências para os órgãos das entidades intermunicipais no domínio dos projetos financiados por fundos europeus e dos programas de captação de investimento, ao abrigo das alíneas c). e d). do artigo 37º da Lei nº 50/2018, de 16 de agosto. Determina que se consideram feitas às entidades intermunicipais as referências constantes de outros diplomas legais relativas às competências objeto do presente decreto-lei.

9. Sobre os bombeiros voluntários. O Decreto-Lei nº 103/2018, de 29 de novembro procede à concretização do quadro de transferência de competências para os órgãos municipais no domínio do apoio às equipas de intervenção permanente das associações de bombeiros voluntários e para os órgãos das entidades intermunicipais no domínio da rede dos quartéis de bombeiros voluntários e dos programas de apoio às corporações de bombeiros voluntários, ao abrigo da alínea b). do artigo 14º e do artigo 34º da Lei nº 50/2018, de 16 de agosto. Altera o artigo 17º do Decreto-Lei nº 247/2007, de 27 de junho, que define o regime jurídico aplicável à constituição, organização, funcionamento e extinção dos corpos de bombeiros, no território continental. Adita o artigo 6º-A (Parecer prévio das entidades intermunicipais) à Lei nº 94/2015, de 13 de agosto, que define as regras do financiamento das associações humanitárias de bombeiros, no continente, enquanto entidades detentoras de corpos de bombeiros.

10. Sobre as estruturas de atendimento ao cidadão. O Decreto-Lei nº 104/2018, de 29 de novembro procede à concretização do quadro de transferência de competências para os órgãos municipais no domínio das estruturas de atendimento ao cidadão, designadamente no que se refere à instalação e gestão de Lojas de Cidadão e de Espaços Cidadão e à instituição e gestão dos Gabinetes de Apoio aos Emigrantes e dos Centros Locais de Apoio e Integração de Migrantes, ao abrigo do artigo 22º e das alíneas a). e b). do nº 1 do artigo 38º da Lei nº 50/2018, de 16 de agosto.

Determina que a transferência das competências para os municípios relativa à gestão das Lojas de Cidadão instaladas antes da entrada em vigor do Decreto-Lei nº 74/2014, de 13 de maio, na sua redação atual, e atualmente geridas pela AMA, I. P., fica sujeita a regulamentação própria, na qual se definem os meios humanos, os recursos financeiros e o património adequados ao desempenho das funções transferidas. Prevê que em tudo o que não se encontre estabelecido no presente decreto-lei quanto às Lojas de Cidadão e aos Espaços Cidadão, a instalar e instalados após a sua entrada em vigor, aplica-se subsidiariamente o disposto no Decreto-Lei nº 74/2014, de 13 de maio, na sua redação atual. Altera o artigo 9º do Decreto-Lei nº 74/2014, de 13 de maio, que estabelece a regra da prestação digital de serviços públicos, consagra o atendimento digital assistido como seu complemento indispensável, define o modo de concentração de serviços públicos em Lojas do Cidadão e procede ao desenvolvimento de uma Rede de Espaços do Cidadão. Determina a manutenção em vigor dos protocolos referidos no nº 7 do artigo 9º do Decreto-Lei nº 74/2014, de 13 de maio, na sua redação atual. Prevê que a celebração dos protocolos de onde consta o acordo a que se refere o nº 2 do artigo 2º do presente diploma, obedece ao disposto no nº 8 do artigo 9º do Decreto-Lei nº 74/2014, de 13 de maio, com a redação que ora lhe foi conferida.

11. Sobre a habitação. O Decreto-Lei nº 105/2018, de 29 de novembro procede à concretização do quadro de transferência de competências para os órgãos municipais no domínio da habitação, ao abrigo do artigo 17º da Lei nº 50/2018, de 16 de agosto. Determina que se consideram feitas aos municípios as referências constantes de outros diplomas legais relativas às competências objeto do presente decreto-lei.

12. Sobre o património imobiliário público sem utilização. O Decreto-Lei nº 106/2018, de 29 de novembro procede à concretização do quadro de transferência de competências para os órgãos municipais no domínio da gestão do património imobiliário público sem utilização, ao abrigo do artigo 16º da Lei nº 50/2018, de 16 de agosto.

13. Sobre o estacionamento público. O Decreto-Lei nº 107/2018, de 29 de novembro procede à concretização do quadro de transferência de competências para os órgãos municipais no domínio do estacionamento público, ao abrigo do artigo 27º da Lei nº 50/2018, de 16 de agosto. Altera os artigos 169º e 185º-A do Código da Estrada, aprovado pelo Decreto-Lei nº 114/94, de 3 de maio; o artigo 17º do Decreto-Lei nº 146/2014, de 9 de outubro, que estabelece as condições de exercício da atividade de fiscalização do estacionamento em vias sob jurisdição municipal, por parte das empresas privadas concessionárias de estacionamento sujeito ao pagamento de taxa. Determina que se consideram feitas aos municípios as referências constantes de outros diplomas legais relativas às competências objeto do presente decreto-lei.

Revoga o artigo 5º da Lei nº 72/2013, de 3 de setembro; a Portaria nº 214/2014, de 16 de outubro, alterada pela Portaria nº 244/2016, de 7 de setembro. O Decreto-Lei nº 76/2022, de 31 de outubro, habilita a delegação de competências atribuídas às câmaras municipais no domínio do estacionamento público nas entidades intermunicipais e nas associações de municípios de fins específicos.

14. Sobre o ordenamento, gestão e intervenção de âmbito florestal. O Decreto-Lei nº 12/2019, de 21 de janeiro altera o regime jurídico a que estão sujeitas, no território continental, as ações de arborização e rearborização com recurso a espécies florestais, com vista a reforçar o seu caráter dissuasor no que respeita à prossecução de ações ilegais de arborização ou rearborização, clarificando igualmente as responsabilidades do agente executante da ação, independentemente do seu título. Dá nova redação aos artigos 1º, 2º, 3º-A, 3º-B, 8º, 13º, 14º e 15º do Decreto-Lei nº 96/2013, de 19 de julho. Adita os artigos 12º-A e 14º-B ao referido Decreto-Lei nº 96/2013, de 19 de julho. Estabelece norma específica relativa à transferência de competências do Instituto da Conservação da Natureza e das Florestas, I. P. (ICNF, I. P.), previstas no Decreto-Lei nº 96/2013, de 19 de julho. Prevê que até à implementação da funcionalidade prevista no nº 2 do artigo 14º-B (Obrigação de quem executa) do Decreto-Lei nº 96/2013, de 17 de setembro, na redação introduzida pelo presente diploma, relativa ao sistema de informação, a verificação prevista no nº 1 do mesmo artigo pode ter lugar por qualquer outro meio de comunicação previsto na lei. Republica, no anexo ao presente decreto-lei, o Decreto-Lei nº 96/2013, de 19 de julho, com a redação ora introduzida, sendo que para efeitos de republicação onde se lê «Eucalyptus s.p.» deve ler-se «Eucalyptus spp.». Neste caso concreto, as competências do Instituto da Conservação da Natureza e das Florestas, I.P. (ICNF, I.P.), previstas no DecretoLei nº 96/2013, de 19 de julho, na redação introduzida pelo presente decretolei, relativas à autorização e comunicação prévia das ações de arborização e rearborização, salvo as respeitantes a áreas integradas, total ou parcialmente, na Rede Nacional de Áreas Protegidas ou na Rede Natura 2000, são transferidas para os municípios, ao abrigo da alínea b) do artigo 20º da Lei nº 50/2018, de 16 de agosto, desde que estes: a) Tenham adaptado o respetivo Plano Diretor Municipal ao conteúdo do plano regional de ordenamento florestal territorialmente aplicável, nos termos do disposto no nº 2 do artigo 11º do DecretoLei nº 16/2009, de 14 de janeiro, na sua redação atual; e b) Disponham de um gabinete técnico florestal. Reunidos os pressupostos previstos no número anterior, os municípios comunicam esse facto ao ICNF, I.P., solicitando-lhe o envio dos processos pendentes nessa data. O Decreto-Lei nº 32/2020 de 1 de julho revoga do artigo 4º do Decreto-Lei nº 12/2019 de 21 de janeiro, que se refere exatamente à transferência de competências para os municípios.

15. Sobre a educação. O Decreto-Lei nº 21/2019, de 30 de janeiro concretiza o quadro de transferência de competências para os órgãos municipais e para as enti-

dades intermunicipais no domínio da educação, ao abrigo dos artigos 11º e 31º da Lei nº 50/2018, de 16 de agosto. Procede à regulamentação do funcionamento dos conselhos municipais de educação. Prevê um regime transitório de aplicação do presente diploma designadamente no que se refere às responsabilidades de construção, requalificação e modernização de edifícios escolares relativas a edifícios e equipamentos escolares, ao financiamento das competências de conservação e manutenção de escolas dos 2º e 3º ciclos do ensino básico e do ensino secundário, bem como das residências escolares. Estabelece, ainda, disposição específica relativa aos recursos financeiros para o ano letivo de 2019/2020. Revoga o Decreto-Lei nº 299/84, de 5 de setembro; o Decreto-Lei nº 399-A/84, de 28 de dezembro; o Decreto-Lei nº 7/2003, de 15 de janeiro, na sua redação atual; o Decreto-Lei nº 144/2008, de 28 de julho, na sua redação atual; os artigos 8º, 37º e 38º do Decreto-Lei nº 55/2009, de 2 de março. Determina que a revogação do Decreto-Lei nº 144/2008, de 28 de julho, na sua versão atual, não prejudica a manutenção dos contratos de execução celebrados entre o Ministério da Educação e os municípios, até à plena produção de efeitos do presente decreto-lei, regulada no artigo 75º. Determina, ainda, que os referidos acordos de execução caducam na data em que os respetivos municípios assumam as novas competências, no âmbito do presente decreto-lei. Mantém, nos termos dos números 2 e 3 do artigo 40º da Lei nº 50/2018, de 16 de agosto, os contratos interadministrativos de delegação de competências celebrados ao abrigo do Decreto-Lei nº 30/2015, de 12 de fevereiro, designados contratos de educação e formação municipal, até à data em as autarquias locais assumam, no âmbito do presente decreto-lei, as competências aí previstas. Mantém em vigor, até ao início de vigência do diploma previsto no artigo 34º, toda a legislação e regulamentação aplicável à ação social escolar, em tudo o que não for contrário ao presente decreto-lei. Mantém, ainda, em vigor até ao início de vigência do decreto-lei previsto no artigo 41º, toda a legislação e regulamentação aplicável às atividades de apoio à família, componente de apoio à família e atividades de enriquecimento curricular, em tudo o que não for contrário ao presente decreto-lei. A Declaração de Retificação nº 10/2019, de 25 de março retifica o Decreto-Lei nº 21/2018, de 30 de janeiro. O Decreto-Lei nº 84/2019 de 28 de junho procede à alteração dos artigos 4º, 32º, 43º, 57º, 67º, 68º, 71º e 76º. A Lei nº 2/2020 de 31 de março procede à alteração do artigo 67º. O Decreto-Lei nº 56/2020 de 12 de agosto procede à alteração dos artigos 72º e 76º. A versão mais recente vigora com as alterações do Decreto-Lei nº 10/2023 de 8 de fevereiro e do Decreto-Lei nº 16/2923 de 27 de fevereiro.

16. Sobre a cultura. O Decreto-Lei nº 22/2019, de 30 de janeiro desenvolve o quadro de transferência de competências para os municípios no domínio da cultura, ao abrigo do artigo 15º da Lei nº 50/2018, de 16 de agosto. Determina que se

consideram feitas aos municípios as referências constantes de outros diplomas legais relativas às competências objeto do presente decreto-lei. Mantém, nos termos dos números 2 e 3 do artigo 40º da Lei nº 50/2018, de 16 de agosto, os contratos interadministrativos de delegação de competências celebrados ao abrigo do Decreto-Lei nº 30/2015, de 12 de fevereiro, até à data em que as autarquias locais assumam, no âmbito do presente decreto-lei, as competências aí previstas. Determina que os contratos interadministrativos de delegação de competências caducam na data em que os respetivos municípios assumam as novas competências, no âmbito do presente decreto-lei. Determina, ainda, que as plataformas eletrónicas referidas no presente decreto-lei são adaptadas até ao final do ano de 2020. O Decreto-Lei nº 84/2019 de 28 de junho procedeu à alteração do artigo 2º e do Anexo III. O Decreto-Lei nº 4/2022 de 4 de janeiro procedeu à alteração do artigo 8º e dos Anexos I e III.

17. Sobre a saúde. O Decreto-Lei nº 23/2019, de 30 de janeiro concretiza o quadro de transferência de competências para os órgãos municipais e para as entidades intermunicipais no domínio da saúde, ao abrigo dos artigos 13º e 33º da Lei nº 50/2018, de 16 de agosto. Dá nova redação ao artigo 32º do Decreto-Lei nº 28/2008, de 22 de fevereiro, que estabelece o regime da criação, estruturação e funcionamento dos agrupamentos de centros de saúde do Serviço Nacional de Saúde (ACES). Determina que os ACES ficam obrigados a adequar os seus regulamentos internos ao disposto no presente decreto-lei, no prazo de 90 dias após a sua entrada em vigor. Prevê disposição específica relativa aos recursos financeiros para o ano letivo de 2019/2020. Determina que se consideram feitas aos municípios as referências constantes de outros diplomas legais relativas às competências objeto do presente decreto-lei. Determina, ainda, que caso os contratos relativos aos serviços de logística ou de manutenção dos equipamentos celebrados com a administração regional de saúde respetiva não permitam a cedência de posição contratual relativa a cada município, mantêm-se em vigor pelo decurso do respetivo prazo, não sendo suscetíveis de renovação. Mantém em vigor, nos termos dos números 2 e 3 dos artigos 40º e 41º da Lei nº 50/2018, de 16 de agosto, os contratos interadministrativos de delegação de competências celebrados entre a Presidência do Conselho de Ministros, o Ministério da Saúde, as administrações regionais de saúde, as unidades locais de saúde e os municípios, ao abrigo do Decreto-Lei nº 30/2015, de 12 de fevereiro, e os acordos de execução celebrados ao abrigo da Lei nº 75/2013, de 12 de setembro, na sua redação atual, até à data em que as autarquias locais assumam, no âmbito do presente decreto-lei, as competências aí previstas. Estabelece que os referidos contratos interadministrativos de delegação de competências e os acordos de execução caducam na data em que os respetivos municípios assumam as novas competências, no âmbito do presente decreto-lei. O Decreto-Lei nº 84/2019 de 28 de junho,

procedeu à alteração dos artigos 11º, 15º e 19º. O Decreto-Lei nº 56/2020 de 12 de agosto, procedeu à alteração do artigo 28º.

O Decreto-Lei nº 84-E/2022, de 14 de dezembro, procede à revisão do quadro de transferência de competências, no domínio da saúde, para os órgãos municipais e para as entidades intermunicipais, aprovando as seguintes alterações legislativas: dá nova redação: ao artigo 2º do Decreto-Lei nº 490/99, de 17 de novembro, que estabelece o regime jurídico aplicável à permissão de condução de viaturas oficiais dos organismos e serviços do Estado e das autarquias locais por funcionários e agentes que não possuam a categoria de motorista; aos artigos 7º, 10º, 11º, 13º, 15º, 17º, 18º, 20º e 27º do Decreto-Lei nº 23/2019, de 30 de janeiro, que concretiza o quadro de transferência de competências para os órgãos municipais e para as entidades intermunicipais no domínio da saúde. Adita o artigo 7º-A (Participação dos municípios e das entidades intermunicipais na fixação dos horários dos estabelecimentos de saúde) ao Decreto-Lei nº 23/2019, de 30 de janeiro, na sua redação atual. Revoga o nº 2 do artigo 3º, o nº 3 do artigo 14º, a alínea c) do nº 1 e o nº 2 do artigo 20º do Decreto-Lei nº 23/2019, de 30 de janeiro, na sua redação atual. Determina que as alterações previstas no presente decreto-lei são também aplicáveis, com as necessárias adaptações, às transferências formalizadas antes da sua entrada em vigor, devendo os respetivos autos ser alterados, se desconformes.

18. Sobre os conselhos municipais de segurança. Policiamento de proximidade. O Decreto-Lei nº 32/2019, de 4 de março procede ao alargamento das competências dos órgãos municipais no domínio do policiamento de proximidade, ao abrigo do artigo 23º da Lei nº 50/2018, de 16 de agosto e, em consequência, altera a Lei nº 33/98, de 18 de julho, que cria os conselhos municipais de segurança. Dá nova redação aos artigos 2º, 3º, 4º, 5º, 6º, 7º e 9º da Lei nº 33/98, de 18 de julho. Adita os artigos 3º-A (Modalidades de funcionamento do conselho municipal de segurança), 3º-B (Composição do conselho) e 5º-A (Competências do conselho restrito) à referida Lei nº 33/98, de 18 de julho. Revoga as alíneas e). a l). do nº 1 do artigo 5º da Lei nº 33/98, de 18 de julho, na sua redação atual. Republica em anexo ao presente decreto-lei, do qual faz parte integrante, a Lei nº 33/98, de 18 de julho, na redação introduzida pelo presente decreto-lei.

19. Sobre a proteção civil. O Decreto-Lei nº 44/2019, de 1 de abril concretiza o quadro de transferência de competências para os órgãos municipais no domínio da proteção civil, ao abrigo das alíneas a). e d). do artigo 14º da Lei nº 50/2018, de 16 de agosto. Dá nova redação aos artigos 1º a 13º, 15º, 16º, 18º a 20º e 23º da Lei nº 65/2007, de 12 de novembro, que define o enquadramento institucional e operacional da proteção civil no âmbito municipal. Estabelece a organização dos serviços municipais de proteção civil e determina as competências do comandante opera-

cional municipal. Adita os artigos 14º-A (Coordenador municipal de proteção civil), 15º-A (Competências do coordenador municipal de proteção civil) e 16º-A (Central municipal de operações de socorro) à indicada Lei nº 65/2007, de 12 de novembro. Revoga o nº 2 do artigo 3º, as alíneas e). a i). do nº 2 e as alíneas e). e g). do nº 3 do artigo 10º, os números 3 e 4 do artigo 11º, os números 3 a 5 do artigo 13º, o artigo 14º, os números 6 e 7 do artigo 18º e o artigo 21º da Lei nº 65/2007, de 12 de novembro, na sua redação atual. Republica, em anexo, a Lei nº 65/2007, de 12 de novembro, na redação introduzida pelo presente decreto-lei.

20. Sobre a transferência de competências para as freguesias. O Decreto-Lei nº 57/2019, de 30 de abril procede à concretização do quadro de transferência de competências para os órgãos das freguesias, designadamente no que se refere à gestão e manutenção de espaços verdes, limpeza das vias e espaços públicos, sarjetas e sumidouros, manutenção, reparação e substituição do mobiliário urbano, gestão e manutenção corrente de feiras e mercados, realização de pequenas reparações nos estabelecimentos de educação pré-escolar e do primeiro ciclo do ensino básico, e manutenção dos espaços envolventes, utilização e ocupação da via pública, licenciamento da afixação de publicidade de natureza comercial, autorização da atividade de exploração de máquinas de diversão, da colocação de recintos improvisados, da realização de espetáculos desportivos e divertimentos na via pública, jardins e outros lugares públicos ao ar livre, de acampamentos ocasionais, de fogueiras e do lançamento e queima de artigos pirotécnicos, bem como a autorização ou receção das comunicações prévias relativas a queimas e queimadas. Prevê disposição transitória relativa à efetivação da transferência de competências ora regulada, bem como, quanto ao início da contagem do prazo de 90 dias previsto o nº 1 do artigo 5º (Início do procedimento). Nos casos em que as freguesias tenham informado a DGAL e o município que não pretendem o exercício das competências em 2019, o início da contagem só ocorre após o prazo referido na alínea b). do nº 2 do artigo 4º da Lei nº 50/2018, de 16 de agosto. A Declaração de Retificação nº 21/2019, de 16 de maio retifica o Decreto-Lei nº 57/2019, de 30 de abril. A Lei nº 2/2020 de 31 de março procede à alteração do artigo 9º.

21. Sobre o transporte de passageiros. Transporte turístico. O Decreto-Lei nº 58/2019, de 30 de abril concretiza o quadro de transferência de competências para os órgãos municipais, ao abrigo do nº 3 do artigo 21º da Lei nº 50/2018, de 16 de agosto, e para os órgãos das comunidades intermunicipais e das Áreas Metropolitanas de Lisboa e do Porto, na qualidade de autoridades de transporte previstas nos artigos 6º a 8º do Regime Jurídico do Serviço Público de Transportes de Passageiros (RJSPTP), aprovado em anexo à Lei nº 52/2015, de 9 de junho, no domínio do serviço público de transporte de passageiros regular em vias navegáveis interiores e

ainda para os órgãos municipais, ao abrigo do nº 3 do artigo 21º da Lei nº 50/2018, de 16 de agosto, no domínio do transporte turístico de passageiros em vias navegáveis interiores. Prevê que a transferência das competências para as entidades intermunicipais ora regulada, depende de prévio acordo de todos os municípios que as integrem. Estabelece que aos regimes legais, regulamentares, contratuais ou que decorram de ato administrativo correspondentes à exploração do serviço público de transporte de passageiros regular em vias navegáveis interiores vigentes à data da entrada em vigor do presente decreto-lei são aplicáveis os artigos 6º a 9º do RJSPTP, aprovado em anexo à Lei nº 52/2015, de 9 de junho, bem como o Regulamento (CE) nº 1370/2007, do Parlamento Europeu e do Conselho, de 23 de outubro de 2007. Determina que em tudo o que não se encontre estabelecido no presente decreto-lei em matéria de serviço público de transporte de passageiros, aplica-se a Lei nº 52/2015, de 9 de junho, e o RJSPTP, aprovado em anexo, bem como o Regulamento (CEE) nº 3921/91, do Conselho, de 16 de dezembro de 1991, o Regulamento (CE) nº 1356/96, do Conselho, de 8 de julho de 1996, e o Regulamento (CE) nº 1370/2007, do Parlamento Europeu e do Conselho, de 23 de outubro de 2007. Revoga a subalínea iv).da alínea b). do nº 2 do artigo 2º do RJSPTP, aprovado em anexo à Lei nº 52/2015, de 9 de junho.

22. Áreas portuário-marítimas. O Decreto-Lei nº 72/2019, de 28 de maio procede à concretização da transferência de competências para os órgãos municipais no domínio da gestão das áreas afetas à atividade de náutica de recreio e dos portos ou instalações de apoio à pesca não inseridos na área de jurisdição dos portos comerciais nacionais principais ou secundários e das áreas sob jurisdição portuária sem utilização portuária reconhecida ou exclusiva e de áreas urbanas de desenvolvimento turístico e económico não afetas à atividade portuária, ao abrigo do artigo 18º da Lei nº 50/2018, de 16 de agosto. Determina que o presente decreto-lei não afeta as competências atribuídas à Docapesca – Portos e Lotas, S. A. (Docapesca), pelo Decreto-Lei nº 107/90, de 27 de março, relativas à prestação de serviços de primeira venda do pescado nas lotas do continente e atividades conexas, nem habilita a transferência para os municípios das infraestruturas e demais bens destinados a essas atividades e das áreas do domínio público e do domínio privado do Estado em que tais infraestruturas se encontram implantadas ou em que tais atividades são desenvolvidas. Prevê que as competências em matéria de realização de ações de estabilização e contenção dos fenómenos de erosão costeira mantêm-se nas entidades atualmente competentes, de acordo com o regime legal aplicável. Estabelece ainda, que os procedimentos para a atribuição de autorizações, licenciamentos e concessões, relativos às áreas cuja gestão é transferida para o município e que estejam pendentes à data da celebração do protocolo previsto no artigo 10º do presente diploma, passam a ser tramitados e decididos pelos órgãos municipais competentes, a partir dessa data.

23. Sobre espetáculos de natureza artística e de divertimentos públicos. O Decreto-Lei nº 90/2019, de 5 de julho altera, em concretização da medida Simplex + designada por «Eventos e espetáculos + simples», o regime de funcionamento dos espetáculos de natureza artística e de instalação e fiscalização dos recintos fixos destinados à sua realização, bem como a classificação de espetáculos de natureza artística e de divertimentos públicos, aprovado pelo Decreto-Lei nº 23/2014, de 14 de fevereiro. Dá nova redação aos artigos 1º, 2º, 5º, 6º, 8º, 29º, 34º, 35º e 36º do Decreto-Lei nº 23/2014, de 14 de fevereiro. Adita os artigos 10º-A (Divulgação de exposições artísticas), 21º-A (Distribuição, autorização e disponibilização) e 29º-A (Colocação à disposição do público) ao mencionado Decreto-Lei nº 23/2014, de 14 de fevereiro. Procede, ainda à alteração sistemática do referido diploma legal nos termos seguintes: o capítulo III passa a ser composto pelo artigo 10º-A e a denominar-se «Exposições artísticas»; o capítulo IV passa a ser composto pelos artigos 11º a 21º e a denominar-se «Dos recintos fixos de espetáculos de natureza artística»; o capítulo V passa a ser composto pelos artigos 21º-A a 33º e a denominar-se «Distribuição, autorização e classificação etária de espetáculos de natureza artística e de divertimentos». Revoga o Decreto-Lei nº 39/88, de 6 de fevereiro, que regula a classificação de videogramas; o artigo 33º do Decreto-Lei nº 23/2014, de 14 de fevereiro. Republica, em anexo, o Decreto-Lei nº 23/2014, de 14 de fevereiro, com a redação introduzida pelo presente decreto-lei.

24. Sobre ambiente. Modelo de cogestão das áreas protegidas. O Decreto-Lei nº 116/2019, de 21 de agosto define o modelo de cogestão das áreas protegidas, que concretiza o princípio de participação dos órgãos municipais na respetiva gestão, ao abrigo do previsto na alínea c). do artigo 20º da Lei nº 50/2018, de 16 de agosto.

25. Sobre segurança contra incêndios em edifícios. A Lei nº 123/2019, de 18 de outubro dá nova redação aos artigos 2º, 3º, 5º, 9º, 10º, 11º, 12º, 14º, 14º-A, 17º, 18º, 19º, 21º, 22º, 24º, 25º, 26º, 27º, 28º, 29º, 32º e 34º do Regime Jurídico da Segurança Contra Incêndios em Edifícios, aprovado pelo Decreto-Lei nº 220/2008, de 12 de novembro. Altera, ainda os anexos II e III do indicado Regime Jurídico. Adita o artigo 15º-A (Projetos de SCIE e medidas de autoproteção) ao Regime Jurídico da Segurança Contra Incêndios em Edifícios, aprovado pelo Decreto-Lei nº 220/2008, de 12 de novembro. Revoga a alínea f) do nº 2 do artigo 12º e o artigo 16º do mencionado Regime Jurídico da Segurança Contra Incêndios em Edifícios. Prevê disposição transitória relativa às condições de manutenção dos profissionais que elaboraram projetos de SCIE enquanto responsáveis pelos mesmos, ainda que sem os requisitos ora descritos para esse efeito, bem como quanto à implementação total das competências atribuídas aos municípios por este decreto-lei, de acordo com o estipulado no artigo 26º da Lei nº 50/2018, de 16 de agosto, conjugado com o nº 3

do artigo 4º da mesma lei. Republica, no seu anexo II, o Decreto-Lei nº 220/2008, de 12 de novembro, com a redação atual e com as necessárias correções materiais.

26. Sobre ação social. O Decreto-Lei nº 55/2020, de 12 de agosto, concretiza a transferência de competências para os órgãos municipais e para as entidades intermunicipais no domínio da ação social, ao abrigo dos artigos 12º e 32º da Lei da Transferência de Competências Para as Autarquias Locais e Para as Entidades Intermunicipais, aprovada pela Lei nº 50/2018, de 16 de agosto. Dá nova redação ao artigo 32º (Articulação da rede social ao nível supraconcelhio) do Decreto-Lei nº 115/2006, de 14 de junho, que regulamenta a Rede Social. Determina que o disposto no presente decreto-lei não prejudica as atribuições e competências atualmente exercidas no concelho de Lisboa pela Santa Casa da Misericórdia de Lisboa. Prevê, a título transitório, que nos termos dos números 2 e 3 dos artigos 40º e 41º da Lei nº 50/2018, de 16 de agosto, mantêm-se os contratos interadministrativos de delegação de competências celebrados ao abrigo do Decreto-Lei nº 30/2015, de 12 de fevereiro, bem como os acordos de execução celebrados ao abrigo da Lei nº 75/2013, de 12 de setembro, até à data em que as autarquias locais ou as entidades intermunicipais assumam, no âmbito do presente decreto-lei, as competências previstas naqueles contratos ou acordos, consoante o caso. Determina, ainda que os referidos contratos interadministrativos de delegação de competências e os acordos de execução previstos caducam na data em que os respetivos municípios ou entidades intermunicipais assumam as novas competências, no âmbito do presente decreto-lei. O Decreto-Lei nº 23/2022 de 14 de Fevereiro, prorrogou o prazo de transferência das competências para as autarquias locais e entidades intermunicipais no domínio da ação social e procedeu à alteração do artigo 24º.

O Decreto-Lei nº 87-B/2022, de 29 de dezembro dá nova redação aos artigos 14º, 15º e 24º do Decreto-Lei nº 55/2020, de 12 de agosto, na sua redação atual, que concretiza a transferência de competências para os órgãos municipais e para as entidades intermunicipais no domínio da ação social, ao abrigo dos artigos 12º e 32º da Lei da Transferência de Competências Para as Autarquias Locais e Para as Entidades Intermunicipais, aprovada pela Lei nº 50/2018, de 16 de agosto.

O processo de descentralização administrativa, desencadeado pela Lei nº 50/2018, de 16 de agosto, que estabelece o quadro da transferência de competências para as autarquias locais e para as entidades intermunicipais, foi concretizado, no domínio da ação social, pelo Decreto-Lei nº 55/2020, de 12 de agosto.

O Decreto-Lei nº 23/2022, de 14 de fevereiro, procedeu à primeira alteração do Decreto-Lei nº 55/2020, de 12 de agosto, no sentido de prorrogar o prazo de transferência das competências no domínio da ação social, tendo em conta a necessidade de garantir o sucesso total de um processo de grande complexidade, no quadro de enorme exigência criado pela pandemia da doença COVID-19, e de assegurar a continuidade e a melhor qualidade dos serviços prestados aos cidadãos no âmbito da ação social.

O Programa do XXIII Governo Constitucional estabelece como objetivos a conclusão e o contínuo aprofundamento do processo de descentralização de competências, em diálogo com a Associação Nacional de Municípios Portugueses (ANMP) e com a Associação Nacional de Freguesias, bem como a necessidade de elaborar os instrumentos necessários, no âmbito da descentralização de competências para os municípios na área da ação social, a fim de garantir um padrão de serviços sociais que assegure a igualdade dos cidadãos no acesso a esses serviços em todo o território nacional.

Com efeito, no quadro de uma boa governação, é preconizada a proximidade baseada no princípio da subsidiariedade e a adoção de medidas que contrariem os desequilíbrios territoriais existentes, promovendo o desenvolvimento harmonioso de todo o país e apostando na proximidade junto dos cidadãos, mas garantindo os recursos necessários e equitativos aos territórios.

Ademais, os sucessivos Orçamentos do Estado têm vindo a reforçar os recursos necessários no Fundo de Financiamento da Descentralização (FFD), sendo consensual a necessidade de reforço financeiro e de afetação de recursos nos territórios para o desenvolvimento das matérias descentralizadas para os municípios, por forma a que estes disponham dos meios necessários para a implementação e fortalecimento da qualidade dos serviços públicos.

Até ao presente momento, 104 municípios assumiram as competências das matérias na área da ação social, aceitando o desafio de desenvolver um serviço de proximidade, junto de cidadãos e de famílias em situação de vulnerabilidade.

Sendo esta uma aposta de manifesta importância, que traz no futuro um impacto muito profícuo no desenvolvimento social do país, contribuindo para a coesão territorial, requer que, na fase final da transferência de competências e tendo em conta a experiência colhida no decorrer do processo ao longo do ano de 2022, se reconheçam as necessidades e os desafios que o processo de descentralização neste domínio enfrenta, assegurando que seja efetivado e concluído, de forma plena, com a qualidade que esta área de atuação exige.

Por forma a concretizar estes desígnios, foi negociado entre o Governo e a ANMP um acordo setorial de compromisso, aprovado na reunião do Conselho Geral da ANMP a 19 de dezembro de 2022, relativo à descentralização no domínio da ação social, identificando as necessidades de melhoria do processo de descentralização e integrando as necessidades de aumento dos recursos financeiros, bem como as alterações legislativas a operar com vista à referida qualificação.

Neste contexto, passam a ser considerados os encargos com remunerações dos trabalhadores que venham a ser contratados, são abrangidas as despesas com o seguro de acidente de trabalho, de higiene, segurança e medicina no trabalho e, no que diz respeito à aplicação do regime da ADSE – Instituto de Proteção e Assistência na Doença, I. P., aos trabalhadores abrangidos pelo presente diploma, tal não origina quaisquer encargos para os municípios.

O presente decreto-lei permite ainda que os municípios com acordos de cooperação ou protocolos vigentes com instituições particulares de solidariedade social ou equiparadas, que desenvolvem as competências descentralizadas de atendimento e acompanhamento social e acompanhamento a beneficiários de rendimento social de inserção, passam a poder manter esses acordos ou protocolos através da cessão da posição contratual.

Por fim, prorroga-se até dia 3 de abril de 2023 o prazo para a assunção de compromissos pelos municípios.

Jurisprudência:

1. Acórdão do Supremo Tribunal Administrativo (Proc. 138/17), de 27-09-2017. Acordam na Secção de Contencioso Tributário do Supremo Tribunal Administrativo: RELATÓRIO. 1.1. A...Lda., com sede na ......, nº ...., Porto, recorre sentença proferida no TAF do Porto em 06/09/2016, que julgou improcedente a impugnação de duas liquidações de taxa, no montante de €5.000,00 cada uma, operadas pela Câmara Municipal de Vila Nova de Gaia, com vista à instalação e funcionamento do posto de abastecimento de combustíveis duplo, junto aos dois sentidos da Estrada Nacional 1, Km 292,4, ..., freguesia de Pedroso, Vila Nova de Gaia. 1.2. Alega e termina com a formulação das conclusões seguintes: A. O presente recurso vem interposto da sentença proferida pelo Tribunal Administrativo e Fiscal do Porto, que julgou improcedente a impugnação apresentada contra o indeferimento da reclamação graciosa apresentada contra as liquidações da taxa devida pela instalação e funcionamento de postos de abastecimento de combustível, referentes a 2012, no montante global de €10.000,00. B. A Recorrente considera que a sentença recorrida padece de erro de julgamento, derivado do incorrecto enquadramento jurídico resultante da valoração que dos factos provados foi efectuada e, bem assim, da decisão perfilhada pelo Tribunal a quo. C. Ao contrário do decidido, a Recorrente é parte ilegítima nos procedimentos de liquidação subjacentes aos presentes Autos já que – conforme se reconhece na sentença recorrida – não é titular de qualquer direito de propriedade ou parcelar deste sobre o imóvel no qual se encontram os postos de abastecimento em causa nem tampouco das licenças de exploração emitidas pela Direcção Regional da Economia do Norte relativamente a esses mesmos postos, pelo que não pode ser sujeito passivo da relação tributária in casu. D. Na verdade, o Regulamento Municipal que cria a taxa em crise limita-se a tributar a

actividade dos postos de abastecimento com fundamento no seu potencial poluente, sem esclarecer quem é o sujeito passivo do tributo em causa pelo que a ora Recorrente não compreende – nem o Tribunal a quo fundamenta – qual a base legal para que possa ser considerada, em vez da titular do direito de exploração dos postos de abastecimento em causa, como sujeito passivo das taxas em crise. E. Os órgãos do Município de Vila Nova de Gaia não têm competência para o licenciamento e fiscalização dos postos de abastecimento em causa, por falta de atribuições, ao que acresce que a Recorrente não requereu qualquer renovação ou alteração à autorização de exploração dos postos de abastecimento em causa. F. Nem se diga que a ora Recorrente confundiu as atribuições de licenciamento e fiscalização da DRE Norte, com as competências tributárias atribuídas pelo RTGAL aos Municípios em matéria de actividades dos particulares susceptíveis de causar impacto ambiental negativo nos termos do artigo 6º, nº 2 do RTGAL, pois que nem a Recorrente as confundiu nem pretende, no contexto dos presentes Autos, negar que os Municípios detenham as referidas competências tributárias na mencionada matéria. G. Todavia, é indefensável e contraditório, no plano do Direito aplicável, que se reconheça, por um lado, que a actividade de fiscalização da actividade dos postos de abastecimento em causa, também quanto ao impacto ambiental eventualmente causado, é competência da DRE, a quem incumbe o controlo do cumprimento das normas ambientais em vigor por parte dos postos de abastecimento e, por outro, que o Município se encontra legitimado, perante este quadro legislativo e no caso concreto a liquidar e cobrar um tributo em função de uma pretensa «actividade de vigilância e de acções de prevenção, não só para dar cumprimento à lei, como principalmente para evitar riscos quanto à segurança das pessoas e bens, os riscos para a saúde pública e os riscos ambientais associados à existência e funcionamento daqueles postos de combustíveis se concretizem». H. Se, porventura, o Município desenvolve actividades preventivas e de vigilância em matéria que compete a outra entidade à DRE Norte, como reconhecido nos Autos, não pode pretender valer-se do exercício dessas competências que lhe são alheias, para liquidar uma taxa em virtude de 'serviços' que não lhe cabe prestar. I. O artigo 133º, nº 2, alínea b) do CPA sanciona os actos administrativos feridos de incompetência por falta de atribuições com a nulidade, padecendo, desta feita, os actos de liquidação em crise deste vício e devendo a sentença recorrida ser revogada e substituída por outra que reconheça a aludida nulidade. J. A taxa em crise é um tributo que não visa compensar o Município de Vila Nova de Gaia pela realização de uma qualquer prestação pública, nem assenta em qualquer dos pressupostos previstos no artigo 3º do RGTAL e no artigo 4º da LGT. K. O tributo em causa não assenta na remoção de um obstáculo jurídico à instalação e exploração dos postos de abastecimento, uma vez que os mesmos já se encontram instalados e a sua actividade devidamente licenciada, pelo menos, até 2028. L. O tributo em causa não assenta na utilização de qualquer bem do domínio público municipal, pois, como aludido supra, os postos de abastecimento estão totalmente implantados em propriedade privada. M. E, por fim, ao contrário do que parece estar implícito na sentença recorrida, o tributo em causa não assenta em qualquer prestação concreta de um serviço público local, uma vez que o Município de Vila Nova de Gaia não tem, tão-pouco, competência para a fiscalização da actividade – mormente no que respeita ao seu impacto ambiental – dos postos de abastecimento em causa, nem demonstrou ou procurou demonstrar que tenha efectuado quaisquer prestações à Recorrente neste domínio. N. Exigir que fosse a ora Recorrente a demonstrar a realização das concretas prestações públicas que fundamentam o direito do Município a liquidar o tributo em crise, constituiria uma inadmissível inversão do ónus da prova legalmente previsto. O. Na sentença recorrida não se deu, aliás, como provada qualquer prestação do Município de Vila Nova de Gaia, no que respeita às mencionadas vigilância e prevenção dos riscos alegadamente causados pela actividade dos postos de combustível em causa, pelo que cabia ao Tribunal a quo retirar daí as devidas consequências de Direito... O que, erroneamente, não fez. P. Ao contrário, conforme se demonstrou ao longo do presente processo, os postos de abastecimento relevantes são objecto de inspecções periódicas, vistorias e de acções de fiscalização regulares por parte da entidade competente para o efeito – que não é, pois, o Município – e caso as condições de instalação e de exploração gerassem impacto ambiental negativo, a exploração dos mesmos deveria cessar de imediato nos termos da Lei. Q. Não sendo o tributo previsto nos artigos 100º do Regulamento e 29º da respectiva Tabela anexa justificado por qualquer contrapartida específica, carecendo de caráter bilateral, este assume a natureza de verdadeiro imposto conforme entendimento já adoptado pelo Tribunal Constitucional, em termos similares, para uma norma regulamentar do Município de Sintra, no acórdão nº 24/2009, da 3ª Secção, de 14 de Janeiro de 2009, proferido no âmbito do processo nº 990/079. R. É por tudo quanto se evidenciou no caso dos Autos – e não por considerar, como poderia resultar implícito da sentença recorrida, que a taxa cobrada pelo Município de Gaia deve abstractamente ser classificada como um imposto – que, configurando-se as taxas concretamente liquidadas à Recorrente e aqui em crise como verdadeiros impostos, já que não assentam em qualquer dos pressupostos legalmente previstos no RTGAL para o efeito, é manifesto que o respectivo regulamento viola frontalmente a alínea i) do nº 1 do artigo 165º da CRP, já que aos municípios não é lícito criar este tipo de tributos. S. O indeferimento da reclamação apresentada e, bem assim, as liquidações da taxa que a motivaram devem ser anulados por violação de lei ordinária e constitucional. T. As normas contidas no artigo 100º do Regulamento e no artigo 29º da respectiva Tabela anexa são orgânica e materialmente inconstitucionais, por violação dos artigos 103º, nº 2 e 165º, nº 1, alínea i) da CRP. Termina pedindo a revogação da sentença, com as demais consequências legais, designadamente a sua substituição por decisão que dê por verificados os vícios de ilegitimidade da ora Recorrente e de violação de Lei ordinária e/ou constitucional alegados. 1.3. A recorrida Câmara Municipal de Vila Nova de Gaia contra-alegou, terminando com as seguintes conclusões. 1 – A douta sentença recorrida que julgou improcedente a impugnação considerando a impugnante parte legítima, que o Município é competente para proceder à liquidação da taxa de impacto ambiental negativo e que o tributo exigido consubstancia uma taxa e não um imposto, não merece qualquer reparo, encontra-se devidamente fundamentada e fez correcta interpretação da lei aos factos, não violando quaisquer normativos legais nem padecendo de inconstitucionalidade, pelo que deve ser mantida. 2 – De acordo com o nº 3 do artigo 18º da Lei Geral Tributária e o artigo 7º nº 2 do regime geral das taxas das autarquias locais, consagrado na Lei nº 53-E/2006, de 29 de dezembro, e que fundamenta a taxa em questão, o sujeito passivo identifica-se pela sua vinculação ao cumprimento da prestação tributária. 3 – Ora, sendo a prestação tributária devida pelo exercício de uma actividade de impacto ambiental negativo e sendo a recorrente quem exerce essa actividade, independentemente de ser titular ou não da propriedade ou da licença de exploração, é a recorrente que está vinculada ao cumprimento da prestação tributária e, por isso, é o sujeito passivo e parte legítima. 4 – As atribuições e competências das autarquias para criação de taxas decorrem do disposto no artigo 15º da Lei das Finanças Locais e nos artigos 238º nº 4 e 241º da Constituição da República Portuguesa, que conferem poder tributário às autarquias. 5 – O artigo 7º da Lei 53-E/2006, de 29 de dezembro, determina que o sujeito activo da relação jurídico-tributária geradora da obrigação de pagamento das taxas previstas na presente lei é a autarquia local, titular do direito de exigir aquela prestação. 6 – A referida lei, no nº 2 do artigo 6º da Lei nº 53-E/2006, de 29 de dezembro identifica expressamente como sendo possível que as taxas incidem sobre actividades geradoras de impacto negativo. 7 – E o artigo 8º do mesmo diploma legal estipula que as taxas das autarquias locais são criadas por regulamento aprovado pelo órgão deliberativo respectivo, o que aconteceu com a presente taxa através do Regulamento Municipal de Taxas e Compensações Urbanísticas. 8 – Por isso, não restam dúvidas de que a taxa em questão é criada pela autarquia que tem competência para o efeito, e é devida à autarquia – Município de Vila Nova de Gaia, sendo a autarquia local o sujeito activo da relação jurídico – tributária geradora da obrigação de pagamento das presentes taxas. 9 – Por último, a douta sentença, que também acompanhou o parecer do Digníssimo Magistrado do Ministério Público, na apreciação da questão sobre a natureza da taxa não merece qualquer reparo. 10 – Como consta da Nota Justificativa da proposta de alteração do Regulamento, submetida a Apreciação Pública, a previsão da taxa em questão surge na sequência do disposto no nº 2 do artigo 6º do RGTAL que dispõe que as taxas municipais podem incidir sobre a realização de atividades dos particulares, geradoras de impacto ambiental negativo. 11 – Aliado à circunstância de existirem certos domínios das atividades económicas que foram identificados e considerados no Regulamento, e com os fundamentos constantes da nota justificativa, como o maior exemplo de atividades geradoras de impacto ambiental negativo, onde consta a existência de postos de abastecimento de combustíveis junto aos eixos rodoviários e vias estruturantes mas também a instalação de infraestruturas de radiocomunicações, a ocupação do solo com parques de estacionamento a descoberto e os stands de exposição para venda de veículos automóveis ou outros objetos ao ar livre. 12 – E, na verdade, é do senso comum que estas atividades elencadas, e concretamente a instalação de postos de abastecimento, pela agressão que constituem à paisagem urbana ou rural, pela pressão que exercem não só nas rodovias como no tecido urbano envolvente e até pelo desequilíbrio urbano e paisagístico que provocam, são atividades que causam impacto ambiental negativo, isto é, produzem alterações desfavoráveis em termos ambientais numa determinada área, in casu na área do Município de Gaia. 13 – O funcionamento dos postos de abastecimento de combustíveis que, normalmente, acontece junto de elementos vulneráveis como zonas residenciais, vias de comunicação, locais frequentados pelo público, constitui, por isso, uma atividade prejudicial ao ambiente urbano, degradando o ordenamento do território e o urbanismo e a paisagem urbana bem como a qualidade de vida dos cidadãos e colocando problemas a nível de gestão de tráfego, bens ambientais que incumbe ao Município preservar e manter dentro de determinados parâmetros. 14 – O concelho de Gaia, por ser um concelho com uma grande extensão, constituído por vários eixos rodoviários principais e estruturantes e desde sempre ser um concelho de travessia para o Porto e Norte do País, tem instalados muitos postos de abastecimento, o que, em termos urbanísticos e de gestão de tráfego, causa um forte impacto negativo pelas condicionantes urbanísticas e de aproveitamento de solos que a sua instalação determina no espaço público municipal. 15 – Acresce que o funcionamento dos postos de abastecimento provoca ainda impactos negativos ambientais presentes e futuros principalmente ao nível da poluição atmosférica com a emissão de gases e libertação de vapores e outros poluentes mas também com a emissão de ruídos (face à afluência de veículos e também pelo movimento de descargas dos veículos cisterna de combustível) que incumbe à autarquia inspeccionar, fiscalizar e prevenir, sendo nesses postos de abastecimento armazenada e manipulada uma substância perigosa que, por ser altamente inflamável, apresenta problemas de prevenção de segurança civil. 16 – É, assim, evidente o impacto de um posto de abastecimento nos bens ambientais que compete ao município preservar, decorrente não só das suas atribuições e competências gerais como da Lei de Bases do Ambiente. 17 – Como melhor consta do Acórdão do Tribunal Central Administrativo Sul, proferido no Processo nº 5256/11 de 10/07/2012, a atividade de abastecimento de combustíveis, independentemente de estar instalada em propriedade particular, pela natureza do efeito útil pretendido, contende necessariamente com o espaço público, cuja gestão e disciplina compete à entidade municipal tutelar. 18 – Assim, de acordo com esta jurisprudência mais recente a taxa em causa assenta na remoção de um obstáculo jurídico, e encontra-se legitimada pela "tutela de reais interesses públicos, cuja preservação é condição indispensável da "qualidade ambiental das povoações e da vida urbana "nos termos constitucionalmente exigidos". 19 – O funcionamento desta atividade representa um risco para os bens jurídicos ambientais que, em prejuízo da qualidade ambiental da vida urbana e segurança no concelho, o Município tem de suportar passivamente, acrescido do facto de que, com fundamento no princípio da responsabilização, o beneficiário da actividade, e que com ela tem lucro económico, tem o dever de contribuir, através da taxa em apreço, para ressarcir a comunidade dos danos ambientais reais ou potenciais, aos bens afetados. 20 – A utilidade económica que a recorrente/impugnante retira da sua atividade é sustentada por correspondente dispêndio de recursos naturais, que exige e requer a execução de serviços pelo Município com vista à redução dos factores de risco ambiental. 21 – Verifica-se, por isso, a existência de fundamento legal para a aplicação da taxa constante do artigo 100º do Regulamento Municipal de Taxas e Compensações Urbanísticas, que se reveste de uma taxa de desincentivo, pretendendo-se com o valor fixado penalizar este tipo de ocupação dado o seu nível de prejudicialidade. 22 – Também o Acórdão do Tribunal Central Administrativo Sul de 05.02.2013, proferido no processo 06245/12, disponível em www.dgsi.pt e Acórdão nº 581/2012, proferido pelo Tribunal Constitucional em 05 de Dezembro de 2012, vão no mesmo sentido. 23 – Deste modo, bem decidiu a douta sentença ao julgar a impugnação improcedente, e, não ocorrendo a violação de qualquer normativo deve a douta sentença manter-se por válida e legal. 1.4. O MP emite Parecer nos termos seguintes, além do mais: «3.1. Quanto à natureza e incidência subjetiva do tributo, denominado "taxa de impacte ambiental". O tribunal "a quo" considerou a este propósito que sendo "as taxas devidas pelo impacto ambiental negativo que tal instalação e funcionamento acarreta(m)", são da responsabilidade de quem explora o posto de abastecimento, atento o disposto no artigo 6º, nº 2, da Lei nº 53-E/2006, de 29 de dezembro. Mas será assim? Desde logo não deixa de impressionar que o tribunal "a quo" tenha julgado a matéria de direito sem fazer referência uma única vez ao Regulamento

Municipal aplicável ao caso concreto, quando é certo que está em causa uma taxa prevista no regulamento, cuja legalidade se questiona. E como se alcança dos autos não foi junto qualquer cópia desse regulamento. Atento que na fundamentação do ato tributário vem mencionado que o mesmo foi realizado ao abrigo do artigo 100º do Regulamento Municipal de Taxas e Compensações Urbanísticas de Vila Nova de Gaia, publicado no D.R., II série, nº 140, de 22 de Julho de 2011 [(1) Aviso nº 14751/2011 – Torna-se público que as alterações ao Regulamento Municipal de Taxas e Compensações Urbanísticas de Vila Nova de Gaia, aprovadas por deliberação da Câmara Municipal de 8.06.11, foram aprovadas em sessão ordinária de Assembleia Municipal realizada em 15.06.11. 1 de Julho de 2011. – O Presidente da Câmara, ... Regulamento Municipal de Taxas e Compensações Urbanísticas de Vila Nova de Gaia], é esse texto normativo que vamos seguir na análise. Por outro lado, embora na matéria de facto assente na sentença não conste que o lugar do posto de abastecimento se situa no município do VNGaia, tal facto não é posto em causa pela impugnante, pelo que se parte desse pressuposto que aparentemente foi dado como adquirido pelo tribunal "a quo". Resulta sim da matéria de facto assente que o posto de abastecimento se situa junto a estrada nacional (ponto a) do probatório), pelo que e desde logo está afastada a competência do município para o respetivo licenciamento, atento o disposto nos artigos 5º e 6º do Decreto-Lei nº 267/2002, de 26 de novembro, que confere tal competência às direções regionais de economia. Importa, assim, analisar tanto a fundamentação aduzida no ato tributário pelo município recorrido, como debruçar-nos sobre as normas do regulamento municipal ao abrigo do qual foi liquidada a pretensa taxa, para aferir da respetiva natureza e sujeito passivo. Por outro lado estando assente na sentença recorrida que o licenciamento do posto de abastecimento em causa foi concedido pela DRE e obtido por outra entidade que não a impugnante, impõe-se apurar se o município tem competências de fiscalização da instalação e se o sujeito passivo da taxa impugnada é o titular da licença ou se é a pessoa que explora o posto de abastecimento, no caso de não se verificar a identidade dessas pessoas. Dispõe o nº 2 do artigo 6º do Regime Geral das Taxas das Autarquias Locais que «as taxas municipais podem também incidir sobre a realização de atividades dos particulares geradoras de impacto ambiental negativo". Por sua vez o artigo 8º da mesma Lei prevê que as taxas sejam criadas por regulamento municipal, o qual deve conter obrigatoriamente, – sob pena de nulidade a indicação da base de incidência objetiva e subjetiva – alínea a) do nº 2 do artigo 8º. Atento que está em causa taxa liquidada em 2012, mostra-se aplicável o já citado Regulamento Municipal de Vila Nova de Gaia – Regulamento Municipal de Taxas e Compensações Urbanísticas de Vila Nova de Gaia –, em cujo artigo 52º se prevê que nos pedidos de licenciamento dos postos de abastecimento de combustíveis sejam cobradas as taxas previstas em tabela anexa, cujo pagamento é efetuado aquando da apresentação do respetivo pedido. Por sua vez o artigo 100º do mesmo Regulamento Municipal prevê que sejam devidas taxas pela "instalação de postos de abastecimento de combustíveis", as quais são devidas anualmente até ao dia 31 de março do ano a que respeitem. [(2) Artigo 100º – Instalação de postos de abastecimento de combustíveis: 1 – Pela instalação de postos de abastecimento de combustíveis são devidas, anualmente, as taxas previstas na Tabela Anexa ao presente Regulamento, devendo o pagamento ser efectuado até ao dia 31 de Março do ano a que respeite. 2 – Ficam isentos do pagamento das taxas previstas no número anterior, os postos de abastecimento licenciados ao abrigo do presente Regulamento, por um período de 10 anos.] Resulta, assim, que o regulamento municipal prevê a cobrança de duas taxas tendo por incidência objetiva a instalação de postos de abastecimento de combustíveis: uma primeira aquando da apresentação do pedido de licenciamento, e que respeita ao licenciamento concedido ao abrigo das competências atribuídas ao município pelo artigo 5º do Decreto-Lei nº 267/2002, calculada e consignado nos artigos 58º, nº 3, e 68º, alínea f), do mesmo regulamento; E a outra de natureza periódica (anual), a cobrar no 1º trimestre de cada ano. Se no que respeita à primeira das taxas não parece oferecer dúvidas que o sujeito passivo da taxa é a entidade que apresenta o pedido de licenciamento, pois a mesma é paga em ato prévio do pedido de licenciamento, já no segundo caso suscitam-se sérias dúvidas sobre o respetivo sujeito passivo. Como se infere do artigo 3º do Regulamento Municipal, o mesmo limitou-se a repetir o que já consta do Regime Geral, que mais não passa do que um enunciado da teoria geral da relação jurídica tributária, ou seja, que o sujeito passivo é a pessoa singular ou coletiva que está vinculada ao cumprimento da prestação tributária. Todavia o Regulamento Municipal não prevê em qualquer outra norma sobre que pessoa está vinculada a esse cumprimento. É certo que, como refere Sérgio Vasques [(3) cfr. comentário ao artigo 7º do RGTAL, Cadernos IDEFF, nº 8, Almedina, pág. 124] «constituindo as taxas tributos rigorosamente comutativos, assentes sobre prestações efetivamente provocadas ou aproveitadas pelos particulares, a delimitação objetiva acaba sempre por revelar nelas maior importância que a delimitação da incidência subjetiva, podendo dizer-se que, bem delimitadas as prestações públicas locais, é razoavelmente fácil as mais das vezes saber quem fica obrigado ao pagamento das taxas correspondentes». Sucede que a delimitação da incidência objetiva da taxa de impacto ambiental negativo no artigo 100º do Regulamento Municipal é demasiado genérica e equívoca. Ao prever a cobrança anual da taxa pela "instalação de postos de abastecimento de combustíveis", a norma parece ter como objeto de incidência o ato de "instalação" que é contemporâneo do ato do seu licenciamento. Todavia a natureza periódica do tributo chama à colação o caráter permanente da tributação que se repete todos os anos, o que conjugado com a epígrafe da Parte II do Regulamento – "Actividades geradoras de impacto ambiental negativo" – em que a norma está inserida, conduz a que a mesma tenha por referência a atividade desenvolvida na própria "instalação" ou posto de abastecimento e que é suscetível de provocar uma atuação por parte dos serviços municipais ou danos no meio ambiente. Todavia e como se alcança da fundamentação aduzida no ato de liquidação da taxa, esta foi calculada nos termos do nº 3 do artigo 58º do Regulamento Municipal (RMTCU) [(4) 3 – Em operações urbanísticas que integrem o uso de posto de abastecimento de combustíveis, será adicionado ao valor resultante do cálculo descrito no ponto 1, um valor de compensação adicional determinado de acordo com a mesma fórmula, em que: K1 terá o valor de 4,15 em parcelas localizadas total ou parcialmente na faixa de 500 metros adjacente a Eixos de Alta Capacidade ou Eixos Concelhios Estruturantes em qualquer zona do concelho; o valor de 2 quando localizadas em zona I nos termos do artigo 6º; o valor de 1,25 quando localizadas em zona II nos termos do artigo 6º; Para o cálculo de K2, o Índice de utilização (Iu) corresponde ao número de ilhas (unidades de abastecimento com capacidade funcional para abastecer em simultâneo até duas viaturas), com excepção dos pontos de abastecimento de veículos eléctricos; A ac terá o valor de 1000] – cfr. ponto i) do probatório –, o qual respeita às compensações ao município por "projectos de loteamento e pedidos de licenciamento de operações urbanísticas de impacto relevante", o que suscita ainda maiores interrogações sobre os fins visados pelo tributo. Por sua vez o nº 2 do artigo 100º do mesmo Regulamento Municipal prevê uma isenção da taxa durante os primeiros 10 anos a contar da data do licenciamento ao abrigo do mesmo regulamento, o que parece incutir que esse benefício fiscal é titulado pela pessoa a quem é atribuída a licença. Ora, mostra-se essencial a junção aos autos do Regulamento municipal donde conste a fundamentação económica que presidiu à criação da taxa em causa. E que o texto do regulamento publicado no D.R., II série, nº 140, de 22 de Julho de 2011, embora contenha os anexos com os cálculos da taxa (art. 29º do Anexo III [(5) Artigo 29º – Instalação de Postos de Combustíbeis Instalação de postos de combustíveis, por ano: 1.1 – Localizada em Zona A, em função do valor de KI – 4,15 nos termos do nº 3 do artigo 58º ..... 5.000 – 1.2 – Localizada em Zona B, em função do valor de KI – 2 nos termos do nº 3 do artigo 58º ..... 2.500 – 1.3 – Localizada em Zona C, em função do valor de KI – 1,25 nos termos do nº 3 do artigo 58º ..... 1.500]) não contém outros elementos sobre a fundamentação económica (na NET consta um folheto do município de Vila Nova de Gaia, donde consta – capítulo I – Ambiente –, seção IV – sustentabilidade local – promoção da qualidade urbanística, territorial e ambiente – que «afixação dos tributos previstos na presente secção tem por sinalagma a promoção e preservação do equilíbrio urbano e ambiental. Assim, é proposto um critério único de desincentivo face à afetação negativa da paisagem urbana em reforço da sustentabilidade local»). Ora, se a taxa tem por sinalagma "a promoção e preservação do equilíbrio urbano e ambiental" e o critério considerado é de desincentivo, a mesma visa penalizar os sujeitos passivos que desenvolvam tal atividade e para a qual estejam licenciados [(6) Constituindo igualmente um elemento aferidor da natureza do tributo], sendo certo que interessa saber qual é o referido critério de desincentivo. E a justificação adiantada e comunicada à impugnante no âmbito da reclamação graciosa não responde a tal desiderato, tal é a abstração do seu teor, senão mesmo ininteligibilidade. [(7) Ali se menciona: «a cobrança deste tributo justifica-se pelo facto de o impacte no tecido urbano envolvente destas operações urbanísticas não ser proporcional aos parâmetros existentes das operações correntes, designadamente pela sua reduzida área de construção e pela sua elevada dependência e forte afectação dos principais eixos viários concelhios, impõe-se adequar, estas utilizações à real afectação das áreas envolventes pelas operações urbanísticas em causa»]. Por outro lado decorre do ponto d) da matéria de facto assente na sentença recorrida, que o posto de abastecimento de combustíveis foi objeto de licenciamento em 23/12/2008 em nome da sociedade "B......, S.A.". E de acordo com a mesma factualidade a impugnante explora o referido posto de abastecimento na sequência de contrato celebrado com aquela sociedade – ponto e) do probatório. Desconhece-se, contudo, os termos desse contrato, sendo certo que não se alcança a que documento se refere o tribunal "a quo" quando remete no referido ponto e) do probatório para "fls. 4 do PA". De facto, mostram-se apensos ao I volume dos autos dois processos relativos reclamação graciosa, em cuja petição a reclamante invoca que "apenas explora o PA ao abrigo de contrato celebrado com a B......". Todavia não se mostra junto qualquer documento que sirva de suporte a essa afirmação. Ora, se não está em causa que a impugnante explore o posto de abastecimento em causa, também é certo que não ficaram definidos na sentença recorrida os termos dessa exploração. Na redação inicial do Decreto-Lei nº 267/2002, previa o artigo 16º nº 1, alínea b), a obrigatoriedade da entidade exploradora de um posto de abastecimento solicitar o averbamento no processo da "mudança de entidade exploradora e de responsável técnico". Com as alterações introduzidas pelo Decreto-Lei nº 389/2007, de 30 de novembro, tal imposição foi revogada. Por sua vez, com as alterações introduzidas pelo Decreto-Lei nº 31/2008, de 25 de fevereiro, foi introduzida a figura do "técnico responsável pela exploração" – artigos 14º nº 4 e 5, e 18º nº 2. Atento o regime jurídico instituído no Decreto-Lei nº 267/2002, com as sucessivas alterações supra citadas, e Portaria nº 1188/2003, de 10 de outubro, resulta que para o legislador, a sociedade que detém a titularidade do licenciamento é que é a responsável pelo exercício da atividade, independentemente de poder ceder a exploração do posto de abastecimento a outra pessoa ou entidade. Importante é que seja indicado um responsável técnico (engenheiro técnico com formação adequada). Daí que aparentemente a matéria levada à alínea e) do probatório da sentença recorrida é por si só inócua para julgar a questão da "incidência subjetiva da taxa impugnada", uma vez que se desconhece se ao abrigo do mencionado contrato foi transmitida a titularidade da licença de exploração e do posto de abastecimento. Afigura-se-nos, assim, que a matéria de facto levada ao probatório se revela insuficiente para apreciar as questões suscitadas pela impugnante. 4. Em face do exposto entendemos que a sentença recorrida padece do vício de insuficiência da matéria de facto que permita proferir decisão de mérito sobre as questões suscitadas pela Recorrente, impondo-se a sua revogação e baixa dos autos à 1ª instância, ao abrigo do artigo 682º, nº 3 do CPC, aplicável subsidiariamente ao processo judicial tributário, a fim de serem recolhidos elementos sobre o contrato celebrado entre a impugnante e a "B..., S.A." relativos à cedência de exploração do posto de abastecimento, assim como instruir os autos com o regulamento municipal e respetiva fundamentação económica ao abrigo do qual foi liquidado o tributo impugnado.» 1.5. Corridos os vistos legais, cabe decidir. FUNDAMENTOS. 2. Na sentença recorrida julgou-se provada a matéria de facto seguinte: a) Em 21/01/2012, foi elaborada pelos serviços da Gaiurb – Urbanismo e habitação, EEM, uma informação sobre o Posto de Abastecimento de Combustíveis localizado na Estrada Nacional nº 1 KM 292, ... 4415-382, onde se concluía pela liquidação de taxa, recaindo sobre tal informação o despacho datado de 23/01/2012 da Vereadora, ... com o seguinte teor: "Concordo. Notifique-se nos termos da informação antecedente" (cf. fls. 1/1v dos processos administrativos nº 92/12 e nº 93/12 apensos aos autos doravante, apenas, PA). b) Em 07/02/2012, através das facturas nº 226141PUB/2012 e 22615/PUB/2012, respectivamente, a impugnante foi notificada para proceder ao pagamento dos montantes de €5.000,00 e €5.000,00, relativos a "Instalação e funcionamento de postos de abastecimento de combustíveis – pagamento de taxa anual – Artigo 100º do Regulamento Municipal de Taxas e Compensações Urbanísticas" (cf. fls. 10/11 dos PA). c) Por não se conformar com as liquidações a impugnante apresentou reclamação prévia em 16/03/2012, juntando para o efeito as Licenças de Exploração do Posto de Abastecimento de Combustíveis e certidão da 2ª Conservatória do Registo Predial de Vila Nova de Gaia (cf. fls. 3/9 dos PA). d) Em 23/12/2008 o Ministério da Economia e da Inovação, através da Direcção Regional da Economia do Norte, emitiu em nome da B..............., S.A., a "Licença de Exploração nº 161 (Proc. N° D-38158/P)" e a "Licença de Exploração nº 162 (Proc. Nº D-38159/P,)" relativas "Instalações de Armazenagem de Produtos de Petróleo e de Abastecimento de Combustíveis Líquidos e Gasosos" (cf. fls. 12/13 do P.A.). e) A impugnante explora o posto de abastecimento alvo das liquidações ao abrigo de contrato celebrado com a B.............. (cf. fls. 4 do PA). f) Na sequência da apresentação da reclamação referida em c), os Serviços da Gaiurb elaboraram em 09/11/2012 uma informação onde pugnavam por nova notificação das liquidações à impugnante "contemplando a fundamentação de facto e de direito, bem como a indicação dos meios de defesa e prazos de reacção contra o acto notificado" (cf. fls. 19/20v do PA). g) Sobre a informação referida em recaiu o despacho de 15/11/2012, da Vereadora, ... de "Concordo" (cf. fls. 19 do PA). h) Em 15/11/2012, pelos ofícios com as referências 3302/12 e 3303/12, respectivamente, a impugnante foi notificada da "liquidação das taxas devidas pela instalação e funcionamento de posto de abastecimento de combustíveis" (cf. fls. 21 do PA). i) Consta dos mencionados ofícios a seguinte fundamentação: "Nos termos do disposto no artigo 100º do Regulamento Municipal de Taxas e Compensações Urbanísticas de Vila Nova de Gaia (RMTCU), publicado na 2ª Série do Diário da República de 22 de Julho de 2011) e ao abrigo do artigo 6º, nº 2 da Lei nº 53-E/2006, de 29 de dezembro, a instalação de postos de abastecimento de combustíveis na área do Concelho integra a actividade privada susceptível de causar impacto ambiental negativo, encontrando-se, por isso, sujeita ao pagamento de uma taxa anual, variável em função da zona de localização e cujo valor se encontra previsto no nº 1.1 do artigo 29º da tabela de taxas constante do Anexo I do mesmo Regulamento, sendo que, no caso concreto, o posto de abastecimento explorado pela requerente se encontra localizado em Zona A, tendo liquidada a taxa sido calculada nos termos do nº 3 do artigo 58º do RMTCU" (cf. fls. 21 do PA). j) A presente impugnação foi intentada em 10/07/2012 (cf. fls. 1 dos autos). 3.1. A sentença recorrida enunciou como questões a decidir as seguintes: – Saber se ocorre a ilegitimidade (substantiva) da impugnante, pelo facto de as licenças de exploração do posto de abastecimento terem sido emitidas pela Direcção Regional de Economia (DRE) do Norte em nome da B......, SA, sendo esta a proprietária do mesmo. – Saber se ocorre falta de atribuições e competência do Município de Vila Nova de Gaia para o licenciamento e fiscalização do posto de abastecimento em causa, uma vez que tal atribuição pertence à DRE. – Saber se o tributo em causa (previsto no artigo 100º, nº 1 do Regulamento respectivo) tem natureza de taxa ou imposto. E apreciando-as, concluiu: – Quanto à ilegitimidade: não obstante as Licenças de Exploração do posto de abastecimento tenham sido emitidas em 2008, em nome da B..., SA, presentemente é ela (impugnante) quem mediante contrato de exploração celebrado com aquela entidade explora esse posto de abastecimento, sendo por ele responsável em todas as questões que ao dito posto digam respeito, inclusive pelas taxas, daí que as taxas tenham sido emitidas em seu nome. Além de que uma coisa é a Licença de Exploração que foi concedida pela DREN à B..., SA, pelo prazo de 20 anos, permitindo-lhe durante esse período explorar da forma que bem entenda o Posto de Combustível, outra, bem distinta, são as taxas devidas pelo impacto ambiental negativo que tal instalação e funcionamento acarreta, as quais são responsabilidade de quem explora o posto de combustível: no caso, a impugnante (cfr. o nº 2 do artigo 6º da Lei nº 53-E/2006, de 29 de dezembro), tal como resulta da fundamentação que lhe foi comunicada aquando da notificação das liquidações impugnadas. – Quanto à competência do Município para o licenciamento e fiscalização do posto de abastecimento em questão: Embora na tese da impugnante tal atribuição pertença à DRE, ela está a confundir o licenciamento da exploração do posto de combustível (mediante a atribuição da Licença de Exploração cuja competência pertence à DREN), com a liquidação de taxa de impacto ambiental negativo gerado por essa actividade cuja competência pertence ao Município, tal qual resulta do Regulamento Municipal de Taxas e Compensações Urbanísticas e do artigo 6º, nº 2 e 7º, ambos da Lei nº 53-E/2006 de 29 de dezembro. – Quanto à natureza do tributo – taxa ou imposto: Embora a impugnante considere que este tributo (exigido no artigo 100º nº 1 do citado Regulamento tem a natureza de imposto), carece de razão, pois que, conforme a jurisprudência (do Tribunal Constitucional e do STA) e a doutrina têm sublinhado, atendendo ao disposto nos artigos 3º, nº 2 e 4º, nº 2, ambos da LGT, bem como no artigo 2º da Lei nº 53-E/2006 de 29 de dezembro (diploma que aprovou o Regime Geral das Taxas das Autarquias Locais – RGTAL), no conceito de taxa aparece sempre como facto gerador a contraprestação ou, dizendo de outra forma, o seu pressuposto assenta sempre na realização de uma actividade da entidade pública administrativa. E, no caso, os tributos impugnados têm a natureza de taxas dada a existência de uma contraprestação por parte do Município, que consiste sempre numa actividade de vigilância e de acções de prevenção, não só para dar cumprimento à lei, como principalmente para evitar riscos quanto à segurança de pessoas e bens, os riscos para a saúde pública e os riscos ambientais associados à existência e funcionamento daqueles postos de combustíveis se concretizem, sendo que o funcionamento e exploração de postos de abastecimento de combustíveis envolve riscos quer para a segurança quer para a saúde da população em geral e seguramente interfere com a qualidade do ambiente atenta a emissão de gases e libertação de vapores e outros poluentes a que acresce a emissão de ruídos em face da afluência de veículos a determinado local e a concentração (pela armazenagem) de combustível ali existente, o que implicou que o legislador tenha criado um quadro normativo apertado com carácter preventivo e tenha consagrado um sistema de fiscalização imposto aos Municípios. Destarte, a taxa liquidada não configura um imposto, antes concretizando uma contrapartida específica por parte do Município nos moldes acima mencionados. 3.2. Discordando, a recorrente imputa à sentença erro de julgamento quanto à interpretação das normas que aqui serão aplicáveis, continuando a sustentar (i) que não é ela o sujeito passivo da taxa em causa, (ii) que não confunde pedido de licenciamento da exploração do posto de combustível com liquidação da taxa aqui controvertida, sendo que também é da competência da DRE a actividade de fiscalização da actividade dos postos de abastecimento em causa, mesmo no que respeita ao impacto ambiental eventualmente causado e se, porventura, o Município desenvolve actividades preventivas e de vigilância em matéria que compete à DRE, não pode pretender valer-se do exercício dessas competências que lhe são alheias, para liquidar uma taxa em virtude de "serviços" que não lhe cabe prestar e (iii) que a taxa em crise é um tributo, pois que não visa compensar o Município pela realização de uma qualquer prestação pública, nem assenta em qualquer dos pressupostos previstos nos artigos 3º do RGTAL e 4º da LGT, como também não assenta na remoção de um obstáculo jurídico à instalação e exploração dos postos de abastecimento (uma vez que os mesmos já se encontram instalados e a sua actividade devidamente licenciada), nem assenta na utilização de qualquer bem do domínio público municipal (pois os postos de abastecimento estão totalmente implantados em propriedade privada) nem em qualquer prestação concreta de um serviço público local. Estas são, portanto, as questões a decidir no recurso. Vejamos. 4.1. A Lei nº 53-E/2006, de 29 de dezembro, aprovou o regime geral das taxas das autarquias locais (RGTAL). Além do mais, dispõe-se nesse diploma: Artigo 6º – Incidência objectiva «1 – As taxas municipais incidem sobre utilidades prestadas aos particulares ou geradas pela actividade dos municípios, designadamente: (...). 2 – As taxas municipais podem também incidir sobre a realização de actividades dos particulares geradoras de impacto ambiental negativo. (...). Artigo 7º – Incidência subjectiva 1 – O sujeito activo da relação jurídico-tributária geradora da obrigação de pagamento das taxas previstas na presente lei é a autarquia local titular do direito de exigir aquela prestação. 2 – O sujeito passivo é a pessoa singular ou colectiva e outras entidades legalmente equiparadas que, nos termos da presente lei e dos regulamentos aprovados pelas autarquias locais, esteja vinculado ao cumprimento da prestação tributária. (...). Artigo 8º – Criação de taxas 1 – As taxas das autarquias locais são criadas por regulamento aprovado pelo órgão deliberativo respectivo. 2 – O regulamento que crie taxas municipais ou taxas das freguesias contém obrigatoriamente, sob pena de nulidade: a) A indicação da base de incidência objectiva e subjectiva; b) O valor ou a fórmula de cálculo do valor das taxas a cobrar; c) A fundamentação económico-financeira relativa ao valor das taxas, designadamente os custos directos e indirectos, os encargos financeiros, amortizações e futuros investimentos realizados ou a realizar pela autarquia local; (...)» 4.2. Por sua vez, nos artigos 52º, 58º e 100º do Regulamento Municipal de Taxas e Compensações Urbanísticas de Vila Nova de Gaia (RMTCU) – publicado no DR, II série, nº 140, de 22/7/2011 – Aviso nº 14751/2011 – dispõe-se o seguinte: Artigo 52º – Taxas do processo de licenciamento de Instalações de armazenamento de produtos de petróleo e de postos de abastecimento de combustíveis «1 – Nos pedidos de licenciamento de instalações de armazenamento de produtos de petróleo e de postos de abastecimento de combustíveis serão cobradas as taxas previstas na Tabela Anexa ao presente Regulamento. 2 – O pagamento de taxas de apreciação dos pedidos de licenciamento deverá ser efectuado aquando da entrega do respectivo processo nos serviços municipais. Artigo 58º – Cálculo do valor da compensação em numerário nos loteamentos e operações urbanísticas de impacte relevante 1 – O valor, em numerário, da compensação a pagar ao município será determinado de acordo com a seguinte fórmula: Compensação (euro) = [K1 x K2 x Aac (m2) x C (euro/m2)]/20 em que: (...) 2 – O preceituado no número anterior é também aplicável, com as devidas adaptações, ao cálculo do valor da compensação em numerário às obras de edificação com impacto urbanístico relevante, conforme descritas no artigo 68º do presente Regulamento. 3 – Em operações urbanísticas que integrem o uso de posto de abastecimento de combustíveis, será adicionado ao valor resultante do cálculo descrito no ponto 1, um valor de compensação adicional determinado de acordo com a mesma fórmula, em que: (...) Artigo 100º – Instalação de postos de abastecimento de combustíveis 1 – Pela instalação de postos de abastecimento de combustíveis são devidas, anualmente, as taxas previstas na Tabela Anexa ao presente Regulamento, devendo o pagamento ser efectuado até ao dia 31 de Março do ano a que respeite. 2 – Ficam isentos do pagamento das taxas previstas no número anterior, os postos de abastecimento licenciados ao abrigo do presente Regulamento, por um período de 10 anos.» 4.3. No caso, conforme decorre da factualidade provada [alíneas b), h) e i) do Probatório] a liquidação impugnada reporta-se ao "pagamento de taxa anual" prevista no artigo 100º do apontado RMTCU, devida pela "Instalação e funcionamento de posto de abastecimento de combustíveis". E na fundamentação que foi notificada à recorrente, acrescentando-se a referência ao artigo 6º, nº 2, da Lei nº 53-E/2006, de 29 de dezembro, mais se consigna que a instalação de postos de abastecimento de combustíveis na área do concelho integra a actividade privada susceptível de causar impacto ambiental negativo, encontrando-se, por isso, sujeita ao pagamento de uma taxa anual, variável em função da zona de localização e cujo valor se encontra previsto no nº 1.1 do artigo 29º da tabela de taxas constante do Anexo I do mesmo Regulamento, sendo que, no caso concreto, o posto de abastecimento explorado pela requerente se encontra localizado em Zona A, tendo a taxa liquidada sido calculada nos termos do nº 3 do art. 58º do RMTCU. Por outro lado, o posto de abastecimento aqui em causa situa-se junto a estrada nacional [al. a) do probatório], pelo que ficaria afastada a competência do município para o respectivo licenciamento (cfr. o disposto nos artigos 5º e 6º do Decreto-Lei nº 267/2002, de 26 de novembro, que confere tal competência às direções regionais de economia – DRE). Sendo certo, contudo, que também vem provado [al. d) do Probatório] que o licenciamento do posto de abastecimento em causa foi deferido pela DRE Norte e obtido por outra entidade (a B................., S.A.) que não a impugnante. Mas, como se viu, as taxas municipais podem também incidir sobre a realização de atividades dos particulares geradoras de impacto ambiental negativo (supra transcrito nº 2 do artigo 6º do RGTAL) e podem ser criadas por Regulamento Municipal, o qual deve conter, obrigatoriamente, a indicação da base de incidência objectiva e subjectiva [alíneas a) do nº 2 do artigo 8º do RGTAL]. Ora, atentando nas mencionadas normas do regulamento municipal (RMTCU) vemos que nelas se prevê a cobrança de duas taxas tendo por incidência objectiva a instalação de postos de abastecimento de combustíveis: uma primeira aquando da apresentação do pedido de licenciamento [e que respeita ao licenciamento concedido ao abrigo das competências atribuídas ao município pelo artigo 5º do Decrteto-Lei nº 267/2002, (Segundo o qual, é da competência das câmaras municipais (a) o licenciamento de instalações de armazenamento de combustíveis; e (b) o licenciamento de postos de abastecimento de combustíveis não localizados nas redes viárias regional e nacional.) calculada e consignada nos segundo os termos dos artigos 58º, nº 3 e 68º, alínea f), do mesmo regulamento] e a outra de natureza periódica (anual), a cobrar no 1º trimestre de cada ano. E se em relação à primeira das taxas parece claro que o respectivo sujeito passivo seja a entidade que pretende o licenciamento, já em relação à segunda se podem suscitar dúvidas a esse respeito, pois que o artigo 3º do dito Regulamento Municipal se limita a repetir o que já consta do regime geral (RGTAL): que o sujeito passivo é a pessoa singular ou colectiva que está vinculada ao cumprimento da prestação tributária; sem que, todavia, no mesmo RMTCU se preveja que pessoa está vinculada a esse cumprimento. (Sobre a incidência subjectiva Sérgio Vasques [Comentário ao artigo 7º do RGTAL, Cadernos IDEFF, nº 8, Almedina, pág. 124] salienta que «constituindo as taxas tributos rigorosamente comutativos, assentes sobre prestações efetivamente provocadas ou aproveitadas pelos particulares, a delimitação objetiva acaba sempre por revelar nelas maior importância que a delimitação da incidência subjetiva, podendo dizer-se que, bem delimitadas as prestações públicas locais, é razoavelmente fácil as mais das vezes saber quem fica obrigado ao pagamento das taxas correspondentes».) Acrescendo que, como pondera o MP, a delimitação da incidência objectiva dessa taxa de impacto ambiental negativo está prevista em termos genéricos no dito art. 100º do Regulamento Municipal, prevendo-se a cobrança anual da taxa pela "instalação de postos de abastecimento de combustíveis": embora a taxa seja devida pela instalação, apela-se, contudo, à natureza periódica (anual) do tributo, o que, face, também, à epígrafe da Parte II do Regulamento – "Actividades geradoras de impacto ambiental negativo" – em que a norma está inserida, conduz a que a mesma tenha por referência a actividade desenvolvida na própria "instalação" ou posto de abastecimento, e que é susceptível de provocar ou uma actuação por parte dos serviços municipais ou danos no meio ambiente. Porém, como se vê da fundamentação aduzida no acto de liquidação da taxa, esta foi calculada nos termos do nº 3 do artigo. 58º do RMTCU [cfr. al. i) do probatório], que respeita às compensações ao município por "projectos de loteamento e pedidos de licenciamento de operações urbanísticas de impacto relevante", o que suscita ainda maiores interrogações sobre os fins visados pelo tributo. Sem esquecer, ainda, que no nº 2 do artigo 100º do mesmo Regulamento se prevê isenção da taxa durante os primeiros 10 anos a contar da data do licenciamento, acentuando dúvidas sobre se esse benefício fiscal é titulado pela pessoa a quem é atribuída a licença ou por quem desenvolve a actividade na instalação. Ora, (i) não constando do questionado Regulamento Municipal (publicado, como se disse, no DR, II série, nº 140, de 22/7/2011) elementos sobre a fundamentação económica da taxa em causa, (ii) se, de acordo com a alegação da recorrida, «consta da Nota Justificativa da proposta de alteração do Regulamento, submetida a Apreciação Pública, a previsão da taxa em questão surge na sequência do disposto no nº 2 do artigo 6º do RGTAL que dispõe que as taxas municipais podem incidir sobre a realização de atividades dos particulares geradoras de impacto ambiental negativo», «[a]liado à circunstância de existirem certos domínios das atividades económicas que foram identificados e considerados no Regulamento, e com os fundamentos constantes da nota justificativa, como o maior exemplo de atividades geradoras de impacto ambiental negativo, onde consta a existência de postos de abastecimento de combustíveis junto aos eixos rodoviários e vias estruturantes mas também a instalação de infraestruturas de radiocomunicações, a ocupação do solo com parques de estacionamento a descoberto e os stands de exposição para venda de veículos automóveis ou outros objetos ao ar livre», (iii) se o posto de abastecimento de combustíveis aqui em questão foi objecto de licenciamento em 23/12/2008 em nome da sociedade "B......., S.A." [al. d) do Probatório] e se (iv) a impugnante explora o referido posto de abastecimento na sequência de contrato celebrado com aquela sociedade ([al. e) do Probatório], desconhecendo-se, contudo, como bem sublinha o MP, os termos desse contrato e não se alcançando a que documento se refere a sentença quando, nessa al. e) remete para "fls. 4 do PA", então uma vez que face ao regime jurídico instituído no Decreto-Lei nº 267/2002 (considerando as sucessivas alterações e a Portaria nº 1188/2003, de 10 de outubro), a sociedade que detém a titularidade do licenciamento é que é a responsável pelo exercício da actividade, independentemente de poder ceder a exploração do posto de abastecimento a outra pessoa ou entidade (relevante é que seja indicado um responsável técnico), é de concluir que a factualidade especificada na al. e) do Probatório é, por si só, inócua e insuficiente para julgar as questões suscitadas na impugnação, nomeadamente a atinente à incidência subjectiva do tributo, dado que, além do mais, se desconhece se ao abrigo do mencionado contrato foi transmitida a titularidade da licença de exploração e do posto de abastecimento e não se nos afigura que tal factualidade seja despicienda para a apreciação do mérito do recurso. Perante o exposto, impõe-se revogar a decisão recorrida e determinar a baixa dos autos à 1ª instância para ampliação da matéria de facto e prolação de nova decisão que, sendo caso disso, a tenha em conta (artigos 662º, nº 2, alínea c) e 682º, nº 3 do CPC), ficando, consequentemente, prejudicada a apreciação das demais questões suscitadas no recurso. DECISÃO. Termos em que se acorda em dando provimento ao recurso, anular a decisão recorrida, que deve ser substituída por outra que decida, após ampliação da base factual necessária para a aplicação do direito nos termos acima enunciados. Sem custas. Lisboa, 27 de Setembro de 2017. – Casimiro Gonçalves (relator) – Francisco Rothes – Aragão Seia.

Comentário:

1. Enquadramento das contraprestações por serviços locais.
2. Preços e tarifas. Contraprestação por "serviços públicos locais" em cuja fixação do valor as autarquias locais se devem orientar por critérios de mercado (cobertura de custos). Relação jurídica bilateral identificada pela prestação do serviço.
3. Taxas. Contraprestação por "serviços públicos locais" cujo valor tem de ser fixado pelas autarquias locais com respeito pelo princípio da proporcionalidade. Relação jurídica bilateral identificada pela prestação do serviço.
4. Impostos municipais. Prestações pecuniárias coactivas impostas por lei e consignadas ao financiamento municipal (com o reconhecimento da possibilidade de exercício de alguns poderes tributários locais), baseadas na capacidade contributiva expressa em factos tributários como o rendimento ou o património. Ausência de bilateralidade.
5. O Regime Financeiro reconhece a municípios e freguesias o poder de criar taxas, constituindo o produto da respetiva cobrança receita própria, podendo proceder à liquidação e cobrança, incluindo cobrança coerciva.
6. No quadro do Regime Financeiro (no artigo 3º), o legislador afastou a proibição da consignação (absoluta), entre outras receitas das autarquias, as tarifas/preços, seguramente por compreender que a consignação constitui a melhor forma de assegurar o cumprimento do princípio da cobertura de custos a que estas prestações dizem respeito.
7. O mesmo problema se coloca em relação às taxas cobradas pelas autarquias, tanto assim é, que estão vinculadas ao princípio da equivalência.

8. Sobre o princípio da não consignação: não pode afetar-se o produto de quaisquer receitas à cobertura de determinadas despesas. No entanto, este regime permite exceções a este princípio e que se encontram tipificadas na lei, nomeadamente as receitas provenientes de: Fundos comunitários; Fundo social municipal; Cooperação técnica e financeira; Empréstimos a médio e longo prazos para aplicação em investimentos ou contraídos no âmbito de mecanismos de recuperação financeira; Receitas provenientes dos preços cobrados nas situações previstas no nº 8 do artigo 21º.

9. Nessa medida, é possível afirmar também que, "(...) a evolução do nosso direito tem sido no sentido da progressiva afirmação do princípio da cobertura de custos e do concomitante recuo da gratuitidade, não apenas por razões de justiça tributária mas pelas razões de equilíbrio financeiro que tão vivamente se impõem no domínio autárquico." in Vasques, Sérgio, (2008), Regime das Taxas Locais. Introdução e comentário. Cadernos IDEFF. Nº 8. Almedina. Coimbra. 2008.

Artigo 3º – Taxas das autarquias locais

As taxas das autarquias locais são tributos que assentam na prestação concreta de um serviço público local, na utilização privada de bens do domínio público e privado das autarquias locais ou na remoção de um obstáculo jurídico ao comportamento dos particulares, quando tal seja atribuição das autarquias locais, nos termos da lei.

Remissão:

1. Ver artigos 5º e 6º da presente lei.

Anotação:

1. A Lei Geral Tributária foi aprovada pelo Decreto-Lei nº 398/98, de 17 de dezembro, e vigora com as alterações da Lei nº 44/2022 de 8 de julho. A presente lei regula as relações jurídico-tributárias, sem prejuízo do disposto no direito da União Europeia e noutras normas de direito internacional que vigorem diretamente na ordem interna ou em legislação especial. Para efeitos da presente lei, consideram-se relações jurídico-tributárias as estabelecidas entre a administração tributária, agindo como tal, e as pessoas singulares e colectivas e outras entidades legalmente equiparadas a estas. Integram a administração tributária, para efeitos do número anterior, a Autoridade Tributária e Aduaneira, as demais entidades públicas legalmente incumbidas da liquidação e cobrança dos tributos, o Ministro das Finanças ou outro membro do Governo competente, quando exerçam competências adminis-

trativas no domínio tributário, e os órgãos igualmente competentes dos Governos Regionais e das autarquias locais. O artigo 4º dispõe o seguinte:

Artigo 4º – Pressupostos dos tributos

1 – Os impostos assentam essencialmente na capacidade contributiva, revelada, nos termos da lei, através do rendimento ou da sua utilização e do património.

2 – As taxas assentam na prestação concreta de um serviço público, na utilização de um bem do domínio público ou na remoção de um obstáculo jurídico ao comportamento dos particulares.

3 – As contribuições especiais que assentam na obtenção pelo sujeito passivo de benefícios ou aumentos de valor dos seus bens em resultado de obras públicas ou da criação ou ampliação de serviços públicos ou no especial desgaste de bens públicos ocasionados pelo exercício de uma actividade são consideradas impostos.

Jurisprudência:

1. Acórdão do Tribunal Constitucional nº 739/2021, de 22-09-2021. Acordam na 1ª Secção do Tribunal Constitucional. I – A Causa. 1. A., S.A. (que doravante será identificada neste Acórdão como a impugnante) impugnou, no Tribunal Administrativo e Fiscal de Almada, atos de liquidação de Taxa de Ocupação do Subsolo praticados pelo Município de Palmela (o ora recorrente). O processo correu os seus termos naquele tribunal com o número 434/14.3BEALM. 1.1. Contestou o Município de Palmela, invocando, designadamente, o seguinte: "[...]. 18º Assim, fazendo uso de uma interpretação sistemática e teleológica do artigo 12º do Contrato de Concessão visado, é manifesto que quer a renda devida quer as isenções concedidas se dirigem, apenas e só, à distribuição de energia elétrica em Baixa Tensão. 19º E não à distribuição em Média e Alta Tensão, como a Impugnante tenta alcançar ao transcrever extratos do Contrato de Concessão e do Decreto-Lei nº 230/2008, de 27 de novembro, ambos com objeto expressamente definido e dirigido em exclusivo à distribuição de energia em Baixa Tensão. 20º Pelo que nenhum deles poderia dispor acerca de isenções em Média e Alta Tensão, e justificar, deste modo, uma pretenda isenção nas liquidações em crise. 21º Em contrapartida, e em coerência, a renda devida à Impugnante contém-se no âmbito da energia elétrica em Baixa Tensão e não em Média e Alta Tensão. 22º Acresce que, ainda que não se tratasse de energia em Baixa Tensão [o que não é o caso, insiste-se] nunca o Governo, por Decreto-Lei [Decreto-Lei nº 230/2008], poderia conceder isenções dirigidas a bens do domínio público e privado do Município, sob pena de inconstitucionalidade. 23º Nos termos da Constituição, os municípios gozam de poder regulamentar e de poder tributário, em homenagem à sua autonomia administrativa e financeira, cfr. artigos 238º e 241º.

[...]. 29º Donde, em matéria tributária local e para bens pertencentes ao domínio municipal, somente o Município detém atribuições e competências próprias quer para taxar quer para conceder isenções ou benefícios fiscais, conforme habilitações expressas nas seguintes disposições legais: artigo 3º, nas alíneas g) e m), do artigo 10º, na alínea d) do artigo 11º, no nº 2 do artigo 12º e no nº 1 do artigo 15º, todos da Lei nº 2/2007, de 15 de janeiro (Lei das Finanças Locais), e, ainda, no artigo 3º, na alínea c) do nº 1 do artigo 6º e no nº 1 do artigo 8º, todos da Lei nº 53-E/2006, de 29 de dezembro (Regime Geral das Taxas das Autarquias Locais). 30º Ao contrário do que a impugnante pretende fazer crer na sua argumentação, em particular, nos artigos 8º, 47º e 48º, que se impugnam, defendendo reiteradamente a atribuição de isenções para toda a Rede, seja em Baixa Média ou Alta Tensão, ao abrigo da celebração de um Contrato de Concessão com o Município para a distribuição de energia em Baixa Tensão. 31º Pelo que não se diga que o quadro legal descrito no nº 3 do artigo 4º do Decreto-Lei nº 230/2008, de 27 de novembro, pode inverter o entendimento sustentado pelo impugnado, porquanto este diploma somente tem a virtualidade/habilitação de regular o regime de cálculo das rendas em Baixa Tensão, nos termos balizados pelo artigo 44º do Decreto-Lei nº 172/2006, de 23 de agosto, que, naturalmente, nunca se reporta nem prevê um direito universal das concessionárias a uma utilização gratuita dos bens. 32º A mera menção nesse articulado [nº 4 do artigo 3º supra identificado] a redes de Alta e Média Tensão contém uma justificação sistémica técnica já que todas as redes, em algum ponto, se encontrarão ligadas. 33º De facto, este diploma [Decreto-Lei nº 230/2008) implica uma leitura articulada quer do sistema de distribuição de energia quer dos diplomas que o regulam quer, ainda, das atribuições e competências dos Municípios, cuja autonomia constitucional, legal e regulamentar não pode ser despicienda. 34º E de resto, tomando-se por suporte toda a legislação habilitante em matéria de distribuição de energia elétrica, é facilmente percetível a inexistência de previsão de obrigação de concessão de isenções na rede de Alta e Média Tensão para bens que se encontrem no domínio público municipal. (...]. 63º Face ao que fica dito, forçoso é concluir que as taxas liquidadas à Impugnante pela ocupação e utilização do domínio municipal estão conformes com a Constituição, com a lei e com o regulamento municipal face ao quadro legal e contratual aplicável ao caso concreto: não existe Contrato de Concessão celebrado entre as partes para a distribuição de energia em Média e Alta Tensão, pelo que não há qualquer obrigação contratual entre as partes, quer no que respeita a realização de obras, quer no que respeita ao pagamento de rendas, havendo lugar, sim, ao pagamento das respetivas taxas que se encontram legal e regularmente fixadas ao abrigo de competência própria do Município. [...]" (sublinhados acrescentados). 1.1.1. Em primeira instância, por sentença datada de 22/05/2018, a impugnação foi julgada improcedente, considerando-se, em suma, que os atos impugnados continham fundamentação bastante e não incorriam em violação de Lei. 1.1.2. Desta decisão recorreu a impugnante para o Supremo Tribunal Administrativo (STA), invocando em seu favor, designadamente, a isenção expressamente prevista no artigo 3º, nº 4, do Decreto-Lei nº 230/2008, de 27 de novembro (cfr. conclusões 4ª a 7ª). 1.1.3. Nesse quadro apresentou o Município de Palmela contra-alegações, das quais consta, designadamente, o seguinte: "[...] a perspetiva do Município aqui recorrido quanto ao enquadramento jurídico do conflito 'sub judice' ficou expressa na sua contestação, de modo que julga ser suficientemente esclarecedora do seu pensamento, pelo que nesta sede reafirma a argumentação de direito que então aduziu, cumprindo apenas precisar umas breves e sucintas notas sobre a alegada violação do disposto no artigo 3º, nº 4, do Decreto-Lei nº 230/2008, de 27 de novembro [...]". Invocou, ainda, que este preceito se aplica apenas a contratos de concessão em baixa tensão e não em média e alta tensão e que "[...] nunca o Governo, por Decreto-Lei poderia conceder isenções dirigidas a bens do domínio público e privado do Município, sob pena de inconstitucionalidade [...]". 1.1.4. Por acórdão de 17/02/2021, o STA concedeu provimento ao recurso. Consta dos fundamentos da decisão, designadamente, o seguinte: "[...] A sentença alicerçou a legalidade da liquidação das taxas impugnadas na doutrina do já referido acórdão de 2 de Julho de 2017, proferido no processo com o nº 614/16, que aplicou, mediante transposição, para a situação sub judice, com o fundamento de que quer na situação dos autos quer na situação tratada por aquele aresto se discutia a isenção de taxas de ocupação de taxas do subsolo em função de um contrato de concessão de serviço público celebrado com o município (afirma a sentença: «Tal como no caso do Acórdão supra transcrito, também aqui a Impugnante vem alegar que tendo celebrado um Contrato com o Município se encontra isenta do pagamento de taxa de ocupação do subsolo uma vez que já paga renda ao referido Município»). No entanto, como salientaram a Recorrente e o Procurador-Geral-Adjunto neste Supremo Tribunal, naquele acórdão discutiu-se o direito à isenção de taxa municipal de ocupação do subsolo à luz da legislação aplicável às concessões de serviços públicos de distribuição de gás, motivo por que aí não foi apreciado, nem faria sentido que o fosse, o âmbito da aplicação e o alcance do artigo 3º, nº 4, do Decreto-Lei nº 230/2008, de 27 de novembro, que regula a renda devida aos municípios pela exploração da concessão de distribuição de eletricidade em baixa tensão. Ou seja, a Impugnante não invocou que estivesse isenta das taxas de ocupação do espaço público municipal relativas a abertura de valas e colocação de cabos de distribuição de energia elétrica de média tensão em razão de um qualquer contrato celebrado com o Município, mas antes que a liquidação dessas taxas violava o disposto no regime jurídico aplicável à atividade de distribuição de energia, designadamente o disposto no nº 4 do artigo 3º do Decreto-Lei nº 230/2008, de 27 de novembro. Ora, como salientam a Recorrente e o Procurador-Geral-Adjunto, a sentença não apreciou a questão tal como conformada na petição inicial, pois não apreciou a legalidade da liquidação à luz do disposto no nº 4 do art. 3º do Decreto-Lei nº 230/2008, de 27 de novembro. Vejamos: O Decreto-Lei nº 344-B/82, de 1 de setembro, «estabelece os princípios gerais da distribuição de energia elétrica em baixa tensão, bem como as condições a que devem obedecer os contratos de concessão a favor da A., quando a exploração seja feita nesse regime» (cfr. o preâmbulo do diploma). Nos termos do artigo 6º, nº 2, desse diploma legal, na redação que lhe foi dada pelo Decreto-Lei nº 17/92, de 5 de fevereiro, «[o]s municípios que tenham celebrado, ou venham a celebrar, com a A. contrato de concessão de distribuição de energia elétrica em baixa tensão terão direito a receber desta uma renda, a fixar por portaria conjunta dos Ministros das Finanças, do Planeamento e da Administração do Território e da Indústria e Energia», rendas essas definidas por portaria, designadamente pela Portaria nº 437/2001, de 28 de abril. Mas, não se circunscrevendo a atividade da A. à distribuição de eletricidade em baixa tensão, a sua atividade como concessionária da distribuição de eletricidade vem regulada noutros diplomas legais, designadamente no Decreto-Lei nº 172/2006, de 23 de agosto [...], que desenvolve os princípios gerais relativos à organização e ao funcionamento do sistema elétrico nacional (SEN), aprovados pelo Decreto-Lei nº 29/2006, de 15 de fevereiro [...], regulamentando o regime jurídico aplicável ao exercício das atividades de produção, transporte, distribuição e comercialização de eletricidade e à organização dos mercados de eletricidade. Dispõe o nº 1 da Base XXV do Capítulo IV do Anexo III ao Decreto-Lei nº 172/2006 (a que se refere o nº 6 do artigo 38º), quanto aos direitos da concessionária à utilização do domínio público: «No estabelecimento de instalações da rede de distribuição ou de outras infraestruturas integrantes da concessão, a concessionária tem o direito de utilizar os bens do Estado e das autarquias locais, incluindo os do domínio público, nos termos da lei». Por essa utilização dos bens do domínio público ou privado municipal, as autarquias têm direito a uma contrapartida, tal como previsto no art. 44º do Decreto-Lei nº 172/2006, de 23 de agosto, contrapartida que se traduz no pagamento da renda prevista no Decreto-Lei nº 230/2008, de 27 de novembro. Na verdade, dispõe o nº 4 do art. 3º desse diploma legal: «A obrigação de pagamento da renda anual pelas concessionárias da atividade de distribuição de energia elétrica em baixa tensão fica sujeita à atribuição efetiva da utilização dos bens do domínio público municipal, nomeadamente do uso do subsolo e das vias públicas para estabelecimento e conservação de redes aéreas e subterrâneas de distribuição de eletricidade em alta, média e baixa tensão afetas ao Sistema Elétrico Nacional (SEN), com total isenção do pagamento de taxas pela utilização desses bens» (sublinhados nossos). Assim, como ficou dito no recente acórdão deste Supremo Tribunal de 28 de outubro de 2020, proferido no processo com o nº 902/ /13.4BEALM [...], apesar de a questão aí discutida ser outra (nesse aresto estava em causa a legalidade de uma taxa por ocupação do denominado espaço aéreo municipal cobrada por um município à empresa transportadora de energia elétrica): «Neste caso, como afirmam alguns autores, a posição jurídica de autoridade legitimada em que se encontra a concessionária da rede elétrica e a situação de sujeição ao pagamento de indemnização ou compensação pela afetação do espaço dominial, faz desaparecer qualquer contraprestação possível da estrutura de uma eventual taxa a esse título, impossibilitando uma tributação, cfr. Paulo Dias Neves, em https://www.e-publica.pt/volumes/v2n1a11.html. Ou seja, as redes de energia elétrica de distribuição em MT e BT estão isentas de taxas de ocupação do subsolo por força do disposto no nº 4 do artigo 3º do Decreto-Lei nº 230/2008, de 27 de novembro». Igualmente, na Portaria nº 437/2001, de 28 de abril [...], que regulamenta o Decreto-Lei nº 344-B/82, de 1 de setembro, se prevê expressamente no art. 11º que «[a] obrigação do pagamento de renda pelo concessionário tem como condição necessária o direito deste à total isenção do pagamento de taxas pela utilização dos bens do domínio público municipal, nomeadamente pela ocupação das vias públicas com as redes de transporte e distribuição de energia elétrica». Em conclusão, do nº 3 do artigo 4º do Decreto-Lei nº 230/2008, de 27 de novembro, decorre que o pagamento da renda efetuado ao abrigo de Contrato de Concessão de Distribuição de Energia Elétrica em Baixa Tensão desonera as respetivas concessionárias do pagamento de quaisquer taxas pela ocupação do espaço público municipal com as infraestruturas de distribuição de energia elétrica em baixa, média ou alta tensão. Por outro lado, contrariando a argumentação do Recorrido, de que «[o] contrato de concessão em Baixa Tensão, celebrado entre o Município de Palmela e a A., excluiu expressamente as infraestruturas de Média Tensão e Alta Tensão», nada permite concluir que esse contrato restrinja a referida isenção à distribuição de energia elétrica em baixa tensão – admitindo, apenas para efeitos de exposição, que o pudesse fazer –, uma vez que o art. 4º desse contrato limita-se a atribuir à A. 'o direito de utilizar as vias públicas, bem como os respetivos subsolos, para o estabelecimento e conservação de obras e canalizações aéreas ou subterrâneas de baixa, média ou alta tensão, com o fim de prover ao fornecimento de energia elétrica'. Note-se ainda que o facto de nos artigos 6º e 7º do contrato de concessão celebrado entre a Recorrente e o Município se distinguir entre as 'instalações abrangidas' e as 'não abrangidas pela concessão' e se excluir da concessão as redes de média e alta tensão, tem como único propósito delimitar as instalações que, no final do contrato de concessão, irão reverter para o município, nos termos do artigo 13º do contrato de concessão e do artigo

7º do Decreto-Lei nº 344-B/82, de 1 de setembro, dele não podendo retirar-se argumento algum em favor da tese do Recorrido, ao contrário do que este sustenta. Concluímos, pois, que o legislador determinou de forma inequívoca, através do artigo 3º, nº 4, do Decreto-Lei nº 230/2008, de 27 de novembro, que a utilização dos bens do domínio público municipal por parte das concessionárias da atividade de distribuição de energia elétrica, com infraestruturas e outro equipamento de alta, média e baixa tensão, é comutada pela renda anual paga nos termos do Contrato de Concessão de Distribuição de Energia Elétrica em Baixa Tensão, «com total isenção do pagamento de taxas pela utilização desses bens». Nem se diga que a interpretação que ora subscrevemos viola a autonomia financeira e o poder tributário dos municípios, em violação dos princípios consagrados nos arts. 238º e 241º da CRP. A este propósito, limitar-nos-emos a remeter para a jurisprudência do Tribunal Constitucional (vide os seguintes acórdãos do Tribunal Constitucional: – nº 288/2004, de 27 de abril de 2004, proferido no processo com o nº 803/03 [...]; – nº 285/2006, de 3 de maio de 2006, proferido no processo com o nº 1020/04 [...]) que, no seu acórdão nº 288/2004 – em que apreciou a norma que atribuía à concessionária de serviço público de telecomunicações o direito de ocupação e utilização de vias de comunicação do domínio público, com isenção total de taxas e quaisquer outros encargos, sempre que tal se mostre necessário à implantação das infraestruturas de telecomunicações ou para a passagem de diferentes partes da instalação ou equipamentos necessários à exploração do objeto da concessão –, concluiu que as isenções de taxas que venham a ser concedidas em benefício de um serviço público essencial não constituem uma violação do princípio da autonomia do poder local, em especial do princípio da autonomia financeira local. Como refere o Tribunal Constitucional, da autonomia financeira e da disposição de património próprio das autarquias locais não pode resultar «uma garantia de todas e quaisquer posições patrimoniais contra a fixação, pelo Estado e na prossecução das suas incumbências próprias, do regime de utilização de bens como as vias públicas, tal como não pode resultar dessas garantias uma reserva de competência para todo o regime das taxas municipais. Ponto é que o conteúdo ou núcleo essencial da autonomia local não seja afetado»; o conteúdo ou núcleo da autonomia local são preservados face a isenção que apenas «afeta as autarquias na obtenção de receitas a partir de uma determinada utilização de certos objetos patrimoniais específicos: pela passagem de instalações [...] pela via pública, mas 'permanece em geral intocada a possibilidade de fruição económica do património da autarquia quanto a tudo o resto', sem se afetar a 'constituição financeira das autarquias'»; a isenção governamental que procura atender a interesses públicos constitucionais ultrapassa o âmbito das autarquias locais e, nesta medida, a dimensão da sua autonomia. Assim, e porque a criação de condições para a existência de um serviço público de distribuição de eletricidade constitui um modo de prosseguir objetivos com relevância constitucional, faz todo o sentido que o legislador pretenda isentar de determinados ónus as entidades que desempenham, ainda que em regime de concessão, uma atividade de primordial importância para a coletividade nacional e que teria, na sua falta, de ser assumida pelo próprio Estado. Por tudo o que ficou dito, concluímos que os atos de liquidação das taxas municipais ora impugnados padecem do vício de violação de lei que lhe é assacado, motivo pelo qual a sentença recorrida, que assim não entendeu, incorreu em erro de julgamento e, nessa medida, merece a censura que lhe é feita pela Recorrente. Consequentemente, o recurso será provido e, em consequência, será anulada a liquidação das taxas em causa. [...]" (sublinhados acrescentados; 1.2. O Município de Palmela (recorrido no STA) recorreu, então, para o Tribunal Constitucional, ao abrigo da alínea b) do nº 1 do artigo 70º da LTC – recurso que deu origem aos presentes autos –, nos termos seguintes: "[...]. 2. No seu âmbito, pretende o Recorrente ver apreciada a questão da inconstitucionalidade do artigo 3º, nº 4, do Decreto-Lei nº 230/2008, de 27 de novembro. 3. A questão da inconstitucionalidade foi suscitada pelo Recorrente na sua contestação apresentada em sede da impugnação judicial (nos artigos 22º, 23º e 29º da contestação), assim como reiterada nas contra-alegações de recurso dirigidas ao Supremo Tribunal Administrativo, de forma processualmente adequada, expressa, clara e percetível, tendo esse Douto Tribunal procedido à aplicação da norma cuja inconstitucionalidade se referiu e pretende ver apreciada. 4. Referiu o Recorrente (nos artigos 22º, 23º e 29º da contestação): '(...) nunca o Governo, por Decreto-Lei [Decreto-Lei nº 230/2008], poderia conceder isenções dirigidas a bens do domínio público e privado do Município, sob pena de inconstitucionalidade. Nos termos da Constituição, os municípios gozam de poder regulamentar e de poder tributário, em homenagem à sua autonomia administrativa e financeira, cfr. artigos 238º e 241º. (...) Neste enquadramento constitucional, do cruzamento do poder regulamentar com a autonomia financeira, surgem leis referentes às atribuições das autarquias locais e leis das finanças locais, que atribuem, precisamente aos municípios competência para aprovar regulamentos em matéria de taxas. Donde, em matéria tributária local e para bens pertencentes ao domínio municipal, somente o Município detém atribuições e competências próprias quer para taxas quer para conceder isenções ou benefícios fiscais, conforme habilitações expressas nas seguintes disposições legais: artigo 3º, nas alíneas g) e m) do artigo 10º, na alínea d) do artigo 11º, no nº 2 do artigo 12º e no nº 1 do artigo 15º, todos da Lei nº 2/2007, de 15 de janeiro (Lei das Finanças Locais), e ainda, no artigo 3º, na alínea c) do nº 1 do artigo 6º e no nº 1 do artigo 8º, todos da Lei nº 53-E/2006, de 29 de dezembro (Regime Geral das Taxas das Autarquias Locais) (...)'. 5. A norma em causa – artigo

3º, nº 4, do Decreto-Lei nº 230/2008, de 27 de novembro – veio prescrever a isenção de taxa por ocupação e utilização de domínio municipal, leia-se a permissão de utilização gratuita, às redes elétricas em média e alta tensões, isenção que anteriormente não se encontrava prescrita. 6. Entende o Recorrente que a norma em causa – artigo 3º, nº 4, do Decreto-Lei nº 230/2008, de 27 de novembro – é organicamente e materialmente inconstitucional, por violação dos artigos 165º, nº 1, alíneas i), q) e v), 84º, nº 2, 238º, nºs 1, 3 e 4, e 241º, todos da Constituição da República Portuguesa ("CRP"). 7. O Governo não pode desonerar integralmente, em Decreto-Lei não autorizado, a utilização do domínio público municipal, para finalidade que não a finalidade objeto da concessão municipal, atendendo à regra geral de que o direito de utilização privativa dominial implica o pagamento de taxa, inclusive por entidades públicas (artigo 7º, nº 3, do Regime Geral das Taxas das Autarquias Locais). 8. Considera o Recorrente que tal compressão da autonomia local não é adequada e proporcional e afigura-se uma ingerência arbitrária (violadora dos princípios da igualdade e proporcionalidade) pois condiciona inclusivamente a decisão municipal de concessionar a um determinado operador, na medida em que o município vê vedado o poder-dever de exigir compensação pelo uso privativo de bem dominial quando concessione a exploração àquele operador que detenha igualmente a concessão estatal da rede em média tensão (MT). A prescrição de isenção da norma governamental – artigo 3º, nº 4, do Decreto-Lei nº 230/2008, de 27 de novembro – não está ligada à atividade/finalidade em abstrato, mas ao operador que cumule concessões municipal e estatal, daí desde logo a inadequação. 9. Um Decreto-Lei governamental não poderia, sem invadir a competência legislativa reservada da Assembleia da República e sem que violasse o regime de autonomia patrimonial, constitucionalmente consagrado, restringir o poder-dever dos municípios de exigir compensação pelo uso privativo de bem dominial. 10. Quanto à inconstitucionalidade invocada, em cumprimento do dever de pronúncia que sobre si impendia, esse Douto Tribunal considerou não existir violação dos princípios consagrados nos artigos 238º e 241º da CRP, evidência que o Recorrente suscitou adequadamente a inconstitucionalidade da norma em referência e, bem assim, que a decisão recorrida a aplicou. 11. Atento o disposto no artigo 78º, nº 3, da LOFPTC – «O recurso interposto de decisão proferida já em fase de recurso mantém os efeitos e o regime de subida do recurso anterior [...]» – e, por via disso, o preceituado nos artigos 281º e 286º, nº 2, do Código de Procedimento e de Processo Tributário, o presente recurso é de subida imediata, nos próprios autos, e com efeito suspensivo. 12. Por fim, atento o disposto no artigo 70º, nº 2, da LOFPTC, é admissível o presente recurso de constitucionalidade por estarmos diante de decisão que não admite recurso ordinário. [...]" (sublinhados acrescentados). 1.2.1. O recurso foi admitido no STA, com efeito devolutivo.

1.2.2. No Tribunal Constitucional, foi proferida a Decisão Sumária nº 315/2021, no sentido de não julgar inconstitucional a norma contida no artigo 3º, nº 4, do Decreto-Lei nº 230/2008, de 27 de novembro, na interpretação segundo a qual o Governo pode conceder isenção do pagamento de taxas sobre a utilização dos bens ali prevista e, consequentemente, negar provimento ao recurso, confirmando a decisão recorrida no que respeita à questão de inconstitucionalidade. Nesta decisão, partindo do Acórdão nº 288/2004, que não julgou inconstitucional a "[...] norma do artigo 29º, alínea e), do Decreto-Lei nº 40/95, de 15 de fevereiro [...]", que regulava os "direitos da concessionária" do serviço público de telecomunicações, incluindo o de "[...] ocupar e utilizar, nos termos fixados na lei, as ruas, praças, estradas, caminhos e cursos de água, bem como terrenos ao longo dos caminhos de ferro e de quaisquer vias de comunicação do domínio público, com isenção total de taxas e de quaisquer outros encargos, sempre que tal se mostre necessário à implantação das infraestruturas de telecomunicações ou para a passagem de diferentes partes da instalação ou equipamentos necessários à exploração do objeto da concessão", considerou-se que a norma sub judice merecia igual juízo de não inconstitucionalidade, pelas seguintes razões: "[...]. O entendimento definido no Acórdão nº 288/2004 veio a ser sucessivamente reafirmado pelo Tribunal (Acórdãos nºs 396/2004, 406/2004, 407/2004, 408/2004, 409/2004, 426/2004, 430/2004, 431/2004 e 432/2004) e foi retomado, ainda, quanto a uma isenção a favor da Santa Casa da Misericórdia de Lisboa, no Acórdão nº 285/2006, integrando, também, o percurso argumentativo da fundamentação dos Acórdãos nºs 109/2015 e 420/2018. 2.2. A proximidade entre a norma que regula o caso dos autos e a que foi apreciada no Acórdão nº 288/2004 – a cujos fundamentos, atrás reproduzidos, se adere – é manifesta. Vale a remissão para aquele acórdão, antes de mais, para sublinhar que nem todas as normas que delimitem possíveis fontes de receitas autárquicas, como as taxas, integram o "regime das finanças locais" integrante da reserva parlamentar. Também no caso dos autos se pode afirmar que a norma contida no artigo 3º, nº 4, do Decreto-Lei nº 230/2008, de 27 de novembro, não introduz alterações ao regime das finanças locais, mas apenas, para determinada situação, uma isenção para uma possível fonte de receitas dos municípios, com reflexos meramente indiretos naquele regime, a qual tem caráter funcional, ligado à qualidade de concessionário de distribuição de energia elétrica, resultando mais do regime jurídico do respetivo serviço público do que de uma regulação das finanças locais. As razões que, no Acórdão nº 288/2004, justificaram a conclusão no sentido de não ser violada a reserva de competência para a definição do regime dos bens do domínio público valem para a hipótese sub judice, sem reservas. O mesmo se diga, mutatis mutandis, das violações da autonomia financeira das autarquias e da garantia de obtenção de receitas a partir do seu património, perante a prossecução de "uma indiscutível finalidade pública", que transcende largamente o âmbito de atuação das autarquias locais, impondo-se a conclusão de que a norma não afeta o conteúdo ou núcleo essencial da autonomia local, tanto mais que incide apenas sobre uma hipótese muito específica e claramente delimitada da utilização dos bens, evidentemente conexionada com o âmbito e o exercício da concessão, e o município não fica, sequer, absolutamente privado de receita nesse quadro referencial, visto que recebe uma renda pela parte da concessão em baixa tensão (cfr. artigos 1º e 2º do Decreto-Lei nº 230/2008, de 27 de novembro; é irrelevante para a questão de inconstitucionalidade que a renda não diga respeito à concessão em média e alta tensão – aliás, o juízo de não inconstitucionalidade manter-se-ia, pelas razões atrás descritas, ainda que a contrapartida não existisse de todo). Em suma, por remissão para os fundamentos do Acórdão nº 288/2004, que se têm por plenamente aplicáveis à hipótese dos autos, por identidade de razão, resulta afastada a invocada violação do disposto nos artigos 84º, nº 2, 165º, nº 1, alíneas i), q) e v), e 238º, números 1, 3 e 4 da Constituição. Quanto ao parâmetro previsto no artigo 241º da Constituição – que prevê o poder regulamentar das autarquias – basta notar que se trata de uma norma que estabelece um poder regulamentar geral, cuja violação autónoma não se prefigura, desde logo, por não se considerar afetado o poder regulamentar específico em matéria de receitas municipais, incluindo taxas pela utilização de bens do domínio público municipal. 2.3. Resulta do exposto que não merece censura a decisão recorrida, ao considerar que a norma contida no artigo 3º, nº 4, do Decreto-Lei nº 230/2008, de 27 de novembro, na interpretação segundo a qual o Governo pode conceder isenção do pagamento de taxas sobre a utilização dos bens ali prevista não padece de inconstitucionalidade. Improcede, pois, o recurso. [...]" (sublinhados acrescentados). 1.2.3. Inconformado com esta decisão, dela reclamou o recorrente para a conferência, assim concluindo: "[...] A) A jurisprudência do Tribunal Constitucional proferida no Acórdão nº 288/2004, de 27 de abril de 2004, não é transponível para a situação vertente pelas seguintes razões. Aí se cuidou de analisar uma isenção de taxa estabelecida em função da necessidade para o serviço público. Não é o caso da situação sub judice. Todas as redes elétricas, as necessárias à RESP e as demais, estão isentas, pois todas são afetas ao SEN; B) Tanto pode existir isenção como pode não existir isenção para o mesmo facto tributário – abertura de vala para instalação de cabo de média tensão –, com puro arbítrio, e isto sucede porque a isenção é erigida como uma condição adicional da concessão municipal (de distribuição de energia elétrica em BT), condicionalismo esse que só opera na situação em que a A., além de deter a concessão estadual exclusiva da rede MT e AT, cumule a detenção de concessão municipal; C) O Decreto-Lei não aponta uma isenção objetiva para a situação estritamente delimitada, prevê uma isenção a operar somente quando intervenha como sujeito passivo a A.; D) A previsão da isenção de taxas de ocupação do espaço público municipal é estabelecida em razão da mera existência de contrato de concessão e da qualidade de concessionária, mas sem subordinação à necessidade para o âmbito da concessão (nem à concessão municipal BT, nem à concessão estadual AT e MT); E) Diferentemente da situação analisada na jurisprudência anterior, há uma interferência da previsão normativa do diploma do Governo com as próprias atribuições municipais; F) Não existem razões extrafiscais a justificar a isenção; G) Face à redação da norma sub judice, por oposição à redação da norma analisada no Acórdão nº 288/2004, a isenção não opera apenas em situações em que esteja em causa a satisfação estrita de necessidades coletivas. Tanto poderá estar em causa uma expansão/manutenção de rede, uma ligação entre redes, uma ligação ao utente/produtor que comparticipa ou financia o encargo de construção da rede, uma componente de uso partilhado ou de uso exclusivo de certos e determinados utentes; H) A faculdade em si mesma de utilização dos bens não resulta da aprovação municipal, pelo que a imposição de utilização gratuita, em cumulação, é gravosa e verifica-se, em substância, uma alteração do estatuto jurídico do bem dominial público; I) Poderia, com proporcionalidade, ser acautelado o interesse de autonomia local. Por exemplo, o Governo poderia ter finalmente aprovado a regulamentação que lhe permitiria cobrar uma taxa ao concessionário em MT e AT e, nesse âmbito, atribuir subsequentemente uma afetação/atribuição, parcial, municipal. Poderia, alternativamente, com facilidade, prever um pagamento de renda aos concessionários de distribuição de energia elétrica, uniformemente aplicável, que abrangesse as atividades de distribuição de energia em AT e MT, desonerando integralmente do pagamento de quaisquer taxas; J) A restrição às legítimas atribuições tributárias municipais só deveria ocorrer em função de uma circunstância objetiva, generalizada (o que implicaria inserir uma isenção no próprio regime de distribuição de eletricidade em MT e AT e não noutro lugar avulso); K) Tanto constitui uma restrição inadmissível aquela que ocorre de forma isolada como aquela que é generalizada, desde que não se observe a ponderação entre os interesses conflituantes. [...]". 1.2.4. A recorrida respondeu à reclamação, apresentando as seguintes conclusões: "[...]. 1ª – O legislador determinou de forma inequívoca, através do artigo 3º, nº 4, do Decreto-Lei nº 230/2008, de 27 de novembro, que a utilização dos bens do domínio público municipal com infraestruturas e outro equipamento de baixa, média e alta, é comutada pela renda paga no âmbito da concessão de distribuição de energia elétrica em baixa tensão. 2ª – Neste sentido, do artigo 3º, nº 4, do Decreto-Lei nº 230/2008, de 27 de novembro, não sobressai a atribuição de uma isenção à concessionária de distribuição de energia elétrica em baixa tensão (isto é, da referida norma legal não sobressaí uma regra negativa de incidência das taxas de utilização do espaço público municipal, nem tão pouco a gratuitidade dessa utilização), sendo, por conseguinte, a utilização dos bens do domínio público municipal com infraestruturas e outro equipamento de baixa, média e alta tensão, de caráter oneroso. 3ª – Sem prejuízo do que vem exposto, é indubitável que a forma encontrada pelo Governo, através do artigo 3º, nº 4, do Decreto-Lei nº 230/2008, de 27 de novembro, para compensar a ocupação dos espaços públicos municipais com equipamentos afetos à distribuição de eletricidade em baixa, média e alta tensão, tem por finalidade a manutenção das condições de existência do serviço público de distribuição de energia elétrica. 4ª – Significa isto, por conseguinte, que, tal como vem observado na decisão sumária recorrida, a «proximidade entre a norma que regula o caso dos autos [artigo 3º, nº 4, do Decreto-Lei nº 230/2008, de 27 de novembro] e a que foi apreciada no Acórdão nº 288/2004 (...) é manifesta», estando em causa, aqui como ali, a prossecução de uma indiscutível finalidade pública. 5ª – Por conseguinte, vertendo a anterior jurisprudência do Tribunal Constitucional para o caso sob apreciação, em especial a constante do Acórdão nº 288/2004, de 27 de abril, impõe-se concluir que o artigo 3º, nº 4, do Decreto-Lei nº 230/2008, de 27 de novembro – interpretado no sentido de que o pagamento da renda efetuado ao abrigo do contrato de concessão de distribuição de energia elétrica em baixa tensão desonera a Recorrida do pagamento de quaisquer taxas pela ocupação do espaço público municipal com as infraestruturas de distribuição de energia elétrica em baixa, média ou alta tensão – não padece dos vícios de inconstitucionalidade que vêm apontados pelo Recorrente, devendo, em consequência, a presente reclamação para a conferência ser totalmente indeferida. [...]". Na conferência, não tendo sido alcançada unanimidade quanto aos exatos termos da fundamentação, entendeu-se estar preenchida a facti species decorrente do trecho final do artigo 78º-A, nº 4, da LTC, passando a reportar-se a competência decisória ao pleno da secção, ao qual a reclamação é apresentada integrando já os elementos resultantes da discussão em conferência. Em tal quadro cumpre, pois, apreciar e decidir a reclamação. II – Fundamentação. 2. Na decisão reclamada, decidiu-se não julgar inconstitucional a norma contida no artigo 3º, nº 4, do Decreto-Lei nº 230/2008, de 27 de novembro, na interpretação segundo a qual o Governo pode conceder isenção do pagamento de taxas sobre a utilização dos bens ali prevista. O Decreto-Lei nº 230/2008, de 27 de novembro, estabelece a renda devida aos municípios pela exploração da concessão de distribuição de eletricidade em baixa tensão. Este diploma, na sua redação original (o artigo 1º foi alterado pela Lei nº 7-A/2016, de 30 de março, mas essa alteração mostra-se irrelevante para o caso presente, em que o ato de liquidação impugnado e os factos a que diz respeito remontam a 2013) prevê, designadamente, o seguinte: Artigo 1º Rendas devidas ao concedente da atividade de distribuição de eletricidade em baixa tensão.

1 – A concessão da atividade de distribuição de eletricidade em baixa tensão atribuída por um município, ou conjunto de municípios agrupados nos termos da legislação em vigor, situados no território continental de Portugal, é remunerada mediante uma renda anual devida pela respetiva concessionária nos termos do presente Decreto-Lei. 2 – Em conformidade com o disposto no nº 2 do artigo 44º do Decreto--Lei nº 172/2006, de 23 de agosto, a renda anual, devida pela exploração de cada uma das concessões da atividade de distribuição de eletricidade em baixa tensão, é integralmente repercutida na tarifa de uso das redes de distribuição em baixa tensão, nos termos constantes do Regulamento Tarifário. Artigo 2º Cálculo da renda anual. 1 – O valor da renda anual a pagar pelas concessionárias relativamente a cada concessão da atividade de distribuição de energia elétrica em baixa tensão é determinado a partir de um valor de referência para 2007 calculado nos termos da fórmula constante do anexo I do presente Decreto-Lei, do qual faz parte integrante. 2 – O valor a que se refere o número anterior é atualizado, em cada ano, nos termos da fórmula constante do anexo II do presente Decreto-Lei, do qual faz parte integrante, de acordo com a variação do índice de preços no consumidor, com exclusão da habitação, publicado pelo Instituto Nacional de Estatística, I. P., e ponderado por um fator aplicado à variação do consumo de energia elétrica em baixa tensão verificado em cada município, em ambos os casos com base nos dados relativos ao ano anterior àquele em deve ocorrer o pagamento da renda. Artigo 3º Regime de pagamento da renda anual. 1 – A renda anual devida a cada município é paga pela respetiva concessionária da atividade de distribuição de energia elétrica em baixa tensão em quatro prestações iguais, que se vencem no último dia de cada trimestre. 2 – O valor da renda anual calculado nos termos do artigo anterior é devido a partir de 2009, inclusive. 3 – Para os anos de 2005 a 2008, o processo de cálculo das rendas é efetuado com base na Portaria nº 437/2001, de 28 de abril, e tomando em consideração o volume de vendas de energia elétrica aos consumidores abastecidos à tarifa de venda a clientes finais em cada um desses anos, mantendo -se o valor pago no ano anterior quando, por diminuição das referidas vendas, se verifique uma redução do valor calculado. 4 – A obrigação de pagamento da renda anual pelas concessionárias da atividade de distribuição de energia elétrica em baixa tensão fica sujeita à atribuição efetiva da utilização dos bens do domínio público municipal, nomeadamente do uso do subsolo e das vias públicas para estabelecimento e conservação de redes aéreas e subterrâneas de distribuição de eletricidade em alta, média e baixa tensão afetas ao Sistema Elétrico Nacional (SEN), com total isenção do pagamento de taxas pela utilização desses bens. O contexto deste regime é genericamente traçado no preâmbulo do diploma: "[...]. O Decreto-Lei nº 29/2006, de 15 de fevereiro, cujo regime foi desenvolvido pelo Decreto-Lei nº 172/2006, de 23 de agosto, veio estabe-

lecer uma nova estrutura organizativa do Sistema Elétrico Nacional (SEN), em que a atividade de distribuição de energia elétrica passou a ser exercida de forma independente em relação à sua comercialização, em obediência a princípios estabelecidos na Diretiva Comunitária nº 2003/54/CE, do Parlamento e do Conselho, de 26 de Junho, que estabelece regras comuns para o mercado interno da eletricidade. Neste contexto, a atividade de distribuição de energia elétrica em baixa tensão continua a ser desenvolvida ao abrigo de contratos de concessão outorgados pelos municípios, os quais implicam o pagamento ao respetivo município concedente de uma renda anual devida pela exploração da concessão. O artigo 44º do Decreto-Lei nº 172/2006, de 23 de agosto, determina, a este respeito, que a renda seja estabelecida em Decreto-Lei, ouvida a Associação Nacional de Municípios Portugueses. Ainda de acordo com a mesma disposição, o valor da renda a pagar ao município deve ser incluído nas tarifas de uso das redes de distribuição em baixa tensão, nos termos previstos no Regulamento Tarifário, aprovado pela Entidade Reguladora dos Serviços Energéticos (ERSE). No modelo anterior do SEN e na sequência do regime introduzido pelo Decreto-Lei nº 344-B/82, de 1 de setembro, a concessionária das redes de distribuição em baixa tensão estava já sujeita, como contrapartida da atribuição da respetiva concessão, ao dever de pagamento de uma renda ao município concedente, nos termos que vieram a ser fixados pela Portaria nº 90-B/92, de 10 de fevereiro, e, posteriormente, pela Portaria nº 437/2001, de 28 de abril. [...]" (sublinhado acrescentado). Do Decreto-Lei nº 172/2006, de 23 de agosto (na redação introduzida pelo Decreto-Lei nº 215-B/2012, de 8 de outubro) – diploma que desenvolve os princípios gerais relativos à organização e ao funcionamento do sistema elétrico nacional, aprovados pelo Decreto-Lei nº 29/2006, de 15 de fevereiro, e regulamenta o regime jurídico aplicável ao exercício das atividades de produção, transporte, distribuição e comercialização de eletricidade e à organização dos mercados de eletricidade – resulta, ainda, o seguinte: Artigo 38º Regime de exercício da RND. 1 – A concessão para a exploração da RND, que integra a rede de AT e MT, é atribuída mediante contrato de concessão, no qual outorga, em representação do Estado, o membro do Governo responsável pela área da energia, na sequência de realização de concurso público. 2 – A concessão é exercida em regime de serviço público, sendo as suas atividades e as instalações que a integram consideradas, para todos os efeitos, de utilidade pública. 3 – (...); 4 – (...); 5 – (...); 6 – As bases da concessão da RND constam do Anexo IV do presente Decreto-Lei, que dele faz parte integrante. 7 – (...). Artigo 42º Regime das concessões de distribuição de eletricidade em BT. 1 – As concessões de distribuição de eletricidade em BT correspondem a concessões dos municípios atribuídas pelos órgãos competentes de cada município ou de associações de municípios na sequência da realização de concurso público.

2 – A concessão é exercida em regime de serviço público, sendo as suas atividades e as instalações que a integram consideradas, para todos os efeitos, de utilidade pública. 3 – (...); 4 – (...); 5 – As bases das concessões das redes de distribuição de eletricidade em BT constam do Anexo V do presente Decreto-Lei, que dele faz parte integrante. Artigo 44º Pagamento aos municípios. 1 – Os municípios têm direito a uma renda, devida pela exploração da concessão, nos termos a estabelecer em decreto-lei, ouvida a Associação Nacional de Municípios Portugueses. 2 – A renda prevista no número anterior é incluída nas tarifas de uso das redes de distribuição em BT nos termos previstos no Regulamento Tarifário. 3 – A renda referida nos números anteriores pode ser substituída por outros mecanismos que não penalizem os direitos dos municípios, após audição da Associação Nacional de Municípios Portugueses e da ERSE. [Observa-se que, na sua redação atual, o artigo 44º contém, ainda, um número 4, com a seguinte redação: "[os] municípios das regiões autónomas têm direito a uma contrapartida ou remuneração calculada e tratada de modo equivalente ao previsto nos nºs 1 e 2, pela utilização dos bens do domínio público ou privado municipal no âmbito da exploração da concessão ou do desenvolvimento da atividade do transporte e distribuição de eletricidade, adaptando-se para esse efeito, se e quando necessário, os respetivos contratos de concessão atribuídos pelos governos regionais.". Este número foi aditado pela Lei nº 7-A/2016, de 30 de março, não vigorando à data dos factos relevantes para a presente decisão.] Anexo IV (a que se refere o nº 6 do artigo 38º). Bases da concessão da Rede Nacional de Distribuição de Eletricidade em Média e Alta Tensão. Capítulo I. Disposições e princípios gerais. Base I. Objeto da concessão. 1 – A concessão tem por objeto o estabelecimento e a exploração da Rede Nacional de Distribuição de Eletricidade em AT e MT (RND) em regime de serviço público, em exclusivo. 2 – Mediante autorização do membro do Governo responsável pela área da energia, solicitada caso a caso, a concessionária pode exercer outras atividades com fundamento no proveito daí resultante para o interesse da concessão. Base II. Âmbito da concessão. 1 – A concessão da RND abrange a exploração das infraestruturas das redes de distribuição de eletricidade em AT e MT, compreendendo o exercício das seguintes atividades: a) Distribuição de eletricidade; b) Comercialização das redes. 2 – As atividades previstas no número anterior e as funções que as integram são exercidas nos termos estabelecidos no Regulamento de Relações Comerciais. 3 – A área da concessão abrange todo o território do continente. Base III. Prazo da concessão. 1 – A concessão tem a duração de 35 anos, contados a partir da data da celebração do respetivo contrato. 2 – A concessão pode ser renovada se o interesse público o justificar. 3 – A intenção de renovação da concessão deve ser comunicada à concessionária, pelo concedente, através da DGGE, com a antecedência mínima de dois anos relativamente ao termo do prazo

da concessão. 4 – O disposto no número anterior não impede que o concedente e a concessionária acordem, até ao termo do respetivo prazo, na renovação da concessão. Base IV. Serviço público. 1 – A concessão é exercida em regime de serviço público, sendo as suas atividades consideradas, para todos os efeitos, de utilidade pública. 2 – No âmbito da concessão, a concessionária deve desempenhar as atividades de acordo com as exigências de um regular, contínuo e eficiente funcionamento do serviço, devendo adotar, para o efeito, os melhores meios e tecnologias geralmente utilizados no sector elétrico. 3 – A concessão é atribuída mediante contrato de concessão, no qual outorga o membro do Governo responsável pela área da energia, em representação do Estado. Base XXV. Utilização do domínio público. 1 – No estabelecimento de instalações da rede de distribuição ou de outras infraestruturas integrantes da concessão, a concessionária tem o direito de utilizar os bens do Estado e das autarquias locais, incluindo os do domínio público, nos termos da lei. 2 – A faculdade de utilização dos bens referidos no número anterior resulta da aprovação dos respetivos projetos ou de despacho ministerial, sem prejuízo da formalização da respetiva cedência nos termos da lei. Anexo V. (a que se refere o nº 5 do artigo 42º). Bases das concessões da rede de distribuição de eletricidade em baixa tensão. Base I. Objeto da concessão. 1 – A concessão tem por objeto o estabelecimento e a exploração da rede municipal de distribuição de eletricidade em BT em regime de serviço público, em exclusivo. 2 – Mediante autorização da câmara municipal, solicitada caso a caso, a concessionária pode exercer outras atividades com fundamento no proveito daí resultante para o interesse da concessão. Base II. Âmbito da concessão. 1 – A concessão da rede municipal de distribuição de eletricidade em BT integra a operação da respetiva rede e compreende: a) A exploração e a manutenção da rede de distribuição; b) A gestão dos fluxos de eletricidade na rede; c) O planeamento, a construção e a gestão técnica da rede. 2 – A área da concessão não pode ser superior à área de um município ou de um grupo de municípios agrupados nos termos da legislação em vigor. Base III. Prazo da concessão. 1 – A concessão tem a duração de 20 anos contados a partir da data da celebração do respetivo contrato. 2 – O prazo de concessão é estabelecido no caderno de encargos do concurso para a atribuição da respetiva concessão. Base IV. Serviço público. 1 – A concessão é exercida em regime de serviço público, sendo as suas atividades consideradas, para todos os efeitos, de utilidade pública. 2 – No âmbito da concessão, a concessionária deve desempenhar as atividades de acordo com as exigências de um regular, contínuo e eficiente funcionamento do serviço, devendo adotar, para o efeito, os melhores meios e tecnologias geralmente utilizados no sector elétrico. Base VI. Contrato de concessão. 1 – A concessão é atribuída mediante contrato de concessão celebrado entre o município concedente, outorgado pela respetiva câmara municipal, e a entidade adjudicatária selecionada na sequência da realização de concurso público. 2 – O contrato de concessão tem por base um contrato tipo aprovado por portaria dos Ministros da Economia e da Inovação, das Finanças e da Administração Interna, ouvida a Associação Nacional dos Municípios Portugueses e a ERSE. Base VII. Remuneração das concessões. Os municípios concedentes têm direito, de acordo com os termos previstos no artigo 44º do corpo do presente decreto-lei, a receber das concessionárias o pagamento de uma remuneração anual. 2.1. O recorrente entende que a decisão reclamada não ajuizou corretamente no sentido de considerar aplicáveis ao caso dos autos as razões em que assentou o Acórdão nº 288/2004. Sublinhou, a título principal, que não está em causa (ou, pelo menos, não está necessariamente em causa) a prossecução do interesse público pelo concessionário que beneficia da isenção (v.g., pontos 3. a 8. e 11. a 14. da reclamação) e que a norma afeta substancialmente a posição do município, no que toca ao respetivo domínio público e finanças (v.g., pontos 9., 10., 15., 18., 20. e 21. da reclamação). As coordenadas essenciais do problema jurídico-constitucional são aquelas que resultam do Acórdão nº 288/2004: existência ou não de uma finalidade pública que transcenda o âmbito da atuação das autarquias e que possa justificar a isenção; não afetação substancial do domínio público e das finanças locais autárquicos. Não se discute, pois – como, por vezes (embora, reconheça-se, apenas pontualmente), ocorre na reclamação – a bondade ou a "melhor racionalidade" das opções legislativas. 2.2. A jurisprudência constitucional tem vindo a sublinhar que os espaços de intervenção do Estado e das autarquias locais no exercício da função administrativa não são estanques, podendo existir áreas de tendencial sobreposição, que o legislador pode regular com razoável margem de liberdade. Como se pode ler no Acórdão nº 296/2013: "[...]. [Na] área das relações entre Estado e autarquias locais (...) não existe uma separação constitucionalmente estabelecida, estanque e inflexível de atribuições do Estado e das autarquias, fundada numa distinção material rígida entre assuntos locais – que competiriam inteiramente e em exclusivo às autarquias – e assuntos nacionais. Significa isto que «a separação nítida entre a zona dos interesses nacionais e a zona dos interesses locais, como se de dois compartimentos estanques se tratasse, já só subsiste em alguns casos. É errado dizer que desapareceu por completo; mas deixou de corresponder à grande maioria dos casos» (Freitas do Amaral, Curso de Direito Administrativo, I, 2006, p. 491). Assim, a atual "miscigenação" de interesses implica «uma indispensável divisão de trabalho entre o Estado e as coletividades locais» (J. C. Vieira de Andrade, "Distribuição pelos municípios da energia elétrica de baixa tensão", CJ, ano XIV/I, 1989, pp. 15 e seguintes, em especial, p. 19). A jurisprudência do Tribunal Constitucional tem considerado que existem domínios que não podem pertencer em exclusivo aos municípios, já que incidem sobre matérias que têm de ser vistas e prosseguidas em conexão com o todo nacional, pelo que devem estar abertas à intervenção concorrente das autarquias e do Estado (Acórdão do Tribunal Constitucional nº 674/95; cfr. ainda Acórdãos deste Tribunal nºs 432/93, 674/95, 379/96, 548/97, 329/99, 517/99 e 560/99). A autonomia local é, assim, em larga medida, uma autonomia sub legem – o que tem importantes consequências no que respeita à definição e à densificação das atribuições e das competências administrativas das autarquias locais. O âmbito da autonomia administrativa varia em função das opções do legislador democrático, permitindo o acolhimento de diversas formas de articulação entre Estado e autarquias. [...]". Tal não significa, todavia, que a intervenção das autarquias esteja à total mercê do legislador, apresentando-se sempre um espaço de autonomia do poder local que a Constituição assegura. Pode ler-se, a este propósito, no Acórdão nº 432/93, o seguinte: "[...]. 1.2. As autarquias locais concorrem, pela própria existência, para a organização democrática do Estado. Justificadas que são pelos valores da liberdade e da participação, as autarquias conformam um "âmbito de democracia" (Ruiz Miguel), num sistema que conta precisamente com o princípio básico de que toda a pessoa tem direito de participar na adoção das decisões coletivas que a afetam. A Constituição define-as como 'pessoas coletivas territoriais dotadas de órgãos representativos, que visam a prossecução de interesses próprios das populações respetivas" (cf. C.R.P., artigo 237º). Não lhes traça um figurino de mera administração autónoma do Estado. Deixa claro o 'sentido político que adquire o exercício das suas funções' (Jorge Miranda), que as autarquias 'constituem também uma estrutura do poder político' (Gomes Canotilho e Vital Moreira). No programa constitucional (cf. C.R.P., Princípios Fundamentais, artigo 6º, e Título VII, Poder Local), as normas que organizam o poder autárquico assumem uma justificação eminentemente democrática. O poder autárquico funda-se numa ideia de consideração e representação aproximada de interesses. Como explica Ruiz Miguel, na justificação democrática da autonomia não é só o fator geográfico que está em causa. Trata-se também da razão política de fomentar as decisões suscetíveis de maior preferência e de maior controlabilidade pelos interessados. Neste 'espaço de participação' (Baptista Machado), o elemento ordenador é o conjunto dos interesses específicos das comunidades locais. Esses interesses justificam a autonomia e porque a justificam delimitam-lhe o conteúdo essencial. Eles entranham as razões de proximidade, responsabilidade e controlabilidade que proporcionam a auto-organização. O espaço incomprimível da autonomia é, pois, o dos assuntos próprios do círculo local, e 'assuntos próprios do círculo local são apenas aquelas tarefas que têm a sua raiz na comunidade local ou que têm uma relação específica com a comunidade local e que por esta comunidade podem ser tratados de modo autónomo e com responsabilidade própria (...), no mesmo sentido, Parecer nº 3/82 da Comissão Constitucional in Pareceres da Comissão Constitucional, 18º volume, pág. 151). 1.3 – Isso não implica que as autarquias não possam ou não devam ser chamadas a uma atuação concorrente com a do Estado na realização daquelas tarefas. O 'paradigma social do Direito' (Habermas) aponta mesmo para uma política de cooperação e de intervenção de todas as instâncias com imediata possibilidade de realizarem as imposições constitucionais. A determinação contida no artigo 65º, nº 4, demonstra precisamente a legitimidade dessa atuação concorrente das autarquias na realização de tarefas constitucionais. Mas aqui já não está presente aquela ideia de responsabilidade autónoma na gestão de um universo de interesses próprios que tem que ver com a essencialidade da autonomia. [...]" (sublinhado acrescentado). Ou, olhando por outra perspetiva, nas palavras de José Carlos Vieira de Andrade ["Distribuição pelos Municípios da energia elétrica em baixa tensão", in Colectânea de Jurisprudência, ano XIV (1989), tomo I, pp. 16 e ss., sendo o excerto citado da p. 25): "[...]. há um conjunto de matérias que faz seguramente parte do estatuto [das autarquias locais]: além do regime das finanças locais, a concretização das normas constitucionais relativas à organização interna, à estrutura dos serviços e às bases do regime dos funcionários, bem como a definição das atribuições próprias e de um conjunto de competências(exclusivas) básicas dos seus órgãos. Isto, além de matérias que são reservadas à Assembleia por força de outros preceitos constitucionais, como a relativa a eleições e referendo local, ao regime de criação, extinção e modificação das autarquias [...] ou ao regime geral de elaboração do orçamento [...]. Dentro destas balizas, devem considerar-se estatutárias as regras que concretizam a instituição autárquica constitucionalmente delineada; isto é, as regras que constituem a base essencial e caracterizadora do «status» da autarquia e definam o regime comum da sua atuação. É esse o conjunto de regras que é reservado pela Constituição ao Parlamento, embora esse possa autorizar o Governo a legislar sobre essas matérias. Fora desse campo estatutário por natureza ficam, portanto, as normas que não regulam diretamente matérias de interesse próprio ou exclusivo, mas, sim, setores de atividade administrativa em que se lhes reconhece uma maior ou menor intervenção – porque não são essenciais – sobretudo na medida em que estabeleçam aspetos essenciais ou particulares do regime da sua atuação – porque não visam definir o regime comum –, desde que, em qualquer caso, não afetem traços fisionómicos decisivos – desde que não sejam (des)caracterizadores. (...]". 2.3. À luz do exposto, não se afigura válida a conclusão do recorrente, no sentido de não se verificar o requisito da prossecução do interesse público no desenvolvimento da atividade do concessionário, mais propriamente um interesse situado num plano supramunicipal, posicionamento que, como se verá, decorre mais das especificidades do setor em causa do que, propriamente, de um princípio geral. Note-se que a concessão está legalmente qualificada como sendo de exercício "[...] em regime de serviço público, sendo as suas atividades e as instalações que a integram consideradas, para todos os efeitos, de utilidade pública" (artigo 38º, nº 2, e nº 1 da base IV do anexo IV ao Decreto-Lei nº 172/2006, de 23 de agosto). Acresce que a distribuição de energia elétrica em alta tensão e média tensão, com o que nela vai implicado – receber a eletricidade produzida pelos produtores ligados à Rede Nacional de Distribuição de Eletricidade em Alta e Média Tensão (RND) e a entregá-la aos distribuidores em Baixa Tensão (BT) e aos clientes ligados à RND nas condições estabelecidas no Decreto-Lei nº 172/2006, de 23 de agosto, no contrato de concessão, no Regulamento Tarifário, no Regulamento de Relações Comerciais e no Regulamento da Qualidade de Serviço, continuamente (base XIII do anexo IV ao Decreto-Lei nº 172/2006, de 23 de agosto) – constitui, manifestamente, atividade de interesse público, destinada a assegurar mínimos de qualidade de vida e bem-estar com evidente relevância constitucional. Por outro lado, como sublinhou José Carlos Vieira de Andrade (loc. cit., p. 22): "[...]. [Embora] se reconheça que a distribuição de energia elétrica em baixa tensão toca interesses específicos das comunidades locais, no sentido de que são sentidos predominantemente pelos residentes em cada circunscrição, não se pode, de modo algum, afirmar que se trata de matéria de exclusivo interesse local, daquelas que pela sua natureza têm de ser reservadas aos eleitos locais. Não podemos esquecer que está em causa a exploração de um serviço de fornecimento que, quando não é objeto de concessão, é cometido a organizações empresariais no âmbito do município ou de uma associação de ou federação de municípios – e não uma matéria em que se tomem decisões substanciais importantes para a vida em comum; nem que esse serviço satisfaz simultaneamente interesses nacionais relevantes, quer os interesses do ordenamento económico, que justificam, por exemplo, a intervenção do Governo (precisamente)na fixação das tarifas de venda, quer os interesses dos consumidores enquanto tais, que não se identificam com os interesses do município, já que se trata da satisfação de uma necessidade básica que representa também uma tarefa fundamental do Estado (artigo 9º, alínea d)) e corresponde a uma competência própria do Governo (artigo 202º, al. g) [atual artigo 199º]). [...]". O recorrente não contesta, diretamente, este enquadramento, mas aponta que "[...] a isenção não faz parte do regime de serviço público de distribuição de energia elétrica em AT e MT e, por isso, tanto pode existir isenção como pode não existir isenção para o mesmo facto tributário", porque "se assim fosse, aplicar-se-ia tal isenção generalizadamente no território do país, i.e., em todo e qualquer município, independentemente de qual seja o concreto concessionário municipal de distribuição em BT ou de sequer existir uma concessão a esse nível ou existir gestão direta do município", ficando tal isenção "depende de uma coincidência (frequente face ao quase monopólio, que aliás sai reforçado) de o ORD a quem o Governo outorgou a exploração da rede MT e AT, também ser o contraente num qualquer contrato de concessão municipal que tenha sido celebrado". Não colhe, todavia, desde logo, o argumento da subjectivização do benefício – ainda que exista apenas uma concessionária da rede de média tensão e alta tensão (opção que não está em causa por via da norma sub judice, relevando apenas a partir do contexto da sua aplicação), a isenção está configurada em razão da sua atividade enquanto concessionária e da relevância das suas obrigações no âmbito da concessão e do resultado do respetivo cumprimento enquanto satisfação de um interesse coletivo. Contra esta conclusão não pode esgrimir-se a possibilidade – que é residual – de estarem em causa outras atividades (pontos 8. e 11. a 14. da reclamação), desde logo porque não se perde a conexão fortemente prevalecente com a atividade de interesse público, cuja afirmação (pressuposta na opção do legislador) é racionalmente justificada e razoável. Assiste, pois, razão à recorrida, quando afirma que "[...] o legislador consagrou, em prol do – e em obediência ao – interesse geral da comunidade constituída em Estado, as apontadas regras gerais de fixação da compensação pela ocupação do espaço público municipal com equipamentos da rede em alta, média e baixa tensão, evitando, assim, os problemas advenientes do estabelecimento de condições diferenciadas de exploração em cada autarquia e, nessa medida, garantindo a uniformidade tarifária, a estabilidade da atividade de distribuição de energia elétrica, a proteção dos consumidores de energia elétrica e o equilíbrio económico-financeiro das respetivas concessões, ou seja, as condições de existência de um serviço público de distribuição de energia elétrica". Tendo presente que a atividade de distribuição da energia em Baixa Tensão não se insere no espaço irredutível da autonomia local, há um aspeto decisivo que leva ao reconhecimento da legitimidade de intervenção legislativa, por referência à norma sub judice – trata-se de um setor fortemente regulado (constituindo os diplomas supra citados apenas uma parte da respetiva teia legislativa), sujeito ao apertado controlo de entidade administrativa independente (a ERSE), tendo em vista assegurar interesses que em muito transcendem o plano municipal, designadamente, a necessidade de existir uniformidade tarifária (note-se que o artigo 5º, alínea b), do Regulamento Tarifário em vigor à data da prática do ato impugnado estabelecia a sujeição do sistema tarifário ao princípio da "[...] uniformidade tarifária, de modo que, em cada momento, o sistema tarifário em vigor se aplique universalmente a todos os clientes finais dos comercializadores de último recurso de Portugal continental, da concessionária do transporte e distribuição da RAA e da concessionária do transporte e distribuidor vinculado da RAM [...]") – à qual não são alheias razões de coesão territorial e igualdade no acesso a um bem essencial, o que, por sua vez, obriga, por exemplo, ao estabelecimento de condições aos operadores que possibilitem que exista interesse comercial na atividade não só nas regiões densamente povoadas, como também de menor densidade populacional –, a qualidade geral do serviço a nível nacional e os direitos dos consumidores. Neste contexto, não é razoável – nem sequer possível – destacar a atividade de distribuição de energia elétrica em baixa tensão desligando-a da rede de interesses interdependentes, como se correspondesse unicamente, ou sequer principalmente, a um interesse local. Por fim, não releva, para os efeitos pretendidos de descaracterização da prossecução do interesse público, a invocada "desigualdade" entre as situações de coincidência entre o concessionário de alta e média tensão e o concessionário municipal de baixa tensão e as situações de falta dessa coincidência, visto que a posição de um e outro são diferentes, pela diferença de obrigações assumidas nas diferentes categorias de concessão. Em suma, tem-se por válida a conclusão alcançada na decisão reclamada, no sentido da afirmação de um interesse público supramunicipal relevante justificativo da isenção prevista na norma sub judice. 2.4. Quanto à afetação substancial da posição do município, seja no plano das receitas, seja no plano do respetivo domínio público, os argumentos avançados pelo recorrente – sejam quanto ao "desequilíbrio entre as partes", seja quanto à excessiva ingerência na atividade municipal – não se apresentam determinantes. A dita "ingerência" não se mostra excessiva, pois não condiciona intensamente qualquer das vertentes (financeira e dominial) em causa. É certo que "[...] a faculdade em si mesma de utilização dos bens já não resulta da aprovação municipal [...]" e que a esta se vem somar uma isenção. No entanto, globalmente perspetivada (como deve sê-lo), nem o domínio público municipal, nem as suas finanças, se reduzem ou encontram principal expressão na parte do subsolo que seja afeta às infraestruturas da rede ou nos potenciais proveitos daí resultantes, não se afigurando arbitrário ou especialmente oneroso que os municípios sejam chamados a participar, nessa pequena parcela, num plano mais geral, de âmbito nacional, de distribuição da energia elétrica, que igualmente os beneficia, bem como aos respetivos munícipes. Tal conclusão não resulta abalada pela norma do nº 3 do artigo 7º do Regime Geral das Taxas das Autarquias Locais [(RGTAL) – v. ponto 21. da reclamação]. A contrariedade à regra geral da incidência subjetiva das taxas (que inclui o Estado, as Regiões Autónomas, as autarquias locais, os fundos e serviços autónomos e as entidades que integram o sector empresarial do Estado, das Regiões Autónomas e das autarquias locais) só poderia indiciar um desequilíbrio censurável no plano jurídico-constitucional se não se contivesse nos limites atrás definidos ou não encontrasse a justificação no plano do interesse público nacional. Todavia, e acima de tudo, a argumentação do recorrente ignora – ou, pelo menos, não considera com o seu justo peso – a circunstância de a isenção em causa ser indissociável da renda suportada, num inequívoco efeito jurídico de compensação. Trata-se de uma comutação que impede que se perspetive a isenção como imposição de uso gratuito – ela é onerosa, simplesmente na renda vai já incluída a parcela que, em outras hipóteses, corresponderia a taxas – e não perde a sua relevância face à sua repercussão sobre o consumidor final, que é questão alheia à esfera de interesses do município, que não deixa de receber a renda devida. Ademais, nos termos do artigo 6º, nº 1, do Decreto-Lei nº 344-B/82, de 1 de setembro, "[...] a concessão da distribuição de energia elétrica em baixa tensão, prevista na alínea a) do nº 3 do artigo 1º, não envolve a alienação dos patrimónios próprios dos municípios concedentes, os quais se conservarão na propriedade destes, sem prejuízo da sua afetação à exploração pela A., a quem caberá o encargo da sua manutenção e reintegração". Em síntese, a decisão reclamada merece confirmação no segmento em que considerou não ter sido substancialmente afetada a posição do município recorrente, nos planos financeiro e dominial. 2.5. Reservam-se duas palavras finais para salientar que: (a) a circunstância de se poderem conceber modelos alternativos (cfr. ponto 17. da reclamação) não demonstra, só por si, a inconstitucionalidade da norma em causa, se ela se contiver – como contém – dentro dos limites da não inconstitucionalidade, situando-se as alternativas no âmbito da liberdade de definição do modelo aplicável do legislador e do executivo; e (b) nem está em causa, sequer indiretamente, a inconstitucionalidade da norma (pretérita) que previa a exclusividade da concessão em baixa tensão, nem as eventuais razões da sua inconstitucionalidade, a serem validadas (o que não cumpre aqui apreciar), se repercutiriam, sem mais, na hipótese dos autos. Vale o exposto por dizer que subsistem razões válidas para considerar aplicável à hipótese dos autos o juízo de não inconstitucionalidade afirmando no Acórdão nº 288/2004, como justamente se concluiu na decisão reclamada. 2.6. Resulta do exposto que a reclamação improcede, mantendo-se o juízo de não inconstitucionalidade da norma contida no artigo 3º, nº 4, do Decreto-Lei nº 230/2008, de 27 de novembro, na interpretação segundo a qual o Governo pode conceder isenção do pagamento de taxas sobre a utilização dos bens ali prevista. É o que resta o Tribunal afirmar. III – Decisão. 3. Face ao exposto, decide-se indeferir a reclamação deduzida pelo recorrente Município de Palmela, mantendo-se a decisão reclamada, que não julgou inconstitucional a norma contida no artigo 3º, nº 4, do Decreto-Lei nº 230/2008, de 27 de novembro, na interpretação segundo a qual o Governo pode conceder isenção do pagamento de taxas sobre a utilização dos bens ali prevista. 3.1. Custas pelo recorrente, ora reclamante, fixando-se a taxa de justiça em 20 unidades de conta, tendo em atenção os critérios definidos no artigo 9º, nº 1, do Decreto-Lei nº 303/98, de 7 de outubro (cfr. artigo 7º do mesmo diploma). Lisboa, 22 de setembro de 2021 – José Teles Pereira – Pedro Machete – Maria de Fátima Mata-Mouros – José João Abrantes – João Pedro Caupers.

2. Acórdão do Supremo Tribunal Administrativo (Processo nº 2626/12.0BELRS), de 23-06-2021. Acórdão. 1. RELATÓRIO. 1.1. "A... – Publicidade na Companhia B..., S.A.", recorre da sentença do Tribunal Tributário de Lisboa que julgou totalmente improcedente a impugnação judicial da liquidação das taxas cobradas pelo MUNICÍPIO DE LISBOA e relativas à renovação, para o ano de 2012, do licenciamento da publicidade instalada em espaços publicitários pertencentes à Companhia B..., colocados em meios e transporte colectivos da cidade de Lisboa, de cuja concessão a Impugnante é titular, no valor global de €126.995,41 (cento e vinte e seis mil, novecentos e noventa e cinco euros e quarenta e um cêntimos). 1.2. Admitido o recurso, a Recorrente apresentou as suas alegações, que encerrou com o seguinte quadro conclusivo: «a) Conforme resulta das presentes alegações de recurso, o Tribunal Tributário de Lisboa através de sentença proferida em 3 de março de 2021 julgou improcedente a impugnação judicial deduzida pela ora Recorrente e que tinha por objeto a liquidação, por parte do Município de Lisboa, das taxas devidas pela renovação, para o ano de 2012, do licenciamento da publicidade instalada em espaços publicitários pertencentes à Companhia B..., colocados em meios de transporte coletivo da cidade de Lisboa; b) O presente recurso jurisdicional cinge-se à parte da Sentença recorrida que julgou não inconstitucionais os artigos 3º e 16º do RPML e o artigo 29º, nº 5, alínea a), da TTORML e que julgou improcedente a arguição de ilegalidade da taxa liquidada por violação do conceito jurídico de taxa previsto na lei; c) O facto tributário discutido nos presentes é a renovação da licença de publicidade da Recorrente para o ano de 2012; d) Relativamente à arguição de inconstitucionalidade orgânica dos artigos 3º e 16º do RPML e do artigo 29º, nº 5, alínea a), da TTORML, e para a dar por não verificada, o Tribunal a quo, remeteu na íntegra para o decidido no Acórdão nº 177/2010 do Tribunal Constitucional invocando, ainda, Sendo que, a sentença ora recorrida traz, ainda, à colação o acórdão deste douto Supremo Tribunal Administrativo, datado de 14/10/2020, proferido no processo nº 148/20.5BALSB, o qual julgou improcedente o recurso interposto pela ora Recorrente e que corre, agora, termos junto deste douto Tribunal como recurso de uniformização de jurisprudência; e) Acontece que, como se demonstrou nas presentes alegações, o Tribunal a quo incorreu em erro de julgamento ao considerar abrangida no âmbito das referidas normas a renovação automática da licença de publicidade atribuída à Recorrente; f) Na verdade, a notificação feita à Recorrente para pagamento destas taxas surge como consequência do facto de a legislação municipal estabelecer como regra que a renovação das licenças concedidas por prazo superior a 30 (trinta) dias é sucessiva e automática (ver artigo 20º do RPML); g) A regulamentação camarária deixa claro que uma vez emitida a licença com duração igual ou superior a 30 dias, a sua renovação no termo do prazo é automática, ou seja, ocorre,

independentemente de qualquer impulso do particular ou da própria edilidade; h) Dada a norma regulamentar que prevê a renovação automática da licença, em cada ano a CML simplesmente realiza uma operação aritmética que consiste na multiplicação do valor unitário da taxa previsto no regulamento municipal pelo número de metros quadrados de cada anúncio previamente licenciado; i) Ou seja, aquando da renovação das licenças – momento que releva para os autos – a CML não realiza ao sujeito passivo das taxas (i.e., à ora Recorrente) uma atividade que possa consubstanciar uma prestação individualizada e concreta que sirva de pressuposto ou facto tributário de uma taxa, à luz do disposto no artigo 4º, nº 2, da LGT e do artigo 3º do RGTAL; j) E no caso concreto ficou efetivamente demonstrado – como resulta do PA e é também assumido na contestação do Município –, que não houve da parte da CML qualquer atividade de reavaliação dos pressupostos do licenciamento que pudesse justificar a cobrança de uma taxa pela remoção de um obstáculo jurídico; k) Sendo certo que, à luz do decidido no Acórdão nº 177/2010 do Tribunal Constitucional, essa atividade de reavaliação se encontra pressuposta, para que, nesse caso, se possa entender estar na presença de uma taxa e não de um imposto; l) Como também se concluiu no Acórdão deste Alto Tribunal de 8/06/2011 (rec. nº 300/2011), que igualmente serviu para fundar o decidido na Sentença a quo; m) E como também já se havia decidido no Acórdão do Pleno do STA de 18/05/2005 (proc. nº 1176/04, disponível em www.dgsi.pt); n) Por tudo o que fica dito é patente o erro de julgamento do Tribunal a quo, dado que no caso concreto, o tributo liquidado, respeitante a uma renovação automática de licenciamento, só pode ser entendido como tendo natureza de um imposto e não de uma taxa; o) Havendo assim inconstitucionalidade orgânica dos artigos 3º e 16º do RPML (e do artigo 29º, nº 5, alínea a) da TTORML), se neles se contemplar – como se entendeu na Sentença recorrida – o encargo devido por uma mera renovação automática do licenciamento de publicidade e que manifestamente tem natureza de verdadeiro imposto; p) Ou seja, entendendo-se – como o Tribunal a quo entendeu – que a renovação de licenciamento previsto no artigo 16º do Regulamento de Publicidade contempla também as renovações automáticas, ter-se-á de considerar a referida norma organicamente inconstitucional, na parte em que contemple essa renovação automática; q) Não se entendendo que a referida norma regulamentar contempla a renovação automática do licenciamento, então, ao entender que a mencionada renovação implicava o pagamento de uma taxa, o Tribunal a quo fez interpretação e aplicação inconstitucionais das normas dos artigos 3º e 16º do RPML e do artigo 29º, nº 5, alínea a), da TTORML, em violação dos artigos 103º, nº 2, e 3, e 165º, nº 1, alínea i), da Constituição da República Portuguesa; r) Também ficou demonstrada através das presentes alegações a manifesta inexistência de bilateralidade/sinalagmaticidade da taxa liquidada, o que implica a respetiva ilegalidade; s) Ao não entender assim, a Sentença recorrida incorreu portanto em novo erro de julgamento; t) Além disso, também nesta parte se verifica uma interpretação e aplicação inconstitucionais por parte da Sentença a quo dos mencionados artigos 3º e 16º do RPML, bem como do artigo 4º, nº 2, da LGT, em violação dos artigos 103º, números 2 e 3 e 165º, nº 1, alínea i), da Constituição da República Portuguesa; u) Admitindo, que o encargo cobrado tenha a natureza de taxa (e não de imposto) – o que aqui se admite, sem conceder, por mera cautela de patrocínio –, então, ao decidir como decidiu, a Sentença recorrida violou o princípio da equivalência, o que também ficou inequivocamente demonstrado através das presentes alegações de recurso; v) Na verdade, o mencionado princípio (contido no artigo 4º, nº 1, do RGTAL), determina que a finalidade da taxa cobrada resida na compensação da prestação administrativa efetuada e, por conseguinte, que o seu quantum seja fixado de forma proporcional e adequada a esse fito compensatório (equivalência económica); w) Ora, inexistindo no caso vertente um ato administrativo ou uma atividade pública efetiva e especificamente direcionada à Recorrente no momento da renovação da licença, que a legislação municipal classifica como automática e sucessiva, não há, por maioria de razão, qualquer custo para o ente público que tenha de ser compensado mediante o pagamento de uma taxa; x) E mesmo que se aplicasse no caso o chamado princípio do benefício, haveria sempre dificuldade de princípio porque na renovação das licenças de publicidade não se descortina uma prestação administrativa dirigida ao sujeito passivo que constitua o pressuposto de facto da cobrança da taxa; y) Em virtude do exposto, a taxa liquidada é ilegal na medida em que o seu quantum não tem em vista compensar custos efetivamente provocados pelo sujeito passivo, nem remunerar o valor de uma prestação que lhe é dirigida, o que afronta o princípio da equivalência e a regra contida no nº 1 do artigo 4º do RGTAL, expressão do princípio constitucional da igualdade e critério material de repartição dos encargos públicos aplicável às taxas; z) Concluindo-se que a Sentença a quo ofende o princípio da equivalência contido no nº 1 do artigo 4º do RGTAL. 1.3. O Município de Lisboa veio, em contra-alegações, defender a manutenção na ordem jurídica da sentença recorrida, aduzindo, a final, os principais argumentos que sustentam a sua posição nos seguintes termos: «1ª A Recorrente pretende a apreciação de questão nova, que não suscitou anteriormente nos autos e que, nem se dirige à douta decisão recorrida (como afirma), nem é de conhecimento oficioso: a alegada ilegalidade da liquidação por violação do princípio da equivalência; 2ª Visando os Recursos, por essência, o reexame de decisões anteriores e não a criação de decisões novas, a referida questão, a que a Recorrente dedica a parte c) das Alegações e as Conclusões t) a y) deverá considerar-se excluída do objeto do Recurso; 3ª A Constituição da República Portuguesa consagra, para as autarquias locais, a possibilidade de disporem de poderes tributários próprios, no nº 4 do art. 238º, atribuindo, ainda, aos municípios, receitas tributárias próprias, no § único, do art. 254º; 4ª Os municípios têm legitimidade, não só para liquidarem e cobrarem as taxas que se encontrem previstas na lei, como é o caso da taxa devida pelo licenciamento de publicidade, como para definirem, de forma geral e abstracta, os termos em que o pretendem fazer; 5ª Por seu turno, de acordo com o artigo 3º do Regime Geral das Taxas das Autarquias Locais, as taxas das autarquias locais são tributos que assentam na utilização de bens do domínio público local ou na remoção de um obstáculo jurídico ao comportamento dos particulares, acrescendo, nos termos das alíneas b) e c), do artigo 6º do mesmo Diploma, que as taxas municipais incidem sobre utilidades prestadas aos particulares ou geradas pela actividade dos municípios, designadamente pela concessão de licenças e pela utilização de bens do domínio público (...) municipal; 6ª De acordo com a Lei das Finanças Locais, constituí receita municipal o produto do cobrança de taxas (...) resultante da concessão de licenças (...) [cfr. alínea c) do artigo 10º], as quais podem ser criadas nos termos definidos no já mencionado Regime Geral das Taxas (cfr. nº 1 do artigo 15º); 7ª O Código da Publicidade define publicidade e considera como tal "qualquer forma de comunicação feita por entidades de natureza pública ou privada, no âmbito de uma actividade comercial, industrial, artesanal ou liberal, com o objectivo directo ou indirecto de: a) Promover, com vista à sua comercialização ou alienação, quaisquer bens ou serviços", não restando dúvidas quanto à natureza publicitária da tela que a Impugnante sujeitou a licenciamento, como, aliás, a mesma admite reiteradamente; 8ª A afixação de mensagens publicitárias de natureza comercial, na área de cada município, depende de licenciamento prévio da Câmara Municipal respetiva, nos termos do disposto no artigo 1º da Lei nº 97/98, de 17 de agosto, diploma que regula a afixação de tais mensagens e que, para além de remeter o licenciamento da publicidade para competência municipal, atribui à mesma "a definição dos critérios de licenciamento aplicáveis na área do respectivo concelho" (cfr. nº 2 do artigo 1º); 9ª Habilitado por tais normas e no exercício das aludidas competências, o Município de Lisboa aprovou o Regulamento de Publicidade, publicado por intermédio do Edital nº 35/92, de 19 de Março, com a redacção dos Editais nº 42/95, de 25 de Abril e 53/95, publicados respectivamente nos Boletins Municipais nº 16331, de 12/03/1992, 61, de 25/04/1995, e 66, de 30/05/1995; 10ª As taxas concretamente aplicáveis a cada licenciamento são as estabelecidas na Tabela de Taxas e Outras Receitas Municipais (TTORM) em vigor aquando do mesmo, nos termos do artigo 16º do referido Regulamento, a qual, no caso concreto e atenta a vigência da norma transitória prevista no nº 5, do artigo 43º, do RGTPORML, se encontra limitada pelo valor estabelecido pela TTORM/2009, acrescido de 5%; 11ª O aludido Regulamento de Publicidade estabelece que, para a afixação das referidas mensagens publicitárias, em locais públicos ou privados, é sempre necessário o licenciamento prévio respectivo, uma vez que, nos termos do nº 1 do seu artigo 2º, o mesmo é aplicável a qualquer forma de publicidade de natureza comercial e a todos os suportes de afixação ou inscrição de mensagens publicitárias; 12ª Ademais, encontra-se sujeita a licenciamento prévio da Câmara Municipal a afixação ou inscrição de mensagens publicitárias em bens ou espaços afectos ao domínio público, ou dele visíveis, nos termos do nº 1, do artigo 3º, do mesmo Regulamento; 13ª Do Regulamento da Publicidade, em estrita obediência aos ditames que motivaram a atribuição do licenciamento da publicidade aos municípios, constam os limites, decorrentes da Lei nº 97/98 e que o município de Lisboa estabeleceu para o exercício de tais actividades, nos artigos 4º a 6º do mencionado Regulamento, dos quais se destacam, a título de exemplo, os atinentes à protecção da estética ou ambiente dos lugares ou da paisagem (artigo 4º), ou a protecção da segurança de pessoas e bens (artigo 6º); 14ª A necessidade de tal protecção, imprimida pelo legislador, tem origem no facto de a publicidade ter o seu impacto no domínio público, razão pela qual, é exigido o licenciamento de tal atividade, que configura um obstáculo, real e resultante da lei, a tal atividade; 15ª O licenciamento e sucessivas renovações removem o obstáculo jurídico a tal atividade e permitem à Recorrente a exibição de publicidade e, consequentemente, o uso privativo do domínio público municipal, em determinados termos, definidos naqueles; 16ª No artigo 4º da LGT, sob a epígrafe "pressupostos dos tributos" estabelece-se que "as taxas assentam na prestação concreta de um serviço público, na utilização de um bem do domínio público ou na remoção de um obstáculo jurídico ao comportamento dos particulares" sendo identificadas três tipos de situações que podem, alternativa e legitimamente, dar origem à liquidação e cobrança de taxas; o tributo ora em causa configura um deles, pois é liquidado e cobrado como contrapartida pela renovação de licença/remoção de um obstáculo jurídico ao comportamento dos particulares; 17ª A tese que a Recorrente advoga é que, a proceder, redundaria em inconstitucionalidade, por via da clara violação dos poderes tributários e regulamentares, atribuídos pelos artigos 238º, nº 4 e 241º da Constituição da República Portuguesa aos municípios, bem como da respectiva autonomia financeira, igualmente consagrada na Lei Fundamental, o que desde já se arguiu; 18ª A liquidação da taxa impugnada é perfeitamente válida e eficaz, actuando a CML no exercício de competências que lhe são constitucional e legalmente atribuídas, em consonância com o conceito de taxa adoptado pelo legislador ordinário e de harmonia com regulamentos municipais aprovados na sequência de lei habilitante; 19ª Como assinala a douta Sentença recorrida, a interpretação que acolhe, e que o Recorrido vem pugnando nos autos, tem acolhimento unânime na Jurisprudência dos Tribunais Superiores, de que é exemplo o Acórdão nº 177/2010 do Tribunal Constitucional, que a ditou e que vem sendo acompanhado pelos restantes Tribunais, Superiores e de primeira instância, à semelhança do que aconteceu, e bem, na douta Decisão objecto do presente Recurso (vd., ademais, os doutos Acórdãos do STA de 08/06/2011 – Proc. nº 300/11 de 05/02/2015 – Proc. nº 333/14 de 19/06/2016, proferido no Processo nº 1393/13, ou ainda de 14/10/2020, proferido no Recurso nº 0489/17); 20ª A taxa de publicidade, tal como regulamentada no Município de Lisboa, não reveste natureza de imposto, constituindo contrapartida da renovação da licença de publicidade (v.g., remoção de obstáculo jurídico à actuação do particular) e consequente fruição do espaço público que, por via dela, é facultada à Recorrente, verificando-se em pleno o sinalagma que a Recorrente, sem razão, afirma inexistir; 21ª A liquidação impugnada foi concretizada de acordo com lei habilitante expressa, no pleno uso das competências atribuídas por lei aos municípios e de acordo com a forma prevista na lei para o efeito, não padecendo de vício ou irregularidade, sendo plenamente válida e improcedendo pois, na sua totalidade os argumentos da Recorrente, devendo manter-se na íntegra a douta Sentença objeto do presente; 22ª Só a renovação do licenciamento (de exibição de publicidade) para o ano de 2012 habilitou a Recorrente a manter exibição da publicidade, naquele período, usufruindo, assim, em pleno, da contrapartida/sinalagma exigido pelo conceito de taxa e correspondente, reitera-se, à remoção do obstáculo jurídico que impedia aquela exibição, no referido período; 23ª Sem prescindir quanto à invocada inadmissibilidade, a liquidação impugnada respeita o princípio da equivalência, estando conforme com as disposições legais aplicáveis e inexistindo qualquer desproporção intolerável que possa questionar a sua proporcionalidade, que a Recorrente, aliás, nem sequer invoca». 1.4. Recebidos o processo neste Tribunal e apresentado com "termo de vista" à Exma. Procuradora-Geral-Adjunta, para, querendo, emitir parecer, veio o mesmo a ser proferido no sentido de não provimento do recurso, por, em resumo e palavras nossas, a sentença recorrida se ter fundamentado em jurisprudência que, de forma reiterada, esta Secção de Contencioso Tributário vem perfilhando e, bem assim, que os preceitos legais cuja constitucionalidade vem posta em causa foram interpretados em conformidade com os parâmetros normativos definidos pelo Tribunal Constitucional, pelo que, conclui, não é merecedora de qualquer censura. 1.5. Colhidos os vistos legais, cumpre, agora, julgar o recurso que nos foi apresentado. 2.1 Como é sabido, sem prejuízo das questões de que o tribunal ad quem possa ou deva conhecer oficiosamente, é o teor das conclusões com que a Recorrente finaliza as suas alegações que determina o âmbito de intervenção do tribunal de recurso [artigo 635º do Código de Processo Civil (CPC)]. Essa delimitação do objecto do recurso jurisdicional, numa vertente negativa, permite concluir se o recurso abrange tudo o que na sentença foi desfavorável ao Recorrente ou se este, expressa ou tacitamente, se conformou com parte das decisões de mérito proferidas quanto a questões por si suscitadas (artigos 635º, nº 3 e 4 do CPC), desta forma impedindo que voltem a ser reapreciadas por este Tribunal de recurso. Numa vertente positiva, a delimitação do objecto do recurso, especialmente nas situações de recurso directo para o Supremo Tribunal Administrativo, como é o caso, constitui ainda o suporte necessário à fixação da sua própria competência, nos termos em que esta surge definida pelos artigos 26º do Estatuto dos Tribunais Administrativos e Fiscais (ETAF) e 280º e seguintes do Código de Procedimento e de Processo Tributário (CPPT). 2.2. No caso concreto, tendo por referência o que ficou dito, não existem dúvidas de que a Recorrente pretende que este Supremo Tribunal aprecie três questões: (i) o erro de julgamento relativamente à interpretação e aplicação do conceito constitucional de taxa [por entender que dele deriva que o tributo respeitante à renovação automática do licenciamento de publicidade tem a natureza de um imposto e que, por conseguinte, os referidos normativos regulamentares padecem de inconstitucionalidade orgânica, à luz dos artigos 103º, números 2 e 3 e 165º, nº 1, alínea i) da Constituição da República Portuguesa – alínea "c)" das alegações de recurso e conclusões "t)" a "y)"]; (ii) o erro na interpretação e aplicação do conceito jurídico de taxa previsto na lei, em particular, consagrado no artigo 4º, nº 2 da Lei Geral Tributária [invocando ser patente que não existe bilateralidade se o tributo não tem por pressuposto qualquer actividade por parte da Recorrida – alínea "b)" das alegações de recurso e conclusões "q)" a "s)"]; (iii) o erro na interpretação e aplicação do artigo 4º, nº 1, do Regime Geral das Taxas das Autarquias Locais [porque, não visando o tributo em contestação nem a compensação de custos efectivamente provocados pelo sujeito passivo nem a remuneração do valor de uma prestação que lhe seja dirigida, a interpretação acolhida não respeita o princípio da equivalência que o próprio normativo impõe e que constitui concretização do princípio constitucional da igualdade – alínea "c)" das alegações de recurso e conclusões "t)" a "y)"]. 2.3. Acontece, porém, que este Supremo Tribunal não pode conhecer de todas as questões colocadas pela Recorrente. Na verdade, constituindo o recurso um meio impugnatório de decisões judiciais, neste apenas se pode pretender, salvo situação de questões de conhecimento oficioso, a reapreciação do decidido e não a prolação de decisão sobre matéria não submetida à apreciação do Tribunal a quo. Ora, sem prejuízo de se concordar com o entendimento que a nossa jurisprudência vem acolhendo, à luz do artigo 204º da Constituição da República Portuguesa (CRP) e com o conforto de múltiplos acórdãos do Tribunal Constitucional, de que as questões de inconstitucionalidade são questões de conhecimento oficioso e, consequentemente, que nem aos interessados nem ao Tribunal ad quem está vedado suscitá-las em sede de recurso, certo é, como ficou firmado no acórdão desta Secção e Tribunal (que envolveu as mesmas partes e que teve por objecto idêntico circunstancialismo de facto e de direito ao que ora se analisa, reconduzindo-se a única particularidade ao ano a que se reporta a taxa liquidada) que a questão que a Recorrente identifica sob a epígrafe «Da violação do princípio da equivalência» "não é uma questão de inconstitucionalidade, mas de ilegalidade. O que aqui está em causa não é a desconformidade de qualquer norma com algum comando constitucional, mas a alegada desconformidade do ato impugnado com um comando infraconstitucional. No caso, o artigo 4º, nº 1, do RGTAL. É certo que o princípio da equivalência tem sido considerado um princípio estruturante aplicável às taxas e contribuições e um corolário dos princípios constitucionais da igualdade e da proporcionalidade, quando aplicados a estes tributos. Poderia, então, defender-se que, ao convocar o artigo 4º do RGTAL o Recorrente estaria, afinal, a apelar para estes princípios constitucionais. Deve, porém, contrapor-se, desde já, que as disposições regulamentares em que se fundou o ato impugnado para a fixação do quantum do tributo não foram convocadas para impugnação e, por isso, o tribunal recorrido nunca foi chamado a aplica-las. Saliente-se que de parte alguma da petição inicial se extrai alguma questão relacionada com a quantificação do tributo. Ora, o tribunal de recurso só teria que apreciar oficiosamente questões de inconstitucionalidade respeitantes a normas aplicadas na sentença recorrida, isto é, a normas que o tribunal recorrido tenha apreciado ou aplicado ao decidir da legalidade do ato impugnado». Não sendo o caso, há que concluir que a questão enunciada em (iii) supra é uma questão nova, o que determina a sua exclusão do objecto do presente recurso que, nesta parte, fica, desde já, rejeitado. 3. FUNDAMENTAÇÃO. 3.1. Fundamentação de facto. A sentença efectuou o julgamento da matéria de facto nos seguintes termos: «Com relevância para a decisão, dão-se como provados os seguintes factos: 1. A Impugnante explora os espaços publicitários em veículos de transporte colectivo de passageiros pertencentes à "Companhia B....", vulgarmente designada por "B...", ao abrigo de um contrato de concessão celebrado com a "B..." (por acordo decorrente da posição processual das partes, conjugado com documentos relativos aos procedimentos de licenciamento para afixação de publicidade em transportes colectivos da "B...." a favor da Impugnante, que figuram a fls. ... do processo administrativo apenso aos autos); 2. Para efeitos da actividade identificada em 1. supra, a Impugnante requereu a emissão pelo Município de Lisboa de licenças de afixação de publicidade em veículos de transporte colectivo de passageiros (por acordo decorrente da posição processual das partes, conjugado com documentos relativos aos procedimentos de licenciamento para afixação de publicidade em transportes colectivos da "B...." a favor da Impugnante, que figuram a fls. ... do processo administrativo apenso aos autos);

3. Em 1.3.2012, a Câmara Municipal de Lisboa emitiu a "Relação Valorizada" nº 700000084369, dirigida à Impugnante, para pagamento, até 31.3.2012, de facturas relativas a "PUB Transportes Colectivos", para o período de 2012, totalizando o valor de €126.995,41, de acordo com as seguintes condições: «1. Prazo das licenças: último dia do mês (mensais)/ último dia do trimestre (trimestrais) /último dia do ano (anuais) indicado no rosto do recibo. 2. As licenças renovam-se automaticamente por iguais períodos de tempo, salvo comunicação do titular opondo-se à renovação automática. 3. A intenção de cancelamento/não renovação automática das licenças deve ser comunicada à CML, pelo seu titular e por escrito, até 10 dias antes do termo da licença. 4. A licença poderá não ser renovada sempre que: a) Situações excepcionais de interesse público assim o exijam; b) O seu titular não cumpra as obrigações decorrentes do licenciamento, nomeadamente de conformidade com o projecto aprovado, de segurança e boa conservação dos suportes e as de pagamento das taxas. 5. As taxas aplicadas assentam no seguinte quadro normativo: artigo 237º, 238º nº 4 e 241º da Constituição da República Portuguesa (versão Lei Constitucional nº 1/2005 de 12 de agosto); artigo 53º nº 2 alínea e) e h) e 64º nº 7 alínea b) da Lei nº 169/99 de 16 de setembro com as alterações introduzidas pela Lei nº 5-A/2002 de 11 de janeiro; artigos 3º nº 2 alínea c), 10º alínea c) 11º e 15º da Lei das Finanças Locais aprovada pela Lei nº 2/2007 de 15 de janeiro; artigos 3º e 6º da Lei nº 53-E/2006 de 29 de dezembro; artigos 1º nº 1 e 2 e 11º da Lei nº 97/88 de 17 de agosto; Regulamento de Publicidade constante do Edital nº 35/92 e publicado no D.M. nº 16338 de 19 de março, com as alterações introduzidas pelos Editais nº 42/95 (publicado no B.M. nº 61 de 25 de abril) e 53/95 (publicado no B.M. nº 68 de 30 de maio); Regulamento Geral de Mobiliário Urbano e Ocupação da Via Pública e (aprovado pelo Edital nº 101/91 de 16 de abril) bem como no Regulamento Geral de Taxas, Preços e Outras Receitas e respectiva Tabela de Taxas Municipais, publicada em D.R., 2ª série de 30 de abril de 2010 (que poderão ser consultados no Atendimento da DMAU/Divisão de Qualificação do Espaço Público, na Av. 24 de Julho nº 171C, 1399-021 Lisboa). Os sujeitos passivos das taxas dispõem das garantias previstas no artigo 16 da Lei nº 53-E/2006 de 29 de dezembro (Regime Geral das Taxas das Autarquias Locais), designadamente, do prazo de 30 dias, a contar da data da notificação da liquidação, para apresentar reclamação graciosa.» 4. O montante identificado em 3. supra corresponde ao valor da liquidação das taxas devidas, no ano de 2012, pela renovação automática de licenças para afixação de publicidade em transportes coletivos emitidas pelo Município de Lisboa a favor da Impugnante (por acordo das partes, conjugado com o documento que figura de páginas 15 a 19 do suporte digital dos autos no SITAF e integra o Doc. 1 junto à petição inicial, bem como o documento correspondente à Informação nº 52643/INF/DPC/GESTURBE/

/2013, de 3.12.2013, emitida por técnico da Divisão de Planeamento e Coordenação da Câmara Municipal de Lisboa, que figura a fls.... do processo administrativo apenso aos autos); 5. A Impugnante apresentou reclamação graciosa do acto de liquidação das taxas a que se alude em 3. e 4. supra (por acordo decorrente da posição processual das partes, conjugado com documento que figura de páginas 14 a 30 do suporte digital dos autos no SITAF, correspondente ao Doc. 1 junto à petição inicial); 6. Por despacho da Vereadora da Câmara Municipal de Lisboa ...., de 3.8.2012, exarado sobre a Informação nº 239/DMF/DAAT/DPTF/12, da Divisão de Procedimento Tributário e Financeiro da Câmara Municipal de Lisboa, foi indeferida a reclamação graciosa a que se alude em 5. supra, de acordo com a seguinte fundamentação: «A taxa de publicidade reveste a natureza de taxa que os municípios podem legitimamente cobrar ao abrigo dos artigos 3º 6º alíneas b) e c) da Lei nº 53-E/2006, de 29 de dezembro e artigos 10º alínea c) e 15º da Lei nº 2/2007, de 15 de janeiro, artigo 16º do Regulamento de Publicidade do Município de Lisboa, publicitado no Edital nº 35/92, de 19 de março, com as alterações introduzidas pelos Editais números 42/95 e 53/95; A licença de publicidade permite fazer publicidade na via pública ou no espaço aéreo, independentemente do meio ou do suporte, propiciando a utilização de um bem público, consubstanciado nas ruas avenidas, praças, jardins, e espaço aéreo onde a mesma é visível, onde circulam as pessoas com as quais se estabelece o diálogo publicitário, com aproveitamento exclusivo para o beneficiário, o que legitima a exigência de uma taxa, contrapartida dessa utilização; pelo que é inaceitável que, prestando o Município um serviço de análise, fiscalização e emissão da respectiva licença de publicidade, não deva existir uma contrapartida por tal serviço, através da cobrança da respectiva taxa; Não procedem, pois, os argumentos invocados pela reclamante no sentido da liquidação e cobrança da taxa de publicidade ser ilegal, razão pela qual será de manter o acto reclamado e de indeferir os autos de reclamação graciosa». 7. Por meio do Ofício com a referência OF/384/DMF/DAAT//DPTF/12, de 7.8.2012, a Câmara Municipal de Lisboa notificou a Impugnante do indeferimento da reclamação graciosa por esta apresentada, a que se alude em 6. supra (cf. documento que figura na folha 14 do suporte digital dos autos no SITAF e integra o Doc. 1 junto à petição inicial). Motivação. A convicção do tribunal que permitiu dar como provados os factos acima identificados assentou no teor dos documentos aí especificados, bem como na posição processual assumida pelas partes». 3.2. Fundamentação de direito. 3.2.1. O presente recurso vem interposto da sentença proferida pelo Tribunal Tributário de Lisboa em dois segmentos na parte em que nela se concluiu que os artigos 3º e 16º do Regulamento de Publicidade do Município de Lisboa ["RPML"] e o artigo 29º, nº 5, alínea a), da Tabela das Taxas e Outras Receitas do Município de Lisboa de 2009 ["TTORML"] não padecem de inconstitucionalidade orgânica e na parte em que concluiu que as taxas cobradas para o ano de 2011, não violavam o conceito jurídico de taxa previsto na lei. 3.2.2. Com deixámos já consignado na delimitação do objecto deste recurso, as questões que ora nos são colocadas têm vindo a ser objecto de repetida análise por esta Secção de Contencioso Tributário, inclusive em julgamentos proferidos em processos relativos às mesmas partes, com idêntico objecto (variando apenas no que respeita ao ano de tributação) e em que são apesentados, quer em sede de articulados iniciais das partes quer em sede de alegações e contra-alegações de recurso, exactamente os mesmos argumentos de direito que foram invocados no litígio que ora se decide. 3.2.3. Neste contexto, convoca-se, como fundamentação da nossa decisão, em especial, o julgamento realizado a 14 de outubro de 2020, no processo nº 1711/11.0BELRS, em que a ora relatora interveio como Juíza-Adjunta, no qual ficou decidido, em conclusão, que: – "Do facto de o regulamento de publicidade municipal prever que o licenciamento da publicidade se renova automaticamente não deriva que o tributo cobrado aquando da renovação não tenha caráter bilateral, sinalagmático ou comutativo nem resulta, por conseguinte, que o tributo respetivo tenha a natureza de um imposto", – "Do artigo 6º do RGTAL deriva que o elemento material da incidência das taxas de publicidade, aquando da renovação da licença respetiva, não se reconduz a uma atividade de reavaliação da verificação dos pressupostos que determinaram o seu licenciamento». 3.2.4. É esse entendimento que aqui se reitera e para o qual se remete, não apenas porque mantemos o mesmo entendimento mas, ainda, porque a adopção nos presentes autos da mesma solução jurídica se impõe apara assegurar uma interpretação e aplicação uniformes do direito a todos os casos merecedores de tratamento análogo, nos termos do artigo 8º, nº 3 do Código Civil. 3.2.5. Dispensamos a junção de cópia ou a transcrição da referida fundamentação, uma vez que a mesma se encontra integralmente disponível para consulta em www.dgsi.pt. 3.2.6. As custas serão integralmente suportadas pela Recorrente, em cujo pagamento será, a final, condenada, por ter ficado integralmente vencida na sua pretensão recursiva (artigo 527º, nº 1 e 2 do CPC, aplicável ex vi artigo 280º do CPPT). 4. DECISÃO. Nos termos expostos, acordam os Juízes da Secção Tributária deste Supremo Tribunal Administrativo, negar provimento ao recurso. Custas pela Recorrente. Registe e notifique. Lisboa, 23 de Junho de 2021 – Anabela Ferreira Alves e Russo (relatora, que consigna e atesta, nos termos do disposto no artigo 15º-A do Decreto-Lei nº 10-A/2020, de 13 de março, aditado pelo artigo 3º do Decreto-Lei nº 20/2020, de 1 de maio, que tem voto de conformidade com o presente acórdão os Senhores Juízes Conselheiros José Gomes Correia e Aníbal Augusto Ruivo Ferraz).

3. Acórdão do Supremo Tribunal de Administrativo (Processo nº 653/11.4BESNT), de 03-02-2021. Acordam os juízes da secção do Contencioso Tributário do Supremo

Tribunal Administrativo: Município de Cascais, recorre da sentença datada de 27.01.2020, que anulou as liquidações das taxas urbanísticas, no montante global de € 21.127,68, referentes a prorrogação de prazo das licenças de construção, respeitantes à sociedade A... LDA., pessoa coletiva nº ..., com sede na Rua ......, ..., ..., na Parede. Alegou, tendo concluído: A teleologia do regime transitório previsto no artigo 3º do Decreto-Lei nº 26/2010, de 30 de março, é, tão somente, o de alargar o período de execução das operações urbanísticas, e dos seus prazos de caducidade, face à necessidade de ajustamento dos tempus da concretização daquelas operações tendo em conta o clima de estagnação económica então vivida, sobretudo no sector do imobiliário. O objetivo legal deste regime transitório, foi o de aligeirar e facilitar, a concretização das operações urbanísticas, e fê-lo, alargando o período de execução das operações urbanísticas, e dos prazos de caducidade, permitindo facultar ao particular mais tempo para acabar a obra, evitando assim, a caducidade dos alvarás de licença de construção, a que se refere o artigo 71º do RJUE, com todos os custos para os particulares que esta caducidade acarreta. O objetivo legal não foi o de isentar os particulares de efetuarem o pagamento de taxas devidas pela concessão de licenças, prática de actos administrativos e satisfação administrativa de outras pretensões de carácter particular, a que se refere a alínea b) do nº 1 do artigo 6º do Lei nº 53-E//2006, de 29 de dezembro. A cobrança destas taxas, tem como fundamento legal, o estipulado no artigo 3º daquela Lei, que estipula que as taxas das autarquias locais são tributos que assentam na prestação concreta de um serviço público local, na utilização privada de bens do domínio público e privado das autarquias locais ou na remoção de um obstáculo jurídico ao comportamento dos particulares, quando tal seja atribuição das autarquias locais, nos termos da lei. O Regulamento e Normas de Cobrança e Tabela de Taxas, Licenças e outras Receitas Municipais do Município de Cascais, em vigor à data, que referia no artigo 19º que os pedidos para prorrogação do prazo de validade das licenças, autorizações ou comunicações prévias para obras de edificação ou urbanização devem ser formulados 30 dias antes do seu termo, estando sujeitos às taxas fixadas nos artigos 9º e 10º da Tabela. A taxação das prorrogações do prazo de execução das operações urbanísticas, é uma forma a evitar o seu arrastamento no tempo, com o inerente prejuízo do interesse público, do ambiente e da qualidade de vida dos cidadãos e da própria urbe causado pelas múltiplas disfunções e incomodidades que decorrem da execução de uma obra, tais como o ruído ou o congestionamento. Para a execução de uma operação urbanística é concedido um determinado prazo estabelecido na licença, findo o qual, a possibilidade de realização das obras preconizadas caduca. O particular fica impedido de as executar, salvo se, requerer uma prorrogação desse prazo. A Administração, caso a lei permita, concederá o prazo de prorrogação, levantando o obstáculo, em troca da cobrança de uma taxa. A remoção deste obstáculo jurídico ao comportamento dos particulares, não foi isento de pagamento de taxa, por via do regime excepcional de extensão de prazos, plasmado no artigo 3° do Decreto-Lei nº 26/2010, de 30 de março. Nem poderia ser. Aliás é este, também, o entendimento do digníssimo Procurador da República, plasmado no Parecer que proferiu nos autos. Salvo o devido respeito, andou mal a douta Sentença, ao ter concluído existir nas liquidações objecto da impugnação, o vício de violação de lei e, em consequência, ter decidido pela anulação das liquidações, em causa. Salvo o devido respeito, andou mal a douta Sentença ao ter concluído que não ocorreu um facto tributário com a concessão da prorrogação de prazo a que se refere o nº 1 do artigo 3º do Decreto-Lei nº 26/2010, de 30 de março. Salvo o devido respeito, a douta Sentença efetuou uma incorreta interpretação e aplicação das normas do regime de excepção do nº 1 do artigo 3º do artigo 3º do Decreto-Lei nº 26/2010, de 30 de março, do artigo 58º (Prazos de Execução) e do artigo 116º (Taxas inerentes às operações urbanística) do RJUE e, efetuou incorreta interpretação do artigo 3º e artigo 6º da Lei nº 53-E/2006, de 29 de dezembro (Regime Geral das Taxas das Autarquias Locais). O Decreto-Lei nº 26/2010, de 30 de março, procede à décima alteração ao Decreto-Lei nº 555/99, de 16 de dezembro, que estabelece o regime jurídico da urbanização e edificação, e procede à primeira alteração ao Decreto-Lei nº 107/2009, de 15 de maio, isenta a sujeição das operações urbanísticas a uma série de procedimentos de controlo preventivo no sentido de ser alcançada a celeridade e a eficiência mas não as isenta, nem as poderia isentar do pagamento de taxas urbanísticas. Termos em que, com o douto suprimento de Vossas Excelências, deve ser concedido provimento ao presente recurso e revogar-se a sentença recorrida, bem tudo com as legais consequências. Contra-alegou a recorrida pugnando pela manutenção da sentença objecto deste recurso. A Magistrada do Ministério Público junto deste Supremo Tribunal emitiu parecer no sentido do não provimento do recurso. Cumpre decidir. Na sentença recorrida levou-se ao probatório a seguinte matéria de facto: A) A ora impugnante era, à data da apresentação da presente impugnação judicial, a proprietária dos prédios sitos na Rua de ..., Urbanização ..., Lotes 6, 11, 13 a 21 e 23 a 25, ..., freguesia do Estoril, município de Cascais. B) Em 2007, a ora impugnante requereu na Câmara Municipal de Cascais (CMC) a aprovação do pedido de licenciamento das obras de construção que pretendia levar a efeito em cada um dos prédios identificados na alínea A), o que foi deferido. C) Em 24.07.2008 foi emitido o alvará de obras de construção nº 627, que titula o licenciamento da construção aprovada para o lote 6. D) Em 16.12.2008 a impugnante requereu, e foi deferida, a prorrogação do prazo, por mais um ano, para requerer a emissão dos alvarás de construção relativos aos lotes 11, 13 a 21 e 23 a 25. E) Em 23.02.2010 e 21.05.2010 foram emitidos os alvarás de obras de construção números 40, 194, 195,

185, 187, 189, 192, 193, 179, 181, 176, 183 e 182, que titulam os licenciamentos das construções aprovadas para os lotes 11,13 a 21 e 23 a 25. F) Em 22.06.2010 a impugnante requereu na CMC, ao abrigo e sob expressa invocação do Decreto-Lei nº 26/ /2010, de 30 de março, a prorrogação para o dobro do prazo dos referidos alvarás de construção relativos aos lotes 6, 11, 13 a 21 e 23 a 25, com a seguinte fundamentação: "[...] 2. Acontece que, em virtude da actual e grave situação de crise que o sector imobiliário atravessa, que se tem vindo a agravar de forma muito sensível nos últimos tempos, não foi possível assegurar ainda a comercialização do referido imóvel, nem obter os financiamentos necessários. Nesta conformidade, vem requerer-se que os prazos, para início e conclusão das obras, actualmente em curso, sejam prorrogados para o dobro, nos termos do artigo 3º do Decreto-Lei nº 26/2010, de 30 de março.". G) Por despachos do Presidente da CMC de 13.09.2010, 06.10.2010 e 26.10.2010, foram deferidos os pedidos de prorrogação de prazo apresentados pela impugnante. H) Atos impugnados: Dos despachos referidos na alínea que antecede consta ainda que "de acordo com a tabela de taxas em vigor no corrente ano deverá liquidar no prazo de 30 dias a contar do aviso de recepção a taxa de €1.509,12, correspondente a 36 meses de execução de obra". I) Em 09.11.2010 a impugnante deduziu reclamação dos referidos despachos mencionados em G) e H), nos termos constantes de docs. 29 a 42 juntos à petição inicial, cujos teores aqui se dão por reproduzidos, e onde se lê, além do mais, o seguinte: "[...] Salvo o devido respeito, cremos ser manifesto que o pagamento do referido tributo não é exigível, nem pode ser agora imposto à ora reclamante. 3. A prorrogação do prazo da licença em análise foi concedida à ora reclamante ao abrigo do disposto no artigo 3º/1 do Decreto-Lei nº 26/2010, de 30 de março, que estatui o seguinte: "Os prazos previstos para a execução de obras nos números 1, 2 e 9 do artigo 58º e no artigo 59º do Decreto-lei nº 555/99, de 16 de dezembro, e os resultantes da aplicação do disposto nos números 5 a 7 do artigo 58º são aumentados para o dobro mediante requerimento do interessado, sem necessidade de emissão de novo acto ou título sobre as operações urbanísticas em causa". [...] É manifesto que, pretendendo o legislador "evitar o acréscimo de custos", nunca seria lícita qualquer interpretação contra legem, exigindo-se agora a cobrança de um novo tributo, pela prorrogação de um prazo que nem sequer carece "de emissão de novo acto ou título" (v. artigo 3º/1 do Decreto-Lei nº 26/2010, de 30 de março; cfr. artigo 266º da CRP, e artigo 3º do CPA e artigo 9º do C. Civil). 4. Registe-se ainda que, como resulta claramente do disposto no artigo 116º do Decreto-Lei nº 555/99, de 16 de dezembro, relativamente a "taxas inerentes às operações urbanísticas": [...] Como resulta do normativo transcrito, apenas existirá facto tributário quando se verifique a emissão de novo alvará ou título sobre as operações urbanísticas em causa. [...]". J) No âmbito das reclamações graciosas a que faz referência a alínea que antecede foi proposto o indeferimento da pretensão da ora impugnante, a qual foi notificada para efeitos de audição prévia, exercendo esse direito. K) Por despachos de 26.04.2011, do Presidente da CMC, foram indeferidas as reclamações deduzidas pela impugnante, referindo-se ainda que esta deve "efectuar o pagamento da prorrogação de prazo no prazo de 10 dias de acordo com os fundamentos previstos no artigo 71º do CPA, a contar da recepção do presente ofício". L) As decisões que antecedem foram objeto de notificação à ora Impugnante por ofícios datados de 13.05.2011. M) A petição inicial foi remetida a este TAF por correio registado em 27.05.2011. Nada mais foi levado ao probatório. Há que apreciar o recurso que nos vem dirigido, e desde já se dirá que não assiste razão ao recorrente, para o que se seguirá de perto o parecer emitido pelo Ministério Público neste STA. O Município de Cascais veio recorrer para este Supremo Tribunal, da sentença proferida pelo TAF de Sintra que julgou procedente a impugnação judicial apresentada por A..., LDA, na sequência de decisão de indeferimento da reclamação graciosa que teve por objecto a liquidação das taxas urbanísticas, no montante global de €21.127,68, referentes a prorrogação do prazo de execução de obras, na sequência de pedido efectuado nos termos do artigo 3º, nº 1 do Decreto-Lei nº 26/2010, de 30 de março. Dos termos conclusivos das Alegações de Recurso, verifica-se que o Recorrente entende padecer a sentença de erro de julgamento de direito por errada interpretação do regime legal previsto no artigo 3º, nº 1 do Decreto-Lei nº 26/2010, de 30 de março, bem como dos artigos 116º e 58º do RGEU e dos artigos 3º e 6º da Lei 53-E/2006 de 29 de outubro, ao ter concluído pela inexistência de facto tributário no caso da prorrogação do prazo a que se refere o nº 1 do artigo 3º do Decreto-Lei nº 26/10 de 30 de março, anulando a liquidação das taxas em causa. A questão a apreciar consiste em saber se está sujeito a pagamento de taxa urbanística o deferimento do pedido de prorrogação do prazo para conclusão de obra ao abrigo do regime excepcional estabelecido no artigo 3º, nº 1 do Decreto-Lei nº 26/2010. Vejamos. Dispõe o artigo 11º da LGT, nos seus nºs 1 e 3 que: "1 – Na determinação do sentido das normas fiscais e na qualificação dos factos a que as mesmas se aplicam são observadas as regras e princípios gerais de interpretação e aplicação das leis. 2 – Sempre que, nas normas fiscais, se empreguem termos próprios de outros ramos de direito, devem os mesmos ser interpretados no mesmo sentido daquele que aí têm, salvo se outro decorrer directamente da lei. 3 – Persistindo a dúvida sobre o sentido das normas de incidência a aplicar, deve atender-se à substância económica dos factos tributários...." E o artigo 9º, nº 3 do Código Civil estabelece que "Na fixação do alcance e sentido da lei o intérprete presumirá que o legislador consagrou as soluções mais acertadas e soube exprimir o seu pensamento em termos adequados." Dispõe o artigo 3º do Decreto-Lei nº 26/10 de 30 de março: "Regime excepcional de extensão dos prazos. 1 – Os prazos previstos para a execução de obras nos números 1, 2 e 9 do artigo 58º e no artigo 59º do Decreto-Lei nº 555/99, de 16 de dezembro, e os resultantes da aplicação do disposto nos números 5 a 7 do artigo 58º são aumentados para o dobro mediante requerimento do interessado, sem necessidade de emissão de novo acto ou título sobre as operações urbanísticas em causa. 2 – A elevação para o dobro dos prazos previstos nos números 1, 2 e 9 do artigo 58º e no artigo 59º do Decreto-Lei nº 555/99, de 16 de dezembro, não prejudica o recurso ao disposto nos números 5 a 7 do artigo 58º uma vez finda a extensão excepcional do prazo. 3 – Os prazos de caducidade e os prazos para a apresentação do requerimento de emissão dos títulos de operações urbanísticas previstos nos artigos 71º e 76º do mesmo diploma são elevados ao dobro. 4 – O regime excepcional de extensão dos prazos previsto nos números anteriores aplica-se aos prazos em curso no momento da publicação do presente decreto-lei ou cuja contagem se inicie até 90 dias após a sua publicação". Está em causa a aplicação de um regime excepcional, assim expressamente qualificado pelo legislador, de duração limitada no tempo, cuja justificação se deveu ao período de grande dificuldade económico-financeira existente no país, que obstaculizava à realização das obras dentro dos prazos das respectivas licenças. Como resulta do preâmbulo do diploma legal em apreço, a introdução do regime excepcional, que estende os prazos para a apresentação de requerimento de emissão de título de operação urbanística, de execução de obras e de caducidade, visou evitar o acréscimo de custos (administrativos e de contexto) para os cidadãos e empresas. Com efeito refere-se expressamente no Preâmbulo do diploma que: "não obstante as medidas de aprofundamento da simplificação dos procedimentos de controlo prévio agora introduzidas diminuírem os custos administrativos e de contexto para os cidadãos e empresas, mostra-se necessário adoptar medidas que permitam flexibilizar o ritmo de realização das operações urbanísticas já objecto de controlo prévio por forma a evitar o acréscimo de custos e efeitos pela impossibilidade de ajuste do tempo das intervenções aos limites temporais fixados no regime e nos títulos das operações urbanísticas. Assim, introduz-se um regime excepcional, que estende os prazos para a apresentação de requerimento de emissão de título de operação urbanística, de execução de obras e de caducidade." Por outro lado, decorrendo do nº 2 do artigo 3º, que a extensão excepcional dos prazos para a execução das operações urbanísticas não prejudica a possibilidade das prorrogações normais dos prazos, conclui-se que a extensão dos prazos estabelecidas no referido regime excepcional não se confunde com as situações referentes às prorrogações normais dos prazos previstas no RJUE, designadamente, a prorrogação dos prazos prevista nos nºs 5 a 7 do artigo 58º do RJUE. Aliás do teor do nº 1 do artigo 3º do Decreto-Lei nº 26/10 resulta que o requerimento a apresentar pelo interessado não tem sequer de conter qualquer fundamentação adicional, para além do disposto naquele artigo 3º nº 1 pelo que não há qualquer margem de apreciação pelo Município, ao contrário da prorrogação prevista nos números 5 e 6 do artigo 58º do RJUE, para além de não haver lugar à emissão de novo título. Acresce ser de salientar que o Decreto-Lei nº 26/10 de 30 de março não estabeleceu qualquer taxa urbanística devida pela extensão excepcional dos prazos das operações urbanísticas previstas no seu artigo 3º. A eventual cobrança de qualquer taxa "...contraria a teleologia do próprio artigo 3º que tem por subjacente a necessidade de ajustamento dos tempus da concretização das operações urbanísticas às possibilidades de intervenção dos seus promotores, possibilidades estas altamente condicionadas pelo clima de estagnação económica, sobretudo no sector imobiliário, que se fez e ainda se faz sentir no nosso país. Exigir-se a cobrança de taxas nestes casos equivaleria, afinal, a uma oneração das condições de execução das operações urbanísticas já licenciadas ou admitidas, contrariando o objectivo legal que foi o de aligeirar e facilitar, o mais possível, a concretização das mesmas... Por outro lado, e apesar de o interessado dever apresentar, mas apenas nos casos previstos no nº 1 do artigo 3º, um requerimento para beneficiar do regime excepcional nele previsto, ele é por natureza deferido, sem necessidade de emissão de um novo título sobre as operações em causa...", cfr. Fernanda Paula Oliveira e outra, A extensão excepcional de prazos prevista no artigo 3º do Decreto-Lei nº 26/2010: subsídios para a sua aplicação prática, Revista de Direito Regional e Local, nº 11, pág. 35. Em consequência, surpreende-se que não é permitida pela letra da lei, nem pelos elementos interpretativos lógicos (cfr. artigo 9º do C. Civil), a interpretação pretendida pelo Recorrente no sentido de ser devida taxa urbanística pela extensão excepcional do prazo de execução de obras prevista no artigo 3º, nº 1 do Decreto-Lei nº 26/2010 de 30 de março. Improcederá, assim, o recurso que nos vem dirigido. Pelo exposto, acordam os juízes que compõem a Secção do Contencioso Tributário deste Supremo Tribunal Administrativo em negar provimento ao recurso que nos vinha dirigido. Custas pelo recorrente. D.n. Lisboa, 3 de Fevereiro de 2021. – Jorge Miguel Barroso de Aragão Seia (relator) – Nuno Filipe Morgado Teixeira Bastos – Gustavo André Simões Lopes Courinha.

4. Acórdão do Supremo Tribunal Administrativo (Processo nº 34/16.3BEFUN), de 03-02-2021. Acordam na Secção do Contencioso Tributário do Supremo Tribunal Administrativo. 1. Relatório. 1.1. REPSOL PORTUGUESA, S.A., identificada nos autos, recorre da sentença proferida pelo Tribunal Administrativo e Fiscal do Funchal, que julgou improcedente a impugnação judicial dirigida contra o ato tácito de indeferimento do Presidente da Câmara Municipal do Funchal, relativamente à reclamação graciosa deduzida contra os atos de liquidação da taxa de publicidade do ano de 2015, no valor de €6.923,97. 1.2. A Recorrente conclui da seguinte forma as

suas alegações de recurso: «a) Em primeiro lugar, no que respeita à questão da qualificação da natureza dos elementos de imagem instalados nos postos de abastecimento da impugnante, vem a sentença recorrida afirmar que os mesmos possuem a natureza de publicidade comercial. b) De acordo com o disposto no artigo 1º, nº 1 da Lei nº 97/88, de 17 de agosto, "a afixação ou inscrição de mensagens publicitárias de natureza comercial obedece às regras gerais sobre publicidade e depende do licenciamento prévio das autoridades competentes" (sublinhado nosso). c) Da interpretação do citado comando normativo resulta, de forma clara, que somente a afixação de mensagens publicitárias de natureza comercial e, portanto, com um escopo de angariação, promoção ou apelo ao consumo de bens e serviços, se mostra dependente da obtenção de prévia licença camarária. d) Assim, a simples informação de interesse geral que se limita, sem recursos estilísticos ou retóricos, a identificar um conteúdo objectivo não pode deixar de ser tida como publicidade não comercial. De facto, tornar público ou acessível ao público o conteúdo de uma mensagem utilitária só neste sentido amplo poderá entender-se como publicidade. E esta publicidade meramente informativa (não comercial) não está sujeita a licença enquanto tal. e) Ora, atento o acima exposto, impõe-se concluir que os elementos de imagem e marca existentes no posto de abastecimento em questão não comportam qualquer referência comercial susceptível de se considerar como publicitária, para efeitos de aplicação disposto na Lei nº 97/88, de 17 de agosto. Com efeito, tal como resulta da matéria de facto dada como provada, as notas de liquidação apresentam a descrição "Anúncios luminosos com os dizeres Repsol" (cfr. Ponto 2 dos factos provados). f) A dita afixação de tais sinais distintivos do comércio, inseridos no âmbito do estabelecimento comercial onde os mesmos são comercializados, não constitui em si mesmo um convite ao seu consumo, mas antes servem o seu propósito básico distintivo dos demais produtos e serviços existentes no mercado. "Assim, o consumidor (latu sensu) dos referidos produtos e serviços ali se dirige por saber que naquele local os mesmos existirão e não porque seja por esta ou aquela característica apregoada aos mesmos" (cfr. sentença proferida pelo TAF de Coimbra, no âmbito do processo de impugnação judicial nº 549/12.2 BEBCR). g) Pelo que, tendo em consideração o atrás exposto, a informação que consta dos anúncios luminosos, cartazes, dísticos colantes e outros semelhante existentes no posto de abastecimento, visando somente a respectiva identificação, assim como a descrição dos produtos no âmbito da informação obrigatória, não consubstancia publicidade comercial (para efeitos do disposto na Lei nº 97/88) e, como tal, não se encontra sujeita a licenciamento camarário, sendo que apenas este justifica a liquidação e pagamento da inerente taxa. h) Ao não ter assim entendido, incorreu a douta sentença recorrida em erro de julgamento por errada interpretação e aplicação do disposto no artigo 1º, nº 1 da Lei nº 97/88, de 17 de agosto. i) Considerou a douta sentença posta em crise, em segundo lugar, que à data da liquidação impugnada, os efeitos decorrentes do Decreto-Lei nº 48/2011, de 1 de abril ainda não se mostravam vigentes na Região Autónoma da Madeira. Salvo devido respeito, não se poderá concordar com tal argumentação. j) De acordo com o preâmbulo do Decreto Legislativo Regional nº 27/2013/M, pretendeu-se dar aplicação ao Decreto-Lei nº 48/2011 na Região Autónoma da Madeira, colmatando-se a única lacuna verificada naquele diploma e que consistia na identificação das entidades com competência para exercer as competências previstas no referido Decreto-Lei. k) Conforme resulta claro da leitura do Decreto Legislativo Regional em causa, não foram excepcionados quaisquer sectores de actividade, nem tão pouco foi reduzido o âmbito de aplicação previsto no artigo 1º números 1 e 2 do Decreto-Lei nº 48/2011. l) Assim sendo, não se poderá deixar de concluir que, por via do Decreto Legislativo Regional nº 27/2013/M, foi dado integral cumprimento ao disposto no artigo 38º do Decreto-Lei nº 48/2011. m) Sucede, porém, que de harmonia com o disposto no artigo 3º do mencionado Decreto Legislativo Regional "até à disponibilização (...) do balcão único electrónico, o cumprimento das obrigações previstas no Decreto-Lei nº 48/2011, de 1 de abril, realiza-se através do preenchimento de impressos a aprovar por portaria da Vice-Presidência do Governo Regional da Madeira". n) Ora, por via da Portaria nº 118/2013, de 16 de dezembro, que pretendeu dar aplicação ao vertido no artigo 3º do Decreto Legislativo Regional nº 27/2013/M, apenas foram aprovados modelos de impressos relativos à declaração de instalação, encerramento e modificação de estabelecimentos comerciais, para a prestação de serviços de restauração e bebidas de carácter não sedentário e para a ocupação de espaço público. o) Donde resulta que, nada tendo sido, expressa e especialmente, previsto para a Região Autónoma da Madeira, relativamente ao regime de afixação e da inscrição de mensagens publicitárias de natureza comercial consagrado no artigo 31º do Decreto-Lei nº 48/2011, de 1 de abril, que procedeu à alteração da Lei nº 97/88, não poderá deixar de se concluir pela sua plena aplicação àquela Região Autónoma, a partir da entrada em vigor do Decreto Legislativo Regional nº 27/2013/M (30/07/2013) ou, no limite, da entrada em vigor da Portaria nº 118/2013, de 16 de dezembro (17/12/2013). p) E, nessa medida, mostrando-se plenamente vigentes na Região Autónoma da Madeira as disposições consagradas no artigo 1º da Lei nº 97/88 à data da liquidação dos tributos impugnados, fácil se torna concluir que os elementos de imagem instalados nos postos de abastecimento em questão beneficiavam da isenção de licença, porquanto se mostravam verificados os pressupostos fácticos previstos nas alíneas a) e b) do nº 3º, do artigo 1º daquele diploma legal. q) Ainda que assim se não entendesse, sempre haveria que se considerar que a Portaria nº 118/2013, de 16 de dezembro padece de lacuna de estatuição quanto ao regime de afixação e inscrição de mensagens publicitárias, havendo que aplicar analogicamente o regime ali previsto, de harmonia com o artigo 10º do CC, adaptando os impressos em anexo, nomeadamente os concernentes com a ocupação de espaço público (cfr. anexo III da Portaria nº 118/2013, de 16 de dezembro). r) De todo o modo, considerando a produção legislativa da Assembleia Legislativa e do Governo Regional da Região Autónoma, por via respectivamente do Decreto Legislativo Regional nº 27/2013/M e da Portaria nº 118/2013, de 16 de dezembro, poderá legitimamente aventar-se a hipótese de que a interpretação dada ao artigo 38º do Decreto-Lei nº 48/2011, por aquelas entidades, restringiu o seu campo de aplicação às disposições constantes do capítulo II, deixando de fora as alterações legislativas constantes do capítulo III. s) E, também por esta via, seria possível concluir pela plena aplicação, nas Regiões Autónomas, à data das liquidações impugnadas (2016) do regime estatuído no artigo 1º da Lei nº 97/88 e alterado pelo Decreto-Lei nº 48/2011, já que apenas "os actos e os procedimentos necessários à execução do presente decreto-lei nas Regiões Autónomas dos Açores e da Madeira competem às entidades das respectivas administrações regionais com atribuições e competências nas matérias em causa". t) Ao não ter assim considerado incorreu a douta sentença recorrida em erro de julgamento, por errada interpretação e aplicação do disposto nos artigos 38º do Decreto-Lei nº 48/2011; artigo 1º da Lei nº 97/88 (na redacção dada pelo Decreto-Lei nº 48/2011); artigo 3º do Decreto Legislativo Regional nº 27/2013/M e Portaria nº 118/2013, de 16 de dezembro. Termos em que, sempre com o mui douto suprimento de V. Exas., deve ser o presente recurso ser julgado procedente e consequentemente ser revogada a sentença recorrida e substituída por outra que anule integralmente a liquidação impugnada.», 1.3. O Município do Funchal contra-alegou no sentido de ser negado provimento ao recurso. 1.4. A excelentíssima Procuradora-Geral Adjunta junto do Supremo Tribunal Administrativo emitiu douto parecer no sentido da improcedência do recurso. 2. Fundamentação de facto. Nos termos do disposto nos artigos 663º, nº 6, e 679º, ambos do Código de Processo Civil (CPC), aplicáveis ex vi do artigo 281º do Código de Procedimento e de Processo Tributário (CPPT), remete-se para a matéria de facto constante da decisão recorrida. 3. Fundamentação de Direito. A Recorrente não se conforma com a sentença proferida pelo Tribunal Administrativo e Fiscal do Funchal que indeferiu a impugnação judicial que deduziu contra os atos de liquidação da taxa publicidade, do ano de 2015, praticados pelo Município do Funchal, apontando-lhe dois erros de julgamento: um, na interpretação e aplicação do disposto no artigo 1º, nº 1 da Lei nº 97/88, de 17 de agosto; outro, na interpretação e aplicação do disposto nos artigos 38º do Decreto-Lei nº 48/2011; artigo 1º da Lei nº 97/88 (na redação dada pelo Decreto-Lei nº 48/2011); artigo 3º do Decreto Legislativo

Regional nº 27/2013/M e Portaria nº 118/2013, de 16 de dezembro. No que respeita ao primeiro dos erros invocados, o Supremo Tribunal Administrativo já sobre ele se pronunciou por diversas vezes, sempre no mesmo sentido, a última das quais, muito recentemente, no acórdão proferido a 13/01/2021, no processo 238/16.9BEFUN, o qual dá nota e adota essa jurisprudência anterior. Porque também com ela concordamos, passamos a transcrever o discurso fundamentador do acórdão proferido em 25/09/2019, no processo 2014/13.1BEPRT: «2.2 DE DIREITO. 2.1.1 AS QUESTÕES A APRECIAR E DECIDIR.

Como decorre do que ficou dito, as questões que cumpre apreciar e decidir são as de saber se a sentença recorrida fez correcto julgamento i) quando qualificou os conteúdos em causa ("reclamos luminosos", "monólito luminoso" e "friso luminoso" com a marca e logótipo da Recorrente) como mensagem de publicidade comercial [...+, ii), (...). Não é a primeira vez que o Supremo Tribunal Administrativo é chamado a pronunciar-se sobre estas questões e tem-lhes dado resposta uniforme e unânime (Vide os seguintes acórdãos da Secção de Contencioso Tributário do Supremo Tribunal Administrativo: – de 25 de Fevereiro de 2015, proferido no processo com o nº 702/14, disponível em ...; – de 4 de Outubro de 2017, proferido no processo com o nº 1180/16, disponível em ...). 2.2.2 DA QUALIFICAÇÃO COMO PUBLICIDADE COMERCIAL. A Recorrente continua a sustentar que os conteúdos em causa e que deram origem à liquidação da taxa de publicidade não constituem publicidade comercial e, por isso, não estão sujeitos a licença camarária, o que, por seu turno, faz com que não estejam sujeitos à incidência da taxa de publicidade. Pretende, pois, a Recorrente que existe uma diferença entre publicidade comercial e publicidade não comercial e que os conteúdos em causa integram esta última, uma vez que visam apenas a identificação do posto e a informação, aliás obrigatória, destinada ao público em geral, "sem qualquer intuito de angariação, promoção ou apelo ao consumo de bens e serviços". Assim, prossegue, porque a simples informação em ordem a identificar um conteúdo objectivo é publicidade não comercial e, por isso, não depende do licenciamento prévio das autoridades competentes de acordo com o disposto no artigo 1º, nº 1 da Lei nº 97/88, de 17 de agosto («A afixação ou inscrição de mensagens publicitárias de natureza comercial obedece às regras gerais sobre publicidade e depende do licenciamento prévio das autoridades competentes».), na redacção inicial, a sentença recorrida errou ao considerar que incidia sobre os elementos em causa taxa de publicidade. A questão foi detalhadamente analisada pelo Tribunal a quo em termos que merecem o nosso inteiro acordo e que aqui damos por reproduzidos. Na verdade, não é o carácter informativo que acompanha toda a publicidade que determina o carácter comercial ou não da mesma: como ficou dito no primeiro dos acórdãos que referimos na nota de rodapé com o nº (1), «toda a publicidade de natureza comercial ou outra é sempre informativa já que leva ao conhecimento do público uma mensagem quanto mais não seja sobre a identificação de determinada entidade ou produto». O que se nos afigura relevante é saber se a mensagem ínsita nos conteúdos em causa tem, ou não natureza comercial. A essa questão deu resposta a sentença e, a nosso ver, correctamente. A mensagem é publicidade comercial porque respeita a uma actividade comercial: é apresentada por uma empresa comercial que exerce a sua actividade em concorrência e visa, ainda que indirectamente, fazer com que os consumidores dos bens e serviços por ela oferecidos a prefiram, em detrimento das suas concorrentes, assim almejando aumentar os seus lucros. Como também ficou dito no já citado acórdão, «quando essa mensagem ou publicidade [ainda que mais não seja que a identificação de determinada entidade ou produto] respeita a uma entidade que prossegue uma actividade lucrativa específica como é o caso da recorrente que actua num mercado livre em concorrência com outras entidades todo o modo que publicamente a dá a conhecer não deixa de comungar desta natureza apelativa indissociável do objecto social da entidade que apregoa ainda que indirectamente». A mensagem em causa é, pois, de considerar como publicidade comercial, à luz do artigo 3º, nº 1, alínea a) do Código da Publicidade, aprovado pelo Decreto-Lei nº 330/90, de 23 de outubro, na redacção que lhe foi dada pelo Decreto-Lei nº 6/95, de 17 de janeiro, do qual resulta ser assim qualificada «qualquer forma de comunicação feita por entidades de natureza pública ou privada, no âmbito de uma actividade comercial, industrial, artesanal ou liberal, com o objectivo directo ou indirecto de: Promover, com vista à sua comercialização ou alienação, quaisquer bens ou serviços». No mesmo sentido, aponta também o nº 2 do art. 14º do Decreto-Lei nº 92/2010, de 26 de julho (...) – que transpôs para a ordem jurídica nacional a Directiva nº 2006/2013/CE, do Parlamento Europeu e do Conselho (Disponível em...), relativa aos serviços no mercado interno –, que dispõe: «Entende-se por «publicidade comercial» qualquer forma de publicidade destinada a promover, directa ou indirectamente, bens, serviços ou a imagem de uma empresa, organização ou pessoa que exerça uma profissão regulamentada ou uma actividade comercial, industrial ou artesanal». Por isso, a referida publicidade estava, à data dos factos, sujeita a licenciamento da competência das câmaras municipais (cf. artigo 1º, números 1 e 2, da já referida Lei nº 97/88, de 17 de agosto, na redacção então em vigor), licenciamento que a ora Recorrente pediu e que, renovando-se automaticamente, a Recorrente nunca diligenciou no sentido de obstar à sua renovação, como bem salienta a Recorrida. Estando, como estava, a publicidade em causa sujeita a licenciamento, estava também, consequentemente, sujeita a tributação em taxa de publicidade, nos termos do artigo 1º da Lei nº 97/88, de 17 de agosto, na redacção inicial, aplicável à data (à frente voltaremos a este assunto), bem como dos artigos A-2/1º, números 1, 2 e 3, alínea a), vi), D-2, 1º e seguintes, do Código Regulamentar do Município do Porto (CRMP), bem como do artigo 4º, nº 2, da Lei Geral Tributária (LGT) e do artigo 3º do Regime Geral das Taxas das Autarquias Locais (RGTAL). (...). O recurso não merece, pois, provimento, no que respeita à 1ª questão.» Transpondo esta fundamentação para o presente recurso, com devidas adaptações, manifesto é que nesta parte não merece provimento. No que toca ao segundo erro de julgamento imputado à sentença, também sobre ele o Supremo Tribunal Administrativo se pronunciou no mais recente acórdão proferido sobre a matéria, acima referido. Também com o que aí está consignado se concorda, transcrevendo-se, por isso, a sua fundamentação, anotando que as sentenças recorridas em ambos os recursos são iguais, assim como são iguais as conclusões das alegações: «Na decisão de 1ª instância, relativamente à problemática em apreço (início de vigência, na Região Autónoma da Madeira (RAM), de determinados diplomas legislativos, nacionais e/ou regionais), expendeu-se o seguinte: «(...). Por outro lado, alega a Impugnante que sempre se haveria de atentar na entrada em vigor do Decreto-Lei nº 48/2011, de 1 de abril, que veio implementar o denominado "Licenciamento Zero" e que se mostra em vigor na Região Autónoma da Madeira, por força da aprovação do Decreto Legislativo Regional nº 27/2013/M, de 29 de julho, impondo-se, nessa medida, isentar de licença os elementos de imagem instalados nos postos de abastecimento em causa, porquanto se acham verificados os pressupostos fácticos determinantes da isenção de taxa a que aludem as alíneas a) e b) do nº 3 do artigo 1º da nova redação da Lei nº 97/88, de 17 de agosto. Na verdade, por força da nova redação concedida pelo artigo 31º do Decreto-Lei nº 48/2011, de 1 de abril, aos números 3 e 4 do art. 1º da Lei nº 97/88, de 17 de agosto, as mensagens em causa nos presentes autos deixaram de estar sujeitas à incidência da taxa de publicidade. Para o efeito, passaram a prever estes preceitos que: (...). Embora o Decreto-Lei nº 48/2011, de 1 de abril, tenha iniciado a sua vigência a 2 de maio de 2011, estabelece-se, no seu artigo 42º, alterado pelo Decreto-Lei nº 141/2012, de 11 de julho, uma produção de efeitos faseada das disposições que pressupõem a implementação do "Balcão do Empreendedor", a decorrer durante um período de dois anos a contar da sua entrada em vigor. No âmbito da iniciativa "Licenciamento Zero", estava prevista a entrada em vigor a 2 de maio de 2011, de várias disposições, designadamente as relativas a licenciamento das mensagens publicitárias de natureza comercial. Todavia, a entrada faseada da iniciativa "Licenciamento Zero" e a criação do "Balcão do Empreendedor" definida pela Portaria nº 131/2011, de 4 de abril, ficou comprometida pelos constrangimentos provocados pelo Despacho nº 154/2011, do Ministro de Estado e das Finanças, de 28 de abril de 2011, que veio impedir a assunção de novos compromissos no Capítulo 50 do Orçamento do Estado, proibição que se manteve até 31 de dezembro de 2011. Apenas no ano de 2012 foi possível proceder à aquisição dos serviços de desenvolvimento da nova plataforma tecnológica, da qual depende a plena disponibilização do "Balcão do Empreendedor". Face a esta realidade, foi necessário proceder à alteração dos artigos 5º, 6º e 7º da Portaria nº 131/2011, de 4 de abril, alteração esta efetuada pela Portaria nº 284/2012, de 20 de setembro. Assim sendo, as seguintes matérias entraram em vigor a partir de 2 de maio de 2013: (i) a instalação e modificação de estabelecimentos, cadastro comercial, ocupação do espaço público e operações urbanísticas – números 1 a 3 e 5 do art. 2º e artigo 6º do Decreto-Lei nº 48/2011, de 1 de abril; (ii) a isenção do licenciamento das mensagens publicitárias de natureza comercial e o pagamento da respetiva taxa – previsto na alínea b) do nº 3 do artigo 1º da Lei nº 97/88, de 17 de agosto, alterada pelo Decreto-Lei nº 48/2011, de 1 de abril, com as seguintes características: – Afixadas ou inscritas em bens de que são proprietárias, ou legítimas possuidoras ou detentoras, entidades privadas, que publicitem os sinais distintivos do comércio do estabelecimento, ou do respetivo titular da exploração, ainda que sejam visíveis ou audíveis a partir do espaço público; – Afixadas ou inscritas em bens de que são proprietárias, ou legítimas possuidoras ou detentoras entidades privadas, relacionadas com bens ou serviços comercializados no prédio em que se situam, ainda que sejam visíveis ou audíveis a partir do espaço público; – Afixadas ou inscritas no próprio bem imóvel objeto da própria transação publicitada, ainda que sejam visíveis ou audíveis a partir do espaço público. Sucede, porém, que o artigo 38º do Decreto-lei nº 48/2011, estabelece que: "Os atos e os procedimentos necessários à execução do presente decreto-lei nas Regiões Autónomas dos Açores e da Madeira competem às entidades das respetivas administrações regionais com atribuições e competências nas matérias em causa." Foi o Decreto Legislativo Regional nº 27/2013/M, de 29 de julho, que definiu as entidades que, na Região Autónoma da Madeira, exercem as competências previstas no Decreto-Lei nº 48/2011, de 1 de abril. Ora, o artigo 3º do citado Decreto Legislativo Regional nº 27/2013/M, estipulava, a título de disposições transitórias, que: "Até à disponibilização na Região Autónoma da Madeira do balcão único eletrónico, o cumprimento das obrigações previstas no Decreto-Lei nº 48/2011, de 1 de abril, realizam-se através do preenchimento de impressos a aprovar por portaria da Vice-Presidência do Governo Regional da Madeira." Foram aprovados pela Portaria da Vice-Presidência do Governo Regional da Madeira nº 118/2013, de 16 de dezembro, que entrou em vigor no dia seguinte à da sua publicação (i.e a 17 de dezembro de 2013), "[os] modelos de impressos relativos à declaração de instalação, encerramento e modificação de estabelecimentos comerciais, para a prestação de serviços de restauração e bebidas de caracter não sedentário e para a ocupação de espaço público, que constam nos anexos à presente portaria e que dela fazem parte integrante" (respetivos artigos 1º e 2º). Ou seja, os efeitos decorrentes do Decreto-Lei nº 48/2011, de 1 de abril, entraram em vigor na Região Autónoma da Madeira em 17 de dezembro de 2013, mas apenas relativamente à declaração de instalação, encerramento e modificação de estabelecimentos comerciais de prestação de serviços de restauração e bebidas de caráter não sedentário e para ocupação de espaço público, e não para os demais setores de atividade, como o da Impugnante que se dedica à revenda de combustíveis – importando salientar que, neste conspecto, se revê posição anteriormente veiculada em litígios análogos em que se havia concluído que os efeitos decorrentes do Decreto-Lei nº 48/2011, de 1 de abril, entraram em vigor na Região Autónoma da Madeira em 17 de dezembro de 2013, para todos os setores de atividade. O referido Decreto Legislativo Regional nº 27/2013/M, foi revogado pelo Decreto Legislativo Regional nº 30/2016/M, de 18 de julho, que veio a adaptar à Região Autónoma da Madeira o regime jurídico de acesso e exercício de atividades de comércio, serviços e restauração (RJACSR), aprovado pelo Decreto-Lei nº 10/2015, de 16 de janeiro. A título de disposições transitórias, também se consagrou no art. 5º do Decreto Legislativo Regional nº 30/2016/M, que: "Até à disponibilização na Região Autónoma da Madeira do «Balcão do empreendedor», o cumprimento das obrigações previstas no RJACSR realizam-se através do preenchimento de impresso a aprovar por portaria da Secretaria Regional da Economia, Turismo e Cultura." O Modelo de Impresso previsto no art. 5º do Decreto Legislativo Regional nº 30/2016/M, de 18 de julho, foi aprovado pela Portaria da Secretaria Regional da Economia, Turismo e Cultura nº 449/2016, de 20 de outubro, que entrou em vigor no dia seguinte ao da sua publicação, isto é, em 21 de outubro de 2016. Temos, pois, por seguro afirmar que os efeitos decorrentes do Decreto-Lei nº 48/2011, de 1 de abril, apenas entraram em vigor na Região Autónoma da Madeira em 21 de outubro de 2016 para os setores de atividade constantes do impresso aprovado (de onde não se vislumbra qualquer menção ao setor de atividade da Impugnante). Mas mesmo que se considerasse que os apontados efeitos decorrentes do Decreto-Lei nº 48/2011, entraram em vigor para o setor de atividade da Impugnante em 21 de outubro de 2016, a verdade é que nesse momento a obrigação tributária já se teria constituído (a 1 de janeiro de 2016), não deixando de ser devida na totalidade naquele ano. Efetivamente, as taxas em causa, respeitantes ao ano de 2016, materializam "[a] contrapartida pela (emissão ou) renovação da licença, que se operou no início do ano" – cfr. acórdão do Supremo Tribunal Administrativo de 19 de fevereiro de 2020, proc. nº 01152/13.5BESNT, disponível em www.dgsi.pt. Tendo a obrigação tributária se constituído, assim, a 1 de janeiro de 2016, em nada pode ser afetada por legislação cuja entrada em vigor ocorreu posteriormente (art. 12º da LGT). Nestes termos, não estando isenta de licença para a afixação das mensagens publicitárias em 2016, improcede a alegação da Impugnante no que a este aspeto diz respeito.» Relido e refletido, o conteúdo das conclusões i) a t), conclui-se que a rte não aduz, qualquer, argumento válido, capaz de infirmar, na sequência da exposição detalhada da sucessão legislativa, o afirmado, na sentença recorrida, no sentido de que "os efeitos decorrentes do Decreto-Lei nº 48/2011, de 1 de abril, entraram em vigor na Região Autónoma da Madeira em 17 de dezembro de 2013, mas apenas relativamente à declaração de instalação, encerramento e modificação de estabelecimentos comerciais de prestação de serviços de restauração e bebidas de caráter não sedentário e para ocupação de espaço público, e não para os demais setores de atividade, como o da Impugnante que se dedica à revenda de combustíveis...". Por outro lado, não é discutível que o Decreto Legislativo Regional (DLR) nº 27/2013/M de 29 de julho visou, preponderantemente, definir "as entidades que, na Região Autónoma da Madeira, exercem as competências previstas no Decreto-Lei nº 48/2011, de 1 de abril" e não dar "integral cumprimento ao disposto no artigo 38º do Decreto-Lei nº 48/2011.", porquanto, logo, no seu artigo 3º colocou condições, estabeleceu particularidades, quanto ao cumprimento, na Madeira, das obrigações decorrentes do Decreto-Lei nº 48/2011, de 1 de abril. Outrossim, também, não se nos afigura viável a proposta de solução, vertida nas conclusões q) a s), pela singela razão de que não detetamos a existência de lacuna, justificativa de aplicação analógica, do regime vigente, desde 2013, para "a declaração de instalação, encerramento e modificação de estabelecimentos comerciais de prestação de serviços de restauração e bebidas de caráter não sedentário e para ocupação de espaço público". Efetivamente, bem ou mal, todo o desenvolvimento legislativo regional do diploma da República (DL. 48/2011...), incluindo o DLR nº 30/2016/M de 18 de julho (que, não se olvide, até revogou, expressamente, o DLR nº 27/2013/M de 29 de julho) aponta, claramente, a intenção de, inequívoca e expressamente, se curar de regular/prever, apenas, determinadas atividades comerciais/industriais, constantes e identificadas em pertinentes anexos, onde, no referencial último da Portaria da Secretaria Regional da Economia, Turismo e Cultura nº 449/2016 de 20 de outubro, o respetivo anexo prevê, identificando, com precisão 2, 19 atividades, nenhuma delas análogas, próxima, da revenda de combustíveis. Em suma, soçobra, na totalidade, a pretensão da rte, porque a sentença versada não errou no julgamento que efetivou.». Em face do citado, o recurso também nesta parte terá de soçobrar. 4. Decisão. Pelo exposto, em conferência, na Secção de Contencioso Tributário do Supremo Tribunal Administrativo, acordamos negar provimento ao recurso. Custas pela Recorrente. Lisboa, 03 de fevereiro de 2021. – Paula Fernanda Cadilhe Ribeiro (Relatora) – Francisco António Pedrosa de Areal Rothes – Joaquim Manuel Charneca Condesso.

5. Acórdão do Tribunal Central Administrativo Sul (Processo nº 928/ /08.0BEALM), de 19-11-2020. Acordam em conferência os Juízes que constituem a

Secção do Contencioso Tributário do Tribunal Central Administrativo Sul: I Relatório. P....., S.A. (anteriormente, P....., S.A.), A F.P, vem deduzir recurso da sentença proferida pelo Tribunal Tributário de Lisboa, que considerou improcedente a impugnação por si deduzida da decisão de indeferimento da reclamação graciosa no processo de licenciamento nº .....da Câmara Municipal de Setúbal referente à liquidação da taxa de reforço e manutenção de infraestruturas, no montante de €1.199.560,00, e absolveu o Município de Setúbal do pedido, tendo para o efeito apresentado as seguintes conclusões: "127. A Câmara Municipal de Setúbal liquidou à ora Recorrente no âmbito de um processo de licenciamento de edificação de uma nova unidade industrial – a nova fábrica do papel – o montante de €1.199.560,00 (um milhão, cento e noventa e nove mil, quinhentos e sessenta euros) a título de "taxas de reforço e manutenção de infra-estruturas" ("TRIU"). 128. Tal unidade industrial encontra-se instalada, para o efeito, no Pólo Industrial do Grupo P....., propriedade privada do grupo em causa. 129. Inconformada com a liquidação em apreço, a Recorrente deduziu a respetiva reclamação graciosa que, uma vez indeferida, deu origem a uma impugnação judicial que, julgada improcedente, conduziu ao presente recurso. 130. O fundamento do recurso – à semelhança do que sucedeu com a impugnação judicial – encontra-se ligado à ilegalidade e inconstitucionalidade da liquidação da TRIU no caso em concreto. 131. Ilegalidade e inconstitucionalidade essas que não decorrem da natureza jurídica abstrata das TRIU. Resultam, isso sim, da alegada exigibilidade da mesma quando tanto a ora Recorrente como o município sabiam, à data da liquidação do tributo, que a autarquia não seria chamada a acorrer a quaisquer despesas relacionadas com a edificação da nova unidade industrial. 132. Ou seja, de uma interpretação de tal forma deturpada do conceito de infra-estrutura que permite a aplicação das TRIU a infra-estruturas fictícias ou inexistentes, em suma, a objetos impossíveis, tal como sublinhado pelo Professor Doutor C..... no parecer que se encontra junto aos autos. 133. Recorde-se que as TRIU servem o propósito de compensar o município pela realização de infra-estruturas primárias como os arruamentos, sistemas de drenagem de águas, estacionamento de automóveis ou interfaces de transportes, ou infra-estruturas secundárias, como os equipamentos de saúde, escolares, culturais ou desportivos. 134. Assim, apesar de a cobrança do tributo em causa não conduzir necessariamente à realização imediata das infra-estruturas urbanísticas – mas depender do deferimento da licença ou autorização da operação de loteamento ou das obras de edificação – sucede que no caso da Recorrente se sabia antecipadamente que a realização, reforço ou manutenção das infra-estruturas urbanísticas por parte do município não ia ter lugar. 135. Por outras palavras, logo à data da emissão da licença a Câmara Municipal de Setúbal sabia – e não podia ignorar – que não ia ser chamada a acorrer a quaisquer despesas relacionadas com a edificação da nova unidade industrial, localizada no Pólo Industrial (privativo) do Grupo P...... 136. Em suma, a edificação da unidade industriai em causa não revindicou de facto – nem reivindicaria no futuro – a realização, reforço ou manutenção de quaisquer infra-estruturas por parte do município. 137. Foi este o aspeto principal invocado pela ora Recorrente e que foi totalmente negligenciado pelo tribunal "a quo". 138. Tribunal que falhou em dar resposta, afinal de contas, à questão fundamental suscitada pela ora Recorrente: que "infra-estruturas" são essas que a Câmara Municipal executou/reforçou ou viria a executar/ /reforçar? 139. É que em momento algum são tais infra-estruturas identificadas na sentença. Não surgindo as mesmas identificadas nem aquando da liquidação do tributo, nem quando o município decidiu depois contestar a impugnação judicial deduzida pela ora Recorrente. 140. Algo que não surpreende. Não há – nem no presente nem no futuro – qualquer atividade material do município que aproveite ao particular neste domínio, falhando assim o pressuposto que justifica e habilita a cobrança do tributo em apreço. 141. Seria aliás de todo o bom senso solicitar à Recorrida que provasse, afinal de contas, os efetivos ou presumíveis custos que teria de incorrer em virtude da nova unidade industrial a construir pela Recorrente. Tal não aconteceu, nem podia pela natureza das coisas acontecer. 142. É exatamente por esse facto que o douto parecer do Ministério Público – junto aos autos – conclui, sem mais, pela necessidade de proceder à anulação da TRIU liquidada à ora Recorrente. Nas palavras do parecer em apreço, "não resulta de qualquer elemento probatório carreado pelo Município de Setúbal qual seja a repercussão que a ampliação da fábrica da P..... irá causar ou tenha causado e que tenha determinado ou determine, no presente ou no futuro, a realização de infra-estrutura urbanísticas". 143. Aliás, mesmo que se pudesse tentar surpreender uma qualquer remota contrapartida para a ora Recorrente – em qualquer caso não identificada nos autos – em circunstância alguma poderia a mesma representar um valor de €1.199.560,00 (um milhão, cento e noventa e nove mil, quinhentos e sessenta euros). 144. Ora, a circunstância de não se encontrar verificado, na situação em concreto, o pressuposto das TRIU – i.e. tanto a emissão da licença, como a convicção de que viriam a realizadas ou reforçadas infra-estruturas por parte do município – não poderia deixar de ter consequências jurídicas. 145. Por um lado, e sendo rigoroso, é a Recorrente da opinião de que não se verificou qualquer facto tributário que pudesse dar origem à liquidação da TRIU. Tal sucede porque nenhuma contrapartida presente ou futura se poderia adivinhar aquando da emissão da licença de edificação. É que o RETORMS só pode exigir o pagamento da TRIU quando, na realidade, venham a existir efetivas necessidades presentes ou futuras de realização, reforço ou manutenção de infra-estruturas. Só assim se pode assegurar uma interpretação conforme à Constituição do regulamento municipal em causa. Daí que um ato de liquidação de TRIU em outras circunstâncias padece do vício de violação de lei ou, em rigor, de violação de regulamento. 146. Logo, a Câmara Municipal de Setúbal interpretou erroneamente e, por conseguinte, aplicou mal o regulamento municipal que previa a cobrança das TRIU. 147. Por outro lado, e caso se entenda, erradamente, que a taxa em apreço é ainda assim devida – não obstante não se poder surpreender neste caso qualquer contrapartida presente ou futura por parte do município ter-se-á então de encarar o tributo em causa como um imposto ou, no limite, uma contribuição especial. Tal conclusão convoca, em qualquer dos casos, imediatas questões de violação do princípio da reserva de lei em sentido formal. 148. Para aferir se, em concreto, se está perante uma verdadeira taxa é necessário realizar dois testes: o teste da bilateralidade e o teste da proporcionalidade. 149. O teste da bilateralidade pressupõe que se pergunte qual a contraprestação específica das TRIU? A resposta é aqui fácil: nenhuma. Logo, exigir o pagamento da TRIU à ora Recorrente corresponde, afinal de contas, a exigir um avultadíssimo montante a alguém a quem se sabe antecipadamente que nunca poderá vir a gozar de qualquer contrapartida. Pelo que estará então irremediavelmente ultrapassada a fronteira da taxa (ou inclusive da contribuição especial). Teríamos, isso sim, um imposto. 150. Ora, decorre do princípio da reserva de lei formal que a criação de impostos e definição dos seus elementos essenciais exige a intervenção de lei parlamentar, mesmo que se trate de uma intervenção de carácter meramente formal, autorizando o Governo-legislador a legislar nesse domínio dentro de certas coordenadas que hão de constar da respetiva lei de autorização (artigo 165º, nº 1, alínea i) e artigo 103º, nº 2, da CRP). O mesmo sucedendo, repita-se, com as contribuições especiais (a qualificação que alguma doutrina reserva para as TRIU). 151. Ou seja, as normas do regulamento municipal através das quais se prevê e fixa o montante da TRIU padecem, neste cenário, de inconstitucionalidade orgânica e formal – uma vez que se trata de matéria sujeita a reserva de lei em sentido formal – mas que por força do artigo 103º, nº 2 da CRP passa a consubstanciar também uma inconstitucionalidade material, consequência direta de nos termos desse preceito ninguém poder ser obrigado a pagar impostos que não hajam sido criados nos termos da Constituição. 152. Inconstitucionalidades que determinam, por sua vez, a invalidade dos atos que foram praticados ao abrigo daquelas normas do regulamento municipal. 153. Mas a interpretação que acabámos de enunciar e que pressupõe – erradamente no entender da Recorrente – que o facto tributário ocorre com a mera emissão da licença de loteamento ou edificação, desconsiderando a real necessidade de algum dia vir a ser sequer necessária a realização, reforço ou manutenção de quaisquer infra-estruturas coloca outro problema. A saber, o da sua proporcionalidade. 154. É que não se surpreendendo qualquer contrapartida por parte do município relativamente ao sujeito passivo, a desproporção é verdadeiramente total. Um genuíno e autêntico confisco. Pelo que a TRIU não supera também o teste da proporcionalidade. Por um lado, sabia-se que não havia no caso em concreto qualquer custo para o município. Por outro lado, sabia-se que não havia benefício para o particular. Pelo que, também por isso, a exigibilidade da TRIU num contexto destes fica irremediavelmente prejudicada, uma vez que se teria de reconduzir o tributo – uma vez mais – à figura do imposto. Conclusão que convoca as questões de inconstitucionalidade expostas supra. 155. Mais: a possibilidade de liquidar a TRIU a entidades às quais se sabe de antemão que nenhuma prestação administrativa será realizada suscita questões que ultrapassam o próprio problema da legalidade tributária, sendo necessário sujeitá-los a um escrutínio ao abrigo do princípio da igualdade. 156. O princípio da igualdade exige, nestes domínios, que os encargos sejam repartidos entre os contribuintes com igualdade, pelo que deverá ser assegurado que se trata de modo igual o que é igual e de modo diferente o que é diferente. É a natureza dos tributos públicos que reivindica esse tratamento, uma vez que configuram uma ablação coativa da propriedade privada, pelo que o sacrifício patrimonial que é imposto aos contribuintes em nome do interesse coletivo só pode ser concretizado com justiça se nele houver igualdade. 157. Nesses termos, a primeira e mais elementar decisão sobre a qual se projeta o princípio da igualdade tributária é a da escolha dos factos ou "fontes" a tributar. Ou seja, a decisão de isolar por meio do tributo público um qualquer grupo de contribuintes. E é aqui que a TRIU falha redondamente o teste da igualdade. 158. Quando a escolha se faz no domínio de uma (pretensa) taxa – como é o caso da TRIU – o único critério coerente com o princípio da igualdade tributária consiste em recorrer ao princípio da equivalência. Ou seja, fazer pagar os contribuintes na medida dos benefícios que recebam da comunidade ou dos encargos que lhe imputem. Se assim não fosse, e admitindo como tese geral que só casualmente exista correspondência entre o que se exige do sujeito passivo e o que se lhe oferece em troca, deixar-se-iam os contribuintes entregues ao experimentalismo fiscal e, com isso, às discriminações mais arbitrárias. 159. Acontece que, no caso em apreço, foi exigido à ora Recorrente um montante a título de TRIU em total abstração dos encargos – presente e futuros – que à Câmara Municipal de Setúbal foram provocados...porque, na realidade, não foram nenhuns. Encargos que se sabe não poderem vir sequer a existir. Pelo que é absolutamente incontornável concluir que, no caso da Recorrente, não há sequer um vestígio de equivalência na imposição da TRIU, o que suscita, nessa medida, um imediato problema de inconstitucionalidade material por violação do princípio da igualdade (artigo 13º da CRP). Nestes termos e nos demais de Direito que V. Exas. entenderem, deverá ser julgado procedente o presente recurso e consequentemente revogada a Sentença Recorrida, julgando a impugnação procedente e determinando, em conformidade, a anulação da liquidação da "taxa de reforço e manutenção de infra-estruturas" em apreço." Não foram apresentadas contra-alegações. Cumpre referir que o recurso foi interposto para o Supremo Tribunal Administrativo, o qual, por decisão datada de 3 de julho de 2013, se declarou incompetente em razão da hierarquia e indicou como competente este Tribunal Central Administrativo Sul (cfr nº 3, do artigo 18º, do CPPT), para o qual o processo foi oportunamente remetido, a requerimento do Recorrente (cfr nº 2, do referido artigo 18º). O Exmº Sr. Procurador Geral Adjunto emitiu douto Parecer no qual refere que: "Por se ter considerado que, no recurso interposto, pela P..... S.A., com os demais sinais dos autos, da sentença do Tribunal Tributário de Lisboa, não tinha por fundamento exclusivamente matéria de direito mas, também, matéria de facto, os presentes autos foram remetidos do Supremo Tribunal Administrativo a este TCA Sul. Perante o decidido pelo Supremo Tribunal Administrativo (STA) a fls. 351-358, importa referir que nos termos do artigo 712º, nº 1 do CPC ex vi dos artigos 2º, alínea e) do CPPT a decisão do tribunal de 1ª instância sobre a matéria de facto pode ser alterada pela Relação (leia-se in casu o TCA) se, entre o mais, do processo constarem todos os elementos de prova que serviram de base à decisão sobre os pontos da matéria de facto em causa ou se, tendo ocorrido gravação dos depoimentos prestados, tiver sido impugnada, nos termos do artigo 685º-B, a decisão com base neles proferida. Nos termos do nº 4 do citado artigo 712º se não constarem do processo todos os elementos probatórios que, nos termos da alínea a) do nº 1, permitam a reapreciação da matéria de facto, pode a Relação (leia-se in casu o TCA) anular, oficiosamente, a decisão proferida na 1ª instância, quando repute deficiente, obscura ou contraditória a decisão sobre pontos determinados da matéria de facto ou quando considere indispensável a ampliação desta. Considerando a supradita decisão do STA, torna-se necessária a constituição de uma base fáctica suficiente para a decisão de mérito da causa, esclarecendo-se os pontos de facto ali destacados e proferindo-se nova decisão que tome os mesmos em consideração. A possibilidade de o tribunal de recurso se "intrometer" no julgamento da matéria de facto, encontra-se delimitada pelo que estatui o aludido artigo 712º do CPC. E, assim, a nosso ver, no caso em apreço, tendo em consideração que no processo tributário vigora o princípio da descoberta da verdade material, impõe-se o uso dos poderes de cassação conferidos no artigo 712º, nº 4 do CPC de anulação da decisão proferida na 1ª instância e ordenar a baixa dos autos ao TAF de Lisboa, a fim de aí, no uso dos poderes conferidos pelos artigos 265º, nº 3 do CPC, 99º da LGT e 13º do CPPT, se proceder à ampliação da matéria de facto, esclarecendo os pontos referidos no acórdão do STA de fls. 351-358 e aplicando, depois, o direito conforme tal ampliação. Caso assim se não entenda, e, este tribunal entenda proceder ele próprio à ampliação da matéria de facto (cfr. artigo 712º, nº 1 do CPC, ex vi dos artigos 2º, alínea e) do CPPT), relativamente ao fundo da questão, em julgamento nos autos, remetemos para o parecer emitido pelo Ministério Público no STA de fls. 327-329, cuja fundamentação se subscreve, ou seja, em conclusão, o recurso não merece provimento." Atento a necessidade de celeridade no julgamento do recurso e obtendo a anuência dos Adjuntos, vão dispensados os vistos legais, cabendo apreciar e decidir. – cfr nº 4, do artigo 657º, do CPC. Na sentença proferida nos autos a Mª Juiz apurou os seguintes factos: "A) Em 20/01/2009, Câmara Municipal de Setúbal licenciou as obras de edificação de uma unidade industrial, no âmbito do processo de licenciamento nº ....., emitindo o alvará de obras de licenciamento nº ....., relativamente ao prédio sito na ....., concelho de Setúbal, pertença da Impugnante com as seguintes características (cfr. processo administrativo): a. Área total de construção: 119.818m2; b. Volumetria do edifício: 1.707.828,00m2; c. Área de implantação: 114.377,00m2; d. Área do lote: 738.611,00m2; e. Números de pisos acima da cota de soleira: 738.611,00m2. B) Em 09/01/2008 foi emitida a liquidação a título de "taxas de reforço e manutenção de infra-estruturas", montante de 1.199.560,00€, liquidado nos termos do artigo 45º do Regulamento de Taxas do Município de Setúbal (cfr. documento junto ao processo administrativo). C) Em 25/02/2008 a Impugnante apresentou reclamação graciosa da liquidação mencionada na alínea anterior (cfr. requerimento a fls. 11 e ss dos autos). D) Em 03/10/2008 foi proferido despacho que indefere a reclamação graciosa (cfr. decisão de fls. 17-19 dos autos, cujo teor aqui se dá inteiramente por reproduzido, e se transcreve na parte com relevo para a decisão da causa): " (...) está o Município legalmente habilitado a cobrar a taxa subjudice. Com efeito, a CRP atribui poderes tributários e regulamentares às autarquias locais, conforme resulta respectivamente, do nº 4 do artigo 238º e do artigo 241º. Além do mais, está ainda habilitado pelas competências legalmente atribuídas aos municípios pela Lei das Finanças locais, aprovada pela Lei nº 2/2007 de 15 de janeiro, que estabelece que as taxas, fazem parte das receitas dos municípios – vide artigo 10º. Estabelece ainda o artigo 15º nº 1, do citado diploma legal que (...) ora, o Município de Setúbal aprovou o RTOMS, nos termos legalmente previstos, ao abrigo do qual foi liquidada a taxa subjudice, sendo a mesma calculada à luz do artigo 45º do RTORMS. (...) Esta taxa de realização, manutenção e reforço das infra – estruturas urbanísticas (a chamada "taxa de urbanização") visa compensar a administração pela realização de uma actividade material que aproveita o particular. (...) [S]ó casualmente se verificará uma equivalência entre prestação e contraprestação, entre o quantitativo da taxa e o custo da actividade pública auferido pelo particular. (...) [A]s contrapartidas que a taxa se destina a financiar, não têm necessariamente suporte num serviço público divisível, dada a própria diversidade das infra-estruturas. (...) E) A Impugnação foi apresentada junto do Tribunal Administrativo e Fiscal de Almada em 28/10/2008 (cfr. fls. 1 dos autos). Quanto aos factos provados a convicção do Tribunal fundou-se na prova documental junta aos autos, no processo administrativo em apenso. Não se provaram quaisquer outros factos passíveis de afectar a decisão de mérito, em face das possíveis soluções de direito, e que, por conseguinte, importe registar como não provados." [Fundamentação de direito 1ª instância]. "As questões a decidir nos presentes autos consistem em conhecer dos seguinte vícios invocados pela Impugnante: – Preterição de formalidade legal da decisão de indeferimento da reclamação, por falta de fundamentação; – Vício de violação de lei, porquanto a taxa aplicada assume a natureza de imposto, uma vez que é desproporcional o seu valor em face dos serviços prestados. Apreciando. I. A Impugnante invoca a preterição de formalidade legal da decisão de indeferimento da reclamação, por falta de fundamentação. O princípio constitucional da fundamentação dos actos administrativos (artigo 268º nº 3 CRP) encontra-se densificado nos artigos 124º e 125º CPA e no artigo 77º números 1 e 2 LGT. O direito à fundamentação do acto tributário, ou em matéria tributária, constitui uma garantia específica dos contribuintes e, como tal, visa responder às necessidades do seu esclarecimento, procurando-se informá-lo do itinerário cognoscitivo e valorativo do acto por forma a permitir-lhe conhecer as razões de facto e de direito que determinaram a sua prática e porque motivo se decidiu num sentido e não noutro. Tem, aliás, conforme expresso no Acórdão do STA de 02/02/2006, Procº nº 1114/05, "o dever legal de fundamentação, a par de uma função exógena – dar conhecimento ao administrado das razões da decisão, permitindo-lhe optar pela aceitação do acto ou pela sua impugnação –, uma função endógena consistente na própria ponderação do ente administrador, deforma cuidada e séria". Neste sentido, a fundamentação deve externar, de forma sucinta, os elementos e critérios de facto e de direito que serviram de suporte à decisão tomada, por forma a possibilitar aos interessados uma opção consciente entre a aceitação da legalidade do acto e a sua impugnação contenciosa (artigo 77º nº 1 da LGT). Fundamentação essa que tem de ser contextuai, ou seja, contemporânea e integrada no próprio acto, ainda que sob forma remissiva, na perspectiva da respectiva sindicabilidade na via contenciosa. A fundamentação do acto administrativo há-de ser expressa, traduzida na exposição sucinta dos fundamentos de facto e de direito da decisão; clara, permitindo que pela leitura do seu teor se apreendam com precisão os factos e as normas jurídicas conducentes à decisão; suficiente, permitindo um conhecimento concreto da motivação da decisão; congruente, por forma a que a decisão seja a conclusão lógica e necessária dos motivos invocados como sua justificação. Por outro lado, é equivalente à falta de fundamentação, a adopção de fundamentos que, por obscuridade, contradição ou insuficiência, não esclareça, concretamente, a motivação do acto. As características enunciadas são exigência da fundamentação formal do acto tributário, sendo distintas da chamada fundamentação substancial, a qual deve exprimir a real verificação dos pressupostos de facto invocados e a correcta interpretação e aplicação das normas indicadas como fundamento jurídico. In casu, não se verifica qualquer falta de fundamentação da decisão de indeferimento, insuficiência ou obscuridade. Resulta claro da fundamentação da decisão que o Município enquadra a situação jurídica no artigo 45º do Regulamento Municipal, subsumindo a situação concreta da Impugnante à mesma. Com efeito, a decisão de indeferimento da reclamação graciosa assenta no entendimento de que a "taxa de realização, manutenção e reforço das infra- estruturas urbanísticas (a chamada "taxa de urbanização"); visa compensar a administração pela realização de uma actividade que aproveita ao particular". Faz-se ainda apelo ao facto do "impacto que a realização das operações urbanísticas provoca no esforço de infra-estruturação geral suportada pelo Município". Explicita-se que esse "esforço" é "aferido em face do projecto licenciado, que fixa os contornos da base tributável, os quais são fornecidos pelo próprio promotor da obra", e que a "só casualmente se verificará uma equivalência entre prestação e contraprestação".

Assim, e ao contrário do invocado pela Impugnante a fundamentação da decisão, revela-se suficiente e clara para cumprir o fim que se pretende com a fundamentação do acto. Por conseguinte, não se verifica o vício invocado. II. Invoca ainda, a Impugnante, vício de violação de lei, por entender que a taxa aplicada assume a natureza de imposto, uma vez que não há sinalagma, é desproporcional o seu valor em face dos serviços prestados, até porque é a Impugnante que suporta os custos das obras de infra-estruturas, pelo que o tributo viola a Lei nº 53º-E/2006 de 29 de dezembro. Está em causa nos autos a liquidação, pelo Município de Setúbal, de uma "taxa de reforço e manutenção de infra-estruturas", no montante de €1.199.560,00, liquidado nos termos do artigo 45º do Regulamentos de Taxas e Outras Receitas do Município de Setúbal (RTOMS). A Constituição da República Portuguesa nos termos do disposto no nº 4 do artigo 238º e 241º, atribui poderes tributários às autarquias locais, e encontra-se legalmente legitimada a cobrança, pelos municípios, de taxas pela realização, manutenção e reforço de infra-estruturas urbanísticas primárias e secundárias – artigo 10º, alínea c) e artigo 15º da Lei nº 2/2007 (actual Lei das Finanças Locais) e artigo 6º, nº 1, alínea a) da Lei nº 53-E/2006 (Regime Geral das Taxas das Autarquias Locais) e anteriormente alínea a) do artigo 19º da Lei nº 42/98, de 6 de agosto (anterior Lei das Finanças Locais). Assim, âmbito do poder regulamentar e das competências municipais (artigos 238º, nº 4, 241º da Constituição da República Portuguesa – CRP e 53º, nº 2, a) e e) e 64º, nº 6, a) da Lei nº 169/99, de 18 de setembro (Lei das Autarquias Locais [LAL]), o Município de Setúbal aprovou o

Regulamentos de Taxas e Outras Receitas do Município de Setúbal, o qual é aplicável ao tributo em apreço, uma vez que o facto tributário que deu origem à liquidação e cobrança em causa. Como tem sido entendimento jurisprudencial, a diferença específica entre taxa e imposto decorre da existência ou não de vínculo sinalagmático. O que significa que a taxa terá de representar, utilizando as palavras do Ac. TC nº 654/93 de 4 de novembro (Proc. 239/93), "o «preço»" do serviço ou da prestação de um serviço ou actividade públicas ou de uma utilidade de que o tributado beneficiará (e sem aqui se olvidar que esse "«preço»" não tem, necessariamente, de corresponder à contrapartida financeira ou económica do serviço prestado)". A distinção entre taxa e imposto tem sido ultimamente objecto de uma análise mais precisa. Assim, esta questão é equacionada por Casalta Nabais (em Direito Fiscal 2ª Edição, Coimbra, 2003, pp. 20/21 e nota 38) da forma seguinte: "(...) para sabermos se (...) estamos perante um tributo unilateral ou um imposto, ou perante um tributo bilateral ou uma taxa, o que há a fazer é o teste da sua medida ou do seu critério, estando pois perante (...) uma taxa se é susceptível de ser medido ou aferido com base na referida ideia de proporcionalidade: taxa/prestação estadual proporcionada ou taxa/custos específicos causados à comunidade (estadual ou local)". Acrescenta ainda (na nota 38) que, "(e) em rigor há aqui dois testes: o da bi/unilateralidade do tributo e, se neste se concluir pelo seu carácter bilateral, o da sua medida ou critério de justiça, muito embora seja este último teste o decisivo, já que, se a proporcionalidade entre o tributo e a respectiva contraprestação específica estiver ausente, então estaremos perante um tributo cujo regime (...) não pode deixar de ser o dos impostos. Impõe-se aqui que, ultrapassado com êxito o teste da bilateralidade, se proceda ao teste da proporcionalidade entre a prestação e a contraprestação específica. Saldanha Sanches, sobre o mesmo tema (em Manual de Direito Fiscal, 2ª Edição, Coimbra, 2002, pp, 16 e segs.), tece as seguintes considerações a propósito do carácter sinalagmático: " O sinalagma do ponto de vista financeiro só poderá ter lugar sempre que se trate de um qualquer bem que seja divisível: só se o bem for divisível é possível a «prestação em unidades individualizáveis». Terá de haver uma mais estreita correlação entre o destinatário do encargo financeiro e o beneficiário da despesa pública, para que possamos estar perante uma taxa". Klaus Tipke e Joachxm Lang (em Steuerrechts, 17ª Ed., 2002, p. 47) referem, a este propósito, que o sistema das taxas assenta no princípio da equivalência, segundo o qual as taxas se apreciam segundo os princípios da cobertura de custos (a taxa cobre os custos correspondentes) e da compensação dos benefícios (a taxa corresponde ao benefício equivalente). Estes autores referem, ainda com interesse, a definição de taxas (Gebühren) contida nas leis sobre taxas municipais (Kommunalabgabegesetz) dos t.änder da República Federal Alemã: taxas são prestações pecuniárias devidas por uma prestação especial – actuação oficial ou actividades assimiláveis – da Administração (taxas da administração – Verwaltungsgebühren), ou pela utilização de instalações de locais públicos". Concluem estes autores que o que distingue a taxa do imposto é a sua ligação com uma contra prestação determinável das instituições jurídico-públicas. Conforme se sumariou no acórdão do STA de 22/03/2011, processo 090/11" I – Desde que os tributos que sejam criados pelos municípios tenham a natureza de taxas e se enquadrem em qualquer dos tipos de taxas arrolados no artigo 11º da Lei 1/87 (ou artigo 19º da Lei nº 42/98), está assegurada a viabilidade legal da sua criação. II – No caso da taxa de realização de infra-estruturas urbanísticas, está em causa a compensação das despesas efectuadas, ou a efectuar, pela autarquia, directa ou indirectamente causadas pelas obras sobre que incide esse tributo. III – A não realização imediata dessas infra-estruturas urbanísticas e que constitui a contraprestação da autarquia não constitui pressuposto da incidência objectiva daquela taxa, na medida em que essa contraprestação se pode, também, projectar para o futuro." A Impugnante entende que todas as obras de infra-estruturas decorrentes das operações urbanísticas a que se reporta a taxa liquidada foram por si suportadas, havendo falta de contrapartida e desproporcionalidade. Sucede que as infra-estruturas a que se reportam o tributo em causa não se confundem com as infra-estruturas próprias das operações de loteamento ou das obras de edificação. Enquanto estas constituem um encargo dos respectivos promotores e, se restringem, em regra, às parcelas de terreno da sua propriedade destinadas a integrar o domínio público municipal, aquelas são infra-estruturas gerais e equipamentos urbanos que servem o loteamento ou a edificação situados na respectiva área de influência ou envolvente. E, assim sendo, carece de fundamento o alegado de que as infra-estruturas das obras foram realizadas pela impugnante, e que a Câmara Municipal não executou as infra-estruturas e por conseguinte o tributo em causa não seria devido. Nos termos o tributo em causa constitui a contrapartida devida ao Município pelas utilidades prestadas aos particulares em matéria de infra-estruturas urbanísticas primárias e/ou secundárias cuja realização, remodelação ou reforço seja considerado de operações de loteamento, de obras de construção, reconstrução ou ampliação de edifícios ou respectivas fracções ou de alterações na sua forma de utilização. Na verdade, subjacente à regulamentação deste tributo existe uma relação directa e quantificável entre o referido facto e o aumento do número de utentes, a qual torna indispensável o redimensionamento das infra-estruturas existentes, uma vez que são projectadas para cada zona da cidade, em função do número de utilizadores previsível. E, essa alteração pode implicar uma sobrecarga que embora comportável pelas infra-estruturas urbanísticas pré- existentes, originem uma ampliação, adaptação ou reconversão das existentes. Assim, o tributo em causa ao revestir a natureza de uma taxa e não um imposto, não está sujeita à regra da reserva de lei para a sua criação e determinação dos elementos essenciais, podendo a sua previsão constar de simples regulamento municipal aprovado pela Assembleia Municipal, nos termos das Leis das Finanças Locais e das Autarquias Locais então em vigor. (Acórdão do Tribunal Constitucional nº 258/2008, de 30.4.2008). No que diz respeito à invocada desproporcionalidade, as taxas liquidadas pelo Município e sua a relação custo/benefício teria de se demonstrar a existência de uma desproporção intolerável entre a quantia a pagar e, o benefício (utilidade do serviço) que a impugnante retira. Seria necessário demonstrar, em suma, uma manifesta desproporção entre a taxa liquidada à impugnante e o benefício retirado pela impugnante, que ponha em causa a referida o carácter sinalagmático da taxa, o que não resulta provado. Com efeito, dos autos não resultam elementos suficientes que permitam valorizar esse benefício retirado para que se pudesse aferir da sua eventual desproporção relativamente à taxa que é cobrada e que permitam concluir pela violação do princípio da proporcionalidade. Por conseguinte, improcede a pretensão da Impugnante." Vejamos então se procede o invocado erro de julgamento atinente à motivação de facto e de direito da sentença proferida em 1ª Instância, por alegadamente não resultar dos autos a verificação do facto tributário, assim como a sustentação dos encargos presentes e futuros que presumivelmente o Município incorrerá destinados à necessária conformação substantiva das taxas devidas pela realização de infra-estruturas urbanísticas (cfr pontos 131 a 145, e pontos 147 a 155, das conclusões recursivas), e por outro lado, da sua caracterização enquanto taxas, em desrespeito dos princípios da bilateralidade e da igualdade tributária na sua sob – vertente do principio da equivalência quando reportadas à necessária repartição da mesma na vertente da cobertura do custo e do concomitante benefício a favor do munícipe (cfr pontos 156 e segs, das mesmas conclusões). Vejamos as 1ªs situações, Invoca o recorrente, por um lado que, "... tanto a ora Recorrente como o Município sabiam, à data da liquidação do tributo, que a autarquia não seria chamada a acorrer a quaisquer despesas relacionadas com a edificação da nova unidade industrial» (conclusão 131), e por outro que «se sabia antecipadamente que a realização, reforço ou manutenção das infra-estruturas urbanísticas por parte do município não ia ter lugar» (conclusão 134), e mais ainda que «a edificação da unidade industrial em causa não reivindicou de facto – nem reivindicaria no futuro – a realização, reforço ou manutenção de quaisquer infra-estruturas por parte do município» (conclusão 136), pelo que conclui que «não resulta de qualquer elemento probatório carreado pelo Município de Setúbal qual seja a repercussão que a ampliação da fábrica da P..... irá causar ou tenha causado e que tenha determinado ou determine no presente ou no futuro, a realização de infra-estrutura urbanísticas» (conclusão 142). Ora, Tendo o recorrente submetido tais questões ao tribunal recorrido, e nada tendo sido apurado sobre tais aspectos controvertidos sobre as ditas circunstâncias relativas à própria intervenção urbanística em causa que permitam a esta instância recursiva pronunciar-se, em 1º lugar, quanto à existência do pretenso facto tributário que ora se analisa por se constituir como primeira causa de pedir da pretensão deduzida em Tribunal pelo recorrente, constatando-se, a seu propósito, que: Se desconhece o seu conteúdo e substância, sendo questionado a sua própria existência, sendo certo que, como refere decisão datada de 3 de julho de 2013, do Vº STA, constante dos autos e que se declarou incompetente em razão da hierarquia e indicou como competente este Tribunal Central Administrativo Sul, do qual se respiga o seguinte parágrafo "... Trata-se de factualidade que não se encontra espelhada no probatório e que é necessário averiguar e ponderar face aos elementos de prova disponíveis e regras de ónus de prova aplicáveis, já que a Recorrente pretende dela retirar relevantes consequências jurídicas, constituindo essa, aliás, a questão central deste recurso. Factualidade que não é, efectivamente, irrelevante para a decisão da causa, sabido que autorizada doutrina tem defendido que nas taxas de reforço e manutenção de infra-estruturas, embora a contraprestação pública não tenha de ser presente mas, tão só, futura, ela não pode, todavia, ser impossível ou meramente eventual ou virtual, pois nesse caso não se concretizará a relação de equivalência jurídica ou económica que caracteriza uma "taxa" (fim de citação); E a 2ª vertente enquanto reportada às pretensas prestações, ainda que presuntivamente, poderão vir a ser efectuadas pelo município em razão da actividade do munícipe, enquanto despesa pública a cargo do 1º, e o concomitante beneficio, ainda que meramente provável, que dele poderá derivar para o recorrente, – vd nesse sentido Sérgio Vasques in "Regime das taxas locais – introdução e comentário" cadernos IDEF, nº 8, em comentários ao artigo 3º da Lei nº 53-E/2006, de 29 de dezembro, pags 86 e segs, – os quais se constituem, para mais, como condição necessária para esta instância recursiva poder aquilatar da pretendida violação dos princípios constitucionais que se constituem como sustentáculo dos alegados vícios de direito da sentença sub judice, pelo que, atento a verificação daquele "défice instrutório", e não constando do processo todos os elementos que permitam julgar da sustentação da decisão da matéria de facto efectuada pelo tribunal "A Quo", e entendendo-se indispensável a ampliação da mesma, vai determinado a anulação da decisão proferida, a que se procede na parte dispositiva do presente acórdão – cfr alínea c), do nº 2, do artigo 662º, do CPC. Dispositivo. Nos termos expostos vai atendida a pretensão recursiva, sendo anulada a decisão proferida em 1º Instância e determinado a ampliação da matéria de facto controvertida nos autos, procedendo-se a repetição do julgamento concatenada às ditas questões não apreciadas nessa instância, nos termos do disposto na alínea c), do nº 3, do referido artigo 662º, do CPC. Custas pelo recorrido. Notifique.

Comentário:

1. Enquadramento das contraprestações por serviços locais.

2. Preços e tarifas. Contraprestação por "serviços públicos locais" em cuja fixação do valor as autarquias locais se devem orientar por critérios de mercado (cobertura de custos). Relação jurídica bilateral identificada pela prestação do serviço.

3. Taxas. Contraprestação por "serviços públicos locais" cujo valor tem de ser fixado pelas autarquias locais com respeito pelo princípio da proporcionalidade. Relação jurídica bilateral identificada pela prestação do serviço.

4. Impostos municipais. Prestações pecuniárias coactivas impostas por lei e consignadas ao financiamento municipal (com o reconhecimento da possibilidade de exercício de alguns poderes tributários locais), baseadas na capacidade contributiva expressa em factos tributários como o rendimento ou o património. Ausência de bilateralidade.

5. Este artigo replica o nº 2 do artigo 4º da LGT e consagra as únicas três situações sinalagmáticas que podem gerar a criação e cobrança de uma taxa autárquica: a prestação concreta de um serviço público local; a utilização privada de bens do domínio público e privado das autarquias locais; a remoção de um obstáculo jurídico ao comportamento dos particulares, quando tal seja atribuição das autarquias locais. No primeiro caso nem sequer é exigível que o particular utilize o serviço público, bastando, para que a taxa seja devida, que exista a possibilidade de utilização desse serviço ou bem. A taxação pela utilização do domínio público ou privado radica na ideia distributiva de que as vantagens obtidas por essa utilização deve ter como contrapartida a contribuição para a comunidade.

6. A doutrina e a jurisprudência são unânimes na distinção concetual entre taxa e imposto. Partindo de um conceito amplo de tributo, o imposto configura uma prestação pecuniária, não sancionatória, unilateral ou não sinalagmática, imposta pelo Estado com vista à arrecadação de receita destinada à realização de fins públicos, não divisíveis e não necessariamente do interesse do particular, enquanto as taxas são tributos, também coativamente cobrados por um ente administrativo, mas que estão associadas a uma contraprestação, ou sinalagma (natureza sinalagmática da taxa).

7. A distinção entre imposto e taxas releva para se apurar se a criação de determinado tributo padece, ou não, do vício de inconstitucionalidade, pois enquanto os primeiros só podem ser criados pelo legislador, já as segundas podem ser criadas por qualquer ente público, desde que com competência legal para o efeito.

8. Além disso. O conceito de taxa tem sido amplamente tratado pela doutrina, e pela jurisprudência constitucional e fiscal.

9. "A Constituição da República Portuguesa não contempla disposições específicas relativas ao regime jurídico de todos os tributos. Limita-se, quanto a esta

matéria, a determinar, na alínea i) do artigo 165º, que a criação de impostos, o sistema fiscal e o regime geral e demais contribuições financeiras a favor de entidades públicas são matéria da reserva relativa de competência legislativa da Assembleia da República.

10. A reserva de lei parlamentar abrange a criação de impostos, e o sistema fiscal, bem como o regime geral das taxas e demais contribuições financeiras a favor de entidades públicas, o que, em nosso entender, é suficiente para retirar daí uma consequência fundamental: a Constituição reserva ao "Parlamento" a definição, ainda que em termos genéricos, dos factos tributários dos tributos bilaterais, impondo, por esta via, um alargamento da reserva parlamentar a todo o campo do direito tributário. Este alargamento da reserva parlamentar de lei há-de servir também, em nosso entender, para dar cumprimento a um princípio de coerência do sistema tributário.

11. A reserva de lei parlamentar (na definição do regime geral das taxas) constitui, a nosso ver, um elemento que confere legitimidade à tributação, mesmo quando se trata da criação de taxas", in Silva, Suzana Tavares da, (2008), As Taxas e a Coerência do Sistema Tributário. Estudos Regionais e Locais. CEJUR. Braga. 2008.

12. "Actualmente, a diminuição de receitas das autarquias locais, aliada à crescente necessidade de dar satisfação a novas exigências ambientais e urbanísticas, tem justificado um recurso sistemático, e nem sempre adequado, à criação de taxas, com o objetivo único de arrecadar receitas.

13. A definição de um regime geral das taxas há-de permitir imprimir algum rigor neste domínio. (...).

14. É isto que se espera da RGTAL, que a mesma sirva de parâmetro material superior para as taxas que venham a ser instituídas pelos municípios. O artigo 3º do diploma dá precisamente nota da consagração de uma definição legal para as taxas das autarquias locais: elas constituem tributos que assentam na prestação concreta de um serviço público local, na utilização e aproveitamento de bens do domínio público e privado das autarquias locais ou na remoção de um obstáculo jurídico ao comportamento dos particulares, desde que integrado nas atribuições legais das autarquias locais. A RGTAL acolhe, assim, maioritariamente, o conceito de taxa consagrado no nº 2 do artigo 4º da Lei Geral Tributária" in Silva, Suzana Tavares da, (2008), As Taxas e a Coerência do Sistema Tributário. Estudos Regionais e Locais. CEJUR. Braga. 2008.

15. Artigo 4º da Lei Geral Tributária.

Pressupostos dos tributos

1 – Os impostos assentam essencialmente na capacidade contributiva, revelada, nos termos da lei, através do rendimento ou da sua utilização e do património.

2 – As taxas assentam na prestação concreta de um serviço público, na utilização de um bem do domínio público ou na remoção de um obstáculo jurídico ao comportamento dos particulares.

3 – As contribuições especiais que assentam na obtenção pelo sujeito passivo de benefícios ou aumentos de valor dos seus bens em resultado de obras públicas ou da criação ou ampliação de serviços públicos ou no especial desgaste de bens públicos ocasionados pelo exercício de uma actividade são consideradas impostos.

16. "A bilateralidade das taxas tem (...) consagração constitucional expressa a partir de uma interpretação ab contrario sensu do nº 1 do artigo 103º da Constituição. Esta norma estipula que o sistema fiscal visa a satisfação das necessidades financeiras do Estado e outras entidades públicas e uma repartição justa dos rendimentos e da riqueza. Dela decorre a caracterização do Estado português como Estado Fiscal, por oposição ao Estado Tributário, isto é, do Estado português como um Estado que assenta no financiamento para a satisfação das necessidades coletivas na criação, liquidação e cobrança de impostos e não de taxas.

17. Já no plano municipal, alguma doutrina mais recente vem fazendo referência à existência de um princípio de subsidiariedade dos impostos na sustentação económica das tarefas públicas de âmbito municipal. Por outras palavras, as necessidades coletivas da comunidade local só devem ser satisfeitas com as receitas dos impostos quando as receitas das taxas e demais contribuições não tenham interesse relevante. (...).

18. (...). Vale por dizer que devem ser exigidas taxas quando se trate: 1. De financiar as prestações divisíveis e individualizáveis de serviços públicos funcionando como correspectivo das mesmas e desde que a criação desse serviço público resulte de uma necessidade gerada, direta ou indiretamente, pelo sujeito passivo, e que a mesma apenas possa ser imposta aos destinatários do serviço, embora não se exija que os destinatários sejam beneficiados por ele; 2. De remunerar um encargo específico ocasionado pela remoção de um obstáculo jurídico ao exercício de uma atividade de que o sujeito passivo é o único beneficiário (...); 3. De compensar a comunidade por um uso/aproveitamento individualizado que o sujeito passivo faz de um bem do domínio público, o qual, por força daquela utilização, deixará de estar afeto a um uso geral pela comunidade ou a um uso especial por outros interessados. No caso de se tratar de um uso comum ou geral do bem impera a regra da gratuitidade, devendo a taxa ter carácter excecional, porquanto a cobrança sistemática de tributos pela utilização comum do domínio público representaria uma intolerável restrição à liberdade de cada um.

19. Podemos, pois, afirmar que a bilateralidade das taxas constitui uma dimensão do património constitucional de um Estado Fiscal, (...).

20. A bilateralidade reduz-se, então, para a doutrina fiscal, na verificação de uma contraprestação específica relativamente ao pagamento da taxa, que há-de traduzir-se na prestação de um serviço público, utilização de um bem do domínio público ou remoção de um obstáculo jurídico à atuação dos particulares. A recondução do facto tributário das taxas a uma daquelas três modalidades, que foi inicialmente proposta da doutrina, tem hoje, como já referimos, consagração legal expressa no nº 2 do artigo 4º da Lei Geral Tributária.

21. A verificação da bilateralidade constitui, a nosso ver, uma garantia dos sujeitos passivos das taxas semelhante à garantia que o princípio da legalidade fiscal representa para os contribuintes no caso dos impostos. (...).

22. No caso das taxas, a garantia do sujeito passivo reside no teste da bilateralidade: é a verificação da contraprestação específica, de um benefício individualizado que legitima as taxas (...).

23. A regra geral é a de que, na taxa pelo serviço público, a contraprestação específica resida na utilização individualizada que o sujeito passivo retire do mesmo, excluindo-se do conceito os casos em que o serviço se traduza em prestações gerais e indivisíveis (...).

24. Na taxa pela utilização de um bem de domínio público a contraprestação reside, em regra, na utilização especial que ao sujeito passivo é permitido fazer do bem (...), mas pode também assentar no uso comum.

25. As taxas devidas pelo uso comum de bens do domínio público têm de ser excecionais (...)e estabelecidas e quantificadas de acordo com as alternativas disponíveis. (...).

26. A concessão de utilização de bens do domínio público deve «fundamentar-se em critérios de eficiência e de gestão do interesse público, não podendo ancorar-se, exclusivamente, na finalidade de obtenção de receitas. (...).

27. A alínea c). do nº 1 do artigo 6º da RGTAL inscreve entre os factos tributários das taxas a utilização e aproveitamento de bens do domínio privado municipal. Ora, em rigor, a utilização de um bem de domínio privado da autarquia local deveria dar origem ao pagamento de um preço/renda, uma vez que a respetiva utilização se funda numa relação jurídica de base negocial. Mesmo nos casos e que a utilização seja imposta pelo legislador no âmbito de um processo de concessão, deve pressupor-se a existência de um momento negocial na formação da própria solução legislativa. (...). Não existem, em nosso entender, razões que fundamentem a limitação do direito de exploração dos bens patrimoniais pelas autarquias, designadamente quando cedem a respetiva utilização a privados (...).

28. Na taxa pela remoção de um obstáculo jurídico a contraprestação decorre da realização de uma atividade administrativa que beneficie exclusivamente o sujeito

passivo (...), o que significa que estão excluídos os casos em que a imposição da licença se destine exclusivamente a remover um obstáculo jurídico inexistente (...).

29. Sobre as taxas e as contribuições especiais. Entre nós, uma parte da doutrina, na esteira da jurisprudência do Tribunal Constitucional, tem acentuado a ideia de que as contribuições especiais são impostos, (...). As contribuições especiais seriam, nesta aceção, tributos especiais que assegurariam na particularidade de terem por base manifestações da capacidade contributiva de determinados grupos resultantes do exercício de uma atividade administrativa pública e não, ou não exclusivamente, do exercício de uma atividade do respetivo contribuinte, como acontece nos impostos. (...).

30. O requisito da bilateralidade nas contribuições especiais é, porém, menos exigente do que nas taxas, pois admite-se que a contraprestação seja potencial e futura e beneficie um grupo homogéneo ou um conjunto diferenciável de destinatários." Tudo in Silva, Suzana Tavares da, (2008), As Taxas e a Coerência do Sistema Tributário. Estudos Regionais e Locais. CEJUR. Braga. 2008.

31. Assim, sobre o Regime Geral das Autarquias Locais, releva o facto de consagrar um conceito para as referidas taxas, com base no princípio da bilateralidade, definindo um regime de taxas dos municípios e das freguesias, delimitando o facto tributário como a atividade administrativa que afete, beneficie ou se refira a uma pessoa determinada e da qual resulte uma contraprestação, e consolidar a fixação do valor no princípio da proporcionalidade, que é aferido em função do benefício individualizado.

32. Este artigo procede à tipificação das taxas locais em função do respetivo pressuposto.

33. "As taxas podemos defini-las como prestações coativas, devidas a entidades públicas, com vista à compensação de prestações efetivamente provocadas ou aproveitadas pelos sujeitos passivos (...)." in Vasques, Sérgio, (2008), Regime das Taxas Locais. Introdução e comentário. Cadernos IDEFF. Nº 8. Almedina. Coimbra. 2008.

34. Em contraste com os impostos locais, as taxas devidas a municípios e freguesias caracterizam-se pela sua natureza comutativa ou bilateral, que deverão ser de imputação concreta e individual.

35. Às taxas que são devidas pela utilização de um bem ou pela prestação de um serviço, acrescem as taxas devidas pela remoção de um obstáculo jurídico ao comportamento dos particulares.

36. O Regime de Taxas "(...) parece sugerir a criação de taxas sobre prestações difusas, cujo aproveitamento pelos contribuintes não se pode dar por seguro. É isso que sucede no nº 2 do artigo 5º, quando se faculta às autarquias a possibilidade de lançar taxas para financiar utilidades geradas pela realização de despesa pública

local, quando desta resultem utilidades divisíveis que beneficiem um grupo certo e determinado de sujeitos, independentemente da sua vontade; no nº 1 do artigo 6º, quando se reconhece aos municípios o poder de lançar taxas em contrapartida da prestação de serviços no domínio da prevenção de riscos e da proteção civil, de atividades de promoção de finalidades sociais e de qualificação urbanística, territorial e ambiental, ou de atividades de promoção do desenvolvimento e competitividade local e regional; no nº 2 do artigo 6º, quando se admite que as taxas municipais possam incidir sobre a realização de atividades dos particulares geradoras de impacto ambiental negativo; e no nº 3 do mesmo artigo 6º, quando se faculta às freguesias, com grande largueza, que lancem taxas em contrapartida das atividades de promoção do desenvolvimento local (...) (mas), só haveremos de admitir que as autarquias lancem tributos em contrapartida destas utilidades, atividades ou serviços, quando neles se descubra uma prestação concreta de que os sujeitos passivos sejam efetivos causadores ou beneficiários." in Vasques, Sérgio, (2008), Regime das Taxas Locais. Introdução e comentário. Cadernos IDEFF. Nº 8. Almedina. Coimbra. 2008.

37. "(...) o levantamento da proibição relativa imposta pela autarquia faculta aos sujeitos passivos o aproveitamento efetivo de um bem ou serviço local, como sucede quando se cobram taxas de licença pela ocupação da via pública ou pelo estrito trabalho de fiscalização realizado pela administração aquando do licenciamento. Nestas hipóteses, em que ao levantamento da proibição relativa corresponde o aproveitamento de uma prestação efetiva, estamos perante verdadeiras taxas que, como todas as taxas, estão sujeitas ao princípio da equivalência e fora da reserva de lei parlamentar. (...) as taxas de licenças locais deverão obrigatoriamente ser justificadas em função do custo ou valor das prestações que se dirigem aos particulares, seja dos bens cujo aproveitamento lhes é facultado pelo levantamento da proibição relativa, seja do serviço administrativo que está subjacente ao levantamento dessa proibição." in Vasques, Sérgio, (2008), Regime das Taxas Locais. Introdução e comentário. Cadernos IDEFF. Nº 8. Almedina. Coimbra. 2008.

Artigo 4º – Princípio da equivalência jurídica

1 – O valor das taxas das autarquias locais é fixado de acordo com o princípio da proporcionalidade e não deve ultrapassar o custo da actividade pública local ou o benefício auferido pelo particular.

2 – O valor das taxas, respeitando a necessária proporcionalidade, pode ser fixado com base em critérios de desincentivo à prática de certos actos ou operações.

Jurisprudência:

1. Acórdão do Supremo Tribunal Administrativo (Processo nº 709/19.5BELRS), de 06-10-2021. 1. RELATÓRIO. 1.1. "A..., S.A.", recorre da sentença do Tribunal Tributário de Lisboa que julgou totalmente improcedente a Impugnação Judicial que tinha por objecto a liquidação por parte do Município de Lisboa das taxas devidas pela renovação, para o ano de 2018, do licenciamento da publicidade instalada em espaços publicitários pertencentes à Companhia de Carris de Ferro de Lisboa, colocados em meios de transporte colectivos da cidade de Lisboa, de cuja concessão a Impugnante é titular, no valor global de €86.960,51 (oitenta e seis mil, novecentos e sessenta euros e cinquenta e um cêntimos). 1.2. Admitido o recurso e apresentadas alegações, consta destas, a final, o seguinte quadro conclusivo: «a) Conforme resulta das presentes alegações de recurso, o Tribunal Tributário de Lisboa através de sentença proferida em 15 de março de 2021 julgou improcedente a impugnação judicial deduzida pela ora Recorrente e que tinha por objeto a liquidação, por parte do Município de Lisboa, das taxas devidas pela renovação, para o ano de 2018, do licenciamento da publicidade instalada em espaços publicitários pertencentes a Companhia de Carris de Ferro de Lisboa, colocados em meios de transporte coletivo da cidade de Lisboa; b) O facto tributário discutido nos presentes é a renovação da licença de publicidade da Recorrente para o ano de 2018; c) A Câmara Municipal de Lisboa fundamentou a liquidação aqui em causa no artigo 20º do Regulamento de Publicidade; d) Conforme já referido na petição inicial, as taxas são receitas públicas estabelecidas como retribuição pelos serviçais prestados individualmente aos particulares no exercício de uma atividade pública, como contrapartida da utilização de bens do domínio público ou semipúblico ou da remoção de um limite jurídico à atividade dos particulares; e) O caráter bilateral, sinalagmático ou comutativo das taxas implica que a obrigação de pagamento pelo sujeito passivo tenha como pressuposto uma prestação administrativa concreta, específica, determinada ou individualizada, de tal forma que se possa assegurar que o sujeito passivo é o seu efetivo causador ou beneficiário e como finalidade compensar o ente público por essa mesma prestação; f) O artigo 36º nº 1 da LGT estabelece que é com o facto tributário que se constitui a relação jurídica tributária (cfr. acórdão do Tribunal Central Administrativo Sul no processo nº 08300/14, de 10 de março de 2015 e Alberto Xavier, Manual de Direito Fiscal, Vol. I. FDL, 1981. pp. 247 e ss.; g) A propósito da estrutura da norma tributária, a prestação administrativa consubstancia a previsão (ou pressuposto de facto) por contraposição à estatuição, esta última representada pela obrigação de pagamento da taxa, recaindo sobre a Administração Tributária e, em geral, sobre todas as entidades com poderes tributários o ónus da prova da ocorrência do facto tributário, uma vez que é elemento constitutivo do seu direito de

exigir o tributo (cfr. artigo 74º, nº 1, 1ª parte da LGT); h) No caso específico das taxas de licença, a contraprestação (i.e.. o facto tributário, pressuposto ou previsão) consiste no próprio licenciamento, i.e., no ato administrativo que remove o limite ou obstáculo substantivo ao exercício pelo particular de uma determinada atividade; i) No entanto, se é inegável a existência de um ato administrativo suscetível de configurar uma contraprestação tributável com uma taxa no momento da emissão da licença, o mesmo não se pode dizer acerca da renovação das licenças, pelo menos no caso da CM; j) Com efeito, o artigo 20º do Regulamento de Publicidade da CML deixa claro que uma vez emitida uma licença com duração igual ou superior a 30 dias a sua renovação no termo do prazo é automática, ou seja, ocorre independentemente de qualquer impulso do particular ou da própria edilidade; k) O que significa que é o próprio Regulamento de Publicidade que estabelece que no ato de renovação da licença a CML não realiza qualquer atividade no sentido de averiguar se as mensagens publicitárias afetam a estética ou ambiente dos lugares ou da paisagem, ou causam danos a terceiros, ou de assegurar que não são afixadas em locais, edifícios ou monumentos de interesse histórico, cultural, arquitetónico ou paisagístico, ou de garantir que não prejudicam a segurança das pessoas e bens, nem a iluminação pública ou a visibilidade de sinais de trânsito, entre outros fatores; l) Ou seja, aquando da renovação das licenças, em causa nos presentes autos, a CML não realiza ao sujeito passivo das taxas (i.e., à ora Recorrente) uma atividade que possa consubstanciar uma prestação individualizada e concreta que sirva de pressuposto ou facto tributário de uma taxa; m) O artigo 20º do Regulamento de Publicidade estabelece, pois, expressamente que a renovação da licença é automática, pelo que não implica a intermediação dos agentes públicos ou a prática de atos administrativos; n) Existe, pois, no momento da renovação apenas uma operação aritmética de apuramento da taxa, sendo que a renovação não é precedida de uma atuação dos agentes camarários destinada a avaliar se cada um dos anúncios publicitários licenciados observa as condições previstas no Código da Publicidade e no regulamento da CML; o) De facto, não há quaisquer indícios de que antes de cada renovação a Recorrida realize diligências com vista a comprovar que os pressupostos existentes à data da emissão da licença inicial se mantêm. Ou seja, não existe procedimento administrativo e, por maioria de razão, ato administrativo (cfr. neste sentido também acórdão do Pleno da Secção de Contencioso Tributário do Supremo Tribunal Administrativo proferido, em 18 de maio de 2015, no processo nº 01176/04); p) Mas mais: não se pode dizer que a renovação automática da licença consubstancia um ato administrativo, pois este, por definição, exprime uma decisão do ente público destinada a produzir efeitos numa situação individual e concreta, contém menções obrigatórias e é devidamente fundamentado, requisitos que não se compaginam com o automatismo das renovações nem com o teor da "Relação Valorizada" (cfr artigos 148º, 150º a 153º do CPA). Estamos, na verdade, perante um simples prolongamento de uma situação preexistente sem que o seu conteúdo seja por qualquer meio reapreciado pelo município e dê origem a uma decisão. q) O ato de licenciamento inicial não se repete nem se reforma anualmente, sendo antes um ato único cujos efeitos de protelam indefinidamente no tempo. Ou seja, a ora Recorrida não pratica um novo ato administrativo de licenciamento: r) O que significa que através de um único ato administrativo de licenciamento a autarquia cobra múltiplas vezes a mesma taxa, numa duplicação indevida da tributação que fere o princípio geral de direito conhecido como non bis in indem; s) Admitindo, que o encargo cobrado tenha a natureza de taxa (e não de imposto) – o que aqui se admite, sem conceder, por mera cautela de patrocínio – então, ao decidir como decidiu, a Sentença recorrida violou o princípio da equivalência, o que também ficou inequivocamente demonstrado através das presentes alegações de recurso: t) Na verdade, o mencionado princípio (contido no artigo 4º, nº 1, do RGTAL), determina que a finalidade da taxa cobrada resida na compensação da prestação administrativa efetuada e, por conseguinte, que o seu quantum seja fixado de forma proporcional e adequada a esse fito compensatório (equivalência económica): u) Ora, inexistindo no caso vertente um ato administrativo ou uma atividade pública efetiva e especificamente direcionada à Recorrente no momento da renovação da licença, que a legislação municipal classifica como automática e sucessiva, não há, por maioria de razão, qualquer custo para o ente público que tenha de ser compensado mediante o pagamento de uma taxa; v) E mesmo que se aplicasse no caso o chamado princípio do benefício, haveria sempre dificuldade de princípio porque na renovação das licenças de publicidade não se descortina uma prestação administrativa dirigida ao sujeito passivo que constitua o pressuposto de facto da cobrança da taxa; w) Em virtude do exposto, a taxa liquidada é ilegal na medida em que o seu quantum não tem em vista compensar custos efetivamente provocados pelo sujeito passivo, nem remunerar o valor de uma prestação que lhe é dirigida, o que afronta o princípio da equivalência e a regra contida no nº 1 do artigo 4º do RGTAL, expressão do princípio constitucional da igualdade e critério material de repartição dos encargos públicos aplicável às taxas: x) Concluindo-se que a Sentença a quo ofende o princípio da equivalência contido no nº 1 do artigo 4º do RGTAL; y) Com vista à suspensão do processo de execução fiscal nº 110620180100956, a ora Recorrente prestou em 28 de junho de 2018 a garantia bancária nº 00125-02--2114631, emitida pelo Banco Comercial Português, S.A., com o valor de €110.481,36 (cfr. alíneas H) e I) da matéria de facto dada como provada na sentença recorrida), pelo que estão reunidos os pressupostos para que em caso de procedência do presente recurso, a Recorrida seja condenada no pagamento à Recorrente da indemnização prevista nos artigos 53º da LGT e 171º do CPPT». 1.3. O Município de Lisboa, notificado da interposição do recurso contra-alegou, formulando, a final, as seguintes conclusões: «A. A douta Sentença Recorrida analisou a questão que identificou, face ao enquadramento de facto e de direito da mesma, e apoiando-se em jurisprudência consolidada e uniforme sobre a matéria, decidiu pela natureza de taxa do tributo impugnado. O Tribunal Tributário de Lisboa reafirma o entendimento materializado nos Acórdãos do Supremo Tribunal Administrativo de 14 de outubro de 2020, proferido no Processo nº 01711/11.0BELRS, e de 8 de junho de 2011, exarado no Processo nº 0300/11, que se dedicam a taxa consequente de renovação de licenciamento de publicidade exibida em veículos particulares, tendo em vista uma resposta uniformizada à questão subjacente, decidindo pela improcedência da impugnação Judicial; B. A natureza jurídica da taxa de publicidade foi há muito resolvida com a prolação do Acórdão do Plenário do Tribunal Constitucional nº 177/2010, de 5 maio 2010, por unanimidade, que veio a decidir não julgar inconstitucionais as normas que prevêem a cobrança de taxas pela afixação de publicidade em prédio pertencente a particular. Passou a entender-se que os parâmetros jurídicos para a solução da questão se tinham alterado após a consagração do conceito jurídico de taxa no artigo 4º, nº 2 LGT e no artigo 3º do RGTAL, orientação perfilhada em várias decisões sumárias posteriores daquele Tribunal, bem como do Supremo Tribunal Administrativo, que vem, igualmente, a reconhecer a natureza de taxa ao tributo em causa; C. E a circunstância de a liquidação impugnada se reportar a renovação da licença de publicidade inscrita em veículos particulares, não afasta o entendimento respeitante à publicidade afixada em edifícios particulares, porquanto a taxa é devida desde que visível da via pública, independentemente do local de suporte publicitário e respectiva titularidade. E, no caso dos veículos automóveis é indubitável a sua circulação na via pública, podendo as mensagens publicitárias ser percepcionadas por quem nela passa; D. A questão do licenciamento da publicidade afixada em veículos e do tipo tributário da receita cobrada na sequência da mesma e respectivas renovações foi também ampla e claramente analisada pelo Supremo Tribunal Administrativo, no Acórdão, de 5 de Fevereiro de 2015 (Processo nº 0333/14), que respeita precisamente a Recurso deduzido pelo Município de Lisboa, em que estava em apreciação a natureza jurídica da quantia liquidada, pela renovação do licenciamento da publicidade em veículos privados; E. Os doutos Acórdãos citados na Sentença a quo debruçam-se sobre liquidações de taxas consequentes de renovações de licenciamentos de publicidade anteriores. Perante tais Decisões e, designadamente, uma Decisão do Tribunal Constitucional, proferida em Plenário, como acontece com o douto Acórdão nº 177/2010, cumpre que a mesma seja acompanhada pelos Tribunais, atenta a sua especial qualidade de verdadeiro precedente, em obediência ao nº 3 do artigo 8º do CC. De acordo com tal normativo "nas decisões que proferir, o julgador terá em consideração todos os casos que mereçam tratamento análogo, a fim de obter uma Interpretação e aplicação uniformes do direito.", o que sucedeu com a douta Sentença Recorrida que seguiu de perto os referenciados Acórdãos deste Supremo Tribunal, que acolhe a linha jurisprudencial, entretanto consolidada e uniforme, e se dedica a taxa consequente de renovação de licenciamento de publicidade exibida em veículos particulares; F. É precisamente atendendo ao disposto naquela norma, que privilegia uma interpretação e aplicação uniforme do direito em todos os casos que mereçam tratamento análogo, e não existindo quaisquer especificidades no caso concreto que justifiquem uma solução diversa da proferida nos referenciados Arestos, que se impõe a adopção da mesma decisão na presente acção, bem como considerando o real enquadramento da liquidação impugnada e o conceito de sinalagma que vem sendo construído pelos nossos tribunais, com estrito assento na lei; G. Com efeito, a liquidação da taxa de publicidade sub judice foi efectuada em obediência aos normativos constitucionais que atribuem aos municípios a possibilidade de disporem de poderes tributários próprios e, ainda, de receitas tributárias próprias (artigos 238º, nº 4, 254º e 241º da CRP). O Município de Lisboa, habilitado constitucional e legalmente para o efeito, regulamentou sobre esta matéria e a taxa a cobrar, pelo que foi aprovado, em execução da Lei nº 97/88, de 17 de agosto, o Regulamento de Publicidade do Município de Lisboa [alínea d) do artigo 14º, alínea b) do artigo 15º e números 1 e 2 do artigo 20º, ambos da Lei nº 73/2013, de 3 de setembro; alíneas b), c) e g) do nº 1 do artigo 25º e alínea k) do nº 1 do artigo 33º, ambos do Anexo à Lei nº 75/2013, de 12 de setembro; e artigo 11º da Lei nº 97/88, de 17 de agosto, alterada pela Lei nº 23/2000, de 23 de agosto]; H. É atribuição própria dos municípios o licenciamento da afixação de mensagens de cariz publicitário, bem como a liquidação e cobrança de taxas inerentes a tal licenciamento, nos termos que forem fixados em regulamentos da sua autoria, neste caso, o Regulamento de Publicidade. De acordo com este instrumento regulamentar, a afixação ou inscrição de mensagens publicitárias em bens ou espaços afectos ao domínio público, ou deles visíveis, fica sujeita a licenciamento prévio da Câmara Municipal (artigo 3º), assim como a inscrição ou afixação de mensagens publicitárias em veículos automóveis (artigo 47º), sendo aplicáveis ao licenciamento e renovações previstos neste Regulamento as taxas estabelecidas na TTORM (artigo 16º, nº 1); I. Nesta conformidade, a liquidação foi efectuada na sequência da renovação da licença concedida no âmbito do pedido de licenciamento de publicidade, com carácter anual, impulsionado e instruído pela ora Recorrente, pedido esse que foi deferido pela CML e que deu lugar à emissão da respectiva licença; J. As renovações de licenças operam, automática e sucessivamente, desde que se mantenha a afixação da publicidade, visível do espaço público, devidamente titulada por licença (anteriormente) concedida pelos serviços competentes do Recorrido, como o foi, no caso dos autos, e por aquela requerida, como efectivamente ocorreu, por um período superior a 30 dias [artigo 20º, al. b) do Regulamento de Publicidade], a que acresce a inexistência de oposição de qualquer um dos sujeitos da relação jurídica subjacente à sua renovação. Mantendo-se a licença, há lugar à liquidação e cobrança das respectivas taxas, conforme imposição regulamentar (nº 2 do artigo 18º do Regulamento), sendo condição para o titular da licença poder exercer os direitos inerentes à mesma o pagamento da respectiva taxa estabelecidas na TTORM em vigor aquando do mesmo (artigo 16º do Regulamento); K. Com a manutenção da licença da publicidade é facultada uma utilização individualizada do domínio público, configurada no veicular da mensagem (publicitária) que pretende transmitir, aos particulares que circulam no espaço público, onde aquela é exibida, e onde é visível. A razão pela qual é pretendido o licenciamento da publicidade é precisamente, o facto de todo e qualquer cidadão poder circular livremente na via pública e, por conseguinte, ser potencialmente receptivo ao conteúdo das mensagens publicitárias. Até porque, com toda a certeza, a Recorrente não teria qualquer interesse na exibição de publicidade se esta não fosse visível da via pública, de modo a ser percepcionada pelo público em geral. Ora, tal efeito produz-se, precisamente, pelo facto de os potenciais clientes circularem na via pública; L. Por seu turno, o artigo 3º do RGTAL, define as taxas das autarquias locais como tributos que assentam na utilização de bens do domínio público local ou na remoção de um obstáculo jurídico ao comportamento dos particulares, acrescendo que as taxas municipais incidem sobre utilidades prestadas aos particulares ou geradas pela actividade dos municípios, designadamente pela concessão de licenças e pela utilização de bens do domínio público municipal [alíneas b) e c) do artigo 6º do mesmo diploma legal]; M. No artigo 4º da LGT, sob a epígrafe "pressupostos dos tributos", estabelece-se que "as taxas assentam na prestação concreta de um serviço público, na utilização de um bem do domínio público ou na remoção de um obstáculo jurídico ao comportamento dos particulares", sendo identificadas três situações que podem, alternativa e legitimamente, dar origem à liquidação e cobrança de taxas; o tributo ora em causa configura um deles, pois é liquidado e cobrado como contrapartida pela renovação de licença/remoção de um obstáculo jurídico ao comportamento dos particulares; N. A Recorrente beneficia de uma contraprestação decorrente do licenciamento da publicidade, na medida em que, não só a habilitação daquela para a afixação das mensagens publicitárias decorre da emissão e subsequentes renovações e manutenção de licença, concedida pelo Município, mas, igualmente, porque a exibição das mensagens publicitárias consubstancia, para a Recorrente uma utilização individualizada do domínio público municipal, uma vez que as mensagens publicitárias são exibidas e visíveis da via pública/domínio público municipal, a qual é remunerada pelo pagamento da taxa. O licenciamento e sucessivas renovações removem o obstáculo jurídico a tal actividade e permitem à Recorrente a exibição de publicidade e, consequentemente, o uso privativo do domínio público municipal, em determinados termos, definidos naqueles. A necessidade de tal protecção, imprimida pelo legislador, tem origem no facto de a publicidade, relativamente proibida, ter o seu impacto no domínio público, razão pela qual é exigido o licenciamento de tal actividade, que configura assim um obstáculo real a tal actividade e resultante da lei; O. Com a renovação do licenciamento de exibição de publicidade, para o ano de 2018, está assente que a Recorrente ficou habilitada a manter a exposição da publicidade, naquele período, usufruindo, em pleno, da contrapartida/sinalagma exigido pelo conceito de taxa e correspondente, reitera-se, à remoção do obstáculo jurídico que impedia aquela exibição, no referido período; P. Aliás, no caso, das normas aplicáveis ao licenciamento de publicidade conclui-se que, não se mantivessem as condições do licenciamento, e o mesmo seria cancelado pelo Município, já que aquela manutenção é uma das realidades que obsta à renovação, determina a caducidade do licenciamento. E, não é o facto de se tratar de uma renovação de licenciamento anteriormente concedido que retira tais qualidade e natureza à taxa de publicidade, como bem frisou o Tribunal Constitucional e o Supremo Tribunal Administrativo, nos Acórdãos com os quais a douta Decisão Recorrida alinhou a sua posição; Q. Na perspectiva da remoção do limite à exibição da publicidade, não existem diferenças entre o licenciamento e a renovação; ambos são condição absoluta daquele. Todo o enquadramento supra, no que respeita à emissão e renovação de licença de publicidade pela CML, preenche o conceito de taxa estabelecido no nosso ordenamento jurídico, sendo por esse motivo plenamente legais e eficazes as disposições constantes nos artigo 3º e 16º e, ainda, no artigo 20º, todos do Regulamento de Publicidade do Município de Lisboa, bem como as constantes da Tabela de Taxas; R. Em suma, o deferimento do pedido de licenciamento e a emissão da correspondente licença e as renovações subsequentes, que venham a ocorrer, consubstanciam, em si, a remoção do obstáculo jurídico à actividade da Recorrente que, a partir desse momento fica habilitada a afixar a publicidade pretendida, nos termos aprovados; fica, porém, igualmente sujeita ao pagamento das taxas devidas nos termos da lei. Consequentemente, o tributo incidente sobre a renovação do licenciamento de publicidade instalada em transportes colectivos tem a natureza de taxa, e não de imposto, não se verificando qualquer ilegalidade; S. A demonstrada existência de contrapartida e evidente benefício que é concedido à Recorrente, por via da renovação do licenciamento, correspondente à exibição da publicidade, por determinado período, não diverge do inicialmente concedido, e constitui a demonstração da não violação do princípio da equivalência, consagrado no artigo 4º do RGATL; T. São impostos limites ao valor da taxa, que tem como propósito a compensação do ente público do custo do bem utilizado ou do serviço prestado, não podendo ser ultrapassado o custo da actividade pública local ou o benefício auferido pelo particular, tendo de existir uma equivalência entre o valor da taxa e a prestação correspondente; U. No caso da taxa de publicidade, decorrente da remoção de um obstáculo jurídico, a equivalência é medida pelo valor prestado ao sujeito passivo, que, in casu, é a obtenção da licença e, caso pretenda continuar a exibir a publicidade findo o prazo da mesma, a sua renovação; facto que assume absoluto relevo e, manifestamente, a Recorrente pretende depreciar; V. A liquidação da taxa de publicidade, como contrapartida da renovação do licenciamento, é válida e eficaz, como se conclui de todo o enquadramento legal e regulamentar descrito, actuando a CML no exercício de competências que lhe são constitucional e legalmente atribuídas, em consonância com o conceito de taxa adoptado pelo legislador ordinário e de harmonia com regulamentos municipais aprovados na sequência de lei habilitante expressa, improcedendo por completo os fundamentos do presente Recurso; W. Decidindo como decidiu, a douta Sentença a quo está em consonância não só com o nº 2 do artigo 4º da LGT, bem como com o disposto nos artigo 3º e 6º, nº 1, al. b) do RGTAL, nos artigo 3º, 16º, nº 1, 20º e 47º do Regulamento de Publicidade do Município de Lisboa, e nos artigo 238º nº 4 e 241º ambos da CRP. Aliás, adoptar-se a interpretação preconizada pela Recorrente esvaziaria de conteúdo as mencionadas normas constitucionais que atribuem poderes, tributário e regulamentar, às autarquias locais, interpretação que, a proceder, o que não se concede, redundam em verdadeira inconstitucionalidade por violação daquelas disposições que, na CRP, atribuem aos municípios aqueles poderes, conforme se arguiu, para todos os legais efeitos; X. Na realidade, caso a licença fosse facultada sem o pagamento de qualquer contrapartida, seria possibilitada à Recorrente, não só uma utilização privativa do domínio público municipal, como a remoção de um obstáculo jurídico ao seu comportamento, relativamente proibido, e, sem que existisse, para o mesmo, a correlativa taxa, em clara violação dos princípios disciplinadores do ordenamento constitucional e jus-tributário em vigor, do qual decorre directa e expressamente, a natureza do tributo liquidado e cobrado à Recorrente; Y. Reitera-se, a questão da taxa de publicidade muito debatida na numerosa jurisprudência do Supremo Tribunal Administrativo e do Tribunal Constitucional, impõe aos Tribunais a adopção da mesma solução que tem sido adoptada nos últimos Arestos em que foram apreciadas e julgadas questões semelhantes, em cumprimento do artigo 8º, nº 3 do CC; Z. Por último, considerando a legalidade da liquidação deve improceder a peticionada condenação do Município no pagamento de indemnização, à Recorrente, pela prestação de garantia; AA. Por estes motivos e pelos demais de Direito, deverá o Tribunal ad quem julgar improcedente o presente Recurso, mantendo a Sentença Recorrida na ordem jurídica, atenta a legalidade do acto de liquidação sub judice, e, consequentemente julgar improcedente a Impugnação Judicial, mantendo o acto de liquidação impugnado, por total ausência de vícios, em conformidade com a actual posição jurisprudencial não só do Tribunal Constitucional como do Supremo Tribunal Administrativo e em obediência ao estipulado nos referenciados normativos». 1.4. Recebidos os autos neste Supremo Tribunal Administrativo e apresentados para emissão de parecer ao Excelentíssimo Procurador-Geral Adjunto, veio este a pugnar pela improcedência do recurso, convocando para tanto, no essencial, jurisprudência reiterada desta Secção e Tribunal Administrativo, salientando que a mesma se mantém actual, como se constata do recente acórdão proferido no processo nº 711/11.0BELRS e promovendo que, tal nesse aresto, deve ser afastada a apreciação da questão da violação do princípio da equivalência por constituir questão nova nos autos. 1.5. Cumpre decidir. 2. OBJECTO DO RECURSO. 2.1 Como é sabido, sem prejuízo das questões de que o tribunal ad quem possa ou deva conhecer oficiosamente, é o teor das conclusões com que a Recorrente finaliza as suas alegações que determina o âmbito de intervenção do tribunal de recurso [artigo 635º do Código de Processo Civil (CPC)]. Essa delimitação do objecto do recurso jurisdicional, numa vertente negativa, permite concluir se o recurso abrange tudo o que na sentença foi desfavorável ao Recorrente ou se este, expressa ou tacitamente, se conformou com parte das decisões de mérito proferidas quanto a questões por si suscitadas (artigos 635º, nº 3 e 4 do CPC), desta forma impedindo que voltem a ser reapreciadas por este Tribunal de recurso. Numa vertente positiva, a delimitação do objecto do recurso, especialmente nas situações de recurso directo para o Supremo Tribunal Administrativo, como é o caso, constitui ainda o suporte necessário à fixação da sua própria competência, nos termos em que esta surge definida pelos artigos 26º do Estatuto dos Tribunais Administrativos e Fiscais (ETAF) e 280º e seguintes do Código de Procedimento e de Processo Tributário (CPPT). 2.2. No caso concreto, tendo por referência as conclusões formuladas e a delimitação da nossa competência, não existem dúvidas de que a Recorrente pretende que este Supremo Tribunal aprecie quatro questões: (i) o erro de julgamento relativamente à interpretação e aplicação do conceito constitucional de taxa [por entender que dele deriva que o tributo respeitante à renovação automática do licenciamento de publicidade tem a natureza de um imposto – conclusão "s)" enquanto corolário das conclusões que lhe antecedem] (ii) o erro na interpretação e aplicação do conceito jurídico de taxa previsto na lei, em particular, consagrado no artigo 4º, nº 2 da Lei Geral Tributária [invocando ser patente que não existe bilateralidade se o tributo não tem por pressuposto qualquer actividade por parte da Recorrida – ponto A. das alegações de recurso e conclusões "d)" a "r)"]; (iii) o erro na interpretação e aplicação do artigo 4º, nº 1, do Regime Geral das Taxas das Autarquias Locais [porque, não visando o tributo em contestação nem a compensação de custos efectivamente provocados pelo sujeito passivo nem a remuneração do valor de uma prestação que lhe seja dirigida, afronta o princípio da equivalência que aquele dispositivo legal consagra e que exprime o princípio constitucional da igualdade e critério material de repartição dos encargos públicos aplicável às taxas – ponto "B." das alegações de recurso e conclusões "s)" a "X)"]; (iv) erro de julgamento quanto ao pedido de indemnização [porque, nos termos do preceituado nos artigos 53º da LGT e 171º do CPPT, a exigência de prestação de garantia bancária para suspender a execução de um acto ilegal lhe confere o direito a ser indemnizado – ponto "C." das alegações e conclusão "Y"). 2.3. Das questões que supra enunciamos, logo se constata que, distintamente do que vem defendido no douto parecer da Exma. Procuradora-Geral-Adjunta, no caso, a questão do erro de julgamento na interpretação do artigo 4º do RGTAL fundada na desconsideração do princípio da equivalência nele consagrado não constitui uma questão nova. 2.4. Na verdade, enquanto no processo nº 1711/2011 se concluiu que a questão enunciada nunca tinha sido anteriormente suscitada no processo e, consequentemente, que nunca tinha sido objecto de apreciação pelo Tribunal a quo, no caso concreto não é o que sucede, já que, como se constata da leitura da petição inicial e da sentença recorrida, a Recorrente colocou ab initio a questão da exigibilidade de observância do princípio da equivalência imposto pelo artigo 4º do RGTAL e a sentença apreciou essa questão concreta, julgando que tal princípio se mostrava respeitado. 2.5. Neste contexto, independente da resposta que nos mereça a questão do erro de julgamento quanto à alegada violação do princípio da equivalência, é inquestionável que esta questão integra e pode integrar o objecto do presente recurso. 3. FUNDAMENTAÇÃO. 3.1. Fundamentação de facto. Em 1ª instância foi dada como apurada a seguinte factualidade: A) "A..., S.A." dedica-se à exploração de espaços publicitários no interior e exterior de veículos de transporte colectivo e nas instalações pertencentes à Companhia Carris de Ferro de Lisboa (ou Carris) (Informação publicitada em http// publicacões.mj.pt). B) Em 1-7-2013 a Impugnante solicitou o licenciamento de publicidade em 579 novas viaturas de transporte colectivo e o cancelamento de 598 viaturas subjacentes às licenças de publicidade existentes – Reg. 1924/POEP/2013 (fls 31, do processo administrativo – Informação nº 26152/INF/DPCO/GESTURBE/ /2018). C) O Município de Lisboa liquidou à Impugnante o montante de €86.960,51 (oitenta e seis mil, novecentos e sessenta euros e um cêntimo) a título de taxas devidas pela renovação, para o ano de 2018, do licenciamento de afixação de publicidade instalada em espaços publicitários pertencentes à Carris, colocados em meios de transportes colectivos da cidade de Lisboa, com data limite de pagamento a 31-3--2018 (liquidação anexa à petição inicial); D) A 3-4-2018 a Impugnante deu entrada de reclamação graciosa da liquidação das taxas identificada em C), invocando que aquando da renovação não é instaurado um procedimento administrativo de licenciamento e a única actividade consistirá numa operação aritmética de aplicação do valor unitário da taxa ao número de anúncios publicitários e de acordo com a respectiva dimensão, não havendo um mínimo de indícios de que a CML realize diligências para comprovar que os pressupostos existentes à data da emissão da licença inicial se mantém, e ainda que é evidente que a taxa foi liquidada ao arrepio das mais elementares regras de direito tributário, as quais impõem, como pressuposto o lançamento de um tributo, a ocorrência efectiva de um acontecimento previamente definido na lei ou em regulamento e inexistindo uma actividade pública efectiva e especificamente direccionada no momento da renovação da licença, que a legislação municipal classifica como automática e sucessiva, não há qualquer custo para o ente público que tenha de ser compensado mediante o pagamento de uma taxa e nessa medida a liquidação é ilegal por atentar contra o princípio da equivalência, enquanto corolário do princípio constitucional da igualdade e critério material da repartição dos encargos públicos aplicável às taxas (cfr. fls 2 a 6, do processo administrativo). E) Para análise da reclamação referida em D) foi prolatada a Informação nº INF/927//DRF/DMF/CML/18, junta de fls 32 a 35, do processo administrativo, cujo teor aqui se dá por inteiramente reproduzido, onde foram formuladas as seguintes conclusões: "Em suma, o título de publicidade, foi legalmente no âmbito do licenciamento da actividade publicitária pelo Município de Lisboa, enquadra-se plenamente na estatuição que a LGT, no seu nº 2 do artigo 4º consagra como pressuposto de taxa na medida em que, se traduz na remoção de um obstáculo jurídico ao comportamento dos particulares. Assim, a quantia supra identificada foi liquidada ao abrigo dos artigos 3º do RGTAL e artigos 14º e 20º do Regime Financeiro das Autarquias Locais e Entidades Intermunicipais, artigo 16º do Regulamento de Publicidade do Município de Lisboa, publicitado no Edital nº 35/92, de 19 de Março, com as alterações introduzidas pelos Editais nºs 42/95 e 53/95 e nº 4.1.9 da Tabela das Taxas conjugado com o nº 5 do artigo 97º do Regulamento das Taxas, Preços e Outras receitas do Município de Lisboa e do quantitativo estabelecido no nº 5 alínea a) do artigo 19º da Tabela de Taxas de 2019". F) Sobre a informação identificada em E) foi aposto despacho ordenando a notificação da impugnante para exercer direito de audição, que foi exercido (cfr. fls 32, do processo administrativo). G) Em 25-10-2019 foi proferido despacho de indeferimento com os fundamentos expressos na informação identificada em E) – (fls 38 a) – verso, do processo administrativo). H) O Município de

Lisboa instaurou o processo de execução fiscal nº 110620180100956, para cobrança coerciva das taxas identificadas em C) (documento nº 6 anexo à petição inicial). I) Em 28-6-2018 a impugnante prestou garantia bancária nº 00125-02-2114631, emitida pelo Banco Comercial Português, SA (documento nº 7, anexo à petição inicial); J) Por despacho de 12.07.2018 a garantia bancária identificada em I) foi aceite, tendo o processo de execução fiscal identificado em H) sido suspenso (documento nº 8, anexo à petição inicial); K) Em 8-4-2019 deu entrada a presente Impugnação Judicial. 3.2. Fundamentação de direito. 3.2.1. O presente recurso vem interposto da sentença proferida pelo Tribunal Tributário de Lisboa em três segmentos. O primeiro diz respeito ao julgamento do Tribunal a quo na parte em que, subscrevendo o acórdão proferido por este Supremo Tribunal Administrativo de 14 de Outubro de 2020, proferido no processo nº 1711/11, conclui pela existência de uma prestação administrativa apta a constituir pressupostos válido da liquidação e cobrança da taxa e, consequentemente, afasta que a este tributo deva ser atribuída uma qualificação de imposto. O segundo, identificado pelo julgamento de inexistência de violação do princípio da equivalência consagrado no artigo 4º do RGTAL. O terceiro, e último, corolário de uma eventual procedência de censura dirigida aos segmentos antecedentes, está conexionado com o pedido de indemnização pela prestação de garantia que a Recorrente teve que prestar para alcançar a suspensão da execução do acto ilegal e que ora, em recurso, com a declaração de ilegalidade da taxa impugnada, pretende ver reconhecido. 3.2.2. Antes de recuperarmos o que ficou decidido, importa deixar clara a posição da Recorrente neste recurso e que podemos reconduzir aos seguintes parâmetros: – A Recorrente não questiona neste recurso, tal como não o fazia na petição e nas suas alegações finais, que no caso específico das taxas de licença, a contraprestação consiste no próprio licenciamento, isto é, no próprio acto administrativo que remove o limite ou obstáculo substantivo ao exercício pelo particular de uma determinada actividade. No que a Recorrente não concede é que esse pressuposto, no caso, esteja presente no momento de renovação das licenças, por o artigo 20º do Regulamento de Publicidade prever expressamente a sua renovação automática, o que, defende, significa que essa renovação ocorre independentemente de qualquer impulso do particular ou da edilidade, não pressupõe nem exige qualquer avaliação das condições ou impacto gerados pela actividade publicitária ou, dito de forma directa, não implica por parte do Recorrido uma actividade que possa substanciar uma prestação individualizada e concreta que sirva de pressuposto ou facto tributário de uma taxa; – A Recorrente entende que a taxa impugnada viola o princípio da equivalência (jurídica e económica) consagrado no artigo 4º, nº 1 do RGTAL, por, não existindo contrapartida alguma na renovação, não sendo detectável qualquer relação de bilateralidade ou contraprestação, forçosamente se terá que

concluir que o quantum da taxa viola aquele princípio e, consequentemente, os princípios da igualdade e da proporcionalidade de que constitui concretização.
3.2.3. Na sentença recorrida, as questões da legalidade da taxa por referência à sua ligação umbilical à mera renovação de licença foi decidida nos seguintes termos: «Como se escreve no Acórdão do STA de 14-10-2020 (processo nº 01711/11.0BELRS 0489/17), in www.dgsi.pt, que se debruça sobre a questão: "Ora, como refere o acórdão do Tribunal Constitucional (de 5 de maio de 2010, tirado em plenário, a que foi atribuído o nº 177/2010), a emissão da licença de publicidade dá origem a uma relação jurídica entre a edilidade e o obrigado tributário distinta da que intercede com a generalidade dos obrigados tributários, no quadro da qual a entidade emitente assume a obrigação de suportar a atividade licenciada e de simultaneamente se assegurar que a fruição do espaço público se contem nos seus limites legais, isto é, dentro dos critérios legais que abrangem não apenas o ato de licenciamento da publicidade, mas também o exercício da atividade licenciada – cfr. o artigo 4º da lei nº 97/88, de 17 de agosto. Esta relação jurídica, de natureza bilateral, permanece enquanto durar o licenciamento e atravessa os sucessivos períodos de renovação da licença. Subjacente a este entendimento está – naturalmente – a ideia de que o pressuposto constitucional das taxas de licença não se esgota no ato de licenciamento, isto é, na atividade administrativa dirigida especificamente à decisão de licenciar, abrangendo também a relação duradoura que se estabelece entre a edilidade e o requerente e que é desencadeada por essa decisão. E que a prestação de um serviço público pressuposta no conceito constitucional da taxa pode ser presumida a partir de um dever legal específico e permanente de fiscalização da atividade licenciada. Como de resto, o Tribunal Constitucional admitiu expressamente, ainda que a propósito de outro tributo (cfr. o acórdão de 1 de abril de 2014, também tirado em plenário – nº 316/2014). E, embora possa ser discutível este entendimento, designadamente por erodir o sinalagma inerente ao conceito de taxa que só a atividade administrativa efetivamente prestada e dirigida ao sujeito passivo permite focalizar, a verdade é que a última palavra na definição e interpretação dos conceitos constitucionais pertence aquele Tribunal, devendo este Supremo Tribunal conformar as suas decisões com as respetivas orientações jurisprudenciais, quando esteja em causa a aplicação de preceitos e de princípios constitucionais. (...) decorre também daquela jurisprudência do Tribunal Constitucional e do acórdão nº 177/2010 em particular «que a mera inação administrativa em face de uma atividade que interfere no gozo de determinados bens públicos – como o ambiente, o urbanismo, o ordenamento do território ou a gestão do tráfego – possa consubstanciar uma contrapartida da respetiva tributação, satisfazendo o requisito, essencial ao conceito de taxa, de bilateralidade ou comutatividade» (citação extraída do acórdão do mesmo Tribunal

de 20 de março de 2019 – nº 181/2019 – ponto 7º). Ou seja, (...), não decorre do mero facto de o Município não realizar atividade alguma no ato de renovação das licenças que não exista o pressuposto de facto das taxas. Porque o pressuposto de facto das taxas devidas pela remoção de um obstáculo jurídico não é – na linha do ali decidido – constituído especificamente pela atividade administrativa dirigida a essa remoção. E a prestação concreta e individualizada de que é beneficiário o sujeito passivo não é o ato administrativo correspondente, mas a prestação de "deixar fazer", a concessão na interferência do gozo do bem público correspondente." Transcreve-se ainda o que Supremo Tribunal Administrativo em Acórdão de 8 de Junho de 2011, escreve no processo nº 300/11 «o anunciante ganha título para uma activa e particular fruição, em termos comunicacionais, do espaço ambiental, necessária à realização da utilidade individual procurada, a qual não se confunde com o gozo passivo desse espaço, ao alcance da generalidade dos cidadãos (...). Em exclusivo proveito próprio, um sujeito privado – o anunciante – introduz, através da atividade publicitária, mudanças qualitativas na perceção e no gozo do espaço público por parte de todos os que nele se movem, "moldando-o", em função do seu interesse. A constituição da obrigação passiva de se conformar com essa influência modeladora é justamente a contrapartida específica que dá causa ao pagamento da taxa, estruturando, em termos bilaterais, a relação estabelecida com o obrigado tributário».» 3.2.4. Considerando que o entendimento firmado na sentença recorrida se esgotou, nesta parte, no acolhimento de jurisprudência produzida por esta Secção e Tribunal, por referência a um recentíssimo acórdão em que igualmente nos limitamos a reafirmar o que há anos vem sendo decidido nesta matéria – em conformidade com o juízo de constitucionalidade que o Tribunal Constitucional vem avançando – e que, sempre com o devido, não lográmos identificar nada de novo na argumentação aduzida pela Recorrente capaz de nos determinar a inflectir esse entendimento, limitamo-nos, remetendo também para o aresto convocado, e em conformidade com o artigo 8º do Código Civil, a confirmar nesta parte, a sentença recorrida. 3.2.5. No que respeita à alegada violação do princípio da equivalência consagrado no artigo 4º, nº 1 do RGTAL, conclui igualmente a Meritíssima Juíza que este vício não se verifica. 3.2.6. Para fundamentar a sua decisão, o Tribunal a quo, após ter convocado o teor do artigo 4º do RGTAL – que, sob a epígrafe de «Princípio da Equivalência Jurídica", determina «que o valor das taxas das autarquias locais é fixado de acordo com o princípio da proporcionalidade, não deve ultrapassar o custo da actividade pública local ou o benefício auferido pelo particular e que respeitada a proporcionalidade, pode ser fixado com base em critérios de desincentivo à prática de certos atos ou operações» –, invocou, em abono do seu julgamento, uma decisão sumária do Tribunal Constitucional (decisão sumária nº 323/10, de 5 de Novembro de 2010, proferida no proc. nº 469/10, da 2ª Secção, do Tribunal Constitucional), na qual, a propósito da questão do princípio da equivalência, do que este implica e como ele se concretiza no caso deste tipo de tributos, consta o seguinte: ««(...) Não está em causa apenas o interesse de integridade dos valores, ambientais, urbanísticos e outros, que poderiam ser afectados por causa da actividade publicitária, interesse esse acautelado através da intervenção administrativa de fiscalização do cumprimento dos deveres específicos de omissão enumerados no artigo 4º da Lei nº 97/86. A emissão da licença, o mesmo é dizer, o levantamento do obstáculo jurídico (que já vimos não ser arbitrário) dá origem a uma relação com o obrigado tributário distinta da que intercede com a generalidade dos administrados, no quadro da qual a entidade emitente assume uma particular obrigação – a duradoura 'obrigação de suportar' uma actividade que, embora respeitando aqueles deveres, interfere permanentemente com a conformação de um bem público. Com o licenciamento, alteram-se as posições jurídicas recíprocas de administração e administrado, ficando aquela onerada, enquanto a situação persistir, com uma obrigação até aí inexistente. Inversamente, o anunciante ganha título para uma activa e particular fruição, em termos comunicacionais, do espaço ambiental, necessária à realização da utilidade individual procurada, a qual não se confunde com o gozo passivo desse espaço, ao alcance da generalidade dos cidadãos». «A constituição da obrigação passiva de se conformar com essa influência modeladora é justamente a contrapartida específica que dá causa ao pagamento da taxa, estruturando, em termos bilaterais, a relação estabelecida com o obrigado tributário. Findo o prazo para o qual tinha sido concedida a remoção da proibição do exercício da actividade publicitária, torna-se necessário proceder à reavaliação da situação, do ponto de vista da permanência das condições legais de licenciamento, o que justifica a cobrança de uma nova prestação tributária. Essa reavaliação é um pressuposto da continuidade da fruição, por um novo período, das utilidades propiciadas por tal actividade, no que o particular se mostra interessado. Não faz sentido, atenta essa relação causal, distinguir o licenciamento da sua renovação, ou a contrapartida devida pelo período inicial das que são exigíveis pelos períodos de renovação da licença (...)». 3.2.7. Em suma, o Tribunal a quo, tendo presente o preceito que consagra o princípio da equivalência e a modelação ou densificação que deste princípio, no caso de liquidação e cobrança deste tipo de tributos, vem sendo realizada pelo Tribunal Constitucional desde o ano de 2010 (e que até ao momento, pelo menos de forma clara e inequívoca, não alterou), decidiu que o princípio da equivalência, tal como imposto pelo artigo 4º do RGTAL, se mostra observado por a taxa ser a contraprestação do dever de sujeição em que o Município fica por ter de suportar a actividade comunicacional, de suportar o uso do espaço de comunicação levado a cabo pela Recorrente com a actividade publicitária. Sujeição que o Tribunal Constitucional e este Supremo Tribunal Administrativo vêm julgando que existe, quer no momento em que há um primeiro licenciamento, quer no momento em que esse licenciamento se renova e enquanto essa e outras renovações ocorrerem. 3.2.9. Em bom rigor, o que cumpre sublinhar, a Recorrente apenas alega que a violação do princípio da equivalência decorre da inexistência de contraprestação e não de uma desproporção no montante da taxa face ao "valor" do benefício. Tal deve-se ao facto de a Recorrente ter erradamente reconduzido a contraprestação de que é beneficiária à emanação de um acto de licenciamento municipal (ou à sua renovação) e não, como deveria, à fruição do já mencionado espaço comunicacional público, que, desde 2010 (data da prolação do acórdão do Tribunal Constitucional nº 177/2010), deve ser tida como a efectiva contraprestação da taxa municipal de publicidade. Nesta medida, é essa a dimensão da violação do princípio da equivalência que aqui se aprecia e que se concluiu não proceder. 3.2.9. Em conclusão, para o Tribunal Constitucional, secundado por este Supremo Tribunal Administrativo, o critério do benefício é aferido em função do uso do espaço comunicacional e não do licenciamento, razão pela qual, in casu, face aos factos apurados, há que concluir que a taxa liquidada não padece de qualquer ilegalidade, como decidiu o Tribunal recorrido e neste julgamento de recurso se confirma. 3.2.10. Face ao decidido, julga-se expressamente prejudicada a apreciação da última questão colocada (indemnização pela prestação de garantia indevida), que, lógica e legalmente, estava dependente de uma resposta positiva às questões primeiramente enunciadas. 3.2.11. As custas serão suportadas pela Recorrente, a cujo pagamento a final será condenada, por ter ficado integralmente vencida na sua pretensão recursiva (artigo 527º, nº 1 e 2 do CPC, aplicável ex vi artigo 280º do CPPT). 4. DECISÃO. Nos termos expostos, acordam os Juízes da Secção Tributária deste Supremo Tribunal Administrativo, em conferência, negar provimento ao recurso jurisdicional interposto pela Recorrente. Custas pela Recorrente. Registe e notifique. Lisboa, 6 de Outubro de 2021 – Anabela Ferreira Alves e Russo (Relatora, que consigna e atesta, nos termos do disposto no artigo 15º-A do Decreto-Lei nº 10-A/2020, de 13 de março, que têm voto de conformidade com o presente acórdão os Conselheiros integrantes da formação de julgamento – José Gomes Correia e Aníbal Augusto Ruivo Ferraz).

2. Acórdão do Tribunal Central Administrativo Sul (Processo nº 1268/ /13.8BELRS), de 8-07-2021. I- Relatório. P......., S.A, intentou impugnação judicial, "na sequência do indeferimento expresso das reclamações graciosas por si apresentada, dirigida à Câmara Municipal de Odivelas contra a liquidação de taxas referentes a "operações urbanísticas", no valor global de €927,19. O Tribunal Tributário de Lisboa, por sentença proferida a fls. 318 e ss., datada de 7 de maio de 2020, julgou a impugnação procedente, anulou as liquidações impugnadas, e condenou o deman-

dado na restituição dos montantes pagos, acrescidos dos juros indemnizatórios devidos. O Município de Odivelas interpõe recurso jurisdicional contra a sentença, conforme requerimento de fls. 335 e ss. Alega nos termos seguintes: «I – Da sentença ora recorrida devem constar as seguintes 4 novas alíneas na matéria de facto provada: 7) A A. deduziu perante o Município de Odivelas, pelos ofícios com a ref. – DPL/PIF/PIS4/20120027 e ref. – DPL/PIF/PIS4/20130002, duas pretensões administrativas relativas à execução de obras na via pública. 8) A A para efeitos de apreciação técnica por parte do Município de Odivelas, instruiu as suas pretensões com os seguintes documentos; k) Planta de localização e sinalização; l) Projeto do traçado das condutas; m) Perfil da vala tipo; n) Termo de responsabilidade do técnico autor do projeto; o) Declaração da entidade sócio-profissional; p) Declaração da Seguradora; q) Memória descritiva e justificativa; r) Fotocópia do alvará de Construção; s) Cronograma dos trabalhos previstos; t) Relatório do Orçamento. 9) As sobreditas pretensões deram origem aos Processos nº 13845/D e nº 13863/D, nos quais foram produzidas as correspondentes apreciações técnicas e legais dos pedidos formulados pela A. 10) No âmbito daquelas apreciações foram solicitados pelo R Município de Odivelas esclarecimentos e documentos adicionais que foram prestados e juntos pela A. II – A sentença recorrida padece também de vicio de erro na aplicação do Direito, porquanto as pretensões administrativas deduzidas pela ora Recorrida não visaram a ocupação da via pública mas sim: a) a prestação de um serviço público que se traduziu na apreciação técnica de um projecto de obras e b) a remoção de um obstáculo jurídico que se traduziu na emissão de uma autorização. III – Aliás, todo o acervo documental produzido para o efeito pela própria Recorrida não permite outra conclusão. IV – Assim como o não permitem os factos já dados por provados, bem como aqueles outros factos que devem ser dados por provados por força da revisão da respectiva matéria que resultará da decisão sobre o presente recurso. V – O que Recorrida submeteu ao Município de Odivelas não foi um pedido de autorização para a ocupação do subsolo – isenta de taxação – mas sim um pedido de autorização para executar obras – não isenta de taxação. VI – Daqui decorre um evidente erro na aplicação do Direito que inquina a sentença recorrida e a torna nula. VII – É inconstitucional qualquer interpretação do artigo 106º da LCE que vá no sentido de isentar a aqui Recorrida de ser taxada quando beneficia da prestação de um serviço público municipal e da emissão de um título permissivo para executar obras. VIII – Assim como é inconstitucional qualquer aresto que fazendo uso de semelhante interpretação conclua que a aqui Recorrida estava isenta de pagar as taxas devidas quando deduziu perante o Município de Odivelas as pretensões que deram origem aos Processos nº 13845/D e nº 13863/D. Termos em que deve ser dado provimento ao presente recurso, com o que se fará a costumada JUSTIÇA.» X. A

P......., S.A., na qualidade de recorrida, não apresentou contra-alegações. X. Corridos os vistos legais, cumpre apreciar e decidir, considerando que a tal nada obsta. X. II – Fundamentação. A sentença recorrida assentou na seguinte fundamentação de facto: «1) Pelo ofício «Saída/2013/5060» de 08 de Março de 2013 foi a Impugnante informada «Em cumprimento do despacho de 05 mar 2013, do Diretor de Departamento de Gestão e Ordenamento Urbanístico, [...] que foi admitida a comunicação prévia supra referenciada, apresentada em 21.jan.2013, de acordo com informação dos serviços, de que se junta cópia. Mais se notifica nos termos previstos no nº 1 do artigo 80º A do Decreto-Lei nº 555/99 de 16 de dezembro na sua atual redação deverá informar a Câmara Municipal da data prevista para inicio da obra com uma antecedência mínima de 5 dias e proceder ao pagamento da taxa no valor de € 165,47 (cento e sessenta e cinco euros e quarenta e sete cêntimos)" – cfr. ofício, a págs. 52 do suporte digital dos autos; 2) Juntamente com o ofício "Saída/2013/5060" foi enviada "Liquidação de Taxas" com o assunto "Pedido de autorização para ocupação de via pública", onde consta, na rúbrica "Outras operações urbanísticas nº 1 Abertura de vala" o valor €165,47 – cfr. liquidação, a págs. 58 do suporte digital dos autos; 3) Pelo ofício "Saída/2013/5067", de 8 de março de 2013, foi a Impugnante informada "Em cumprimento do despacho de 28 fev 2013. do Diretor de Departamento de Gestão e Ordenamento Urbanístico, [...] que foi admitida a comunicação prévia supra referenciada. apresentada em 21.01.2013, de acordo com informação dos serviços, de que se junta cópia. Mais se notifica nos termos previstos no nº 1 do artigo 80º A do Decreto-Lei nº 555/99 de 15 de dezembro na sua atual redação deverá informar a Câmara Municipal da data prevista para inicio da obra com uma antecedência mínima de 5 dias e proceder ao pagamento da taxa no valor de € 761,72 (setecentos e sessenta e um euros e setenta e dois cêntimos)" – cfr. ofício, a págs. 44 do suporte digital dos autos; 4) Juntamente com o ofício "Saída/2013/5067" foi enviada "Liquidação de Taxas" com o assunto "Pedido de autorização para ocupação de via pública", onde consta, na rúbrica "Outras operações urbanísticas nº 1 Abertura de vala" o valor €761,72 – cfr. liquidação, a págs. 50 do suporte digital dos autos; 5) No dia 16 de abril de 2013 foi aposto o carimbo de "Recebido" na Factura/Recibo 4609 do Município de Odivelas, no valor de €927,29 e com a observação – PRCº 13863/D PRCº 13845/D COMUNICAÇÃO PRÉVIA" – cfr. factura, a págs. 80 do suporte digital dos autos; 6) Por requerimentos datados de 26 de abril de 2013, com o assunto "Comunicação prévia para ocupação da via pública para abertura de vala e colocação de duas caixas de visita [...] – Notificação para liquidação de taxa referente a ocupação do domínio público – Taxa por "Ocupação de Via Pública" – Apresentação de Reclamação Graciosa", a Impugnante defende que "por contrariar o quadro legal aplicável, o acto de liquidação ora reclamado padece de ilegalidade, pelo que deve ser revogado, não sendo portanto devido o pagamento da taxa liquidada" - cfr. reclamações graciosas, a págs. 60 a 78 do suporte digital dos autos; Factos não provados. Não se deram como não provados quaisquer factos com relevância para a decisão da lide. Motivação da decisão sobre a matéria de facto. Ao declarar quais os factos que considera provados, o juiz deve proceder a uma análise crítica das provas, especificar os fundamentos que foram decisivos para radicar a sua convicção e indicar as ilações inferidas dos factos instrumentais. A convicção do Tribunal sobre a matéria de facto provada baseou-se na prova documental constante dos autos e indicada a seguir a cada um dos factos, dando-se por integralmente reproduzido o teor dos mesmos, bem como o do PA apenso aos autos. X. O recorrente invoca erro de julgamento quanto à determinação da matéria de facto. Pretende o aditamento dos quesitos referidos no ponto I), das alegações de recurso. Apreciação. Compulsadas as alíneas do probatório, verifica-se que os elementos pretendidos aditar em nada acrescentam à matéria de facto assente, dado que da mesma resulta a existência de dois pedidos de autorização de obras no domínio público municipal, com ocupação do mesmo, os quais deram lugar a dois procedimentos administrativos (V. nºs 1 a 5, do probatório). Pelo que quesitos em apreço nada acrescentam ao acervo probatório, não sendo os mesmos de aditar à matéria de facto assente. Termos em que se julgam improcedentes as presentes conclusões de recurso. X. Ao abrigo do disposto no artigo 662º/1, do CPC, adita-se à matéria de facto assente o seguinte: 7) Os requerimentos de comunicação prévia referidos em 1) e 3), deram lugar à liquidação das taxas pela ocupação da via pública seguintes: a) Proc. nº 13845D – €761,72 – doc. 1 junto com a petição inicial. b) Proc. nº 13863/D – €165,47 – doc. 2 junto com a petição inicial. X. 2.2. Direito. 2.2.1. A presente intenção recursória centra-se sobre os alegados erros de julgamento quanto à determinação da matéria de facto [apreciado supra] (i), quanto ao enquadramento jurídico da causa (ii) e quanto à inconstitucionalidade do regime legal aplicado (iii). 2.2.2. A sentença julgou procedente a impugnação, fundando-se na orientação fixada no Acórdão do Pleno do STA, de 29.03.2017, P. 01091/16, no qual se consigna que: «[a] partir da entrada em vigor da Lei das Comunicações Electrónicas, aprovada pela Lei nº 5/2004, de 10/2, apenas se consente aos Municípios taxar as utilidades decorrentes da ocupação e utilização do domínio público municipal com a implementação e funcionamento de estruturas necessárias às redes de comunicações daquela natureza acessíveis ao público através da Taxa Municipal de Direitos de Passagem prevista naquela lei, não lhes sendo lícito taxá-las através de tributos ou encargos de outra espécie ou natureza, designadamente através de taxa de ocupação/utilização do solo municipal com obras necessárias à implantação de infra-estruturas ou equipamentos». 2.2.3. No que respeita ao fundamento do recurso referido em ii), o recorrente invoca, em síntese, que, a pretensão da recorrida deduzida perante os seus serviços consiste em pedido de autorização para a realização de obras no domínio público municipal, cujo deferimento exige a tributação aplicada. Apreciação. Estão em causa as liquidações de taxas pela ocupação da via pública, relativas ao Proc. nº 13845D - €761,72 e ao Proc. nº 13863/D - €165, do exercício de 2013. Recorde-se o quadro normativo relevante. «Todos os encargos administrativos impostos às empresas que ofereçam serviços ou redes ao abrigo da autorização geral ou às quais foi concedido um direito de utilização: a) Cobrirão, no total, apenas os custos administrativos decorrentes da gestão, controlo e aplicação do regime de autorização geral, bem como dos direitos de utilização e das obrigações específicas referidas no nº 2 do artigo 6º (...); e b) Serão impostos às empresas de forma objectiva, transparente e proporcional, que minimize os custos administrativos adicionais e os encargos conexos. Caso imponham encargos administrativos, as autoridades reguladoras nacionais publicarão uma súmula anual dos seus custos administrativos e do montante total resultante da cobrança dos encargos. Em função da diferença entre o montante total dos encargos e os custos administrativos, serão feitos os devidos ajustamentos». «Os Estados-Membros assegurarão que, sempre que uma autoridade competente pondere: – um pedido de concessão de direitos de instalação de recursos em, sobre ou sob propriedade pública ou privada a uma empresa autorizada a oferecer redes públicas de comunicações (...); essa autoridade competente: – actue com base em procedimentos transparentes e acessíveis ao público, aplicados sem discriminação e sem demora, e – respeite os princípios da transparência e da não discriminação, ao estabelecer condições para cada um desses direitos. Os referidos procedimentos poderão diferir consoante se trate ou não de um requerente que ofereça redes públicas de comunicações». «Pela utilização e aproveitamento dos bens do domínio público e privado municipal, que se traduza na construção ou instalação de infraestruturas aptas, por parte de empresas que ofereçam redes e serviços de comunicações eletrónicas acessíveis ao público, é devida a taxa municipal de direitos de passagem, nos termos do artigo 106º da Lei das Comunicações Eletrónicas, aprovada pela Lei nº 5/2004, de 10 de fevereiro, não sendo permitida a cobrança de quaisquer outras taxas, encargos ou remunerações por aquela utilização e aproveitamento (...)». « Os direitos e encargos relativos à implantação, passagem e atravessamento de sistemas, equipamentos e demais recursos das empresas que oferecem redes e serviços de comunicações eletrónicas acessíveis ao público, em local fixo, dos domínios público e privado municipal podem dar origem ao estabelecimento de uma taxa municipal de direitos de passagem (TMDP) e à remuneração prevista no Decreto-Lei nº 123/2009, de 21 de maio, pela utilização de infraestruturas aptas ao alojamento de redes de comunicações eletrónicas que pertençam ao domínio público ou privativo das autarquias locais». «A taxa municipal de direitos de passagem (TMDP) é determinada com base na aplicação de um percentual sobre o total da faturação mensal emitida pelas empresas que oferecem redes e serviços de comunicações eletrónicas acessíveis ao público, em local fixo, para todos os clientes finais do correspondente município. O percentual referido na alínea anterior é aprovado anualmente por cada município até ao fim do mês de dezembro do ano anterior a que se destina a sua vigência e não pode ultrapassar os 0,25%». O dissídio entre as partes reside na questão de saber pela implantação da estrutura de comunicações no solo municipal, o recorrente pode cobrar, em simultâneo, a taxa municipal de direitos de passagem, e a taxa municipal pela ocupação do solo. O recorrente sustenta, em síntese, que as taxas em referência não se sobrepõem, dado que incidem sobre realidades e utilidades diversas. Afirma que são utilidades distintas, passíveis de tributação através de taxas municipais diferentes, seja a taxa de ocupação do domínio público local por parte das estruturas da recorrida, seja a taxa incidente sobre os direitos de passagem cobrada aos operadores de comunicações eletrónicas. Prima facie, dir-se-á que se trata de figuras distintas. No primeiro caso, está em causa a tributação do aproveitamento individualizado de um bem do domínio público (o subsolo) através da implantação de infra-estruturas de rede de distribuição das redes de comunicação elecrónica. Na segunda situação, trata-se de tributar «a implantação, passagem e atravessamento de sistemas, equipamentos e demais recursos das empresas que oferecem redes e serviços de comunicações eletrónicas acessíveis ao público, em local fixo, dos domínios público e privado municipal». A este propósito, colhem-se da jurisprudência fiscal assente os ensinamentos seguintes: i) A partir da entrada em vigor da Lei das Comunicações Electrónicas, aprovada pela Lei nº 5/2004, de 10 de fevereiro, apenas se consente aos Municípios taxar as utilidades decorrentes da ocupação e utilização do domínio público municipal com a implementação e funcionamento de estruturas necessárias às redes de comunicações daquela natureza acessíveis ao público através da Taxa Municipal de Direitos de Passagem prevista naquela lei, não lhes sendo lícito taxá-las através de tributos ou encargos de outra espécie ou natureza, designadamente através de taxa de ocupação/utilização do solo municipal com obras necessárias à implantação de infra-estruturas ou equipamentos». ii) «A partir da entrada em vigor da Lei das Comunicações Electrónicas, aprovada pela Lei nº 5/2004, de 10 de fevereiro, apenas se consente aos Municípios taxar as utilidades decorrentes da ocupação e utilização do domínio público municipal com a implementação e funcionamento de estruturas necessárias às redes de comunicações daquela natureza acessíveis ao público através da Taxa Municipal de Direitos de Passagem prevista naquela lei, não lhes sendo lícito taxá-las através de tributos ou encargos de outra espécie ou natureza; Consequentemente, é ilegal a liquidação de Taxa Municipal de Ocupação do Subsolo sindicada nos presentes autos, cuja contraprestação específica consiste na utilização do domínio público municipal com instalações e equipamentos necessários à distribuição de televisão por cabo». No caso, para além da Taxa Municipal de Direitos de Passagem, a recorrente pretende liquidar a taxa de ocupação do domínio público com obra, o que viola o quadro normativo vigente, porquanto não são distintas as utilidades tributadas num caso e no outro, dado que entre o atravessamento do domínio público e a realização de obra tendente à implantação do equipamento que permite tal atravessamento não é possível distinguir os aproveitamentos em causa à luz do ordenamento jurídico vigente. Como se refere no Acórdão do STA, de 07.11.2018, P. 87/13.6BEALM 0627/15, «[i]sto mesmo foi sublinhado no Decreto-Lei nº 123/2009 de 21 de maio, que define o regime jurídico da construção, do acesso e da instalação de redes e infra-estruturas de comunicações electrónicas, e em cujo artigo 12º refere expressamente que «pela utilização e aproveitamento dos bens do domínio público e privado municipal, que se traduza na construção ou instalação, por parte de empresas que ofereçam redes e serviços de comunicações electrónicas acessíveis ao público, de infra-estruturas aptas ao alojamento de comunicações electrónicas, é devida a taxa municipal de direitos de passagem, nos termos do artigo 106º da Lei das Comunicações Electrónicas, aprovada pela Lei nº 5/2004, de 10 de Fevereiro, não sendo permitida a cobrança de quaisquer outras taxas, encargos ou remunerações por aquela utilização e aproveitamento». Sendo que tal intuito do legislador é também patente nos artigos 13º, nº 4 e 34º do mesmo diploma legal e ainda o respectivo preâmbulo, onde expressamente se refere que «no que respeita às taxas devidas pelos direitos de passagem nos bens do domínio público e privado municipal, o presente decreto-lei remete para a Lei das Comunicações Electrónicas, aprovada pela Lei nº 5/2004, de 10 de fevereiro, a qual prevê a taxa municipal de direito de passagem (TMDP). Porém, e em cumprimento dos princípios constitucionais aplicáveis, é clarificado que neste âmbito não podem ser exigidas outras taxas, encargos ou remunerações pelos direitos de passagem, evitando-se, assim, a duplicação de taxas relativas ao mesmo facto». Do exposto se infere que a imposição em apreço é ilegal e não deve subsistir, como se decidiu na sentença recorrida. A mesma não enferma de erro de julgamento, pelo que deve ser confirmada na ordem jurídica. Termos em que se julgam improcedentes as presentes conclusões de recurso. 2.2.4. No que respeita à alegação de que a interpretação do artigo 106º da Lei das Comunicações Electrónicas que sustenta que a recorrida não deve ser taxada quando beneficia da prestação de um serviço público municipal e da emissão de um título permissivo para executar obras é inconstitucional. Apreciação. Pese embora o recorrente não concretize, nas conclusões de recurso, os fundamentos da alegada inconstitucionalidade, do corpo das alegações resulta que o mesmo considera que a não tributação pela ocupação do domínio público em referência contende com a princípio constitucional e de direito europeu da autonomia local. Estão em causa os artigos 238º e 254º da Constituição da República Portuguesa [CRP] e a Carta Europeia da Autonomia Local. A tese do recorrente assenta na ideia de que o regime legal de exclusão da tributação com base na ocupação da via pública é defraudatório da garantia da autonomia local, dado que retiraria aos municípios a administração de receitas tributárias próprias. «As autarquias locais podem dispor de poderes tributários, nos casos e nos termos previstos na lei». «Os municípios dispõem de receitas tributárias próprias, nos termos da lei». «Os municípios podem criar taxas nos termos do regime geral das taxas das autarquias locais. A criação de taxas pelos municípios está subordinada aos princípios da equivalência jurídica, da justa repartição dos encargos públicos e da publicidade, incidindo sobre utilidades prestadas aos particulares, geradas pela atividade dos municípios ou resultantes do benefício económico decorrente da realização de investimentos municipais». No caso, a imposição de duas taxas pela atribuição da mesma utilidade, consistente na implantação das estruturas de rede de comunicação electrónica ofende os princípios da proporcionalidade e da equivalência jurídica, porquanto, no que respeita à taxa de ocupação do domínio público, falta o sinalagma e a justificação financeira, que logrem acrescer, às razões impositivas que estão na base da liquidação da taxa municipal de direito de passagem (TMDP). Ou seja, a autonomia local, plasmada na faculdade de recolher e administrar receitas fiscais próprias está sujeita ao bloco de legalidade, pelo que a taxa pretendida liquidar e cobrar soçobra no confronto com o mesmo. Motivo porque se impõe julgar improcedente a presente imputação. Dispositivo. Face ao exposto, acordam, em conferência, os juízes da secção de contencioso tributário deste Tribunal Central Administrativo Sul em negar provimento ao recurso e confirmar a sentença recorrida. Custas pelo recorrente. Registe. Notifique. O Relator consigna e atesta, que nos termos do disposto no artigo 15º-A do Decreto-Lei nº 10-A/2020, de 13 de março, aditado pelo artigo 3º do Decreto-Lei nº 20/2020, de 1 de maio, têm voto de conformidade com o presente Acórdão as restantes Desembargadoras integrantes da formação de julgamento, as Desembargadoras Lurdes Toscano e Maria Cardoso.

3. Acórdão do Supremo Tribunal Administrativo (Processo nº 120/14.4BESNT), 28-04-2021. Acórdão do Supremo Tribunal Administrativo (STA), com sede em Lisboa. O Município de Oeiras, ..., recorre da sentença proferida, no Tribunal Administrativo e Fiscal (TAF) de Sintra, em 22 de maio de 2020, que julgou procedente esta impugnação judicial, apresentada, por A...., S.A., ..., contra decisão de indeferimento tácito da reclamação graciosa do ato de liquidação de "taxas municipais, no

valor de €63.695,76, que lhe foi notificado por Ofício da Câmara Municipal de Oeiras, datado de 4 de Setembro de 2013, com a referência DMADO/DGO/ELD 2013/PPRC/3 SGD 32913 e o "Assunto: Licenciamento do Posto de Abastecimento em ....., na Av....., nº .. e ..."". O recorrente (rte) apresentou alegação, finalizada com estas conclusões: «A) O presente recurso vem interposto da Sentença de fls..., proferida em 21/05/2020, pela qual "julga-se a presente impugnação judicial procedente e, em consequência, anula-se o acto de liquidação impugnado, com as consequências legais". B) Tal decisão foi tomada com fundamento na inconstitucionalidade orgânica das normas contidas nos nº 2, 3 e 4 do artigo 21º da Tabela de Taxas e Outras Receitas do Município de Oeiras, bem como as previstas nos artigos 34º, 35º e 36º da Tabela de Taxas e Outras Receitas de 2012, Edital nº 361/2011; artigos 35º, 36º e 37º da Tabela de Taxa e Outras Receitas de 2011, Edital números 448/2010 e artigos 35º, 36º e 37º da Tabela de Taxa e Outras Receitas de 2019, Edital nº 555/2011, Edital nº 448/2008, por violação do disposto no nº 2 da artigo 103º e na alínea i) do nº 1 do artigo 165º da Constituição da República Portuguesa, aplicando a jurisprudência do Acórdão do Tribunal Constitucional nº 181/2019, publicado no Diário da República, 1ª série, nº 96, de 20 de maio de 2019 e disponível em (...), em que se decidiu "declarar a inconstitucionalidade, com força obrigatória geral, por violação do disposto no nº 2 do artigo 103º e na alínea i) do nº 1 do artigo 165º da Constituição, da norma do nº 4 do artigo 21º da Tabela de Taxas, Licenças e Outras Receitas Municipais que consta do Anexo I ao Regulamento nº 364/2012, de 11 de junho, do Município de Oeiras, com o sentido de que o metro cúbico de «armazenamento de produtos de petróleo (depósitos subterrâneos)» situado em propriedade privada é tributado no valor mensal de €5,09". C) Em primeiro lugar cumpre esclarecer que a única norma declarada inconstitucional com força obrigatória geral foi a constante do nº 4 do artigo 21º da Tabela de Taxas e Outras Receitas Municipais que consta do Anexo I ao Regulamento nº 364/2012, de 11 de junho, do Município de Oeiras (Regulamento de Permissões Administrativas, Taxas e outras Receitas do Município de Oeiras) e não também as demais. D) Em segundo lugar e ao contrário do indicado na sentença recorrida não se trata concretamente da mesma tributação em causa no Acórdão de declaração de inconstitucionalidade com força obrigatória geral, mas relativa aos anos de 2009 a 2013, pois conforme consta do acto tributário em crise o mesmo resulta não só do dever de fiscalização de postos de abastecimento de combustível previsto como do dever genérico no artigo 25º, nº 1 do Decreto-Lei nº 267/2002, de 26 de novembro, na redação aplicável à data, mas também do dever de licenciamento estabelecimento no artigo 5º do mesmo diploma. E) Em terceiro lugar a desagregação hermenêuticamente operada afigura-se puramente formal e artificial, aderindo-se e fazendo seus os argumentos de fundamentação dos votos de vencido do Exmo Senhor Conselheiro Pedro Machete nos Acórdãos nº 379/2018 e 181/2019 supra transcritas nos pontos 12 e 13 destas alegações. F) Ou seja, as normas julgadas organicamente inconstitucionais pela sentença recorrida não o são, pois constituem uma mera fórmula de cálculo que não põe em causa a sua natureza de taxa, dado preencherem o requisito da necessária comutatividade do serviço prestado e fundamentação económico financeira, ainda que essa prestação do serviço público aqui em causa possa ser presumida (que não é) a partir de um dever legal especifico e permanente de licenciamento e fiscalização da atividade tributada, aliás, como admitem os Acórdãos do Tribunal Constitucional a cuja fundamentação do voto de vencido do Exmo Senhor Juiz Conselheiro, Pedro Machete se adere; G) De facto, cada uma das componentes da taxa interfere de forma diferente com o ambiente, comportando riscos diferentes: umas comportam riscos de explosão, outras riscos de inundação, outras riscos de contaminação dos solos onde os depósitos estão instalados, outros riscos de vazamento/derrame para o solo, causando riscos de saúde pública e poluição, etc. H) A fundamentação económica e financeira da taxa em questão, a qual também consta da respetiva publicação do RPATOR em Diário da República, sob o ponto 5.34 da Parte II do Anexo I, (Postos de abastecimento de combustíveis) inserido no Ponto 5 – Departamento de Gestão Organizacional/Expediente e Licenciamentos Diversos – refere que a taxa aqui em crise tem por fundamento a cobrança de uma componente de desincentivo a cobrar consoante a duração (e o espaço), que terá como base a tipologia de instalação, tendo como objetivo racionalizar a proliferação excessiva destas infraestruturas, devido ao impacto ecológico e visual que causam, bem como à eventual ocupação do espaço público necessário ao seu funcionamento, como indicado em "outras especificações". I) Por tudo o exposto é claro e óbvio que as normas previstas nos nº 2 e 3 do artigo 21º da Tabela de Taxas e Outras Receitas do Município de Oeiras, bem como as previstas nos artigos 34º, 35º e 36º da Tabela de Taxa e Outras Receitas de 2012, Edital nº 361/2011; artigos 35º, 36º e 37º da Tabela de Taxa e Outras Receitas de 2011, Edital nº 448/2010 e artigos 35º, 36º e 37º da Tabela de Taxa e Outras Receitas de 2019, Edital nº 555/2011, Edital nº 448/2008 não padecem de inconstitucionalidade orgânica por violação do disposto no nº 2 do artigo 103º e na alínea i) do nº 1 do artigo 165º da Constituição da República Portuguesa. j) Pelo que ao julgar-se "a presente impugnação judicial procedente e, em consequência, anula-se o acto de liquidação impugnado, com as consequências legais", com fundamento na inconstitucionalidade orgânica das normas de tributação em causa, o Tribunal a quo fez errada interpretação e aplicação do disposto nas referidas normas e no nº 2 do artigo 103º e na alínea i) do nº 1 do artigo 165º da Constituição da República Portuguesa. k) Devendo a sentença proferida ser revogada, com as consequências legais. Termos em que se requer, seja dado provimento aos fundamentos do recurso e, a final, a sentença recorrida revogada, com as legais consequências. Assim se fazendo a devida JUSTIÇA.» A recorrida contra-alegou e concluiu: «Vem o recurso interposto da decisão do Tribunal Administrativo e Fiscal de Sintra – Unidade Orgânica 2, que julgou procedente a impugnação judicial apresentada pela ora Recorrida e, em consequência, anulou o acto de liquidação impugnado, com as consequências legais. II. Para tanto, fundamentaram, a Recorrente, o recurso interposto, alegando que a) ao contrário do que é afirmado na sentença recorrida, pelo tribunal a quo, a única norma declarada inconstitucional com força obrigatória geral foi a constante do nº 4 do artigo 21º da Tabela de Taxas e Outras Receitas Municipais que consta do Anexo I ao Regulamento nº 364/2012, de 11 de Junho, do Município de Oeiras e não também as demais; b) que não se trata da mesma tributação em causa no Acórdão de declaração de inconstitucionaüdade com força obrigatória geral, mas relativa aos anos de 2009 a 2013, pois conforme consta do acto tributário em crise, o mesmo resulta não só do dever de fiscalização de postos de abastecimento de combustível previsto como dever genérico no artigo 25º, nº 1 do Decreto- Lei nº 267/2002, de 26 de novembro, na redacção aplicável à data, mas também do dever de licenciamento estabelecido no artigo 5º do mesmo diploma; c) que a desagregação hermenêuticamente operada afigura-se puramente formal e artificial, aderindo-se e fazendo seus os argumentos de fundamentação dos votos de vencido do Exmo, Senhor Conselheiro Pedro Machete nos Acórdãos nº 379/2018 e 181/2019; ou seja d) que as normas julgadas organicamente inconstitucionais pela sentença recorrida não o são, pois constituem uma mera fórmula de cálculo que não põe em causa a sua natureza de taxa, dado preencherem o requisito da necessária comutatividade do serviço prestado e fundamentação económico-financeira, ainda que essa prestação do serviço público (...) possa ser presumida (que não é) a partir de um dever legal especifico e permanente de licenciamento e fiscalização da actividade tributária; e) que cada uma das componentes da taxa interfere de forma diferente com o ambiente, comportando riscos diferentes e que a fundamentação económica e financeira da taxa em questão refere que a taxa em crise tem por fundamento a cobrança de uma componente de desincentivo a cobrar consoante a duração (e o espaço), que terá como base a tipologia de instalação, tendo como objectivo racionalizar a proliferação excessivas destas infraestruturas, devido ao impacto ecológico e visual que causam, bem como à eventual ocupação do espaço público necessário ao seu funcionamento; f) que, por todo o exposto, é claro e óbvio que as normas previstas no nº 2 e 3 do artigo 21º da Tabela de Taxas e Outras Receitas do Município de Oeiras, bem como as previstas nos artigos 34º, 35º e 36º da Tabela de Taxas e Outras Receitas de 2012, Edital nº 361/2011; artigos 35º, 36º e 37º da Tabela de Taxas e Outras Receitas de 2011, Edital nº 448/2010 e artigos 35º, 36º e 37º da Tabela de Taxas e Outras Receitas de 2019, Edital nº 555/2011, Edital nº 448/2008, não padecem de inconstitucionalidade orgânica por violação do disposto no nº 2 do artigo 103º e na alínea i) do nº 1 do artigo 165º da CRP e g) que ao decidir no sentido em que o fez, o tribunal a quo fez errada interpretação e aplicação do disposto nas referidas normas e no nº 2 do artigo 103º e na alínea i) do nº 1 do artigo 165º da CRP, pelo que a sentença deve ser revogada com todas as consequências legais. III. Deve sublinhar-se que a sentença recorrida, em nenhum momento, conforme afirma a Recorrente, alude ou afirma a inconstitucionalidade com força obrigatória geral de outras normas que não apenas a do nº 4 do artigo 21º da Tabela de Taxas e Outras Receitas Municipais que consta do Anexo I ao Regulamento nº 364/2012, de 11 de Junho, do Município de Oeiras, doravante designada TTORM. IV. Aquilo que fica dito na sentença recorrida é, antes, que outros tributos previstos naquela TTORM não poderão deixar de ser tidos, desde logo, como incompatíveis com o artigo 165º, nº 1, alínea i), da Constituição, designadamente por violação da reserva de lei parlamentar, não constituindo, ainda, taxas, sob pena de se trair o juízo, com força obrigatória geral, constante do acórdão do TC nº 181/2019. V. A sentença recorrida limita-se a, sobre a criação de outras taxas, analogicamente, invocar as razões aduzidas no acórdão do TC nº 848/2017, que declarou inconstitucionais, com força obrigatória geral, as normas respeitantes à criação, pelo Município de Lisboa, da denominada Taxa Municipal de Proteção Civil. VI. O juízo de inconstitucionalidade que vale para a norma do nº 4 do citado artigo 21º, vale, também, naturalmente, se nos ativermos à jurisprudência citada do TC, para outras taxas liquidadas ao abrigo daquele mesmo artigo (nº 2. alíneas a) e b)). VII. Não se compreende, pois, o primeiro argumento aduzido pela Recorrente, nas suas alegações, manifestamente desprovido de sentido, propósito ou sequer fundamentação. VIII. Por outro lado, não se compreende que a Recorrente afirme que "não se trata concretamente da mesma tributação em causa no Acórdão de declaração de inconstitucionalidade com força obrigatória geral, mas relativa aos anos de 2009 a 2013". IX. Neste particular, a Recorrida não pode senão, respeitosamente, louvar-se no que fica dito na sentença recorrida, i.e., que "o principio da legalidade, relativamente às contribuições financeiras, tal como o das taxas, apenas exige que o parlamento legisle ou autorize o governo a legislar sobre as regras e princípios gerais comuns às diferentes contribuições financeiras, não necessitando de uma intervenção ou autorização parlamentar para a sua criação individualizada, enquanto que, relativamente a cada imposto, continua a exigir-se essa intervenção qualificada, a qual deve determinar a sua incidência, a sua taxa, os benefícios fiscais e as garantias dos contribuintes", sendo que, todavia, "o regime das finanças locais continua a ser reservado à competência legislativa da Assembleia da República (artigos 165º, nº 1, alínea q), e 238º, números 2 e 4), verificando-se que o Regime Financeiro das Autarquias Locais e Entidades Intermunicipais (Lei nº 73/2013, de 3 de setembro) não prevê, sequer, as contribuições financeiras como receitas municipais – o que comprova, também por esta via, que o RGTPRML, na parte respeitante às normas em análise, e ainda que se pudesse entender que as mesmas contemplam uma contribuição financeira, teria invadido a reserva de competência da Assembleia da República" concluindo que X. "Segundo esta linha de argumentação, que aqui se reitera, é inútil decidir se o tributo em causa nos presentes autos constitui uma contribuição ou um imposto, na medida em que tal qualificação não interfere no juízo de que o Município de Oeiras invadiu a reserva parlamentar viciando a norma do nº 4 do artigo 21º do TTMO de inconstitucionalidade orgânica" (...). XI. Com efeito, isso e apenas isso que está em causa no caso dos autos, i.e., a violação, pelo Município de Oeiras, de normas constitucionais que cometem e/ou reservam, em exclusivo, a competência exclusiva da sua criação e disciplina. XII. A Recorrente, aderindo a posição expressa em votos de vencido do Juiz Conselheiro Pedro Machete, reproduz, em várias páginas das suas alegações, o pensamento que aquele expende a respeito da desagregação hermenêuticamente operada afigurar-se como puramente formal e artificial (leia-se, a desagregação da unidade de abastecimento de combustível). XIII. Com efeito, a Recorrida não pode discordar mais do que fica dito pela Recorrente, pois, com efeito, analisando o tributo em causa nos presentes autos, fácil é concluir que o mesmo não apresenta a natureza de taxa, já que não se vislumbra qualquer prestação concreta de um serviço do domínio público, na utilização de um bem do domínio público ou na remoção de um obstáculo jurídico ao comportamento dos particulares. XIV. O posto de abastecimento em questão não utiliza para o seu funcionamento, quaisquer bens do domínio público ou semi-público do Município de Oeiras, inexistindo qualquer contraprestação da Câmara Municipal de Oeiras face ao pagamento da referida "taxa" pela ora Recorrida, resultante da utilização privada de bens do domínio público e/ou privado camarário e muito menos se diga, como faz a Recorrente, que a mencionada taxa se mostra justificada, por força da prestação de serviços públicos pelo Município de Oeiras, no domínio da prevenção de riscos. XV. É certo que, entre o enunciado exemplificativo das taxas municipais, a Lei nº 53-E/2006, de 29 de dezembro, figura a «prestação de serviços no domínio da prevenção de riscos e da proteção civil» (artigo 6º, nº 1, alínea F)), mas não é menos certo que estes serviços têm de assentar na prestação concreta de um serviço (artigo 3º). XVI. A Recorrente não logrou, em nenhum momento, provar a existência de qualquer acção concreta e individualizada de análise ou inspecção/fiscalização, de formação ou aconselhamento ou qualquer outra prestação administrativa causada ou aproveitada individualmente pela Impugnante, ora Recorrida.

XVII. Por outro lado, também não pode dizer-se que o tributo em questão possui a natureza de taxa, porquanto se integra no conceito de "poluidor/pagador" e, com efeito, a ser admitido tal entendimento, não poderia deixar de se considerar que a norma contida no artigo 21º do citado regulamento camarário violaria os princípios do exclusivismo e da determinação a que se encontram sujeitas as taxas, porquanto não se mostram, plena e cabalmente, definidos todos os elementos do tributo; XVIII. Com efeito, se o valor do tributo se encontra dependente do desgaste ambiental produzido, a verdade é que a partir do teor da norma em causa o contribuinte não se mostra capaz de conseguir perceber de que forma é medido o alegado desgaste ambiental ou os riscos para o ambiente – ou inconvenientes ecológicos, no dizer da Recorrente por parte da edilidade. XIX. Seja como for, não pode deixar de dizer-se que o impacto ambiental de um posto de abastecimento de combustíveis não é especial, nem gravemente intenso; se fosse de outro modo, a instalação de postos de revenda de combustíveis encontrar-se-ia sujeita a avaliação do impacto ambiental, nos termos do Decreto nº 69/2000, de 3 de maio, que não está. XX. Além disso, o cumprimento de várias regras técnicas a que devem obedecer os postos de abastecimento de combustíveis – no essencial, as previstas na Portaria nº 131/2002, de 9 de fevereiro – permite, justamente, que a lesão, qualquer que seja, dos recursos naturais tenha uma expressão mínima, razoável e sustentável. XXI. A Recorrente, ao apontar, genericamente, os riscos que podem ocorrer em ou para cada um dos componentes que integram o ambiente (ar, água, solo e subsolo), ignora os diplomas legais que impõem obrigações aos postos de abastecimento em matéria de protecção do ambiente, como, por exemplo, as decorrentes da Portaria nº 646/97, de 11 de agosto (relacionado com a contaminação atmosférica), sendo certo, como já se disse, que nunca a Recorrente fez prova ou evidenciou, sob qualquer forma, a prestação de serviços efectivos por parte do Município de Oeiras relacionados com este facto, i.e., por exemplo, a realização de análises ao ar, no âmbito daquele que alega ser o seu dever de fiscalização permanente. XXII. Acresce ao que fica dito que a Recorrente ignora, também, que os postos de abastecimento são obrigados a dispor de um sistema próprio de tratamento das águas residuais contaminadas com hidrocarbonetos e pela sua descarga é devida aos competentes Serviços camarários a taxa municipal própria sobre a descarga de águas residuais industriais, a somar à taxa de recursos hídricos, destinada à Agência Portuguesa do Ambiente, I.P. (vide Decreto-Lei nº 97/2008, de 11 de junho). XXIII. Refira-se, ainda, que também os óleos usados nos postos de abastecimento são objecto de cuidados específicos, disciplinados na sua guarda, recolha, depósito, transporte e reciclagem pelo regime jurídico estabelecido no Decreto-Lei nº 152-D/2017, de 11 de dezembro. XXIV. O cumprimento de todas as regras a que se vem aludindo representa um encargo nada despiciendo, mas que contém adequadamente os possíveis riscos de lesão ambiental para níveis reduzidos, sendo, igualmente, certo que se mostra legalmente exigível, para os postos de abastecimento, a existência de seguros de responsabilidade próprios para fazer face aos possíveis riscos. XXV. Por outro lado, deve referi(r)-se que a Recorrida não beneficiou da remoção de qualquer obstáculo jurídico à actividade por si desenvolvida, bastando, para tanto, atentar na própria previsão do tributo. XXVI. Aqui, limitamo-nos a ressaltar a existência de vários votos de vencido no acórdão nº 316/2014, proferido pelo Tribunal Constitucional, entre eles o da MM Conselheira Maria Lúcia Amaral, nos termos do qual se deixa dito o seguinte: "Os confins do auto-governo municipal estão constitucionalmente fixados e consubstanciam-se na prossecução dos interesses próprios das populações respectivas. Perante esses confins, parece-me difícil sustentar que a atribuição legal ao município de deveres especiais de protecção de um certo bem jurídico seja condição necessária e suficiente para que, após essa atribuição e por causa dela, o ente municipal se torne o único responsável (na acepção constitucional do termo) pela protecção desse bem perante as suas próprias populações, ao ponto de dispensar a intervenção do Estado e da sua lei na decisão de tributar. Sobretudo quando está em causa (como acontece no caso dos autos) uma afectação da propriedade privada, esta leitura do âmbito do auto-governo municipal parece-me excessivamente alargada porque sem fundamento constitucional que a sustente". XXVII. E nem se diga, como pretende a Recorrente, que a taxa impugnada integra uma componente de desincentivo (leia-se, às actividades poluidoras), componente essa que respeita o princípio da proporcionalidade, porquanto distingue os postos de abastecimento que prestam abastecimento na via pública ou em prédio privado. XXVIII. É certo que a Lei nº 53-E/2006, de 29 de dezembro, veio admitir que, embora o valor da taxa esteja condicionado pelo custo da actividade pública ou pelo benefício auferido pelo particular (artigo 4º, nº 1), possa «ser fixado com base em critérios de desincentivo à prática de certos atos ou operações» (nº 2), algo que o Município de Oeiras parece aplicar não apenas ao cálculo do valor da taxa, como também aos pressupostos da criação da taxa – tal qual mais um novo pressuposto numa interpretação desconforme com a reserva constitucional do regime geral das taxas à lei parlamentar (artigo 165º, nº 2, da Constituição). XXIX. É sobremaneira importante reforçar o cuidado na conformidade constitucional da norma contida no artigo 4º, nº 2, da Lei nº 53-E/2006 demasiado aberta, quando aplicada sem mais – para evitar o arbítrio e não perder de vista o pressuposto necessário das taxas: a (essencial) bilateralidade. XXX. Quando estas mesmas actividades de impacto ambiental já se encontram sujeitas à remoção de um obstáculo jurídico e a uma taxa devida por essa remoção, nada consente a um regulamento que presuma um especial impacto ambiental negativo. XXXI. Não deve, assim, a actividade em causa ser tratada como possuindo um impacto ambiental negativo a tributar, pois é de presumir que a licença ao posto só foi deferida, depois de garantido o cumprimento das prescrições que minimizam o impacto ambiental negativo e que já foi liquidada uma taxa pela licença, cujo valor compreende o cálculo de externalidades ambientais a suportar pelo Município. XXXII. E, assim, não pode deixar de concluir-se, na senda do que faz a douta sentença recorrida, que a norma que consagra o tributo em discussão padece de inconstitucionalidade orgânica e formal, por violação do disposto nos artigos 103º, 2 e 165º, nº 1, alínea i) da Constituição da República Portuguesa e, portanto, assim sendo, não poderão deixar de se reputar de ilegais quaisquer liquidações efectuadas, pelo Município de Oeiras, à sua sombra. XXXIII. Retomando à questão da desagregação hermenêutica, supracitada, rotulada de "artificial e formal", inquestionavelmente, a norma contida no nº 4 do artigo 21º (juntamente com os demais números do mesmo artigo) da Tabela de Taxas e Licenças e Outras Receitas Municipais do Município de Oeiras, remete para uma desagregação artificial das unidades de abastecimento para efeitos de tributação autónoma dos vários componentes. XXXIV. Com efeito, o acto de liquidação impugnado resultara da aplicação de uma taxa sobre um "armazenamento de produtos de petróleo (depósitos subterrâneos)" instalados no posto de abastecimento em questão, ou seja, não se verifica uma tributação unitária, mas antes a aplicação individualizada tendo em conta os seus diversos componentes e/ou equipamentos. XXXV. Importa lembrar que, a este respeito, concluíram os MM Juizes Conselheiros no acórdão nº 33/2018, interpretando o nº 4 do artigo 21º da Tabela de Taxas e Licenças e Outras Receitas Municipais do Município de Oeiras, em conjunto com os números 1 a 3 do mesmo artigo, que "a desagregação da "unidade de abastecimento de combustível" em diversos componentes, sobre os quais incidem tributos autónomos, torna inviável a transposição para este caso dos fundamentos do Acórdão nº 316/2014. Com efeito, quer o dever de fiscalização municipal da actividade, quer a obrigação de suportar os respectivos inconvenientes, reportam-se necessariamente à unidade funcional constituída pelas diversas partes. O dever de fiscalização do município tem por pressuposto a instalação de um Posto de abastecimento de combustível e não qualquer parte especifica do mesmo, como uma bomba, uma tomada ou um depósito" XXXVI. Ora, face ao que antecede, entende a Recorrente, respeitosamente, que se mostra muito acertada a transposição para os presentes autos dos considerandos vertidos nos vários acórdãos do Tribunal Constitucional efectuada pelo MM Juiz a quo, em particular a páginas 19 e 20 da sentença recorrida, sendo os mesmos (considerandos) absolutamente válidos e impondo uma decisão afirmativa quanto à verificação do vício de inconstitucionalidade orgânica assacado pela ora Recorrida. XXXVII. Não pode, ainda, deixar de dizer-se, nisso contrariando a "plena proporcionalidade" que a Recorrente alega existir entre taxa e serviço prestado, que a norma constante do referido artigo 21º, nº 4 do Regulamento do Município de Oeiras colocado em crise, viola os princípios da proporcionalidade na vertente da proibição do excesso e da justiça, na medida em que existe uma clara desproporcionalidade, um claro e irrazoável excesso entre os custos e benefícios, bem como uma incerteza que leva à arbitrariedade sobre as pessoas a quem aqueles custos podem ser imputados. XXXVIII. Na verdade, se hipoteticamente partíssemos do princípio que o tributo em questão é uma taxa, e como tal sujeita ao princípio da equivalência relativamente ao seu montante, sempre se verificaria uma situação de desproporção manifesta entre o respectivo valor e o custo do serviço assegurado pela Recorrente. XXXIX. Mesmo se se admitisse, o que não se admite, existir alguma bilateralidade na prestação de um presumido serviço de fiscalização ou na remoção de um obstáculo, de âmbito ambiental, pela actividade com relevo sobre o espaço público, o serviço teria sempre o mesmo custo independentemente dos m3 dos depósitos. XL. A forma de interpretar a norma de incidência tributária, isto é, de admitir que possa ser aplicada a depósitos que estejam somente em propriedade privada é manifestamente injusta, desproporcional e violadora do princípio da proibição do excesso. XLI. Com efeito, o critério encontrado pelo Recorrente para fixar o montante das taxas a pagar, nos termos do artigo 21º, nº 4, baseando-se única e exclusivamente na mera existência de um depósito para armazenamento de produtos de petróleo, já de si constitui uma total desproporção, que compromete a correspondência que deverá sempre existir entre o serviço prestado (o licenciamento) e a utilidade que a entidade que explora os postos retira. XLII. A cobrança de uma taxa somente pela existência de um depósito ainda para mais em propriedade privada(!) não é a adequada para assegurar o fim de interesse público que supostamente se visa atingir; não é indispensável e excede o que seria razoável em relação aos objetivos a prosseguir, excedendo, também, os limites da razoabilidade, justamente porque não é factualmente permitido, a quem é onerado com esta suposta taxa, permitir o controlo da destrinça sobre os efetivos custos e benefícios que da sua aplicação advêm. XLIII. O que antecede permite concluir, elementarmente, pela manifesta violação do princípio constitucional da proporcionalidade e da justiça. XLIV. A somar ao que fica dito, a desproporção em causa viola a liberdade de iniciativa económica da Recorrida, pois que não se permitiria, por essa via, que a mesma goze da liberdade de estabelecimento que lhe é assegurada pela Constituição da República Portuguesa, sem qualquer restrição, uma vez que resultariam graves prejuízos para a própria eficiência económica. XLV. Com efeito, a taxação de depósitos em propriedade privada implica uma restrição abusiva à iniciativa económica privada, proibida pela Constituição, enquanto restrição à liberdade de estabelecimento e de actividade de empresa privada, por força da interferência in casu de uma entidade pública, sem que para isso haja qualquer legitimação à luz do princípio da proporcionalidade. XLVI. Por fim, quanto ao que a Recorrente alega, a artigos 51. e ss, das suas alegações, contrapondo a constatada falta de fundamentação económico-financeira da taxa, importa referir que o poder das autarquias locais de criar e cobrar de taxas não é discricionário, antes, se encontra regulado pela Lei nº 53-E/2006, de 29 de dezembro, que aprovou o Regime Geral das Taxas das Autarquias Locais (RGTAL). XLVII. Ora, vale o que antecede por dizer que as normas de incidência tributária (que prevêem as taxas municipais) constantes dos regulamentos anteriores a 1 de Janeiro de 2007, ou são conformes com o RGTAL, ou devem ter-se por revogadas. XLVIII. Quanto às normas de incidência tributária constantes dos regulamentos municipais, posteriores a 1 de Janeiro de 2007, devem obedecer ao disposto RGTAL – que regula as relações jurídico-tributárias geradoras da obrigação de pagamento de taxas às autarquias locais. XLIX. O Regulamento de Taxas e Outras Receitas e respectiva Tabela de Taxas do Município de Oeiras, para os anos de 2009, 2010, 2011 e até 31/08 de 2012, viola o artigo 8º, nº 1 alínea c) do RGTAL. É solicitado, à Impugnante, ora Recorrida, o pagamento das taxas previstas nos artigos 34º, 35º, 36º e 37º dos supra referidos Regulamentos e Tabela de Taxas. L. Contudo, consultados aqueles diplomas, nem nesses artigos nem em qualquer outra parte daqueles Regulamentos Municipais se encontra a justificação ou fundamentação económico-financeira das taxas liquidadas pelo Município de Oeiras e não existindo essa justificação, nos termos do artigo 8º, nº 2 alínea c) da Lei nº 53-E/2006, são os mesmos nulos, na parte em que se prevêem taxas sobre postos de abastecimento de combustíveis. LI. E, assim, resulta ter havido violação grosseira das exigências do artigo 8º do RGTAL, além de que as taxas sobre a exploração de postos de abastecimento previstas no já referido artigo 21º da Tabela de Taxas não são verdadeiras taxas, podendo dizer-se, na melhor das hipóteses, que são contribuições instituídas, sem que para isso haja, como se disse e conclui na douta sentença recorrida, a necessária habilitação legal. LII. Levando em conta tudo quanto se logrou expor e, também pelas razões constantes do discurso fundamentador da sentença recorrida, o recurso interposto não merece qualquer provimento, pelo que, nesta conformidade, deve ser mantida a decisão proferida pelo Tribunal a quo, na qual a Recorrida, muito respeitosamente, se louva. Termos em que deve o presente recurso ser considerado improcedente por falta de fundamento, mantendo-se a douta sentença, proferida em 21 de Maio de 2020, que julgou procedente a impugnação judicial deduzida pela ora Recorrida e, em consequência, anulou o acto de liquidação impugnado, Assim se fazendo a costuma JUSTIÇA!" A Exma. Procuradora-geral-adjunta emitiu parecer, no sentido da improcedência do recurso e manutenção da decisão recorrida nos seus precisos termos. Cumpridas as formalidades legais, compete conhecer e decidir. Na sentença, em sede de julgamento factual, encontra-se exarado: «A. Por Ofício da Câmara Municipal de Oeiras, com a referência DMADO/DGO/ELD 2013/PPRC/3 SGD 32913, datado de 4 de Setembro de 2013 e o "Assunto" "Licenciamento do Posto de abastecimento em ...., na Av......., nº .... e ....", a Câmara Municipal de Oeiras notificou a Impugnante para proceder ao pagamento da quantia de € 63.695,76, nos seguintes termos essenciais (cf. doc. 1, junto com a p. i. a fls. 29 e segs., cujo teor se dá por integralmente reproduzido): Assunto : Licenciamento do Posto de Abastecimento em ...., Av. ...., nº .... e .... No âmbito dos artigos 5º e 14º do Decreto-Lei nº 267/2002, de 26 de novembro, alterado pelo Decreto-Lei nº 195/2008, de 6 de outubro, com o "Alvará de licença de exploração nº 31/89", de um posto de abastecimento de combustíveis sito na Av .... nº e...., ..., em nome da sociedade «A......, S.A.», sediada no .... Edifício ...., PORTO SALVO. Tais instalações, são constituídas por 5 reservatórios enterrados com as seguintes capacidades: Gasóleo – 30 000 Litros (30 m3); Gasolina s/chumbo 95 – 30 000 Litros (30 m3); Gasolina s/chumbo 95 – 10 000 Litros (10 m3); Gasóleo Ultimate – 30 000 (30 m3); Gasolina s/chumbo 98 – 10 000 Litros (10 m3), Gasolina s/chumbo 98 – 10 000 Litros (10 m3), Total dos reservatórios 120 000 Litros (120 m3). Na sequência do referido processo de licenciamento, e de uma ação de inspeção/fiscalização à unidade de abastecimento de combustíveis líquidos foi participado, à DGO/Licenciamentos Diversos, pela DPMPC da falta de licenciamento e liquidação das taxas conforme o disposto no nº 2, 3 e 4 do artigo 21º da Tabela de Taxas. FUNDAMENTO DAS TAXAS COM INCIDÊNCIA EM UNIDADES DE ABASTECIMENTO DE COMBUSTÍVEL E TOMADAS DE AR. A exploração de equipamentos de abastecimento de combustíveis líquidos é uma atividade relativamente proibida, pelo que depende, nos termos do disposto nos artigos 5º e 14º do Decreto-lei nº 267/2002 de 26 de novembro, e do artigo 15º da Portaria nº 1188/2003 de 10 de dezembro com as alterações introduzidas pela Portaria 1515/2007 de 30 de novembro), de licenciamento prévio da Câmara Municipal de Oeiras, autoridade competente relativamente aos postos de abastecimento de combustíveis não localizados nas redes viárias nacionais e regionais, ou seja, situados na rede viária municipal. No que concerne ao licenciamento, bem como a renovação anual das unidades de abastecimento de combustíveis líquidos, sitos em domínio privado, tem uma elevada e muito preponderante incidência sobre o espaço externo envolvente à unidade de abastecimento, extravasando a esfera dominial do titular do direito de propriedade e colide, motivada pelo efeito útil visado por estas unidades, com o domínio público cuja gestão e disciplina é da competência do município, justificando, assim, desde logo que a atividade em questão seja uma atividade relativamente proibida. Em face do exposto o presente regime, encontra-se, por força do disposto no nº 1 e nas al. a) e c) do nº 2 do artigo 66º da CRP, objetivamente legitimado pela tutela de reais interesses públicos, cuja preservação ambiental é primordial para a promoção e manutenção da "qualidade ambiental das povoações e da vida urbana", pelo que, desde logo o regime aqui em questão não pode ser julgado como um obstáculo jurídico arbitrário, cujo único intento é o de limitar, abusivamente, o exercício do direito de propriedade visando a obtenção de receitas através da tributação, que de outra forma não seriam devidas. No exercício da sua atividade, as unidades de abastecimento, que extravasa o local de implantação, implicando ainda por força da utilização dos recursos naturais, o ar, água e solo, provocam incontestavelmente uma relevante, intensa e violenta degradação ambiental, o que desde logo suscita inúmeros problemas que condicionam urbanisticamente o espaço envolvente e limitam o aproveitamento dos solos, causando riscos ambientais, cuja inspeção, fiscalização e prevenção, sem ignorar todas as questões ao nível da prevenção e planeamento da segurança civil, é competência do município. As unidades de abastecimento, constituem no imediato, e a médio longo prazo, um fator de elevado risco de contaminação atmosférica e dos solos, colocando em causa a qualidade de vida humana, que se quer sadia e ecologicamente equilibrada. Acresce, ainda, não tendo como evitar, o exercício da atividade implica obrigatoriamente, com os riscos que daí decorrem, o armazenamento e manipulação de produtos altamente voláteis e inflamáveis. Em face do explicitado, a Taxa Municipal plasmada nos números 2, 3 e 4 do artigo 21º da Tabela de Taxas e Outras Receitas do Município de Oeiras, não deixando de pressupor a existência da licença de utilização, conferida pelo licenciamento, e consequente remoção do obstáculo jurídico ao comportamento dos particulares. O que taxa, que agora se pretende fazer incidir sobre as unidades de abastecimento, valoriza são aspetos e especificidades dos interesses do Município de Oeiras, e que não foram tomados em consideração no processo de licenciamento, determinado por uma Lei especial. ARTIGO 21º NÚMEROS 2, 3 E 4 DA TABELA DE TAXAS E OUTRAS RECEITAS DO MUNICÍPIO DE OEIRAS, TAXA OU IMPOSTO? A taxa consiste numa retribuição devida a uma pessoa coletiva de direito público pela utilização de bens do domínio público, retribuição de serviços de domínio público individualmente prestados ou ainda a remoção de um obstáculo jurídico. As taxas, ao contrário dos impostos, caracterizam-se pela sua natureza comutativa ou bilateral, existindo, assim, um nexo sinalagmático, devendo o seu valor concreto ser fixado de acordo com o princípio da equivalência jurídica. (vide, artigo 4º, números 1 e 2, da LGT; artigos 3º e 4º do RGTAL; artigo 15º nº 2 da LFL). "O imposto é uma prestação pecuniária, coactiva, unilateral, a título definitivo, sem carácter de sanção, devida ao Estado ou outros entes públicos com vista à realização de fins públicos" Cf., Manuel Henriques de

Freitas Pereira, Fiscalidade, 2011 4ª Ed., Almedina, 13. Tendo em consideração que o obstáculo jurídico, nos termos do Decreto-Lei nº 267/2002 de 26 de novembro, foi previamente removido sem atender "...e, em rigor, nem pode tomar, atento o princípio da autonomia das autarquias locais em consideração a obrigação passiva do Município de Sintra de se conformar com a influência modeladora da actividade licenciada. E este deve ser o aspecto decisivo: existe um comportamento sujeito a licenciamento que constitui aquele Município numa dada obrigação de suportar impactos negativos da actividade licenciada que pura e simplesmente não são considerados na licença. A taxa em causa é a contrapartida específica de tal obrigação passiva." vide acórdãos supra citados. Assim, em face do anteriormente exposto, dúvidas não subsistem que a taxa prevista nos números 2, 3 e 4 do artigo 21º da Tabela de Taxas e Outras Receitas do Município de Oeiras, bem como as previstas nos: artigos 34º, 35º e 36º da Tabela de Taxas e Outras Receitas de 2012, Edital nº 361/2011; artigos 35º, 36º e 37º da Tabela de Taxas e Outras Receitas de 2011, Edital nº 448/2010; e artigos 35º, 36º e 37º da Tabela de Taxas e Outras Receitas de 2009, Edital nº 555/2008, que agora a Câmara Municipal de Oeiras pretende legitimamente liquidar, são verdadeiras taxas, cuja criação e cobrança em nada ofende o princípio da legalidade tributária consagrado na CRP, através dos nº 2 do artigo 103º e al. i) do nº 1 do artigo 165º. ARTIGOº 36º E 45º DA LGT E ARTº 14º DO RGTAL, DIREITO DE LIQUIDAR AS TAXAS. A Sociedade está implantada no Concelho de Oeiras, desenvolvendo a sua atividade na Av. .... nº ...... e ...., ..., em momento anterior à entrada em vigor do Decreto-Lei nº 267/2002 de 26 de Novembro. Contudo, só em Março de 2013 foi emitido o Auto de Vistoria, estando o processo de licenciamento na sua fase de conclusão para a emissão do "Alvará licença de exploração". Com a entrada em vigor da referida Lei, que conferiu ao Município de Oeiras todas as competências (licenciar), obrigações (inspecionar/fiscalizar/prevenção) e sujeições (suportar os riscos), que deveria liquidar e cobrar, mensalmente, as taxas a que, legitimamente, tinha direito. No decurso destes anos, nunca se procedeu à notificação da sociedade, nem se liquidou as taxas, pelo que o direito, até ao ano de 2009, caducou, mantendo-se intacto o direito de liquidar as taxas referentes aos meses dos anos de 2009 e seguintes. Sendo certo que, nos termos do disposto no nº 1 do artigo 36º da LGT, a relação jurídica tributária se constitui com o facto tributário, a correspondente obrigação tributária só se torna certa com a liquidação e exigível com o conhecimento da mesma, sendo que a liquidação só produz efeitos relativamente ao contribuinte após lhe ter sido validamente notificada. Pelo anteriormente exposto, deverão Vsas. Exas., no prazo de 10 dias, proceder à liquidação das taxas referentes às unidades de abastecimento de combustíveis, previstas nos números 2, 3 e 4 do artigo 21º da Tabela de Taxas e Outras Receitas do Município de

Oeiras, bem como as previstas nos: artigos 34º, 35º e 36º da Tabela de Taxas e Outras Receitas de 2012, Edital nº 361/2011; artigos 35º, 36º e 37º da Tabela de Taxas e Outras Receitas de 2011, Edital nº 448/2010; e artigos 35º, 36º e 37º da Tabela de Taxas e Outras Receitas de 2009, Edital nº 555/2008, no valor global de €63.695,76. Face ao exposto, para mais informações, querendo, pode contactar-nos através do Telefone número 21 440 83 00, todos os dias úteis das 8h30m às 17h30m ou, para o e-mail geral@cm-oeiras.pt, ou ainda, através de carta para o Departamento de Gestão Organizacional para a morada Largo Marquês de Pombal, 2784-501 Oeiras. B. Em 30 de Setembro de 2013, a Impugnante apresentou reclamação graciosa contra o acto de liquidação referido na letra anterior, a qual não foi ainda objecto de decisão final; C. Em 21 de Janeiro de 2014, a Impugnante enviou a juízo, via SITAF, a p. i. da presente impugnação judicial; D. Dá-se por integralmente reproduzido o teor do doc. junto com a p. i. a fls. 75 e segs. – "Emissões de Poluentes Atmosféricos por Concelho 2009" (Agência Portuguesa do Ambiente), Amadora, Novembro 2011.» O julgamento realizado em 1ª instância e concretizado na sentença, que o requerente pretende ver revogada, é, na maior parte dos seus fundamentos, flagrantemente, errado, com particular destaque para a decisão de: "..., julga-se a presente impugnação judicial procedente e, em consequência, anula-se o acto de liquidação impugnado, com as consequências legais". Não obstante a extensão da respetiva fundamentação "De Direito" (Resultado da transcrição do conteúdo de várias decisões do Tribunal Constitucional (TC))., com relevo, encontramos as seguintes proposições: «(...). Ora, sobre a questão de (in)constitucionalidade orgânica suscitada pela Impugnante nos artigos 75º e segs. da p. i., atinente à incompetência absoluta da Entidade impugnada para decretar os tributos em causa nos presentes autos, já se pronunciou o TC, no acórdão nº 181/2019, publicado no Diário da República, 1ª série, nº 96, de 20 de Maio de 2019 e disponível em www.tribunalconstitucional.pt, em que se decidiu "declarar a inconstitucionalidade, com força obrigatória geral, por violação do disposto no nº 2 do artigo 103º e na alínea i) do nº 1 do artigo 165º da Constituição, da norma do nº 4 do artigo 21º da Tabela de Taxas, Licenças e Outras Receitas Municipais que consta do Anexo I ao Regulamento nº 364/2012, de 11 de junho, do Município de Oeiras, com o sentido de que o metro cúbico de «armazenamento de produtos de petróleo (depósitos subterrâneos)» situado em propriedade privada é tributado no valor mensal de 5,09 euros", reiterando a jurisprudência contida no acórdão do mesmo TC nº 33/2018, igualmente disponível em www.tribunalconstitucional.pt, em cuja fundamentação se lê: (...). No caso vertente e em aplicação da citada jurisprudência, haverá, também no presente caso, com a única diferença de se tratar da mesma tributação relativa aos anos 2009 a 2013, que julgar inconstitucional, por violação do disposto no nº 2 do artigo 103º e na alínea i) do nº 1 do artigo 165º da Constituição, a norma do nº 4 do artigo 21º da Tabela de Taxas e Outras Receitas Municipais que consta do Anexo I ao Regulamento nº 364/2012, de 11 de junho, do Município de Oeiras (Regulamento de Permissões Administrativas, Taxas e outras Receitas do Município de Oeiras). O mesmo juízo de inconstitucionalidade orgânica se aplica, se bem interpretamos a jurisprudência contida no acórdão do TC citado, às restantes taxas liquidadas ao abrigo do disposto no artigo 21º, nº 2, alíneas a) e b) da mesma da Tabela de Taxas, Licenças e Outras Receitas Municipais que consta do Anexo I ao Regulamento nº 364/2012, de 11 de junho, do Município de Oeiras, relativamente às quais vale inteiramente o seguinte trecho da fundamentação constante do acórdão do TC citado: (...). Impõe-se, por conseguinte, a conclusão de que também os tributos incidentes sobre a "Toma de Ar", a "Toma de água" e a "Unidade de abastecimento 6", não constituem taxas, sob pena de se trair o juízo, com força obrigatória geral, constante do acórdão do TC nº 181/2019 citado. (...).» Com base no conteúdo, conclusivo, deste último tramo, de imediato, se perceciona, somente, serem atingidas pela inconstitucionalidade (orgânica), afirmada pelo tribunal recorrido, envolvendo o artigo 21º nº 2 alíneas a) e b) e nº 4 da Tabela de Taxas, Licenças e Outras Receitas Municipais, constantes do Anexo I ao Regulamento nº 364/2012 de 11 de junho (Também, identificado como "RAPTOR (Regulamento de Permissões Administrativas, Taxas e Outras Receitas)"; entrado em vigor a 31 de agosto de 2012), do município de Oeiras, as quadrículas respeitantes ao ano de 2012 (de 1/9 até 31/12) e ao ano de 2013 (até 31/7). Numa outra perspetiva, para um total, de "taxas" liquidadas, no montante de €63.695,76, a coberto dessas normas (afirmadas inconstitucionais), apenas, foi apurado o montante de €16.830,00, ou seja, 26,42% da totalidade da verba exigida à requerida. Neste cenário, obviamente, é um erro, patente e clamoroso, julgar procedente esta impugnação judicial e, mais, anular, na totalidade, o ato de liquidação impugnado. Efetivamente, como decorre do mencionado quadro, a liquidação visada integra um conjunto de parcelas, quantias exigidas à impugnante, cujo substrato legal, normativo, não é o do artigo 21º nº 2 alíneas a) e b) e nº 4 da Tabela de Taxas, Licenças e Outras Receitas Municipais, constantes do Anexo I ao Regulamento nº 364/2012 de 11 de junho. Assim, para os anos de 2009, 2010, 2011 e 2012 (até 31 de agosto), foi liquidada e exigida a quantia, global, de €46.865,76, com a cobertura do disposto nos artigos 35º, 36º e 37º da Tabela de Taxas e Outras Receitas (TTOR) de 2009 e 2011, bem como, nos artigos 34º, 35º e 36º da TTOR de 2012, que, segundo informação disponibilizada nos autos, foram publicitadas, respetivamente, pelos Editais nºs 555/2008, 448/2010 e 361/2011. Ora, sobre a conformidade constitucional deste segundo conjunto de normas, a sentença recorrida omitiu qualquer tipo de debruce e pronúncia, embora, erroneamente, venha a, sem mais, anular, também, o ato de liquidação, no que às mesmas diz respeito. Assumida a, objetiva, insubsistência, pelo menos, parcial do julgado, importa aquilatar da possibilidade de, em alguma parte, o mesmo poder, sem mais, neste apelo, ser acolhido e consequentemente, salvaguardado. Sendo seguro e inquestionável (para o próprio rte), que o TC, no acórdão nº 181/2019, de 20 de março (Proferido no âmbito do processo nº 1096/18), em Plenário, decidiu "declarar a inconstitucionalidade, com força obrigatória geral, por violação do disposto no nº 2 do artigo 103º e na alínea i) do nº 1 do artigo 165º da Constituição, da norma do nº 4 do artigo 21º da Tabela de Taxas, Licenças e Outras Receitas Municipais que consta do Anexo I ao Regulamento nº 364/2012, de 11 de junho, do Município de Oeiras, com o sentido de que o metro cúbico de «armazenamento de produtos de petróleo (depósitos subterrâneos)» situado em propriedade privada é tributado no valor mensal de €5,09", por imposição, decisiva, em primeira linha, do disposto no artigo 282º nº 1 da Constituição da República Portuguesa (CRP), qualquer liquidação de quantias com a sua cobertura, expressa, ainda que anterior à data da emissão dessa pronúncia do TC ("... é o tribunal ao qual compete especificamente administrar a justiça em matérias de natureza jurídico-constitucional" – artigo 221º da CRP), sofre os efeitos de a mesma haver sido declarada inconstitucional, com força obrigatória geral, ou seja, não pode subsistir na ordem jurídica, por falta de conforto legal. Consequentemente, encontrando-se provado que o município de Oeiras, com referência ao período entre 1 de setembro de 2012 e 31 de julho de 2013, liquidou e exigiu, à impugnante, quantias ("taxas"), num total de €6.600,00 (€2.400,00 + €4.200,00), com fundamento, legal, explícito, no artigo 21º nº 4 da Tabela de Taxas, Licenças e Outras Receitas Municipais que consta do Anexo I ao Regulamento nº 364/2012, de 11 de junho, é obrigatório considerar que tal liquidação (nessa parte) padece de ilegalidade, por ser, declaradamente, inconstitucional tal normativo, fundamentador. De igual modo, o julgado, em 1ª instância, neste quadrante, tem de ser mantido, por não existir alternativa a essa consequência, decorrente, por imposição legal, da aludida declaração de inconstitucionalidade com força obrigatória geral; isto é, a sentença recorrida tem de ser confirmada, quanto à anulação do ato de liquidação impugnado, no que tange ao apontado quantitativo. Ao invés, quanto ao demais judiciado, a fundamentação de direito coligida não é suficiente, nem adequada, para se acolher a decretada procedência, integral, desta impugnação judicial. Por um lado, não se debruça sobre os demais normativos implicados na liquidação das importâncias pretendidas cobrar, pelo município, à impugnante, por outro, não tendo o TC declarado inconstitucional e, muito menos, com força obrigatória geral, o artigo 21º nº 2 alíneas a) e b) da Tabela de Taxas, Licenças e Outras Receitas Municipais, constantes do Anexo I ao Regulamento nº 364/2012 de 11 de junho, do município de Oeiras, impõe-se, ao tribunal recorrido, sem equívocos, versar e declarar a, eventual, desconformidade constitucional do mesmo, com as correspondentes implicações, que não são, como é óbvio, extensíveis a toda a dívida liquidada e exigida. Na medida em que, na sentença recorrida, se considerou "... prejudicada a apreciação das restantes questões suscitadas", sendo que, como na mesma se assume, somente, se cuidou do alegado nos artigos 75º e seguintes da petição inicial, importa que o tribunal de 1ª instância desenvolva as diligências que se mostrem necessárias à preparação e prolação de decisão final, onde sejam versadas (todas) as questões, ainda, pendentes, sem prejuízo do que fica, desde já, definitivamente, julgado. III. Ante o exposto, em conferência, na Secção de Contencioso Tributário do Supremo Tribunal Administrativo, acordamos: – conceder provimento (parcial) ao recurso e revogar a sentença recorrida, exceto na parte em julgou procedente a impugnação judicial, quanto à ilegalidade da liquidação impugnada, na parcela correspondente ao montante de €6.600,00 (€2.400,00 + €4.200,00), apurada com fundamento, legal, explícito, no artigo 21º nº 4 da Tabela de Taxas, Licenças e Outras Receitas Municipais que consta do Anexo I ao Regulamento nº 364/2012, de 11 de junho, do município de Oeiras; – remeter os autos, ao TAF de Sintra, para os fins acima definidos. Custas por recorrente e recorrida, na proporção do vencido, que se estabelece em 10,36% e 89,64%, respetivamente. Lisboa, 28 de abril de 2021. – Aníbal Augusto Ruivo Ferraz (relator) – Paula Fernanda Cadilhe Ribeiro – Francisco António Pedrosa de Areal Rothes.

4. Acórdão do Supremo Tribunal Administrativo (Processo nº 388/13.3BEAVR), 03-06-2020. 1. RELATÓRIO. 1.1 A sociedade acima identificada recorre para este Supremo Tribunal Administrativo da sentença do Juiz do Tribunal Administrativo e Fiscal de Aveiro, que julgou improcedente a impugnação judicial por ela deduzida, ao abrigo do disposto no artigo 16º, nº 4, do Regime Geral das Taxas das Autarquias Locais (RGTAL) e artigo 104º do Código de Procedimento e Processo Tributário (CPPT), contra as liquidações efectuadas pelo Município ora Recorrido de taxas relativas a licenças de bombas abastecedoras de combustíveis e de ar de um posto de abastecimento da área de serviço sita numa auto-estrada, relativas ao ano de 2013. 1.2 O recurso foi admitido, para subir imediatamente, nos próprios autos e com efeito meramente devolutivo e a Recorrente apresentou as alegações, com conclusões do seguinte teor: «a) Entre o Estado Português e a Brisa – Auto Estradas de Portugal, S.A, foi celebrado um contrato de concessão para a construção e exploração, em regime de portagem, da auto-estrada do norte, desde .... até aos .... (cfr. ponto 1 da matéria assente). Por contrato celebrado, em 28/10/1985, ao abrigo da Base 1, anexa ao Decreto-Lei nº 467/72, de 22 de novembro, na redacção dada pelo Decreto-Regulamentar nº 5/81, de 23 de janeiro, a Brisa – Auto Estradas de Portugal, S.A. cedeu à aqui impugnante, mediante o pagamento de uma remuneração, a

exploração da área de serviço da ......, cabendo àquela, enquanto entidade concessionária das auto-estradas, fiscalizar os serviços a prestar pela impugnante naquela área de serviço. b) Pelo que, outra conclusão não poderá extrair-se que não seja a de que o posto de abastecimento da área de serviço onde se encontram instaladas as bombas de abastecimento de combustíveis e as tomadas de ar e água em apreço, incluindo os imóveis nele implantados, pertencem ao domínio público do Estado e integram o estabelecimento da concessão à Brisa. c) Assim, constituindo prerrogativa da entidade concessionária a cedência de exploração das áreas de serviço a outra entidade e sendo as auto-estradas bens do domínio público do Estado e não das autarquias locais, não compete ao Município de Estarreja a cobrança de taxas pela instalação de bombas de abastecimento de combustíveis em áreas de serviço, como sucede nos presentes autos. d) Donde resulta que todas as competências em matéria de licenciamento, fiscalização ou outras sobre a área de serviço em referência, pertence ao domínio público do Estado, e são competências exclusiva da Brisa, Auto-Estradas de Portugal, S.A, enquanto entidade concessionária da Auto-Estrada do Norte, estando fora da alçada das atribuições e competências cometidas à administração local. e) Pelo que, atento acima exposto, fácil se torna concluir que os actos de liquidação de taxa impugnados se mostram feridos do vício de incompetência absoluta, sancionado com o desvalor da nulidade (cfr. artigo 103º/2 do CPA). Ao não ter assim concluído, incorreu a douta sentença em violação do disposto no citado artigo 103º/2 do CPA. f) Analisando o tributo em questão nos presentes autos, fácil se mostra concluir quê o mesmo não apresenta a natureza de taxa, já que não se vislumbra qualquer "(...) prestação concreta de um serviço do domínio público, na utilização de um bem do domínio público ou na remoção de um obstáculo jurídico ao comportamento dos particulares». g) Com efeito, os postos de abastecimento em questão nem utilizam para o seu funcionamento, quaisquer bens do domínio público ou semi-público da autarquia, inexistindo qualquer contraprestação da Câmara Municipal de Estarreja face ao pagamento da referida "taxa" pela ora recorrida, resultante da utilização privada de bens do domínio público e/ou privado camarário. h) E nem se diga que a mencionada taxa se mostra justificada, por força da prestação de serviços públicos locais no domínio e prevenção de riscos e da protecção civil, tendo sido intenção do Município de Estarreja "(...) criar uma espécie de "taxa de protecção civil", incidente sobre a instalação física (número de bombas ou aparelhos distribuidores de combustível ou ar) (...)". i) É certo que, entre o enunciado exemplificativo das taxas municipais, a Lei nº 53-E/2006, de 29 de dezembro, figura a «prestação de serviços no domínio da prevenção de riscos e da protecção civil» (artigo 6º, nº 1, alínea f.). Mas não é menos certo que estes serviços têm de assentar na prestação concreta de um (artigo 3º). É que o serviço concreto exige utilidades divisíveis (artigo 5º, nº 2). j) Porém, tal como resulta da matéria assente, "ao posto de abastecimento de .... não foram concretamente efectuadas (...) quaisquer diligências de fiscalização ou inspecção por parte dos serviços do Município de Estarreja que não tenham contrapartida outras taxas que não discutidas nos presentes autos (...) não foram efectuadas inspecções pelos bombeiros ou pela Protecção Civil". k) Nem se diga, que o tributo em questão possui a natureza de taxa, porquanto se integra no conceito de "poluidor/pagador". l) Com efeito, a ser admitido tal entendimento, não poderia deixar de se considerar que a norma contida nos pontos 7.1.2 e 7.2.2 do citado regulamento violaria os princípios do exclusivismo e da determinação a que se encontram sujeitas as taxas, porquanto não se mostram, plena e cabalmente, definidos todos os elementos do tributo. m) Na verdade, se o valor do tributo se encontra dependente do desgaste ambiental produzido, a verdade é que a partir do teor da supra referida norma o contribuinte não se mostra capaz de conseguir perceber de que forma é medido o alegado desgaste ambiental por parte da Edilidade (v.g., considerando a dimensão do posto ou o nº de automóveis diário), nem tão pouco o modo pelo qual o proprietário pagador poderá exigir a realização concreta de despesas, designadamente de conservação dos troços por si utilizados. n) De todo o modo, não poderá deixar de se referir que o impacto ambiental de um posto de abastecimento de combustíveis não é especial nem gravemente intenso. Se fosse de outro modo, a instalação de postos de revenda de combustíveis encontrar-se-ia sujeita a avaliação do impacto ambiental, nos termos do Decreto-Lei nº 69/2000, de 3 de maio e a verdade é que não está. o) A que acresce que o cumprimento das múltiplas regras técnicas a que devem obedecer os postos de abastecimento de combustíveis, no essencial, as da Portaria nº 131/2002, de 9 de fevereiro, permite justamente que a lesão dos recursos naturais tenha uma expressão mínima, razoável e sustentável. p) Por outro lado, no caso em apreço, a recorrida não beneficiou da remoção de qualquer obstáculo jurídico à actividade por si desenvolvida bastando, para tanto, atentar na própria previsão do tributo. q) Conforme se deixou acima dito, a Câmara Municipal de Estarreja não possui qualquer competência no que toca ao licenciamento para exploração do mencionado posto de abastecimento, porquanto o mesmo não se acha implantado numa rede viária municipal (não tendo, como tal, aquela Edilidade quaisquer poderes de licenciamento e/ou fiscalização), nem tão pouco em terreno do domínio público camarário. r) E nem se diga, como faz o recorrente, que a taxa impugnada integra uma componente de desincentivo às actividades poluidoras, componente essa que respeita o princípio da proporcionalidade porquanto distingue os postos de abastecimento que prestam abastecimento na via pública ou em prédio privado. s) É certo que a Lei nº 53-E/2006, de 29 de dezembro, veio admitir que, embora o valor da taxa esteja condicionado pelo custo da actividade pública ou pelo benefício auferido pelo particular (artigo 4º, nº 1), possa «ser fixado com base em critérios de desincentivo à prática de certos actos ou operações» (nº 2). t) Algo que o município de Estarreja parece a aplicar não apenas ao cálculo do valor da taxa, como também aos pressupostos da criação da taxa – tal qual mais um novo pressuposto – numa interpretação desconforme com a reserva constitucional do regime geral das taxas à lei parlamentar (artigo 165º, nº 2, da Constituição). u) Importa, no entanto, reforçar o cuidado na aferição da conformidade constitucional da norma contida no artigo 4º, nº 2 da Lei nº 53-E/2006 – demasiado aberta, quando aplicada sem mais – para evitar o arbítrio e não perder de vista o pressuposto necessário das taxas: a bilateralidade. v) Quando estas mesmas actividades de impacto ambiental já se encontram sujeitas à remoção de um obstáculo jurídico e a uma taxa devida por essa remoção – como sucede no caso dos presentes autos – nada consente ao regulamento presumir um especial impacto ambiental negativo (ao contrário do que sucede com as normas legislativas de incidência dos impostos). x) Não deve, pois, ser tratada como possuindo um impacto ambiental negativo a tributar, pois o que é de presumir é que a licença ou a autorização só foram deferidas, depois de garantido o cumprimento das prescrições que minimizam o impacto ambiental negativo e que já foi liquidada uma taxa pela licença ou autorização, cujo valor compreende o cálculo de externalidades ambientais a suportar pelo município. z) Finalmente, sempre se diga que o tributo criado pelo Município de Estarreja e aqui impugnado, à semelhança do que sucede com tributo de idêntica natureza criado pelo Município de Oeiras, insere-se "(...) numa constelação tributária em matéria de «unidades de abastecimento de combustível e tomadas de ar» que compreende vários tributos incidentes sobre diferentes parcelas ou equipamentos de um posto de abastecimento de combustíveis" (vide acórdão do Plenário do TC nº 379/2018). aa) Pelo que, em face do supra exposto, outra conclusão não poderá retirar-se que não seja a de que a norma regulamentar aplicada pela Câmara Municipal de Estarreja (pontos 7.1.2 e 7.2.2 da tabela de taxas do Regulamento Municipal de Taxas, Licenças e Outras Receitas do Município de Estarreja), aplicável a postos de combustível inteiramente instalados em domínio privado (ou domínio público do Estado) padece de inconstitucionalidade orgânica e formal, por violação do disposto nos artigos 103º, nº 2 e 165º, nº 1, alínea i) da Constituição da República Portuguesa. bb) O que significa que, sofrendo os referidos pontos 7.1.2 e 7.2.2 da tabela de taxas do Regulamento Municipal de Taxas, Licenças e Outras Receitas do Município de Estarreja (em que se fundaram a liquidações impugnadas) de inconstitucionalidade orgânica, não poderão deixar de se reputar de ilegais as liquidações efectuadas à sua sombra. cc) Ao não ter assim decidido, incorreu a douta sentença recorrida em erro de julgamento. Termos em que, sempre com o mui douto suprimento de V. Exas., deve ser o presente recurso julgado procedente, com as legais consequências». 1.3 O Recorrido apresentou contra-alegações, pugnando pela manutenção da sentença, com conclusões do seguinte teor: «1 – Sendo a Brisa uma empresa privada que apenas detém uma concessão do Estado não detém poderes de fiscalização e licenciamento, sendo que no contrato de exploração da estação de serviço outorgado com a recorrente está expresso que as taxas devidas a autarquias e decorrentes da exploração da estação de serviço são obrigação da recorrente. 2 – Numa taxa o sinalagma que a caracteriza não exige que a prestação do serviço seja contemporâneo com o pagamento e que o pagamento seja uma rigorosa contraprestação do serviço. 3 – A prestação do serviço subjacente à taxa pode estar expresso e dividido por várias acções promovidas pela autarquia em função do caso concreto da recorrente. 4 – O recorrido presta vários serviços específicos à recorrente. 5 – A taxa paga pela recorrente aquando da emissão do licenciamento, taxa paga ao poder central, destina-se a pagar o serviço de apreciação do pedido de licenciamento. A fiscalização acometida à autarquia e as exigências que em termos de prevenção e Plano de Emergência o posto de abastecimento determina exigem a prática de actos por parte do recorrente os quais devem ser pagos através da taxa em questão. 6 – Houve a preocupação por parte do recorrido em obediência ao princípio da proporcionalidade ajustar a taxa a valores distintos consoante o abastecimento de combustíveis decorra em prédio privado ou na via pública. 7 – Estando perante uma actividade notoriamente poluente e geradora de perigos ao abrigo do princípio do poluidor pagador deve o recorrente contribuir através do pagamento da taxa para as despesas que obriga o recorrido a ter, nomeadamente na monitorização da poluição no Rio ...... que passa junto à estação de serviço em causa (Estação de serviço do ......)». 1.4 Recebidos os autos neste Supremo Tribunal Administrativo, foi dada vista ao Ministério Público e o Procurador-Geral-Adjunto emitiu parecer no sentido de que o recurso não merece provimento, louvando-se na jurisprudência deste Supremo Tribunal, designadamente o acórdão de 15 de novembro de 2017, proferido no processo com o nº 173/15 (952/12.8BEAVR) e do Tribunal Constitucional, designadamente o acórdão nº 204/2019, proferido em 27 de março de 2019, no processo nº 78/18, que, reafirmando a jurisprudência do acórdão nº 316/2014, de 1 de abril de 2014, processo nº 204/12, confirmou o juízo de conformidade constitucional formulado no referido acórdão do Supremo Tribunal Administrativo. 1.5 Cumpre apreciar e decidir. 2. FUNDAMENTAÇÃO. 2.1 DE FACTO. A sentença recorrida efectuou o julgamento de facto nos seguintes termos: «1. Mediante contrato celebrado entre o Estado Português e a Brisa – Auto Estradas de Portugal, SA, o Estado atribuiu à Brisa a concessão da construção e exploração, em regime de portagem, da auto-estrada do norte (A1), desde .... até aos .... – alínea a) do nº 1 do Base I do Decreto nº 467/72, de 22 de novembro, cujas bases foram sucessivamente alteradas pelo Decreto Regulamentar nº 5/81, de 23 de janeiro, pelo Decreto-Lei nº 458/85, de 30 de outubro, e pelo Decreto-Lei nº 315/91, de 20 de agosto, e Decreto-Lei nº 294/97, de 24 de outubro; 2. Por contrato celebrado em 28/10/1985, posteriormente sujeito a alterações, a Brisa – Auto Estradas de Portugal SA cedeu à Shell Portuguesa, SARL, que posteriormente cedeu à agora Impugnante, mediante pagamento de uma remuneração, a exploração da área de serviço da ......, situada ao quilómetro .... da auto-estrada do norte (A1), freguesia de ......, concelho de Estarreja – fls. 44 a 87 dos autos e testemunhas; 3. As instalações da área de serviço de ...... situam-se em terreno pertencente à concessão da Brisa, em regime de subconcessão à Repsol, no território integrado no Concelho de Estarreja; 4. A área de serviço de .... está localizada fora dos aglomerados urbanos mais próximos; 5. A área de serviço de .... presta serviços 24 horas por dia; 6. À área de serviço de .... acedem diariamente vários milhares de veículos, cujos condutores e ocupantes utilizam as bombas de combustível, restaurantes, casas de banho e zonas de descanso, consomem água e geram lixos, efluentes e poluição; 7. Ao serviço da Impugnante, trabalham na área de serviço de .... 8 a 10 pessoas por cada turno; 8. Esses trabalhadores entram e saem da área de serviço pela auto-estrada ou pelo acesso exterior que dá para a rede viária municipal; 9. Ao posto de abastecimento de ...... não foram concretamente efectuadas, durante os anos de 2009 a 2012, quaisquer diligências de fiscalização ou inspecção por parte dos serviços do Município de Estarreja, que não tenham como contrapartida outras taxas que não as discutidas nos presentes autos; 10. No mesmo período e às mesmas instalações não foram feitas inspecções pelos bombeiros ou pela Protecção Civil; 11. Não foram efectuadas alterações no plano de tráfego ou acessibilidades aos postos de abastecimento de ....; 12. Existe uma unidade de tratamento de resíduos de abastecimentos e outra de tratamento de águas sanitárias, licenciada pela APA – Agência Portuguesa de Ambiente; 13. Na área do posto de abastecimento usa-se água para rega dos jardins proveniente de furo próprio e usa-se água da rede pública, mediante pagamento de retribuição específica diversa da taxa em causa nos presentes autos; 14. Os resíduos sólidos gerados na estação de serviços, incluindo a área de restauração e outras, são recolhidos pelos serviços do Município, mediante retribuição específica diversa da taxa em causa nos presentes autos; 15. O posto de abastecimento de .... vende anualmente vários milhões de litros de combustível e é abastecido por camiões cisterna que lá vão regularmente de 3 em 3 dias; 16. Os camiões cisterna de abastecimento do posto de combustível circulam pela auto-estrada; 17. Os vapores de combustível são geralmente recuperados pela Impugnante e transformados novamente em combustível; 18. Os reservatórios de combustível têm paredes duplas, com sensores que detectam fugas, e sujeitos a inspecção e manutenção regular; 19. A inspecção ao funcionamento e aferição das bombas de abastecimento é feita pela Direcção-Geral da Energia; 20. No Município de Estarreja existe um plano de emergência de protecção civil; 21. Do Plano Municipal de Emergência de Estarreja extracta-se: "3. IDENTIFICAÇÃO E CARACTERÍSTICAS DOS RISCOS. 3.1. RISCOS DE ORIGEM NATURAL (...). 3.2. RISCOS PROVOCADOS PELO HOMEM. 3.2.1. ACIDENTE INDUSTRIAL. A perigosidade pode revelar-se pela emissão de substâncias tóxicas, inflamáveis ou de outra forma contaminantes, bem como por incêndios ou explosões susceptíveis de desenvolvimento encadeado. Em Estarreja o tecido industrial é composto maioritariamente por pequenas/médias empresas inseridas em áreas industriais, e outras, pelas suas características, inseridas na malha urbana, não constituindo um risco elevado. Existem ainda pontos sensíveis ao nível do comércio e serviços que constituem pontos de risco de acidente, como por exemplo os postos de abastecimento de combustíveis. Para além do referido, a presença de um conjunto de empresas do Sector de Química de Base no Complexo Industrial de Estarreja, constitui um risco de importância considerável. A descrição deste risco encontra-se expressa em plano específico – Plano de Emergência Externo de Estarreja – (PEEE). 3.2.2. TRANSPORTE DE MATÉRIAS PERIGOSAS. O intenso tráfego rodo e ferroviário de transporte de mercadorias perigosas na área do Município obriga a uma atenção específica inerente ao risco, meios envolvidos e às zonas de circulação, algumas delas em locais de considerável densidade populacional. O perigo pode revelar-se pela emissão de substâncias tóxicas, inflamáveis ou contaminantes do ar, água e solo, bem como por incêndios ou explosões susceptíveis de desenvolvimento encadeado. O risco de transporte de mercadorias perigosas de e para o Complexo Químico de Estarreja está abrangido pelo Plano de Emergência Externo de Estarreja (PEEE). 3.2.3. ACIDENTES GRAVES DE TRÁFEGO. O Concelho é atravessado por várias vias importantes (especialmente a A1, A 29, E.N.109 e linha de Caminho de Ferro do Norte), pelo que existe o risco de ocorrência de acidentes graves de tráfego, rodoviário e/ou ferroviário." 22. Do referido Plano de Emergência Externo de Estarreja extracta-se: "3 – IDENTIFICAÇÃO E CARACTERÍSTICAS DOS RISCOS. 3.1 – COMPLEXO INDUSTRIAL. A presença de um conjunto de empresas do Sector de Química de Base no complexo Industrial de Estarreja constitui um risco que, desde cedo, começou a ser equacionado. Os perigos resultantes da presença deste Complexo Industrial estão directamente relacionados com a quantidade e características químicas, físicas e toxicológicas dos produtos armazenados e processados. Da análise destes produtos, evidenciam-se alguns que, pelas suas características e atendendo também à sua distância das zonas habitadas, podem, em caso de acidente no complexo, ter um impacto adverso na população e, como tal, exigir medidas de emergência junto desta.

Os riscos resultantes para a população podem ser caracterizados em duas situações tipo: – Emissão acidental de gás(es) tóxico(s), resultante da rotura de equipamento ou de um incêndio no Complexo Industrial; – Emissão de produto inflamável, tendo como possíveis consequências: Asfixia, quando priva o organismo do oxigénio do ar, atacando ou não as vias respiratórias. «Envenenamento, quando absorvido pelo organismo, por ingestão ou contacto, paralisa ou destrói os centros vitais. Explosão, quando em mistura com o ar, em determinadas proporções, provoca um rebentamento, normalmente seguido de incêndios. Vesicação, quando em contacto com a pele, provoca a sua destruição ou feridas graves de difícil cicatrização. As acções a desenvolver junto da população devem ter em consideração as concentrações verificadas junto desta, as quais são resultantes da quantidade de produto emitido, das condições de dispersão e da duração do evento. (...). 3.2 – TRANSPORTE DE MATÉRIAS PERIGOSAS. 3.2.1 – TRANSPORTE VIÁRIO DE MATÉRIAS PERIGOSAS. Pela existência de um Complexo Químico Industrial, o acidente com transporte de matérias perigosas é um risco importante a considerar. Os acidentes decorrentes do transporte de matérias perigosas são, na sua natureza, idênticos aos que podem ocorrer no Complexo Químico de Estarreja: – Derrame de produtos tóxicos; – Fuga de gás; – Incêndio e/ou explosão. O que diferencia este tipo de risco dos do Complexo é a variabilidade do local onde pode ocorrer o acidente, com consequências ambientais e impacto sobre as populações muito diferentes para o mesmo produto e uma resposta mais demorada das forças de socorro. Tentando minimizar as consequências de um acidente deste género, os percursos dos produtos manipulados no Complexo estão pré-estabelecidos, tendo em conta o afastamento das populações e a probabilidade de acidente. Para os transportes rodoviários de e para o Complexo Industrial, o itinerário seguido é o de acesso à auto-estrada. (...). 4 – ORGANIZAÇÃO DE EMERGÊNCIA. O Centro Municipal de Operações de Emergência de Protecção Civil de Estarreja (C.M.O.E.P.C.) é organizado da seguinte forma: (...) 23. No posto de abastecimento há extintores de incêndio e o pessoal tem formação para o seu uso, para combate a incêndios e para actos de primeiros socorros; 24. A Impugnante tem seguro de responsabilidade civil e de responsabilidade ambiental; 25. Por ofícios nº 10166 a 10173, de 27/11/2012, efectivamente recebidos em 29/11/2012, foi a agora Impugnante notificada, por carta registada com aviso de recepção, para proceder aos pagamentos das seguintes quantias: a) €263,65, referente a uma "licença" prevista no ponto 7.1.2 da Tabela Geral de Taxas, Licenças e Outras Receitas do Município de Estarreja, relativa ao processo nº 21/12, Tipo: 17 – Bomba Abastecedora de Gasóleo, instaladas no posto de abastecimento sito na área de serviço de ......, auto-estrada A1, sentido Sul/Norte; b) €1.054,60, referente a uma "licença" prevista no ponto 7.1.2 da Tabela Geral de Taxas, Licenças e Outras

Receitas do Município de Estarreja, relativa ao processo nº 22/12, Tipo: 25 – Quatro Bombas Abastecedoras de Gasolina98, Gasolina95 e Diesel, instaladas no posto de abastecimento sito na área de serviço de ......, auto-estrada A1, sentido Sul/Norte; c) €46,52, referente a uma "licença" prevista no ponto 7.2.2 da Tabela Geral de Taxas, Licenças e Outras Receitas do Município de Estarreja, relativa ao processo nº 23/12, Tipo: 19 – Duas Tomadas de Água, instaladas no posto de abastecimento sito na área de serviço de ...., auto-estrada A1, sentido Sul/Norte; d) €23,26, referente a uma "licença" prevista no ponto 7.2.2 da Tabela Geral de Taxas, Licenças e Outras Receitas do Município de Estarreja, relativa ao processo nº 24/12, Tipo: 20 – Tomada de Ar, instalada no posto de abastecimento sito na área de serviço de ......, auto-estrada A1, sentido Sul/Norte; e) €527,30, referente a uma "licença" prevista no ponto 7.1.2 da Tabela Geral de Taxas, Licenças e Outras Receitas do Município de Estarreja, relativa ao processo nº 25/12, Tipo: 17 – Duas Bombas Abastecedoras de Gasóleo, instaladas no posto de abastecimento sito na área de serviço de ...., auto-estrada A1, sentido Norte/Sul; f) €1.054,60, referente a uma "licença" prevista no ponto 7.1.2 da Tabela Geral de Taxas, Licenças e Outras Receitas do Município de Estarreja, relativa ao processo nº 26/12, Tipo: 25 – Quatro Bombas Abastecedoras de Gasolina98, Gasolina95 e Diesel, instaladas no posto de abastecimento sito na área de serviço de ......, auto-estrada A1, sentido Norte/Sul; g) €46,52, referente a uma "licença" prevista no ponto 7.2.2 da Tabela Geral de Taxas, Licenças e Outras Receitas do Município de Estarreja, relativa ao processo nº 27/12, Tipo: 19 – Duas Tomadas de Água, instaladas no posto de abastecimento sito na área de serviço de ...., auto-estrada A1, sentido Norte/Sul; h) €23,26, referente a uma "licença" prevista no ponto 7.2.2 da Tabela Geral de Taxas, Licenças e Outras Receitas do Município de Estarreja, relativa ao processo nº 28/12, Tipo: 20 – Tomada de Ar, instalada no posto de abastecimento sito na área de serviço de ...., auto-estrada A1, sentido Norte/Sul; 26. O Município de Estarreja liquidou o tributo em causa com base em normas (verba 7.1.2 e 7.2.2 da Tabela Geral das Taxas. Licenças e Outras Receitas do Município de Estarreja) que incidem sobre: "Instalações abastecedoras de carburantes líquidos, ar e água: 7.1 – Bombas de carburantes líquidos: 7.1.1 – Bombas ou aparelhos abastecedores de carburantes instalados ou abastecendo na via pública (...). 7.1.2 – Instaladas em propriedade particular e abastecendo no interior dela – por cada, por ano ou fracção --- valor €; 7.2 – Bombas de ar ou água: 7.2.1 – Bombas, aparelhos ou tomadas de ar ou de água, instaladas ou abastecendo na via pública (...). 7.2.2 – Instaladas inteiramente em propriedade particular e abastecendo no interior dela – por cada uma e por ano ou fracção --- Valor €"; 27. Em 2/1/2013 a agora Impugnante reclamou graciosamente das referidas liquidações, alegando incompetência e inconstitucionalidade; 28. Por ofício nº 1581, datado de 18/2/2013 e recebidos em 19/2/2013 foi a agora Impugnante notificada da decisão de indeferimento expresso das reclamações graciosas acima referidas; 29. Da referida notificação da decisão de indeferimento consta: "Tendo por base o despacho do Senhor Presidente datado de 11 de Janeiro de 2013, somos a notificar V. Exa: A reclamação apresentada pela Repsol Portuguesa, SA, é tempestiva, pois sendo o ofício desta Câmara a reclamar o pagamento da taxa em questão datado de 27/11/2012 e tendo a reclamação dado entrada nesta Câmara Municipal em 2/1/2013 está dentro do prazo de 30 dias prescrito no artigo 16º da Lei nº 53-E/2006. Nesta medida e respondendo à reclamação apresentada tomo desde já a liberdade de recordar que esta Autarquia já tomou decisões sobre casos iguais de cobrança de taxas à Repsol e que tais casos já mereceram decisões judiciais, como é do vosso conhecimento (Acórdão do Tribunal Central Administrativo do Norte), que se junta. Impendendo sobre o Município um dever legal de actuação e prevenção no que toca à poluição e protecção civil e tendo o município de Estarreja serviços organizados que prestam tal apoio e têm previstas actuações em caso de acidente na estação de serviço da recorrida, devem tais serviços ser pagos por quem deles beneficia. Mesmo ocorrendo o abastecimento integralmente em terreno privado, essa actividade não deixa de gerar os riscos que o plano de emergência de Estarreja procura acautelar, que o serviço municipal de protecção civil deve prever e responder. Mais gerando poluição que o serviço municipal de ambiente previne e combate. Para além dos serviços disponibilizados outros há, tal como os bombeiros locais, que são financiados pelo município e que se integram na cadeia de serviços prestados à reclamante. A Lei nº 159/99 prevê expressamente nos seus artigos 13º – 1 alíneas g), j), l) e 25º alíneas b), c) e d) a actuação da autarquia, sendo que a Lei nº 65/2007 faz recair no município a obrigação de prevenir os riscos, de fazer o levantamento, previsão, avaliação e prevenção dos riscos colectivos, o planeamento de situações de emergência, a criação do serviço de protecção civil. O actual Regime Geral das Taxas das Autarquias: Lei nº 53-E/2006, vem expressamente traduzir os princípios constitucionais já supra abordados prevendo a criação de tais taxas. Pelo exposto, resulta que a contrapartida que o município presta e que está na origem da cobrança da taxa, se traduz num dever legal de actuação e prevenção no que toca à poluição e protecção civil. a) A cobrança da taxa reporta-se ao ano de 2013; b) A base em que assenta a referida taxa é o Regulamento Municipal de Taxas, licenças e outras receitas desta Câmara; Em conclusão e face ao supra exposto considera-se improcedente e como tal indeferida a reclamação apresentada no acto de liquidação."; 30. A presente Impugnação foi remetida em carta registada ao Tribunal Administrativo e Fiscal de Aveiro em 19/4/2013 – vinheta colada no canto superior direito de fls. 2 dos autos». 2.2 DE DIREITO. 2.2.1 AS QUESTÕES A APRECIAR E DECIDIR. As questões que se suscitam no presente processo têm sido objecto de julgamento uniforme e reiterado por esta Secção de Contencioso Tributário, de que são exemplos o já referido acórdão de 15 de novembro de 2017, proferido no processo com o nº 173/15 (952/12.8BEAVR), bem como o acórdão de 12 de fevereiro p.p., proferido no processo com o nº 359/14.2BEAVR. Por outro lado, como judiciosamente realçou o Procurador-Geral-Adjunto, essa jurisprudência, no que se refere ao juízo de conformidade constitucional das taxas previstas no disposto nos pontos 7.1.2 e 7.2.2 do Regulamento Municipal da Tabela de Taxas, Licenças e Outras Receitas Municipais do Município de Estarreja (Publicado no Diário da República, 2ª série, de 26 de Março de 2010.), devidas por "bombas abastecedoras de carburantes líquidos e bombas de ar ou de água", foi confirmado pelo Tribunal Constitucional, cuja jurisprudência quanto à interpretação constitucional das normas constitucionais nos cumpre acatar. Assim, porque concordamos com o que ficou decidido naquele acórdão e porque, em face do disposto no artigo 8º, nº 3, do Código Civil, se nos impõe o respeito pela orientação jurisprudencial nele fixada, cumpre julgar improcedente o recurso e confirmar a sentença recorrida, com a fundamentação expendida no mais recente dos referidos acórdãos, para a qual ora remetemos, ao abrigo da faculdade que nos é concedida pelo nº 5 do artigo 663º do Código de Processo Civil, aplicável ex vi da alínea e) do artigo 2º do CPPT, tanto mais que as alegações, as contra-alegações e a matéria de facto dada como assente são em tudo idênticas às do presente processo. 2.2.2 CONCLUSÕES. Consequentemente, o recurso não será provido, formulando-se as seguintes conclusões, decalcadas do referido acórdão de 15 de novembro de 2017: I – As taxas previstas no disposto nos pontos 7.1.2 e 7.2.2 do Regulamento Municipal da Tabela de Taxas, Licenças e Outras Receitas Municipais do Município de Estarreja, devidas por "bombas abastecedoras de carburantes líquidos e bombas de ar ou de água" não assentam em qualquer atribuição ou competência para licenciar o posto de abastecimento de combustíveis, mas antes no poder de tributar os particulares beneficiários de utilidades prestadas ou geradas pela actividade do município, designadamente pela prestação de serviços no domínio da prevenção de riscos e da protecção civil ou sobre a realização de actividades dos particulares que oneram permanentemente o ambiente do município, aspectos estes não valorados no quadro do licenciamento. II – Tais taxas são legítimas à luz do artigo 3º do RGTAL, e não padecem de inconstitucionalidade por violação do princípio da legalidade tributária no sentido de reserva de lei formal, ínsito nos artigos 165º, nº 1, alínea i) e 103º, nº 2, da Constituição da República Portuguesa e também no art. 8º da Lei Geral Tributária. 3. DECISÃO. Em face do exposto, os juízes da Secção do Contencioso Tributário deste Supremo Tribunal Administrativo acordam, em conferência, em negar provimento ao recurso. Custas pela Recorrente. Lisboa, 3 de Junho de 2020. – Francisco António Pedrosa de

Areal Rothes (relator) – Joaquim Manuel Charneca Condesso – Nuno Filipe Morgado Teixeira Bastos.

5. Acórdão do Supremo Tribunal Administrativo (Processo nº 1014/08.8BEALM 090/18), 06-11-2019. I – Relatório. Vem interposto recurso jurisdicional por MUNICÍPIO DO BARREIRO, visando a revogação da sentença de 06-10-2017, do Tribunal Administrativo e Fiscal de Almada, que julgou procedente a impugnação intentada por A..., LDA., na qual peticionava a anulação de taxa devida pelo licenciamento de painéis publicitários, efectuada pelo Município do Barreiro, no valor de €64.570,00 e referente ao ano de 2008. Não se conformando, nas suas alegações, formulou a entidade recorrente MUNICÍPIO DO BARREIRO as seguintes conclusões: "1 – Nos autos discute-se a aplicação do Regulamento de Liquidação e cobrança de Taxas, Licenças e Autorizações do Município do Barreiro aprovado em 10 de outubro de 2006, alterado em 7 de Março de 2008. 2 – O Tribunal a quo decidiu não aplicar o Regulamento Municipal supra referido, uma vez que, no entender da Mmª Juiz, na alteração do citado Regulamento Municipal, de 7/3/2008 não foi respeitado o disposto no artigo 8º nº 2 alínea c) da Lei 53-E/2006, de 29 de dezembro, que aprovou o Regime Geral das Taxas das Autarquias Locais (RGTAL). 3 – O Tribunal a quo entendeu que, não obstante o que dispõe o artigo 17º da Lei nº 53-E/2006, de 29 de dezembro (RGTAL), a al. c) do nº 2 do artigo 8º estava em vigor e, como tal, na alteração regulamentar deveria ter sido acompanhada de fundamentação económico financeira. 4 – Salvo o devido respeito, tal interpretação esvazia de sentido o artigo 17º da referida Lei nº 53-E/2006, de 29 de dezembro, que só comina com a revogação automática os regulamentos que no dia 30/4/2010 não cumpram com aquilo que se prevê neste mesmo regime. 5 – Resulta daquele preceito, conjugado com o artigo 8º do mesmo diploma que, os regulamentos de taxas em vigor deverão adaptar-se às exigências do artigo 8º até à data prevista no artigo 17º, considerando-se revogadas as taxas em questão sempre que essa adaptação não suceda. 6 – Por isso, os regulamentos de taxas entrados em vigor depois de 30 de abril de 2010 deverão obedecer a estas exigências, considerando-se total ou parcialmente nulas as suas disposições quando essa obediência não se verifique. 7 – Ora, a situação dos autos não se inscreve em nenhum das situações supra referidas, porque na data da alteração regulamentar, mas sobretudo na data em que ocorreu a liquidação sub judice, antes de 30 de abril de 2010, a norma não se considerava automaticamente revogada. De sublinhar, que o facto do artigo 18º do RGTAL prever que o RGTAL entra em vigor em 1 de janeiro de 2007, não significa que todas as normas que o compõem entrem em vigor na mesma data. 8 – Por isso, o Regulamento de Liquidação e Cobrança de Taxas, Licenças e Autorizações do Município (publicado em DR II Série de 12 de dezembro de 2006 – Apêndice 85), alterado por deliberação de 7/3/2008

estava plenamente em vigor à data da respectiva liquidação, i.e., em 2 de junho de 2008, quando ainda faltavam mais de dois anos para que os Municípios procedessem à global alteração dos seus regulamentos para darem resposta e cumprimento ao artigo 8º do RGTAL. 9 – Aliás, mesmo que assim se não entendesse, resulta da própria letra do artigo 8º nº 2 do RGTAL que é nula exclusivamente a criação de taxas, para significar que é apenas e tão só a criação das mesmas que se considera que fica sujeito ao novo regime legal. O Município do Barreiro não criou a taxa que já existia no supra referido Regulamento de Liquidação e Cobrança de Taxas, Licenças e Autorizações do Município de 12 de Dezembro de 2006, mas limitou-se a modificar o valor da mesma. 11 – O Tribunal a quo não interpretou correctamente o artigo 8º do RGTAL, à luz do que se acha previsto no artigo 17º do RGTAL, (em que se prevê o regime transitório para a adaptação dos Regulamentos Municipais, ao que dispõe esse mesmo regime geral). 12 – A douta sentença padece, por isso, de erro na determinação do direito aplicável. Na interpretação que o Tribunal a quo faz dos preceitos em análise (conjugação do artigo 17º e artigo 8º nº 2 alínea c)) o Município deveria ter observado na alteração do Regulamento, em Março de 2006, a exigência legal, que só determinou revogação dos demais regulamentos que com ela fossem desconformes em 30/4/2010! Nestes termos e nos melhores de Direito, revogando a decisão recorrida e mantendo o acto de liquidação na Ordem Jurídica, farão a costumada JUSTIÇA." A recorrida A............, LDA., formulou contra-alegações em que pugna pela manutenção do julgado, embora sem estruturar conclusões. Neste Supremo Tribunal Administrativo, o Exmo. Procurador-Geral Adjunto, notificado nos termos do artigo 146º, nº 1, do CPTA, pronunciou-se no sentido de que deve ser negado provimento ao recurso, no parecer que se segue e que se transcreve na parte que interessa: "(...) Na verdade, verifica-se, efetivamente, a ilegalidade da taxa em que se fundou a liquidação, porque inexistiu qualquer estudo prévio de fundamentação económico-financeira, o que afronta o disposto no artigo 8º, nº 2, alínea c), da citada Lei 53-E/2006, de 29 de dezembro. Assim, ressuma do processado, mormente do facto levado à alínea H) do probatório, que não houve qualquer estudo ou outro elemento que permitisse alcançar a justificação para a fixação do concreto montante da taxa aprovada e cobrada à Impugnante A......, L.da. Acresce que essa omissão infringe diretamente a lei, especificamente o aludido artigo 8º, nº 2, alínea c), do RGTAL. Em adição, a essa consequência não obsta a consagração expressa da norma transitória contemplada no artigo 17º do mesmo diploma. Efetivamente, na ótica do Ministério Público, o legislador curou aí de enunciar o limite máximo do horizonte temporal em que os regulamentos vigentes teriam de ser alterados, a fim de se adequar e, ademais, respeitar o regime jurídico previsto no RGTAL, ou seja, sem prejuízo da sua aplicação imediata, se acaso os mesmos regulamentos fossem objeto de alteração, como ocorreu, no caso em presença. A ser assim, o Ministério Público revê-se nas sagazes e certeiras considerações aduzidas na sentença em crise, segundo as quais "(...) No caso concreto, o Regulamento de Liquidação e Cobrança de Taxas, Licenças e Autorizações do Município do Barreiro foi publicado no Diário da República, II série, de 12/12/2006 e foi parcialmente alterado por deliberação da Assembleia Municipal do Barreiro, em 07/03/2008, mediante proposta da respetiva Câmara Municipal. Ora, esta alteração ao regulamento que ocorreu em 07/03/2008, em plena vigência do RGTAL, deveria ter observado as regras nele consagradas, designadamente, "a fundamentação económico-financeira relativa ao valor das taxas, designadamente os custos diretos e indiretos, os encargos financeiros, amortizações e futuros investimentos realizados ou a realizar pela autarquia local", prevista na alínea c) do nº 2 do artigo 8º da Lei nº 53-E/2006. (...)". De resto, ainda que assim não se entendesse, o Ministério Público corrobora a tese defendida pela Recorrida A..., L.da, no âmbito das suas hábeis contra-alegações, de que a fixação da taxa municipal em causa sempre afrontaria os princípios da fundamentação económico-financeira das taxas, da equivalência e da proporcionalidade, proclamados nos artigos 266º, nº 2 268º, nº 3, ambos da CRP e 4º, nº 2, da Lei Geral Tributária. E, em abono desta abordagem da natureza das taxas e da exigência de bilateralidade ou reciprocidade de prestações, chama-se à colação o douto aresto do STA, de 03/12/2014, no Processo nº 01273/13. Ainda em prol deste entendimento, permitimo-nos invocar o douto Acórdão do TCA Sul, de 17/01/2012, tirado no Processo nº 4796/11.(...)" 3. Consagra o artigo 8, nº 2, da Lei 53-E/2006, de 29 de dezembro (diploma que prevê o Regime Geral das Taxas das Autarquias Locais) exigências precisas para a edição dos regulamentos locais de taxas. A norma em causa obriga as autarquias à enunciação clara da base de incidência, da base de cálculo, das isenções e modo de pagamento das taxas locais, mais exigindo, a par destes elementos, que se explicite a fundamentação económica e financeira das taxas criadas, tudo sob pena de nulidade do diploma em causa. 4. Especificamente, no que respeita à fundamentação económica e financeira das taxas criadas refere a norma (cfr. artigo 8, nº 2, alínea c), do Regime Geral das Taxas das Autarquias Locais), que o valor dos tributos deve levar em consideração, designadamente, os custos diretos e indiretos, os encargos financeiros, as amortizações e os investimentos realizados, ou a realizar, pela autarquia local. Na estruturação da fundamentação económico-financeira da taxa criada a autarquia deve levar em consideração, desde logo, o princípio da equivalência jurídica consagrado no artigo 4, do Regime Geral das Taxas das Autarquias Locais". Os autos vêm à conferência corridos os vistos legais. 2. FUNDAMENTAÇÃO: 2.1. – Dos Factos: Na decisão recorrida foi fixado o seguinte probatório reputado relevante para a decisão: A) – A impugnante dedica-se à actividade publicitária. B) – Em 14 de

Janeiro de 2008, a ora impugnante dirigiu à Câmara Municipal do Barreiro pedido de renovação das licenças de publicidade exterior para o ano de 2008. C) – Por ofício nº 3223 de 24 de Junho de 2008 a Câmara Municipal do Barreiro comunicou à ora impugnante que deveria proceder ao pagamento de €64.750,00 referente a taxas pela afixação de painéis referente ao 2º trimestre de 2008. D) – Consta ainda do ofício mencionado na alínea anterior que "Podem V. Exªs reclamar desta liquidação ou impugná-la nos termos gerais de direito e especificamente ao abrigo do artigo 16º do Regulamento Geral das Taxas das Autarquias Locais aprovado pela Lei 53-E/2006 de 29 de dezembro". E) – Em 17/07/2008 foi apresentada pela ora impugnante reclamação invocando que o faz ao abrigo do artigo 16º do Regulamento Geral das Taxas das Autarquias Locais. F) – Por ofício nº 4700 de 18 de setembro de 2008 a Câmara Municipal do Barreiro informou a impugnante sobre a resposta à reclamação mencionada na alínea anterior. G) – Em 19/11/2008 foi enviada por registo postal a petição de impugnação. H) – Em 02/06/2016, o Município do Barreiro informa este tribunal que no ano de 2008 "a alteração promovida ao Regulamento de Taxas não foi acompanhada do estudo económico-financeiro". 2.2. – Motivação de Direito. O objecto do recurso é delimitado pelas conclusões das respectivas alegações, nos termos dos artigos 144º nº 2 e 146º nº 4 do CPTA e dos artigos 5º, 608º nº 2, 635º números 4 e 5 e 639º do CPC novo (aprovado pela Lei nº 41/2013, de 26 de junho) ex vi dos artigos 1º e 140º do CPTA (correspondentes aos artigos 660º nº 2, 664º, 684º números 3 e 4 e 690º do CPC antigo). No caso, em face dos termos em que foram enunciadas as conclusões de recurso pelo Município recorrente, a questão que cumpre decidir subsume-se a saber se a decisão vertida na sentença, a qual julgou procedente a impugnação intentada pela ora recorrida, padece de erros de julgamento que teriam resultado na violação dos artigos 17º e 8º, nº 2, alínea c) do Regime Geral das Taxas das Autarquias Locais, aprovado pela Lei nº 53-E/2006, de 29 de dezembro. Na sentença recorrida foi decidido não aplicar o supracitado Regulamento Municipal com fundamento em que, na alteração ao mesmo introduzida em 7/3/2008, não foi acatado o disposto no artigo 8º nº 2 al. c) da Lei 53-E/2006, de 29 de dezembro, que aprovou o Regime Geral das Taxas das Autarquias Locais (RGTAL) e que, mesmo em vista do ordenado no artigo 17º da Lei nº 53-E/2006, de 29 de dezembro (RGTAL), a al. c) do nº 2 do artigo 8º estava em vigor o que obrigava a que a alteração regulamentar fosse acompanhada de fundamentação económico financeira. Dissentindo desta argumentação, o recorrente ampara que essa interpretação esvazia de sentido o artigo 17º da referida Lei 53-E/2006, de 29 de dezembro, que só comina com a revogação automática os regulamentos que no dia 30/4/2010 não cumpram com aquilo que se prevê neste mesmo regime, ou seja, resulta daquele preceito, conjugado com o artigo 8º do mesmo diploma que, os regulamentos de taxas em vigor deverão adaptar-se às exigências do artigo 8º até à data prevista no artigo 17º, considerando-se revogadas as taxas em questão sempre que essa adaptação não suceda. Enfim, segundo o recorrente os regulamentos de taxas entrados em vigor depois de 30 de abril de 2010 deverão obedecer a estas exigências, considerando-se total ou parcialmente nulas as suas disposições quando essa obediência não se verifique mas, a situação dos autos não se inscreve em nenhum das situações supra referidas, porque na data da alteração regulamentar, mas sobretudo na data em que ocorreu a liquidação sub judice, antes de 30 de abril de 2010, a norma não se considerava automaticamente revogada, acrescendo que o facto do artigo 18º do RGTAL prever que o RGTAL entra em vigor em 1 de janeiro de 2007, não significa que todas as normas que o compõem entrem em vigor na mesma data. É por assim entender que conclui que o Regulamento de Liquidação e Cobrança de Taxas, Licenças e Autorizações do Município (publicado em DR II Série de 12 de Dezembro de 2006 – Apêndice 85), alterado por deliberação de 7/3/2008 estava plenamente em vigor à data da respectiva liquidação, i.e., em 2 de junho de 2008, quando ainda faltavam mais de dois anos para que os Municípios procedessem à global alteração dos seus regulamentos para darem resposta e cumprimento ao artigo 8º do RGTAL, sendo que, mesmo a entender o contrário, emerge da própria letra do artigo 8º nº 2 do RGTAL que é nula exclusivamente a criação de taxas, para significar que é apenas e tão só a criação das mesmas que se considera que fica sujeito ao novo regime legal. E o Município do Barreiro não criou a taxa que já existia no supra referido Regulamento de Liquidação e Cobrança de Taxas, Licenças e Autorizações do Município de 12 de dezembro de 2006, mas limitou-se a modificar o valor da mesma. Em contraposição, a recorrida e o Ministério Público, consonantes, perfilham o entendimento de que, no caso concreto, o Regulamento de Liquidação e Cobrança de Taxas, Licenças e Autorizações do Município do Barreiro foi publicado no Diário da República, II série, de 12/12/2006 e foi parcialmente alterado por deliberação da Assembleia Municipal do Barreiro, em 07/03/2008, mediante proposta da respectiva Câmara Municipal. Ora, em alinhamento com a tese da sentença, entendem a recorrida e o EPGA que esta alteração ao regulamento que ocorreu em 07/03/2008, em plena vigência do RGTAL, deveria ter observado as regras nele consagradas, designadamente, "a fundamentação económico-financeira relativa ao valor das taxas, designadamente os custos diretos e indiretos, os encargos financeiros, amortizações e futuros investimentos realizados ou a realizar pela autarquia local", prevista na alínea c) do nº 2 do artigo 8º da Lei nº 53-E/2006. (...)". Apreciando. Como é manifesto, a questão nuclear radica na correcta hermenêutica do artigo 8º do RGTAL, à luz do que se acha previsto no artigo 17º do RGTAL o qual estabelece o regime transitório para a adaptação dos Regulamentos Municipais, para determinar se o Município deveria ter observado na alteração do Regulamento, em março de 2008, a exigência legal, que limitou a revogação dos demais regulamentos que com ela fossem desconformes em 30/4/2010. Ora, sobre a primeira vertente da questão, não subsistem dúvidas de que o facto tributário da Taxa em apreço referente ao ano de 2008 ocorreu nesse mesmo ano. E é inquestionável que o artigo 8º, nº 2, alínea c), do RGTAL, impõe que "2 – O regulamento que crie taxas municipais ou taxas das freguesias contém obrigatoriamente, sob pena de nulidade: c) A fundamentação económico-financeira relativa ao valor das taxas, designadamente os custos directos e indirectos, os encargos financeiros, amortizações e futuros investimentos realizados ou a realizar pela autarquia local;". Há ainda que atentar no disposto no artigo 17º, alínea a), do RGTAL que estabelece o regime transitório e que determina que "As taxas para as autarquias locais actualmente existentes são revogadas no dia 30 de abril de 2010, salvo se, até esta data: a) Os regulamentos vigentes forem conformes ao regime jurídico aqui disposto; b) Os regulamentos vigentes forem alterados de acordo com o regime jurídico aqui previsto." Do que vem dito decorre com inteira clareza que uma vez que o facto tributário ocorreu em 2008, o Regulamento só não estaria, por força do regime transitório previsto no artigo 17º, alínea a), do RGTAL, obrigado a conter a fundamentação económico-financeira relativa ao valor da Taxa se não estivesse conforme ao regime jurídico disposto nesse diploma. Vale isto por dizer que estando em causa uma Taxa cujo facto gerador ocorreu em 2008, ou seja, durante o período transitório previsto no artigo 17º, alínea a), do RGTAL, o Regulamento em causa já era aplicável com a alteração nele introduzida por aplicação do inciso do artigo 17º, al. a) à situação em apreço. Na verdade, na norma transitória do artigo 17° referido "As taxas para as autarquias locais atualmente existentes são revogadas no início do segundo ano financeiro subsequente à entrada em vigor da presente lei, salvo se, até esta data: a) Os regulamentos vigentes forem conformes ao regime jurídico aqui disposto; b) Os regulamentos vigentes forem alterados de acordo com o regime jurídico aqui previsto.". Com bem denota a sentença, o corpo desta norma foi posteriormente alterado (mantendo-se as suas alíneas) pela Lei nº 64-A/2008 de 31 de dezembro e pela Lei nº 117/2009 de 29 de dezembro. E a redacção dada pela Lei nº 64-A/2008 de 31 de dezembro era a seguinte "As taxas para as autarquias locais atualmente existentes são revogadas no início do 3º ano financeiro subsequente à entrada em vigor da presente lei, salvo se, até esta data (...)". Por seu turno, a redacção conferida pela Lei nº 117/2009 de 29 de dezembro apontava para que "As taxas para as autarquias locais atualmente existentes são revogadas no dia 30 de abril de 2010, salvo se, até esta data (...)". Impõe-se, por isso, concluir que ocorria uma revogação automática das taxas das autarquias locais caso não fossem adaptadas de acordo com o regime previsto no RGTAL, às seguintes datas, por ordem, 01/01/2009, 01/01/2010 e 30/04/2010. Contudo e como se enfatiza na sentença recorrida, a existência dessa revogação automática, não afasta a necessidade de que uma alteração regulamentar não tenha de respeitar as regras consagradas no RGTAL, designadamente quanto à exigência de fundamentação económico-financeira prevista na citada alínea c) do nº 2 do artigo 8º. Ora e continuando a sufragar o discurso fundamentador da sentença, no caso concreto o Regulamento de Liquidação e Cobrança de Taxas, Licenças e Autorizações do Município do Barreiro foi publicado no Diário da República, II série, de 12/12/2006 e foi parcialmente alterado por deliberação da Assembleia Municipal do Barreiro em 07/03/2008 mediante proposta da respectiva Câmara Municipal. Com esta alteração ao regulamento que aconteceu em 07/03/2008, em plena vigência do RGTAL, deveria ter observado as regras nele consagradas, designadamente, "a fundamentação económico-financeira relativa ao valor das taxas, designadamente os custos diretos e indiretos, os encargos financeiros, amortizações e futuros investimentos realizados ou a realizar pela autarquia local", prevista na alínea c) do nº 2 do artigo 8º da Lei nº 53-E/2006. O certo é, como se enfatiza na sentença e objectivam os autos, o Município do Barreiro informou expressamente o tribunal que a alteração promovida ao Regulamento de Taxas não foi acompanhada do estudo económico-financeiro (cfr. alínea H) do probatório), por entender que só a partir de 01/01/2010 é que os regulamentos deviam conter essa fundamentação face ao artigo 17º da mesma lei. Mas, como já antevisto, a alteração ao Regulamento verificada em 07/03/2008 deveria ter sido acompanhada do estudo económico-financeiro, e não o tendo sido, o referido regulamento padece de nulidade nos termos da alínea c) do nº 2 do artigo 8º do RGTAL, pelo que consequentemente a liquidação de taxa ora impugnada deve ser anulada. Ao lavrar nesse entendimento, a sentença recorrida é assertiva pois, como decorre das normas transcritas, a publicação do RGTAL, em 29/12/2006, com entrada em vigor 1/01/2007, implicou que, sob pena de nulidade, os regulamentos de aprovação de regulamentos prevendo taxas das autarquias locais passassem a conter um conjunto de elementos, entre os quais, a fundamentação económico financeira relativa ao valor das taxas. Por sua vez, o artigo 17º do mesmo corpo de normas, dava até 30/04/2010 para que os regulamentos já aprovados viessem a pôr-se conforme as novas exigências contidas no RGTAL, sob pena de serem revogados e a alteração de que foi alvo o Regulamento tem de ser valorada no sentido de que, com ela, se operou a sua conformação como o RGTAL. Assim sendo e na senda do Acórdão do TCA Sul, de 17/04/2012, tirado no Processo nº 4796/11 e relatado pelo ora 1º adjunto desta formação, "(...) 3. Consagra o artigo 8º, nº 2, da Lei 53-E/2006, de 29 de dezembro (diploma que prevê o Regime Geral das Taxas das Autarquias Locais) exigências precisas para a edição dos regulamentos locais de taxas. A norma em causa obriga as autarquias à enunciação clara da base de incidência, da base de cálculo, das isenções e modo de pagamento das taxas locais, mais exigindo, a par destes elementos, que se explicite a fundamentação económica e financeira das taxas criadas, tudo sob pena de nulidade do diploma em causa. 4. Especificamente, no que respeita à fundamentação económica e financeira das taxas criadas refere a norma (cfr. artigo 8º, nº 2, alínea c), do Regime Geral das Taxas das Autarquias Locais), que o valor dos tributos deve levar em consideração, designadamente, os custos diretos e indiretos, os encargos financeiros, as amortizações e os investimentos realizados, ou a realizar, pela autarquia local. Na estruturação da fundamentação económico-financeira da taxa criada a autarquia deve levar em consideração, desde logo, o princípio da equivalência jurídica consagrado no artigo 4º, do Regime Geral das Taxas das Autarquias Locais". Entendemos, por referência ainda à doutrina fixada no acórdão do S.T.A. de 27-9-2017, proferido no processo 479/16, que ocorre ilegalidade por falta de fundamentação económico-financeira já que em 2008, ano a que se reporta, já tinha cessado o regime transitório previsto no R.G.T.A.L. A sentença recorrida, que assim decidiu, não merece censura e deve ser confirmada. 3. – DECISÃO. Nesta conformidade, acordam, em conferência, os Juízes da Secção de Contencioso Tributário do Supremo Tribunal em negar provimento ao recurso e confirmar a decisão recorrida. Custas pelo recorrente. Lisboa, 6 de Novembro de 2019. – José Gomes Correia (relator) – Joaquim Condesso – Paulo Antunes.

6. Acórdão do Tribunal Central Administrativo Sul (Processo nº 6359/13), 09-04-2013. Sumário: I) Ao TCA assiste o poder de alterar a decisão de facto fixada pelo tribunal "a quo" desde que ocorram os pressupostos vertidos no artigo 712º, nº 1 do CPC, incumbindo-lhe, nessa medida, reapreciar as provas em que assentou a decisão impugnada objecto de controvérsia, bem como apreciar oficiosamente outros elementos probatórios que hajam servido de fundamento à decisão sobre aqueles pontos da factualidade controvertidos. II) A EDP não beneficia de qualquer isenção das taxas por utilização/ocupação do espaço aéreo de bens do domínio público do Município com cabos condutores e similares nas suas linhas de alta tensão, na ausência de norma positiva que a consagre, quando a mesma havia outorgado com o Município um contrato de concessão, mas apenas relativamente às linhas de baixa tensão; III) Deve qualificar-se de taxa, por ter natureza sinalagmática, o tributo liquidado por um município como contrapartida pela utilização do subsolo com tubos e condutas uma vez que o seu montante se destina a pagar a utilização individualizada do subsolo onde as mesmas foram colocadas, sendo que o facto de a impugnante ser concessionária de um serviço público não afasta a qualificação do tributo como taxa, pois, a par da satisfação do interesse público, a sua actividade proporciona-lhe

a satisfação dos seus interesses como empresa comercial privada. IV) Os denominados Postos de Transformação integram a rede de Baixa Tensão que se encontra concessionada à ora Recorrente, de modo que, considerando que as infra-estruturas de rede em Baixa Tensão não estão sujeitas à taxa de ocupação, sempre se terá de concluir que os actos de liquidação impugnados foram praticados, também na parte em que reflectem a liquidação das taxas relativas aos Postos de Transformação, em erro sobre os pressupostos de direito, e que, nessa medida, são ilegais. V) O Recorrido só tem legitimidade para cobrar taxas pela ocupação do domínio público e do domínio privado municipal, não podendo, por consequência, tributar a ocupação, nem do domínio privado, nem do domínio público do Estado. VI) No caso, tem de entender-se que a fundamentação externada pelo Recorrido satisfaz o requisito de fundamentação exigível, do ponto de vista formal, sendo suficiente porque permite a reconstituição do iter cognoscitivo que determinou a decisão, sendo a presente impugnação a prova clara dessa situação, dado que, a Recorrente evidencia que percepcionou de forma clara toda a realidade que envolve as liquidações em apreço, discutindo os elementos que integram a mesma, matéria depois desenvolvida no âmbito do presente recurso, o que permitiu como que a apreciação do mérito substancial das referidas liquidações. VII) Tendo sido apresentada impugnação judicial e formulado pedido de indemnização pela prestação de garantia que comprovou ter prestado, observados os requisitos, de tempo, modo e lugar de exercício do seu direito indemnizatório e alegados e verificados os pressupostos de reconhecimento desse direito à indemnização pela prestação de garantia indevida já que, não fora aquela indevida liquidação e errada actuação dos serviços, a Recorrente não teria sido forçada a prestar aquela garantia bancária com o âmbito descrito e, consequentemente, a incorrer em despesas. VIII) A falta de quantificação dos prejuízos (quantum do custo da garantia bancária) não contende, em definitivo, nesta primeira apreciação, com aquele reconhecimento impondo-se, somente, que o apuramento dos mesmos prejuízos seja realizado em momento posterior em incidente de execução de sentença.

Comentário:

1. Enquadramento das contraprestações por serviços locais.
2. Preços e tarifas. Contraprestação por "serviços públicos locais" em cuja fixação do valor as autarquias locais se devem orientar por critérios de mercado (cobertura de custos). Relação jurídica bilateral identificada pela prestação do serviço.
3. Taxas. Contraprestação por "serviços públicos locais" cujo valor tem de ser fixado pelas autarquias locais com respeito pelo princípio da proporcionalidade. Relação jurídica bilateral identificada pela prestação do serviço.

4. Impostos municipais. Prestações pecuniárias coactivas impostas por lei e consignadas ao financiamento municipal (com o reconhecimento da possibilidade de exercício de alguns poderes tributários locais), baseadas na capacidade contributiva expressa em factos tributários como o rendimento ou o património. Ausência de bilateralidade.

5. Só com a proporcionalidade entre o valor da taxa e a contrapartida assegurada pelo ente público, está garantida a natureza sinalagmática da taxa.

6. O sujeito passivo da taxa pode até não retirar nenhuma utilidade/benefício do serviço público.

7. O nº 2 deste artigo permite exatamente que a parte da taxa que ultrapassa o custo do serviço prestado, possa ser imputada a uma função desincentivadora da prática de certo tipo de atos.

8. O montante da taxa não pode ser manifestamente desproporcionado, sob pena de estarmos perante um imposto, com a consequente inconstitucionalidade.

9. Este é um princípio estruturante das taxas locais.

10. "As noções da equivalência jurídica e da equivalência económica prendem-se com diferentes planos de análise das taxas, a primeira respeitando à delimitação conceitual das taxas, a segunda respeitando à sua legitimação material (...) (equivalência jurídica) trata-se de apurar se ela é cobrada em função de uma prestação efetivamente provocada ou aproveitada pelo particular, distinguindo-a das contribuições e dos impostos (...) (equivalência económica) (...) trata-se de apurar se o seu montante corresponde ao custo ou valor das prestações que as autarquias dirigem a quem a paga e de saber se com isso se respeitarem os princípios da igualdade e da proporcionalidade." in Vasques, Sérgio, (2008), Regime das Taxas Locais. Introdução e comentário. Cadernos IDEFF. Nº 8. Almedina. Coimbra. 2008.

11. O princípio da equivalência constitui, portanto, uma manifestação da igualdade tributária materialmente adequada às taxas, através duma adequação ao custo ou valor das prestações administrativas.

Artigo 5º – Princípio da justa repartição dos encargos públicos

1 – A criação de taxas pelas autarquias locais respeita o princípio da prossecução do interesse público local e visa a satisfação das necessidades financeiras das autarquias locais e a promoção de finalidades sociais e de qualificação urbanística, territorial e ambiental.

2 – As autarquias locais podem criar taxas para financiamento de utilidades geradas pela realização de despesa pública local, quando desta resultem utilidades divisíveis que beneficiem um grupo certo e determinado de sujeitos, independentemente da sua vontade.

Jurisprudência:

1. Acórdão do Tribunal Constitucional nº 34/2018 de 31-01-2018. Acordam na 3ª Secção do Tribunal Constitucional. I – RELATÓRIO. 1. Nos presentes autos, vindos do Tribunal Administrativo e Fiscal de Almada, em que é recorrente o MINISTÉRIO PÚBLICO e recorrida a A., S.A., foi interposto recurso, ao abrigo do disposto na alínea a) do nº 1 do artigo 70º da Lei do Tribunal Constitucional (doravante, «LTC»), em 11 de abril de 2017, da sentença proferida por aquele Tribunal, em 27 de março de 2017, que recusou, com fundamento em violação do princípio constitucional da legalidade tributária, no sentido de reserva de lei formal, consagrado na alínea i) do nº 1 do artigo 165º e nº 2 do artigo 103º da Constituição da República Portuguesa, a aplicação do Regulamento da Taxa Municipal de Proteção Civil de Setúbal (em seguida, «RTMPC de Setúbal») e, em consequência, julgou procedente o pedido de condenação do Município de Setúbal a proceder ao pagamento das quantias respeitantes às taxas referentes a setembro e outubro de 2012 anuladas em sede de impugnação judicial, no valor de €4.434, 25, que haviam sido liquidadas pela aqui recorrida. 2. Através do recurso interposto, pretende-se que este Tribunal aprecie a questão que decorre do excerto da decisão recorrida que seguidamente se transcreve: «A) DA NATUREZA JURÍDICA DO TRIBUTO LIQUIDADO. Como fundamento da presente impugnação, alega a impugnante que não nos encontramos perante uma verdadeira taxa uma vez que lhe falta o indispensável nexo sinalagmático, estando antes perante um imposto. Mais aduzindo que, a virtualidade de afirmar a existência da bilateralidade do tributo em causa só será possível se a esse benefício correspondesse alguma atividade administrativa ou custo ex novo para a Autarquia, o que não se verifica. Pelo que, à luz da sua edição municipal, por violação inequívoca do princípio da legalidade tributária (cfr. artigos 103º, nº 2 e 165º, nº 1 alínea i), da Constituição da República Portuguesa), a criação, liquidação e cobrança de tal (tributo traduz-se num juízo de inconstitucionalidade orgânica). Ao invés, por a considerar uma verdadeira taxa, perfilha a Entidade Impugnada que o juízo pertinente, sobre a questão ora controvertida, será o da não inconstitucionalidade, em virtude de o tributo em questão encontrar, formalmente, total amparo na Lei nº 53-E/2006, de 29 de dezembro, em especial na alínea f) do nº 1 do respetivo artigo 6º. A questão suscitada reconduz-se, assim, de uma ótica jurídica, à temática da destrinça entre taxa e imposto. Vejamos pois. Nos seus traços gerais, constitui entendimento pacífico na doutrina a ideia que as taxas constituem prestações pecuniárias, coativas e bilaterais, exigidas a favor de entidades que exercem funções ou tarefas públicas em prol de beneficiários ou causadores de específicos serviços públicos para a realização das referidas funções ou tarefas, desde que as mesmas não assumam cariz sancionatório (v.g., neste sentido, José Casalta Nabais, in Revista

de Legislação e de Jurisprudência, nº 3994, Coimbra Editora, 2015, setembro – outubro, 20, pp. 25-45). Tomando esta definição como ponto de partida, em comum com os impostos locais, as taxas devidas às autarquias possuem a nota da coatividade, constituindo obrigações ex lege, que se formam pelo mero preenchimento de um pressuposto legal. Porém, diversamente dos impostos locais, as taxas devidas às autarquias caracterizam-se pela sua natureza comutativa ou bilateral, a qual manifesta-se, antes do mais, no seu pressuposto constitutivo composto por uma prestação das autarquias efetivamente provocada ou aproveitada pelo sujeito passivo (Sérgio Vasques, Regime das Taxas Locais – introdução e Comentário, in Cadernos do Instituto de Direito Financeiro Económico e Fiscal da Faculdade de Direito de Lisboa, nº 8, Almedina, página 84). Assim sendo, legalmente, o pressuposto constitutivo que fundamenta o aparecimento da taxa consistente na prestação de um serviço ou de uma atividade pública, na utilização de bens do domínio público e/ou na remoção de um Limite jurídico à atividade dos particulares [cfr. artigo 4º, números 1 e 2, da Lei Geral Tributária (LGT) e artigo 3º do Regime Geral das Taxas das Autarquias Locais, aprovado pela Lei nº 53-E/2006, de 29 de dezembro (RGTAL)]. Nesta sequência, vemos que, o que caracteriza definitivamente a taxa em face do imposto, consiste no caráter sinalagmático ou bilateral daquela – por oposição ao cariz unilateral ou não sinalagmático deste –, na medida em que a taxa não se basta com a existência de uma contrapartida jurídica de caráter genérico, dependendo a sua verificação da necessária satisfação de uma contraprestação individual pelo devedor (cfr., a este respeito, Acórdãos do Supremo Tribunal Administrativo, de 19.01.1994, in Acórdãos Doutrinais, nº 396, pp. 1412 e seguintes, e de 02.05.1996, in Acórdãos Doutrinais, nº 420, pp. 1420 e seguintes; Soares Martinez, in Direito Fiscal, 8. edição, Almedina, 1996, pp. 35 a 37; J. L. Saldanha Sanches, in Manual de Direito Fiscal, Coimbra Editora, 3a edição, 2007, pp. 30 e seguintes e, ainda, Diogo Leite de Campos e Outros, in Lei Geral Tributária Anotada e Comentada, Encontro da Escrita, 4a Edição, 2012, página 85). Em suma, conforme ilustrado por Nuno Sá Gomes, in Manual de Direito Fiscal, volume I, página 76: "a única característica distintiva das taxas em face ao imposto não está na utilidade, nem na voluntariedade nem na solicitação dos serviços pelos particulares, mas apenas no caráter sinalagmático das primeiras em termos de equivalência jurídica, mas não também económica, da prestação devida". Termos estes em que, a taxa é bilateral no sentido de sinalagmática. Ou seja, supõe contrapartida prestacional administrativa específica – inexistente no imposto –, que se traduza em vantagem autónoma e individualizada, exigível pelo particular responsável pelo pagamento da taxa, a qual há de ter um caráter substancial ou material e não meramente formal (neste sentido, cfr. Acórdão do Supremo Tribunal Administrativo, de 08.10.2014, in processo nº 0221/12; sobre a natureza concreta da prestação do serviço público veja-se, ainda, o Acórdão do Supremo Tribunal Administrativo, de 16.11.2011, in processo nº 0363/11. No que concerne ao respetivo regime jurídico-constitucional, a criação dos impostos obedece à reserva relativa da competência legislativa da Assembleia da República, porquanto, como é sabido, o princípio constitucional da Legalidade fiscal impõe, que a disciplina jurídica dos elementos essenciais de cada imposto – isto é, a incidência, a taxa, os benefícios fiscais e as garantias dos contribuintes –, conste de Lei parlamentar ou de decreto-Lei parlamentarmente autorizado (cfr. artigos 165º, nº 1 alínea i), e 103º, nº 2, da CRP). Ao passo que tal, de todo, não se verifica em sede do princípio da Legalidade das taxas, pois, em relação a estas, o que constitucionalmente se exige ao Parlamento – após a revisão constitucional de 1997 –, é tão-somente o estabelecimento do seu regime geral, não tendo este último, por conseguinte, de intervir relativamente a cada taxa, cuja criação e disciplina cabe inteiramente aos órgãos legalmente competentes, por meio de ato Legislativo ou pela via regulamentar como sucede no caso das Autarquias Locais, desde que respeitado o referido regime geral. Sucede, porém, que, a validação constitucional de um qualquer tributo não depende apenas do requisito de forma do princípio da Legalidade, dependendo ainda de requisitos de substância do qual o mais importante será, seguramente, o princípio da igualdade (cfr. artigo 13º da CRP), sendo que a manifestação máxima que este princípio assume, quando projetado no domínio concreto das taxas é, necessariamente, o da equivalência jurídica, desenvolvido no artigo 4º da Lei nº 53-E/2006, de 29 de dezembro (doravante, o RGTAL). Com efeito, precisamente porque decorre diretamente do artigo 13º da Constituição, o «princípio da equivalência» surge, de modo evidente, como o critério naturalmente adequado [justo e igualitário] à repartição das taxas, que não se mostra necessária a sua consagração constitucional explícita para que ele se imponha ao Legislador ordinário e à administração no exercício do seu poder regulamentar (Sérgio Vasques, obra citada, página 35; sobre o princípio da equivalência, veja-se ainda Carlos Lobo, in Reflexões sobre a Necessária Equivalência Económica das Taxas, Coimbra, 2006). Desta forma, a mais importante nota que a administração Local deve observar, aquando da conceção dos seus Regulamentos, é a de verificar e assegurar que as taxas que criam possuem estrutura e montante que sejam condizentes com o princípio da equivalência e que possam passar, como tal, no teste da igualdade. No plano infraconstitucional, a Lei das Finanças Locais, aprovada pela Lei nº 2/2007, de 15 de janeiro (LFL), inscreve as taxas entre as receitas próprias das Autarquias e fixa alguns princípios orientadores a que a sua criação há de estar subordinada, em tudo o mais remetendo para o RGTAL (entrado em vigor em 01.01.2009). É assim que, de acordo com o artigo 15º da LFL, os municípios e as freguesias possuem o poder de criar taxas, em obediência ao RGTAL (nº 1), e com respeito pelos princípios da equivalência jurídica e da justa repartição dos encargos públicos (nº 2). Tais princípios, enunciados no artigo 15º da LFL e desenvolvidos no RGTAL, são estruturantes de todas as taxas municipais, devendo os municípios observá-los em toda e qualquer circunstância, pelo que se revela indispensável conhecê-los em profundidade. O que se fará de seguida. Nesta sequência, sob a epígrafe Princípio da equivalência jurídica, estipula o artigo 4º do RGTAL que: 1. O valor das taxas das autarquias Locais é fixado de acordo com o princípio da proporcionalidade e não deve ultrapassar o custo da atividade pública Local ou o benefício auferido pelo particular. 2. O valor das taxas, respeitando a necessária proporcionalidade, pode ser fixado com base em critérios de desincentivo à prática de certos atos ou operações. Por contraposição à noção de equivalência económica – que diz respeito à correspetividade entre o quantitativo cobrado e o valor do benefício emergente da prestação administrativa ou custo causado pelo sujeito passivo –, a noção de equivalência jurídica exprime a relação rigorosamente comutativa que nas taxas se estabelece entre a obrigação tributária e a provocação ou aproveitamento de uma prestação administrativa. Exemplificando, temos que, quando se pergunta pela «equivalência jurídica» de uma taxa Local trata-se de apurar se ela é cobrada em função de uma prestação efetivamente provocada ou aproveitada pelo particular, distinguindo-se [assim] das contribuições e dos impostos, e de saber se foi Lesada a reserva de Lei parlamentar fixada no artigo 165º, nº 1 alínea i), da Constituição da República; quando se pergunta pela «equivalência económica» (...) trata-se de apurar se o seu montante corresponde ao custo ou valor das prestações que as autarquias dirigem a quem a paga e de saber se com isso se respeitaram os princípios da igualdade e da proporcionalidade (cfr. Sérgio Vasques, obra citada, página 95). Nesta Linha, a equivalência jurídica coloca o acento tónico da delimitação das taxas como tributos, aos quais é inerente, na correspetividade entre o que é cobrado como taxa pelo Município e a prestação efetiva de que beneficiam os sujeitos passivos (ou que por estes é provocada) [no fundo, a relação tributária em que a administração figura como credora do contribuinte é a mesma relação em que o contribuinte figura como credor de uma prestação administrativa (cfr. Sérgio Vasques, in O Princípio da Equivalência como Critério de Igualdade Tributária, Coimbra, 2008, página 373)]. Crucial revela-se-nos a constatação que, a referência efetuada no artigo 4º do RGTAL ao princípio da equivalência jurídica como critério enformador de todas as taxas municipais implica, Legalmente, a consagração da subordinação da criação (e, por conseguinte, da cobrança) de taxas à existência de efetivas prestações a cargo da Administração que são (ou virão a ser) aproveitadas pelos sujeitos passivos, numa Lógica de correspetividade ou comutatividade (Conceição Gamito e Teresa Teixeira Mota, O Setor das Utilities e as Taxas de Proteção

Civil, in Taxas e Contribuições sectoriais, Almedina, 2013, página 45). Por seu turno, sob a epígrafe Princípio da justa repartição dos encargos públicos, estipula o artigo 5º do RGTAL que: "1.A criação de taxas pelas autarquias Locais respeita o princípio da prossecução do interesse público Local e visa a satisfação das necessidades financeiras das autarquias Locais e a promoção de finalidades sociais e de qualificação urbanística, territorial e ambiental. 2. As autarquias Locais podem criar taxas para financiamento de utilidades geradas pela realização de despesa pública Local, quando desta resultem utilidades divisíveis que beneficiem um grupo determinado de sujeitos, independentemente da sua vontade. Da leitura do nº 2 do artigo 5º do RGTAL o Legislador parece fazer [crer] que as autarquias possam lançar (...) taxas locais que não se parecem dirigir à compensação de prestações efetivamente provocadas ou aproveitadas pelos concretos sujeitos passivos, mas à compensação de «utilidades divisíveis que beneficiem um grupo certo e determinado de sujeitos, independentemente da sua vontade». Ora, porquanto não se pode admitir que por meio de Lei ordinária se defraude a reserva de Lei parlamentar (cfr. artigo 165º, nº 1 alínea i), da CRP), cumpre interpretar esta norma – de molde a conciliá-la com o princípio da legalidade tributária e a reserva de Lei parlamentar –, reconduzindo esta disposição às taxas Locais que assentam (...) sobre prestações cujo aproveitamento é imposto por Lei aos particulares, como sucede amiúde com as taxas de Ligação aos ramais de abastecimento público de águas, na medida em que o elemento volitivo dos particulares na sua adesão surge quase reduzido a zero ou é mesmo eliminado de todo (Sérgio Vasques, Regime das Taxas Locais – introdução e Comentário, in Cadernos do Instituto de Direito Financeiro Económico e Fiscal. da Faculdade de Direito de Lisboa, nº 8, Almedina, pp. 99-100; sublinhado nosso). Por seu turno, sob a epígrafe incidência objetiva, o artigo 6º, nº 1alínea f), do RGTAL estabelece que: "As taxas municipais incidem sobre utilidades prestadas aos particulares ou geradas pela atividade dos municípios, designadamente: (...) pela prestação de serviços no domínio da prevenção de riscos e da proteção civil". Na senda das supra analisadas normas consagradas no nº 2 do artigo 5º e na alínea f) do nº 1 do artigo 6º do RGTAL as quais, no primeiro caso, facultam (em geral) a possibilidade de as taxas municipais incidirem sobre utilidades prestadas aos cidadãos ou geradas pelas autarquias e, no segundo caso, especificam que tal pode ocorrer, em particular, pela prestação de serviços no âmbito da prevenção de riscos e da proteção civil, o Município de Setúbal aprovou, em 20.12.201 1, a criação de um Regulamento da Taxa Municipal de Proteção Civil (de ora em diante, simplesmente o Regulamento). Atento o quadro jurídico-conceptual supra delineado, no caso "sub judice", será que nos encontramos perante uma verdadeira taxa ou antes perante um imposto? Apreciando. Sob a epígrafe incidência objetiva, dispõe o nº 2 do artigo 2º do Regulamento que:

A TMPC tem por objetivo compensar financeiramente o município pela despesa pública local, realizada no âmbito da prevenção de riscos e da proteção civil, e constitui a contrapartida do Município por: prestação de serviços de bombeiros e de proteção CIVIL (alínea a)); funcionamento da comissão e do serviço municipal de proteção civil (alínea b)); funcionamento da comissão municipal de defesa da floresta contra incêndios (alínea c)) cumprimento e execução do plano de emergência municipal (alínea d)); prevenção e reação a acidentes graves e catástrofes; de proteção e socorro de populações (alínea e)) promoção de ações de proteção civil e de sensibilização para prevenção de riscos (alínea f)). Conforme clarificado supra, os contornos da questão jus-controvertida impõem que, para estarmos perante uma taxa Local: O tributo em concreto pressuponha contrapartida prestacional administrativa específica, que se traduza em vantagem autónoma e concreta exigível pelo particular responsável pelo pagamento da taxa. Vantagem autónoma e específica com caráter substancial ou material e não meramente formal (cfr. citado aresto do Supremo Tribunal Administrativo, de 08.10.2014, in processo nº 0221/12). Ora, entendemos por contrapartida específica uma contrapartida individualizada. Contrapartida individualizada esta, por sua vez, significa que, se traduz em utilidades novas ou em acréscimos de utilidades preexistentes para os obrigados a pagar a taxa, uma e outro, proporcionadas pela atuação da entidade à qual é liquidada a taxa. Ocorre, no entanto, e no que à incidência objetiva da TMPC diz respeito, ressalta à evidência a impossibilidade de apreender quais os serviços concretamente prestados que se traduzam em utilidades novas ou em acréscimos de utilidades preexistentes – para os sujeitos passivos – resultantes da atuação do Município de Setúbal. Isto é, percorrido o articulado do Regulamento e respetivos anexos permanecem, absolutamente, omissas e indiscrimináveis as prestações concretamente aproveitadas ou provocadas pelos particulares que [nos] permitam [por sua vez] a identificação de uma contraprestação traduzida na taxa assim cobrada à impugnante (neste sentido, cfr. Conceição Gamito e Teresa Teixeira Mota, «O Setor das Utilities e as Taxas de Proteção Civil, in Taxas e Contribuições sectoriais, Almedina, 2013, página 63). Para a impugnante, os serviços de proteção civil liquidados e cobrados, em setembro e outubro de 2012, não decorreram de utilidades novas e/ou em acréscimos de utilidades preexistentes, uma e outro, que lhe tenham sido proporcionadas pela atuação do Município de Setúbal. Pelo contrário, o que o elenco fechado do nº 2 do artigo 2º em particular e o articulado do Regulamento em questão, em geral, nos permite desvendar é – isso sim – a realização de prestações que constituem incumbência do Município (cfr., artigos 1º, 2º e, em particular, 35º a 43º da Lei de Bases da Proteção Civil, aprovada e publicada pela Lei nº 27/2006, de 03 de julho), e do Estado (cfr., artigo 1º e 31º a 34º da Lei de Bases da Proteção Civil), as quais aproveitam à generalidade da coletividade, sem ser possível individualizar a prestação concreta de um serviço público, conforme constitui imperativo legal plasmado no artigos 4º, nº 2, da LGT e no artigo 3º do RGTAL (neste sentido, Suzana Tavares da Silva, in As Taxas e a Coerência do Sistema Tributário, CEJUR, Coimbra Editora, 2008, páginas 70 a 75). De facto, sem embargo de reciprocidade constituir coisa diversa de simultaneidade, nada impedindo na Constituição como na Lei ordinária, que exista uma não coincidência temporal entre prestações – no caso, entre o pagamento da taxa e a efetivação da contrapartida específica correspondente –, as taxas devidas pela realização de prestações futuras não devem, todavia, ser confundidas com as taxas devidas peta realização de prestações meramente presumidas. Assim, se é verdade que a generalidade das taxas Locais assenta em prestações efetivas, casos há em que possuem estrutura mais complexa, assentando sobre factos a partir dos quais se presume a realização da prestação autárquica a cuja compensação as taxas Locais se dirigem. Atento o refendo circunstancialismo, e sob pena de se diluir por completo a fronteira entre taxas, contribuições e impostos (...) defraudando com isso a reserva de Lei parlamentar, só em termos muito limitados devemos aceitar que as taxas Locais assentem em prestações meramente presumidas (Sérgio Vasques in Regime das Taxas Locais – Introdução e Comentário, Cadernos IDEFF-FDL, nº 8, Almedina, 2008, página 86). Pelo que, nas situações identificáveis em que a presunção em que a taxa Local assenta se mostre de tal modo frágil – em que apenas se possa qualificar como possível o aproveitamento da prestação autárquica e já não como certo – o tributo em questão deve ser classificado como um imposto, estando sujeito ao princípio da capacidade contributiva e à reserva de Lei parlamentar. Uma tal hipótese-tipo consiste, precisamente, aquela sobre a qual nos debruçamos presentemente. De molde a concretizar e densificar a presente asserção, chamemos à colação o pensamento de Sérgio Vasques in Regime das Taxas Locais – Introdução e Comentário, Cadernos IDEFF-FDL, nº 8, Almedina, 2008, páginas 88 e 89, o qual, pela sua profundidade do tratamento desta matéria, perfilhamos in totum e ora transcrevemos: "A diferença subtil que há na força das presunções em que por vezes assentam os tributos Locais e a diferente quantificação a que ela conduz não deve nunca ser esquecida, (...)no seu controlo por parte dos tribunais, e ela é hoje tanto mais importante quanto é certo que o [RGTAL] em mais do que um ponto parece sugerir a criação de taxas sobre prestações difusas, cujo aproveitamento pelos contribuintes não se pode dar por seguro. É isso que sucede (...); no nº 1 do artigo 6º, quando se reconhece aos municípios o poder de Lançar taxas em contrapartida da prestação de «serviços no domínio da prevenção de riscos e da proteção civil» (alínea f)) (...). Uma vez que o [RGTAL] não pode, evidentemente, prevalecer sobre a Constituição da República (...) só haveremos de admitir que as autarquias lancem tributos em contrapartida destas «utilidades» (...) ou «serviços», quando neles se descubra uma prestação concreta de que os sujeitos passivos sejam efetivos causadores ou beneficiários." Mais aduzindo o Autor em apreço, in obra citada, páginas 113-114, que: "Como sublinhámos já (...), a qualificação de um tributo local como taxa exige por princípio que este incida sobre prestações «efetivamente» provocadas ou aproveitadas pelo sujeito passivo e não apenas sobre prestações de que o sujeito passivo seja o «presumível» causador ou beneficiário. Sempre que um tributo Local assente sobre prestações presumidas com um grau de força relativo, em termos tais que o aproveitamento da prestação pública não se possa dizer certo, mas apenas «provável», estaremos perante contribuições cuja criação está vedada às autarquias locais em virtude da reserva de Lei parlamentar constante do artigo 165º, nº 1 alínea i) da Constituição da República. Ora, (...) problema semelhante, senão mais grave ainda, suscitam as referências deste artigo [6º do RGTAL] às taxas devidas em contrapartida dos serviços (...) da proteção civil (...) pois que são áreas de atividade das autarquias relativamente às quais é muitas vezes impossível destacar prestações concretas das quais os particulares sejam efetivos causadores ou beneficiários (...)." Revertendo ao caso dos autos, vemos que a TMPC instituída no Município de Setúbal, ao não radicar o seu propósito na compensação de prestações efetivamente aproveitadas pelos particulares, mas na compensação de custos que os particulares presumivelmente, mas não comprovadamente, geram à comunidade, se subsume no aludido conceito de prestação pública relativamente presumida, o que a reconduz à categoria dos tributos unilaterais (impostos), estando sujeita ao princípio da capacidade contributiva e, consequentemente, à reserva de lei parlamentar. Em reforço desta conclusão, sublinhe-se que é o próprio legislador municipal que nos confirma expressamente tal natureza intrínseca – isto é, que mediante a Liquidação da TMPC não se abre Lugar a qualquer contraprestação individual, específica e concreta em favor do particular que a paga –, quando declara que: (...) O cidadão tem o direito (...) a ser prontamente socorrido sempre que aconteça um acidente ou uma catástrofe. A este direito corresponde, todavia, um dever de comparticipar na despesa pública local gerada com a proteção civil do seu Município de forma a tornar o sistema de proteção civil municipal sustentável do ponto de vista financeiro. Por esta via, claramente, nos é revelada a frontal violação do princípio da equivalência jurídica, na medida em que este último, o qual não constituindo mais do que uma projeção do princípio da Legalidade tributária, impõe como condição sine qua non que no ato de repartição das (verdadeiras) taxas Locais – que são tributos bilaterais –, o indivíduo contribua sobre aquilo que causa ou de que beneficia. Precisamente o que, no caso dos autos, não sucede. Na verdade, no caso em análise, em tudo igual ao que se passa quando se trata de repartir os impostos – que são tributos unilaterais –, o que o Município de

Setúbal visa fazer, através da cobrança TMPC, é apenas colocar o particular a contribuir para o custeamento dos encargos da comunidade com a proteção civil, de molde a tornar o sistema de proteção civil municipal sustentável do ponto de vista financeiro. Nada mais. Especificamente sobre este ponto, conforme aflorado e explanado por SÉRGIO VASQUES, in Regime das Taxas Locais – Introdução e Comentário, Cadernos IDEFFFDL, nº 8, Almedina, 2008, página 115, não é, pois, constitucional e legalmente admissível (...) que a coberto do [RGTAL] as autarquias Locais portuguesas venham a cobrar as contribuições ou os impostos que a Constituição da República lhes veda, instituindo (...) taxas para financiamento dos serviços da proteção civil que se aproximam de genuínas capitações, reproduzindo os antigos impostos municipais para o serviço de incêndios. Assim sendo, como o é, em face dos fundamentos enunciados, cumpre concluir que a TMPC deve ser, materialmente, qualificada como imposto e nunca como taxa, malgrado a sua nomenclatura (neste sentido, vide Conceição Gamito e Teresa Teixeira Mota, O Setor das Utilities e as Taxas de Proteção Civil, in Taxas e Contribuições sectoriais, Almedina, 2013, página 64). Aqui chegados, e porque não desconhecemos a jurisprudência emanada pelo Supremo Tribunal Administrativo a este propósito – v.g., Acórdão proferido em 17.02.2016, in processo nº 0663/15, por representar uma violação do princípio da legalidade tributária no sentido de reserva de Lei formal, consagrado nos artigos 165º, nº 1 alínea i), 103º, nº 2, da CRP e, ainda, 8º, nº 1, da LGT, a TMPC padece de inconstitucionalidade orgânica porquanto, sendo jurídica e materialmente classificada como imposto, não poderia ter sido criada (como o foi) através de Regulamento da Assembleia Municipal de Setúbal, devendo outrossim ter passado pelo crivo prévio da Assembleia da República. Nesta sequência, porque a Constituição da República Portuguesa é a norma primária de Legislação e, por isso, toda a legislação ordinária, de grau hierárquico inferior terá que poder inscrever-se nos preceitos constantes daquela, por um Lado, e uma vez que o caso concreto nos revela que a norma aplicável não é passível de interpretação conforme à Constituição por outro, há que julgar as normas sindicadas inaplicáveis, sob pena de a sua aplicação redundar na violação do principio constitucional da Legalidade tributária, no sentido de reserva de Lei formal, consagrado nos artigos 165º, nº 1 alínea i), e 103º, nº 2, da CRP.» 3. Notificado para o efeito, o recorrente produziu alegações, de onde se extraem as seguintes conclusões: «V – Conclusões. 52. O Ministério Público interpôs recurso obrigatório, para este Tribunal Constitucional, do teor da douta sentença de fls. 188 a 206, proferida no Processo de Impugnação Judicial nº 179/13.1BEALM, pelo Tribunal Administrativo e Fiscal de Almada, "(...) nos termos do estatuído nas disposições conjugadas dos artigos 280º, nº 1, al. a) e nº 3 da C.R.P., 70º, nº 1, al. a) e 72º, nº 3, da Lei nº 28/82, de 15 de novembro, com as alterações da Lei nº 85/89, de

7 de setembro". 53. Este recurso tem por objeto normativo as"(...) normas do "Regulamento da Taxa Municipal de Proteção Civil de Setúbal", aprovado pela Assembleia Municipal de Setúbal de 20/12/2011". 54. O parâmetro constitucional violado é descrito como o "princípio constitucional da legalidade tributária, no sentido de reserva de lei formal, consagrado nos artigos 165º, nº 1 alínea i), e 103º, nº 2, da CRP". 55. A questão de constitucionalidade que é, agora, trazida perante o Tribunal Constitucional, já dele mereceu apreciação, designadamente no douto Acórdão nº 418/ /2017, da sua 1ª Secção, o qual pronunciando-se, é certo, sobre o Regulamento da Taxa Municipal de Proteção Civil de Vila Nova de Gaia, analisou, em termos essencialmente transponíveis para o presente dissídio, a substância de tal temática. 56. Nessa douta decisão, concluiu o Tribunal Constitucional, a final, que: "(...) afastada a qualificação jurídica como taxa, pressuposta pela TMPC, em causa nos presentes autos, forçoso é concluir que se trata verdadeiramente de um imposto, cuja aprovação é da exclusiva responsabilidade da Assembleia da República, nos termos do artigo 165º, nº 1, alínea i), da CRP, o que, inevitavelmente, acarreta a inconstitucionalidade orgânica do RTMPC, conforme ajuizou o tribunal recorrido". 57. Atento o teor dos argumentos expendidos pelo Tribunal Constitucional, no seu douto Acórdão nº 418/2017 (proferido no Processo nº 789/2016), fundamentalmente transferíveis para a discussão do presente recurso, afigura-se-nos não poder deixar de se entender, também aqui, e pelas mesmas razões, que as normas do Regulamento da Taxa Municipal de Proteção Civil de Setúbal se revelam organicamente inconstitucionais, por violação do disposto no artigo 165º, nº 1, alínea i), da Constituição da República Portuguesa. 58. Efetivamente, apesar das diferenças existentes, no que ao âmbito subjetivo de aplicação concerne, entre o Regulamento da Taxa Municipal de Proteção Civil de Setúbal e o Regulamento da Taxa Municipal de Proteção Civil de Vila Nova de Gaia, a verificação, em ambas, de ausência de comutatividade e de arbitrariedade na eleição dos sujeitos passivos, conduz, inevitavelmente, à mesma conclusão jurídico-constitucional. 59. A tal inferência não obsta, igualmente, a diferença de objetos entre ambos os recursos – constituídos, no Processo nº 789/2016, por normativos discriminados do Regulamento da Taxa Municipal de Proteção Civil de Vila Nova de Gaia, e no presente recurso, pela totalidade das disposições do Regulamento da Taxa Municipal de Proteção Civil de Setúbal – cabendo a este Tribunal, se assim julgar conveniente, pronunciar-se apenas sobre as normas regulamentares organicamente lesivas do texto constitucional. 60. Sem prejuízo do valor atribuível à argumentação expendida pelo Tribunal Constitucional no referido aresto, não deixámos de, cautelar e complementarmente, aditar a argumentação expendida pelo Ministério Público no Processo nº 789/2016, no âmbito do qual foi proferido o mencionado Acórdão nº 418/2017. 61. Aí defendemos, em termos transponíveis para o

presente litígio, que esta Taxa Municipal de Proteção Civil não se configura como contrapartida equivalente da concreta prestação de um serviço público, da utilização de um bem do domínio público ou da remoção de um obstáculo jurídico ao comportamento dos particulares, não podendo ser classificada como taxa mas sim como verdadeiro imposto. 62. Mais sustentámos que se nos afigurava que o tributo criado pelo Município de Vila Nova de Gaia, sob a designação de taxa, constituindo, realmente, uma prestação pecuniária, coativa e unilateral, exigida com o propósito de angariação de receitas que se destinavam à satisfação das necessidades financeiras daquele município, tendo como mera contrapartida o genérico funcionamento de serviços municipais, se configurava como verdadeiro imposto, tanto mais que, conforme observáramos, não visava compensar um custo ou o valor de quaisquer prestações de que os sujeitos passivos fossem causadores ou beneficiários. 63. Consequentemente, não se verificando uma relação sinalagmática entre o tributo exigível aos sujeitos passivos identificados e qualquer prestação administrativa por eles, efetivamente, provocada ou aproveitada, fomos forçados a concluir que a Assembleia Municipal criara, no caso vertente, um imposto. 64. Reiterando o anteriormente defendido, devemos concluir que, apesar das diferenças existentes entre o Regulamento da Taxa Municipal de Proteção Civil de Setúbal e o Regulamento da Taxa Municipal de Proteção Civil de Vila Nova de Gaia, a verificação, em ambas, de ausência de comutatividade e de arbitrariedade na eleição dos sujeitos passivos, conduz, inelutavelmente, à mesma conclusão jurídico-constitucional, a saber, a da ocorrência da violação da reserva relativa de competência legislativa da Assembleia da República, plasmada no artigo 165º, nº 1, alínea i), da Constituição da República Portuguesa. 65. Por força do exposto entende o Ministério Público que deverá ser tomada decisão no sentido de julgar inconstitucionais as normas jurídicas invocadas contidas no Regulamento da Taxa Municipal de Proteção Civil de Setúbal, mantendo-se a douta decisão "a quo" e, consequentemente, negando-se provimento ao presente recurso.» 4. Notificada em 2 de outubro de 2017 para, querendo, apresentar as respetivas contra-alegações, a recorrida nada disse. Cumpre apreciar e decidir. II – FUNDAMENTAÇÃO. 5. O objeto do presente recurso é integrado pelas normas constantes do RTMPC de Setúbal que estão na base da criação da Taxa Municipal de Proteção Civil de Setúbal (doravante, «TMPC»). Tais normas encontram-se consagradas nos artigos 2º, nº 1, 3º, nº 1, alínea c), e 5º, nºs 1 e 2, daquele regulamento municipal. Com referência expressa à Lei nº 27/2006, de 3 de julho, que aprovou a Lei de Bases da Proteção Civil, bem como à Lei nº 65/2007, de 12 de novembro, que define o enquadramento institucional e operacional da proteção civil no âmbito municipal, estabelece a organização dos serviços municipais de proteção civil e determina as competências do comandante operacional municipal, aquele regulamento começa por descrever a atividade de proteção civil tanto em geral, como no âmbito municipal, acentuando a vertente relativa às atividades de prevenção. No preâmbulo do RTMPC de Setúbal, a TMPC é genericamente justificada nos termos seguintes: «(...) A proteção civil é, pois, um dever repartido entre o Estado, as Regiões Autónomas e as Autarquias Locais, por um lado, e de todos os cidadãos e entidades públicas e privados por outro, embora tenham sido até hoje os Municípios a assumir os encargos financeiros e operacionais da Proteção Civil substituindo o Estado na prossecução desta função na salvaguarda da segurança das pessoas e bens. O cidadão tem o direito de ter à sua disposição informações concretas sobre os riscos coletivos e como os prevenir e minimizar os seus efeitos, caso ocorram. Tem também, direito a ser prontamente socorrido sempre que aconteça um acidente ou catástrofe. A este direito corresponde, todavia, um dever de comparticipar na despesa pública local gerada com a proteção civil na área do seu Município de forma a tornar o sistema de proteção civil municipal sustentável do ponto de vista financeiro. O artigo 5º, nº 2 da Lei nº 53-E/2006, de 29 de dezembro, prevê a possibilidade das autarquias locais criarem taxas para financiamento de utilidades geradas pela realização de despesa pública local, quando desta resultem utilidades divisíveis que beneficiem um grupo certo e determinado de sujeitos, independentemente da sua vontade, estipulando a alínea f) do nº 1, do seu artigo 6º, que as taxas das autarquias locais incidem sobre utilidades prestadas aos particulares ou geradas pela atividade dos municípios, e designadamente, pela prestação de serviços no domínio da prevenção de riscos e da proteção civil. No âmbito da proteção civil, o Município atua nos mais diversos domínios como sejam o levantamento, previsão, avaliação e prevenção dos riscos coletivos; a análise permanente das vulnerabilidades perante situações de risco; a informação e formação das populações, visando a sua sensibilização em matéria de auto-proteção e colaboração com as autoridades; o planeamento de soluções de emergência, visando a busca, o salvamento, a prestação do socorro e de assistência, bem como a evacuação, alojamento e abastecimento das populações; a inventariação dos recursos e meios disponíveis e dos mais facilmente mobilizáveis; o estudo e divulgação de formas adequadas de proteção de edifícios em geral, de monumentos e de outros bens culturais, de infraestruturas, de instalações de serviços essenciais, do ambiente e dos recursos naturais. O Município de Setúbal tem vindo, desta forma, ao longo dos anos, a investir de forma significativa na área da proteção civil e da prevenção de riscos. Para além da Companhia de Sapadores Bombeiros, tem em permanente funcionamento a Comissão e o Serviço Municipal de Proteção Civil e o Gabinete Técnico Florestal, promovendo de forma regular e continuada atividades de formação cívica com especial incidência nos domínios da prevenção contra o risco de incêndio, acidentes químicos, ventos ciclónicos, cheias e outras catástrofes, merecendo especial destaque as ações de formação junto das escolas. Nesta conformidade, e em cumprimento do novo enquadramento legal, o presente projeto de regulamento vem fixar as condições de criação, lançamento, liquidação e cobrança da taxa municipal de prevenção de riscos e proteção civil, doravante designada abreviadamente por TMPC.» No que mais especificamente concerne à arquitetura regulamentar atribuída à taxa criada, os artigos 2º, 3º e 5º do RTMPC de Setúbal dispõe o seguinte: «Artigo 2º. Objeto. 1. O presente regulamento estabelece as disposições à liquidação, cobrança e pagamento da taxa municipal de proteção civil, devida pela prestação de serviços no domínio da prevenção de riscos e da proteção civil, doravante designada abreviadamente por TMPC. 2. A TMPC tem por objetivo compensar financeiramente o município pela despesa pública local, realizada no âmbito da prevenção de riscos e da proteção civil, e constitui a contrapartida do Município por: a) Prestação de serviços de bombeiros e de proteção civil; b) Funcionamento da comissão e do serviço municipal de proteção civil; c) Funcionamento da comissão municipal de defesa da floresta contra incêndios; d) Cumprimento e execução do plano de emergência municipal; e) Prevenção e reação a acidentes graves e catástrofes; de proteção e socorro de populações; e f) Promoção de ações de proteção civil e de sensibilização para prevenção de riscos. Artigo 3º. Âmbito de aplicação. 1. A TMPC aplica-se, designadamente: a) às pessoas singulares ou coletivas proprietárias de prédios urbanos devolutos, sitos na área do Município de Setúbal; b) às empresas com atividade industrial e comercial no concelho; c) às entidades gestoras das infra estruturas instaladas total ou parcialmente, no Município de Setúbal, designadamente, as rodoviárias e ferroviárias, de gás, de eletricidade, televisão, telecomunicações, portuárias e de abastecimento. 2. Para efeitos do nº 1 do presente artigo, considera-se proprietário o sujeito passivo de Imposto Municipal sobre Imóveis. 3. A nenhum sujeito passivo poderá ser cobrado relativamente ao mesmo prédio ou infraestrutura, de incidência da taxa municipal de proteção civil prevista em mais do que uma das situações previstas no nº 1, do presente artigo. 4. Caso se verifique a incidência do mesmo prédio ou infraestrutura em mais do que uma das situações previstas no nº 1 será apenas cobrada a taxa que represente o valor mais elevado a aplicar no caso concreto. (...). Artigo 5º. Liquidação e cobrança. 1. O montante da TMPC a pagar pelo sujeito passivo resulta da aplicação dos critérios económico-financeiros constantes do Anexo I ao presente projeto de regulamento. 2. A liquidação da TMPC, consiste na determinação do montante mensal a cobrar e consta do Anexo II do presente projeto de regulamento. 3. A liquidação da taxa é efetuada pelos serviços municipais no início do mês de janeiro do ano a que respeita, salvo o disposto no artigo 13º, do presente regulamento. 4. A liquidação da taxa consta de documento de cobrança próprio que será enviado aos proprietários de imóveis ou às empresas com atividade no concelho de acordo com o artigo 3º do presente regulamento, que não possuam contrato de abastecimento de água com a empresa concessionária do concelho. 5. A liquidação da taxa será efetuada para os munícipes que possuem contrato de abastecimento de água através da empresa Águas do Sado, SA, em simultâneo com a cobrança da referida prestação de serviço, em termos a acordar entre o Município e a empresa Águas do Sado SA. 6. A fatura emitida pela empresa Águas do Sado SA, deverá descriminar expressamente o montante da taxa aplicável. 7. Nas situações em que o proprietário do prédio ou a empresa com atividade no concelho, não possua contrato de abastecimento de água, será a câmara municipal a liquidar a TMPC, e a proceder ao envio da nota de cobrança ao munícipe, por carta registada.» O aludido regulamento fez-se ainda acompanhar, como anexo, de uma exposição designada «fundamentação económico-financeira» do valor da TMPC, a qual, no que diz respeito às empresas com atividade industrial e comercial no concelho – categoria em que se inscreve a aqui recorrida –, estabelece o seguinte: «2. PRESSUPOSTOS E CONDICIONANTES. Para a elaboração do presente estudo foram tidas em consideração os seguintes pressupostos e condicionantes: O Município de Setúbal embora já possua alguns dados relativos ao apuramento de custos, ainda não tem implementada na integralidade a contabilidade analítica que permita identificar com rigor os custos de funcionamento das diversas unidades orgânicas, assim como o valor dos equipamentos municipais utilizados nos processos onde são cobradas taxas. No cálculo dos custos foram atendidos aos princípios de eficiência organizacional e da razoabilidade dos valores apresentados pelo serviço. No cálculo do valor das taxas foi respeitado o princípio da proporcionalidade. Refira-se que nesta data não conseguimos efetuar uma estimativa fiável dos custos administrativos decorrentes do processo de liquidação e cobrança da TMPC através da empresa Águas do Sado, SA, bem como, diretamente pelo Município para os proprietários de imóveis que não possuem contrato de abastecimento de água. Foi ainda considerado um custo social suportado pelo Município, funcionando como uma comparticipação ao custo real da prestação do serviço associado à TMPC, decorrente da proteção e segurança dos munícipes. 3. TAXA MUNICIPAL DE PROTEÇÃO CIVIL – JUSTIFICAÇÃO. De acordo com a Lei de Bases da Proteção Civil, a proteção civil é a atividade desenvolvida pelo Estado, Regiões Autónomas e Autarquias Locais, pelos cidadãos e por todas as entidades públicas e privadas com a finalidade de prevenir riscos coletivos inerentes a situações de acidente grave ou catástrofe, de atenuar os seus efeitos e proteger e socorrer as pessoas e bens em perigo quando aquelas situações ocorram. A taxa prevista no Regulamento da TMPC do Município de Setúbal refere-se ao serviço público prestado pelos diversos agentes de proteção civil, no âmbito dos serviços de:

a) Prevenção dos riscos coletivos e a ocorrência de acidente grave ou de catástrofe deles resultantes; b) Atenuação dos riscos coletivos e limitação dos seus efeitos no caso de ocorrência de acidente grave ou de catástrofe; c) Socorro e assistência a pessoas e outros seres vivos em perigo e proteção de bens e valores culturais, ambientais e de elevado interesse público; d) Reposição da normalidade da vida das pessoas em áreas afetadas por acidente grave ou catástrofe. 4. METODOLOGIA UTILIZADA. O estudo procura demonstrar os critérios de determinação dos custos da atividade pública para a fixação da taxa, tendo em conta os aspetos inerentes aos mesmos de forma a garantir uma maior equidade na sua aplicação. Foram inicialmente identificados os processos que conduzem a serviços prestados pelo Município de Setúbal aos particulares, empresas e demais entidades e pelos quais os mesmos têm de pagar a TMPC, tendo sido definidos que intervenções, no âmbito das funções e competências da Companhia de Bombeiros Sapadores, da Comissão e do Serviço Municipal de Proteção Civil, são passíveis de ocorrerem nas seguintes situações/tipologias: Em prédios urbanos devolutos; Em prédios com atividade industrial; Em prédios com atividades de comércio e serviços; Em outras infraestruturas, nomeadamente, redes de gás, eletricidade e telecomunicações, entre outras. Depois de identificadas todas as situações objeto de intervenção por parte daqueles serviços, procedeu-se à sua desagregação atendendo a critérios relacionados com a natureza de riscos associados e tipo de ocorrência que necessariamente terão diferentes taxas aplicáveis, a saber: Em prédios urbanos devolutos (risco associado de 10%); Em prédios com atividade industrial (risco associado de 65%); Em prédios com atividades de comércio/serviços/outras infraestruturas, nomeadamente, redes de gás, eletricidade e telecomunicações (risco associado de 25%). A metodologia seguida para o apuramento do valor das taxas teve em consideração apenas o referencial de base do custo da contrapartida (perspetiva objetiva) e de uma perspetiva subjetiva, para os prédios urbanos, com um custo social a ser suportado pelo Município. Assim, o valor das taxas foi calculado com base nos custos suportados pelo Município para a prestação do serviço, sendo que: a) no caso do valor da taxa prevista para os prédios urbanos que não estão devolutos, o Município assume na integralidade os custos da atividade pública de proteção civil, para que o particular não tenha que suportar o valor real da taxa, atendendo ao dever de serviço público, ao facto de se tratar de uma nova taxa e à sua própria especificidade, bem como à conjuntura económica de crise global que se verifica; b) no caso do valor da taxas previstas para os prédios que estão devolutos, o município optou por majorar o valor da taxa dado o risco elevado de ocorrência de eventos graves na área da proteção civil; c) quanto às taxas aplicáveis às empresas com atividade industrial, de comércio e serviços, e às entidades gestoras de infraestruturas o valor previsto da taxa aplicável corresponde, nuns casos, a um valor percentual inferior ao custo real apurado para a mesma, ou a uma majoração da mesma dado o risco moderado ou elevado associado à atividade desenvolvida. O fluxograma seguinte representada a metodologia utilizada no presente estudo que esteve na base da fixação da TMPC: (...). Através do fluxograma anterior, que demonstra graficamente as componentes a que o apuramento da TMPC obedeceu, verifica-se que a determinação do valor da taxa a fixar pelo Município de Setúbal teve em consideração duas vertentes: económica (custo direto da atividade económica) e social (custo social suportado pelo Município). Assim, no apuramento do custo das operações relacionadas com os bombeiros e proteção civil seguiu-se o critério de tentar ser o mais objetivo possível na definição de cada uma das tarefas inerentes às operações praticadas que dão lugar ao pagamento das taxas, no estrito cumprimento do princípio já referido anteriormente da proporcionalidade. A taxa traduz-se no custo da atividade pública e incide sobre as utilidades prestadas ou geradas pela atividade do Município, como na prestação concreta de um serviço público local, na utilização privada de bens dos domínios público e privado do Município. 5. MÉTODO DE CÁLCULO. O método de cálculo teve por suporte os extratos contabilísticos relativos aos custos diretos relacionados com o exercício da atividade de bombeiros e proteção Civil correspondentes ao exercício económico de 2010, bem como as aquisições de bens e serviços, pessoal e custos com os investimentos programados e a realizar no curto prazo pelo Município de Setúbal. As rubricas de custos relevantes no orçamento e que serviram de base ao cálculo das taxas são as seguintes: Custos Com Pessoal; Aquisição de Bens e Serviços; Amortizações de imobilizado; Transferências Correntes e de Capital para Terceiros. Atendendo a que não está implementada na integralidade a contabilidade de custos que permite identificar com maior rigor os custos de funcionamento das diversas unidades orgânicas, particularmente da Companhia de Bombeiros Sapadores, da Comissão e do Serviço Municipal de Proteção Civil, e, na falta de critérios mais consistentes, a imputação de custos foi realizada com base numa relação direta do total de custos, adotando um critério que tem por base o pressuposto da utilização de recursos comuns a todas as atividades e feita de forma proporcional ao dispêndio de recursos com o ato ou operação específica.» Da referida exposição cabe destacar ainda que os custos globais assacados ao serviço municipal de proteção civil (todos os custos com pessoal, aquisição de bens e serviços, amortizações de imobilizado e transferências correntes e de capital para terceiros), contabilizados em €4.506.040,81 (quatro milhões, quinhentos e seis mil e quarenta euros, e oitenta e um cêntimos), são imputados aos proprietários de prédios urbanos devolutos, às empresas com atividade industrial e comercial no concelho e às entidades gestoras de infraestruturas instaladas, total ou parcialmente, no Município de Setúbal, designadamente, as rodoviárias e ferroviárias, de gás, de eletricidade, televisão, telecomunicações, portuárias e de abastecimento, (cf. quadros constantes das páginas 14, 15 e 16 do anexo ao RTMPC de Setúbal), operação da qual resulta uma taxa no valor mensal de €886,85 (oitocentos e oitenta e seis euros e oitenta e cinco cêntimos) a cargo das entidades gestoras de infraestruturas instaladas no concelho e grandes superfícies comerciais, à atividade das quais foi associado um «risco de nível elevado». Não se especifica, contudo, qual o valor dos custos a suportar com as atividades de proteção civil provocadas por estas entidades, mas apenas que a receita mensal estimada com a cobrança da taxa é de €17.736,90 (dezassete mil e setecentos e trinta e seis euros, e noventa cêntimos), ascendendo o seu valor anual a €212.842,82 (duzentos e doze mil e oitocentos e quarenta e dois euros, e oitenta e dois cêntimos). 6. Conforme assinalado já, o objeto do presente recurso é integrado pelas normas constantes dos artigos 2º, nº 1, 3º, nº 1, alínea c), e 5º, nº 1 e 2, do RTMPC de Setúbal, que suportam a criação da TMPC, e cuja aplicação foi recusada pelo Tribunal a quo com fundamento na respetiva inconstitucionalidade orgânica, decorrente da violação da reserva relativa de competência da Assembleia da República consagrada na alínea i) do nº 1 do artigo 165º da Constituição. Ainda que por referência a outros regulamentos que não o RTMPC, a conformidade constitucional das taxas municipais de proteção civil foi apreciada já, por mais do que uma vez, por este Tribunal. Começou por sê-lo no Acórdão nº 418/2017 – cujo julgamento foi subsequentemente reiterado nos Acórdãos nº 611/2017 e 17/2018 –, onde se concluiu pela inconstitucionalidade orgânica das normas constantes dos artigos 2º, nº 1, 3º, nº 2, e 4º, nº 2, do RTMPC de Vila Nova de Gaia, com fundamento na violação da reserva relativa de competência legislativa da Assembleia da República, consagrada na alínea i) do nº 1 do artigo 165º da Constituição. A orientação subjacente ao julgamento levado a cabo no Acórdão nº 418/2017 foi recentemente reiterada no Acórdão nº 848/2017, que declarou inconstitucionalidade, com força obrigatória geral, das normas respeitantes à Taxa Municipal de Proteção Civil constantes dos números 1 e 2 do artigo 59º, dos números 1 e 2 do artigo 60º, da primeira parte do artigo 61º, dos números 1 e 2 do artigo 63º e do nº 1 do artigo 64º, todos do Regulamento Geral de Taxas, Preços e outras Receitas do Município de Lisboa, por violação do disposto no nº 2 do artigo 103º e na alínea i) do nº 1 do artigo 165º da Constituição da República Portuguesa. Partindo do entendimento, desde há muito firmado na jurisprudência constitucional, segundo o qual a «caracterização de um tributo, quando releve para efeito da determinação das regras aplicáveis de competência legislativa, há de resultar do regime jurídico concreto que se encontre legalmente definido, tornando-se irrelevante o nomen juris atribuído pelo legislador ou a qualificação expressa do tributo como constituindo uma contrapartida de uma prestação provocada ou utilizada pelo sujeito passivo», o Tribunal concluiu, neste último aresto, que a TMPC em apreço não reunia as propriedades de uma taxa, revelando-se o ato do seu lançamento incompatível, por isso, com a reserva relativa de competência da Assembleia da República constante da alínea i) do nº 1 do artigo 165º da Constituição. Fê-lo com base na seguinte fundamentação: «2.2. Não é a primeira vez que o Tribunal Constitucional se pronuncia sobre uma taxa municipal "de proteção civil". No passado mês de julho, através do Acórdão nº 418/2017 (1ª Secção), decidiu-se julgar inconstitucionais as normas constantes dos artigos 2º, nº 1, 3º, nº 2, e 4º, nº 2, do "Regulamento da Taxa de Municipal de Proteção Civil de Vila Nova de Gaia". A evidente proximidade das questões de constitucionalidade aí tratadas com as que ora nos ocupam justifica que se (re)visite o essencial dos fundamentos dessa decisão, para compreender se o juízo de inconstitucionalidade ali afirmado terá cabimento face às (diferentes) normas agora em apreciação. Tal como nesse tributo, também a disciplina da TMPC agora em análise prevê que os custos globais assinalados ao serviço municipal de proteção civil (todos os custos com pessoal, aquisição de bens e serviços, amortizações, transferências correntes e de capital para corporações de bombeiros, formação e ações de sensibilização e rendas), contabilizados em €25.204.000,00, são imputados a um universo limitado de sujeitos passivos, nomeadamente aos proprietários de prédios urbanos e às entidades que exerçam certas atividades ou usos de risco acrescido (artigo 60º, números 1, 2 e 3, do RTMPC). Segundo o requerente, está em causa um imposto; já para a requerida, a TMPC deve ser qualificada como uma taxa, ou, quando muito, como contribuição financeira. 2.3. O Município de Lisboa assinala que a TMPC se encontra prevista no RGTAL. Na verdade, o artigo 6º, nº 1, alínea f), do RGTAL prevê que "[a]s taxas municipais incidem sobre utilidades prestadas aos particulares ou geradas pela atividade dos municípios, designadamente, [...] f) [p]ela prestação de serviços no domínio da prevenção de riscos e da proteção civil". Sucede que, como se sublinhou no Acórdão nº 418/2017, tal previsão não permite dar como resolvida a questão central do presente recurso, uma vez que, por um lado, não cabe ao legislador ordinário a palavra definitiva quanto à qualificação de um tributo à luz das normas constitucionais e, por outro lado, o modo genérico como a referida "taxa" se encontra prevista no RGTAL não dispensa a análise de cada específico tributo estabelecido invocando essa legitimação, para aferir se nele se encontram efetivamente as características que permitem reconduzi-lo a uma verdadeira taxa. 2.3.1. Como assinala José Manuel M. Cardoso da Costa ("Ainda a distinção entre «taxa» e «imposto» na jurisprudência constitucional", in Homenagem a José Guilherme Xavier de Basto, org. J. L. Saldanha Sanches e António Martins, Coimbra, 2006, pp. 547/573.): "[...] A orientação que, relativamente à distinção entre «imposto» e «taxa», se foi sedimentando na jurisprudência constitucional considerada no escrito antes referido [trata-se de "O enquadramento constitucional do direito dos impostos em Portugal: a jurisprudência do Tribunal Constitucional», in Perspetivas Constitucionais – Nos 20 anos da Constituição de 1976, Vol. II, Coimbra, 1997, do mesmo autor] pode recapitular-se nos seguintes tópicos: – o critério básico em que essa distinção, segundo o Tribunal Constitucional, há de assentar é o que se reconduz à ideia da «unilateralidade» dos impostos e da «bilateralidade» ou «sinalagmaticidade» das taxas, ou seja, e como bem se sabe, a que atende ao facto de ao pagamento destas últimas haver de corresponder uma contraprestação «específica», por parte do ente público seu titular, a qual justificará esse pagamento – o que não acontecerá no caso dos impostos. O Tribunal começa por acolher, pois, o clássico critério «estrutural» que a doutrina fiscalista, na esteira da ciência das Finanças, vem há muito adotando (designadamente entre nós) para o efeito; – no contexto de tal critério, entende ainda o Tribunal, em consonância com a doutrina comum e inquestionada, que não tem de haver, porém, (rigorosa) «equivalência» económica entre o montante da taxa e o valor da respetiva contraprestação – bem podendo tal montante, pois, ser designadamente superior ao custa daquela contraprestação. Trata-se, portanto, de uma bilateralidade ou sinalagmaticidade essencialmente «jurídica»; – todavia, não deixava já o Tribunal de admitir que um certo nível de «proporcionalidade» do montante da taxa fosse exigível, de todo o modo, para que ela não se desvirtuasse num imposto. Ou seja: não deixou o Tribunal de admitir que o critério «estrutural» de base de que partia não devesse ser tomado em termos puramente «formais» e sempre houvesse de conhecer ou receber uma certa dimensão «material». [...]" (pp. 548/549). Deve notar-se, ainda, que a jurisprudência constitucional procedeu a um alargamento do conceito de taxa, modificando um pouco o sentido traçado em decisões anteriores (por exemplo nos Acórdãos nºs 436 e 437/2003), no Acórdão nº 177/2010 (taxa camarária pela afixação de painéis publicitários em prédio pertencente a particular), onde podemos ler: "[...] [E]ssa situação [alterou-se] com a promulgação da Lei Geral Tributária (aprovada pelo Decreto-Lei nº 398/98, de 17 de dezembro). Na verdade, o artigo 4,º, nº 1, desse diploma veio explicitar que «as taxas assentam na prestação concreta de um serviço público, na utilização de um bem do domínio público ou na remoção de um obstáculo jurídico ao comportamento dos particulares». De igual modo, a Lei nº 53-E/2006, de 29 de dezembro (alterada pela Lei nº 64-A/2008, de 31 de dezembro, e pela Lei nº 117/2009, de 29 de dezembro), que aprova o regime geral das taxas das autarquias locais, consagra, no artigo 3º, idêntica categorização. Perante esta enumeração tripartida das categorias de prestação pública que dão causa e servem de contrapartida à prestação exigível a título de taxa, é incontroverso que o legislador não acolheu aquela conceção restritiva, tendo antes considerado a remoção de um obstáculo jurídico como pressuposto auto-suficiente da figura. A própria formulação utilizada sugere isso mesmo, pois a disjuntiva que antecede a referência final corta toda a ligação conectiva com os dois tipos de contraprestação antes expressos. E não faria, na verdade, qualquer sentido que o enunciado legal previsse um terceiro grupo de situações, em alternativa às duas outras anteriormente previstas, para se concluir que não se chega, afinal, a ultrapassar o âmbito da "utilização de um bem do domínio público", pois só conta a remoção que a ela conduza. [...] Esta noção mais ampla de taxa não representa, aliás, uma inovação, por via legislativa, pois o legislador limitou-se a perfilhar uma orientação, contraposta à acima referida, já anteriormente presente num significativo setor da doutrina portuguesa. Na verdade, a classificação tripartida, sem qualquer restrição, das modalidades de taxas já era advogada por autores como Alberto Xavier, Manual de direito fiscal, I, Lisboa, 1974, 42-43 e 48-53 Braz Teixeira, Princípios de direito fiscal, I, Coimbra, 1985, 43, e Sousa Franco, Finanças públicas e direito financeiro, II, 4ª ed., 1992, 64". [...]. 2.4. As circunstâncias, já assinaladas, de a TMPC englobar indiferenciadamente todos os custos do serviço municipal de proteção civil e de a previsão da referida taxa no RGTAL ser genérica são de molde a suscitar dúvidas muito consistentes quanto à necessária bilateralidade ou sinalagmaticidade deste tributo, ainda que se adote o conceito mais amplo de taxa que se traçou no Acórdão nº 177/2010. De resto, foram tais dúvidas que conduziram ao juízo positivo de inconstitucionalidade emitido no Acórdão nº 418/2017 relativamente às normas do Regulamento da Taxa Municipal de Proteção Civil de Vila Nova de Gaia. Contudo, a circunstância de se considerarem corretos os fundamentos que justificaram tal juízo de inconstitucionalidade não justificará, sem mais, um idêntico juízo quanto às normas do RGTPRML que introduziram a Taxa Municipal de Proteção Civil de Lisboa. Impõe-se, pois, que estas últimas sejam analisadas tendo em conta a sua específica estrutura. Tal análise deverá incidir, separadamente, sobre cada uma das (denominadas) "taxas" em causa no pedido do Requerente: (i) o tributo que incide sobre o valor patrimonial dos prédios em geral (nº 1 do artigo 59º do RGTPRML) e (ii) o tributo que incide sobre o valor patrimonial dos prédios "com risco acrescido por relação com a condição de degradado, devoluto ou em estado de ruína" (nº 2 do artigo 59º do RGTPRML). 2.5. Centrando-nos, em primeiro lugar, na (denominada) "taxa" prevista nº 1 do artigo 59º do RGTPRML, encontram-se alguns pontos de contacto com o tributo sobre o qual incidiu o Acórdão nº 418/2017. 2.5.1. Em primeiro lugar, e também no caso dos presentes autos, deve sublinhar-se (sem prejuízo de outras razões, adiante referidas) que não tem aqui cabimento a convocação dos fundamentos do Acórdão nº 316/2014, porquanto as atividades do município na área da proteção civil, a que se refere a TMPC, não permitem estabelecer uma relação – efetiva ou presumida – com específicas pessoas ou grupo que delas sejam causadores ou beneficiários. Pelo contrário, e como se observou no Acórdão nº 418/2017, pode dizer-se, genericamente, que todos os sujeitos que residam, estejam estabelecidos ou se desloquem ocasionalmente na área do município, e ainda que de um modo muito difuso, "dão causa" às atividades de proteção civil – porque a sua simples presença pode condicioná-las ou moldá-las, determinando o seu conteúdo – ou delas "beneficiam", pelo menos potencialmente. E renova-se a conclusão então afirmada: se assim é, perde-se a conexão característica dos tributos comutativos, num duplo sentido: perde-se do lado dos beneficiários, que não são suscetíveis de delimitação, porquanto a "causa" da atividade e o "benefício" dela decorrente se diluem na generalidade da população; e perde-se do lado da prestação, por não ser individualizável, reconduzindo-se a uma atividade abstrata. Justifica-se, ainda, assinalar que, também na hipótese ora apreciada, a determinação dos sujeitos passivos é arbitrária: impor o tributo aos proprietários é tão desprovido de sentido e justificação como escolher os arrendatários, alguns ou todos os empresários ou qualquer outra categoria de sujeitos, uma vez que nenhum deles tem maior ou menor proximidade objetiva com a atividade a que se refere a taxa. No caso sub judicio, também podemos (re)afirmar que a "construção" justificativa consistente na agregação em bruto de toda a atividade municipal de proteção civil a título de prestação não pode esconder que, desse modo, se ficciona, artificiosamente, uma prestação concreta com base num conjunto indiferenciado de atos sem destinatários individualizados que se reconduzem a uma atividade abstrata, sendo certo que o mesmo método – separar uma determinada área de atividade de uma pessoa coletiva pública, calcular os seus custos e fazê-los refletir (ainda que parcialmente, mas em bloco) sobre um conjunto maior ou menor de sujeitos – pode fazer-se para qualquer outro serviço público local ou estadual (educação, justiça, saúde, defesa, segurança, por exemplo), mas não traduz, manifestamente, um recorte suficientemente definido de prestações concretas da entidade pública e dos sujeitos que a elas dão causa ou delas beneficiam, nem existem elementos que suportem, neste âmbito, uma presunção suficientemente expressiva – forte – de uma relação de troca. Em suma, na justificação económica da TMPC encontram-se elementos que, à semelhança do que ocorria com o tributo criado pelo município de Vila Nova de Gaia, são dificilmente compatibilizáveis com a estrutura bilateral da taxa – designadamente, a descrição muito genérica e abrangente do conjunto das atividades de proteção civil, a "identificação dos processos" que "conduzem a serviços" ligados à proteção civil como (alegada) expressão de um nexo entre prestações, a agregação indiscriminada dos custos da globalidade dos serviços de proteção civil e a distribuição praticamente arbitrária desses custos por categorias de sujeitos passivos. Estes elementos estruturais do tributo – comuns às hipóteses dos presentes autos e à encarada pelo Tribunal no Acórdão nº 418/2017 – representam um primeiro obstáculo à qualificação da TMPC como taxa. 2.5.2. Às características apontadas da TMPC, que a aproximam do tributo equivalente de Vila Nova de Gaia, somam-se outras próprias daquela. A incidência da TMPC revela uma estrutura análoga ao IMI, como justamente observou o Requerente. A sobreposição dos regimes é inegável – ambos os tributos incidem sobre o valor patrimonial tributário dos imóveis e o sujeito passivo da TMPC é determinado por remissão para as regras do IMI. Tal semelhança estrutural não é inócua. Ela revela que o tributo não assenta na correlação económica das prestações – e, nessa medida, prescinde do nexo característico dos tributos bilaterais, já que não pode guiar-se por uma ideia de proporcionalidade entre elas –, mas sim (e inequivocamente) na capacidade contributiva dos sujeitos passivos, revelada pela titularidade do direito sobre os prédios. Não é possível reconstituir qualquer relação suficientemente definida, certa e objetiva entre o conteúdo e valor das prestações do serviço municipal de proteção civil, por um lado, e o valor a suportar pelos titulares dos prédios, por outro. O Município de Lisboa sustenta que os proprietários dos prédios são "[...] os [...] beneficiários principais" da TMPC, na medida em que "[...] a atividade da proteção civil do Município de Lisboa está em larga medida ligada ao património edificado, traduza-se ela em operações de socorro a incêndios, em intervenções por ocasião de inundações, em ações de proteção ditadas pelo estado degradado ou em ruína de imóveis [...]", sendo por isso "'normal' e mesmo 'expectável' que a Câmara Municipal de Lisboa, em face das atribuições que lhe são cometidas por lei, desenvolva um conjunto de ações concretas de proteção civil de que são principais beneficiários os proprietários de prédios urbanos situados no concelho", concluindo que "[...] é inquestionável que a TMPC dá corpo àquela relação comutativa que o Tribunal Constitucional entende conformadora das verdadeiras taxas". Por outras palavras, entende o Município de Lisboa que os proprietários integram um dos "[...] três universos de pessoas que se distinguem com clareza do conjunto da coletividade pela intensidade dos riscos que geram e pela intensidade do benefício que a atividade da proteção civil lhes traz", sendo "[...] esta razão que justifica que parte dos custos inerentes aos serviços de proteção civil lhes seja imputada através da TMPC". Como tal, e sempre no entender do Município, o que se pretende com a taxa é "[...] fazer com que um conjunto bem determinado de pessoas concorra para o custeamento de uma atividade de que são os principais causadores ou beneficiários". Sucede que estas relações assentam, em grande medida, em petições de princípio que não estão especificamente demonstradas e não encontram reflexos na fundamentação económica da TMPC (onde, como se viu, todos os custos são agregados indistintamente). Por outro lado, no que respeita especialmente à incidência prevista no nº 1 do artigo 59º do RGTPRML, tal relação – a existir – sempre se perderia, porque o tributo assenta na titularidade do património, o que, ademais, fornece um elemento de sinal contrário: tendencialmente, os prédios de maior valor são de construção mais recente, com recurso a técnicas mais avançadas e, por isso, mais seguros. A estrutura da TMPC não apresenta uma base objetiva para se poder afirmar que é a propriedade, por si, que determina ou potencia os gastos municipais. Por outras palavras, ao partir de um pressuposto claramente revelador da capacidade contributiva genérica que é independente da dimensão, da natureza e do peso e valor relativos das prestações a assegurar no âmbito da proteção civil, o Município de Lisboa criou um tributo – qualificando-o como "taxa" – que se determina objetivamente sem a relevância daquelas prestações, a não ser na medida em que foram agregados os custos globais daqueles serviços (o que em nada favorece a ideia de bilateralidade, como vimos). Este desligamento das conexões entre prestações características dos tributos bilaterais decorre, inelutavelmente, de se escolher como (único) facto tributário a titularidade do direito real. E, sendo correto dizer-se que "é ponderada a área dos prédios" (como alegou o autor da norma), o certo é que essa ponderação é feita nos mesmos termos – e através – das regras do IMI, ou seja, com única utilidade de cálculo do valor do prédio para efeitos tributários, pelo que tal consideração não afasta as conclusões já afirmadas. Não há, pois, como negar o caráter extremamente difuso (na verdade, impossível de traçar) da relação entre a titularidade dos prédios e as prestações no âmbito da proteção civil a que (alegadamente) dá causa, ou da relação entre tais prestações e o respetivo "benefício" para os titulares do património imobiliário. Como se sublinhou, não é a possibilidade de enumerar várias atividades de proteção civil – sem consideração do seu peso relativo e, em particular, da relação de cada uma com a titularidade dos prédios – que permite dar por estabelecida a necessária correlação entre prestações. Consequentemente, não pode a TMPC afirmar-se como tributo bilateral, ou seja, não se trata de uma taxa, no sentido jurídico-constitucionalmente relevante que atrás foi assinalado. [...] 2.6. À semelhança do que se concluiu a respeito do tributo apreciado no Acórdão nº 418/2017, forçoso é concluir, perante a TMPC, que a relação comutativa que deveria estar pressuposta numa verdadeira taxa não se encontra a partir de qualquer dos seus elementos objetivos, pelo que o referido tributo não merece tal qualificação jurídica. 2.7. As considerações que antecedem são transponíveis para a TMPC na modalidade prevista no nº 2 do artigo 59º do RGTPRML, ou seja, a norma respeitante aos prédios "com risco acrescido por relação com a condição de degradado, devoluto ou em estado de ruína". Numa primeira leitura, a favor da não inconstitucionalidade da TMPC nesta vertente, poder-se-ia afirmar que, por natureza, os prédios degradados, devolutos ou em estado de ruína representam um risco acrescido de necessidade de intervenção dos serviços de proteção civil. Todavia, sendo esta asserção verdadeira, não é menos certo que a TMPC não aparece nem se determina em função desse risco concreto. Ou seja, mantêm-se válidas, mutatis mutandis, todas as considerações acima tecidas a respeito da "norma-base" do nº 1 do artigo 59º do RGTPRML. Por outras palavras, a pretexto de uma situação de risco (abstrato) acrescido, o tributo é agravado. Todavia – e constitui a sua "mácula original", nunca dissipada –, continua a assentar apenas na capacidade contributiva revelada pela titularidade do direito real, ou seja, desliga-se (como vimos) de qualquer relação de troca configurável neste contexto, aliás, em paralelo com o IMI – cf. artigos 112º, nº 3 ("as taxas previstas nas alíneas b) e c) do nº 1 são elevadas, anualmente, ao triplo nos casos de prédios urbanos que se encontrem devolutos há mais de um ano e de prédios em ruínas, considerando-se devolutos ou em ruínas, os prédios como tal definidos em diploma próprio") e 112º, nº 8 ("os municípios, mediante deliberação da assembleia municipal, podem majorar até 30% a taxa aplicável a prédios urbanos degradados, considerando-se como tais os que, face ao seu estado de conservação, não cumpram satisfatoriamente a sua função ou façam perigar a segurança de pessoas e bens") do Código do IMI. Consequentemente, e apesar de a TMPC prevista no nº 2 do artigo 59º do RGTPRML dizer respeito a uma hipótese eventualmente reconduzível a riscos acrescidos, estes não moldam a essência do tributo: o facto tributário (titularidade do direito real) e a incidência sobre o valor permanecem desvinculados de prestações determinadas do serviço de proteção civil. Ou seja, servindo de pretexto para a tributação agravada, os ditos riscos (não especificados) e as prestações (concretamente desconhecidas) que os mesmos determinam estão ausentes do mecanismo jurídico da TMPC. Daí que, apesar da aparente diferença, esta norma mereça, pelas razões atrás apontadas e que aqui se dão por reproduzidas, o mesmo juízo no plano jurídico-constitucional. Conclui-se, pois, e sem necessidade de outras considerações, pela inconstitucionalidade orgânica da norma contida no artigo 59º, nº 2, do RGTPRML e, ainda, das normas contidas nos artigos 60º, nº 2, e 63º, nº 2, do mesmo diploma (que respeitam à incidência subjetiva e ao valor da TMPC)». 7. Exposto o essencial da fundamentação seguida no Acórdão nº 848/17 – decalcada, em parte, daquela que fora desenvolvida já no Acórdão nº 418/2017 –, é fácil de verificar que nela se contêm, em traços gerais, os critérios convocáveis para a caracterização da TMPC de Setúbal, em causa nos presentes autos. Com efeito, trata-se, também aqui, de um tributo municipal, cujo objetivo é o de «compensar financeiramente o município pela despesa pública local, realizada no âmbito da prevenção de riscos e da proteção civil», e que se destina a constituir «a contrapartida do Município» pela «prestação de serviços de bombeiros e de proteção civil», pelo «funcionamento da comissão e do serviço municipal de proteção civil» e da «comissão municipal de defesa da floresta contra incêndios», pelo «cumprimento e execução do plano de emergência municipal», pela «prevenção e reação a acidentes graves e catástrofes», pela «proteção e socorro de populações» e pela «promoção de ações de proteção civil e de sensibilização para prevenção de riscos» (artigo 2º do RTMPC). Do ponto de vista do propósito fiscal subjacente, a TMPC de Setúbal parte, assim, da agregação indiferenciada de todos os custos do serviço municipal de proteção civil, a cujo financiamento diretamente se dirige: destinando-se a TMPC de Setúbal a financiar genericamente os serviços de proteção civil a cargo do respetivo Município, a receita por essa via angariada encontra-se dissociada de qualquer contraprestação municipal em função da qual o tributo se pudesse dizer devido, o que põe em causa o caráter sinalagmático e comutativo próprio das taxas. Conforme se afirmou no Acórdão nº 848/2017 relativamente à TMPC, todos e quaisquer sujeitos que residam, estejam estabelecidos ou se desloquem na área daquele município, ainda que de um modo muito difuso, «provocam» as atividades de proteção civil a cujo financiamento se destina a TMPC – porque a sua simples presença pode condicioná-las ou determinar o seu conteúdo – ou delas «beneficiam», pelo menos potencialmente. E porque assim é, não é possível reconhecer na TMPC a conexão característica dos tributos comutativos, tanto do ponto de vista da própria prestação municipal – que, não sendo individualizável, consubstancia uma atividade de que todos são ou podem vir a ser indiferenciadamente beneficiários –, como dos destinatários da prestação financiada – que não são suscetíveis de delimitação, uma vez que a «causa» da atividade e o «benefício» dela decorrente se diluem na generalidade da população. 8. Há, ainda assim, determinados aspetos relativos à TMPC de Setúbal que justificam uma referência autónoma. O primeiro decorre do facto de o RTMPC de Setúbal fazer assentar a TMPC na natureza dos riscos associados a certos imóveis (cf. alínea a) do nº 1 do artigo 3º do RTMPC) – ou, no que aqui especialmente releva, a determinadas infraestruturas ou atividades (alíneas b) e c) do nº 1 do artigo 3º do RTMPC, respetivamente) –, aspeto apontado pelo próprio Município de Setúbal como decisivo para a qualificação daquele tributo como taxa e não como imposto. Com efeito, na exposição que acompanhou a proposta do RTMPC de Setúbal, o referido Município procurou refutar a alegação de que o tributo em causa não evidenciaria a sinalagmaticidade necessária à sua qualificação como taxa, sustentando que «a TMPC» se destina «a ser aplicada em função do grau de risco de cada empresa no âmbito do sistema de proteção civil, tendo para tal sido definidos no anexo ao regulamento da referida taxa os níveis de cada atividade e o risco potencial associado a cada uma». Na perspetiva sustentada ali pelo município, «[t]al aferição representa (...) a contraprestação do serviço e a sua aplicabilidade ao tipo de taxa, seja de risco reduzido, inferior ou elevado». Basta, contudo, recordar os fundamentos invocados no Acórdão nº 848/2017 para estender o juízo de inconstitucionalidade que recaiu sobre a TMPC à modalidade respeitante aos prédios «com risco acrescido por relação com a condição de degradado, devoluto ou em estado de ruína», prevista no nº 2 do artigo 59º do RGTPRML, para perceber a irrelevância do argumento no plano da caracterização do tributo. É que, independentemente do risco acrescido de necessidade de intervenção dos serviços de proteção civil que certo tipo de prédios, infraestruturas ou atividades possa representar, a TMPC de Setúbal, tal como se apontou à TMPC de Lisboa, não aparece nem se determina em função desse risco concreto. E muito menos a aferição desse risco, em si mesmo considerado, pode representar ou substituir, conforme sustentado pelo Município, «a contraprestação do serviço» necessária à caracterização do tributo como taxa. Pelo contrário: os termos em que a TMPC de Setúbal foi perspetivada pelo próprio Município e que obtiveram concretização no RMTPC, são, em si mesmo, reveladores de que o propósito fiscal subjacente ao respetivo lançamento, bem como a receita através dela estimada angariar, se destinam genericamente a financiar os recursos despendidos pelo município com o serviço público de proteção civil e socorro e a prover indistintamente às necessidades financeiras do Município, naquele seu especifico âmbito de atividade. Com efeito, na exposição que acompanhou a proposta do RMTPC, o próprio Município de Setúbal não deixou de configurar a TMPC como uma espécie de sucedâneo das verbas não transferidas pelo Estado para o financiamento das atribuições legalmente cometidas às autarquias locais no âmbito da proteção civil (cf. artigo 1º, nº 1, da Lei de Bases da Proteção Civil, aprovada pela Lei nº 27/2006, de 3 de junho), ao afirmar que o tributo «apenas se aplicará, enquanto o Município de Setúbal não for ressarcido pela Administração Central dos custos incorridos pela existência de um Corpo de Bombeiros Sapadores». Sucede que, apesar de a Lei nº 27/2006 cometer a atividade de proteção civil também às autarquias locais (cf. artigo 1º, nº 1), daí obviamente se não segue que, por força dessa atribuição, os municípios passem a dispor da faculdade de prover ao financiamento dos recursos implicados na respetiva prossecução nos termos em que o Estado se encontra constitucionalmente autorizado a fazê-lo – isto é, mediante o lançamento, através de lei parlamentar, de tributos destinados a custear prestações genéricas e indivisíveis que tenham como beneficiária toda a respetiva coletividade. 9. O segundo aspeto – relacionado, de resto, com o anterior – prende-se com a circunstância de, ao contrário do que parece resultar da exposição que acompanhou a proposta do RMTPC, o facto tributário gerador da TMPC de Setúbal não ser o risco causado por certos imóveis, infraestruturas ou atividades, mas antes a respetiva titularidade ou prossecução. Conforme evidenciado pelos dados que integram a fundamentação económico-financeira da TMPC de Setúbal, constante do anexo I do RMTPC de Setúbal, o tributo encontra-se determinado objetivamente, sem a consideração relevante das prestações municipais alegadamente na sua base, a não ser na medida em que a determinação do respetivo valor foi precedida da agregação dos custos globais dos serviços a cujo financiamento se destina. Na prática, ao associar um risco de 10% aos prédios urbanos devolutos, de 65% aos prédios com atividade industrial e de 25% aos prédios com atividades de comércio, indústria, bem como com infraestruturas (como redes de gás, eletricidade, telecomunicações ou de abastecimento), o município usou o risco como mero critério de repartição do valor dos custos globais dos serviços de proteção civil e bombeiros que pretendeu imputar, sem especificar quaisquer prestações concretas ou singularizáveis de que, em função desse risco, os sujeitos do tributo se pudessem dizer efetivos causadores ou beneficiários. O que se torna mais claro ainda se tivermos em conta que a fundamentação económico-financeira da TMPC de Setúbal, acima referida, não contém sequer a especificação do valor dos custos a suportar com as atividades de proteção civil a prestar a cada uma das categorias dos respetivos sujeitos tributários, quedando-se, ao invés, pela indicação do «montante total da despesa associada à área dos Bombeiros e Proteção Civil» do município, seguida da imputação desse valor «ao universo de cada tipologia, com base» apenas «na percentagem do contributo de cada tipologia», previamente fixada nos termos mencionados já. Trata-se de indicações inequívocas de que, apesar da criação da TMPC de Setúbal ter sido justificada a partir da identificação de eventuais riscos acrescidos, estes não moldam a essência do tributo: servindo de pretexto para a tributação, os ditos riscos (que não são sequer especificados) e as prestações (concretamente desconhecidas) que os mesmos (putativamente) determinam estão ausentes do mecanismo jurídico da TMPC (neste sentido, a propósito da modalidade da TMPC prevista no nº 2 do artigo 59º do RGTPRML, vide Acórdão nº 848/2017).

10. O último aspeto a considerar diz diretamente respeito à particular categoria em que se inscreve o sujeito tributário, decorrendo do facto de o ato de liquidação impugnado no âmbito do processo-base ter tido por destinatária uma entidade exploradora de infraestruturas de abastecimento. Tal aspeto é insuscetível, porém, de justificar qualquer desvio ao juízo para que vem apontando. Com efeito, uma vez que as atividades municipais em matéria de proteção civil, que justificariam a TMPC de Setúbal, não permitem estabelecer uma qualquer conexão com específicas pessoas ou grupo que delas sejam causadores ou beneficiários, encontra-se aprioristicamente excluída a possibilidade de se dar aquele tributo no âmbito de uma relação diferenciada com certa categoria de agentes, bem como a de nele reconhecer a vinculação a uma contraprestação municipal singularizável, designadamente em virtude de um eventual risco acrescido que àqueles agentes pudesse ser objetivamente associado. Contra o que acaba de afirmar-se, poder-se-ia sustentar, porém, que, sendo a entidade impugnante, aqui recorrida, uma sociedade exploradora de postos de abas-

tecimento, a situação sub judice evidenciaria suficientes semelhanças com aquela que foi apreciada no Acórdão nº 316/2014, em termos de justificar um julgamento de igual sentido. Assim não é, todavia. Conforme notado no Acórdão nº 848/2017 a propósito da TMPC, também no âmbito da TMPC de Setúbal não é possível entrever, ao contrário do caso julgado no referido aresto, uma qualquer proximidade funcional suscetível de suportar o estreitamento do universo dos beneficiários a que o elenco constante do artigo 3º, nº 1, do RTMPC dá concretização. Tal como assinalado à TMPC, não é possível reconhecer na TMPC de Setúbal uma presunção de benefício (que vai pressuposta na – e revelada pela – estrutura do tributo) suficientemente forte, mas apenas uma presunção fraca, ou até mesmo vazia de conteúdo. E isto porque o espectro dos seus supostos beneficiários é demasiado alargado e a invocada presunção não tem contornos definidos, não podendo, nessa medida, afastar-se com segurança o seu caráter arbitrário, dado que a relação entre prestações é vaga e indireta, ao ponto de quebrar os nexos essenciais ao estabelecimento das correlações presumidas. Com efeito, todos e quaisquer sujeitos que residam, estejam estabelecidos ou se desloquem na área do município ainda que de um modo muito difuso, «provocam» as atividades de proteção civil a cujo financiamento se destina a TMPC de Setúbal – porque a sua simples presença pode condicioná-las ou determinar o seu conteúdo – ou delas «beneficiam», pelo menos potencialmente. E porque assim é, não é possível reconhecer naquela «taxa» a conexão característica dos tributos comutativos, o que ocorre tanto do ponto de vista dos beneficiários – que não são suscetíveis de delimitação, uma vez que a «causa» da atividade e o «benefício» dela decorrente se diluem na generalidade da população –, como do ponto de vista da própria prestação municipal – que não é individualizável, consubstanciando, ao invés, uma atividade de que todos são ou podem vir a ser indiferenciadamente beneficiários (neste sentido, a propósito da TMPC, cf. Acórdão nº 848/2017). Por assim ser, também aqui se impõe a conclusão de que a TMPC de Setúbal, incluindo no segmento em que recai sobre entidades exploradoras de infraestruturas de abastecimento, não pode ser juridicamente qualificada como taxa; o que torna as normas que suportam a sua criação incompatíveis com a reserva relativa de competência constante da alínea i) do nº 1 do artigo 165º da Constituição. III – DECISÃO. Em face do exposto, decide-se: a) Julgar inconstitucionais as normas constantes dos artigos 2º, nº 1, 3º, nº 1, alínea c), e 5º, nºs 1 e 2, do RTMPC de Setúbal; e, em consequência, b) Julgar improcedente o recurso interposto pelo MINISTÉRIO PÚBLICO. Sem custas, por não serem legalmente devidas. Lisboa, 31 de janeiro de 2018 – Joana Fernandes Costa – Gonçalo Almeida Ribeiro – Maria José Rangel de Mesquita – Lino Rodrigues Ribeiro – João Pedro Caupers.

Comentário:

1. O princípio contido neste artigo releva igualmente para a qualificação de um determinado tributo como taxa ou imposto, porquanto se do investimento realizado pela autarquia não resultar uma utilidade divisível que beneficie um grupo certo e determinado de sujeitos, mesmo contra a vontade destes, então aquele assume a natureza de imposto e padece do vício de inconstitucionalidade.

2. Este artigo não fixa um qualquer critério para a justa repartição das taxas locais. Na verdade, a repartição justa de um qualquer encargo tributário consiste na repartição feita com igualdade e o princípio da igualdade, quando projetado sobre o domínio das taxas locais, corresponde à equivalência expressa no anterior.

3. "A partir deste princípio extrai-se a obrigação dos órgãos, funcionários, (trabalhadores) e agentes da administração pública prosseguirem exclusivamente o interesse público, tendo por limite os direitos e interesses legalmente protegidos dos cidadãos, (...)." in Vasques, Sérgio, (2008), Regime das Taxas Locais. Introdução e comentário. Cadernos IDEFF. Nº 8. Almedina. Coimbra. 2008.

4. O presente Regime de Taxas não obriga à harmonização das isenções, circunstância que teria sido preferível e oportuna, revelando-se redutora a disposição do artigo 8º da presente lei, que exige que os regulamentos locais de taxas definam objetivamente as isenções e inerente fundamentação.

5. O nº 2 do presente artigo revela-se pouco feliz (apud Vasques, Sérgio, (2008), Regime das Taxas Locais. Introdução e comentário. Cadernos IDEFF. Nº 8. Almedina. Coimbra. 2008.), quando dispõe que as autarquias podem criar taxas para financiar utilidades geradas pela realização de despesa pública local sempre que desta resultem utilidades divisíveis que beneficiem um grupo certo e determinado de sujeitos, independentemente da sua vontade. Ora, esta redação sugere que as autarquias podem lançar tributos sem estrutura comutativa, taxas locais que não se dirigem à compensação de prestações efetivamente provocadas ou aproveitadas pelos concretos sujeitos passivos.

6. Mas há que interpretar esta norma em conformidade com a Lei Fundamental e conciliar a mesma com o princípio da legalidade tributária e com a reserva de lei parlamentar a que estão sujeitas as contribuições especiais.

Artigo 6º – Incidência objectiva

1 – As taxas municipais incidem sobre utilidades prestadas aos particulares ou geradas pela actividade dos municípios, designadamente:

a) Pela realização, manutenção e reforço de infra-estruturas urbanísticas primárias e secundárias;

b) Pela concessão de licenças, prática de actos administrativos e satisfação administrativa de outras pretensões de carácter particular;

c) Pela utilização e aproveitamento de bens do domínio público e privado municipal;

d) Pela gestão de tráfego e de áreas de estacionamento;

e) Pela gestão de equipamentos públicos de utilização colectiva;

f) Pela prestação de serviços no domínio da prevenção de riscos e da protecção civil;

g) Pelas actividades de promoção de finalidades sociais e de qualificação urbanística, territorial e ambiental;

h) Pelas actividades de promoção do desenvolvimento e competitividade local e regional.

2 – As taxas municipais podem também incidir sobre a realização de actividades dos particulares geradoras de impacto ambiental negativo.

3 – As taxas das freguesias incidem sobre utilidades prestadas aos particulares ou geradas pela actividade das freguesias, designadamente:

a) Pela concessão de licenças, prática de actos administrativos e satisfação administrativa de outras pretensões de carácter particular;

b) Pela utilização e aproveitamento do domínio público e privado das freguesias;

c) Pela gestão de equipamento rural e urbano;

d) Pelas actividades de promoção do desenvolvimento local.

Remissão:

1. Ver artigo 3º da presente lei.

Jurisprudência:

1. Acórdão do Supremo Tribunal Administrativo (Processo nº 1969/13.0BEPRT), de 02-02-2022. Acordam na Secção do Contencioso Tributário do Supremo Tribunal Administrativo. 1. Relatório. 1.1. O Município de Vila Nova de Gaia, inconformado com o acórdão proferido pelo Tribunal Central Administrativo Norte, em 29 de abril de 2021, que, negando provimento ao recurso, manteve a sentença proferida pelo Tribunal Administrativo e Fiscal do Porto, que havia julgado procedente a impugnação judicial deduzida pela sociedade A...., Lda., ora Recorrida e, em consequência, anulou os atos de liquidação de taxas relativas à instalação e funcionamento de posto de combustível, dele interpôs recurso para o Supremo Tribunal Administrativo, ao abrigo do disposto no artigo 150º do Código de Processo dos Tribunais Administrativos (CPTA), apresentando as alegações de recurso, com

conclusões do seguinte teor: «1 – A nosso ver, e resultando o impacto ambiental negativo do funcionamento do posto de abastecimento, o responsável pela referida taxa de impacto ambiental negativo é quem efectivamente exerce essa actividade que normalmente é o comercializador dos produtos, entidade que a maior parte das vezes não coincide com o titular da licença de exploração nem com o proprietário do referido posto de abastecimento. 2 – No Regulamento Municipal de Compensações Urbanísticas do Município de Vila Nova de Gaia a definição de sujeito passivo para todas e cada uma das taxas nele previstas é a de o ser quem está vinculado ao cumprimento da prestação tributária e o Regulamento elenca várias situações que são sujeitas a taxa e na Tabela Anexa fixa a taxa para cada uma dessas situações. 3 – Por isso, o sujeito passivo da taxa vai variando em conformidade com a incidência objectiva da taxa. 4 – O artigo 100º do Regulamento Municipal de Compensações Urbanísticas de Vila Nova de Gaia, publicado no DR., 2ª Série, nº 140, de 22 de Julho de 2011, foi introduzido pelas Alterações constantes do Aviso nº 27475/2010, publicadas no D.R., 2ª Série, nº 250, de 28 de Dezembro de 2010, e integra-se na Parte III, do referido Regulamento, sob a epígrafe "Actividades geradoras de impacto ambiental negativo". 5 – Assim, sendo a incidência objectiva da taxa a actividade das instalações de postos de abastecimento como actividade geradora de impacto ambiental, e não o seu licenciamento, o sujeito passivo não pode ser o titular da licença de exploração/promotor do licenciamento mas quem exerce a actividade, que é o comercializador dos produtos. 6 – O Decreto-Lei nº 267/2002, na sua versão do Decreto-Lei nº 195/2008 de 6 de outubro, em vigor à data da liquidação das taxas impugnadas, estabelece os procedimentos e competências do licenciamento das instalações de armazenamento de produtos de petróleo e de postos de abastecimento de combustíveis e assume que o promotor é o proprietário da instalação e que o titular da licença de exploração é o promotor do licenciamento, o qual não coincide com o titular da licença de comercialização. 7 – Além disso, a licença de exploração é um título que atesta que as instalações estão habilitadas para funcionarem como postos de abastecimento e não é uma licença atribuída a uma entidade de modo a habilitá-la a exercer a actividade naquele local (artigo 3º, alíneas e), j) e s) e artigo 14º). 8 – Assim, existindo, duas entidades distintas o titular da licença de exploração, que é o promotor do licenciamento, e o comercializador retalhista que é a pessoa singular ou colectiva que comercializa produtos de petróleo em instalações de venda a retalho (cfr. artigo 3º, alínea j) do Decreto-Lei nº 31/2006, de 15 de fevereiro), atendendo à incidência objectiva das taxas, não suscita dúvidas que o sujeito passivo pela taxa de pedido de licenciamento das instalações de postos de abastecimento será o promotor do licenciamento/proprietário das instalações e que o sujeito passivo pala taxa de impacto ambiental negativo da actividade das instalações de postos de abastecimento é o comercializador retalhista, independentemente de poderem ser, ou não ser, a mesma entidade. 9 – Com efeito, como consta da Nota Justificativa da proposta de alteração submetida a Apreciação Pública do referido Regulamento a previsão da referida taxa surge na sequência do disposto no nº 2 do artigo 6º do Regime Geral de Taxas das Autarquias Locais (Lei nº 53-E/2006, de 29 de dezembro) que dispõe que as taxas municipais podem incidir sobre a realização de actividades dos particulares geradoras de impacto ambiental negativo. 10 – Aliado à circunstância de existirem certos domínios das actividades económicas que foram considerados como o maior exemplo de actividades geradoras de impacto ambiental negativo onde consta a existência de postos de abastecimento de combustíveis junto aos eixos rodoviários e vias estruturantes mas também a instalação de infra-estruturas de radiocomunicações, a ocupação do solo com parques de estacionamento a descoberto e os stands de exposição para saída de veículos automóveis ou outros objectos ao ar livre. 11 – Também na fundamentação da liquidação da taxa impugnada fazendo-se referência ao artigo 6º nº 2 da Lei nº 53-E/2006, de 29 de dezembro, se diz que a instalação de postos de abastecimento de combustíveis na área do concelho integra actividade privada susceptível de causar impacto ambiental negativo, encontrando-se, por isso, sujeita ao pagamento de uma taxa anual, variável em função da localização e cujo valor se encontra previsto no nº 1.1 do artigo 29º da Tabela de taxas constante do Anexo I do mesmo Regulamento. 12 – Assim, considerando a periodicidade da taxa, a sua inserção na Parte III do RMTCU relativa às "Actividades geradoras de impacto ambiental negativo" e ainda a sua fundamentação constante da Nota justificativa ter-se-á de concluir que a taxa em apreciação tem por referência a actividade desenvolvida na "instalação", no posto de abastecimento, e que é susceptível de provocar uma actuação por parte dos serviços municipais ou danos no meio ambiente de modo que o que está em causa no artigo 100º do RMTCU não é o licenciamento da instalação de um posto de abastecimento mas a sua actividade, o seu funcionamento. 13 – Ora, dos autos resulta que pese embora as Licenças de Exploração tenham sido emitidas em nome da Petróleos de Portugal – Petrogal, S.A., é a impugnante "B...., Lda." quem explora e exerce a actividade no posto de abastecimento. 14 – Com efeito, uma coisa é a licença de exploração que foi concedida à Repsol Portuguesa, S.A., pelo prazo nela fixado, permitindo-lhe durante esse período explorar da forma que bem entenda o Posto de Combustível e outra bem diferente são as taxas devidas pelo impacto ambiental negativo que o funcionamento de tais postos acarreta, as quais são da responsabilidade de quem desenvolve a actividade nos postos de abastecimento, in casu, a impugnante, conforme artigo 6º nº 2 da Lei nº 53-E/2006 de 29 de dezembro. 15 – Efectivamente, estando em causa a actividade de abastecimento de combustíveis e o seu exercício através do funcionamento dos postos de abastecimento, actividade esta que independentemente de estar instalada em propriedade particular, pela natureza do efeito útil pretendido, contende necessariamente com o espaço público, cuja gestão e disciplina compete à entidade municipal tutelar (como melhor consta do Acórdão do Tribunal Central Administrativo Sul, proferido no Processo nº 5256/11 de 10/07/2012), quem deve ser responsável pelas taxas devidas pelo impacto ambiental negativo é quem exerce essa actividade, no caso quem comercializa os produtos. 16 – Assim, se a entidade que exerce a actividade de comercialização dos produtos traduzida no abastecimento de combustíveis é que é a causadora do impacto ambiental negativo, então essa entidade é o sujeito passivo da taxa devida pelo impacto ambiental negativo prevista no artigo 100º do RMTCU de Vila Nova de Gaia. 17 – Refira-se ainda que a isenção constante do nº 2 do artigo 100º é uma isenção objectiva e refere-se à não tributação da actividade dos postos de abastecimento que estejam licenciados há menos de 10 anos e, por isso, não pode servir de fundamento ou de explicação para se entender que o sujeito passivo da taxa em questão seja o titular do licenciamento do posto de abastecimento. 18 – In casu como consta da matéria provada e assente, a actividade de comércio a retalho de combustíveis no posto de abastecimento identificados nos autos é efectuada pela impugnante, na sequência de contrato de cessão junto aos autos, pelo que é a impugnante o sujeito passivo da taxa devida pelo impacto ambiental negativo. 19 – Por último refira-se que o Tribunal Constitucional pelo seu Acórdão nº 623/2019, de 23 de outubro de 2019, já se pronunciou sobre a constitucionalidade do artigo 55º do Regulamento Municipal da Defesa da Paisagem, Publicidade e Ocupação do Espaço Público de Vila Nova de Gaia e artigo 25º nº 3 da Tabela de Taxas do Regulamento de Taxas e Outras Receitas do Município, norma que sucedeu ao artigo 100º do Regulamento de Taxas e Compensações Urbanísticas, em causa e cujo teor é igual, tendo decidido por não julgar inconstitucionais tais normas, que foram aplicadas ao comercializador retalhista e não ao titular da licença de exploração. 20- Em face de todo o exposto o Acórdão sob recurso, ao decidir como decidiu, violou o disposto no nº 2 do artigo 6º do RGTAL, bem como o artigo 100º do RMTCU de Vila Nova de Gaia, o Decreto-Lei nº 267/2002 e o Decreto-Lei nº 31/2006, de 15 de fevereiro, pelo que deve ser revogado e substituído por outro que julgue a entidade impugnante parte legítima e a impugnação improcedente. Termos em que, admitido o presente recurso de revista, deverá o mesmo ser julgado procedente, revogando-se o Acórdão recorrido e substituindo-o por outro que julgue a impugnante parte legítima e improcedente a impugnação, assim se fazendo JUSTIÇA». 1.2. Não foram apresentadas contra-alegações. 1.3. Após o recurso de revista ter sido admitido por acórdão de 06/10/2021, o excelentíssimo Procurador-Geral Adjunto emitiu parecer no sentido de ser negado provimento ao recurso. 1.4. De acordo com o acórdão do Supremo Tribunal Administrativo supra referido, a admissão da revista "Justifica-se [...], para melhor aplicação do direito, sobre a questão de saber quem é o sujeito passivo da taxa municipal prevista no art. 100º do Regulamento Municipal de Taxas e Compensações Urbanísticas do Município de Vila Nova de Gaia – se o proprietário do posto de abastecimento de combustíveis ou se aquele que explora comercialmente o posto de abastecimento (mediante contrato celebrado com o proprietário) –, porquanto há decisões das instâncias que se louvam em jurisprudência do Supremo Tribunal Administrativo, apesar deste Supremo Tribunal não ter ainda tomado inequívoca posição sobre a questão, sendo que esta tem inegável relevo social e revela alguma complexidade jurídica decorrente da pouca clareza das normas regulamentares em causa». Nele ficou ainda exarado que «Por acórdão do passado dia 13 de Julho do corrente ano, proferido no processo com o nº 1806/12.3BEPRT (4), este Supremo Tribunal Administrativo, pela formação prevista no nº 6 do artigo 285º do CPPT, admitiu revista relativa a essa mesma questão, estando o processo ainda pendente. Por identidade de razão, será a presente revista também admitida». 2. Fundamentação de facto. Nos termos do disposto nos artigos 663º, nº 6, e 679º, ambos do Código de Processo Civil (CPC), aplicáveis ex vi do artigo 281º do Código de Procedimento e de Processo Tributário (CPPT), remete-se para a matéria de facto constante do acórdão recorrido. 3. Fundamentação de Direito. 3.1. De acordo com o acórdão que admitiu o presente recurso de revista, a questão que importa dirimir é saber quem é o sujeito passivo da taxa municipal prevista no artigo 100º do Regulamento Municipal de Taxas e Compensações Urbanísticas do Município de Vila Nova de Gaia – se o proprietário do posto de abastecimento de combustíveis ou se aquele que explora comercialmente o posto de abastecimento (mediante contrato celebrado com o proprietário). 3.2. Como também resulta do mesmo acórdão, a revista foi admitida porque com igual questão já havia sido admitido o recurso no processo 01806/12.3BEPRT, ao tempo ainda pendente. Entretanto, em 10/11/2021, foi proferido acórdão naquele processo, decidindo a questão sub judice no mesmo sentido que o acórdão recorrido, com a seguinte fundamentação: «No âmbito das relações jurídicas tributárias, regra geral, os respetivos sujeitos passivos são/é a pessoa singular ou coletiva, o património ou a organização de facto ou de direito que, nos termos da lei, está vinculado ao cumprimento da prestação tributária, seja como contribuinte direto, substituto ou responsável – cf. artigo 18º nº 3 da Lei Geral Tributária (LGT). Restritamente, na peugada desta norma, no campo das relações jurídico-tributárias geradoras da obrigação do pagamento de taxas às autarquias locais, nos termos do artigo 7º nº 2 do Regime Geral das Taxas das Autarquias Locais (RGTAL) (Positivado pela Lei nº 53-E/2006 de 29 de dezembro.), "O sujeito passivo é a pessoa singular ou colectiva e outras entidades legalmente equiparadas que, nos termos da presente lei e dos regulamentos aprovados pelas autarquias locais, esteja vinculado ao cumprimento da prestação tributária.". Com este, fundamental e determinante, enquadramento legal, a resposta à questão que nos ocupa passa, portanto, in casu, por determinar e identificar qual a pessoa coletiva (sociedade impugnante ou Petróleos de Portugal – Petrogal, S.A.), nos termos do RGTAL e, decisivamente, do RMTCU, está obrigada ao pagamento da taxa, pela instalação de postos de abastecimento de combustíveis, incluindo GPL, instituída pelo artigo 100º do diploma regulamentar municipal («Artigo 100º. Instalação de postos de abastecimento de combustíveis, incluindo GPL. 1 – Pela instalação de postos de abastecimento de combustíveis, incluindo GPL, são devidas, anualmente, as taxas previstas na Tabela Anexa ao presente Regulamento, devendo o pagamento ser efetuado até ao dia 31 de março do ano a que respeite. 2 – Ficam isentos do pagamento das taxas previstas no número anterior, os postos de abastecimento licenciados ao abrigo do presente Regulamento, por um período de 10 anos.»). Visitado, na íntegra, o RMTCU, no seu conjunto de normas, encontramos, apenas, com relevo para a missão vinda de estabelecer, o respetivo artigo 3º que, sob a epígrafe, pertinente, da "Incidência subjetiva das taxas", dispõe: «Estão sujeitas às taxas previstas neste Regulamento e fixadas na respetiva Tabela Anexa, todas as pessoas singulares ou coletivas e as entidades legalmente equiparadas que, nos termos da lei e regulamentos municipais estejam vinculadas ao cumprimento da prestação tributária, designadamente o Estado, as Regiões Autónomas as Autarquias Locais, os fundos e serviços autónomos e as entidades que integram o sector empresarial do Estado, das Regiões Autónomas e das Autarquias Locais, nos termos do disposto no nº 3 do artigo 7º da Lei nº 53- E/2006 de 29 de dezembro e no nº 1 do artigo 12º da Lei nº 2/2007 de 15 de janeiro.» Outrossim, em função da concreta taxa, disputada neste processo, também, reputamos com interesse aludir à estatuição do art. 2º nº 3 (Sob o título "Base de incidência objetiva das taxas".), do mesmo RMTCU: «3 – A utilização e aproveitamento de bens do domínio público e privado municipal e a realização de atividades dos particulares, geradoras de impacto ambiental negativo, são também passíveis de tributação, nos termos previstos no presente Regulamento.» Objetivamente, o conteúdo destas duas disposições regulamentares, aplicáveis, não nos fornece instrumentos adequados e capazes de permitirem a construção de uma solução, direta e inequívoca, da pergunta em tratamento. No primeiro caso, o reproduzido artigo 3º apresenta-se como uma cópia, conformada com a situação concreta, do artigo 7º nº 2 do RGTAL, reforçando, portanto, o critério, transversal, mas, genérico e casuístico, de responsabilizar, pelo pagamento das taxas, as pessoas que estejam vinculadas ao cumprimento da prestação tributária. A segunda norma transcrita (artigo 2º nº 3 do RMTCU) (Cujo precedente, legitimante, se encontra no artigo 6º nº 2 do RGTAL.), ainda que, conjugada com o art. 3º (do RMTCU), mesmo para os casos de "realização de atividades dos particulares, geradoras de impacto ambiental negativo", igualmente, não resolve a problemática em torno da identidade, individualizada, caso a caso, do sujeito passivo das taxas, em que se exercitar a tributação, aí, permitida. Também, aqui, como antes, haverá, sempre, a necessidade de, nos termos do regulamento, encontrar a(s) pessoa(s) vinculada(s) ao cumprimento da prestação tributária. Estes objetivos apontamentos, na nossa perspetiva, não se mostram suscetíveis de serem afetados pela consideração dos argumentos, aduzidos pela rte, nos pontos 3 a 18 das conclusões acima reproduzidas, porquanto, traduzem uma construção teórica, abstrata, do versado conceito de sujeito passivo da taxa em apreço, norteada pela ideia de que, estando em causa a atividade das instalações de postos de abastecimento de combustíveis, geradora de impacto ambiental, o responsável só pode ser (empiricamente? pela normalidade do acontecer?) quem exerce essa atividade ("o comercializador dos produtos"), por contraposição com o "titular da licença de exploração/promotor do licenciamento". Efetivamente; – a integração do artigo 100º do RMTCU na sua Parte III (Que comporta, apenas, mais, o artigo 99º, dedicado à "Instalação de infraestruturas de suporte de estação de radiocomunicações e respetivos acessórios".), com o título "Actividades geradoras de impacto ambiental negativo" e a fundamentação, no mesmo sentido, da taxa, que prevê, constante da "Nota justificativa da proposta de alteração submetida a Apreciação Pública do referido Regulamento...", valem, apenas, como tradução do entendimento, por parte do município de Vila Nova de Gaia, de que a instalação de postos de abastecimento de combustíveis, incluindo GPL, na sua área geográfica, passou a ser considerada atividade geradora de impacto ambiental negativo (o que é, comummente, aceite e a impugnante, nestes autos, não contesta) e, como tal, passível de ser taxada, com o apoio, em primeira linha, do disposto no artigo 6º nº 2 do RGTAL; – a periodicidade anual da cobrança/pagamento da taxa em análise, permitindo, indubitavelmente, distingui-la das "Taxas do processo de licenciamento de Instalações de armazenamento de produtos de petróleo e de postos de abastecimento de combustíveis, incluindo de GPL", prevista no artigo 52º do RMTCU, as quais, tendo de ser pagas "aquando da entrega do respetivo processo nos serviços municipais", sem dissenso, se aceita serem da responsabilidade da pessoa pedinte do, concreto, licenciamento, mostra-se, totalmente, inócua, quanto a contributos para identificar o sujeito passivo do tributo exigido pelo artigo 100º do RMTCU; – a separação, de acordo com legislação pertinente, entre o "promotor do licenciamento" (de instalações de armazenamento de produtos de petróleo e de postos de abastecimento de combustíveis) e o "titular da licença de comercialização", mesmo, complementada pela circunstância de as taxas municipais poderem incidir sobre a realização de atividades, dos particulares, geradoras de impacto ambiental negativo, não resolve (sem prejuízo de contributos que possa ter) o aspeto da incidência da taxa do artigo 100º do RMTCU, no que tange ao sujeito passivo da mesma, tarefa que competia ao diploma regulamentar solucionar, tanto mais, perante a potencial disputa entre dois, possíveis, destinatários/obrigados; – igualmente, a ligação entre incidências objetiva e subjetiva (retirando esta daquela) da taxa em discussão, só por si, é incapaz de conformar um critério, seguro e eficaz, para alcançar a identidade do sujeito passivo, do responsável pelo seu pagamento, perante a existência, nítida, de dois alvos potenciais. Como concluímos, sem esquecer, ainda, estarmos a operar no campo, específico e especioso, da incidência (subjetiva) dos tributos (Onde, as regras de interpretação têm, por imperativo legal, de ser muito cuidadosas – cf., v.g. artigo 11º números 3 e 4 da LGT.), a condição de sujeito passivo, disputada nestes autos, equivalente a "vinculado ao cumprimento da prestação tributária", tem de resultar dos termos do RGTAL e dos regulamentos aprovados pelas autarquias locais, no caso, do RMTCU do município de Vila Nova de Gaia, o que não sendo inequívoco, objetivo, quanto à taxa prevista no artigo 100º deste último, nos impõe a tarefa de a estabelecer, mediante ponderação, concatenada, dos elementos de facto (enquanto tradução da realidade subjacente) disponíveis nos autos e os limites/contornos estabelecidos nos aludidos diplomas legal e regulamentar. Não obstante, como se dá nota no aresto da formação preliminar, o STA, até ao momento, no âmbito de processos idênticos ao presente, nunca ter tido condições (Por insuficiência dos respetivos enquadramentos factuais, que, sempre, mandou ampliar.) para definir quem é o sujeito passivo da taxa em apreço, a consideração do conteúdo da jurisprudência pretérita concede-nos linhas de interpretação/orientação que não podemos, aqui e agora, descurar. Assim, focando, decisiva e determinantemente, o teor do acórdão, do STA, de 27 de setembro de 2017, processo nº 0138/17, conseguimos encontrar as seguintes premissas, essenciais: – o RMTCU prevê a cobrança de duas taxas tendo por incidência objetiva a instalação de postos de abastecimento de combustíveis; – se em relação à primeira das taxas (prevista no artigo 52º do RMTCU) "parece claro que o respectivo sujeito passivo seja a entidade que pretende o licenciamento", já, em relação à segunda (artigo 100º do RMTCU), se podem suscitar dúvidas a esse respeito, porque, no mesmo RMTCU, não se prevê que pessoa está vinculada ao cumprimento da prestação tributária; – "face ao regime jurídico instituído no Decreto-Lei nº 267/2002 (considerando as sucessivas alterações e a Portaria nº 1188/2003, de 10 de outubro), a sociedade que detém a titularidade do licenciamento é que é a responsável pelo exercício da actividade, independentemente de poder ceder a exploração do posto de abastecimento a outra pessoa ou entidade (relevante é que seja indicado um responsável técnico)"; – nos casos de cessão de exploração das instalações integrantes dos postos de abastecimento de combustíveis, é fundamental saber se, ao abrigo do correspondente contrato, "foi transmitida a titularidade da licença de exploração e do posto de abastecimento". Sem que o tenha dito expressamente (porque não dispunha de todos os dados factuais para o efeito), o aresto a que nos arrimámos, na ausência de uma opção clara, do RMTCU, quanto à identificação do sujeito passivo da taxa contida no seu artigo 100º, erigiu em critério, jurisprudencial, para suprir essa lacuna, o da consideração de pessoa ou entidade detentora da titularidade do licenciamento do posto abastecedor, porque, reflexamente, é, à partida, a responsável pelo exercício da atividade específica, privativa, do mesmo, que, todos, estamos de acordo, é capaz de justificar a injunção de uma taxa, cuja finalidade seja a compensação pelo, inerente, objetivo, impacto ambiental negativo. Neste enquadramento, na situação julgada, a nossa atenção transfere-se, agora, para o contrato, identificado e dado por integralmente reproduzido no ponto 2. dos factos provados. Visto o respetivo conteúdo, com particular destaque para o "DOCUMENTO COMPLEMENTAR", conseguimos retirar, com relevo para o desiderato que prosseguimos, o seguinte conjunto de dados objetivos: – os outorgantes, na escritura pública em causa, declararam ceder (Petrogal) e aceitar (sociedade impugnante) a cessão da exploração de determinado estabelecimento comercial ("constituído por um posto de abastecimento de combustíveis, loja "GALP" e túnel de lavagem automática para veículos automóveis,..."), ou seja, formalizaram uma típica, estrita, cessão de exploração comercial; – a Petrogal, "como dona e legítima possuidora do estabelecimento comercial" objeto do contrato cedeu a respetiva exploração "para nele serem comercializados produtos derivados de petróleo e outros por ela fornecidos"; – "Os materiais, incluindo os maquinismos, que equipam o estabelecimento são propriedade exclusiva da Petrogal"; – a Petrogal reservou o direito de inspecionar o estabelecimento e de nele realizar, a todo o tempo, as obras ou beneficiações julgadas necessárias ou convenientes, enquanto a cessionária só podia realizar obras ou modificar a sua disposição/arranjo com o consentimento escrito daquela; – a cessionária ficou obrigada a consumir e vender, em exclusivo, nas atividades desenvolvidas no estabelecimento cedido, os combustíveis fornecidos pela Petrogal, bem como, vender "lubrificantes e outras especialidades do comércio da Petrogal e que por esta lhe forem fornecidos", sendo que a Petrogal prestaria àquela "a assistência técnica necessária no respeitante à exploração dos produtos de sua marca"; – a programação dos fornecimentos à cessionária era feita (com exceções contadas) pela Petrogal, o fornecimento de gasolinas e gasóleos para revenda no posto de abastecimento era feito em regime de consignação, com reserva de propriedade a seu favor até integral pagamento do respetivo preço, podendo ser alterado por simples comunicação escrita; – na comercialização, a cessionária tinha direito "às comissões ou margens normalmente praticadas pela Petrogal, a deduzir dos preços de referência", as quais podiam ser "automaticamente" modificadas ..., mais, cabendo à Petrogal "determinar os descontos, prazos e condições de pagamento do preço dos produtos por ela fornecidos"; – a partir do segundo ano da vigência do contrato, a cessionária obrigou-se a realizar, anualmente, mínimos de vendas (de gasolinas e gasóleo) sob pena de a Petrogal poder rescindir o contrato; – a cessionária obrigou-se a fazer funcionar o posto de abastecimento, "em condições óptimas de satisfação do público", devendo assegurar, entre o mais, que todos os funcionários, no período de serviço, usassem, obrigatoriamente, "a farda GALP", todos os dias, incluindo sábados, domingos e dias feriados ...; – ficaram a cargo da Petrogal "todas as despesas com a instalação, verificação, afinação, ... que derivem do uso normal dos materiais cedidos ou de defeito de fabrico ou instalação, bem como as despesas de manutenção e reparação dos materiais de sua propriedade" e, ainda, a obrigação de segurar o estabelecimento "contra todos os riscos de explosão e incêndio"; – a cessionária ficou obrigada a "fazer seguro de responsabilidade civil decorrente das actividades a que respeita a exploração, do qual constará expressamente que a sua cessação depende do consentimento escrito da Petrogal"; – em caso de caducidade ou resolução do contrato, a cessionária obrigou-se a, no prazo máximo de quinze dias, "restituir à Petrogal o estabelecimento, com todos os equipamentos, materiais e utensílios que dele façam parte integrante, e retirar as mercadorias que lhe pertencerem". Este rol de dispositivos contratuais (sem olvidar o conteúdo, de cariz complementar, dos pontos 4. e 5. dos factos provados) são, em nosso entender, eloquentes, na demonstração do propósito, dos outorgantes na versada escritura, em especial, da Petrogal, comprovadamente (Ponto 3. dos factos provados.), titular da licença de exploração e da propriedade do posto de abastecimento/estabelecimento comercial, de não transmitir, por via da ocorrida e escriturada cessão de exploração, essas titularidade e propriedade, para a esfera jurídico-patrimonial da cessionária/sociedade impugnante. Resumidamente, do clausulado respeitante ao negócio em apreço, além de nada ter sido convencionado quanto a uma eventual transferência (se legalmente possível) da titularidade da licença de exploração concedida, pelo Governo, à Petróleos de Portugal – Petrogal, S.A., no que concerne ao envolvido posto de abastecimento de combustíveis, loja "GALP" e túnel de lavagem automática para veículos automóveis, os contraentes, sendo a Petrogal dona e legítima possuidora do mesmo, somente intentaram negociar, contratualizar, a cessão da exploração, comercial, do mesmo, fazendo-o com recurso a regras, manifesta e objetivamente, indicativas de que aquela propriedade não era envolvida, isto é, objeto de transmissão, acrescendo, resultar, dos termos específicos em que se formalizou a cessão, a afirmação, embora, indireta, mas, inequívoca, de que a Petrogal, nada cedendo dos direitos concedidos por essa propriedade, exigia o cumprimento de um conjunto, alargado e diversificado, de obrigações, por parte da cessionária, claramente, impostas pelo poder negocial de um verdadeiro proprietário, que, até aos limites do possível, se mantém e quer manter como tal. Encontrado o sentido da resposta a dar à questão central desta revista e de que não será o "comercializador/retalhista" o sujeito passivo cuja identidade se procura, presente o teor da conclusão 19, importa, sem delongas, expressar que o aresto invocado, além de, como o é dito, não ter julgado a inconstitucionalidade da norma regulamentar visada nestes autos, realiza um julgamento (do prisma constitucional) não sob a perspetiva de quem paga a, aí, discutida, taxa, mas, da sua qualificação como tal, justificada pela contraprestação do município, traduzida, desde logo, na atividade fiscalizadora obrigatória e "na obrigação passiva de conformação com a influência modeladora de certa atividade licenciada de caráter permanente e causadora de impactes negativos não considerados na licença". Dito isto, estamos em condições de afirmar que o sujeito passivo da taxa de instalação (e funcionamento) de postos de abastecimento de combustíveis, prevista no artigo 100º do Regulamento Municipal de Taxas e Compensações Urbanísticas do município de Vila Nova de Gaia (RMTCU), na falta de concretização por este, tem de se considerar ser a pessoa ou entidade detentora da titularidade do licenciamento do posto de abastecimento de combustíveis, incluindo GPL, que, na situação julgada, não é a sociedade impugnante, cuja ilegitimidade (não responsável pelo pagamento da taxa liquidada) foi, portanto, bem decidida, nas instâncias.» No contexto que descrevemos e atento o disposto no artigo 8º, nº 3, do Código Civil (CC), que determina que nas decisões que proferir, o julgador terá em consideração todos os casos que mereçam tratamento análogo, a fim de obter uma interpretação e aplicação uniformes do direito, assumimos como nossa a fundamentação do acórdão reproduzido, com a qual se concorda, e que estando em consonância com entendimento do acórdão recorrido, conduz necessariamente à improcedência do presente recurso. Em síntese, diremos (assumindo, de igual modo, o sumário daquele acórdão): O sujeito passivo da taxa de instalação (e funcionamento) de postos de abastecimento de combustíveis, prevista no artigo 100º do Regulamento Municipal de Taxas e Compensações Urbanísticas do município de Vila Nova de Gaia, na falta de concretização por este, tem de se considerar ser a pessoa ou entidade detentora da titularidade do licenciamento do posto de abastecimento de combustíveis, incluindo GPL (não o respetivo comercializador/retalhista). 4. Decisão. Pelo exposto, em conferência, na Secção de Contencioso Tributário do Supremo Tribunal Administrativo, decide-se negar provimento ao recurso. Custas pelo Recorrente. Lisboa, 2 de fevereiro de 2022. – Paula Fernanda Cadilhe Ribeiro (relatora) – Francisco António Pedrosa de Areal Rothes – Joaquim Manuel Charneca Condesso.

2. Acórdão do Supremo Tribunal Administrativo (Processo nº 2190/15.9BE-PRT), de 16-12-2021. Acordam em conferência na Secção de Contencioso Tributário do Supremo Tribunal Administrativo: 1. RELATÓRIO. O Município de Vila Nova de Gaia, devidamente identificado nos autos, inconformado, veio interpor recurso jurisdicional da decisão do Tribunal Administrativo e Fiscal do Porto, datada de 30-06-2021, que julgou procedente a pretensão deduzida por "A......, Lda." no presente processo de IMPUGNAÇÃO relacionado com as deliberações da Câmara Municipal do Réu, datadas de 15-06-2015, de indeferimento das reclamações graciosas apresentadas dos actos de liquidação da taxa municipal devida pela instalação e funcionamento de posto de abastecimento de combustíveis, relativas ao ano de 2015, que lhe foram notificadas, relativamente a cinco postos de abastecimento de combustível existentes na área do Réu Município e concelho de V. N. de Gaia, no valor global de €25.000,00. Formulou nas respectivas alegações, as seguintes conclusões que se reproduzem: "(...). 1ª – A decisão sob recurso ao decidir que a taxa é devida por quem detém a titularidade do licenciamento, mesmo que ceda a exploração do posto de combustível a outrem e que, só assim não será, se, ao abrigo do contrato de exploração for também transmitida a titularidade da licença de exploração e do posto de abastecimento, e como não decorre do contrato de cessão de exploração que tenha sido transmitido à impugnante a titularidade da licença de exploração nem a titularidade do posto de abastecimento concluiu, sem mais, que a impugnante não é o sujeito passivo da taxa liquidada, prevista no artigo 55º do RMDPPOEP e não como refere do 100º do Regulamento Municipal de Taxas e Compensações Urbanísticas (RMTCU) do Município de Vila Nova de Gaia, dado que, mesmo que as partes tenham acordado que são da responsabilidade exclusiva da cessionária/impugnante todos os encargos relacionados com a exploração do estabelecimento e que a cessionária/impugnante se obriga a pagar pontualmente todas as taxas tal não obsta à conclusão supra referida por entender que esse tipo de acordo se insere no âmbito da relação contratual estabelecida, não relevando para a decisão sobre quem é o sujeito passivo da taxa, errou no seu julgamento, violando nomeadamente o disposto no artigo 6º do RGTAL e o artigo 55º do RMDPPOEP e o artigo 25º da Tabela de Taxas do RMTOR bem como o estatuído no próprio Decreto-Lei nº 267/2002 e os artigos 235º, nº 2, 238º e 241º da Constituição da República Portuguesa. 2ª – Na verdade, nos presentes autos está em causa a liquidação de cinco taxas no montante de €5.000,00, cada relativa a "Instalação e funcionamento de posto de abastecimento de combustíveis" sitos na A1 auto Estrada do Norte, Km ...... (área de serviço Gaia Nascente), na A1 Auto Estrada do Norte, Km, ... (área de serviço Gaia Poente) na A29, sublanço IC1/IP1, Km ...... Norte (Vilar do Paraíso), na A29, sublanço IC1/IP1, Km ...... Sul (Vilar do Paraíso) e na Rua ...., ... (Santa

Marinha), relativas ao ano de 2015, e devidas por força do impacto ambiental negativo. 3ª – Esta taxa encontra-se prevista no artigo 55º, nº 1, b) do RMDPPOEP e não no artigo 100º do RMTCU, como é referido na sentença sob recurso, normativo que se integra no Capítulo V, do referido Regulamento, sob a epígrafe "Atividades e instalações geradoras de impacto ambiental negativo" e no artigo 25º da Tabela de Taxas do Regulamento Municipal de taxas e Outras Receitas do Município (RMTOR), sob a epígrafe "Promoção da qualidade urbanística, territorial e ambiente" integrado na Secção IV, intitulada "Sustentabilidade Local". 4ª – No Regulamento Municipal de Taxas e Outras Receitas do Município de Vila Nova de Gaia a definição de sujeito passivo para todas e cada uma das taxas previstas no Regulamento é a de ser quem está vinculado ao cumprimento da prestação tributária, o qual vai variando em conformidade com a incidência objetiva da taxa. 5ª – Na taxa prevista no artigo 55º do RMDPPOEP, como a epígrafe do Capítulo onde se insere refere, a incidência objetiva da taxa é na atividade das instalações de postos de abastecimento como atividade geradora de impacto ambiental e não no seu licenciamento, por isso, o sujeito passivo não pode ser o titular do licenciamento mas quem exerce a atividade, que é o comercializador dos produtos. 6ª – E, pese embora as Licenças de Exploração tenham sido emitidas em nome da B... Portuguesa, S.A., como é facto assente, é a impugnante "A..., Ld.ª" quem explora efetivamente os postos de abastecimento, sendo exclusivamente da sua responsabilidade os encargos de natureza fiscal, administrativa ou de outra natureza, relacionados com a exploração dos estabelecimentos. 7ª – Assim, uma coisa é a licença de exploração que foi concedida a B... Portuguesa, S.A., pelo prazo nela fixado, permitindo-lhe durante esse período explorar da forma que bem entenda o Posto de Combustível e outra bem diferente são as taxas devidas pelo impacto ambiental negativo que o funcionamento de tais postos acarreta, as quais são da responsabilidade de quem explora os postos de abastecimento/in casu, a impugnante, conforme artigo 6º nº 2 da Lei nº 53-E/2006 de 29 de dezembro. 8ª – Efetivamente estando em causa a atividade de abastecimento de combustíveis e o seu exercício através do funcionamento dos postos de abastecimento, atividade esta que independentemente de estar instalada em propriedade particular, pela natureza do efeito útil pretendido, contende necessariamente com o espaço público, cuja gestão e disciplina compete à entidade municipal tutelar (como melhor consta do Acórdão do Tribunal Central Administrativo Sul, proferido no Processo nº 5256/11 de 10/07/2012), quem deve ser responsável pelas taxas devidas pelo impacto ambiental negativo é quem exerce essa atividade, independentemente da atividade ser exercida a título de proprietária, exploradora ou concessionária. 9ª – A partir do momento que o cerne da taxa aplicada é o impacto ambiental negativo provocado pela atividade de abastecimento de combustíveis a taxa não é aplicada apenas porque existe uma autorização/licença para exploração de um posto de abastecimento mas porque é efetivamente exercida a atividade de abastecimento. 10ª – Assim, o sujeito passivo da taxa devida pelo impacto ambiental negativo prevista no artigo 55º do RMDPPOEP de Vila Nova de Gaia é quem exerce a atividade de abastecimento de combustíveis independentemente de ser o proprietário do posto de abastecimento, o titular da licença de exploração ou o concessionário, que, aliás, é quem dela retira o benefício. 11ª – In casu, como consta dos factos assentes, a exploração dos estabelecimentos de venda de combustíveis identificados foi cedida à impugnante, pelo que é a impugnante o sujeito passivo da taxa devida pelo impacto ambiental negativo. 12ª – O argumento de, atento o nº 2 do artigo 100º do RMCTU que prevê a isenção por um período de 10 anos quando os postos sejam licenciados ao abrigo deste Regulamento, para concluir que só pode estar isento do pagamento de um tributo quem a ele esteja sujeito, e, por isso, os sujeitos passivos da taxa anual prevista no artigo 100º do RMCTU são as pessoas singulares ou colectivas titulares das licenças para a instalação dos postos de abastecimento de combustíveis, é inaplicável ao caso concreto porquanto no normativo em apreço, o artigo 55º do RMDPPOEP não está prevista qualquer isenção e o mencionado artigo 100º do RMTCU já não se encontra em vigor à data de aplicação das taxas impugnadas. 13ª – O Acórdão do STA em que a sentença sob recurso se apoia não decidiu definitivamente a questão apenas concluiu pela necessidade de ampliação da matéria de facto, nomeadamente para a junção do contrato de Cessão de Exploração. 14ª – In casu nos presentes autos já se encontra demonstrado que a atividade de abastecimento de combustíveis é exercida pela impugnante, pelo que é a impugnante o sujeito passivo da taxa devida pelo impacto ambiental negativo. 15ª – Acresce ainda relevar que como consta da matéria de facto é da responsabilidade da cessionária todos os encargos de natureza fiscal, administrativa ou de outra natureza relacionados com a exploração do estabelecimento. 16ª – Pelo que, não restam dúvidas que a impugnante é o sujeito passivo da taxa em apreciação e por isso parte legítima. 17ª – A sentença sob recurso desvaloriza o disposto no contrato de cessão de exploração que determina ser responsabilidade da impugnante todos os encargos de natureza fiscal, administrativa ou de outra natureza relacionados com a exploração do estabelecimento, todavia, com o devido respeito, é nosso entendimento que a sentença erra no seu julgamento, pois tal clausulado releva e bastante para a decisão dos presentes autos, pois define quem é o responsável pelo funcionamento do posto de abastecimento e, consequentemente, quem é o responsável pelas taxas devidas pelo impacto ambiental negativo dessa atividade. 18ª – A sentença não esclarece em que termos ou com base em que normativos chega à conclusão que a sociedade que detém a titularidade do licenciamento é que é a responsável pelo exercício da atividade independentemente de poder ceder a exploração a terceiro, sendo certo que no regime jurídico do Decreto-Lei nº 267/2002 não existe norma que expressamente preveja tal situação, padecendo, assim, a sentença de insuficiente fundamentação. 19ª – Acresce que estabelecendo o Decreto-Lei nº 267/2002, na sua versão do Decreto-Lei nº 195/2008 de 6 de outubro, em vigor à data da liquidação das taxas impugnadas, os procedimentos e competências do licenciamento das instalações de armazenamento de produtos de petróleo e de postos de abastecimento de combustíveis e não estando perante um procedimento referente ao licenciamento do posto de abastecimento, tal diploma não é aplicável à situação em concreto. 20ª – De qualquer modo, este regime jurídico assume que o promotor é tão só o proprietário da instalação e que o titular da licença de exploração pode ser apenas o promotor do licenciamento e não quem comercializa e que a licença de exploração é um título que atesta que as instalações estão habilitadas para funcionarem como postos de abastecimento e não é uma licença atribuída a uma entidade de modo a habilitá-la a exercer a atividade naquele local. (artigo 3º, alíneas e), j) e s) e artigo 14º). 21ª – Ora, visando a taxa em apreço "a promoção e preservação do equilíbrio urbano e ambiental" e dirigindo-se às atividades geradoras de impacto ambiental negativo como a atividade de abastecimento de combustíveis, o sujeito passivo é quem exerce a atividade e não quem promoveu o licenciamento das instalações e obteve a autorização para as mesmas funcionarem (licença de exploração). 22ª – In casu quem exerce a atividade é a impugnante, quem licenciou as instalações e consequentemente solicitou a sua autorização para utilização das instalações/ licença de exploração foi a B..., pelo que não é o sujeito passivo das taxas liquidadas. 23ª – Acresce que a indicação de um técnico responsável é apenas para as instalações identificados nos anexos I e II do decreto-lei, que não abrange os postos de abastecimento de combustíveis mas essencialmente instalações de armazenagem. 24ª – Por último refira-se que o Tribunal Constitucional pelo seu Acórdão nº 623/2019, de 23 de Outubro de 2019 já se pronunciou sobre a constitucionalidade deste artigo 55º do Regulamento Municipal da Defesa da Paisagem, Publicidade e Ocupação do Espaço Público de Vila Nova de Gaia e artigo 25º, nº 3 da Tabela de Taxas do Regulamento de Taxas e Outras Receitas do Município, tendo decidido por não julgar inconstitucional tais normas, que foram aplicadas ao comercializador retalhista e não ao titular da licença de exploração. 25ª – Assim, ao contrário do decidido na sentença sob recurso o regime jurídico do Decreto-Lei nº 267/2002, na sua versão do Decreto-Lei nº 195/2008 de 6 de outubro, em vigor à data da liquidação das taxas impugnadas, não determina que a sociedade que detém a titularidade do licenciamento é que é a responsável pelo exercício da atividade, independentemente de poder ceder a exploração do posto de abastecimento a outra pessoa ou entidade, pelo que a sentença ao assim decidir violou de forma grave o disposto naquele diploma legal e no nº 2 do artigo 6º do RGTAL, bem como o artigo 55º do RMDPPOEP e o artigo 25º da Tabela de Taxas do RMTOR de Vila Nova de Gaia, sendo certo que tal entendimento viola os artigos 235º, nº 2, 238º e 241º da Constituição da República Portuguesa. Termos em que, deve ser dado provimento ao recurso, revogando-se a sentença por violar os comandos legais atrás invocados, com as legais consequências, como é de JUSTIÇA". A Recorrida "A..., Lda." apresentou contra-alegações, nas quais enuncia as seguintes conclusões: "... a) Tal como resulta da factualidade dada como provada pela douta sentença recorrida (e que a Recorrente não coloca em causa) e constante das alíneas a) a l), os postos de abastecimento sobre os quais a Recorrida fez incidir a taxa impugnada não são da sua propriedade, mas antes da sociedade B... Portuguesa, sendo esta a titular das respectivas licenças de exploração. b) Por outro lado, nem a propriedade dos postos de abastecimento, nem a titularidade da licença de exploração foram transmitidos à ora Recorrida, no âmbito do contrato de cessão de exploração comercial celebrado com a B... Portuguesa, S.A. c) Da interpretação conjugada dos artigos 3º e 100º do Regulamento Municipal de Taxas e Compensações Urbanísticas de Vila Nova de Gaia não resulta explicita qual a identificação do sujeito passivo da taxa impugnada. d) Ora, atenta a natureza do tributo impugnado não poderá deixar de se concluir, como (bem) fez a douta sentença recorrida, que o mesmo não é devido pela ora Recorrida, a qual não detém, nem a titularidade da licença de exploração, nem tão pouco a propriedade do posto de abastecimento (vide neste sentido acórdão do Tribunal Central Administrativo Norte, de 11/03/2021). e) Nesta conformidade, não errou a douta sentença recorrida no seu julgamento, não tendo violado qualquer um dos preceitos normativos invocados pela Recorrida, pelo que, deverá a mesma ser mantida na ordem jurídica. f) Ao contrário do alegado pela Recorrente, não resulta da matéria de facto provada (nem tão pouco consta da prova documental junta aos autos) que sejam da responsabilidade da cessionária todos os encargos de natureza fiscal, administrativa ou de outra natureza relacionados com a exploração do estabelecimento. Com efeito, da matéria de facto assente apenas resulta ter ficado provado, por acordo das partes, que "a exploração dos cinco postos de abastecimento identificados na petição inicial foram cedidos pela "B... Portuguesa, S.A" à ora impugnante". Termos em que, sempre com o mui douto suprimento de V. Exas., deve ser o presente recurso julgado improcedente, com as legais consequências." O Ministério Público junto deste Tribunal emitiu parecer no sentido de ser negado provimento ao recurso. Cumpre decidir. 2. DELIMITAÇÃO DO OBJECTO DO RECURSO – QUESTÕES A APRECIAR. Cumpre apreciar e decidir as questões colocadas pela Recorrente, estando o objecto do recurso delimitado pelas conclusões das respectivas alegações, sendo que a matéria apontada nos autos resume-se, em suma, em saber se há erro de julgamento, por errónea interpretação e aplicação das normas jurídicas aplicáveis, nomeadamente dos artigos 6º do RGTAL, 100º do Regulamento Municipal de Taxas e Compensações Urbanísticas de Vila Nova e Gaia e 235º nº 2, 238º e 241º da CRP, ao considerar que a responsabilidade da taxa ora em causa não é da Impugnante, ora Recorrida mas da B... Portuguesa, SA proprietária do posto de abastecimento de combustíveis. 3. FUNDAMENTOS. 3.1. DE FACTO. Neste domínio, consta da decisão recorrida o seguinte: "... A) Em 07-08-2015, a Câmara Municipal de Vila Nova de Gaia emitiu Licença de Exploração; B) Em 25-09-2015, a Direção Geral de Energia e Geologia emitiu Licença de Exploração; C) Em 09-10-2015, a Direção Geral de Energia e Geologia emitiu Licença de Exploração; D) Em 17-02-2017, a Direção Geral de Energia e Geologia emitiu Licença de Exploração; E) Em 17-02-2017, a Direção Geral de Energia e Geologia emitiu Licença de Exploração; F) Em 13-03-2007, foi celebrado "Contrato de subconcessão de actividades na área de serviço de Vilar do Paraíso" entre a "C..." e a "B... Portuguesa, S.A.". - cfr Doc de fls 452 e seguintes do sitaf, que se dá por integralmente reproduzido para todos os efeitos legais; G) Em 17-08-1993, foi celebrado "Contrato para a construção, equipamento e exploração da área de serviço de Gaia" entre a "Brisa" e a "D... Portuguesa, S.A.".; H) Em 05-05-1992, foi registada na Conservatória do Registo Predial de Vila Nova de Gaia, a aquisição, pela "B...... Portuguesa, S.A.", do posto de abastecimento de combustíveis sito em Gaveto da Rua ...., Santa Marinha. Vila Nova de Gaia; I) A exploração dos cinco postos de abastecimento de combustíveis identificados na petição inicial foram cedidos pela "B... Portuguesa, SA" à Impugnante. J) A "A......, Lda, sub concessionária dos postos de combustíveis da B... Portuguesa S.A, e ora impugnante, foi notificada pela Câmara Municipal de Vila Nova de Gaia pelos ofícios datados de 27-03-2015; 30-03-2015 e 31-03-2015, para proceder ao pagamento das seguintes quantias: - €5.000.00, referente ao processo nº 1146/15 - posto de abastecimento de combustíveis situado na A1 Auto Estrada do Norte, Km ......, (área de serviço Gaia Nascente) Zona A; - €5.000,00, referente ao processo nº 1147/15 - posto de abastecimento de combustíveis situado na A1 Auto Estrada do Norte, Km .... (área de serviço Gaia Poente) Zona A; - €5.000,00, referente ao processo nº 1133/15 - posto de abastecimento de combustíveis, situado na A29, sublanço IC1/IP1, Km ...... Norte, Vilar Paraíso, Zona A; - €5.000,00, referente ao processo nº 1136/15 - posto de abastecimento de combustíveis, situado na Rua ...., nº ......, Santa Marinha, Zona A. - €5.000,00, referente ao processo nº 1134/15 - posto de abastecimento de combustíveis, situado na A29, sublanço IC1/IP1, Km ......, Sul, Vilar Paraíso, Zona A; K) Em 04-05-2015 a impugnante apresentou várias Reclamações Graciosas quanto aos atos tributários referidos em A), que deram origem aos Processos Administrativos nº 1146/15;

nº 1133/15; nº 1134/15; nº 1136/15; nº 1147/15; L) Em 15-06-2015 foi proferido despacho de Indeferimento das Reclamações Graciosas nos processos referidos em B); M) Em 03-07-2015 a impugnante procedeu às seguintes prestações de garantia bancária: – nº .... no valor de €6.283,76 emitida em 03-07-2015 pelo Banco Comercial português, S.A a favor do Município de Vila Nova de Gaia, no processo nº 1146/15; – nº .... no valor de €6.280,01 emitida em 03-07-2015 pelo Banco Comercial português, S.A a favor do Município de Vila Nova de Gaia, no processo nº 1133/15; – nº .... no valor de €6.280,01 emitida em 03-07-2015 pelo Banco Comercial português, S.A a favor do Município de Vila Nova de Gaia, no processo nº 1134/15; – nº .... no valor de €6.283,76 emitida em 03-07-2015 pelo Banco Comercial português, S.A a favor do Município de Vila Nova de Gaia, no processo nº 1136/15; – nº .... no valor de €6.283,76 emitida em 03-07-2015 pelo Banco Comercial português, S.A a favor do Município de Vila Nova de Gaia, no processo nº 1147/15; – cfr. fls. 31 dos PA apensos, que aqui se dão por reproduzidas; N) Dão-se por reproduzidos os Documentos juntos pelo Município de Vila Nova de Gaia com o seguinte descritivo: – Regulamento Municipal da Defesa da Paisagem, Publicidade e Ocupação do Espaço Público; – Edital do RMDPPOE; – Regulamento de Taxas e Outras Receitas do Município de Vila Nova de Gaia; – Edital do RTOR; Factos Não Provados. Não resultam provados quaisquer outros factos, com relevância para a decisão da causa, tendo em conta as várias soluções de direito plausíveis. Motivação da decisão de facto. A decisão da matéria de facto resultou da análise dos documentos e informações oficiais, não impugnados, juntos aos autos pelas partes e constantes do processo administrativo, bem como nas posições assumidas nos articulados, tudo conforme foi referido em cada ponto dos factos assentes." 3.2. DE DIREITO. Assente a factualidade apurada cumpre, então, entrar na análise da realidade em equação nos autos, sendo que a este Tribunal está cometida a tarefa de saber se há erro de julgamento, por errónea interpretação e aplicação das normas jurídicas aplicáveis, nomeadamente dos artigos 6º do RGTAL, 100º do Regulamento Municipal de Taxas e Compensações Urbanísticas de Vila Nova e Gaia e 235º nº 2, 238º e 241º da CRP, ao considerar que a responsabilidade da taxa ora em causa não é da Impugnante, ora Recorrida mas da B... Portuguesa, SA proprietária do posto de abastecimento de combustíveis. Pois bem, tal como se refere no recente Acórdão deste Tribunal de 09-12-2021, Proc. nº 925-20.7BEPRT, ainda inédito, em que o relator deste processo teve intervenção como 1º Adjunto, do qual se retira que no Acórdão, deste Supremo Tribunal Administrativo de 10 de Novembro de 2021, Proc. nº 1806/12.3BEPRT), no âmbito de recurso de revista (excepcional), interposto pela Câmara Municipal/ /Município de Vila Nova de Gaia, definiu, além do mais, o enquadramento jurídico (de direito) da questão de saber/definir quem é o sujeito passivo da taxa de instalação (e funcionamento) de postos de abastecimento de combustíveis, prevista no artigo 100º do Regulamento Municipal de Taxas e Compensações Urbanísticas do município de Vila Nova de Gaia (RMTCU) (Publicado no DR., 2ª série, nº 140, de 22 de julho de 2011.). Visto que, no presente apelo, se discute a mesma matéria, sem prejuízo da especificidade de, aqui, as disputadas taxas estarem previstas no artigo 55º nº 1 alínea b) do Regulamento Municipal da Defesa da Paisagem, Publicidade e Ocupação do Espaço Público (RMDPPOEP) e 25º da Tabela de Taxas do Regulamento Municipal de Taxas e Outras Receitas (TTRMTOR), do município de Vila Nova de Gaia, o expendido naquele aresto mantém-se, em princípio, actuante para dirimir o litígio, ainda, pendente nestes autos. Ora, uma das ideias mestras firmadas no coligido acórdão, é a de que «nos casos de cessão de exploração das instalações integrantes dos postos de abastecimento de combustíveis, é fundamental saber se, ao abrigo do correspondente contrato, "foi transmitida a titularidade da licença de exploração e do posto de abastecimento". Expresso, assim, o que é determinante para que este Tribunal Superior se possa pronunciar sobre o direito aplicável in casu, escalpelizado o conjunto de factos apurados na visada sentença (e supra transcritos), relevantemente, constata-se a total ausência de apontamentos factuais sobre os casuísticos moldes em que se tornou a impugnante (aqui, rda) "titular da exploração comercial" dos estabelecimentos identificados, acima, nos pontos A) a E), I) e J). Perante esta constatação, presente a perspectiva/orientação que o art. 682º nº 3 do Código de Processo Civil (CPC) (Ex vi do artigo 281º do CPPT.) fixa para o julgamento, por parte do S.T.A., enquanto tribunal de revista, da decisão, proferida em 1ª instância, sobre a matéria de facto, impõe-se anulá-la, oficiosamente. Efectivamente, na técnica processual, esta é consequência avançada, pelo legislador, para os casos em que o tribunal de recurso/revista se confronte com insuficiente ou contraditória decisão de facto, capaz de viabilizar a decisão jurídica da causa (pleito). Assim sendo, embora por diversa motivação, tem de atender-se o pedido de que seja viável este recurso. 4. DECISÃO. Nestes termos, acordam em conferência os juízes da Secção de Contencioso Tributário deste Tribunal, de harmonia com os poderes conferidos pelo artigo 202º da Constituição da República Portuguesa, em conceder provimento ao recurso e anular a sentença recorrida, determinando-se a devolução do processo, ao TAF do Porto, a fim de, ser apreciado e julgado (se possível, pelo mesmo Juiz) o mérito da impugnação judicial, após a correcção/ampliação do julgamento factual determinada. Custas pela Recorrida. Notifique-se. Lisboa, 16 de dezembro de 2021. – Pedro Nuno Pinto Vergueiro (relator) – Jorge Miguel Barroso de Aragão Seia – Nuno Filipe Morgado Teixeira Bastos.

3. Acórdão do Tribunal Central Administrativo Sul (Processo nº 885/ /18.4BEALM), de 27-05-2021. Acordam, em conferência, os juízes que constituem

a 2ª Subsecção de Contencioso Tributário do Tribunal Central Administrativo Sul: I – Relatório. A S... – S..., S.A, não se conformando com a sentença do Tribunal Administrativo e Fiscal de Almada que julgou procedente a exceção dilatória da ilegitimidade passiva do Município do Seixal, no âmbito da impugnação judicial por si deduzida contra a taxa de ocupação do subsolo incluída na fatura do mês de maio de 2018 pela G..., G..., S.A., dela veio interpor recurso para este Tribunal Central Administrativo Sul. Nas alegações de recurso apresentadas, a Recorrente formula as seguintes conclusões: A. A partir de 1 de janeiro de 2017, a repercussão da TOS nos consumidores finais passou a ser expressamente proibida. B. Com efeito, decorre do artigo 85º, nº 3, da Lei do OE para 2017 que a "taxa municipal de direitos de passagem e de ocupação do subsolo são pagas pelas empresas operadoras de infraestruturas, não podendo ser refletidas na fatura dos consumidores". C. A ilegalidade da repercussão da TOS é, aliás, confirmada, quer pela entidade Recorrida, quer pela sentença do Tribunal a quo. D. Ainda assim, a Recorrente foi notificada da fatura nº 89 1891/00006057, emitida em 10 de maio de 2018 pela g..., G..., S.A., e na qual foi incluída a TOS no montante de €47.732,25. E. Neste contexto, a Recorrente procedeu, em 8 de junho de 2018, ao pagamento da fatura e da TOS, tendo, no dia 11 de junho de 2018, apresentado reclamação graciosa necessária junto do Município do Seixal por forma a reagir contra a repercussão ilegal. F. Perante a formação do indeferimento tácito da reclamação graciosa, a Recorrente deduziu impugnação judicial, cujo objeto era o ato de indeferimento tácito, a anulação da TOS incluída na fatura nº 89 1891/00006057 e o reembolso do seu montante acrescido de juros indemnizatórios. G. O Tribunal a quo concluiu pela total improcedência da ação, declarando a absolvição da instância por falta de legitimidade passiva do Município. H. Considera, contudo, a Recorrente que a sentença a quo padece de ilegalidade por assentar numa errada interpretação do direito. I. Em suma, a Juíza a quo decidiu a favor da Recorrida porquanto entende não existir entre sujeito ativo e repercutido vínculo jurídico, mas duas ou mais relações jurídicas distintas, a saber: uma de natureza tributária (entre sujeito ativo e sujeito passivo da relação jurídico-tributária); e uma outra de natureza civilística regulada pelo direito privado que se estabelece entre a distribuidora de gás natural e o repercutido. J. Neste ponto, discorda-se totalmente do raciocínio seguido pelo Tribunal a quo, já que o lançamento da TOS pelo Município do Seixal e a sua repercussão ao consumidor final – a ora Recorrente – integram ainda uma mesma relação jurídico-tributária. K. Nos termos do artigo 18º da LGT: "[o] sujeito ativo da relação tributária é a entidade de direito público titular do direito de exigir o cumprimento das obrigações tributárias, quer diretamente quer através de representante." e que o "sujeito passivo é a pessoa singular ou coletiva, o património ou a organização de facto ou de direito que, nos termos da lei, está vinculado ao cumprimento da prestação tributária, seja como contribuinte direto, substituto ou responsável.", acrescentando o número 4 que "[N]ão é sujeito passivo quem: a) suporte o encargo do imposto por repercussão legal, sem prejuízo do direito de reclamação, recurso, impugnação ou de pedido de pronúncia arbitral nos termos das leis tributárias;». L. Neste sentido, dispõe também o artigo 54º, nº 2, da LGT, que "[a]s garantias dos contribuintes previstas no presente capítulo aplicam-se também à autoliquidação, retenção na fonte ou repercussão legal a terceiros da dívida tributária, na parte não incompatível com a natureza destas figuras.". M. Ainda, nos termos do artigo 9º do CPPT, "[t]êm legitimidade no procedimento tributário, além da administração tributária, os contribuintes, incluindo substitutos e responsáveis, outros obrigados tributários, as partes dos contratos fiscais e quaisquer outras pessoas que provem interesse legalmente protegido". N. Ora, nos termos do artigo 18º, nº 4, da LGT, o repercutido tem um interesse legalmente protegido, pelo que, também nos termos do artigo 9º do CPPT, terá direito de agir em processo. O. Sem prejuízo da posição que se possa ter, do ponto de vista teórico, quanto à composição da relação jurídica tributária, sempre será de aceitar que, apesar de a Recorrente não ser sujeito passivo, suporta a TOS por repercussão legal, pelo que, nos termos das normas acima transcritas terá direito de ação, dispondo, portanto, do direito de impugnar, de reclamar, de recorrer e de lançar mão de todas as garantias processuais para defesa dos seus direitos e legítimos interesses que tenham sido lesados por aplicação do mecanismo da repercussão. P. De modo que, estando o direito do repercutido à impugnação judicial previsto na LGT e no CPPT, que prevêem relações jurídicas de direito público, não se pode considerar a repercussão uma relação jurídica de direito privado. Q. Não se pode ignorar que a lei – a LGT – atribui ao repercutido o direito de ação. R. Aliás, a doutrina tem defendido consistentemente que o repercutido está munido quer pela LGT quer pelo CPPT de um conjunto de direitos para defesa dos seus direitos e interesses legítimos. S. Os direitos de defesa dos repercutidos abrangem os seus direitos e interesses legítimos, em suma, todos os atos suscetíveis de gerarem uma lesão. T. Ademais, a LGT, nos termos do artigo 1º, nº 1, relativo ao seu âmbito de aplicação, regula as relações jurídico-tributárias que se estabelecem entre a administração tributária, agindo como tal, e as pessoas singulares e coletivas e outras entidades legalmente equiparadas a estas; U. E não as relações de direito privado, pelo que, encontrando-se o direito de ação do repercutido previsto na LGT, considera a lei que o repercutido é ainda parte de uma relação jurídico-tributária (de direito público) e não de uma relação de direito privado. V. Tratando-se de uma relação jurídico-tributária, será o sujeito ativo da mesma quem deverá estar em processo, o que justifica a legitimidade passiva do Município do Seixal no presente processo. W. Por outro lado, como foi exposto na petição inicial e demais articulados o que se discute na presente ação a "repercussão" é ainda um elemento da TOS, pelo que é a ilegalidade da TOS que se discute na presente ação. X. Não podemos esquecer que a repercussão se trata de matéria tributária e, como tal sujeita à jurisdição dos tribunais tributários. Y. Conforme decorre expressamente do artigo 4º, nº 1, al. a) do Estatuto dos Tribunais Administrativos e Fiscais: "1 – Compete aos tribunais da jurisdição administrativa e fiscal a apreciação de litígios que tenham por objeto questões relativas a: b) Tutela de direitos fundamentais e outros direitos e interesses legalmente protegidos, no âmbito de relações jurídicas administrativas e fiscais;". Z. A repercussão não é matéria contratual, não se encontra na disponibilidade das partes, não podendo, nunca, configurar uma relação de direito privado. AA. Sem prejuízo de neste caso a repercussão ser ilegal a obrigação de suportar a TOS por repercussão resulta como se explica abaixo de um bloco legal não contratual. BB. Contrariamente ao que é sustentado pela Meritíssima Juíza na sentença que ora se impugna, são vários os excertos das peças processuais que permitem concluir que a discussão gira em torno da ilegalidade da taxa – TOS. CC. Tanto assim é que a própria Magistrada do Ministério Público não aponta dúvidas relativamente ao objeto da ação: "[v]em o sujeito passivo acima identificado impugnar judicialmente a liquidação da Taxa Municipal de Ocupação do Subsolo (TOS), referente à fatura nº 89 1891/00006057, de 10 de maio de 2018, no valor de €47.732,25, da G..., comercializadora, SA, liquidada pelo Município do Seixal.". DD. A ser procedente a tese defendida na sentença, as garantias dos contribuintes estariam irremediavelmente comprometidas visto que não poderiam discutir, em sede judicial, elementos de uma taxa como acontece com o erro no montante apurado, desde que esta fosse legalmente repercutida. EE. A TOS é uma taxa municipal criada e liquidada pelos respetivos municípios pela "utilização e aproveitamento de bens do domínio público e privado municipal". FF. Assim, no contexto de uma relação jurídico-tributária, o Município do Seixal é o sujeito ativo dado que é ele quem cria e liquida a TOS, e arrecada a receita, GG. Dispondo, por conseguinte, do direito de exigir o cumprimento da prestação tributária junto do sujeito passivo. HH. Acresce que o Município tem intervenção na própria fixação da repercussão legal, i.e., não é alheio a este elemento da vida da taxa, o que, ademais, justifica a sua legitimidade passiva no presente processo. II. Conforme previsto na Resolução do Conselho de Ministros nº 98/2008 que aprovou as minutas dos contratos de concessão de serviço público de distribuição regional de gás natural a celebrar entre o Estado Português e as distribuidoras, existe a possibilidade de repercussão das TOS nos consumidores de gás natural de cada Município. JJ. A título de exemplo, a Cláusula 7º, nº 2, de cada uma das minutas de concessão prevê que "[a]ssiste à concessionária o direito de repercutir sobre os utilizadores das suas infra-estruturas, quer se trate de entidades comercializadoras de gás ou de consumidores finais, o valor integral de quaisquer taxas, independentemente da sua designação, desde que não constituam impostos directos, que lhe venham a ser cobrados por quaisquer entidades públicas, directa ou indirectamente atinentes à distribuição de gás, incluindo as taxas de ocupação do subsolo cobradas pelas autarquias locais.". KK. Perante este contexto, a relação jurídico-tributária aqui em discussão processa-se nos seguintes moldes: a Câmara Municipal do Seixal liquida uma taxa ao distribuidor de gás natural (a S... – S..., S.A.), que é repercutida ao comercializador (a g...) que, por sua vez, a repercute no consumidor final de gás natural, a ora Recorrente. LL. Salienta-se, porém, que não foi esquecido o ADN municipal da TOS, permitindo-se que os municípios intervenham na metodologia de fixação da repercussão. MM. Daí que o ponto 7. do Manual, sob a epígrafe Acordos a Celebrar entre Municípios e Operadores da Rede de Distribuição De Gás Natural, permita a celebração de "acordos entre Municípios e operadores da rede de distribuição de gás natural que estabeleçam condições mais favoráveis de repercussão dos montantes correspondentes às taxas de ocupação do subsolo", acrescentando ainda o referido ponto do manual que os "acordos celebrados entre Municípios e operadores da rede de distribuição de gás natural poderão integrar um valor do desvio (A), em percentagem, do valor integral das taxas de ocupação do subsolo a repercutir face ao valor integral de referência, previsto no ponto 3.2 do presente Manual, superior ao valor máximo definido pela ERSE para o ano em causa." (sublinhado nosso). NN. Do quadro descrito resulta que é admissível, reitera-se, a repercussão legal da TOS nos consumidores finais pelas concessionárias. OO. Todavia, desde 1 de janeiro de 2017 que foi expressamente consagrada a proibição de fazer repercutir no consumidor final as taxas municipais de ocupação do subsolo (cfr. artigos 85º, nº 3, e 276º, do OE 2017). PP. Ora, a repercussão consiste na forma de cobrança de um tributo, permitindo imputar o encargo económico para entidade diferente do seu sujeito passivo. QQ. Sendo que nos termos do Decreto-Lei nº 30/2006, de 15 de fevereiro, o consumidor é o "cliente final de gás natural". RR. Assim, sendo a Recorrente cliente final de gás natural reconduz-se, necessariamente, ao conceito de consumidora final pelo que não pode suportar, por via de repercussão, a taxa. SS. Assim, e uma vez que a lei lhe atribui expressamente um direito de defesa que se pode manifestar por diferentes vias: direito a reclamar, direito a impugnar, a Recorrente tem direito de ação conforme o disposto no artigo 18º, nº 4, al. a), da LGT. TT. Não obstante não ser sujeito passivo, a Recorrente integra a relação jurídico- tributária em sentido amplo. UU. Tal significa que inclui todas as obrigações decorrentes da relação jurídico-tributária em sentido estrito e na qual se inclui o fenómeno da repercussão legal. VV. É, portanto, no contexto de uma relação jurídica em sentido amplo que o repercutido justifica a sua legitimidade processual ativa. WW. Dado que a partir de 1 de janeiro de 2017, como já foi referido, a repercussão da TOS nos consumidores finais foi expressamente proibida, nos termos dos artigos 85º, nº 3, e 276º, da Lei do OE para 2017, a Recorrente dispõe, indubitavelmente, de um interesse direto e pessoal na presente ação, já que teve de suportar, através de repercussão ilegal, uma taxa criada e liquidada pelo Município do Seixal. XX. Assim, torna-se evidente que a Recorrente é o sujeito ativo da relação material controvertida visto que é ela quem tem interesse direto em demandar (e a Recorrente é quem mais interesse tem em demandar, já que suporta economicamente a TOS por força da repercussão (i)legal que sofre). YY. Por outro lado, e uma vez que a relação material controvertida é definida por quem dá o impulso processual, i.e., pelo autor é ele que configura a relação jurídica processual e determina contra quem é instaurada a ação para tutela dos seus direitos e legítimos interesses. ZZ. Assim, e porque da procedência da ação pode advir um prejuízo real e concreto para o Município do Seixal que se traduz necessariamente no reembolso do tributo repercutido (e por si liquidado) acrescido de juros indemnizatórios ele terá todo o interesse em contradizer. Termos em que deve o presente Recurso ser julgado procedente, em face da fundamentação exposta, revogando-se assim a douta sentença e substituindo-a por uma outra que declare procedente a ação judicial da Impugnante, ora Recorrente. A Entidade Recorrida, devidamente notificada para o efeito, apresentou contra-alegações, tendo formulado as conclusões seguintes: A. O presente Recurso carece em absoluto de fundamento legal, já que inexiste o vício assacado à D. Sentença proferida nos autos. B. Os Municípios têm legitimidade para a criação de taxas, desde que subordinadas aos princípios da equivalência jurídica, da justa repartição dos encargos públicos e da publicidade, nos termos do Regime Geral das Taxas das Autarquias Locais (Lei nº 53-E/2006, de 29 de dezembro, na sua redacção actualizada). C. Na alínea c), do nº 1, do artigo 6º do Regime Geral das Taxas das Autarquias Locais está expressamente prevista a incidência objectiva de taxas sob o aproveitamento do domínio público e privado municipal, quer temporário, quer permanente. D. A legalidade da liquidação de taxas por ocupação do subsolo do domínio público municipal com infraestruturas necessárias à distribuição e comercialização de gás natural foi já sobejamente pleiteada, de que são espelho diversos "Acórdãos de uniformização de jurisprudência" proferidos pelo Pleno da Secção do Contencioso Tributário do Supremo Tribunal Administrativo, que negaram provimento aos recursos interpostos pela S... – S..., S.A., mantendo os arestos recorridos. E. Assume-se inequivocamente na jurisprudência o entendimento de que assiste aos municípios o direito de cobrar taxas por ocupação do subsolo do domínio público municipal com infraestruturas necessárias à distribuição e comercialização de gás natural. F. A relação jurídico-tributária geradora da obrigação de pagamento da TOS tem como sujeito activo o município titular do direito de exigir contrapartida pela utilização do solo e subsolo com tubos e condutas e como sujeito passivo a empresa concessionária de distribuição de gás natural, se o respectivo contrato de concessão ou a lei, expressamente, dela a não isentar. G. A ora Recorrente atacou nos presentes autos o acto de repercussão da taxa em causa, acto que nem foi praticado pelo Impugnado, nem por este pode ser alterado/anulado. H. Considerando que a taxa municipal de ocupação do subsolo é paga ao município pela concessionária do serviço público de distribuição de gás natural, torna-se inequívoco que a previsão do nº 3 do artigo 85º do OE 2017 não é aplicável aos municípios, mas sim às empresas distribuidoras de gás natural. I. A repercussão da TOS no consumidor final, a partir de 2017, deixou de ter enquadramento legal, mas quem a executou foi operador de gás, que sequer foi parte nos presentes autos, não o Município. J. O recorrido nunca poderia anular o acto de repercussão da TOS sub judice, nem proceder à restituição da quantia paga indevidamente, acrescida de juros indemnizatório, por ilegitimidade para tal. K. O regime de concessão do serviço público de distribuição de gás natural é competência do Conselho de Ministros, sendo os respectivos contratos de concessão outorgados pelo membro do Governo responsável pela área da energia, em representação do Estado e a metodologia de "repercussão" aprovada pela Entidade Reguladora dos Serviços Energéticos. L. A "S... - S..., S.A." e demais concessionárias congéneres, ao abrigo da lei e de acordo com a metodologia de "repercussão" aprovada pela ERSE, tem vindo a repercutir para as entidades comercializadoras de gás ou para os consumidores finais os montantes relativos às taxas indevidamente impugnadas, acrescidos da taxa devida no respectivo ano, paga sem qualquer contestação. M. Ainda que se verifiquem efeitos económicos negativos na actividade e sustentabilidade financeira das mais variadas empresas por conta da aludida "repercussão" de custos nos agentes económicos privados, facto é que os municípios são completamente estranhos quer aos actos de liquidação idênticos ao ora impugnado, quer à natureza e forma de repercussão da taxa em apreço. N. Na presente demanda revela-se inconclusa a ilegitimidade do Impugnado Município, pois a liquidação na qual a Recorrente é sujeito passivo, e que reputa lesiva dos seus interesses ou direitos, é executada por outra entidade que não o ente público ora Recorrido. O. A ilegitimidade de uma das partes, o que in casu manifestamente sucede, configura uma excepção dilatória, dando lugar à absolvição da instância. P. A posição adoptada pela ora Recorrente assenta numa interpretação jurídica incongruente, alicerçada numa argumentação desconexa e em jurisprudência desfasada da realidade que subjaz ao caso concreto. Q. De facto, nunca poderia ser nos presentes autos decidida a alegada ilegalidade da repercussão da TOS na factura do consumidor final, na medida em que a construção jurídica imprescindível à solvência das posições antagónicas apresentadas o Município Recorrido jamais poderia ser parte, por manifesta ilegitimidade. R. Destarte, verifica-se a inexistência de qualquer vício e, pelo contrário, total licitude da D. Sentença proferida, objecto do presente recurso, que julgou «totalmente procedente, por provada, a excepção dilatória da ilegitimidade passiva do Município do Seixal, ao abrigo do disposto no artigo 577º, al. e) do CPC, aplicável ex vi artigo 2º, al. e) do CPPT.». Nestes termos, nos melhores de direito e sempre com o mui Douto suprimento de Vossas Excelências, deve ser negado provimento ao presente recurso, mantendo-se a decisão recorrida, por ser de Direito e de JUSTIÇA. O Excelentíssimo Procurador-Geral Adjunto emitiu douto parecer no sentido da improcedência do recurso jurisdicional. Colhidos os vistos legais, cumpre decidir. II – Fundamentação. Cumpre apreciar e decidir as questões colocadas pela Recorrente, as quais são delimitadas pelas conclusões das respetivas alegações, que fixam o objeto do recurso, sendo as de saber: (i) se incorre em erro de julgamento a sentença do Tribunal Administrativo e Fiscal de Almada que julgou o Impugnado, ora Recorrido parte ilegítima e o absolveu da instância; (ii) por fim, e revogando-se a sentença recorrida, se os autos fornecem os necessários elementos para em substituição, este Tribunal conhecer dos fundamentos da impugnação. II.1 Dos Factos. O Tribunal recorrido considerou como provada a seguinte factualidade: 1. Em 10/05/2018 a G..., G..., S.A. emitiu a sua factura nº 89 1891/000..., em nome da impugnante; 2. Da factura identificada no ponto anterior consta a cobrança da quantia de € 47.732,25 referente à Taxa de Ocupação do Subsolo; 3. A Impugnante procedeu ao pagamento da factura identificada nos dois pontos anteriores em 08/06/2018; II.2 Do Direito. A Recorrente, após receber a fatura nº 89 1891/00006057 do gás, emitida pela G..., G..., S.A., e na qual foi incluído o montante de € 47.732,25, relativo à repercussão da taxa de ocupação do subsolo (TOS), deduziu impugnação judicial na qual termina pedindo que seja anulada a repercussão da TOS incluída naquela fatura, por violação do artigo 85/3 do OE de 2017, procedendo-se ao respetivo reembolso acrescido de juros indemnizatórios e o reconhecimento da inconstitucionalidade da repercussão da TOS, por violação do artigo 165/1.i) e 103/2.3 da CRP. Não se conformando com a sentença proferida pelo Tribunal Administrativo e Fiscal de Almada que entendendo que o impugnante, ora Recorrente, não invocou a ilegalidade do ato de liquidação da taxa municipal de ocupação do subsolo (TOS) mas invocou, antes, a ilegalidade do ato de repercussão da referida taxa, julgou procedente a exceção dilatória da ilegitimidade processual passiva do Município do Seixal e consequentemente absolveu a Entidade Impugnada, ora Recorrida da instância, dela veio recorrer para este Tribunal Central Administrativo Sul. Defende a Recorrente que a Entidade Impugnada, ora Recorrida, é parte legítima e como tal, sujeito da mesma relação jurídica de natureza tributária como entidade de direito público, por ser titular ativo na medida em que cria, liquida e arrecada a referida taxa. Assim, e antes de tudo o mais, cumpre apreciar e decidir a questão da exceção da ilegitimidade passiva do ora Recorrido Município do Seixal alegando a Recorrente que o tribunal a quo interpretou e aplicou erradamente o preceituado no artigo 18/1/4.a) da LGT. Anote-se, desde já, que a questão submetida pela Recorrente à apreciação deste Tribunal Central Administrativo não é nova e já foi objeto de decisão deste tribunal e do Supremo Tribunal Administrativo, em sentido contrário ao propugnado pela Recorrente. A sentença recorrida começa por trazer à colação as normas relativas à legitimidade dos intervenientes processuais e diz no excerto que aqui nos interessa: Dispõe o artigo 30° do CPC que: "1. O autor é parte legítima quando tem interesse directo em demandar; o réu é parte legítima quando tem interesse directo em contradizer. 2. O interesse em demandar exprime-se pela utilidade derivada da procedência da acção e o interesse em contradizer pelo prejuízo que dessa procedência advenha. 3. Na falta de indicação da lei em contrário, são considerados titulares do interesse relevante para o efeito da legitimidade os sujeitos da relação controvertida, tal como é configurada pelo auto'. Este artigo corresponde ao anterior artigo 26º do CPC de 1961, cuja redacção resultou da revisão efectuada pelo Decreto-Lei nº 329-A/95 de 12 de dezembro, sendo intenção do legislador, assumida no relatório do diploma, "tomar expressa posição sobre a "vexata questio" do estabelecimento do critério de determinação de legitimidade das partes, visando a solução legislativa proposta contribuir para pôr termo a uma querela jurídica processual que, há várias décadas, se vem interminavelmente debatendo na nossa doutrina e jurisprudência, sem que se haja até agora alcançado um consenso. Partiu-se, para tal, de uma formulação da legitimidade semelhante à adoptada no Decreto-Lei nº 224/82 – e assente, consequentemente, na titularidade da relação material controvertida, tal como a configura o autor, próxima da posição imputada a Barbosa de Magalhães, na controvérsia que historicamente o opôs a Alberto dos Reis. Circunscreve-se, porém, de forma clara, tal problemática ao campo da definição da legitimidade singular e directa – isto é, à fixação do "critério normal" de determinação de legitimidade das partes, assente na pertinência ou titularidade da relação material controvertida (...)" Como refere Anselmo de Castro, in Direito Processual Civil Declaratório, Vol. II, pág. 165, "não são já qualidades da pessoa em si que agora estão em jogo, mas antes algo que se conexiona com a causa concreta "de qua agitur". Os problemas da legitimidade e do interesse em agir cifram-se fundamentalmente em pôr a descoberto a relação que autor e réu em certa causa guardam com o direito material deduzido em juízo". A legitimidade processual, enquanto pressuposto adjectivo para que se possa obter decisão sobre o mérito da causa, não exige a verificação da efectiva titularidade da situação jurídica invocada pelo autor, bastando-se com a alegação dessa titularidade. Por outro lado e nas palavras de M. Teixeira de Sousa, (in "As Partes, o Objecto e a Prova na Acção Declarativa", 1995, pags. 48 e sgs.), "A legitimidade processual é apreciada por uma relação da parte com o objecto da acção. Essa acção é estabelecida através do interesse da parte perante esse objecto: é esse interesse que relaciona a parte com o objecto para aferição da legitimidade. É claro que os titulares do objecto do processo são sempre titulares desse interesse, mas não se podem excluir situações em que a esses titulares não pode ser reconhecida a legitimidade processual e em que a certos sujeitos, que não são titulares desse objecto, possa ser reconhecida essa legitimidade'. Concluindo o autor que "A legitimidade tem de ser apreciada e determinada pela utilidade (ou prejuízo) que da procedência (ou improcedência) da acção possa advir para as partes, face aos termos em que o autor configura o direito invocado e a posição que as partes, perante o pedido formulado a causa de pedir têm na relação jurídica material controvertida, tal como a apresenta o autor'. E prossegue na apreciação sobre o caso concreto em análise: Descendo aos presentes autos, verificamos que a Impugnante no seu petitório inicial intenta a presente acção contra decorrente da inclusão na factura emitida pela "G..., G... S.A." da taxa municipal de ocupação de subsolo, sustentando ser ilegal a repercussão da sobredita taxa. De toda a petição inicial não se retira nenhuma alegação relacionada com a ilegalidade da liquidação da taxa mas, tão só, da ilegalidade da repercussão da mesma na factura emitida pela G..., G..., S.A. à Impugnante. No que concerne aos sujeitos da relação tributária, dispõe o artigo 18º da Lei Geral Tributária nos correspondentes números 1, 3 e 4, alínea a), sob a epígrafe "Sujeitos": "1 – O sujeito activo da relação tributária é a entidade de direito público titular do direito de exigir o cumprimento das obrigações tributárias, quer directamente quer através de representante. (...) 3 – O sujeito passivo é a pessoa singular ou colectiva, o património ou a organização de facto ou de direito que, nos termos da lei, está vinculado ao cumprimento da prestação tributária, seja como contribuinte directo, substituto ou responsável. 4 – Não é sujeito passivo quem: a) Suporte o encargo do imposto por repercussão legal, sem prejuízo do direito de reclamação, recurso, impugnação ou de pedido de pronúncia arbitral nos termos das leis tributárias. (...)"Do supra citado dispositivo legal, concretamente da letra do respectivo nº 1, resulta ser o sujeito activo da relação tributária, sempre, uma entidade de direito público. Especificamente na situação em análise, estando em causa uma taxa liquidada pelo Município do Seixal, corresponderá esta entidade àquele sujeito activo da relação tributária. A impugnante não é o sujeito passivo da relação tributária, sendo, no entanto, quem, no caso concreto, suportou o encargo do imposto por repercussão, pretendendo a Impugnante discutir apenas a legalidade dessa repercussão efectivada pela G..., G...,

S.A.. Na verdade, a impugnante não é contribuinte directo, pois, conforme salienta Casalta Nabais in Direito Fiscal, 6ª Edição, pág. 259, este configura aquele em cuja esfera sucede directamente o desfalque patrimonial, seja ou não o devedor de imposto, por contraposição com o contribuinte indireto que é aquele que suporta, na sua esfera, o desfalque patrimonial através do fenómeno económico da repercussão do imposto. Este fenómeno, nas palavras de Américo Fernandes Brás Carlos, in Impostos – Teoria Geral, 3ª Edição, pág. 264, consiste na "transferência do imposto que legalmente incide sobre um sujeito passivo, para outrem com que este tem relações económicas". O imposto é assim suportado por quem não é sujeito passivo (no caso pelo consumidor final), ou seja, por quem é estranho à relação jurídico-tributária. E, uma vez que a impugnante suporta o encargo do imposto por repercussão legal, apesar de não ser sujeito passivo da relação tributária, a lei reconhece-lhe legitimidade processual activa na impugnação judicial – cfr. o transcrito nº 4, alínea a) do artigo 18º da Lei Geral Tributária –, como refere Jorge Lopes de Sousa in Código de Procedimento e de Processo Tributário Anotado e Comentado, I Volume, 6ª Edição, Lisboa, 2011, pág. 115: "Nos casos de repercussão legal do imposto, apesar de aquele que suporta o encargo do imposto não ser sujeito passivo, é-lhe assegurado o direito de reclamação, recurso e impugnação [artigo 18º, nº 4, da LGT]" De notar que o direito de impugnação se refere à legalidade do acto de liquidação. Em relação à legitimidade no processo judicial tributário, é de atender ainda ao consignado no artigo 9º, números 1 e 4 do Código de Procedimento e de Processo Tributário, com e epígrafe "Legitimidade", segundo o qual: "1 – Têm legitimidade no procedimento tributário, além da administração tributária, os contribuintes, incluindo substitutos e responsáveis, outros obrigados tributários, as partes dos contratos fiscais e quaisquer outras pessoas que provem interesse legalmente protegido. (...) 4 – Têm legitimidade no processo judicial tributário, além das entidades referidas nos números anteriores, o Ministério Público e o representante da Fazenda Pública". Em anotação a este preceito, refere Jorge Lopes de Sousa (obra já citada, pág. 114), o seguinte: "A administração tributária é integrada pela DGCI, pela DGAIEC, pela Direcção-Geral de Informática e Apoio aos Serviços Tributários e Aduaneiros, pelas demais entidades públicas legalmente incumbidas da liquidação e cobrança dos tributos, pelo Ministro das Finanças ou por outro membro do Governo competente, quando exerçam competências administrativas no domínio tributário e pelos órgãos igualmente competentes dos Governos Regionais e das autarquias locais (nº 3 do mesmo artigo). A administração tributária é a entidade que dirige o procedimento tributário, pelo que nas suas intervenções nele deve mais propriamente falar-se de competência para o procedimento do que em legitimidade para intervir nele." Ora, em situações como a presente, entre o sujeito activo da relação tributária – Município do Seixal – e o terceiro repercutido – a impugnante, S... – S..., S.A. – não existe, de facto e como sustenta o Município do Seixal, vínculo jurídico. Verificando-se duas ou mais (como no caso) relações jurídicas distintas: uma, de natureza tributária (relação jurídica de imposto), que se estabelece entre o sujeito activo enquanto credor do imposto (aqui o Município do Seixal) e o sujeito passivo (aqui a empresa concessionária –S... – S..., S.A.II); uma ou uma(s) outra(s) de natureza civilística (regulando-se pelo direito privado) que surge(m) entre o credor (distribuidor de gás natural –S..., S.A.II) e o(s) repercutido(s), no caso o comercializador –G..., G..., S.A e a impugnante –S... – S..., S.A., titular do interesse económico (a este propósito ver Diogo Leite de Campos, Benjamim Silva Rodrigues e Jorge Lopes de Sousa, Lei Geral Tributária Comentada e Anotada, 3ª Edição, em anotação ao artigo 18º). Daqui decorre que a Impugnante teria legitimidade activa para discutir a legalidade da liquidação da taxa de ocupação de subsolo e o Município teria legitimidade passiva. A questão colocada pelo Município do Seixal prende-se com a legitimidade (ou falta dela) do Município em face à causa de pedir e ao pedido formulado pela Impugnante. Mais uma vez se realça a circunstância de nunca ser colocada em causa a legalidade do acto de liquidação da taxa de ocupação do subsolo. No entanto, no caso dos autos não sendo colocada em causa a legalidade do acto de liquidação da taxa é suscitada a questão do acto de repercussão da mesma por parte da G..., G..., S.A., na factura por esta emitida à Impugnante. Ou seja, a relação material controvertida é entre a Impugnante e a G..., G..., S.A.. É apenas e só essa repercussão que é colocada em causa pela Impugnante, sendo o seu pedido o de anulação do acto de repercussão da taxa na factura emitida pela G..., G..., S.A. ou, subsidiariamente, o reconhecimento da inconstitucionalidade da repercussão da referida taxa. Ou seja, em causa não se encontra qualquer acto de natureza tributária praticado pelo Município do Seixal, mas apenas e só o acto de repercussão da taxa de subsolo efectuado pela G..., G..., S.A. na Factura referente ao mês de Abril de 2017. A Impugnante possui, inequivocamente, e atento o conceito anteriormente explanado de legitimidade, legitimidade activa processual. Tendo concluído pela legitimidade processual ativa da Impugnante ora Recorrente, passa de seguida a analisar se se verificam os pressupostos relativos à legitimidade passiva do Município, ora Recorrido, nos seguintes termos: A questão coloca-se relativamente à legitimidade processual passiva do Município do Seixal. Como é afirmado no nº 3 do já citado artigo 30º do CPC, são considerados titulares do interesse relevante para o efeito da legitimidade os sujeitos da relação controvertida, tal como é configurada pelo autor. Ora, na relação material controvertida configurada pela Impugnante os titulares do interesse são: a própria impugnante e a G..., G..., S.A.. A Impugnante apenas é chamada a pagar a taxa de ocupação do subsolo porque a G..., G..., S.A. repercutiu para si o pagamento da taxa que lhe foi liquidada pelo Município. Ou seja, no dizer da própria impugnante o que está em causa é o acto de repercussão da taxa efectuado e não qualquer ilegalidade praticada no acto de liquidação da taxa. Aliás, como a própria Impugnante afirma, se até à entrada em vigor da Lei do Orçamento de Estado para 2017 era legitima a repercussão da taxa de ocupação do subsolo, tudo fazendo crer que o sujeito passivo da taxa era o consumidor final, a verdade é que com a publicação da referida Lei, mais concretamente, por força do seu artigo 85º, nº 3, a repercussão não é admitida pelo que, sem qualquer sombra para dúvidas o sujeito passivo desta taxa é a S... e, em última instância, a G..., G..., S.A.. Estamos perante uma violação do citado preceito pela privada G..., G..., S.A. e não pelo Município. Aliás se assim se não entendesse, teríamos o Município condenado a devolver uma taxa de ocupação de subsolo cuja legalidade não foi questionada, no âmbito destes autos. Assim sendo concluímos pela procedência da excepção dilatória da ilegitimidade do Município do Seixal e, consequentemente, absolvê-lo-emos da presente instância. Como já referimos supra, a questão colocada pela Recorrente, foi já apreciada pelo Supremo Tribunal Administrativo, em formação alargada, no acórdão de 2020.10.14, Proc. nº 0506/17, disponível em www.dgsi.pt, no sentido de que o município não é parte legítima, jurisprudência que acolhemos e que aqui seguiremos de perto. Jurisprudência, aliás, reiterada nos recentes acórdãos STA de 2020.10.28, Proc. nº 300/19, de 2020.12.02, Proc. nº 78/18, de 2020.12.02, Proc nº 887/17, de 2021.02.17, Proc. nº 0926/18, de 2021.02.17, Proc. nº 567/18, de 2021.02.21, Proc. nº 768/17, de 2021.04.07, Proc. nº 0561/19.0BEALM. Decidiu-se no citado acórdão STA: (...). Os recursos incidem sobre a decisão do Tribunal Administrativo e Fiscal de Almada que julgou procedente a exceção da ilegitimidade passiva do ora Recorrido Município do Seixal e, em consequência, o absolveu da instância. Os Recorrentes não se conformam com o assim decidido, desde logo, por entenderem que o tribunal de primeira instância interpretou e aplicou erradamente o artigo 18º, números 1 e 4, alínea a), da Lei Geral Tributária. E interpretou e aplicou erradamente este dispositivo legal, porque dele deriva que o lançamento da taxa e a sua repercussão dizem respeito a «uma mesma relação jurídico-tributária» (8ª conclusão do recurso do Mº Pº e conclusão "J" do recurso da Impugnante). Ou seja, os Recorrentes entendem que a ali Impugnante é parte legítima porque é sujeito da mesma relação jurídica que existe entre a entidade de direito público titular do direito de exigir o pagamento da TOS (no caso, a Recorrida) e a entidade que se encontra obrigada a pagar-lhe essa prestação (no caso a "C........"). Só que este entendimento tem subjacente o pressuposto de que a legitimidade processual se afere definindo a relação jurídica substantiva aplicável ao caso. Ou seja, que o critério de determinação da legitimidade processual é a relação material tributária. Ora a relação material tributária não releva para a decisão da questão da legitimidade processual. Nem poderia relevar, porque a determinação da existência e do conteúdo da relação material tributária é uma questão que importa (ou pode importar) ao conhecimento do mérito. E não faria sentido que se tivesse que conhecer do mérito para decidir de um pressuposto de que depende o seu conhecimento. A relação material tributária não releva para a decisão da questão da legitimidade processual nem mesmo quando ganha importância para o efeito a figura da relação material controvertida. O conceito de relação material controvertida difere do conceito de relação material tributária por ser um conceito estritamente processual erigido para a resolução de uma questão exclusivamente processual. Que é a de saber quem são os titulares dos interesses que se controvertem no processo. O conceito de relação material controvertida não se sobrepõe ao conceito de relação material tributária porque não tem por base a relação que deriva da aplicação ao caso da lei material tributária, mas a relação que deriva da aplicação ao caso da lei processual tributária. Isto é, do relevo que, para o efeito, a lei processual atribui à matéria factual alegada e ao direito a que o autor se arroga no processo. Ora, se o artigo 18º da Lei Geral Tributária não releva para a determinação da legitimidade processual, nunca poderia o tribunal de primeira instância ter violado este dispositivo ao decidir pela ilegitimidade processual da entidade recorrida, o Município do Seixal. Sempre se dirá, de passagem, que o dispositivo em causa não atesta nada do que os Recorrentes dele pretendem extrair. Em primeiro lugar, porque dele não derivam os elementos essenciais da relação tributária: identificam-se os seus sujeitos, no pressuposto de que esta exista. Em segundo lugar, porque da alínea a) do seu nº 4 não deriva que a repercussão é um «mecanismo da liquidação» (expressão do primeiro Recorrente) ou um «elemento da liquidação» (expressão da segunda Recorrente): deriva apenas que o repercutido não é sujeito passivo da relação tributária mesmo quando esteja em causa a repercussão legal tributária, isto é, a repercussão determinada por lei tributária. Ou seja, se há algum sentido útil, para o caso, a retirar daquele dispositivo legal é o de que o repercutido não é sujeito da mesma relação jurídica que coloca de um lado o sujeito ativo e do outro o sujeito passivo no cumprimento da obrigação tributária. Em terceiro lugar, porque a segunda parte da alínea a) daquele nº 4, serve precisamente para estender o direito de ação a quem não o teria, em princípio, por não ser, em abstrato, titular de nenhum direito ou interesse direto que contenda com a liquidação. Dito de outro modo: a necessidade legal de proteger o seu interesse deriva precisamente do facto de não ser sujeito da relação tributária. A questão de saber se a proteção legal do seu interesse se relaciona (ou pode relacionar) com a admissão de uma relação tributária em sentido amplo transcende completamente o âmbito da norma. Não se pode deduzir que o legislador configura uma relação jurídica ampla que inclua a repercussão quando se limita a dizer que o repercutido não é sujeito da relação jurídica da liquidação. Porque o sentido que, então, se pretende extrair da norma não tem nela o mínimo de correspondência verbal (cfr. artigo 9º, nº 2, do Código Civil). Em quarto e último lugar, a lei protege o seu interesse para impugnar a liquidação e não para impugnar a repercussão. Porque para impugnar a repercussão o repercutido não carece de proteção especial. Porque aí tem um interesse direto. Por isso, a conclusão que a segunda Recorrente pretende extrair desta norma na conclusão "P" do seu recurso não faz qualquer sentido: do direito do repercutido a impugnar a liquidação, protegido pela lei tributária, não deriva que o legislador pretenda que a repercussão integra necessariamente uma relação de direito público. Porque o legislador nem sequer se está ali a referir à repercussão ou a pretender caracterizá-la: está a referir-se à liquidação e ao direito do repercutido de a impugnar. E no caso, não está em causa a liquidação. Está em causa a repercussão. Pelo que não estamos, sequer, no âmbito daquele dispositivo legal. Em conclusão: o artigo 18º não releva nem para a questão da legitimidade processual e nem sequer relevaria para a questão de saber se a repercussão é um mecanismo ou elemento da liquidação, como pretendem os Recorrentes. Pelo que os recursos não podem ser providos por aqui. 3.2. Os Recorrentes também não se conformam com o decidido por entenderem que a decisão recorrida desconsidera o artigo 9º do Código de Procedimento e de Processo Tributário. O primeiro Recorrente, entende que o nº 4 deste dispositivo foi mal interpretado. Porque dele deriva que a legitimidade processual passiva na impugnação judicial é sempre atribuída a uma entidade pública (ver a conclusão "13ª"). A segunda Recorrente entende que este dispositivo foi mal aplicado. Porque dele deriva que têm legitimidade no processo tributário quaisquer pessoas que provem interesse legalmente protegido (ver a conclusão "M"). Nenhum dos Recorrentes tem razão. Vejamos porquê. O argumento do primeiro Recorrente pode ser assim interpretado: se [premissa maior] a legitimidade processual passiva pertence sempre a uma entidade pública e [premissa menor] o Município do Seixal é a única entidade pública que figura na relação em questão é porque [conclusão] o Município do Seixal tem legitimidade. Só que, para aí chegar, o primeiro Recorrente já toma como certo que a relação de repercussão é uma relação tributária (onde chega, de resto, por pressupor que a repercussão é um mecanismo da liquidação) e que, por isso, se deve colocar do outro lado da contenda o sujeito ativo dessa relação. De certa forma, o primeiro Recorrente recupera aqui o mesmo vício de raciocínio que já identificamos no ponto anterior, que é o de definir a relação processual em função de uma certa configuração da relação material subjacente. Por outro lado, está também subjacente ao seu raciocínio que, quando o legislador atribui legitimidade à administração tributária e ao representante da Fazenda Pública, está a fornecer uma regra operativa para a determinação de legitimidade processual no processo tributário. Ora, não é assim que aquele dispositivo deve ser interpretado, a nosso ver. O legislador não forneceu, por ali, nenhum critério de determinação da legitimidade, mas regras complementares. Porque o que o legislador pretendeu com estas referências foi salvaguardar a intervenção daqueles órgãos ou serviços no processo, designadamente, nos casos em que lhes caiba intervir nos termos do artigo 15º do Código. Ou seja, à administração tributária e ao representante da Fazenda Pública é atribuída legitimidade para intervir processualmente no pressuposto de que a legitimidade deve ser atribuída a uma certa entidade pública, de acordo com um critério de atribuição de legitimidade que já subentende. E que não consta daquele segmento da norma. Pelo que o seu recurso também não pode merecer provimento por aqui. Pelo seu lado, a segunda Recorrente vem dizer que tem um interesse legalmente protegido e que a parte final do nº 1 do artigo 9º lhe atribui legitimidade processual. É um facto que a segunda parte da alínea a) do nº 4 do artigo 18º da Lei Geral Tributária atribui ao repercutido o direito de impugnar a liquidação do imposto repercutido e que a parte final do nº 1 do artigo 9º, em conjugação com o seu nº 4, lhe atribui legitimidade processual ativa na impugnação judicial correspondente. Mas o que aqui está em causa não é saber se o repercutido tem legitimidade processual ativa para impugnar a liquidação: é saber se o Município tem legitimidade processual passiva para contestar a ilegalidade da repercussão. Ora, em lado nenhum a Recorrente alega que a lei protege algum interesse do Município em contestar a ilegalidade da repercussão, qualquer que ele possa ser. Pelo que o recurso desta Recorrente também não pode ser provido por aqui. 3.3. Na 14ª conclusão, o primeiro Recorrente refere que a decisão recorrida ofende, em última instância o direito fundamental (do Impugnante) de acesso ao direito e aos tribunais para defesa dos seus direitos e interesses legalmente protegidos, consagrado no artigo 20º da Constituição da República Portuguesa. Na conclusão "DD", a segunda Recorrente refere que, a ser procedente a tese defendida na sentença, as garantias dos repercutidos estariam irremediavelmente comprometidas, visto que não poderiam discutir, em sede judicial, «elementos de uma taxa». Está subjacente a estas conclusões que a solução a que chegou a sentença recorrida viola o direito fundamental à tutela judicial efetiva. É chegado o momento para dizer claramente que a segunda Recorrente, ao contrário do que veio alegando repetidamente, não pretendeu impugnar «elementos de uma taxa». Porque se tivesse realmente pretendido impugnar «elementos de uma taxa», teria impugnado a taxa. E não (apenas) a sua repercussão. Porque os vícios que afetam a legalidade dos «elementos de uma taxa» põem em causa a sua validade intrínseca e, por conseguinte, a subsistência da própria tributação. Pelo que, ao reconduzir o âmbito da impugnação ao ato de repercussão em si mesmo, esta Recorrente está a fazer precisamente o oposto do que diz fazer: está a distinguir a repercussão da liquidação, a tomá-la como um ato distinto deste. Na verdade, o que a Recorrente pretende realmente é obter os mesmos efeitos da anulação da taxa sem discutir a legalidade da taxa, isto é, sem imputar ao Município qualquer atuação ilegal ao efetuar essa liquidação. E sem sequer pedir a sua anulação. E ao fazê-lo está a transcender largamente a finalidade prosseguida pelo legislador ao proteger o interesse do repercutido, que era a de salvaguardar o seu direito de discutir a legalidade intrínseca da taxa repercutida. Por outro lado, da decisão de julgar o Município parte ilegítima na relação de repercussão não deriva nenhuma ofensa do direito à tutela judicial efetiva. O repercutido continua a poder demandar o sujeito ativo da repercussão para discutir a legalidade da repercussão; e a demandar o sujeito ativo da liquidação para discutir a legalidade da liquidação. Isto é, a tutela do seu direito de impugnar qualquer um destes atos está assegurada efetivamente. O que da sentença deriva é que o repercutido não pode demandar o sujeito ativo da liquidação para discutir a legalidade da repercussão e obter deste a restituição do valor repercutido mesmo quando nenhuma ilegalidade dessa repercussão lhe seja imputada. E daí não se vê que fique em causa o direito à tutela judicial efetiva. Porque não atribui ao demandante o direito de demandar quem bem entenda; atribui-lhe apenas o direito de demandar a entidade que deve ser demandada de acordo com os elementos de conexão que a lei estabelece para que esse direito possa ser exercido. Pelo que os recursos também não podem merecer provimento nesta parte. 3.4. Nas conclusões 21ª e 23ª, o primeiro Recorrente invoca o artigo 4º, nº 1, alínea a) do Estatuto dos Tribunais Administrativos e Fiscais e conclui que o entendimento firmado na sentença recorrida desacorda do que nele vem estabelecido. Na conclusão "Y", a segunda Recorrente invoca o mesmo normativo. Não é clara a razão porque os Recorrentes entendem que a decisão recorrida desatende esta norma. Sabe-se apenas que associam esta norma à conclusão de que a repercussão é matéria tributária e está sujeita à jurisdição dos tribunais tributários (ver também a conclusão "X" da segunda Recorrente). Parece, em todo o caso, que os Recorrentes não se conformam é com a identificação na decisão recorrida de duas relações distintas (a relação de tributação e a relação de repercussão) e com a atribuição a esta última de «natureza civilística», regulada pelo direito privado. É possível até que pretendessem invocar uma contradição intrínseca entre a assunção da competência para conhecer do litígio e a conclusão de que a relação de repercussão é uma relação privada. Deve adiantar-se desde já que o tribunal de recurso não acompanha este segmento da sentença recorrida, mas por uma razão bem distinta da dos Recorrentes: é que esta questão não releva para a questão da legitimidade processual. Relevará quando muito, para uma decisão de mérito. Isto é, o tribunal de recurso entende que a determinação da natureza da relação jurídica que se controverte não interessa à decisão da legitimidade processual porque não releva como critério de determinação desta. Mas daí não deriva que a decisão recorrida deva ser revogada. Só assim será se o sentido dessa decisão não estiver de acordo com o critério de determinação da legitimidade efetivamente aplicável. Do que se conhecerá no ponto seguinte. 3.5. Na 2ª conclusão do seu recurso, o Recorrente Mº Pº invoca a noção processual-civilística da legitimidade constante do artigo 30º, do Código de Processo Civil, pretendendo a sua transposição para o caso a coberto da alínea e) do artigo 2º do Código de Procedimento e de Processo Tributário. E na conclusão 23º, aponta a violação do nº 3 deste dispositivo legal. Nas conclusões "YY" a "ZZ", o segundo Recorrente afirma que é a ele que incumbe definir a relação jurídica processual e que dela deriva que da procedência da ação pode advir um prejuízo real e concreto para o Município do Seixal, caso se veja compelido a reembolsar o valor do tributo repercutido. E remata dizendo que «ele terá todo o interesse em contradizer». Os Recorrentes apelam, assim, aos dois critérios de determinação da legitimidade processual que derivam da lei processual civil: o critério da relação jurídica controvertida tal como é apresentada pelo autor e o critério do interesse processual (caracterizado como um interesse em demandar por parte do autor e um interesse em contradizer por parte do réu). Vejamos então. Para a determinação da legitimidade no processo judicial tributário releva, em primeiro lugar, a lei processual tributária. Subsidiariamente – e de acordo com o artigo 2º do Código de Procedimento e de Processo Tributário – relevam as normas de natureza processual dos códigos e das leis tributárias, as normas do Código de Processo nos Tribunais Administrativos e as normas do Código de Processo Civil. Por esta ordem. Assim, a primeira disposição a considerar para o caso é o artigo 9º, nº 4, do Código de Procedimento e de Processo Tributário. Segundo o qual têm legitimidade no processo judicial tributário os sujeitos do procedimento tributário. Ou seja, de acordo com esta regra, tem legitimidade passiva no processo judicial tributário o sujeito ativo do procedimento tributário. O legislador mobilizou para a determinação da legitimidade processual a figura jurídica do procedimento tributário, utilizando-a como critério fundamental na aferição deste pressuposto processual. O que sucede porque o procedimento tributário é considerado pelo legislador a forma típica de atuação administrativa nas relações jurídico-tributárias, o modo típico de criar, modificar ou extinguir estas relações. É claro que não é sempre assim. Nem sempre as decisões do sujeito público das relações administrativas em matéria tributária estão integradas num procedimento, sendo até muito frequentes os casos em que a composição dessas relações é determinada por um único ato, seja ele um ato tributário ou um ato administrativo em matéria tributária. Nestes casos, a figura jurídica do procedimento tributário já não serve para a determinação da legitimidade processual. E os critérios suplementares fornecidos pelo artigo 9º do Código de Procedimento e de Processo Tributário (parte nos contratos fiscais; titulares de interesse legalmente protegido) também não se lhe adequam. E quando aquele normativo não fornece nenhum critério suplementar que possa ser mobilizado há que recorrer ao direito subsidiário. E como esse critério também não é fornecido por outras leis tributárias (e já vimos que não é fornecido pelo artigo 18º da Lei Geral Tributária) devem ser convocadas para o efeito as regras do Código de Processo nos Tribunais Administrativos, de acordo com a alínea c) do artigo 2º do Código de Procedimento e de Processo Tributário. Ora, o Código de Processo nos Tribunais Administrativos regula separadamente as questões da legitimidade processual ativa e passiva. O que sucede porque se colocam questões diversas do lado ativo e do lado passivo da relação processual administrativa, que justificam o seu tratamento autonomizado e soluções assimétricas. Estabelecem-se neste Código, para a determinação da legitimidade processual passiva, diversos critérios especiais (a maior parte dos quais não são adaptáveis ao processo tributário) e dois critérios residuais. Dos critérios especiais destacamos, com interesse para o caso, o que deriva do nº 2 do seu artigo 10º: tem legitimidade passiva, nos processos instaurados contra entidades públicas, a pessoa coletiva de direito público a cujos órgãos ou serviços sejam imputáveis os atos impugnados ou sobre cujos órgãos recaia o dever de praticar as ações omitidas. Salvo nas ações contra o Estado ou as Regiões Autónomas. Aqui, a legitimidade processual passiva é atribuída ao próprio serviço do Estado a que seja imputável o ato (sendo que a «administração tributária» é considerada um serviço do Estado para este efeito, por força da regra especial inserida no nº 1 do artigo 9º do Código de Procedimento e de Processo Tributário). Ou seja, de acordo com este critério, tem legitimidade passiva no processo judicial tributário, basicamente, a entidade ou o serviço a quem seja imputável o ato impugnado (conforme o caso), ou a quem seja imputável o dever de o praticar (no caso da omissão de ato devido). Merece destaque a expressão «...a cujos órgãos sejam imputáveis os atos praticados» (e não «...imputados»): nos processos de impugnação de atos, o sujeito ativo da relação processual não demanda quem quer; demanda quem deve demandar. O que se justifica, fundamentalmente, por uma razão histórica: os processos de anulação de atos administrativos nasceram como processos sem partes ou «processos feitos a um ato». Pelo que quem impugna o ato não configura a relação jurídica nem demanda a entidade que coloca do outro lado dessa relação: identifica o ato e a autoridade que o praticou. Dos critérios residuais só releva em direito tributário, praticamente, o primeiro que vem anunciado no nº 1 do artigo 10º: o critério da «relação material controvertida». O que sucede porque a entidade demandada não é, em princípio, titular de nenhum «interesse contraposto ao do autor». Aliás, a administração tributária não realiza, na determinação da prestação tributária, nenhum interesse subjetivo que não seja o de aplicação estrita da lei. Todavia, aquele critério só tem aplicação nos litígios cuja estrutura se aproxima do modelo do processo civil [neste sentido, ver Mário Aroso de Almeida, in «Manual de Processo Administrativo», 3ª edição, Almedina 2017, pág. 247], como as ações de condenação ou de simples apreciação. É, por isso, um critério cuja aplicação é muito rara no processo judicial tributário. De todo o exposto deriva que o artigo 30º, do Código de Processo Civil não é aplicável ao caso. E que os critérios de determinação da legitimidade processual nele contidos não são adaptáveis aos processos de impugnação que se reconduzam a um pedido de anulação ou de declaração de nulidade de um ato. Seja porque têm natureza residual e há critérios que se aplicam ao caso especialmente. Seja porque os processos impugnatórios não têm, tipicamente, por objeto mediato uma relação material que se controverta no processo, mas legalidade do próprio ato. Decorrendo a legitimidade da entidade demandada da identificação do autor desse ato. Pelo que as referências à doutrina civilística que se colhem das doutas alegações de recurso, com destaque para a querela doutrinária sobre o critério da determinação da legitimidade e os seus ilustres protagonistas, bem como à solução introduzida pela reforma do código de processo civil de 1995/96, não vêm ao caso. Mas, sobretudo, não vem ao caso a ideia de que são partes legítimas os sujeitos da pretensa relação material controvertida. Em particular porque, nos processos impugnatórios, o juiz não é confrontado com a pretensão à existência de uma certa relação material, mas com a existência de um ato que se identifica e com a pretensão à declaração da sua invalidade. No processo de impugnação judicial tributário, a legitimidade processual passiva é, normalmente, atribuída ao sujeito ativo do procedimento tributário de onde emana a decisão impugnada ou à entidade ou o serviço a quem seja imputável o ato impugnado, conforme o caso. Apliquemos estes conceitos ao caso. 3.6. Embora faça alusão a uma reclamação necessária apresentada no dia 15 de março de 2017 junto do Município do Seixal e invoque a impugnação judicial do indeferimento tácito dessa reclamação no artigo 15º da douta petição inicial, a verdade é que nos presentes autos não é impugnada a decisão de nenhum procedimento. Desde logo, porque – como deriva do documento 4 junto com aquele douto articulado (e para que remete o seu artigo 12º) e o processo administrativo em apenso ao processo físico confirma – o procedimento de reclamação necessária tinha como objeto o ato de liquidação da taxa municipal de ocupação do subsolo ("TOS") relativa ao mês de janeiro de 2017, no montante de € 40.057,46. Enquanto a presente impugnação tem por objeto o ato de cobrança do valor correspondente, que foi incluído da fatura nº 89 1791/00000829, emitida pela entidade que se identifica como "G.........". Na reclamação, invocava-se a invalidade da liquidação da taxa, por ser nula a deliberação autárquica que determinou o seu lançamento (artigo 7º da reclamação) e por ser inválida a atualização dos valores respetivos, visto não ter sido acompanhada da fundamentação económico-financeira (seu artigo 9º). A referência, no ser artigo 6º à ilegalidade da cobrança, tinha em vista, desde logo, a sua cobrança à "C...", por ser inválida a própria taxa cobrada. Na impugnação, invoca-se a invalidade da repercussão do valor dessa taxa (artigos 6º, 8º da p.i.), porque a sua repercussão aos consumidores do gás natural é, ela própria, ilegal, por violação do artigo 85º, nº 3, do Orçamento de Estado para 2017. Na reclamação, pedia-se «a declaração de nulidade ou, sem conceder e no limite, a revogação do ato de liquidação da taxa de ocupação do subsolo». Na impugnação, pede-se que se «anule a repercussão da TOS» e, subsidiariamente, que se reconheça «a inconstitucionalidade da repercussão da TOS». Na reclamação apontava-se diretamente a um ato de liquidação; na impugnação aponta-se exclusivamente a um ato de repercussão. Pelo que não se pode dizer que o Impugnante se insurja contra alguma decisão (tácita) da reclamação. Não se vê como se possa dizer que a entidade administrativa indeferiu (ainda que tacitamente) uma pretensão sobre a qual nunca se poderia ter pronunciado. Ora, se não pode dizer-se que a impugnação judicial tenha por objeto a decisão (tácita) do procedimento de reclamação, também não pode convocar-se o critério inserido no artigo 9º, nº 4, do Código de Procedimento e de Processo Tributário para a determinação da legitimidade da entidade impugnada. Porque este critério toma como pressuposto que o processo judicial tributário tenha por objeto alguma decisão desse procedimento. Mal se compreenderia, de resto, que tivesse legitimidade para contradizer uma pretensão impugnatória a entidade administrativa que nunca sobre ela se pronunciou e nunca sobre ela se poderia ter pronunciado, apenas porque existiu a montante um procedimento administrativo. De qualquer modo, será de entender que, no caso do indeferimento tácito, o objeto mediato da impugnação judicial nem será a decisão tácita de indeferimento – que não passa de uma ficção jurídica destinada a viabilizar o acesso à impugnação – mas o próprio ato identificado na impugnação (parece ir neste sentido Jorge Lopes de Sousa, in «Código de Procedimento e de Processo Tributário Anotado e Comentado», Volume II, Áreas Editora, 6ª edição 2011, pág. 197). E, assim sendo, também por aqui não pode recorrer-se ao critério de atribuição de legitimidade processual passiva que deriva do nº 4 do artigo 9º citado. Estamos, por isso, reconduzidos ao critério subsidiário de atribuição de legitimidade processual passiva que deriva do artigo 10º, nº 2, do Código de Processo nos Tribunais Administrativos. Ou seja, nos processos intentados contra entidades públicas, deve ser demandada a entidade (ou o serviço, nos processos contra o Estado) a quem (ou a que) seja imputável a prática do ato impugnado. Sucede que deriva da própria alegação da Impugnante que não foi o Município que praticou o ato impugnado. Porque não foi o Município que inseriu na fatura o valor da TOS e fez, assim, repercutir esse valor contra ela. Foi, como deriva dos artigos 4º e 121º da própria p.i., a entidade que se identifica como "G ...." (e que, de acordo com o doc. 2 junto com a p.i., será a «U..........., S.A.»). E a quem, de resto, pagou o valor correspondente. Pelo que a alegação da Recorrente só pode ser interpretada no seguinte sentido: a repercussão, embora não tendo sido praticada pelo Município, é-lhe imputável. A Recorrente entenderá que a repercussão é imputável ao Município porque decorre necessariamente da tributação. Em termos que possa ser considerada um elemento desta. Embora aquela tivesse sido praticada pela comercializadora do gás natural, ela não teria como deixar de o fazer. É verdade que a repercussão de um tributo só existe porque existe um tributo a repercutir. Mas isso não basta para concluir que a repercussão é um reflexo necessário da tributação. É também necessário que se possa concluir que a tributação só existe porque há repercussão. Ou seja, que o tributo foi instituído de forma a que o encargo fosse suportado pelo repercutido. E não é isso que decorre, não só dos elementos dos autos, como até da alegação da Recorrente. Desde logo, porque a repercussão é, na sua própria alegação, facultativa (artigos 25º e 26º da douta p.i.). E se a repercussão é facultativa, não decorre de nenhuma obrigação tributária. Decorre do exercício de um direito ou faculdade de quem repercute. Exercício esse que só pode ser imputado ao titular do direito respetivo. No caso, a entidade comercializadora do gás natural. Depois, porque a repercussão é associada a minutas contratuais aprovadas em Conselho de Ministros e a regulamentos e manuais de procedimentos da Entidade Reguladora dos Serviços Energéticos. Mas não é relacionada com nenhum regulamento municipal (ou qualquer outra forma de atuação da administração autárquica). E muito menos com o que aprovou a taxa municipal de ocupação do subsolo. A Recorrente nem sequer alega que a taxa tivesse sido estruturada de modo a imputar o respetivo encargo económico ao consumidor final do serviço de gás natural. Ou que tivesse sido essa a finalidade que presidiu à sua criação, revelada, designadamente, pela respetiva fundamentação económico-financeira. Do exposto deriva que não existem elementos que permitam, sequer, relacionar o Município com o ato de repercussão. Não há, assim, como concluir que a repercussão é imputável ao Município. Pelo que a decisão recorrida deve ser confirmada, ainda que com a precedente fundamentação. E os recursos não merecem provimento." Assim, em face da identidade substancial dos casos em que se discute a legalidade do ato de repercussão de um tributo, remetemos para a fundamentação adotada no referido acórdão usando da faculdade concedida no artigo 663/5 do CPC, aplicável ex vi do artigo 281º do CPPT, confirmamos a sentença recorrida e julgamos procedente a exceção dilatória da ilegitimidade passiva, que é de conhecimento oficioso, impede o conhecimento de mérito e determina a absolvição da instância da Recorrente – artigos 278º, nº 1 alínea d), 576º nºs 1 e 2, 577º, alínea e), e 578º do CPC, aplicável ex vi alínea e) do artigo 2º do CPPT. Termos em que se nega provimento ao recurso. Sumário/Conclusões: I. Na impugnação judicial do ato de repercussão de um tributo intentada contra entidade pública, a legitimidade processual passiva é atribuída a quem seja imputável o ato impugnado. II. Não é imputável à entidade municipal nem aos seus órgãos ou serviços o ato impugnado de repercussão do valor de um tributo municipal que não foi por eles praticado nem de alguma forma determinado. III – Decisão. Termos em que, face ao exposto, acordam em conferência os juízes da 2ª Subsecção do Contencioso Tributário deste Tribunal Central Administrativo Sul, em negar provimento ao recurso, e, com a presente fundamentação, confirmar a sentença recorrida. Custas pela Recorrente, que decaiu. Lisboa, 27 de maio de 2021.

4. Acórdão do Tribunal Central Administrativo Norte (Processo nº 1969/ /13.0BEPRT), de 29-04-2021. Sumário: – A incidência subjetiva do "pagamento de taxa anual" prevista no art 100º do RMTCU de (...), devida pela "Instalação e funcionamento de posto de abastecimento de combustíveis", recai sobre quem detém a titularidade do licenciamento e que é responsável pelo exercício da atividade, independentemente de poder ceder a exploração do posto de abastecimento a outra pessoa ou entidade.

5. Acórdão do Supremo Tribunal Administrativo (Processo nº 561/19.0BEALM), de 07-04-2021. Acordam na Secção do Contencioso Tributário do Supremo Tribunal Administrativo. I – RELATÓRIO. I.1 Alegações. Z..., S.A., melhor identificada nos autos, vem recorrer da decisão do Tribunal Administrativo e Fiscal de Almada, datada de 13 de maio de 2020, a qual julgou procedente a exceção dilatória de ilegitimidade passiva do Município do Seixal e consequentemente o absolveu da instância. Apresenta as suas alegações de recurso, formulando as seguintes conclusões: A. A partir de 1 de janeiro de 2017, a repercussão da TOS nos consumidores finais passou a ser expressamente proibida. B. Com efeito, decorre do artigo 85º, nº 3, da Lei do OE para 2017 que a "taxa municipal de direitos de passagem e de ocupação do subsolo são pagas pelas empresas operadoras de infraestruturas, não podendo ser refletidas na fatura dos consumidores". C. A ilegalidade da repercussão da TOS é, aliás, confirmada, quer pela entidade Recorrida, quer pela sentença do Tribunal a quo. D. Ainda assim, a Recorrente foi notificada da fatura nº FT RN1908/00655, emitida em 12 de fevereiro de 2019 pela X...., S.A. Sucursal em Portugal, e na qual foi incluída a TOS no montante de €48.639,04. E. Neste contexto, a Recorrente procedeu, em 11 de março de 2019, ao pagamento da fatura e da TOS, tendo, no dia 12 de março de 2019, apresentado reclamação graciosa necessária junto do Município do

Seixal por forma a reagir contra a repercussão ilegal. F. Perante a formação do indeferimento tácito da reclamação graciosa, a Recorrente deduziu impugnação judicial, cujo objeto era o ato de indeferimento tácito, a anulação da TOS incluída na fatura nº FT RN1908/00655 e o reembolso do seu montante acrescido de juros indemnizatórios. G. O Tribunal a quo concluiu pela total improcedência da ação, declarando a absolvição da instância por falta de legitimidade passiva do Município. H. Considera, contudo, a Recorrente que a sentença a quo padece de ilegalidade por assentar numa errada interpretação do direito. I. Em suma, o Juiz a quo decidiu a favor da Recorrida porquanto entende não existir entre sujeito ativo e repercutido vínculo jurídico, mas duas ou mais relações jurídicas distintas, a saber: uma de natureza tributária (entre sujeito ativo e sujeito passivo da relação jurídico-tributária); e uma outra de natureza civilística regulada pelo direito privado que se estabelece entre a distribuidora de gás natural e o repercutido. J. Neste ponto, discorda-se totalmente do raciocínio seguido pelo Tribunal a quo, já que o lançamento da TOS pelo Município do Seixal e a sua repercussão ao consumidor final – a ora Recorrente – integram ainda uma mesma relação jurídico-tributária. K. Nos termos do artigo 18º da LGT: "[o] sujeito ativo da relação tributária é a entidade de direito público titular do direito de exigir o cumprimento das obrigações tributárias, quer diretamente quer através de representante." e que o "sujeito passivo é a pessoa singular ou coletiva, o património ou a organização de facto ou de direito que, nos termos da lei, está vinculado ao cumprimento da prestação tributária, seja como contribuinte direto, substituto ou responsável.", acrescentando o número 4 que "[n]ão é sujeito passivo quem: a) suporte o encargo do imposto por repercussão legal, sem prejuízo do direito de reclamação, recurso, impugnação ou de pedido de pronúncia arbitral nos termos das leis tributárias;". L. Neste sentido, dispõe também o artigo 54º, nº 2, da LGT, que "[a]s garantias dos contribuintes previstas no presente capítulo aplicam-se também à autoliquidação, retenção na fonte ou repercussão legal a terceiros da dívida tributária, na parte não incompatível com a natureza destas figuras.". M. Ainda, nos termos do artigo 9º do CPPT, "[t]êm legitimidade no procedimento tributário, além da administração tributária, os contribuintes, incluindo substitutos e responsáveis, outros obrigados tributários, as partes dos contratos fiscais e quaisquer outras pessoas que provem interesse legalmente protegido". N. Ora, nos termos do artigo 18º, nº 4, da LGT, o repercutido tem um interesse legalmente protegido, pelo que, também nos termos do artigo 9º do CPPT, terá direito de agir em processo. O. Sem prejuízo da posição que se possa ter, do ponto de vista teórico, quanto à composição da relação jurídica tributária, sempre será de aceitar que, apesar de a Recorrente não ser sujeito passivo, suporta a TOS por repercussão legal, pelo que, nos termos das normas acima transcritas terá direito de ação, dispondo, portanto, do direito de impugnar, de reclamar, de recorrer e de lançar mão de todas as garantias processuais para defesa dos seus direitos e legítimos interesses que tenham sido lesados por aplicação do mecanismo da repercussão. P. De modo que, estando o direito do repercutido à impugnação judicial previsto na LGT e no CPPT, que preveem relações jurídicas de direito público, não se pode considerar a repercussão uma relação jurídica de direito privado. Q. Não se pode ignorar que a lei – a LGT – atribui ao repercutido o direito de ação. R. Aliás, a doutrina tem defendido consistentemente que o repercutido está munido quer pela LGT quer pelo CPPT de um conjunto de direitos para defesa dos seus direitos e interesses legítimos. S. Os direitos de defesa dos repercutidos abrangem os seus direitos e interesses legítimos, em suma, todos os atos suscetíveis de gerarem uma lesão. T. Ademais, a LGT, nos termos do artigo 1º, nº 1, relativo ao seu âmbito de aplicação, regula as relações jurídico-tributárias que se estabelecem entre a administração tributária, agindo como tal, e as pessoas singulares e coletivas e outras entidades legalmente equiparadas a estas, U. E não as relações de direito privado, pelo que, encontrando-se o direito de ação do repercutido previsto na LGT, considera a lei que o repercutido é ainda parte de uma relação jurídico-tributária (de direito público) e não de uma relação de direito privado. V. Tratando-se de uma relação jurídico-tributária, será o sujeito ativo da mesma quem deverá estar em processo, o que justifica a legitimidade passiva do Município do Seixal no presente processo. W. Por outro lado, como foi exposto na petição inicial e demais articulados o que se discute na presente ação a "repercussão" é ainda um elemento da TOS, pelo que é a ilegalidade da TOS que se discute na presente ação. X. Não podemos esquecer que a repercussão se trata de matéria tributária e, como tal sujeita à jurisdição dos tribunais tributários. Y. Conforme decorre expressamente do artigo 4º, nº 1, al. a) do Estatuto dos Tribunais Administrativos e Fiscais: "1 – Compete aos tribunais da jurisdição administrativa e fiscal a apreciação de litígios que tenham por objeto questões relativas a: b) Tutela de direitos fundamentais e outros direitos e interesses legalmente protegidos, no âmbito de relações jurídicas administrativas e fiscais;". Z. A repercussão não é matéria contratual, não se encontra na disponibilidade das partes, não podendo, nunca, configurar uma relação de direito privado. AA. Sem prejuízo de neste caso a repercussão ser ilegal a obrigação de suportar a TOS por repercussão resulta como se explica abaixo de um bloco legal não contratual. BB. Contrariamente ao que é sustentado pelo Meritíssimo Juiz na sentença que ora se impugna, são vários os excertos das peças processuais que permitem concluir que a discussão gira em torno da ilegalidade da taxa – TOS. CC. Tanto assim é que o próprio Magistrado Ministério Público não aponta dúvidas relativamente ao objeto da ação: "[v]em o sujeito passivo acima identificado impugnar judicialmente a liquidação da Taxa Municipal de Ocupação do Subsolo (TOS), referente à fatura nº FT RN 1908/00655, de 12 de fevereiro de 2019, no valor de € 48.639,04, da X..., ..., SA, liquidada pelo Município do Seixal. Defende a impugnante a ilegalidade da repercussão da TOS, por violação do artigo 85º, nº 3 do OE de 2017.". DD. A ser procedente a tese defendida na sentença, as garantias dos contribuintes estariam irremediavelmente comprometidas visto que não poderiam discutir, em sede judicial, elementos de uma taxa como acontece com o erro no montante apurado, desde que esta fosse legalmente repercutida. EE. A TOS é uma taxa municipal criada e liquidada pelos respetivos municípios pela "utilização e aproveitamento de bens do domínio público e privado municipal". FF. Assim, no contexto de uma relação jurídico-tributária, o Município do Seixal é o sujeito ativo dado que é ele quem cria e liquida a TOS, e arrecada a receita. GG. Dispondo, por conseguinte, do direito de exigir o cumprimento da prestação tributária junto do sujeito passivo. HH. Acresce que o Município tem intervenção na própria fixação da repercussão legal, i.e., não é alheio a este elemento da vida da taxa, o que, ademais, justifica a sua legitimidade passiva no presente processo. II. Conforme previsto na Resolução do Conselho de Ministros nº 98/2008 que aprovou as minutas dos contratos de concessão de serviço público de distribuição regional de gás natural a celebrar entre o Estado Português e as distribuidoras, existe a possibilidade de repercussão das TOS nos consumidores de gás natural de cada Município. JJ. A título de exemplo, a Cláusula 7ª, nº 2, de cada uma das minutas de concessão prevê que "[a]ssiste à concessionária o direito de repercutir sobre os utilizadores das suas infra-estruturas, quer se trate de entidades comercializadoras de gás ou de consumidores finais, o valor integral de quaisquer taxas, independentemente da sua designação, desde que não constituam impostos directos, que lhe venham a ser cobrados por quaisquer entidades públicas, directa ou indirectamente atinentes à distribuição de gás, incluindo as taxas de ocupação do subsolo cobradas pelas autarquias locais.". KK. Perante este contexto, a relação jurídico-tributária aqui em discussão processa-se nos seguintes moldes: a Câmara Municipal do Seixal liquida uma taxa ao distribuidor de gás natural (a V...., S.A.), que é repercutida ao comercializador (a X...., S.A. – Sucursal Portugal) que, por sua vez, a repercute no consumidor final de gás natural, a ora Recorrente. LL. Salienta-se, porém, que não foi esquecido o ADN municipal da TOS, permitindo-se que os municípios intervenham na metodologia de fixação da repercussão. MM. Daí que o ponto 7. do Manual, sob a epígrafe Acordos a Celebrar entre Municípios e Operadores da Rede de Distribuição De Gás Natural, permita a celebração de "acordos entre Municípios e operadores da rede de distribuição de gás natural que estabeleçam condições mais favoráveis de repercussão dos montantes correspondentes às taxas de ocupação do subsolo", acrescentando ainda o referido ponto do manual que os "acordos celebrados entre Municípios e operadores da rede de distribuição de gás natural poderão integrar um valor do desvio (Δ), em percentagem, do valor integral das taxas de ocupação do subsolo a repercutir face ao valor integral de referência, previsto no ponto 3.2 do presente Manual, superior ao valor máximo definido pela ERSE para o ano em causa." NN. Do quadro descrito resulta que é admissível, reitera-se, a repercussão legal da TOS nos consumidores finais pelas concessionárias. OO. Todavia, desde 1 de janeiro de 2017 que foi expressamente consagrada a proibição de fazer repercutir no consumidor final as taxas municipais de ocupação do subsolo (cfr. artigos 85º, nº 3, e 276º, do OE 2017). PP. Ora, a repercussão consiste na forma de cobrança de um tributo, permitindo imputar o encargo económico para entidade diferente do seu sujeito passivo. QQ. Sendo que nos termos do Decreto-Lei nº 30/2006, de 15 de fevereiro, o consumidor é o "cliente final de gás natural". RR. Assim, sendo a Recorrente cliente final de gás natural reconduz-se, necessariamente, ao conceito de consumidora final pelo não pode suportar, por via de repercussão, a taxa. SS. Assim, e uma vez que a lei lhe atribui expressamente um direito de defesa que se pode manifestar por diferentes vias: direito a reclamar, direito a impugnar, a Recorrente tem direito de ação conforme o disposto no artigo 18º, nº 4, al. a), da LGT. TT. Não obstante não ser sujeito passivo, a Recorrente integra a relação jurídico-tributária em sentido amplo. UU. Tal significa que inclui todas as obrigações decorrentes da relação jurídico-tributária em sentido estrito e na qual se inclui o fenómeno da repercussão legal. VV. É, portanto, no contexto de uma relação jurídica em sentido amplo que o repercutido justifica a sua legitimidade processual ativa. WW. Dado que a partir de 1 de janeiro de 2017, como já foi referido, a repercussão da TOS nos consumidores finais foi expressamente proibida, nos termos dos artigos 85º, nº 3, e 276º, da Lei do OE para 2017, a Recorrente dispõe, indubitavelmente, de um interesse direto e pessoal na presente ação, já que teve de suportar, através de repercussão ilegal, uma taxa criada e liquidada pelo Município do Seixal. XX. Assim, torna-se evidente que a Recorrente é o sujeito ativo da relação material controvertida visto que é ela quem tem interesse direto em demandar (e a Recorrente é quem mais interesse tem em demandar, já que suporta economicamente a TOS por força da repercussão (i)legal que sofre). YY. Por outro lado, e uma vez que a relação material controvertida é definida por quem dá o impulso processual, i.e., pelo autor é ele que configura a relação jurídica processual e determina contra quem é instaurada a ação para tutela dos seus direitos e legítimos interesses. ZZ. Assim, e porque da procedência da ação pode advir um prejuízo real e concreto para o Município do Seixal que se traduz necessariamente no reembolso do tributo repercutido (e por si liquidado) acrescido de juros indemnizatórios ele terá todo o interesse em contradizer. I.2 – Contra-alegações. Foram produzidas contra-alegações no âmbito da instância de recurso com o seguinte quadro conclusivo: A – O presente Recurso carece em absoluto de fundamento legal, já que inexiste o vício assacado à D. Sentença proferida nos autos. B – Os Municípios têm legitimidade para a criação de taxas, desde que subordinadas aos princípios da equivalência jurídica, da justa repartição dos encargos públicos e da publicidade, nos termos do Regime Geral das Taxas das Autarquias Locais (Lei nº 53-E/2006, de 29 de Dezembro, na sua redacção actualizada). C – Na alínea c), do nº 1, do artigo 6º do Regime Geral das Taxas das Autarquias Locais está expressamente prevista a incidência objectiva de taxas sob o aproveitamento do domínio público e privado municipal, quer temporário, quer permanente. D – A legalidade da liquidação de taxas por ocupação do subsolo do domínio público municipal com infraestruturas necessárias à distribuição e comercialização de gás natural foi já sobejamente pleiteada, de que são espelho diversos "Acórdãos de uniformização de jurisprudência" proferidos pelo Pleno da Secção do Contencioso Tributário do Supremo Tribunal Administrativo, que negaram provimento aos recursos interpostos pela V...., S.A., mantendo os arestos recorridos. E – Assume-se inequivocamente na jurisprudência o entendimento de que assiste aos municípios o direito de cobrar taxas por ocupação do subsolo do domínio público municipal com infraestruturas necessárias à distribuição e comercialização de gás natural. F – A relação jurídico-tributária geradora da obrigação de pagamento da TOS tem como sujeito activo o município titular do direito de exigir contrapartida pela utilização do solo e subsolo com tubos e condutas e como sujeito passivo a empresa concessionária de distribuição de gás natural, se o respectivo contrato de concessão ou a lei, expressamente, dela a não isentar. G – A ora Recorrente atacou nos presentes autos o acto de repercussão da taxa em causa, acto que nem foi praticado pelo Impugnado, nem por este pode ser alterado/anulado. H – Considerando que a taxa municipal de ocupação do subsolo é paga ao município pela concessionária do serviço público de distribuição de gás natural, torna-se inequívoco que a previsão do nº 3 do artigo 85º do OE 2017 não é aplicável aos municípios, mas sim às empresas distribuidoras de gás natural. I – A repercussão da TOS no consumidor final, a partir de 2017, deixou de ter enquadramento legal, mas quem a executou foi operador de gás, que sequer foi parte nos presentes autos, não o Município. J – O recorrido nunca poderia anular o acto de repercussão da TOS sub judice, nem proceder à restituição da quantia paga indevidamente, acrescida de juros indemnizatório, por ilegitimidade para tal. K – O regime de concessão do serviço público de distribuição de gás natural é competência do Conselho de Ministros, sendo os respectivos contratos de concessão outorgados pelo membro do Governo responsável pela área da energia, em representação do Estado e a metodologia de "repercussão" aprovada pela Entidade Reguladora dos Serviços Energéticos. L – A " V..., S.A." e demais concessionárias congéneres, ao abrigo da lei e de acordo com a metodologia de "repercussão" aprovada pela ERSE, tem vindo a repercutir para as entidades comercializadoras de gás ou para os consumidores finais os montantes relativos às taxas indevidamente impugnadas, acrescidos da taxa devida no respectivo ano, paga sem qualquer contestação. M – Ainda que se verifiquem efeitos económicos negativos na actividade e sustentabilidade financeira das mais variadas empresas por conta da aludida "repercussão" de custos nos agentes económicos privados, facto é que os municípios são completamente estranhos quer aos actos de liquidação idênticos ao ora impugnado, quer à natureza e forma de repercussão da taxa em apreço. N – Na presente demanda revela-se inconcussa a ilegitimidade do Impugnado Município, pois a liquidação na qual a Recorrente é sujeito passivo, e que reputa lesiva dos seus interesses ou direitos, é executada por outra entidade que não o ente público ora Recorrido. O – A ilegitimidade de uma das partes, o que in casu manifestamente sucede, configura uma excepção dilatória, dando lugar à absolvição da instância. P – A posição adoptada pela ora Recorrente assenta numa interpretação jurídica incongruente, alicerçada numa argumentação desconexa e em jurisprudência desfasada da realidade que subjaz ao caso concreto. Q – De facto, nunca poderia ser nos presentes autos decidida a alegada ilegalidade da repercussão da TOS na factura do consumidor final, na medida em que a construção jurídica imprescindível à solvência das posições antagónicas apresentadas o Município Recorrido jamais poderia ser parte, por manifesta ilegitimidade. R – Destarte, verifica-se a inexistência de qualquer vício e, pelo contrário, total licitude da D. Sentença proferida, objecto do presente recurso, que julgou «totalmente procedente, por provada, a excepção dilatória da ilegitimidade passiva do Município do Seixal, ao abrigo do disposto no art. 577º, al. e) do CPC, aplicável ex vi art. 2º, al. e) do CPPT.» I.3 – Parecer do Ministério Público. Foi emitido Parecer pelo Ministério Público, com o seguinte teor: «1. OBJETO. Sentença do TAF de Almada, que julgou verificada a exceção dilatória de ilegitimidade passiva do Município do Seixal e o absolveu da instância, na impugnação deduzida contra o indeferimento tácito de reclamação graciosa, por sua vez deduzida contra o ato de repercussão legal da TAXA DE OCUPAÇÃO DO SUBSOLO, relativa a JANEIRO de 2019, liquidada pelo referido Município, à distribuidora de gás natural- V..., SA, que a repercutiu ao comercializador, X... SA, que, por sua vez, a repercutiu no consumidor final, a impugnante Z...., SA. 2. FUNDAMENTAÇÃO. A nosso ver, e ressalvado o, sempre, devido respeito por opinião contrária, o recurso merece provimento. Vejamos. Como sustenta Bruno Botelho Antunes (A Relação Jurídica Tributária e a Repercussão Tributária, Coimbra, 2008, página 48) a repercussão "opera junto da obrigação tributária, tendo caráter tributário". Abordando a proximidade entre a repercussão e relação jurídica de imposto continua o citado autor, a páginas 173-174 e 177 "(...) é, contudo, inegável que é uma norma de Direito Fiscal, aplicável à relação entre o sujeito passivo e o Estado, que obriga aquele à repercussão legal. Deste modo, o repercutido aproxima-se, indiscutivelmente, da relação jurídica de imposto. É, pois, no âmbito da relação estabelecida entre o sujeito passivo e o Estado que são impostas regras que-propositadamente-extravasam o âmbito dessa relação. (...) Concluiu-se, oportunamente, que a relação jurídica de repercussão tem natureza tributária, de direito público. Tal constatação passa pela distinção entre a repercussão voluntária e a repercussão obrigatória. Assim, relativamente à primeira, ou seja, quando a transferência da carga tributária resulta de acordo estabelecido entre privados, regerão as regras de direito civil (...). Já no que respeita à repercussão obrigatória legal (...) esta desempenha uma função tributária determinante, não perdendo aquele montante a respectiva natureza de imposto. Nesse sentido, a repercussão tem natureza pública, sendo tutelada pelas regras de Direito Fiscal, e devendo ser integrada no imposto, entendido como instituto jurídico unitário". A repercussão integra a liquidação no caso concreto de uma taxa municipal, como a TOS, cuja relação tributária tem como sujeito ativo o Município. O que sobressai, designadamente, da circunstância de ser o sujeito ativo que define os termos daquela relação, desde logo, concedendo ao sujeito passivo, V...., no contrato de concessão de serviço público de distribuição regional de gás natural, a possibilidade de repercussão da taxa de ocupação do subsolo (TOS), conforme cláusula 7ª/2/3 da Minuta do contrato de concessão da actividade de distribuição de gás natural entre o Estado Português e V..., aprovada pelo RCM 98/2009, DR, I Série, de 23/6/2008. Como resulta do teor da PI o Município do Seixal procedeu à liquidação do tributo em causa à distribuidora de gás natural, que por sua vez o repercutiu à comercializadora, sendo que esta, por sua vez, o repercutiu à impugnante, enquanto consumidora, incluindo-o na fatura FTRN1908/00655. A impugnante pediu a anulação da repercussão da TOS incluída na fatura e o reembolso do tributo acrescido de juros indemnizatórios. Nos termos do estatuído no artigo 26º do CPC o autor é parte legítima quando tem interesse direito em demandar; o réu é parte legítima quando tem interesse direto em contradizer, exprimindo-se o interesse em demandar pela utilidade derivada da procedência da ação e o interesse em contradizer pelo prejuízo que advenha dessa procedência. Por força do nº 3 do referido artigo 26º, na falta de indicação da lei em contrário, são considerados titulares do interesse relevante para efeito da legitimidade os sujeitos da relação controvertida, tal como ela é configurada pelo A. Nos termos do disposto no artigo 9º do CPPT têm legitimidade no procedimento e processo tributário, além da Administração Tributária, os contribuintes, incluindo substitutos e responsáveis, outros obrigados tributários, as partes dos contratos fiscais e quaisquer outras pessoas que provem interesse legalmente protegido.

Quem suporta o encargo do tributo por repercussão legal, embora não seja sujeito passivo da relação tributária, pode deduzir reclamação, recurso, impugnação ou pedido de pronúncia arbitral nos termos das leis tributárias, sendo-lhes aplicáveis as garantias dos contribuintes previstas nos artigos 54º a 60º, na parte não incompatível com a natureza da repercussão (artigos 18º/4 e 54º/2 da LGT. LGT, anotada, páginas 116/117, António Lima Guerreiro. Direito Fiscal, 5ª edição, José Casalta Nabais, páginas 259, 263). Ora, parece certo que a impugnante, enquanto "contribuinte de facto", tem clara legitimidade processual para intentar a presente impugnação judicial, pois que, tendo-lhe sido exigido o pagamento do tributo em causa tem interesse em demandar. O Município demandado enquanto sujeito ativo da relação tributária é o credor da TOS. Assim, enquanto entidade que criou, liquidou e arrecadou o tributo, repercutido à impugnante/recorrente, tem claro interesse em contradizer, pois da procedência da ação resultam evidentes prejuízos consubstanciados na obrigação de restituir o já recebido tributo, acrescido de juros indemnizatórios, sendo caso disso. Saber se a repercussão da TOS, à data do facto tributário, tem ou não apoio legal é matéria que já não contende com a legitimidade das partes, mas sim com o mérito da causa. 3. CONCLUSÃO. Deve dar-se provimento ao recurso e revogar-se a sentença recorrida, baixando os autos à 1ª instância a fim prosseguirem para apreciação do mérito da causa se a tal nada mais obstar.» I.4 – Colhidos os vistos legais, cumpre apreciar e decidir. II – FUNDAMENTAÇÃO. II.1 – De facto. A sentença recorrida julgou provada a seguinte matéria de facto a fls. 465 e seguintes do SITAF: A. Em 12.2.2019, a sociedade X..., S.A. – Sucursal em Portugal emitiu a fatura nº FT RN1908/00655, em nome da Impugnante, da qual consta, entre o mais, o seguinte: «(...) B. Em 11.3.2019, a Impugnante procedeu ao pagamento da fatura identificada no ponto anterior; C. Em 12.3.2019, a Impugnante apresentou, junto do Município do Seixal, reclamação contra «o ato de liquidação da Taxa de Ocupação do Subsolo, relativa ao mês de janeiro de 2019 através da fatura nº FTRN1908/00655» a que se refere o ponto A. supra, peticionando «a declaração de nulidade ou, sem conceder e no limite, a revogação do ato de liquidação da taxa». II.2 – De Direito. I. A decisão ora sob recurso julgou a Entidade Impugnada Município do Seixal – ora Recorrida – como parte ilegítima passiva no processo, o que consubstanciou uma exceção dilatória, de conhecimento oficioso, a qual determinou a absolvição da instância (cf. artigos 278º, nº 1, alínea d), 576º, nº 2 e 577º, alínea e) do CPC, aplicável ex vi artigo 2º, alínea e) do CPPT). Fê-lo, por entender que no caso dos autos, o impugnante, ora Recorrente não invocou a ilegalidade do ato de liquidação da taxa municipal de ocupação do subsolo (TOS) mas invocou, antes, a ilegalidade do acto de repercussão da referida taxa. Neste sentido, considerou que "... entre o sujeito ativo da relação tributária – o Município do Seixal – e a repercutida consumidora final – a Impugnante – inexiste um qualquer vínculo jurídico-tributário.", ou seja entendeu que não existe vinculo jurídico tributário entre o sujeito passivo enquanto consumidor final e a entidade de direito público, sendo esta completamente estranha ao acto de liquidação impugnado porque o acto repercutido é de natureza privada e não de natureza pública. No essencial, conclui o juiz a quo que a relação material controvertida devia ter sido estabelecida entre a recorrente e a sociedade X...., S.A. – Sucursal em Portugal que goza de personalidade jurídica própria, e não com o Município do Seixal, como sustenta a impugnante/recorrente nas suas alegações recursivas. II. Contra o assim decidido, insurge-se a Recorrente, Z...., S.A, no sentido que ora recorrida é parte legítima e como tal, sujeito da mesma relação jurídica de natureza tributária como entidade de direito público, titular activo na medida em que cria, liquida e arrecada a referida taxa, o que legitima o Município do Seixal no presente processo. Assim, e antes de tudo o mais, cumpre apreciar e decidir a questão da exceção da ilegitimidade passiva do ora Recorrido Município do Seixal alegando a Recorrente que o tribunal a quo interpretou e aplicou erradamente o preceituado no artigo 18º, nºs 1 e 4, alínea a), da LGT. III. A questão aqui colocada já foi apreciada por este Supremo Tribunal, em formação alargada – nos termos do artigo 289º, nº 1 do CPPT – pelo acórdão proferido em 14 de Outubro de 2020, no Processo nº 0506/17, e que, ora, tendemos a seguir. E a respeito desta exata questão – e com os mesmos intervenientes processuais – ficou aí decidido que, nas presentes circunstâncias factuais e de Direito, não é parte legítima o Município, como, de seguida, se transcreve: "3.1. Foram interpostos e admitidos nos autos dois recursos, um pelo Ministério Público e outro pela Impugnante. Os recursos têm o mesmo objeto e as questões neles suscitadas são sobreponíveis. Pelo que serão objeto de uma análise conjunta. Os recursos incidem sobre a decisão do Tribunal Administrativo e Fiscal de Almada que julgou procedente a exceção da ilegitimidade passiva do ora Recorrido Município do Seixal e, em consequência, o absolveu da instância. Os Recorrentes não se conformam com o assim decidido, desde logo, por entenderem que o tribunal de primeira instância interpretou e aplicou erradamente o artigo 18º, números 1 e 4, alínea a), da Lei Geral Tributária. E interpretou e aplicou erradamente este dispositivo legal, porque dele deriva que o lançamento da taxa e a sua repercussão dizem respeito a «uma mesma relação jurídico-tributária» (8ª conclusão do recurso do Mº Pº e conclusão "J" do recurso da Impugnante). Ou seja, os Recorrentes entendem que a ali Impugnante é parte legítima porque é sujeito da mesma relação jurídica que existe entre a entidade de direito público titular do direito de exigir o pagamento da TOS (no caso, a Recorrida) e a entidade que se encontra obrigada a pagar-lhe essa prestação (no caso a "C........"). Só que este entendimento tem subjacente o pressuposto de que a legitimidade processual se afere definindo a relação jurídica substantiva aplicável ao caso. Ou seja, que o critério de determinação da legitimidade processual é a relação material tributária. Ora a relação material tributária não releva para a decisão da questão da legitimidade processual. Nem poderia relevar, porque a determinação da existência e do conteúdo da relação material tributária é uma questão que importa (ou pode importar) ao conhecimento do mérito. E não faria sentido que se tivesse que conhecer do mérito para decidir de um pressuposto de que depende o seu conhecimento. A relação material tributária não releva para a decisão da questão da legitimidade processual nem mesmo quando ganha importância para o efeito a figura da relação material controvertida. O conceito de relação material controvertida difere do conceito de relação material tributária por ser um conceito estritamente processual erigido para a resolução de uma questão exclusivamente processual. Que é a de saber quem são os titulares dos interesses que se controvertem no processo. O conceito de relação material controvertida não se sobrepõe ao conceito de relação material tributária porque não tem por base a relação que deriva da aplicação ao caso da lei material tributária, mas a relação que deriva da aplicação ao caso da lei processual tributária. Isto é, do relevo que, para o efeito, a lei processual atribui à matéria factual alegada e ao direito a que o autor se arroga no processo. Ora, se o artigo 18º da Lei Geral Tributária não releva para a determinação da legitimidade processual, nunca poderia o tribunal de primeira instância ter violado este dispositivo ao decidir pela ilegitimidade processual da entidade recorrida, o Município do Seixal. Sempre se dirá, de passagem, que o dispositivo em causa não atesta nada do que os Recorrentes dele pretendem extrair. Em primeiro lugar, porque dele não derivam os elementos essenciais da relação tributária: identificam-se os seus sujeitos, no pressuposto de que esta exista. Em segundo lugar, porque da alínea a) do seu nº 4 não deriva que a repercussão é um «mecanismo da liquidação» (expressão do primeiro Recorrente) ou um «elemento da liquidação» (expressão da segunda Recorrente): deriva apenas que o repercutido não é sujeito passivo da relação tributária mesmo quando esteja em causa a repercussão legal tributária, isto é, a repercussão determinada por lei tributária. Ou seja, se há algum sentido útil, para o caso, a retirar daquele dispositivo legal é o de que o repercutido não é sujeito da mesma relação jurídica que coloca de um lado o sujeito ativo e do outro o sujeito passivo no cumprimento da obrigação tributária. Em terceiro lugar, porque a segunda parte da alínea a) daquele nº 4, serve precisamente para estender o direito de ação a quem não o teria, em princípio, por não ser, em abstrato, titular de nenhum direito ou interesse direto que contenda com a liquidação. Dito de outro modo: a necessidade legal de proteger o seu interesse deriva precisamente do facto de não ser sujeito da relação tributária. A questão de saber se a proteção legal do seu interesse se relaciona (ou pode relacionar) com a admissão de uma relação tributária em sentido amplo transcende completamente o âmbito da norma. Não se pode deduzir que o legislador configura uma relação jurídica ampla que inclua a repercussão quando se limita a dizer que o repercutido não é sujeito da relação jurídica da liquidação. Porque o sentido que, então, se pretende extrair da norma não tem nela o mínimo de correspondência verbal (cfr. artigo 9º, nº 2, do Código Civil). Em quarto e último lugar, a lei protege o seu interesse para impugnar a liquidação e não para impugnar a repercussão. Porque para impugnar a repercussão o repercutido não carece de proteção especial. Porque aí tem um interesse direto. Por isso, a conclusão que a segunda Recorrente pretende extrair desta norma na conclusão "P" do seu recurso não faz qualquer sentido: do direito do repercutido a impugnar a liquidação, protegido pela lei tributária, não deriva que o legislador pretenda que a repercussão integra necessariamente uma relação de direito público. Porque o legislador nem sequer se está ali a referir à repercussão ou a pretender caracterizá-la: está a referir-se à liquidação e ao direito do repercutido de a impugnar. E no caso, não está em causa a liquidação. Está em causa a repercussão. Pelo que não estamos, sequer, no âmbito daquele dispositivo legal. Em conclusão: o artigo 18º não releva nem para a questão da legitimidade processual e nem sequer relevaria para a questão de saber se a repercussão é um mecanismo ou elemento da liquidação, como pretendem os Recorrentes. Pelo que os recursos não podem ser providos por aqui. 3.2. Os Recorrentes também não se conformam com o decidido por entenderem que a decisão recorrida desconsidera o artigo 9º do Código de Procedimento e de Processo Tributário. O primeiro Recorrente, entende que o nº 4 deste dispositivo foi mal interpretado. Porque dele deriva que a legitimidade processual passiva na impugnação judicial é sempre atribuída a uma entidade pública (ver a conclusão "13ª"). A segunda Recorrente entende que este dispositivo foi mal aplicado. Porque dele deriva que têm legitimidade no processo tributário quaisquer pessoas que provem interesse legalmente protegido (ver a conclusão "M"). Nenhum dos Recorrentes tem razão. Vejamos porquê. O argumento do primeiro Recorrente pode ser assim interpretado: se [premissa maior] a legitimidade processual passiva pertence sempre a uma entidade pública e [premissa menor] o Município do Seixal é a única entidade pública que figura na relação em questão é porque [conclusão] o Município do Seixal tem legitimidade. Só que, para aí chegar, o primeiro Recorrente já toma como certo que a relação de repercussão é uma relação tributária (onde chega, de resto, por pressupor que a repercussão é um mecanismo da liquidação) e que, por isso, se deve colocar do outro lado da contenda o sujeito ativo dessa relação. De certa forma, o primeiro Recorrente recupera aqui o mesmo vício de raciocínio que já identificamos no ponto anterior, que é o de definir a relação processual em função de uma certa configuração da relação material subjacente. Por outro lado, está também subjacente ao seu raciocínio que, quando o legislador atribui legitimidade à administração tributária e ao representante da Fazenda Pública, está a fornecer uma regra operativa para a determinação de legitimidade processual no processo tributário. Ora, não é assim que aquele dispositivo deve ser interpretado, a nosso ver. O legislador não forneceu, por ali, nenhum critério de determinação da legitimidade, mas regras complementares. Porque o que o legislador pretendeu com estas referências foi salvaguardar a intervenção daqueles órgãos ou serviços no processo, designadamente, nos casos em que lhes caiba intervir nos termos do artigo 15º do Código. Ou seja, à administração tributária e ao representante da Fazenda Pública é atribuída legitimidade para intervir processualmente no pressuposto de que a legitimidade deve ser atribuída a uma certa entidade pública, de acordo com um critério de atribuição de legitimidade que já subentende. E que não consta daquele segmento da norma. Pelo que o seu recurso também não pode merecer provimento por aqui. Pelo seu lado, a segunda Recorrente vem dizer que tem um interesse legalmente protegido e que a parte final do nº 1 do artigo 9º lhe atribui legitimidade processual. É um facto que a segunda parte da alínea a) do nº 4 do artigo 18º da Lei Geral Tributária atribui ao repercutido o direito de impugnar a liquidação do imposto repercutido e que a parte final do nº 1 do artigo 9º, em conjugação com o seu nº 4, lhe atribui legitimidade processual ativa na impugnação judicial correspondente. Mas o que aqui está em causa não é saber se o repercutido tem legitimidade processual ativa para impugnar a liquidação: é saber se o Município tem legitimidade processual passiva para contestar a ilegalidade da repercussão. Ora, em lado nenhum a Recorrente alega que a lei protege algum interesse do Município em contestar a ilegalidade da repercussão, qualquer que ele possa ser. Pelo que o recurso desta Recorrente também não pode ser provido por aqui. 3.3. Na 14ª conclusão, o primeiro Recorrente refere que a decisão recorrida ofende, em última instância o direito fundamental (do Impugnante) de acesso ao direito e aos tribunais para defesa dos seus direitos e interesses legalmente protegidos, consagrado no artigo 20º da Constituição da República Portuguesa. Na conclusão "DD", a segunda Recorrente refere que, a ser procedente a tese defendida na sentença, as garantias dos repercutidos estariam irremediavelmente comprometidas, visto que não poderiam discutir, em sede judicial, «elementos de uma taxa». Está subjacente a estas conclusões que a solução a que chegou a sentença recorrida viola o direito fundamental à tutela judicial efetiva. É chegado o momento para dizer claramente que a segunda Recorrente, ao contrário do que veio alegando repetidamente, não pretendeu impugnar «elementos de uma taxa». Porque se tivesse realmente pretendido impugnar «elementos de uma taxa», teria impugnado a taxa. E não (apenas) a sua repercussão. Porque os vícios que afetam a legalidade dos «elementos de uma taxa» põem em causa a sua validade intrínseca e, por conseguinte, a subsistência da própria tributação. Pelo que, ao reconduzir o âmbito da impugnação ao ato de repercussão em si mesmo, esta Recorrente está a fazer precisamente o oposto do que diz fazer: está a distinguir a repercussão da liquidação, a tomá-la como um ato distinto deste. Na verdade, o que a Recorrente pretende realmente é obter os mesmos efeitos da anulação da taxa sem discutir a legalidade da taxa, isto é, sem imputar ao Município qualquer atuação ilegal ao efetuar essa liquidação. E sem sequer pedir a sua anulação. E ao fazê-lo está a transcender largamente a finalidade prosseguida pelo legislador ao proteger o interesse do repercutido, que era a de salvaguardar o seu direito de discutir a legalidade intrínseca da taxa repercutida. Por outro lado, da decisão de julgar o Município parte ilegítima na relação de repercussão não deriva nenhuma ofensa do direito à tutela judicial efetiva. O repercutido continua a poder demandar o sujeito ativo da repercussão para discutir a legalidade da repercussão; e a demandar o sujeito ativo da liquidação para discutir a legalidade da liquidação. Isto é, a tutela do seu direito de impugnar qualquer um destes atos está assegurada efetivamente. O que da sentença deriva é que o repercutido não pode demandar o sujeito ativo da liquidação para discutir a legalidade da repercussão e obter deste a restituição do valor repercutido mesmo quando nenhuma ilegalidade dessa repercussão lhe seja imputada. E daí não se vê que fique em causa o direito à tutela judicial efetiva. Porque não atribui ao demandante o direito de demandar quem bem entenda; atribui-lhe apenas o direito de demandar a entidade que deve ser demandada de acordo com os elementos de conexão que a lei estabelece para que esse direito possa ser exercido. Pelo que os recursos também não podem merecer provimento nesta parte. 3.4. Nas conclusões 21ª e 23ª, o primeiro Recorrente invoca o artigo 4º, nº 1, alínea a) do Estatuto dos Tribunais Administrativos e Fiscais e conclui que o entendimento firmado na sentença recorrida desacorda do que nele vem estabelecido. Na conclusão "Y", a segunda Recorrente invoca o mesmo normativo. Não é clara a razão porque os Recorrentes entendem que a decisão recorrida desatende esta norma. Sabe-se apenas que associam esta norma à conclusão de que a repercussão é matéria tributária e está sujeita à jurisdição dos tribunais tributários (ver também a conclusão "X" da segunda Recorrente). Parece, em todo o caso, que os Recorrentes não se conformam é com a identificação na decisão recorrida de duas relações distintas (a relação de tributação e a relação de repercussão) e com a atribuição a esta última de «natureza civilística», regulada pelo direito privado. É possível até que pretendessem invocar uma contradição intrínseca entre a assunção da competência para conhecer do litígio e a conclusão de que a relação de repercussão é uma relação privada. Deve adiantar-se desde já que o tribunal de recurso não acompanha este segmento da sentença recorrida, mas por uma razão bem distinta da dos Recorrentes: é que esta questão não releva para a questão da legitimidade processual. Relevará quando muito, para uma decisão de mérito. Isto é, o tribunal de recurso entende que a determinação da natureza da relação jurídica que se controverte não interessa à decisão da legitimidade processual porque não releva como critério de determinação desta. Mas daí não deriva que a decisão recorrida deva ser revogada. Só assim será se o sentido dessa decisão não estiver de acordo com o critério de determinação da legitimidade efetivamente aplicável. Do que se conhecerá no ponto seguinte. 3.5. Na 2ª conclusão do seu recurso, o Recorrente Mº Pº invoca a noção processual-civilística da legitimidade constante do artigo 30º, do Código de Processo Civil, pretendendo a sua transposição para o caso a coberto da alínea e) do artigo 2º do Código de Procedimento e de Processo Tributário. E na conclusão 23º, aponta a violação do nº 3 deste dispositivo legal. Nas conclusões "YY" a "ZZ", o segundo Recorrente afirma que é a ele que incumbe definir a relação jurídica processual e que dela deriva que da procedência da ação pode advir um prejuízo real e concreto para o Município do Seixal, caso se veja compelido a reembolsar o valor do tributo repercutido. E remata dizendo que «ele terá todo o interesse em contradizer». Os Recorrentes apelam, assim, aos dois critérios de determinação da legitimidade processual que derivam da lei processual civil: o critério da relação jurídica controvertida tal como é apresentada pelo autor e o critério do interesse processual (caracterizado como um interesse em demandar por parte do autor e um interesse em contradizer por parte do réu). Vejamos então. Para a determinação da legitimidade no processo judicial tributário releva, em primeiro lugar, a lei processual tributária. Subsidiariamente – e de acordo com o artigo 2º do Código de Procedimento e de Processo Tributário – relevam as normas de natureza processual dos códigos e das leis tributárias, as normas do Código de Processo nos Tribunais Administrativos e as normas do Código de Processo Civil. Por esta ordem. Assim, a primeira disposição a considerar para o caso é o artigo 9º, nº 4, do Código de Procedimento e de Processo Tributário. Segundo o qual têm legitimidade no processo judicial tributário os sujeitos do procedimento tributário. Ou seja, de acordo com esta regra, tem legitimidade passiva no processo judicial tributário o sujeito ativo do procedimento tributário. O legislador mobilizou para a determinação da legitimidade processual a figura jurídica do procedimento tributário, utilizando-a como critério fundamental na aferição deste pressuposto processual. O que sucede porque o procedimento tributário é considerado pelo legislador a forma típica de atuação administrativa nas relações jurídico-tributárias, o modo típico de criar, modificar ou extinguir estas relações. É claro que não é sempre assim. Nem sempre as decisões do sujeito público das relações administrativas em matéria tributária estão integradas num procedimento, sendo até muito frequentes os casos em que a composição dessas relações é determinada por um único ato, seja ele um ato tributário ou um ato administrativo em matéria tributária. Nestes casos, a figura jurídica do procedimento tributário já não serve para a determinação da legitimidade processual. E os critérios suplementares fornecidos pelo artigo 9º do Código de Procedimento e de Processo Tributário (parte nos contratos fiscais; titulares de interesse legalmente protegido) também não se lhe adequam. E quando aquele normativo não fornece nenhum critério suplementar que possa ser mobilizado há que recorrer ao direito subsidiário. E como esse critério também não é fornecido por outras leis tributárias (e já vimos que não é fornecido pelo artigo 18º da Lei Geral Tributária) devem ser convocadas para o efeito as regras do Código de Processo nos Tribunais Administrativos, de acordo com a alínea c) do artigo 2º do Código de Procedimento e de Processo Tributário. Ora, o Código de Processo nos Tribunais Administrativos regula separadamente as questões da legitimidade processual ativa e passiva. O que sucede porque se colocam questões diversas do lado ativo e do lado passivo da relação processual administrativa, que justificam o seu tratamento autonomizado e soluções assimétricas. Estabelecem-se neste Código, para a determinação da legitimidade processual passiva, diversos critérios especiais (a maior parte dos quais não são adaptáveis ao processo tributário) e dois critérios residuais. Dos critérios especiais destacamos, com interesse para o caso, o que deriva do nº 2 do seu artigo 10º: tem legitimidade passiva, nos processos instaurados contra entidades públicas, a pessoa coletiva de direito público a cujos órgãos ou serviços sejam imputáveis os atos impugnados ou sobre cujos órgãos recaia o dever de praticar as ações omitidas. Salvo nas ações contra o Estado ou as Regiões Autónomas. Aqui, a legitimidade processual passiva é atribuída ao próprio serviço do Estado a que seja imputável o ato (sendo que a «administração tributária» é considerada um serviço do Estado para este efeito, por força da regra especial inserida no nº 1 do artigo 9º do Código de Procedimento e de Processo Tributário). Ou seja, de acordo com este critério, tem legitimidade passiva no processo judicial tributário, basicamente, a entidade ou o serviço a quem seja imputável o ato impugnado (conforme o caso), ou a quem seja imputável o dever de o praticar (no caso da omissão de ato devido). Merece destaque a expressão «...a cujos órgãos sejam imputáveis os atos praticados» (e não «...imputados»): nos processos de impugnação de atos, o sujeito ativo da relação processual não demanda quem quer; demanda quem deve demandar. O que se justifica, fundamentalmente, por uma razão histórica: os processos de anulação de atos administrativos nasceram como processos sem partes ou «processos feitos a um ato». Pelo que quem impugna o ato não configura a relação jurídica nem demanda a entidade que coloca do outro lado dessa relação: identifica o ato e a autoridade que o praticou. Dos critérios residuais só releva em direito tributário, praticamente, o primeiro que vem anunciado no nº 1 do artigo 10º: o critério da «relação material controvertida». O que sucede porque a entidade demandada não é, em princípio, titular de nenhum «interesse contraposto ao do autor». Aliás, a administração tributária não realiza, na determinação da prestação tributária, nenhum interesse subjetivo que não seja o de aplicação estrita da lei. Todavia, aquele critério só tem aplicação nos litígios cuja estrutura se aproxima do modelo do processo civil [neste sentido, ver MÁRIO AROSO DE ALMEIDA, in «Manual de Processo Administrativo», 3ª edição, Almedina 2017, pág. 247], como as ações de condenação ou de simples apreciação. É, por isso, um critério cuja aplicação é muito rara no processo judicial tributário. De todo o exposto deriva que o artigo 30º, do Código de Processo Civil não é aplicável ao caso. E que os critérios de determinação da legitimidade processual nele contidos não são adaptáveis aos processos de impugnação que se reconduzam a um pedido de anulação ou de declaração de nulidade de um ato. Seja porque têm natureza residual e há critérios que se aplicam ao caso especialmente. Seja porque os processos impugnatórios não têm, tipicamente, por objeto mediato uma relação material que se controverta no processo, mas legalidade do próprio ato. Decorrendo a legitimidade da entidade demandada da identificação do autor desse ato. Pelo que as referências à doutrina civilística que se colhem das doutas alegações de recurso, com destaque para a querela doutrinária sobre o critério da determinação da legitimidade e os seus ilustres protagonistas, bem como à solução introduzida pela reforma do código de processo civil de 1995/96, não vêm ao caso. Mas, sobretudo, não vem ao caso a ideia de que são partes legítimas os sujeitos da pretensa relação material controvertida. Em particular porque, nos processos impugnatórios, o juiz não é confrontado com a pretensão à existência de uma certa relação material, mas com a existência de um ato que se identifica e com a pretensão à declaração da sua invalidade. No processo de impugnação judicial tributário, a legitimidade processual passiva é, normalmente, atribuída ao sujeito ativo do procedimento tributário de onde emana a decisão impugnada ou à entidade ou o serviço a quem seja imputável o ato impugnado, conforme o caso. Apliquemos estes conceitos ao caso. 3.6. Embora faça alusão a uma reclamação necessária apresentada no dia 15 de março de 2017 junto do Município do Seixal e invoque a impugnação judicial do indeferimento tácito dessa reclamação no artigo 15º da douta petição inicial, a verdade é que nos presentes autos não é impugnada a decisão de nenhum procedimento. Desde logo, porque – como deriva do documento 4 junto com aquele douto articulado (e para que remete o seu artigo 12º) e o processo administrativo em apenso ao processo físico confirma – o procedimento de reclamação necessária tinha como objeto o ato de liquidação da taxa municipal de ocupação do subsolo ("TOS") relativa ao mês de janeiro de 2017, no montante de €40.057,46. Enquanto a presente impugnação tem por objeto o ato de cobrança do valor correspondente, que foi incluído da fatura nº 89 1791/00000829, emitida pela entidade que se identifica como "Gás Natural A...". Na reclamação, invocava-se a invalidade da liquidação da taxa, por ser nula a deliberação autárquica que determinou o seu lançamento (artigo 7º da reclamação) e por ser inválida a atualização dos valores respetivos, visto não ter sido acompanhada da fundamentação económico-financeira (seu artigo 9º). A referência, no ser artigo 6º à ilegalidade da cobrança, tinha em vista, desde logo, a sua cobrança à "C...", por ser inválida a própria taxa cobrada. Na impugnação, invoca-se a invalidade da repercussão do valor dessa taxa (artigos 6º, 8º da p.i.), porque a sua repercussão aos consumidores do gás natural é, ela própria, ilegal, por violação do artigo 85º, nº 3, do Orçamento de Estado para 2017. Na reclamação, pedia-se «a declaração de nulidade ou, sem conceder e no limite, a revogação do ato de liquidação da taxa de ocupação do subsolo». Na impugnação, pede-se que se «anule a repercussão da TOS» e, subsidiariamente, que se reconheça «a inconstitucionalidade da repercussão da TOS». Na reclamação apontava-se diretamente a um ato de liquidação; na impugnação aponta-se exclusivamente a um ato de repercussão. Pelo que não se pode dizer que o Impugnante se insurja contra alguma decisão (tácita) da reclamação. Não se vê como se possa dizer que a entidade administrativa indeferiu (ainda que tacitamente) uma pretensão sobre a qual nunca se poderia ter pronunciado. Ora, se não pode dizer-se que a impugnação judicial tenha por objeto a decisão (tácita) do procedimento de reclamação, também não pode convocar-se o critério inserido no artigo 9º, nº 4, do Código de Procedimento e de Processo Tributário para a determinação da legitimidade da entidade impugnada. Porque este critério toma como pressuposto que o processo judicial tributário tenha por objeto alguma decisão desse procedimento. Mal se compreenderia, de resto, que tivesse legitimidade para contradizer uma pretensão impugnatória a entidade administrativa que nunca sobre ela se pronunciou e nunca sobre ela se poderia ter pronunciado, apenas porque existiu a montante um procedimento administrativo. De qualquer modo, será de entender que, no caso do indeferimento tácito, o objeto mediato da impugnação judicial nem será a decisão tácita de indeferimento – que não passa de uma ficção jurídica destinada a viabilizar o acesso à impugnação – mas o próprio ato identificado na impugnação (parece ir neste sentido Jorge Lopes de Sousa, in «Código de Procedimento e de Processo Tributário Anotado e Comentado», Volume II, Áreas Editora, 6ª edição 2011, pág. 197). E, assim sendo, também por aqui não pode recorrer-se ao critério de atribuição de legitimidade processual passiva que deriva do nº 4 do artigo 9º citado. Estamos, por isso, reconduzidos ao critério subsidiário de atribuição de legitimidade processual passiva que deriva do artigo 10º, nº 2, do Código de Processo nos Tribunais Administrativos. Ou seja, nos processos intentados contra entidades públicas, deve ser demandada a entidade (ou o serviço, nos processos contra o Estado) a quem (ou a que) seja imputável a prática do ato impugnado. Sucede que deriva da própria alegação da Impugnante que não foi o Município que praticou o ato impugnado. Porque não foi o Município que inseriu na fatura o valor da TOS e fez, assim, repercutir esse valor contra ela. Foi, como deriva dos artigos 4º e 121º da própria p.i., a entidade que se identifica como "Gás Natural A...." (e que, de acordo com o doc. 2 junto com a p.i., será a «U...., S.A.»). E a quem, de resto, pagou o valor correspondente. Pelo que a alegação da Recorrente só pode ser interpretada no seguinte sentido: a repercussão, embora não tendo sido praticada pelo Município, é-lhe imputável. A Recorrente entenderá que a repercussão é imputável ao Município porque decorre necessariamente da tributação. Em termos que possa ser considerada um elemento desta. Embora aquela tivesse sido praticada pela comercializadora do gás natural, ela não teria como deixar de o fazer. É verdade que a repercussão de um tributo só existe porque existe um tributo a repercutir. Mas isso não basta para concluir que a repercussão é um reflexo necessário da tributação. É também necessário que se possa concluir que a tributação só existe porque há repercussão. Ou seja, que o tributo foi instituído de forma a que o encargo fosse suportado pelo repercutido. E não é isso que decorre, não só dos elementos dos autos, como até da alegação da Recorrente. Desde logo, porque a repercussão é, na sua própria alegação, facultativa (artigos 25º e 26º da douta p.i.). E se a repercussão é facultativa, não decorre de nenhuma obrigação tributária. Decorre do exercício de um direito ou faculdade de quem repercute. Exercício esse que só pode ser imputado ao titular do direito respetivo. No caso, a entidade comercializadora do gás natural. Depois, porque a repercussão é associada a minutas contratuais aprovadas em Conselho de Ministros e a regulamentos e manuais de procedimentos da Entidade Reguladora dos Serviços Energéticos. Mas não é relacionada com nenhum regulamento municipal (ou qualquer outra forma de atuação da administração autárquica). E muito menos com o que aprovou a taxa municipal de ocupação do subsolo. A Recorrente nem sequer alega que a taxa tivesse sido estruturada de modo a imputar o respetivo encargo económico ao consumidor final do serviço de gás natural. Ou que tivesse sido essa a finalidade que presidiu à sua criação, revelada, designadamente, pela respetiva fundamentação económico-financeira. Do exposto deriva que não existem elementos que permitam, sequer, relacionar o Município com o ato de repercussão. Não há, assim, como concluir que a repercussão é imputável ao Município. Pelo que a decisão recorrida deve ser confirmada, ainda que com a precedente fundamentação. E os recursos não merecem provimento." IV. Por apelo a esta uniformização, vem a jurisprudência deste Supremo Tribunal reiterando uma mesma posição, como se pode constatar, entre outras, nas decisões vertidas nos processos nºs 300/19 (de 28 de outubro de

2020), 78/18 (de 2 de dezembro de 2020), 887/17 (de 2 de dezembro), 0926/18 (de 17 de fevereiro de 2021), 567/18 (de 17 de fevereiro de 2021), 768/17 (de 17 de fevereiro de 2021). V. Assim, e quer em obediência ao disposto no nº 3 do artigo 8º do Código Civil, quer porque a convocação do julgamento ampliado daquele primeiro recurso 508/17 (de 14 de outubro de 2020), por iniciativa da Senhora Presidente do Supremo Tribunal Administrativo, visou precisamente assegurar a uniformidade da jurisprudência, adotamos também aqui aquela fundamentação e, decidindo em sintonia, confirmamos a sentença recorrida e julgamos procedente a exceção dilatória da ilegitimidade passiva, que é de conhecimento oficioso, impede o conhecimento de mérito e determina a absolvição da instância da Recorrente – artigos 278º, nº 1 alínea d), 576º números 1 e 2, 577º, alínea e), e 578º do CPC, aplicável ex vi alínea e) do artigo 2º do CPPT. Pelo que se nega provimento ao recurso. III. CONCLUSÕES. I – A competência do tribunal afere-se de harmonia com a relação jurídica controvertida tal como a configura o demandante, e fixa-se no momento em que a ação é proposta, dado se mostrarem irrelevantes, salvo nos casos especialmente previstos na lei, as modificações de facto que ocorram posteriormente, bem como as modificações de direito operadas, exceto se for suprimido o órgão a que a causa estava afeta ou lhe for atribuída competência de que inicialmente carecesse para o conhecimento da causa – artigos 38º da Lei nº 62/2013, de 26 de agosto – Lei da Organização do Sistema Judiciário (LOSJ) – e 5º, nº 1, do Estatuto dos Tribunais Administrativos e Fiscais (ETAF). II – Na impugnação judicial do ato de repercussão de um tributo intentada contra entidade pública, a legitimidade processual passiva é atribuída a quem seja imputável o ato impugnado. III – Não é imputável à entidade municipal nem aos seus órgãos ou serviços o ato impugnado de repercussão do valor de um tributo municipal que não foi por eles praticado nem de alguma forma determinado. IV. DECISÃO. Em conformidade com o exposto, acordam, em conferência, os Juízes da Secção do Contencioso Tributário deste Supremo Tribunal Administrativo, em negar provimento ao recurso. Custas pela Recorrente. Lisboa, 7 de Abril de 2021. – Gustavo André Simões Lopes Courinha (relator) – Anabela Ferreira Alves e Russo – José Gomes Correia.

6. Acórdão do Supremo Tribunal Administrativo (Processo nº 1222/13.0BEPRT), de 28-10-2020. 1. RELATÓRIO. 1.1 A sociedade cima identificada recorre para este Supremo Tribunal Administrativo da sentença do Tribunal Administrativo e Fiscal do Porto, que julgou improcedente a impugnação judicial por ela deduzida, ao abrigo do disposto no artigo 16º, números 4 e 5, do Regime Geral das Taxas das Autarquias Locais (RGTAL) e artigo 97º, nº 1, alínea c), do Código de Procedimento e Processo Tributário (CPPT), na sequência da formação do indeferimento táctico da reclamação, contra as liquidações efectuadas pelo Município ora Recorrido de taxas pela

instalação e funcionamento de postos de abastecimento de combustível, referentes a 2012. 1.2 O recurso foi admitido, para subir imediatamente, nos próprios autos e com efeito meramente devolutivo e a Recorrente apresentou as alegações, com conclusões do seguinte teor: «A. O presente recurso vem interposto da sentença proferida pelo Tribunal Administrativo e Fiscal do Porto, que julgou improcedente a impugnação apresentada contra o indeferimento da reclamação graciosa apresentada contra as liquidações da taxa devida pela instalação e funcionamento de postos de abastecimento de combustível, referentes a 2012, no montante global de €10.000,00. B. A Recorrente considera que a sentença recorrida padece de erro de julgamento, derivado do incorrecto enquadramento jurídico resultante da valoração que dos factos provados foi efectuada e, bem assim, da decisão perfilhada pelo Tribunal a quo. C. Os órgãos do Município de Vila Nova de Gaia não têm na presente data – e ao contrário do decidido – competência para o licenciamento e fiscalização dos postos de abastecimento em causa, por falta de atribuições, ao que acresce que a Recorrente não requereu qualquer renovação ou alteração à autorização de exploração dos postos de abastecimento em causa. D. Na verdade, estes postos já se encontram licenciados e plenamente instalados pela DRE Norte, pelo menos, até Outubro de 2019, pelo que, ainda que pudesse afirmar-se, com base na alteração da lei, que o Município teria qualquer competência nesta área, ela sempre valeria apenas para futuro – ou seja, para novos licenciamentos. E. O artigo 133º, nº 2, al. b) do CPA sanciona os actos administrativos feridos de incompetência por falta de atribuições com a nulidade, padecendo, desta feita, os actos de liquidação em crise deste vício e devendo a sentença recorrida ser revogada e substituída por outra que reconheça a aludida nulidade. F. Adicionalmente, a taxa em crise é um tributo que não visa compensar o Município de Vila Nova de Gaia pela realização de uma qualquer prestação pública, nem assenta em qualquer dos pressupostos previstos no artigo 3º do RGTAL e no artigo 4º da LGT. G. O tributo em causa não assenta na remoção de um obstáculo jurídico à instalação e exploração dos postos de abastecimento, uma vez que, como sobejamente demonstrado e não contestado, os mesmos já se encontram instalados e a sua actividade devidamente licenciada, pelo menos, até 2019. H. O tributo em causa não assenta na utilização de qualquer bem do domínio público municipal, pois, como aludido supra, os postos de abastecimento estão totalmente implantados em propriedade privada. I. E, por fim, ao contrário do que parece estar implícito na sentença recorrida, o tributo em causa não assenta em qualquer prestação concreta de um serviço público local, uma vez que o Município de Vila Nova de Gaia não só não tem, actualmente, competência para a fiscalização da actividade – mormente no que respeita ao seu impacto ambiental – dos postos de abastecimento em causa, como nunca demonstrou ou procurou demonstrar que tenha efectuado quaisquer prestações à Recorrente neste domínio – prova que, naturalmente, lhe cabia fazer. J. Exigir que fosse a ora Recorrente a demonstrar a realização das concretas prestações públicas que fundamentam o direito do Município a liquidar o tributo em crise, constituiria uma inadmissível inversão do ónus da prova legalmente previsto. K. Na sentença recorrida não se deu, aliás, como provada qualquer prestação do Município de Vila Nova de Gaia, no que respeita às mencionadas vigilância e prevenção dos riscos alegadamente causados pela actividade dos postos de combustível em causa, pelo que cabia ao Tribunal a quo retirar daí as devidas consequências de Direito... O que, erroneamente, não fez. L. Ao contrário, conforme se demonstrou ao longo do presente processo, os postos de abastecimento relevantes são objecto de inspecções periódicas, vistorias e de acções de fiscalização regulares por parte da entidade competente para o efeito – que não é, pois, o Município – e caso as condições de instalação e de exploração gerassem impacto ambiental negativo, a exploração dos mesmos deveria cessar de imediato nos termos da Lei. M. Não sendo o tributo previsto nos artigos 100º do Regulamento e 29º da respectiva Tabela anexa justificado por qualquer contrapartida específica, carecendo de carácter bilateral, este assume a natureza de verdadeiro imposto conforme entendimento já adoptado pelo Tribunal Constitucional, em termos similares, para uma norma regulamentar do Município de Sintra, no acórdão nº 24/2009, da 3ª Secção, de 14 de janeiro de 2009, proferido no âmbito do processo nº 990/079. N. É por tudo quanto se evidenciou no caso dos Autos – e não por considerar, como poderia resultar implícito da sentença recorrida, que a taxa cobrada pelo Município de Gaia deve abstractamente ser classificada como um imposto – que, configurando-se as taxas concretamente liquidadas à Recorrente e aqui em crise como verdadeiros impostos, já que não assentam em qualquer dos pressupostos legalmente previstos no RTGAL para o efeito, é manifesto que o respectivo regulamento viola frontalmente a alínea i) do nº 1 do artigo 165º da CRP, já que aos municípios não é lícito criar este tipo de tributos. O. O indeferimento da reclamação apresentada e, bem assim, as liquidações da taxa que a motivaram devem ser anulados por violação de lei ordinária e constitucional. P. As normas contidas no artigo 100º do Regulamento e no artigo 29º da respectiva Tabela anexa são orgânica e materialmente inconstitucionais, por violação dos artigos 103º, nº 2 e 165º, nº 1, alínea i) da CRP. Termos em que deve a sentença recorrida ser revogada, com as demais consequências legais, designadamente a sua substituição por decisão dê por verificados os vícios de ilegitimidade da ora Recorrente e de violação de Lei ordinária e/ou constitucional alegados». 1.3 O Recorrido apresentou contra-alegações, pugnando pela manutenção da sentença, com conclusões do seguinte teor: «1 – A douta sentença recorrida que julgou improcedente a impugnação considerando que a liquidação e a decisão de indeferimento da

Reclamação não enfermam de quaisquer vícios, designadamente que o Município é competente para proceder à liquidação da taxa de impacto ambiental negativo e que o tributo exigido consubstancia uma taxa e não um imposto, não viola quaisquer normativos legais nem padece de inconstitucionalidade face à matéria de facto assente, pelo que deve ser mantida. 2 – A recorrente parte do pressuposto errado de que o objecto da taxa em apreço respeita ao licenciamento da actividade para concluir pela incompetência do Município para liquidar a taxa. 3 – Contudo a taxa liquidada e em apreciação, como é bem explícito da notificação da sua liquidação, não tem a ver com o licenciamento da actividade nem com o cumprimento dos requisitos legais a que a mesma está sujeita, mas incide sobre os impactos negativos que o funcionamento da actividade, em cumprimento de todos os requisitos legais, inevitavelmente causa no ambiente, resultando, por isso do facto da actividade dos postos de abastecimento de combustíveis integrar uma actividade geradora de impacto ambiental negativo, com os fundamentos constantes da Nota justificativa daquele Regulamento. 4 – Incumbe aos municípios, ao lado do Estado e a nível local, a realização da política de ambiente, o artigo 254º nº 2 da Constituição da República Portuguesa consagra que os Municípios dispõem de receitas tributárias próprias nos termos da lei, o artigo 15º da Lei nº 73/2013, de 3 de setembro, estipula que os municípios dispõem de poderes tributários, nos termos a definir em diploma próprio, que actualmente é a Lei nº 53-E/2006, de 29 de dezembro, e o nº 2 do artigo 6º do RGTAL determina que as taxas municipais podem também incidir sobre a realização de actividades dos particulares geradoras de impacto ambiental negativo. 5 – A taxa em apreço encontra-se prevista no artigo 100º do Regulamento Municipal de Taxas e Compensações Urbanísticas, é uma taxa municipal anual e é devida pelo facto da actividade exercida ser geradora de impacto ambiental negativo, por se encontrar junto ao eixo rodoviário, pelo que, de acordo com o mencionado Regulamento Municipal e com o disposto nos artigos 6º, 7º e 8º da Lei nº 53-E/2006, de 29 de dezembro bem como no artigo 15º da Lei das Finanças Locais e nos artigos 238º nº 4 e 241º da Constituição da Republica Portuguesa o sujeito activo da presente relação jurídico-tributária geradora da obrigação de pagamento da taxa em questão é a autarquia local. 6 – Como resulta aliás da nossa jurisprudência, designadamente do Acórdão nº 316/2014 do Tribunal Constitucional e no Acórdão do STA de 15/11/2017, proferido no processo nº 0173/15 que refere: Na verdade, os postos de abastecimento de combustíveis, em si mesmos enquanto depósitos, e o seu funcionamento, representam uma fonte de poluição, em especial para os componentes ambientais ar, água, soio e subsolo nas suas imediações (...). 7 – E "(...) a licença de exploração de postos de combustíveis, enquanto ato administrativo de execução continuada (ou de eficácia duradoura), também não esgota os seus efeitos num só momento, através de um ato ou facto isolado. Bem peio contrário, constitui uma relação jurídica duradoura no quadro da qual o licenciado adquire o direito de exercer uma actividade que, mesmo cumprindo os deveres específicos impostos peia legislação e regulamentação técnica aplicável, interfere permanentemente com a conformação de bens públicos, como o ambiente (ar, águas e solos), o urbanismo, o ordenamento do território, a gestão do tráfego. (...)" 8 – Bem como "a actividade de abastecimento de combustíveis, independentemente de estar instalada em propriedade particular, peia natureza do efeito útil pretendido, contende necessariamente com o espaço público, cuja gestão e disciplina compete à entidade municipal tutelar." (Acórdão do Tribunal Central Administrativo Sul, proferido no Processo nº 5256/11 de 10/07/2012). 9 – Sobre a natureza do tributo refira-se que como consta da Nota Justificativa da proposta de alteração do Regulamento de Taxas e Compensações Urbanísticas submetida a Apreciação Pública, a previsão da taxa em questão surge na sequência do disposto no nº 2 do artigo 6º do RGTAL que dispõe que as taxas municipais podem incidir sobre a realização de actividades dos particulares geradoras de impacto ambiental negativo. 10 – Aliado à circunstância de existirem certos domínios das actividades económicas que foram identificados e considerados no Regulamento, e com os fundamentos constantes da nota justificativa, como o maior exemplo de actividades geradoras de impacto ambiental negativo, onde consta a existência de postos de abastecimento de combustíveis junto aos eixos rodoviários e vias estruturantes mas também a instalação de infra-estruturas de radiocomunicações, a ocupação do solo com parques de estacionamento a descoberto e os stands de exposição para venda de veículos automóveis ou outros objectos ao ar livre. 11 – E, na verdade, é do senso comum que estas actividades elencadas, e concretamente a instalação de postos de abastecimento, pela agressão que constituem à paisagem urbana ou rural, pela pressão que exercem não só nas rodovias como no tecido urbano envolvente e até pelo desequilíbrio urbano e paisagístico que provocam, são actividades que causam impacto ambiental negativo, isto é, produzem alterações desfavoráveis em termos ambientais numa determinada área, in casu na área do Município de Gaia. 12 – O funcionamento dos postos de abastecimento de combustíveis que, normalmente, acontece junto de elementos vulneráveis como zonas residenciais, vias de comunicação, locais frequentados pelo público, constitui, por isso, uma actividade prejudicial ao ambiente urbano, degradando o ordenamento do território e o urbanismo e a paisagem urbana bem como a qualidade de vida dos cidadãos e colocando problemas a nível de gestão de tráfego, bens ambientais que incumbe ao Município preservar e manter dentro de determinados parâmetros. 13 – O concelho de Gaia, por ser um concelho com uma grande extensão, constituído por vários eixos rodoviários principais e estruturantes e desde sempre ser um concelho de travessia para o Porto e Norte do País, tem instalados muitos postos de abastecimento, o que, em termos urbanísticos e de gestão de tráfego, causa um forte impacto negativo pelas condicionantes urbanísticas e de aproveitamento de solos que a sua instalação determina no espaço público municipal. 14 – Acresce que o funcionamento dos postos de abastecimento provoca ainda impactos negativos ambientais presentes e futuros principalmente ao nível da poluição atmosférica com a emissão de gases e libertação de vapores e outros poluentes mas também com a emissão de ruídos (face à afluência de veículos e também pelo movimento de descargas dos veículos cisterna de combustível) que incumbe à autarquia inspeccionar, fiscalizar e prevenir, sendo nesses posto de abastecimento armazenada e manipulada uma substância perigosa que, por ser altamente inflamável, apresenta problemas de prevenção de segurança civil. 15 – É, assim, evidente o impacto de um posto de abastecimento nos bens ambientais que compete ao município preservar, decorrente não só das suas atribuições e competências gerais como da Lei de Bases do Ambiente. 16 – Como melhor consta do Acórdão do Tribunal Central Administrativo Sul, proferido no Processo nº 5256/11 de 10/07/2012, a actividade de abastecimento de combustíveis, independentemente de estar instalada em propriedade particular, pela natureza do efeito útil pretendido, contende necessariamente com o espaço público, cuja gestão e disciplina compete à entidade municipal tutelar. 17 – Assim, de acordo com esta jurisprudência mais recente a taxa em causa assenta na remoção de um obstáculo jurídico, e encontra-se legitimada pela "tutela de reais interesses públicos, cuja preservação é condição indispensável da "qualidade ambientai das povoações e da vida urbana" nos termos constitucionalmente exigidos". 18 – O funcionamento desta actividade representa um risco para os bens jurídicos ambientais que, em prejuízo da qualidade ambiental da vida urbana e segurança no concelho, o Município tem de suportar passivamente, acrescido do facto de que, com fundamento no princípio da responsabilização, o beneficiário da actividade, e que com ela tem lucro económico, tem o dever de contribuir, através da taxa em apreço, para ressarcir a comunidade dos danos ambientais reais ou potenciais, aos bens afectados. 19 – A utilidade económica que a recorrente/Impugnante retira da sua actividade é sustentada por correspondente dispêndio de recursos naturais, que exige e requer a execução de serviços pelo Município com vista à redução dos factores de risco ambiental. 20 – Verifica-se, por isso, a existência de fundamento legal para a aplicação da taxa constante do 100º do Regulamento Municipal de Taxas e Compensações Urbanísticas, que se reveste de uma taxa de desincentivo, pretendendo-se com o valor fixado penalizar este tipo de ocupação dado o seu nível de prejudicialidade. 21 – Também o Acórdão do Tribunal Central Administrativo Sul de 05.02.2013, proferido no processo 6245/12, e o Acórdão nº 581/2012, proferido pelo Tribunal Constitucional em 5 de dezembro de 2012, vão no mesmo sentido, além do Acórdão do Plenário do Tribunal Constitucional nº 316/2014, de 1 de abril de 2014, e do Acórdão do STA de 15/11/2017. 32 – Assim, com os fundamentos constantes desta jurisprudência está legitimada a cobrança das taxas pelo Município no sentido de que o tributo é bilateral resultando da remoção do obstáculo jurídico à actividade do particular de produção de impacto ambiental negativo, não se verificando qualquer inconstitucionalidade, devendo, por via disso, serem julgadas improcedentes todas as conclusões de recurso. 33 – Deste modo, bem decidiu a douta sentença ao julgar a impugnação improcedente, e, não ocorrendo a violação dos normativos invocados ou de qualquer outro deve a douta sentença manter-se por válida e legal». 1.4 Recebidos os autos neste Supremo Tribunal Administrativo, foi dada vista ao Ministério Público e o Procurador-Geral-Adjunto emitiu parecer no sentido de que o recurso não merece provimento. Após enunciar o objecto do recurso e sintetizar a fundamentação da sentença recorrida, enunciou a questão a dirimir como sendo a de «saber se a sentença incorreu em erro de julgamento na apreciação que o tribunal fez sobre as questões relativas (i) à competência do município na liquidação da taxa e (ii) da inconstitucionalidade orgânica da norma regulamentar ao abrigo da qual foi a mesma liquidada» e, apreciando estas questões, expendeu o seguinte: «1. quanto à questão da competência para a liquidação do tributo. Por facilidade de exposição e no que respeita a esta matéria acompanha-se a síntese feita no acórdão da Secção de Contencioso Administrativo de 31/03/2016, proc. nº 1260/15, no sentido de que: «deve dar-se por assente que tanto a Lei nº 155/99 como o Decreto-Lei nº 267/2002 (Vd. artigos 34º/1 e 36º) revogaram a legislação que anteriormente regulava esta matéria, maxime as normas do Decreto-Lei nº 13/71 que regulavam o licenciamento dos PACs [vd. o citado art. 7º/2 do CC], ficando claro que a partir da publicação deste último DL competia às Câmaras Municipais o licenciamento dos Postos não localizados nas redes viárias regional e nacional [artigos 17º/2/b) da Lei nº 155/99 e 5º/1/b) do Decreto-Lei nº 267/2002] e que cabia às Direcções Regionais do Ministério da Economia, o licenciamento dos PACs situados nestas redes. Por outro lado, e no mesmo encadeamento lógico, aquele Decreto-Lei nº 267/2002 atribuiu às Câmaras Municipais e à Direcção Geral de Energia e Geologia e às Direcções Regionais do Ministério da Economia a fiscalização das instalações por elas licenciadas, a qual se exercia não só no âmbito do licenciamento como no âmbito da sua regulamentação técnica e considerando as respectivas competências (vd. artigo 25º (Cuja redacção era a seguinte: "Artigo 25º Fiscalização "1 – As instalações abrangidas pelo presente diploma são sujeitas a fiscalização pelas câmaras municipais, ou pela DGEG e DRE, segundo, respectivamente, as competências previstas nos artigos 5º e 6º. 2 – A fiscalização prevista no número anterior exerce-se no âmbito do licenciamento e no âmbito da regulamentação técnica das instalações e não prejudica as competências atribuídas por lei a outras entidades".). Ou seja, com a entrada em vigor do Decreto-Lei nº 267/2002, e sucessivas alterações, ficou claro que «passou a competir às câmaras municipais o licenciamento dos postos de abastecimento de combustíveis localizados nas redes viárias municipais [artigos 17º, nº 2, al. b) da Lei nº 159/99 e 5º, nº 1, al. b), do Decreto-Lei nº 267/2002] e às Direcções Regionais do Ministério da Economia o licenciamento dos mesmos postos mas que se situassem nas redes viárias nacional e regional [artigos 1º, nº 1, al. b), 3º, al. h), 5º nº 1, al. b), 6º, nºs 3 e 4, e 25º números 1 e 2 do Decreto-Lei nº 267/2002]». A questão não é de alteração de jurisprudência, como aparentemente se deixou exarado na sentença recorrida, mas sim do regime legal que transferiu para os municípios a competência para o licenciamento da instalação e fiscalização dos postos de abastecimento na rede viária municipal. Dispõe o nº 2 do artigo 6º do Regime Geral das Taxas das Autarquias Locais que «as taxas municipais podem também incidir sobre a realização de actividades dos particulares geradoras de impacto ambiental negativo». Por sua vez o artigo 8º da mesma Lei prevê que as taxas sejam criadas por regulamento municipal, o qual deve conter obrigatoriamente, sob pena de nulidade, a indicação da base de incidência objectiva e subjectiva – alínea a) do nº 2 do artigo 8º. Atento que está em causa taxa liquidada relativa ao ano de 2012, mostra-se aplicável o já citado Regulamento Municipal de Vila Nova de Gaia – Regulamento Municipal de Taxas e Compensações Urbanísticas de Vila Nova de Gaia –, em cujo artigo 52º se prevê que nos pedidos de licenciamento dos postos de abastecimento de combustíveis sejam cobradas as taxas previstas em tabela anexa, cujo pagamento é efectuado aquando da apresentação do respectivo pedido. Por sua vez o artigo 100º do mesmo Regulamento Municipal prevê que sejam devidas taxas pela "instalação de postos de abastecimento de combustíveis", as quais são devidas anualmente até ao dia 31 de março do ano a que respeitem [Artigo 100º Instalação de postos de abastecimento de combustíveis. 1 – Pela instalação de postos de abastecimento de combustíveis são devidas, anualmente, as taxas previstas na Tabela Anexa ao presente Regulamento, devendo o pagamento ser efectuado até ao dia 31 de março do ano a que respeite. 2 – Ficam isentos do pagamento das taxas previstas no número anterior, os postos de abastecimento licenciados ao abrigo do presente Regulamento, por um período de 10 anos.]. Resulta, assim, que o regulamento municipal prevê a cobrança de duas taxas tendo por incidência objectiva a instalação de postos de abastecimento de combustíveis: uma primeira aquando da apresentação do pedido de licenciamento, e que respeita ao licenciamento concedido ao abrigo das competências atribuídas ao município [No caso concreto a sentença é omissa sobre a localização do posto de abastecimento em ordem a aferir da competência do município ou da DRE, ou seja, se situado em via municipal ou estrada nacional.] pelo artigo 5º do Decreto-Lei nº 267/2002 [Decreto-Lei nº 267/2002, de 26 de novembro, alterado pelos Decretos-Leis nºs 389/2007, de 30 de novembro, 31/2008, de 25 de fevereiro, 195/2008, de 6 de outubro e 217/2012, de 9 de outubro estabelece os procedimentos e define as competências para efeitos de licenciamento e fiscalização de instalações de armazenamento de produtos de petróleo e instalações de abastecimento de combustíveis líquidos e gasosos (vulgo postos de abastecimento de combustíveis)], calculada e consignado nos artigos 58º, nº 3, e 68º, alínea f), do mesmo regulamento; E a outra de natureza periódica (anual), a cobrar no 1º trimestre de cada ano (art. 100º, nº 1, do regulamento municipal). No caso concreto, pese embora a Recorrente alegue que os postos de abastecimento já se encontram licenciados pela Direcção Regional de Economia até 2019, não está em causa uma taxa de instalação de posto de abastecimento, mas sim a taxa referida no artigo 100º do Regulamento Municipal. E pese embora a matéria de facto fixada na sentença recorrida seja algo escassa [Uma vez que deviam ter sido levados ao probatório elementos que permitissem a caracterização da via onde se encontram instalados os postos de abastecimento.], certo é que a Recorrente não invoca que os postos de abastecimento não estejam situados em via municipal, pelo que nesta parte damos por adquirida tal situação. Entendemos, assim, que o acto tributário sindicado está compreendido nas atribuições tributárias do município, pelo que não padece do vício de nulidade que lhe é assacado pela Recorrente. 2. quanto à questão da natureza do tributo. A Recorrente considera igualmente que o tributo impugnado não assenta em qualquer prestação pública previstas no artigo 3º do RGTAL e artigo 4º da LGT, motivo pelo qual conclui que «o tributo previsto nos artigos 100º do RMTCU e 29º da respectiva Tabela anexa não é justificado, no caso concreto, por qualquer contrapartida específica, carecendo de carácter bilateral», motivo pelo qual não tem a natureza de uma verdadeira taxa, o que é susceptível de configurar inconstitucionalidade orgânica das normas do Regulamento Municipal. Atento que na fundamentação do acto tributário vem mencionado que o mesmo foi realizado ao abrigo do artigo 100º do Regulamento Municipal de Taxas e Compensações Urbanísticas de Vila Nova de Gaia, publicado no D.R., II série, nº 140, de 22 de julho de 2011, é esse texto normativo que vamos seguir na análise. Sobre caso idêntico de taxa municipal sobre posto de abastecimento, já se pronunciou a seção de contencioso tributário do STA, no acórdão de 15/11/2017, proc. 173/15, no sentido da sua constitucionalidade e apoiando-se na jurisprudência do Tribunal Constitucional vertida no acórdão nº 316/2014. Do citado aresto do STA transcreve-se o seguinte trecho elucidativo sobre esta temática: «De facto a jurisprudência do Tribunal Constitucional tem admitido que possa não existir um acto concreto de prestação a justificar a cobrança da taxa, desde que os índices ou presunções em que a mesma assenta sejam razoáveis e permitam identificar a ocorrência da prestação de um serviço provocado ou aproveitado pelo seu sujeito passivo. Como se evidencia no Acórdão do Plenário do Tribunal Constitucional proferido no recurso 316/2014, «o simples funcionamento e a exploração de postos de abastecimento de combustíveis envolve riscos para a segurança e a saúde das pessoas e interfere com a «qualidade do ambiente» (no sentido dado a esta expressão no artigo 5º, nº 2, alínea e), da Lei nº 11/87, de 7 de abril – a Lei de Bases do Ambiente: – a adequabilidade de todos os seus [do ambiente] componentes às necessidades do homem), razões que levaram o legislador a estabelecer um quadro normativo técnico com carácter preventivo e a consagrar um sistema de fiscalização destinado a fazê-lo respeitar. Estas acções do legislador configuram por isso – ao menos, também – uma concretização do dever de protecção do ambiente. Na verdade, os postos de abastecimento de combustíveis, em si mesmos enquanto depósitos, e o seu funcionamento, representam uma fonte de poluição, em especial para os componentes ambientais ar, água, solo e subsolo nas suas imediações (cfr. o artigo 21º da Lei de Bases do Ambiente). É também a proibição de poluir que justifica os condicionamentos normativos e os termos concretos da acção fiscalizadora a desenvolver (cfr. o artigo 26º da Lei de Bases do Ambiente). A partir do início de vigência do Decreto-Lei nº 267/2002, de 26 de novembro, os municípios adquiriram um papel central na operacionalização do sistema de fiscalização (cfr. o respetivo artigo 25º). A importância dos municípios e da fiscalização por eles exercida é tanto mais de sublinhar, desde logo, porque é o ambiente de cada município em que se localizam postos de abastecimento de combustíveis que é degradado. Por outro lado, atenta a duração longa das licenças de exploração deste tipo de instalações – até 20 anos, sendo esta a situação normal, de modo a amortizar os investimentos vultosos realizados pelos seus promotores (cfr. o artigo 15º do Decreto nº 29034, de 1 de outubro de 1938 e o artigo 15º, números 1 e 2, do Decreto-Lei nº 267/2002, de 26 de novembro) – frequentemente é apenas ao nível da fiscalização que os municípios podem intervir em defesa dos seus interesses e dos seus munícipes. (...) Ou seja, incumbe aos municípios o dever de protecção dos interesses acautelados na legislação e regulamentação própria dos postos de abastecimento de combustíveis. E esse dever legal é permanente e específico, porque dirigido à garantia de regras especiais, de modo a, por exemplo, detectar situações de "perigo grave para a saúde, a segurança de pessoas e bens, a higiene e a segurança dos locais de trabalho e o ambiente" e "tomar imediatamente as providências que em cada caso se justifiquem para prevenir ou eliminar a situação de perigo" (cfr. o artigo 20º, nº 1, do Decreto-Lei nº 267/2002, de 26 de novembro); ou situações de infracção às regras de exploração de postos de abastecimento (cfr. o artigo 45º e seguintes do Regulamento de

Construção e Exploração de Postos de Abastecimento de Combustíveis). Há aqui manifestamente um plus, relativamente aos deveres gerais de polícia administrativa. Com efeito, não é indiferente para um qualquer município, ter ou não ter postos de abastecimento de combustíveis localizados na sua circunscrição, já que, em caso de acidente, a omissão de uma fiscalização diligente pode ser considerada como tendo contribuído para o mesmo e, assim, ser causa de danos para o próprio município e fonte de obrigações de indemnização de danos de terceiros. É a existência deste dever legal de fiscalização especificamente imposto às câmaras municipais com referência aos postos de abastecimento de combustíveis, para mais pautado por requisitos técnicos especiais previstos em legislação própria, que torna menos plausível – para não dizer completamente implausível – a inexistência de actividades de fiscalização e a adaptação das estruturas e serviços municipais nos planos da protecção civil e da defesa do ambiente.» Entendeu, assim, o STA afastar o juízo de inconstitucionalidade por violação do princípio da legalidade tributária no sentido de reserva de lei formal, ínsito nos artigos 165º, nº 1, alínea i) e 103º, nº 2 da CRP e também no artigo 8º da LGT. Ainda que nos suscite alguma reserva este tipo de taxas municipais, que pela sua abstracção e generalidade e carácter difuso das prestações assumem contornos muito próximos de imposto local, ou pelo menos colocam sérios problemas de definição das fronteiras entre taxa e imposto, afigura-se-nos que é de manter o entendimento sufragado nos citados arestos do STA e Tribunal Constitucional». 1.5 Cumpre apreciar e decidir. 2. FUNDAMENTAÇÃO. 2.1 DE FACTO. A sentença recorrida efectuou o julgamento de facto nos seguintes termos: «1. A sociedade Impugnante, PETRÓLEOS DE PORTUGAL – PETROGAL, S.A, exerce a sua actividade de comércio a retalho de combustível para veículos a motor, o que faz nos postos de abastecimento de combustíveis, situados na Via ...., nº ... e nº ..., freguesia de ...., Vila Nova de Gaia, – cf. notificações de liquidação de taxas devidas pela instalação e funcionamento de postos de abastecimento de combustíveis; 2. Pelos ofícios nº 3477.12 e 3480.12, ambos de 14.12.2012, a sociedade Impugnante, foi notificada para proceder ao pagamento de uma taxa no valor de €5.000,00 referente ao ano de 2012 em conformidade com os valores previstos no artigo 29º da Tabela anexa ao Regulamento Municipal de Taxas e Compensações Urbanísticas de Vila Nova de Gaia que se justifica "pelo facto de o impacto no tecido urbano envolvente destas operações urbanísticas não ser proporcional aos parâmetros existentes das operações correntes, designadamente pela reduzida área de construção e pela sua elevada dependência e forte afectação dos principais eixos viários concelhios, impõe-se adequar, estas utilizações à real afectação das áreas envolventes pelas operações urbanísticas em causa" – cf. notificações realizadas à Impugnante pela Câmara Municipal de Vila Nova de Gaia, documentos constantes de cada um dos apensos de

Reclamação Graciosa que se encontram apensos ao processo principal, para cujo teor se remete e o qual se dá por integralmente reproduzido para todos os efeitos legais; 3. As liquidações a que se refere o facto 2., reporta-se aos postos de abastecimento de combustíveis líquidos identificados em 1; 4. Em 23.01.2013, a Impugnante apresentou reclamação da liquidação identificada em 2., junto da Câmara Municipal de Vila Nova de Gaia; 5. Não sendo notificado da decisão de reclamação graciosa, em 10.05.2013 deu entrada junto deste Tribunal Administrativo e Fiscal do Porto a Petição Inicial de Impugnação Judicial». 2.2 DE DIREITO. 2.2.1 AS QUESTÕES A APRECIAR E DECIDIR. As questões que se suscitam no presente processo – quais sejam as de saber se o acto impugnado padece de vício de violação de lei, por incompetência do Município na liquidação da taxa e por inconstitucionalidade orgânica da norma ao abrigo da qual foi feita a liquidação, em violação do disposto nos artigos 103º, nº 2, e 165º, nº 1, alínea i), da Constituição da República Portuguesa (CRP) – têm sido objecto de julgamento uniforme e reiterado neste Supremo Tribunal, a primeira pela Secção de Contencioso Administrativo e a segunda por esta Secção de Contencioso Tributário, relativamente a outros municípios e a taxas substancialmente semelhantes à ora em causa, de que são exemplos os acórdãos citados pelo Procurador-Geral-Adjunto e os acórdãos de 15 de novembro de 2017, proferido no processo com o nº 173/15 (952/12.8BEAVR), de 12 de fevereiro de 2020, proferido no processo com o nº 359/14.2BEAVR, de 3 de junho de 2020, proferido no processo com o nº 388/13.3BEAVR, de 17 de junho de 2020, proferido no processo com o nº 1693/14.7BESNT. Por outro lado, essa jurisprudência, no que se refere ao juízo de conformidade constitucional de taxas municipais substancialmente idênticas à ora sob escrutínio (Designadamente, a prevista no artigo 70º, nº 1.1, do Tabela de Taxas e Outras Receitas do Município de Sintra na versão publicada pelo Aviso nº 26235/ /2008 no Diário da República, 2ª Série, de 31 de outubro de 2008, a prevista nos pontos 7.1.2 e 7.2.2 da "Tabela de Taxas e Outras Receitas Municipais" anexa ao Regulamento Municipal de Taxas, Licenças e Outras Receitas do Município de Estarreja, publicado no Diário da República, 2ª série, de 26 de Março de 2010 e a prevista arts. 55º, nº 1, alínea b), e nº 2, do Regulamento Municipal da Defesa da Paisagem, Publicidade e Ocupação do Espaço Público de Vila Nova de Gaia e 25º, nº 3, da Tabela de Taxas do Regulamento de Taxas e Outras Receitas do Município de Vila Nova de Gaia.), devidas por equipamentos de abastecimento de carburantes líquidos, ar e água, inteiramente localizados em propriedade privada, tem vindo a ser confirmada pelo Tribunal Constitucional (Vide os seguintes acórdãos do Tribunal Constitucional: – nº 623/2019, proferido em 23 de outubro de 2019, no processo com o nº 107/2019; – nº 204/2019, proferido em 27 de março de 2019, no processo nº 78/18; – nº 316/2014, proferido em 1 de abril de 2014, no processo nº 204/12;

– nº 581/2012, proferido em 5 de dezembro de 2012, no processo nº 204/12. Porque, em face do disposto no artigo 8º, nº 3, do Código Civil, se nos impõe o respeito pela orientação jurisprudencial seguida por este Supremo Tribunal, e porque se nos impõe também acatar as decisões do Tribunal Constitucional quanto à interpretação constitucional das normas constitucionais, cumpre negar provimento ao recurso, remetendo, no essencial e também de acordo com o parecer do Procurador-Geral-Adjunto acima transcrito (em 1.4), para a fundamentação expendida nos referidos acórdãos de 31 de março de 2016, proferido no processo com o nº 1260/15, quanto à primeira questão a apreciar, e de 15 de novembro de 2017, proferido no processo com o nº 173/15 (952/12.8BEAVR), relativamente à segunda questão, ao abrigo da faculdade que nos é concedida pelo nº 5 do artigo 663º do Código de Processo Civil, aplicável ex vi da alínea e) do artigo 2º do Código de Procedimento e de Processo Tributário. 2.2.2 CONCLUSÕES. Consequentemente, o recurso não será provido, formulando-se as seguintes conclusões, decalcadas do referido acórdão de 15 de novembro de 2017: I – As taxas previstas no disposto no artigo 100º do Regulamento Municipal de Taxas e Compensações Urbanísticas do Município de Vila Nova de Gaia e no artigo 29º da respectiva Tabela anexa, devidas por "bombas abastecedoras de carburantes líquidos e bombas de ar ou de água" não assentam em qualquer atribuição ou competência para licenciar o posto de abastecimento de combustíveis, mas antes no poder de tributar os particulares beneficiários de utilidades prestadas ou geradas pela actividade do município, designadamente pela prestação de serviços no domínio da prevenção de riscos e da protecção civil ou sobre a realização de actividades dos particulares que oneram permanentemente o ambiente do município, aspectos estes não valorados no quadro do licenciamento. II – Tais taxas são legítimas à luz do artigo 3º do RGTAL, e não padecem de inconstitucionalidade por violação do princípio da legalidade tributária no sentido de reserva de lei formal, ínsito nos artigos 165º, nº 1, alínea i) e 103º, nº 2, da Constituição da República Portuguesa e também no artigo 8º da Lei Geral Tributária. 3. DECISÃO. Em face do exposto, os juízes da Secção do Contencioso Tributário deste Supremo Tribunal Administrativo acordam, em conferência, em negar provimento ao recurso. Custas pela Recorrente, que ficou vencida no recurso [cfr. artigo 527º, números 1 e 2, do CPC, aplicável ex vi da alínea e) do artigo 2º do CPPT]. Dispensa-se a junção de cópia dos acórdãos proferidos em 31 de março de 2016, no processo com o nº 1260/15, e em 12 de fevereiro de 2020, no processo nº 0359/14.2BEAVR, uma vez que indicamos onde estão publicados. Lisboa, 28 de Outubro de 2020. – Francisco Rothes (relator) – Joaquim Condesso – Paulo Antunes.

7. Acórdão do Tribunal Central Administrativo Norte (Processo nº 5/11.6BUPRT), de 22-10-2020. Sumário: I. A Taxa de exploração de inertes constitui contrapar-

tida da atividade do serviço público municipal de fiscalização administrativa e de cooperação na fiscalização técnica da exploração das pedreiras, previsto nos artigos 30º a 48º do Decreto-Lei nº 89/90, de 16 de março; II. É manifesta a perigosidade, não apenas porque envolve o recurso a materiais muito perigosos – avultando o uso de explosivos –, e a equipamentos pesados – gruas, dumpers, etc. –, mas também porque a perigosidade ambiental é mais intensa, nomeadamente no que respeita à existência de inertes depositados a céu aberto, com a inerente possibilidade de formação de poeiras potencialmente nocivas; III. Não ofende o princípio da proporcionalidade a determinação da incidência da taxa com base no volume de inertes extraído, pois é esse volume que, indiciando a maior ou menor intensidade da atividade extrativa, se repercute no grau de exigência, qualitativa e quantitativa, das atividades de fiscalização, designadamente municipal. IV O artigo 10º do Regulamento Municipal de Liquidação e Cobranças de Taxa pela Exploração de Inertes no Concelho de Vila Pouca de Aguiar não ofende o princípio da legalidade porquanto as contraordenações sancionadas com coimas, por violação dos regulamentos e posturas municipais têm expressa previsão legal no artigo 29º da Lei nº 42/98, de 6 de agosto, Lei das Finanças Locais, então vigente.

8. Acórdão do Supremo Tribunal Administrativo (Processo nº 1693/14.7BESNT), de 17-06-2020. 1. RELATÓRIO. 1.1 O Município acima identificado recorre para este Supremo Tribunal Administrativo da sentença por que a Juíza do Tribunal Administrativo e Fiscal de Sintra, julgando procedente a impugnação judicial deduzida pela sociedade acima identificada, anulou as liquidações de taxas relativas a equipamentos de abastecimento de combustíveis e ao ano de 2014, que foram efectuadas ao abrigo do disposto no artigo 69º, nº 1.1, da Tabela de Taxas e outras Receitas do Município de Sintra (TTORMS), em vigor à data. 1.2 O recurso foi admitido, para subir imediatamente, nos próprios autos e com efeito meramente devolutivo e a Recorrente apresentou as alegações, com conclusões do seguinte teor: «A. A sentença recorrida de 31.03.2019 proferida pelo tribunal a quo julgou totalmente procedente a impugnação judicial deduzida por Repsol Portuguesa, S.A, dos actos de liquidação da renovação das taxas por equipamentos de combustíveis líquidos, inteiramente instalados em propriedade privada, relativas ao ano de 2014, e, consequentemente anulou a liquidação impugnada condenando a ora recorrente a pagar indemnização à impugnante por prestação de garantia indevida. B. A sentença recorrida conclui no sentido da anulação da liquidação das taxas impugnadas, por vício de violação de lei, e aderindo à fundamentação da Decisão do Tribunal Constitucional constante do Acórdão nº 379/2018, conclui identicamente pela verificação do vício de inconstitucionalidade orgânica por violação dos artigos 103º, nº 2 e 165º, nº 1, al. i) da Constituição. C. A recorrente não pode conformar-se com a sentença

recorrida, padecendo a mesma, salvo o devido respeito, que é muito, de erro de julgamento ao considerar a norma do nº 1 do artigo 69º da Tabela de Taxas e Licenças e Outras Receitas Municipais de Sintra idêntica à apreciada no Acórdão nº 379/2018, e aplicar ao caso dos autos a orientação seguida no citado Acórdão. D. O tributo apreciado nos presentes autos incide sobre o posto de abastecimento, não procedendo a uma tributação desagregada da «unidade de abastecimento de combustível», razão pela qual entende a recorrente ser inaplicável ao caso a orientação jurisprudencial adoptada no Acórdão nº 379/2018. E. A norma que prevê o tributo em causa nos presentes autos é absolutamente idêntica à norma da Tabela de Taxas e Outras Receitas do Município de Sintra, apreciada no Acórdão nº 316/2014. F. A fundamentação vertida no citado Acórdão nº 316/2014, que considerou a taxa prevista no artigo 70º, nº 1, 1.1. da Tabela de Taxas e Outras Receitas do Município de Sintra para 2008 legítima à luz do artigo 3º do RGTAL, tem inteira aplicação ao caso dos presentes autos. G. O tributo criado no nº 1, 1.1. do artigo 69º da TTORMS, para 2014, tem a natureza de taxa que assenta na remoção de um obstáculo jurídico à actividade do particular e simultaneamente na prestação de serviço público, reconduzindo-se ao artigo 3º e 6º do RGTAL. H. O tributo em causa nos autos assume a natureza de uma verdadeira taxa, em contrapartida do dever permanente e específico de fiscalização dos postos de abastecimento de combustíveis imposto pela lei ao recorrente. I. Para além desta actividade de fiscalização e vigilância, a taxa em causa é a contrapartida pela obrigação de suportar uma actividade que interfere no gozo de determinados bens públicos designadamente, ambientais e urbanísticos. J. Conforme resulta da «fundamentação económico-financeira» incluída na TTORMS, as taxas sobre actividades de impacto ambiental negativo, cujo valor é estabelecido para ressarcir a comunidade dos danos ambientais, reais ou potenciais, decorrentes do exercício da actividades que representam um risco para os bens jurídicos consagrados na Lei nº 11/87, de 7 de abril. L. O tributo cobrado pela recorrente tem, a necessária comutatividade que é pressuposto necessário da taxa, o que determina a qualificação do tributo criado no nº 1.1. do artigo 69º da TTORMS como uma taxa. M. A norma criada pela recorrente no nº 1.1 do artigo 69º da TTORMS traduz-se numa verdadeira taxa, na medida em que existe a contraprestação típica da taxa, razão pela qual outra solução não poderia ser adoptada pelo tribunal a quo senão a improcedência do alegado vício de violação de lei e a conformidade da norma com o disposto nos artigos 103º, nº 2 e artigo 165º, nº 1 al. i) da CRP». 1.3 A Recorrida apresentou contra-alegações, pugnando pela manutenção da sentença, com conclusões do seguinte teor: «a) À semelhança do que resulta da interpretação da norma contida no nº 4 do artigo 21º (juntamente com os demais números do mesmo artigo) da Tabela de Taxas e Licenças e Outras Receitas Municipais do Município de Oeiras, também a norma contida no nº 1.1 do artigo 69º da Tabela de Taxas e Licenças e Outras Receitas Municipais de Sintra remete para uma desagregação artificial das unidades de abastecimento para efeitos de tributação autónoma dos vários componentes. b) Com efeito, os actos de liquidação impugnados resultaram da aplicação da taxa de €87,07/ano, incidente sobre um número variável de "equipamentos de abastecimento de combustíveis líquidos" instalados nos postos de abastecimento em questão (cfr. artigo 70º – e posterior artigo 69º – da Tabela de Taxas e outras Receitas do Município de Sintra). c) Ou seja, não se verifica uma tributação unitária por posto de abastecimento, mas antes a aplicação individualizada tendo em conta os seus diversos componentes equipamentos. d) Ora, concluíram os MM Juízes Conselheiros no citado Acórdão nº 33/2018, interpretando o nº 4 do artigo 21º da Tabela de Taxas e Licenças e Outras Receitas Municipais do Município de Oeiras, em conjunto com os números 1 a 3 do mesmo artigo, que "a desagregação da "unidade de abastecimento de combustível" em diversos componentes, sobre os quais incidem tributos autónomos, torna inviável a transposição para este caso dos fundamentos do Acórdão nº 316/2014. Com efeito, quer o dever de fiscalização municipal da actividade, quer a obrigação de suportar os respectivos inconvenientes, reportam-se necessariamente à unidade funcional constituída pelas diversas partes. O dever de fiscalização do município tem por pressuposto a instalação de um Posto de abastecimento de combustível e não qualquer parte específica do mesmo, como uma bomba, uma tomada ou um depósito". e) Nestes termos, mostra-se acertada a transposição para os presentes autos dos considerandos vertidos no acórdão nº 379/2018 do Tribunal Constitucional efectuada pelo MM Juiz a quo, sendo os mesmos absolutamente válidos e impondo uma decisão afirmativa quanto à verificação do vício de inconstitucionalidade orgânica assacado pela recorrida. f) Sem conceder, sempre se dirá que, analisando o tributo em questão nos presentes autos, fácil se mostra concluir que o mesmo não apresenta a natureza de taxa, já que não se vislumbra qualquer "(...) prestação concreta de um serviço do domínio público, na utilização de um bem do domínio público ou na remoção de um obstáculo jurídico ao comportamento dos particulares". g) Da análise do citado preceito normativo resulta claro que este incide sobre os postos de abastecimento, independentemente da utilização ou não de bens do domínio público, um tributo de montante fixo e igual para todos, a que acresce uma taxação determinada em função da utilização da via pública. h) Ora, os postos de abastecimento em questão encontram-se instalados inteiramente em terreno do domínio privado decorrendo também no seu interior todos os actos relativos ao abastecimento e actividades complementares de abastecimento das viaturas. i) Por outro lado, a ora recorrida não beneficiou da utilização concreta dos serviços de repartição ou funcionários municipais, no domínio da segurança civil ou da prevenção de riscos ambientais. j) As tarefas municipais de protecção civil e ambiental, ninguém o contesta, integram as necessidades colectivas assumidas pelo legislador e confiadas, parcialmente, aos municípios, mas nem por isso os municípios podem criar taxas para compensar os encargos com cada uma das suas atribuições. k) É certo que entre o enunciado exemplificativo das taxas municipais, a Lei nº 53-E/2006, de 29 de dezembro, se deixa dito no artigo 6º/2 que "as taxas municipais podem também incidir sobre a realização de actividades dos particulares geradores de impacto ambiental negativo". l) Mas não é menos certo que estes serviços têm de assentar na prestação concreta de um serviço (artigo 3º). Ou seja, uma interpretação conforme ao disposto nos artigos 103º, nº 2 e 238º, nº 4 da Constituição, exige que o artigo 6º/2 da Lei nº 53-E/2006, seja aplicado restritivamente, com o sentido de ser subsidiário aos pressupostos objectivos das taxas (artigo 3º do mesmo diploma local). m) É que o serviço concreto exige utilidades divisíveis (artigo 5º nº 2). Ora, a protecção ambiental, em geral, é absolutamente indivisível, pois respeita a toda a população do concelho e a terceiros (podendo estes também vir a ser beneficiados com os serviços relativos à protecção ambiental). n) E, nem se diga que a mera instalação dos postos de abastecimento no concelho permite defender a existência de uma presunção suficientemente forte quanto à verificação de uma actividade de fiscalização por parte dos serviços da câmara. o) Conforme deixa dito Sérgio Vasques em anotação ao referido artigo 6º/2 da Lei nº 53- E/2006, «(...) a qualificação de um tributo local como taxa exige por princípio que este incida sobre prestações efectivamente provocadas ou aproveitadas pelo sujeito passivo e não apenas sobre prestações de que o sujeito passivo seja o presumível causador ou beneficiário. Sempre que um tributo local assente sobre prestações presumidas com um grau de força relativo, em termos tais que o aproveitamento da prestação pública não se possa dizer certo mas apenas provável, estaremos perante contribuições cuja criação está vedada às autarquias locais em virtude da reserva de lei parlamentar constante do artigo 165º, nº 1, alínea i) da Constituição da República. (...) A protecção do ambiente, a protecção civil ou a promoção do desenvolvimento local podem servir de base de incidência às taxas locais mas apenas quando essas actividades se materializem em prestações públicas concretas de que os respectivos sujeitos sejam os efectivos causadores ou beneficiários e nunca quando elas tomem a forma de prestações públicas difusas (...)", sublinhado nosso (vide "Regime das Taxas Locais – Introdução e Comentário, pág. 116), sublinhado nosso. p) Por outro lado, no caso em apreço, a ora Recorrida não beneficiou da remoção de qualquer obstáculo jurídico à actividade por si desenvolvida, bastando, para tanto, atentar na própria previsão do tributo. q) Não se desconhece a jurisprudência vertida no acórdão nº 316/2014, proferido pelo Tribunal Constitucional em 11/04/2014. No entanto, não poderá deixar de se fazer ressaltar a existência de vários votos de vencido entre eles o da MM Conselheira Maria Lúcia Amaral, nos termos do qual se deixa dito o seguinte: "Os confins do autogoverno municipal estão constitucionalmente fixados e consubstanciam-se na prossecução dos interesses próprios das populações respectivas. Perante esses confins, parece-me difícil sustentar que a atribuição legal ao município de deveres especiais de protecção de um certo bem jurídico seja condição necessária e suficiente para que, após essa atribuição e por causa dela, o ente municipal se torne o único responsável (na acepção constitucional do termo) pela protecção desse bem perante as suas próprias populações, ao ponto de dispensar a intervenção do Estado e da sua lei na decisão de tributar. Sobretudo quando está em causa (como acontece no caso dos autos) uma afectação da propriedade privada, esta leitura do âmbito do autogoverno municipal parece-me excessivamente alargada porque sem fundamento constitucional que a sustente". r) É, ainda, pertinente referir que o específico conteúdo da justificação contida na norma – "impacto ambiental negativo da actividade" – poderia, quanto muito e conforme acima se deixou dito, ser susceptível de classificar o tributo como contribuição especial, designadamente na categoria de "contribuições para maiores despesas" (entendidas como aquelas em que a prestação devida pelos particulares encontraria a sua razão de ser no facto de estes ocasionarem com a sua actividade um acréscimo de despesas para as entidades públicas). s) No entanto, esta situação acaba por não ter qualquer relevo prático, porquanto a criação deste tipo de contribuição fica igualmente de fora da competência das Câmaras Municipais, uma vez que tem a mesma exigência formal que os impostos (vide neste sentido acórdão do Tribunal Constitucional nº 24/2009, de 14/01/09). t) Temos em que deverá concluir-se que bem andou a douta sentença recorrida ao considerar verificado o vício de inconstitucionalidade orgânica, por violação do disposto nos artigos 103º, 2 e 165º, 1 alínea i) da Constituição». 1.4 Recebidos os autos neste Supremo Tribunal Administrativo, foi dada vista ao Ministério Público e o Procurador-Geral-Adjunto emitiu parecer no sentido de que o recurso merece provimento, com a seguinte fundamentação: «[...]. De acordo com o estatuído no artigo 238º/4 da CRP e artigo 20º da Lei nº 13/2013, de 3 de setembro, as autarquias locais podem criar taxas, nos termos da Lei, RGTAL, Lei nº 53-E/2006, de 29 de dezembro. Nos termos do estatuído nos artigos 4º da LGT e 3º do RGTAL, enquanto os impostos assentam essencialmente na capacidade produtiva, revelada, nos termos da lei, através do rendimento ou da sua utilização e do património, as taxas assentam na prestação concreta de um serviço público, na utilização de um bem público ou na remoção de um obstáculo jurídico ao comportamento dos particulares. Na primeira modalidade de taxas, denominadas de taxas administrativas, a prestação pública traduz-se na utilização pelo particular de um serviço público individualizável. Será o caso clássico da taxa exigida pela recolha do lixo. Na segunda modalidade referida, as taxas de utilização, a prestação pública traduz-se na utilização de um bem do domínio público. Para o enquadramento nesta categoria não releva se a utilização se traduz num serviço privativo ou num uso comum ou indiferenciado [Alberto Xavier, Manual de Direito Fiscal, 1974, páginas 50/51.]. Na terceira modalidade, as chamadas taxas de licenciamento, a prestação pública traduz-se na remoção de um obstáculo jurídico ao comportamento dos particulares. Todavia, apenas serão de qualificar como taxas aquelas cujo pagamento dá lugar à remoção de obstáculo real ou substantivo e já não aquelas em que está em causa um obstáculo criado artificialmente, com o intuito de exigir do particular um pagamento pela sua remoção. [Casalta Nabais, O dever Fundamental de Pagar Impostos, Coimbra 1998, páginas 261/263.]. Como é sabido ao conceito de sinalagma não importa a equivalência económica, mas a equivalência jurídica [Teixeira Ribeiro, Revista de Legislação e Jurisprudência, ano 117º, página 294.]. Todavia, a taxa pressupõe uma ideia de proporcionalidade entre o montante cobrado e a prestação pública disponibilizada. Efectivamente, o valor da taxa terá de aferir-se em razão do custo dos serviços ou actos da administração e não, como acontece nos impostos, em função da capacidade contributiva. A verdade é que o acórdão 316/2014 do TC, tirado em plenário, com 5 votos de vencido e 1 declaração de voto (disponível em www.tribunalcons titucional.pt), admitiu dois alargamentos significativos do conceito tradicional de taxa. De facto, por um lado admitiu que a prestação de um serviço público possa ser presumida a partir de um dever legal específico e permanente de fiscalização da actividade tributada. Por outro lado, o TC admitiu, na linha do decidido no Acórdão nº 177/2010, que a mera inacção administrativa em face de uma actividade que interfere no gozo de determinados bens públicos, tais como o ambiente, o urbanismo, o ordenamento do território ou a gestão do tráfego, possa consubstanciar uma contrapartida da respectiva tributação, satisfazendo o requisito, essencial ao conceito de taxa da bilateralidade ou comutatividade. Ora, como sustenta o Município recorrente, o caso em análise parece não ter a ver com a situação analisada no acórdão 379/18 do TC, antes sendo similar à apreciada no acórdão 316/2014 desse mesmo tribunal e cuja doutrina se afigura transponível para os presentes autos. Assim sendo, o tributo é em causa será uma verdadeira taxa e não um imposto, não sofrendo a norma do artigo 69º/1.1 da TTORMS de inconstitucionalidade orgânica, sendo a liquidação sindicada conforme com o ordenamento jurídico». 1.5 Cumpre apreciar e decidir. 2. FUNDAMENTAÇÃO. 2.1 DE FACTO. A sentença recorrida efectuou o julgamento de facto nos seguintes termos: «1 – Por ofícios datados de 07.02.2014, o Município de Sintra notificou a aqui Impugnante para proceder ao pagamento das seguintes quantias: – €1.435,20, referente ao processo 64/2007 – 16 equipamentos de abastecimentos de combustíveis situados na Estrada Nacional ...., km 10, ..., ...; – €2.152,80, referente ao processo 458/2007 – 24 equipamentos de abastecimentos de combustíveis situados na Rotunda ...., Casal ...., ...,........; – €2.870,40, referente ao processo 457/2007 – 32 equipamentos de abastecimentos de combustíveis situados na Av ...., lote ...., ...; – €2.242,050, referente ao processo 454/2007 – 25 equipamentos de abastecimentos de combustíveis situados na Rua ...., ... (Rot ....) Posto B; - €2.152,80, referente ao processo 452/2007 – 24 equipamentos de abastecimentos de combustíveis situados na Rua ...., ... (Rot.........) Posto A (cfr. doc. 1 a 5 juntos à p.i., fls. 11 a 30 dos autos); 2 – Em 13.03.2014, a Impugnante apresentou na Câmara Municipal de Sintra reclamação graciosa contra as liquidações referidas na alínea anterior (cfr. doc. 7 junto à p.i., a fls. 37 a 44, cujo teor aqui se dá por inteiramente reproduzido); 3 – Em 02.04.2014, o Banco ...., S.A., prestou a pedido da Impugnante, garantia bancária a favor do Município de Sintra, relativa às dívidas referidas em 1 supra, pelo valor total de €13.544,63 (cfr. doc. fls. 52-53 dos autos)». 2.2 DE DIREITO. 2.2.1 A QUESTÃO A APRECIAR E DECIDIR. A questão que se suscita no presente processo – qual seja a de saber se o acto impugnado padece de vício de violação de lei, por inconstitucionalidade orgânica da norma do nº 1.1. do artigo 69º da TTORMS ((...) Para o ano de 2014 foi mantida em vigor, conforme consta do Aviso nº 802/2014, publicado no Diário de República, 2ª Série, de 17 de Janeiro de 2014, a TTORMS de 2013, publicada pelo Aviso nº 6660/2013 no Diário da República, 2ª Série, de 21 de Maio de 2013.), em violação do disposto nos artigos 103º, nº 2, e 165º, n,º 1, alínea i), da Constituição da República Portuguesa (CRP) – tem sido objecto de julgamento uniforme e reiterado por esta Secção de Contencioso Tributário, relativamente a outros municípios e a taxas substancialmente semelhantes à ora em causa, de que são exemplos os acórdãos de 15 de novembro de 2017, proferido no processo com o nº 173/15 (952/12.8BEAVR), de 12 de fevereiro de 2020, proferido no processo com o nº 359/14.2BEAVR e de 3 de junho de 2020, proferido no processo com o nº 388/13.3BEAVR. Por outro lado, essa jurisprudência, no que se refere ao juízo de conformidade constitucional de taxas municipais substancialmente idênticas à ora sob escrutínio ((...) Designadamente, a prevista no artigo 70º, nº 1.1, do TTORMS na versão publicada pelo Aviso nº 26235/2008 no Diário da República, 2ª Série, de 31 de outubro de 2008, a prevista nos pontos 7.1.2 e 7.2.2 da "Tabela de Taxas e Outras Receitas Municipais" anexa ao Regulamento Municipal de Taxas, Licenças e Outras Receitas do Município de Estarreja, publicado no Diário da República, 2ª série, de 26 de Março de 2010 e a prevista artigos 55º, nº 1, alínea b), e nº 2, do Regulamento Municipal da Defesa da Paisagem, Publicidade e Ocupação do Espaço Público de Vila Nova de Gaia e 25º, nº 3, da Tabela de Taxas do Regulamento de

Taxas e Outras Receitas do Município de Vila Nova de Gaia.), devidas por equipamentos de abastecimento de carburantes líquidos, ar e água, inteiramente localizados em propriedade privada, tem vindo a ser confirmada pelo Tribunal Constitucional ((...) Vide os seguintes acórdãos do Tribunal Constitucional: – nº 623/2019, proferido em 23 de outubro de 2019, no processo com o nº 107/2019; – nº 204/2019, proferido em 27 de Março de 2019, no processo nº 78/18; – nº 316/2014, proferido em 1 de abril de 2014, no processo nº 204/12; – nº 581/2012, proferido em 5 de dezembro de 2012, no processo nº 204/12). Porque, em face do disposto no artigo 8º, nº 3, do Código Civil, se nos impõe o respeito pela orientação jurisprudencial seguida por este Supremo Tribunal, e porque se nos impõe também acatar as decisões do Tribunal Constitucional quanto à interpretação constitucional das normas constitucionais, cumpre julgar procedente o recurso e revogar a sentença recorrida, remetendo, no essencial e também de acordo com o parecer do Procurador-Geral-Adjunto acima transcrito (em 1.4), para a fundamentação expendida no referido acórdão de 15 de Novembro de 2017, proferido no processo com o nº 173/15 (952/12.8BEAVR), ao abrigo da faculdade que nos é concedida pelo nº 5 do artigo 663º do Código de Processo Civil, aplicável ex vi da alínea e) do artigo 2º do Código de Procedimento e de Processo Tributário. 2.2.2 CONCLUSÕES. Consequentemente, o recurso será provido, formulando-se as seguintes conclusões, decalcadas do referido acórdão de 15 de novembro de 2017: I – A taxa prevista no nº 1.1 do artigo 69º da Tabela de Taxas e Outras Receitas do Município de Sintra, em vigor à data, quando aplicável a equipamentos de abastecimento de combustíveis líquidos inteiramente localizados em propriedade privada, não assenta em qualquer atribuição ou competência para licenciar o posto de abastecimento de combustíveis, mas antes no poder de tributar os particulares beneficiários de utilidades prestadas ou geradas pela actividade do município, designadamente pela prestação de serviços no domínio da prevenção de riscos e da protecção civil ou sobre a realização de actividades dos particulares que oneram permanentemente o ambiente do município, aspectos estes não valorados no quadro do licenciamento. II – Essa taxa não padece de inconstitucionalidade por violação do princípio da legalidade tributária no sentido de reserva de lei formal, ínsito nos artigos 165º, nº 1, alínea i) e 103º, nº 2, da CRP. 3. DECISÃO. Em face do exposto, os juízes da Secção do Contencioso Tributário deste Supremo Tribunal Administrativo acordam, em conferência, em conceder provimento ao recurso, revogar a sentença recorrida e julgar improcedente a impugnação judicial. Custas pela Recorrida. Lisboa, 17 de junho de 2020. – Francisco António Pedrosa de Areal Rothes (relator) – Joaquim Manuel Charneca Condesso – Nuno Filipe Morgado Teixeira Bastos.

9. Acórdão do Tribunal Constitucional nº 848/2017, de 13-12-2017. Acordam, em Plenário, no Tribunal Constitucional. I – A Causa. 1. O Provedor de Justiça

(o Requerente) veio, ao abrigo do disposto no artigo 281º, nº 2, alínea d), da Constituição da República Portuguesa (CRP) e no artigo 20º, nº 3, da Lei nº 9/91, de 9 de abril, solicitar a apreciação e declaração, com força obrigatória geral, da inconstitucionalidade das normas constantes dos números 1 e 2 do artigo 59º, dos números 1 e 2 do artigo 60º e da primeira parte do artigo 61º, bem como, consequencialmente, dos números 1 e 2 do artigo 63º e do nº 1 do artigo 64º, todos do Regulamento Geral de Taxas, Preços e outras Receitas do Município de Lisboa (RGTPRML), tal como resulta da republicação efetuada pelo Aviso nº 2926/2016, no Diário da República, 2ª Série, nº 45, de 4 de março de 2016. Considera o Requerente que estas normas – todas respeitantes à Taxa Municipal de Proteção Civil de Lisboa (doravante referida como TMPC) – violam o disposto no nº 2 do artigo 103º e na alínea i) do nº 1 do artigo 165º da CRP. 1.1. Esta inconstitucionalidade foi invocada com base nos seguintes fundamentos: "[...]. 2º De acordo com a Lei nº 27/2006, de 3 de julho, a proteção civil é a atividade «permanente, multidisciplinar e plurissectorial» (nº 2 do artigo 1º), desenvolvida em todo o território nacional «pelo Estado, regiões autónomas e autarquias locais, pelos cidadãos e por todas as entidades públicas e privadas com a finalidade de prevenir riscos coletivos inerentes a situações de acidente grave ou catástrofe, de atenuar os seus efeitos e proteger e socorrer as pessoas e bens em perigo quando aquelas situações ocorram» (nº 1 do artigo 1 º). 3º No que diz respeito à esfera local, as bases desenhadas naquele corpo normativo são densificadas pela Lei nº 65/2007, de 12 de novembro, que define o enquadramento institucional e operacional da proteção civil no âmbito municipal, estabelece a organização dos serviços municipais de proteção civil e determina as competências do comandante operacional municipal. 4º Relativamente ao suporte financeiro da intervenção naquele setor, vem a Lei nº 53-E/2006, de 29 de dezembro, enunciar, nos termos da alínea, do nº 1, do artigo 6º, que «as taxas municipais incidem sobre utilidades prestadas aos particulares ou geradas pela atividade dos municípios, designadamente (...) pela prestação de serviços no domínio da prevenção de riscos e da proteção civil». 5º É neste horizonte que o Regulamento Geral de Taxas, Preços e outras Receitas do Município de Lisboa (na sua primeira versão, publicado como Regulamento nº 569-A/2014, no Diário da República, 2ª série, nº 251, de 30 de dezembro), alterado e republicado pelo Aviso nº 2926/2016, cria a taxa municipal de proteção civil, debando expresso, no seu artigo 58º, que o novo tributo «visa, em particular, remunerar os serviços assegurados pelo Serviço Municipal de Proteção Civil nos domínios da proteção civil, do combate aos incêndios e da garantia da segurança de pessoas e bens». 6º De acordo com o Regulamento, a TMPC opera em dois horizontes distintos. O primeiro deles toca os prédios urbanos, sendo o seu devedor o sujeito passivo do respetivo imposto municipal sobre imóveis (IMI). O segundo tem em vista o exercício de determinadas atividades com risco acrescido, consoante o nº 3, do artigo 59º, e o nº 3, do artigo 60º, daquele mesmo diploma. Enquanto esta última vertente de tributação parece não suscitar maiores problemas de legitimidade constitucional, o mesmo não se pode dizer a propósito daquela outra via. 7º Isso vale tanto na dimensão formal (na perspetiva do princípio da reserva de lei) quanto no aspeto material (referente ao princípio da equivalência). Com efeito, relativamente às pessoas singulares ou coletivas que exerçam, no concelho de Lisboa, as atividades ou usos de risco acrescido identificadas no anexo do regulamento, será possível vislumbrar, embora com algum esforço hermenêutico, por certo, um nexo de correspondência (jurídica) entre a prestação administrativa e o sujeito passivo do tributo, seja em termos de aproveitamento das utilidades, seja em termos de provocação dos serviços, ainda que aquela relação se alicerce em uma simples presunção de aproveitamento ou de causação de grupo, configurando, nesta hipótese, urna taxa coletiva, rectius, uma contribuição financeira a favor de entidade pública. 8º As exigências constitucionais parecem encontrar satisfação nos preceitos da Lei nº 53-E/2006, de 29 de dezembro: em matéria de tributação local, esta normação funciona como regime geral aplicável nos termos da alínea i), do nº 1, do artigo 165º da Lei fundamental. [Segue-se a transcrição das normas impugnadas]. 10º Na parte em que se refere aos prédios urbanos ou frações destes, o Regulamento suscita perplexidades, consagrando um esquema de tributação que muito dificilmente estará em harmonia com o que estabelece a Constituição da República Portuguesa. A validade desta afirmação convoca o exame da natureza jurídica da TMPC. 11º Cabe desde logo sublinhar, como premissa, que a jurisprudência do Tribunal Constitucional tem sido constante em asseverar (cf., entre outros, os Acórdãos nºs 29/83 e 365/2008) que a caracterização de um tributo, na linha do que se lê no acórdão nº 539/2015, «há de resultar do regime jurídico concreto que se encontre legalmente definido, tornando-se irrelevante o nomen juris atribuído pelo legislador ou a qualificação expressa do tributo como constituindo uma contrapartida de uma prestação provocada ou utilizada pelo sujeito passivo». 12º Sem prejuízo da superação, por força da revisão constitucional de 1997, do tradicional paradigma dualista das espécies de tributo, em favor de um modelo que hoje abraça, como tertium genus ou modalidade intermédia (Canotilho, J. J. Gomes/Moreira, Vital, Constituição da República Portuguesa Anotada, Vol. I, 4ª ed., Coimbra: Coimbra Editora, 2007, p. 1095), as denominadas «contribuições financeiras a favor das entidades públicas» (a propósito desta modificação, vejam-se, por exemplo, os Acórdãos nº 613/2008 e 152/2013 do Tribunal Constitucional), pode dizer-se (que a distinção entre imposto e taxa segue como o primeiro e mais importante pilar da construção do sistema tributário balizado pela Constituição da República Portuguesa e densificado pela atuação legislativa ordinária. 13º O critério de destrinça entre aquelas duas figuras dogmáticas continua a ser a unilateralidade ou bilateralidade do tributo: enquanto os impostos têm uma natureza unilateral (não sinalagmática), na medida em que atendem unicamente a necessidades genéricas de obtenção de receitas públicas que revertem em benefício indiferenciado da comunidade como um todo, as taxas assumem um caráter bilateral (sinalagmático), pois a sua cobrança depende da existência de uma pontual mas efetiva relação de correspondência (jurídica) com uma prestação específica e concreta da Administração, que pode consistir em um determinado serviço público, no uso de um determinado bem de domínio público ou ainda no afastamento de um determinado estorvo jurídico (pars pro toto, embora argumentando à luz do modelo dicotómico: Nabais, José Casalta, O dever fundamental de pagar impostos, Coimbra: Almedina, 1988, p. 256 ss.). 14º Deste modo, se «a taxa constitui um tributo exigido em contrapartida de prestações administrativas efetivamente provocadas ou aproveitadas pelo sujeito passivo» (Vasques, Sérgio, O princípio da equivalência como critério de igualdade tributária, Coimbra: Almedina, 2008, p. 248), as manifestações tributárias orientadas para o financiamento de atividades gerais e indivisíveis – defesa nacional, atuação legislativa, serviço diplomático, iluminação pública, sinalização de trânsito, acessibilidade urbana, etc. – não podem ser subsumidas ao conceito jurídico de taxa, na exata medida em que não permitem a individualização da utilidade recebida ou da conduta de causação relevante na perspetiva de quem tem o dever de pagar. 15º Esta fórmula vem trilhando um caminho sólido e seguro, não só na doutrina, mas também no direito positivo. Basta reparar como o legislador faz questão de enfatizar, sempre que julga necessário ou conveniente, o aspeto da contraprestação divisível e individualizada como elemento constitutivo daquela espécie tributária. 16º Não será por acaso que o nº 2, do artigo 4º, do Decreto-Lei nº 398/98, de 17 de dezembro, enuncia que «as taxas assentam na prestação concreta de um serviço público, na utilização de um bem do domínio público ou na remoção de um obstáculo jurídico ao comportamento dos particulares». O mesmo pode ser dito relativamente ao artigo 3º da Lei nº 53-E/2006, de 29 dezembro, onde se lê que «as taxas das autarquias locais são tributos que assentam na prestação concreta de um serviço público local, na utilização privada de bens do domínio público e privado das autarquias locais ou na remoção de um obstáculo jurídico ao comportamento dos particulares, quando tal seja atribuição das autarquias locais, nos termos da lei». 17º Ora, em nenhum destes casos estamos diante de um mero golpe do acaso ou de uma simples opção de técnica legislativa. Bem ao contrário: na base daquelas normas está a vontade de realizar o conteúdo de sentido útil embutido na clivagem formal e materialmente imposta pelos termos ora vertidos na alínea i), do nº 1, do artigo 165º da Constituição da República Portuguesa. 18º Vai igualmente nesta direção a jurisprudência pacífica do Tribunal Constitucional, ao sublinhar o perfil remuneratório ou compensatório das taxas, por contraposição ao significado meramente arrecadatório dos impostos. A título de exemplo, o Acórdão nº 152/2013 vem acentuar o seguinte: «é sobejamente reconhecido que a diferenciação entre imposto e taxa reside na unilateralidade ou bilateralidade dos tributos: o imposto tem uma estrutura unilateral, enquanto a taxa apresenta uma estrutura bilateral ou sinalagmática. (...) É pois fundamentalmente o facto de as taxas não visarem a satisfação de necessidades financeiras gerais do Estado, em função da capacidade contributiva dos sujeitos passivos e no cumprimento de um dever de solidariedade, que explica que a concreta criação destes tributos não esteja subordinada ao princípio da reserva de lei formal e, logo, não tenha de ocorrer através de lei cm sentido formal (cfr. artigo 165º, nº 1, alínea i), da CRP). Em função da visão dicotómica tradicional, abundam os casos em que o Tribunal Constitucional, em face da não verificação desse caráter bilateral ou sinalagmático, concluiu que as receitas coativas em causa, apesar de formalmente designadas por taxas ou tarifas, deveriam na realidade reconduzir-se à categoria dos impostos, gerando a inconstitucionalidade orgânica das normas que as criaram (cfr., entre outros, os Acórdão números 369/99, 558/98, 437/03, 63/99, 127/04, 247/04. Cumpre, no entanto, sublinhar que a jurisprudência constitucional tem reservado esta conclusão para aqueles casos em que exista unia desproporção intolerável entre o montante pago pelo sujeito passivo a título de taxa e o custo do bem ou serviço prestado (cfr., entre outros, os Acórdãos nºs 369/99, 1 140/96, 22/00, 227/01, 68/07 e 410/10)». 19º Ainda que o regime geral das taxas das autarquias locais (RTL) seja excessivamente aberto, a ponto de expressamente agasalhar a possibilidade de criação de taxas sobre serviços ou utilidades públicas indivisíveis, ou seja, sobre atividades cujo aproveitamento ou provocação não é suscetível de individualização, e por mais que esta permissibilidade seja eventualmente censurável do ponto de vista da conformação legal do princípio da equivalência (jurídica), hipótese cuja análise, nesta oportunidade, seria de todo o modo desinteressante, é razoável concluir que, nos termos em que aparece configurada, sobretudo por se referir indistintamente a prestações gerais e difusas, a TMPC, quando lançada sobre imóveis urbanos, não pode ser juridicamente diferenciada de um imposto. 20º Na esteira do que já foi aqui destacado, o categorial desencontro entre nome e realidade não é algo incomum nesta matéria. Na verdade, a distinção entre as espécies tributárias, «ainda que não raras vezes de complexa execução, tem vindo a tornar-se um exercício cuja necessidade se assevera recorrente, com a criação, nos últimos anos, de figuras cuja designação como taxas ou contribuições não impede que as mesmas revelem ser, afinal, outro tipo de tributos» (Soares. Sara, «A parafiscalidade e as garantias dos contribuintes: algumas reflexões», Questões Atuais de Direito Local, nº 9 (2016), p. 102).

21º Se mal se não vê, a TMPC pode muito bem ser inserida no rol das «taxas locais que assentam sobre presunções de tal modo frágeis que não podemos dizer seguro nem sequer provável mas apenas possível o aproveitamento de uma prestação autárquica, como sucede quando um município lança laxas sobre anúncios luminosos destinadas a compensar o putativo aproveitamento do meio ambiente local para o qual contribuirá a intervenção das autarquias», sendo que, nestes casos, «o tributo em questão deve ser qualificado como um imposto, estando sujeito ao princípio da capacidade contributiva e à reserva de lei parlamentar» (Vasques, Sérgio, Regime das taxas locais – Introdução e Comentário, Coimbra: Almedina, 2008, p. 88). Foi esta aliás, a perspetiva assumida no Acórdão nº 437/2003 do Tribunal Constitucional, a propósito das taxas de publicidade. 22º Se por um lado é certo que o nº 2, do artigo 5º, da Lei nº 53-E/2006, de 29 de dezembro, ao dispor que «as autarquias locais podem criar taxas para financiamento de utilidades geradas pela realização de despesa pública local, quando desta resultem utilidades divisíveis que beneficiem um grupo certo e determinado de sujeitos, independentemente da sua vontade», parece autorizar a criação de taxas sobre vantagens difusas (não individualizáveis), das quais seria exemplo, nos termos da alínea f), do nº 1, do artigo 6º daquele mesmo corpo normativo, a prestação de serviços no domínio da proteção civil, por outro lado, «uma vez que o RTL não pode, evidentemente, prevalecer sobre a Constituição da República, comprimindo o legislador ordinário a reserva de lei parlamentar, só haveremos de admitir que as autarquias lancem tributos em contrapartida destas utilidades, atividades ou serviços, quando nele se descubra uma prestação concreta de que os sujeitos passivos sejam efetivos causadores ou beneficiários.» (Vasques, Sérgio, Regime das taxas locais – Introdução e Comentário (cit), p. 89). 23º Tal como hoje configurada, seja no que diz respeito à natureza jurídica, seja no que se prende com o âmbito objetivo e subjetivo de incidência, a TMPC confunde-se, quase por ponto, com o IMI, havendo boas razões para dizer-se, sem nenhuma franja de exagero hermenêutico, que a pretendida tributação sobre os serviços de proteção civil representa, na verdade, um simples adicional do imposto municipal sobre imóveis. 24º Afirmação que ganha ainda mais força se atentarmos nas regras do anexo I, do Decreto-Lei nº 287/2003, de 12 de novembro, em especial nos seus artigos 1º, 8º, 112º e 113º. Desta maneira, ao menos na parte em que se refere aos prédios urbanos, a taxa municipal de proteção civil do Município de Lisboa acaba por refletir não o princípio da equivalência (jurídica), mas o princípio da capacidade contributiva. 25º Sendo de todo o modo certo que, neste caso, verificando-se uma hipótese de dupla tributação, deparamo-nos com uma situação de «intolerável desproporção» – para empregar a linguagem do citado Acórdão nº 152/2013 do Tribunal Constitucional – entre aquilo que a autarquia local cobra a título de TMPC e as prestações que ela garante no âmbito da atividade em questão: no seu núcleo essencial, a proteção civil resume-se ao exercício genérico de poderes de polícia, envolvendo serviços de interesse difuso que já são devidamente custeados pela participação financeira dos proprietários de imóveis, em cumprimento de um dever fundamental de cidadania (solidariedade). Convém recordar que, na esfera nacional, o serviço de bombeiros, um dos principais segmentos da atividade de proteção civil, também é financiado, nos termos do Decreto-Lei nº 97/91, de 2 de março, pelo chamado «Imposto para o Serviço Nacional de Bombeiros», que boje reverte em favor da Autoridade Nacional de Proteção Civil (ANPC). 26º Assim, a proteção civil só poderá render ensejo à tributação ali onde ela se materializar não em serviços gerais, mas em serviços individualizados, ou seja, em utilidades suscetíveis de serem apreciadas à luz do princípio do utilizador-pagador ou do princípio do beneficiário-pagador. Permito-me reproduzir aqui, pela sua limpidez, o arrazoado que segue: «Afiguram-se-nos, assim, inconstitucionais as taxas municipais de proteção civil instituída por diversos municípios para financiamento das despesas públicas locais realizadas no âmbito da proteção civil. Em primeiro lugar, porque estamos no domínio de uma atividade típica das funções do Estado de polícia, entre as quais se destacam atividades de prevenção de riscos e programação da ação, que se repartem entre os níveis europeu, nacional e municipal e são financiadas por instrumentos europeus, sobretudo em matérias de estudo e ações de formação e educação, e nacionais, quer através de transferências do orçamento do Estado, quer com tributos próprios, como o já mencionado Imposto para o Serviço Nacional de Bombeiros. A instituição de taxas municipais de proteção civil é juridicamente inaceitável, pois inexiste qualquer contraprestação específica para os sujeitos passivos do tributo (os quais não são, sequer, em muitos casos, beneficiários de qualquer atividade prestada por estes serviços) e no se pode sequer afirmar que este serviço – de proteção civil – tenha sido instituído com o propósito de dar satisfação a uma necessidade por eles gerada. Trata-se de um serviço de interesse geral, que, nessa medida, deve ser financiado com impostos» (Silva, Suzana Tavares da, As taxas e a coerência do sistema tributário, 2ª ed., Coimbra: Coimbra Editora, 2013, p. 139-140).» 27º Portanto, ao menos no que diz respeito à vertente dos imóveis urbanos, não se compreende como o tributo em análise pode ser associado à lógica de sinalagmaticidade que caracteriza o conceito de taxa, em uma perplexidade que aumenta exponencialmente quando observamos os objetivos e os domínios de atuação da proteção civil. 28º De facto, uma parcela significativa das utilidades em questão beneficia indistintamente a todos os habitantes do município. Isso fica claro, por exemplo, quando a lei enuncia que a proteção civil busca «prevenir os riscos coletivos e a ocorrência de acidente grave ou de catástrofe deles resultante» e «proteger bens e valores culturais, ambientais e de elevado interesse público» (vejam-se as alíneas a) e c), do nº 1, do artigo 4º, da Lei nº 27/2006, de 3 de julho, bem como as alíneas a) e c), do nº 1, do artigo 2º, da Lei nº 65/2007, de 12 de novembro). 29º O mesmo pode ser dito, a depender das circunstâncias, em especial da dimensão do acontecimento relevante, quando se trata de «atenuar os riscos coletivos e limitar os seus efeitos no caso das ocorrências descritas (...)» e de «apoiar a reposição da normalidade da vida das pessoas em áreas afetadas por acidente grave ou catástrofe» (cf. as alíneas b) e d), do nº 1, do artigo 4º, da Lei nº 27/2006, de 3 de julho, bem como as alíneas b) e d), do nº 1, do artigo 2º, da Lei nº 65/2007, de 12 de novembro). 30º Tal vocação prospetiva (ex ante facto) é confirmada ali onde o legislador decompõe a proteção civil em segmentos que abrangem as seguintes medidas (segundo as alíneas do nº 2, do artigo 4º, da Lei nº 27/2006, de 3 de julho, bem como as alíneas do nº 2, do artigo 2º, da Lei nº 65/2007, de 12 de novembro): (i) «levantamento, previsão, avaliação e prevenção dos riscos coletivos»; (ii) «análise permanente das vulnerabilidades perante situações de risco»; (iii) «informação e formação das populações, visando a sua sensibilização em matéria de autoproteção e de colaboraçao com as autoridades»; (iv) «planeamento de soluções de emergência, visando a busca, o salvamento, a prestação de socorro e de assistência, bem como a evacuação, alojamento e abastecimento das populações»; (v) «inventariação dos recursos e meios disponíveis e dos mais facilmente mobilizáveis, ao nível local, regional e nacional»; (vi) «estudo e divulgação de formas adequadas de proteção dos edifícios em geral, de monumentos e de outros bens culturais, de infraestruturas, do património arquivístico, de instalações de serviços essenciais, bem como do ambiente e dos recursos naturais»; (vii) «previsão e planeamento de ações atinentes à eventualidade de isolamento de áreas afetadas por riscos». 31º Por detrás desta disciplina estão, de acordo com as alíneas b) e c), do artigo 5º da Lei de Bases da Proteção Civil, não só o princípio da prevenção, «por força do qual os riscos de acidente grave ou de catástrofe devem ser considerados de forma antecipada, de modo a eliminar as próprias causas, ou reduzir as suas consequências, quando tal não seja possível», mas também o princípio da precaução, «de acordo com o qual devem ser adotadas as medidas de diminuição do risco de acidente grave ou catástrofe inerente a cada atividade, associando a presunção de imputação de eventuais danos à mera violação daquele dever de cuidado». 32º Posto isto, não será desaconselhado concluir que aquela lógica de prevenção e de precaução – necessariamente fluida e indeterminada em termos geográficos e populacionais – é bastante avessa à pretensão de qualquer individualização do proveito realmente percebido pelo sujeito passivo ou do comportamento particular que ocasionou a cobrança do tributo. Aliás, de um certo modo, esta conclusão encontra apoio na própria natureza das coisas, tanto mais quanto, na sua essência, a proteção civil nada mais é do que um braço daquilo que a doutrina chama de «defesa estatal contra perigos». 33º Admitir o contrário significa descaracterizar o conceito de taxa, enfraquecendo aquilo que constitui a sua marca-d'água, a exigibilidade da prestação administrativa: «se a utilidade ou as utilidades proporcionadas são individualizadas em si mesmas e por beneficiarem diretamente o administrado sobre o qual impende o dever de pagar a taxa, então esse administrado dispõe do direito de exigir que a entidade pública em questão atue por forma a proporcionar-lhe aquela utilidade ou aquelas utilidades. Sob pena de indemnização por lesão de interesse legalmente protegido» (Sousa, Marcelo Rebelo, Parecer acerca da constitucionalidade de taxas de criação municipal respeitantes a dísticos e anúncios implantados ou afixados nas fachadas dos estabelecimentos de propriedade privada, e que se destinem a indicar ou tornar público os nomes de estabelecimentos ou das respetivas firmas ou marcas, p. 7, texto disponibilizado pela Associação Empresarial do Concelho de Matosinhos).» 34º Deste modo, sendo o tributo chamado de «taxa municipal de proteção civil» um verdadeiro imposto, a sua criação está sujeita à reserva de lei formal (parlamentar ou com a sua autorização), consoante o disposto no nº 2, do artigo 103º, e na alínea i), do nº 1, do artigo 165º, ambos da Constituição da República Portuguesa, o que, na parte em que fazem a tributação incidir sobre prédios urbanos, configura como organicamente inconstitucionais as determinações que aqui se impugnam, contidas na Secção V, do Capítulo III, do Título II, do Regulamento Geral de Taxas, Preços e Outras Receitas do Município de Lisboa. 35º Essa conclusão não implica excluir de jeito absoluto e automático a legitimidade da criação de taxas no domínio da proteção civil. O que, segundo o nosso modo de ver e de valorar as coisas, nunca poderá ser admitido, à luz dos preceitos constitucionais aplicáveis, é a criação de taxas cujo facto gerador corresponda exclusivamente ou ao menos de maneira preponderante à prestação de serviços gerais ou difusos naquele setor de atividade. Dito de outro modo, para que dúvidas não restem: não há nenhuma razão jurídica que impeça a criação de taxas voltadas para a retribuição ou remuneração da prestação de serviços individualizáveis no campo da proteção civil, bastando pensar naqueles casos em que o SMPC atua, ex post facto, para minorar as consequências de um determinado acidente grave ou de uma específica catástrofe, socorrendo pessoas e outros seres vivos em perigo ou protegendo o património privado, hipótese na qual já se afigurará como possível e praticável a identificação do círculo de beneficiários da atuação administrativa concreta, ainda que o tributo seja calculado, por exemplo, com base no número e na categoria de profissionais, veículos e outros aparatos técnicos mobilizados aquando da particular situação de sinistro ou tragédia. 36º Caminhará nesse sentido o próprio Tribunal Constitucional, como sugere o já citado Acórdão nº 539/2015, ainda que a propósito de outro tributo, a chamada «taxa de segurança alimentar mais». Com efeito, a decisão vem esclarecer: «a taxa de segurança alimentar mais não constitui uma verdadeira taxa porque não incide sobre uma qualquer prestação administrativa de que o sujeito passivo seja efetivo causador ou beneficiário, sendo antes tida como contrapartida de todo um conjunto de atividades levadas a cabo por diversas entidades públicas que visam garantir a segurança e qualidade alimentar. E também porque o facto gerador do tributo não é a prestação individualizada de um serviço público mas a mera titularidade de um estabelecimento de comércio alimentar, sendo o valor da taxa calculado, com base na área de venda do estabelecimento e não com base no custo ou encargo que a atividade de controlo da segurança e qualidade alimentar poderia gerar». 37º Todavia, a recusa da qualificação da TMPC como verdadeira taxa não significará – ao contrário do que se afirmou relativamente ao caso objeto daquela decisão – que estamos diante de uma contribuição financeira a favor de entidade pública. Afinal, como destaca aquele mesmo Acórdão, urna característica essencial desta última categoria tributária é o financiamento de despesas associadas a certos serviços públicos cuja execução pertence à esfera de responsabilidade de determinados entes dotados de autonomia administrativa e financeira: «desse ponto de vista o que interessa considerar é o grau de autonomia da entidade que presta o serviço público e à qual se encontra consignada a receita resultante da contribuição financeira, de modo a poder afirmar-se que a receita não será canalizada para a administração geral do Estado ou de outras pessoas coletivas territoriais». 38º Assim, diferentemente das receitas obtidas com a taxa de segurança alimentar mais, que são consignadas a um fundo dotado de autonomia administrativa e financeira, com atribuições específicas na área da segurança alimentar e da saúde dos consumidores (veja-se o artigo 6º do Decreto-Lei nº 119/2012, de 15 de junho), as receitas obtidas com a TMPC não são consignadas a nenhuma entidade com semelhante independência: elas servem para cobrir, indistintamente, as despesas gerais do Município. 39º Todavia, nem mesmo a eventual consignação ao Serviço Municipal de Proteção Civil teria o condão de transformar o tributo em uma genuína contribuição financeira a favor de entidade pública, pois a Lei nº 65/2007, de 12 de novembro, em momento algum deixa entrever que o SMPC goza daquela capacidade de autogestão (diversamente do que se passa, nos termos do Decreto-Lei nº 73/2013, de 31 de maio, com a Autoridade Nacional de Proteção Civil, enquanto «serviço central, da administração direta do Estado, dotado de autonomia administrativa e financeira e património próprio» (artigo 1º). [...]". 1.2. Notificada para se pronunciar, querendo, sobre o pedido formulado neste processo, a Senhora Presidente da Assembleia Municipal de Lisboa apresentou a sua Pronúncia, informando que a criação da Taxa Municipal de Proteção Civil de Lisboa e a sua inclusão no RGTPRML resultaram da Deliberação nº 346/2014, através da qual a Assembleia Municipal de Lisboa aprovou, em 16 de dezembro de 2014, a Proposta 742/CM/2014, da Câmara Municipal – tendo o Regulamento, com esta taxa incluída, sido publicado no Diário da República nº 251/2014, 2º Suplemento, Série II, 30.12.2014, como Regulamento nº 569-A/2014. De qualquer forma, por considerar que a notificação do Tribunal Constitucional "[deveria] merecer a competente pronúncia por parte do Município de Lisboa, representado [pela] Assembleia Municipal" determinou ser necessária uma decisão da Assembleia e não apenas da sua Presidente. Informou, assim, ter solicitado "[...] ao Departamento Jurídico da Câmara Municipal que preparasse a fundamentação da resposta ao Tribunal Constitucional", tendo, entretanto, recebido o respetivo documento. Perante este circunstancialismo, a Senhora Presidente da Assembleia Municipal de Lisboa propôs que a Assembleia a que preside deliberasse autorizá-la a responder à notificação do Tribunal Constitucional com base na resposta do Departamento Jurídico da Câmara, autorização que foi concedida. Nesta sequência, foram juntos 5 anexos ao documento designado "Proposta 001/ /PAM/2017 – Taxa Municipal de Proteção Civil – Resposta à notificação do Tribunal Constitucional", a saber: anexo 1 – notificação do Tribunal Constitucional, com o pedido do Provedor de Justiça; anexo 2 – deliberação 346/AM/2014, de 16 de dezembro, contendo a alteração ao Regulamento Geral de Taxas, Preços, e Outras Receitas do Município de Lisboa, consubstanciada no aditamento da "Secção V – Taxa Municipal de Proteção Civil" a tal Regulamento, incluindo um "Relatório de fundamentação económica e financeira" de várias taxas e tarifas do Município de Lisboa, nomeadamente a Taxa Municipal de Proteção Civil; anexo 3 – Regulamento Geral de Taxas, Preços e Outras Receitas do Município de Lisboa aprovado em 2014 (Regulamento nº 569-A/2014, DR nº 251/2014, 2º Suplemento, Série II, de 30.12.2014), com o texto integral do Regulamento em questão, tal como foi publicado no Diário da República; anexo 4 – versão vigente do Regulamento Geral de Taxas, Preços e Outras Receitas do Município de Lisboa; e anexo 5 – Fundamentação da resposta do Município de Lisboa ao Tribunal Constitucional no âmbito do Processo nº 281/2017 de fiscalização abstrata sucessiva. 1.2.1. O referido "anexo 5" – que contém o alinhamento dos argumentos de sinal contrário ao pedido do Requerente – encontra-se dividido em seis pontos. 1.2.1.1. No ponto 1. da "Fundamentação da resposta do Município" é analisada a "Origem, finalidade e estrutura da TMPC". Para além dos trâmites procedimentais, é dito que a TMPC "[...] tem por finalidade remunerar os serviços assegurados pelo Serviço Municipal de Proteção Civil nos domínios da proteção civil, do combate aos incêndios e da garantia da segurança de pessoas e bens", bem como que, em face do quadro legal instituído pela Lei nº 27/2006, de 3 de julho (Lei de Bases da Proteção Civil) e pela Lei nº 65/2007, de 12 de novembro, relativa ao enquadramento institucional e operacional da proteção

civil no âmbito municipal, foram confiadas responsabilidades reforçadas aos municípios neste domínio, o que justificará, no entender do Município de Lisboa que, com a TMPC, "[...] os particulares custeiem, ao menos em parte, as utilidades que lhes aproveitam". A estrutura da TMPC é explicada, em relação aos seus elementos essenciais, nos termos seguintes (deixando de fora do exame a taxa quando incidente sobre "as atividades e usos de risco acrescido em edifícios, recintos ou equipamentos, situados no concelho de Lisboa [...]" – nº 3 do artigo 59º do RGTPRML –, cuja incidência subjetiva é definida no nº 3 do artigo 60º, o facto gerador descrito na 2ª parte do artigo 61º e o valor determinado segundo as regras previstas no nº 3 do artigo 63º, uma vez que estas normas estão fora do pedido do Senhor Provedor de Justiça, não devendo a sua (in)constitucionalidade ser averiguada pelo Tribunal Constitucional): – em termos de incidência objetiva, e na parte que nos interessa, ela recai sobre duas realidades essenciais: a titularidade de prédios urbanos ou suas frações e a titularidade de prédios com risco acrescido em virtude do seu estado degradado, devoluto ou em ruína – em qualquer dos casos, prédios, edifícios ou equipamentos situados no concelho de Lisboa; – no que respeita à sua incidência subjetiva, a TMPC é devida pelos sujeitos passivos do IMI correspondente – em princípio, os proprietários; – em relação ao facto gerador ele é constituído pela titularidade dos prédios urbanos tributáveis a 31 de dezembro de cada ano; – no que tange à determinação do seu valor, ela "é calculada por aplicação da taxa anual" (naturalmente que a taxa que está aqui em causa é aquilo que a doutrina e legislação brasileira normalmente designam por alíquota, que corresponde à percentagem do valor sobre o qual recai o tributo, isto é, o "quinhão" da matéria tributável ou coletável que é exigido a título do tributo respetivo, seja ele uma taxa ou um imposto) "de 0,0375% sobre o respetivo valor patrimonial tributário, taxa essa agravada para 0,3% no tocante aos prédios degradados e para 0,6% no que respeita aos prédios devolutos ou em ruína, tal como os define o Código do IMI (artigo 63º, nºs 1 e 2)".
1.2.1.2. No ponto 2., são examinados os "argumentos do Provedor de Justiça". Apesar de tal pedido estar integralmente transcrito (cf. supra, 1.1.) afigura-se útil transcrever parte da análise feita, especialmente pelo esforço sintético que foi realizado. Assim, no documento agora em análise, e avançando já aquele que será incontornavelmente o aspeto central deste Acórdão – saber se a TMPC é uma taxa ou um imposto –, considera-se que: "[...] [O]s argumentos que levam o Provedor de Justiça a qualificar esta parte da TMPC como imposto podem resumir-se assim: – A TMPC refere-se a prestações públicas difusas, ligadas à prevenção e precaução de riscos coletivos, que não podem facilmente ser objeto de imputação individual (nº 32); – A titularidade dos imóveis sujeitos à TMPC não permite presumir a provocação ou aproveitamento das prestações municipais associadas à proteção civil (nº 21);

– A TMPC, na parte em que incide sobre os prédios urbanos, não apresenta por isso o sinalagma que a doutrina entende ser característico das taxas (nº 27); – A TMPC, na parte em que incide sobre os prédios urbanos, deve em consequência ser qualificada como imposto, representando mero adicional ao IMI (nºs 19 e 23) [...]". Os pressupostos em que assenta a argumentação desenvolvida pelo Provedor de Justiça a propósito da TMPC são sintetizados da seguinte forma: primeiro, "[...] o Provedor de Justiça adere a uma representação dicotómica dos tributos públicos, tudo centrando na distinção entre as taxas e os impostos", marginalizando ostensivamente (no entender do autor da norma, claro está) as contribuições enquanto categoria intermédia de tributos públicos; segundo, a contestação que o Provedor de Justiça faz da TMPC dirige-se exclusivamente "[...] à parte em que esta incide sobre a titularidade de prédios urbanos, não contestando a parte da TMPC incidente sobre atividades e usos de risco, que o Provedor reconhece "não suscitar maiores problemas de legitimidade constitucional". A qualificação que faz da TMPC enquanto imposto assenta, portanto, na desagregação do tributo público em componentes que o Provedor de Justiça julga merecerem qualificação diversa para efeitos da reserva de lei parlamentar [...]". Em suma, no entender do Município de Lisboa, "[...] o Provedor de Justiça só chega à conclusão a que chega porque se socorre de uma representação dos tributos públicos que a doutrina e os tribunais ultrapassaram há muito e porque desagrega artificiosamente a estrutura da TMPC de modo capaz de sugerir a sua unilateralidade". 1.2.1.3. No ponto 3. da "Fundamentação da resposta do Município" é escrutinada, em termos genéricos, "A delimitação de Taxas, Contribuições e Impostos" – depois de identificar as três grandes categorias de tributos públicos previstas no artigo 165º da CRP (as taxas, as contribuições e os impostos), cada uma delas é examinada. Apoiando-se na jurisprudência do Tribunal Constitucional, conclui o Município de Lisboa, a este respeito (após uma caracterização genérica de cada um dos tributos) que os impostos se caraterizam por serem receitas que visam "[...] custear o financiamento em geral das despesas públicas» e que por isso hão de ser «repartidas pela generalidade dos contribuintes», ao passo que as taxas (e as contribuições) «têm por finalidade o financiamento de despesas públicas determinadas e que devem, por conseguinte, ser suportadas pelos causadores ou beneficiários dessas prestações (Acórdão do Tribunal Constitucional nº 497/89). Refere-se, ainda, a "[...] categoria intermédia das contribuições, autonomizada pelo legislador constituinte desde a Revisão Constitucional de 1997", a qual está "[...] a meio caminho entre a taxa e o imposto", sendo as contribuições "[...] definidas pela doutrina como prestações pecuniárias e coativas exigidas por uma entidade pública em contrapartida de uma prestação administrativa presumivelmente provocada ou aproveitada pelo sujeito passivo". Ao passo que as taxas "[...] visam compensar prestações efetivamente provocadas ou aproveitadas pelo sujeito passivo, constituindo por isso tributos rigorosamente comutativos», «as contribuições dirigem-se à compensação de prestações que só presumivelmente são provocadas ou aproveitadas pelo sujeito passivo, constituindo por isso tributos apenas paracomutativos; os impostos, enfim, são alheios a qualquer prestação administrativa ou propósito compensatório, constituindo tributos rigorosamente unilaterais". Por esta razão se diz que as contribuições "[...] não visam dar corpo a uma troca entre o sujeito passivo e a administração mas entre a administração e o grupo em que o sujeito passivo se integra". Com base nesta argumentação são formuladas algumas conclusões, referidas como relevantes para a análise da TMPC: a de que o universo dos tributos previstos pela CRP não se esgota na dicotomia taxas/impostos; e uma outra, nos termos da qual a distinção entre taxas, contribuições e impostos não se faz por meio de um qualquer corte brusco que vá sugerido na Constituição da República, fazendo-se através de uma longa escala graduada. Compreensão das coisas que terá vindo a ser sufragada pelo Tribunal Constitucional que, a propósito da taxa de segurança alimentar, reconheceu no Acórdão nº 539/2015 que, "[...] por via da nova redação dada à norma do artigo 165º, nº 1, alínea i), a Constituição autonomizou uma terceira categoria de tributos, para efeitos de reserva de lei parlamentar, relativizando as diferenças entre os tributos unilaterais e os tributos comutativos". 1.2.1.4. No ponto 4. da "Fundamentação", a análise do Município de Lisboa centra-se em três Acórdãos do Tribunal Constitucional: o Acórdão nº 177/2010, relativo às taxas de publicidade instituídas pelo Município de Guimarães, tributo incidente sobre a afixação de publicidade em propriedade privada, no qual o Tribunal Constitucional concluiu que lhe estava subjacente uma atividade pública capaz de corporizar uma verdadeira relação sinalagmática entre o Município e o contribuinte; o Acórdão nº 316/2014, reportado à taxa sobre postos de abastecimento de combustíveis (situados em propriedade privada) instituída pelo Município de Sintra, que o Tribunal Constitucional concluiu igualmente tratar-se de uma verdadeira taxa, porque as razões que determinaram a sua criação (os condicionamentos no plano do tráfego e acessibilidades, o impacto ambiental da atividade em questão e a atividade de fiscalização desenvolvida pelos serviços municipais competentes) dão corpo a uma relação verdadeiramente sinalagmática; e o Acórdão nº 179/2015, relativo à taxa de extração de inertes instituída pelo Município de Vila Pouca de Aguiar, no qual o Tribunal Constitucional reafirmou a doutrina do Acórdão nº 316/2014, concluindo igualmente tratar-se de uma taxa, como tal constitucionalmente admissível. Nos três casos tratados discutiu-se se se estaria ou não perante verdadeiras taxas, nomeadamente tendo em conta a alegada indivisibilidade das prestações, a incerteza das intervenções públicas e a natureza unilateral da relação estabelecida com os contribuintes. Alega o autor da norma que o Tribunal Constitucional considerou, nos referidos Acórdãos, "[...] que, para efeitos da reserva de lei parlamentar, a categoria das taxas é capaz de acomodar tributos cobrados em virtude do exercício de competências ligadas à prevenção de riscos e ao ordenamento do território e do ambiente, uma parte essencial do trabalho que os Municípios hoje em dia levam a cabo". 1.2.1.5. No ponto 5. da "Fundamentação da resposta do Município", é tratado "O conceito de Taxa na Lei", procurando evidenciar-se que a construção sustentada pelo autor da norma tem correspondência na lei, em particular no Regime Geral das Taxas das Autarquias Locais (RGTAL), aprovado pela Lei nº 53-E/2006, de 29 de dezembro (por lapso alude-se à Lei nº 56-E//2006): no seu artigo 6º, sobre a incidência objetiva das taxas, são mencionadas "[...] diversas prestações que correspondem ao que o Provedor de Justiça representa como 'serviços gerais ou difusos', dos quais se desprendem benefícios que vão além do universo dos sujeitos passivos", incluindo uma referência expressa à "[...] prestação de serviços no domínio da prevenção de riscos e da proteção civil» (al. f) do nº 1), mostrando que "[...] a circunstância de uma taxa servir ao financiamento de "serviços de interesse geral" não é por si só decisiva na respetiva qualificação". 1.2.1.6. Por fim, o ponto 6. (por lapso, numerado no documento junto como um segundo ponto "5.") da "Fundamentação da resposta do Município" e subordinado ao título "A TMPC enquanto Taxa", ali se sustentando que "[...] a Taxa Municipal de Proteção Civil instituída pelo Município de Lisboa reveste as caraterísticas necessárias à sua qualificação como taxa". Começando por analisar a "Função da TMPC" (6.1.), o Município acentua o facto de o fazer em relação à taxa no seu todo, aludindo ao reforço das atribuições dos municípios no domínio da proteção civil – e ao correspondente "redobrado esforço financeiro" – em face das disposições contidas nas citadas Lei nº 27/2006 (Lei de Bases da Proteção Civil) e na Lei nº 65/2007, de 12 de novembro. Assim, a TMPC serve para obrigar os particulares a custear, "ao menos em parte", as utilidades que lhes aproveitam: no artigo 58º do RGTPRML dispõe-se que esta taxa é o correspetivo "dos serviços assegurados pelo Serviço Municipal de Proteção Civil nos domínios da proteção civil, do combate aos incêndios e de garantia da segurança das pessoas e bens". Nesta linha, o Município critica o entendimento do Provedor de Justiça segundo o qual está em causa o exercício genérico de poderes de polícia e a prestação de serviços de interesse difuso defendendo, pelo contrário, que "[...] a concreta atividade de proteção civil levada a cabo pela Câmara Municipal de Lisboa seguramente não pode dizer-se mero 'serviço de interesse difuso'" – apresentando, para justificar tal entendimento, o elevado número de intervenções concretas dos serviços da Câmara Municipal, de incêndios e de outras ocorrências verificadas. A taxa em apreço serve para "[...] cobrir parte importante do elevado custo que o Município tem com a manutenção, existência e investimentos a realizar com estes serviços". O Município estabelece um paralelo rigoroso entre o modo como a atividade de proteção civil se impõe aos municípios e a fiscalização dos postos de abastecimento de combustíveis ou o controlo da extração de inertes, em análise nos citados acórdãos do Tribunal Constitucional nºs 316/2014 e 179/2015 – na medida em que também no circunstancialismo que envolve a TMPC a imposição legal do dever respetivo é "[...] causa de uma atividade de vigilância e de ações de prevenção" por parte dos municípios. Em todo o caso, o Município não deixa de reconhecer que "[...] nem toda a atividade de prevenção de riscos e prestação de socorros levada a cabo pelo Município de Lisboa aproveita em exclusivo aos proprietários dos prédios sujeitos à TMPC". Em suma, e no entender do Município de Lisboa, "o fundamento para a instituição da TMPC está na compensação de prestações que se sabe à partida não beneficiarem em exclusivo os proprietários de imóveis no concelho de Lisboa, mas que têm nesses proprietários os seus beneficiários principais [...]". Na medida em que "[...] a atividade da proteção civil do Município de Lisboa está em larga medida ligada ao património edificado, traduza-se ela em operações de socorro a incêndios, em intervenções por ocasião de inundações, em ações de proteção ditadas pelo estado degradado ou em ruína de imóveis [...]", sendo por isso "[---]'normal' e mesmo 'expectável' que a Câmara Municipal de Lisboa, em face das atribuições que lhe são cometidas por lei, desenvolva um conjunto de ações concretas de proteção civil de que são principais beneficiários os proprietários de prédios urbanos situados no concelho", conclui o Município a este respeito: "[ser] inquestionável que a TMPC dá corpo àquela relação comutativa que o Tribunal Constitucional entende conformadora das verdadeiras taxas". Segue-se a análise da Estrutura da TMPC (6.2.), sendo a dita relação comutativa que está subjacente à TMPC que, no entender do Município de Lisboa, explica toda a sua estrutura. É considerado que os três universos de destinatários da taxa (proprietários de prédios urbanos, proprietários de prédios urbanos degradados, devolutos ou em ruína e entidades que desenvolvam atividades ou usos de risco no território do concelho) abrangem "[...] três universos de pessoas que se distinguem com clareza do conjunto da coletividade pela intensidade dos riscos que geram e pela intensidade do benefício que a atividade da proteção civil lhes traz", sendo "[...] esta razão que justifica que parte dos custos inerentes aos serviços de proteção civil lhes seja imputada através da TMPC". Como tal, e sempre no entender do Município, o que se pretende com a taxa é "[...] fazer com que um conjunto bem determinado de pessoas concorra para o custeamento de uma atividade de que são os principais causadores ou beneficiários". É, assim, posto em evidência o facto de este tributo manifestar a bilateralidade caraterística das taxas, resultando "a função comutativa da TMPC" ainda mais clara da escolha quanto à sua base tributável, ao fazer-se "[...] variar a taxa incidente sobre os prédios urbanos em função do seu valor patrimonial tributário [...]". E afirma-se, quanto à "[...] circunstância de uma taxa se servir de base 'ad valorem' ou de tomar por empréstimo a base tributável do Imposto Municipal sobre Imóveis", "[...] não lhe subverte[r] a natureza nem a transforma[r] em mero 'adicional' deste imposto, como sugere o Provedor de Justiça", procurando reforçar-se o paralelo entre a TMPC e um outro tributo julgado como taxa pelo Tribunal Constitucional: a taxa de conservação de esgotos do Município de Lisboa (Acórdão do Tribunal Constitucional nº 65/2007). Por estas razões, sustenta e conclui o Município de Lisboa que a TMPC reúne a caraterística da bilateralidade que define um tributo como taxa, razão pela qual "[falecerá] o argumento da inconstitucionalidade orgânica com que o Provedor de Justiça contesta a TMPC, na parte em que esta se aplica aos prédios urbanos". Por se tratar de uma taxa – com a função de compensar prestações municipais associadas à prevenção de riscos determinados, manifestando o valor patrimonial tributário dos prédios urbanos sujeitos à TMPC uma "tendencial ligação" com a intensidade do aproveitamento feito das prestações municipais associadas à proteção civil –, com caráter sinalagmático, as normas do RGTPRML visadas pelo pedido de fiscalização do Provedor de Justiça "[...] não se encontram por isso em violação da reserva de lei parlamentar estabelecida pela alínea i), do nº 1, do artigo 165º, e pelo nº 2 do artigo 103º da Constituição da República Portuguesa". Antes da conclusão, o documento em apreciação invoca, ainda, que "[...] a semelhante conclusão se chegaria caso se entendesse não prefigurar a TMPC uma taxa, mas em vez disso uma contribuição", contestando a representação dicotómica dos tributos públicos que terá sido há muito ultrapassada pela doutrina. O Município procura apenas afastar a tese de que só podem ser qualificados como contribuições os tributos cuja receita esteja consignada a "entes dotados de autonomia administrativa e financeira", afirmando que a consignação da receita é apenas um de entre vários elementos que indiciam o caráter comutativo de um tributo, não se podendo todavia extrair da jurisprudência do Tribunal Constitucional "a tese de que a consignação da receita é elemento essencial das contribuições financeiras» e defendendo «que o Tribunal Constitucional não exige tal requisito para qualificar um tributo como taxa". Todavia, não liga efeitos a tal compreensão das coisas, limitando-se a reafirmar a já sustentada compreensão de que a TMPC constitui uma verdadeira e própria taxa e que "[...] se, por hipótese académica, não se aceitasse tal qualificação, então seria com certeza necessário ponderar a sua qualificação como contribuição antes de qualificá-la apressadamente como imposto – e seria necessário ter presente que, de acordo com a jurisprudência do Tribunal Constitucional, as contribuições não estão abrangidas pela reserva de lei parlamentar estabelecida pelo artigo 165ºdaConstituição da República". 1.2.2. A posição afirmada nos autos pelo Município de Lisboa converge, pois, nas seguintes conclusões: "[...]. 1. A Taxa Municipal de Proteção Civil do Município de Lisboa tem por função compensar prestações municipais associadas à prevenção de riscos determinados. 2. A titularidade dos prédios urbanos sujeitos à Taxa Municipal de Proteção Civil do Município de Lisboa permite presumir o 'natural' e 'expectável' aproveitamento das prestações associadas à proteção civil que o Município continuadamente realiza. 3. O valor patrimonial tributário dos prédios urbanos sujeitos à Taxa Municipal de Proteção Civil do Município de Lisboa manifesta 'tendencial ligação' com a intensidade do aproveitamento que é feito das prestações municipais associadas à proteção civil. 4. A Taxa Municipal de Proteção Civil do Município de Lisboa, também na parte em que incide sobre os prédios urbanos, apresenta por isso o caráter sinalagmático que a jurisprudência do Tribunal Constitucional entende ser característico das taxas. 5. As normas do Regulamento Geral de Taxas, Preços e Outras Receitas do Município de Lisboa visadas pelo Pedido de Fiscalização do Provedor de Justiça não se encontram por isso em violação da reserva de lei parlamentar estabelecida pela alínea i), do nº 1, do artigo 165º, e pelo nº 2 do artigo 103º da Constituição da República Portuguesa. [...]". 1.3. Discutido em Plenário o memorando apresentado pelo Presidente do Tribunal Constitucional, nos termos do artigo 63º, nº 1, da Lei Orgânica do Tribunal Constitucional (LTC – Lei nº 28/82, de 15 de novembro), e fixada a orientação do Tribunal, foi designado relator, nos termos do trecho final do artigo 63º, nº 2 da LTC. Cumpre agora decidir em harmonia com o que então se estabeleceu. II – Fundamentação. 2. Descrita a dinâmica que conduziu o processo ao momento decisório do qual emerge o presente Acórdão, consideremos as normas sub judicio, não só na sua expressão literal, mas tendo igualmente presente a sua génese, que, no caso, nos permitirá compreender diversos aspetos com relevo na apreciação do pedido formulado pelo Requerente. 2.1. As normas em causa tiveram origem na "Proposta nº 742/2014", subscrita pelo senhor Vice-Presidente da Câmara Municipal de Lisboa, que se encontra a pp. 2300-(410) e ss. do 2º Suplemento ao Boletim Municipal de Lisboa, nº 1088, de 23/12/2014 Importa atentar, desde já, em alguns dos seus considerandos introdutórios: "[...]. 1 – A Lei de Bases da Proteção Civil, Lei nº 27/2006, de 3 de julho, trouxe consigo um novo enquadramento à atividade da proteção civil levada a cabo pelo Estado, Regiões Autónomas e Autarquias Locais, entendida como a atividade que visa prevenir os riscos coletivos inerentes às situações de acidente grave ou de catástrofe, atenuar os seus efeitos e proteger e socorrer as pessoas e bens em perigo quando aquelas situações ocorram; 2 – A Proteção Civil é uma atividade que exige uma participação ativa e um esforço financeiro da administração pública a vários níveis, bem como a cooperação dos cidadãos, agentes económicos e demais entidades privadas. Assenta ainda num princípio de prevenção, exigindo a mobilização de recursos importantes, de modo continuado, com o propósito de eliminar a própria causa das situações de acidente ou catástrofe que se quer evitar; 3 – Todos os cidadãos têm o direito de ter à sua disposição informações concretas sobre os riscos coletivos e como prevenir e minimizar os seus efeitos, caso ocorram e têm também, o direito a ser prontamente socorridos sempre que aconteça um acidente ou uma catástrofe, competindo aos municípios, dentro da sua circunscrição territorial, assegurar a prestação desse serviço, no âmbito das competências que lhes estão atribuídas na matéria; 4 – O Município de Lisboa tem vindo, ao longo dos anos, a investir de forma significativa na área da proteção civil e da prevenção de riscos. Para além do Regimento de Sapadores Bombeiros, tem em permanente funcionamento o Serviço Municipal de Proteção Civil, promovendo de forma regular e continuada atividades de formação cívica com especial incidência nos domínios da prevenção contra os riscos de génese natural, tecnológicos ou misto, suscetíveis de afetar o território do município, designadamente: sismos, galgamentos costeiros, acidentes ferroviários, acidentes aéreos, incêndios urbanos, entre outros, merecendo especial destaque as ações de formação junto das escolas e da população; 5 – O Departamento de Proteção Civil registou em 2013, 1.281 ocorrências de vários tipos (incêndios, queda de estruturas, inundações, queda de revestimento, intervenção social no apoio às populações vítimas de acidentes, etc.) e realizou 21 exercícios de simulacro, envolvendo mais de 7.000 participantes, esteve envolvido na preparação de planos de contingência para os sem-abrigo perante vagas de frio, e na pela integração de dispositivos de segurança nas grandes festas e eventos da cidade. Por seu lado, o Regimento de Sapadores Bombeiros, organizado em Companhias Operacionais de intervenção diferenciada, desenvolve intensa atividade, atendendo a mais de 18.000 ocorrências por ano, incluindo aproximadamente 1.800 incêndios, 1.000 acidentes, 1.900 urgências médicas e 3.200 ocorrências relativas a estruturas e vias de comunicação; [...]. 7 – No quadro de referência técnico-jurídico usado na fundamentação da taxa de proteção civil se destaca a Avaliação Nacional de Risco, elaborada de acordo com as «Risk Assessment and Mapping Guidelines for disaster Management» emitidas pela Comissão (documento SEC (2010) 1626 final, de 2010/12/21 e adotada pela Comissão Nacional de Proteção Civil, e ainda o regime jurídico da segurança contra incêndios em edifícios consagrado no Decreto-Lei nº 220/2008, de 12 de novembro; 8 – Desta avaliação resulta, em primeiro lugar, a identificação e caracterização dos perigos de génese natural suscetíveis de afetar o território do município, designadamente sismos, galgamentos costeiros, acidentes graves de tráfego, incêndios urbanos, rotura de infraestruturas estratégicas, acidentes com substâncias perigosas ou concentrações humanas; em segundo lugar, uma identificação mais precisa dos riscos de natureza tecnológica, potenciados pela utilização humana, a que o município de Lisboa pelas suas características está mais exposto. Destacam-se, por exemplo, os riscos de incêndio e colapso de estruturas, os acidentes de tráfego ferroviário, marítimo e aéreo ou os acidentes em infraestruturas de serviços urbanos (gás, eletricidade e água); em terceiro lugar, a identificação de fatores de agravamento de risco associados a atividades ou usos de edifícios, equipamentos ou recintos, nomeadamente os decorrentes das suas características específicas, da intensidade dos seus usos, bem como do nível de adoção de estratégicas de mitigação de riscos por parte das entidades gestoras dos mesmos; [...]. 10 – Um segundo universo decorre de se ter considerado que nos prédios urbanos há especial risco associado ao património degradado, devoluto ou em estado de ruína, que deve ser imputado aos respetivos proprietários, sendo aqui aplicável uma taxa agravada sobre o valor patrimonial dos prédios respetivos; 11 – Se demarcaram, por fim, num terceiro universo tributável, utilizações associadas a equipamentos, recintos ou edifícios identificados como geradores de risco acrescido impondo o princípio da equivalência a aplicação de taxas específicas que estarão a cargo das entidades exploradoras ou gestoras das atividades em causa; 12 – A Lei nº 53-E/2006, de 29 de dezembro, aprovou o regime geral das taxas das autarquias locais. Este diploma, que estabelece um regime geral respeitante às relações jurídico-tributárias geradoras de obrigação de pagamento de taxas às autarquias locais, introduziu um conjunto de novos requisitos a cumprir pelos municípios, designadamente quanto à fundamentação económica-financeira do valor das taxas cobradas; [...]. 15 – Importa dar sequência ao procedimento de apreciação da taxa. Tenho a honra de propor, nos termos do artigo 8º da Lei nº 53-E/2006, de 29 de dezembro, alterada pelas Leis nºs 64-A/2008, de 31 de dezembro, e 117/2009, de 29 de dezembro, o artigo 21º da Lei nº 73/2013, de 3 de setembro, as alíneas c) e g) do nº 1 do artigo 25º, e as alíneas e) e k) do nº 1 do artigo 33º, todas da Lei nº 75/2013, de 12 de setembro, que a Câmara Municipal delibere aprovar e submeter à Assembleia Municipal a taxa municipal de proteção civil que constitui, respetivamente, a Secção V do Regulamento Geral de Taxas, Preços e Outras Receitas do Município de Lisboa, que fazem parte integrante desta Proposta, que integra, como anexos, o Relatório de Fundamentação Económica e Financeira, os valores da Taxa de Proteção Civil e Atividades/usos de risco e a fundamentação das isenções, que se juntam e aqui se dão por integralmente reproduzidos. A estes considerandos seguiu-se a proposta de articulado – artigos 58º a 67º do RGTPRML –, a pp. 2300-(412 a 415), e o "relatório de fundamentação económica e financeira" (elemento obrigatório, nos termos do artigo 8º, nº 2, alínea c), do RGTAL), que, quanto à TMPC, prevê o seguinte a pp. 2300-(444 a 451), no que ora releva (e para além de outros aspetos já realçados nos considerandos transcritos): "[...]. 4. TAXA MUNICIPAL DE PROTEÇÃO CIVIL (TMPC). 4.1 Enquadramento Geral. A Lei nº 27/2006, de 3 de julho, Lei de

Bases da Proteção Civil, trouxe consigo um novo enquadramento a esta atividade levada a cabo pelo Estado, Regiões Autónomas e autarquias locais que exige a participação ativa e o esforço financeiro da administração pública nos seus vários níveis, bem como a cooperação dos cidadãos, agentes económicos e demais entidades privadas. [...]. A Lei nº 65/2007, de 12 de novembro, ao fixar novo enquadramento institucional e operacional da proteção civil no âmbito municipal, reconhece a importância que os municípios têm na gestão destes riscos, em virtude da sua proximidade ao território e às populações. As atribuições que assim se confiam aos municípios não podem ser desvalorizadas e tão pouco o esforço financeiro que estas funções acarretam, pela quantidade, qualidade e prontidão dos meios a afetar a estas atribuições, a somar a proteção de pessoas e bens perante acidentes e ocorrências de menor gravidade, pelo que é criada a Taxa Municipal de Proteção Civil, justificando-se que os particulares custeiem, ao menos em parte, as utilidades que assim lhes aproveitam. [...]. A par com a configuração dos riscos, procedeu-se à avaliação dos custos que concorrem para a disponibilização de infraestruturas, equipamentos, de meios materiais e humanos que constituem a capacidade instalada do Município ao nível da prevenção do risco e da capacidade operacional de resposta em sede da proteção civil. Destacam-se, entre esses meios, o Regimento de Sapadores Bombeiros de Lisboa, meios próprios do município, com largo historial de intervenção e atividade, indispensáveis num concelho com a ocupação do território e a densidade populacional que tem Lisboa. [...]. A Proteção Civil é assim uma atividade que exige uma participação ativa e um esforço Financeiro da administração pública a vários níveis, bem como a cooperação dos cidadãos, agentes económicos e demais entidades privadas. É uma atividade que assenta num principio de prevenção, exigindo a mobilização de recursos importantes, de modo continuado, com o propósito de eliminar a própria causa das situações de acidente ou catástrofe que se quer evitar. Na modelação da taxa há que considerar que sempre que levada a cabo pelos municípios, a proteção civil constitui uma atividade que tem por fito proteger pessoas e bens, justificando-se que os particulares custeiem, ao menos em parte, as utilidades que assim lhes aproveitam. Se os riscos associados à vida das pessoas são mais difusos e quanto a eles se justifica levar mais longe a assunção do custo da proteção pelos municípios, já os riscos associados ao património são mais concretos e quanto a estes justifica-se exigir que os particulares comparticipem os meios que são postos ao serviço da sua proteção. A Taxa Municipal de Proteção Civil que se visa criar é uma taxa que tem funções idênticas às de um prémio de seguro, servindo para custear os meios que o Município de Lisboa coloca diariamente à disposição dos munícipes na proteção da sua pessoa e bens, em especial na proteção do seu património imobiliário, ao qual tanta da atividade das autarquias está ligada. Este constitui o primeiro universo de repercussão dos custos incorridos, configurando-se a taxa por relação com o valor patrimonial dos prédios urbanos sitos no concelho, que se toma como uma base de cálculo adequada a este fim, na medida em que, desde logo, pondera a área dos prédios. A Taxa Municipal de Proteção Civil assenta, assim, num princípio manifesto de equivalência, tendo como objetivo exigir dos titulares dos imóveis o correspetivo do serviço de proteção que aos seus bens é garantido pelo Município. No que se pode configurar como um segundo universo, ou um segmento específico do antes explicitado, foi considerado que nos prédios urbanos há especial risco associado ao património degradado, devoluto ou em estado de ruína, que deve ser imputado aos respetivos proprietários, sendo aqui aplicável uma taxa agravada sobre o valor patrimonial dos prédios respetivos. (...). 4.2 Fundamentação económico-financeira da taxa. 4.2.1 Enquadramento da atividade e do custeio. A Taxa Municipal de Proteção Civil (doravante designada de forma abreviada de TMPC) prevista na alteração do regulamento de taxas, preços e outras receitas do Município de Lisboa (projeto) refere-se ao serviço público prestado pelos diversos agentes de proteção civil, no âmbito dos serviços de: – prevenção dos riscos coletivos e a ocorrência de acidente grave ou de catástrofe deles resultantes; – atenuação dos riscos coletivos a limitação dos seus efeitos no caso de ocorrência de acidente grave ou de catástrofe; – socorro e assistência às pessoas e outros seres vivos em perigo e proteção de bens e valores culturais, ambientais e de elevado interesse público; – reposição da normalidade da vida das pessoas em áreas afetadas por acidente grave ou catástrofe. (...). O estudo procurou demonstrar os critérios de determinação dos custos da atividade pública na área da proteção civil para a fixação da taxa, tendo em conta os aspetos inerentes aos mesmos de forma a garantir uma maior equidade na sua aplicação. Inicialmente, foram identificados os processos que conduzem a serviços prestados na área da Proteção Civil pelo Município de Lisboa aos particulares, empresas e demais entidades e pelos quais os mesmos têm de pagar taxa, tendo sido definido que intervenções, no âmbito das funções e competências da Proteção Civil Municipal, são passíveis de ocorrerem nas seguintes situações/tipologias: – em prédios urbanos; – em outras infraestruturas e equipamentos, nomeadamente redes de gás, água, eletricidade e ferroviária, entre outras; – as atividades econômicas e aos usos específicos de risco acrescido de equipamentos, edifícios e recintos. O valor da taxa foi calculado com base nos custos suportados pelo Município para a prestação do serviço, sendo que: – no caso do valor da taxa prevista para os prédios urbanos, o valor da taxa incidirá sobre o valor patrimonial tributário; – quanto aos prédios degradados, devolutos e em ruínas, o Município aplica um agravamento dado o elevado risco de ocorrência de eventos graves na área da proteção civil; – relativamente a prédios, recintos e equipamentos (redes e outros), com usos considerados de risco acrescido para o Município, o valor previsto da taxa corresponde ao custo da atividade pública de proteção civil. Salienta-se que os custos que o município incorre com o serviço de proteção civil não são repercutidos na sua totalidade aos beneficiários, assumindo o município de lisboa parte destes custos (custo social), funcionando como uma comparticipação ao custo real da prestação de serviço associado à TMPC, decorrente da proteção e segurança dos munícipes. Na modelação a taxa foi atendida a legislação que vem sendo citada e, desde logo, os princípios da proporcionalidade e da equivalência jurídica previstas na Leiº 53-E/2006, de 29 de dezembro, patenteando ainda critérios sociais e políticos expressos na existência de uma subvenção municipal da atividade (não repercussão integral dos custos incorridos). 4.2.2 Metodologia de custeio. O método de cálculo foi suportado nos dados contabilísticos relativos aos custos diretos (pessoal, aquisições de bens e serviços, transferências, amortizações e investimentos futuros) relacionados com o exercício da atividade de Proteção Civil (Regimento Sapadores de Bombeiros e Departamento de Proteção Civil), referentes ao exercício económico de 2013. Não foi editada a componente de custos indiretos dada a premissa de partida quanto à não repercussão de todos os custos suportados na taxa (subvenção municipal da atividade). Foram consideradas as seguintes categorias de custeio: – custos com pessoal; – aquisição de bens e serviços; – amortizações; – transferências correntes e de capital para terceiros; – investimentos futuros. A imputação de custos foi realizada com base numa relação direta, sendo, pois, premissa uma utilização de recursos comum a todas as atividades efetivada de forma proporcional ao dispêndio de recursos com o ato ou operação específica da proteção civil. Com base neste racional, obteve-se um custo total associado a Proteção Civil de 25,2 milhões de euros; 2. Taxas a aplicar (valores anuais). Considerando os universos de aplicação da taxa temos os seguintes valores unitários: i. O valor anual da Taxa Municipal de Proteção Civil relativamente aos prédios urbanos é de 0,0375% do valor patrimonial tributário. ii. O valor anual da Taxa Municipal de Proteção Civil para os prédios degradados e para os devolutos ou em ruínas, como tal considerados para efeitos do Imposto Municipal sobre Imóveis, é de respetivamente, 0,3% e de 0,6% do valor patrimonial tributário. iii. O valor anual da Taxa Municipal de Proteção Civil relativamente aos prédios, equipamentos e usos de risco acrescido são os seguintes: (...). Foi também considerada a isenção de TMPC para os proprietários de prédios urbanos inferiores a 20.000 euros, com vista a minimizar os custos sociais a proprietários com patrimônio de valor muito baixo e de reduzir encargos administrativos com cobranças de valor muito reduzido. 3. Receita estimada. Atentos os universos considerados a os valores unitários previstos, estima-se uma receita associada à Taxa de Proteção Civil: (...). 4.3 Conclusão. O presente capitulo do Relatório de fundamentação económica e financeira que acompanha o regulamento Geral de Taxas, Preços e Outras Receitas do Município de Lisboa ponto sistematiza a fundamentação das taxas a adotar pelo Município de Lisboa relativamente à relativamente a Taxa Municipal de Proteção Civil e aos correspondentes valores unitários. [...]". Nestes pressupostos assentam, pois, as normas questionadas nos autos, a saber: Artigo 59º. Incidência objetiva da taxa municipal de proteção civil. 1 – A taxa municipal de proteção civil incide sobre o valor patrimonial tributário dos prédios urbanos ou frações destes, situados no concelho de Lisboa, tal como esse valor é determinado para efeitos do Imposto Municipal sobre Imóveis. 2 – A taxa municipal de proteção civil incide também sobre o valor patrimonial tributário dos prédios urbanos ou frações destes, situados no concelho de Lisboa, com risco acrescido por relação com a condição de degradado, devoluto ou em estado de ruína. Artigo 60º. Incidência subjetiva da taxa municipal de proteção civil. 1 – É sujeito passivo da taxa municipal de proteção civil prevista no nº 1 do artigo anterior o sujeito passivo do correspondente Imposto Municipal sobre Imóveis. 2 – É sujeito passivo da taxa municipal de proteção civil prevista no nº 2 do artigo anterior, o sujeito passivo do correspondente Imposto Municipal sobre Imóveis. Artigo 61º. Facto gerador e periodicidade da taxa municipal de proteção civil. O facto gerador da taxa municipal de proteção civil reside na titularidade dos prédios tributáveis, tal como resultante do artigo anterior, a 31 de dezembro de cada ano [...]. Artigo 63º. Valor da taxa municipal de proteção civil. 1 – O valor anual da taxa municipal de proteção civil relativamente aos prédios a que se refere o nº 1 do artigo 60º é de 0,0375% do valor patrimonial tributário. 2 – O valor anual da taxa municipal de proteção civil relativamente aos prédios a que se refere o nº 2 do artigo 60º é de 0,3% no tocante aos prédios degradados e de 0,6% no caso dos prédios devolutos ou em ruína, como tal considerados para efeitos do Imposto Municipal sobre Imóveis. Artigo 64º. Liquidação da taxa municipal de proteção civil. 1 – A liquidação da taxa municipal de proteção civil será feita por relação com o cadastro do valor patrimonial dos prédios relativos a 31 de dezembro do ano anterior àquele a que respeita, no caso do nº 1 e 2 do artigo 60º, e de acordo com o cadastro de atividades de risco e respetivos titulares reportado ao mesmo momento, no caso do nº 3 do mesmo artigo. Conhecidas as normas e os fundamentos afirmados aquando da sua criação, importa averiguar da sua conformidade à lei fundamental. 2.2. Não é a primeira vez que o Tribunal Constitucional se pronuncia sobre uma taxa municipal "de proteção civil". No passado mês de julho, através do Acórdão nº 418/2017 (1ª Secção), decidiu-se julgar inconstitucionais as normas constantes dos artigos 2º, nº 1, 3º, nº 2, e 4º, nº 2, do "Regulamento da Taxa de Municipal de Proteção Civil de Vila Nova de Gaia". A evidente proximidade das questões de constitucionalidade aí tratadas com as que ora nos ocupam justifica que se (re)visite o essencial dos fundamentos dessa decisão, para compreender se o juízo de inconstitucionalidade ali afirmado terá cabimento face às (diferentes) normas agora em apreciação. Tal como nesse tributo, também a disciplina da TMPC agora em análise prevê que os custos globais assinalados ao serviço municipal de proteção civil (todos os custos com pessoal, aquisição de bens e serviços, amortizações, transferências correntes e de capital para corporações de bombeiros, formação e ações de sensibilização e rendas), contabilizados em €25.204.000,00, são imputados a um universo limitado de sujeitos passivos, nomeadamente aos proprietários de prédios urbanos e às entidades que exerçam certas atividades ou usos de risco acrescido (artigo 60º, números 1, 2 e 3, do RTMPC). Segundo o requerente, está em causa um imposto; já para a requerida, a TMPC deve ser qualificada como uma taxa, ou, quando muito, como contribuição financeira. Conforme foi salientado no Acórdão nº 539/2015, "[...] a caracterização de um tributo, quando releve para efeito da determinação das regras aplicáveis de competência legislativa, há de resultar do regime jurídico concreto que se encontre legalmente definido, tornando-se irrelevante o 'nomen juris' atribuído pelo legislador ou a qualificação expressa do tributo como constituindo uma contrapartida de uma prestação provocada ou utilizada pelo sujeito passivo". 2.2.1. Assim, vale a pena recordar o travejamento fundamental acerca das classificações dos tributos na jurisprudência do Tribunal, tomando como referência – tal como o fez o Acórdão nº 418/2017 – o citado Acórdão nº 539/2015: "[...]. É conhecida e tem sido frequentemente sublinhada, mesmo na jurisprudência constitucional, a distinção entre taxa e imposto. O imposto constitui uma prestação pecuniária, coativa e unilateral, exigida com o propósito de angariação de receitas que se destinam à satisfação das necessidades financeiras do Estado e de outras entidades públicas, e que, por isso, tem apenas a contrapartida genérica do funcionamento dos serviços estaduais. O que permite compreender que os impostos assentem essencialmente na capacidade contributiva dos sujeitos passivos, revelada através do rendimento ou da sua utilização e do património (artigo 4º, nº 1, da Lei Geral Tributária). A taxa constitui uma prestação pecuniária e coativa, exigida por uma entidade pública, em contrapartida de prestação administrativa efetivamente provocada ou aproveitada pelo sujeito passivo, assumindo uma natureza sinalagmática. A taxa pressupõe a realização de uma contraprestação específica resultante de uma relação concreta entre o contribuinte e a Administração e que poderá traduzir-se na prestação de um serviço público, na utilização de um bem do domínio público ou na remoção de um obstáculo jurídico ao comportamento dos particulares (artigo 4º, nº 2, da Lei Geral Tributária). A taxa tem igualmente a finalidade de angariação de receita. Mas enquanto que nos impostos esse propósito fiscal está dissociado de qualquer prestação pública, na medida em que as receitas se destinam a prover indistintamente às necessidades financeiras da comunidade, em cumprimento de um dever geral de solidariedade, nas taxas surge relacionado com a compensação de um custo ou valor das prestações de que o sujeito passivo é causador ou beneficiário. Assim, 'a bilateralidade das taxas não passa apenas pelo seu pressuposto, constituído por dada prestação administrativa, mas também pela sua finalidade, que consiste na compensação dessa mesma prestação. Se a taxa constitui um tributo comutativo não é simplesmente porque seja exigida pela ocasião de uma prestação pública mas porque é exigida em função dessa prestação, dando corpo a uma relação de troca com o contribuinte' (Sérgio Vasques, em 'Manual de Direito Fiscal', pág. 207, ed. de 2011, Almedina). Entretanto, a revisão constitucional de 1997 introduziu, a propósito da delimitação da reserva parlamentar, a categoria tributária das contribuições financeiras a favor das entidades públicas, dando cobertura constitucional a um conjunto de tributos parafiscais que se situam num ponto intermédio entre a taxa e o imposto (artigo 165º, nº 1, alínea i)). As contribuições financeiras constituem um tertium genus de receitas fiscais, que poderão ser qualificadas como taxas coletivas, na medida em que compartilham em parte da natureza dos impostos (porque não têm necessariamente uma contrapartida individualizada para cada contribuinte) e em parte da natureza das taxas (porque visam retribuir o serviço prestado por uma instituição pública a certo círculo ou certa categoria de pessoas ou entidades que beneficiam coletivamente de um atividade administrativa) (Gomes Canotilho/Vital Moreira, em 'Constituição da República Portuguesa Anotada', I vol., pág. 1095, 4ª ed., Coimbra Editora). As contribuições distinguem-se especialmente das taxas porque não se dirigem à compensação de prestações efetivamente provocadas ou aproveitadas pelo sujeito passivo, mas à compensação de prestações que apenas presumivelmente são provocadas ou aproveitadas pelo sujeito passivo, correspondendo a uma relação de bilateralidade genérica. Preenchem esse requisito as situações em que a prestação poderá beneficiar potencialmente um grupo homogéneo ou um conjunto diferenciável de destinatários e aquelas em que a responsabilidade pelo financiamento de uma tarefa administrativa é imputável a um determinado grupo que mantém alguma proximidade com as finalidades que através dessa atividade se pretendem atingir (sobre estes aspetos, Sérgio Vasques, ob. cit., pág. 221, e Suzana Tavares da Silva, em 'As taxas e a coerência do sistema tributário', pág. 89-91, 2ª edição, Coimbra Editora). Por via da nova redação dada à norma do artigo 165º, nº 1, alínea i), a Constituição autonomizou uma terceira categoria de tributos, para efeitos de reserva de lei parlamentar, relativizando as diferenças entre os tributos unilaterais e os tributos comutativos e obrigando a uma reformulação da discussão sobre a exigência da reserva de lei, relativamente às contribuições especiais que não se pudessem enquadrar no preciso conceito de taxa. Como sublinha Cardoso da Costa, a este propósito, por via dessa autonomização, o teste da bilateralidade, no sentido preciso que lhe era atribuído como característica essencial do conceito de taxa, deixou de poder ser sempre decisivo para resolver os casos duvidosos ou ambíguos quanto à natureza do tributo; e deixou de poder manter-se, também, a orientação jurisprudencial que tendia a qualificar como imposto, mormente para efeito da aplicação do correspondente regime de reserva parlamentar, as receitas parafiscais que não pudessem ser qualificadas tipicamente como taxas (em 'Sobre o Princípio da Legalidade das Taxas e das demais Contribuições Financeiras', in «Estudos em Homenagem ao Professor Doutor Marcelo Caetano», vol. I, pág. 806-807, ed. de 2006, Coimbra Editora; sobre a jurisprudência mencionada, cfr. o acórdão do o Tribunal Constitucional nº 152/2013). [...]". 2.3. O Município de Lisboa assinala que a TMPC se encontra prevista no RGTAL. Na verdade, o artigo 6º, nº 1, alínea f), do RGTAL prevê que "[a]s taxas municipais incidem sobre utilidades prestadas aos particulares ou geradas pela atividade dos municípios, designadamente, [...] f) [p]ela prestação de serviços no domínio da prevenção de riscos e da proteção civil". Sucede que, como se sublinhou no Acórdão nº 418/2017, tal previsão não permite dar como resolvida a questão central do presente recurso, uma vez que, por um lado, não cabe ao legislador ordinário a palavra definitiva quanto à qualificação de um tributo à luz das normas constitucionais e, por outro lado, o modo genérico como a referida "taxa" se encontra prevista no RGTAL não dispensa a análise de cada específico tributo estabelecido invocando essa legitimação, para aferir se nele se encontram efetivamente as características que permitem reconduzi-lo a uma verdadeira taxa. 2.3.1. Como assinala José Manuel M. Cardoso da Costa ("Ainda a distinção entre «taxa» e «imposto» na jurisprudência constitucional", in Homenagem a José Guilherme Xavier de Basto, org. J. L. Saldanha Sanches e António Martins, Coimbra, 2006, pp. 547/573.): "[...]. A orientação que, relativamente à distinção entre «imposto» e «taxa», se foi sedimentando na jurisprudência constitucional considerada no escrito antes referido [trata-se de "O enquadramento constitucional do direito dos impostos em Portugal: a jurisprudência do Tribunal Constitucional», in Perspetivas Constitucionais – Nos 20 anos da Constituição de 1976, Vol. II, Coimbra, 1997, do mesmo autor] pode recapitular-se nos seguintes tópicos: – o critério básico em que essa distinção, segundo o Tribunal Constitucional, há de assentar é o que se reconduz à ideia da «unilateralidade» dos impostos e da «bilateralidade» ou «sinalagmaticidade» das taxas, ou seja, e como bem se sabe, a que atende ao facto de ao pagamento destas últimas haver de corresponder uma contraprestação «específica», por parte do ente público seu titular, a qual justificará esse pagamento – o que não acontecerá no caso dos impostos. O Tribunal começa por acolher, pois, o clássico critério «estrutural» que a doutrina fiscalista, na esteira da ciência das Finanças, vem há muito adotando (designadamente entre nós) para o efeito; – no contexto de tal critério, entende ainda o Tribunal, em consonância com a doutrina comum e inquestionada, que não tem de haver, porém, (rigorosa) «equivalência» económica entre o montante da taxa e o valor da respetiva contraprestação – bem podendo tal montante, pois, ser designadamente superior à custa daquela contraprestação. Trata-se, portanto, de uma bilateralidade ou sinalagmaticidade essencialmente «jurídica»; – todavia, não deixava já o Tribunal de admitir que um certo nível de «proporcionalidade» do montante da taxa fosse exigível, de todo o modo, para que ela não se desvirtuasse num imposto. Ou seja: não deixou o Tribunal de admitir que o critério «estrutural» de base de que partia não devesse ser tomado em termos puramente «formais» e sempre houvesse de conhecer ou receber uma certa dimensão «material». [...]" (pp. 548/549). Deve notar-se, ainda, que a jurisprudência constitucional procedeu a um alargamento do conceito de taxa, modificando um pouco o sentido traçado em decisões anteriores (por exemplo nos Acórdãos nºs 436 e 437/2003), no Acórdão nº 177/2010 (taxa camarária pela afixação de painéis publicitários em prédio pertencente a particular), onde podemos ler: "[...]. [E]ssa situação [alterou-se] com a promulgação da Lei Geral Tributária (aprovada pelo Decreto-Lei nº 398/98, de 17 de dezembro). Na verdade, o artigo 4,º, nº 1, desse diploma veio explicitar que «as taxas assentam na prestação concreta de um serviço público, na utilização de um bem do domínio público ou na remoção de um obstáculo jurídico ao comportamento dos particulares». De igual modo, a Lei nº 53-E/2006, de 29 de dezembro (alterada pela Lei nº 64-A/2008, de 31 de dezembro, e pela Lei nº 117/2009, de 29 de dezembro), que aprova o regime geral das taxas das autarquias locais, consagra, no artigo 3º, idêntica categorização. Perante esta enumeração tripartida das categorias de prestação pública que dão causa e servem de contrapartida à prestação exigível a título de taxa, é incontroverso que o legislador não acolheu aquela conceção restritiva, tendo antes considerado a remoção de um obstáculo jurídico como pressuposto autossuficiente da figura. A própria formulação utilizada sugere isso mesmo, pois a disjuntiva que antecede a referência final corta toda a ligação conectiva com os dois tipos de contraprestação antes expressos. E não faria, na verdade, qualquer sentido que o enunciado legal previsse um terceiro grupo de situações, em alternativa às duas outras anteriormente previstas, para se concluir que não se chega, afinal, a ultrapassar o âmbito da "utilização de um bem do domínio público", pois só conta a remoção que a ela conduza. [...]. Esta noção mais ampla de taxa não representa, aliás, uma inovação, por via legislativa, pois o legislador limitou-se a perfilhar uma orientação, contraposta à acima referida, já anteriormente presente num significativo setor da doutrina portuguesa. Na verdade, a classificação tripartida, sem qualquer restrição, das modalidades de taxas já era advogada por autores como Alberto Xavier, Manual de direito fiscal, I, Lisboa, 1974, 42-43 e

48-53 Braz Teixeira, Princípios de direito fiscal, I, Coimbra, 1985, 43, e Sousa Franco, Finanças públicas e direito financeiro, II, 4ª ed., 1992, 64". [...]". 2.4. As circunstâncias, já assinaladas, de a TMPC englobar indiferenciadamente todos os custos do serviço municipal de proteção civil e de a previsão da referida taxa no RGTAL ser genérica são de molde a suscitar dúvidas muito consistentes quanto à necessária bilateralidade ou sinalagmaticidade deste tributo, ainda que se adote o conceito mais amplo de taxa que se traçou no Acórdão nº 177/2010. De resto, foram tais dúvidas que conduziram ao juízo positivo de inconstitucionalidade emitido no Acórdão nº 418/2017 relativamente às normas do Regulamento da Taxa Municipal de Proteção Civil de Vila Nova de Gaia. Contudo, a circunstância de se considerarem corretos os fundamentos que justificaram tal juízo de inconstitucionalidade não justificará, sem mais, um idêntico juízo quanto às normas do RGTPRML que introduziram a Taxa Municipal de Proteção Civil de Lisboa. Impõe-se, pois, que estas últimas sejam analisadas tendo em conta a sua específica estrutura. Tal análise deverá incidir, separadamente, sobre cada uma das (denominadas) "taxas" em causa no pedido do Requerente: (i) o tributo que incide sobre o valor patrimonial dos prédios em geral (nº 1 do artigo 59º do RGTPRML) e (ii) o tributo que incide sobre o valor patrimonial dos prédios "com risco acrescido por relação com a condição de degradado, devoluto ou em estado de ruína" (nº 2 do artigo 59º do RGTPRML). 2.5. Centrando-nos, em primeiro lugar, na (denominada) "taxa" prevista nº 1 do artigo 59º do RGTPRML, encontram-se alguns pontos de contacto com o tributo sobre o qual incidiu o Acórdão nº 418/2017. 2.5.1. Em primeiro lugar, e também no caso dos presentes autos, deve sublinhar-se (sem prejuízo de outras razões, adiante referidas) que não tem aqui cabimento a convocação dos fundamentos do Acórdão nº 316/2014, porquanto as atividades do município na área da proteção civil, a que se refere a TMPC, não permitem estabelecer uma relação – efetiva ou presumida – com específicas pessoas ou grupo que delas sejam causadores ou beneficiários. Pelo contrário, e como se observou no Acórdão nº 418/2017, pode dizer-se, genericamente, que todos os sujeitos que residam, estejam estabelecidos ou se desloquem ocasionalmente na área do município, e ainda que de um modo muito difuso, "dão causa" às atividades de proteção civil – porque a sua simples presença pode condicioná-las ou moldá-las, determinando o seu conteúdo – ou delas "beneficiam", pelo menos potencialmente. E renova-se a conclusão então afirmada: se assim é, perde-se a conexão característica dos tributos comutativos, num duplo sentido: perde-se do lado dos beneficiários, que não são suscetíveis de delimitação, porquanto a "causa" da atividade e o "benefício" dela decorrente se diluem na generalidade da população; e perde-se do lado da prestação, por não ser individualizável, reconduzindo-se a uma atividade abstrata. Justifica-se, ainda, assinalar que, também na hipótese ora apreciada, a determinação dos sujeitos passivos é arbitrária: impor o tributo aos proprietários é tão desprovido de sentido e justificação como escolher os arrendatários, alguns ou todos os empresários ou qualquer outra categoria de sujeitos, uma vez que nenhum deles tem maior ou menor proximidade objetiva com a atividade a que se refere a taxa. No caso sub judicio, também podemos (re)afirmar que a "construção" justificativa consistente na agregação em bruto de toda a atividade municipal de proteção civil a título de prestação não pode esconder que, desse modo, se ficciona, artificiosamente, uma prestação concreta com base num conjunto indiferenciado de atos sem destinatários individualizados que se reconduzem a uma atividade abstrata, sendo certo que o mesmo método – separar uma determinada área de atividade de uma pessoa coletiva pública, calcular os seus custos e fazê-los refletir (ainda que parcialmente, mas em bloco) sobre um conjunto maior ou menor de sujeitos – pode fazer-se para qualquer outro serviço público local ou estadual (educação, justiça, saúde, defesa, segurança, por exemplo), mas não traduz, manifestamente, um recorte suficientemente definido de prestações concretas da entidade pública e dos sujeitos que a elas dão causa ou delas beneficiam, nem existem elementos que suportem, neste âmbito, uma presunção suficientemente expressiva – forte – de uma relação de troca. Em suma, na justificação económica da TMPC encontram-se elementos que, à semelhança do que ocorria com o tributo criado pelo município de Vila Nova de Gaia, são dificilmente compatibilizáveis com a estrutura bilateral da taxa – designadamente, a descrição muito genérica e abrangente do conjunto das atividades de proteção civil, a "identificação dos processos" que "conduzem a serviços" ligados à proteção civil como (alegada) expressão de um nexo entre prestações, a agregação indiscriminada dos custos da globalidade dos serviços de proteção civil e a distribuição praticamente arbitrária desses custos por categorias de sujeitos passivos. Estes elementos estruturais do tributo – comuns às hipóteses dos presentes autos e à encarada pelo Tribunal no Acórdão nº 418/2017 – representam um primeiro obstáculo à qualificação da TMPC como taxa. 2.5.2. Às características apontadas da TMPC, que a aproximam do tributo equivalente de Vila Nova de Gaia, somam-se outras próprias daquela. A incidência da TMPC revela uma estrutura análoga ao IMI, como justamente observou o Requerente. A sobreposição dos regimes é inegável – ambos os tributos incidem sobre o valor patrimonial tributário dos imóveis e o sujeito passivo da TMPC é determinado por remissão para as regras do IMI. Tal semelhança estrutural não é inócua. Ela revela que o tributo não assenta na correlação económica das prestações – e, nessa medida, prescinde do nexo característico dos tributos bilaterais, já que não pode guiar-se por uma ideia de proporcionalidade entre elas –, mas sim (e inequivocamente) na capacidade contributiva dos sujeitos passivos, revelada pela titularidade do direito sobre os prédios. Não é possível reconstituir qualquer relação suficientemente definida, certa e objetiva entre o conteúdo e valor das prestações do serviço municipal de proteção civil, por um lado, e o valor a suportar pelos titulares dos prédios, por outro. O Município de Lisboa sustenta que os proprietários dos prédios são "[...] os [...] beneficiários principais" da TMPC, na medida em que "[...] a atividade da proteção civil do Município de Lisboa está em larga medida ligada ao património edificado, traduza-se ela em operações de socorro a incêndios, em intervenções por ocasião de inundações, em ações de proteção ditadas pelo estado degradado ou em ruína de imóveis [...]", sendo por isso "'normal' e mesmo 'expectável' que a Câmara Municipal de Lisboa, em face das atribuições que lhe são cometidas por lei, desenvolva um conjunto de ações concretas de proteção civil de que são principais beneficiários os proprietários de prédios urbanos situados no concelho", concluindo que "[...] é inquestionável que a TMPC dá corpo àquela relação comutativa que o Tribunal Constitucional entende conformadora das verdadeiras taxas". Por outras palavras, entende o Município de Lisboa que os proprietários integram um dos "[...] três universos de pessoas que se distinguem com clareza do conjunto da coletividade pela intensidade dos riscos que geram e pela intensidade do benefício que a atividade da proteção civil lhes traz", sendo "[...] esta razão que justifica que parte dos custos inerentes aos serviços de proteção civil lhes seja imputada através da TMPC". Como tal, e sempre no entender do Município, o que se pretende com a taxa é "[...] fazer com que um conjunto bem determinado de pessoas concorra para o custeamento de uma atividade de que são os principais causadores ou beneficiários". Sucede que estas relações assentam, em grande medida, em petições de princípio que não estão especificamente demonstradas e não encontram reflexos na fundamentação económica da TMPC (onde, como se viu, todos os custos são agregados indistintamente). Por outro lado, no que respeita especialmente à incidência prevista no nº 1 do artigo 59º do RGTPRML, tal relação – a existir – sempre se perderia, porque o tributo assenta na titularidade do património, o que, ademais, fornece um elemento de sinal contrário: tendencialmente, os prédios de maior valor são de construção mais recente, com recurso a técnicas mais avançadas e, por isso, mais seguros. A estrutura da TMPC não apresenta uma base objetiva para se poder afirmar que é a propriedade, por si, que determina ou potencia os gastos municipais. Por outras palavras, ao partir de um pressuposto claramente revelador da capacidade contributiva genérica que é independente da dimensão, da natureza e do peso e valor relativos das prestações a assegurar no âmbito da proteção civil, o Município de Lisboa criou um tributo – qualificando-o como "taxa" – que se determina objetivamente sem a relevância daquelas prestações, a não ser na medida em que foram agregados os custos globais daqueles serviços (o que em nada favorece a ideia de bilateralidade, como vimos). Este desligamento das conexões entre prestações características dos tributos bilaterais decorre, inelutavelmente, de se escolher como (único) facto tributário a titularidade do direito real. E, sendo correto dizer-se que "é ponderada a área dos prédios" (como alegou o autor da norma), o certo é que essa ponderação é feita nos mesmos termos – e através – das regras do IMI, ou seja, com única utilidade de cálculo do valor do prédio para efeitos tributários, pelo que tal consideração não afasta as conclusões já afirmadas. Não há, pois, como negar o caráter extremamente difuso (na verdade, impossível de traçar) da relação entre a titularidade dos prédios e as prestações no âmbito da proteção civil a que (alegadamente) dá causa, ou da relação entre tais prestações e o respetivo "benefício" para os titulares do património imobiliário. Como se sublinhou, não é a possibilidade de enumerar várias atividades de proteção civil – sem consideração do seu peso relativo e, em particular, da relação de cada uma com a titularidade dos prédios – que permite dar por estabelecida a necessária correlação entre prestações. Consequentemente, não pode a TMPC afirmar-se como tributo bilateral, ou seja, não se trata de uma taxa, no sentido jurídico-constitucionalmente relevante que atrás foi assinalado. 2.5.3. O Município de Lisboa apresentou, no debate gerado nos autos, alguns argumentos que, no seu entender, sustentam a viabilidade da TMPC enquanto tributo bilateral. Importa considerar as questões especificamente referidas nesse quadro. 2.5.3.1. Na sua resposta, o autor da norma afirma que o Requerente "desagreg[ou] artificiosamente a estrutura da TMPC de modo capaz de sugerir a sua unilateralidade". A "desagregação" a que se refere é a consideração (no seu entender parcial) da TMPC limitada aos números 1 e 2 do artigo 59º do RGTPRML. Sucede que, para efeitos de apreciação da inconstitucionalidade do tributo, aquela (dita) "desagregação" pode e deve fazer-se, na medida em que o tributo em causa não apresenta exatamente a mesma estrutura nem obedece, rigorosamente, aos mesmos pressupostos nos casos dos números 1 e 2 do artigo 59º do RGTPRML, por um lado, e nos casos do nº 3 do mesmo artigo, por outro. Ao contrário do que é sugerido, o tributo não se torna unilateral por ser considerado parcialmente. Na verdade, sob a designação genérica de TMPC escondem-se figuras estrutural e substancialmente muito diversas. A posição do titular do direito real (números 1 e 2 do artigo 59º do RGTPRML) não se confunde com a daqueles que exercem atividades e usos de risco acrescido em edifícios, recintos ou equipamentos situados no concelho de Lisboa (nº 3 do artigo 59º do RGTPRML). Para os efeitos do juízo que importa afirmar nesta decisão, as dissemelhanças fundamentais levam a que, independentemente da sua designação comum (que é irrelevante e poderia ser diversa), devam considerar-se como duas taxas distintas. Basta pensar que, na perspetiva do proprietário onerado nos termos do nº 1 ou do nº 2 do artigo 59º do RGTPRML, é irrelevante que sejam tributadas também as atividades nos termos do nº 3, estabelecendo-

-se a relação tributária com base em pressupostos inteiramente distintos. 2.5.3.2. O Município de Lisboa estabelece um paralelo entre o modo como a atividade de proteção civil se impõe aos municípios e a fiscalização dos postos de abastecimento de combustíveis ou o controlo da extração de inertes, em análise nos Acórdãos do Tribunal Constitucional nºs 316/2014 e 179/2015 – na medida em que também no circunstancialismo que envolve a TMPC a imposição legal do dever respetivo é (seria) "causa de uma atividade de vigilância e de ações de prevenção" por parte dos municípios. Sustenta, também, que a função comutativa da TMPC resulta "ainda mais clara" a partir da escolha quanto à sua base tributável, pois, ao "[...] variar a taxa incidente sobre os prédios urbanos em função do seu valor patrimonial tributário", pode reconhecer-se uma aproximação entre a TMPC e um outro tributo julgado como taxa pelo Tribunal Constitucional: a taxa de conservação de esgotos do Município de Lisboa (Acórdão nº 65/2007). Sucede que, nos casos citados, há uma evidente proximidade funcional que permite estreitar o universo dos beneficiários, possibilitando reconhecer uma presunção de benefício (que vai pressuposta na – e revelada pela – estrutura do tributo) suficientemente forte, o que, manifestamente, não sucede no caso da TMPC, em que a presunção é fraca, ou mesmo, eventualmente, vazia de conteúdo. O espectro dos supostos beneficiários é demasiado alargado, a invocada presunção não tem contornos definidos e, nessa medida, não pode afastar-se com segurança o seu caráter arbitrário, dado que a relação entre prestações é vaga e indireta, ao ponto de quebrar os nexos essenciais ao estabelecimento das correlações presumidas. 2.5.3.3. Sustenta, ainda, o autor da norma que a TMPC tem funções idênticas às de um prémio de seguro. Este argumento – que parece pretender alicerçar a ideia de bilateralidade através de uma analogia com o sinalagma do contrato de seguro – não procede. É que, desde logo, não é possível assimilar a relação estabelecida entre o Município de Lisboa e os titulares do património imobiliário com a relação gerada no quadro de um contrato de seguro entre as partes envolvidas. Esta última pressupõe a referência a um risco (de ocorrência de factos desfavoráveis) apto a afetar a esfera do segurado em concreto. Ora, o mecanismo da TMPC, assentando na agregação de todos os custos do serviço, coloca os proprietários (pelo menos em parte) a suportar riscos que não se repercutem na sua esfera, nem sequer potencialmente ou em abstrato. De todo o modo, os riscos não estão, no âmbito da TMPC (como vimos), suficientemente recortados por referência à categoria de sujeitos (titulares do direito real), o que necessariamente dilui qualquer relação de troca imaginável neste contexto: o conjunto da atividade municipal de proteção civil não compensa ou corrige uma consequência económica desfavorável (decorrente de um facto) que seja própria dos proprietários do património imobiliário. A TMPC não pode ver-se, assim, nem sequer aproximadamente, como um "prémio de seguro".

2.6. À semelhança do que se concluiu a respeito do tributo apreciado no Acórdão nº 418/2017, forçoso é concluir, perante a TMPC, que a relação comutativa que deveria estar pressuposta numa verdadeira taxa não se encontra a partir de qualquer dos seus elementos objetivos, pelo que o referido tributo não merece tal qualificação jurídica. 2.7. As considerações que antecedem são transponíveis para a TMPC na modalidade prevista no nº 2 do artigo 59º do RGTPRML, ou seja, a norma respeitante aos prédios "com risco acrescido por relação com a condição de degradado, devoluto ou em estado de ruína". Numa primeira leitura, a favor da não inconstitucionalidade da TMPC nesta vertente, poder-se-ia afirmar que, por natureza, os prédios degradados, devolutos ou em estado de ruína representam um risco acrescido de necessidade de intervenção dos serviços de proteção civil. Todavia, sendo esta asserção verdadeira, não é menos certo que a TMPC não aparece nem se determina em função desse risco concreto. Ou seja, mantêm-se válidas, mutatis mutandis, todas as considerações acima tecidas a respeito da "norma-base" do nº 1 do artigo 59º do RGTPRML. Por outras palavras, a pretexto de uma situação de risco (abstrato) acrescido, o tributo é agravado. Todavia – e constitui a sua "mácula original", nunca dissipada –, continua a assentar apenas na capacidade contributiva revelada pela titularidade do direito real, ou seja, desliga-se (como vimos) de qualquer relação de troca configurável neste contexto, aliás, em paralelo com o IMI – cf. artigos 112º, nº 3 ("as taxas previstas nas alíneas b) e c) do nº 1 são elevadas, anualmente, ao triplo nos casos de prédios urbanos que se encontrem devolutos há mais de um ano e de prédios em ruínas, considerando-se devolutos ou em ruínas, os prédios como tal definidos em diploma próprio") e 112º, nº 8 ("os municípios, mediante deliberação da assembleia municipal, podem majorar até 30% a taxa aplicável a prédios urbanos degradados, considerando-se como tais os que, face ao seu estado de conservação, não cumpram satisfatoriamente a sua função ou façam perigar a segurança de pessoas e bens") do Código do IMI. Consequentemente, e apesar de a TMPC prevista no nº 2 do artigo 59º do RGTPRML dizer respeito a uma hipótese eventualmente reconduzível a riscos acrescidos, estes não moldam a essência do tributo: o facto tributário (titularidade do direito real) e a incidência sobre o valor permanecem desvinculados de prestações determinadas do serviço de proteção civil. Ou seja, servindo de pretexto para a tributação agravada, os ditos riscos (não especificados) e as prestações (concretamente desconhecidas) que os mesmos determinam estão ausentes do mecanismo jurídico da TMPC. Daí que, apesar da aparente diferença, esta norma mereça, pelas razões atrás apontadas e que aqui se dão por reproduzidas, o mesmo juízo no plano jurídico-constitucional. Conclui-se, pois, e sem necessidade de outras considerações, pela inconstitucionalidade orgânica da norma contida no artigo 59º, nº 2, do RGTPRML e, ainda, das normas contidas nos artigos 60º, nº 2, e

63º, nº 2, do mesmo diploma (que respeitam à incidência subjetiva e ao valor da TMPC). 2.8. O Município de Lisboa sustenta ainda que, se, "por hipótese académica, não se aceitasse tal qualificação, então seria com certeza necessário ponderar a sua qualificação como contribuição antes de qualificá-la apressadamente como imposto – e seria necessário ter presente que, de acordo com a jurisprudência do Tribunal Constitucional, as contribuições não estão abrangidas pela reserva de lei parlamentar estabelecida pelo artigo 165ºda Constituição da República". Esta afirmação quanto à necessidade de ponderar a qualificação da TMPC como contribuição não é exata. Na verdade, o tributo em apreço encontra-se previsto exclusivamente num regulamento municipal habilitado por uma lei que apenas prevê a aprovação de taxas (o RGTAL). Deste modo, e tal como já afirmado no Acórdão nº 581/2012, "[...] uma vez que inexiste qualquer outro diploma legal que contenha uma habilitação genérica para a aprovação pelos municípios de outro tipo de tributos, das duas uma: ou o tributo [em análise] se pode reconduzir ao conceito de «taxa» consagrado no citado RGTAL, e, por conseguinte, aquele preceito regulamentar não é inconstitucional; ou, diversamente, correspondendo o [mesmo] tributo a um «imposto» ou a uma «outra contribuição tributária com contornos paracomutativos», o mesmo preceito não poderá deixar de ser tido como incompatível com o artigo 165º, nº 1, alínea i), da Constituição [...]", designadamente por violação da reserva de lei parlamentar. É certo que, no Acórdão nº 539/2015, o Tribunal afastou a existência de uma reserva de lei parlamentar relativamente a toda a matéria das contribuições ("[c]onfiguram-se assim dois tipos de reserva parlamentar: um relativo aos impostos, que abrange todos os seus elementos essenciais, incluindo a incidência, a taxa, os benefícios fiscais e as garantias dos contribuintes (artigo 103º), outro restrito ao regime geral, que é aplicável às taxas e às contribuições financeiras, e relativamente às quais apenas se exige que o parlamento legisle ou autorize o governo a legislar sobre as regras e princípios gerais e, portanto, sobre um conjunto de diretrizes orientadoras da disciplina desses tributos que possa corresponder a um regime comum. Com esta alteração deixou de fazer qualquer sentido equiparar a figura das contribuições financeiras aos impostos para efeitos de considerá-las sujeitas à reserva da lei parlamentar, passando o regime destas a estar equiparado ao das taxas. O princípio da legalidade, relativamente às contribuições financeiras, tal como o das taxas, apenas exige que o parlamento legisle ou autorize o governo a legislar sobre as regras e princípios gerais comuns às diferentes contribuições financeiras, não necessitando de uma intervenção ou autorização parlamentar para a sua criação individualizada, enquanto que, relativamente a cada imposto, continua a exigir-se essa intervenção qualificada, a qual deve determinar a sua incidência, a sua taxa, os benefícios fiscais e as garantias dos contribuintes."). Porém, o regime das finanças locais continua a ser reservado à competência legislativa da Assembleia da República (artigos 165º, nº 1, alínea q), e 238º, números 2 e 4), verificando-se que o Regime Financeiro das Autarquias Locais e Entidades Intermunicipais (Lei nº 73/2013, de 3 de setembro) não prevê, sequer, as contribuições financeiras como receitas municipais – o que comprova, também por esta via, que o RGTPRML, na parte respeitante às normas em análise, e ainda que se pudesse entender que as mesmas contemplam uma contribuição financeira, teria invadido a reserva de competência da Assembleia da República. 2.9. A inconstitucionalidade orgânica das normas dos artigos 59º, nº 1 e nº 2, 60º, nº 1 e nº 2, e 63º, nº 1 e nº 2, do RGTPRML acarreta, consequencialmente, a inconstitucionalidade das normas que regulam os respetivos factos geradores (artigo 61º, 1ª parte, do RGTPRML) e liquidação (artigo 64º, nº 1). Resta, pois, concluir pela inconstitucionalidade das normas constantes dos nºs 1 e 2 do artigo 59º, dos nºs 1 e 2 do artigo 60º, da primeira parte do artigo 61º, dos números 1 e 2 do artigo 63º e do nº 1 do artigo 64º, todos do Regulamento Geral de Taxas, Preços e outras Receitas do Município de Lisboa, republicado pelo Aviso nº 2926/2016, publicado no Diário da República, 2ª Série, nº 45, de 4 de março de 2016, por violação do disposto no nº 2 do artigo 103º e na alínea i) do nº 1 do artigo 165º da Constituição da República Portuguesa, o que importa declarar com força obrigatória geral. III – Decisão. 3. Em face do exposto, o Tribunal Constitucional declara a inconstitucionalidade, com força obrigatória geral, das normas constantes dos números 1 e 2 do artigo 59º, dos números 1 e 2 do artigo 60º, da primeira parte do artigo 61º, dos números 1 e 2 do artigo 63º e do nº 1 do artigo 64º, todos do Regulamento Geral de Taxas, Preços e outras Receitas do Município de Lisboa, republicado pelo Aviso nº 2926/2016, publicado no Diário da República, 2ª Série, nº 45, de 4 de março de 2016 – normas essas respeitantes à Taxa Municipal de Proteção Civil –, por violação do disposto no nº 2 do artigo 103º e na alínea i) do nº 1 do artigo 165º da Constituição da República Portuguesa. Lisboa, 13 de dezembro de 2017 – José Teles Pereira – Maria de Fátima Mata-Mouros – Joana Fernandes Costa – Catarina Sarmento e Castro – Pedro Machete – João Pedro Caupers – Lino Rodrigues Ribeiro – Fernando Vaz Ventura – Maria Clara Sottomayor – Gonçalo Almeida Ribeiro – Maria José Rangel de Mesquita – Claudio Monteiro (vencido, conforme declaração de voto anexa) – Manuel da Costa Andrade.

10. Acórdão da Relação de Lisboa (Processo nº 2683/12.0TJLSB.L1-2), de 01-10-2015. Sumário: I. É nula, por força do regime jurídico das cláusulas contratuais gerais, a cláusula contratual geral que define a obrigação de prestação de serviços por parte do predisponente remetendo para os "mesmos moldes em que tem vindo a ser efectuada", sem que em passo algum do contrato se mostrem discriminados os termos em que tal prestação tinha vindo a ser prestada. II. São nulas, por força

do regime jurídico das cláusulas contratuais gerais, as cláusulas contratuais gerais que vinculem o aderente, adquirente de um lote de terreno destinado à construção de moradia própria, ao pagamento ao predisponente de uma quantia como contrapartida pela prestação de serviços comuns ao empreendimento urbanístico em que o imóvel se insira, sem limitações temporais, sem possibilidade de o aderente futuramente intervir na nomeação de outro prestador de serviços e com a obrigação de transmitir tais obrigações a futuro adquirente do imóvel. III. Tendo o aderente peticionado a nulidade da totalidade do contrato de prestação de serviços onde se inserem as cláusulas julgadas nulas ao abrigo do regime jurídico das ccg, tal pretensão deverá ser analisada à luz do regime da redução dos negócios jurídicos, mantendo-se a parte restante do contrato a menos que se conclua que outra teria sido a vontade conjetural das partes à data da celebração do contrato. IV. Não constitui abuso de direito, na modalidade de venire contra factum proprium, o facto de os aderentes, em ação anteriormente instaurada contra eles pela predisponente, terem impugnado a obrigação de pagamento da contrapartida pela prestação de serviços sem questionarem a validade do contrato e posteriormente terem instaurado ação em que pretendem a declaração de nulidade do contrato.

11. Acórdão do Tribunal Constitucional nº 179/2015, de 17-03-2015. Acordam na 1ª Secção do Tribunal Constitucional: I. Relatório. 1. O Ministério Público interpôs recurso, nos termos dos artigos 72º, nº 1, alínea a), e 75º da Lei do Tribunal Constitucional do Acórdão do Tribunal Central Administrativo Norte – Seção do Contencioso Tributário, que considerou ilegais, por inconstitucionalidade formal, material e orgânica, as normas constantes dos artigos 3º, 4º, 5º, 8º e 10º do Regulamento Municipal de Liquidação e Cobranças de Taxas pela Exploração de Inertes no Concelho de Vila Pouca de Aguiar, doravante referido como "RMLCTEI". Tal ilegalidade decorreria da circunstância de as normas regulamentares em causa procederem à criação de um imposto incidindo sobre o valor de venda dos bens objeto da atividade das empresas extrativas, o que colidiria «inevitavelmente com o estatuído no nº 2 do artigo 104º da Constituição», violando também as «regras estabelecidas nos artigos 103º, nº 2, e 165º, nº 1, alínea i)» da Lei Fundamental. Nas alegações do recurso escreveu o Representante do Ministério Público neste Tribunal: «(...) 2ª) O tributo levantado pelo RMLCTEI, nomeadamente nos seus artigos 3º, 4º, 5º, e 8º, não é um "imposto" mas antes, verdadeiramente, uma "taxa" devida como contrapartida específica dos serviços público municipal de fiscalização administrativa e de cooperação na fiscalização técnica da exploração das pedreiras (Decreto-Lei nº 89/90, de 16 de março, nomeadamente os arts. 30º a 48º). 3ª) Por conseguinte, diversamente do que se julgou na douta decisão recorrida, não são aplicáveis ao caso os critérios constantes dos artigos 103º, nº 2, 104º, nº 2, e 165º, nº 1, alínea i), todos

da Constituição, na redação da Lei Constitucional nº 1/97, de 20 de setembro, na medida em que o âmbito material de tais normativos está referido a "impostos" e não a "taxas", como é o caso, pelo que não são inconstitucionais (formal, orgânica e materialmente), nomeadamente deste ponto de vista, as normas constantes dos artigos. 3º, 4º, 5º, 8º e, consequentemente, do artigo 8º (Contraordenações), do RMLCTEI, na exata medida em que sanciona as infrações ao regime em apreço. Nestes termos, em virtude de concorrer erro de julgamento quanto à questão da constitucionalidade, pois foi dirimida com fundamento em normas constitucionais regendo em matéria de "impostos" e não de "taxas, como é verdadeiramente o caso, é de conceder provimento ao presente recurso, revogando a douta decisão recorrida, após o que os autos baixarão ao tribunal de onde provieram, para reformar a mesma em conformidade com este julgamento da questão (LOFPTC, artigo 80º, nº 2).» 2. Notificadas as recorridas A., e B. para contra-alegar, apenas a última o fez. Nas alegações apresentadas, conclui o seguinte: «V. CONCLUSÕES. A. O tema fundamental que permite dar resposta à presente questão de constitucionalidade é o de saber se o tributo que a Assembleia Municipal de Vila Pouca de Aguiar criou através do Regulamento Municipal constitui – apesar da denominação que lhe foi atribuída – uma verdadeira taxa, ou, como o Tribunal a quo considerou, um imposto. B. Da jurisprudência citada conclui-se que o tributo previsto no Regulamento Municipal apenas poderia ser considerado uma taxa caso o seu pagamento assentasse numa relação sinalagmática entre o tributo a pagar e a contraprestação do Município, sendo que a doutrina e a jurisprudência consideram que este sinalagma apenas existe se a contraprestação da Administração, ou neste caso do Município, se traduzir: i. Na prestação de um determinado serviço individualizado ao sujeito passivo; ii. Na utilização de um bem do domínio público; ou iii. Na remoção de determinado obstáculo jurídico à atuação de particulares. C. No caso sub judice, a criação do tributo previsto no Regulamento Municipal não assenta, quer na prestação de um determinado serviço individualizado ao sujeito passivo, quer na utilização de um bem do domínio público, quer, ainda, na remoção de determinado obstáculo jurídico à atuação de particulares, pelo que se deve concluir que o tributo ora em análise assume a natureza de imposto, por lhe faltar o carácter de bilateralidade que é exigível às taxas. D. De todo o modo, ainda que se entendesse de alguma forma – o que não se admite e por mero dever de patrocínio se equaciona – que o Município prestaria alguma espécie de contraprestação individualizada às empresas que extraem inertes, ou que o prejuízo geral que sofre com a atividade justificaria o pagamento de uma taxa, sempre continuaria este tributo a ter natureza de imposto, já que a forma de cálculo da taxa a pagar apenas tem em consideração o valor da venda dos inertes, pelo que não é possível que exista qualquer equivalência económica ou jurídica entre a taxa a pagar e qualquer contraprestação eventualmente a cargo do Município. E. Ao mesmo tempo, verifica-se uma manifesta desproporção entre o valor do tributo cobrado e o valor do serviço alegadamente prestado, bem como, ademais, uma total incompatibilidade entre o fundamento de incidência da taxa (prejuízo do Município, ou simples extração dos inertes) e a taxa a cobrar (que incide sobre o valor da venda), pelo que não existe entre as duas prestações uma qualquer equivalência económica ou sequer jurídica, devendo concluir-se, consequentemente, que o tributo em análise tem, na verdade, a natureza de imposto. F. Por outro lado, não procede, a argumentação exposta pelo Recorrente de que a taxa assentaria na atividade de fiscalização administrativa prestada pelas autoridades municipais, uma vez que: i. Caso a autora material do Regulamento Municipal tivesse criado a taxa para custear a atividade de fiscalização administrativa das autoridades municipais, esta teria sido a primeira a referi-lo; o que não sucedeu; ii. Aquilo que o Regulamento Municipal pretende taxar não é o prejuízo que a atividade de extração de inertes causa ao Município (ou mesmo o custo de uma suposta atividade de fiscalização), mas, antes, a própria atividade de extração de inertes; iii. Não se pode considerar incluído no conceito de prejuízo, presente no artigo 2º do Regulamento Municipal, os custos administrativos que as autoridades municipais alocam a uma eventual atividade de fiscalização, uma vez que, nos termos do nº 2 do artigo 9º do Código Civil, essa interpretação não encontra no texto da norma – nem sequer no espírito do legislador ou do autor material do Regulamento Municipal como vimos – o mínimo de correspondência e não pode portanto ser admitida; e iv. Não existe qualquer equivalência económica ou mesmo jurídica entre os custos suportados pelo Município pela suposta atividade de fiscalização e o valor devido pela taxa criada pelo Regulamento Municipal, na medida em que esta apenas tem em conta o volume de vendas das empresas extrativas de inertes. G. As normas previstas nos artigos 3º, 4º, 5º, 8º e 10º devem assim reportar-se inconstitucionais, por dizerem respeito a um imposto que, desde logo – em violação princípio constitucional da legalidade e da reserva de lei fiscal, constantes do nº 2 do artigo 103º e da alínea i) do artigo 165º, ambos da Constituição –, foi criado através de um instrumento jurídico emanado por um órgão municipal, padecendo assim de inconstitucionalidade orgânica e também formal. H. Por fim, o imposto padece de inconstitucionalidade material, já que incide sobre o rendimento bruto das empresas extrativas, o que colide inelutavelmente com o nº 2 do artigo 104º da Constituição, do qual resulta que a tributação das empresas incida sobre o seu rendimento real. I. Em consequência da inconstitucionalidade orgânica, formal e material devem ser julgados inconstitucionais, nos termos dos artigos 277º e 280º da Constituição, os artigos 3º, 4º, 5º, 8º e 10º do Regulamento Municipal. J. Ainda que se considerasse que o tributo criado pelo Regulamento Municipal assumiria a natureza de taxa, esta sempre seria materialmente inconstitucional uma vez que: i. O princípio da proporcionalidade, vertido no nº 2 do artigo 18º da Constituição, sempre obrigaria a que o cálculo da taxa tivesse por base os danos efetivamente causados ao Município e não o valor da venda dos inertes extraídos; e ii. Atenta a sua base de incidência, este tributo é violador do princípio da igualdade, previsto no artigo 13ºda Constituição. K. Em qualquer caso, sempre deverá o artigo 10º do Regulamento Municipal ser considerado inconstitucional, já que a criação de contraordenações está sujeito ao princípio da legalidade, pelo que estas apenas podem ser criadas por meio de ato legislativo, encontrando-se esta matéria subtraída ao poder regulamentar das autarquias locais. Nestes termos e nos demais de Direito que V. Exas. doutamente suprirão, deverá ser recusado provimento ao presente recurso, mantendo-se o Acórdão Recorrido, e, em consequência, ser as normas contidas nos artigos 3º, 4º, 5º, 8º, e 10º do Regulamento Municipal julgadas inconstitucionais, nos termos e com os efeitos previstos no artigo 80º da Lei do tribunal Constitucional.» II – Fundamentação. 3. As normas objeto do presente processo são as seguintes: «Artigo 3º. Incidência. Fica sujeita a pagamento de taxa a extração de inertes na área do município. Artigo 4º. A taxa devida pela extração de inertes corresponderá a 2.5% do valor de venda dos inertes extraídos, líquido do imposto sobre o valor acrescentado. Artigo 5º. Liquidação. 1 – A liquidação da taxa a que se refere o artigo 3º far-se-á em face de declaração que os exploradores dos inertes ficam obrigados a apresentar na Câmara Municipal, arredondando-se por excesso os valores obtidos, a final, para a dezena de escudos imediatamente superior. 2 – A declaração referida no número anterior será apresentada até ao dia 20 de cada mês e relativamente ao mês anterior, devendo a mesma conter a identificação do declarante, o número total de toneladas extraídas e a sua discriminação por tipo de inerte e ser acompanhada de uma relação das faturas emitidas no mês, discriminando o número, data, nome do adquirente e peso. 3 – Na falta de apresentação da declaração referida nos números anteriores, ou quando houver motivo fundamentado para crer que a mesma não corresponde à realidade, a liquidação efetuar-se-á com base na extração presumível, servindo de elementos indicadores, nomeadamente, o volume médio extraído nos três meses anteriores e a alteração verificada na topografia do local da extração. 4 –A correção do valor cobrado será feita logo que obtida a declaração a que se referem os nºs 1 e 2 ou os elementos que permitam a liquidação definitiva da taxa efetivamente devida. 5 – Verificando-se que da liquidação inicial resultou prejuízo para o município, o explorador em falta será notificado, por via postal, mediante carta registada com aviso de receção, ou pessoalmente, para, no prazo de 15 dias, pagar a diferença acrescida dos juros de mora, sob pena de, não o fazendo, se proceder à cobrança coerciva através das execuções fiscais. 6 – Não serão de fazer liquidações adicionais de valor inferior a 5000$. 7 – Quando haja sido liquidada quantia superior à devida, ou de valor inferior à estabelecida no número anterior, deverão os serviços municipais competentes promover oficiosamente e de imediato a restituição ao interessado da importância indevidamente liquidada ou a mais paga. 8 – A Câmara poderá criar uma comissão destinada a emitir parecer sobre a fixação do montante da taxa a aplicar, nos casos referidos no nº 3. Artigo 8º. Pagamento. 1 – O pagamento da taxa pela extração de inertes será feito na tesouraria municipal no prazo de dois meses subsequentes ao final do mês da extração, para o que deverão ser solicitadas guias na Câmara Municipal. 2 – O pagamento poderá ainda ser feito com o acréscimo dos respectivas juros de mora, no mês imediato ao termo do prazo referido no número anterior, após o que se procederá à cobrança coerciva. Artigo 10º. Contraordenações. 1 – A infração ao presente Regulamento constitui contraordenação punível com as coimas arredondadas ao milhar de escudos superior: a)De 10% a 100% do salário mínimo nacional, a incorreta escrituração da declaração ou do livro referidos, respetivamente no nº 2 do artigo 5º e no artigo 6º, ou a violação do disposto no artigo 7º; b) De 20% a 200% do salário mínimo nacional, a não apresentação da declaração referida no nº 2 do artigo 5º ou a inexistência do livro referido no artigo 6º e a violação do disposto no nº 2 do artigo 9º 2 – A competência para a instauração e instrução dos processos de contraordenação e a aplicação das coimas pertence ao presidente da Câmara, que a poderá delegar em qualquer vereador. 4. No que toca aos parâmetros de constitucionalidade, a decisão judicial que desaplica as normas regulamentares considera-as «formal, orgânica e materialmente inconstitucionais, por violação do princípio constitucional da legalidade e da reserva de lei fiscal, constante dos artigos 103º, nº 2, 104º, nº 2 e 165º, nº 1, alínea i), da Constituição da República Portuguesa, na sua atual redação, conjugados com o disposto nos artigos 4º e 8º, números 1 e 2, alínea a), da Lei Geral Tributária». Como se evidencia em todas as peças do processo, a questão jurídica fundamental que se coloca é a de saber se as normas regulamentares em causa instituíram verdadeiramente uma taxa ou, antes, procederam à criação de um imposto. Daí, naturalmente, a invocação do nº 2 do artigo 103º como parâmetro de constitucionalidade. Note-se, ainda, que a recorrida suscitou, subsidiariamente, mais duas questões – para o caso de se vir a considerar que o tributo em causa seria uma verdadeira taxa: a ofensa do princípio constitucional da proporcionalidade e a ilegal criação de uma contraordenação por regulamento municipal, com violação do princípio da legalidade das contraordenações, inscrito no artigo 2º do Regime Jurídico do Ilícito de Mera Contraordenação Social (Decreto-Lei nº 433/82, de 27 de outubro, na redação aprovada pela Lei nº 109/2001, de 24 de dezembro). Adiante se voltará ao primeiro destes pontos, uma vez que o segundo – a ofensa do princípio da legalidade das contraordenações – não pode ser conhecido, por não consubstanciar questão de constitucionalidade. 5. De acordo como nº 2 do artigo 4º da Lei Geral Tributária (Decreto-Lei nº 398/98, de 17 de dezembro, na redação decorrente da Lei nº 82-E/ /2014, de 31 de dezembro, doravante "LGT"), «as taxas assentam na prestação concreta de um serviço público, na utilização de um bem do domínio público ou na remoção de um obstáculo jurídico ao comportamento dos particulares». Considerada a situação de facto, apenas a primeira circunstância se poderia verificar. Dito por outras palavras: qual é o serviço público concretamente prestado às empresas que extraem inertes pelos serviços do município de Vila Pouca de Aguiar, de que as quantias pagas a título de taxa constituiriam contrapartida específica? Segundo o recorrente Ministério Público, tratar-se-ia da atividade do serviço público municipal de fiscalização administrativa e de cooperação na fiscalização técnica da exploração das pedreiras, previsto nos artigos 30º a 48º do Decreto-Lei nº 89/90, de 16 de março. Já para a recorrida, a criação do tributo previsto no RMLCTEI não assentaria na prestação de um determinado serviço individualizado ao sujeito passivo; e, «ainda que se entendesse que o Município prestaria alguma espécie de contraprestação individualizada às empresas que extraem inertes, ou que o prejuízo geral que sofre com a atividade justificaria o pagamento de uma taxa, sempre continuaria este tributo a ter natureza de imposto, já que a forma de cálculo da taxa a pagar apenas tem em consideração o valor da venda dos inertes, pelo que não é possível que exista qualquer equivalência económica ou jurídica entre a taxa a pagar e qualquer contraprestação eventualmente a cargo do Município.» Diga-se, a propósito, que a atividade de fiscalização em causa encontrava previsão legal, à data da publicação do RMLCTEI (10 de novembro de 1999), nos artigos 46º e 48º do Decreto-Lei nº 89/90, de 16 de março. Quando, em 2001, este diploma foi derrogado pelo Decreto-Lei nº 270/2001, de 6 de outubro, (hoje vigente na redação que lhe foi dada pelo Decreto-Lei nº 340/2007, de 12 de outubro), a previsão passou a constar do artigo 55º. Acrescente-se ainda que, considerada a perigosidade manifesta da atividade de extração de inertes e os enormes riscos que implica – não se olvide, designadamente, que envolve o uso e manipulação de explosivos –, bem se justifica uma fiscalização regular, atenta e rigorosa. As disposições legais citadas regulamentam detalhadamente tal ação fiscalizadora: «Artigo 55º. Atividade fiscalizadora. 1. Os organismos com competência fiscalizadora devem: a) Zelar pelo cumprimento das disposições legais aplicáveis às atividades reguladas por este diploma; b) Visitar as pedreiras estabelecidas na área da sua competência, solicitando, com urgência, a comparência da entidade licenciadora no local da pedreira sempre que entenderem que a mesma representa perigo quer para o pessoal nela empregado ou para terceiros quer para os prédios vizinhos ou serventias públicas; c) Dirigir -se, com toda a urgência, ao local da pedreira, quando lhes conste, em sequência de reclamações ou de participação obrigatória do explorador, que tenha ocorrido um acidente. 2 – No caso previsto na alínea c) do número anterior, as autoridades verificarão de imediato, logo após a sua comparência no local do acidente, se o facto foi devidamente comunicado à DRE, devendo, no caso contrário, providenciar nesse sentido. 3 – Nos termos do previsto no número anterior, devem as autoridades evitar a aproximação de pessoas estranhas à exploração e à ocorrência e, bem assim, impedir a destruição de qualquer vestígio. 4 – Quando as autoridades mencionadas no nº 1 constatarem a existência de indícios da prática de qualquer infração, levantarão o correspondente auto de notícia.» Acresce que a ação fiscalizadora, atribuída pela lei (artigo 54º) a várias entidades, começa por referir as câmaras municipais, o que sugere a importância destas entidades naquela ação: «1. A fiscalização administrativa do cumprimento das disposições legais sobre o exercício da atividade de pesquisa e de exploração de massas minerais incumbe à câmara municipal, às autoridades policiais e à Autoridade de Segurança Alimentar e Económica (ASAE), no âmbito das respectivas atribuições, sem prejuízo das competências próprias das demais entidades intervenientes no processo de licenciamento, da Inspeção-Geral do Ambiente e do Ordenamento do Território (IGAOT) e da ATC.» E, por fim, a alínea f) do nº 1 do artigo 6º da Lei nº 53-E/2006, de 29 de dezembro, que aprovou o regime geral das taxas das autarquias locais (doravante referido como "RGTAL"), inclui entre as utilidades prestadas aos particulares pelos municípios suscetíveis de legitimar a cobrança de taxas a «prestação de serviços no domínio da prevenção de riscos». 6. O Tribunal Constitucional já teve oportunidade de se pronunciar sobre uma factualidade próxima da aqui descrita. No Acórdão nº 316/2014, proferido em recurso, pelo Plenário, estava em causa a atividade fiscalizadora municipal de postos de abastecedores de combustível instalados em terrenos de propriedade privada na circunscrição do município de Sintra. A Câmara Municipal de Sintra aprovara um regulamento municipal taxando tais equipamentos, com fundamento nos encargos resultantes do cumprimento do dever de fiscalização legalmente imposto. Aí se pode ler: «Uma vez que o exercício da atividade de comércio de carburantes implica o armazenamento e manipulação de materiais inflamáveis, trata-se de uma atividade que, para além de poluente, é perigosa em si mesma e condicionadora do tráfego rodoviário, implicando que funcione em locais apropriados e em boas condições de segurança, o que tem de ser assegurado pelos serviços fiscalizadores da Câmara, quer quando concede a licença, quer posteriormente; (...). Atento o dever legal permanente e específico de fiscalização dos postos de abastecimento de combustíveis – das instalações e equipamentos e do respetivo funcionamento e utilização – previsto no artigo 25º do Decreto-Lei nº 267/2002, de 26 de novembro, com referência ao «Regulamento de Construção e

Exploração de Postos de Abastecimento de Combustíveis», imposto às câmaras municipais, não se afigura razoável exigir que estas, para poderem cobrar uma taxa, tenham de fazer prova de todas e de cada uma das ações realizadas em cumprimento de tal dever. Certo é que o cumprimento deste dever – e a responsabilidade associada à sua existência – não está na disponibilidade dos municípios. É a lei que exige a ação continuada de vigilância com caráter preventivo, sem prejuízo de ações pontuais e formais de fiscalização. (...). Em suma, o dever legal de fiscalização dos postos de abastecimento de combustíveis por parte das câmaras municipais cria uma presunção suficientemente forte no sentido de que a simples localização daqueles postos em determinada circunscrição concelhia é causa de uma atividade de vigilância e de ações de prevenção por parte do município correspondente, não só para dar cumprimento à lei, como principalmente para evitar que os riscos quanto à segurança de pessoas e bens, os riscos para a saúde pública e os riscos ambientais associados à existência e funcionamento daquelas instalações se materializem. É, pelo menos «normal», e é seguramente expectável da parte de autoridades públicas jurídica, social e ambientalmente responsáveis, que o significado e importância dos bens postos em perigo pela existência e funcionamento de postos de abastecimento de combustíveis, em articulação com as obrigações legais dos municípios, que estes desenvolvam em relação aos postos de abastecimento localizados nas respetivas circunscrições todas as ações a que legalmente estão obrigados, entre as quais se inclui a mencionada vigilância permanente com intuitos de prevenção. Assim sendo, não parece que lhes deva ser exigido que, para justificar a fixação de uma taxa como contrapartida de tais ações realizadas em cumprimento da lei, façam prova de cada uma dessas ações junto dos destinatários das mesmas.» É relevante a comparação entre as duas situações que, não sendo idênticas, apresentam a similitude de respeitarem à imposição legal do dever municipal de fiscalizar os locais abrangidos. Sublinham-se, contudo, três diferenças. Desde logo, a atividade fiscalizada é uma atividade industrial – indústria extrativa – e não uma mera atividade comercial, de venda de um produto – ainda que um produto perigoso, pois que se trata de combustível. Depois, haverá de reconhecer-se que os riscos inerentes à atividade desenvolvida são maiores. Não apenas porque envolvem o recurso a materiais muito perigosos – avultando o uso de explosivos –, e a equipamentos pesados – gruas, dumpers, etc. –, mas também porque a perigosidade ambiental é mais intensa, nomeadamente no que respeita à existência de inertes depositados a céu aberto, com a inerente possibilidade de formação de poeiras potencialmente nocivas. Por último, não obstante poderem ser de propriedade privada, as pedreiras estão sujeitas a intensíssimos condicionamentos jurídico-públicos, claramente expressos nos próprios títulos de exploração e refletidos nos apertados requisitos relativos às licenças de pesquisa e de exploração, constantes dos números 1 a 5 do artigo 10º da legislação supracitada: «1. A pesquisa e a exploração de massas minerais só podem ser conduzidas ao abrigo de licença de pesquisa ou de exploração, conforme for o caso, carecendo a sua atribuição de pedido do interessado que seja proprietário do prédio ou tenha com este celebrado contrato, nos termos do presente diploma. 2. As licenças definirão o tipo de massas minerais e os limites da área a que respeitam. 3. As áreas definidas na licença devem ter a forma poligonal compatível com o limite do prédio, ou prédios, em cuja área se inserem. 4. A licença de pesquisa é válida pelo prazo inicial máximo de um ano contado da data da sua atribuição, o qual, a pedido do titular, com 30 dias de antecedência, pode ser prorrogado por uma única vez e por igual período. 5. A licença de pesquisa não autoriza o seu titular a alienar ou vender as substâncias minerais extraídas, sem prejuízo da realização de análises, ensaios laboratoriais e semi-industriais e testes de mercado no âmbito da prossecução dos fins inerentes à atividade de pesquisa.» É a verificação do preenchimento constante destes requisitos que explica e justifica a intensidade e diversidade da ação fiscalizadora e, também, as razões do papel do maior relevo desempenhado pelos serviços do município. Na verdade, os riscos da atividade de exploração de pedreiras são, em geral, "riscos de proximidade", suscetíveis de fazer perigar, em primeiro lugar, as populações das áreas em que se encontram localizadas as explorações. Sendo a maioria destes riscos de natureza ambiental – ruídos, vibrações, poeiras, etc. – as potenciais vítimas, que devem ser protegidas em resultado da ação fiscalizadora, são os "vizinhos", e outros residentes na área do município, que sofrem os prejuízos causados pela natureza da atividade extrativa (cfr. artigo 2º do RMLCTEI, relativo à liquidação e cobrança de taxas). Neste contexto, sendo aplicável ao caso boa parte da argumentação adotada no Acórdão nº 316/2014, justifica-se uma decisão no mesmo sentido, isto é, da não comprovação da desconformidade constitucional. 7. Assente que nos encontramos perante umataxa, parece útil ponderar a outra questão de constitucionalidade suscitada pela recorrida, a ofensa do princípio da proporcionalidade. A ofensa deste princípio decorreria de a forma de cálculo da taxa a pagar apenas ter em consideração o valor da venda dos inertes, não sendo por isso possível comprovar a «equivalência económica ou jurídica entre a taxa a pagar e qualquer contraprestação eventualmente a cargo do Município». Acresce que se verificaria «uma manifesta desproporção entre o valor do tributo cobrado e o valor do serviço alegadamente prestado». Nos termos do nº 2 do artigo 5º e do artigo 4º do RMLCTEI, a taxa devida é calculada com base no «número total de toneladas extraídas e a sua discriminação por tipo de inerte e ser acompanhada de uma relação das faturas emitidas no mês, discriminando o número, data, nome do adquirente e peso» – elementos que têm de ser declarados pela empresa que promove a extração até ao dia 20 de cada mês – e corresponde a 2,5% do valor dos inertes extraídos e vendidos. Começaremos por dizer que não nos merece censura a determinação da incidência da taxa com base no volume de inertes extraído. Na verdade, é esse volume que, indiciando a maior ou menor intensidade da atividade extrativa, se repercute no grau de exigência, qualitativa e quantitativa, das atividades de fiscalização, designadamente municipal. É razoável supor que a uma intensificação da extração, implicando maiores riscos, deverá corresponder uma intensificação da fiscalização. Depois, não é indispensável estabelecer uma equivalência entre a taxa a pagar e a contraprestação específica. Isso mesmo deixou o Tribunal claro no Acórdão nº 846/2014: «Contudo, neste domínio, o que o Tribunal sempre disse foi que da Constituição apenas se retiraria a exigência de uma não manifesta desproporcionalidade na fixação do montante devido, dada a impossibilidade de entender o elemento estrutural da taxa (a «correspetividade» ou «sinalagmaticidade», vistas essencialmente como categorias jurídicas), como algo equivalente a uma correspondência económica estrita entre o montante a prestar e o valor da respetiva contraprestação (entre muitos outros, Acórdãos nºs 115/02; 1108/96; 640/95; 461/87; 205/87).» Note-se, por fim, que a recorrida não explica porque entende que existe «uma manifesta desproporção entre o valor do tributo cobrado e o valor do serviço alegadamente prestado». Essa alegada desproporção resulta da comparação da percentagem de 2,5% da taxa com quê? III – Decisão. Em face do exposto: a) Decide-se não julgar inconstitucionais as normas constantes dos artigos 3º, 4º, 5º, 8º e 10º do Regulamento Municipal de Liquidação e Cobranças de Taxas pela Exploração de Inertes no Concelho de Vila Pouca de Aguiar; e, em conformidade; b) Concede-se provimento ao recurso. Lisboa, 17 de março de 2015 – João Pedro Caupers – Maria Lúcia Amaral – Maria de Fátima Mata-Mourcs – Joaquim de Sousa Ribeiro.

Comentário:

1. Tendo em conta a multiplicidade de situações em que se justifica a criação de uma taxa, o legislador não pretendeu elencar exaustivamente as atividades autárquicas que podem gerar o lançamento de uma taxa, preferindo deixar uma ampla margem de liberdade às autarquias locais para a criação de taxas.

2. Sobre as taxas devidas pela realização, manutenção e reforço de infra-estruturas urbanísticas primárias e secundárias e taxas inerentes às operações urbanísticas. O Decreto-Lei nº 555/99 de 16 de dezembro, que aprovou o Regime Jurídico da Urbanização e Edificação, vigora hoje com a redação da Lei nº 118/2019 de 17 de setembro e prevê dois tipos de taxas: as taxas devidas pela concessão de licença ou autorização administrativa para a execução de operações urbanísticas, que cumprem a dupla função de remuneração de um serviço prestado pela autarquia e de remoção

de um obstáculo jurídico ao comportamento dos particulares; as taxas devidas pela construção, manutenção e reforço de infraestruturas urbanísticas, que constituem a contrapartida paga pelos particulares pelo investimento que as autarquias fizeram ou contam fazer para satisfazer as necessidades coletivas. Estas taxas coexistem com a obrigação, que recai sobre os promototes dos loteamentos, de construírem as infraestruturas na área a lotear e incide também sobre os promototrs de obras particulares.

3. Com inegável relevância para esta matéria é a qualificação subsolo das vias públicas municipais como domínio municipal e a consequente taxação do seu uso. Autores há que defendem que a utilização do subsolo municipalpor parte das empresas concessionárias de serviços públicos (nomeadamente telecomunicações, águas ou gás natural), não é geradora de utilidades individualizáveis, integrando-se antes no serviço público que cabe ao Estado prestar mas que este concessionou a terceiros. Esta tese, se defensável até certa altura, deixou-o de ser face ao disposto no nº 3 do artigo 7º do presente diploma, que veio sujeitar, e bem, o Estado ao pagamento das taxas municipais. Acresce que as empresas privadas concessionárias de serviços públicos, que utilizam o domínio público municipal, retiram dessa utilização inegáveis benefícios económicos.

4. O Tribunal Constitucional pronunciou-se pela constitucionalidade das taxas que incidam sobre condutas subterrâneas, no caso, a passagem de pipelines sob o domínio público. Em sentido oposto pronunciou-se o Supremo Tribunal Administrativo, no caso, a passagem de condutas de abastecimento de água sob o domínio público do município de Lisboa.

5. Ora, Sousa Franco define domínio público com base nos seguintes princípios: regime fixado por lei, atendendo à essencialidade para o interesse público dos bens dominiais; da própria lei há-de resultar o carácter público dominial das coisas; trata-se de bens inalienáveis e subtraídos ao comércio jurídico privado, impenhoráveis, inapropriaáveis e não oneráveis; destinam-se a ser usados por serviços públicos, pelo público ou por particulares especialmente autorizados – com ou sem perceção de rendimento pelo Estado; apenas as pessoas coletivas territoriais (Estado e autarquias locais), dispõem de domínio público.

6. A Lei nº 5/2004 de 10 de fevereiro, Lei das Comunicações Eletrónicas, alterada pelo Decreto-Lei nº 49/2020 de 4 de agosto, veio estabelecer que os direitos e os encargos relativos à implantação, à passagem, e ao atravessamento de sistemas, equipamentos e demais recursos das empresas que oferecem redes e serviços de comunicações eletrónicas acessíveis ao público, em local fixo, dos domínios público e privado municipais, podem dar origem ao estabelecimento de uma taxa municipal de direitos de passagem.

7. Entretanto, a Lei nº 16/2022, de 16 de agosto, aprovou a nova Lei das Comunicações Eletrónicas, sem fronteiras, e transpõe para a ordem jurídica interna: A Diretiva 98/84/CE do Parlamento Europeu e do Conselho, de 20 de novembro de 1998, relativa à proteção jurídica dos serviços que se baseiem ou consistam num acesso condicional; A Diretiva 2002/77/CE da Comissão, de 16 de setembro de 2002, relativa à concorrência nos mercados de redes e serviços de comunicações eletrónicas; A Diretiva (UE) 2018/1972 do Parlamento Europeu e do Conselho, de 11 de dezembro de 2018, que estabelece o Código Europeu das Comunicações Eletrónicas. Aprova também, como referido, a nova Lei das Comunicações Eletrónicas, e procede à alteração dos seguintes diplomas: Comunicações Eletrónicas – Proteção e Tratamento de Dados Pessoais: altera os artigos 7º e 10º da Lei nº 41/2004, de 18 de agosto que regula as Comunicações Eletrónicas – Proteção e Tratamento de Dados Pessoais; Regime Quadro das Contraordenações do Setor da Comunicação Social: dá nova redação aos artigos 1º, 3º, 7º, 11º, 12º, 15º, 21º, 23º, 24º, 27º, 32º e 35º do Regime Quadro das Contraordenações do Setor da Comunicação Social, aprovado pela Lei nº 99/2009, de 4 de setembro; Adita o artigo 27º-A (Tramitação eletrónica) ao indicado Regime; Revoga as alíneas e), g), h) e n) do nº 3 do artigo 1º e o nº 4 do artigo 15º da Lei nº 99/2009, de 4 de setembro; Decreto-Lei nº 151-A/2000, de 20 de julho: altera o artigo 4º do Decreto-Lei nº 151-A/2000, de 20 de julho, que regula o licenciamento de redes e estações de radiocomunicações; Regime Aplicável aos Contratos Celebrados à Distância e Fora do Estabelecimento Comercial: altera o artigo 30º do Regime Aplicável aos Contratos Celebrados à Distância e Fora do Estabelecimento Comercial, aprovado pelo Decreto-Lei nº 24/2014, de 14 de fevereiro.

8. Finalmente, revoga: A Lei nº 5/2004, de 10 de fevereiro que aprovou a Lei das Comunicações Eletrónicas; A Portaria nº 791/98, de 22 de setembro; A Portaria nº 469/2009, de 6 de maio.

9. Determina ainda que todas as remissões para a Lei nº 5/2004, de 10 de fevereiro, considerem-se feitas para as correspondentes disposições da nova Lei das Comunicações Eletrónicas.

10. Finalmente, a estabelece que a presente lei se aplica a todos os contratos celebrados após a sua entrada em vigor, com exceção do nº 5 do artigo 22º, das alíneas i) e l) do artigo 113º, dos números 6 e 7 do artigo 120º, do nº 5 do artigo 122º, da alínea h) do nº 3 do artigo 126º, dos artigos 129º e 133º, da subalínea ii) da alínea b) do artigo 136º e do artigo 137º da nova Lei de Comunicações Eletrónicas, que se aplicam imediatamente a todos os contratos já existentes.

11. Determina ainda que se mantêm em vigor, até à respetiva substituição ou revogação pela ANACOM, os regulamentos e atos da ANACOM que, tendo sido adotados ao abrigo da Lei nº 5/2004, de 10 de fevereiro, não sejam incompatíveis

com o disposto na nova Lei das Comunicações Eletrónicas. Estipula, ainda a manutenção em vigor da Portaria nº 1473-B/2008, de 17 de dezembro, até à sua revogação pela portaria a que se referem os artigos 167º e 168º da Lei das Comunicações Eletrónicas. Prevê norma específica relativa à aplicação no tempo do presente diploma: A presente lei entra em vigor 90 dias após a sua publicação; Não obstante o disposto na alínea anterior, o artigo 59º, os números 3, 4, 5, 6 e 7 do artigo 62º, o artigo 65º, o artigo 177º, a alínea q) do nº 3 do artigo 178º, o artigo 179º, o artigo 180º, o artigo 181º, o artigo 182º e o artigo 183º da Lei das Comunicações Eletrónicas, entram em vigor no dia seguinte ao da sua publicação.

12. O presente diploma foi posteriormente corrigido pela Declaração de Retificação nº 25/2022, de 12 de outubro.

13. Sugere-se, também, a consulta da Portaria nº 284/2022 de 28 de Novembro que aprova as funcionalidades da plataforma de cessação de contratos.

14. Concretamente sobre a taxa municipal de direitos de passagem, dispõe o artigo 169º da nova Lei das Comunicações Eletrónicas o seguinte:

> Artigo 169º – Taxas pela concessão de direitos de passagem.
>
> 1 – As taxas pelos direitos de passagem devem refletir a necessidade de garantir a utilização ótima dos recursos e ser objetivamente justificadas, proporcionais, transparentes e não discriminatórias, devendo, ainda, ter em conta os objetivos gerais previstos no artigo 5º.
>
> 2 – Os direitos e encargos relativos à implantação, passagem e atravessamento dos domínios público e privado municipal por sistemas, equipamentos e demais recursos das empresas que oferecem redes públicas de comunicações eletrónicas e serviços de comunicações eletrónicas acessíveis ao público, em local fixo, podem dar origem ao estabelecimento de uma taxa municipal de direitos de passagem (TMDP) e à remuneração pela utilização de infraestruturas aptas ao alojamento de redes de comunicações eletrónicas que pertençam ao domínio público ou privativo das autarquias locais prevista no Decreto-Lei nº 123/2009, de 21 de maio.
>
> 3 – A TMDP obedece aos seguintes princípios:
>
> a) É determinada com base na aplicação de um percentual sobre o total da faturação mensal emitida pelas empresas que oferecem redes e serviços de comunicações eletrónicas acessíveis ao público, em local fixo, para todos os clientes finais do correspondente município;
>
> b) O percentual referido na alínea anterior é aprovado anualmente por cada município até ao fim do mês de dezembro do ano anterior a que se destina a sua vigência e não pode ultrapassar os 0,25%.
>
> 4 – Nos municípios em que seja aprovada a cobrança da TMDP nos termos do número anterior, as empresas que oferecem redes e serviços de comuni-

cações eletrónicas acessíveis ao público em local fixo são as responsáveis pelo seu pagamento

5 – O Estado e as regiões autónomas não cobram às empresas que oferecem redes públicas de comunicações eletrónicas e serviços de comunicações eletrónicas acessíveis ao público taxas ou quaisquer outros encargos pela implantação, passagem ou atravessamento dos domínios público e privado do Estado e das regiões autónomas, à superfície ou no subsolo, por sistemas, equipamentos e demais recursos físicos necessários à sua atividade.

6 – Compete à ARN aprovar o regulamento que define as regras e procedimentos a adotar pelas empresas que oferecem redes públicas de comunicações eletrónicas e serviços de comunicações eletrónicas acessíveis ao público, em local fixo, para o apuramento, liquidação e entrega da TMDP aos municípios.

15. Em matéria de taxas devidas pela gestão de resíduos sólidos urbanos (RSU), as boas práticas recomendam a aplicação do princípio PAYT (Pay as you throw), em vez da indexação aos consumos de água ou energia elétrica.

16. Sobre a alínea f). do nº 1 do artigo 6º, que no âmbito da determinação da incidência objetiva das taxas dos municípios, inclui as taxas pela prestação de serviços no domínio da prevenção de riscos e da proteção civil, trata-se de um facto tributário dificilmente determinável, e muito menos suscetível de gerar o dever de pagar uma taxa.

17. "A solução mais correta será reconduzir estes tributos à categoria de contribuições especiais extrafiscais, subordinadas a um regime jurídico próprio." in Silva, Suzana Tavares da, (2008), As Taxas e a Coerência do Sistema Tributário. Estudos Regionais e Locais. CEJUR. Braga. 2008.

18. O que não pode nem se deve admitir é a tentativa de com fundamento na RGTAL, se legitimar a criação de taxas municipais sobre serviços de interesse geral, em matéria de ambiente, urbanismo, prevenção de riscos e proteção civil, que constituem, afinal, interesses difusos.

19. O artrigo 6º apresenta um catálogo exemplificativo das taxas que municípios e freguesias podem cobrar e, (...) confirma a associação das autarquias locais à gestão do património.

20. "(...) na fixação da respetiva base objetiva de incidência, porém, a consagração de um catálogo abrerto como o do presente artigo, parece constituir a única solução viável. Pese embora a sua natureza meramente exemplificativa, (...), (o presente artigo) nos dá uma boa ideia da importância relativa das diversas taxas locais e da concentração da sua incidência objetiva sobre os hard-services ligados à gestão do património. Disso é sintoma que o elenco das taxas municipais se inicie pelas taxas de realização, manutenção e reforço de infraestruturas urbanísticas, logo

seguidas das taxas de licenciamento que sabemos incidirem predominantemente também sobre operações urbanísticas." in Vasques, Sérgio, (2008), Regime das Taxas Locais. Introdução e comentário. Cadernos IDEFF. Nº 8. Almedina. Coimbra. 2008.

21. A qualificação de um tributo local como taxa exige que este incida sobre prestações efetivamente provocadas ou aproveitadas pelo sujeito passivo e não apenas sobre prestações de que o sujeito passivo seja o presumível causador ou beneficiário.

22. "(...) é preocupante a sugestão que o legislador faz no artigo 6º, nº 2, convidando as autarquias locais à criação de taxas ambientais que se expõem facilmente à invalidação por inconstitucionalidade orgânica. Problema semelhante, senão mais grave ainda, suscitam as referências deste artigo às taxas devidas em contrapartida dos serviços de gestão de tráfego, da proteção civil, da promoção da qualificação urbanística ou do desenvolvimento local, pois que estas são áreas de atividade das autarquias relativamente às quais é muitas vezes impossível destacar prestações concretas das quais os particulares sejam efetivos causadores ou beneficiários, (...). (Há que fazer destas disposições: artigos 5º e 6º) (...), uma interpretação não apenas inteligente mas conforme à Constituição da República (Lei Fundamental). A proteção do ambiente, a proteção civil ou a promoção do desenvolvimento local podem servir de base de incidência às taxas locais mas apenas quando essas atividades se materializem em prestações públicas concretas, de que os respetivos sujeitos passivos sejam os efetivos causadores ou beneficiários e nunca quando elas tomem a forma de prestações públicas difusas (...)" (apud Vasques, Sérgio, (2008), Regime das Taxas Locais. Introdução e comentário. Cadernos IDEFF. Nº 8. Almedina. Coimbra. 2008).

Artigo 7º – Incidência subjectiva

1 – O sujeito activo da relação jurídico-tributária geradora da obrigação de pagamento das taxas previstas na presente lei é a autarquia local titular do direito de exigir aquela prestação.

2 – O sujeito passivo é a pessoa singular ou colectiva e outras entidades legalmente equiparadas que, nos termos da presente lei e dos regulamentos aprovados pelas autarquias locais, esteja vinculado ao cumprimento da prestação tributária.

3 – Estão sujeitos ao pagamento de taxas das autarquias locais o Estado, as Regiões Autónomas, as autarquias locais, os fundos e serviços autónomos e as entidades que integram o sector empresarial do Estado, das Regiões Autónomas e das autarquias locais.

Remissão:

1. Ver artigo 3º da presente lei.

Jurisprudência:

1. Acórdão do Supremo Tribunal Administrativo (Processo nº 1388/20.2BEPRT), 02-02-2022. 1. RELATÓRIO. 1.1. "O Município de Vila Nova de Gaia", recorre para este Supremo Tribunal da sentença do Tribunal Administrativo e Fiscal do Porto que julgou procedente a impugnação judicial deduzida por "A..., S.A" contra as decisões de indeferimento tácito das Reclamações Graciosas apresentadas contra as liquidações relativas às taxas de instalação e funcionamento dos postos de abastecimento de combustíveis do ano de 2019, situados na Rua ...., nº...., da União de freguesias de Santa Marinha e S. Pedro da Afurada, Vila Nova de Gaia, no montante de € 5.000,00; na Rua ....., nº ...., da União de freguesias de Santa Marinha e S. Pedro da Afurada, Vila Nova de Gaia, no montante de € 5.000,00; e Rua :...../Estrada Nacional nº ... Km ..., nº ...., Canelas, Vila Nova de Gaia, no montante de €5.000,00. 1.2. Nas alegações de recurso formulou o Recorrente as seguintes conclusões: «1ª – A decisão sob recurso ao decidir que a taxa é devida por quem detém a titularidade do licenciamento, mesmo que ceda a exploração do posto de combustível a outrem e que, só assim não será, se, ao abrigo do contrato de exploração for também transmitida a titularidade da licença de exploração e do posto de abastecimento, e como não decorre do contrato de cessão de exploração que tenha sido transmitido à impugnante a titularidade da licença de exploração nem a titularidade do posto de abastecimento concluiu, sem mais, que a impugnante não é o sujeito passivo da taxa liquidada, prevista no artigo 55º do RMDPPOEP e não como refere do 100º do Regulamento Municipal de Taxas e Compensações Urbanísticas (RMTCU) do Município de Vila Nova de Gaia, dado que, mesmo que as partes tenham acordado que são da responsabilidade exclusiva da cessionária/impugnante todos os encargos relacionados com a exploração do estabelecimento e que a cessionária/ impugnante se obriga a pagar pontualmente todas as taxas tal não obsta à conclusão supra referida por entender que esse tipo de acordo se insere no âmbito da relação contratual estabelecida, não relevando para a decisão sobre quem é o sujeito passivo da taxa, errou no seu julgamento, violando nomeadamente o disposto no artigo 6º do RGTAL e o artigo 55º do RMDPPOEP e o artigo 25º da Tabela de Taxas do RMTOR bem como o estatuído no próprio Decreto-Lei nº 267/2002 e os artigos 235º, nº 2, 238º e 241º da Constituição da República Portuguesa. 2ª – Na verdade, nos presentes autos está em causa a liquidação de três taxas no montante de €5.000,00, cada relativa a "Instalação e funcionamento de posto de abastecimento de combustíveis "sitos na Rua ..../ Estrada Nacional nº ..., Km ..., nº ..., freguesia de Canelas, na Rua ...., ..., da União

de Freguesias de Santa Marinha e S. Pedro da Afurada e na Rua ...., ..., da União de Freguesias de Santa Marinha e S. Pedro da Afurada, relativas ao ano de 2019, e devidas por força do impacto ambiental negativo. 3ª – Esta taxa encontra-se prevista no artigo 55º, nº 1, b) do RMDPPOEP e não no artigo 100º do RMTCU, como é referido na sentença sob recurso, normativo que se integra no Capítulo V, do referido Regulamento, sob a epígrafe "Atividades e instalações geradoras de impacto ambiental negativo" e no artigo 25º da Tabela de Taxas do Regulamento Municipal de taxas e Outras Receitas do Município (RMTOR), sob a epígrafe "Promoção da qualidade urbanística, territorial e ambiente" integrado na Secção IV, intitulada "Sustentabilidade Local". 4ª – No Regulamento Municipal de Taxas e Outras Receitas do Município de Vila Nova de Gaia a definição de sujeito passivo para todas e cada uma das taxas previstas no Regulamento é a de ser quem está vinculado ao cumprimento da prestação tributária, o qual vai variando em conformidade com a incidência objetiva da taxa. 5ª – Na taxa prevista no artigo 55º do RMDPPOEP, como a epígrafe do Capítulo onde se insere refere, a incidência objetiva da taxa é na atividade das instalações de postos de abastecimento como atividade geradora de impacto ambiental e não no seu licenciamento, por isso, o sujeito passivo não pode ser o titular do licenciamento mas quem exerce a atividade, que é o comercializador dos produtos. 6ª – E, pese embora as Licenças de Exploração tenham sido emitidas em nome da Petróleos de Portugal – Petrogal, S.A., como é facto assente, é a impugnante "A..., S.A." quem explora efetivamente os postos de abastecimento, sendo exclusivamente da sua responsabilidade os encargos de natureza fiscal, administrativa ou de outra natureza, relacionados com a exploração dos estabelecimentos. 7ª – Assim, uma coisa é a licença de exploração que foi concedida a Petróleos de Portugal, S.A., pelo prazo nela fixado, permitindo-lhe durante esse período explorar da forma que bem entenda o Posto de Combustível e outra bem diferente são as taxas devidas pelo impacto ambiental negativo que o funcionamento de tais postos acarreta, as quais são da responsabilidade de quem explora os postos de abastecimento, in casu, a impugnante, conforme artigo 6º nº 2 da Lei nº 53-E/2006 de 29 de dezembro. 8ª – Efetivamente estando em causa a atividade de abastecimento de combustíveis e o seu exercício através do funcionamento dos postos de abastecimento, atividade esta que independentemente de estar instalada em propriedade particular, pela natureza do efeito útil pretendido, contende necessariamente com o espaço público, cuja gestão e disciplina compete à entidade municipal tutelar (como melhor consta do Acórdão do Tribunal Central Administrativo Sul, proferido no Processo nº 5256/11 de 10/07/2012), quem deve ser responsável pelas taxas devidas pelo impacto ambiental negativo é quem exerce essa atividade, independentemente da atividade ser exercida a título de proprietária, exploradora ou concessionária. 9ª – A partir do momento que o cerne da taxa aplicada é o impacto ambiental negativo provocado pela atividade de abastecimento de combustíveis a taxa não é aplicada apenas porque existe uma autorização/licença para exploração de um posto de abastecimento mas porque é efetivamente exercida a atividade de abastecimento. 10ª – Assim, o sujeito passivo da taxa devida pelo impacto ambiental negativo prevista no artigo 55º do RMDPPOEP de Vila Nova de Gaia é quem exerce a atividade de abastecimento de combustíveis independentemente de ser o proprietário do posto de abastecimento, o titular da licença de exploração ou o concessionário, que, aliás, é quem dela retira o benefício. 11ª – In casu, como consta dos factos assentes, a exploração dos estabelecimentos de venda de combustíveis identificados foi cedida à impugnante, pelo que é a impugnante o sujeito passivo da taxa devida pelo impacto ambiental negativo. 12ª – O argumento de, atento o nº 2 do artigo 100º do RMCTU que prevê a isenção por um período de 10 anos quando os postos sejam licenciados ao abrigo deste Regulamento, para concluir que só pode estar isento do pagamento de um tributo quem a ele esteja sujeito, e, por isso, os sujeitos passivos da taxa anual prevista no artigo 100º do RMCTU são as pessoas singulares ou colectivas titulares das licenças para a instalação dos postos de abastecimento de combustíveis, é inaplicável ao caso concreto porquanto no normativo em apreço, o artigo 55º do RMDPPOEP não está prevista qualquer isenção e o mencionado artigo 100º do RMTCU já não se encontra em vigor à data de aplicação das taxas impugnadas. 13ª – O Acórdão do STA em que a sentença sob recurso se apoia não decidiu definitivamente a questão apenas concluiu pela necessidade de ampliação da matéria de facto, nomeadamente para a junção do contrato de Cessão de Exploração. 14ª – In casu nos presentes autos já se encontra demonstrado que a atividade de abastecimento de combustíveis é exercida pela impugnante, pelo que é a impugnante o sujeito passivo da taxa devida pelo impacto ambiental negativo. 15ª – Acresce ainda relevar que como consta da matéria de facto é da responsabilidade da cessionária todos os encargos de natureza fiscal, administrativa ou de outra natureza relacionados com a exploração do estabelecimento. 16ª – Pelo que, não restam dúvidas que a impugnante é o sujeito passivo da taxa em apreciação e por isso parte legítima. 17ª – A sentença sob recurso desvaloriza o disposto no contrato de cessão de exploração que determina ser responsabilidade da impugnante todos os encargos de natureza fiscal, administrativa ou de outra natureza relacionados com a exploração do estabelecimento, todavia, com o devido respeito, é nosso entendimento que a sentença erra no seu julgamento, pois tal clausulado releva e bastante para a decisão dos presentes autos, pois define quem é o responsável pelo funcionamento do posto de abastecimento e, consequentemente, quem é o responsável pelas taxas devidas pelo impacto ambiental negativo dessa atividade. 18ª – A sentença não esclarece em que termos ou com base em que normativos chega à conclusão que a sociedade que detém a titularidade do licenciamento é que é a responsável pelo exercício da atividade independentemente de poder ceder a exploração a terceiro, sendo certo que no regime jurídico do Decreto-Lei nº 267/2002 não existe norma que expressamente preveja tal situação, padecendo, assim, a sentença de insuficiente fundamentação. 19ª – Acresce que estabelecendo o Decreto-Lei nº 267/2002, na sua versão do Decreto-Lei nº 195/2008 de 6 de outubro, em vigor à data da liquidação das taxas impugnadas, os procedimentos e competências do licenciamento das instalações de armazenamento de produtos de petróleo e de postos de abastecimento de combustíveis e não estando perante um procedimento referente ao licenciamento do posto de abastecimento, tal diploma não é aplicável à situação em concreto. 20ª – De qualquer modo, este regime jurídico assume que o promotor é tão só o proprietário da instalação e que o titular da licença de exploração pode ser apenas o promotor do licenciamento e não quem comercializa e que a licença de exploração é um título que atesta que as instalações estão habilitadas para funcionarem como postos de abastecimento e não é uma licença atribuída a uma entidade de modo a habilitá-la a exercer a atividade naquele local, (artigo 3º, alíneas e), j) e s) e artigo 14º). 21ª – Ora, visando a taxa em apreço "a promoção e preservação do equilíbrio urbano e ambiental" e dirigindo-se às atividades geradoras de impacto ambiental negativo como a atividade de abastecimento de combustíveis, o sujeito passivo é quem exerce a atividade e não quem promoveu o licenciamento das instalações e obteve a autorização para as mesmas funcionarem (licença de exploração). 22ª – In casu quem exerce a atividade é a impugnante, quem licenciou as instalações e consequentemente solicitou a sua autorização para utilização das instalações/ licença de exploração foi a Petrogal, pelo que não é o sujeito passivo das taxas liquidadas. 23ª – Acresce que a indicação de um técnico responsável é apenas para as instalações identificados nos anexos I e II do decreto-lei, que não abrange os postos de abastecimento de combustíveis mas essencialmente instalações de armazenagem. 24ª – Por último refira-se que o Tribunal Constitucional pelo seu Acórdão nº 623/2019, de 23 de outubro de 2019 já se pronunciou sobre a constitucionalidade deste artigo 55º do Regulamento Municipal da Defesa da Paisagem, Publicidade e Ocupação do Espaço Público de Vila Nova de Gaia e artigo 25º nº 3 da Tabela de Taxas do Regulamento de Taxas e Outras Receitas do Município, tendo decidido por não julgar inconstitucional tais normas, que foram aplicadas ao comercializador retalhista e não ao titular da licença de exploração. 25ª – Assim, ao contrário do decidido na sentença sob recurso o regime jurídico do Decreto-Lei nº 267/2002, na sua versão do Decreto-Lei nº 195/2008 de 6 de outubro, em vigor à data da liquidação das taxas impugnadas, não determina que a sociedade que detém a titularidade do licenciamento é que é a responsável pelo exercício da atividade, independentemente de poder ceder a exploração do posto de abastecimento a outra pessoa ou entidade, pelo que a sentença ao assim decidir violou de forma grave o disposto naquele diploma legal e no nº 2 do artigo 6º do RGTAL, bem como o artigo 55º do RMDPPOEP e o artigo 25º da Tabela de Taxas do RMTOR de Vila Nova de Gaia, sendo certo que tal entendimento viola os artigos 235º, nº 2, 238º e 241º da Constituição da República Portuguesa. 1.3. «A...., S.A.», contra-alegou, concluindo nos seguintes termos: «A. A Recorrente considera que a sentença recorrida padece de erro de julgamento, na medida em que considerou que a Recorrida não é parte legítima no procedimento de liquidação da taxa em crise, motivo pelo qual se determinou a respetiva anulação. B. Todavia, a factualidade dada como provada na sentença recorrida – a qual não vem contestada pela Recorrente nas suas alegações –, o quadro regulamentar e legal aplicável e, bem assim, a jurisprudência emitida pelo STA na matéria, não permitiriam ao Tribunal a quo – tal como não permitirão a este douto Tribunal Central – chegar a conclusão diversa daquela que deixou plasmada na sentença. C. As conclusões da Recorrida assentam na mera extrapolação de factos e interpretações que não são suscetíveis de ser extraídos dos elementos de prova juntos aos Autos e não têm, na sua maioria, qualquer aderência à realidade, pelo que o pedido que pretendem fundamentar não pode proceder, devendo, a final, ser negado provimento ao recurso, mantendo-se a sentença recorrida. D. Como decorre dos factos provados nas alíneas A) a C) do Capítulo III da sentença recorrida, a Recorrida demonstrou, ao longo do presente processo, que é a sociedade 'Petróleos de Portugal – Petrogal, S.A.' a titular da licença de exploração relativa aos postos de abastecimento em causa. E. As conclusões da Recorrente no sentido de que quem exerce a atividade de exploração dos postos de abastecimento subjacentes à taxa em crise é quem deve ser responsável por ela não podem ser extraídas das normas regulamentares que preveem a incidência subjetiva do tributo. F. Pela leitura que se faz da norma de incidência da taxa, contida no artigo 55º, nº 1, alínea b) do Regulamento Municipal de Defesa da Paisagem, Publicidade e Ocupação do Espaço Público de Vila Nova de Gaia fica claro que este dispositivo se limita a informar serem devidas taxas pela atividade e instalação de postos de abastecimento de combustível. G. Todavia, o Regulamento é totalmente omisso na identificação do sujeito passivo da taxa em crise pelo que, tendo-se demonstrado ser a 'Petrogal' a titular do direito de exploração dos competentes postos de abastecimento, e nada havendo no Regulamento que faça presumir ser outra a entidade que se encontra vinculada ao cumprimento da prestação tributária, é também a 'Petrogal' a única entidade que pode ser considerada como sujeito passivo da taxa em crise, nos termos do disposto nos artigos 18º, nº 3 da LGT, 9º do CPPT e 7º, nº 2 do RGTAL. H. As lacunas apresentadas pelo Regulamento Municipal a este respeito não são suscetíveis de serem sanadas por meio das 'explicações' apresentadas pela Recorrente nas suas alegações. I. Neste seguimento, o acórdão do STA mencionado na sentença recorrida esclarece efetivamente que «a sociedade que detém a titularidade do licenciamento é que é a responsável pelo exercício da actividade, independentemente de poder ceder a exploração do posto de abastecimento a outra pessoa.» J. A Recorrente desvaloriza este Acórdão na medida em que o mesmo «não decidiu definitivamente a questão apenas conclui pela necessidade de ampliação da matéria de facto, nomeadamente para a junção do contrato de Cessão de Exploração» (cit. Recurso, capítulo II) K. Ora, na verdade, a Recorrente peca ao desconsiderar a análise feita pelo STA que levou à respetiva descida dos Autos à 1ª instância, pois é através dessa apreciação que se entende que para efeitos da taxa em crise a Recorrida não pode ser, de forma alguma, o sujeito passivo da mesma, uma vez que a Recorrida não é a titular da licença de exploração. L. Adicionalmente, tal entendimento encontra-se também no Acórdão proferido em 27 de setembro de 2017, o qual estabelece que «face ao regime jurídico instituído no Decreto-Lei nº 267/2002 (considerando as sucessivas alterações e a Portaria nº 1188/2003, de 10 de outubro), a sociedade que detém a titularidade do licenciamento é que é a responsável pelo exercício da atividade, independentemente de poder ceder a exploração do poso de abastecimento a outra pessoa ou entidade» – cfr. Acórdão do recurso nº 138/17, p. 15, cit.). M. E, com efeito, nos termos do artigo 14º daquele diploma legal, nomeadamente dos seus números 3 a 5, é à titular da licença de exploração que cabe a responsabilidade pelo exercício da atividade licenciada, a qual fica patente na obrigatoriedade, em certos casos, de designar um técnico concretamente responsável – em nome e por conta da entidade licenciada – pela exploração. Ora, na ausência dessa obrigação de designação de técnico responsável pela exploração, essa responsabilidade mantém-se, naturalmente, com entidade licenciada para o efeito. N. Por tudo o exposto, e na medida em que a cessão da exploração não opera a transmissão dos direitos e obrigações inerentes à titularidade do respetivo direito à exploração, ou a licença de exploração é transmitida à cessionária, caso em que é esta – no caso, a ora Recorrida – o sujeito passivo da taxa em crise, ou a licença de exploração se mantém na titularidade da 'Petrogal', caso em que esta entidade se mantém como sujeito passivo da taxa em crise. O. Como decorre da matéria dada como provada na sentença recorrida, é este segundo cenário o que se verifica in casu, pelo que improcedem as conclusões da Recorrente, devendo, por tudo o exposto, negar-se provimento ao recurso apresentado e, em consequência, manter-se a sentença recorrida com as demais consequências legais. P. Ao contrário do que assume o Tribunal a quo, o tributo em crise não se relaciona com a remoção de qualquer obstáculo jurídico à atividade da Recorrida. Q. Desde logo, não assenta no licenciamento da atividade de exploração de posto de abastecimento de combustíveis, o que é afirmado na contestação do Município de Vila Nova de Gaia; a atividade de exploração dos postos de abastecimento de combustíveis em apreço foi licenciada até 2018 e 2019, respetivamente. R. De todo o modo, a competência não só para o licenciamento, mas também para a fiscalização da atividade de exploração dos postos de abastecimento de combustíveis dos Autos não é do Município, mas sim da DRE Norte – cfr. artigo 6º, nº 3, alínea a) e artigo 25º do Decreto-Lei nº 267/2002, de 26 de novembro. S. Se a fiscalização da atividade dos postos de abastecimento em causa, também quanto ao impacto ambiental eventualmente causado, é da competência da DRE Norte, o Município não se encontra legitimado a liquidar e cobrar um tributo em função de suposta atividade relacionada com a fiscalização preventiva de postos de abastecimento e referentes aos riscos para a saúde pública e riscos ambientais associados à existência e funcionamento daqueles postos de combustíveis. T. E, conforme demonstrado ao longo do presente processo, efetivamente não o fez. U. Acresce que não existe, na verdade, qualquer obstáculo jurídico que se reerga mediante o não pagamento da taxa em crise por parte da Recorrida. Nenhuma consequência jurídica lhe advém desse não pagamento, nem a legalidade da sua atividade sai beliscada nessa eventualidade o que desde logo denuncia a falta de bilateralidade do tributo em causa, na aceção do Tribunal a quo. V. Tudo visto, mal andou o Tribunal a quo ao não declarar a nulidade das liquidações em crise por incompetência por falta de atribuições, incorrendo em violação do artigo 133º, nº 2, al. b) do CPA que assim o determina, dado que os órgãos do Município de Vila Nova de Gaia, não tendo competência nem para o licenciamento, nem para a fiscalização dos postos de abastecimento em causa, por falta de atribuições, não podiam ter liquidado a taxa dos Autos. W. Sem embargo, a Recorrida não tem dúvidas de que a taxa impugnada é um tributo que não visa compensar o Município de Vila Nova de Gaia pela realização de uma qualquer prestação pública, não assentando em qualquer dos pressupostos previstos no artigo 3º do RGTAL e no artigo 4º da LGT, não podendo, como tal, ser qualificado como uma taxa. X. Diferentemente do que entendeu – mas mal! – o Tribunal a quo, o tributo em causa não assenta na remoção de um obstáculo jurídico à atividade do particular, uma vez que os postos de abastecimento em causa já se encontram instalados; a sua atividade encontra-se devidamente licenciada, o que é reconhecido pelo Município de Vila Nova de Gaia na sua contestação, e a atividade de prevenção e monitorização do eventual impacto ambiental causado é da competência da DRE Norte. Y. O tributo em causa não assenta ainda na utilização de qualquer bem do domínio público municipal, pois os postos de abastecimento estão totalmente implantados em propriedade privada. Z. Ademais, o tributo em causa não assenta em qualquer prestação concreta de um serviço público local, uma vez que o Município de Vila Nova de Gaia não tem, tão-pouco, competência para a fiscalização da atividade – mormente no que respeita ao seu impacto ambiental – dos postos de abastecimento em causa, tendo-se ainda demonstrado cabalmente que nunca efetuou quaisquer prestações efetivas e concretas à Recorrida neste domínio. AA. O tributo dos Autos parece fundar-se apenas na existência de impacto ambiental negativo e de potenciais efeitos nefastos para a saúde dos munícipes, o que impede, de novo, a sua qualificação como taxa, uma vez que, se as taxas podem ter finalidades extrafiscais, estas não podem basear-se só e exatamente na prossecução daquelas finalidades, por tal representar uma violação do princípio da equivalência que opera como pressuposto e limite daquele tipo de tributos. BB. Daí que, não sendo o tributo previsto no artigo 55º, nº 1, alínea b) do Regulamento Municipal da Defesa da Paisagem, Publicidade e Ocupação do Espaço Público (conjugado com o artigo 25º, nº 3 da Tabela constante do Anexo II ao Regulamento de Taxas e Outras Receitas Municipais) justificado por qualquer contrapartida específica, carecendo de carácter bilateral, este assume a natureza de verdadeiro imposto. CC. A esta luz, padece a sentença dos Autos de erro de julgamento por não ter considerado que a taxa liquidada é um imposto, na medida em que não assenta em qualquer dos pressupostos legalmente previstos no RTGAL para o efeito. DD. Em suma, os atos impugnados devem ser anulados por violação de lei ordinária e constitucional, dado que as normas contidas no artigo 55º, nº 1, alínea b) do Regulamento Municipal da Defesa da Paisagem, Publicidade e Ocupação do Espaço Público (conjugado com o artigo 25º, nº 3 da Tabela constante do Anexo II ao Regulamento de Taxas e Outras Receitas Municipais) nas quais aqueles se basearam são orgânica e materialmente inconstitucionais, por violação dos artigos 103º, nº 2 e 165º, nº 1, alínea i) da CRP. EE. Caso se entenda – por mera hipótese e sem conceder – que os atos tributários em crise nos Autos não padecem do vício declarado pelo Tribunal a quo, importa, subsidiariamente e à cautela, nos termos do artigo 636º, nº 1 do CPC, aplicável 'ex vi' o disposto no artigo 281º do CPPT, ampliar o âmbito do recurso interposto, como se requer. 1.4. O Exmo. Procurador-Geral-Adjunto neste Supremo Tribunal Administrativo, emitiu parecer no sentido de que deve ser negado provimento ao recurso, confirmando-se a Sentença recorrida. 1.5. Colhidos os vistos dos Exmos. Juízes Conselheiros Adjuntos, submetem-se agora os autos à Conferência para julgamento. 2. OBJECTO DO RECURSO. 2.1. Como é sabido, sem prejuízo das questões de que o tribunal ad quem possa ou deva conhecer oficiosamente, é o teor das conclusões com que a Recorrente finaliza as suas alegações que determina o âmbito de intervenção do tribunal de recurso [artigo 635º do Código de Processo Civil (CPC)]. Essa delimitação do objecto do recurso jurisdicional, numa vertente negativa, permite concluir se o recurso abrange tudo o que na sentença foi desfavorável ao

Recorrente ou se este, expressa ou tacitamente, se conformou com parte das decisões de mérito proferidas quanto a questões por si suscitadas (artigos 635º, números 3 e 4 do CPC), desta forma impedindo que voltem a ser reapreciadas por este Tribunal de recurso. Numa vertente positiva, a delimitação do objecto do recurso, especialmente nas situações de recurso directo para o Supremo Tribunal Administrativo, como é o caso, constitui ainda o suporte necessário à fixação da sua própria competência, nos termos em que esta surge definida pelos artigos 26º do Estatuto dos Tribunais Administrativos e Fiscais (ETAF) e 280º e seguintes do Código de Procedimento e de Processo Tributário (CPPT). 2.2. Atento o exposto, a primeira questão que cumpre conhecer é a suscitada pelo Recorrente, qual seja, a de saber se a sentença recorrida errou ao julgar que o sujeito passivo da taxa municipal liquidada nos autos é o proprietário do posto de abastecimento de combustíveis e não aquele que explora comercialmente o posto de abastecimento (mediante contrato celebrado com o proprietário). Sendo dada resposta afirmativa a essa questão, isto é, concluindo-se que a sentença com aquele fundamento não pode subsistir na ordem jurídica, cumprirá, então, conhecer das questões suscitadas pela Recorrida em sede ampliação do recurso, todas relativas aos demais vícios invocados pelo então Impugnante como fundamento da sua pretensão anulatória e que o Tribunal a quo julgou não verificados, a saber, a incompetência do Município para o licenciamento e fiscalização dos postos de abastecimento, a natureza de imposto do tributo e a violação do princípio da equivalência e da proporcionalidade, 3. FUNDAMENTAÇÃO. 3.1. Fundamentação de facto. Em 1ª instância foram dados como provados os seguintes factos: A) Em 16/05/2011, a Direcção Regional da Economia do Norte do Ministério da Economia, da Inovação e do Desenvolvimento emitiu o "Alvará nº 918/P", com o seguinte teor: ALVARÁ nº 918/P. Nos termos da Lei nº 1947, de 12 de Fevereiro de 1937, em conjugação co o nº 3 do Artigo 34º do Decreto-Lei nº 389/2007, de 30 de Novembro, conceda à PETRÓLEOS DE PORTUGAL – PETROGAL S.A, licença até 13 de Fevereiro de 2018, para explorar uma instalação de armazenagem de combustíveis constituída por Posto de Abastecimento de Combustíveis para venda ao público, com a capacidade de: • 1 reservatório enterrado de 24.000 litros com Gasolina Gforce 98; • 1 reservatório enterrado da 24.000 litros com Gasolina Gforce 95; • 1 reservatório enterrado da 24.000 litros com Gasolina s/Chumbo 95; • 1 reservatório enterrado de 24.000 litros com Gasóleo Gforce; • 1 reservatório enterrado de 40.000 litros com Gasóleo; num total de 136.000 litros, sito em Estrada Nacional nº ... – Km ....+100/Esq., freguesia de Canelas, concelho de Vila Nova de Gaia, distrito do Porto. O processo de licenciamento (nº D-20365 IP) foi organizado nos termos do Decreto nº 29034, de 1 de Outubro de 1938, que regulamenta a indústria de tratamento, a importação e a armazenagem de petróleos brutos e seus derivados.

A instalação e a sua exploração deverão obedecer ao projecto apresentado e às normas de segurança, higiene e salubridade em vigor. Porto, 16 de Maio de 2011. B) Em 14/07/2011, a Direcção Regional da Economia do Norte do Ministério da Economia, da Inovação e do Desenvolvimento emitiu o "Alvará nº 961/P", com o seguinte teor: ALVARÁ nº 961/P. Nos termos da Lei nº 1947, de 12 de fevereiro de 1937, em conjugação com o nº 3 do Artigo 34º do Decreto-Lei nº 389/2007, de 30 de Novembro, concedo à PETRÓLEOS DE PORTUGAL - PETROGAL S.A, licença até 11 de Outubro de 2019, para explorar uma instalação de armazenagem de combustíveis constituída por Posto de abastecimento para venda ao público, com as seguintes características: Lado Sul: - 1 reservatório enterrado de 40.000 litros com Gasolina s/chumbo 95; - 1 reservatório enterrado de 20.000 litros com Gasolina GForce 98; - 1 reservatório enterrado de 20.000 litros com Gasóleo GForce; - 1 reservatório enterrado de 40.000 litros com Gasóleo. Lado Norte: - 1 reservatório enterrado de 40 000 litros com Gasóleo; - 1 reservatório enterrado de 40.000 litros com Gasóleo GForce; - 1 reservatório enterrado de 40.000 litros com Gasolina s/chumbo 95; - 1 reservatório enterrado de 40.000 litros com Gasolina GForce 98. com a capacidade total de 230.000 litros, sito em V...., freguesia de Canidelo, concelho de Vila Nova de Gaia, distrito do Porto. O processo de licenciamento (nº D-30488/P) foi organizado nos termos do Decreto nº 29034, de 1 de outubro de 1938, que regulamenta a indústria de tratamento, a importação e a armazenagem de petróleos brutos e seus derivados. A instalação e a sua exploração deverão obedecer ao projecto apresentado e às normas de segurança, higiene e salubridade em vigor. Porto, 14 de Julho de 2011. C) Em 15/01/2020, a Câmara Municipal de Vila Nova de Gaia concedeu à "Petróleos de Portugal - Petrogal, S.A." a "Licença de exploração nº 1/20", com o seguinte teor: Nos termos do Decreto-Lei nº 267/2002, de 26 de novembro, com a sua republicação através do Decreto-Lei 217/2012, de 9 de outubro e da Portaria nº 1188/2003, de 10 de outubro, alterada pela Portaria nº 1515/07, de 30 de novembro, é concedido à PETRÓLEOS DE PORTUGAL - PETROGAL, S.A., NIF 500697370, licença para explorar um posto de abastecimento destinado a venda ao público, sito em RUA .... *JAE.* N....., Nº .... - (ENTRADA DE COMÉRCIO/PRESTAÇÃO DE SERVIÇOS) Nº --- - (ENTRADA/SAÍDA DE VIATURAS) Nº ..... - (ENTRADA/SAÍDA DE VIATURAS), E RUA ...., *J.A.E.* N......, Nº ... - (ENTRADA/SAÍDA DE VIATURAS), da Freguesia de CANELAS, concelho de Vila Nova de Gaia, distrito do Porto, com as seguintes características: - Reservatório Subterrâneo de Gasolina Super Plus, com a capacidade de 24 m3; - Reservatório Subterrâneo de Gasolina Euro Super Simples, com a capacidade de 24 m3; - Reservatório Subterrâneo de Gasolina Euro Super Aditivada, com a capacidade de 24 m3; - Reservatório Subterrâneo de Gasóleo Rodoviário Simples, com a capacidade de 40 m3; - Reservatório Subterrâneo de Gasóleo Rodoviário Aditivado, com a capacida de de 24 m3; A instalação e a sua exploração deverão obedecer ao projeto apresentado e às normas de segurança, higiene e ambiente em vigor. Registado na Câmara Municipal de Vila Nova de Gaia, em, 2020/1/15. D) Da Caderneta Predial Urbana do artigo matricial ...., sito na Via ...., 4400 – .... Vila Nova de Gaia, relativo a "prédio urbano destinado a posto de abastecimento de combustíveis com um edifício de apoio composto de zona ampla, destinada a comércio e 2 WC com logradouro" consta como titular a "Petrogal, S.A." em "propriedade plena". E) Da Caderneta Predial Urbana do artigo matricial ...., sito na Via ..., 4400 – ... Vila Nova de Gaia, relativo a "prédio urbano destinado a posto de abastecimento de combustíveis com um edifício de apoio composto de zona ampla, destinada a comércio e 2 WC com logradouro" consta como titular a "Petrogal, S.A." em "propriedade plena". F) Da Caderneta Predial Urbana do artigo matricial ....., sito na Rua ......, 4410 –... Canelas, Vila Nova de Gaia, consta como titular a "Petróleos Portugal Petrogal, S.A." em "propriedade plena". G) Em 07/01/2008, foi celebrado entre a Impugnante e a "Petróleos de Portugal – Petrogal, S.A.", "Contrato de Cessão de exploração" do estabelecimento (posto de abastecimento de combustível) situado na Estrada Nacional nº ..., Km ..., freguesia de Rechousa, concelho de Carvalhos, Vila Nova de Gaia. H) Em 25/11/2011, foi celebrado entre a Impugnante e a "Petróleos de Portugal – Petrogal, S.A.", "Contrato de Cessão de exploração" do estabelecimento (posto de abastecimento de combustível) situado na Via ......, lado Sul, Vila Nova de Gaia. I) Em 02/12/2011, foi celebrado entre a Impugnante e a "Petróleos de Portugal – Petrogal, S.A.", "Contrato de Cessão de exploração" do estabelecimento (posto de abastecimento de combustível) situado na Via ...., lado Norte, Vila Nova de Gaia. J) Em 08/11/2019, foi elaborada Informação pelos serviços da "Gaiurb – Urbanismo e habitação, EM", no processo nº 6251/19, com o seguinte teor: Conforme decorre do Preâmbulo do Regulamento Municipal de Defesa da Paisagem e Ocupação do Espaço Público de Vila Nova de Gaia (RMDPOEP), objeto de publicação através do edital nº 343/DMSG/2013 no período compreendido entre 09/07/2013 e 24/07/2013, "a paisagem urbana constitui um valor essencial de natureza cultural, social e ambiental, inerente à harmonia estética e visual das cidades e sociedades contemporâneas deste século". Na verdade, das diversas finalidades da política pública de solos, de ordenamento do território e de urbanismo, estabelecidas na Lei nº 31/2014, de 30 de maio, destaca-se, para o que ora releva, a "promoção da defesa, da fruição e da valorização do património natural, cultural e paisagístico (alínea h) do artigo 2º)". Aliás, as políticas públicas e as atuações administrativas nestas matérias estão subordinadas a princípios gerais, designadamente de Responsabilidade, "garantindo a prévia avaliação das intervenções com impacte relevante no território e estabelecendo o dever de reposição ou de compensação de danos que ponham em causa o património natural, cultural e paisagístico (artigo 3º, nº 1 alínea b)", e a princípios ambientais, entre outros, "do poluidor-pagador e do utilizador-pagador, que obriga o responsável pela poluição ou o utente de serviços públicos a assumir os custos da atividade poluente ou os custos da utilização dos recursos", conforme estabelecido no artigo 3º, nº 2 alínea d) do mesmo diploma legal. Para além disso, nos termos do nº 5 do artigo 62º ainda da mesma Lei, "os instrumentos tributários podem ter taxas de tributação diferenciadas em função dos custos das infraestruturas territoriais disponibilizadas, da respetiva utilização e de opções de incentivo ou desincentivo justificadas por objetivos de ambiente e ordenamento do território". Ora, conforme decorre do nº 2 do artigo 6º da Lei nº 53-E/ /2006, de 29 de dezembro, na sua atual redação (Regime Geral das Taxas das Autarquias), as taxas municipais podem incidir sobre a realização de atividades dos particulares geradoras de impacto ambiental negativo. Aliás, tal previsão encontra-se igualmente estabelecida no Regulamento de Taxas e Outras Receitas do Município de Vila Nova de Gaia, em cujo preâmbulo se encontra referência às taxas de desincentivo, cujo valor é fixado com vista a desencorajar certos atos ou operações, bem como às taxas sobre atividades de impacto ambiental negativo, cujo valor é estabelecido para ressarcir a comunidade dos danos ambientais, reais ou potenciais, decorrentes do exercício de atividades que representem um risco para os bens jurídicos previstos em legislação específica, em respeito pelo princípio da proporcionalidade. Assim, de acordo com o estabelecido no artigo 55º, nº 1 b) do RMDPOEP e ao abrigo do artigo 6º, nº 2 da Lei nº 53-E/2006, de 29 de dezembro, a instalação de postos de abastecimento de combustíveis na área do Concelho integra o conceito de atividade privada suscetível de causar impacto ambiental negativo, encontrando-se, por isso, sujeita ao pagamento de taxa anual, variável em função da zona de localização e cujo valor se encontra previsto no artigo 25º, nº 3 da Tabela de Taxas constante do Anexo II do Regulamento de Taxas e Outras Receitas do Município de Vila Nova de Gaia. A cobrança deste tributo justifica-se pelo facto de o impacte no tecido urbano envolvente destas operações urbanísticas não ser proporcional aos parâmetros existentes das operações correntes, designadamente pela sua reduzida área de construção e pela sua elevada dependência e forte afetação dos principais eixos viários concelhios, impondo-se adequar, estas utilizações à real afetação das áreas envolventes pelas operações urbanísticas em causa. Para além disso, este tributo foi fixado segundo o princípio da proporcionalidade, tendo como premissas o custo da atividade pública local e o benefício auferido pelo particular, sempre cotejadas pela prossecução do interesse público local e a satisfação das necessidades financeiras das autarquias locais, em especial no que concerne à promoção de finalidades sociais e de qualificação urbanística, territorial e ambiental, tendo ainda como princípio orientador a criação duma taxa de desincentivo, cujo valor é fixado com vista a desencorajar certos atos ou operações, bem como taxas sobre atividades de impacto ambiental negativo, cuja valor é estabelecido para ressarcir a comunidade dos danos ambientais, reais ou potenciais, decorrentes do exercido de atividades que representem um risco para os bens jurídicos consagrados na Lei nº 19/2014, de 14 de Abril, ex vi do disposto no nº 2 do artigo 4º e no nº 2 do artigo 6º da Lei nº 53-E/2006. No caso concreto, o posto de abastecimento explorado pela requerente, sito na Via ...., ..., União de Freguesias de Santa Marinha e São Pedro da Afurada, encontra-se localizado em Zona A, tendo a taxa liquidada sido calculada nos termos do nº 3 do artigo 58º do Regulamento Municipal de Taxas e Compensações Urbanísticas de Vila Nova de Gaia (RMTCUVNG), atualmente contemplado no artigo 126º, nº 3 do Regulamento Municipal de Urbanização e Edificação, por efeito de revogação daquela norma do RMTCUVNG. Nestas circunstâncias, propomos seja liquidada a taxa devida pela instalação e funcionamento do posto de abastecimento de combustíveis sito na Via ...., ..., União de Freguesias de Santa Marinha e São Pedro da Afurada, encontra-se localizado em Zona A, correspondente ao ano de 2019, no valor de €5.000,00 (cinco mil euros), em conformidade com os valores previstos no artigo 25º, nº 3 da Tabela de Taxas constante do Anexo II do Regulamento de Taxas e Outras Receitas do Município de Vila Nova de Gaia. O pagamento da referida taxa anual deverá ser efetuado no prazo de 30 dias, ao qual acrescerão juros de mora pelo cumprimento extemporâneo da obrigação de pagamento de tal taxa e, em caso de falta de pagamento voluntário, ser extraída certidão de dívida para efeitos de cobrança coerciva através de processo de execução fiscal com base no artigo 12º Lei nº 53-E/2006. Tal pagamento poderá ser efetuado por Multibanco, na Tesouraria da empresa municipal Gaiurb, EM., ou através de cheque emitido à ordem de Gaiurb – Urbanismo e Habitação, E.M. Caso o pagamento seja efetuado através de cheque enviado pelo correio, deverá juntar envelope selado e endereçado para posterior devolução de comprovativo de pagamento. Da liquidação de tal tributo poderá ser apresentada reclamação nos termos do nº 2 do artigo 16º da Lei nº 53-E/2006, de 29 de dezembro, no prazo de 30 dias a contar da data da notificação. Em caso de indeferimento da reclamação, poderá ainda o sujeito passivo impugnar judicialmente tal decisão perante o Tribunal Administrativo e Fiscal do Porto, no prazo de 60 dias a contar do indeferimento, de acordo com o estabelecido no nº 4 do mesmo artigo, sendo que a impugnação judicial depende de prévia dedução da reclamação, conforme previsto no nº 5 da mesma norma. Em consequência, propomos a notificação da titular do processo do ato de liquidação do presente tributo, nos termos do oficio anexo à presente informação. K) Em 18/11/2019, foi proferido o seguinte despacho: "Concordo. Notifique-se nos termos da informação antecedente". L) Foi remetido à Impugnante e por ela recebido, ofício de 20/11/2019, referência 69219/19, processo nº 6251/19, da "Gaiurb – Urbanismo e habitação, EM", com o seguinte teor: ASSUNTO: LIQUIDAÇÃO DAS TAXAS DEVIDAS PELA INSTALAÇÃO E FUNCIONAMENTO DE POSTOS DE ABASTECIMENTO DE COMBUSTÍVEIS-ANO DE 2019. TITULAR: A...., LDA. PROCESSO Nº: 6251/19 – PC – SANTA MARINHA E SÃO PEDRO DA AFURADA. LOCAL: VIA ... Nº .... REQUER. Nº: 20072/19. REQUERENTE: A....., LDA. Comunico que, por despacho do Senhor Vice-Presidente Engº .... de 13/11/2019, foi determinado notificar que do ato de liquidação da taxa anual devida pela instalação e funcionamento de posto de abastecimento de combustíveis sito na Via ...., ..., União de Freguesias de Santa Marinha e São Pedro da Afurada, encontra-se localizado em Zona A, correspondente ao ano de 2019, no valor de €5.000,00 (cinco mil euros), em conformidade com os valores previstos no artigo 25º, nº 3 da Tabela de Taxas constante do Anexo II do Regulamento de Taxas e Outras Receitas do Município de Vila Nova de Gaia. Conforme decorre do Preâmbulo do Regulamento Municipal de Defesa da Paisagem e Ocupação do Espaço Público de Vila Mova de Gaia |RMDPOEP), objeto de publicação através do edital nº 343/DMSG/2013 no período compreendido entre 9/07/2013 e 24/07/2013, "a paisagem urbana constitui um valor essencial de natureza cultural, social e ambiental, inerente à harmonia estética e visual das cidades e sociedades contemporâneas deste século". Na verdade, das diversas finalidades da política pública de solos, de ordenamento do território e de urbanismo, estabelecidas na Lei nº 31/2014, de 30 de maio, destaca-se, para o que ora releva, a "promoção da defesa, da fruição e da valorização do património natural, cultural e paisagístico (al. h) do artigo 2º)". Aliás, as políticas públicas e as atuações administrativas nestas matérias estão subordinadas a princípios gerais, designadamente de Responsabilidade, "garantindo a prévia avaliação das intervenções com Impacte relevante no território e estabelecendo o dever de reposição ou de compensação de danos que ponham em causa o património natural, cultural e paisagístico (artigo 3º, nº 1 alínea b)", e a princípios ambientais, entre outros, "do poluidor-pagador e do utilizador-pagador, que obriga o responsável pela poluição ou o utente de serviços públicos o assumir os custos da atividade poluente ou os custos da utilização dos recursos", conforme estabelecido no artigo 3º, nº 2 alínea d) do mesmo diploma legal. Para além disso, nos termos do nº 5 do artigo 62º ainda da mesma Lei, "os instrumentos tributários podem ter taxas de tributação diferenciadas em função dos custos das infraestruturas territoriais disponibilizadas, da respetiva utilização e de opções de incentivo ou desincentivo justificadas por objetivos de ambiente e ordenamento do território", Ora, conforme decorre do nº 2 do artigo 6º da Lei nº 53-E/2006, de 29 de dezembro, na sua atual redação (Regime Geral das Taxas das Autarquias), as taxas municipais podem incidir sobre a realização de atividades dos particulares geradoras da Impacto ambiental negativo. Aliás, tal previsão encontra-se igualmente estabelecida no Regulamento de Taxas e Outras Receitas do Município de Vila Nova de Gaia, em cujo preâmbulo se encontra referência às taxas de desincentivo, cujo valor é fixado com vista a desencorajar certos atos ou operações, bem como às taxas sobre atividades de impacto ambiental negativo, cujo valor é estabelecido para ressarcir a comunidade dos danos ambientais, reais ou potenciais, decorrentes do exercício de atividades que representem um risco para os bens jurídicos previstos em legislação especifica, em respeito pelo princípio da proporcionalidade. Assim, de acordo com o estabelecido no artigo 55º, nº 1 b) do RMDPOEP e ao abrigo do artigo 6º, nº 2 da Lei nº 53-E/2006, de 29 de dezembro, a instalação de postos de abastecimento de combustíveis na área do Concelho integra o conceito de atividade privada suscetível de causar impacto ambiental negativo, encontrando-se, por isso, sujeita ao pagamento de taxa anual, variável em função da zona de localização e cujo valor se encontra previsto no artigo 25º, nº 3 da Tabela de Taxas constante do Anexo II do Regulamento de Taxas e Outras Receitas do Município de Vila Nova de Gaia, sendo que no caso concreto, o posto explorado pela requerente se encontra localizado em Zona A. Com efeito, a cobrança deste tributo justifica-se pelo facto de o Impacte no tecido urbano envolvente destas operações urbanísticas não ser proporcional aos parâmetros existentes das operações correntes, designadamente pela sua reduzida área de construção e pela sua elevada dependência e forte afetação dos principais eixos viários concelhios, impondo-se adequar, estas utilizações à real afetação das áreas envolventes pelas operações urbanísticas em causa. Este tributo foi fixado segundo o princípio da proporcionalidade, tendo como premissas o custo da atividade pública local e o benefício auferido pelo particular, sempre cotejadas pela prossecução do interesse público local e a satisfação das necessidades financeiras das autarquias locais, em especial no que concerne à promoção de finalidades sociais e de qualificação urbanística, territorial e ambiental, tendo ainda como princípio orientador a criação duma taxa de desincentivo, cujo valor é fixado com vista a desencorajar certos atos ou operações, bem como taxas sobre atividades de Impacto ambiental negativo, cujo valor é estabelecido para ressarcir a comunidade dos danos ambientais, reais ou potenciais, decorrentes do exercício de atividades que representem um risco para os bens Jurídicos consagrados na Lei nº 19/2014, de 14 de Abril, ex vi do disposto no nº 2 do artigo 4º e no nº 2 do artigo 6º da Lei nº 53-E/2006. No caso concreto, o posto de abastecimento explorado pela requerente, sito na Via ..., ..., União de Freguesias de Santa Marinha e São Pedro da Afurada, encontra-se localizado em Zona A, tendo a taxa liquidada sido calculada nos termos do nº 3 do artigo 58º do Regulamento Municipal de Taxas e Compensações Urbanísticas de Vila Nova de

Gaia (RMTCUVNG), atualmente contemplado no artigo 126º, nº 3 do Regulamento Municipal de Urbanização e Edificação, por efeito de revogação daquela norma do RMTCUVNG. Nestas circunstâncias, deverão V. Ex.as proceder ao pagamento da referida taxa anual, no prazo de 30 dias, ao qual acrescerão juros de mora pelo cumprimento extemporâneo da obrigação de pagamento de tal taxa e, em caso de falta de pagamento voluntário, ser extraída certidão de dívida para efeitos de cobrança coerciva através de processo de execução fiscal com base no artigo 12º Lei nº 53-E//2006. Tal pagamento poderá ser efetuado por Multibanco, na Tesouraria da empresa municipal Gaiurb, E.M., ou através de cheque emitido à ordem de Gaiurb – Urbanismo e Habitação, E.M. Caso o pagamento seja efetuado através de cheque enviado pelo correio, deverá juntar envelope selado e endereçado para posterior devolução de comprovativo de pagamento. Mais comunico que da liquidação de tais tributos poderão, no prazo de 30 dias a contar da data da notificação, apresentar reclamação nos termos do nº 2 do artigo 16º da Lei nº 53-E/2006, de 29 de dezembro. Poderá ainda, em caso de indeferimento da reclamação, impugnar judicialmente tal decisão perante o Tribunal Administrativo e Fiscal do Porto, no prazo de 60 dias a contar do indeferimento, de acordo com o estabelecido no nº 4 do mesmo artigo, sendo que a impugnação judicial depende de prévia dedução da reclamação, conforme previsto no nº 5 da mesma norma. M) A Impugnante apresentou Reclamação graciosa. N) Em 27/12/2019, a Impugnante efectuou o pagamento do valor de €5.000,00 (processo 6251/19). O) Em 11/11/2019, foi elaborada Informação pelos serviços da "Gaiurb – Urbanismo e habitação, EM", no processo nº 6252/19, com o seguinte teor: Conforme decorre do Preâmbulo do Regulamento Municipal de Defesa da Paisagem e Ocupação do Espaço Público de Vila Nova de Gaia (RMDPOEP), objeto de publicação através do edital nº 343/DMSG/2013 no período compreendido entre 09/07/2013 e 24/07/2013, "a paisagem urbana constitui um valor essencial de natureza cultural, social e ambiental, inerente à harmonia estética e visual das cidades e sociedades contemporâneas c/este século". Na verdade, das diversas finalidades da política pública de solos, de ordenamento do território e de urbanismo, estabelecidas na Lei nº 31/2014, de 30 de maio, destaca-se, para o que ora releva, a "promoção da defesa, da fruição e da valorização do património natural, cultural e paisagístico (alínea h) do artigo 2º)". Aliás, as políticas públicas e as atuações administrativas nestas matérias estão subordinadas a princípios gerais, designadamente da Responsabilidade, "garantindo a prévia avaliação das intervenções com impacte relevante no território e estabelecendo o dever de reposição ou de compensação de danos que ponham em causa o património natural, cultural e paisagístico (artigo 3º, nº 1 alínea b)". E a princípios ambientais, entre outros, "do poluidor-pagador e do utilizador-pagador, que obriga o responsável pela poluição ou o utente de serviços públicos a assumir os custos da atividade poluente ou os custos da utilização dos recursos", conforme estabelecido no artigo 3º, nº 2 alínea d) do mesmo diploma legal. Para além disso, nos termos do nº 5 do artigo 62º ainda da mesma Lei, "os instrumentos tributários podem ter taxas de tributação diferenciadas em função dos custos das infraestruturas territoriais disponibilizadas, da respetiva utilização e de opções de incentivo ou desincentivo justificadas por objetivos de ambiente e ordenamento do território". Ora, conforme decorre do nº 2 do artigo 6º da Lei nº 53-E/ /2006, de 29 de dezembro, na sua atual redação (Regime Geral das Taxas das Autarquias), as taxas municipais podem incidir sobre a realização de atividades dos particulares geradoras de impacto ambiental negativo. Aliás, tal previsão encontra-se igualmente estabelecida no Regulamento de Taxas e Outras Receitas do Município de Vila Nova de Gaia, em cujo preâmbulo se encontra referência às taxas de desincentivo, cujo valor é fixado com vista a desencorajar certos atos ou operações, bem como às taxas sobre atividades de impacto ambiental negativo, cujo valor é estabelecido para ressarcir a comunidade dos danos ambientais, reais ou potenciais, decorrentes do exercício de atividades que representem um risco para os bens jurídicos previstos em legislação específica, em respeito pelo princípio da proporcionalidade. Assim, de acordo com o estabelecido no artigo 55º, nº 1 b) do RMDPOEP e ao abrigo do artigo 6º, nº 2 da Lei nº 53-E/2006, de 29 de dezembro, a instalação de postos de abastecimento de combustíveis na área do Concelho integra o conceito de atividade privada suscetível de causar impacto ambiental negativo, encontrando-se, por isso, sujeita ao pagamento de taxa anual, variável em função da zona de localização e cujo valor se encontra previsto no artigo 25º, nº 3 da Tabela de Taxas constante do Anexo II do Regulamento de Taxas e Outras Receitas do Município de Vila Nova de Gaia. A cobrança deste tributo justifica-se pelo facto de o impacte no tecido urbano envolvente destas operações urbanísticas não ser proporcional aos parâmetros existentes das operações correntes, designadamente pela sua reduzida área de construção e pela sua elevada dependência e forte afetação dos principais eixos viários concelhios, impondo-se adequar, estas utilizações à real afetação das áreas envolventes pelas operações urbanísticas em causa. Para além disso, este tributo foi fixado segundo o princípio da proporcionalidade, tendo como premissas o custo da atividade pública local e o benefício auferido pelo particular, sempre cotejadas pela prossecução do interesse público local e a satisfação das necessidades financeiras das autarquias locais, em especial no que concerne à promoção de finalidades sociais e de qualificação urbanística, territorial e ambiental, tendo ainda como princípio orientador a criação duma taxa de desincentivo, cujo valor é fixada com vista a desencorajar certos atos ou operações, bem como taxas sobre atividades de impacto ambiental negativo, cujo valor é estabelecido para ressarcir a comunidade dos danos ambientais, reais ou potenciais, decorrentes do exercício de atividades que representem um risco para os bens jurídicos consagrados na Lei nº 19/2014, de 14 de abril, ex vi do disposto no nº 2 do artigo 4º e no nº 2 do artigo 6º da Lei nº 53-E/2006. No caso concreto, o posto de abastecimento explorado pela requerente, sito na Via :.........., ..., União de Freguesias de Santa Marinha e São Pedro da Afurada, encontra-se localizado em Zona A tendo a taxa liquidada sido calculada nos termos do nº 3 do artigo 58º do Regulamento Municipal de Taxas e Compensações Urbanísticas de Vila Nova de Gaia (RMTCUVNG), atualmente contemplado no artigo 126º, nº 3 do Regulamento Municipal de Urbanização e Edificação, por efeito de revogação daquela norma do RMTCUVNG. Nestas circunstâncias, propomos seja liquidada a taxa devida pela instalação e funcionamento do posto de abastecimento de combustíveis sito na Via ...., ..., União de Freguesias de Santa Marinha e São Pedro da Afurada, encontra-se localizado em Zona A, correspondente ao ano de 2019, no valor de €5.000,00 (cinco mil euros), em conformidade com os valores previstos no artigo 25º, nº 3 da Tabela de Taxas constante do Anexo II do Regulamento de Taxas e Outras Receitas do Município de Vila Nova de Gaia. O pagamento da referida taxa anual deverá ser efetuado no prazo de 30 dias, ao qual acrescerão juros de mora pelo cumprimento extemporâneo da obrigação de pagamento de tal taxa e, em caso de falta de pagamento voluntário, ser extraída certidão de dívida para efeitos de cobrança coerciva através de processo de execução fiscal com base no artigo 12º Lei nº 53-E/2006. Tal pagamento poderá ser efetuado por Multibanco, na Tesouraria da empresa municipal Gaiurb, EM., ou através de cheque emitido à ordem de Gaiurb – Urbanismo e Habitação, E.M. Caso o pagamento seja efetuado através de cheque enviado pelo correio, deverá juntar envelope selado e endereçado para posterior devolução de comprovativo de pagamento. Da liquidação de tal tributo poderá ser apresentada reclamação nos termos do nº 2 do artigo 16º da Lei nº 53-E/2006, de 29 de dezembro, no prazo de 30 dias a contar da data da notificação. Em caso de indeferimento da reclamação, poderá ainda o sujeito passivo impugnar judicialmente tal decisão perante o Tribunal Administrativo e Fiscal do Porto, no prazo de 60 dias a contar do indeferimento, de acordo com o estabelecido no nº 4 do mesmo artigo, sendo que a impugnação judicial depende de prévia dedução da reclamação, conforme previsto no nº 5 da mesma norma. Em consequência, propomos a notificação da titular do processo do ato de liquidação do presente tributo, nos termos do oficio anexo à presente informação. P) Em 18/11/2019, foi proferido o seguinte despacho: "Concordo. Notifique-se nos termos da informação antecedente". Q) Foi remetido à Impugnante e por ela recebido, ofício de 20/11/2019, referência 69269/19, processo nº 6252/19, da "Gaiurb – Urbanismo e habitação, EM", com o seguinte teor: ASSUNTO: LIQUIDAÇÃO DAS TAXAS DEVIDAS PELA INSTALAÇÃO E FUN-

CIONAMENTO DE POSTOS DE ABASTECIMENTO DE COMBUSTÍVEIS-ANO DE 2019. TITULAR: A..., LDA. PROCESSO Nº: 6252/19 – PC – SANTA MARINHA E SÃO PEDRO DA AFURADA. LOCAL: VIA ...... Nº .... REQUER. Nº: 20073/19. REQUERENTE: A...., LDA. Comunico que, por despacho do Senhor Vice-Presidente Eng. .... de 18/11/2019, foi eterminado notificar do ato de liquidação da taxa anual devida pela instalação e funcionamento de posto de abastecimento de combustíveis sito na Via ....., ..., União de Freguesias de Santa Marinha e São Pedro da Afurada, encontra-se localizado em Zona A, correspondente ao ano de 2019, no valor de €5.000,00 (cinco mil euros), em conformidade com os valores previstos no artigo 25º, nº 3 da Tabela de Taxas constante do Anexo II do Regulamento de Taxas e Outras Receitas do Município de Vila Nova de Gaia. Conforme decorre do Preâmbulo do Regulamento Municipal de Defesa da Paisagem e Ocupação do Espaço Público de Vila Nova de Gaia (RMDPOEP), objeto de publicação através do edital nº 343/DMSG/2013 no período compreendido entre 09/07/2013 e 24/07/2013, "a paisagem urbana constitui um valor essencial de natureza cultural, social e ambiental, inerente à harmonia estética e visual das cidades e sociedades contemporâneas deste século". Na verdade, das diversas finalidades da política pública de solos, de ordenamento do território e de urbanismo, estabelecidas na Lei nº 31/2014, de 30 de maio, destaca-se, para o que ora releva, a "promoção da defesa, da fruição e da valorização do património natural, cultural e paisagístico (al. h) do artigo 2º)". Aliás, as políticas públicas e as atuações administrativas nestas matérias estão subordinadas a princípios gerais, designadamente de Responsabilidade, "garantindo a prévia avaliação das intervenções com impacte relevante no território e estabelecendo o dever de reposição ou de compensação de danos que ponham em causa o património natural, cultural e paisagístico (artigo 3º, nº 1 alínea b)". E a princípios ambientais, entre outros, "do poluidor-pagador e do utilizador-pagador, que obriga o responsável pela poluição ou o utente de serviços públicos a assumir os custos da atividade poluente ou os custos da utilização dos recursos", conforme estabelecido no artigo 3º, nº 2 alínea d) do mesmo diploma legal. Para além disso, nos termos do nº 5 do artigo 62º ainda da mesma Lei, "os instrumentos tributários podem ter taxas de tributação diferenciadas em função dos custos das infraestruturas territoriais disponibilizadas, da respetiva utilização e de opções de incentivo ou desincentiva justificadas por objetivos de ambiente e ordenamento do território". Ora, conforme decorre do nº 2 do artigo 6º da Lei nº 53-E/2006, de 29 de dezembro, na sua atual redação (Regime Geral das Taxas das Autarquias), as taxas municipais podem incidir sobre a realização de atividades dos particulares geradoras de impacto ambiental negativo. Aliás, tal previsão encontra-se igualmente estabelecida no Regulamento de Taxas e Outras Receitas do Município de Vila Nova de Gaia, em cujo preâmbulo se encontra referência às taxas de desincentivo, cujo valor é fixado com vista a desencorajar certos atos ou operações, bem como às taxas sobre atividades de impacto ambiental negativo, cujo valor é estabelecido para ressarcir a comunidade dos danos ambientais, reais ou potenciais, decorrentes do exercício de atividades que representem um risco para os bens jurídicos previstos em legislação específica, em respeito pelo princípio da proporcionalidade. Assim, de acordo com o estabelecido no artigo 55º, nº 1 b) do RMDPOEP e ao abrigo do artigo 6º, nº 2 da Lei nº 53-E/2006, de 29 de dezembro, a instalação de postos de abastecimento de combustíveis na área do Concelho integra o conceito de atividade privada suscetível de causar impacto ambiental negativo, encontrando-se, por isso, sujeita ao pagamento de taxa anual, variável em função da zona de localização e cujo valor se encontra previsto no artigo 25º, nº 3 da Tabela de Taxas constante do Anexo II do Regulamento de Taxas e Outras Receitas do Município de Vila Nova de Gaia, sendo que no caso concreto, o posto explorado pela requerente se encontra localizada em Zona A. Com efeito, a cobrança deste tributo justifica-se pelo facto de o impacte no tecido urbano envolvente destas operações urbanísticas não ser proporcional aos parâmetros existentes das operações correntes, designadamente pela sua reduzida área de construção e pela sua elevada dependência e forte afetação dos principais eixos viários concelhios, impondo-se adequar, estas utilizações à real afetação das áreas envolventes pelas operações urbanísticas em causa. Este tributo foi fixado segundo o princípio da proporcionalidade, tendo como premissas o custo da atividade pública local e o benefício auferido pelo particular, sempre cotejadas pela prossecução do interesse público local e a satisfação das necessidades financeiras das autarquias locais, em especial no que concerne à promoção de finalidades sociais e de qualificação urbanística, territorial e ambiental, tendo ainda como princípio orientador a criação duma taxa de desincentivo, cujo valor é fixada com vista a desencorajar certos atos ou operações, bem como taxas sobre atividades de impacto ambiental negativo, cujo valor é estabelecido para ressarcir a comunidade dos danos ambientais, reais ou potenciais, decorrentes do exercício de atividades que representem um risco para os bens jurídicos consagrados na Lei nº 19/2014, de 14 de Abril, ex vi do disposto no nº 2 do artigo 4º e no nº 2 do artigo 6º da Lei nº 53-E/2006. No caso concreto, o posto de abastecimento explorado pela requerente, sito na Via ..., ..., União de Freguesias de Santa Marinha e São Pedro da Afurada, encontra-se localizado em Zona A, tendo a taxa liquidada sido calculada nos termos do nº 3 do artigo 58º do Regulamento Municipal de Taxas e Compensações Urbanísticas de Vila Nova de Gaia (RMTCUVNG), atualmente contemplado no artigo 126º, nº 3 do Regulamento Municipal de Urbanização e Edificação, por efeito de revogação daquela norma do RMTCUVNG. Nestas circunstâncias, deverão V. Ex.as proceder ao pagamento da referida taxa anual, no prazo de 30 dias, ao qual acrescerão juros de mora pelo cumprimento extemporâneo da obrigação de pagamento de tal taxa e, em caso de falta de pagamento voluntário, ser extraída certidão de dívida para efeitos de cobrança coerciva através de processo de execução fiscal com base no artigo 12º Lei nº 53-E/ /2006. Tal pagamento poderá ser efetuado por Multibanco, na Tesouraria da empresa municipal Gaiurb, E.M., ou através de cheque emitido à ordem de Gaiurb – Urbanismo e Habitação, E.M. Caso o pagamento seja efetuado através de cheque enviado pelo correio, deverá juntar envelope selado e endereçado para posterior devolução de comprovativo de pagamento. Mais comunico que da liquidação de tais tributos poderão, no prazo de 30 dias a contar da data da notificação, apresentar reclamação nos termos do nº 2 do artigo 16º da Lei nº 53-E/2006, de 29 de dezembro. Poderá ainda, em caso de indeferimento da reclamação, impugnar judicialmente tal decisão perante o Tribunal Administrativo e Fiscal do Porto, no prazo de 60 dias a contar do indeferimento, de acordo com o estabelecido no nº 4 do mesmo artigo, sendo que a impugnação judicial depende de prévia dedução da reclamação, conforme previsto no nº 5 da mesma norma. R) A Impugnante apresentou Reclamação graciosa. S) Em 27/12/2019, a Impugnante efectuou o pagamento do valor de €5.000,00 (processo 6252/19). T) Em 11/11/2019, foi elaborada Informação pelos serviços da "Gaiurb – Urbanismo e habitação, EM", no processo nº 6255/19, com o seguinte teor: Conforme decorre do Preâmbulo do Regulamento Municipal de Defesa da Paisagem e Ocupação do Espaço Público de Vila Nova de Gaia (RMDPOEP), objeto de publicação através do edital nº 343/DMSG/2013 no período compreendido entre 09/07/2013 e 24/07/2013, "a paisagem urbana constitui um valor essencial de natureza cultural, social e ambiental, inerente à harmonia estética e visual das cidades e sociedades contemporâneas deste século". Na verdade, das diversas finalidades da política pública de solos, de ordenamento do território e de urbanismo, estabelecidas na Lei nº 31/2014, de 30 de maio, destaca-se, para o que ora releva, a "promoção da defesa, da fruição e da valorização do património natural, cultural e paisagístico (al. h) do artigo 2º)". Aliás, as políticas públicas e as atuações administrativas nestas matérias estão subordinadas a princípios gerais, designadamente de Responsabilidade, "garantindo a prévia avaliação das intervenções com impacte relevante no território e estabelecendo o dever de reposição ou de compensação de danos que ponham em causa o património natural, cultural e paisagístico (artigo 3º, nº 1 al. b)". E a princípios ambientais, entre outros, "do poluidor-pagador e do utilizador-pagador, que obriga o responsável pela poluição ou o utente de serviços públicos a assumir os custos da atividade poluente ou os custos da utilização dos recursos", conforme estabelecido no artigo 3º, nº 2 al. d) do mesmo diploma legal. Para além disso, nos termos do nº 5 do artigo 62º ainda da mesma Lei, "os instrumentos tributários podem ter taxas de tributação diferenciadas em função dos custos das infraestruturas territoriais disponibilizadas, da respetiva utilização e de opções de incentivo ou desincentivo justificadas por objetivos de ambiente e ordenamento do território". Ora, conforme decorre do nº 2 do artigo 6º da Lei nº 53-E/2006, de 29 de dezembro, na sua atual redação (Regime Geral das Taxas das Autarquias), as taxas municipais podem incidir sobre a realização de atividades dos particulares geradoras de impacto ambiental negativo. Aliás, tal previsão encontra-se igualmente estabelecida no Regulamento de Taxas e Outras Receitas do Município de Vila Nova de Gaia, em cujo preâmbulo se encontra referência às taxas de desincentivo, cujo valor é fixado com vista a desencorajar certos atos ou operações, bem como às taxas sobre atividades de impacto ambientai negativo, cujo valor é estabelecido para ressarcir a comunidade dos danos ambientais, reais ou potenciais, decorrentes do exercício de atividades que representem um risco para os bens jurídicos previstos em legislação específica, em respeito pelo princípio da proporcionalidade. Assim, de acordo com o estabelecido no artigo 55º, nº 1 b) do RMDPOEP e ao abrigo do artigo 6º, nº 2 da Lei nº 53-E/2006, de 29 de dezembro, a instalação de postos de abastecimento de combustíveis na área do Concelho integra o conceito de atividade privada suscetível de causar impacto ambiental negativo, encontrando-se, por isso, sujeita ao pagamento de taxa anual, variável em função da zona de localização e cujo valor se encontra previsto no artigo 25º, nº 3 da Tabela de Taxas constante do Anexo II do Regulamento de Taxas e Outras Receitas do Município de Vila Nova de Gaia. A cobrança deste tributo justifica-se pelo facto de o impacte no tecido urbano envolvente destas operações urbanísticas não ser proporcional aos parâmetros existentes das operações correntes, designadamente pela sua reduzida área de construção e pela sua elevada dependência e forte afetação dos principais eixos viários concelhios, impondo-se adequar, estas utilizações à real afetação das áreas envolventes pelas operações urbanísticas em causa. Para além disso, este tributo foi fixado segundo o princípio da proporcionalidade, tendo como premissas o custo da atividade pública local e o benefício auferido pelo particular, sempre cotejadas pela prossecução do interesse público local e a satisfação das necessidades financeiras das autarquias locais, em especial no que concerne à promoção de finalidades sociais e de qualificação urbanística, territorial e ambiental, tendo ainda como princípio orientador a criação duma taxa de desincentivo, cujo valor é fixado com vista a desencorajar certos atos ou operações, bem como taxas sobre atividades de impacto ambiental negativo, cujo valor é estabelecido para ressarcir a comunidade dos danos ambientais, reais ou potenciais, decorrentes do exercício de atividades que representem um risco para os bens jurídicos consagrados na Lei nº 19/2014, de 14 de abril, ex vi do disposto no nº 2 do artigo 4º e no nº 2 do artigo 6º da Lei nº 53-E/2006.

No caso concreto, o posto de abastecimento explorado pela requerente, sito na Rua ..../Estrada Nacional nº ... KM ...., nº ..., freguesia de Canelas, encontra-se localizado em Zona A, tendo a taxa liquidada sido calculada nos termos do nº 3 do artigo 58º do Regulamento Municipal de Taxas e Compensações Urbanísticas de Vila Nova de Gaia (RMTCUVNG), atualmente contemplado no artigo 126º, nº 3 do Regulamento Municipal de Urbanização e Edificação, por efeito de revogação daquela norma do RMTCUVNG. Nestas circunstâncias, propomos seja liquidada a taxa devida pela instalação e funcionamento do posto de abastecimento de combustíveis sito na Estrada Nacional nº ... KM ....,..., União de Freguesias de Mafamude e Vilar do Paraíso, encontra-se localizado em Zona A, correspondente ao ano de 2019, no valor de €5.000,00 (cinco mil euros), em conformidade com os valores previstos no artigo 25º, nº 3 da Tabela de Taxas constante do Anexo Il do Regulamento de Taxas e Outras Receitas do Município de Vila Nova de Gaia. O pagamento da referida taxa anual deverá ser efetuado no prazo de 30 dias, ao qual acrescerão juros de mora pelo cumprimento extemporâneo da obrigação de pagamento de tal taxa e, em caso de falta de pagamento voluntário, ser extraída certidão de dívida para efeitos de cobrança coerciva através de processo de execução fiscal com base no artigo 12º Lei nº 53-E/2006. Tal pagamento poderá ser efetuado por Multibanco, na Tesouraria da empresa municipal Gaiurb, EM., ou através de cheque emitido à ordem de Gaiurb – Urbanismo e Habitação, E.M. Caso o pagamento seja efetuado através de cheque enviado pelo correio, deverá juntar envelope selado e endereçado para posterior devolução de comprovativo de pagamento. Da liquidação de tal tributo poderá ser apresentada reclamação nos termos do nº 2 do artigo 16º da Lei nº 53 E/2006, de 29 de dezembro, no prazo de 30 dias a contar da data da notificação. Em caso de indeferimento da reclamação, poderá ainda o sujeito passivo impugnar judicialmente tal decisão perante o Tribunal Administrativo e Fiscal do Porto, no prazo de 60 dias a contar do indeferimento, de acordo com o estabelecido no nº 4 do mesmo artigo, sendo que a impugnação judicial depende de prévia dedução da reclamação, conforme previsto no nº 5 da mesma norma. Em consequência, propomos a notificação da titular do processo do ato de liquidação do presente tributo, nos termos do oficio anexo à presente informação. U) Em 18/11/2019, foi proferido o seguinte despacho: "Concordo. Notifique-se nos termos da informação antecedente". V) Foi remetido à Impugnante e por ela recebido, ofício de 20/11/2019, referência 69266/19, processo nº 6255/19, da "Gaiurb – Urbanismo e habitação, EM", com o seguinte teor: ASSUNTO: LIQUIDAÇÃO DAS TAXAS DEVIDAS PELA INSTALAÇÃO E FUNCIONAMENTO DE POSTOS DE ABASTECIMENTO DE COMBUSTÍVEIS-ANO DE 2019. TITULAR: A......, LDA. PROCESSO Nº: 6255/19-PC-CANELAS. LOCAL: RUA ..../ESTRADA NACIONAL Nº .... KM .... Nº ... REQUER. Nº: 20076/19.

REQUERENTE: A......., LDA. Comunico que, por despacho do Senhor Vice-Presidente Engº ... de 18/11/2019, foi determinado notificar do ato de liquidação da taxa anual devida pela instalação e funcionamento de posto de abastecimento de combustíveis sito na Estrada Nacional nº .... KM ......, União de Freguesias de Mafamude e Vilar do Paraíso, encontra-se localizado em Zona A, correspondente ao ano de 2019, no valor de €5.000,00 (cinco mil euros), em conformidade com os valores previstos no artigo 25º, nº 3 da Tabela de Taxas constante do Anexo II do Regulamento de Taxas e Outras Receitas do Município de Vila Nova de Gaia. Conforme decorre do Preâmbulo do Regulamento Municipal de Defesa da Paisagem e Ocupação do Espaço Público de Vila Nova de Gaia (RMDPOEP), objeto de publicação através do edital nº 343/DMSG/2013 no período compreendido entre 9/07/2013 e 24/07/2013, "a paisagem urbana constitui um valor essencial de natureza cultural, social e ambiental, inerente à harmonia estética e visual das cidades e sociedades contemporâneas deste século". Na verdade, das diversas finalidades da política pública de solos, de ordenamento do território e de urbanismo, estabelecidas na Lei nº 31/2014, de 30 de maio, destaca-se, para o que ora releva, a "promoção da defesa, da fruição e da valorização do património natural, cultural e paisagístico (alínea h) do artigo 2º)". Aliás, as políticas públicas e as atuações administrativas nestas matérias estão subordinadas a princípios gerais, designadamente de Responsabilidade, "garantindo a prévia avaliação das intervenções com impacte relevante no território e estabelecendo o dever de reposição ou de compensação de danos que ponham em causo o património natural, cultural e paisagístico (artigo 3º nº 1 alínea b)". E a princípios ambientais, entre outros, "do poluidor-pagador e do utilizador-pagador, que obriga o responsável pela poluição ou o utente de serviços públicos a assumir os custos da atividade poluente ou os custos da utilização dos recursos", conforme estabelecido no artigo 3º, nº 2 alínea d) do mesmo diploma legal. Para além disso, nos termos do nº 5 do artigo 62º ainda da mesma Lei, "os instrumentos tributários podem ter taxas de tributação diferenciadas em função dos custos das infraestruturas territoriais disponibilizadas, da respetiva utilização e de opções de incentivo ou desincentivo justificadas por objetivos de ambiente e ordenamento do território". Ora, conforme decorre do nº 2 do artigo 6º da Lei nº 53-E/2006, de 29 de dezembro, na sua atual redação (Regime Geral das Taxas das Autarquias), as taxas municipais podem incidir sobre a realização de atividades dos particulares geradoras de impacto ambiental negativo. Aliás, tal previsão encontra-se igualmente estabelecida no Regulamento de Taxas e Outras Receitas do Município de Vila Nova de Gaia, em cujo preâmbulo se encontra referência às taxas de desincentivo, cujo valor é fixado com vista a desencorajar certos atos ou operações, bem como às taxas sobre atividades de impacto ambiental negativo, cujo valor é estabelecido para ressarcir a comunidade dos danos ambientais, reais ou potenciais, decorrentes do exercício de atividades que representem um risco para os bens jurídicos previstos em legislação específica, em respeito pelo princípio da proporcionalidade. Assim, de acordo com o estabelecido no artigo 55º, nº 1 b) do RMDPOEP e ao abrigo do artigo 6º, nº 2 da Lei nº 53-E/2006, de 29 de dezembro, a instalação de postos de abastecimento de combustíveis na área do Concelho integra o conceito de atividade privada suscetível de causar impacto ambiental negativo, encontrando-se, por isso, sujeita ao pagamento de taxa anual, variável em função da zona de localização e cujo valor se encontra previsto no artigo 25º, nº 3 da Tabela de Taxas constante do Anexo II do Regulamento de Taxas e Outras Receitas do Município de Vila Nova de Gaia, sendo que no caso concreto, o posto explorado pela requerente se encontra localizado em Zona A. Com efeito, a cobrança deste tributo justifica-se pelo facto de o impacte no tecido urbano envolvente destas operações urbanísticas não ser proporcional aos parâmetros existentes das operações correntes, designadamente pela sua reduzida área de construção e pela sua elevada dependência e forte afetação dos principais eixos viários concelhios, impondo-se adequar, estas utilizações à real afetação das áreas envolventes pelas operações urbanísticas em causa. Este tributo foi fixado segundo o princípio da proporcionalidade, tendo como premissas o custo da atividade pública local e o benefício auferido pelo particular, sempre cotejadas pela prossecução do interesse público local e a satisfação das necessidades financeiras das autarquias locais, em especial no que concerne à promoção de finalidades sociais e de qualificação urbanística, territorial e ambiental, tendo ainda como princípio orientador a criação duma taxa de desincentivo, cujo valor é fixado com vista a desencorajar certos atos ou operações, bem como taxas sobre atividades de impacto ambiental negativo, cujo valor é estabelecido para ressarcir a comunidade dos danos ambientais, reais ou potenciais, decorrentes do exercício de atividades que representem um risco para os bens jurídicos consagrados na Lei nº 19/2014, de 14 de abril, ex vi do disposta no nº 2 do artigo 4º e no nº 2 do artigo 6º da Lei nº 53-E/2006. No caso concreto, o posto de abastecimento explorado pela requerente, sito na Rua ..../ Estrada Nacional nº ... KM ..., nº ..., freguesia de Canelas, encontra-se localizado em Zona A, tendo a taxa liquidada sido calculada nos termos do nº 3 do artigo 58º do Regulamento Municipal de Taxas e Compensações Urbanísticas de Vila Nova de Gaia (RMTCUVNG), atualmente contemplado no artigo 126º, nº 3 do Regulamento Municipal de Urbanização e Edificação, por efeito de revogação daquela norma do RMTCUVNG. Nestas circunstâncias, deverão V. Ex.as proceder ao pagamento da referida taxa anual, no prazo de 30 dias, ao qual acrescerão juros de mora pelo cumprimento extemporâneo da obrigação de pagamento de tal taxa e, em caso de falta de pagamento voluntário, ser extraída certidão de dívida para efeitos de cobrança coerciva através de processo de execução fiscal com base no artigo 12º Lei nº 53-E//2006. Tal pagamento poderá ser efetuado por Multibanco, na Tesouraria da empresa municipal Gaiurb, E.M., ou através de cheque emitido à ordem de Gaiurb – Urbanismo e Habitação, E.M. Caso o pagamento seja efetuado através de cheque enviado pelo correio, deverá juntar envelope selado e endereçado para posterior devolução de comprovativo de pagamento. Mais comunico que da liquidação de tais tributos poderão, no prazo de 30 dias a contar da data da notificação, apresentar reclamação nos termos do nº 2 do artigo 16º da Lei nº 53-E/2006, de 29 de dezembro. Poderá ainda, em caso de indeferimento da reclamação, impugnar judicialmente tal decisão perante o Tribunal Administrativo e Fiscal do Porto, no prazo de 60 dias a contar do indeferimento, de acordo com o estabelecido no nº 4 do mesmo artigo, sendo que a impugnação judicial depende de prévia dedução da reclamação, conforme previsto no nº 5 da mesma norma. W) A Impugnante apresentou Reclamação graciosa. X) Em 27/12/2019, a Impugnante efectuou o pagamento do valor de €5.000,00 (processo 6255/19). 3.2. Fundamentação de Direito. 3.2.1. Conforme resulta do que ficou exposto (pontos 1. e 2. do presente acórdão), a procedência da Impugnação fundou-se no entendimento de que o responsável pelo pagamento da taxa municipal é o proprietário do posto de abastecimento de combustíveis e não aquele que explora comercialmente o posto de abastecimento (mediante contrato celebrado com o proprietário). 3.2.2. Dissente o Recorrente, invocando em recurso, nuclearmente, os mesmos argumentos aduzidos na sua contestação, que são, como resulta da leitura das alegações e conclusões, praticamente idênticos aos que tem vindo a convocar em inúmeros processos em que as partes são as mesmas. 3.2.3. Considerando o que deixamos sublinhado quanto à identidade das partes, do objecto do processo e argumentação jurídica, limitar-nos-emos, nos termos e ao abrigo do preceituado no artigo 8º do Código Civil (que determina que nas decisões que proferir, o julgador terá em consideração todos os casos que mereçam tratamento análogo, a fim de obter uma interpretação e aplicação uniformes do direito, assumimos como nossa a fundamentação do acórdão reproduzido), a transcrever, na parte pertinente, a fundamentação aduzida no conhecimento e decisão da mesma questão que consta do acórdão de revista proferido a 10 de Novembro de 2021 (processo nº 1806/12.3BEPRT): «No âmbito das relações jurídicas tributárias, regra geral, os respetivos sujeitos passivos são/é a pessoa singular ou coletiva, o património ou a organização de facto ou de direito que, nos termos da lei, está vinculado ao cumprimento da prestação tributária, seja como contribuinte direto, substituto ou responsável – cf. artigo 18º nº 3 da Lei Geral Tributária (LGT). Restritamente, na peugada desta norma, no campo das relações jurídico-tributárias geradoras da obrigação do pagamento de taxas às autarquias locais, nos termos do artigo 7º nº 2 do

Regime Geral das Taxas das Autarquias Locais (RGTAL) (Positivado pela Lei nº 53-E/2006 de 29 de dezembro.), "O sujeito passivo é a pessoa singular ou colectiva e outras entidades legalmente equiparadas que, nos termos da presente lei e dos regulamentos aprovados pelas autarquias locais, esteja vinculado ao cumprimento da prestação tributária." Com este, fundamental e determinante, enquadramento legal, a resposta à questão que nos ocupa passa, portanto, in casu, por determinar e identificar qual a pessoa coletiva (sociedade impugnante ou Petróleos de Portugal – Petrogal, S.A.), nos termos do RGTAL e, decisivamente, do RMTCU, está obrigada ao pagamento da taxa, pela instalação de postos de abastecimento de combustíveis, incluindo GPL, instituída pelo artigo 100º do diploma regulamentar municipal. («Artigo 100º Instalação de postos de abastecimento de combustíveis, incluindo GPL. 1 – Pela instalação de postos de abastecimento de combustíveis, incluindo GPL, são devidas, anualmente, as taxas previstas na Tabela Anexa ao presente Regulamento, devendo o pagamento ser efetuado até ao dia 31 de março do ano a que respeite. 2 – Ficam isentos do pagamento das taxas previstas no número anterior, os postos de abastecimento licenciados ao abrigo do presente Regulamento, por um período de 10 anos.»). Visitado, na íntegra, o RMTCU, no seu conjunto de normas, encontramos, apenas, com relevo para a missão vinda de estabelecer, o respetivo artigo 3º que, sob a epígrafe, pertinente, da "Incidência subjetiva das taxas", dispõe: «Estão sujeitas às taxas previstas neste Regulamento e fixadas na respetiva Tabela Anexa, todas as pessoas singulares ou coletivas e as entidades legalmente equiparadas que, nos termos da lei e regulamentos municipais estejam vinculadas ao cumprimento da prestação tributária, designadamente o Estado, as Regiões Autónomas as Autarquias Locais, os fundos e serviços autónomos e as entidades que integram o sector empresarial do Estado, das Regiões Autónomas e das Autarquias Locais, nos termos do disposto no nº 3 do artigo 7º da Lei nº 53- E/2006 de 29 de dezembro e no nº 1 do artigo 12º da Lei nº 2/2007 de 15 de janeiro.» Outrossim, em função da concreta taxa, disputada neste processo, também, reputamos com interesse aludir à estatuição do artigo 2º nº 3 (Sob o título "Base de incidência objetiva das taxas".), do mesmo RMTCU: «3 – A utilização e aproveitamento de bens do domínio público e privado municipal e a realização de atividades dos particulares, geradoras de impacto ambiental negativo, são também passíveis de tributação, nos termos previstos no presente Regulamento.» Objetivamente, o conteúdo destas duas disposições regulamentares, aplicáveis, não nos fornece instrumentos adequados e capazes de permitirem a construção de uma solução, direta e inequívoca, da pergunta em tratamento. No primeiro caso, o reproduzido artigo 3º apresenta-se como uma cópia, conformada com a situação concreta, do artigo 7º nº 2 do RGTAL, reforçando, portanto, o critério, transversal, mas, genérico e casuístico, de responsabilizar, pelo pagamento das taxas, as pessoas que estejam vinculadas ao cumprimento da prestação tributária. A segunda norma transcrita (artigo 2º nº 3 do RMTCU) (Cujo precedente, legitimante, se encontra no artigo 6º nº 2 do RGTAL.), ainda que, conjugada com o artigo 3º (do RMTCU), mesmo para os casos de "realização de atividades dos particulares, geradoras de impacto ambiental negativo", igualmente, não resolve a problemática em torno da identidade, individualizada, caso a caso, do sujeito passivo das taxas, em que se exercitar a tributação, aí, permitida. Também, aqui, como antes, haverá, sempre, a necessidade de, nos termos do regulamento, encontrar a(s) pessoa(s) vinculada(s) ao cumprimento da prestação tributária. Estes objetivos apontamentos, na nossa perspetiva, não se mostram suscetíveis de serem afetados pela consideração dos argumentos, aduzidos pela requerente, nos pontos 3 a 18 das conclusões acima reproduzidas, porquanto, traduzem uma construção teórica, abstrata, do versado conceito de sujeito passivo da taxa em apreço, norteada pela ideia de que, estando em causa a atividade das instalações de postos de abastecimento de combustíveis, geradora de impacto ambiental, o responsável só pode ser (empiricamente? pela normalidade do acontecer?) quem exerce essa atividade ("o comercializador dos produtos"), por contraposição com o "titular da licença de exploração/promotor do licenciamento". Efetivamente; – a integração do artigo 100º do RMTCU na sua Parte III (Que comporta, apenas, mais, o artigo 99º, dedicado à "Instalação de infraestruturas de suporte de estação de radiocomunicações e respetivos acessórios".), com o título "Actividades geradoras de impacto ambiental negativo" e a fundamentação, no mesmo sentido, da taxa, que prevê, constante da "Nota justificativa da proposta de alteração submetida a Apreciação Pública do referido Regulamento...", valem, apenas, como tradução do entendimento, por parte do município de Vila Nova de Gaia, de que a instalação de postos de abastecimento de combustíveis, incluindo GPL, na sua área geográfica, passou a ser considerada atividade geradora de impacto ambiental negativo (o que é, comummente, aceite e a impugnante, nestes autos, não contesta) e, como tal, passível de ser taxada, com o apoio, em primeira linha, do disposto no artigo 6º nº 2 do RGTAL; – a periodicidade anual da cobrança/pagamento da taxa em análise, permitindo, indubitavelmente, distingui-la das "Taxas do processo de licenciamento de Instalações de armazenamento de produtos de petróleo e de postos de abastecimento de combustíveis, incluindo de GPL", prevista no artigo 52º do RMTCU, as quais, tendo de ser pagas "aquando da entrega do respetivo processo nos serviços municipais", sem dissenso, se aceita serem da responsabilidade da pessoa pedinte do, concreto, licenciamento, mostra-se, totalmente, inócua, quanto a contributos para identificar o sujeito passivo do tributo exigido pelo artigo 100º do RMTCU; – a separação, de acordo com legislação pertinente, entre o "promotor do licenciamento" (de instalações de armazenamento de produtos de petróleo e de postos de abastecimento de combustíveis) e o "titular da licença de comercialização", mesmo, complementada pela circunstância de as taxas municipais poderem incidir sobre a realização de atividades, dos particulares, geradoras de impacto ambiental negativo, não resolve (sem prejuízo de contributos que possa ter) o aspeto da incidência da taxa do artigo 100º do RMTCU, no que tange ao sujeito passivo da mesma, tarefa que competia ao diploma regulamentar solucionar, tanto mais, perante a potencial disputa entre dois, possíveis, destinatários/obrigados; – igualmente, a ligação entre incidências objetiva e subjetiva (retirando esta daquela) da taxa em discussão, só por si, é incapaz de conformar um critério, seguro e eficaz, para alcançar a identidade do sujeito passivo, do responsável pelo seu pagamento, perante a existência, nítida, de dois alvos potenciais. Como concluímos, sem esquecer, ainda, estarmos a operar no campo, específico e especioso, da incidência (subjetiva) dos tributos (Onde, as regras de interpretação têm, por imperativo legal, de ser muito cuidadosas – cf., v.g. artigo 11º números 3 e 4 da LGT.), a condição de sujeito passivo, disputada nestes autos, equivalente a "vinculado ao cumprimento da prestação tributária", tem de resultar dos termos do RGTAL e dos regulamentos aprovados pelas autarquias locais, no caso, do RMTCU do município de Vila Nova de Gaia, o que não sendo inequívoco, objetivo, quanto à taxa prevista no artigo 100º deste último, nos impõe a tarefa de a estabelecer, mediante ponderação, concatenada, dos elementos de facto (enquanto tradução da realidade subjacente) disponíveis nos autos e os limites/contornos estabelecidos nos aludidos diplomas legal e regulamentar. Não obstante, como se dá nota no aresto da formação preliminar, o STA, até ao momento, no âmbito de processos idênticos ao presente, nunca ter tido condições (Por insuficiência dos respetivos enquadramentos factuais, que, sempre, mandou ampliar.) para definir quem é o sujeito passivo da taxa em apreço, a consideração do conteúdo da jurisprudência pretérita concede-nos linhas de interpretação/orientação que não podemos, aqui e agora, descurar. Assim, focando, decisiva e determinantemente, o teor do acórdão, do STA, de 27 de setembro de 2017, processo nº 138/17, conseguimos encontrar e extratar as seguintes premissas, essenciais: – o RMTCU prevê a cobrança de duas taxas tendo por incidência objetiva a instalação de postos de abastecimento de combustíveis; – se em relação à primeira das taxas (prevista no artigo 52º do RMTCU) "parece claro que o respectivo sujeito passivo seja a entidade que pretende o licenciamento", já, em relação à segunda (artigo 100º do RMTCU), se podem suscitar dúvidas a esse respeito, porque, no mesmo RMTCU, não se prevê que pessoa está vinculada ao cumprimento da prestação tributária; – "face ao regime jurídico instituído no Decreto-Lei nº 267/2002 (considerando as sucessivas alterações e a Portaria nº 1188/2003, de 10 de outubro), a sociedade que detém a titularidade do licenciamento é que é a responsável pelo exercício da actividade, independentemente de poder ceder a exploração do posto de abastecimento a outra pessoa ou entidade (relevante é que seja indicado um responsável técnico)"; – nos casos de cessão de exploração das instalações integrantes dos postos de abastecimento de combustíveis, é fundamental saber se, ao abrigo do correspondente contrato, "foi transmitida a titularidade da licença de exploração e do posto de abastecimento". Sem que o tenha dito expressamente (porque não dispunha de todos os dados factuais para o efeito), o aresto a que nos arrimámos, na ausência de uma opção clara, do RMTCU, quanto à identificação do sujeito passivo da taxa contida no seu artigo 100º, erigiu em critério, jurisprudencial, para suprir essa lacuna, o da consideração de pessoa ou entidade detetora da titularidade do licenciamento do posto abastecedor, porque, reflexamente, é, à partida, a responsável pelo exercício da atividade específica, privativa, do mesmo, que, todos, estamos de acordo, é capaz de justificar a injunção de uma taxa, cuja finalidade seja a compensação pelo, inerente, objetivo, impacto ambiental negativo. Neste enquadramento, na situação julganda, a nossa atenção transfere-se, agora, para o contrato, identificado e dado por integralmente reproduzido no ponto 2. dos factos provados. Visto o respetivo conteúdo, com particular destaque para o "DOCUMENTO COMPLEMENTAR", conseguimos retirar, com relevo para o desiderato que prosseguimos, o seguinte conjunto de dados objetivos: – os outorgantes, na escritura pública em causa, declararam ceder (Petrogal) e aceitar (sociedade impugnante) a cessão da exploração de determinado estabelecimento comercial ("constituído por um posto de abastecimento de combustíveis, loja "GALP" e túnel de lavagem automática para veículos automóveis,..."), ou seja, formalizaram uma típica, estrita, cessão de exploração comercial; – a Petrogal, "como dona e legítima possuidora do estabelecimento comercial" objeto do contrato cedeu a respetiva exploração "para nele serem comercializados produtos derivados de petróleo e outros por ela fornecidos"; – "Os materiais, incluindo os maquinismos, que equipam o estabelecimento são propriedade exclusiva da Petrogal"; – a Petrogal reservou o direito de inspecionar o estabelecimento e de nele realizar, a todo o tempo, as obras ou beneficiações julgadas necessárias ou convenientes, enquanto a cessionária só podia realizar obras ou modificar a sua disposição/arranjo com o consentimento escrito daquela; – a cessionária ficou obrigada a consumir e vender, em exclusivo, nas atividades desenvolvidas no estabelecimento cedido, os combustíveis fornecidos pela Petrogal, bem como, vender "lubrificantes e outras especialidades do comércio da Petrogal e que por esta lhe forem fornecidos", sendo que a Petrogal prestaria àquela "a assistência técnica necessária no respeitante à exploração dos produtos de sua marca"; – a programação dos fornecimentos à cessionária era feita (com exceções contadas) pela Petrogal, o fornecimento de gasolinas e gasóleos para revenda no posto de abastecimento era feito em regime de consignação, com reserva de propriedade a seu favor até integral pagamento do respetivo preço, podendo ser alterado por simples comunicação escrita; – na comercialização, a cessionária tinha direito "às comissões ou margens normalmente praticadas pela Petrogal, a deduzir dos preços de referência", as quais podiam ser "automaticamente" modificadas ..., mais, cabendo à Petrogal "determinar os descontos, prazos e condições de pagamento do preço dos produtos por ela fornecidos"; – a partir do segundo ano da vigência do contrato, a cessionária obrigou-se a realizar, anualmente, mínimos de vendas (de gasolinas e gasóleo) sob pena de a Petrogal poder rescindir o contrato; – a cessionária obrigou-se a fazer funcionar o posto de abastecimento, "em condições óptimas de satisfação do público", devendo assegurar, entre o mais, que todos os funcionários, no período de serviço, usassem, obrigatoriamente, "a farda GALP", todos os dias, incluindo sábados, domingos e dias feriados ...; – ficaram a cargo da Petrogal "todas as despesas com a instalação, verificação, afinação, ... que derivem do uso normal dos materiais cedidos ou de defeito de fabrico ou instalação, bem como as despesas de manutenção e reparação dos materiais de sua propriedade" e, ainda, a obrigação de segurar o estabelecimento "contra todos os riscos de explosão e incêndio"; – a cessionária ficou obrigada a "fazer seguro de responsabilidade civil decorrente das actividades a que respeita a exploração, do qual constará expressamente que a sua cessação depende do consentimento escrito da Petrogal"; – em caso de caducidade ou resolução do contrato, a cessionária obrigou-se a, no prazo máximo de quinze dias, "restituir à Petrogal o estabelecimento, com todos os equipamentos, materiais e utensílios que dele façam parte integrante, e retirar as mercadorias que lhe pertencerem". Este rol de dispositivos contratuais (sem olvidar o conteúdo, de cariz complementar, dos pontos 4. e 5. dos factos provados) são, em nosso entender, eloquentes, na demonstração do propósito, dos outorgantes na versada escritura, em especial, da Petrogal, comprovadamente (Ponto 3. dos factos provados.), titular da licença de exploração e da propriedade do posto de abastecimento/estabelecimento comercial, de não transmitir, por via da ocorrida e escriturada cessão de exploração, essas titularidade e propriedade, para a esfera jurídico-patrimonial da cessionária/sociedade impugnante. Resumidamente, do clausulado respeitante ao negócio em apreço, além de nada ter sido convencionado quanto a uma eventual transferência (se legalmente possível) da titularidade da licença de exploração concedida, pelo Governo, à Petróleos de Portugal – Petrogal, S.A., no que concerne ao envolvido posto de abastecimento de combustíveis, loja "GALP" e túnel de lavagem automática para veículos automóveis, os contraentes, sendo a Petrogal dona e legítima possuidora do mesmo, somente intentaram negociar, contratualizar, a cessão da exploração, comercial, do mesmo, fazendo-o com recurso a regras, manifesta e objetivamente, indicativas de que aquela propriedade não era envolvida, isto é, objeto de transmissão, acrescendo, resultar, dos termos específicos em que se formalizou a cessão, a afirmação, embora, indireta, mas, inequívoca, de que a Petrogal, nada cedendo dos direitos concedidos por essa propriedade, exigia o cumprimento de um conjunto, alargado e diversificado, de obrigações, por parte da cessionária, claramente, impostas pelo poder negocial de um verdadeiro proprietário, que, até aos limites do possível, se mantém e quer manter como tal. Encontrado o sentido da resposta a dar à questão central desta revista e de que não será o "comercializador/retalhista" o sujeito passivo cuja identidade se procura, presente o teor da conclusão 19, importa, sem delongas, expressar que o aresto invocado, além de, como o é dito, não ter julgado a inconstitucionalidade da norma regulamentar visada nestes autos, realiza um julgamento (do prisma constitucional) não sob a perspetiva de quem paga a, aí, discutida, taxa, mas, da sua qualificação como tal, justificada pela contraprestação do município, traduzida, desde logo, na atividade fiscalizadora obrigatória e "na obrigação passiva de conformação com a influência modeladora de certa atividade licenciada de caráter permanente e causadora de impactes negativos não considerados na licença". Dito isto, estamos em condições de afirmar que o sujeito passivo da taxa de instalação (e funcionamento) de postos de abastecimento de combustíveis, prevista no artigo 100º do Regulamento Municipal de Taxas e Compensações Urbanísticas do município de Vila Nova de Gaia (RMTCU), na falta de concretização por este, tem de se considerar ser a pessoa ou entidade detetora da titularidade do licenciamento do posto de abastecimento de combustíveis, incluindo GPL, que, na situação julganda, não é a sociedade impugnante, cuja ilegitimidade (não responsável pelo pagamento da taxa liquidada) foi, portanto, bem decidida, nas instâncias.». 3.2.4. Sendo, assim, de responder negativamente à questão que constitui objecto do recurso, e firmado o acerto da anulação declarada pelo Tribunal a quo, fica prejudicado, por inútil, prosseguir para o conhecimento das questões que o Recorrido suscitou em sede de ampliação do recurso tendo exclusivamente em vista acautelar a sua posição face a uma eventual revogação do julgado. 3.2.5. As custas serão suportadas pelo Recorrente, integralmente vencido, por força do preceituado no artigo 527º, números 1 e 2 do CPC. 4. Decisão. Termos em que, acordam, os Juízes da Secção de Contencioso Tributário do Supremo Tribunal Administrativo, em conferência, negar provimento ao recurso. Custas pelo Recorrente. Registe e notifique. Lisboa, 2 de Fevereiro de 2022 – Anabela Ferreira Alves e Russo (relatora) – José Gomes Correia – Aníbal Augusto Ruivo Ferraz.

Comentário:

1. Sobre a competência da assembleia de freguesia e da assembleia municipal para aprovarem regulamentos.

2. Além das referências elencadas no nº 2 deste artigo, os regulamentos autárquicos que criam taxas devem mencionar ainda a lei habilitante, sob pena de padecerem de vício de inconstitucionalidade, por violação do nº 8 do artigo 112º da Constituição da República Portuguesa. Esta inconstitucionalidade pode ser sanada pelo órgão com competência para aprovar o regulamento mas o ato que sana o vício só produz efeitos para o futuro e está sujeito às mesmas exigências formais previstas para o ato regulamentar, nomeadamente a exigência de publicidade.

3. Embora o corpo do nº 2 só faça referência aos regulamentos que criam taxas municipais e taxas de freguesia, deverá entender-se que a disciplinaprevista nas respetivas alíneas se aplica também aos regulamentos das taxas metropolitanas, pois as áreas metropolitanas podem igualmente lançar este tipo de tributos, ao abrigo do nº 2 do artigo 1º da presente lei.

4. Este artigo consagra o princípio da proporcionalidade e impõe regras que permitirão o controlo da natureza do tributo como taxa.

5. O sujeito ativo desta relação jurídica é a autarquia local titular do direito de exigir o pagamento da taxa e que o sujeito passivo é a pessoa singular ou coletiva que ao mesmo pagamento se encontra obrigada.

CAPÍTULO II - Criação de taxas e modificação da relação jurídico-tributária

Artigo 8º – Criação de taxas

1 – As taxas das autarquias locais são criadas por regulamento aprovado pelo órgão deliberativo respectivo.

2 – O regulamento que crie taxas municipais ou taxas das freguesias contém obrigatoriamente, sob pena de nulidade:

a) A indicação da base de incidência objectiva e subjectiva;

b) O valor ou a fórmula de cálculo do valor das taxas a cobrar;

c) A fundamentação económico-financeira relativa ao valor das taxas, designadamente os custos directos e indirectos, os encargos financeiros, amortizações e futuros investimentos realizados ou a realizar pela autarquia local;

d) As isenções e sua fundamentação;

e) O modo de pagamento e outras formas de extinção da prestação tributária admitidas;

f) A admissibilidade do pagamento em prestações.

Jurisprudência:

1. Acórdão do Tribunal Central Administrativo Sul (Processo nº 5931/12), de 18-06-2013. Sumário: Doutrina que dimana da decisão: 1. O ROVPMUPMS que tratava das matérias relativas à ocupação do domínio privado com afixação de publicidade manteve-se em vigor em 2010, até ser substituído neste ano pelo Regulamento publicado no Diário da República, II Série de 17-5-2010, quer porque não foi revogado pelo Regulamento nº 8/2008, quer porque não chegou a ter revogação automática, ao abrigo da alínea b) do artigo 17º da Lei nº 53-E/2006; 2. Este novo RTORMS aprovado pela Assembleia Municipal em 27-4-2010, obedece a todos os requisitos legais que a Lei nº 53-E/2006 veio a dispor para a criação de tais imposições, designadamente quanto à sua fundamentação económico-financeira; 3. A renovação da taxa de publicidade por painéis afixados em propriedade privada, cujo licenciamento foi requerido pela interessada, constitui uma verdadeira taxa, não sendo inconstitucionais as normas regulamentares que as criaram.

2. Acórdão do Tribunal Central Administrativo Sul (Processo nº 1137/ /13.1BESNT), 10-02-2022. ACORDAM EM CONFERÊNCIA NA 2ª SUBSECÇÃO DO CONTENCIOSO TRIBUTÁRIO DO TRIBUNAL CENTRAL ADMINISTRATIVO SUL. I. RELATÓRIO. O MUNICÍPIO DE CASCAIS recorreu para o Supremo Tribunal Administrativo da sentença do Tribunal Administrativo e Fiscal de Sintra que julgou procedente a impugnação judicial deduzida por B..., S.A. contra o acto de liquidação de taxa municipal de publicidade relativa ao ano de 2013. Conclui as doutas alegações assim: «1. O presente recurso é interposto da douta sentença proferida pelo Tribunal Administrativo e Fiscal de Sintra em 28.01.2016, que veio julgar procedente a impugnação intentada por B..., S.A., anulando, em consequência, o ato de liquidação proveniente da liquidação de taxas de publicidade referentes ao ano de 2013, relativas ao processo nº 3928. 2. Para concluir pela procedência da impugnação a sentença recorrida baseou-se na falta de fundamentação económica e financeira no regulamento de taxas pelos valores cobrados pela afixação de mensagens publicitárias face ao novo enquadramento jurídico do licenciamento dos suportes publicitários, considerando, por isso, nulo nessa parte, o regulamento de taxas do município conforme o previsto no nº 2 do artigo 8º do Regime Geral das Taxas das Autarquias Locais, aprovado pelo Decreto-Lei nº 53-E/2006, de 29 de dezembro, doravante RGTAL. 3. O erro de julgamento gerador da violação de lei substantiva pode resultar de erro de interpretação e de aplicação do direito. 4. O vício que a lei considera violação de lei substantiva advém de uma interpretação e enquadramento jurídicos incorretos que acabam por afetar o conteúdo da decisão, dando origem a erro de julgamento. 5. Entende a Recorrente que no caso sub judice o erro de julgamento resulta da aplicação do regime previsto no Decreto-lei nº 48/2001, de 1 de

abril, que apenas operou efeitos, em data posterior à ocorrência dos factos tributários objetos dos presentes autos de impugnação. 6. A douta sentença proferida merece censura, requerendo-se, desde já, a V. Exas. a respetiva revogação e substituição por outra, que mantenha os atos de liquidação em apreço, no período o compreendido entre 1 de janeiro e 1 de maio de 2013. 7. Da sentença recorrida resultou provado que as taxas liquidadas nos presentes autos respeitam a renovação da licença de afixação de publicidade com fins económicos em espaço privado. 8. Na douta sentença recorrida pode ler-se ainda que "a partir de 02.05.2013 passou a vigorar em pleno a dispensa de licenciamento para a manutenção daqueles espaços publicitários e inclusive da necessária simples comunicação prévia quanto à afixação e inscrição de mensagens publicitárias de natureza comercial em domínio privado, ainda que visíveis (ou não) a partir do espaço público, nos termos do disposto nas alíneas a) e b) do n. º 3, do artigo 1º da Lei n. º 97/88, alterado em resultado do disposto no artigo 31º do referido Decreto-Lei, pelo que, a partir daquela data impõe-se que os municípios que pretendam cobrar tais taxas procedam à respectiva fundamentação económica e financeira relativa ao valor da taxa, o qual se terá de aferir por outros critérios que não os referenciados ao licenciamento de tais suportes publicitários, face ao novo enquadramento jurídico da afixacão de mensagens publicitárias. Assim, não constando dos autos aquela fundamentação das taxas devidas por aquela actividade, nem vindo alegada a sua existência, será de considerar como nulo o regulamento nessa parte, conforme alínea c) do nº 2 do artigo 8º do RTL. 9. O Decreto-Lei nº 48/2011, de 1 de abril, doravante LIZ, em particular os artigos 31º e 32º, introduziu importantes alterações legislativas ao regime de afixação ou inscrição de mensagens publicitárias de natureza comercial. 10. Estabeleceram-se isenções de pagamento de taxas relativas a mensagens publicitárias que sendo visíveis do espaço público se limitam a publicitar sinais distintivos do comércio do estabelecimento ou que esteja relacionada com os bens ou serviços aí comercializados; 11. Os efeitos jurídicos derivados do Decreto-Lei nº 48/2011, de 1 de abril não produziram efeitos imediatos com a sua publicação. 12. O artigo 42º deste Decreto-Lei estabeleceu que alguns dos seus efeitos jurídicos se processariam de forma faseada dependente da publicação da necessária portaria ou da existência do «Balcão do Empreendedor», cujo regime é aplicável às taxas em discussão nos presentes autos. 13. O Decreto-Lei nº 141/2012, de 11 de julho, introduziu no articulado da LIZ a seguinte alteração ao artigo 42º do Decreto-Lei nº 48/2011, de 1 de abril, "2 – A aplicação das disposições do presente decreto-lei que pressupõem a existência do «Balcão do Empreendedor» (...) deve ocorrer até ao termo do prazo de dois anos a contar da data da sua entrada em vigor". 14. De acordo com o artigo 1º da Portaria nº 284/2012, de 20 de setembro: "O Decreto-lei nº 48/2011, de 1 de abril, produz efeitos a partir de 2 de maio de 2013, nomeadamente para as seguintes matérias: (...) b) Eliminação do licenciamento das mensagens publicitárias nas alíneas b) e c) do nº 3 do artigo 1º da Lei nº 97/98, de 17 de agosto, na redação conferida pelo artigo 31º do Decreto-Lei nº 48/2011, de 1 de abril". 21. As disposições da LIZ que pressupõem o integral funcionamento e existência do «Balcão do Empreendedor» só se tornaram vinculativas para os Municípios a partir de 2 de maio de 2013. 22. A Jurisprudência também tem assim entendido, veja-se a título exemplificativo o Acórdão do STA de 25.02.2015, Proc. nº 0702/14. 23. A Recorrente sufraga o entendimento do Tribunal a quo de que os efeitos do Decreto-Lei nº 48/2011, de 1 de abril, só operaram a partir de 02.05.2013, sendo precisamente por essa razão que considera que houve erro na interpretação e aplicação do direito, uma vez que o regime de isenção de licenciamento não se aplica às taxas liquidadas nos presentes autos. 24. Resulta documentalmente provado que a renovacão das taxas de publicidade objeto de impugnação nos presentes autos operou em 31.12.2012, pelo que, nesta data, data da ocorrência dos factos tributários, o regime de isenção de licenciamento de publicidade estabelecido pelo Decreto-Lei nº 48/2011 não se aplicava às taxas objeto da presente impugnação, uma vez que os seus efeitos não estavam em vigor na data de ocorrência dos factos tributários. 25. O Regulamento de Cobrança e Tabela de Taxas, Licenças e Outras Receitas Municipais do Município de Cascais para o ano de 2013, publicado no Diário da República, 2º Série, nº 4, de 7 de janeiro de 2013, doravante RCTTLRM 2013, no artigo 24º relativo a taxas de publicidade, dispõe que estas taxas são cobradas antecipadamente e que "a sua renovação é automática, sendo a cobrança efetuada pelo valor do ano em curso, com pagamento em março do mesmo ano". 26. As taxas objeto de impugnação renovaram-se em 31.12.2012, tendo a Recorrida sido notificada da respetiva liquidação através do ofício nº ... – Refª .../..., datado de 07.03.2013 conforme documentalmente provado nos autos e expressamente admitido pela Recorrida no artigo 1º da impugnação judicial. 27. Fica assim demonstrado que os factos tributários e respetiva liquidação ocorreram antes de 2.05.2013, data da produção de efeitos das disposições contidas no Decreto-Lei nº 48/2011, de 1 de abril, não se aplicando por isso os critérios de fundamentação económica e financeira impostos por este diploma legal. 28. A Lei nº 53-E/2006 de 29 de dezembro, que aprovou o Regime Geral de Taxas das Autarquias Locais, doravante RGTAL, no seu artigo 8, nº 2, estabelece que os regulamentos relativos às taxas municipais, a obrigatoriedade destes conterem a indicação de base de incidência objetiva e subjetiva das taxas, o seu valor ou a fórmula de cálculo e a sua fundamentação económico-financeira, designadamente, os custos diretos e indiretos, os encargos financeiros e amortizações e futuros investimentos a realizados ou a realizar pela autarquia local, sob pena de nulidade. 29. No que a esta matéria concerne, a Jurisprudência tem entendido que "o artigo 8º nº 2 do RGTAL contém exigências precisas para a edição dos regulamentos locais de taxas. A norma em causa obriga as autarquias à enunciação clara da base de incidência, da base de cálculo, das isenções e modo de pagamento das taxas locais, mais exigindo, a par destes elementos, que se explicite a fundamentação económica e financeira das taxas criadas, tudo sob pena de nulidade do diploma em causa. 4. Especificamente, no que respeita à fundamentação económica e financeira das taxas criadas refere a norma (cfr. Artigo 8º, nº 2, alínea c), do Regime Geral das Taxas das Autarquias Locais, que o valor dos tributos deve levar em consideração, designadamente, os custos directos e indirectos, os encargos financeiros, as amortizações e os investimentos realizados, ou a realizar, pela autarquia local. Na estruturação da fundamentação económico-financeira da taxa criada a autarquia deve levar em consideração, desde logo, o princípio da equivalência jurídica consagrado no artigo 4º, do Regime Geral das Taxas das Autarquias Locais." (Acórdão do Supremo Tribunal Administrativo Sul de 17.04.2012 Proc. nº 4796/11). 30. No artigo 6º do Regulamento de Cobrança e Tabela de Taxas, Licenças e Outras Receitas Municipais para o ano de 2013 encontra-se a fundamentação económica e financeira das taxas e em obediência ao exigido pelo artigo 8º do RGTAL. 31. As taxas liquidadas e objeto de impugnação se encontram fundamentadas de acordo com o exigido no artigo 8º do RGTAL, designadamente, o disposto na alínea c) do seu nº 2. 32. As taxas de publicidade objeto dos presentes autos previstas no artigo 70º do RCTTLRM 2013 encontram-se devidamente fundamentadas por referência ao critério do artigo 6º e em conformidade com o exigido no artigo 8º do RGTAL. 33. O enquadramento legal subjacente à criação, liquidação e cobrança das taxas devidas pela renovação do licenciamento de publicidade em discussão nos presentes autos obedecia ao seguinte regime, à data a que se reportam os atos tributários. 34. Até 2 de maio de 2013, o procedimento de licenciamento da ocupação do espaço público e de suportes e afixação da publicidade visíveis do espaço público conforme previsto no Regulamento Municipal de Publicidade no Município de Cascais e bem como a cobrança das respetivas taxas pela aplicação do Regulamento de Cobrança, Tabela de Taxas, Licenças e Outras Receitas Municipais para o ano de 2013 se manteve inalterado. 35. Fica assim demonstrado que as taxas objeto de impugnação nos presentes foram liquidadas ao abrigo da disposições aplicáveis, nomeadamente, a sua fundamentação económica e financeira encontra-se em conformidade com o disposto no artigo 6º do Regulamento de Cobrança, Tabela de Taxas, Licenças e Outras Receitas Municipais para o ano de 2013 e com o exigido na alínea c) do nº 2 do no artigo 8° do RGTAL, não padecendo o regulamento de nulidade conforme entendido na sentença recorrida. 36. Em síntese, a douta sentença comete um erro de interpretação legal, padecendo por conseguinte de erro de julgamento, não podendo ser anulados os atos tributários e, em consequência, manterem-se na ordem jurídica por julgamento, pelo menos, até maio de 2013, por não padecerem de vício de violação de lei nos termos dos artigos 161º e 163º do CPA. Termos e com o douto suprimento de Vossas Exas., deve ser dado provimento ao presente recurso e, nessa medida, a douta sentença ser revogada, mantendo-se por conseguinte os atos de tributários em apreço pelo menos até maio de 2013, prosseguindo os processos de execução fiscal os seus termos até efetiva cobrança da dívida exequenda. Assim se fazendo a costumada JUSTIÇA». A Recorrida apresentou contra-alegações que culmina com as seguintes e doutas conclusões: «1ª. O acto de liquidação objecto de impugnação respeita a taxas de publicidade relativas ao ano de 2013, no montante de €4.961,50 (quatro mil e novecentos e sessenta e um euros e cinquenta cêntimos) e reporta-se à renovação das respectivas licenças. 2ª. Consiste essa publicidade em mensagens de natureza comercial afixadas ou inscritas em edifícios e equipamentos pertença da impugnante, existentes num posto de abastecimento de combustíveis, de que ela é dona e legítima possuidora, sito no Cruzamento da Avenida ... com a Avenida I... – Bairro do ..., na cidade de Cascais (Alvará nº ...), e visando assinalar esse mesmo posto, identificar os produtos e os serviços nele comercializados e informar sobre a qualidade destes e os seus preços. 3ª. Os "factos tributários" – as situações de facto concretas, porventura geradoras do direito ao tributo liquidado pelo recorrente existiriam ao longo do ano de 2013, se se mostrassem verificados todos os pressupostos legal mente previstos para tal. 4ª. De entre as situações contempladas no artigo 1º/3 e 4 da Lei nº 97/88, na redacção do artigo 31º do Decreto-Lei nº 48/2011, em que, "[n]o caso dos bens imóveis, a afixação e a inscrição de mensagens publicitárias de natureza comercial não estão sujeitas a licenciamento, a autorização, a autenticação, a validação, a certificação, a actos emitidos na sequência de comunicações prévias com prazo, a registo ou a qualquer outro acto permissivo, nem a mera comunicação prévia", o citado artigo 1º/3-b) e 4 abrange aquelas em que, como no caso das que deram causa à liquidação, as mensagens e informações se encontram afixadas e inscritas em bens de que a impugnante é proprietária, publicitam os sinais distintivos do comércio do seu estabelecimento e estão relacionadas com os bens e os serviços aí comercializados. 5ª. O "regime de isenção de licenciamento de publicidade estabelecido pelo Decreto-Lei nº 48/2011" não podia deixar de aplicar-se às taxas objecto da presente impugnação, pelos factos tributários ocorridos no domínio da sua vigência, em 2013. 6ª. Não estando sujeita a licenciamento, a licença de publicidade emitida pelo recorrente para o ano de 2012 não carecia de renovação com referência, sequer, ao período posterior a 2 de Maio de 2013, pelo que se verificava uma impossibilidade legal de tal acto, com referência ao período posterior a 2 de maio de 2013. 7ª. Respeitando ao acto de liquidação, no seu todo, pelo município de Cascais, de taxas de publicidade relativas ao ano de 2013, a declaração de nulidade, pela sentença recorrida, não podia restringir-se aos factos tributários ocorridos no período do ano de 2013 durante o qual o Decreto-Lei nº 48/2011 produziu efeitos, isto é, partir de 2 de Maio de 2013. 8ª. E o Tribunal não podia substituir-se ao município de Cascais na liquidação das taxas de publicidade relativas ao ano de 2013, que o mesmo é dizer na formulação de valorações próprias da função tributária, com referência ao período em que o Decreto-Lei nº 48/2011 não produziu efeitos, isto é, até 1 de maio de 2013. 9ª. As mensagens e informações afixadas e inscritas em bens de que a impugnante é proprietária, publicitando os sinais distintivos do comércio do estabelecimento dela e relacionadas com os bens e os serviços aí comercializados – enquadram-se na previsão do artigo 1º/3-b) da Lei nº 97/88, na redacção que lhe foi dada pelo Decreto-Lei nº 48/2011, não estando sujeitas a licenciamento. 10ª. Não sujeitas a licenciamento, a anterior licença não carece de renovação, pelo que se verifica uma "impossibilidade" de a renovar com referência ao período posterior a 2 de maio de 2013. 11ª. Decidindo como decidiu, a sentença recorrida conformou-se plenamente com as disposições legais citadas anteriormente, não merecendo qualquer censura. Nestes termos e nos mais, de direito, que não deixarão de ser supridos, deve ser negado provimento ao recurso – e, em consequência – confirmada a sentença recorrida, julgando a impugnação procedente, com as legais consequências. o que se fará por obediência à L e i e imperativo da JUSTIÇA». Por decisão sumária da Exma. Senhora Conselheira Relatora, o Supremo Tribunal Administrativo foi julgado incompetente em razão da hierarquia para conhecer do presente recurso e julgado competente para o efeito o Tribunal Central Administrativo Sul, para onde os autos foram remetidos a pedido do recorrente. A Exma. Senhora Procuradora-Geral Adjunta neste Tribunal emitiu douto parecer no sentido da procedência do recurso, com a revogação da sentença recorrida. Colhidos os vistos legais e nada mais obstando, vêm os autos à conferência para decisão. II. DELIMITAÇÃO DO OBJECTO DO RECURSO. O objecto do recurso é delimitado pelas conclusões das respectivas alegações (cfr. artigo 635º, nº 4 e artigo 639º, números 1 e 2, do Código de Processo Civil, aprovado pela Lei nº 41/2003, de 26 de junho), sem prejuízo das questões de que o tribunal "ad quem" possa ou deva conhecer oficiosamente, apenas estando este tribunal adstrito à apreciação das questões suscitadas que sejam relevantes para conhecimento do objecto do recurso. Assim, analisadas as conclusões do recurso, são estas as questões que importa analisar: (i) se a sentença enferma de nulidade por falta de fundamentação; (ii) se incorreu em erro de facto quanto à matéria vertida no ponto 3. do probatório; (iii) se fez uma interpretação do artigo 106º, nº 4 da Lei das Comunicações Electrónicas desconforme com a Constituição, na medida em que não há sobreposição de tributação sobre a mesma realidade factual. A única questão em discussão reconduz-se a saber se por virtude das normas contidas no artigo 31º do Decreto-lei nº 48/2011, de 1 de abril (regime jurídico do licenciamento zero), com entrada em vigor a 1/05/2011, mas cuja aplicação apenas ocorreu a partir de 3/05/2013, a taxa devida pela emissão/renovação de licença para afixação e inscrição de mensagens publicitárias deixou de poder ser liquidada com relação ao ano de 2013. III. FUNDAMENTAÇÃO. A) DE FACTO. Deixou-se factualmente consignado na sentença recorrida: «Da discussão da causa resultaram provados os seguintes factos com interesse a sua decisão: 1 – Pela renovação de licença de afixação de publicidade com fins comerciais em espaço privado foi emitida pelo Município de Cascais, com referência ao ano de 2013, em nome da Impugnante, a liquidação de taxa ao abrigo do artigo 24º do Regulamento e "Tabela de Taxas e Outras Receitas Municipais" aprovada pela respectiva assembleia municipal; 2 – Da liquidação referida em 1 a Impugnante deduziu reclamação graciosa nos termos do disposto no nº 2, do artigo 16º, do R.T.L., em 2.04.2013, cujo conteúdo se dá aqui por reproduzido, a qual não foi decidida. Factos Não Provados. Dos factos com interesse para a decisão da causa e constantes da impugnação, todos objecto de análise concreta, não se provaram os que não constam da factualidade supra descrita. A decisão da matéria de facto efectuou-se com base no exame dos documentos e informações oficiais, não impugnados, que dos autos constam.». Adita-se ao probatório o seguinte facto, não controvertido: «A liquidação e cobrança da taxa de publicidade impugnada foi notificada à impugnante pela C.M. de Cascais por ofício datado de 07/03/2013». B) DE DIREITO. Sobre a questão em discussão, que se prende com a entrada em vigor das normas contidas no artigo 31º do Decreto-lei nº 48/2011, de 1 de abril, a jurisprudência do Supremo Tribunal Administrativo é uniforme no sentido de que apenas é aplicável a partir de 2 de maio de 2013, por força da Portaria nº 284/2012, de 20 de setembro (cf., entre outros, os acórdãos de 9/10/2019, procº 01874/12.8BEPRT; de 09/12/2021, procº 01618/13.7BEPRT). Quanto em particular às liquidações do ano de 2013, ano a que se reporta a liquidação impugnada, vale o decidido no Ac. do Supremo Tribunal Administrativo de 19/02/2020, procº 01152/13.5BESNT e também no já citado ac. de 09/12/2021, procº 01618/13.7BEPRT, no sentido de que "ainda que o licenciamento tenha vindo a deixar de ser exigido em 2 de maio de 2013, não deixa de ser devida, na totalidade, a respectiva taxa, respeitante a esse ano, pois a taxa constitui a contrapartida pela emissão (ou renovação) da licença, que se operou no início do ano". Não tendo sido apresentados pela recorrida argumentos que nos levem a afastar daquela jurisprudência uniforme e atento o disposto no artigo 8º, nº 3, do Código Civil, que determina que nas decisões que proferir, o julgador terá em consideração todos os casos que mereçam tratamento análogo, a fim de obter uma interpretação e aplicação uniformes do direito, ao recurso terá de ser concedido provimento.

Na procedência da apelação, haverá que conhecer em substituição das questões prejudicadas em vista da solução dada ao litígio no tribunal recorrido (artigo 665º/2 do CPC). E essas questões prendem-se com a discutida natureza do tributo liquidado, que a impugnante entende não poder ter natureza de taxa por inexistência de qualquer sinalagma, mas antes de imposto ou contribuição especial e, nessa medida, a taxa liquidada é nula por inconstitucionalidade orgânica e violação do princípio da legalidade, uma vez que os impostos e as contribuições só podem ser criados por lei. Não discutindo embora a natureza comercial das mensagens publicitárias, não se conforma, pois, a impugnante com a caracterização do tributo liquidado como taxa. De acordo com o disposto no artigo 1º, nº 1 da Lei 97/88, de 17 de agosto na redacção anterior à do Decreto-Lei nº 48/2011, de 1 de abril, «A afixação ou inscrição de mensagens publicitárias de natureza comercial obedece às regras gerais sobre publicidade e depende do licenciamento prévio das autoridades competentes». Importa, desde já, referir que se, inicialmente, a jurisprudência enveredou pela caracterização como imposto do tributo em causa nos autos ("taxa" municipal por afixação de publicidade em propriedade privada), a mesma jurisprudência veio, posteriormente, a firmar-se, reiterada e uniformemente, no sentido da qualificação do tributo em causa como verdadeira taxa, após a prolação do Acórdão do Plenário do Tribunal Constitucional nº 177/2010, de 05/05/2010, que operou uma inflexão da anterior jurisprudência, no entendimento de que os parâmetros jurídicos para a solução da questão se tinham alterado após a consagração do conceito jurídico de taxa positivado no nº 2 do artigo 4º da LGT e no artigo 3º da Lei nº 53-E/2006, 29 de dezembro (regime geral das taxas das autarquias locais), pronunciando-se no sentido de não julgar organicamente inconstitucionais as normas do nº 1 do artigo 2º do Regulamento de Taxas e Licenças (aprovado por deliberação da Câmara Municipal de Guimarães de 09/11/2006 e sancionado pela Assembleia Municipal em sessão de 24/11/2006) e do artigo 31º da Tabela de Taxas àquele anexa, na medida em que prevêem a cobrança da taxa aí referida pela afixação de painéis publicitários em prédio pertencente a particular. Sendo que a fundamentação do citado acórdão (votado por unanimidade e com a autoridade reforçada resultante da formação alargada que o proferiu) é transponível, mutatis mutandis, para a apreciação da constitucionalidade das normas que configuram o suporte jurídico da taxa controvertida, resultante da licença e da sua renovação para afixação ou inscrição de mensagens publicitárias em propriedade privada, visíveis do espaço público, acrescendo que a doutrina deste acórdão foi reafirmada posteriormente em outros arestos do Tribunal Constitucional (nºs. 360/2010, de 06/10/2010, 436/2010, de 10/11/2010, 408/11, de 27/09/2011 e na decisão sumária nº 417/2010, de 11/10), bem como, acolhida nos acórdãos da Secção do Contencioso Tributário do STA, de 12/01/2011, proc.

nº 752/10, de 19/01/2011, proc. nº 33/10, de 06/04/2011, proc. nº 119/11, de 25/05/2011, proc. nº 93/11, de 01/06/2011, proc. nº 135/11, de 08/06/2011, proc. nº 0278/11, de 13/07/2011, proc. nº 462/11, de 07/09/2011, proc. nº 585/11, de 28/09/2011, proc. nº 15/11, de 02/11/2011, proc. nº 116/10, de 25/01/2012, proc. nº 0954/11, de 31/01/2012, proc. nº 0906/11, de 29/02/2012, proc. nº 0133/11, de 21/11/2012, proc. nº 0222/12, de 28/11/2012, proc. nº 01051/12, de 04/12/2013, proc. nº 01062/13, de 05/02/2015, proc. nº 01210/13 ou de 18/05/2016, proc. nº 01076/15. Portanto, a jurisprudência veio a firmar-se no sentido da qualificação de tal tributo como verdadeira taxa e da sua conformidade constitucional. Em Acórdão proferido em 27/09/2011, por exemplo, o Tribunal Constitucional decidiu «Não julgar organicamente inconstitucionais as normas constantes dos artigos 3º e 16º do Regulamento de Publicidade do Município de Lisboa (publicado no Edital nº 35/92, do Diário Municipal nº 16.336, de 19/03/92, com a redacção dos Editais nº 42/95, de 25/4 e 53/95, publicados respectivamente nos Boletins Municipais nº 16331, de 12/03/1992, 61, de 25/04/1995)», na medida em que prevêem a cobrança da taxa aí prevista pela afixação de publicidade em prédio pertencente a particular. Não vemos razões, face aos argumentos invocados pela impugnante, para divergirmos dessa jurisprudência consolidada. Em particular no que respeita à alegação na P.I. (artigos 35º a 38º) de não integrar a previsão normativa de incidência das taxas de publicidade liquidadas pelo Município de Cascais o elemento relativo à visibilidade da mensagem a partir do espaço público, tal não implica que se desaplique a norma por inconstitucionalidade (artigo 204º da CRP) mas unicamente que se faça da norma regulamentar uma interpretação conforme à Constituição. E neste modo de ver, concluindo-se pela conformidade constitucional das normas regulamentares que configuram o suporte jurídico da taxa controvertida, resultante da emissão/renovação da licença para afixação ou inscrição de mensagens publicitárias em propriedade privada, visíveis do espaço público, a verdade é que a impugnante não alega, nem tal se desprende dos autos (vd. artigo 2º da douta P.I.), que as mensagens e suportes publicitários implantados no posto de combustível de que é proprietária não sejam divisíveis do espaço público. O que significa que este argumento não procede. Nesta conformidade, haverá que julgar a impugnação judicial improcedente, mantendo-se na ordem jurídica a liquidação impugnada relativa a taxa devida por publicidade. IV. DECISÃO. Por todo o exposto, acordam em conferência os juízes da 2ª Subsecção do Contencioso Tributário deste Tribunal Central Administrativo Sul em conceder provimento ao recurso, revogar a sentença recorrida e, conhecendo em substituição, julgar a impugnação improcedente.

3. Acórdão do Tribunal Central Administrativo Sul (Processo nº 1226/ /07.1BELSB), de 11-03-2021. Acordam, em conferência, os juízes que compõem

a 1ª Sub-Secção de Contencioso Tributário do Tribunal Central Administrativo Sul. I – RELATÓRIO. C... – Centro Comercial, SA, veio deduzir Impugnação Judicial contra o acto de liquidação de taxa de conservação de esgotos, cobrada pelo Município de Lisboa relativamente ao ano de 2005, bem como o indeferimento da reclamação graciosa apresentada. O Tribunal Tributário de Lisboa, por decisão de 15 de Abril de 2015, julgou improcedente a impugnação. Não concordando com a sentença, o C... – Centro Comercial, SA veio interpor recurso da mesma, tendo nas suas alegações, formulado as seguintes conclusões: «1ª A existência de base legal em abstrato para a criação de taxas pelos municípios não basta para assegurar a legalidade do ato de criação da taxa de conservação de esgotos sendo necessário que este cumpra as respetivas exigências legais. 2ª As normas de liquidação e cobrança da taxa de conservação de esgotos aprovadas a coberto da Deliberação nº 2/AM/2005, publicadas no Boletim Municipal nº 570, de 2005/01/20, e a Deliberação que aprovou a TTORM, publicada por Edital nº Edital nº 55/2005 não apresentam qualquer fundamentação económico-financeira para a determinação do quantum da taxa criada. 3ª A sentença recorrida enferma de erro de julgamento e de interpretação e aplicação do artigo 116º do Código do Procedimento Administrativo e dos artigos 4º e 22º do Decreto-Lei nº 207/94 ao decidir que "o argumento da impugnante que considera que a TTORM da CML, não tem qualquer fundamentação tanto jurídica como administrativa que permita o controlo da legalidade do tributo liquidado, o mesmo é improcedente." pois aqueles dispositivos exigiam que o regulamento tributário apresentasse fundamentação económico-financeira adequada ao seu conteúdo, detalhada na sua nota justificativa, o que não se verificou. 4ª O juízo sobre o equilíbrio das prestações ou do sinalagma tributário só é possível quando se conheçam os custos efetivos ou reais suportados pela entidade administrativa na prestação do serviço, o que no caso em apreço não foi dado a conhecer. 5ª O Tribunal não conhece quais são os encargos da conservação da rede de esgotos porque tal informação foi deliberadamente omitida no ato de criação da taxa em causa, onde deveria constar, por força do disposto no artigo 116º do CPA e nos artigos 103º e 266º da CRP, enquanto garantia dos contribuintes. 6ª Decidir sobre a observação do princípio da proporcionalidade ou da equivalência económica na criação de um tributo sem conhecer o custo real do serviço remunerado representa um cálculo impossível, por falta de um dos termos da equação. 7ª Por força das regras de repartição do ónus da prova, a demonstração dos custos de prestação do serviço caberia à impugnada, a qual, ao desrespeitar o artigo 116º do CPA, culposamente tornou impossível à impugnante a prova do custo do serviço (cf. artigo 344º do Cód. Civil). 8ª A sentença recorrida enferma de excesso de pronúncia quando conclui pela equivalência do sinalagma tributário sem conhecer o fundamento económico-financeiro da taxa liquidada que demonstre o custo efetivo do serviço prestado, pois o tribunal pronunciou-se sobre matéria que não lhe foi dada a conhecer: o custo efetivo ou real do serviço prestado, viciando assim a sentença de nulidade, nos termos do artigo 125º do CPPT. 9ª Ofende o princípio da proporcionalidade, na vertente da necessidade, adequação, e proporcionalidade stricto sensu, a utilização do valor patrimonial do imóvel como critério de liquidação da taxa de conservação de esgotos quando se pode dispor do valor concreto de águas residuais produzidas pelo utilizador-pagador. 10ª A sentença recorrida enferma de erro de julgamento e de interpretação e aplicação do principio da proporcionalidade e dos artigos 4º e 22º do Decreto-Lei nº 297/94, quando decide que "no que respeita ao cálculo do montante do tributo ser baseado no valor patrimonial dos imóveis, importa sublinhar que se trata de uma forma de determinação desse montante que não é desajustada para repartir os encargos da conservação da rede de esgotos pela generalidade dos munícipes, pois tendencialmente os valores patrimoniais mais elevados corresponderão a imóveis de maior dimensão, habitados por maior número de utentes." 11ª Tal juízo não respeita o princípio da proporcionalidade, na vertente da exigibilidade nem da adequação, pois não existe qualquer necessidade de fazer um juízo de presunção ou conclusivo sobre a utilização do sistema de conservação de esgotos quando tal utilização é suscetível de ser medida diretamente ou em alternativa ser calculada por referência ao consumo real de água abastecido; 12ª Se o propósito da taxa de conservação de esgotos é remunerar o município pela prestação de um serviço que a lei obriga seja medido, não pode ser julgado como necessário e adequado o critério de determinação daquela taxa que é o valor patrimonial dos imóveis. 13ª É legalmente possível, materialmente desejável e até recomendado pela entidade reguladora que, para efeitos de faturação dos serviços prestado na área do saneamento ou tratamento de esgotos, se proceda à medição do caudal de águas residuais produzidas, pelo que não pode admitir-se que seja indispensável o emprego de um outro critério desfasado desta realidade como seja o valor patrimonial do prédio, para determinar a taxa de conservação de esgotos. 14ª A margem de erro no cálculo da taxa de conservação de esgotos com base no critério do valor patrimonial do imóvel é seguramente maior do que com base nos volumes reais de águas residuais ou de água consumida, efetivamente medidos por instrumentos próprios, pelo que o valor da taxa que daí resultasse não poderia ser mais gravosa do património da impugnante que aquela que lhe foi exigida. 15ª A sentença recorrida enferma de erro de julgamento e de interpretação e aplicação dos artigo 22º do Decreto-Lei nº 207/94, o artigo 8º da Lei Geral Tributária e os artigos 103º/2, 165º/1, i) o artigo 266º da CRP ao julgar "ajustado" que o cálculo do montante do tributo seja baseado no valor patrimonial do imóvel quando tal critério (i) não é indispensável para alcançar o fim proposto, existindo muito melhor alternativa, (i) não é suficientemente adequado à finalidade pretendida, obrigando a presunções de uso desprovidas de suporte de facto e (iii) conduz por fim a valores que dificilmente se podem compreender como sendo a menor lesão possível do património privado na prossecução do interesse público de remuneração do serviço de esgoto, resultado muito mais penalizador do contribuinte do que decorreria dos critérios de medição do caudal de águas residuais ou do consumo de água, indicados pelo legislador e a entidade reguladora. 16ª Mesmo que se entenda tratar-se de uma taxa e não de um imposto, o certo é que a ausência de correlação proporcional entre o montante cobrado e o custo que representa a conservação dos esgotos a cargo do Município, viola os princípios da equivalência, da tutela da confiança, da proporcionalidade, da proibição do excesso e o princípio da justiça, consagrados nos artigos 18º/2) e 266º/2 da CRP, enfermando o regulamento e o ato impugnado de ilegalidade por violação dos citados princípios. 17ª A decisão recorrida errou na interpretação e aplicação dos artigos 4º e 22º do Decreto-Lei nº 207/94 ao decidir que a taxa de conservação de esgotos não se sobrepõe a outros tributos, sendo hoje reconhecido que tem exatamente a mesma incidência objetiva da componente fixa da tarifa de saneamento que o Município de Lisboa também liquidou à impugnante nos termos do artigo 52º, nº 1 e 2 a) da TTORM. 18ª Ao contrário do que entendeu o Tribunal a quo, a liquidação da tarifa de saneamento (fixa e variável) já obriga a entidade gestora à realização das tarefas e à prestação dos serviços que o tribunal entendeu só serem devidos com a liquidação da taxa e conservação de esgotos. Esta taxa resulta, assim, numa segunda remuneração de um serviço já retribuído pela componente fixa da tarifa de saneamento, conforme esclarecido pela entidade reguladora na "Recomendação tarifária" nº 1/2009, provocando assim uma duplicação de coleta. 19ª A Assembleia Municipal de Lisboa por Deliberação nº 345/AML/2014, publicada no Boletim Municipal nº 1088, 2º suplemento, determinou o "fim da Taxa de Conservação de Esgotos" por ser "imperativa a conformação da prática do município de Lisboa nos domínios das Águas Residuais e dos Resíduos Urbanos com as orientações regulamentares e legislativas aplicáveis às tarifas". 20ª A decisão recorrida enferma de erro de julgamento e de apreciação da norma ínsita no artigo 22º do Decreto-Lei nº 207/94, e das normas que atribuem competências tributárias aos municípios (artigo 13º da Lei 159/99; os artigos 4º/1, 16º, d), 19º, l) e 20º da Lei nº 42/98) pois tais competências são exercidas nos termos da lei e dentro dos seus limites e manifestamente a criação de uma taxa de conservação de esgotos sobre a mesma área de serviço da componente fixa da taxa de saneamento exorbitou os limites legais. NESTES TERMOS, Devem os erros de julgamento e de apreciação e aplicação das normas relevantes e a nulidade imputada à sentença recorrida ser julgados provadas e procedentes, dando-se provimento ao presente recurso.» A recorrida, devidamente notificada para o efeito, ofereceu as suas contra-alegações, tendo formulado as conclusões seguintes: «1. A Recorrente declara pretender a alteração da matéria de facto, que delimitou a forma do presente Recurso, deduzido ao abrigo do nº 1, do artigo 280º, do CPPT, norma que determina a competência deste douto TCA para a apreciação dos recursos que incidam sobre matéria de facto; 2. Nessa medida, cabe à Recorrente delimitar o objeto do recurso, em ordem a permitir a esse douto Tribunal apreender as razões da sua discordância e, bem assim, de que forma pretende ver alterado o elenco de factos, necessariamente por referência à prova produzida nos autos; 3. A Recorrente não cumpriu tal ónus processual, limitando-se a declarar deverem ser aditados dois factos, que reputa revestirem interesse para a decisão da causa, sem que afirme a razão de tal interesse ou indique, direta ou indiretamente, que prova foi produzida nos autos, relativamente aos mesmos. Acresce que, nas conclusões que culminam as Alegações da Recorrente, que delimitam o objeto do Recurso, nenhuma se refere à matéria de facto e/ou se dedica à sua alteração, razão pela qual deverá a mesma ser considerada excluída do objeto dos presentes autos – cfr. Artigo 40º do CPC, ex vi da al. e), do artigo 2º, do CPPT; 4. Aliás, ao invés do defendido pela Recorrente, sem qualquer apoio na prova produzida, considera a Recorrida que, dos autos, resulta provado um facto, constante de documento não impugnado pela Recorrente e que assume relevo para a questão sub judice (sobretudo face ao teor do alegado pela Recorrente no presente Recurso), cujo aditamento à matéria de facto se requer, da seguinte forma: 8. No ano de 2005, a receita municipal decorrente da taxa de conservação de esgotos foi inferior, em €2.313.150,46, aos custos associados ao serviço de conservação de esgotos, que aquela taxa visa remunerar (cfr., inf. nº 119/DMF/DEPF/DIFAP, a fls. 42 e seguintes da Reclamação Graciosa cuja cópia integra o processo administrativo e vd. inf. 122/DAJAF/DAT/07, a fls. 30 e seguintes da mesma Reclamação – documentação que integra o processo, foi expressamente referida, citada e invocada, e não impugnada, que atesta aquele facto); 5. Ao invés do raciocínio expendido pela Recorrente nestes autos, no qual defende a aplicação, a uma liquidação reportada ao ano de 2005, de legislação posteriormente entrada em vigor, importa antes de mais lembrar o regime jurídico que delimita a liquidação impugnada, apurado, como não pode deixar de ser, ao tempo da verificação do correlativo facto tributário – 31 de dezembro de 2005; 6. Os municípios dispõem de atribuições no domínio do saneamento básico, de acordo com a previsão da alínea l), do nº 1, do artigo 13º, da Lei nº 159/99, de 14 de setembro, encontrando-se habilitados a cobrar taxas como contrapartida pela conservação de esgotos, nos termos do disposto na alínea l), do artigo 19º da Lei das Finanças Locais (LFL) em vigor para o período a que respeita a liquidação, a Lei nº 42/98, de 6 de agosto, constituindo tais taxas receitas municipais, de acordo com a alínea d), do artigo 16º, do mesmo diploma legal; 8. O estabelecimento das taxas e a definição dos respetivos quantitativos compete, em concreto, à Assembleia Municipal, sob proposta da Câmara, de harmonia com a alínea e), do nº 2, do artigo 53º, da Lei das Autarquias Locais (LAL), cabendo ao mesmo órgão aprovar os regulamentos municipais com eficácia externa e, logo, o estabelecimento das normas de liquidação e cobrança dos tributos; 9. No âmbito de atuação definido por tais leis habilitantes, e no exercício do poder regulamentar próprio das autarquias locais (cfr. artigos 241º e 112º, nº 8 da Constituição da República Portuguesa), a Assembleia Municipal, sob proposta da Câmara, aprovou as Normas de Liquidação e Cobrança da Taxa de Conservação de Esgotos, que integram o Processo Administrativo (PA) junto aos autos. Para o ano de 2005, acresce a Tabela de Taxas e Outras Receitas Municipais, publicada no Boletim Municipal nº 595, de 14 de Julho de 2005 (Edital nº 55/2005), com a retificação publicada no Boletim Municipal nº 598, de 4 de Agosto de 2005; 10. A Taxa de Conservação de Esgotos tem o seu regime de liquidação e cobrança disciplinado em regulamento próprio que, ao invés do que a Recorrente alega, foi submetido a todo o procedimento previsto no CPA para a produção de normas regulamentares, nomeadamente contendo a nota justificativa, tal como exigida pelo artigo 116º, do CPA então em vigor, realidade que se constata da mera leitura do regulamento aprovado pela Deliberação nº 2/AM/2005, de 11 de Janeiro, publicada no 2º Suplemento ao Boletim Municipal nº 570, de 20 de Janeiro de 2005; 11. Vem a Recorrente invocar o disposto na Lei nº 53-E/2006, afirmando que, aquela a nota justificativa deveria, na verdade, respeitar os ditames desta lei e, nessa medida, obedecer às exigências que a mesma impõe, em sede de justificação económico-financeira. Todavia, não poderá desconsiderar-se o facto, evidente, de aquela Lei, invocada pela Recorrente, ora diretamente, ora com carácter interpretativo, ter entrado em vigor em 2007 e logo, após, tanto a aprovação e publicação do Regulamento efetivamente em causa, quanto da verificação do facto tributário subjacente à liquidação impugnada, sendo certo que, de acordo com o disposto no nº 1, do artigo 12º, da LGT, as normas tributárias aplicam-se aos factos posteriores à sua entrada em vigor; 12. As normas regulamentares em que a liquidação impugnada se fundou obedeceram às exigências legais existentes à data da sua publicação, que se mantinham, aliás, ao tempo da liquidação impugnada, realidade notória e que a Recorrente visa contrariar, com recurso a Diplomas supervenientes! 13. Ademais, não pode deixar de apontar-se que, toda a argumentação da impugnante se dirige à demonstração de vício que, até ao presente, não havia sido invocado nos autos – cfr. inexistência de justificação económico-financeira do Regulamento aprovado pela Deliberação 2/AM/2005, em violação do artigo 116º do CPA, pois tal Regulamento em momento algum havia sido invocado pela Impugnante nos autos, que na douta

PI dirigiu toda a sua argumentação à TTORM; 14. A taxa de conservação de esgotos e, concretamente, a liquidação impugnada, reportada ao ano de 2005, assenta no regime regulamentar estabelecido nas Normas aprovadas pela Deliberação nº 2/AM//2005, que contêm nota justificativa, tal como a mesma era legalmente exigida, ao tempo da vigência da mesma, pelo artigo 116º do CPA, na versão então em vigor; 15. A Recorrente, salvo o devido respeito, desconsidera por completo o facto de a relação jurídico-tributária em apreço se ter constituído em 31 de Dezembro de 2005, logo, em momento prévio ao da entrada em vigor do RGTAL, que ocorreu em 1 de Janeiro de 2007 (cfr., o artigo 18º) e ao próprio decurso do período concedido nesta lei para adaptação dos Regulamentos municipais então em vigor às exigências que impôs, reiterando-se que a fundamentação do regulamento, em sede de nota justificativa, foi plenamente comprida, tal como exigida no momento da sua publicação e entrada em vigor, bem como naquele que determinou a liquidação impugnada; 16. Da alegada falta de fundamento económico-financeiro, que não se verifica, parte a Recorrente para a demonstração da pretensa nulidade da sentença por excesso de pronúncia, pretendendo demonstrar, desde já se adiantando, sem razão, que a mesma não poderia conhecer da equivalência do sinalagma tributário sem que tivesse conhecido do custo efectivo do serviço prestado; 17. Inexiste qualquer excesso de pronúncia, porque o Tribunal a quo conheceu de questão suscitada nos autos pela então Impugnante, sendo certo que, para tal efeito, não se encontra obrigado a apreciar toda a argumentação das partes (neste sentido, o douto Acórdão do TCAS de 31/10/2013 (Proc. nº 06832/13"); 18. Não ocorre qualquer excesso de pronúncia, pois a douta Sentença recorrida pronuncia-se, quanto à existência de sinalagma, relativamente a questão suscitada nos autos pelo que, o ponto ii) das suas Alegações de Recurso e, bem assim, a conclusão 8ª e as 4ª a 7ª, que pretendem fundamentar a nulidade da Sentença, consubstanciam, na verdade, a exposição das razões da sua discordância, que não acarretam qualquer nulidade do decidido, nem teriam tal virtualidade, aliás! 19. Não assiste razão à Recorrente relativamente ao alegado erro de julgamento, quanto ao sinalagma tributário, pois como decidiram, a douta Decisão sub judice e, antes dela, inúmera e uniforme jurisprudência nacional, a atividade municipal inerente à prestação dos serviços inerentes à manutenção/conservação (em condições de funcionamento) dos sistemas municipais de drenagem de águas residuais, vulgo rede de esgotos, enquadram-se nas atribuições municipais em matéria de saneamento, às quais subjaz, como a toda a atividade municipal, a prossecução do interesse público, inerente à própria natureza jurídica da recorrida; 20. De acordo com o artigo 1º do identificado Regulamento, a taxa de conservação de esgotos constitui a contrapartida pelos encargos decorrentes da disponibilização e manutenção dos sistemas de drenagem pública de águas residuais, sendo anual e devida a partir do ano seguinte ao da ligação do imóvel ao sistema predial de drenagem de águas residuais, (cfr. nº 5 do mesmo artigo). São sujeitos passivos da taxa os proprietários, usufrutuários, superficiários e a herança indivisa representada pelo cabeça-de-casal, dos prédios urbanos ou respectivas fracções em 31 de dezembro do ano a que respeitar (cfr. nº 5 do artigo 2º); 21. A taxa de conservação de esgotos incide sobre o valor patrimonial dos prédios, calculado nos termos do Código do Imposto Municipal sobre Imóveis 17 – CIMI – (cfr. nº 3 do artigo 1º das mencionadas normas), correspondendo a taxa, nos prédios urbanos avaliados de acordo com o Código da Contribuição Autárquica, a um quarto da taxa aprovada pela assembleia municipal para efeitos de liquidação do Imposto Municipal sobre Imóveis (IMI) e, nos prédios avaliados nos termos do CIMI, a um oitavo da mesma, como resulta do nº 4 do artigo 1º das citadas normas. Para o ano de 2005, as taxas aprovadas pela Assembleia Municipal de Lisboa para a liquidação do IMI correspondem a 0,7 e 0,4 do valor patrimonial dos prédios avaliados de acordo com o CCA ou o CIMI, respetivamente (cfr., a aludida Deliberação 131/AM/2004 – Boletim Municipal nº 562, 3º Suplemento, de 25/11/2004); 22. Do descrito regime legal e regulamentar decorre que a atividade/serviço prestada pelo município no âmbito da disponibilização e manutenção em condições de funcionamento da rede municipal de drenagem de águas residuais se dirige à satisfação de interesses públicos/coletivos, o que não significa que, por esse motivo, não existe satisfação de necessidades, ou obtenção de benefícios, para os sujeitos passivos daquela taxa, decorrentes da prestação do serviço de que a mesma constitui contrapartida. Como bem aponta a douta Sentença ora em crise, os beneficiários da serviço e, logo, do pagamento da taxa que constitui contrapartida do mesma são, no que importa ao caso vertente, os proprietários dos prédios, não só pelo serviço propriamente dito, de que usufruem diretamente, como ainda pela valorização que o mesmo atribui ao seu património; 23. Na verdade, a prestação de tais serviços, por parte do município, beneficia de forma individualizada cada utilizador, de cada prédio (ou fração) ligado ao sistema de drenagem de águas residuais e, logo, o respetivo proprietário. A simples ligação do prédio aos referidos sistema (realidade pública e notória, atento o prédio aqui em causa – C...), e a manutenção deste em condições de funcionamento servem, em permanência, não só os utilizadores do mesmo, como, mediata ou imediatamente, a Recorrente, quer pela utilização que possibilita, quer pela valorização que imprime ao seu património, só pelo facto de ser facultado e prestado; 24. Existindo tal prestação de serviços por parte do município e encontrando-se os prédios ligados ao sistema de drenagem de águas residuais – realidade que a Impugnante não pode negar ou ignorar existe para o proprietário dos mesmos e/ou sujeito passivo, enquanto beneficiário daquele serviço, a obrigação de pagamento da taxa que corresponde à contrapartida do mesmo, de acordo com a previsão legal que, entre outros pressupostos, assenta as taxas "na prestação concreta de um serviço público", não podendo a Impugnante negar a mais-valia que retira do serviço prestado pelo município, em sede de disponibilização e manutenção em condições de funcionamento do sistema de drenagem de águas residuais, motivo pelo qual deve contribuir, mediante o pagamento da contrapartida inerente àquele serviço; 25. Na relação jurídico-tributária em causa nos presentes autos existe, sem dúvida, o sinalagma característico das taxas, sendo aliás público e notório, o uso intensivo do prédio da Recorrente e, logo, o impacto que o mesmo acarreta na rede municipal de drenagem, cuja manutenção em condições de funcionamento incumbe ao município, que assume o correspondente encargo, em beneficio, direto, da Recorrente (neste sentido, vd. a título de exemplo, o douto Acórdão do STA de 8 de outubro de 2014 (Proc. 221/12); 26. A interpretação adotada pela Recorrente esvaziaria de conteúdo as já mencionadas normas constitucionais que atribuem poderes, tributário e regulamentar, às autarquias locais, interpretação que, a proceder, o que não se concebe, redundaria em verdadeira inconstitucionalidade, por violação daquelas disposições que, na CRP, atribuem aos municípios poderes regulamentar e tributário (artigos 241º e 238º da CRP), o que se argui, como já se fez nos autos, aliás, para todos os legais efeitos; 27. A decisão contestada nestes autos encontra-se alinhada com a jurisprudência de que constitui exemplo o identificado Acórdão do STA, relativamente à existência de sinalagma e aos pressupostos em que assentou tal apreciação e, bem assim, quanto ao respeito pelo princípio da proporcionalidade, pelo critério eleito para a determinação do valor, igualmente considerado no Acórdão supra eleito a título meramente exemplificativo; 28. O legislador regulamentar adotou o valor patrimonial como critério para a liquidação da taxa de conservação de esgotos; critério que é expressamente aceite pelo próprio legislador ordinário, como se constata, designadamente no artigo 14º do Diploma que aprovou o CIMl (Decreto-Lei nº 287/2003, de 12 de novembro); 29. Deve ainda considerar-se a opinião, comummente aceite na doutrina e na jurisprudência nacionais, de que a natureza sinalagmática das taxas não implica equivalência económica entre o custo, para o município, da prestação do serviço, e o valor cobrado ao particular, a título de taxa (de conservação de esgotos) mas apenas equivalência jurídica, como firma o próprio Tribunal Constitucional, no douto Acórdão de 30 de outubro de 1996 (Processo 430/93); 30. Os serviços de que a taxa de conservação de esgotos constitui contrapartida são prestados independentemente do uso efetivo dado ao sistema de drenagem de águas residuais pelos utilizadores dos prédios, não se verificando a falta de proporcionalidade que a Impugnante vem alegar, sobretudo quando se considera um edifício como o que está em causa nestes autos, o C..., e a sobrecarga que o seu uso constitui, necessária e imediatamente para o sistema municipal de drenagem de águas residuais, cuja manutenção em condições de funcionamento, assegurada pelos serviços do município, constitui notória necessidade de funcionamento do espaço servido e respetivos frequentadores e, logo, benefício direto a Recorrente; 31. Ainda no que concerne à alegada falta de proporcionalidade e em absoluta discordância com o que a Recorrente defende, realçam-se as conclusões do estudo vertido na Informação nº 119/DMF/DEPF//DIFAP, que integra a cópia da reclamação graciosa junta aos autos (no PA) e que analisa, comparativamente, os valores cobrados e despendidos pelo Município, relativamente à taxa de conservação de esgotos – concretamente, são identificados os custos associados ao sistema de conservação de esgotos, apurados relativamente aos anos de 2000 a 2005 e efetuada a sua comparação com os montantes associados à liquidação da taxa de conservação de esgotos, sendo concluído, quanto ao ano de 2005, que a despesa foi superior à receita em €2.313.150,46 e concluído: entre 2000-2005 verifica-se que o montante de receitas arrecadadas é insuficiente para fazer face aos encargos efectivamente suportados pelo município com a conservação do sistema de esgotos; 32. Não é o facto de a taxa incidir sobre o valor patrimonial dos prédios que lhe retira tal natureza, não correspondendo à verdade a constatação, que a Recorrente pretende efetuar, do total alheamento desse critério, face ao serviço prestado e respetivos custos. A base de incidência da taxa – o valor patrimonial dos prédios – constitui o critério eleito pelo legislador regulamentar (e, como se viu, expressamente aceite pelo legislador ordinário, nomeadamente no Diploma Preambular que aprovou o CIMI) para a liquidação da taxa de conservação de esgotos e não afeta, de qualquer modo, a sua natureza, ou a proporcionalidade necessariamente associada à mesma, questão relativamente à qual se pronunciou já o TC no douto Acórdão nº 68/2007, proferido no Proc. nº 215/05, que adotou, para a caracterização da taxa e aferição da adequação do valor patrimonial como critério para a determinação da mesma, raciocínio e argumentação em tudo semelhantes à expendida na douta Sentença objeto destes autos; 33. Na situação dos autos acresce o tipo de imóvel em causa e sua utilização, concretamente, o C... – equipamento frequentado, anualmente, por cerca de 20 milhões de utilizadores (para além dos lojistas e demais prestadores de serviços), facto que é público e notório –, sintomático da relação entre elevado valor patrimonial, por um lado e intensidade de utilização do sistema de drenagem de águas residuais, por outro... 34. A taxa de conservação de esgotos reveste natureza de verdadeira taxa, não estando sujeita ao princípio da reserva de lei formal consagrado no nº 2, do artigo 103º e na alínea i), do artigo 165º, ambos da CRP, inexistindo qualquer violação de tais normas constitucionais; 35. Relativamente à alegada violação do princípio da proporcionalidade, vem a Recorrente invocar o disposto no Decreto-Lei nº 194/2009 (que inclusivamente afirma ter sido erradamente interpretado e aplicado pela douta Sentença recorrida), no RGTAL, e em recomendação da ERSAR (nº 1/2009), mais uma vez sem que cuide, salvo o devido respeito, como deveria, de adequar a argumentação que defende e na qual apoia a sua pretensão, à liquidação a que concretamente se opõe e às normas efetivamente em vigor ao tempo da mesma, desconsiderando o disposto no artigo 12º da LGT; 36. No que concerne à alegada sobreposição de tributos, de igual modo carece a Recorrente de razão, voltando a assentar a interpretação que constrói, não só em normas que entraram em vigor posteriormente, como em recomendação da ERSAR posteriormente emitida e que tem como pressuposto, igualmente, legislação posterior, como ainda opções regulamentares do município, estas de 2014 e com entrada em vigor em 2015J... sendo certo que, mesmo tais normas, recomendação e regulamento, não assumem as consequências defendidas por aquela; 37. O Decreto-Lei nº 207/94 não assumia o alcance defendido pela Recorrente, no que respeita às taxas liquidadas na sequência dos serviços no mesmo disciplinado, entre os quais, os remunerados pela taxa de conservação de esgotos, pois a previsão do objeto daquele Diploma, no seu artigo 1º, e a previsão do serviço, sob a responsabilidade da entidade gestora do sistema (in casu, de drenagem de águas residuais), na al. c), do artigo 4º, daquele Decreto-Lei, não significam que os municípios não disponham de habilitação legal para cobrar distintas taxas, pelos diversos serviços previstos no mencionado Decreto-Lei, realidade interpretativa que apenas pode ser aferida, in casu e como se viu já, na Lei das Finanças Locais em vigor, no caso concreto, a Lei nº 42/98, de 6 de agosto, na qual era expressamente prevista, não só a liquidação por parte das autarquias locais de taxas pela conservação e tratamento de esgotos, na al. I), do artigo 19º da Lei nº 42/98, como ainda de tarifas, pelas atividades de exploração dos sistemas, entre outros, de drenagem de águas residuais e de recolha, depósito e tratamento de resíduos sólidos, nas als. b) e c), do artigo 20º; 38. São inaplicáveis ao caso concreto, o disposto no Decreto-Lei nº 194/2009 e a Recomendação da ERSAR 1/2009, fundada em tal alteração, e invocadas pela Recorrente na interpretação que erige, do disposto no artigo 22º do Decreto-Lei nº 207/94, do qual pretende retirar, sem qualquer base normativa, uma alegada proibição de cobrança de outra tarifa que não a de saneamento, na sua parte fixa, ou uma justaposição entre a mesma e a taxa de conservação de esgotos, que não ocorre, pois como se viu, e reconheceu a douta Sentença recorrida, os factos tributários em causa são absolutamente distintos e, para ambos, existe a correlativa habilitação legal; 39. Na taxa de conservação de esgotos, o facto determinante da tributação é a existência de ligação de um prédio urbano ao referido sistema municipal de drenagem de águas residuais, que resulta para o respectivo beneficiário – proprietário/usufrutuário/superficiário – e sujeito passivo, a obrigação de pagamento da taxa de conservação de esgotos, nos termos citados, porquanto beneficia do sistema de drenagem de águas residuais e da manutenção em boas condições de funcionamento e utilização do mesmo, assegurada pelo município no exercício das suas atribuições; 40. Por seu turno, a tarifa de saneamento constitui contrapartida, por um lado, do serviço de recolha, depósito, tratamento de lixos e limpeza urbana (integrantes do denominado sistema de resíduos sólidos) e, por outro, do serviço de drenagem e tratamento de águas sujas e pluviais (o designado sistema de águas residuais), serviços prestados a todos os consumidores de água da EPAL, cujas habitações e estabelecimentos sejam servidos pelo sistema de drenagem de águas residuais. A tarifa de saneamento, respeitante àqueles serviços, é liquidada e cobrada em conjunto com a facturação da EPAL, o que foi autorizado pela Portaria nº 399/85, de 28 de junho; 41. A liquidação e cobrança da tarifa de saneamento tem por fundamento o Edital nº 53/88, de 25/05, retificado pelo Edital nº 55/88, com a redação dada pela Deliberação nº 11/AM/96, publicada no Boletim Municipal de 5 de Março, cuja cópia se encontra junta aos autos de Impugnação (com as Alegações Instrutórias); 42. Sendo distintos os factos tributários subjacentes à taxa de conservação de esgotos e à tarifa de saneamento, como bem considerou a douta Sentença recorrida, se demonstrou nos autos e resulta assente, alias, em jurisprudência que analisou a natureza e (eventual) sobreposição de tributos invocada (sem razão) pela Recorrente, fácil é concluir pela inexistência da duplicação de coleta, igualmente evocada pela mesma; 43. A alteração regulamentar e a extinção da taxa de conservação de esgotos, consequente da mesma, igualmente alegada pela Recorrente para justificar a alegada sobreposição de tributos, de igual modo improcede por completo, correspondendo a uma opção do município, face a alterações legislativas ocorridas posteriormente as normas que vigoravam ao tempo da liquidação impugnada e a opção do município, tomada no uso do poder discricionário de que dispõem, no uso dos poderes e atribuições que lhe são cometidos por lei; 44. Não pode deixar de questionar-se, a final, de que erros de julgamento padecerá a douta Sentença recorrida, que aplicou aos factos provados em juízo o direito em vigor ao tempo da verificação dos mesmos e apoiada em doutrina e jurisprudência uniformes, sendo certo, alias, provavelmente pela apontada razão, que a Recorrente faz subsumir os erros de julgamento que invoca no presente a normas supervenientes, face à liquidação objeto da Impugnação Judicial de cuja decisão final vem o presente deduzido (cfr., o teor das conclusões 2ª, 3ª – estas, por se referirem a exigência legal que é fundamentada pela Recorrente com o RGTAL, 12ª, 13ª, 17ª e 18ª a 20ª); 45. Razões pelas quais, não merece acolhimento o alegado, devendo improceder completo as conclusões do presente Recurso e, nessa medida, manter-se a douta Sentença recorrida, por não padecer de qualquer erro ou vicio. Nestes termos e nos demais de Direito, invocando o Douto Suprimento de V. Exas, se requer seja negado provimento ao presente Recurso e, nessa medida, mantida a douta decisão Recorrida, assim se fazendo a devida, e costumada, JUSTIÇA.» A Exma. Magistrada do Ministério Público junto deste Tribunal Central Administrativo, devidamente notificada para o efeito, ofereceu aos autos o seu parecer no sentido da improcedência do recurso. Com dispensa de vistos, vem o processo submetido à conferência desta 1ª Sub-Secção do Contencioso Tributário para decisão. II – FUNDAMENTAÇÃO. – De facto. A sentença recorrida considerou provados os seguintes factos: «1. A impugnante é proprietária das frações do prédio designado "C...", situado na Av. Do I..., inscrito na matriz predial urbana sob os artigos 1... – AA a AZ; 1... A e B; 1... BA a BP, 1... C e 1... F a Z – cfr. fls. 33 dos presentes autos; 2. Em 16/10/2006, a Câmara Municipal de Lisboa emitiu à impugnante a fatura com nº 560000523159, referente ao ano de 2005, para pagamento da taxa de conservação de esgotos no valor de €136.935,85, relativa às frações indicadas no ponto anterior. 3. Em Novembro de 2006, a impugnante procedeu ao pagamento da primeira prestação da taxa de conservação de esgotos no valor de €68.467,93; 4. Em 30/03/2007, a impugnante procedeu ao pagamento da segunda prestação da taxa de conservação de esgotos no valor de €68.467,92; 5. Em 18/01/2007, a impugnante apresentou reclamação graciosa, dirigida ao Presidente da Câmara Municipal de Lisboa, invocando a ilegalidade da liquidação da taxa de conservação de esgotos do ano de 2005, pedindo que a mesma fosse declarada nula ou anulada; 6. Em 03/05/2007, é apresentada neste Tribunal Tributário de Lisboa petição inicial que consubstancia a presente impugnação; 7. Em 02/07/2007, a Comissão Administrativa ratificou, por unanimidade, o despacho de indeferimento da Presidente da mesma, exarado na informação nº 150/DAJAF/DAT/07, quanto à reclamação graciosa apresentada pelo C. II. 2 – DOS FACTOS NÃO PROVADOS. Não existem factos relevantes para a decisão que importe destacar como não provados. II. 3 – MOTIVAÇÃO. A convicção do tribunal formou-se com base no teor dos documentos não impugnados, juntos aos autos e expressamente referidos no probatório supra.» – De Direito. Conforme entendimento pacífico dos Tribunais Superiores, são as conclusões extraídas pelo Recorrente, a partir da respectiva motivação, que operam a fixação e delimitação do objecto dos recursos que àqueles são submetidos, sem prejuízo da tomada de posição sobre todas e quaisquer questões que, face à lei, sejam de conhecimento oficioso e de que ainda seja possível conhecer. Não obstante a Recorrente referir, no corpo das alegações de recurso, que deveriam ser aditados dois factos ao probatório, certo é que nas conclusões nada menciona a esse respeito, pelo que não será apreciado o pretendido aditamento. Lidas as conclusões das alegações de recurso verificamos que são as seguintes as questões que para a Recorrente determinam a ilegalidade da liquidação em causa: • Nulidade por excesso de pronúncia; – Erro de julgamento quanto à legalidade da Deliberação nº 2/AM/2005 e a que aprovou a TTORM; • Erro de julgamento quanto ao acatamento do princípio da proporcionalidade na determinação do critério de liquidação da taxa de conservação de esgotos; por excesso de pronúncia. Começa a Recorrente por afirmar que a sentença recorrida incorreu em excesso de pronúncia por ter concluído pela equivalência do sinalagma tributário sem conhecer o fundamento económico-financeiro da taxa liquidada. Não tem razão. O excesso de pronúncia é uma das nulidades que pode ser imputada à sentença, de acordo com o disposto no artigo 125º nº 1 do CPPT quando ocorre (...) pronúncia sobre questões que não deva conhecer". O artigo 615º alínea d) do CPC, em obediência ao determinado no nº 2 do artigo 608º do CPC, preceitua que: "O juiz (...) não pode ocupar-se senão das questões suscitadas pelas partes, salvo se a lei lhe permitir ou impuser o conhecimento oficioso de outras." Assim, verifica-se excesso de pronúncia quando o tribunal utiliza, como fundamento da decisão, matéria não alegada ou condena ou absolve em pedido não formulado. O excesso de pronúncia é corolário do princípio do dispositivo, nos termos do qual o juiz está impedido de se ocupar de questões que as partes não tenham suscitado, a menos que a lei lho permita ou imponha por conhecimento. Em suma, da conjugação dos artigos 615º alínea d) e nº 2 do 608º, do CPC, ocorre excesso de pronúncia quando o tribunal aprecia e decide uma questão, isto é, um problema concreto que não tenha sido suscitado pelas partes, salvo se a lei lhe impuser o seu conhecimento oficioso. Ora, volvendo ao caso dos autos, constata-se que, na p.i., a ora Recorrente invocou a questão da falta de proporcionalidade do tributo que lhe foi cobrado, pelo que não se verifica o invocado excesso de pronúncia, pelo que improcede este segmento do recurso. Do erro de julgamento quanto à legalidade da Deliberação nº 2/AM/2005 e a que aprovou a TTORM. A Recorrente fundamenta o erro de julgamento na circunstância de os regulamentos ao abrigo dos quais foi efectuada a liquidação e cobrança da taxa de conservação de esgotos não apresentarem qualquer estudo ou relatório de fundamentação económica ou financeira que permita conhecer os custos efectivos ou reais suportados pela entidade administrativa na prestação do serviço, nem a bondade do critério de liquidação da taxa em causa. Afirma que a sentença recorrida violou o disposto no artigo 116º do CPA, nos termos do qual se exigia ao regulamento tributário a adequada fundamentação económico-financeira, o que não se verifica. Recorde-se que, nos presentes autos, está em causa a liquidação da taxa de conservação de esgotos cobrada pelo Município de Lisboa relativamente ao ano de 2005. Ora, estando em causa uma liquidação relativa ao ano de 2005, carece de razão toda a argumentação da Recorrente que tem por base as exigências decorrentes da aplicação da Lei nº 53º-E/2006 uma vez que não estava em vigor à data dos factos, não sendo, por essa razão, aplicável. É que, contrariamente ao afirmado pela Recorrente, àquele diploma, concretamente a alínea c) do nº 2 do artigo 8º, não foi atribuída natureza interpretativa. Afirma, por outro lado, a Recorrente que a sentença recorrida violou o disposto no artigo 116º do CPA, por esta norma exigir ao regulamento tributário uma fundamentação económico-financeira. Dispunha o artigo 116º do CPA, na redacção aplicável: A sentença recorrida entendeu não ocorrer violação do referido artigo, nos seguintes termos: "(...) tendo o tributo impugnado a natureza de taxa, as normas regulamentares ao abrigo das quais é feita a respetiva liquidação e cobrança (TTORM da CML, publicado no Boletim Municipal nº 595, de 14/07/2005 [Edital nº 55/2005, retificado e publicado no B. M. nº 598, de 4/08/2005]), encontra-se prevista em regulamento próprio com a enunciação dos fins a que se destina. Quanto ao argumento da impugnante que considera que a TTORM da CML, não tem qualquer fundamentação tanto jurídica como administrativa que permita o controlo da legalidade do tributo liquidado, o mesmo é improcedente. Com efeito, o Município de Lisboa no âmbito da Lei nº 159/99, de 14 de setembro, detém atribuições que o capacitam na conservação e manutenção da rede de esgotos da autarquia, habilitando-o a cobrar a correspetiva taxa pela prestação desses serviços, nestes termos os artigos 13º; 16º e 19º do referido diploma legal. Também não existe qualquer violação ao artigo 112º, nº 7 do CPA, na medida em que a TTORM/2005 remete para as normas de liquidação e cobrança da Taxa de Conservação de Esgotos, aprovadas pela deliberação nº 2/AM/2005, publicadas no Boletim Municipal nº 570, de 20 janeiro de 2005. (...)" Entendemos que a sentença recorrida decidiu com acerto. Como ressalta da Deliberação nº 2/AM/2005, constante do PAT, que aprovou as normas de liquidação e cobrança da Taxa de Conservação de Esgotos a vigorar no ano de 2005, no seu Anexo I consta a Nota Justificativa das Normas de Liquidação e Cobrança da Taxa de Conservação de Esgotos (artigo 116º do Código de Procedimento Administrativo). Ora, sendo certo que, como refere a sentença, que a TTORM/2005 remete para as normas de liquidação e cobrança da Taxa de Conservação de Esgotos, aprovadas pela Deliberação nº 2/AM//2005, publicadas no Boletim Municipal nº 570, de 20 de Janeiro de 2005, a qual, como vimos, deu cumprimento ao preceituado no artigo 116º do CPA. Já no que à pretendida justificação económico-financeira dos quantitativos a cobrar, exigida pela alínea c) do nº 1 do artigo 8º da Lei nº 53-E/2006, não tem razão a Recorrente, já que não se vislumbra no diploma em causa nenhuma referência à alegada natureza interpretativa, sendo que, nos termos do preceituado no artigo 18º do mesmo, a entrada em vigor ocorreu em 1 de Janeiro de 2007. Acresce que o artigo 17º do diploma estabeleceu um regime transitório, nos seguintes moldes, que não tem aplicação ao caso: Improcede, assim, este segmento do recurso. Do erro de julgamento quanto ao acatamento do princípio da proporcionalidade na determinação do critério de liquidação da taxa de conservação de esgotos. Dissente a Recorrente do decidido no que diz respeito à invocada falta de proporcionalidade da taxa cobrada e o serviço prestado pelo Recorrido. A sentença recorrida entendeu, relativamente a este aspecto, o seguinte: "(...) No que respeita ao cálculo do montante do tributo ser baseado no valor patrimonial dos imóveis, importa sublinhar que se trata de uma forma de determinação desse montante que não é desajustada para repartir os encargos da conservação da rede de esgotos pela generalidade dos munícipes, pois tendencialmente os valores patrimoniais mais elevados corresponderão a imóveis de maior dimensão, habitados ou utilizados por maior número de utentes. Conclui-se, o tributo, ora impugnado, é uma taxa e, por isso, não se encontra violado o disposto nº 2 do artigo 103º, alínea i), nº 1 do artigo 165º da CRP.(...)" Entendemos que a sentença decidiu com acerto, de acordo com a jurisprudência abundante e constante dos tribunais superiores, de que é exemplo o Acórdão do STA, de 10/09/2019, proferido no âmbito do processo nº 1445/11.6BESNT, onde se escreveu o seguinte, posição que acompanhamos: "(...) A questão sub judice tem sido objecto de jurisprudência consolidada desta secção do Supremo Tribunal Administrativo a qual vem decidindo, de forma unânime, que a tarifa de conservação de esgotos, por ter natureza sinalagmática, é de qualificar como uma verdadeira taxa, e não como um imposto – vide, neste sentido, Acórdãos de 29-3-1995, recurso nº 18725, AP-DR de 31-7-97, página 942 de 11-3-1998, recurso nº 20485, AP-DR de 8-11-2001, página 773, de 25-11-1998, recurso nº 22593, AP-DR de 21-1-2002, página 3276, de 22-5-2002, recurso nº 26472, AP-DR de 8-3-2004, página 1626, de 31-3-2004, recurso nº 1921/03, de 28-9-2006, recurso nº 605/06 de 15-11-2006, recurso nº 566/0, de 22-11-2006, recurso nº 803/06 e de 27.06.2007, recurso 236/07. Tal questão foi igualmente apreciada pelo Tribunal Constitucional que, nos seus Acórdãos de 652/2005, de 2-11-2005, Diário da República, II Série, de 5-1-2006, 52/2006, de 17-1-2006, e 68/07, de 30.01.2007, doutrinou que a prestação devida às Câmaras Municipais pela conservação da rede de esgotos configura um tributo com a natureza de taxa vincando, em abono da qualificação jurídica desse tributo como, que não se pode considerar que o critério da determinação do montante do tributo, ou seja, o valor patrimonial do prédio, seja completamente alheio à utilidade que o particular retira dele, justamente por evitar a depreciação do valor desse mesmo prédio (Acórdão 68/07). A questão levantada pela recorrente implica que se esclareça explicite o conceito de taxa na vertente do seu carácter bilateral e sinalagmático. Nesse sentido, expende Nuno Sá Gomes in Manual de Direito Fiscal, vol. I, pag. 76, que «a única característica distintiva das taxas em face ao imposto não está na utilidade, nem na voluntariedade nem na solicitação dos serviços pelos particulares, mas apenas no carácter sinalagmático das primeiras em termos de equivalência jurídica mas não também económica da prestação devida. Por isso na taxa não basta existir uma contrapartida jurídica de carácter genérico, como sucede nas contribuições especiais, sendo necessário que seja satisfeita uma contraprestação individual exigível pelo devedor, como tem sido jurisprudência do STA». A relação sinalagmática, como se salienta no Acórdão Tribunal Constitucional 365/03 «há-de ter um carácter substancial ou material, e não meramente formal; isso não implica, porém, que se exija uma equivalência económica rigorosa entre ambos, não sendo incompatível com a natureza sinalagmática da taxa o facto de o seu montante ser "superior (e, porventura, até consideravelmente superior) ao custo do serviço prestado»". O que não pode é ocorrer uma «desproporção intolerável» (Acórdão do Tribunal Constitucional nº 1140/96, in DR II Série, de 10/2/97)", ou seja, "manifesta" e comprometedora, "de modo inequívoco, da correspectividade pressuposta na relação sinalagmática", sendo certo que a sua aferição há-de tomar em conta, não apenas o valor da quantia a pagar, mas também a utilidade do serviço prestado». Flui dessa linha de entendimento que é pela natureza da contraprestação da entidade pública que terá de ser aferida a correspectividade distintiva da taxa. In casu, é indubitável que existe equivalência jurídica das contraprestações, pois são os proprietários dos prédios quem retira vantagem directa do facto dos seus prédios disporem de rede geral de esgotos em bom estado de conservação e manutenção, independentemente do grau, maior ou menor de utilização que dêem ao prédio em causa. Doutra banda, no que respeita ao cálculo do montante do tributo ser baseado no valor patrimonial dos imóveis, releva que se trata de uma forma de determinação desse montante que não se demonstra ser desajustada para repartir os encargos da conservação da rede de esgotos pela generalidade dos munícipes, pois tendencialmente os valores patrimoniais mais elevados corresponderão a imóveis de maior dimensão, habitados por maior número de utentes – cf. neste sentido, o já referido Acórdão 605/06. Igualmente o Tribunal Constitucional (Acórdão 60/07 de 30.01.2007) enfatiza a respeito da correspectividade entre a taxa e o benefício da utilização do bem, que «influindo na determinação do valor patrimonial circunstâncias como o tipo, dimensão e localização do imóvel, então, quanto maior for o seu valor patrimonial, maior será, tendencialmente, a sobrecarga por ele aduzida ao colector geral de esgotos (desde logo, porque um imóvel de menor valor patrimonial, por contraposição com um outro de maior valor, terá, presumivelmente, menor capacidade de suporte de pessoas ou estará inserido em zona menos densamente povoada; e se maior é a sobrecarga, maior serão, consequentemente, os encargos com a manutenção e conservação, quando não, mesmo, com o reforço das infra-estruturas).» Aderindo de pleno a essa jurisprudência, impõe-se a conclusão de que a tarifa de conservação de esgotos, por ter natureza sinalagmática, é de qualificar como uma verdadeira taxa, e não como um imposto.(...). No ponto e na senda da jurisprudência deste Supremo Tribunal Administrativo fixada, além de outros, no Acórdão 236/07 de 27.06.2007, a determinação do montante do tributo com base no valor patrimonial dos imóveis não se mostra desajustada para repartir os encargos da conservação da rede de esgotos pela generalidade dos munícipes, pois tendencialmente os valores patrimoniais mais elevados corresponderão a imóveis de maior dimensão, habitados por maior número de utentes. Com efeito, já antes se deslindava na jurisprudência do Supremo Tribunal Administrativo que "I – A tarifa de ligação de esgotos representa a contrapartida pelo bem utilizado da ligação do prédio a uma rede de esgotos instalada. II – A tarifa fixada em 0,7% do valor patrimonial do prédio a cuja ligação se refere não é constitucionalmente desproporcionada. IV – As tarifas apenas estão sujeitas ao princípio de legalidade administrativa e não também ao da legalidade tributária." (cfr. Acórdão do Supremo Tribunal Administrativo proferido, em 4 de fevereiro de 1998, no processo nº 021513). Estamos em presença do fornecimento de bens por parte dos municípios que visam satisfazer essencialmente necessidades privadas, mas porque, segundo a concepção política dominante na sociedade se entende que esses bens deverão ser propiciados segundo uma lógica independente da do mercado, "fundando-se em razões distintas, como a justa distribuição dos encargos públicos, ou em considerações de ordem política, como a de facilitar ou dificultar o acesso a certos bens ou serviços", o legislador confere a possibilidade aos municípios de subtraírem a fixação das contraprestações pela utilização desses serviços ou bens à lógica ou às regras do mercado e submeterem-nas a critérios diferentes, fixando-as autoritariamente, se bem que, – e aqui apela-se a um elemento comum na formação do preço na lógica do mercado –, não "devam, em princípio, ser inferiores aos custos directa e indirectamente suportados com o fornecimento dos bens e com a prestação dos serviços", de acordo com o comando normativo ínsito no nº 3 do artigo 20º da Lei nº 42/98. Como consagrou o Tribunal Constitucional nos seus acórdãos nºs 1139/96 (D.R., II Série, de 10/02/1997) e 76/88 (DR, II Série, de 21/04/1988), "uma tarifa, no campo das finanças locais, se não delineia como uma figura em absoluto nova, ou seja, como uma espécie de tertium genus entre taxa e imposto", apresentando-se «de facto, e sob todos os aspectos», como uma simples taxa, embora taxa sui generis «cuja especial configuração lhe advém apenas da particular natureza dos serviços a que se encontra ligada", sendo que a «tarifa, se ao nível da lei ordinária pode ter significação própria, não releva, porém, numa perspectiva constitucional, pelo que, nesta óptica, ela constitui apenas uma modalidade especial de taxa e nada mais». Também este Supremo Tribunal, quer anteriormente àquele acórdão do TC (v., entre muitos, os acórdãos de 15.06.2000 – Processo nº 024153 e de 9.10.1996- Processo nº 19322-Apêndice ao DR, de 28.12.1998, págs. 2759 e seguintes), quer posteriormente (v., entre outros, os acórdãos de 22.05.2002 – Processo nº 26472 e de 31.03.2004 – Processo nº 1921/03), repetiu o mesmo entendimento de que a tarifa não constitui um tertium genus entre o imposto e a taxa, não tendo verdadeira autonomia conceitual, caracterizando-se, afinal, por não dever ser inferior ao preço do serviço prestado. Na Doutrina, o Professor Casalta Nabais, por referência ao conceito de tarifas, expendeu o seguinte (Cadernos de Justiça Administrativa, nº 6, 1997, págs. 48 e segs.): "...no concernente às tarifas, é de referir que elas integram um conceito polissémico, relativamente ao qual é possível detectar, pelo menos, quatro sentidos, que podemos designar por sentido normativo, sentido financeiro, sentido tributário e sentido fiscal (ou melhor, aduaneiro). ...Em sentido financeiro, por seu turno, as tarifas significam, ou podem significar, duas coisas. Umas vezes, referem-se elas aos quadros donde constam, de um lado, as unidades de consumo e, de outro, os respectivos preços: se em tais quadros figura apenas uma unidade de consumo por cada quadro, temos tarifas unitárias; se neles figuram mais do que uma unidade de consumo, então temos tarifas múltiplas. Nesta versão, as tarifas constituem quadros de unidades de consumo dos serviços públicos e dos correspondentes preços, ou seja, tabelas ou listas de preços (s). A maioria das vezes, porém, as tarifas em sentido financeiro referem-se, não aos mencionados quadros, listas ou tabelas, mas aos preços dos serviços públicos prestados pelas administrações públicas ou pelos concessionários, sejam os mesmos preços públicos ou privados, ou seja, trate-se de tarifas públicas ou privadas. Neste caso, as tarifas reconduzem-se aos preços dos serviços públicos, relativamente aos quais se põe o problema de saber qual o exacto âmbito dessa figura financeira, ou seja, se abarcam todos e quaisquer preços dos serviços públicos, sejam estes voluntariamente estabelecidos ou autoritariamente fixados, se dizem respeito apenas aos preços voluntariamente estabelecidos, ou se integram somente os preços autoritariamente fixados. Enquanto na primeira hipótese as tarifas constituem uma figura complexa, pois integram, de um lado, um especial tipo de taxas ou preços públicos e, de outro, os preços, na segunda temos unicamente preços, e, na terceira, deparamo-nos com uma figura tributária em sentido estrito, ou seja, com um tributo bilateral ou uma taxa. E aqui temos as tarifas em sentido tributário, constituídas assim pelos preços dos serviços públicos autoritariamente fixados. Em nossa opinião, este devia ser o sentido reservado para as tarifas, um sentido que, como vamos ver, de algum modo está subjacente à Lei das Finanças Locais (artigos 11º e 12º). Neste último sentido as tarifas, como dissemos, constituem um especial tipo de taxas ou preços públicos. Um especial tipo de taxas que tem de específico o facto de não dizerem respeito a serviços públicos que sejam por essência da titularidade do Estado, uma vez que não correspondem às funções institucionais fundamentais próprias da Administração Pública nem visam, por conseguinte, a realização dos fins estaduais primários. Por isso, podem tais serviços ser objecto de oferta e procura e susceptíveis, assim, de uma avaliação em termos de mercado. Por outras palavras, trata-se de taxas equivalentes, de taxas cujo montante não deve, assim, ser inferior ao efectivo custo do correspondente serviço. Um sentido que, acentue-se, está patente no mencionado artigo 12º da Lei das Finanças Locais, ao dispor, no nº 1, que as tarifas respeitam às actividades de abastecimento de água, de recolha, tratamento e depósito de lixos, de ligação, conservação e tratamento de esgotos e de transportes urbanos colectivos de pessoas e de mercadorias, e ao estabelecer, no nº 2, o princípio de que os montantes das tarifas não devem ser inferiores aos respectivos encargos provisionais de exploração e de administração, acrescidos do montante necessário à reintegração do equipamento. Assim as tarifas equiparam-se, de algum modo, às redevances do direito francês, aos precios publicos do direito espanhol, etc". Como enfatiza Sérgio Vasques – Manual de Direito Fiscal, Almedina, Coimbra, 2011, págs. 208 e segs., ainda que as taxas sejam exigidas em virtude da prestação de bens ou serviços, dando corpo a uma relação de troca com os contribuintes, elas não deixam de possuir natureza coativa, característica de todos os tributos públicos. E acrescenta o mesmo autor que dois critérios materiais relevantes para a distinção entre preços e taxas são o do regime económico em que é realizada a prestação administrativa e o da indispensabilidade que essa prestação administrativa reveste para o particular. Assim, estaremos perante uma taxa (como no caso concreto) quando, por razões de direito ou de facto, não se encontrem no mercado prestações sucedâneas daquelas que a administração realize e o particular se veja por isso verdadeiramente coagido ao seu consumo (ou, por outras palavras, quando o aproveitamento da prestação administrativa se revela imprescindível para a sobrevivência condigna do particular, atentos os padrões sociais de cada momento e de cada lugar). Como é manifesto, no caso em análise é inquestionável a indispensabilidade do serviço de abastecimento de água e saneamento básico, tanto mais que a própria Assembleia Geral da ONU reconheceu como direito fundamental do cidadão o abastecimento de água potável e o saneamento básico, enquanto realização do direito à saúde e a um nível de vida adequado. Em face do que ficou dito concluímos então no sentido de que não ocorre a compressão do direito de propriedade nos termos configurados pela recorrente, até porque tal direito não é absoluto estando legitimada a sua limitação. Com efeito e como se enfatizou no Acórdão deste Supremo Tribunal Administrativo de 23.11.2006, proferido no recurso 803/06, a quantificação da dita tarifa, em "0,25% do valor patrimonial do prédio", «não pretende expressar a capacidade contributiva do proprietário mas apenas estabelecer um critério de remuneração que traduza monetariamente o serviço prestado. (...) «O legislador, no uso da sua ampla liberdade de conformação legislativa, e dentro dos parâmetros constitucionais, entendeu que a utilização (ou a possibilidade de utilização) da rede de esgotos devia ser "tarifada", em vista do respectivo dever de conservação, por um quantitativo pecuniário correspondente àqueles 0,25%. Como poderia ter utilizado qualquer outro critério que não ferisse o princípio da proporcionalidade». Trata-se, é certo, de um critério discutível, e bem poderia ter sido utilizado outro, v.g. indexação aos consumos de água de abastecimento público, porventura menos controverso. Mas o certo é que não é a capacidade contributiva do proprietário que é taxada mas sim o serviço prestado pela Administração. Outrossim, a determinação do montante do tributo com base no valor patrimonial dos imóveis, não se mostra arbitrária, desrazoável, ou desajustada para repartir os encargos da conservação da rede de esgotos pela generalidade dos munícipes, antes contempla uma correcta ponderação de interesses relevantes, pois tendencialmente, e por regra, os valores patrimoniais mais elevados corresponderão a imóveis de maior dimensão, habitados por maior número de utentes. Quanto à proporcionalidade da Tarifa de Ligação de Esgotos, alega a Recorrente que "O imóvel sobre o qual incide é um centro comercial, no qual a intensidade da utilização de saneamento não é, de todo, coincidente ou proporcional à dimensão do imóvel. Ao utilizar-se o valor patrimonial como base de incidência, está a tratar-se um centro comercial, para efeitos de ligação de esgotos, como se fosse um prédio de habitação ou um imóvel afecto a uma indústria (cimenteira têxtil, etc.), em que a utilização do saneamento é bastante mais intensa". Como bem nota a entidade recorrida, é certo que a comparação entre a intensidade de utilização de saneamento entre um prédio de habitação e um centro comercial não é comparável, mas em desfavor deste último uma vez que, contrariamente ao sucede num prédio que, no máximo, será utilizado por centenas de pessoas, o centro comercial é utilizado diariamente por milhares de pessoas, entre funcionários, clientes, fornecedores, entre outros. Conclui-se, pois, que evidentemente a intensidade de utilização do saneamento em centros comerciais – no caso concreto com cinco pisos de estacionamento e armazenamento –, como sucede no caso vertente, é muito superior a uma edificação habitacional e comparável a uma instalação industrial de grandes dimensões. Esta é aliás uma evidência que é esclarecida pela douta Sentença recorrida que sublinha, ao pronunciar-se sobre a proporcionalidade da Tarifa de Ligação de Esgotos, que "E quanto ao desrespeito do princípio da proporcionalidade, importa afastar, no caso, também a existência de um desproporção intolerável, visto que no caso que nos ocupa, em concreto, o prédio é utilizado como Superfície Comercial e visitado por milhares de pessoas, todas as semanas, o que é fácil depreender dos cinco pisos, destinados de estacionamento e armazenamento, pelo que não se oferece aquela taxa como de montante intolerável, visto que, como refere o relator do acórdão, também aqui o elevado VPT corresponde a um maior nível de ocupação, com sobrecarga para o sistema público de esgotos." (cfr. págs. 18 e 19 da Sentença recorrida).(...)" Acolhemos na íntegra o assim decidido, improcedendo a linha argumentativa da Recorrente. Do erro de julgamento quanto à sobreposição de tributos. A Recorrente não concorda com a solução acolhida pela sentença quanto à invocada sobreposição de tributos por entender que errou na interpretação e aplicação dos artigo 4º e artigo 22º do Decreto-Lei nº 207/94 ao decidir que a taxa de conservação de esgotos não se sobrepõe a outros tributos, sendo hoje reconhecido que tem exatamente a mesma incidência objetiva da componente fixa da tarifa de saneamento que o Município de Lisboa também liquidou à impugnante nos termos do artigo 52º, nº 52.1.2 a) da TTORM. Em abono da tese por si defendida afirma que a Assembleia Municipal de Lisboa por Deliberação nº 345/AML/2014, publicada no Boletim Municipal nº 1088, 2º suplemento, determinou o "fim da Taxa de Conservação de Esgotos" por ser "imperativa a conformação da prática do município de Lisboa nos domínios das Águas Residuais e dos Resíduos Urbanos com as orientações regulamentares e legislativas aplicáveis às tarifas". E que a decisão recorrida enferma de erro de julgamento e de apreciação da norma ínsita no artigo 22º do Decreto-Lei nº 207/94, e das normas que atribuem competências tributárias aos municípios (artigo 13º da Lei nº 159/99; os artigos 4º/1, 16º, d), 19º, l) e 20º da Lei nº 42/98) pois tais competências são exercidas nos termos da lei e dentro dos seus limites e manifestamente a criação de uma taxa de conservação de esgotos sobre a mesma área de serviço da componente fixa da taxa de saneamento exorbitou os limites legais. A sentença recorrida entendeu que: "(...) Note-se, ainda, que tal taxa não se sobrepõe a outros tributos que constituem receita municipal, designadamente, a tarifa de saneamento ou a taxa de realização de infraestruturas urbanísticas (TRIU), porque os factos tributários em que se fundam são distintos. Com efeito, a tarifa de saneamento é a contrapartida pelo serviço de recolha, depósito e tratamento de lixos e pelo serviço de drenagem de águas sujas e pluviais, serviço prestado a todos os consumidores de água, cujas habitações e estabelecimentos sejam servidos pelo sistema de drenagem de águas residuais (cfr. Edital nº 53/88, de 25/05, retificado pelo Edital nº 55/88, com redação conferida pela Deliberação nº 11/AM/96, publicada no B.M. de 5 Março). Quanto à TRIU, tem a sua origem no Regulamento TRIU, publicado no DR nº 186, II série de 13 de Agosto de 2003, Edital nº 122/95, de 5 Dezembro, a qual tem inerente o redimensionamento das infra-estruturas, necessidade de ampliação, adaptação ou reconversão das mesmas, enquanto na taxa de conservação de esgotos o facto determinante da tributação é a ligação à rede municipal de drenagem de águas residuais da qual resulta para a autarquia a obrigação de manutenção, conservação e propiciar as boas condições de funcionamento e utilização do sistema.(...)" Vejamos.

Comecemos por apreciar a invocada violação do preceituado nos artigos 4º e 22º do Decreto-Lei nº 207/94, de 15 de julho. Nos termos do que consta do respectivo preâmbulo, o mencionado diploma legal, veio actualizar a legislação, quer em matéria de distribuição de água, quer em matéria de drenagem de águas residuais, disciplinando e orientando as actividades de concepção, projecto, construção e exploração dos sistemas públicos e prediais. Preceituava o seu artigo 4º, sob a epígrafe "Entidade gestora", concretamente a alínea c) do nº 3 que competia àquela, entre outras, promover o estabelecimento e manter em bom estado de funcionamento e conservação os sistemas públicos de distribuição de água e de drenagem e desembaraço final de águas residuais e de lamas. Por seu turno, o artigo 22º do mesmo diploma, igualmente invocado pela Recorrente, determinava, quanto à facturação, que as facturas emitidas pela entidade gestora podem ser mensais e discriminar os serviços eventualmente prestados, as correspondentes tarifas e os volumes de água e de águas residuais que dão origem às verbas debitadas e os encargos de disponibilidade e de utilização. São estas as normas que a Recorrente afirma terem sido violadas pela sentença recorrida. Sucede, porém, que a argumentação da Recorrente tem como sustentação a invocação de normativos que não estavam em vigor ao tempo da liquidação sub judice, já que nada em concreto vem alegado relativamente às normas supra transcritas, antes se socorrendo do conteúdo de diplomas não existentes à data dos factos, de que é exemplo o Decreto-Lei nº 194/2009. Ou seja, pretende a Recorrente que a sentença recorrida tivesse tido em consideração legislação e regulamentação inexistente à data da liquidação aqui impugnada, que não é aplicável. E não se pode considerar argumento capaz de abalar o decidido a circunstância de, no ano de 2014, a CML, alegadamente, ter deliberado no sentido do fim da taxa de conservação dos esgotos, já que o enquadramento legal em 2014 nada tem que ver com o existente no ano de 2005. Assim sendo, entendemos que a sentença recorrida decidiu com acerto, apoiada na jurisprudência consonante sobre a matéria, pelo que será de negar provimento ao recurso. III – Decisão. Face ao exposto, acordam, em conferência, os Juízes da 1ª Sub-Secção de Contencioso Tributário deste Tribunal Central Administrativo Sul em negar provimento ao recurso, assim se mantendo a sentença recorrida. Custas pela Recorrente. Registe e notifique. Lisboa, 11 de março de 2021. A Relatora consigna e atesta, que nos termos do disposto no artigo 15º-A do Decreto-Lei nº 10-A/2020, de 13 de março, aditado pelo artigo 3º do Decreto-Lei nº 20/2020, de 1 de maio, têm voto de conformidade com o presente Acórdão os restantes Desembargadores integrantes da formação de julgamento, os Desembargadores Jorge Cortês e Lurdes Toscano.

4. Acórdão do Tribunal Central Administrativo Sul (Processo nº 2784/ /12.4BELRS), de 25-06-2020. I – Relatório. Santa Casa da Misericórdia de Lisboa,

melhor identificada nos autos, veio intentar acção administrativa especial, com vista à impugnação do acto de indeferimento do pedido de isenção do pagamento das taxas de licenciamento de operação urbanística no âmbito do processo nº 7420//OTR/2011, pedindo a sua anulação e a condenação do Réu a reconhecer o seu direito à isenção de tais taxas. O Tribunal Tributário de Lisboa, por sentença proferida, datada de 15 de Julho de 2016, julgou procedente a acção, condenando o Município de Lisboa a reconhecer à Santa Casa da Misericórdia de Lisboa a isenção das taxas urbanísticas em causa no referido procedimento. Nas alegações, o recorrente, Município de Lisboa, formulou as conclusões seguintes: «I – O ora Recorrente não se conforma com a douta sentença do tribunal a quo de que ora se recorre, e que julgou procedente a presente Ação, por provada, e, em conformidade, condenou o Recorrente a reconhecer o direito da Recorrida à isenção das taxas urbanísticas liquidadas no âmbito do processo administrativo nº 7420/OTR/2011. II – O Decreto-Lei nº 40397 de 24 de novembro de 1955 que determinava que a Misericórdia de Lisboa gozava de isenção de impostos, contribuições, taxas ou licenças do Estado ou corpos administrativos foi expressamente revogado há 20 anos pelo Decreto-Lei nº 322/91 de 26 de agosto que aprovou os então novos Estatutos da Santa Casa da Misericórdia, tendo sido mantida em vigor aquela norma de isenção por força do artigo 34º daquele Decreto-Lei nº 322/91, que estabelecia que "Mantêm-se, a favor da Misericórdia de Lisboa, todas as isenções que lhe foram conferidas por lei. tendo este, posteriormente, sido expressamente revogado sem qualquer ressalva, pelo artigo 4º do Decreto-Lei nº 235/2008 de 3 de dezembro. III – Logo, desde a entrada em vigor do Decreto-lei nº 235/2008, as isenções de taxas municipais, quanto à Recorrida, passaram a ser exclusivamente apreciadas pela Câmara Municipal de Lisboa, no âmbito e de acordo com as disposições regulamentares municipais aplicáveis às taxas municipais em causa. IV – A sentença recorrida sufragou uma interpretação diversa que o Recorrente repudia e contraria com base na alteração constitucional de 2001 e a sucessão de diplomas legais em especial o RFALEI e a anterior LFL (Lei nº 73/2013, de 3 de setembro e a anterior Lei nº 2/2007, de 15 de janeiro) e o RGTAL que em 2007 vieram concretizar o principio da autonomia financeira das autarquias na sua vertente de atribuição de poderes tributários às autarquias consagrado no nº 4 do artigo 238º da CRP. V – Com efeito e contrariamente ao que o tribunal a quo defende, por força daquele nº 4 do artigo 238º da CRP e dos diplomas legais que lhe vieram dar execução, em nome do princípio da autonomia financeira local materializado naqueles diplomas legais e do princípio da igualdade tributária cuja concretização e cumprimento são constitucional e legalmente confiados aos órgãos municipais, encontra-se vedada ao legislador ordinário, em especial ao Governo, a atribuição de isenções de taxas municipais criadas pelos municípios. VI – Permitir que o legislador estabeleça isenções de taxas municipais criadas pelos competentes órgãos autárquicos – quando o mesmo legislador, em nome da autonomia financeira das autarquias, veio impor que essas mesmas isenções sejam criadas pelo órgão deliberativo da autarquia e vedar ao Governo a sua criação exceto em casos concretos previstos na lei (mas sempre mediante consulta dos municípios e havendo lugar a compensação em caso de discordância expressa das autarquias) seria uma subversão daquele princípio que, por essa via, correria o eminente risco de se ver esvaziado de conteúdo e logo, em frontal violação do mesmo. VII – E tal imposição não resulta somente do disposto nos artigos 8º e 17º do Regime Geral das Taxas das Autarquias Locais (RGTAL), mas também da própria Lei das Finanças Locais (LFL) constante da Lei nº 2/2007, de 15 de janeiro, no seu artigo 12 º (já revogada), quer da atualmente vigente Lei nº 73/2013, de 3 de setembro que aprovou o Regime Financeiro das Autarquias Locais e Entidades Intermunicipais (RFALEI), no seu artigo 16º que reserva expressamente aos municípios a criação e fundamentação das isenções de impostos municipais e outros tributos próprios. VIII – Já neste sentido vai a interpretação defendida pelo ilustre Professor SALDANHA SANCHES que entende que os poderes tributários das autarquias se lhes encontram reservados por via da articulação do disposto no nº 4 do artigo 238. º da CRP e da previsão legal dos mesmos na LFL e no RGTAL, ao dizer-nos que "No sistema constitucional português, os municípios dispõem de uma estrutura organizativa que conduz a uma larga autonomia em matéria financeira. Uma autonomia que inclui o exercício de poderes tributários: como escreve SÉRVULO CORREIA. A "administração autárquica possui uma legitimação democrático-representativa que não seria compatível com uma simples actividade de execução da lei". De onde se conclui que o princípio da autonomia administrativa, traduzida numa autónoma normação autárquica, se encontra numa relação não de contradição, mas antes de integração do princípio da legalidade". Essa integração passou a ser feita, depois da última revisão constitucional mediante a interacção entre os números 3 e 4 do artigo 238º da Constituição e a legislação ordinária. 0 nº 4 do artigo 238º, introduzido na última revisão constitucional prevê a atribuição aos municípios, na aplicação de princípios como os que acima formulamos, de poderes tributários sem qualquer restrição de ordem material: ainda que sob a condição de uma formulação específica do conteúdo desses poderes por lei. IX – Mas mesmo que se defenda uma interpretação restritiva do princípio da autonomia financeira das autarquias com faz o tribunal a quo, não poderá ainda assim, deixar-se de aceitar a limitação imposta pelo princípio da igualdade tributária também constitucionalmente consagrado, em especial, tratando-se de isenções subjetivas como nos lembra SÉRGIO VASQUES na sua obra citada na douta sentença, Regime das Taxas Locais – Introdução e Comentário, 2008, Almedina, e como é o caso da isenção sub judice: O que sempre se haverá de exigir do legislador, naturalmente, e porque o principio da equivalência não se fundamenta simplesmente no RTL mas representa uma projecção do princípio da igualdade tributária consagrado no artigo 13º da Constituição da República, é que também estas isenções estabelecidas por lei se mostrem necessárias, adequadas e proporcionadas em face dos objectivos extra-fiscais que estejam em causa, um exame que deve ser feito com especial rigor sempre que revistam carácter subjectivo." X – No âmbito do seu poder tributário e das competências que lhe foram constitucional e legalmente atribuídas, o Município de Lisboa, através de deliberação da Assembleia Municipal, aprovou o Regulamento Municipal de Taxas Relacionadas com a Actividade Urbanística e Operações Conexas (publicado no DR – 2ª Série, nº 129 de 7 de Julho de 2009), atribui de forma geral e abstrata, isenções, conforme se encontra previsto no RGTAL, aplicáveis a todas as entidades que, à semelhança da Recorrida sejam "... associações públicas, pessoas coletivas de utilidade pública, instituições particulares de solidariedade social ou outras associações sem fins lucrativos, que prossigam fins culturais, sociais, religiosos, desportivos ou recreativos.", atribuindo assim uma isenção de carácter subjetivo mas cujos potenciais sujeitos passivos são abstratamente descritos, não se permitindo assim a verificação de desigualdades na atribuição de isenções tributárias que claramente tem lugar com a aplicação da alínea a) do artigo 13º do Decreto-Lei nº 40397. XI – As entidades previstas no artigo 6º nº1 daquele Regulamento, beneficiam de uma redução de 30% do valor das taxas urbanísticas ali previstas, não se vislumbrando qualquer justificação para que, através da defesa da manutenção da norma legal de 1955, a Recorrida em exclusivo, beneficie de uma isenção total das mesmas taxas quanto às quais, v. g., o Banco Alimentar e a Fundação de Assistência Médica Internacional (AMI) – também elas pessoas coletivas de utilidade pública que prestam assistência social e de saúde aos mais desprotegidos –, apenas possam beneficiar de 30% de redução, antes se lobrigando a verificação da violação do princípio da igualdade tributária, em consequência da ilícita interpretação restrita do princípio da autonomia financeira das autarquias contido no artigo 238º da CRP em violação das disposições legais supra citadas que o concretizam. XII – Assim, sob pena de violação do princípio da igualdade constitucionalmente consagrado e do princípio da autonomia financeira das autarquias, não é constitucional e legalmente defensável que a Recorrida beneficie de uma isenção total de taxas municipais quanto às quais outras entidades que prossigam fins estatutários idênticos ou tão meritórios quanto os seus, apenas beneficiem de uma redução de 30%. XIII – Conforme nos diz Jorge Miranda "a superveniência da nova Constituição ou de uma sua revisão, acarreta ipso facto, pela própria função e força de que está investida, o desaparecimento das normas de Direito ordinário anterior com ela desconformes'.

XIV – Assim, com a superveniência da norma constitucional que veio atribuir tais poderes tributários às autarquias através de previsão legal, previsão esta que veio a suceder em 2007 e a densificar-se em 2013, aquela norma de 1955, encontrando-se prevista num diploma legal emanado pelo Governo sem qualquer intervenção da autarquia local respetiva, resulta supervenientemente inconstitucional, devendo cessar a sua vigência desde a entrada em vigor daqueles diplomas legais de 2007. XV – Encontra-se assim a douta sentença recorrida ferida de ilegalidade em virtude de condenar o ora Recorrente à prática de um ato que consistiria na aplicação de uma norma legal revogada ou ferida de inconstitucionalidade superveniente, por violação do artigo 238º da CRP no seu todo, em especial dos seus números 1 e 4, uma vez que de acordo com o previsto neste nº 4, o legislador, nos termos das alíneas i) e q) do nº 1 do artigo 165º da CRP, materializou o princípio da autonomia financeira local na sua vertente de atribuição de poderes tributários às autarquias, prevendo o respetivo regime jurídico, que é contrário à isenção de taxas locais pretendida pela Recorrida ao abrigo daquela norma de 1955. XVI – Mesmo que assim se não entenda, o que por mera cautela de patrocínio se admite, sempre se dirá que, ainda que se defenda que a vigência da norma contida no artigo 13º do Decreto-Lei nº 40397 de 24 de novembro de 1955, nunca a decisão contida na douta sentença recorrida, poderia ser no sentido que foi, na medida em que condena a ED a reconhecer um benefício fiscal que a lei dispensa de reconhecimento. XVII – E assim sendo, consistindo a isenção invocada pela Recorrida numa isenção cuja natureza, nas palavras de Nuno Oliveira Garcia, será (i) subjectiva; (ii) permanente; (iii) total; e (iv) absoluta, a mesma seria "...não condicionada, por a sua eficácia não ter ficado dependente da verificação de qualquer pressuposto acessório'. XVIII – Quer isto dizer que isenção invocada pela Recorrida, a par das restantes características ali indicadas e também em consequência delas, é uma isenção de aplicação automática, não lhe sendo aplicável o procedimento de reconhecimento de benefícios fiscais previsto no artigo 65º do CPPT, pelo que à administração tributária apenas restaria não proceder sequer à liquidação do tributo a que a Recorrida se encontra sujeita, não sendo necessário qualquer impulso procedimental da Recorrida para que a isenção seja em concreto aplicada. XIX – A decisão de condenação do Recorrente a reconhecer tal benefício fiscal, padece do vício de ilegalidade por violação do disposto no mesmo artigo 13º do Decreto-Lei nº 4039, que a considerar-se vigente, no que não se concede, determina a sua aplicação automática sem qualquer prévio ato de reconhecimento, determinando outrossim esta norma, a não liquidação de qualquer taxa à Recorrida e consequentemente, determinando a ilegalidade das liquidações de taxas que venham a ser emitidas. XX – A haver lugar à condenação do Recorrente, esta sempre seria a de anulação das liquidações objeto dos presentes autos com o consequente reembolso dos valores eventualmente pagos pela Recorrida, e não a um ato de reconhecimento de um benefício fiscal que afinal não tem previsão legal. Deverá assim ao presente recurso ser concedido provimento e, em consequência ser revogada a douta sentença ferida de ilegalidade por violação das normas constitucionais e legais supra referidas. Nestes termos e nos mais de direito e com as devidas consequências legais, A) Deve ser concedido provimento ao presente recurso e, em consequência, ser revogada a sentença ora recorrida, por não se encontrar em vigor a norma contida na alínea a) do artigo 13º do Decreto-Lei nº 40397 de 24 de novembro de 1955, quer por ter sido revogada pelos Decretos-Lei números 322/91, de 26 de agosto e 235/2008, de 3 de dezembro, quer por se verificar a sua inconstitucionalidade superveniente por violação dos números 1,2,3 e 4 do artigo 238º da CRP e principio da igualdade tributária previsto no artigo 13º da CRP, e consequentemente, mantendo-se assim o ato impugnado pela Recorrida com todas as demais consequências legais. B) Ou se assim se não entender, o que apenas por mera cautela de patrocínio se admite, deverá ser substituído o teor da decisão da douta sentença não se condenando o Recorrente a praticar um ato de reconhecimento de benefício fiscal que não tem previsão legal. C) Caso se entenda não haver desde já lugar a recurso, mas a reclamação para a conferência, que seja o presente recurso convolado em reclamação para a conferência e remetido para o efeito ao douto tribunal a quo, nos termos previstos na lei D) Caso se entenda que o presente recurso haveria antes de ser dirigido e remetido ao Supremo Tribunal Administrativo, nos termos previstos no artigo 280º do CPPT, desde já se requer a sua remessa para aquele douto tribunal superior nos termos previstos na lei» X. Nas suas contra-alegações, a recorrida, Santa Casa da Misericórdia de Lisboa, formulou as conclusões seguintes: 1ª – A questão subjacente á discussão do mérito da causa assenta na pretensa revogação, alegada pela recorrente, do disposto na alínea a) do artigo 13º, do Decreto-Lei nº 40.397 de 24 de novembro de 1955, que confere à Recorrida o direito à isenção de impostos, contribuições, taxas ou licenças do Estado sejam de que natureza forem. 2ª – A Recorrida é, de acordo com o previsto no artigo 1º dos Estatutos aprovados pelo Decreto-Lei nº 235/2008, de 3 de dezembro, uma pessoa colectiva de direito privado e utilidade pública administrativa. 3ª – Dada a sua natureza jurídica e os fins por ela prosseguidos, sempre existiu legislação especial a conferir à Recorrida determinados direitos e benefícios, nomeadamente no âmbito tributário e fiscal, destacando-se, entre tais normas, o estatuído no citado artigo 13º, alínea a), do Decreto-Lei 40.397, de 24 de novembro de 1955. 4ª – Isto mesmo tem sido, pacificamente, reconhecido pela jurisprudência, defendendo, a propósito da interpretação da invocada al. a) do artigo 13º do Decreto-Lei nº 40 397, a total irrelevância jurídica da natureza dos actos e operações em questão:"... Independentemente da natureza jurídica da denominada tarifa de conservação de esgotos torna-se irrelevante, na situação concreta dos presentes autos, determinar se estamos perante uma tarifa ou taxa pois que merecerá o mesmo tratamento jurídico quer se trate de uma ou outra realidade já que a mencionada isenção de impostos, contribuições, taxas ou licenças do Estado ou corpos administrativos, seja de que natureza forem, sempre engobará, a quantia liquidada em apreciação nos presentes autos ainda que a mesma fosse de qualificar como tarifa" (cf. Acórdão do Supremo Tribunal Administrativo, de 2002.10.09, Pr. 0793/02). 5ª – De referir que a discutida norma até já foi objecto de apreciação pelo Tribunal Constitucional, tendo este concluído que esta norma "que isenta a Santa Casa da Misericórdia de Lisboa de taxas...não ofende o disposto nos números 1 e 3 do artigo 238º da CRP" (cf. Acórdão de 2006.05.03, Proc. 1020/04 – 1ª secção). 6ª – Contrariamente ao alegado pela Recorrente o facto de os actuais Estatutos da Recorrida, aprovados pelo Decreto-Lei nº 235/2008, de 3 de dezembro, não conterem uma norma idêntica à do art. 34º dos anteriores Estatutos, aprovados pelo Decreto-Lei nº 322/91, de 26 de Agosto, não permite, de forma alguma, concluir pela revogação do artigo 13º do Decreto-Lei nº 40.397. 7ª – Se os anteriores Estatutos, aprovados pelo Decreto-Lei nº 322/91, de 26 de agosto, não contivessem a mencionada norma do artigo 34º, o discutido artigo 13º do Decreto-Lei nº 40.397 ter-se-ia mantido em vigor por ausência de norma revogatória. 8ª – Na verdade, o referido Decreto-Lei nº 322/9191 de 26 de agosto, a propósito da revogação da legislação anterior, estabelecia, no seu artigo 2º, o seguinte: «À medida que entrarem em vigor as normas previstas nos Estatutos, deixam de se aplicar todas as normas legais e regulamentares relativas ou aplicáveis à Santa Casa da Misericórdia de Lisboa e que contrariem o disposto nos mesmos Estatutos». 9ª – Com a publicação deste diploma, apenas, deixaram de estar em vigor as normas relativas à Santa Casa da Misericórdia de Lisboa que contrariassem o disposto nos Estatutos, entre os quais, logicamente, se não incluía o discutido artigo 13º que, longe de colidir com os novos Estatutos, consagra um regime de favor à Recorrida, nomeadamente em isenções fiscais e parafiscais. 10ª – O discutido artigo 34º, em termos de relevância jurídica, nada acrescentou ao quadro normativo vigente, uma vez que, não existindo revogação tácita ou expressa, ter-se-iam mantido em vigor todas as normas, nomeadamente as relativas a benefícios fiscais, que não contrariassem o disposto nos mesmos Estatutos (cfr. artigo 2º, do Decreto-Lei nº 322/91 de 26 de agosto). 11ª – Se os Estatutos aprovados pelo Decreto-Lei nº 322/9191, de 26 de agosto, não contivessem a norma do artigo 34º, o quadro normativo seria idêntico uma vez que se manteriam, igualmente, em vigor todas as normas que não colidissem com os Estatutos, entre as quais se incluía, obviamente, o referido artigo 13º do Decreto-Lei nº 40.397. 12ª – A irrelevância jurídica do citado artigo 34º quanto à manutenção em vigor da norma de isenção contida no artigo 13º do Decreto-Lei nº 40.397, fácil se torna concluir que o simples facto de os Estatutos aprovados pelo Decreto-Lei nº 235/2008, de 3 de Dezembro, não conterem norma semelhante, não permite a ilação, infundadamente retirada pela Recorrente de que aquele artigo se encontra revogado. 13ª – Se tivesse sido intenção do legislador dos actuais Estatutos da Recorrida (aprovados pelo Decreto-Lei nº 233/2008) revogar a discutida norma de isenção, com toda a certeza que não teria deixado de o fazer, expressamente, incluindo-a na norma revogatória contida no artigo 4º do Decreto-Lei nº 235/2008, de 3 de dezembro. 14ª – A omissão nos actuais Estatutos de norma idêntica à do art. 34º dos anteriores Estatutos está, precisamente, no reconhecimento, pelo legislador, da completa irrelevância jurídica de tal norma. 15ª – A alegação da Recorrente de que as isenções das taxas das autarquias locais devem constar do respectivo Regulamento, em nada contribui para o proveito da posição que sustenta. Com efeito. 16ª – Nem o Regime Geral das Taxas das Autarquias Locais nem qualquer outra norma legal ou constitucional, nomeadamente o nº 4 do artigo 238º, da Constituição da República Portuguesa, confere aos municípios a competência exclusiva para a criação das referidas isenções pelo que estas poderão ser criadas ou mantidas através de outros diplomas, nomeadamente mediante decreto-lei. 17ª – E como parece evidente, mesmo a proceder tal alegação, o que não se aceita, tal regulamento não teria a virtualidade de revogar um diploma com força de decreto-lei. 18ª – O quadro normativo actual parece, assim, claro quanto à manutenção em vigor do consagrado na alínea a), do artigo 13º, do Decreto-Lei nº 40.397, de 24 de novembro de 1955, concedendo à Recorrida o direito a beneficiar de «isenções de impostos, condições, taxas ou licenças do Estado ou corpos administrativos, seja de que natureza forem». 19ª – Conforme o entendimento do Tribunal Constitucional, no seu Acórdão nº 285/2006, de 3 de Maio (Proc. 1020/04), referindo o acórdão do Supremo Tribunal Administrativo, de 6 de Outubro de 2004 (Proc. 0703/04), onde se pode ler: "O acórdão recorrido entendeu ser bastante, para reconhecer a isenção do pagamento da tarifa em causa nos autos, a estatuição constante da diploma de 1955. A fundamentação da decisão não assenta no teor do artigo 34º dos Estatutos da Santa Casa da Misericórdia de Lisboa, decorrendo antes de tal fundamentação que, para o efeito de reconhecer a isenção, se pode prescindir de tal norma, pois que a resultado decorre da aplicação do artigo 13º, alínea a), do Decreto-Lei nº 40.397". 20ª – Assim sendo, o facto de o Decreto-Lei nº 235/2008, de 3 de Dezembro, que aprovou os atuais Estatutos da Santa Casa da Misericórdia de Lisboa e revogou os anteriores Estatutos, não conter qualquer norma idêntica ou semelhante ao previsto no artigo 34º destes últimos, nenhuma implicação jurídica pode ter sobre a manutenção ou revogação do discutido artigo 13º, alínea a), do Decreto-Lei nº 40.397 que, até à data, não foi objeto de revogação, nem mesmo implícita, por qualquer norma legal. 21ª – A alegação da Recorrente sobre a pretensa revogação das isenções concedidas à Santa Casa da Misericórdia de Lisboa pela referida alínea a) do artigo 13º do Decreto-Lei nº 40.397, baseada na revogação dos Estatutos aprovados pelo Decreto-Lei nº 322/91, de 26 de agosto, mostra-se, assim, manifestamente improcedente. 22ª – Igualmente, improcedente se mostra a alegação de que, face ao estabelecido no artigo 8º, nº 2, alínea d), do Regime Geral das Taxas das Autarquias Locais, aprovado pela Lei nº 53-E/2006, de 29 de dezembro, ao legislador ordinário encontra-se vedada a possibilidade de legislar sobre o regime de isenção destas taxas o qual, segundo a Recorrente, deverá constar, exclusivamente, do respetivo regulamento. 23ª – É certo que a referida disposição consagra que "O regulamento que crie taxas municipais ou taxas das freguesias contém obrigatoriamente, sob pena de nulidade...as isenções e a sua fundamentação", mas nem o Regime Geral das Taxas das Autarquias Locais nem qualquer outra norma legal ou constitucional, nomeadamente o nº 4 do artigo 238º da CRP, confere aos municípios a competência exclusiva para a criação das referidas isenções pelo que estas poderão ser criadas ou mantidas através de outros diplomas, nomeadamente mediante decreto-lei. 24ª – Já anteriormente a 2007, o Tribunal Constitucional havia apreciado o problema da inconstitucionalidade da discutida norma, tendo concluído que esta norma "que isenta a Santa Casa da Misericórdia de Lisboa de taxas...não ofende o disposto nos nºs 1 e 3 do artigo 238º da CRP" (cfr. Acórdão de 2006.05.03, Proc. 1020/04 – 1ª secção). 25ª – O legislador ordinário pode, assim, legalmente, criar ou manter benefícios fiscais no âmbito dos tributos das autarquias locais sem que tal implique a violação do princípio da autonomia local e financeira ou de qualquer norma do Regime Geral das Taxas das Autarquias Locais pelo que a alegação feita sobre a exclusiva competência dos municípios na fixação das isenções das taxas em questão e sobre a pretensa inconstitucionalidade da norma contida no artigo 13º, alínea a), do Decreto-Lei nº 40.397 se mostra, manifestamente, improcedente. 26ª – Improcedente se mostra, igualmente, a alegação efetuada quanto à alegada inconstitucionalidade por pretensa violação do princípio da igualdade. 27ª – Sendo legalmente permitido, ao legislador ordinário, criar ou manter benefícios fiscais no âmbito dos tributos das autarquias locais é porque a própria lei, paralelamente às entidades beneficiárias da atribuição de isenções pelos municípios, reconhece existirem outras entidades que, pela sua natureza, atribuições e fins prosseguidos, justificam a atribuição de benefícios especiais e independentes dos atribuídos pelos municípios. 28ª – Nestes casos, como é evidente, não se verifica a violação do princípio da igualdade uma vez que, conforme é pacificamente entendido pela doutrina e jurisprudência, tal violação "pressupõe situações objectivamente iguais" (cfr. Acórdão do STA, de 09/05/2007, Proc. 01223/06), o que não se verifica no caso dos autos. Termos em que não deve ser concedido provimento ao presente recurso, mantendo-se a decisão proferida pelo Tribunal Tributário, encontrando-se em vigor a norma expressa na alínea a) do artigo 13º do Decreto-Lei nº 40.397, de 24 de novembro, que não viola o disposto no artigo 238º da CRP nem o principio da igualdade tributária, e consequentemente anular o acto de indeferimento do pedido de isenção do pagamento das taxas urbanísticas e reconhecido o direito à SCML da isenção das taxas urbanísticas, com todas as consequências legais.» O Digno Magistrado do M. P. junto deste Tribunal emitiu douto parecer no sentido da improcedência do recurso. Colhidos os vistos legais, cumpre apreciar e decidir, considerando que a tal nada obsta. II – Fundamentação. 2.1 De Facto. A sentença recorrida considerou provados os factos seguintes: «A. A Santa Casa da Misericórdia de Lisboa é uma pessoa colectiva de direito privado e utilidade pública administrativa (cfr. Decreto-Lei nº 235/2008, de 3 de dezembro). B. Em 30.12.2011, a Santa Casa da Misericórdia de Lisboa recepcionou o ofício da Câmara Municipal de Lisboa, datado de 26.12.2011, no âmbito do Processo nº 7420/ /OTR/2009 relativo ao pedido de licenciamento de ocupação de via pública na Rua ....nºs ... a ...., da freguesia dos Anjos, com o seguinte teor (cfr. fls. 18 dos autos, que aqui se dá por integralmente reproduzido): «Nos termos e para os efeitos do artigo 66. º do Código do Procedimento Administrativo, notifica-se V/Exa. que o pedido apresentado, acima identificado, foi deferido nos termos do Edital nº 108/1992, de 23 de julho (Regulamento de Ocupação de Via Pública) por despacho proferido a 18/11/2011, como consta da informação e despachos, cuja(s) fotocópia(s) se anexa(m). Extinto o procedimento nos termos do artigo 106º do Código do Procedimento Administrativo o processo em causa seguirá para o Arquivo. Com o deferimento foram liquidadas as taxas nos termos e em conformidade com o Regulamento Municipal de Taxas relacionadas com a actividade urbanística e operações conexas (RMTRAUOC), no valor constante da folha de cálculo de taxas, que se junta em anexo. As taxas devidas devem ser pagas, aquando do pagamento das que estiverem associadas ao alvará a emitir no âmbito do processo 1593/EDI/2007, nos serviços de tesouraria desta Câmara Municipal, no Campo Grande nº 25, Piso 0, das 9h às 16h (...)». C. No âmbito do processo nº 7420/OTR/2009, a Unidade de Coordenação Territorial da Câmara Municipal de Lisboa liquidou a taxa administrativa e taxa de ocupação da via pública, no valor total de € 2.903,60. O ofício datado de 08.08.2012, da Direcção Municipal de Finanças da Câmara Municipal de Lisboa, foi remetido à mandatária da Santa Casa da Misericórdia de Lisboa informando do seguinte: «(...) por despacho datado de 2012/08/03, foi indeferido o pedido de isenção das taxas e reconhecido o benefício fiscal da redução do pagamento das taxas, com os fundamentos constantes dos pareceres jurídicos proferidos nas Informações nºs 124 e 233/DMF/DAAT/DPTF/12 (...)» E. Em 04.04.2012, a Divisão de Procedimento

Tributário e Financeiro do Departamento de Apoio Jurídico à Actividade Tributária da Direcção Municipal de Finanças da Câmara Municipal de Lisboa elaborou a Informação nº 124/DMF/DAAR/DPTF/12 com o seguinte teor: «(...) 6. No que respeita à vigência do artigo 13º do Decreto -Lei nº 40.397, de 24 de novembro, entendemos que o mesmo se encontra revogado por força da entrada em vigor do Decreto-Lei nº 235/2008, de 3 de dezembro, em Janeiro de 2009, porquanto que, com a entrada em vigor deste diploma – que veio aprovar as actuais estatutos da SCML – foi revogada toda a disciplina contida nos anteriores estatutos aprovados pelo Decreto-Lei nº 322/91, de 26 de agosto com as alterações introduzidas pelo Decreto-Lei nº 469/99, de 6 de novembro – conforme resulta do artigo 4º preambular, são revogados: a) o Decreto-Lei nº 322/91, de 26 de agosto; b) O Decreto-Lei nº 469/99, de 6 de novembro."; 7. Nesta senda, e considerando que a alínea a) do artigo 13º do Decreto-Lei nº 40397, de 24 de novembro – " a misericórdia de Lisboa goza de isenção de: a) Impostos, contribuições, taxas ou licenças de Estado ou dos corpos administrativos, sejam de que natureza forem" –, operava por remissão expressa do artigo 34º do Decreto-Lei nº 322/91 – mantém-se, a favor da Misericórdia de Lisboa, todas as isenções que lhe foram conferidas por lei." – então revogado pelo actual Decreto-Lei nº 235/2008, e que este último não compreende nenhuma norma de concessão automática de benefícios ou análoga à disposição preconizada no supradito artigo 34º, entende-se que a Reclamante não beneficia da isenção propugnada. (...). 9. De salientar que a operação urbanística que originou a presente taxa foi movida ao abrigo dos novos estatutos e regem a Reclamante que, e reitera-se, não estabelecem quaisquer benefícios fiscais decorrentes da sua natureza ou objecto. (...) 14. Atento o exposto, somos parecer de propor o indeferimento do pedido de isenção da taxa liquidada e pela aplicação da disciplina contida no nº 1 do artigo 6. ºdo Regulamento Municipal de Taxas Relacionadas com a Actividade urbanística e Operações Conexas, deferir a redução de 30% do valor da taxa.» F. Em 20.06.2012, a Divisão de Procedimento Tributário e Financeiro do Departamento de Apoio Jurídico à Actividade Tributária da Direcção Municipal de Finanças da Câmara Municipal de Lisboa elaborou a Informação nº 233/DMF/DAAR/DPTF/12 com o seguinte teor: «(...) Assim, reiteramos, nesta sede, os fundamentos jurídicos apresentados no parecer jurídico proferido na Informação nº 124/DMF/DAAT/DPFT/12, onde se conclui que o Decreto-Lei nº 40.397, de 24 de novembro encontra-se actualmente revogado pelo Decreto-Lei nº 235/2008, de 3 de dezembro, em que não procedem os argumentos aduzidos pela Reclamante (...)». a. Factos não provados: inexistem, com relevância para a decisão da causa. b. Motivação de Facto: A matéria de facto julgada provada foi a considerada relevante para a decisão da causa, assentando a convicção deste Tribunal no teor dos documentos integrantes do processo judicial e do processo administrativo junto aos autos e, bem assim, na posição assumida pelas partes nos articulados.» 2. De Direito. 2.2.1. A presente intenção recursória tem por objecto a sentença proferida a fls. 140 e ss, datada de 15 de julho de 2016, a qual julgou procedente a acção administrativa em apreço, condenando o Município de Lisboa a reconhecer à Santa Casa da Misericórdia de Lisboa a isenção das taxas urbanísticas em causa no referido procedimento. O segmento decisório sob escrutínio é o seguinte: «anula-se o acto de indeferimento da isenção do pagamento de taxas urbanísticas, referentes ao procedimento de licenciamento nº 7420/OTR/2011 e condena-se o Município de Lisboa a reconhecer à Santa Casa da Misericórdia de Lisboa a isenção das taxas urbanísticas em causa no referido procedimento». 2.2.2. Para julgar procedente a presente acção administrativa, a sentença atendeu ao disposto no artigo 13º, alínea a), do Decreto-Lei nº 40397, de 24/11/1955 [diploma que aprovou o estatuto jurídico da Santa Casa da Misericórdia de Lisboa], nos termos do qual, «A Santa Casa da Misericórdia de Lisboa goza de isenção de Impostos, taxas, ou licenças do Estado ou dos corpos administrativos, seja de que natureza forem». 2.2.3. O recorrente assaca à sentença sob recurso erro de julgamento, quanto ao direito aplicável, no que respeita aos itens seguintes: i) Ocorreu a revogação do Decreto-Lei nº 40397, de 24 de novembro, que determinava que a Misericórdia de Lisboa gozava de isenção de impostos, contribuições, taxas ou licenças do Estado ou corpos administrativos, através da entrada em vigor do Decreto-Lei nº 235/2008, de 3 de dezembro [conclusões I) a VIII)] ii) O preceito do artigo 13º, alínea a), do Decreto-Lei nº 40397, de 24/11/1955 cessou vigência, seja por ser incompatível com o princípio da autonomia fiscal do Município, concretizada no Regime Geral das Taxas das Autarquias Locais [RGTAL], aprovado pela Lei nº 53-E/2006, de 29 de dezembro, mas também no artigo 12º da Lei das Finanças Locais (Lei nº 2/2007, de 15 de janeiro), seja por ser incompatível com o princípio da igualdade tributária, dado que entidades de cariz semelhante à recorrida não beneficiam de idêntico regime de isenção integral de taxa; tais princípios e os regimes que os concretizam são postergados, na medida em que os mesmos reservam expressamente aos municípios a criação e fundamentação das isenções de impostos municipais e outros tributos próprios [conclusões IX) a XV)]. iii) A sentença sob escrutínio padece do vício de ilegalidade por violação do disposto no artigo 13º do Decreto-Lei nº 40397, de 24/11/1955, que «a considerar-se vigente, no que não se concede, determina a sua aplicação automática sem qualquer prévio ato de reconhecimento, determinando outrossim esta norma, a não liquidação de qualquer taxa à Recorrida e consequentemente, determinando a ilegalidade das liquidações de taxas que venham a ser emitidas». [conclusões XVI) a XX)]. 2.2.4. No que respeita ao esteio de recurso referido em (i), cumpre desde já referir que o discurso argumentativo que fez vencimento na instância não enferma do erro de julgamento que lhe vem apontado. A este propósito, reitera-se a fundamentação do Acórdão deste TCAS, de 07.06.2018, P. 199/ /11.0BELRS. Aí se consigna que: «Explicitemos, então, porque assim o julgámos, realçando que o artigo 13º, alínea a) do Decreto-Lei nº 40.397, de 24 de novembro de 1955 – diploma que procedeu à reorganização da Santa Casa da Misericórdia ..... e cuja vigência ou não vigência constitui o cerne da nossa decisão – dispõe que "A Misericórdia goza de isenção de impostos, contribuições, taxas ou licenças do Estado ou dos corpos administrativos, sejam de que natureza forem". A propósito da qualificação da isenção prevista no referido normativo, defendeu já a doutrina que"partindo do pressuposto que uma isenção é um benefício fiscal, a isenção de 1955 a favor da Misericórdia ..... é juridicamente qualificável como (i) subjectiva (ou pessoa) no sentido em que dá-se o afastamento total da tributação efectiva à Misericórdia em particular; (ii) permanente, posto que foi estabelecida para o futuro sem predeterminação da respectiva duração; (iii) total, pois ao invés da mera desagravação da obrigação tributária, estatui antes a sua extinção completa; e (iv) absoluta, ou não condicionada, por a sua eficácia não ter ficado dependente da verificação da qualquer pressuposto acessório." Com a entrada em vigor do Decreto-Lei nº 322/91, de 26 de agosto e a aprovação dos Estatutos da Santa Casa da Misericórdia, relativamente a essas isenções ficou definido o seguinte regime:(i) à medida que forem entrando em vigor as normas previstas nos Estatutos, deixam de se aplicar todas as normas legais e regulamentares aplicáveis à Santa Casa da Misericórdia .....e que contrariem o disposto nos mesmos Estatutos (artigo 2º do Decreto-Lei nº 322/91); (ii) mantem-se a favor da Misericórdia todas as isenções que lhe foram conferidas por lei (artigo 34º dos Estatutos da SCM...). Na sentença recorrida, a Meritíssima Juiz começou, bem, por recordar que a questão sobre a vigência do artigo 13º, alínea a) do Decreto-Lei nº 40.397, de 24 de novembro de 1955 ou da sua revogação não é nova, tal como o não é a questão da constitucionalidade do Decreto-Lei nº 322/91, de 26 de agosto. E tem razão, uma vez que ambas as questões foram analisadas em diversos arestos, designadamente no acórdão do Supremo Tribunal Administrativo de 6 de outubro de 2004 – em que o Município de Oeiras se apresentou em juízo a defender a mesma posição do ora Recorrente Município..... e com base nos mesmos argumentos de direito, isto é, defendendo que a norma deixara de vigorar na ordem jurídica por ter sido revogada pela Constituição da República Portuguesa de 1976 ou, a não se entender assim, pela Lei nº 1/79 (Lei das Finanças Locais), que passou a regular tudo o que respeita a receitas municipais, sendo que o Diploma que substituiu o Decreto-Lei nº 40.397, de 24 de novembro de 1955, isto é, o Decreto-Lei nº 322/91, de 26 de agosto era inconstitucional, na parte em que regulava sobre isenções respeitantes às finanças locais, por o Governo não estar provido da necessária credencial passada pela Assembleia da República, pois se estava no domínio reservado desta e que o artigo 29º do Decreto-Lei nº 98/84 (2ª Lei das Finanças Locais) passou a estabelecer quais as entidades isentas de taxas, aí não figurando a SCM... e no acórdão do Tribunal Constitucional de Acórdão nº 285/2006, de 3 de maio, que teve por objecto a apreciação de constitucionalidade realizada naquela decisão do Supremo Tribunal Administrativo. No acórdão do Supremo Tribunal Administrativo não foi reconhecida razão ao Município em nenhum dos argumentos então esgrimidos. Relativamente ao primeiro, por se ter entendido que o facto de estar estabelecido que o Estado e seus institutos e organismos autónomos personalizados (e a Misericórdia..... era então não um instituto público mas uma pessoa colectiva de direito privado e utilidade pública administrativa) estão isentos de taxas não significa que outras entidades não estejam igualmente isentos das referidas taxas. Essencial, disse o Supremo Tribunal Administrativo, é que diploma legal apropriado fixe tais isenções para outras entidades. (...) // Vejamos, então, que alterações se verificaram na ordem jurídica e se delas resulta a afectação daquela vigência, muito especialmente, se com base nessas alterações legais deve ser reconhecida razão ao Recorrente. Diz o Município..... que através do Decreto-Lei nº 235/2008, de 3 de dezembro, foram aprovados os novos Estatutos da Santa Casa da Misericórdia ..... diploma que, entrando em vigor em 2 de janeiro de 2009, procedeu, no seu artigo 4º, à revogação expressa dos anteriores Estatutos regidos pelo Decreto-Lei nº 322/91, de 26 de agosto. E, adianta ainda o Recorrente, não contendo este novo diploma norma similar à que se encontrava consagrada no artigo 34º do Decreto-Lei nº 322/91, ou seja, não existindo qualquer menção quanto aos benefícios fiscais e isenções de impostos, taxas e outros emolumentos a favor da autora, a norma do artigo 13º, alínea a) do Decreto-Lei nº 40.397, de 24 de novembro de 1955, que era a que estabelecia precisamente tais isenções – e que, em seu entender, no limite, apenas se manteve em vigência por via daquele artigo 34º dos Estatutos da Recorrida – deixou de vigorar. Sendo assim, conclui, a Recorrida deixou de beneficiar da isenção de taxas, impostos e outros emolumentos. Acontece, porém, como deixámos já expresso através das transcrições dos arestos citados, que a norma habilitante para a concessão de isenção à Santa Casa da Misericórdia..... não se encontrava consagrada nos Estatutos aprovados pelo Decreto-Lei nº 322/91, de 26 de agosto, mas na alínea a) do artigo 13º do Decreto-Lei nº 40.397, de 24 de novembro de 1955. Ou seja, contrariamente ao que continua a professar a Recorrente, da entrada em vigor dos Estatutos da Santa Casa da Misericórdia..... aprovados pelo Decreto-Lei nº 322/91, de 26 de agosto, não resultou qualquer alteração ou afectação da vigência da norma que concedia a isenção à Recorrida, uma vez que aquela isenção não passou a estar dependente do que vinha consagrado no seu artigo 34º, antes subsistindo por força do que anteriormente já estava consagrado no artigo 13º, alínea a) do Decreto-Lei nº 40.397, de 24 de novembro de 1955. Tal como se disse, e se mantém, o único efeito ou, em rigor e para o que ora releva, o único efeito útil a extrair da entrada em vigor do Decreto-Lei nº 322/91, de 26 de agosto, em termos de sucessão de leis, traduziu-se na revogação de todas as normas legais e regulamentares relativas ou aplicáveis à Santa Casa da Misericórdia .... que se mostrassem contrárias ao disposto nos mesmos Estatutos. E o mesmo se diga relativamente à entrada em vigor dos novos Estatutos da Recorrida. Efectivamente, com a entrada em vigor do Decreto-Lei nº 235/2008, de 3 de dezembro, foram revogadas as normas cuja introdução no ordenamento jurídico se processou através do Decreto-Lei nº 322/91, incluindo, pois o seu artigo 34º. Porém, não tendo o preceituado no artigo 13º, alínea a), do Decreto-Lei nº 40397, de 24-11-1955, sido expressamente revogado, permaneceu, assim, plenamente vigente na ordem jurídica. Assim sendo, impõe-se concluir que a revogação do Decreto-Lei nº 322/91, de 26 de agosto, pelo Decreto-Lei nº 235/2008, de 3 de dezembro, que aprovou os novos Estatutos da Recorrida não produziu, só por via dessa consequência jurídica, a revogação do artigo 13º, alínea a) do Decreto-Lei nº 40.397, de 24 de novembro de 1955.» A sentença recorrida ao julgar no sentido referido não incorreu em erro, pelo que deve ser confirmada na ordem jurídica. Termos que se impõe julgar improcedentes as presentes conclusões de recurso. 2.2.5. No que respeita ao esteio de recurso referido em (ii), cumpre desde já referir que o discurso argumentativo que fez vencimento na instância não enferma do erro de julgamento que lhe vem apontado. A este propósito, cumpre reiterar a fundamentação do Acórdão deste TCAS, de 07.06.2018, P. 199/11.0BELRS. Aí se consigna que: «E, como se disse na sentença recorrida, o julgamento que vimos fazendo não resulta comprometido com a aprovação do actual regime geral das taxas das autarquias locais pela Lei nº 53-E/2006, de 29 de dezembro, designadamente pelo preceituado no 8º, nº 2, alínea d)– que estabelece que "O regulamento que crie taxas municipais ou taxas das freguesias que contém obrigatoriamente, sob pena de nulidade: (...) d) as isenções e a sua fundamentação", por desta exigência de menção obrigatória não ser de extrair qualquer imperativo de exclusividade de atribuição deste tipo de isenções nos referidos regulamentos. Aliás, é este, se bem vemos, o entendimento que vem sendo veiculado pela doutrina relativamente à possibilidade de criação de isenções de taxas locais por meio de lei: – "[d]iremos sumariamente que o princípio da autonomia financeira local não surge consagrado na Constituição da República em termos tais que ao legislador fique vedada a introdução de benefícios fiscais em tributos da titularidade das autarquias, tudo se resumindo num exercício de ponderação entre a autonomia financeira local e os demais princípios ou valores que com ela se confrontem." – "na consagração constitucional do princípio da independência financeira das autarquias, encontramos valores como o da "solidariedade" – a "justa repartição dos recursos públicos" que se lê no artigo 240º, nº 2 da CRP [1976] – e da correcção das desigualdades no cerne da emanação do poder local. Nessa medida, não se vislumbram razões suficientes no sentido do princípio da autonomia do poder local ser entendido com extensão tal de "fazer cessar" as isenções subjectivas no que respeita a taxas cobradas pelos municípios. Na verdade, não nos parece possua um conteúdo material suficiente para questionarmos se a isenção de 1955 deve ou não sobrevigorar." Em suma, a interpretação constitucionalmente conforme do artigo 8º, nº 2, alínea d), do RGTAL implica que este normativo não seja interpretado como uma norma revogatória de isenções prévia e legalmente estabelecidas, mas, tão só, como uma norma reguladora de futuras isenções concedidas através do exercício regulamentar das autarquias. Por fim, e para que de todo o modo fiquem cabalmente respondidos todos os argumentos invocados neste recurso, rematamos a nossa decisão salientando duas notas. A primeira – que de forma directa responde à alegada inaplicabilidade da doutrina expendida nos arestos do Supremo Tribunal Administrativo e Tribunal Constitucional citados no caso em apreço por entretanto ter sido publicado o Decreto-Lei nº 235/2008 – prende-se com o facto de muito recentemente, e tendo já por objecto a eventual revogação da isenção consagrada no artigo 13º, a) do Decreto Lei nº 40397, de 24 de novembro de 1955 na sequência da entrada em vido do Decreto-Lei nº 235/2008, ter sido proferido acórdão por aquele Supremo Tribunal que mantém integralmente o fundamento jurídico que anteriormente havia assumido quanto à vigência da referida norma concedente da isenção. Reportámo-nos ao acórdão de 14-4-2018, de que transcrevemos o essencial: «[...] A questão que se coloca nos presentes autos consiste em saber se após a entrada em vigor do Decreto-Lei nº 235/2008 de 12 de março, e durante a sua vigência, a recorrida beneficiava, e beneficia, de isenção de impostos, contribuições, taxas ou licenças do Estado ou corpos administrativos, seja de que natureza forem, tal como era expressamente referido pelo artigo 13º, al. a) do Decreto-Lei nº 40397, de 24.11.1955. Tais isenções constantes daquela norma foram expressamente mantidas pelo legislador em 1991 ao elaborar os novos Estatutos da Santa Casa da Misericórdia ..... e os Regulamentos dos Departamentos de Gestão Imobiliária e de Património e de Jogos (Decreto-Lei nº 322/91, de 26 de agosto) por força do artigo 34º daqueles mesmos estatutos – Artigo 34º, Isenções, Mantêm-se, a favor da Misericórdia .... todas as isenções que lhe foram conferidas por lei. Contudo, no artigo 2º daquele Decreto-Lei, não deixou o legislador de esclarecer que, à medida que entrarem em vigor as normas previstas nos Estatutos, deixam de se aplicar todas as normas legais e regulamentares relativas ou aplicáveis à Santa Casa da Misericórdia .... e que contrariem o disposto nos mesmos Estatutos, ou seja, deixavam de se aplicar as normas que até aí regiam a existência e funcionamento de tão vetusta instituição e que se encontravam consagradas no Decreto-Lei nº 40397. Portanto, com a entrada em vigor do Decreto-Lei nº 322/91 deixaram de estar vigentes todas as normas constantes de legislação que regulasse as mesmas matérias reguladas por este Decreto-Lei, sendo certo que o legislador manteve as isenções fiscais que já anteriormente existiam. Porém, com a entrada em vigor de mais um novo estatuto, aprovado pelo Decreto-Lei nº 235/2008, aquele Decreto-Lei nº 322/91 foi expressamente revogado, cfr. artigo 4º, desaparecendo, por isso, também aquele artigo 34º, onde se referia expressamente que se mantinham a favor da Misericórdia .... todas as isenções que lhe foram conferidas por lei. Importa, assim, saber se a revogação deste artigo permite concluir que se mantém vigente o disposto no artigo 13º, alínea a) do Decreto-Lei nº 40397, de 24.11.1955, que consagrava a isenção fiscal agora pretendida. Não nos parece determinante agora a classificação desta isenção cujo reconhecimento é pretendido pela recorrida, quer em função do sujeito, quer em função do objecto, quer em função da sua duração temporal, quer em função da necessidade ou não de reconhecimento expresso por parte de órgão da administração. É certo que, a concluir-se pela sua existência, se tratará de um benefício fiscal de natureza automática, cfr. artigos 2º, nº 2 e 5º, nº 1 do EBF. Já sabemos que este Supremo Tribunal no acórdão datado de 06.10.2004, recurso nº 0703/04, esclareceu: Defende o recorrente que o artigo 34º do Decreto-Lei nº 322/91, de 26 de agosto é inconstitucional, já que este Diploma, no que contende com as finanças locais é inconstitucional, por não estar o governo provido com a necessária credencial da Assembleia da República para legislar no sentido de isentar a Santa Casa da Misericórdia ..... a tarifa em causa. O artigo 34º do citado diploma estatui: "mantêm-se a favor da Misericórdia ..... todas as isenções que lhe foram conferidas por lei". Significa isto desde logo que o legislador ordinário entende que o referido Decreto-Lei nº 40397 estava em vigor, no tocante à referida isenção, ao referir expressamente a palavra "mantêm-se". A alegada inconstitucionalidade desta norma, mesmo a verificar-se, não pode ter pois a virtualidade pretendida pelo recorrente. Assim, e no tocante à citada isenção, a mesma encontra arrimo legal na já citada alínea a) do artigo 13º do Decreto-Lei nº 40397. Ou seja, este Supremo Tribunal já esclareceu que o Decreto-Lei nº 322/91 não "afectou" a vigência do referido artigo 13º, alínea a), pelo que, a revogação deste Decreto-Lei nº 322/91 pelo Decreto-Lei nº 235/2008 é irrelevante para efeitos de eliminação da norma constante do dito artigo 13º, alínea a) do Decreto-Lei nº 40.397, que só desaparecerá da ordem jurídica quando for expressamente revogada pelo legislador ordinário, ou quando colida frontalmente com norma de hierarquia superior, o que não é o caso». Efectivamente, como veremos de seguida, a questão da violação dos parâmetros constitucionais suscitada pelo recorrente também não ocorre pelas razões já apontadas pelo Tribunal Constitucional em apreciação daquele acórdão deste STA, cfr. Ac. do TC nº 285/2006, datado de 03.05.2006. Entende o recorrente que o disposto naquele artigo 13º, alínea a) ofende o disposto no artigo 238º, nº 4 da CRP. Dispõe este preceito constitucional sob a epígrafe "Património e finanças locais": 1. As autarquias locais têm património e finanças próprios. 2. O regime das finanças locais será estabelecido por lei e visará a justa repartição dos recursos públicos pelo Estado e pelas autarquias e a necessária correcção de desigualdades entre autarquias do mesmo grau. 3. As receitas próprias das autarquias locais incluem obrigatoriamente as provenientes da gestão do seu património e as cobradas pela utilização dos seus serviços. 4. As autarquias locais podem dispor de poderes tributários, nos casos e nos termos previstos na lei. Naquele referido acórdão do TC escreveu-se com interesse para o que aqui nos interessa: Atento o teor do artigo 13º, alínea a), do Decreto-Lei nº 40.397, de 24 de novembro de 1955, pese embora o recorrente se refira genericamente à autonomia local, importa considerar especificamente a autonomia financeira das autarquias locais – «um pressuposto ou um elemento da autonomia local» –, que o artigo 238º da CRP caracteriza «pela existência de "património e finanças próprias", incluindo obrigatoriamente nas receitas próprias "(...) as cobradas pela utilização dos seus serviços"» (Artur Maurício, «A garantia constitucional da autonomia local à luz da jurisprudência do Tribunal Constitucional», Estudos em Homenagem ao Conselheiro José Manuel Cardoso da Costa, vol. I, Coimbra Editora, 2003, p. 644 e s.). De facto, a questão que se põe nos presentes autos é a de saber se a autonomia financeira das autarquias locais, assim caracterizada, é ofendida pela norma que isenta a Santa Casa da Misericórdia.... de taxas (no sentido de a tarifa de conservação de esgotos ser uma taxa, cfr. Acórdão do Tribunal Constitucional nº 76/88, Diário da República, I Série, de 21 de abril de 1988). Com interesse para a presente decisão pode ler-se no Acórdão do Tribunal Constitucional nº 288/2004 (Diário da República, II Série, de 9 de Junho de 2004) – aresto que apreciou a norma que atribuía à concessionária de serviço público de telecomunicações o direito de ocupação e utilização de vias de comunicação do domínio público, com isenção total de taxas e quaisquer outros encargos, sempre que tal se mostre necessário à implantação das infra-estruturas de telecomunicações ou para a passagem de diferentes partes da instalação ou equipamentos necessários à exploração do objecto da concessão – o seguinte: «Também quanto à norma do artigo 29º, alínea e), do Decreto-Lei nº 40/95, de 15 de fevereiro, ora em causa, se impõe a conclusão de que ela não viola, nem a autonomia financeira, nem a garantia de obtenção de receitas a partir do património das autarquias locais. Importa começar por notar que está em causa a prossecução de uma indiscutível finalidade pública – assegurar a existência de um serviço público de telecomunicações (cfr. o artigo 8º, nº 1, da citada Lei nº 91/97, segundo o qual ao Estado incumbe assegurar a existência e disponibilidade de um serviço universal de telecomunicações) – com clara relevância constitucional, e que tem de ser prosseguida a nível nacional. Ainda que não expressamente autonomizada como incumbência do Estado – ao contrário do que acontece noutras Constituições (assim, na Lei Fundamental alemã, onde a própria estrutura federal do Estado torna necessária uma norma como o artigo 73º, nº 7, que atribui à Federação competência exclusiva em matéria de telecomunicações) – a manutenção, ou a criação de condições para a existência, de um serviço público de telecomunicações constitui uma forma de prossecução de objectivos com relevância constitucional (...). A existência e a disponibilidade de um serviço público de telecomunicações de âmbito nacional corresponde, pois, a um interesse público que transcende o âmbito das autarquias locais. Trata-se, também aqui, de uma matéria que respeita "ao interesse geral da comunidade constituída em Estado", e que ultrapassa "o universo dos interesses específicos das comunidades locais, aquele mesmo que se desenvolve num horizonte de proximidade, participação, controlabilidade e auto-responsabilidade e que funda a legitimação democrática do poder local"». Também quanto à norma que importa apreciar nos presentes autos é de afirmar que estão em causa interesses que transcendem o âmbito das autarquias locais, ultrapassando o universo dos interesses específicos das comunidades locais, atendendo aos fins estatutários e ao âmbito territorial da Santa Casa da Misericórdia..... (artigos 2º e 4º dos Estatutos, aprovados pelo Decreto-Lei nº 322/91). Nomeadamente, por esta pessoa colectiva de utilidade pública administrativa prosseguir humanitária e benemeritamente fins de acção social, prestação de cuidados de saúde, de educação e cultura e de promoção da qualidade de vida, sobretudo em proveito dos mais desprotegidos (artigos 1º, nº 1, e 2º, nº 1, dos Estatutos), com clara relevância constitucional (cfr. artigos 63º, nº 5, 64º, nº 1, 65º, nº 1, e 73º, nº 1, da CRP e, ainda, Acórdão do Tribunal Constitucional nº 309/2001, Diário da República, II Série, de 19 de novembro de 2001). Assim sendo, a norma que isenta a Santa Casa da Misericórdia..... de taxas, contida na alínea a) do artigo 13º do Decreto-Lei nº 40.397, de 24 de novembro de 1955, não ofende o disposto nos números 1 e 3 do artigo 238º da CRP. E o mesmo, e mais, se poderá dizer no que toca ao disposto no nº 4 do mesmo preceito constitucional uma vez que a referida isenção não afecta os eventuais poderes tributários que sejam ou possam a vir ser reconhecidos às autarquias locais na medida em que não contendem com a concreta cobrança da taxa em questão. Ou seja, todas as questões que o recorrente agora coloca já anteriormente foram resolvidas, quer por este Supremo tribunal, quer pelo Tribunal Constitucional nas decisões anteriormente referidas.». O recorrente invoca também a violação do princípio da igualdade tributária, por parte do entendimento que fez vencimento na instância, ao não remeter para os regulamentos municipais a concessão de isenções sobre taxas urbanísticas do município. Entretanto, não se vê em que medida a concessão de uma isenção de taxas municipais através de lei, possa só por si, sem mais, consubstanciar preterição do princípio da igualdade tributária. No caso, estão em causa interesses supra municipais, que se prendem com o reconhecimento da utilidade pública administrativa da pessoa colectiva em apreço. Pelo que a presente linha de argumentação não se mostra procedente. A sentença recorrida ao julgar no sentido referido não incorreu em erro, pelo que deve ser confirmada na ordem jurídica. Termos que se impõe julgar improcedentes as presentes conclusões de recurso. 2.2.6. No que respeita ao esteio de recurso referido em iii), o recorrente assaca à sentença sob recurso erro de julgamento, no que se refere ao segmento condenatório da mesma, dado que estando em causa de benefício fiscal de natureza automática, não há lugar à prática de acto de reconhecimento do mesmo. A este propósito, cumpre reiterar a fundamentação do Acórdão deste TCAS, de 07.06.2018, P. 199/11.0BELRS. «A segunda nota é a de que, no entanto, e distintamente do que ficou decidido na sentença recorrida, e como igualmente salientado no acórdão do Supremo Tribunal administrativo em último transcrito, a isenção que resulta do referido artigo 13º, alínea a) do Decreto-Lei nº 40.397, de 24 de novembro de 1955 constitui um benefício fiscal automático, isto é, que não carece de reconhecimento, conforme artigo 5º, nº 1, do EBF. E, sendo assim, não se justifica a condenação do Recorrente a reconhecer o benefício como peticionado mas, sim, a abster-se de liquidar as taxas urbanísticas no âmbito dos processos administrativos nºs ...../2008 e ...../2009». A sentença recorrida ao condenar o recorrente na prática do acto de reconhecimento da isenção das taxas em causa incorreu em erro, pelo que deve ser substituída por decisão que, julgando procedente a acção administrativa e condenando o recorrente a reconhecer o direito à isenção das taxas urbanísticas no âmbito dos processos administrativos em causa, se a abstenha de liquidar as respectivas taxas. Termos em que se julgam procedentes as presentes conclusões de recurso. DISPOSITIVO. Face ao exposto, acordam, em conferência, os juízes da secção de contencioso tributário deste Tribunal Central Administrativo Sul em conceder parcial provimento ao recurso, substituindo o segmento decisório da sentença pelo seguinte: Julga-se procedente a acção administrativa e condena-se o recorrente a reconhecer o direito da recorrida à isenção das taxas urbanísticas no âmbito dos processos administrativos em causa, abstendo-se aquele de liquidar as respectivas taxas.

5. Acórdão do Supremo Trinunal Administrativo (Processo nº 359/14.2BEAVR), de 12-02-2020. Acordam, em conferência, na Secção de Contencioso Tributário do Supremo Tribunal Administrativo. I – Relatório. Vem interposto recurso jurisdicional por A..., S.A., devidamente sinalizada nos autos, visando a revogação da sentença

de 24-04-2019, do Tribunal Administrativo e Fiscal de Aveiro, que julgou totalmente improcedente a impugnação que intentara contra o MUNICÍPIO DE ESTARREJA – na qual peticionava a anulação do acto de liquidação das taxas relativas a licenças de bombas abastecedoras de combustíveis e de ar do posto de abastecimento do área de serviço de Antuã A1, km 262, do ano de 2014 e no total de €3.064,06. Não resignada, nas suas alegações, formulou a recorrente A........., S.A. as seguintes conclusões: a) Entre o Estado Português e a B........, SA, foi celebrado um contrato de concessão para a construção e exploração, em regime de portagem, da auto-estrada do norte, desde Vila Franca de Xira até aos Carvalhos (cfr. ponto 1 da matéria assente). Por contrato celebrado, em 28/10/1985, ao abrigo da Base I, anexa ao Decreto-Lei nº 467/72, a B.........., SA cedeu à aqui impugnante, mediante o pagamento de uma remuneração, a exploração da área de serviço da Antuã, cabendo àquela, enquanto entidade concessionária das auto-estradas, fiscalizar os serviços a prestar pela impugnante naquela área de serviço (cfr. ponto 2 da matéria assente). b) Pelo que, outra conclusão não poderá extrair-se que não seja a de que o posto de abastecimento da área de serviço onde se encontram instaladas as bombas de abastecimento de combustíveis e as tomadas de ar e água em apreço, incluindo os imóveis nele implantados, pertencem ao domínio público do Estado e integram o estabelecimento da concessão à B...... c) Assim, constituindo prerrogativa da entidade concessionária a cedência de exploração das áreas de serviço a outra entidade e sendo as auto-estradas bens do domínio público do Estado e não das autarquias locais, não compete ao Município de Estarreja a cobrança de taxas pela instalação de bombas de abastecimento de combustíveis em áreas de serviço, como sucede nos presentes autos. d) Donde resulta que todas as competências em matéria de licenciamento, fiscalização ou outras sobre a área de serviço em referência, pertencente ao domínio Público do Estado, são da competência exclusiva da B.........., S.A., enquanto entidade concessionária da Auto-Estrada do norte, estando fora da alçada das atribuições e competências cometidas à administração local. e) Pelo que, atento acima exposto, fácil se torna concluir que os actos de liquidação de taxa impugnados se mostram feridos do vício de incompetência absoluta, sancionado com o desvalor da nulidade (cfr. artigo 103º/2 do CPA). Ao não ter assim concluído, incorreu a douta sentença em violação do disposto no citado artigo 103º/2 do CPA. f) Analisando o tributo em questão nos presentes autos, fácil se mostra concluir que o mesmo não apresenta a natureza de taxa, já que não se vislumbra qualquer "(...) prestação concreta de um serviço do domínio público, na utilização de um bem do domínio público ou na remoção de um obstáculo jurídico ao comportamento dos particulares". g) Com efeito, os postos de abastecimento em questão nem utilizam para o seu funcionamento, quaisquer bens do domínio público ou semi-público da autarquia, inexistindo qualquer contra prestação da Câmara Municipal de Estarreja face ao pagamento da referida "taxa" pela ora recorrida, resultante da utilização privada de bens do domínio público e/ou privado camarário. h) E nem se diga que a mencionada taxa se mostra justificada, por força da prestação de serviços públicos locais no domínio da prevenção de riscos e da protecção civil, tendo sido intenção do Município de Estarreja "(...) criar uma espécie de "taxa de protecção civil", incidente sobre a instalação física (número de bombas ou aparelhos distribuidores de combustível ou ar) (...)". i) É certo que, entre o enunciado exemplificativo das taxas municipais, a Lei nº 53-E/2006, de 29 de dezembro, figura a «prestação de serviços no domínio da prevenção de riscos e da proteção civil», (artigo 6º, nº 1, alínea f)). Mas não é menos certo que estes serviços têm de assentar na prestação concreta de um serviço (artigo 3º). É que o serviço concreto exige utilidades divisíveis (artigo 5º, nº 2). j) Porém, tal como resulta da matéria assente, "ao posto de abastecimento de Antuã não foram concretamente efectuadas (...) quaisquer diligências de fiscalização ou inspeção por parte dos serviços do Município de Estarreja, que não tenham contrapartida outras taxas que não as discutidas nos presentes autos. (...) não foram efectuadas inspeções pelos bombeiros ou pela Protecção Civil». k) Nem se diga, que o tributo em questão possui a natureza de taxa, porquanto se integra no conceito de "poluidor/pagador". l) Com efeito, a ser admitido tal entendimento, não poderia deixar de se considerar que a norma contida nos pontos 7.1.2 e 7.2.2 do citado regulamento violaria os princípios do exclusivismo e da determinação a que se encontram sujeitas as taxas, porquanto não se mostram, plena e cabalmente, definidos todos os elementos do tributo. m) Na verdade, se o valor do tributo se encontra dependente do desgaste ambiental produzido, a verdade é que a partir do teor da supra referida norma o contribuinte não se mostra capaz de conseguir perceber de que forma é medido o alegado desgaste ambiental por parte da Edilidade (v.g., considerando a dimensão do posto ou o nº de automóveis diário), nem tão pouco o modo pelo qual o proprietário pagador poderá exigir a realização concreta de despesas, designadamente de conservação dos troços por si utilizados. n) De todo o modo, não poderá deixar de se referir que o impacto ambiental de um posto de abastecimento de combustíveis não é especial nem gravemente intenso. Se fosse de outro modo, a instalação de postos de revenda de combustíveis encontrar-se-ia sujeita a avaliação do impacto ambiental, nos termos do Decreto-lei nº 69/2000, de 3 de maio e a verdade é que não está. o) A que acresce que o cumprimento das múltiplas regras técnicas a que devem obedecer os postos de abastecimento de combustíveis, no essencial, as da Portaria nº 131/2002, de 9 de fevereiro, permite justamente que a lesão dos recursos naturais tenha uma expressão mínima, razoável e sustentável. p) Por outro lado, no caso em apreço, a recorrida não beneficiou da remoção de qualquer obstáculo jurídico à actividade por si desenvolvida, bastando, para tanto, atentar na própria previsão do tributo. q) Conforme se deixou acima dito, a Câmara Municipal de Estarreja não possui qualquer competência no que toca ao licenciamento para exploração do mencionado posto de abastecimento, porquanto o mesmo não se acha implantado numa rede viária municipal (não tendo, como tal, aquela Edilidade quaisquer poderes de licenciamento e/ou fiscalização), nem tão pouco em terreno do domínio público camarário. r) E nem se diga, como faz o recorrente, que a taxa impugnada integra uma componente de desincentivo às actividades poluidoras, componente essa que respeita o princípio da proporcionalidade porquanto distingue os postos de abastecimento que prestam abastecimento na via pública ou em prédio privado. s) É certo que a Lei nº 53-E/2006, de 29 de dezembro, veio admitir que, embora o valor da taxa esteja condicionado pelo custo da atividade pública ou pelo benefício auferido pelo particular (artigo 4º, nº 1), possa «ser fixado com base em critérios de desincentivo à prática de certos atos ou operações» (nº 2). t) Algo que o município de Estarreja parece a aplicar não apenas ao cálculo do valor da taxa, como também aos pressupostos da criação da taxa – tal qual mais um novo pressuposto – numa interpretação desconforme com a reserva constitucional do regime geral das taxas à lei parlamentar (artigo 165º, nº 2, da Constituição). u) Importa, no entanto, reforçar o cuidado na aferição da conformidade constitucional da norma contida no artigo 4º, nº 2 da Lei nº 53-E/2006 – demasiado aberta, quando aplicada sem mais – para evitar o arbítrio e não perder de vista o pressuposto necessário das taxas: a bilateralidade. v) Quando estas mesmas atividades de impacto ambiental já se encontram sujeitas à remoção de um obstáculo jurídico e a uma taxa devida por essa remoção – como sucede no caso dos presentes autos – nada consente ao regulamento presumir um especial impacto ambiental negativo (ao contrário do que sucede com as normas legislativas de incidência dos impostos). x) Não deve, pois, ser tratada como possuindo um impacto ambiental negativo a tributar, pois o que é de presumir é que a licença ou a autorização só foram deferidas, depois de garantido o cumprimento das prescrições que minimizam o impacto ambiental negativo e que já foi liquidada uma taxa pela licença ou autorização, cujo valor compreende o cálculo de externalidades ambientais a suportar pelo município. z) Finalmente, sempre se diga que o tributo criado pelo Município de Estarreja e aqui impugnado, à semelhança do que sucede com tributo de idêntica natureza criado pelo Município de Oeiras, insere-se "(...) numa constelação tributária em matéria de «unidades de abastecimento de combustível e tomadas de ar» que compreende vários tributos incidentes sobre diferentes parcelas ou equipamentos de um posto de abastecimento de combustíveis» (vide acórdão do Plenário do TC nº 379/2018). aa) Pelo que, em face do supra exposto, outra conclusão não poderá retirar-se que não seja a de que a norma regulamentar aplicada pela

Câmara Municipal de Estarreja (pontos 7.1.2 e 7.2.2 da tabela de taxas do Regulamento Municipal de Taxas, Licenças e Outras Receitas do Município de Estarreja), aplicável a postos de combustível inteiramente instalados em domínio privado (ou domínio público do Estado) padece de inconstitucionalidade orgânica e formal, por violação do disposto nos artigos 103º, 2 e 165º, nº 1, alínea i) da Constituição da República Portuguesa. bb) O que significa que, sofrendo os referidos pontos 7.1.2 e 7.2.2 da tabela de taxas do Regulamento Municipal de Taxas, Licenças e Outras Receitas do Município de Estarreja (em que se fundaram as liquidações impugnadas) de inconstitucionalidade orgânica, não poderão deixar de se reputar de ilegais as liquidações efectuadas à sua sombra. cc) Ao não ter assim decidido, incorreu a douta sentença recorrida em erro de julgamento. Termos em que, sempre com o mui douto suprimento de V. Exas., deve ser o presente recurso julgado procedente, com as legais consequências. Houve contra-alegações em que o recorrido MUNICÍPIO DE ESTARREJA conclui da seguinte forma: "1 – Sendo a B...... uma empresa privada que apenas detém uma concessão do Estado não detém poderes de fiscalização e licenciamento, sendo que no contrato de exploração da estação de serviço outorgado com a recorrente está expresso que as taxas devidas a autarquias e decorrentes da exploração da estação de serviço são obrigação da recorrente. 2 – Numa taxa o sinalagma que a caracteriza não exige que a prestação do serviço seja contemporâneo com o pagamento e que o pagamento seja uma rigorosa contraprestação do serviço. 3 – A prestação do serviço subjacente à taxa pode estar expresso e dividido por várias acções promovidas pela autarquia em função do caso concreto da recorrente. 4 – O recorrido presta vários serviços específicos à recorrente. 5 – A taxa paga pela recorrente aquando da emissão do licenciamento, taxa paga ao poder central, destina-se a pagar o serviço de apreciação do pedido de licenciamento. A fiscalização acometida à autarquia e as exigências que em termos de prevenção e Plano de Emergência o posto de abastecimento determina exigem a prática de actos por parte do recorrente os quais devem ser pagos através da taxa em questão. 6 – Houve a preocupação por parte do recorrido em obediência ao princípio da proporcionalidade ajustar a taxa a valores distintos consoante o abastecimento de combustíveis decorra em prédio privado ou na via pública. 7 – Estando perante uma actividade notoriamente poluente e geradora de perigos ao abrigo do principio do poluidor pagador deve o recorrente contribuir através do pagamento da taxa para as despesas que obriga o recorrido a ter, nomeadamente na monitorização da poluição no Rio Antuã que passa junto à estação de serviço em causa (Estação de serviço do Antuã). TERMOS EM QUE JULGANDO O RECURSO IMPROCEDENTE SE FARÁ JUSTIÇA." Neste Supremo Tribunal, a Exma. Procuradora-Geral Adjunta pronunciou-se no sentido da improcedência do recurso. Os autos vêm à conferência corridos os vistos legais. 2. FUNDAMENTAÇÃO: 2.1. – Dos Factos: Na decisão recorrida foi fixado o seguinte probatório reputado relevante para a decisão: 1. Mediante contrato celebrado entre o Estado Português e a B..........., SA, o Estado atribuiu à B..... a concessão da construção e exploração, em regime de portagem, da auto-estrada do norte (A1), desde Vila Franca de Xira até aos Carvalhos – alínea a) do nº 1 do Base I do Decreto nº 467/72, de 22 de Novembro, cujas bases foram sucessivamente alteradas pelo Decreto Regulamentar nº 5/81, de 23 de Janeiro, pelo Decreto-Lei nº 458/85, de 30 de outubro, e pelo Decreto-Lei nº 315/91, de 20 de agosto, e Decreto-Lei nº 294/97, de 24 de outubro; 2. Por contrato celebrado em 28/10/1985, posteriormente sujeito a alterações, a B....... SA cedeu à C......, SARL, que posteriormente cedeu à agora Impugnante, mediante pagamento de uma remuneração, a exploração da área de serviço da Antuã, situada ao quilómetro 262 da auto-estrada do norte (A1), freguesia de Salreu, concelho de Estarreja – fls. 69 a 112 dos autos e testemunhas; 3. As instalações da área de serviço de Antuã situam-se em terreno pertencente à concessão da B......., em regime de subconcessão à A........, no território integrado no Concelho de Estarreja – acordo e fls. 69 do processo físico; 4. A área de serviço de Antuã está localizada fora dos aglomerados urbanos mais próximos – testemunhas; 5. A área de serviço de Antuã presta serviços 24 horas por dia – testemunhas; 6. À área de serviço de Antuã acedem diariamente vários milhares de veículos, cujos condutores e ocupantes utilizam as bombas de combustível, restaurantes, casas de banho e zonas de descanso, consomem água e geram lixos, efluentes e poluição – acordo e facto público e notório; 7. Ao serviço da Impugnante, trabalham na área de serviço de Antuã 8 a 10 pessoas por cada turno – testemunhas; 8. Esses trabalhadores entram e saem da área de serviço pela auto-estrada ou pelo acesso exterior que dá para a rede viária municipal testemunhas; 9. Ao posto de abastecimento de Antuã não foram concretamente efectuadas, durante os anos de 2009 a 2012, quaisquer diligências de fiscalização ou inspecção por parte dos serviços do Município de Estarreja, que não tenham como contrapartida outras taxas que não as discutidas nos presentes autos – testemunhas; 10. No mesmo período e às mesmas instalações não foram feitas inspecções pelos bombeiros ou pela Protecção Civil – testemunhas; 11. Não foram efectuadas alterações no plano de tráfego ou acessibilidades aos postos de abastecimento de Antuã – testemunhas; 12. Existe uma unidade de tratamento de resíduos de abastecimentos e outra de tratamento de águas sanitárias, licenciada pela APA – Agência Portuguesa de Ambiente – testemunhas; 13. Na área do posto de abastecimento usa-se água para rega dos jardins proveniente de furo próprio e usa-se água da rede pública, mediante pagamento de retribuição específica diversa da taxa em causa nos presentes autos – testemunhas; 14. Os resíduos sólidos gerados na estação de serviços, incluindo a área de restauração e outras, são recolhidos pelos serviços do Município, mediante retribuição específica diversa da taxa em causa nos presentes autos – testemunhas; 15. O posto de abastecimento de Antuã vende anualmente vários milhões de litros de combustível e é abastecido por camiões cisterna que lá vão regularmente de 3 em 3 dias – testemunhas; 16. Os camiões cisterna de abastecimento do posto de combustível circulam pela auto-estrada – testemunhas; 17. Os vapores de combustível são geralmente recuperados pela Impugnante e transformados novamente em combustível – testemunhas; 18. Os reservatórios de combustível têm paredes duplas, com sensores que detectam fugas, e sujeitos a inspecção e manutenção regular – testemunhas; 19. A inspecção ao funcionamento e aferição das bombas de abastecimento é feita pela Direcção Geral da Energia – testemunhas; 20. No Município de Estarreja existe um plano de emergência de proteção civil – testemunhas; 21. Do Plano Municipal de Emergência de Estarreja extracta-se: "3. IDENTIFICAÇÃO E CARACTERÍSTICAS DOS RISCOS 3.1. RISCOS DE ORIGEM NATURAL (...) 3.2. RISCOS PROVOCADOS PELO HOMEM. 3.2.1. ACIDENTE INDUSTRIAL. A perigosidade pode revelar-se pela emissão de substâncias tóxicas, inflamáveis ou de outra forma contaminantes, bem como por incêndios ou explosões susceptíveis de desenvolvimento encadeado. Em Estarreja o tecido industrial é composto maioritariamente por pequenas/ /médias empresas inseridas em áreas industriais, e outras, pelas suas características, inseridas na malha urbana, não constituindo um risco elevado. Existem ainda pontos sensíveis ao nível do comércio e serviços que constituem pontos de risco de acidente, como por exemplo os postos de abastecimento de combustíveis. importância considerável. Com a pele, provoca a sua destruição ou feridas graves de difícil cicatrização. As acções a desenvolver junto da população devem ter em consideração as concentrações verificadas junto desta, as quais são resultantes da quantidade de produto emitido, das condições de dispersão e da duração do evento. (...) 3.2 – TRANSPORTE DE MATÉRIAS PERIGOSAS. 3.2.1 – TRANSPORTE VIÁRIO DE MATÉRIAS PERIGOSAS. Pela existência de um Complexo Químico Industrial, o acidente com transporte de matérias perigosas é um risco importante a considerar. Os acidentes decorrentes do transporte de matérias perigosas são, na sua natureza, idênticos aos que podem ocorrer no Complexo Químico de Estarreja: – Derrame de produtos tóxicos; – Fuga de gás; – Incêndio e/ou explosão. O que diferencia este tipo de risco dos do Complexo é a variabilidade do local onde pode ocorrer o acidente, com consequências ambientais e impacto sobre as populações muito diferentes para o mesmo produto e uma resposta mais demorada das forças de socorro. Tentando minimizar as consequências de um acidente deste género, os percursos dos produtos manipulados no Complexo estão pré-estabelecidos, tendo em conta o afastamento das populações e a probabilidade de acidente. Para os transportes rodoviários de e para o Complexo Industrial, o itinerário seguido é o de acesso à auto-estrada. (...) 4 - ORGANIZAÇÃO DE EMERGÊNCIA. O Centro Municipal de Operações de Emergência de Protecção Civil de Estarreja (C.M.O.E.P.C.) é organizado da seguinte forma: 23. No posto de abastecimento há extintores de incêndio e o pessoal tem formação para o seu uso, para combate a incêndios e para actos de primeiros socorros – testemunhas; 24. A Impugnante tem seguro de responsabilidade civil e de responsabilidade ambiental – testemunhas; 25. Por ofícios nº 10868 a 10875, de 28/11/2013, efetivamente recebidos em 2/12/2013, foi a agora Impugnante notificada, por carta registada com aviso de receção, para proceder aos pagamentos das seguintes quantias: a) €265,76, referente a uma "licença" prevista no ponto 7.1.2 da Tabela Geral de Taxas, Licenças e Outras Receitas do Município de Estarreja, relativa ao processo nº 21/12, Tipo: 17 – Bomba Abastecedora de Gasóleo, instalada no posto de abastecimento sito na área de serviço de Antuã, auto-estrada A1, sentido Sul/Norte; b) €1.063,04, referente a uma "licença" prevista no ponto 7.1.2 da Tabela Geral de Taxas, Licenças e Outras Receitas do Município de Estarreja, relativa ao processo nº 22/12, Tipo: 25 – Quatro Bombas Abastecedoras de Gasolina98, Gasolina95 e Diesel, instaladas no posto de abastecimento sito na área de serviço de Antuã, auto-estrada A1, sentido Sul/Norte; c) €46,90, referente a uma "licença" prevista no ponto 7.2.2 da Tabela Geral de Taxas, Licenças e Outras Receitas do Município de Estarreja, relativa ao processo nº 23/12, Tipo: 19 – Duas Tomadas de Água, instaladas no posto de abastecimento sito na área de serviço de Antuã, auto-estrada A1, sentido Sul/Norte; d) €23,45, referente a uma "licença" prevista no ponto 7.2.2 da Tabela Geral de Taxas, Licenças e Outras Receitas do Município de Estarreja, relativa ao processo nº 24/12, Tipo: 20 – Tomada de Ar, instalada no posto de abastecimento sito na área de serviço de Antuã, auto-estrada A1, sentido Sul/Norte; e) €531,52, referente a uma "licença" prevista no ponto 7.1.2 da Tabela Geral de Taxas, Licenças e Outras Receitas do Município de Estarreja, relativa ao processo nº 25/12, Tipo: 17 – Duas Bombas Abastecedoras de Gasóleo, instaladas no posto de abastecimento sito na área de serviço de Antuã, auto-estrada A1, sentido Norte/Sul; f) €1.063,04, referente a uma "licença" prevista no ponto 7.1.2 da Tabela Geral de Taxas, Licenças e Outras Receitas do Município de Estarreja, relativa ao processo nº 26/12, Tipo: 25 – Quatro Bombas Abastecedoras de Gasolina98, Gasolina95 e Diesel, instaladas no posto de abastecimento sito na área de serviço de Antuã, auto-estrada A1, sentido Norte/Sul; g) €46,90, referente a uma "licença" prevista no ponto 7.2.2 da Tabela Geral de Taxas, Licenças e Outras Receitas do Município de Estarreja, relativa ao processo nº 27/12, Tipo: 19 – Duas Tomadas de Água, instaladas no posto de abastecimento sito na área de serviço de Antuã, auto-estrada A1, sentido Norte/Sul; h) €23,46, referente a uma "licença" prevista no ponto 7.2.2 da

Tabela Geral de Taxas, Licenças e Outras Receitas do Município de Estarreja, relativa ao processo nº 28/12, Tipo: 20 – Tomada de Ar, instalada no posto de abastecimento sito na área de serviço de Antuã, autoestrada A1, sentido Norte/Sul; – fls. 40 a 56 do PA; 26. O Município de Estarreja liquidou o tributo em causa com base em normas (verba 7.1.2 e 7.2.2 da Tabela Geral das Taxas. Licenças e Outras Receitas do Município de Estarreja) que incidem sobre: "Instalações abastecedoras de carburantes líquidos, ar e água: 7.1 – Bombas de carburantes líquidos: 7.1.1 – Bombas ou aparelhos abastecedores de carburantes instalados ou abastecendo na via pública (...) 7.1.2 – Instaladas em propriedade particular e abastecendo no interior dela – por cada, por ano ou fracção --- valor €7.2 – Bombas de ar ou água: 7.2.1 – Bombas, aparelhos ou tomadas de ar ou de água, instaladas ou abastecendo na via pública (...) 7.2.2 – Instaladas inteiramente em propriedade particular e abastecendo no interior dela – por cada uma e por ano ou fracção --- Valor €"; 27. Em 2/1/2014 a agora Impugnante reclamou graciosamente das referidas liquidações, alegando incompetência e inconstitucionalidade; 28. Por ofício nº 668, datado de 28/1/2014 e recebidos em 29/1/2014 foi a agora Impugnante notificada da decisão de indeferimento expresso da reclamação graciosa acima referida; 29. Da referida notificação da decisão de indeferimento consta: "Tendo por base o despacho do Senhor Presidente datado de 8 de janeiro de 2014, somos a notificar V. Exa: A reclamação apresentada pela A........, SA, é tempestiva, pois sendo o ofício desta Câmara a reclamar o pagamento da taxa em questão datado de 28/11/2013 e tendo a reclamação dado entrada nesta Câmara Municipal em 2/1/2014 está dentro do prazo de 30 dias prescrito no artigo 16º da Lei nº 53-E/2006. Nesta medida e respondendo à reclamação apresentada tomo desde já a liberdade de recordar que esta Autarquia já tomou decisões sobre casos iguais de cobrança de taxas à A....... e que tais casos já mereceram decisões judiciais, como é do vosso conhecimento (Acórdão do Tribunal Central Administrativo do Norte), que se junta. Impendendo sobre o Município um dever legal de atuação e prevenção no que toca à poluição e proteção civil e tendo o município de Estarreja serviços organizados que prestam tal apoio e têm previstas atuações em caso de acidente na estação de serviço da recorrida, devem tais serviços ser pagos por quem deles beneficia. Mesmo ocorrendo o abastecimento integralmente em terreno privado, essa atividade não deixa de gerar os riscos que o plano de emergência de Estarreja procura acautelar, que o serviço municipal de proteção civil deve prever e responder. Mais gerando poluição que o serviço municipal de ambiente previne e combate. Para além dos serviços disponibilizados outros há, tal como os bombeiros locais, que são financiados pelo município e que se integram na cadeia de serviços prestados à reclamante. A Lei nº 75/2013 prevê expressamente no seu artigo 23º – 2 alíneas g), j), k) a atuação da autarquia, sendo que a Lei nº 65/2007 faz recair no município a obrigação de prevenir os riscos, de fazer o levantamento, previsão, avaliação e prevenção dos riscos coletivos, o planeamento de situações de emergência, a criação do serviço de proteção civil. O atual Regime geral das taxas das autarquias: Lei nº 53-E/2006, vem expressamente traduzir os princípios constitucionais já supra abordados prevendo a criação de tais taxas. Pelo exposto, resulta que a contrapartida que o município presta e que está na origem da cobrança da taxa, se traduz num dever legal de atuação e prevenção no que toca à poluição e proteção civil. a) A cobrança da taxa reporta – se ao ano de 2014; b) A base em que assenta a referida taxa é o Regulamento Municipal de Taxas, licenças e outras receitas desta Câmara; Em conclusão e face ao supra exposto considera-se improcedente e como tal indeferida a reclamação apresentada no ato de liquidação."; 30. A presente Impugnação foi remetida em carta registada ao Tribunal Administrativo e Fiscal de Aveiro em 31/3/2014; 3.2 – Matéria de facto dada como não provada: Não há factos a considerar como não provados com relevância para a boa decisão da questão. 4 – Motivação de facto. A convicção do tribunal teve por base o confronto das posições das partes assumidas nos respectivos articulados e a análise global dos documentos juntos aos autos e ao processo administrativo que, por não estarem impugnados, se dão como integralmente reproduzidos, bem como os depoimentos das testemunhas inquiridas que, não obstante a sua dependência laboral da Impugnante, se mostraram credíveis, coerentes e assertivos, conforme se indica em cada um dos números de 3.1 supra. Em resultado do conjunto de provas trazidas aos autos, e tendo em conta os factos que não carecem de ser provados por serem públicos e notórios, formou-se a convicção de que a área de serviço de Antuã, localizada na auto-estrada A1, em zona muito povoada e muito industrializada, é muito utilizada por condutores e ocupantes dos veículos que circulam naquela via concessionada e que recorrem aos serviços de venda de combustíveis, aos serviços de restauração e à área de descanso e que desse facto resulta grande pressão geradora de poluição resultante dos gases provocados pelas paragens, estacionamentos e arranques dos veículos e pelos resíduos e efluentes remanescentes dos serviços prestados em Antuã, matéria em que não ocorre litigio de que cumpra conhecer. É público que o Município de Estarreja fez estudos e planos de emergência para o caso de acidente industrial, visando o planeamento da actuação pública no caso de a especial perigosidade das instalações industriais/comerciais em causa (incluindo os postos de abastecimento de combustível, entre os quais se inclui o da Impugnante) deixar de ser uma hipótese virtual e se transformar num evento presente que solicite a activação dos meios previstos e cuja prontidão se exige. Não vem invocado nem está provado que alguma parte do dispositivo de emergência previsto nos planos do Município de Estarreja (para além da parte relativa ao próprio planeamento e organização) tenha sido activado, nos anos de 2009 a 2012 (nem nos anos 2013 e 2014), para acorrer ao concreto posto de abastecimento de combustível da área de serviço da A1 em Antuã. A divergência consiste no facto de o Município de Estarreja considerar que foram planeados e se encontram prontos a actuar, em caso de necessidade, os meios necessários para controlar os danos, nomeadamente ambientais, resultantes de eventual sinistro que possa ocorrer na área de serviço de Antuã, ou no transporte relacionado com ela, em resultado da especial perigosidade da actividade exercida naquele posto de abastecimento de carburantes e que "a contrapartida que o município presta e que está na origem da cobrança da taxa, se traduz num dever legal de atuação e prevenção no que toca à poluição e proteção civil" – facto 29 de 3.1 supra – e a Impugnante não reconhecer a existência de qualquer concreta prestação municipal e considerar, por isso, que a designada "taxa" constitui um imposto. 2.2. – Motivação de Direito. O objecto do recurso é delimitado pelas conclusões das respectivas alegações, nos termos dos artigos 5º, 608º nº 2, 635º números 4 e 5 e 639º do CPC. No caso, em face dos termos em que foram enunciadas as conclusões de recurso pela recorrente, a questão que cumpre decidir subsume-se a saber se a decisão vertida na sentença, a qual julgou totalmente improcedente a impugnação, padece de erro de julgamento, por errónea interpretação, desde logo por os actos de liquidação da taxa se mostrarem feridos do vício de incompetência absoluta, acrescendo que ao tributo em causa não lhe seria reconhecida a natureza de taxa, pelo que sofreria de inconstitucionalidade orgânica e formal, por violação do disposto nos artigos 103º, nº 2 e 165º, nº 1, alínea i) da CRP. Vejamos. A sentença recorrida julgou improcedente a impugnação judicial deduzida pela ora recorrente antes de mais por não reconhecer a invocada incompetência absoluta do Município de Estarreja para o acto de liquidação em causa. Substanciando essa causa de pedir, a Impugnante alegou que o referido Município não possui atribuições legais nem competência para a liquidação dos tributos em causa, na medida em que o posto de abastecimento se situa em terreno que excluído do domínio municipal, abrangido pela concessão feita pelo Estado à B........, SA e cedido em subconcessão à agora Impugnante (artigo 23 a 33 da p.i.), acrescendo que o Decreto-Lei nº 167/2002, de 26 de novembro, alterado pelo Decreto-Lei nº 195/2008, de 6 de outubro, que define as competências de licenciamento e fiscalização dos postos de abastecimento, estabelece (alínea b) do artigo 5º) que é da competência das Câmara Municipais o licenciamento de postos de abastecimento que não estejam localizados nas redes viária regional e nacional, o que exclui essa competência no caso dos autos. O certo é que, como bem se refere na sentença e objectivam os autos, o Município de Estarreja não se arroga o direito de fiscalizar ou licenciar o funcionamento ou instalação dos postos de abastecimento em geral, radicando a ajuizada pretensão tributária no dever legal de actuação e prevenção no que toca à poluição e protecção civil no âmbito do planeamento do combate e prevenção de acidentes industriais e inerentes perigos ambientais provocados pelo homem. Em reforço desse ponto de vista, o Município de Estarreja ainda aduz que subjacentes ao plano de emergência estão implicados serviços públicos, exigidos pelo dever de protecção civil, provocados por alguns agentes que exercem actividades especialmente perigosas, nomeadamente os postos de abastecimento de combustível. Esse serviço administrativo será provocado, nesta tese, pelo simples facto de existirem postos de abastecimento de combustível, e haver transporte desses carburantes, dentro do território sob competência administrativa (em matéria de protecção civil) do Município. A exigência de protecção e da inerente suficiência, prontidão e organização desses meios justificaria, assim, a existência de taxas incidentes sobre o causador/provocador, desses serviços, ainda quando a respectiva utilização efectiva se encontra latente. Em suma: o facto gerador do tributo em causa (seja ele de qualificar como taxa ou como imposto, ou até como contribuição) não assenta, na tese do Município, em qualquer atribuição ou competência para licenciar o posto de abastecimento de combustíveis mas, antes, no poder de tributar o "utilizador"/causador/poluidor em função do impacto ambiental negativo suscitado pelo exercício dessa actividade, considerada especialmente perigosa para os direitos e interesses (principalmente os ambientais) da comunidade municipal. Enfrentando a questão da incompetência absoluta e para decretar a sua inverificação, adoptou-se na sentença recorrida a seguinte fundamentação: (...) O poder tributário das autarquias locais, no âmbito do qual se insere o poder de criar taxas, encontra-se constitucionalmente garantido, nos artigos 238º e 288º/n) da CRP, segundo os quais "As receitas próprias das autarquias locais incluem obrigatoriamente as provenientes da gestão do seu património e as cobradas pela utilização dos seus serviços" e "As autarquias locais podem dispor de poderes tributários, nos casos e nos termos previstos na lei" Nos termos da Lei das Finanças Locais (artigo 15º da Lei nº 2/2007, de 15 de janeiro, revogada pelo regime financeiro das autarquias locais e das entidades intermunicipais aprovado pela Lei nº 13/2013, de 3 de setembro, em vigor desde 1/1/2014 – seu artigo 20º), os municípios podem criar taxas nos termos do regime geral das taxas das autarquias locais. As partes estão de acordo que o Regime Geral das Taxas das Autarquias Locais (RGTAL), aprovado pela Lei nº 53-E/2006, de 29 de dezembro, atribui aos Municípios poder tributário para criar taxas que visem a satisfação das necessidades financeiras das autarquias locais e a promoção de finalidades sociais e de qualificação urbanística, territorial e ambiental (nº 1 do artigo 5º do RGTAL) ou para financiamento de utilidades geradas pela realização de despesas publicas locais, quando desta resultem utilidades divisíveis que beneficiem um grupo certo e determinado de sujeitos, independentemente da sua vontade (nº 2 do mesmo artigo).

As taxas das autarquias locais só podem resultar de um dos seguintes factos (artigo 3º do RGTAL): a) – da prestação concreta de um serviço público local; b) – da utilização privada de bens do domínio (público ou privado) das autarquias locais; c) – da remoção de um obstáculo jurídico legitimo ao comportamento dos particulares. Por outro lado, as taxas municipais incidem sobre utilidades prestadas aos particulares ou geradas pela actividade do Município, designadamente, pela prestação de serviços no domínio da prevenção de riscos e da protecção civil (alínea f) do nº 1 do artigo 6º do RGTAL) ou sobre a realização de actividades dos particulares geradoras de impacto ambiental negativo (nº 2 do mesmo artigo). Com tal intenção o Município liquidou o tributo em causa com base em normas (verba 7.1.2 e 7.2.2 da Tabela Geral das Taxas. Licenças e Outras Receitas do Município de Estarreja) que incidem sobre: "Instalações abastecedoras de carburantes líquidos, ar e água: 7.1 – Bombas de carburantes líquidos: 7.1.1 – Bombas ou aparelhos abastecedores de carburantes instalados ou abastecendo na via pública (...) 7.1.2 – Instaladas em propriedade particular e abastecendo no interior dela – por cada, por ano ou fracção --- valor €; 7.2 – Bombas de ar ou água: 7.2.1 – Bombas, aparelhos ou tomadas de ar ou de água, instaladas ou abastecendo na via pública (...) 7.2.2 – Instaladas inteiramente em propriedade particular e abastecendo no interior dela – por cada uma e por ano ou fracção --- Valor € (...). Da posição assumida pelo Município de Estarreja resulta que era sua intenção criar uma espécie de "taxa de protecção civil", incidente sobre a instalação física (número de bombas ou aparelhos distribuidores de combustível ou ar) onde é exercida a actividade causadora do impacto ambiental negativo que se pretende hostilizar. O poder tributário das autarquias locais é um poder constitucionalmente garantido, mas legalmente modelado em função dos restantes princípios constitucionais – princípio da proporcionalidade, princípio da intangibilidade do núcleo da autonomia financeira local – e ainda aos princípios da equivalência jurídica, da justa repartição dos encargos públicos e da publicidade, incidindo sobre utilidades prestadas aos particulares, geradas pela actividade dos municípios ou resultantes da realização de investimentos municipais (nº 2 do artigo 15º LFL). A questão de saber se o Município fez bom uso do poder de tributar contende com a legalidade do concreto acto e já não com a competência para o praticar. Pelo exposto, não se reconhece a invocada incompetência absoluta do Município de Estarreja para o acto de liquidação em causa." A bem elaborada sentença ainda evoca em abono da tese da competência o vertido em Acórdão deste STA em caso absolutamente idêntico, com única diferença de se tratar da mesma tributação relativa aos anos 2009 a 2012, concretamente o Acórdão de 15/11/2017, recurso 0173/15, proferido no âmbito do processo nº 952/12.8BEAVR cuja sentença foi proferido pelo mesmo juiz titular dos presentes autos, considerando que: "I – As taxas previstas no disposto nos pontos 7.1.2 e 7.2.2 do Regulamento Municipal da Tabela de Taxas, Licenças e Outras Receitas Municipais do Município de Estarreja (RMTLORMME), devidas por – bombas abastecedoras de carburantes líquidos e bombas de ar ou de água não assentam em qualquer atribuição ou competência para licenciar o posto de abastecimento de combustíveis, mas antes no poder de tributar os particulares beneficiários de utilidades prestadas ou geradas pela actividade do município, designadamente pela prestação de serviços no domínio da prevenção de riscos e da protecção civil ou sobre a realização de actividades dos particulares que oneram permanentemente o ambiente do município, aspectos estes não valorados no quadro do licenciamento." Aderindo inteiramente a esse ponto de vista e sem necessidade de mais considerações, inclinamo-nos pela improcedência das conclusões recursórias atinentes ao vício da incompetência. Sobre os demais fundamentos do presente recurso concernentes a não dever ser reconhecida a natureza de taxa ao questionado tributo e, por isso, padecer de inconstitucionalidade orgânica e formal, por violação do disposto nos artigos 103º, nº 2 e 165º, nº 1, alínea i) da CRP, também foram sobejamente tratadas no citado douto aresto do STA em termos que plenamente merecem a nossa concordância, para cuja fundamentação, data venia, nos limitamos a remeter, pontificando, a respeito, também os acórdãos do TCAN e do TC que pertinentemente são citados na bem produzida sentença recorrida. "(...) Da análise decisão recorrida e dos fundamentos invocados pelo Município de Estarreja para pedir a sua alteração, podemos concluir que a questão objecto do recurso é a da constitucionalidade (na perspectiva de saber se foi lesada a reserva parlamentar fixada no artigo 165º, nº 1, al. i) da CRP) das taxas previstas nos pontos 7.1.2 e 7.2.2 do Regulamento Municipal da Tabela de Taxas, Licenças e Outras Receitas Municipais do Município de Estarreja (RMTLORMME), relativas a licenças de bombas abastecedoras de combustíveis, ar e água. A sentença recorrida julgou procedente impugnação judicial interposta contra o indeferimento de reclamações graciosas, por sua vez deduzidas contra as liquidações de taxas, ao abrigo do disposto nos pontos 7.1.2 e 7.2.2 do Regulamento Municipal da Tabela de Taxas, Licenças e Outras Receitas Municipais do Município de Estarreja RMTLORMME), dos anos de 2009 a 2012, relativas a licenças de bombas abastecedoras de combustíveis, ar e água da área de serviço de ......, no entendimento de que o Município não presta qualquer serviço concreto à recorrente, pelo que o tributo em causa é um imposto e não uma taxa, sendo organicamente inconstitucionais os normativos dos pontos 7.1.2 e 7.2.2 do RMTLORMME, por violação do disposto nos artigos 165, nº 1, al. i) e 103º nº 2 da CRP. Para tanto, considerou a sentença que a suposta utilidade da referida taxa (pela prestação de serviços no domínio da prevenção de riscos de poluição e da protecção civil) cobrada pelo município de Estarreja consistiria num dever geral de proteção à comunidade da autarquia que aproveita a generalidade dos munícipes dessa mesma autarquia, a qual "...não logrou provar a existência de uma acção concreta e individualizada de análise ou inspecção, de formação ou aconselhamento ou qualquer outra prestação administrativa causada ou aproveitada individualmente pela impugnante." Em suma considerou que a prestação em causa não é divisível, efectiva e concreta, pelo que não poderá ser qualificada como taxa, por ausência de bilateralidade. Não conformado com o assim decidido o Município de Estarreja alega neste recurso que a taxa por si cobrada valora aspectos não contidos no licenciamento emitido pela entidade nacional nomeadamente a obrigação passiva do recorrente em ter de suportar uma actividade nociva ao ambiente; Mais alega que a taxa em causa pode também prosseguir objectivos, não financeiros desincentivado determinadas práticas (artigo 4º/2 do RGTAL), bem como podem as autarquias criar taxas pela prestação de serviços no domínio da prevenção de riscos e da protecção civil. E que a entidade recorrente possui serviços de protecção civil e no plano de emergência estão previstos os riscos criados pelo posto de abastecimento da recorrida e bem assim do transporte de combustíveis que para aí é realizado periodicamente. Conclui que «a taxa em questão não viola qualquer norma legal ou principio nomeadamente o invocado na douta sentença recorrida». 7.1 Da invocada inconstitucionalidade das taxas previstas nos pontos 7.1.2 e 7.2.2 do RMTLORMME, por violação do disposto nos artigos 165, nº 1, alínea i) e 103º nº 2 da CRP. Como decorre da fundamentação da sentença recorrida a questão da inconstitucionalidade das taxas em causa foi analisada sob a perspectiva do princípio da equivalência jurídica ou seja pretendeu-se apurar a relação comutativa que nas referidas taxas se estabelece entre a obrigação tributária e a provocação ou o aproveitamento de uma prestação administrativa, tendo em vista a saber se foi lesada a reserva parlamentar fixada no artigo 165º, nº 1 da CRP. A questão suscitada pela recorrente pressupõe assim, antes de mais, a análise do conceito de taxa e do seu carácter bilateral e sinalagmático. Segundo a doutrina fiscal enquanto que os "impostos são prestações pecuniárias, coactivas, unilaterais e definitivas, sem carácter de sanção, exigidas a detentores de capacidade contributiva por entes que exercem funções públicas, com vista à realização destas", nas taxas, "à prestação do particular corresponde uma contraprestação específica, uma actividade do Estado ou de outros entes públicos especialmente dirigida ao respectivo obrigado, actividade esta que se há-de concretizar na prestação de um serviço público, no acesso à utilização de bens do domínio público ou na remoção de um limite jurídico à actividade dos particulares" (veja-se José Casalta Nabais, in "Contratos Fiscais", Coimbra, 1994, pág. 236). Refere Nuno Sá Gomes, no seu Manual de Direito Fiscal, vol. I, pág. 76, que «a única característica distintiva das taxas em face ao imposto não está na utilidade, nem na voluntariedade nem na solicitação dos serviços pelos particulares, mas apenas no carácter sinalagmático das primeiras em termos de equivalência jurídica mas não também económica da prestação devida». Essa relação sinalagmática, como se sublinha no Acórdão Tribunal Constitucional 365/03 «há-de ter um carácter substancial ou material, e não meramente formal; isso não implica, porém, que se exija uma equivalência económica rigorosa entre ambos, não sendo incompatível com a natureza sinalagmática da taxa o facto de o seu montante ser "superior (e, porventura, até consideravelmente superior) ao custo do serviço prestado»". O que não pode é ocorrer uma «desproporção intolerável» (Acórdão do Tribunal Constitucional nº 1140/96, in DR II Série, de 10/2/97)", ou seja, "manifesta" e comprometedora, "de modo inequívoco, da correspectividade pressuposta na relação sinalagmática", sendo certo que a sua aferição há-de tomar em conta, não apenas o valor da quantia a pagar, mas também a utilidade do serviço prestado». É assim pela natureza da contraprestação da entidade pública que se há-de aferir a correspectividade característica da taxa. Ora vista a questão sob a perspectiva do princípio da equivalência jurídica, que é o que está em causa no presente recurso, importa proceder à análise das taxas em causa sob os seguintes aspectos: a) Incidência objectiva. b) Estrutura e montante das taxas, nomeadamente apurar se adequam tanto quanto possível ao custo e ao valor das prestações do município ou do benefício auferido pelo particular e se não se verifica excesso. As taxas impugnadas são as previstas nos pontos 7.1.2 e 7.2.2 do Regulamento Municipal da Tabela de Taxas, Licenças e Outras Receitas Municipais do Município de Estarreja (RMTLORMME), publicado no DR, IIª série de 26 de Março de 2010), o qual indica como diplomas habilitantes o artigo 241º da Constituição da República Portuguesa, o nº 1 do artigo 8º da Lei nº 53-E/2006, de 29 de dezembro (Lei das Taxas das Autarquias Locais), as alíneas a), e) eh) do nº 2 do artigo 53º e da alínea j) do nº 1 do artigo 64º da Lei nº 169/99, de 18 de setembro, na redacção dada pela Lei nº 5-A/2002, de 11 de janeiro, e os artigos 10º, 11º, 12º, 15º, 16º, 55º e 56º da Lei nº 2/2007, de 15 de janeiro (Lei das Finanças Locais). No caso vertente resulta dos autos que o posto de abastecimento (área de serviço de ....) se situa em terreno pertencente à concessão da B........, em regime de subconcessão à A.........., e não ocupa qualquer porção de território integrado no domínio público ou semi-público do Município de Estarreja – vide ponto 2 do probatório. Por outro lado dispõe o artigo 5º, nº 1, alínea b) do Decreto-Lei nº 267/2002 que apenas é da competência das Câmaras Municipais o licenciamento de postos de abastecimento de combustíveis não localizados nas redes viárias regional e nacional. Sendo que o licenciamento de postos de abastecimento de combustíveis localizados nas redes viárias regional e nacional é da competência das Direcções Regionais de Economia – artigo 6º, nº 3, alínea a) do referido diploma legal. Assim, uma vez que as bombas de abastecimento de combustíveis, ar e água não estão implantados no domínio público do município, nem se trata de uma licença para remoção de um obstáculo jurídico, porque o licenciamento do referido posto abastecedor não compete à Câmara Municipal mas sim à Administração Central, o tributo em causa apenas poderia consubstanciar uma taxa administrativa, como contrapartida da prestação de um concreto serviço público local – na redacção da al. a) do referido artigo 4º, nº 1 do Regulamento. Importa também sublinhar que pese embora se refira no probatório (ponto 25) que a impugnante foi notificada para proceder aos pagamentos de taxas alegadamente devidas pelas licenças de bombas abastecedoras de carburantes líquidos, tomadas de ar e água, não está aqui em causa a remoção a um obstáculo jurídico, no sentido de se licenciar o funcionamento ou a instalação dos postos de abastecimento. Não é isso que está em causa nem é esse o fundamento das taxas impugnadas. Na fundamentação das taxas em análise, constante da tabela geral de taxas, licenças e outras receitas, publicada no DR, IIª série de 26 de março de 2010, a designação/descrição adoptada é a de "instalações abastecedoras de carburantes líquidos, ar e água". No ponto 7.1.2 prevê-se a taxa devida por "bombas abastecedoras de carburantes líquidos: instaladas inteiramente em propriedade particular e abastecendo no interior dela, no montante de €241,29, especificando-se que corresponde ao critério de incentivo desincentivo o valor de €220,00 e ao «referencial superior (€), Lei 53-E/2006 de 29 de dezembro, artigo 4º nº 1», o valor de €21,29. No ponto 7.2.2 prevê-se a taxa devida por «bombas de ar ou de água: bombas ou aparelhos abastecedores de ar ou de água instaladas inteiramente em propriedade particular e abastecendo no interior dela", no montante de €21,29, especificando-se como «referencial superior (€), Lei 53-E/2006 de 29 de dezembro, artigo 4º nº 1», o valor de €21,29. No que concerne ao enquadramento legal das taxas em questão há ainda que ter em conta as seguintes disposições legais: – o artigo 4º, nº 1 do referido regulamento que, fundado na redacção do artigo 3º da Lei nº 53-E/2006, de 29 de dezembro, dispõe que as «taxas são tributos fixados no âmbito das atribuições das autarquias locais, de acordo com os princípios previstos na lei que aprovou o Regime das Taxas das Autarquias Locais e na Lei das Finanças Locais, que, traduzindo o custo da actividade pública, incidem sobre as utilidades prestadas aos particulares ou geradas pela actividade do Município: (a) na prestação concreta de um serviço público local; (b) na utilização privada de bens do domínio público e privado das autarquias locais; ou (c) na remoção de um obstáculo jurídico ao comportamento dos particulares. – e o artigo 6º do RGTAL (Lei 53-E/2006 de 29 de dezembro) que dispõe que as taxas municipais incidem sobre utilidades prestadas aos particulares ou geradas pela actividade dos municípios, designadamente pela prestação de serviços no domínio da prevenção de riscos e da protecção civil (alínea f) do nº 1) ou sobre a realização de actividades dos particulares geradoras de impacto ambiental negativo (nº 2 do mesmo normativo). Na tese da entidade recorrente o tributo é uma taxa porque o Município presta um serviço, independentemente da vontade do sujeito passivo, que consiste em planear e organizar a protecção civil em caso de acidente no posto de abastecimento de combustíveis da área de serviço de .... Portanto, tal bilateralidade resulta do "dever legal de atuação e prevenção no que toca à poluição e protecção civil" que recai sobre o Município e que esta cumpre efectivamente através da implementação dos planos municipais de emergência civil, sendo certo que tem competência e atribuições na área da protecção da saúde, protecção civil e protecção do ambiente que lhe exigem investimentos para prevenção dos riscos colectivos, no território municipal, que de outro modo não teria de suportar. Em suma, não estando em causa a invocação formal de uma licença tendo em vista a remoção de uma obstáculo jurídico, ou a utilização de um bem público ou semi-público, a questão que cumpre analisar – tendo em conta os fundamentos da decisão recorrida e as razões de discordância alinhadas pela recorrente, como contraponto a tal fundamentação – é a de saber se o tributo em causa tem como contrapartida a prestação concreta de um serviço público. O Tribunal Constitucional já se pronunciou expressamente, e por diversas vezes, sobre a constitucionalidade de disposições análogas, emanadas de outros Municípios, em que estavam em causa normas que impunham a cobrança de "taxas" a postos de abastecimento de combustíveis totalmente localizados em propriedade privada, e noutros casos, em que o posto de abastecimento, por qualquer dos seus elementos, se serve de terrenos públicos. Em conformidade com tal jurisprudência constitucional, aquela diferença é essencial, pois o tributo em causa aplica-se a todos os postos independentemente da sua localização. Assim, nos casos em que haja ocupação do domínio público, tem o Tribunal Constitucional decidido que a previsão genérica da norma permite sustentar que se trata de uma taxa, no entendimento de que "o tributo devido resulta da utilização individualizável do domínio público viário, estando nessa medida, preenchido o núcleo essencial do conceito de taxa" – neste sentido se decidiu nos Acórdãos 20/2003, 204/2003 e 441/2003. Pelo contrário, quando o posto abastecedor de combustível se situar em propriedade privada já o Tribunal Constitucional decidiu pela sua inconstitucionalidade, por não serem divisáveis os elementos constitutivos da taxa – assim se decidiu assim nos acórdãos números 515/2000, 113/2004, 339/2004, 536/2005 e 24/09. Porém, mais recentemente, em revisão da anterior jurisprudência, os Acórdãos 581/12 de 05.12.2012 e 316/14, de 01.04.2014 (Do Plenário do Tribunal Constitucional), julgaram não inconstitucional, mesmo quando aplicável a equipamentos de abastecimento de combustíveis líquidos inteiramente localizados em propriedade privada, a taxa prevista no artigo

70º, nº 1, 1.1, da Tabela de Taxas e Outras Receitas do Município de Sintra para 2008, no entendimento de que o que releva é o tipo de instalação e não a natureza pública ou privada em que a mesma se encontra instalada. No caso em apreço o posto de abastecimento (área de serviço de ......) situa-se em terreno pertencente à concessão da B... em regime de subconcessão à A..., e não ocupa qualquer porção de território integrado no domínio público ou semi-público do Município de Estarreja. E o Tribunal recorrido considerou que o Município de Estarreja não logrou provar a existência de qualquer acção concreta e individualizada de análise ou inspecção, de formação ou de aconselhamento ou qualquer outra prestação administrativa causada ou aproveitada individualmente pela Impugnante. Ponderando por um lado que «os "planos" de protecção civil resultam dum dever geral de protecção à comunidade da autarquia, cuja prestação é uma incumbência do Estado enquanto garante da segurança dos cidadãos (artigo 27º, alínea d) do artigo 9º e nº 1 do artigo 12º da CRP) que aproveita à generalidade dos cidadãos desse município ou visitantes dele, não divisível, e que deve ser, em regra, financiada – num "Estado tributário" como o português – através de verbas do Orçamento Geral do Estado obtidas essencialmente da cobrança de impostos». E que, por outro lado "é irrelevante, para o caso, que na área de serviço seja gerado impacto ambiental negativo em resultado da concentração anormal de gases dos veículos dos clientes." (....) Até porque os resíduos e efluentes desses serviços são tributados por outro meio que não está em discussão nos presentes autos. Só poderia não ser assim se o Município alegasse e provasse que presta serviços efectivos relacionados com esse facto fazendo, por exemplo, análises do ar.» Mas será que é exactamente assim? Será que estando em causa a exploração de posto de abastecimento de combustível, que implica o armazenamento e o manuseamento de materiais altamente inflamáveis e que envolve inequivocamente riscos para a segurança e para a saúde das pessoas e, além do mais, interfere com a qualidade do ambiente, sendo as taxas impugnadas fundamentadas pelo dever que incumbe aos municípios de prestação de serviços no domínio da prevenção de riscos e da protecção civil e de defesa do ambiente, se justifica e é razoável impor aos municípios que estes, para cobrarem tais taxas, tenham de fazer a prova de todas e cada uma das acções realizadas em cumprimento de tal dever. A resposta, a nosso ver, deve ser negativa. De facto a jurisprudência do Tribunal Constitucional tem admitido que possa não existir um acto concreto de prestação a justificar a cobrança da taxa, desde que os índices ou presunções em que a mesma assenta sejam razoáveis e permitam identificar a ocorrência da prestação de um serviço provocado ou aproveitado pelo seu sujeito passivo. Como se evidencia no Acórdão do Plenário do Tribunal Constitucional proferido no recurso 316/2014, «o simples funcionamento e a exploração de postos de abastecimento de combustíveis envolve riscos para a segurança e a saúde das pessoas e interfere com a «qualidade do ambiente» (no sentido dado a esta expressão no artigo 5º, nº 2, alínea e), da Lei nº 11/87, de 7 de abril – a Lei de Bases do Ambiente: "a adequabilidade de todos os seus [do ambiente] componentes às necessidades do homem"), razões que levaram o legislador a estabelecer um quadro normativo técnico com caráter preventivo e a consagrar um sistema de fiscalização destinado a fazê-lo respeitar. Estas ações do legislador configuram por isso – ao menos, também – uma concretização do dever de proteção do ambiente. Na verdade, os postos de abastecimento de combustíveis, em si mesmos enquanto depósitos, e o seu funcionamento, representam uma fonte de poluição, em especial para os componentes ambientais ar, água, solo e subsolo nas suas imediações (cfr. o artigo 21º da Lei de Bases do Ambiente). É também a proibição de poluir que justifica os condicionamentos normativos e os termos concretos da ação fiscalizadora a desenvolver (cfr. o artigo 26º da Lei de Bases do Ambiente). A partir do início de vigência do Decreto-Lei nº 267/2002, de 26 de novembro, os municípios adquiriram um papel central na operacionalização do sistema de fiscalização (cfr. o respetivo artigo 25º). A importância dos municípios e da fiscalização por eles exercida é tanto mais de sublinhar, desde logo, porque é o ambiente de cada município em que se localizam postos de abastecimento de combustíveis que é degradado. Por outro lado, atenta a duração longa das licenças de exploração deste tipo de instalações – até 20 anos, sendo esta a situação normal, de modo a amortizar os investimentos vultosos realizados pelos seus promotores (cfr. o artigo 15º do Decreto nº 29.034, de 1 de outubro de 1938 e o artigo 15º, números 1 e 2, do Decreto-Lei nº 267/2002, de 26 de novembro) – frequentemente é apenas ao nível da fiscalização que os municípios podem intervir em defesa dos seus interesses e dos seus munícipes. (...) Ou seja, incumbe aos municípios o dever de proteção dos interesses acautelados na legislação e regulamentação própria dos postos de abastecimento de combustíveis. E esse dever legal é permanente e específico, porque dirigido à garantia de regras especiais, de modo a, por exemplo, detetar situações de "perigo grave para a saúde, a segurança de pessoas e bens, a higiene e a segurança dos locais de trabalho e o ambiente" e "tomar imediatamente as providências que em cada caso se justifiquem para prevenir ou eliminar a situação de perigo" (cfr. o artigo 20º, nº 1, do Decreto-Lei nº 267/2002, de 26 de novembro); ou situações de infração às regras de exploração de postos de abastecimento (cfr. o artigo 45º e seguintes do Regulamento de Construção e Exploração de Postos de Abastecimento de Combustíveis). Há aqui manifestamente um plus, relativamente aos deveres gerais de polícia administrativa. Com efeito, não é indiferente para um qualquer município, ter ou não ter postos de abastecimento de combustíveis localizados na sua circunscrição, já que, em caso de acidente, a omissão de uma fiscalização diligente pode ser considerada como tendo contribuído para o mesmo e, assim, ser causa de danos para o próprio município e fonte de obrigações de indemnização de danos de terceiros. É a existência deste dever legal de fiscalização especificamente imposto às câmaras municipais com referência aos postos de abastecimento de combustíveis, para mais pautado por requisitos técnicos especiais previstos em legislação própria, que torna menos plausível – para não dizer completamente implausível – a inexistência de atividades de fiscalização e a adaptação das estruturas e serviços municipais nos planos da proteção civil e da defesa do ambiente.» Ora é indubitável que a exploração de um posto de abastecimento de combustível, como o que está em causa nos autos, configura por si só, e independentemente da natureza pública ou privada do local onde se encontre, uma situação de risco e geradora de impactos ambientais negativos. Implicando, necessariamente, a utilização de recursos naturais (ar, solo e água), ocasionando forte desgaste ambiental, determinando condicionantes urbanísticas e de aproveitamento dos solos, causando riscos ambientais, que incumbe à autarquia inspecionar, fiscalizar e prevenir, para além de colocar delicados problemas de planeamento e prevenção em termos de segurança civil. Isto tudo, para além de implicar o armazenamento e manipulação de materiais altamente inflamáveis (Cf. Acórdão nº 581/12 do Tribunal Constitucional, de 05.12.2012.). E, como se disse no Acórdão do Tribunal Constitucional nº 329/03, mesmo no que concerne a bombas de ar ou água, não deixam de existir factores incidentes sobre o meio ambiente, como os derivados do ruído de compressores e infiltrações ou gasto inútil de um líquido essencial à vida e que deve ser preservado e racionalmente gerido. Riscos que o município é obrigado a prever e a avaliar estando igualmente obrigado a um planeamento e soluções de emergência no âmbito da protecção civil e do ambiente. Com efeito, nos termos da Lei nº 159/99, de 14 de setembro (Em vigor à data dos factos e posteriormente revogada pela Lei nº 75/2013 de 12 de setembro,), diploma que na data definia as atribuições e competências das autarquias locais, eram atribuições dos municípios os domínios da saúde, protecção civil, ambiente e saneamento básico (artigo 13º, nº 1, alíneas g), j) e l)), sendo que no âmbito da protecção civil competia aos órgãos municipais a realização de investimentos nos seguintes domínios: a) Criação de corpos de bombeiros municipais; b) Construção e manutenção de quartéis de bombeiros voluntários e municipais, no âmbito da tipificação em vigor; c) Apoio à aquisição de equipamentos para bombeiros voluntários, no âmbito da tipificação em vigor; d) Construção, manutenção e gestão de instalações e centros municipais de protecção civil. Ainda, no âmbito da protecção civil, a Lei nº 65/2007 de 12 de novembro, que define o enquadramento institucional e operacional da protecção civil no âmbito municipal, estabelece a organização dos serviços municipais de protecção civil e determina as competências do comandante operacional municipal, identificando como domínios e objectivos de actuação, entre outros, os seguintes: Prevenir no território municipal os riscos colectivos e a ocorrência de acidente grave ou catástrofe deles resultante; Levantamento, previsão, avaliação e prevenção dos riscos colectivos do município; Planeamento de soluções de emergência, visando a busca, o salvamento, a prestação de socorro e de assistência, bem como a evacuação, alojamento e abastecimento das populações presentes no município; g) Previsão e planeamento de acções atinentes à eventualidade de isolamento de áreas afectadas por riscos no território municipal; (artigo 2º, nº 1, al. a) e 2, als. a) d) e g)). Isso mesmo é referido pela entidade recorrente ao invocar e alegar que: – as instalações de abastecimento de combustíveis líquidos constituem «um factor de potencial desgaste ambiental e risco de uma vida humana sadia e ecologicamente equilibrada»; – À área de serviço de .... acedem diariamente vários milhares de veículos, cujos condutores e ocupantes utilizam as bombas de combustível, restaurantes, casas de banho e zonas de descanso, consomem água e geram lixos, efluentes e poluição (ponto 6 do probatório); – O posto de abastecimento de ...... vende anualmente vários milhões de litros de combustível e é abastecido por camiões cisterna que lá vão regularmente de 3 em 3 dias – (ponto 15, probatório); – o serviço de protecção civil, beneficiando a generalidade dos cidadãos, prevê riscos específicos dos postos de abastecimento e equaciona medidas de resposta a esses riscos; – no município de Estarreja existe um plano de Emergência e Protecção Civil onde foram tidos em consideração os postos de abastecimento de combustíveis e os riscos que os mesmos geram para a comunidade (pontos 20 a 23 do probatório); – e ainda que impende sobre o município o dever legal de actuação e prevenção no que toca à poluição e protecção civil, tendo o município de Estarreja serviços organizados que prestam tal apoio; Ora é precisamente considerando estes domínios de actuação, atribuídos por lei aos municípios, que o Tribunal Constitucional sublinha, no já citado aresto, que «(.....) o dever legal de fiscalização dos postos de abastecimento de combustíveis por parte das câmaras municipais cria uma presunção suficientemente forte no sentido de que a simples localização daqueles postos em determinada circunscrição concelhia é causa de uma atividade de vigilância e de ações de prevenção por parte do município correspondente, não só para dar cumprimento à lei, como principalmente para evitar que os riscos quanto à segurança de pessoas e bens, os riscos para a saúde pública e os riscos ambientais associados à existência e funcionamento daquelas instalações se materializem (Sublinhado nosso.). É, pelo menos «normal», e é seguramente expectável da parte de autoridades públicas jurídica, social e ambientalmente responsáveis, que o significado e importância dos bens postos em perigo pela existência e funcionamento de postos de abastecimento de combustíveis, em articulação com as obrigações legais dos municípios, que estes desenvolvam em relação aos postos de abastecimento localizados nas respetivas circunscrições todas as ações a que legalmente estão obrigados, entre as quais se inclui a mencionada vigilância permanente com intuitos de prevenção. Assim sendo, não parece que lhes deva ser exigido que, para justificar a fixação de uma taxa como contrapartida de tais ações realizadas em cumprimento da lei, façam prova de cada uma dessas ações junto dos destinatários das mesmas.» Estas considerações, que se reiteram, são perfeitamente transponíveis para o caso vertente. É certo que na hipótese ao Acórdão 316/2014 estava em causa o pagamento de uma taxa municipal como contrapartida da implantação de instalações de abastecimento de combustíveis situada em terreno particular, cujo licenciamento era da competência da Câmara Municipal, o que não sucede no caso subjudice, em que o licenciamento cabe à Direcção Regional de Energia. Mas, como igualmente se refere naquele aresto, mesmo em relação aos postos cuja exploração foi licenciada pela Administração central há que sublinhar a circunstância de, serem afectados pela prossecução do interesse económico particular do titular da licença os bens da «segurança» e «qualidade ambiental» do Município e dos seus munícipes, e mais em geral, todo do «espaço público municipal». Há, pois, todo um conjunto de bens ambientais e de riscos colectivos inerentes à actividade de exploração do posto e combustíveis, que são afectados pelo interesse económico particular da recorrida e que ao Município incumbe proteger. Sendo que é todo este conjunto de actividades no domínio da prevenção de riscos e da protecção civil ou do ambiente do município, não valorado no quadro do licenciamento, que justifica e confere legitimidade às taxas impugnadas. Acresce que, como igualmente sublinha o Tribunal Constitucional, «não se justifica distinguir, para efeitos de taxação referente aos condicionamentos do tráfego e acessibilidades e aos impactes ambientais negativos nos recursos naturais – ou seja, relativamente à obrigação do município de suportar atividades que interferem permanentemente com aqueles bens – entre a emissão de licenças de exploração ou suas renovações pela Administração central e a emissão de licenças de exploração ou suas renovações pela câmara municipal. Com efeito, tanto num caso, como no outro, as atividades licenciadas projetam-se da mesma forma e de modo negativo sobre o espaço público municipal». Mas há, ainda, outro aspecto relevante a considerar. É que o licenciamento dos postos de abastecimento de combustíveis, quer pela Câmara Municipal quer pelas Direcções Regionais de Economia, removendo embora um obstáculo jurídico, não toma em consideração a obrigação passiva do Município de se conformar com a influência modeladora da actividade licenciada. E este aspecto é determinante: existe um comportamento sujeito a licenciamento que constitui o Município numa dada obrigação de suportar impactes negativos da actividade licenciada que pura e simplesmente não são considerados na licença. E a taxa em causa é também a contrapartida específica de tal obrigação passiva – (cf. Acórdão nº 316/2014 do Tribunal Constitucional). Neste contexto poderemos concluir que os tributos impugnados resultam do dever legal, que recai sobre o Município, de actuação e prevenção no que toca à protecção civil e ao ambiente, e que derivam das suas competências e atribuições naquelas áreas de actuação, os quais lhe exigem investimentos para prevenção dos riscos colectivos no território municipal. O que confere legitimidade à cobrança das taxas em questão e conduz à procedência dos argumentos invocados pelo Município de Estarreja no sentido de que não se verifica a carência de sinalagma. Daí que, com base em tal fundamentação se conclua, que as taxas previstas no disposto nos pontos 7.1.2 e 7.2.2 do Regulamento Municipal da Tabela de Taxas, Licenças e Outras Receitas Municipais do Município de Estarreja RMTLORMME), são legitimas à luz do artigo 3º do RGTAL, e não padecem de inconstitucionalidade por violação do princípio da legalidade tributária no sentido de reserva de lei formal, ínsito nos artigos 165º, nº 1, alínea i) e 103º, nº 2 da CRP e também no artigo 8º da LGT." Improcedem a essa luz as conclusões de recurso sob análise, devendo a sentença recorrida ser mantida na ordem jurídica. 3. Decisão. Termos em que, face ao exposto, acordam os juízes da Secção de Contencioso Tributário do Supremo Tribunal Administrativo em julgar improcedente o recurso e confirmar a sentença recorrida.

6. Acórdão do Supremo Tribunal Administrativo (Proc. 399/17), de 12-07-2018. Acordam na Secção do Contencioso Tributário do Supremo Tribunal Administrativo: 1 Relatório. A.... Centro Comercial, S.A., impugnou, no Tribunal Administrativo e Fiscal de Castelo Branco, o ato de liquidação, a que se reporta a fatura/recibo nº 0751406/21001856 de 3/06/2014, no valor de €6.186,04, emitida pela ADC-Águas da Covilhã, tendo peticionado que a presente impugnação seja «julgada provada e procedente e em consequência ser recusada a aplicação do disposto nos artigos 32º/1, 33º/2 e 3, 37º e 38º/1, 2 e 3 do Regulamento de águas residuais, por ilegais, julgando-se nulos ou anulando-se ao atos impugnados praticados ao seu abrigo, restituindo-se à reclamante a diferença do valor pago com as legais consequências.». Requereu, ainda, «o direito a juros indemnizatórios sobre todas as quantias impugnadas que a ora impugnante já liquidou». Aquele Tribunal, por sentença de 27/01/2017 (fls.305/322), julgou a ação procedente. Discordando do assim decidido a recorrente formulou, em alegações, as seguintes conclusões: «1. A recorrente não se conforma com a sentença do tribunal a quo que julgou procedente a impugnação judicial. 2. Desde 2009 que as atividades de abastecimento de água às populações de saneamento de águas residuais urbanas e de gestão de resíduos urbanos estão regulados no Decreto nº 194/2009 de 20 de Agosto, tendo este revogado expressamente os decretos-Lei nº 379/93 e 207/94. 3. O Decreto-Lei nº 194/2009, o qual define

muito bem quais os sistemas que estão em causa e os seus componentes sendo certo que no sistema de águas residuais estão presentes os componentes de recolha, drenagem e tratamento de águas residuais. 4. Uma estrutura complexa que integra um sistema de drenagem e um sistema de tratamento ou, como explicita o Decreto-Lei nº 379/93 um serviço de recolha e rejeição de efluentes e um serviço de tratamento. 5. Em nenhuma lei se fixa um serviço de drenagem e tratamento. 6. Na verdade, tal não existe na realidade: a rede de drenagem é uma, fisicamente distinta, constituída por uma rede de coletores e tubagens enterrados, o sistema de tratamento é outro, também fisicamente distinto, composto por estações de tratamento (ETAR,s). 7. O legislador quis, efetivamente, referir-se a todos os serviços prestados pela entidade pública. 8. Em todos os normativos o legislador se referiu expressamente a todos os serviços prestados aos utentes nomeadamente, os que têm que ver com a condução das águas residuais (rede de drenagem) e os que têm a ver com o tratamento das águas residuais. 9. Deste quadro legal, não pode o intérprete saltar para a conclusão que tira o Tribunal a quo, a saber, de que na lei "... apenas se contemplam três distintas prestações de serviços...". 10. Impõem os nºs 2 e 3 do artigo 9º do Código Civil que não pode ser considerado pelo intérprete o pensamento legislativo que não tenha na letra da lei um mínimo de correspondência verbal sendo que na fixação do sentido e do alcance da lei, o intérprete presumirá que o legislador consagrou as soluções mais acertadas e soube exprimir o seu pensamento em termos adequados. 11. O Regulamento de Águas Residuais quis explicitar a composição da tarifa de saneamento. 12. E conforma-se com a lei habilitante. 13. Portanto, o Regulamento de Águas Residuais do Concelho da Covilhã, publicado no DR. 2ª Série de 12 do Janeiro de 2011 é absolutamente legal. 14. A recorrente cobra ao utilizador a contrapartida pela existência de uma rede de canalizações, "devidamente conservada"; cobra a contrapartida pela utilização da rede de drenagem de esgotos; cobra ao utilizador a compensação pelas despesas feitas pela entidade gestora para tratar o esgoto (estações de tratamento, produtos de tratamento). 15. Todos os serviços são perfeitamente dissociáveis. 16. Depois de cumprir o seu dever de máxima informação, a recorrente procurou simplificar a leitura do "tarifário" e da fatura. 17. Da matéria de facto dada como provada consta que a tarifa de saneamento, uma tarifa de saneamento, comporta a drenagem e o tratamento. 18. E do verso da fatura consta "tarifa de saneamento. 19. Portanto, a ora recorrente nunca cobrou duas tarifas de saneamento; cobrou a tarifa de saneamento onde estão agregados os serviços de drenagem de tratamento. 20. Ao decidir no sentido que o fez, a douta sentença Tribunal a quo fez uma deficiente interpretação dos artigo 2º nº 1 alínea b), nº 4 e 11º-A do Decreto-Lei nº 194/2009, dos artigos 32º e 33º do Regulamento de Águas Residuais do Concelho da Covilhã, publicado no DR. 2ª Série de 12 de janeiro de 2011 e violou os números 2 e 3 do artigo 9º do Código vil.». O recorrido contra-alegou tendo concluído da forma seguinte: «1ª O objeto do presente recurso reconduz-se à questão de direito discutida na sentença recorrida, que consiste em determinar se o Regulamento Municipal de águas Residuais na parte relativa a tarifas variáveis padece de ilegalidade. 2ª O Tribunal a quo decidiu e bem que "no âmbito do sistema de saneamento de águas residuais, apenas pode ser cobrada uma única tarifa [variável] pelo serviço prestado [saneamento] que, forçosamente, englobará as fases de recolha, drenagem, elevação, tratamento e rejeição de águas residuais, não se justificando que, para efeitos de tributação, qualquer uma destas fases possa ser individualizada como uma específica prestação de serviços, da mesma forma que as diversas fases dos demais sistemas municipais [de abastecimento de água e gestão de resíduos sólidos] não são autonomizáveis" concluindo que "as normas previstas nos artigos 33º nº 2 e 3, 37º e 38º, do Regulamento de Águas Residuais da Covilhã ao preverem a criação de duas taxas como contrapartida remuneratória pela realização da mesma actividade de saneamento são, pois, ilegais, porquanto desconformes com os diplomas enformadores da actividade em causa, bem como com o artigo 16º, nº 3 da Lei nº 2/2007, vigente à data da elaboração do aludido regulamento, devendo, por isso, serem desaplicadas ao caso em concreto". 3ª Atendendo ao critério formal da fonte da obrigação, que é a lei, ao regime económico, que é de monopólio, à indispensabilidade do serviço e à sua natureza comutativa, a tarifa ou preço do serviço de saneamento tem a natureza de taxa, receita tributária. 4ª Sendo uma taxa, a tarifa de saneamento é uma receita de natureza tributária à qual são integralmente aplicáveis todas as normas que conformam a criação de contribuições financeiras a favor de entidades públicas e habilitam a sua sindicância. 5ª O Decreto-Lei nº 226-A/2007, o Decreto-Lei nº 207/94 e o Decreto-Lei nº 194/2009 consideram todos eles, de forma igual, a prestação pelas entidades gestoras responsáveis de três e apenas três serviços públicos integrados: (i) captação, tratamento e distribuição de água para consumo público; (ii) recolha, tratamento e rejeição de efluentes e (iii) recolha e tratamento de resíduos sólidos. 6ª A divisão destes três serviços públicos, encontra-se pois, legalmente conformada nos citados diplomas, não sendo possível destacar qualquer uma das oito atividades ali indicadas (captação/tratamento/distribuição de água para consumo público/recolha/tratamento/rejeição de efluentes/recolha/tratamento de resíduos sólidos) como atos tributáveis autónomos. 7ª Na Recomendação nº 1/2009 do então Instituto Regulador de Águas e Resíduos (disponível em www.ersar.pt foi expressamente afirmado que "em virtude da aplicação das tarifas de saneamento, a entidade gestora deve ficar obrigada a executar as seguintes actividades, não as devendo facturar de forma específica: (...) b) Recolha e encaminhamento de águas residuais; (...)" (cfr. nº 3. 3.1.1.2). 8ª O Regulamento de águas residuais, aprovado em Assembleia Municipal de 10.12.2010, criou, nos seus artigos 32º nº 1, 33º números 2 e 3, 37º e 38º nº 1, 2 e 3, TRÊS TAXAS de saneamento: uma fixa de disponibilidade do serviço e DUAS TAXAS VARIÁVEIS uma de drenagem de esgotos e outra de tratamento de esgotos, cada uma incidindo sobre o volume de água faturado. 9ª A Recorrida não contesta a taxa fixa de disponibilidade. 10ª Não existindo LEI habilitante que permita a duplicação da Taxa de Saneamento nas duas taxas variáveis efetivamente cobradas de i) "Tarifa de drenagem" e (ii) "Tarifa de tratamento", as normas que o determinam, ínsitas nos artigos 32º nº 1, 33º números 2 e 3 37º e 38º números 1, 2 e 3 do Regulamento de águas residuais são ilegais. 11ª O Regulamento aprovado em Assembleia Municipal de 10.12.2010 revela-se nulo e de nenhum efeito por não respeitar as respetivas leis conformadoras quanto à incidência tributária a saber: o Decreto-Lei nº 226-A/2007, de 31 de maio, o Decreto-Lei nº 207/94, de 6 de agosto revogado pelo Decreto-Lei nº 194/2009 e a Lei nº 2/2007, de 15 de janeiro, entretanto também revogado pela Lei nº 73/2013, de 3 de setembro. 12ª Se as leis habilitantes não prevêem a duplicação da taxa variável de saneamento em (i) "Tarifa de drenagem" e (ii) "Tarifa de tratamento", por força do princípio constitucional da hierarquia das leis não poderia o Regulamento de Águas residuais fazê-lo, posto que "nenhuma lei pode criar outras categorias de actos legislativos ou conferir a actos de outra natureza o poder de, com eficácia externa, interpretar, integrar, modificar, suspender ou revogar qualquer dos seus preceitos.", sob pena de ser manifestamente inconstitucional (cfr. artigo 112º nº 5 da Constituição da República Portuguesa). 13ª A fatura que titula a liquidação Recorrente não discrimina as duas taxas variáveis de drenagem de esgotos e de tratamento de esgoto previstas nos artigos 37º e 38º do regulamento, nem apresenta o seu valor unitário tal como o não faz o tarifário publicado (cfr. Doc. nº 3), desrespeitando aquelas normas regulamentares. 14ª A Recorrente liquidou duas taxas variáveis de "saneamento" por duas vezes sobre o valor total do consumo de água (100%) contrariando a Recomendação nº 1/2009 do IRAR que aconselha a considerar-se que o volume de águas residuais recolhidas corresponde ao produto da aplicação de um coeficiente de recolha de referência de âmbito nacional, correspondente ao valor de 0,9 ao volume de água consumido (ou seja, uma única taxa variável sobre 90% da água faturada). 15ª Não apresentando fundamento regulamentar válido por o Regulamento de Águas Residuais ser nulo e de nenhum efeito, o ato impugnado enferma de nulidade por falta de fundamento legal.». Recebidos os autos neste supremo Tribunal o Ministério Público emitiu a seguinte pronúncia: «1. O presente recurso vem interposto da sentença do TAF de Castelo Branco de fls. 305 e seguintes, que julgou procedente a ação intentada contra o ato de liquidação da "tarifa de saneamento", no valor de €3.060,32, que determinou a sua anulação e restituição do montante pago, acrescido de juros indemnizatórios. Considera o Recorrente que a sentença recorrida padece do vício de violação de lei, por violação do disposto nos artigos 2º, nº 1, alínea b), nº 4 e 11º-A do Decreto-Lei nº 194/2009, de 20 de agosto, e dos artigos 32º e 33º do Regulamento de Águas Residuais do Concelho da Covilhã, publicado no D.R., 2ª série, de 12 de janeiro de 2011, e artigo 9º, nº 2 e 3, do Código Civil. Para o efeito alega que «o sistema tem é o que se pode chamar de "Capacidade instalada" constituída por uma rede de tubagem para drenagem e uma rede de estações de tratamento, uma e outra perfeitamente autonomizáveis e uma e outra constituindo um "centro de custos": o custo de manutenção e construção de uma rede de drenagem e o custo de construção e manutenção de uma rede de estações de tratamento». E conclui que o Recorrente «cobra ao utilizador a contrapartida pela existência de uma rede de canalizações "devidamente conservada", cobra a contrapartida pela utilização da rede de drenagem de esgotos; cobra ao utilizador a compensação pelas despesas feitas pela entidade gestora para tratar o esgoto (estações de tratamento, produtos de tratamento)». Entende, assim, que o Regulamento Municipal se conforma com a lei habilitante e está conforme a lei. E termina pedindo a revogação da sentença do TAF de Castelo Branco. 2. A questão que se coloca consiste em saber se a sentença recorrida incorreu em erro de julgamento ao concluir pela ilegalidade das normas regulamentares que prevêem a cobrança da taxa de saneamento impugnada; Mais precisamente em saber se as normas dos artigos 33º números 2 e 3, 37º e 38º do Regulamento de Águas Residuais da Covilhã (Publicado no D.R., 2ª série, nº 8, de 12 de janeiro de 2011.) padecem do vício de ilegalidade, por afrontarem o disposto no artigo 2º, nº 1, alínea b), do Decreto-Lei nº 194/2009 e no artigo 16º, nº 3, da Lei nº 2/2007. 2.1 Para se decidir pela procedência da ação considerou-se na sentença recorrida que não há fundamento legal «que permita a criação, por via regulamentar, de duas taxas/tarifas variáveis como contrapartida remuneratória pela prestação de serviço de saneamento de águas residuais», entendimento que está em consonância com a Recomendação nº 1/2009 do IRAR, atualmente ERSAR. E conclui o tribunal "a quo" que «as normas previstas nos artigos 33º, nº 2 e 3, 37º e 38º do Regulamento de Águas Residuais da Covilhã, ao preverem a criação de duas taxas como contrapartida remuneratória pela realização da mesma actividade de saneamento são, pois, ilegais, porquanto desconformes com os diplomas enformadores da actividade em causa, bem como com o artigo 16º, nº 3, da Lei nº 2/2007, vigente à data da elaboração do aludido regulamento, devendo, por isso, serem desaplicadas ao caso concreto». Entendendo, assim, o TAF de Castelo Branco que «por força da desaplicação das referidas normas regulamentares ao caso concreto, resulta a falta de norma de incidência tributária, pelo que terá que se concluir pela anulabilidade do acto de liquidação impugnado, por vício de violação de lei, por erro sobre os pressupostos, na parte em que se refere à "tarifa de saneamento"». 2.2 Conforme se alcança da sentença recorrida, o tribunal "a quo" deu como assente que no decurso do mês de Junho de 2014 a impugnante e aqui recorrida foi notificada de uma fatura relativa ao período de 3 de maio a 2 de Junho de 2014, que inclui entre outras a tarifa de saneamento, no valor global de €3.066,43 euros, que compreende "tarifa de saneamento" e "tarifa de disponibilidade". Ora, não se alcança dos elementos fixados no probatório, nem do documento para o qual remete a sentença, que a taxa de saneamento impugnada compreenda duas taxas de natureza variável e relativas à prestação do mesmo serviço. Como se infere da alínea E) da matéria de facto, o valor da taxa de saneamento comporta duas variáveis: uma tarifa variável em função do consumo de água e uma tarifa fixa de disponibilidade. Sendo a tarifa variável de €2,48 por m3 de água consumida. Na petição dirigida ao tribunal, a impugnante e aqui recorrida alega que com a entrada em vigor do Regulamento Municipal publicado em 2011, a ADC passou a cobrar uma "tarifa fixa de disponibilidade" e uma "tarifa única variável de saneamento", com o valor atualizado em 2012 para o valor de €2,48. Entende, contudo, a impugnante/recorrida que o Regulamento prevê uma duplicação de taxas variáveis nos seus artigos 32º, nº 1, e 33º, nº 2 e 3, o que importa a sua invalidade. E aparentemente impressionado pela discriminação das tarifas em função dos serviços prestados nesses preceitos legais, o TAF de Castelo Branco entendeu apreciar a legalidade das normas regulamentares à luz das normas habilitantes, para depois concluir pela sua invalidade e não aplicação ao caso concreto, com a consequente declaração de ilegalidade da taxa por "falta de norma de incidência". Afigura-se-nos, contudo, que a abordagem que o tribunal "a quo" fez da questão não é a mais correta. Desde logo porque não foram cobradas ao Recorrido uma taxa pela recolha das águas residuais e outra pelo tratamento dessas águas, como poderia inferir-se do entendimento sufragado na sentença recorrida. E por outro lado e como defende o Recorrido, em abstrato nada impede que seja discriminada a tarifa em função do serviço específico prestado, desde que esteja suficientemente fundamentada essa destrinça e se revele adequada essa discriminação, seja em razão da diferenciação de custos ou da autonomização dos serviços e desde que respeitados os princípios da equivalência jurídica e da justa repartição dos encargos públicos (nº 2 do artigo 15º da Lei nº 2/2007, de 15 de janeiro). Assim como os preços não devem ser inferiores aos custos suportados com a prestação desses serviços – nº 1 do artigo 16º da Lei nº 2/2007 (1 – Os preços e demais instrumentos de remuneração a fixar pelos municípios relativos aos serviços prestados e aos bens fornecidos em gestão directa pelas unidades orgânicas municipais ou pelos serviços municipalizados não devem ser inferiores aos custos directa e indirectamente suportados com a prestação desses serviços e com o fornecimento desses bens.) Ora, o nº 1 do artigo 32º do

Regulamento Municipal (saneamento) estabelece que na fixação das tarifas/preços serão tidos em consideração os serviços prestados pela disponibilidade do sistema, a recolha de águas residuais e manutenção da rede e a do tratamento de águas residuais. ("1 – A ADC estabelecerá nos termos legais as tarifas e preços correspondentes aos serviços necessários ao correcto funcionamento de todo o sistema, nomeadamente a de disponibilidade do sistema de saneamento; a da recolha de águas residuais e manutenção da rede e a do tratamento de águas residuais de forma a assegurar o equilíbrio económico e financeiro da Águas da Covilhã."). E no artigo 33º do Regulamento são previstas diversas tarifas em função dos serviços prestados, sendo que se distingue entre "tarifa de disponibilidade" (nº 1) e "tarifa de drenagem de esgotos" (nº 2); E no nº 3 do mesmo artigo prevê-se igualmente a cobrança de "tarifa de tratamento de esgoto". Tarifas essas que são discriminadas nos artigos 36º, 37º e 38º do Regulamento. No caso concreto dos autos na fatura enviada ao Recorrido constam apenas a menção de "tarifa de disponibilidade" e "tarifa de saneamento" – alínea E) do probatório –; Assim como do tarifário consta apenas a menção de "tarifa de saneamento (drenagem e tratamento)" – alínea c) do probatório –, pelo que mostra-se apenas cobrada uma única taxa pelo serviço de recolha, drenagem e tratamento de águas residuais. Carece, assim, de qualquer aderência à realidade dos factos apurados a argumentação do tribunal "a quo" no sentido da invalidade das normas do regulamento municipal pelo facto de permitirem a cobrança de duas taxas pelo mesmo serviço. Pois o que está em causa nos autos é apenas a cobrança de uma taxa de saneamento, que engloba o preço da drenagem e tratamento das águas residuais, o que vai no sentido da harmonização das tarifas implementada pelo IRAR na sua Recomendação nº 1/2009. (3. TARIFÁRIOS DE ABASTECIMENTO, SANEAMENTO E RESÍDUOS. 3. Sem prejuízo da aprovação de legislação específica sobre esta matéria, considera-se desejável que, a prazo, os tarifários dos serviços de águas e resíduos, bem como o conteúdo das facturas que se destinem aos respectivos utilizadores finais, adoptem a terminologia empregue na presente Recomendação, nomeadamente no que respeita à designação das tarifas dos serviços de abastecimento, saneamento e gestão de resíduos, no sentido de uma maior harmonização e transparência.). O que se pretende evitar é que com base numa multiplicidade de tarifas e terminologia diversa se esteja a tributar em duplicado o mesmo serviço prestado. E por outro que haja uma harmonização tarifária, de modo a que o sistema seja transparente para o utente dos serviços. De todas as formas, nem a Lei nº 2/2007, nem o Decreto-Lei nº 194/2009 impõem qualquer rigidez no tarifário dos serviços que permitam concluir, como o fez o tribunal "a quo", pela ilegalidade das normas do Regulamento Municipal, à luz dos normativos citados na sentença recorrida. Pelo exposto, entendemos que se impõe a revogação da sentença recorrida, tal como vem requerido pelo Recorrente, por erro sobre os pressupostos de direito, e a baixa dos autos ao tribunal "a quo" para conhecimento das demais questões suscitadas pela impugnante e que foram dadas como prejudicadas. Com efeito, questionando a impugnante a fundamentação económica das taxas cobradas e dispondo o artigo 8º, nº 2 alínea c), do Regime Geral das Taxas das Autarquias Locais, que o regulamento que crie taxas municipais contém obrigatoriamente a fundamentação económico-financeira relativa ao seu valor (c) a fundamentação económico-financeira relativa ao valor das taxas, designadamente os custos directos e indirectos, os encargos financeiros, amortizações e futuros investimentos realizados ou a realizar pela autarquia local;) impõe-se que o tribunal "a quo" averigúe se foi ou não realizada essa fundamentação económico-financeira em relação às taxas cobradas (uma vez que o regulamento é de 2011 e as taxas são de 2014, impõe-se saber se houve ou não atualizações) que sustente o tarifário aplicado em 2014. Em face do exposto, afigura-se-nos que a sentença recorrida deve ser revogada e determinar-se a baixa dos autos à 1ª instância, a fim de serem recolhidos os elementos em falta, julgando-se, assim, o recurso procedente.». Colhidos os vistos legais, cumpre apreciar e decidir. 2. FUNDAMENTAÇÃO. A decisão recorrida deu como provada a seguinte matéria de facto: «A) A ADC – Águas da Covilhã, E.M., é uma empresa pública municipal, constituída em 03/03/2006, cujo objecto consiste, por delegação do Município da Covilhã, além do mais, na gestão e exploração dos serviços municipais de abastecimento de água, de drenagem e tratamento de águas residuais urbanas. B) A impugnante é titular de contrato de fornecimento de água junto da ADC – Águas da Covilhã E.M., sendo cliente, do tipo comercial, com o nº 1106138-001. C) Do tarifário da ADC – Águas da Covilhã, E.M., em vigor a partir do dia 20/02/2013, consta além do mais, o seguinte: D) A impugnante foi notificada da factura nº 0751406/21001856, emitida, em 2014-06-03, pela ADC – Águas da Covilhã, E.M., relativa ao consumo do período de 2014-05-03 a 2014-06-02, com débito a partir de 2014-06-18, no valor total a pagar de €6.186,04, do qual o montante de 3.066,43€ corresponde a "Saneamento". E) O valor liquidado a título de "Saneamento" encontra-se discriminado, no verso da factura mencionada na alínea anterior, do seguinte modo: F) O débito da factura mencionada na alínea D) foi pago pela impugnante. G) Em 03/07/2014, a impugnante apresentou junto da ADC da Covilhã, E.M., reclamação graciosa contra o acto de liquidação da tarifa de saneamento a que se reporta a factura mencionada em D). H) Pelo ofício nº 837, datado de 21/07/2014, foi a impugnante notificada da proposta de indeferimento da reclamação graciosa mencionada na alínea anterior, constando ainda do referido oficio o seguinte: «Fica ainda V. Exa. notificado para, querendo, no prazo de 10 dias úteis se pronunciar por escrito sobre a respectiva proposta de decisão. Na falta de resposta, a proposta de decisão converte-se em decisão definitiva, não havendo lugar a nova notificação». I) A presente impugnação foi remetida, por site, em 01/10/2014 [fls. 1 dos autos].». 3 – DO DIREITO: DECIDINDO NESTE STA. A impugnante perante o indeferimento tácito da reclamação graciosa por si apresentada contra o acto de liquidação da tarifa de saneamento a que se reporta a factura nº 0751406/21001856, emitida, em 2014-06-03 pela ADC – Águas da Covilhã E.M., relativa ao consumo do período de 2014-05-03 a 2014-06-02, com débito a partir de 2014-06-18, no valor total a pagar de €6.186,04, do qual o montante de €3.066,43 corresponde a "Saneamento", vem deduzir a presente impugnação judicial, invocando, em síntese, a ilegalidade do regulamento municipal de águas residuais, na parte relativa às tarifas variáveis de saneamento; a falta de fundamentação do acto de liquidação; a ilegalidade do acto de liquidação por violação dos princípios da equivalência jurídica e da proporcionalidade, e a ilegalidade do procedimento por preterição do direito de audiência prévia antes da liquidação. Questão objecto de recurso: 1 – As normas regulamentares que prevêem a cobrança da taxa de saneamento impugnada – artigos 33º, nºs 2 e 3, 37º e 38º do Regulamento de Águas Residuais da Covilhã – são ilegais por afrontarem o disposto no artigo 2º, nº1, alínea b) do Decreto-Lei nº 194/2009, e artigo 16º, nº 3, da Lei nº 2/2007 ? Vejamos: A recorrente, ADC – Águas da Covilhã E.M., emitiu em 03/06/2014 a factura 0751406/21001856, correspondente à liquidação da tarifa de saneamento nos termos já referidos. Inconformada com tal liquidação a impugnante apresentou reclamação graciosa, que foi indeferida e, a impugnação judicial em causa neste recurso com os seguintes fundamentos: ilegalidade do Regulamento Municipal de Águas Residuais, na parte relativa às tarifas variáveis de saneamento; falta de fundamentação do acto de liquidação; ilegalidade do acto de liquidação por violação dos princípios da equivalência jurídica e da proporcionalidade, ilegalidade do procedimento por preterição do direito de audiência prévia antes da liquidação. A sentença recorrida apreciou imediatamente a invocada ilegalidade em abstracto do Regulamento Municipal de Águas Residuais concluindo que: «(...) Não se vislumbra, pois, fundamento legal que permita a criação, por via regulamentar, de duas taxas/tarifas variáveis como contrapartida remuneratória pela prestação do serviço de saneamento de águas residuais. (...) Do exposto decorre que as normas previstas nos artigos 33º, nº 2 e 3, 37º e 38º, do Regulamento de Águas Residuais da Covilhã ao preverem a criação de duas taxas como contrapartida remuneratória pela realização da mesma actividade de saneamento são, pois, ilegais, porquanto desconformes com os diplomas enformadores da actividade em causa, bem como com o artigo 16º, nº 3 da Lei nº 2/2007, vigente à data da elaboração do aludido regulamento, devendo, por isso, serem desaplicadas ao caso em concreto.». Porém, na matéria de facto diz-se que o valor facturado decorre de: Tarifa Saneamento 1234.0x(31dx12/365d) 1234,00 2,480000 €3.060.320 Tarifa Disp Saneamento 6,110000x1,0 Meses 1,00 6,110000 €6,11 Isto é: foram liquidadas duas tarifas, uma fixa, tarifa fixa de disponibilidade de saneamento, no valor de €6,11, e, uma variável, tarifa saneamento, no valor de €3.434,80 e não, como pressupõe toda a argumentação da sentença duas tax as variáveis. Estamos num processo de impugnação de um acto de liquidação em que pode ser necessário verificar da legalidade de certas normas de um regulamento que haja sido aplicado, ou cuja aplicação, tida por devida, haja sido omitida mas só e na exacta medida que tais normas hajam sido convocadas para tal acto de liquidação para a sua elaboração e em sua fundamentação Não é essa a situação sub judice onde se impõe verificar da legalidade do acto de liquidação. Além disso, as alegações e contra-alegações convergem no sentido de que, como aqui foi liquidado, não enferma de ilegalidade o dito regulamento na medida em que contabilize uma tarifa fixa de disponibilidade de saneamento a par de uma tarifa variável de saneamento. O que não garante que o Regulamento enferme ou não enferme de outros vícios de ilegalidade que nesta acção não podem ser apreciados porque não convocados em fundamentação do acto de liquidação. Reitera-se que a nosso ver não se patenteia nem se vislumbra, que na factura tenham sido consideradas duas tarifas variáveis no que à taxação do saneamento diz respeito, sendo certo que não foram alegados fundamentos relativos a uma eventual insuficiência discriminativa da mesma factura ou questionados os custos unitários da tarifa de saneamento (que resulta, objectivamente da factura, ser superior à do valor da água comercial) e por isso face aos seus termos não é de confirmar o juízo de ilegalidade adoptado pelo tribunal recorrido. A sentença recorrida enferma, pois, do erro de julgamento que lhe vinha apontado por ter feito uma inadequada interpretação dos termos do regulamento face aos factos provados que lhe competia ter em conta, a determinar a sua revogação, com a remessa dos autos ao Tribunal recorrido para que aprecie os demais fundamentos de impugnação que considerou prejudicados. 4 – DECISÃO: Pelo exposto, acordam os Juízes da Secção de Contencioso Tributário do Supremo Tribunal Administrativo em conceder provimento ao recurso revogando a decisão recorrida e determinando a remessa dos autos ao tribunal recorrido para apreciar os demais fundamentos da impugnação, se a tal, nada mais obstar. Custas pela recorrida. Lisboa, 12 de Julho de 2018. – Ascensão Lopes (relator por vencimento) – Ana Paula Lobo – António Pimpão.

7. Acórdão do Supremo Tribunal Administrativo (Processo nº 713/17), de 04-07-2018. Acordam na Secção do Contencioso Tributário do Supremo Tribunal Administrativo: 1 Relatório. B..., S.A., impugnou, no Tribunal Administrativo e Fiscal de Castelo Branco, o ato de liquidação, a que se reporta a fatura/recibo nº 0751210/21000460 de 02/10/2012, no valor de €5.868,48, emitida pela ADC-

-Águas da Covilhã, bem como do ato de indeferimento tácito da reclamação graciosa deduzida contra esse ato de liquidação em 10/12/2013, tendo peticionado que a presente impugnação seja «julgada provada e procedente e em consequência ser julgados nulos ou anulados os actos impugnados restituindo-se à reclamante a diferença do valor pago com as legais consequências.». Aquele Tribunal, por sentença de 21/11/2016, concluiu: «Nos termos e pelos fundamentos expostos, julga-se a presente impugnação procedente e, em consequência, anula-se a liquidação impugnada, na parte a que se refere à "Tarifa de Saneamento", com a consequente restituição do montante indevidamente pago, acrescido de juros indemnizatórios.». Discordando do assim decidido recorreu a A.D.C. – Águas da Covilhã, EM, para o Tribunal Central Administrativo Sul que, por Decisão Sumária de 21/04/2017, declarou este Tribunal incompetente em razão da hierarquia, para conhecer do recurso e competente, para o efeito, a Secção do contencioso Tributário do STA. A recorrente nas suas alegações de recurso formulou as seguintes conclusões: «1. O presente recurso versa questões de direito na medida em que as normas que servem de fundamento jurídico à douta sentença judicial, proferida pelo digníssimo tribunal "a quo", deveriam ter sido interpretadas e aplicadas de forma distinta. 2. O ato sub judice não é ilegal, por praticado em conformidade com lei habilitante, e porque, como demonstrado, prevê a respetiva subdivisão de serviços e tarifas. 3. O regulamento publicado no diário da república, 2ª série, nº 8, de 12 de janeiro de 2011, cumpre o preceituado no artigo 8º da Lei nº 53-E/2006, de 29 de dezembro, termos pelos quais é válido e eficaz, não violando qualquer disposição legal ou regulamentar. 4. Não pode negar-se à Recorrente o cuidado e especial cumprimento dos princípios adstritos à informação e colaboração aos utentes. 5. O ato de liquidação foi realizado no estrito cumprimento de todos os deveres e incumbências a que a Recorrente se encontra adstrita, resultando as tarifas aplicadas, no aludido ato, da conjugação de disposições legais e regulamentares a que a mesma está vinculada. 6. Por conseguinte, é de concluir que as tarifas em causa não ofendem os princípios da legalidade, da justiça e da proporcionalidade. 7. Aliás, como se pode verificar, a mesma questão foi objeto de sentença favorável à aqui Recorrente, no âmbito do proc. nº 97/11.8BECTB, 400/11.OBECTB, 497/11.3BECTB, 653/11.4BECTB, 176/12.4BECTB E 225/12.6BECTB, todas do Tribunal Administrativo e Fiscal de Castelo Branco, que confirmaram a inexistência de quaisquer ilegalidades. 8. Assim, não há duplicação de tarifas: – Existem duas tarifas, na sua vertente fixa e variáveis, obedecendo às recomendações dos tarifários emitidos pela entidade reguladora ERSAR (vide Recomendação nº 1/2009; Recomendação nº 2/2010). 9. Sendo que a TARIFA FIXA DE DISPONIBILIDADE DE SANEAMENTO corresponde a uma tarifa cujo objetivo consiste na remuneração da entidade gestora por custos fixos incorridos na construção, conservação e manutenção dos sistemas necessários para a prestação de serviços (vide artigo 36º do Regulamento Municipal). 10. E A TARIFA VARIÁVEL DE SANEAMENTO, indexada ao volume de água utilizado, consubstanciando a drenagem do esgoto e o devido tratamento (com a designação dada pelo Regulamento Municipal no artigo 37º e 38º) aliás, tal como vem alegado/reconhecido pela própria Recorrida, quando se reporta a douta Impugnação Judicial a legislação aplicável ao sector, estes serviços respeitantes a saneamento são efetivamente diferenciados. 11. Termos pelos quais, deve sucumbir a tese peregrina da Recorrente que assenta na defesa da duplicação de tarifas, pois resulta das disposições Regulamentares apenas a existência de uma tarifa fixa e uma tarifa variável, cuja incidência objetiva encontra-se inequivocamente explicitada (vide artigos 36º, 37º e 38º do aqui citado Regulamento). 12. A Recorrida confunde os "tarifários bi-partidos" com dupla tributação!! 13. A existência destas tarifas fixas e variáveis, foram legalmente aprovadas, estão em vigor e em consonância com a Recomendação IRAR nº 01/2009, OBJETO NO ÂMBITO, DEFINIÇÕES E PRINCÍPIOS GERAIS, que se transcreve, EM DEFINIÇÕES NO PONTO 2.2 alínea K) e I) "Tarifa fixa", valor aplicado em função de cada intervalo temporal durante o qual o Serviço se encontra disponibilizado ao utilizador final, visando remunerar a entidade gestora por custos fixos incorridos na construção, conservação e manutenção dos sistemas necessários à prestação do serviço"; «Tarifa variável", valor ou conjunto de valores unitários aplicável em função do nível de utilização do serviço, em cada intervalo temporal, visando remunerar a entidade gestora pelo remanescente dos custos incorridos com a prestação do serviço" TARIFÁRIOS DE ABASTECIMENTO, SANEAMENTO E RESÍDUOS no ponto 3. "Estrutura essencial dos tarifários pontos 3.1.1- 1. Os tarifários de abastecimento, saneamento e gestão de resíduos devem compreender uma componente fixa e uma componente variável, de forma a repercutirem equitativamente os custos por todos os consumidores". 14. E NA RECOMENDAÇÃO ERSAR nº 02/2010 CRITÉRIOS DE CÁLCULO PARA A FORMAÇÃO DE TARIFÁRIOS APLICÁVEIS AOS UTILIZADORES FINAIS DOS SERVIÇOS PÚBLICOS DE ABASTECIMENTO DE ÁGUA PARA CONSUMO HUMANO, DE SANEAMENTO DE ÁGUAS RESIDUAIS URBANAS E DE GESTÃO DE RESÍDUOS URBANOS, que aqui também se transcreve, da Estrutura Tarifária no seu ponto 3., 3.3., alínea a), b), C) e ponto 3.4 "A Recomendação ERSAR nº 01/2009, de 28 de agosto ("Recomendação Tarifária"), preconiza em primeiro plano a utilização de «tarifários bi-partidos" 13 para os serviços de águas e resíduos prestados a utilizadores finais, i.e. com uma componente fixa (aplicada em função do intervalo de tempo de prestação do serviço) e uma componentevariável (aplicada em função do nível de utilização do serviço durante esse período): a) Com efeito, não deve ser utilizada apenas uma tarifa fixa, pois não faz reflectir no utilizador final o volume de água consumido, encoraja o desperdício e emite um sinal errado do ponto de vista ambiental. b) Também não se recomenda que seja utilizada apenas uma tarifa variável, pois não repercute de forma equitativa os custos por todos os utilizadores finais domésticos, beneficiando utilizadores com mais de uma habitação em detrimento de utilizadores com habitação única. c) Efectivamente, a inexistência de uma componente fixa nos tarifários iria penalizar sobretudo as populações mais desfavorecidas que, indirectamente, teriam que suportar os investimentos realizados para proporcionar água a proprietários de segundas residências, a turistas e a veraneantes, em suma, àqueles que exigem desfrutar do serviço, embora possam não o utilizar com regularidade. Em Portugal esta questão é especialmente relevante, na medida em que entre 25 e 30% das famílias dispõem de segunda habitação. Recomenda-se, consequentemente, que as entidades gestoras utilizem uma estrutura tarifária que combine uma tarifa fixa com uma tarifa variável, pois só assim é possível encontrar a solução mais justa para os utilizadores finais". Nestes termos, e nos mais de direito doutamente supridos pelos Excelentíssimos Juízes Desembargadores, se requer se dignem julgar o presente recurso procedente, por provado, revogando a douta sentença judicial proferida pelo digníssimo Tribunal de 1ª Instância.». O recorrido contra-alegou, tendo inserido nas suas alegações as seguintes conclusões: «1ª O objeto – admissível – do presente recurso reconduz-se à questão de direito discutida na sentença recorrida, que consiste em determinar se o Regulamento Municipal de águas Residuais na parte relativa a tarifas variáveis padece de ilegalidade: Os vícios da falta de fundamentação, da inexistência de regulamento tarifário/da violação do princípio da equivalência jurídica, da violação do direito de audiência prévia, não foram objeto de apreciação na decisão sub judice que considerou que "face à procedência da impugnação com tal fundamento, fica prejudicada a apreciação das demais questões suscitadas, nos termos do artigo 608º, nº 2, do CPC, aplicável ex vi artigo 2º, alínea e), do CPPT", pelo que não podem ser objeto de recurso. 2. É competente para conhecimento do presente recurso a Secção de Contencioso Tributário do Supremo Tribunal Administrativo (cfr. artigo 280º, nº 1 do CPPT), Atentas as conclusões da alegação da Recorrente, o objeto do recurso reconduz-se exclusivamente a ver apreciadas questões de direito, pelo que o recurso é da competência da Secção de Contencioso Tributário do Supremo Tribunal Administrativo, sendo assim o Tribunal ad quem incompetente em razão da hierarquia (cfr. artigo 280º, nº 1 do CPPT). 3ª O Tribunal a quo decidiu e bem que "no âmbito do sistema de saneamento de águas residuais, apenas pode ser cobrada uma única tarifa [variável] pelo serviço prestado [saneamento] que, forçosamente, englobará as fases de recolha, drenagem, elevação, tratamento e rejeição de águas residuais, não se justificando que, para efeitos de tributação, qualquer uma destas fases possa ser individualizada como uma específica prestação de serviços, da mesma forma que as diversas fases dos demais sistemas municipais [de abastecimento de água e gestão de resíduos sólidos] não são autonomizáveis" concluindo que "as normas previstas nos artigos 33º, nº 2 e 3, 37º e 38º, do Regulamento de Águas Residuais da Covilhã ao preverem a criação de duas taxas como contrapartida remuneratória pela realização da mesma actividade de saneamento são, pois, ilegais, porquanto desconformes com os diplomas enformadores da actividade em causa, bem como com o artigo 16º, nº 3 da Lei nº 2/2007, vigente à data da elaboração do aludido regulamento, devendo, por isso, serem desaplicadas ao caso em concreto. 4ª Atenta a leitura das alegações e não obstante o esforço enveredado pela Recorrida de, impugnação após impugnação, esclarecer a ora Recorrente de qual a ilegalidade que está subjacente às ações propostas, constata-se que a Recorrente impera no mesmo equívoco de sempre. Com efeito, a Recorrente continua a defender que a legalidade da cobrança de duas tarifas uma fixa e uma variável, quando o problema não está na duplicação da Tarifa Fixa e da Tarifa Variável mas sim na criação de duas Tarifas VARIÁVEIS, questão que foi corretamente apreendida pelo Tribunal a quo e que foi considerada procedente. 5ª Ora se foi esta a questão jurídica que obteve provimento na sentença recorrida, dispensando a análise das demais, e se a Recorrente não alcança esta questão, o que resulta evidenciado ao reproduzir as alegações de primeira instância, é evidente que a Recorrente não logrou imputar vícios à sentença recorrida e apresentar uma alegações que incidam sobre a sentença efetivamente proferida e lhe imputem vícios, cumprindo o seu ónus de alegação. 6ª Atendendo ao critério formal da fonte da obrigação, que é a lei, ao regime económico, que é de monopólio, à indispensabilidade do serviço e à sua natureza comutativa, a tarifa ou preço do serviço de saneamento tem a natureza de taxa, receita tributária. 7ª Sendo uma taxa, a tarifa de saneamento é uma receita de natureza tributária à qual são integralmente aplicáveis todas as normas que conformam a criação de contribuições financeiras a favor de entidades públicas e habilitam a sua sindicância. 8ª O Decreto-Lei nº 226-A/2007 e o Decreto-Lei nº 207/94 e o Decreto-Lei nº 194/2009 consideram todos eles, de forma igual, a prestação pelas entidades gestoras responsáveis de três e apenas três serviços públicos integrados: (i) captação, tratamento e distribuição de água para consumo público (ii) recolha, tratamento e rejeição de efluentes e (iii) recolha e tratamento de resíduos sólidos. 9ª A divisão destes três serviços públicos, encontra-se pois, legalmente conformada nos citados diplomas, não sendo possível destacar qualquer uma das oito atividades ali indicadas (captação/tratamento/distribuição de água para consumo público/ /recolha/tratamento/rejeição de efluentes/recolha/tratamento de resíduos sólidos) como atos tributáveis autónomos. 10ª Na Recomendação nº 1/2009 do então Instituto Regulador de Águas e Resíduos (disponível em www.ersar.pt) foi expressamente afirmado que "em virtude da aplicação das tarifas de saneamento, a entidade gestora deve ficar obrigada a executar as seguintes actividades, não as devendo facturar de forma específica: (...) b) Recolha e encaminhamento de águas residuais;" (cfr. 3.3.1.1.2). 11ª O Regulamento de águas residuais aprovado em Assembleia Municipal de 10.12.2010 criou, nos seus artigos 32º nº 1, 33º números 1, 2 e 3, 37º e 38º números 1, 2 e 3, TRÊS TAXAS de saneamento: uma fixa de disponibilidade do serviço e DUAS TAXAS VARIÁVEIS uma de drenagem de esgotos e outra de tratamento de esgotos, cada uma incidindo sobre o volume de água faturado. 12ª A Recorrida não contesta a taxa fixa de disponibilidade. 13ª Não existindo LEI habilitante que permita a duplicação da Taxa de Saneamento nas duas taxas variáveis efetivamente cobradas de i) "Tarifa de drenagem" e (ii) "Tarifa de tratamento", as normas que o determinam, ínsitas nos artigos 32º nº 1, 33º números 2 e 3, 37º e 38,º números 1, 2 e 3 do Regulamento de águas residuais são ilegais. 14ª O Regulamento aprovado em Assembleia Municipal de 10.12.2010 revela-se nulo e de nenhum efeito por não respeitar as respetivas leis conformadoras quanto à incidência tributária a saber: o Decreto-Lei nº 226-A/2007, de 31 de maio, o Decreto-Lei nº 207/94, de 6 de agosto revogado pelo Decreto-Lei nº 194/2009 e a Lei nº 2/2007, de 15 de janeiro, entretanto também revogado pela Lei nº 73/2013, de 3 de setembro. 15ª Se as leis habilitantes não prevêem a duplicação da taxa variável de saneamento em (i) "Tarifa de drenagem" e (ii) "Tarifa de tratamento", por força do princípio constitucional da hierarquia das leis não poderia o Regulamento de Águas residuais fazê-lo, posto que "nenhuma lei pode criar outras categorias de actos legislativos ou conferir a actos de outra natureza o poder de, com eficácia externa, interpretar, integrar, modificar, suspender ou revogar qualquer dos seus preceitos.", sob pena de ser manifestamente inconstitucional (cfr. artigo 112º nº 5 da Constituição da República Portuguesa). 16ª A fatura que titula a liquidação Recorrente não discrimina as duas taxas variáveis de drenagem de esgotos e de tratamento de esgoto previstas nos artigos 37º e 38º do regulamento, nem apresenta o seu valor unitário tal como o não faz o tarifário publicado, desrespeitando aquelas normas regulamentares. 17ª A Recorrente liquidou duas taxas variáveis de "saneamento" por duas vezes sobre o valor total do consumo de água (100%) contrariando a Recomendação nº 1/2009 do IRAR que aconselha a considerar-se que o volume de águas residuais recolhidas corresponde ao produto da aplicação de um coeficiente de recolha de referência de âmbito nacional, correspondente ao valor de 0.9 ao volume de água consumido (ou seja, uma única taxa variável sobre 90% da água faturada). 18ª Não apresentando fundamento regulamentar válido por o Regulamento de Águas Residuais ser nulo e de nenhum efeito, o ato impugnado enferma de nulidade por falta de fundamento legal. NESTES TER-

MOS, deve o recurso apresentado pela Recorrente ser julgado improcedente, confirmando-se a sentença recorrida, com as legais consequências; Assim se decidindo será cumprido o DIREITO e feita JUSTIÇA.». O Ministério Público, neste STA, emitiu a seguinte pronúncia: «A recorrente, ADC-ÁGUAS DA COVILHÃ, EM., vem sindicar a sentença do Tribunal Administrativo e Fiscal de Castelo Branco, exarada a fls. 246/263, em 21 de novembro de 2016, que julgou procedente impugnação judicial deduzida contra o ato de liquidação da tarifa de saneamento, no entendimento de que teriam sido indevidamente cobradas duas tarifas variáveis, uma de drenagem e outra de tratamento, quando a lei apenas prevê a cobrança de uma taxa de saneamento. A nosso ver o recurso não merece provimento. Do disposto nos artigos 6º, 9º e 15º do Decreto-Lei nº 379/93, de 6 de novembro, 2º, 4º e 11º do Decreto-Lei nº 207/94, de 4 de agosto e 2º, 7º, 17º, 23º e 62º e 80º do Decreto-Lei nº 194/2009, de 20 de agosto, que revogou os dois anteriores diplomas, resulta que tais regimes jurídicos, apenas, contemplam três distintas prestações de serviços, a saber, abastecimento público de água, saneamento de águas residuais e recolha e tratamento de resíduos sólidos. Tal regime está em absoluta consonância com o que dispunha o artigo 16º/3/ a)/ b)/c) da LFL, Lei nº 2/2007, de 15 de janeiro, correspondente ao artigo 21º/3/a) /b)/c) da Lei nº 73/2013, de 3 de setembro. No caso em análise está em causa a tarifa de saneamento relativa ao período de 04/09/2012 a 01/10/2012, liquidada ao abrigo do disposto no Regulamento de Aguas Residuais nº 26/2011, aprovado em 10/12/2010, pela Assembleia Municipal da Covilhã, publicada no DR, 2ª série, de 12/01/2011. Do citado Regulamento resulta que são tipificadas três tarifas relativas ao saneamento. Uma tarifa de disponibilidade, prevista no artigo 36º, de montante fixo, mensal, incidente sobre a disponibilidade do sistema geral de águas residuais. Uma tarifa de drenagem de esgotos prevista no artigo 37º, de montante variável, a pagar pelos utilizadores do sistema em função do consumo de água faturado, conexionada com os encargos com a atividade desenvolvida no âmbito da exploração do sistema público de águas residuais. Uma tarifa de tratamento de esgotos, estatuída no artigo 38º, de montante variável, a calcular em função do consumo de água faturado e conexionada com os encargos inerentes ao tratamento das águas residuais. Ora, o referido Regulamento parece não estar em conformidade com as leis habilitantes, que enformam a atividade em causa e o regime jurídico das finanças locais, já referidos. Na verdade, o ordenamento jurídico, apenas, prevê três distintas prestações de serviços, abastecimento público de água, saneamento de águas residuais e tratamento de resíduos sólidos. No saneamento de águas residuais, estão, inelutavelmente, abrangidas a recolha, tratamento e rejeição de águas residuais (artigos 1º do Decreto-Lei nº 379/93 e 4º/ z), ponto ii da Lei nº 58/2005, de 29 de dezembro (Lei da Água) ou, como se refere no artigo 2º/1/ b) do Decreto-Lei nº 194/2009, a recolha, drenagem, elevação, tratamento e rejeição de águas residuais urbanas. Assim sendo, no âmbito do sistema de saneamento de águas residuais apenas pode ser cobrada uma tarifa variável, como contrapartida pela recolha, drenagem, elevação, tratamento e rejeição de águas residuais. Logo, os normativos dos artigos 33º/2/3, 37º e 38º do Regulamento em questão, ao preverem duas tarifas como contrapartida da prestação do serviço de saneamento de águas residuais, estão em desconformidade com os diplomas enformadores da atividade em causa, bem como com o normativo do artigo 16º/3 da Lei nº 2/2007, em vigor à data da elaboração/aprovação do Regulamento, o que determina a sua ilegalidade. A fatura que consubstancia a liquidação sindicada não discrimina as duas taxas variáveis previstas nos artigos 37º e 38º do Regulamento, de drenagem e tratamento de esgotos, nem apresenta o seu valor unitário, tal como o não faz o tarifário publicado. O certo é que, como decorre da mesma fatura, a recorrente cobrou duas tarifas/taxas variáveis, previstas no respetivo Regulamento, a título de saneamento, incidentes sobre o total do consumo de água sem que exista norma regulamentar válida que as sustente, pelo que a liquidação não pode subsistir na ordem jurídica, devendo ser anulada, como fez a sentença recorrida. A sentença recorrida não merece, assim, censura. Termos em que deve negar-se provimento ao recurso e manter-se a sentença recorrida na ordem jurídica.». Colhidos os vistos legais, cumpre decidir. 2. FUNDAMENTAÇÃO: A decisão recorrida deu como provada a seguinte factualidade: «A) A ADC – Águas da Covilhã, EM., é uma empresa pública municipal, constituída em 03/03/2006, cujo objecto consiste, por delegação do Município da Covilhã, além do mais, na gestão e exploração dos serviços municipais de abastecimento de água, de drenagem e tratamento de águas residuais urbanas [cf. fls. 100 a 103 dos autos. B) A impugnante é titular de contrato de fornecimento de água junto da ADC – Águas da Covilhã E.M., sendo cliente, do tipo comercial, com o nº 1106138 [cf. fls. 129 dos autos]. C) Do tarifário da ADC – Águas da Covilhã, E.M., em vigor para o ano de 2012, consta, além do mais, o seguinte: D) A impugnante foi notificada da factura nº 075 120/21000460, emitida, em 02/10/2012, pela ADC – Águas da Covilhã, E.M., relativa ao consumo do período de 2012-09-04 a 2012-10-01, do B.........., com débito a partir de 17/10/2012, no valor total a pagar de 5.868,48€, do qual o montante de 2.867,03€ corresponde a "Saneamento" [cf. fls. 47 a 48 dos autos]. E) O valor liquidado a título de "Saneamento" encontra-se discriminado, no verso da factura mencionada na alínea anterior, do seguinte modo: F) O débito da factura mencionada na alínea D) foi pago pela impugnante [cf. não controvertida; cf. artigo 3º da petição inicial e artigo 1º da contestação]. G) Em 10/12/2012, a impugnante apresentou junto da ADC da Covilhã, E.M., reclamação graciosa contra o acto de liquidação da tarifa de saneamento a que se reporta a factura mencionada em D) [cf. não controvertida; cf. artigo 10º da petição inicial e artigo 1º da contestação]. H) A presente impugnação foi remetida, por site, em 11/02/2013 [cf. fls. 2 dos autos]. 3 – DO DIREITO: DECIDINDO NESTE STA. A impugnante perante o indeferimento tácito da reclamação graciosa por si apresentada contra o acto de liquidação da tarifa de saneamento a que se reporta a factura nº 075120/21000460, emitida pela ADC – Águas da Covilhã E.M., relativa ao consumo do período de 2012-09-04 a 2012-10-01, vem deduzir a presente impugnação judicial, invocando, em síntese, a ilegalidade do regulamento municipal de águas residuais, na parte relativa às tarifas variáveis de saneamento; a falta de fundamentação do acto de liquidação; a ilegalidade do acto de liquidação por violação dos princípios da equivalência jurídica e da proporcionalidade, e a ilegalidade do procedimento por preterição do direito de audiência prévia antes da liquidação. Questão objecto de recurso: 1 – As normas regulamentares que prevêem a cobrança da taxa de saneamento impugnada – artigos 33º, números 2 e 3, 37º e 38º do Regulamento de Águas Residuais da Covilhã – são ilegais por afrontarem o disposto no artigo 2º, nº 1, alínea b) do Decreto-Lei nº 194/2009, e artigo 16º, nº 3, da Lei nº 2/2007? Vejamos: A recorrente, ADC – Águas da Covilhã E.M., emitiu em 02/10/2012 a factura nº 075120/21000460, correspondente à liquidação da tarifa de saneamento relativa ao período de 04/09/2012 a 01/10/2012, que entendeu devida pela impugnante a, aqui recorrida. Inconformada com tal liquidação a impugnante apresentou reclamação graciosa, que foi indeferida e, a impugnação judicial em causa neste recurso com os seguintes fundamentos: ilegalidade do Regulamento Municipal de Águas Residuais, na parte relativa às tarifas variáveis de saneamento; falta de fundamentação do acto de liquidação; ilegalidade do acto de liquidação por violação dos princípios da equivalência jurídica e da proporcionalidade, ilegalidade do procedimento por preterição do direito de audiência prévia antes da liquidação. A sentença recorrida apreciou imediatamente a invocada ilegalidade em abstracto do Regulamento Municipal de Águas Residuais concluindo que: «(...) Não se vislumbra, pois, fundamento legal que permita a criação, por via regulamentar, de duas taxas/tarifas variáveis como contrapartida remuneratória pela prestação do serviço de saneamento de águas residuais. (...) Do exposto decorre que as normas previstas nos artigos 33º, nº 2 e 3, 37º e 38º, do Regulamento de Águas Residuais da Covilhã ao preverem a criação de duas taxas como contrapartida remuneratória pela realização da mesma actividade de saneamento são, pois, ilegais, porquanto desconformes com os diplomas enformadores da actividade em causa, bem como com o artigo 16º, nº 3 da Lei nº 2/2007, vigente à data da elaboração do aludido regulamento, devendo, por isso, serem desaplicadas ao caso em concreto.» Porém, na matéria de facto diz-se que o valor facturado decorre de: Tarifa Saneamento 1154x(28dx12/365d) 1154,00 2,480000 €2.861,92;

Tarifa Disp Saneamento 5,110000x1,0 Meses 1,00 5,10000 €5,11. Isto é: foram liquidadas duas tarifas, uma fixa, tarifa fixa de disponibilidade de saneamento, no valor de €5,11, e, uma variável, tarifa saneamento, no valor de €2.861,92 e não, como pressupõe toda a argumentação da sentença duas taxas variáveis. Estamos num processo de impugnação de um acto de liquidação em que pode ser necessário verificar da legalidade de certas normas de um regulamento que haja sido aplicado, ou cuja aplicação, tida por devida, haja sido omitida mas só e na exacta medida que tais normas hajam sido convocadas para tal acto de liquidação para a sua elaboração e em sua fundamentação. Não é essa a situação sub judice onde se impõe verificar da legalidade do acto de liquidação. Além disso, as alegações e contra-alegações convergem no sentido de que, como aqui foi liquidado, não enferma de ilegalidade o dito regulamento na medida em que contabilize uma tarifa fixa de disponibilidade de saneamento a par de uma tarifa variável de saneamento. O que não garante que o Regulamento enferme ou não enferme de outros vícios de ilegalidade que nesta acção não podem ser apreciados porque não convocados em fundamentação do acto de liquidação. Reitera-se que a nosso ver não se patenteia nem se vislumbra, que na factura tenham sido consideradas duas tarifas variáveis no que à taxação do saneamento diz respeito, sendo certo que não foram alegados fundamentos relativos a uma eventual insuficiência discriminativa da mesma factura ou questionados os custos unitários da tarifa de saneamento (que resulta, objectivamente da factura, ser superior à do valor da água comercial) e por isso face aos seus termos não é de confirmar o juízo de ilegalidade adoptado pelo tribunal recorrido. A sentença recorrida enferma, pois, do erro de julgamento que lhe vinha apontado por ter feito uma inadequada interpretação dos termos do regulamento face aos factos provados que lhe competia ter em conta, a determinar a sua revogação, com a remessa dos autos ao Tribunal recorrido para que aprecie os demais fundamentos de impugnação que considerou prejudicados. 4 – DECISÃO: Pelo exposto, acordam os Juízes da Secção de Contencioso Tributário do Supremo Tribunal Administrativo em conceder provimento ao recurso revogando a decisão recorrida e determinando a remessa dos autos ao tribunal recorrido para apreciar os demais fundamentos da impugnação, se a tal, nada mais obstar. Custas pela recorrida. Lisboa, 4 de Julho de 2018. – Ascensão Lopes (relator por vencimento) – Ana Paula Lobo – António Pimpão.

8. Acórdão do Supremo Tribunal Administrativo (Processo nº 765/17), 27-06-2018. Acordam na Secção do Contencioso Tributário do Supremo Tribunal Administrativo: 1 – A.D.C. – Águas da Covilhã, E.M., melhor identificada nos autos, vem recorrer para este Supremo Tribunal, da sentença do Tribunal Administrativo e Fiscal de Castelo Branco que, julgou procedente a impugnação judicial deduzida pela A... Centro Comercial, S.A., contra o indeferimento da reclamação graciosa inter-

posta do acto de liquidação da tarifa de saneamento a que se reporta a factura nº 751305/21001357 relativa ao consumo de 2013-04-03 a 03-05-2013. Termina as suas alegações de recurso, formulando as seguintes conclusões: «1. O presente recurso versa questões de direito na medida em que as normas que servem de fundamento jurídico à douta sentença judicial, proferida pelo digníssimo tribunal "a quo" deveriam ter sido interpretadas e aplicadas de forma distinta. 2. O ato sub judice não é ilegal, por praticado em conformidade com lei habilitante, e porque, como demonstrado, prevê a respectiva subdivisão de serviços e tarifas. 3. O regulamento publicado no diário da república, 2ª série, nº 8, de 12 de janeiro de 2011, cumpre o preceituado no artigo 8º da Lei nº 53-E/2006, de 29 de dezembro, termos pelos quais é válido e eficaz, não violando qualquer disposição legal ou regulamentar. 4. Não pode negar-se à Recorrente o cuidado e especial cumprimento dos princípios adstritos à informação e colaboração aos utentes. 5. O ato de liquidação foi realizado no estrito cumprimento de todos os deveres e incumbências a que a Recorrente se encontra adstrita, resultando as tarifas aplicadas, no aludido ato, da conjugação de disposições legais e regulamentares a que a mesma está vinculada. 6. Por conseguinte, é de concluir que as tarifas em causa não ofendem os princípios da legalidade, da justiça e da proporcionalidade. 7. Aliás, como se pode verificar, a mesma questão foi objeto de sentença favorável à aqui Recorrente, no âmbito do proc. nº 97/11 8BECTB, 400/11. OBECTB, 497/11. 3BECTB, 653/11. 4BECTB, 176/12. 4BECTB E 225/12. 6BECTB, todas do Tribunal Administrativo e Fiscal de Castelo Branco, que confirmaram a inexistência de quaisquer ilegalidades. 8 Assim, não há duplicação de tarifas: – Existem duas tarifas, na sua vertente fixa e variáveis, obedecendo às recomendações dos tarifários emitidos pela entidade reguladora ERSAR (vide Recomendação nº 1/2009; Recomendação nº 2/2010). 9. Sendo que a TARIFA FIXA DE DISPONIBILIDADE DE SANEAMENTO corresponde a uma tarifa cujo objectivo consiste na remuneração da entidade gestora por custos fixos incorridos na construção, conservação e manutenção dos sistemas necessários para a prestação de serviços (vide artigo 36º do Regulamento Municipal). 10. E A TARIFA VARIÁVEL DE SANEAMENTO, indexada ao volume de água utilizado, consubstanciando a drenagem do esgoto e o devido tratamento (com a designação dada pelo Regulamento Municipal no artigo 37º e 38º) aliás, tal como vem alegado/reconhecido pela própria Recorrida, quando se reporta na douta impugnação Judicial a legislação aplicável ao sector, estes serviços respeitantes a saneamento são efectivamente diferenciados. 11. Termos pelos quais, deve sucumbir a tese peregrina da Recorrente que assenta na defesa da duplicação de tarifas, pois resulta das disposições Regulamentares apenas a existência de uma tarifa fixa e uma tarifa variável, cuja incidência objectiva encontra-se inequivocamente explicitada (vide artigo 36º, 37º e 38º do aqui citado Regulamento). 12. A Recorrida confunde os "tarifários bi-partidos" com dupla tributação! 13. A existência destas tarifas fixas e variáveis, foram legalmente aprovadas, estão em vigor e em consonância com a Recomendação IRAR nº 01/2009, OBJETO NO ÂMBITO, DEFINIÇÕES E PRINCÍPIOS GERAIS, que se transcreve, EM DEFINIÇÕES NO PONTO 2.2 alínea K) e I) "Tarifa fixa", valor aplicado em função de cada intervalo temporal durante o qual o Serviço se encontra disponibilizado ao utilizador final, visando remunerar a entidade gestora por custos fixos incorridos na construção, conservação e manutenção dos sistemas necessários à prestação do serviço" "Tarifa variável", valor ou conjunto de valores unitários aplicável em função do nível de utilização do serviço, em cada intervalo temporal, visando remunerar a entidade gestora pelo remanescente dos custos incorridos com a prestação do serviço" TARIFÁRIOS DE ABASTECIMENTO, SANEAMENTO E RESÍDUOS no ponto 3. "Estrutura essencial dos tarifários pontos 3.1.1 – 1. Os tarifários de abastecimento, saneamento e gestão de resíduos devem compreender uma componente fixa e uma componente variável, de forma a repercutirem equitativamente os custos por todos os consumidores". 14. E NA RECOMENDAÇÃO ERSAR nº 02/2010 CRITÉRIOS DE CÁLCULO PARA A FORMAÇÃO DE TARIFÁRIOS APLICÁVEIS AOS UTILIZADORES FINAIS DOS SERVIÇOS PÚBLICOS DE ABASTECIMENTO DE ÁGUA PARA CONSUMO HUMANO, DE SANEAMENTO DE ÁGUAS RESIDUAIS URBANAS E DE GESTÃO DE RESÍDUOS URBANOS, que aqui também se transcreve, da Estrutura Tarifária no seu ponto 3., 3.3., alínea a), b), C) e ponto 3.4 "A Recomendação ERSAR nº 01/2009, de 28 de Agosto ("Recomendação Tarifária"), preconiza em primeiro plano a utilização de "tarifários bi-partidos" 13 para os serviços de águas e resíduos prestados a utilizadores finais, i. e. com uma componente fixa (aplicada em função do intervalo de tempo de prestação do serviço) e uma componente variável (aplicada em função do nível de utilização do serviço durante esse período): a) Com efeito, não deve ser utilizada apenas uma tarifa fixa, pois não faz reflectir no utilizador final o volume de água consumido, encoraja o desperdício e emite um sinal errado do ponto de vista ambiental. b) Também não se recomenda que seja utilizada apenas uma tarifa variável, pois não repercute de forma equitativa os custos por todos os utilizadores finais domésticos, beneficiando utilizadores com mais de uma habitação em detrimento de utilizadores com habitação única. c) Efectivamente, a inexistência de uma componente fixa nos tarifários iria penalizar sobretudo as populações mais desfavorecidas que, indirectamente, teriam que suportar os investimentos realizados para proporcionar água a proprietários de segundas residências, a turistas e a veraneantes, em suma, àqueles que exigem desfrutar do serviço, embora possam não o utilizar com regularidade. Em Portugal esta questão é especialmente relevante, na medida em que entre 25 e 30% das famílias dispõem de segunda habitação. Recomenda-se, consequentemente, que as entidades gestoras utilizem uma estrutura tarifária que combine uma tarifa fixa com uma tarifa variável, pois só assim é possível encontrar a solução mais justa para os utilizadores finais". Nestes termos, e nos mais de direito doutamente supridos pelos Excelentíssimos Juízes Desembargadores, se requer se dignem julgar o presente recurso procedente, por provado, revogando a douta sentença judicial pro ferida pelo digníssimo Tribunal de 1ª Instância. Assim se fazendo, a inteira e sã Justiça.». 2 – A recorrida, A... – Centro Comercial, S.A. apresentou as contra alegações com o seguinte quadro conclusivo: «1ª O objecto – admissível – do presente recurso reconduz-se à questão de direito discutida na sentença recorrida, que consiste em determinar se o Regulamento Municipal de águas Residuais na parte relativa a tarifas variáveis padece de ilegalidade: Os vícios da falta de fundamentação, da inexistência de regulamento tarifário/da violação do princípio da equivalência jurídica, da violação do direito de audiência prévia, não foram objecto de apreciação na decisão sub judice que considerou que face à procedência da impugnação com tal fundamento, fica prejudicada a apreciação das demais questões suscitadas, nos termos do artigo 608º, nº 2, do CPC, aplicável ex vi artigo 2º, alínea e), do CPPT pelo que não podem ser objecto de recurso 2ª É competente para conhecimento do presente recurso a Secção de Contencioso Tributário do Supremo Tribunal Administrativo (cfr. artigo 280º, nº 1 do CPPT), Atentas as conclusões da alegação da Recorrente, o objecto do recurso reconduz-se exclusivamente a ver apreciadas questões de direito, pelo que o recurso é da competência da Secção de Contencioso Tributário do Supremo Tribunal Administrativo, sendo assim o Tribunal Ad quem incompetente em razão da hierarquia (cfr. artigo 280º, nº 1 do CPPT). 3ª O Tribunal a quo decidiu e bem que "no âmbito do sistema de saneamento de águas residuais, apenas pode ser cobrada uma única tarifa (variável) pelo serviço prestado [saneamento] que, forçosamente, englobará as fases de recolha, drenagem, elevação, tratamento e rejeição de águas residuais, não se justificando que, para efeitos de tributação, qualquer uma destas fases possa ser individualizada como uma especifica prestação de serviços, da mesma forma que as diversas fases dos demais sistemas municipais [abastecimento de água e gestão de resíduos sólidos) não são autonomizáveis" concluindo que "as normas previstas nos artigos 33º, nº 2 e 3, 37º e 38º, do Regulamento de Águas Residuais da Covilhã ao preverem a criação de duas taxas como contrapartida remuneratória pela realização da mesma actividade de saneamento são, pois, ilegais, porquanto desconformes com os diplomas enformadores da actividade em causa, bem como com o artigo 16º, nº 3 da Lei nº 2/2007, vigente á data da elaboração do aludido regulamento, devendo, por isso, serem desaplicadas ao caso em concreto. 4ª Atenta a leitura das alegações e não obstante o esforço enveredado pela Recorrida de, impugnação após impugnação, esclarecer a ora Recorrente de qual a ilegalidade que está subjacente às acções propostas, constata-se que a Recorrente impera no mesmo equívoco de sempre. Com efeito, a Recorrente continua a defender que a legalidade da cobrança de duas tarifas uma fixa e uma variável, quando o problema não está na duplicação da Tarifa Fixa e da Tarifa Variável mas sim na criação de duas Tarifas VARIÁVEIS, questão que foi correctamente apreendida pelo Tribunal a quo e que foi considerada procedente. 5ª Ora se foi esta a questão jurídica que obteve provimento na sentença recorrida, dispensado a análise das demais, e se a Recorrente não alcança esta questão, o que resulta evidenciado ao reproduzir as alegações de primeira instância, é evidente que a Recorrente não logrou imputar vícios à sentença recorrida e apresentar uma alegações que incidam sobre a sentença efectivamente pro ferida e lhe imputem vícios, cumprindo o seu ónus de alegação. 6ª Atendendo ao critério formal da fonte da obrigação, que é a lei, ao regime económico, que é de monopólio, à indispensabilidade do serviço e à sua natureza comutativa, a tarifa ou preço do serviço de saneamento tem a natureza de taxa, receita tributária. 7ª Sendo uma taxa, a tarifa de saneamento é uma receita de natureza tributária à qual são integralmente aplicáveis todas as normas que conformam a criação de contribuições financeiras a favor de entidades públicas e habilitam a sua sindicância. 8ª O Decreto-Lei nº 226-A/2007, o Decreto-Lei nº 207/94 e o Decreto-Lei nº 194/2009 consideram todos eles, de forma igual, a prestação pelas entidades gestoras responsáveis de três e apenas três serviços públicos integrados: (i) captação, tratamento e distribuição de água para consumo público; (ii) recolha, tratamento e rejeição de efluentes e (iii) recolha e tratamento de resíduos sólidos. 9ª A divisão destes três serviços públicos, encontra-se pois, legalmente conformada nos citados diplomas, não sendo possível destacar qualquer uma das oito actividades ali indicadas (captação/ tratamento! distribuição de água para consumo público/ recolha/ tratamento/ rejeição de efluentes/recolha/ tratamento de resíduos sólidos) como actos tributáveis autónomos 10ª Na Recomendação nº 1/2009 do então Instituto Regulador de Águas e Resíduos (disponível em www.ersar.pt) foi expressamente afirmado que "em virtude da aplicação das tarifas de saneamento, a entidade gestora deve ficar obrigada a executar as seguintes actividades, não as devendo facturar de forma específica (...) b) Recolha e encaminhamento de águas residuais; (...)" (cfr. nº 3.3.1.1.2). 11ª O Regulamento de águas residuais aprovado em Assembleia Municipal de 10.12.2010 criou, nos seus artigos 32º nº 1, 33º números 2 e 3, 37º e 38º números 1, 2 e 3, TRÊS TAXAS de saneamento: uma fixa de disponibilidade do serviço e DUAS TAXAS VARIÁVEIS uma de drenagem de esgotos e outra de tratamento de esgotos, cada uma incidindo sobre o volume de água facturado. 12ª A Recorrida não contesta a taxa fixa de disponibilidade. 13ª Não existindo LEI habilitante que permita a duplicação da Taxa de Saneamento nas duas taxas variáveis efectivamente cobradas de i) "Tarifa de drenagem" e (ii) "Tarifa de tratamento", as normas que o determinam, ínsitas nos artigos 32º nº 1, 33º números 2 e 3, 37º e 38º nºs 1, 2 e 3 do Regulamento de águas residuais são ilegais. 14ª O Regulamento aprovado em Assembleia Municipal de 10.12.2010 revela-se nulo e de nenhum efeito por não respeitar as respectivas leis conformadoras quanto à incidência tributária a saber: o Decreto-Lei nº 226-A/2007, de 31 de maio, o Decreto-Lei nº 207/94, de 6 de agosto revogado pelo Decreto-Lei nº 194/2009 e a Lei nº 2/2007 de 15 de janeiro, entretanto também revogado pela Lei nº 73/2013, de 3 de setembro. 15ª Se as leis habilitantes não prevêem a duplicação da taxa variável de saneamento em (i) "Tarifa de drenagem" e (ii) "Tarifa de tratamento", por força do princípio constitucional da hierarquia das leis não poderia o Regulamento de Águas residuais fazê-lo, posto que "nenhuma lei pode criar outras categorias de actos legislativos ou conferir a actos de outra natureza o poder de, com eficácia externa, interpretar, integrar, modificar, suspender ou revogar qualquer dos seus preceitos", sob pena de ser manifestamente inconstitucional (cfr. artigo 112º nº 5 da Constituição da República Portuguesa). 16ª A factura que titula a liquidação Recorrente não discrimina as duas taxas variáveis de drenagem de esgotos e de tratamento de esgoto previstas nos artigos 37º e 38º do regulamento, nem apresenta o seu valor unitário tal como o não faz o tarifário publicado (cfr. Doc. nº 3), desrespeitando aquelas normas regulamentares. 17ª A Recorrente liquidou duas taxas variáveis de "saneamento" por duas vezes sobre o valor total do consumo de água (100%) contrariando a Recomendação nº 1/2009 do IRAR que aconselha a considerar-se que o volume de águas residuais recolhidas corresponde ao produto da aplicação de um coeficiente de recolha de referência de âmbito nacional, correspondente ao valor de 0.9 ao volume de água consumido (ou seja, uma única taxa variável sobre 90% da água facturada). 18ª Não apresentando fundamento regulamentar válido por o Regulamento de Águas Residuais ser nulo e de nenhum efeito, o ato impugnado enferma de nulidade por falta de fundamento legal.» 3 – O Ministério Público junto deste Tribunal remete para o parecer do Ministério Público no TCAS, a fls. 430/432 dos autos, o qual se pronunciou no sentido do não provimento do recurso. 4 – Colhidos os vistos legais, cabe decidir. 5 – Por acórdão proferido em 25 de maio de 2017, o TCA Sul declarou-se incompetente em razão da hierarquia, para conhecer do presente recurso, por considerar que tem por fundamento exclusivo matéria de direito, julgando competente para o efeito, a secção de contencioso Tributário do Supremo Tribunal Administrativo. 6 – No Tribunal Administrativo e Fiscal de Castelo Branco foram dados como provados os seguintes factos: «A) A ADC – Águas da Covilhã, E.M., é uma empresa pública municipal, constituída em 03/03/2006 pelo Município da Covilhã, cujo objecto consiste, além do mais, na gestão e exploração dos serviços municipais de abastecimento de água, de drenagem e tratamento de águas residuais urbanas (cf. fls. 144 a 147 dos autos). B) A impugnante é titular de contrato de fornecimento de água junto da ADC-Águas da Covilhã E.M., sendo cliente, do tipo comercial, com o nº......... [fls. 173 dos autos]. C) Do tarifário da ADC – Águas da Covilhã, EM., em vigor para o ano de 2013, consta, além do mais, o seguinte: D) A impugnante foi notificada da factura n 00751305/21001357, emitida, em 2013-05-03, pela ADC – Águas da Covilhã, EM., relativa ao consumo do período de 20 13-04-03 a 2013-05-02, do A............, com débito a partir de 20 13-05-20, no valor total a pagar de 5.093,93€, do qual o montante de 2.523,31€ corresponde a "Saneamento" [cf. fls. 49 a 50 dos autos]. E) O valor liquidado a título de "Saneamento" encontra-se discriminado, no verso da factura mencionada na alínea anterior, do seguinte modo: (...)» [cf. fls. 50 dos autos]. O débito da factura mencionada na alínea D) foi pago pela impugnante [factualidade não controvertida: cf. artigo 3º petição inicial e artigo 1º da contestação]. G) Em 11/06/2013, a impugnante apresentou junto da ADC da Covilhã, E.M., reclamação graciosa contra o acto de liquidação da tarifa de saneamento a que se reporta a factura mencionada em D) (cf. fls. 71 dos autos). H) Pelo ofício nº 0983, datado de 20/06/2013, foi a impugnante notificada da proposta de indeferimento da reclamação graciosa mencionada na alínea anterior, constando ainda do referido oficio o seguinte; «Fica ainda V. Exa. notificada para, querendo, no prazo de 10 dias úteis se pronunciar por escrito sobre a respectiva proposta de decisão. Na falta de resposta, a proposta de decisão converte-se em decisão definitiva, não havendo lugar a nova notificação)) (cf. fls. 71 a 77 dos autos). I) A presente impugnação foi remetida, por site em 06/09/2013 (cf. fls. 2 dos autos). 7. O recurso foi interposto para o Tribunal Central Administrativo Sul. Ora, porque, na verdade, as partes divergem apenas quanto à interpretação das regras jurídicas aplicáveis, não havendo, além disso, controvérsia a este propósito, também aqui se entende, na perspectiva considerada pelo TCAS, que o recurso tem por exclusivo objecto matéria de direito (nº 1 do artigo 280º do CPPT). 8. Do objecto do recurso. Questão a decidir: reconduz-se a saber se padece de erro de julgamento a sentença do Tribunal Administrativo e Fiscal de Castelo Branco que na presente impugnação julgou que as normas previstas nos artigos 33º, nº 2 e 3, 37º e 38º, do Regulamento de Águas Residuais da Covilhã, ao preverem a criação de duas taxas como contrapartida remuneratória pela realização da mesma actividade de saneamento, são ilegais, porquanto desconformes com os diplomas enformadores da actividade em causa, bem como com o artigo 16º, nº 3 da Lei da Finanças Locais (Lei nº 2/2007) (Revogada pela Lei nº 73/2013.), vigente à data da elaboração do aludido regulamento. Em causa nos presentes autos uma impugnação do acto indeferimento expresso da reclamação graciosa apresentada pela recorrida A......., Centro Comercial S.A contra o acto de liquidação da tarifa de saneamento a que se reporta a factura nº 0751305/ /21001357, emitida pela ADC – Águas da Covilhã E.M., relativa ao consumo do período de 2013-04-03 a 03-05-2013. Invocava a recorrida, como fundamentos da impugnação, a ilegalidade do regulamento municipal de águas residuais, na parte relativa às tarifas variáveis de saneamento; a falta de fundamentação do acto de liquidação; a ilegalidade do acto de liquidação por violação dos princípios da equivalência jurídica e da proporcionalidade, e a ilegalidade do procedimento por preterição do direito de audiência prévia antes da liquidação. Perante a suscitada questão da ilegalidade do Regulamento de Águas Residuais nº 26/2011, aprovado, em 10/12/ /2010, pela Assembleia Municipal da Covilhã (Publicado em Diário da República, 2. Série, no dia 12 de Janeiro de 2011.) a sentença recorrida considerou que «no saneamento das águas residuais está abrangida a recolha, tratamento e rejeição de águas residuais, tal como sobressai do artigo 1º do Decreto-Lei nº 379/93 ou, no dizer do artigo 2º, nº 1, alínea b), do Decreto-Lei nº 194/2009, a recolha, drenagem, elevação, tratamento e rejeição de águas residuais urbanas. E que, deste modo, (...) «no âmbito do sistema de saneamento de águas residuais, apenas pode ser cobrada uma única tarifa [variável] pelo serviço prestado [que, forçosamente, englobará as fases de recolha, drenagem, elevação, tratamento e rejeição de águas residuais, não se justificando que, para efeitos de tributação, qualquer uma destas fases possa ser individualizada como uma específica prestação de serviços, da mesma forma que as diversas fases dos demais sistemas municipais [de abastecimento de água e gestão de resíduos sólidos] não são autonomizáveis.» Considerou o Tribunal recorrido que as normas previstas nos artigos 33º, números 2 e 3, 37º e 38º, do referido Regulamento de Águas Residuais da Covilhã, ao preverem a criação de duas taxas como contrapartida remuneratória pela realização da mesma actividade de saneamento são ilegais, porquanto, desconformes com os diplomas legais enformadores da actividade em causa, nomeadamente, o artigo 16º, nº 3, da Lei nº 2/2007, de 15 de janeiro, vigente à data da elaboração do aludido regulamento, devendo, por isso, ser desaplicadas no caso em concreto. Inconformada com o assim decidido alega a recorrente em síntese que: – O acto sub judice não é ilegal, por praticado em conformidade com lei habilitante que prevê a respectiva subdivisão de serviços e tarifas; – deve sucumbir a tese que assenta na defesa da duplicação de tarifas, pois resulta das disposições Regulamentares apenas a existência de uma tarifa fixa e uma tarifa variável, cuja incidência objectiva encontra-se inequivocamente explicitada (vide artigo 36º, 37º e 38º do aqui citado Regulamento); – Sendo que a Tarifa fixa de disponibilidade de saneamento corresponde a uma tarifa cujo objectivo consiste na remuneração da entidade gestora por custos fixos incorridos na construção, conservação e manutenção dos sistemas necessários para a prestação de serviços (artigo 36º do Regulamento Municipal). E a Tarifa varável de saneamento, indexada ao volume de água utilizado, consubstancia a drenagem do esgoto e o devido tratamento (com a designação dada pelo Regulamento Municipal no artigo 37º e 38º) (vide conclusões 2, 9, 10 e 11 das alegações de recurso). 8.1 Como se viu no caso em apreço não está em causa a tarifa de disponibilidade de saneamento, cuja legalidade não foi objecto de impugnação. Está sim em causa o invocado vício de violação de lei e erro sobre os pressupostos de direito, na parte referente à contrapartida remuneratória pela prestação do serviço de saneamento de águas residuais, tendo considerando a sentença recorrida que resulta do regulamento a criação de duas taxas/tarifas variáveis como contrapartida remuneratória pela prestação do serviço de saneamento de águas residuais (tarifa de drenagem de esgotos e a tarifa de tratamento) o que, em sua tese, corresponde a uma duplicação de taxas sem que exista qualquer fundamento legal para tal. Vejamos pois. De harmonia com o disposto nos artigo 15º da Lei nº 2/2007, de 15 de janeiro (Lei das Finanças Locais, na redacção aplicável ao caso em apreço.), os municípios podem criar taxas nos termos do regime geral das taxas das autarquias locais. Sendo que a criação de tais taxas está subordinada aos princípios da equivalência jurídica, da justa repartição dos encargos públicos e da publicidade, incidindo sobre utilidades prestadas aos particulares, geradas pela actividade dos municípios ou resultantes da realização de investimentos municipais. (nº 2 do artigo 15º). No que respeita à criação de taxas dispõe o artigo 8º do Regime Geral das Taxas das Autarquias Locais (Lei nº 53-E/2006, de 29 de dezembro) no seu nº 1 que as taxas das autarquias locais são criadas por regulamento aprovado pelo órgão deliberativo respectivo e que o regulamento que crie taxas municipais ou taxas das freguesias contém obrigatoriamente, sob pena de nulidade: a) A indicação da base de incidência objectiva e subjectiva; b) O valor ou a fórmula de cálculo do valor das taxas a cobrar; c) A fundamentação económico-financeira relativa ao valor das taxas, designadamente os custos directos e indirectos, os encargos financeiros, amortizações e futuros investimentos realizados ou a realizar pela autarquia local; d) As isenções e sua fundamentação; e) O modo de pagamento e outras formas de extinção da prestação tributária admitidas; f) A admissibilidade do pagamento em prestações. (nº 2 do artigo 8º). Resulta também do artigo 16º, nº 3 da Lei da Finanças Locais que os preços e demais instrumentos de remuneração a cobrar pelos municípios respeitam, designadamente, às actividades de exploração de sistemas municipais ou intermunicipais de: a) Abastecimento público de água; b) Saneamento de águas residuais; c) Gestão de resíduos sólidos; d) Transportes colectivos de pessoas e mercadorias; e) Distribuição de energia eléctrica em baixa tensão. E que relativamente às actividades mencionadas no número anterior, os municípios devem cobrar preços nos termos de regulamento tarifário a aprovar (nº 4 do mesmo normativo). A Lei da Finanças Locais no seu artigo 16º, qualifica, pois como preços os valores atinentes às contraprestações inerentes aos serviços identificados no seu nº 3, nomeadamente o saneamento de águas residuais. No que concerne ao regime tarifário relativo à contrapartida remuneratória pela prestação dos referidos serviços públicos, dispõe o Regulamento de Águas Residuais da Covilhã nº 26/2011, aprovado, em 10/12/2010, pela Assembleia Municipal da Covilhã e publicado em Diário da República, 2ª Série, no dia 12/01/2011, o seguinte: «Artigo 32º (Regime Tarifário). 1 – A ADC estabelecerá nos termos legais as tarifas e preços correspondentes aos serviços necessários ao correcto funcionamento de todo o sistema, nomeadamente a de disponibilidade do sistema de saneamento; a da recolha de águas residuais e manutenção da rede e a do tratamento de águas residuais de forma a assegurar o equilíbrio económico e financeiro da Águas da Covilhã. (...). Artigo 33º. (Tarifas e preços a cobrar pela ADC). 1 – A tarifa da disponibilidade de serviço incide sobre a valia de disponibilidade de um sistema geral de águas residuais devidamente conservado em função do calibre do contador de água e da tipologia de consumo. 2 – Para fazer face aos encargos com a actividade desenvolvida no âmbito da exploração do sistema público de drenagem de águas residuais é devida a tarifa de drenagem de esgotos, em função da tipologia de consumo. 3 – Para fazer face às despesas com o tratamento de esgoto, a ADC cobrará a respectiva tarifa em função da tipologia de consumo. (...) 7 – As tarifas e preços dos serviços constarão do tarifário. Artigo 36º (Tarifa de disponibilidade). A tarifa de disponibilidade incide sobre a valia de disponibilidade do sistema geral de águas residuais e é calculada em função do tipo de edifício, localização, uso e compartimentação, e será constituída por um valor fixo mensal, que tomará em consideração o calibre do contador, a tipologia e se o consumidor produz águas residuais a partir de água não potável. Artigo 37º (Tarifa de drenagem). A tarifa de drenagem de esgotos respeita ao valor mensal a pagar por todos os utilizadores do sistema, e é reportada ao valor do consumo de água facturado. Artigo 38º (Tarifa de tratamento). 1 – A tarifa de tratamento de esgoto respeita aos encargos relativos ao tratamento das águas residuais. 2 – A tarifa referida no nº 1 deste artigo será calculada com base no valor do consumo de água facturado. 3 – As tarifas de saneamento serão cobradas conjuntamente com a tarifa de consumo de água e serão indissociáveis desta, face à relação proporcional existente entre a água consumida e a água residual rejeitada.». Artigo 39º Pagamentos. 1 – Os avisos/facturas de pagamento dos consumos e outras importâncias devidas à ADC serão apresentados com a frequência mensal aos clientes/consumidores. 2 – As facturas emitidas deverão descriminar os serviços prestados, prazo de pagamento e as correspondentes tarifas, bem como o volume de água que dá origem às verbas debitadas. (....) A sentença entendeu que no âmbito do sistema de saneamento de águas residuais, a recorrente apenas podia cobrar uma única tarifa (variável) pelo serviço prestado que, forçosamente, que englobará as fases de recolha, drenagem, elevação, tratamento e rejeição de águas residuais, não se justificando que, para efeitos de tributação, qualquer uma destas fases possa ser individualizada como uma específica prestação de serviços. Mas será que no caso se verifica a cobrança de duas taxas ou tarifas sobre o mesmo serviço de saneamento? Entendemos que não. De facto resulta do probatório que o valor facturado pela recorrente diz respeito a Água, Saneamento e Resíduos, sendo que na rubrica Saneamento se discrimina apenas "Tarifa de Saneamento" (2517,20 €) e "Tarifa de Disponibilidade de Saneamento" (€6,11). É assim indubitável que da factura enviada à recorrente só constam as duas componentes da tarifa de saneamento, uma fixa (tarifa de disponibilidade) e outra variável (tarifa de saneamento) e não duas taxas/tarifas variáveis, como pressupõe a sentença do Tribunal Administrativo e Fiscal de Castelo Branco. Convenhamos que, neste aspecto, a liquidação impugnada até segue a recomendação IRAR nº 01/2009, que no seu ponto 3.3.1.1.1, relativo à Estrutura tarifária, prevê que «os tarifários do serviço de saneamento de águas residuais devem compreender uma componente fixa e uma componente variável, de forma a repercutirem equitativamente os custos por todos os consumidores.» E está também conforme ao item 3.3.1.1.2. daquela recomendação que aconselha que, em virtude da aplicação das tarifas de saneamento, a entidade gestora deve ficar obrigada a executar as actividades ali elencadas nas alíneas a) a f), não as devendo facturar de forma específica. Por outro lado é também indubitável que o Regulamento em causa faz, nos seus artigos 37º e 38ª, um desdobramento das ali designadas "tarifas de saneamento" (artigo 38º, nº 3) em tarifa de drenagem de esgotos, ali se dizendo que respeita ao valor mensal a pagar por todos os utilizadores do sistema, e é reportada ao valor do consumo de água facturado (artigo 37º) e «tarifa de tratamento de esgoto» ali se consignando que respeita aos encargos relativos ao tratamento das águas residuais (artigo 38º nº 1). Entendeu-se na decisão recorrida «que as normas previstas nos artigos 33º, nº 2 e 3, 37º e 38º, do Regulamento de Águas Residuais da Covilhã ao preverem a criação de duas taxas como contrapartida remuneratória pela realização da mesma actividade de saneamento seriam ilegais, porquanto desconformes com os diplomas enformadores da actividade em causa, bem como com o artigo 16º, nº 3 da Lei nº 2/2007, vigente à data da elaboração do aludido regulamento, devendo, por isso, ser desaplicadas ao caso em concreto.» E foi por via da desaplicação das referidas normas regulamentares ao caso concreto, que o Tribunal a quo concluiu pela falta de norma de incidência tributária e pela anulabilidade do acto de liquidação impugnado, por vício de violação de lei e erro sobre os pressupostos de direito, na parte referente à "Tarifa Saneamento" Não acompanhamos esta interpretação que a sentença faz dos referidos preceitos legais e entendemos também que este fundamento não é, de per si, bastante para afastar a norma de incidência tributária e determinar a anulação do acto de liquidação sindicado. A questão prende-se com a vinculação positiva do regulamento à lei. Numa análise rigorosa das relações entre a lei e o regulamento, haverá que ter em conta que o poder de emanar regulamentos não deixa nunca de postular vinculação à lei. Ou seja, as normas regulamentares têm de assentar nos parâmetros que se induzam ou deduzam da ordem legislativa (Vide, neste sentido Jorge Miranda e Rui Medeiros, Constituição Portuguesa Anotada, Tomo II, pag. 277, Coimbra Editora). A questão é saber se no caso vertente e no ponto controvertido no recurso (o desdobramento das "tarifas de saneamento" (artigo 38º, nº 3) em tarifa de drenagem de esgotos, e «tarifa de tratamento de esgoto») o regulamento se afasta ou diverge dos parâmetros que se induzem do diploma legal habilitante que autoriza os municípios a cobrarem taxas locais correspondentes à contrapartida remuneratória pela prestação dos referidos serviços públicos – a Lei da Finanças Locais (Lei nº 2/2007, de 15 de janeiro) e mais especificamente o seu artigo 16º, nº 3, al. b). E a resposta será negativa. Como vimos a Lei das Finanças Locais no seu artigo 16º, qualifica como preços os valores atinentes às contraprestações inerentes aos serviços identificados no seu nº 3, nomeadamente o saneamento de águas residuais. E o nº 4 do mesmo normativo dispõe que relativamente às actividades mencionadas no número anterior, os municípios devem cobrar preços nos termos de regulamento tarifário a aprovar. Ora do desdobramento da tarifa de saneamento em tarifa de tratamento e tarifa de drenagem não resulta, ao invés do que se conclui na decisão recorrida, uma duplicação de tarifas/preços. De facto, como evidencia o tarifário para que remete o regulamento, o preço é só um (€2,48/m^3) e engloba os dois serviços (drenagem e tratamento) – cf. al. c) do probatório. Sendo que foi com base nesse valor unitário de €2,48/m^3 que foi calculado o valor liquidado a titulo de saneamento. Não há efectivamente dupla tributação ou qualquer lesão do princípio da equivalência, resultando até daquele desdobramento uma mais clara indicação da incidência objectiva e subjectiva da tarifa a cobrar pelo serviço de saneamento, aliás em consonância com o princípio da determinabilidade, ínsito no artigo 8º da Lei da Finanças Locais. Acresce que, como se assinala no artigo 38º, nº 3 do Regulamento de Águas Residuais, as tarifas de saneamento «serão cobradas conjuntamente com a tarifa de consumo de água e serão indissociáveis desta, face à relação proporcional existente entre a água consumida e a água residual rejeitada». O que também está conforme aos já referidos princípios da determinabilidade e da equivalência, pois que os estudos de campo demonstram que as descargas de águas residuais variam na directa razão do abastecimento de água feito a cada imóvel (Sérgio Vasques, Regime das Taxas Locais, Cadernos do IDEFF, nº 8,

Ed. Almedina, pag. 139.). Por outro lado o Decreto-Lei nº 194/2009 de 20 de agosto, que aprova o regime jurídico dos serviços municipais de abastecimento público de água, de saneamento de águas residuais e de gestão de resíduos urbanos, define no seu artigo 2º, nº 1, al. b) define o âmbito dos serviços municipais de saneamento de águas residuais urbanas. E ali se consigna que compreendem no todo ou em parte, a gestão dos sistemas municipais de recolha, drenagem, elevação, tratamento e rejeição de águas residuais urbanas, bem como a recolha, o transporte e o destino final de lamas de fossas sépticas individuais. Daí que se entenda que o regulamento em causa, ao prever o desdobramento da tarifa de saneamento em tarifa de tratamento e tarifa de drenagem, cobradas em conjunto, pese embora referentes a prestações de serviço diferenciadas, não só não conduz a uma duplicação de tarifas e de preços, como também não permite ou autoriza a cobrança de prestações de serviços que extravasem o conceito de «serviços de saneamento de águas residuais urbanas» acolhido no referido regime jurídico, pelo que, não se vislumbra, neste ponto, a invocada desconformidade. Em suma, quer no plano da norma habilitante, quer no plano do regime legal enformador da actividade em causa, nada obsta a tal desdobramento, não havendo nos autos qualquer elemento que permita sustentar a interpretação acolhida na decisão recorrida de que, com esse fundamento, o regulamento padece de ilegalidade determinante de falta de norma de incidência tributária. A sentença recorrida padece, pois, do erro de julgamento que lhe é imputado, pelo que procede o recurso. 8. Termos em que, face ao exposto, acordam os juízes da Secção do Contencioso Tributário deste Supremo Tribunal Administrativo em conceder provimento ao recurso e revogar a sentença recorrida, determinando a baixa os autos à primeira instância a fim de serem conhecidos os demais fundamentos da impugnação, se a tanto nada mais obstar. Custas pela recorrida, Lisboa, 27 de Junho de 2018. – Pedro Delgado (relator) – Isabel Marques da Silva – Dulce Neto.

9. Acórdão do Supremo Tribunal Administrativo (Processo nº 902/17), 24-01-2018. Acordam na Secção do Contencioso Tributário do Supremo Tribunal Administrativo: 1.1. A..., SA, impugnou judicialmente, no Tribunal Administrativo e Fiscal de Castelo Branco, o indeferimento tácito da reclamação graciosa deduzida contra o ato de liquidação a que se reporta a fatura/recibo nº 0751203/19000535, no valor de €6.013,09, emitida pela ADC – Águas da Covilhã, relativa ao consumo no período de 02/02/2012 a 01/03/2012, peticionando a anulabilidade dos atos impugnados. 1.2. A sentença de 28/02/2017, concluiu o seguinte: «Face ao exposto, julga-se a presente impugnação procedente e, em consequência, determina-se a anulação da liquidação impugnada, na parte a que se refere à "Tarifa Saneamento", no montante de €2.933,84, mais se condenando a ADC, EM, no reembolso do tributo pago indevidamente, e no pagamento dos respectivos juros compensatórios até à data

do processamento da respectiva nota de crédito.». 1.3. Não se conformando com essa decisão, a ADC – Águas da Covilhã, EM, recorreu para o Tribunal Central Administrativo Sul que, por decisão sumária de 30/06/2017, declarou este Tribunal incompetente, em razão da hierarquia, para conhecer do recurso e competente a Secção do Contencioso Tributário do Supremo Tribunal Administrativo. 1.4. O recorrente apresentou as suas alegações nas quais formulou as conclusões seguintes (fls. 302 ...): «1. As Tarifas de saneamento encontram-se legalmente liquidadas em conformidade com o "Regulamento e Tabela de Taxas, Compensações e Outras Receitas" do Município da Covilhã, pela Lei das Finanças Locais, pela Lei Geral Tributária, pelo Regime Geral das Taxas das Autarquias Locais, pela Lei do Sector Empresarial Local e pelos Estatutos da recorrente. 2. O tarifário de 2012 foi aprovado pelo órgão competente e não se afiguram violados quaisquer preceitos legais ou a forma legalmente imposta para o mesmo. (aliás, as tarifas em causa foram estabelecidas em 10 de dezembro de 2010, tendo sido submetidas a discussão pública de Assembleia Municipal da Covilhã). 3. Tal tarifário foi divulgado e comunicado aos utentes, pela Recorrente, e nunca constituiu qualquer entrave à contratação ou manutenção dos serviços prestados pela mesma, mormente pela Recorrida. 4. Não obstante, tratarem-se de preços unilateralmente fixados, impostos por ato de autoridade pública e por entidade a quem foram delegados poderes de autoridade pública, não são os mesmos legalmente abusivos ou contrários à lei. 5. Aliás, se assim fosse, já a Inspeção-geral de Finanças e/ou o Tribunal de Contas, que analisa os planos económico-financeiros da empresa aqui recorrida, se teriam pronunciado sobre o assunto e imposto à Recorrente todas as legais consequências. 6. Acrescente-se apenas que, para além de tudo o que ficou expresso e demonstrado, os relatórios e as contas da Recorrente, estão publicados no site da mesma, para acesso de todos os utentes e com a transparência a que sempre os habituou. 7. Não é verdade que, das faturas emitidas pela Recorrente, não se afira a qualificação e a quantificação dos serviços ou as operações de apuramento da matéria sujeita a tarifação. 8. Os serviços e as tarifas de saneamento estão expressamente descritos e discriminados nas faturas emitidas e enviadas aos utentes; 9. Constam das mesmas: a descrição dos serviços e das tarifas, a explicação dos valores, o faturado, o valor unitário e o valor com IVA. 10. A atividade da Recorrente é fiscalizada pela "Entidade Reguladora de Serviços de Águas e Resíduos, I. P.", e as suas contas, conforme alegado, pela Inspeção-geral de Finanças e pelo Tribunal de Contas. 11. A Recorrente rege a sua atividade no respeito pelos Princípios Gerais consignados na Lei de Bases do Ambiente e nos Princípios consagrados na Lei nº 58/2005, de 29 de dezembro, encontrando enquadramento jurídico quanto à constituição e regime na Lei nº 58/98, de 18 de agosto, alterada pela Lei nº 53-F/2006, de 29 de dezembro, que aprova o Regime Jurídico do

Sector Empresarial Local. 12. Pelo que não existe qualquer desconformidade, mormente qualquer ilegalidade na atividade desenvolvida pela Recorrente. 13. O tarifário aplicado na liquidação do preço dos serviços da responsabilidade da Recorrente, é disponibilizado em suporte de papel e através do site da mesma – www.aguasda covilha.pt – a todos os utentes; 14. Decorre do citado Regulamento a aplicação das tarifas aqui postas em crise (Cfr. artigos 36º, 37º e 38º, com a epígrafe: respetivamente, Tarifa de Disponibilidade, Tarifa de Drenagem e Tarifa de Tratamento). 15. Este Regulamento, em conjugação com o tarifário em vigor, igualmente disponibilizado pela Recorrente; bem como todos os esclarecimentos prestados aos utentes no que respeita a legislação aplicável; a interpretação e clarificação, com acesso a legenda, de uma fatura tipo; entre muitos outros, fazem sucumbir, salvo melhor entendimento, a tese defendida pela Impugnante quanto à falta de informação dos utentes, que o tribunal a quo, entendeu como falta de fundamentação económico-financeira. 16. Não se verifica qualquer omissão do disposto no artigo 8º nº 2 al. c) do RGTAL que possa sustentar como tendente a duplicação de tarifas. 17. O Município da Covilhã dispõe ainda de "Regulamento e Tabela de Taxas, Compensações e outras Receitas", publicado no Diário da República, 2ª Série, nº 71, de 13 de Abril de 2010. 18. Deste Regulamento resulta, conforme impõe o artigo 8º da Lei nº 53-E/ /2006, de 29 de dezembro, entre outras matérias: a) A indicação da base de incidência objetiva e subjetiva; b) O valor ou a fórmula de cálculo do valor das taxas a cobrar; c) A fundamentação económico-financeira relativa ao valor das taxas, designadamente os custos diretos e indiretos, os encargos financeiros, amortizações e futuros investimentos realizados ou a realizar pela autarquia local; d) As isenções e sua fundamentação; e) O modo de pagamento e outras formas de extinção da prestação tributária admitidas; f) A admissibilidade do pagamento em prestações. 19. Termos pelos quais se pode afirmar que o supra enunciado Regulamento cumpre com o RGTAL e todos os legais dispositivos que lhe são aplicáveis. 20. Com efeito, as atualizações das tarifas são realizadas em conformidade com as normas legais e regulamentares aplicáveis (Cfr. artigo 32º do "Regulamento de Águas Residuais", capitulo VII tarifas e cobranças epígrafe regime tarifário: residuais "1 – A ADC estabelecera nos termos legais as tarifas e preços correspondentes ao serviços necessários ao correto funcionamento de todo o sistema, nomeadamente a disponibilidade do sistema de saneamento; a recolha de águas residuais e manutenção da rede e a do tratamento de águas residuais de forma a assegurar o equilibro económico e financeiro da ADC"; em como o teor do disposto no Preâmbulo do referido Regulamento. 21. Ora as tarifas são legais, por praticado em conformidade com lei aplicável, e porque, como demonstrado, prevê a respetiva subdivisão de serviços e tarifas. 22. Não pode negar-se à Recorrente o cuidado e especial cumprimento dos princípios adstritos à informação e colaboração aos utentes. 23. O ato de liquidação foi realizado no estrito cumprimento de todos os deveres e incumbências a que a Recorrente se encontra adstrita, resultando as tarifas aplicadas, no aludido ato, da conjugação de disposições legais e regulamentares a que a mesma está vinculada. 24. Por conseguinte, é de concluir que as tarifas estão fundamentadas de acordo com os critérios legalmente impostos, de forma clara e expressa e que permitiram à recorrida impugnar. 25. Aliás, como se pode verificar, a mesma questão foi objeto de sentença favorável à aqui Recorrente, no âmbito do proc. nº 97/11.SBECTB 400/11.OBECTB, 497/11.3BECTB, 653/11.4BECTB, 176/12.4BECTB E 225/12.6BECTB, todas do Tribunal Administrativo e Fiscal de Castelo Branco, que confirmaram a inexistência de quaisquer ilegalidades. 26. Assim, não há falta de fundamentação económico-financeiro nas tarifas de saneamento, nem tão pouco por essa eventual falta, se poderá aferir a alegada duplicação, que se encontra inequivocamente explicada e individualizada por consubstanciar diferentes utilidades (tratamento de esgoto e drenagem de esgoto). 27. Sendo que a TARIFA FIXA DE DISPONIBILIDADE DE SANEAMENTO corresponde a uma tarifa cujo objetivo consiste na remuneração da entidade gestora por custos fixos incorridos na construção, conservação e manutenção dos sistemas necessários para a prestação de serviços (vide artigo 36º do Regulamento Municipal). 28. E A TARIFA VARIÁVEL DE SANEAMENTO, indexada ao volume de água utilizado, consubstanciando: a drenagem do esgoto, consubstanciada na recolha através as infraestruturas públicas, constituídas por ramais e coletores, distinto do que consubstancia; o tratamento, que implica avultados investimentos em Estações de tratamento de águas residuais com os respetivos recurso humanos específicos. 29. Serviços que obviamente integrando o saneamento, certo é que se podem distinguir dado refletir custos de investimento e de operacionalidade perfeitamente independentes e diferentes, o que justifica a distinção que o legislador cuidou em estabelecer, quer no Decreto-Regulamentar nº 23/95 de 23 de agosto e no atual Decreto-Lei nº 194/2009 de 20 de agosto, preconizando-se o princípio da transparência na prestação dos serviços. 30. Não há qualquer duplicação de tarifas, sendo inclusive de louvar a diferenciação dos valores que comporta o serviço de saneamento, informando-se os utentes dos concretos serviços que utiliza e a correspondente comparticipação nos custos dai decorrentes e aqui também se encontrando plasmados os princípios que determinam a fixação dos tarifários em conformidade com o disposto no Regime Económico-financeiro dos Recursos Hídricos. 31. Posto isto, mais acresce que, a douta sentença do tribunal a quo, fez uma deficiente e precipitada interpretação da alegada "Falta de fundamentação" alegada pela recorrida e justificando a "tendente duplicação" na falta de estudos ou elementos que justificassem a fundamentação das tarifas, sem que tal fato fosse alegado e

demonstrado nos autos, já que o processo administrativo de criação e fixação das tarifas pelo Município não foi em momento algum solicitado à ora recorrente.»
1.5. A recorrida contra-alegou tendo concluído de seguinte modo: «1ª O objeto do presente recurso reconduz-se à questão discutida na sentença recorrida, que apenas conheceu um dos vícios suscitados pela ora Recorrida, que consiste em determinar se o Regulamento municipal de águas residuais padece de ilegalidade, em especial por não cumprir as exigências legais previstas no artigo 8º, nº 2, alínea c), da Lei nº 53-E/2006, ou seja por não apresentar a fundamentação económico-financeira das tarifas de Saneamento nele previstas. 2ª O Tribunal a quo decidiu e bem que "não se vislumbra fundamento legal que permita a criação, por via regulamentar, de mais do que uma taxa ou tarifa, como contrapartida remuneratória pela realização de uma mesma actividade, (...)", concluindo que a falta de fundamentação económico-financeira, "invocada na presente impugnação contra os actos impugnados (...) para além de infringir directamente a lei, artigo 8º nº 2, alínea c) do RGTAL, aprovado pela Lei nº 53-E/2006 sempre seria capaz de votar a presente impugnação ao sucesso, pois sem ela não é possível verificar se inexiste duplicação de tributos, sendo que a aprovação de duas tarifas para o saneamento, sem que, no plano dos factos se demonstre a possibilidade de individualização dos serviços prestados – drenagem e tratamento – se terá como tendente à duplicação de obtenção de receita por um mesmo serviço" 3ª A Recorrida, ao contrário do que parece sugerir a Recorrente, desde que contesta a cobrança das taxas de saneamento em crise, que invoca a ilegalidade do Regulamento com fundamento na falta de fundamentação económico-financeira. 4ª A Recorrente, alegando que a Recorrida nunca se referiu à falta de fundamentação económico-financeira, mas sim à falta de informação, pretende camuflar o facto de, em momento algum, conseguir demonstrar a fundamentação económico-financeira das duas tarifas cobradas. 5ª As nominadas "conclusões" das alegações da Recorrente, até porque são mais extensas do que o corpo das alegações, não correspondem a um mínimo de esforço de síntese das mesmas, não se podendo falar de efetivas conclusões, sendo, na verdade, o desenvolvimento ou a continuação do que consta no corpo das alegações, pelo que nem podem sequer ser passíveis de despacho de aperfeiçoamento. 6ª O Regulamento de águas residuais aprovado em Assembleia Municipal de 10.12.2010 criou, nos seus artigos 32º nº 1, 33º números 2 e 3, 37º e 38º, três taxas de saneamento: uma fixa, de disponibilidade do serviço e duas taxas variáveis: uma de drenagem de esgotos e outra de tratamento de esgotos, cada uma incidindo sobre o volume de água faturado. 7ª O Regulamento nº 26/2011 omitiu a sua fundamentação económico-financeira, pelo que a Recorrida fica sem compreender e nunca poderia aceitar que lhe cobrem duas taxas variáveis de saneamento a que acresce uma taxa fixa de disponibilidade. 8ª O Regulamento aprovado

em Assembleia Municipal de 10.12.2010 revela-se nulo e de nenhum efeito, por não cumprir as exigências legais previstas na Lei n. 53-F/2006, designadamente as indicadas na alínea c), do nº 2 do artigo 8º, ou seja por não apresentar a sua fundamentação económico-financeira. 9ª A legalidade do Regulamento Municipal nº 26/2011 não se cumpre com a mera remissão para as normas habilitantes, sendo necessário apresentar um estudo com a fundamentação económico-financeira relativa ao valor das taxas, designadamente os custos diretos e indiretos, os encargos financeiros, amortizações e futuros investimentos realizados ou a realizar pela autarquia local, o que é expressamente previsto no artigo 8º nº 2, alínea c) da Lei nº 53- E/2006. 10ª A fundamentação económico-financeira omitida não é conhecida dos munícipes no âmbito da discussão em Assembleia Municipal, até porque na deliberação da Assembleia Geral junta com a contestação nada se oferece a este respeito. 11ª A falta de fundamentação económico-financeira não é suprimível através da existência do respetivo tarifário legalmente aprovado ou da fatura emitida e enviada à Recorrida, nem consta no "Regulamento e Tabela de Taxas, Compensações e outras Receitas". 12ª Nos termos da alínea c), do nº 2, do artigo 8º da Lei nº 53-E/2006 a justificação do valor da taxa de saneamento e se o mesmo reflete os custos dissociáveis e indissociáveis incorridos para o cabal desempenho da prestação de serviço de saneamento público, a existir, deveria encontra-se plasmada no estudo de fundamentação económico-financeira anexo ou ínsito no Regulamento nº 26/2011, que criou as três taxas: uma fixa de disponibilidade e duas variáveis sobre o consumo de água faturado: drenagem e tratamento. 13ª Não é em sede de contestação ou alegações que deve a ora Recorrente enunciar a fundamentação económico-financeira em falta no Regulamento, sob pena de assistirmos a uma fundamentação à posteriori vedada por lei. 14ª Não logrou a Recorrente apresentar os elementos que poderiam fundamentar a taxa de saneamento cobrada, nem no Regulamento, onde deveriam estar, nem nos autos, razão bastante para permitir concluir que as tarifas impostas a todos os cidadãos do Município da Covilhã são aleatórias, injustificadas, são aquelas como poderiam ser quaisquer outras, pois desconhece-se a sua fundamentação económico-financeira e a ora Recorrente também não a sabe explicar. 15ª A falta de fundamentação económico-financeira, além de justificar a ilegalidade do Regulamento em causa, por este não cumprir o requisito legal constante na alínea c), nº 2 do artigo 8º da Lei nº 53-E//2006, sempre fundamentará a ilegalidade das duas tarifas cobradas, por não ser demonstrado que estas podiam, eventualmente, corresponder a dois serviços prestados. 1.6. O Ministério Público emitiu a seguinte pronúncia: «As conclusões devem condensar o argumentário expresso no texto das alegações, permitindo ao tribunal uma fácil apreensão dos fundamentos invocados pelo recorrente para a formulação do pedido de alteração ou anulação da decisão recorrida (artigo 639º nº 1 CPC).

No caso concreto as conclusões não cumprem essa função: expressando novos fundamentos não indicados no texto das alegações, assumem-se como o seu prolongamento. Neste contexto promovo convite à recorrente para formulação de novas conclusões que sintetizem os fundamentos indicados no texto das alegações, com cominação de não conhecimento do recurso na parte afectada (artigo 639º nº 3 CPC).» 1.7. Notificadas as partes para se pronunciarem sobre a eventual incompetência deste STA, em razão da hierarquia, por se questionar matéria de facto nas conclusões 7, 8 e 9 nada disseram. 1.8. Colhidos os vistos legais, cabe decidir. 2. A decisão recorrida deu como provada a seguinte matéria de facto: «a) Em 10 de Dezembro de 2010 foram aprovados pela Assembleia Municipal da Covilhã os regulamentos do sistema de abastecimento de água e de águas residuais, o qual foi publicado em Diário da República, 2ª Série, nº 8, de folhas 2508 a 2522, sob o Regulamento nº 26/2011; b) Para o ano de 2012, a título de saneamento devido por consumidores não-domésticos, foi fixado o seguinte tarifário (cfr. documento nº 4, entregue com a contestação): c) A impugnante foi notificada pela ADC, EM da factura nº 0751203/19000535, no valor de €6.013,09, relativa ao consumo do período de 02/02/2012 a 01/03/2012 (cfr. doc. 1 junto aos autos com a PI.); d) No verso da factura mencionado no ponto anterior, encontra-se discriminado o valor liquidado a título de saneamento do seguinte modo, cujo teor aqui se dá integralmente reproduzido. Saneamento. Tarifa de Saneamento – €2.933,84. Tarifa Disp. – €5,11. e) A factura a que se referem as alíneas anteriores do probatório foi paga (provado por acordo cfr. alegação do artigo 3º da petição inicial e aceite expressamente pela ADC, EM no artigo 1º da sua contestação); A 13/04/2012 a ora Impugnante apresentou junto da ADC da Covilhã, E.M., reclamação graciosa contra o acto de liquidação na alínea c) do probatório (Cfr. documento junto aos autos com a P.I.). g) A 19/09/2011, a impugnante apresentou neste Tribunal a presente acção (cfr. data do SITAF).». 3.1. Notificadas as partes para se pronunciarem sobre a eventual incompetência deste STA, em razão da hierarquia, por se questionar matéria de facto nas conclusões 7, 8 e 9 nada disseram. Estas conclusões têm o conteúdo seguinte: "7. Não é verdade que, das faturas emitidas pela Recorrente, não se afira a qualificação e a quantificação dos serviços ou as operações de apuramento da matéria sujeita a tarifação. 8. Os serviços e as tarifas de saneamento estão expressamente descritos e discriminados nas faturas emitidas e enviadas aos utentes; 9. Constam das mesmas: a descrição dos serviços e das tarifas, a explicação dos valores, o faturado, o valor unitário e o valor com IVA.". Nestas conclusões é afirmada matéria factual que, contudo, se encontra já estabelecida na alínea c) da matéria de facto. Daí que se possa concluir que o recurso não questiona a matéria factual já fixada pelo que é de considerar este STA competente, em razão da hierarquia uma vez que o presente recurso versa apenas sobre matéria de direito. 3.2. Afirma a recorrida na conclusão 5ª das suas contra-alegações que "as nominadas "conclusões" das alegações da Recorrente, até porque são mais extensas do que o corpo das alegações, não correspondem a um mínimo de esforço de síntese das mesmas, não se podendo falar de efetivas conclusões, sendo, na verdade, o desenvolvimento ou a continuação do que consta no corpo das alegações, pelo que nem podem sequer ser passíveis de despacho de aperfeiçoamento." Neste mesmo sentido sustenta o Ministério Público o seguinte: «As conclusões devem condensar o argumentário expresso no texto das alegações, permitindo ao tribunal uma fácil apreensão dos fundamentos invocados pelo recorrente para a formulação do pedido de alteração ou anulação da decisão recorrida (artigo 639º nº 1 CPC). No caso concreto as conclusões não cumprem essa função: expressando novos fundamentos não indicados no texto das alegações, assumem-se como o seu prolongamento. Neste contexto promovo convite à recorrente para formulação de novas conclusões que sintetizem os fundamentos indicados no texto das alegações, com cominação de não conhecimento do recurso na parte afetada (artigo 639º nº 3 CPC).» Nos termos do artigo 639º 1 do CPC, as alegações devem apresentar conclusões "de forma sintética" indicando os fundamentos pelos quais pede a alteração ou anulação da decisão. Na verdade não parecem ser as conclusões da recorrente um modelo de síntese. Poderia, por isso, ordenar-se ao recorrente que tentasse sintetizá-las, nos termos do nº 3 do mesmo artigo 639º 1 do CPC. Contudo, ainda que com algum esforço, não podemos deixar de referir que não são as mesmas absolutamente ininteligíveis. Acresce que a interpretação do conceito de conclusões "de forma sintética" não tem merecido um entendimento uniforme na jurisprudência dos tribunais superiores. Estamos perante um conceito relativamente indeterminado. Parece-nos, contudo, que na situação concreta se entende a pretensão do recorrente e que a mesma foi interpretada pela recorrida que rebateu os diversos pontos questionados no recurso. Torna-se, por isso, desnecessário efetuar o convite a que se refere o nº 3 do artigo 639º 1 do CPC. 3.3. A sentença recorrida concluiu afirmando o seguinte: "... se a autarquia podia cobrar numa só tarifa o preço pela drenagem das águas e pelo seu tratamento não infringe a lei que o faça fragmentando a sua base de incidência, visto que tal permite, desde logo, em abstrato, a cobrança apenas de uma dessas tarifas, quando seja possível individualizar a prestação de apenas um dos serviços. Imagine-se que um sujeito passivo pode necessitar da drenagem das águas, mas já não do seu tratamento, por dispor de uma ETAR própria, devolvendo as águas a jusante do tratamento da autarquia. Entendemos, assim, em abstracto, que a fragmentação não implica a duplicação da tarifa, uma vez que uma só tarifa sempre podia compreender o valor da soma das duas tarifas criadas. Diferente seria se as duas tarifas incidissem sobre a mesma realidade objectiva, o que não podemos concluir pelo facto de ambas as tarifas serem calculadas com base no volume de água consumida, pois basta pensarmos que quer a drenagem, quer o tratamento de águas, se faz a determinado volume de água, medido em metros cúbicos, que sendo consumida há que drenar para seguidamente tratar. Assim, o ponto que consideramos ser relevante para aferir da legalidade das duas tarifas cobradas, é o facto de estas incidirem ou não sobre diferentes serviços prestados pela autarquia, o que só podemos concluir quando seja possível confrontá-las com a sua fundamentação económico-financeira, sendo que a sua falta foi também invocada na presente impugnação contra os actos impugnados. E de facto resulta do alegado pelas partes e não oferece controvérsia, que não existiu qualquer estudo ou outro elemento que permita atingir a justificação para a fixação das tarifas aprovadas e cobradas. Essa omissão, para além de infringir directamente a lei, artigo 8º, nº 2, alínea c) do RGTAL, aprovado pela Lei nº 53-E/2006 sempre seria capaz de votar a presente impugnação ao sucesso, pois sem ela não é possível verificar que inexiste duplicação de tributos, sendo que a aprovação de duas tarifas para o saneamento, sem que, no plano dos factos se demonstre a possibilidade de individualização dos serviços prestados – drenagem e tratamento – se terá como tendente a duplicação de obtenção de receita por um mesmo serviço.". Do exposto resulta que para a sentença recorrida é relevante, para aferir da legalidade das duas tarifas cobradas, o facto de estas incidirem ou não sobre diferentes serviços prestados pela autarquia, o que só é possível determinar perante a sua fundamentação económico-financeira. Acrescenta que não existiu qualquer estudo ou outro elemento que permita atingir a justificação para a fixação das tarifas aprovadas e cobradas e que tal omissão infringe diretamente o artigo 8º, nº 2, alínea c) do RGTAL, aprovado pela Lei nº 53-E/2006, e com tal omissão não é possível verificar que inexiste duplicação de tributos. Ainda segundo a sentença recorrida a aprovação de duas tarifas para o saneamento, sem que, no plano dos factos se demonstre a possibilidade de individualização dos serviços prestados – drenagem e tratamento – conduzirá a duplicação de obtenção de receita por um mesmo serviço. 3.4. Conforme resulta da matéria de facto provada (al. c) a impugnante foi notificada pela ADC, EM da factura nº 0751203/19000535, no valor de €6.013,09, relativa ao consumo do período de 02/02/2012 a 01/03/2012. Consta, ainda, da matéria de facto provada (al. d) que, no verso da factura mencionada no ponto anterior, encontra-se discriminado o valor liquidado a título de saneamento do seguinte modo, cujo teor aqui se dá integralmente reproduzido. Saneamento. Tarifa de Saneamento – €2.933,84. Tarifa Disp. – €5,11. 3.5. O STA apreciou já as taxas referidas nos acórdãos de 08-11-2017, Proc. 764/17, e de 15-11-2017, Proc. 849/17, ainda que referentes, respetivamente, aos períodos de 16-11-2010 a 16-12--2010 e de 16-10-2010 a 15-11-2010. É certo que, conforme consta do probatório, (al. a) em 10 de Dezembro de 2010 foram aprovados pela Assembleia Municipal da Covilhã os regulamentos do sistema de abastecimento de água e de águas residuais, o qual foi publicado em Diário da República, 2ª Série, nº 8, de folhas 2508 a 2522, sob o Regulamento nº 26/2011 e (al. b) para o ano de 2012, a título de saneamento devido por consumidores não-domésticos, foi fixado o seguinte tarifário (cfr. documento nº 4, entregue com a contestação). As duas sentenças que foram apreciadas, naqueles acórdãos pelo STA, têm conteúdo diverso da sentença dos presentes autos. Naquelas escreveu-se o seguinte: "Com efeito, apesar da Entidade impugnada remeter para o "Regulamento e Tabela de Taxas, Compensações e outras Receitas" do Município da Covilhã [publicado no Diário da República, 2ª Série, nº 71, de 13 de Abril de 2010], certo é que em tal regulamento não se detecta, nem a entidade impugnada identifica, qualquer norma que aluda à tributação devida pela actividade de saneamento de águas residuais urbanas, sendo, assim, forçoso concluir pela inexistência de regulamento municipal aplicável às taxas/tarifas em causa nos autos. Deste modo, por falta de norma regulamentar de incidência tributária, ter-se-á de concluir pela anulabilidade do acto de liquidação impugnado, por vício de violação de lei, por erro sobre os pressupostos, na parte relativa às taxas/tarifas de "Saneamento".» Para a sentença aqui e agora recorrida porque não existiu qualquer estudo ou outro elemento que permita atingir a justificação para a fixação das tarifas aprovadas e cobradas, tal omissão infringe diretamente o artigo 8º, nº 2, alínea c) do RGTAL, aprovado pela Lei nº 53-E/2006, pelo que não é possível verificar que inexiste duplicação de tributos. 3.6. Contudo a recorrente, naqueles como neste recurso, não contraria nas conclusões das alegações o afirmado na sentença recorrida. Afirma a recorrente, em termos genéricos, que o ato impugnado não é ilegal porque praticado em conformidade com o regulamento tarifário de 2010, o qual está em conformidade com a lei habilitante. Refere que o ato de liquidação foi realizado no cumprimento de todos os deveres a que a recorrente se encontra obrigada e que as tarifas aplicadas, no ato em apreciação resultaram da conjugação de disposições legais e regulamentares a que a mesma está vinculada. Podemos, por isso, acompanhar os dois acórdãos citados quando afirmam o seguinte: "... Na verdade, como se constata da alegação e das conclusões que a encerram e que delimitam o objecto do recurso, a recorrente alheia-se da motivação factual e jurídica que determinou a decisão de procedência da impugnação, não ensaiando demonstrar o seu desacerto, pois que, de forma patente, não põe em crise os concretos motivos que levaram o Mmº Juiz a julgar procedente o pedido, deixando-os incólumes. Ora, como tem sido afirmado, de forma reiterada, pelo Supremo Tribunal Administrativo, o recurso jurisdicional tem por objecto a sentença recorrida (e não o acto impugnado), destinando-se a anulá-la ou a alterá-la com fundamento em vício de forma (nulidade) ou de fundo (erro de julgamento) que o recorrente entenda afectá-la, não podendo obter provimento o recurso quando não é feito qualquer reparo às razões e fundamentos específicos que sustentam o decidido. Ou, por outras palavras, constituindo o recurso jurisdicional um meio de impugnação da decisão judicial com vista à sua alteração ou anulação pelo tribunal superior após reexame da matéria de facto e/ou de direito nela apreciada, correspondendo, assim, a um pedido de revisão da legalidade da decisão com fundamento nos erros e vícios de que padeça, estará votado ao insucesso o recurso que se alheia totalmente da fundamentação factual e/ou jurídica que determinou a decisão de indeferimento liminar de um processo de impugnação – cfr. acórdão do STA de 11/05/2011, no recurso nº 04/11." Do exposto resulta que não merece provimento o presente recurso pois que a recorrente não contraria o afirmado na sentença recorrida de que não existiu qualquer estudo ou outro elemento que permita atingir a justificação para a fixação das tarifas aprovadas e cobradas e que tal omissão infringe diretamente o artigo 8º, nº 2, alínea c) do RGTAL, aprovado pela Lei nº 53-E/2006, não sendo possível verificar se existe ou não a alegada duplicação de tributos. O recurso jurisdicional constitui um pedido de revisão da legalidade da decisão com fundamento nos erros e vícios de que padeça, pelo que improcede o recurso que se alheia da motivação factual e/ou jurídica que determinou a decisão de procedência da impugnação. 4. Face ao exposto, acordam os juízes da Secção de Contencioso Tributário do Supremo Tribunal Administrativo em negar provimento ao recurso. Custas pela recorrente. Lisboa, 24 de janeiro de 2018. – António Pimpão (relator) – Ascensão Lopes – Ana Paula Lobo.

Comentário:

1. A Lei nº 73/2013, de 3 de setembro (e que vigora com a redação da Lei nº 24-A/2022 de 23 de dezembro), que estabelece o regime financeiro das autarquias locais e das entidades intermunicipais, dispõe no nº 2 do artigo 16º sobre isenções e benefícios fiscais. Refere que, a assembleia municipal pode, por proposta da câmara municipal, através de deliberação fundamentada que inclui a estimativa da respetiva despesa fiscal, conceder isenções totais ou parciais relativamente aos impostos e outros tributos próprios.
2. Resta saber se esta norma se aplica às taxas e preços praticados pelo município, concretamente o que se deve entender por estimativa da respetiva despesa fiscal.
3. Uma interpretação sistemática do diploma, leva-nos a concluir que as isenções e benefícios fiscais previstos, se referem a impostos e tributos com a natureza de impostos, porque é esse o seu âmbito, e não a taxas.

4. Às taxas dos municípios dedica a Lei nº 73/2013, de 3 de setembro, que vigora com a redação da Lei nº 66/2020 de 4 de novembro, uma norma própria, o artigo 20º, que remete para o respetivo regime específico, que atualmente é o regime geral das taxas das autarquias locais, aprovado pela Lei nº 53-E/2006, de 29 de dezembro.

5. Com efeito, é no artigo 8º deste diploma que se regulamenta a criação de taxas das autarquias locais e se prevê, na alínea d) do nº 2, que o respetivo regulamento contenha, sob pena de nulidade, as isenções e sua fundamentação.

6. Concluindo, a lei que regula especialmente as taxas autárquicas é a Lei nº 53-E/2006, de 29 de dezembro, estabelecendo o seu montante e as respetivas isenções, devidamente fundamentadas, sob pena de nulidade, nos termos do seu artigo 8º.

7. "Sobre o princípio da coerência do sistema tributário. A ideia de sistema fiscal não é novidade. Trata-se de um conceito utilizado para designar o conjunto de impostos vigentes no ordenamento jurídico. De resto, a própria Constituição reconhece o conceito de sistema fiscal, incluindo-o na reserva de competência legislativa da Assembleia da República", in Silva, Suzana Tavares da, (2008), As Taxas e a Coerência do Sistema Tributário. Estudos Regionais e Locais. CEJUR. Braga. 2008.

8. Sobre o critério material da taxa, "referimo-nos anteriormente às taxas como tributos bilaterais que complementam o financiamento das entidades públicas sempre que estas, pela sua atividade (...), ou pelo gozo de um bem do domínio público, permitem a um destinatário usufruir de um benefício individualizável.

9. (...). Nas taxas, a medida da exigibilidade é aferida segundo o princípio da proporcionalidade" (...) acolhido no nº 1 do artigo 4ºda RGTAL.

10. Sobre o critério do benefício, tratando-se de um tributo que é devido em troca de uma contraprestação específica geradora de um benefício individualizável, o pagamento deve corresponder ao valor desse benefício e não pode excedê-lo, aplicando-se nessa quantificação o critério da equivalência, conforme dispõe o nº 1 do artigo 4º da citada lei.

11. Sobre as taxas pela utilização de bens do domínio público, "no caso do aproveitamento especial de bens do domínio público, é importante fazer mais alguns esclarecimentos: 1. Em primeiro lugar, estas taxas são, maioritariamente, devidas pela utilização individualizada que o sujeito passivo faz de um bem que está fora do comércio jurídico (..); 2. Em segundo lugar, que o município tem o poder-dever de exigir este tributo como compensação devida à comunidade pela exclusão da disponibilidade do mesmo para um uso geral ou outro uso espacial; 3. Em terceiro lugar, que as dificuldades na determinação do valor adequado para o uso individualizado destes bens fazem com que muitas vezes os municípios e outras vezes o próprio legislador, invocando o critério da utilidade e o princípio do benefício, resvalem para

parâmetros que têm como base a utilidade derivada dio uso do bem (...), mediante critérios que não correspondem ao benefício obtido e que acabam por reconduzir o tributo ao regime jurídico dos impostos, pelo menos na parte em que o valor pago excede o benefício alcançado." Ver Silva, Suzana Tavares da, (2008), As Taxas e a Coerência do Sistema Tributário. Estudos Regionais e Locais. CEJUR. Braga. 2008.

12. Sobre as taxas pela prestação de um serviço e taxas pela remoção de um obstáculo jurídico, o valor é determinado conforme o valor da contraprestação. A equivalência jurídica é determinada em função dos princípios da igualdade e da proporcionalidade.

13. Sobre o critério da compensação de custos, na fixação da taxa, deve ser considerada a compensação do custo específico.

14. Será a solução consagrada no artigo 4º da RGTAL, quando se refere aos critérios do custo da atividade pública local e ao benefício auferido pelo particular.

15. O montante da taxa há-de ser determinado em função do objetivo de satisfazer os custos do serviço, não podendo exceder o valor do benefício auferido.

16. O valor da taxa deve ter como referência o valor do benefício auferido pelo utente, mas não pode exceder o custo do benefício auferido pelo utente.

17. "Na falta de um qualquer mecanismo desta natureza, poder-se-á quando muito esperar que a exigência de uma justificação económica e financeira para as taxas locais, fixada agora no artigo 8º (...), leve indiretamente à contenção do seu número, pois que ao comum das autarquias sempre será mais fácil justificar uma centena de taxas diferentes do que um milhar, nisto havendo um incentivo claro à eliminação das muitas taxas de bagatela que povoam os nossos regulamentos locais. Tão grave quanto ao reconhecimento de faculdades ilimitadas de fragmentação das taxas locais é o reconhecimento de faculdades ilimitadas na fixação das respetivas isenções. (...). (...), o único mecanismo de racionalização das isenções que atualmente estão associadas às taxas locais encontramo-lo na exigência (...), de que a fundamentação destas isenções figure nos próprios regulamentos locais de taxas (...)." in Vasques, Sérgio, (2008), Regime das Taxas Locais. Introdução e comentário. Cadernos IDEFF. Nº 8. Almedina. Coimbra. 2008.

18. É da competência das assembleias de freguesia e das assembleias municipais, a criação de taxas e fixação do seu valor, sempre sob proposta das juntas de freguesia ou das câmaras municipais, obrigando o legisladoras autarquias locais à enunciação clara da base de incidência, da base de cálculo, das isenções e modo de pagamento das taxas locais, exigindo explicitamente, a fundamentação económica e financeira das taxas, bem como a fundamentação das respetivas isenções.

19. Servindo a fundamentação económico-financeira a garantia do princípio da equivalência, recorde-se que este não impõe que as taxas locais correspondam

ao exato custo ou valor de cada singular prestação pública, bastando-se com uma correspondência aproximada.

20. E o decurso do tempo produz, sobre a fundamentação das taxas, a necessidade de uma revisão periódica.

21. Destaque para a exigência de racionalização das isenções, a plasmar nos respetivos regulamentos locais.

22. Exigência que se estende à determinação do modo de pagamento das taxas locais e outras formas admissíveis de extinção da prestação tributária, bem como a eventual admissibilidade do pagamento em prestações.

Artigo 9º - Actualização de valores

1 - Os orçamentos anuais das autarquias locais podem actualizar o valor das taxas estabelecidas nos regulamentos de criação respectivos, de acordo com a taxa de inflação.

2 - A alteração dos valores das taxas de acordo com qualquer outro critério que não o referido no número anterior efectua-se mediante alteração ao regulamento de criação respectivo e deve conter a fundamentação económico-financeira subjacente ao novo valor.

Comentário:

1. Constituindo as taxas fonte importante de receita para as autarquias locais, faz sentido a definição de critérios e regras sobre eventual atualização.

2. Geralmente são atualizadas automaticamente de acordo com a taxa de inflação fixada anualmente pelo Instituto Nacional de Estatística.

3. Cabendo a aprovação das taxas, às assembleias municipais e às assembleias de freguesia, geralmente com a aprovação dos orçamentos.

4. Mas há que distinguir a mera atualização das taxas da efetiva alteração do seu valor.

5. Enquanto o valor das taxas é revisto apenas no sentido de compensar a inflação, não se produz qualquer modificação real na carga tributária que incide sobre os contribuintes, tratando-se de vicissitude indiferente ao princípio da equivalência. Já quando o valor das taxas locais seja revisto com propósitos distintos, então produz-se uma modificação real da carga tributária que necessariamente carece de validação pela assembleia municipal.

Artigo 10º – Liquidação e cobrança

1 – Os regulamentos de criação de taxas das autarquias locais estabelecem as regras relativas à liquidação e cobrança daqueles tributos.

2 – As autarquias locais não podem negar a prestação de serviços, a emissão de autorizações ou a continuação da utilização de bens do domínio público e privado autárquico em razão do não pagamento de taxas, quando o sujeito passivo deduzir reclamação ou impugnação e for prestada, nos termos da lei, garantia idónea.

Jurisprudência:

1. Acórdão do Supremo Tribunal Administrativo (Processo nº 1957/13), de 22-04-2015. Acordam, em conferência, na Secção de Contencioso Tributário do Supremo Tribunal Administrativo: 1. A UNIVERSIDADE DE COIMBRA interpõe recurso jurisdicional da sentença do Tribunal Administrativo e Fiscal de Coimbra que julgou procedente a oposição que A... deduziu à execução fiscal contra si instaurada para cobrança de dívida proveniente da falta de pagamento de propina respeitante ao ano lectivo de 2003/2004, julgando extinta, por prescrição, a dívida exequenda. 1.1. Terminou a sua alegação de recurso com as seguintes conclusões: A. Vem o presente recurso interposto pela recorrente Universidade de Coimbra da sentença proferida pelo Tribunal Administrativo e Fiscal de Coimbra nos autos em epígrafe, sentença que considerou procedente a oposição à execução deduzida pelo oponente A.... considerando extinto, por prescrição, o crédito exequendo, nos termos do artigo 204º, nº 1, d), do CPPT. B. O Tribunal a quo julgou incorrectamente a questão suscitada na oposição à execução, relativamente ao início da contagem do prazo da prescrição. Entendeu o Tribunal a quo que «(...) aplicar ao termo inicial do prazo de prescrição do tributo aqui em causa a regra estabelecida para os impostos de obrigação única ou para os impostos periódicos, configura uma analogia legalmente proibida. Deste modo, tal termo inicial apenas pode ser o que resulta da lei geral – artigo 306º do Código Civil – segundo o qual o prazo de prescrição começa a correr quando o direito puder ser exercido (...)». C. Ao não aplicar ao caso em apreço, ainda que subsidiariamente, as regras de contagem do prazo de prescrição previstas no artigo 48º da LGT, a decisão recorrida decidiu em sentido oposto a outra decisão proferida pelo Supremo Tribunal Administrativo, em concreto no acórdão do STA de 8/03/1995, proferido no âmbito do processo nº 18842. Se a decisão recorrida aplica o prazo de prescrição de oito anos, previsto no artigo 48º da LGT, à propina reclamada pela exequente nos presentes autos, terá, por maioria de razão, que aplicar as regras de contagem do prazo previstas no mesmo normativo. D. A aplicação

das regras de contagem do prazo previsto no artigo 48º da LGT ao caso em apreço não constitui aplicação analógica, mas, maxime, extensiva ou subsidiária. E. Nas obrigações tributárias decorrentes de impostos periódicos, salvo lei especial, a prescrição começa a correr a partir do termo do ano em que se verificou o facto tributário e nos impostos de obrigação única a partir da data em que o facto tributário ocorreu (nº 1 do artigo 48º da LGT, na redacção da Lei nº 55-B/2004, de 30 de dezembro). F. A norma do artigo 48º da LGT aplicar-se-á em toda a sua extensão, quer quanto ao prazo quer quanto ao modo de contagem do mesmo, à propina reclamada nos presentes autos; e se assim se não entender, terá então a mesma norma que se aplicar extensiva ou subsidiariamente à dívida reclamada nos presentes autos, e não a norma do artigo 306º do Código Civil. G. A decisão recorrida está em manifesta oposição com a jurisprudência do Supremo Tribunal Administrativo, segundo a qual, no específico campo aduaneiro, o instituto da prescrição das obrigações, à míngua de preceito legal directamente aplicável, será contemplado, subsidiariamente, pelo regime da prescrição das obrigações tributárias em geral; devendo aplicar-se, quanto à contagem do prazo da prescrição, subsidiariamente, as regras plasmadas no artigo 48º da LGT e não o regime do Código Civil (V. ac. do STA 8/03/1995, proferido no âmbito do processo nº 018842, disponível em www.dgsj.pt). H. Deverá a decisão recorrida ser substituída por outra que considere como início da contagem do prazo de prescrição o dia 01/01/2005 e, em sua consequência, deverá julgar-se improcedente a oposição deduzida pelo oponente. Deve ser concedido provimento ao presente recurso, revogando-se a sentença recorrida na parte em que considera aplicável ao caso em apreço o artigo 306º do Código Civil para efeitos de contagem do prazo de prescrição da dívida exequenda e proferir-se acórdão considere como início da contagem do prazo de prescrição o dia 01/01/2005, ao abrigo do disposto no artigo 48º da LGT e em consequência considere improcedente a oposição deduzida pelo oponente. Assim se fazendo Justiça! 1.2. Não foram apresentadas contra-alegações. 1.3. O Excelentíssimo Magistrado do Ministério Público emitiu parecer no sentido de que não se devia tomar conhecimento do recurso, porquanto o acórdão referenciado nas conclusões do recurso tem estrita aplicação à questão da prescrição de obrigações tributárias aduaneiras, não podendo servir de fundamento para sustentar uma "solução oposta" sobre a "mesma questão de direito" no que toca à questão da prescrição de obrigações jurídicas emergentes de propinas. 1.4. Notificadas as partes do teor desse parecer, veio a Recorrente juntar aos autos certidões de seis sentenças proferidas por diversos tribunais tributários (TAF de Coimbra, Aveiro e Braga), proferidas nos processos nºs 757/12.6BECBR, 26/13.4BEBRC, 38/13.8BEAVR, 256/13.9BEAVR, 755/13.2BEBRG e 767/13.6BEBRG, que, alegadamente, deram solução divergente da adoptada na sentença recorrida à questão da prescrição da obrigação jurídica emergente de propinas. 1.5. Colhidos os vistos dos Exmºs Juízes Conselheiros Adjuntos, cumpre decidir. 2. Na sentença recorrida julgaram-se como provados os seguintes factos: A. No dia 24/09/2003, o oponente matriculou-se no curso de licenciatura em Engenharia Eletrotécnica e de Computadores da Universidade de Coimbra, do ano letivo de 2003/2004. B. Através da carta datada de 01/07/2012, a Universidade de Coimbra notificou o oponente para pagar a dívida proveniente de propinas e juros respeitante ao curso de Engenharia Eletrotécnica e de Computadores do ano letivo de 2003/2004. C. Em 10/08/2012 a Universidade de Coimbra emitiu a Certidão de Dívida nº 2012/20082, de fls. 29 que se dá por integralmente reproduzida, com base na qual foi instaurada contra o oponente a execução fiscal nº 2 0736201201010972. D. O oponente foi pessoalmente citado para a execução fiscal no dia 31/08/2012. 3.1. O presente recurso foi interposto ao abrigo do regime contido na norma do nº 5 do artigo 280º do CPPT, previsto para os casos em que a decisão recorrida perfilha solução oposta à adoptada em mais de três sentenças de tribunal de igual grau ou à adoptada em decisão de tribunal de hierarquia superior. Trata-se de um recurso ordinário para causas cujo valor não ultrapasse a alçada fixada para os tribunais tributários de 1ª instância, o que impediria, em princípio, o recurso (cfr. o nº 4 do artigo 280º na redacção vigente à data da instauração deste processo de oposição, isto é, na redacção anterior à alteração introduzida pela Lei nº 82-B/2014, de 31 de dezembro). Embora o valor da presente causa não ultrapasse um quarto das alçadas fixadas para os tribunais judiciais de 1ª instância, o recurso será admissível desde que se verifiquem os seguintes requisitos: as decisões em confronto perfilhem «solução oposta» estando em causa o «mesmo fundamento de direito» e ocorra «ausência substancial de regulamentação jurídica». O que pressupõe, naturalmente, uma identidade dos factos subjacentes (que terão de ser essencialmente os mesmos do ponto de vista do seu significado jurídico) e uma identidade do regime jurídico aplicado (ainda que em invólucros legislativos diferentes), pois que sem essa identidade não será possível vislumbrar a emissão de proposições jurídicas opostas sobre a mesma questão fundamental de direito, nem se poderá atingir o fim visado com este tipo de recurso, que é o de assegurar o valor da igualdade na aplicação do direito. Tal recurso segue a tramitação dos recursos previstos no artigo 280º do CPPT, com a disciplina constante dos artigos 281º e 282º desse diploma legal, e não a tramitação prevista no artigo 284º do CPPT, pelo que nele não há, após o despacho de admissão do recurso, uma fase processual de alegações tendentes a demonstrar a existência da oposição de julgados seguida de despacho judicial de apreciação sobre a existência dessa oposição. Ao recorrente basta, pois, afirmar, no requerimento de interposição do recurso e com vista a vê-lo admitido, que interpõe o recurso ao abrigo da norma contida no nº 5 do artigo 280º, evocando a existência de arestos que suportam a oposição de julgados que o preceito desenha e define, de forma a viabilizar a pronúncia judicial sobre a admissibilidade legal do recurso, sendo que, no caso de não proceder imediatamente à junção de cópia desses arestos, deve o Juiz convidá-lo a fazê-lo antes da pronúncia judicial sobre a admissibilidade do recurso. Pelo que, uma vez proferido despacho de admissão do recurso nos termos indicados e requeridos, o recorrente não está obrigado a retomar essa matéria da admissibilidade do recurso nas alegações e conclusões do recurso que posteriormente tem de apresentar nos termos previstos no nº 3 do artigo 282º do CPPT. Razão por que, ao contrário da posição sustentada pelo Ministério Público, este Tribunal não pode recusar o conhecimento do recurso com fundamento no teor das conclusões do recorrente, particularmente por estas se cingirem a referenciar um acórdão do STA sobre a questão da prescrição de obrigações tributárias aduaneiras e que não pode servir de fundamento para sustentar uma oposição de julgados com a decisão recorrida. Todavia, dado que a decisão de admissão do recurso não vincula o tribunal superior, importa aferir se efectivamente existe a invocada oposição de julgados, tendo em conta que entretanto a recorrente juntou aos autos certidões de seis sentenças proferidas por diversos tribunais tributários de 1ª instância. A sentença recorrida, depois de ter concluído que a propina constituía uma taxa sujeito ao regime de prescrição contido nos artigos 48º e 49º da LGT, julgou que, não obstante, tais normas não podiam ter aplicação no que se refere ao termo inicial do prazo de prescrição da propina, por se referirem, tão só, a impostos. Razão por que concluiu pela necessidade de, nesse único aspecto, aplicar as normas do Código Civil. Nesse contexto, julgou que o dies a quo teria de coincidir com o fim do prazo para pagamento da propina. Ora, as seis sentenças juntas aos autos pela recorrente para servir de fundamento à oposição de julgados apreciaram a mesma questão, mas decidiram que as propinas, enquanto taxas, estavam integralmente sujeitas ao regime jurídico da prescrição contido na Lei Geral Tributária, particularmente ao disposto no nº 1 do artigo 48º sobre o termo inicial do prazo de prescrição de 8 anos aí previsto. Sendo assim, não há dúvida que as decisões em confronto convocaram realidades factuais semelhantes e apelaram às mesmas normas jurídicas, decidindo de modo oposto a mesma questão fundamental de direito. Tanto basta para se concluir que se verificam os requisitos previstos no nº 5 do artigo 280º do CPPT, razão pela qual passaremos de imediato ao conhecimento do mérito do recurso, avaliando se a decisão recorrida decidiu, ou não, com acerto. 3.2. Tal como decorre da leitura da sentença recorrida, a questão em debate neste processo de oposição a execução fiscal é a da prescrição da dívida exequenda (propina respeitante ao ano lectivo de 2003/2004). O Tribunal a quo, depois de concluir que a propina constituía um tributo (taxa) sujeito ao regime de prescrição contido nos artigos 48º e 49º da LGT, designadamente no que concerne ao prazo aplicável (que considerou ser o «de 8 anos genericamente previsto na LGT para os tributos»), julgou que, não obstante, essa aplicação não podia ocorrer no que se refere ao momento que o artigo 48º indica para o início desse prazo, por virtude de este se referir apenas a impostos periódicos e a impostos de obrigação única. Razão por que concluiu pela necessidade de, nesse único aspecto, aplicar as normas do Código Civil. Nesse contexto, julgou que o dies a quo do prazo de prescrição teria de coincidir com o fim do prazo para pagamento da propina, pois que segundo este Código o prazo de prescrição só começa a correr quando o direito puder ser exercido. Com efeito, na sentença julgou-se que «aplicar ao termo inicial do prazo de prescrição do tributo aqui em causa a regra estabelecida para os impostos de obrigação única ou para os impostos periódicos configura uma analogia legalmente proibida. Deste modo, tal termo inicial apenas pode ser o que resulta da lei geral – artigo 306º do Código Civil – segundo a qual o prazo de prescrição começa a correr quando o direito puder ser exercido. A apesar de a Lei nº 37/2003, de 22/08, fixar o valor das propinas para o ano da sua publicação, nada previu relativamente ao(s) respetivo(s) prazo(s) de pagamento que apenas viriam a ser determinados, para a Universidade de Coimbra, através do Regulamento nº 50/2003, publicado no DR II Série, nº 244, de 21/10/2003. Dispunha o ponto 3º do dito regulamento que "a propina poderá ser paga de uma só vez até ao último dia de Novembro do respectivo ano lectivo ou em três prestações, vencendo-se a primeira na data acima referida e as duas restantes no último dia dos meses de Fevereiro e Maio seguintes". Afigura-se, assim, que o dies a quo do prazo de prescrição das propinas coincide com a data do termo de prazo de pagamento, que variará consoante o estudante opte pelo pagamento único ou em três prestações, já que só após o respetivo decurso é possível à entidade credora exercer o seu direito à cobrança coerciva, No entanto, se nenhum valor se mostrar pago até ao último dia de Novembro, o aluno já se encontrará em mora relativamente à totalidade do valor devido se não expressou, ainda que implicitamente, a vontade de proceder ao pagamento em prestações.» Todavia, na óptica da recorrente, o disposto no artigo 48º da LGT deve ser aplicado em toda a sua extensão às dívidas provenientes de taxas/propinas. Argumenta que tendo a sentença aplicado o prazo de prescrição de oito anos nele previsto para os tributos, teria, por maioria de razão, de aplicar as regras que a mesma norma prevê para a contagem desse prazo; além de que a aplicação da norma na sua integralidade sempre se imporia quanto a estas taxas, dada a sua natureza de tributos e a necessidade de interpretação extensiva do preceito a dívidas tributárias, sendo inadequada e incorrecta a aplicação do artigo 306º do Código Civil. Daí que as questões colocadas no recurso e que têm de obter pronúncia expressa por este Tribunal, até porque se está perante um recurso por oposição de julgados, com julgamento ampliado para intervenção de todos os Juízes da Secção, são as de saber: (i) se o termo inicial do prazo de prescrição das taxas deve ser procurado nas normas do Código Civil ou nas normas da Lei Geral Tributária; (ii) face à resposta que seja obtida, saber qual é, então, o dies a quo do prazo de prescrição da propina que constitui a dívida exequenda. Vejamos. Desde logo, cumpre destacar que não existe dissídio no que toca à caracterização jurídica do conceito de propina. Tanto a sentença recorrida como as sentenças fundamento o caracterizaram, e bem, como sendo a contraprestação pecuniária devida pelo particular (estudante) pelo serviço público de ensino que lhe é prestado por uma instituição pública de ensino superior, e que é imposta por lei, já que não cabe a estas instituições criar a obrigação, mas, tão--somente, fixar o seu montante dentro dos parâmetros definidos na lei. Importa, todavia, dissecar melhor o conceito, tendo em conta a especificidade da questão colocada no recurso e a necessidade de apurar se o acervo normativo contido na Lei Geral Tributária, particularmente no que concerne à prescrição de dívidas tributárias, é ou não integralmente aplicável às propinas e, no caso afirmativo, clarificar em que consiste o respectivo facto tributário e a data em que ele ocorre com vista a definir o momento do termo inicial desse prazo de prescrição face ao disposto no artigo 48º da LGT. Na tipologia que veio a ser consagrada pela Lei Geral Tributária, as taxas podem consistir: (i) na prestação de um serviço público a um particular, (ii) na utilização privativa de bens de domínio público ou semipúblico, ou (iii) na remoção de obstáculos jurídicos ao comportamento dos particulares (artigo 4º). É, portanto, distinta a taxa pela utilização de bens públicos (onde o facto gerador da taxa é a disponibilização desse tipo de bens para uma utilização individualizada no interesse do sujeito passivo), da taxa pela prestação de um serviço público (onde o facto gerador da taxa é a prestação do serviço em si), da taxa pela remoção de limite jurídico (as denominadas licenças, onde o facto gerador da taxa é a actividade pública de verificação das condições indispensáveis à remoção do limite jurídico e no levantamento da proibição imposta ao comportamento dos particulares) (Sobre a contraprestação específica que corresponde a cada tipo de taxa, à luz do artigo 4º da LGT, vide Suzana Tavares da Silva, "As Taxas e a Coerência do Sistema Tributário", Cejur, 2008.). E as taxas distinguem-se dos preços pagos por utentes de serviços públicos, questão que, todavia, não importa aqui cuidar. Nesta medida, a propina, que assenta num esquema sinalagmático de retribuição de um serviço público de ensino que tem de ser efetivamente prestado pelo ente público ao estudante, constitui, indubitavelmente, a contraprestação pecuniária que por este é devida pela prestação desse serviço, ou taxa de frequência das disciplinas ou unidades curriculares do curso que lhe vão ser ministradas e que têm duração semestral ou anual. Aliás, o próprio Regulamento da Universidade de Coimbra define a propina como "taxa de frequência", em consonância com o disposto no artigo 15º da lei que estabelece as bases de financiamento do ensino superior (Lei nº 37/2003, de 22 de agosto), segundo o qual a comparticipação nos custos do ensino superior que cabe aos estudantes consiste no pagamento «de uma taxa de frequência, designada por propina». Deste modo, o cerne da definição de propina encontra-se no conceito de sinalagma, o qual, como clarifica Saldanha Sanches ("Manual de Direito Fiscal", 3ª Edição, Coimbra Editora, página 35 e segs.,) tem de incluir um equilíbrio interno que passa pela necessidade de a prestação pública envolver algum facere dispendioso que beneficie o sujeito passivo de forma individualizável. E o seu pressuposto de facto consiste na actividade de prestação de um concreto, efectivo e individualizado serviço público de ensino ao estudante (sujeito passivo), sendo a propina a contrapartida pela prestação desse serviço. Todavia, o sinalagma não implica a contemporaneidade ou a simultaneidade das prestações. Nem a Constituição nem a lei obrigam a que exista uma coincidência temporal entre as prestações (do sujeito passivo e do sujeito activo), isto é, uma coincidência temporal entre o pagamento da propina e a efectivação da prestação de serviço de ensino correspondente. Trata-se, portanto, de um tributo cujo facto tributário consiste na prestação de um serviço público e não de tributo cujo facto tributário consista na utilização de bens públicos ou no acto de admissão à utilização desses bens. E, por isso, a propina impõe à recorrente Universidade de Coimbra uma efectiva e individualizada prestação de serviço público de ensino a favor do estudante, ora recorrido, sendo essa prestação o facto pressuposto da obrigação de pagar a propina. Por conseguinte, não podemos deixar de acompanhar José Casalta Nabais quando afirma, no parecer junto aos autos, que «as propinas têm por pressuposto de facto ou facto gerador a prestação concreta de um serviço público, isto é, o serviço de ensino superior público, que na sua atual configuração é parcialmente pago pelos estudantes que frequentam esse ensino. Uma conclusão que, ao que nos é dado saber, tem beneficiado da total unanimidade partilhada pelo legislador, pela doutrina e pela jurisprudência». Em suma, na propina universitária, enquanto relação jurídica tributária bilateral, temos de um lado a instituição pública de ensino superior (sujeito activo), que se obriga a prestar ao aluno um serviço de ensino num determinado ciclo de estudos, e do outro lado temos o aluno (sujeito passivo), que se obriga a pagar a contrapartida pecuniária pela frequência ou fruição desse serviço durante um período de tempo, sendo que, como frisa Nuno de Oliveira Garcia ("Contencioso da Taxas, Liquidação Audição e Fundamentação", Almedina, 2011, pag. 44 e 45.), nesta relação jurídica «a questão nodal prende-se assim com a indispensabilidade de uma contrapartida administrativa efectiva, ainda que a liquidação ocorra de uma forma periódica». E ainda que a liquidação e/ou o pagamento da propina sejam, por força de imposição legal, prévios à prestação do serviço ou ao momento em que este se completa, ela pressupõe sempre a efectividade dessa prestação futura, a qual, em regra, tem duração anual (um ano lectivo), assentando, portanto, num facto naturalisticamente duradouro, que vai sendo executado ao longo do ano e que só se completa quando a prestação do serviço termina. Como destaca Nuno de Oliveira Garcia (Obra citada, pag. 55.), quando a taxa se traduz na «prestação efectiva do ente público a favor do contribuinte, o momento da liquidação deverá reflectir essa especialidade, criando uma dependência mais ou menos intensa entre o início da prestação e o momento da liquidação, salvaguardadas as diferenças entre os pressupostos legitimadores de cada tipo de taxa (...). Por outro lado, é certo que a figura da taxa tende a evocar uma ideia de instantaneidade, pelo que é difícil aceitar as operações que envolvem a liquidação lato sensu, bem como o seu pagamento enquanto não estiver executada a actividade ou prestado o serviço respetivo, aspecto no qual nos parece ter andado bem o legislador ao consagrar o artigo 10º do Regime Geral das Taxas das Autarquias Locais. Mas isso não colide com o facto de ser possível a liquidação de taxas cuja prestação administrativa seja futura, como sucede com os exemplos clássicos das propinas universitárias pagas no início do ano lectivo e das portagens exigidas à entrada de uma auto-estrada ou com a taxa de justiça inicial paga com a entrega em juízo da primeira peça processual. É que, como chama a atenção Sérgio Vasques, uma prestação não deixa de ser certa pela circunstância de não ser presente, pelo que o particular, assim que paga a taxa, "fica no efectivo direito de usufruir do bem ou serviço em causa". (...). Uma vez paga a taxa, o particular pode exigir a realização da prestação, ainda que dela possa não fazer uso – já se sabe, o aluno pode faltar às aulas, o veículo pode ficar avariado na berma da auto-estrada, quem dá causa a uma acção judicial dela pode, em regra, desistir. Uma última conclusão prática a retirar: depois da taxa paga, se o ente administrativo recusar prestar a actividade ou o serviço, ou se tal actividade ou serviço não tiver sido realizada por causa não imputável ao particular, este poderá sempre exigir a devolução do valor pago.». (sublinhado e negrito nosso). Nas elucidativas palavras de Sérgio Vasques ("Manual de Direito Fiscal", Almedina, 2011, páginas 2011 e segs.), o facto de as taxas assentarem em prestações efectivas não significa que tenham de constituir sempre prestações presentes, já que podem constituir prestações futuras. «Exemplo disso encontramo-lo nas propinas universitários que se exigem dos alunos no início do ano lectivo, antes de prestados os serviços de ensino de que as propinas constituem a contrapartida (...). O facto de nestes casos ser futura a prestação administrativa que a taxa visa remunerar não se afigura só por si problemático no plano conceitual, visto que o aproveitamento da prestação fica ao critério do particular e nunca na dependência da administração. Afinal, uma contraprestação não deixa de ser certa pelo facto de ser futura, sendo que, paga a taxa, o particular fica efetivamente investido no direito de usufruir da prestação administrativa, venha ou não a exercê-lo. Assim, sempre que a prestação administrativa que se visa compensar seja certa, ainda que futura a sua realização, está-se perante verdadeira taxa, pois que o momento em que é pago um tributo público não releva à sua qualificação. (...). As mais das vezes existe nas taxas, portanto, uma concordância entre o pressuposto tributário, formado pela prestação efectiva de bens ou serviços, e a respectiva finalidade, que está na compensação do custo ou valor dessas mesmas prestações. E como destaca este ilustre fiscalista noutra obra, ainda que a propósito de taxas locais ("Regime das Taxas Locais, Introdução e Comentário", Almedina, págs. 85 e segs.), «Via de regra o pagamento da taxa local é feito no mesmo momento em que é realizada a prestação autárquica, como sucede quando se exige uma taxa na própria ocasião em que há lugar à fiscalização de pesos e medidas, ou em momento posterior àquele em que é realizada a prestação autárquica, como sucede quando se exige o pagamento de taxa pela utilização de um recinto de espetáculos depois de realizado o evento em questão. O pagamento da taxa local pode também ser exigido do particular em momento anterior àquele em que é realizada a prestação autárquica, como sucede sempre que no início do ano se ponham a pagamento as taxas de ocupação do domínio público correspondentes a todo o período anual. A exigência de taxas locais em contrapartida de prestações futuras não lhes desvirtua a natureza, pois que as prestações futuras não deixam por isso de ser prestações certas, conferindo o pagamento antecipado da taxa, um direito ao aproveitamento do bem ou serviço que o particular pode ou não exercer mas que em qualquer caso não fica já na disponibilidade da administração. Neste sentido, mas apenas neste exacto sentido, podemos acolher a noção, de outro modo enganadora, de que as taxas podem ser exigidas pela "possibilidade" de utilização de uma prestação pública, uma noção retomada pelos nossos tribunais com alguma frequência e com raiz nos trabalhos de José Joaquim Teixeira Ribeiro [1985].» Neste mesmo sentido, da concreta qualificação das propinas como taxas pela prestação de um serviço público, pode ainda ver-se na doutrina o Parecer do Conselho Consultivo da PGR nº P000731994, de 9/02/1995, e SÉRGIO VASQUES, "O Principio da Equivalência como Critério de igualdade Tributária", Almedina, 2008, pag. 152 e 159/161. E na jurisprudência os Acórdãos do STA de 11/03/1997, no proc. nº 041144, e de 20/11/1997, no proc. nº 041867. É, pois, inquestionável que a propina constitui uma taxa, uma obrigação tributária, cujo regime jurídico deve, por isso, em princípio, ser procurado na Lei Geral Tributária, não só por força do nº 2 do seu artigo 3º, que a inclui na categoria de "tributos", como por força do seu artigo 1º, onde se preceitua que esta Lei regula "as relações jurídico-tributárias", que define como sendo as "que são estabelecidas entre a administração tributária, agindo como tal, e as pessoas singulares e colectivas e outras entidades legalmente equiparadas a estas" (nº 2), elucidando o seu nº 3 que integram a administração tributária, para além de outras entidades, as "legalmente incumbidas da liquidação e cobrança de tributos". Esta aplicação das normas da Lei Geral Tributária a todos os tributos (impostos ou taxas) é aceite, de forma pacífica, pela doutrina e pela jurisprudência. Segundo NUNO DE OLIVEIRA GARCIA ("Contencioso de taxas – Liquidação, Audição e Fundamentação", Almedina, 2011, página 38.), pese embora às taxas não seja possível uma colagem integral ao regime da Lei Geral Tributária, tal «não significa contudo que esta lei não contenha um conjunto de dispositivos legais que devam ser aplicados àquelas figuras. Explana o preâmbulo da Lei Geral Tributária que a sua aprovação visou «a concentração, clarificação e síntese em único diploma das regras fundamentais do sistema fiscal», logo estatuindo todavia o texto legal que as taxas e contribuições financeiras seriam sujeitas a um «regime geral próprio a aprovarem lei especial». Pretendia-se assim a aprovação de um regime geral que, ao contrário da Lei Geral Tributária, tivesse a natureza de lei reforçada. (...). (...) Acontece, porém, que o legislador não deu ainda cumprimento à imposição legislativa que resulta da citada norma constitucional, não tendo sido ainda aprovado o Regime Geral das Taxas, pelo que as normas da Lei Geral Tributária devem aplicar-se – e têm mesmo que se aplicar, na ausência de normas especiais – às taxas e contribuições. Situação para a qual, de algum modo, António de Sousa Franco tinha alertado logo no início da década de noventa e, portanto, anos antes da publicação da Lei Geral Tributária. De acordo com o Professor, «[e]m Portugal é hoje muito limitado o âmbito de um possível regime jurídico comum dos tributos – ainda que deva considerar-se que o regime geral dos impostos pode, se conforme à respectiva natureza, integrar supletivamente a moldura legal dos outros tributos». A este respeito, o Supremo Tribunal Administrativo teve oportunidade de esclarecer a posição que temos vindo a explanar. No acórdão datado de 27 de outubro de 2004, proferido no processo nº 0627/04, ao tribunal foi solicitada a pronúncia sobre a alegação de que, não existindo uma norma a prever, de forma expressa, a aplicação da Lei Geral Tributária às taxas, teria de se entender que o regime constante da referida lei apenas seria aplicável às taxas a título de analogia legis como método de integração de lacunas. (...) Não hesitaria, contudo, muito acertadamente, o Supremo Tribunal Administrativo em considerar indefensável o entendimento de que a Lei Geral Tributária e, em concreto, o artigo 78º, não são aplicáveis à liquidação das taxas.» Pelo que, como conclui este destacado fiscalista, «não sendo originalmente arquitectada para regular situações jurídicas em matéria de taxas, as normas da Lei Geral Tributária aplicam-se às taxas, naturalmente na medida em que não se revelem incompatíveis com a própria natureza das taxas». Identicamente, BENJAMIM SILVA RODRIGUES (No artigo "A Prescrição no Direito Tributário", publicado na obra "Problemas Fundamentais do Direito Tributário", Vislis Editores, página 264 e segs.) refere que a obrigação tributária corresponde a uma obrigação pública de pagamento de certa quantia ao credor tributário, «expresse-se ela num imposto ou numa taxa», e embora impostos e taxas assentem em diferentes pressupostos materiais constitucionalmente justificantes, o certo é que «todos os tributos, seja qual for o seu tipo, constituem direitos indisponíveis», razão por que a «prescrição só se aceita enquanto expressamente prevista pela lei tributária», estando a prescrição de todas estas obrigações «sujeitas rigorosamente ao princípio da legalidade tributária de reserva de lei formal» e vigorando inteiramente nesta matéria o «princípio da tipicidade fiscal». «Deste modo, elementos como a fixação do prazo, a definição do dies a quo em função do tipo de imposto como periódico ou de obrigação única, a enunciação das suas causas de interrupção ou suspensão, a relevância ou irrelevância da citação para quaisquer desses efeitos têm de constar de lei com tal valor e só poderá atender-se, para o efeito, aos aí tipificados», não sendo possível, nesta matéria, aceitar «a tese de quem busca no Código Civil a solução para certas faltas de normação em matéria de prescrição tributária quando confrontadas, quer com o regime estipulado relativamente a outros elementos do tributo, quer com o regime de prescrição de direitos estipulado naquele diploma substantivo.». Posto isto, e visto que a sentença recorrida julgou, e bem, que as normas contidas nos artigos 48º e 49º da LGT sobre o prazo e as causas interruptivas e suspensivas da prescrição de dívidas tributárias eram aplicáveis às taxas/propinas, resta saber se errou ao julgar que lhes era todavia inaplicável a regra contida no nº 1 desse artigo 48º sobre o início do curso desse prazo, por a norma se referir, tão só, a impostos periódicos e a impostos de obrigação única, sendo antes aplicável a regra do artigo 306º nº 1 do C.Civil, segundo a qual «O prazo de prescrição começa a correr quando o direito puder ser exercido; se, porém, o beneficiário da prescrição só estiver obrigado a cumprir decorrido certo tempo sobre a interpelação, só findo esse tempo se inicia o prazo de prescrição». Para o efeito convém recordar que uma das características da prescrição de obrigações tributárias é a de que estão rigorosamente sujeitas ao princípio da legalidade tributária de reserva da lei formal, integrando-se nas "garantias dos contribuintes" a que alude o nº 2 do artigo 103º da CRP. Aliás, a Lei Geral Tributária veio declarar expressamente que os prazos de prescrição estão sujeitos ao princípio da legalidade tributária [artigo 8º, números 1 e 2, alínea a)]. Neste contexto, todos os pressupostos constitutivos da prescrição, designadamente no que concerne à fixação do seu prazo e início do seu curso têm de constar da lei da Assembleia da República ou de decreto-lei emitido sob sua autorização, sendo inadmissível a sua aplicação analógica ou o apelo às regras contidas noutro tipo de diplomas legais para a sua determinação [artigo 11º, nº 4]. Razão por que só quanto a aspectos da prescrição que não encontrem especial regulação na Lei Geral Tributária podem ter aplicação subsidiária as disposições do Código Civil com as necessárias adaptações. Nas palavras de Benjamim da Silva Rodrigues (Obra citada, página 270.), «Integrando-se a prescrição nos elementos essenciais do imposto, o seu prazo há-de ser, em regra, aquele que está fixado na lei reguladora de tais elementos essenciais à data da constituição da obrigação tributária». E essas leis reguladoras sempre centraram o início do curso da prescrição das obrigações tributárias no facto tributário, o qual é constituído pelo facto material que preenche os pressupostos legais da norma de incidência do tributo e que determina o nascimento da obrigação tributária. Ou seja, a lei fiscal nunca previu, mormente para as situações em que por força da atribuição de uma isenção de tributação se impediu a norma de incidência de operar e se obstruiu a eclosão imediata da obrigação tributária, que deixasse de relevar, para efeitos de prescrição, o momento da ocorrência do facto tributário, e que passasse a relevar o momento da liquidação ou do pagamento do tributo. (Sobre a matéria, o acórdão do Pleno desta Secção do STA, de 10/04/2013, no processo nº 01135/12.) Deste modo, e como também frisa Benjamim da Silva Rodrigues (Obra citada, pagina 287.), a prescrição da obrigação tributária «pode até ocorrer sem que tenha tido lugar o acto de liquidação, dado que a mesma está referida directamente à dívida tributária e aos factos tributários.». E o tecido textual das normas fiscais sobre a prescrição (que tem de ser a principal referência e ponto de partida do intérprete) não permite fazer a interpretação de que o início do curso da prescrição de tributos não radica no facto tributário mas no momento em que se liquidam ou tornam exigíveis, pois tal sentido extravasa claramente da letra da lei. A este propósito, Jorge Lopes de Sousa (In “Sobre a Prescrição da Obrigação Tributária, Notas Práticas”, Áreas Editora, 2ª Ed., 2010, páginas 44 e segs.) salienta que enquanto nas obrigações de natureza civil o prazo da prescrição não começa a correr enquanto o direito não puder ser exercido (artigo 306º nº 1 do CC) e que se a dívida for ilíquida o prazo só se inicia após o seu apuramento (artigo 306º nº 4 do CC), já nas obrigações de natureza tributária não é assim: nestas, salvo lei especial, a prescrição começa a correr a partir do termo do ano em que se verificou o facto tributário nos impostos periódicos, ou a partir da data em que o facto tributário ocorreu nos impostos de obrigação única. Por isso se compreende que a Lei que aprovou o regime geral das Taxas das Autarquias Locais (Lei nº 53-E/2006, de 29 de dezembro) se tenha prescrito que o prazo de prescrição de oito anos se conta da data em que o facto tributário o correu (artigo 15º). Por todo o exposto, somos levados a concluir pela aplicabilidade, à propina universitária, das normas contidas na Lei Geral Tributária que encerra os princípios e as normas que constituem o denominador comum de todos os tributos (conquanto não haja lei especial relativa às taxas que disponha em sentido diferente) e que, no que concerne ao regime da prescrição, deve ser aplicada na sua integralidade, abrangendo não só o prazo de prescrição como, também, o início do curso desse prazo. Ao que acresce uma razão suplementar, que se prende com o resultado incongruente e inaceitável a que conduziria a aplicação do prazo de prescrição previsto na 1ª parte do nº 1 do artigo 48º da LGT e a exclusão do modo de contar esse prazo nos termos previstos no mesmo preceito legal. A tal aplicabilidade não obsta a referência que o artigo 48º faz a "impostos periódicos" e a "impostos de obrigação única", já que se pode e deve entender que a menção a "impostos" se reporta a "tributos", tendo em conta a unidade e a coerência do ordenamento jurídico-fiscal e a abrangência do poder normativo tributário que essa Lei Geral pretende regular, designadamente em matéria de garantias dos contribuintes (como é a matéria da prescrição), e tendo em conta a própria referência inicial que esse preceito faz a "dívidas tributárias". O que, além do mais, sempre representará uma interpretação extensiva do preceito, que não é proibida por lei (só a analogia o é – cfr. artigo 11º, nº 4, da LGT). Na verdade, sabido que interpretar é descobrir o real sentido da norma jurídica, a interpretação extensiva pode e deve ocorrer sempre que se conclua que «ao exprimir o seu pensamento, o legislador pode ter adoptado uma fórmula que não abranja toda a categoria lógico-jurídica que pretendia alcançar, sendo lícito ao intérprete apoiar-se nos elementos extra-literais e fazer uma interpretação extensiva da lei, despojando o termo por ela usado das circunstâncias restritivas em que se encontrava gramaticalmente circunscrito e tornando-o idóneo para abranger a generalidade das relações que verdadeiramente visa atingir» (Dias Marques in "Introdução ao Estudo do Direito", Lisboa, 1979 (edição policopiada), pág. 168.). Por isso, a interpretação extensiva deve ter lugar sempre que se chega à conclusão que a letra ficou aquém daquilo que o legislador teria querido dizer (dixit minus quam voluit), isto é, sempre que se conclua que uma norma é aplicável a casos ou situações que, embora não estando abrangidos pelo seu teor literal, se enquadram perfeita e logicamente no seu espírito, na sua ratio legis, existindo argumentos a pari (de identidade de razão) e a fortiori (de maioria de razão) para o alargamento do alcance do texto da lei a esses casos. E porque não se pode confundir interpretação extensiva (método de interpretação de norma), com analogia (método de integração de lacunas), nada impede este tipo de actividade interpretativa da norma contida no artigo 48º da LGT, ainda que ela se encontre incluída no âmbito das "garantias dos contribuintes", de modo a que a referência nela feita a "impostos" (periódicos e de obrigação única) abranja, salvo lei especial, todos os "tributos". Em suma, afigura-se-nos perfeitamente plausível a interpretação extensiva da norma contida no artigo 48º da LGT, porque lógico-racionalmente fundada em face da teleologia do preceito e da sua ratio, e porque todas as taxas podem ser enquadrados na categoria de "periódicos" ou de "obrigação única". Com efeito, pese embora essa classificação esteja doutrinariamente associada a impostos, nada obsta à sua aplicação aos tributos em geral, inclusive às taxas, por inexistir uma definição legal para impostos periódicos (também designados por alguma doutrina como renováveis) e impostos de obrigação única, e os conceitos doutrinalmente elaborados que subjazem a essa classificação poderem perfeitamente ser aplicados a todos os tributos. Segundo Soares Martínez ("Direito Fiscal", Almedina, 7ª Edição, pág. 54.), o critério decisivo para esta classificação doutrinal é o da permanência das faculdades contributivas que leva ao prolongamento da tributação no tempo. «Quando pode estabelecer-se uma presunção de permanência das situações, os impostos tendem a renovar-se anualmente. É o que acontece com os impostos de rendimento e com a contribuição autárquica. A situação de proprietário de um prédio, como o de comerciante ou industrial ou profissional, presume-se permanente, ou, ao menos, continuada. Por isso, as obrigações de imposto baseadas em tais situações renovam-se de ano para ano, são periódicas. Quando a tributação se baseia em situações sem continuidade, resultantes do consumo de bens, da importação de mercadorias, da aceitação de uma herança, de uma compra, o imposto não se renova, é de obrigação única. (...) // E não deverão confundir-se tais casos com a faculdade de pagamento em prestações de um imposto de obrigação única.» Por seu turno, Suzana Tavares da Silva ("Direito Fiscal, Teoria Geral", 2ª Ed., Imprensa da Universidade de Coimbra, pág. 34.) explica que «Os impostos periódicos são aqueles que assentam numa relação jurídica duradoura, o que significa que a liquidação é efectuada periodicamente, enquanto se mantiver o pressuposto da tributação – a propriedade de um imóvel constitui um pressuposto da tributação em IMI, o mesmo é dizer que o proprietário do imóvel recebe anualmente a liquidação do imposto, verificando-se uma renovação automática da obrigação tributária, resultante da presunção da manutenção do pressuposto da tributação até comunicação em contrário aos serviços da Administração Tributária. // Os impostos de obrigação única, por seu turno, correspondem a actos isolados, mesmo quando são repartidos.» No mesmo sentido, José Casalta Nabais ("Direito Fiscal", 5ª Ed., Almedina, pág. 52.), segundo o qual os impostos periódicos são aqueles que têm na base do facto tributário um elemento temporal que tende a manter-se e a reiterar-se, esclarecendo Manuel Henrique de Freitas Pereira ("Fiscalidade", 2ª Ed., Almedina, pag. 54.) que «Nos impostos periódicos o pressuposto de tributação apresenta uma certa característica de estabilidade ou continuidade (...). Pelo contrário, nos impostos de obrigação única esse pressuposto apresenta-se isolado e mesmo quando se possa repetir é tomado isoladamente». Também Nuno de Sá Gomes ("Curso de Direito Fiscal", Lisboa, 1980, pag. 131.) esclarece que «às situações permanentes, estáveis, ou que juridicamente se presumem como tais, correspondam, normalmente os impostos periódicos, isto é, os impostos que se renovam nos sucessivos períodos de tributação que, normalmente são anuais, dando origem, consequentemente, a sucessivas obrigações tributárias anuais independentes umas das outras. Por sua vez, os impostos de prestação única tributam actos ou factos isolados e dão, em regra, origem a uma única obrigação tributária que não se renova, como sucede nos impostos aduaneiros nos impostos de consumo no imposto municipal de sisa, no imposto sobre as sucessões e doações, etc. Note-se, porém, que, neste último caso, o imposto não deixa de ser de prestação única ainda quando seja pago em prestações (...)». Finalmente, Benjamim da Silva Rodrigues (Na obra citada, a pág. 284.), clarifica que o critério de distinção dos tributos periódicos «assenta na susceptibilidade da renovação automática do facto tributário pelo mero decurso do tempo face ao tipo de imposto: tratam-se de casos em que o legislador secciona o fluxo económico contínuo em função de certo período de tempo, erigindo esta parcela à categoria de facto tributário. Tributos de obrigação única serão os restantes. No tocante aos tributos de obrigação única, de que são exemplo as taxas, o iva, a sisa, o imposto automóvel, as contribuições para a segurança social, entre outros, o prazo [de prescrição] inicia-se no dia a seguir àquele em que o facto tributário ocorreu.». Em suma, o critério de distinção assenta na susceptibilidade de renovação dos tributos, sendo que serão periódicos ou renováveis se for de presumir que periodicamente se renovarão, por tributarem situações que perduram no tempo, e serão de obrigação única se respeitarem a actos ou factos sem carácter repetitivo. De todo o exposto resulta que serão taxas "periódicas" as que se renovam de forma continuada e sistemática, por se referirem a situações estáveis que perduram no tempo e que ocorrem tendencialmente com uma periodicidade regular, tendo a lei fracionado juridicamente a sua tributação no tempo, e serão taxas de "obrigação única" as que respeitam a factos ou actos ocasionais, que se caracterizam pela não regularidade da obrigação tributária, isto é, que não se repetem com carácter de periodicidade, pese embora possam ter subjacentes factos tributários que demoram certo lapso de tempo a formar-se, como acontece com taxas devidas por serviços públicos que exijam algum tempo para serem integralmente prestados. Por isso, como evidencia Nuno de Oliveira Garcia (Obra citada, pág. 56.), «o universo das taxas que são liquidadas de forma periódica não compreende necessariamente aquelas taxas cujo pressuposto é meramente uma prestação concreta duradoura. Ou seja, por outras palavras, existem prestações duradouras não periódicas. Ao invés, são taxas cujos pressupostos da sua criação constituem prestações passíveis de se repetirem de forma cíclica. Para estes casos, três cenários de solução legal são possíveis: (i) a liquidação no momento do início da actividade ou do serviço, (ii) a liquidação no momento em que a actividade ou o serviço terminar, ou (iii) a liquidação em algum momento intermédio. Contudo, novamente, o que está em causa não é a efectividade da prestação aproveitada ou provocada, que tem de se verificar sempre sob pena de deixarmos de estar perante taxas, mas apenas o facto de estas se dirigirem à compensação de prestações administrativas que não são contemporâneas do momento da liquidação. Aliás, julgamos mesmo que, tratando-se de taxas assentes em pressupostos que se repetem de forma cíclica ou periódica será em princípio menor a objecção perante uma prestação do serviço ou da actividade administrativa. (...). Como se compreende, independentemente de se tratar de taxas liquidadas periodicamente ou de uma só vez, em causa estará a ponderação tanto das vantagens como das desvantagens da fixação da liquidação no início da actividade administrativa. (...)». Posto isto, e voltando ao caso das propinas universitárias, já vimos que elas têm por pressuposto de facto ou facto gerador a prestação concreta de um serviço público de ensino durante, em princípio, um ano lectivo, sendo o facto tributário não o acto de matrícula em si, mas a frequência ou fruição desse serviço durante esse período prolongado de tempo. E dizemos que o facto tributário não é a matrícula ou a inscrição, porque estes actos não consubstanciam, por si, o concreto e efectivo serviço público de ensino que tem de ser prestado e que corresponde à contraprestação paga pelo estudante. A matrícula constitui o acto formal de admissão do estudante numa determinada instituição pública de ensino superior, constituindo um pressuposto prévio e necessário para a posterior inscrição ou solicitação que ele tem de fazer para que ela lhe preste o efectivo serviço de ensino (duradouro) em certas unidades curriculares de determinado curso. Segundo a definição dada pelo Regulamento da Universidade de Coimbra, a matrícula é o acto pelo qual o estudante se vincula à Universidade, adquire a qualidade de estudante e adquire o direito à inscrição num dos seus cursos, enquanto a inscrição é um acto distinto, é o acto que faculta ao aluno a posterior frequência das unidades curriculares de um determinado curso. A matrícula é, pois, e apenas, o acto pelo qual o estudante é admitido num estabelecimento de ensino, mas que não dá, por si só, direito à frequência do curso, à prestação do serviço de ensino, sendo necessário que ele proceda depois à inscrição nas disciplinas de um curso ministrado nesse estabelecimento para que lhe seja prestado o respectivo e efectivo serviço de ensino. Embora se trate de actos administrativos que condicionam a admissão do particular a uma instituição pública de ensino superior, permitindo-lhe aceder e integrar-se no grupo social dos estudantes dessa instituição, e que condicionam a efectiva prestação futura do serviço que esta lhe vai ministrar através das disciplinas ou unidades curriculares em que ele se inscreveu, não são esses actos que geram a obrigação de pagar a propina. Não podemos esquecer que, por definição, a prestação de serviços consiste numa operação constituída por um conjunto de actos e actividades concatenadas com vista a proporcionar a outrem um determinado resultado, pelo que, no caso da prestação de um serviço de ensino, essa operação se desenvolve, em principio, ao longo de um ano lectivo, só podendo considerar-se concluída ou efectivamente prestada com o termo desse ano. Por outro lado, convém recordar que o facto tributário não se confunde nem com a obrigação tributária nem com o acto tributário (de liquidação), nem com o acto de pagamento do tributo (Sobre a matéria, além de outros, ALBERTO XAVIER, IN "Conceito e Natureza do Acto Tributário", pág. 324; NUNO DE SÁ GOMES, in "Manual de Direito Fiscal"), sendo que a liquidação e o pagamento podem ter lugar, por imposição legal, antes ou depois de o facto tributário ocorrer (Como acontece com o IMT, pois de acordo com o art. 22º do Código do IMT, à semelhança do que acontecia com o artigo 47º do Código do IMSISSD, o acto de liquidação precede, em regra, o acto translativo dos bens, isto é, precede o próprio facto tributário). Sendo o facto tributário o facto material que preenche os pressupostos legais da norma de incidência da taxa e que determina o nascimento da obrigação tributária, só no momento em que ele se forma e completa surge ou nasce a obrigação tributária para o sujeito passivo, representando a existência daquele facto uma condição "sine qua non" desta obrigação e, por consequência, do início do prazo de prescrição. Sobre essa distinção veja-se o elucidativo comentário de DIOGO LEITE DE CAMPOS, BENJAMIM SILVA RODRIGUES e JORGE LOPES DE SOUSA ("Lei Geral Tributária, Anotada e Comentada", 4ª Edição, 2012, Encontro da Escrita Editora, pgs. 293 e segs.), segundo os quais «O facto tributário será, portanto, o pressuposto de facto cuja realização origina um determinado efeito jurídico: o nascimento da obrigação tributária». (...). Qualquer facto tributário situa-se no tempo. O tempo influi na estrutura do facto tributário. O facto tributário, para se completar, exige um elemento material situado num certo período de tempo. Para além disto, o tempo influi na estrutura do facto tributário produzindo dois tipos de factos: instantâneos e periódicos. O facto tributário é instantâneo quando se esgota, por sua própria natureza, num certo período de tempo. Período maior ou menor, podendo ser muito breve ou muito prolongado no tempo; desde que o facto se esgote neste período, não tendendo por sua própria natureza a reiterar-se. Caso em que se tratará de facto tributário periódico. O período temporal tem interesse para determinar o momento do nascimento (ou não nascimento) da obrigação; para fixar o momento em que a Administração pode exigir a prestação tributária; para conhecer a lei aplicável ao nascimento da obrigação; etc.» (nosso sublinhado). Na presente situação, o facto tributário não pode deixar de ser a prestação efectiva, individualizada e contínua, do serviço público de ensino durante um ano lectivo, pois que se trata, como vimos, de uma taxa de frequência, que só se pode esgotar, pela sua própria natureza, num período de tempo correspondente a um ou dois semestres de um ano lectivo. Sendo esse o facto tributário que dá causa à contrapartida devida pelo estudante (propina), isto é, que faz nascer a obrigação tributária para o sujeito passivo, não tem suporte jurídico a tese de que é o acto de matrícula ou o acto de inscrição que dá causa à tributação ou que gera a obrigação tributária. Quanto ao acto de matrícula em si, e como acima se deixou explicado, ele não dá direito à frequência de um curso superior; quanto ao acto de inscrição, ele não traduz, não representa, não consome, não esgota, a prestação administrativa do serviço que constitui o objecto da contraprestação pecuniária do aluno. Se a propina fosse devida pelo mero acto de inscrição, teríamos de afirmar a existência de um facto tributário e da inerente obrigação tributária que logo no momento nasce ainda que o serviço público nunca fosse ou pudesse ser efectivamente prestado ao aluno, como pode suceder no caso de não abertura do ciclo de estudos em que o aluno se inscreveu, sabido que, como bem salienta SÉRGIO VASQUES, as propinas são liquidadas no início do ano lectivo, antes de prestados os serviços de ensino de que as propinas constituem a contrapartida. E tanto assim é que os Regulamentos internos das Universidades, cuja elaboração é imposta pelo Decreto-Lei nº 74/2006, de 24 de março, permitem, em regra, que o estudante desista ou suspenda a inscrição em frequência até determinado momento, desobrigando-o do pagamento das prestações de propina vincendas (cfr. art. 23º do Regulamento Académica da Universidade de Coimbra, publicado no Diário da República de 12 de abril de 2010). E porque é a efectiva prestação do serviço público de ensino que constitui o facto tributário, este vai-se formando ao longo do ano lectivo em que decorre a prestação desse serviço. O facto constitutivo da obrigação tributária só pode, assim, considerar-se como totalmente formado ou consumado decorrido que seja esse ano. Por outras palavras, a prestação administrativa que justifica a liquidação da taxa/propina é um facto duradouro que coincide com um ano lectivo, pelo que o facto gerador do tributo só pode considerar-se verificado no último dia desse ano lectivo. Todavia, a circunstância de o facto constitutivo da obrigação só poder considerar-se totalmente realizado com o decurso do prazo para a prestação do serviço, não é suficiente, na nossa perspetiva, para enquadrar a propina na categoria de taxa "periódica", uma vez que ela não tem por base uma situação permanente que tenda a reiterar-se periodicamente, ou uma situação com característica de estabilidade ou de continuidade que se renove em sucessivos períodos de tributação. Não tem subjacente, nas palavras de SOARES MARTÍNEZ, uma permanência das faculdades contributivas que leve ao prolongamento da tributação no tempo, que leve a uma renovação automática do tributo. Na frequência do ensino público superior não existe nem pode funcionar uma presunção de estabilidade e continuidade anual relativamente a cada um dos estudantes que solicitou esse serviço no ano lectivo anterior, nem uma presunção da manutenção da prestação desse serviço público a cada um deles, nem qualquer presunção de continuidade do pagamento anual de propinas; não existe, sequer, uma renovação anual automática da solicitação da prestação desse serviço pelo sujeito passivo e, por consequência, não existe qualquer renovação automática da obrigação tributária. A frequência desse tipo de ensino não se renova automaticamente de ano para ano, nem se pode presumir que se renovará, e, como tal, não constitui uma obrigação periódica. Alicerçando-se a propina em situações de frequência de ensino superior, onde não funciona uma presunção de continuidade permanente desse ensino e que não conduzem a liquidações periódicas e renováveis, consideramos que estamos perante um tributo de obrigação única, ainda que ele se possa repetir anualmente durante um determinado ciclo de estudos. Posto isto, somos levados a concluir que, no caso vertente, o facto tributário se formou no final do ano lectivo de 2003/2004, em dia e mês do ano de 2004 que não se encontra determinado por não ter sido junto aos autos o calendário lectivo ou escolar respeitante ao curso de Engenharia Eletrotécnica e de Computadores em que o ora recorrido se encontrava inscrito nesse ano, calendário que as instituições de ensino público superior são obrigadas a fixar anualmente, no início de cada ano lectivo, para todas os seus ciclos de estudos. Tendo em conta que por força do nº do art. 48º da LGT o prazo de prescrição de 8 anos se conta a partir do aludido facto tributário, e que este tribunal de recurso não dispõe de base factual para decidir o presente recurso jurisdicional – uma vez que ele pressupõe uma realidade de facto que não está pré-estabelecida nem aqui pode estabelecer-se por virtude de o STA, como tribunal de revista, carecer de poderes de cognição em sede de facto – torna-se essencial que o tribunal a quo amplie a matéria de facto de modo a fixar o quadro factual suficiente para o julgamento da causa, o que passa por apurar e fixar o último dia do ano lectivo do referido curso universitário. Razão por que se impõe anular a sentença recorrida, para ser substituída por outra que decida após ampliação da base factual necessária para a aplicação do direito, de acordo com o que acima referi. 4. Por todo o exposto, os Juízes Conselheiros da Secção de Contencioso Tributário do Supremo Tribunal Administrativo acordam, em julgamento ampliado realizado ao abrigo do artigo 148º do CPTA, em anular a decisão recorrida, a qual deve ser substituída por outra que decida após ampliação da base factual necessária para a aplicação do direito, de acordo com o que acima se apontou, assim se concedendo provimento ao recurso. Sem custas. Lisboa, 22 de Abril de 2015. – Dulce Neto (relatora por vencimento e sorteio) – Casimiro Gonçalves – Isabel Marques da Silva – Francisco Rothes – Pedro Delgado – Fonseca Carvalho – Ascensão Lopes – Ana Paula Lobo – Aragão Seia.

2. Acórdão do Supremo Tribunal Administrativo (Processo nº 306/11), 12-10-2011. Acordam na Secção de Contencioso Tributário do Supremo Tribunal Administrativo: RELATÓRIO. 1.1. A Câmara Municipal de Lisboa, recorre da sentença que, proferida pelo Tribunal Tributário de Lisboa, julgou procedente a oposição, deduzida por A..., Lda. contra a execução que lhe foi instaurada para cobrança de dívida proveniente de taxas de publicidade, liquidadas por aquele Município, com referência ao 2º trimestre de 2007, no montante de Euros 3.275,40. 1.2. A recorrente remata as alegações do recurso formulando as Conclusões seguintes: 1ª – O presente Recurso é interposto contra a douta Sentença proferida em 30 de Setembro de 2010, nos autos de oposição à execução à margem referenciados, a qual julgou a oposição procedente, devendo a execução ser extinta; 2ª – A douta Decisão recorrida baseou tal conclusão no facto de que "(...) as normas que criaram os tributos em cobrança na execução, constantes do Regulamento de Publicidade do Município de Lisboa e Tabela de Taxas, Licenças e Outras Receitas Municipais, quando interpretadas no sentido de incidirem sobre publicidade instalada em imóvel particular, padecem do vício de inconstitucionalidade orgânica e material. Tal vício determina a ilegalidade abstracta das liquidações exequendas, que constitui fundamento válido de oposição à execução, previsto na alínea a) do nº 1, do artigo 204º, do CPPT"; 3ª – Considera a Recorrente que a douta Sentença recorrida errou ao considerar preenchido o fundamento de oposição à execução constante da al. a) do nº 1 do artigo 204º do CPPT; 4ª – A Recorrente considera que a douta Sentença recorrida enferma de erro de direito, violando o disposto nos artigos 238º, nº 4 e 241º, ambos da Constituição da República Portuguesa (CRP), bem como o nº 2 do artigo 4º da Lei Geral Tributária (LGT), a alínea c) do artigo 10º da Lei nº 2/2007 de 15 de janeiro (Lei das Finanças Locais em vigor ao tempo da liquidação controvertida nos autos identificados em epígrafe), e als. b) e c) do art. 6º da Lei nº 53-E/2006, de 29 de dezembro. que aprovou o Regime Geral das Taxas das Autarquias Locais (RGTAL); por considerar que os tributos liquidados se reportam a renovação de licenças de instalação anúncios luminosos colocados na fachada e na cobertura de prédios que são propriedade da Impugnante, licenças essas de carácter anual e automaticamente renováveis desde que não se verifique o seu cancelamento, inexistindo qualquer actividade do Município de Lisboa, revestindo o tributo a natureza de um imposto, e consequentemente enfermam as normas que concretizam a sua criação de inconstitucionalidade orgânica e material; 5ª – O acto de liquidação sub judice não enferma de qualquer vício porquanto o tributo em causa reveste a natureza de uma taxa, corroborando-se desta forma a mais recentíssima Jurisprudência do Tribunal Constitucional, com particular enfoque para o douto Acórdão nº 633/10 (decisão sumária nº 417/2010), proferido em 11.10.2010, na mesma óptica do já douto Acórdão

nº 177/2010, proferido em 5 de Maio de 2010, no Processo nº 742/09, respeitante à questão da liquidação de taxas e respectivas renovações pelo licenciamento de dispositivos publicitários afixados em propriedade privada, como é o caso presente; 6ª – O dispositivo publicitário afixado na empena do imóvel sito na Av. Estados Unidos da América, nº 110, em Lisboa, a que se reporta a liquidação tem subjacente o pedido formulado pela Recorrida e autuado sob o nº 3063/DMAU/DGEP/DQEP, com cujo acto administrativo de deferimento se constitui, desde logo, a obrigação de pagamento da taxa em causa; 7ª – Ao invés do entendimento pugnado na douta Sentença Recorrida, as quantias liquidadas na sequência do licenciamento de publicidade e respectivas renovações revestem a natureza de taxas; 8ª – É clara a existência de sinalagma, não só na perspectiva da existência de utilização privativa do espaço público, como na da remoção de obstáculo jurídico ao comportamento dos particulares por parte da entidade licenciadora nesta matéria a CML; 9ª – É indiscutível que no caso concreto está em causa a utilização privativa de um bem do domínio público bem como a remoção de um limite jurídico; 10ª – Na verdade, a publicidade utiliza bens semi-públicos, entendendo-se como tal os bens que além de satisfazerem necessidades colectivas também satisfazem necessidades individuais, como é o caso das ruas, avenidas, praças, jardins e o espaço aéreo onde se encontra instalada a publicidade e onde circulam as pessoas, com quem os clientes da Recorrente estabelecem o diálogo publicitário; 11ª – Resulta, assim, inquestionável a natureza do tributo em questão, o qual configura a natureza de uma taxa, constituindo a retribuição, não só da emissão da própria licença, como da utilização privativa do espaço público, configurada na exibição da sua mensagem na via pública, independentemente da propriedade do local onde a mesma se encontre afixada; 12ª – Tal sinalagma resulta na medida em que envolve por parte do sujeito activo uma contraprestação, que se traduz na verificação, em concreto da convergência das condições em que aquela actividade pode ser exercida e na posterior manutenção das condições iniciais do licenciamento e o requerido pelo interessado na actividade publicitária e na subsequente emissão da correspondente licença, indispensável ao exercício dessa actividade estando, assim, perfeitamente identificável a existência de contraprestação do sujeito activo, enquanto elemento essencial da distinção entre imposto e taxa, e caracterizador desta última; 13ª – A licença concedida à Recorrida para afixação do dispositivo publicitário em questão possibilita-lhe, como já vimos, uma utilização privativa do domínio público, e igualmente consubstancia ainda uma remoção do limite jurídico à actividade da mesma, por parte da CML, enquanto entidade licenciadora nesta matéria; 14ª – De outro modo, a publicidade encontra-se intrinsecamente ligada a actividades de natureza comercial, com fins lucrativos, tendo por fim a comercialização de bens ou serviços, o que decorre, desde logo, do Código da

Publicidade, aprovado pelo Decreto-Lei nº 330/90, de 23 de Outubro, no qual são estabelecidos os princípios orientadores da actividade publicitária e cujo artigo 3º preceitua que «considera-se publicidade, qualquer forma de comunicação feita por entidades de natureza pública ou privada, no âmbito de uma actividade comercial, industrial, artesanal ou liberal, com o objectivo directo ou indirecto de: a) promover, com vista à sua comercialização ou alienação, quaisquer bens ou serviços»; 15ª – No que tange à actividade publicitária, é a mesma definida como "o conjunto de operações relacionadas com a difusão de uma mensagem publicitária junto dos seus destinatários, bem como as relações jurídicas e técnicas emergentes entre anunciantes, agências de publicidade e entidades que explorem os suportes publicitários ou que exerçam a actividade publicitária (...)" (cfr. nº 1 do artigo 4º do Código da Publicidade); 16ª – Enquadra-se perfeitamente em tais definições o dispositivo para cuja colocação a recorrida promoveu o licenciamento no qual foi liquidada a taxa ora controvertida, constituindo o mesmo uma forma de comunicação e promoção junto do público dos bens e serviços que a mesma comercializa, inserindo-se nessa medida na prossecução da sua actividade comercial; 17ª – Projectando-se exteriormente a respectiva mensagem – sendo visível da via pública – junto dos seus potenciais destinatários, estabelece-se o diálogo publicitário com os eventuais clientes da Recorrida pelo facto de estes circularem na via pública, e consequentemente promove-se ainda que de forma indirecta a actividade que aquela exerce, e cuja utilização é facultada à Recorrida, desde que respeitados os limites restritivos do licenciamento em causa; 18ª – Esta realidade consubstancia um efectivo uso privativo do domínio público, permitido à Recorrida através da respectiva licença, dado que a afixação do dispositivo em causa verifica-se no domínio público, visível da via pública, e deste modo, sujeito ao pagamento da correspondente taxa; 19ª – Está o Município de Lisboa legitimado a cobrar taxas pelas utilidades prestadas aos particulares nomeadamente pela concessão de licenças e pela utilização e aproveitamento de bens do domínio público e privado municipal, competindo à respectiva Assembleia Municipal, estabelecer essas taxas municipais e fixar os respectivos quantitativos sob proposta ou pedido da Câmara – cfr. als. b) e c) do artigo 6º do Regime Geral das Taxas das Autarquias Locais, aprovada pela Lei nº 53-E/2006, de 29 de dezembro, e alíneas a) e e) do nº 2 do artigo 53º da Lei das Autarquias Locais, aprovada pela Lei nº 169/99, de 18 de setembro; os artigos 237º, 241º da Constituição da República Portuguesa; 20ª – No uso dos poderes regulamentares atribuídos aos Municípios compete à CML zelar pela salvaguarda do equilíbrio urbano e ambiental da área do seu concelho, estabelecendo os critérios de licenciamento para afixação ou inscrição de mensagens publicitárias de natureza comercial em bens ou espaços afectos ao domínio público, ou deles visíveis, nos termos do disposto no nº 2 do artigo 1º da Lei nº 97/88 de 17 de agosto, e artigos 2º e 3º do Regulamento de Publicidade, aprovado pelo Edital nº 35/92, publicado no Boletim Municipal nº 16336, de 19 de Março de 1992, com a redacção dada pelos Editais nºs 42/95, de 25.04 e 53/95, publicados respectivamente nos Boletins Municipais nºs 6331, de 12.3.1992, 61, de 25.4.1995, e 66, de 30.5.1995; 21ª – O licenciamento da afixação da mensagem publicitária, independentemente do suporte utilizado pelo particular, implica uma verdadeira remoção de um obstáculo jurídico, quer se trate da licença inicial, quer se trate da renovação da mesma licença, porque se trata de uma actividade relativamente proibida nos termos da lei, sendo que esta prestação da Administração se enquadra no âmbito do nº 2 do artigo 4º da LGT, legitimando a liquidação e cobrança de uma taxa; 22ª – Conclui-se assim que, existindo contraprestação por parte da CML, o tributo em causa reveste, inquestionavelmente, a natureza jurídica de taxa, pelo que a respectiva criação/exigibilidade não está sujeita ao princípio da reserva de lei formal, consagrado no nº 2 do artigo 103º e na alínea i) do artigo 165º da C.R.P. e, como tal, não existe violação das mencionadas disposições constitucionais; 23ª – A liquidação da taxa de publicidade em causa não enferma de qualquer ilegalidade, na medida em que colheu os seus fundamentos em normas constitucionais, legais e regulamentares, todas plenamente válidas e eficazes; 24ª – Consequentemente, a douta Sentença Recorrida enferma de erro de direito, ao considerar que o tributo em apreço configura um imposto por inexistência de sinalagma e, em consequência, ao considerar que "as normas que criaram os tributos em cobrança na execução, constantes do Regulamento de Publicidade do Município de Lisboa e Tabela de Taxas, Licenças e Outras Receitas Municipais, quando interpretadas no sentido de incidirem sobre publicidade instalada em imóvel particular, padecem do vício de inconstitucionalidade orgânica e material. Tal vício determina a ilegalidade abstracta das liquidações exequendas, que constitui fundamento válido de oposição à execução, previsto na alínea a) do nº 1, do artigo 204º, do CPPT; 25ª – Nestes termos, impõe-se a revogação da douta Sentença Recorrida e a substituição por outra que julgue as normas constantes do Regulamento de Publicidade do Município de Lisboa e a Tabela de Taxas e Outras Receitas Municipais relativa ao ano de 2007, conformes com os princípios constitucionais e, julgue improcedente a oposição deduzida, mantendo-se a cobrança coerciva da liquidação do tributo em causa por exigível, com o consequente prosseguimento dos respectivos autos de execução fiscal. Termina pedindo o provimento do recurso e a revogação da sentença recorrida. 1.3. Não foram apresentadas contra-alegações. 1.4. Para além de ter inicialmente promovido a notificação da recorrente para sintetizar as Conclusões do recurso, o MP não emitiu Parecer. 1.5. Corridos os vistos legais, cabe decidir. FUNDAMENTOS. 2. Na sentença recorrida julgaram-se provados os factos seguintes: 1. Contra a oponente foi instaurado, em 12/12/2007, o processo executivo nº 1106200701414178 pela quantia exequenda de €3.275,40, proveniente de taxa de publicidade exterior relativa ao período de 04/2007 a 06/2007; 2. A oponente foi citada em 18/12/2007; 3. Deduziu oposição em 10/1/2008; 4. As taxas estão a ser exigidas pelo licenciamento de publicidade colocada num imóvel particular; 5. A oponente foi notificada da liquidação exequenda por carta registada com aviso de recepção, que recebeu em 26/6/2007. 3.1. Enunciando como questões a decidir as de indagar da inconstitucionalidade das normas que prevêem o pagamento de taxas pelo licenciamento de publicidade e se a oponente foi validamente notificada da liquidação exequenda, a sentença veio a concluir que «as normas que criaram os tributos em cobrança na execução, constantes do Regulamento de Publicidade do Município de Lisboa e Tabela de Taxas, Licenças e Outras Receitas Municipais, quando interpretadas no sentido de incidirem sobre publicidade instalada em imóvel particular, padecem de vício de inconstitucionalidade orgânica e material» e que tal vício «determina a ilegalidade abstracta das liquidações exequendas, que constitui fundamento válido de oposição à execução, previsto na alínea a), do nº 1, do artigo 204º, do CPPT», e considerando, consequentemente, «prejudicado o conhecimento das restantes questões processuais». 3.2. A recorrente discorda do assim decidido, sustentando, em suma que: – a sentença erra ao considerar preenchido o fundamento de oposição à execução constante da al. a) do nº 1 do artigo 204º do CPPT, enfermando, assim, a mesma sentença, de erro de direito, por violação do disposto nos artigos 238. nº 4 e 241º, ambos da CRP, 4º, nº 2 da LGT, bem como a alínea c) do artigo 10º da Lei nº 53-E/2006, de 29 de dezembro. 3.3. A questão a decidir no presente recurso resume-se, pois, à de saber se os tributos denominados "taxas" cobrados pelo Município de Lisboa relativamente a instalação de publicidade em prédios urbanos particulares constituem, efectivamente, taxas ou se são de qualificar como impostos. E refira-se desde já que, tendo uma idêntica questão sido apreciada no acórdão desta Secção do STA, de 8/6/2011, rec. nº 278/11, por nós relatado, passaremos a seguir tal aresto, considerando, por um lado, uma interpretação e aplicação uniformes do direito (cfr. o nº 3 do artigo 8º do CCivil) e considerando, por outro lado, que não vemos razão para divergir da decisão ali firmada, por serem similares os factos em apreciação e a argumentação invocada. Vejamos pois. 4.1. As normas que suportam a liquidação que originou a dívida executada e à qual a recorrente deduziu a presente oposição são os artigos 3º e 16º do Regulamento de Publicidade do Município de Lisboa (publicado no Edital nº 35/92, do Diário Municipal nº 16.336, de 19/3/92, com a redacção dos Editais nº 42/95, de 25/4 e 53/95, de 30/5, publicados, respectivamente, nos Boletins Municipais nº 16331, de 12/3/1992, 61, de 25/4/1995, e 66, de 30/5/1995), sendo que, no caso dos autos, as taxas aplicadas (de acordo com o disposto no artigo 16º do referido Regulamento), foram liquidadas tendo por base os valores estabelecidos no nº 4 do artigo 28º e Observação 9ª, do Capítulo IV da Tabela de Taxas e Outras Receitas Municipais, em vigor para o ano de 2007, conforme Deliberação nº 97//AM/2006 (Proposta nº 566/2006) publicada no 2º Suplemento ao Boletim Municipal nº 670, de 21/12/2006. E o nº 1 do artigo 3º, o nº 1 do também referido artigo 18º, bem como o corpo do artigo 20º, todos do citado Regulamento Municipal de Publicidade dispõem o seguinte: Artigo 3º. «1. A afixação ou inscrição de mensagens publicitárias em bens ou espaços afectos ao domínio público, ou deles visíveis, obedece às regras gerais sobre publicidade e depende de licenciamento prévio pela Câmara Municipal.» Artigo 16º. «1 – São aplicáveis ao licenciamento e renovações previstos neste Regulamento as taxas estabelecidas na Tabela de Taxas, Licenças e Outras Receitas Municipais. 2 – (...)» Artigo 20º. – Renovação (na redacção do Edital nº 42/95, publicado em Boletim Municipal nº 61 de 1995/04/25). «A licença cujo prazo seja igual ou superior a 30 dias renova-se automaticamente e sucessivamente, salvo se: a) A Câmara Municipal notificar o titular da decisão em sentido contrário por escrito e com a antecedência mínima de 20 dias antes do termo do prazo respectivo; b) O titular comunicar à Câmara Municipal intenção contrária por escrito e com a antecedência mínima de 10 dias antes do termo do prazo respectivo; c) O titular não cumprir os prazos normais de pagamento das taxas devidas à CML, de harmonia com a regulamentação em vigor.» 4.2. É sabido que quer o imposto quer a taxa constituem receitas públicas coactivamente impostas: o que distingue estes tributos é a perspectiva teleológica de cada um deles, na medida em que enquanto o imposto «... é uma prestação pecuniária, coactiva e unilateral, sem carácter de sanção, exigida pelo Estado com vista à realização de fins públicos» (cfr. Prof. Teixeira Ribeiro, Lições de Finanças Públicas, Coimbra, 1977, 262) a taxa tem «carácter sinalagmático, não unilateral, o qual por seu turno deriva funcionalmente da natureza do facto constitutivo das obrigações em que se traduzem e que consiste ou na prestação de uma actividade pública ou na utilização de bens do domínio público ou na remoção de um limite jurídico à actividade dos particulares» (Alberto Xavier, Manual de Direito Fiscal, Vol. I, Lisboa, 1981, pag. 42), ou seja, pressupõe uma contraprestação por parte do ente público que a exige, a verificar-se na respectiva génese, e que deve concretizar-se naquela prestação de serviço público, naquele acesso à utilização de bens do domínio público ou na remoção do obstáculo jurídico à actividade do particular (cfr. Casalta Nabais, Contratos Fiscais, Coimbra 1994, 236). Noutro local, este mesmo autor sublinha, aliás, que apenas constituirão verdadeiras taxas as que, «para além de se configurarem como tributos bilaterais, baseados portanto numa relação do tipo do ut des ou sinalagmática, tiverem por critério a ideia de proporcionalidade entre a prestação pública e a contraprestação em que se consubstancia a taxa, ou seja, se tiverem por base o princípio da equivalência (...) entre prestação e contraprestação. (...) Pois se isto se não verificar, então estaremos, se não em termos da ciência das finanças ou mesmo do direito financeiro, pelo menos em termos jurídico-constitucionais, perante verdadeiros impostos, com todas as consequências que daí derivam, seja em sede do princípio da legalidade fiscal, que impede os municípios de os instituir sem lei prévia, seja do princípio da igualdade fiscal, que implica que os mesmos sejam aferidos com base na capacidade contributiva e não com base no princípio da proporcionalidade, por que se afere a igualdade das taxas» (Por um Estado Fiscal Suportável – Estudos de Direito Fiscal; Almedina, 2005, pags. 583 e 584). Na definição legal e doutrinal da taxa individualiza-se, pois, um aspecto estrutural da mesma (a sinalagmaticidade ou bilateralidade) e, em consequência, os respectivos pressupostos da sua cobrança. E, como aponta Saldanha Sanches, sendo a bilateralidade um aspecto estruturante da natureza da taxa, ela «só poderá ter lugar quando se trate de um qualquer bem que seja divisível, ou seja, que possa ser prestado em unidades individualizadas. Não basta que a receita obtida por meio da taxa seja usada na cobertura de despesas respeitantes ao mesmo grupo de habitantes, à mesma comunidade local que a suporta. Terá de haver uma mais estreita correlação entre o destinatário do encargo financeiro e o beneficiário da despesa pública para que possamos estar perante uma taxa. E esta existência de um sinalagma, ainda que expresso sob variadas formas, constitui uma condição para que uma qualquer imposição administrativa possa ter a qualidade de taxa, com todas as consequências que lhe são inerentes, principalmente quanto ao seu modo de criação, pois as taxas estão excluídas da reserva de lei em sentido formal, a qual é uma condição orgânica para a criação de impostos. É esta característica – a sinalagmaticidade – que lhe permite que, no Estado de Direito, as taxas não sejam criadas por lei em sentido formal. Com efeito, é precisamente o facto de à relação sinalagmática em que assentam permitir o controlo do valor da taxa, ao contrário do que se passa nos impostos, em que não há parâmetros de controlo imediatos quanto à sua medida, que justifica a não sujeição das taxas às apertadas vinculações (formais e materiais) do princípio da legalidade, que são uma garantia dos destinatários dos impostos. (...) Não podemos esquecer que o cerne da definição de taxa se encontra, como vimos, no conceito de sinalagma: onde este falte, falta a taxa – mesmo que estejamos perante uma das circunstâncias pressuponentes elencadas. Como vimos, não basta que haja estrutura formalmente sinalagmática para que haja taxa. O conceito de sinalagma deve ser material e incluir um qualquer equilíbrio interno que há-de passar sempre pela necessidade de, a prestação pública envolver algum facere, um facere dispendioso que beneficie o sujeito passivo de forma individualizável e que deverá ser suportado por este e não pelos recursos gerais do ente público. No caso da cobrança de prestações pecuniárias pela prestação de um qualquer serviço público, a total inexistência de sinalagma material é mais difícil de se verificar (...) No caso de cobrança de taxas pela mera utilização do domínio público, sem qualquer actividade por parte do detentor desse mesmo domínio público, não há um custo a cobrir e as receitas serão, deste modo, afectas às necessidades gerais do sujeito activo – por um lado, falta o parâmetro de controlo do montante fixado e, por outro, verifica-se a afectação de receitas a necessidades gerais, característica do imposto.» (Saldanha Sanches, Manual de Direito Fiscal, 3ª ed. Coimbra Editora, 2007, pags. 31 e sgts.). A propósito do conceito de remoção de um limite jurídico à actividade dos particulares, este mesmo autor escreve, ainda, o seguinte (ob. cit., pags. 33 e sgts): «A remoção de um limite jurídico é outra daquelas a que podemos chamar justificações tradicionais para a cobrança de taxas. Porém, desde há muito que se colocam algumas reservas a esta forma de legitimação das taxas. Como observava Teixeira Ribeiro, há que distinguir entre a remoção de limites jurídicos que "possibilita a utilização de um bem semi-público e a que a não possibilita." O que quer dizer que não podem ser cobradas taxas pela remoção de limites jurídicos criados de forma artificial por uma entidade dotada de poderes públicos, com o único objectivo de legitimar a cobrança de uma taxa. Se assim não fosse, as autarquias poderiam, por exemplo, vir afirmar que, mesmo no caso de concessões feitas pelo Estado, os serviços por este concessionados só poderiam ter presença física no espaço do concelho mediante o pagamento de uma taxa por atribuição de uma licença pelo município. Ora, mesmo perante um caso em que havia, efectivamente, poder de licenciamento e superintendência por parte do município, foi outra a posição tomada pelo Tribunal Constitucional, a propósito da tentativa, por parte de um município, de cobrar uma taxa pela realização de publicidade em veículos automóveis que circulassem no espaço do concelho». Em suma, aceita-se que o traço distintivo fundamental que permite, no plano jurídico, diferenciar o imposto e a taxa é o carácter unilateral daquele face ao carácter bilateral desta última, sendo que «o vínculo jurídico de taxa tem por causa a prestação por uma entidade pública de utilidades individualizadas» (Soares Martinez, Direito Fiscal, 7ª ed., Coimbra, 1997, pp. 27 e 37) e, como se diz no recente acórdão deste STA, de 25/5/11, rec. nº 093/11, sendo consensual «que a denominação atribuída ao tributo pouco releva, havendo, antes, que atentar à sua estrutura, à sua "verdadeira natureza", sendo esta a determinante para se aferir do regime jurídico-constitucional aplicável à respectiva criação normativa, exigindo-se a criação por Lei, da Assembleia da República ou do Governo (havendo autorização legislativa), se a prestação pecuniária coactiva tiver natureza de imposto (artigo 165º, nº 1, alínea i) da Constituição da República). Se no plano da dogmática jurídica a distinção entre as duas categorias de tributos não oferece dificuldades de maior, tais dificuldades revelam-se frequentemente perante os tributos em concreto, pois que a tarefa de subsunção da realidade às categorias dogmáticas não é isenta de dificuldades.» E estas características que a doutrina vem apontando à caracterização da taxa encontram, aliás, assento legislativo no nº 2 do artigo 4º da LGT. 4.3. Também a jurisprudência do Tribunal Constitucional se tem debruçado sobre esta temática, socorrendo-se essencialmente de um critério que pode qualificar-se como "estrutural", porque assente na "unilateralidade" dos impostos (cfr., por exemplo, os Acórdãos nºs 76/88 e 382/94, publicados respectivamente no DR, I Série, nº 93, de 21/4/1988, e II Série nº 208, de 8/9/1994), admitindo ainda, porém, como factor adicional de ponderação, um elemento de carácter finalístico: que se tome em consideração a "razão de ser ou objectivo das receitas em causa", quer para recusar a certas receitas o carácter de imposto, quer como argumento ponderoso para afastar o carácter de taxa a uma dada prestação pecuniária coactiva (cfr. por exemplo, o ac. nº 70/92, publicado no DR, II Série, nº 189, de 18/8/1992). E esta orientação jurisprudencial foi, até 2010, a dominantemente seguida pelo Tribunal Constitucional (cfr. por exemplo, a propósito das taxas de publicidade, o ac. nº 558/98 (taxas de publicidade em veículos particulares), in DR, II Série, nº 261, de 11/11/1998), bem como os acs. nºs 63/99 (in DR, II Série, nº 76, de 31/3/1999), 96/2000 (in DR, I Série-A, nº 65, de 17/3/2000) e 436/03, de 30/9/2003, todos relativos a taxa de publicidade em prédios particulares), ou, ainda, os Acórdãos nºs 92/02, de 26/2/2002, 437/03, de 30/9/2003, 453/03, de 14/10/2003, 34/04, de 14/1/2004, 109/04, de 11/2/2004 e 464/04, de 23/6/2004 (todos também relativos à mesma questão e, especificamente, à taxa de publicidade constante dos artigos 3º e 16º do Regulamento de Publicidade do Município de Lisboa), (Referenciando os Acórdãos nºs. 92/2002, 437/2003 e 109/2004, Saldanha Sanches acentua que esta jurisprudência do Tribunal Constitucional impediu «a criação (...) de licenças fiscais por parte das autarquias, impedindo uma aplicação abstracta, ou meramente formal, da Lei das Finanças Locais e da Lei Geral Tributária quando estas autorizem a cobrança de taxas pela remoção de um limite jurídico» (ob. cit. pág. 45).) apesar de em quatro destes últimos arestos referidos (Acórdãos 436/03, 34/04, 104/04 e 464/04) ter votado vencido o Cons. Benjamim Rodrigues, no entendimento (reafirmado, por exemplo, também na declaração de voto constante do acórdão nº 113/2004 do Plenário do Tribunal Constitucional, de 17/2/2004, proc. nº 537/2002), de que a simples remoção de um limite jurídico para a colocação de publicidade em edifício particular é motivo suficiente para a cobrança de uma taxa dado que pode consubstanciar uma prestação pública sinalagmática do pagamento da mesma, sem ser necessário que essa remoção "vise possibilitar uma utilização individualizada e efectiva de um bem público". (Também referenciando e discordando do sentido deste voto de vencido, vide Saldanha Sanches, loc. cit. pág. 34, Nota 24.). 4.4. Todavia, alguma doutrina mais recente (cfr. Cardoso da Costa, Ainda a distinção entre "taxa" e "imposto" na jurisprudência constitucional", in Homenagem a José Guilherme Xavier de Basto, 2006, págs. 561 e sgts.) apontava já algumas debilidades àquela jurisprudência do Tribunal Constitucional: quer por apreciar de modo igual a exigência de taxa pela emissão inicial da licença e a exigência pela respectiva renovação, na consideração de que, em ambos os casos, se não verifica o uso de qualquer bem público ou semi-público, uma vez que a actividade publicitária licenciada utiliza, para o seu exercício, unicamente bens privados, consideração esta que acaba por esquecer a possibilidade de à taxa corresponder, ainda nessa hipótese, a utilização de um bem semi-público, já não na modalidade de um bem físico, mas na modalidade de um "serviço"; quer por não ter em conta a definição legal que desse tributo é dada pela LGT (no nº 2 do seu artigo 4º) e a possibilidade daí decorrente de, quando certa receita pública é exigida para que um particular possa desenvolver determinada actividade ou praticar determinado acto, que sem isso lhe estará vedado, daquele respectivo pagamento derivar sempre, para quem o faz, uma utilidade ou uma vantagem, quer estas se traduzam ou impliquem, ou não, a utilização de um bem semi-público. 4.5. Porém, o Tribunal Constitucional veio, no ac. nº 177/2010, de 5/5/2010, tirado em Plenário e por unanimidade, e publicado no DR nº 110, II Série, de 8/6/2010 (no qual estava em causa a constitucionalidade do artigo 2º do Regulamento de Taxas e Licenças e do artigo 31º da Tabela de Taxas do Município de Guimarães, na medida em que prevêem a cobrança da taxa aí referida pela afixação de painéis publicitários em prédio pertencente a particular), a alterar o sentido daquela anterior citada jurisprudência e, consequentemente, a não julgar organicamente inconstitucionais tais normativos. E posteriormente, o mesmo Tribunal tem unanimemente mantido e firmado esta orientação, como se pode ver quer da Decisão Sumária nº 323/10, de 5/7/2010, proferida no proc. nº 469/10, da 2ª secção (na qual estavam em causa os artigos 19º do "Regulamento de Liquidação e Cobrança de Taxas e Outras Receitas Municipais da Câmara Municipal do Porto" e 41º da respectiva Tabela de Taxas), Decisão Sumária esta que veio, aliás, a ser confirmada pelo ac. nº 360/10, de 6/10, quer da Decisão Sumária nº 417/10, de 11/10/2010, proferida no proc. nº 633/10 (em que estavam em causa as normas dos arts. 3º e 16º do Regulamento de Publicidade do Município de Lisboa, publicado no Edital 35/92, do Diário Municipal nº 16336, de 19/3/1992, na medida em que prevêem a cobrança da taxa aí referida pela afixação de painéis publicitários em prédio pertencente a particular), decisão sumária esta que veio, igualmente, a ser confirmada pelo ac. nº 436/2010, de 10/11, quer ainda na Decisão Sumária nº 225/11, de 5/4/2011, proferida no proc. nº 246/11 (em que estava em causa o artigo 79º da Tabela de Taxas do Regulamento de Liquidação e Cobrança das Taxas pela Concessão de Licenças e Prestação de Serviços Municipais em vigor na Câmara Municipal de Gondomar). 4.6. Por sua vez, a jurisprudência deste STA, dividida, inicialmente quanto à matéria (cfr. no sentido de que estamos perante uma taxa, os acs. de 15/1/07 – rec. nº 20227, 2/7/1997 – rec. 21278, 26/5/1999 – rec. 23555, 29/11/2000 – rec. 25470, 15/5/2002 – rec. 26820; e no sentido de que estamos perante um verdadeiro imposto, cfr. os acs. de 5/2/97 – rec. 21005, 22/6/99 – rec. 21278, 29/3/2000 – rec. 20227 e 19/2/03 – rec. 1930/02), veio predominantemente a firmar-se em sentido idêntico ao da anterior jurisprudência maioritária do Tribunal Constitucional, conforme se vê do acórdão do Pleno desta secção, de 18/5/2005, rec. nº 01176/04, nos quais se apreciaram questões idênticas à dos presentes autos. Contudo, após a prolação dos citados acórdãos do Tribunal Constitucional (ac. nº 177/2010, de 5/5/2010; Decisão Sumária nº 323/10, de 5/7/2010, proferida no proc. nº 469/10, da 2ª secção e acórdão nº 360/10, de 6/10, que a confirmou; Decisão Sumária nº 417/10, de 11/10/2010, proferida no proc. nº 633/10 e acórdão nº 436/2010, de 10/11, que a confirmou) também a jurisprudência do STA inflectiu o sentido até então dominante, acolhendo o entendimento sobre a qualificação como taxa da receita liquidada ao abrigo das normas de teor idêntico às aqui em causa, com o consequente juízo de não inconstitucionalidade orgânica das mesmas. Nomeadamente e entre outros, nos acs. de 12/1/2011, de 19/1/2011, 6/4/2011 e de 25/1/11, nos recs. nºs 752/10, 33/10, 119/11 e 93/11, respectivamente. Note-se, aliás, quanto ao aresto de 19/1/2011, que, tendo sido proferido, em 2/6/2010, um primeiro acórdão que julgou no sentido da inconstitucionalidade das normas ali em questão, dele veio a ser interposto recurso para o Tribunal Constitucional, recurso esse que veio a ser provido pela acima mencionada Decisão Sumária nº 417/10, de 11/10/2010 (confirmada pelo ac. nº 436/2010, de 10/11), razão pela qual veio, então, a ser proferido pelo STA o posterior acórdão de 19/1/2011, reformulando a decisão de acordo com o decidido pelo Tribunal Constitucional. E não iremos divergir deste entendimento, atendendo, como se consignou naquele citado acórdão de 6/4/2011 (por nós relatado), não apenas à nova argumentação aduzida pelo Tribunal Constitucional, mas também ao facto de o respectivo acórdão ter sido proferido em Plenário e por unanimidade (com a consequente autoridade reforçada resultante da formação alargada que o proferiu), ao facto de, posteriormente, a mesma jurisprudência ter sido reiterada em outras decisões (sendo que numa delas a pronúncia do Tribunal Constitucional versou, precisamente, uma anterior decisão deste STA (...) e ainda o facto de não se vislumbrarem novos argumentos que decisivamente se possam contrapor aquela fundamentação. Assim, e considerando também a fundamentação constante do citado acórdão deste STA, de 6/4/2011, rec. nº 119/11, para a qual remetemos, concluímos pela natureza de taxa dos tributos em causa nos autos e pela não inconstitucionalidade orgânica das normas, acima transcritas, do Regulamento de Publicidade do Município de Lisboa, aqui sindicadas. E concluímos, igualmente, pela improcedência do alegado fundamento da ilegalidade abstracta da dívida exequenda (al. a) do nº 1 do artigo 204º do CPPT) e pela consequente revogação da sentença recorrida, que assim não decidiu. 5. Competirá, então, face a tal revogação, conhecer, por substituição (nº 2 do art. 715º do CPC – aplicável ao recurso de revista interposto para o STA, por força do disposto nos artigos 749º e 762º, nº 1, bem como no art. 726º, todos do CPC) da questão da alegada inexigibilidade da dívida exequenda, suscitada pela oponente, e cujo conhecimento a sentença julgou prejudicado em face da decisão de inconstitucionalidade das normas acima apontadas. Vejamos. 5.1. A oponente invoca na Petição Inicial da presente oposição, que apesar de o artigo 18º do Regulamento de Publiidade do Município de Lisboa, estabelecer que, em caso de deferimento do pedido de licenciamento formulado, deve o respectivo requerente ser informado de tal facto através de notificação, de que deverá constar a indicação do prazo para levantamento da licença e pagamento da taxa respectiva, não era esse o procedimento seguido pela exequente, pois que, depois de receber os pedidos de licenciamento a exequente sempre se limitou a notificar a oponente da sua decisão sobre os pedidos de licenciamento apresentados e, em caso de deferimento, sempre a notificou de que as taxas devidas pelo licenciamento seriam emitidas oportunamente. Mais alega que todos os pedidos de licenciamento por si formulados, deram origem à liquidação de taxas de publicidade através da emissão de facturas que a exequente lhe remeteu por carta registada com aviso de recepção. Mas, no caso em apreço, e tendo requerido, nos termos do artigo 11º do citado Regulamento, o licenciamento para afixação, de uma lona publicitária na empena do edifício sito Av. dos Estados Unidos da América, nº 110, em Lisboa, no decurso do segundo trimestre de 2007, foi, na sequência desse requerimento, notificada, em 26/6/2007, através do ofício da Divisão de Qualificação de Espaço Público, do Departamento de Gestão do Espaço Público, da Direcção Municipal de Ambiente Urbano, de que por despacho do Director Municipal, datado de 10/5/2007, havia sido deferido tal pedido de licenciamento, bem como para proceder à apresentação, no prazo de 10 dias úteis, da documentação referida no mencionado ofício, tenho-lhe, ainda, sido comunicado que, por aplicação da Tabela de Taxas e outras Receitas Municipais em vigor, tinha sido apurado o montante das taxas conforme informação anexada ao ofício, o qual estaria a pagamento no mês de Julho. Ora, tal documento não constitui documento através do qual a exequente procede à liquidação das taxas publicitárias, sendo certo que sempre que a exequente pretendeu liquidar taxas de publicidade à oponente, o fez através da emissão de facturas que sempre lhe remeteu através de aviso postal registado. Assim, ao contrário do que sempre aconteceu, no presente caso a exequente não notificou a oponente da liquidação das taxas referente à factura nº 40000047473 cuja cobrança coerciva pretende agora alcançar com a presente execução e, assim, a oponente não foi notificada da liquidação do tributo em causa nos presentes autos, efectuada através da factura nº 40000047473, sendo que após a citação para a presente execução, em 4/1/2007, e por desconhecer a origem da dívida exequenda, a oponente se deslocou-se aos Serviços competentes da exequente, tendo obtido uma 2ª via da referida factura e sendo que dessa 2ª via resulta que a factura original só foi emitida em 27/6/2007, ou seja, um dia após a data em que a oponente foi notificada, através do supra citado ofício da Divisão de Qualificação de Espaço Público, de que tinha sido deferido o pedido de licenciamento. O que, só por si permite demonstrar que a oponente nunca foi notificada da liquidação da dívida exequenda efectuada através da factura nº 40000047473. 5.2. Ora, apesar de toda esta alegação da oponente, a sentença recorrida veio a julgar provado, no nº 5 do Probatório, que a oponente foi notificada da liquidação exequenda por carta registada com aviso de recepção, que recebeu em 26/6/2007. E tal factualidade não foi questionada pela recorrente. Portanto, tendo a sentença recorrida considerado que, pelo ofício de 26/6/2007, emanado da Divisão de Qualificação de Espaço Público, a oponente logo foi notificada da liquidação da questionada taxa, fica claro que não pode proceder o invocado fundamento de inexigibilidade da dívida por falta de notificação da respectiva liquidação. E, na verdade, resulta dos autos e do Probatório, que, por meio daquele ofício, a recorrente foi notificada, quer do deferimento (por despacho de 10/5/2007) do pedido de licenciamento em causa, quer de que, por aplicação da Tabela de Taxas e outras Receitas Municipais em vigor, tinha sido apurado o montante de 3.272,40 Euros referente à taxa de publicidade relativa ao período do 2º Trimestre de 2007, cujo pedido de licenciamento fora deferido (valores estes que, juntamente com a indicação da quantidade de m^2 da tela em causa e do valor unitário por m^2, constam do dito impresso designado por «Apuramento de Taxas», remetido em anexo a tal ofício de notificação). Aliás, a recorrente reconhece (nos artigos 24º e 25º da Petição Inicial) esta factualidade. Ora, competindo à Divisão de Qualificação do Espaço Público (DQEP) promover a liquidação das taxas inerentes aos licenciamentos da responsabilidade da Direcção Municipal de Ambiente Urbano (cfr. o Regulamento de Organização dos Serviços da CML, publicado no DR, II Série, nº 271, Apêndice nº 148-A, de 23/11/2002, nomeadamente, cfr. o seu artigo 1º, nº 1, al. 1 h), o artigo 3º e as alíneas b) e d), relativas às competências atribuídas à Divisão de Qualificação do Espaço Público, integrada no Departamento de Gestão do Espaço Público, e este, por sua vez, integrado na Direcção Municipal de Ambiente Urbano) e dispondo o acima transcrito artigo 16º do Regulamento Municipal de

Publicidade que são aplicáveis ao licenciamento e renovações as taxas estabelecidas na Tabela de Taxas, Licenças e Outras Receitas Municipais, temos que concluir que aquele ofício de 26/6/2007 remetido à recorrente e por esta recebido, acompanhado do também citado impresso de «Apuramento de Taxas» (com cópia a fls. 39) configura o respectivo aviso de notificação da liquidação da taxa questionada, sendo que a factura nº 40000047473, emitida em 27/6/2007 e também referenciada pela recorrente, constitui apenas o respectivo documento de cobrança. E tendo a oponente sido notificada da liquidação, por aquele citado ofício de 20/6/2007 (remetido por carta registada com aviso de recepção, que se mostra assinado), não se verifica o invocado fundamento de inexigibilidade da dívida. Improcede, assim, a oposição, também quanto a este fundamento. DECISÃO. Nestes termos, acorda-se em, dando provimento ao recurso, revogar a sentença recorrida e julgar totalmente improcedente a oposição. Custas pela recorrente, mas apenas na 1ª instância. Lisboa, 12 de Outubro de 2011. – Casimiro Gonçalves (relator) – Ascensão Lopes – Pedro Delgado.

Comentário:

1. O nº 2 consagra o efeito suspensivo da reclamação ou impugnação do ato que determinar a aplicação de uma taxa autárquica, mas condicionado à prestação de garantia bancária.
2. Nas taxas municipais, caberá aos regulamentos municipais de criação de taxas estabelecer as regras relativas à liquidação e cobrança.
3. Vedar às autarquias locais a recusa das suas prestações quando o sujeito passivo não pague as taxas em virtude da dedução de reclamação ou impugnação e sempre que este apresente garantia idónea, resulta num reforço salutar das garantias do contribuinte.

Artigo 11º – Pagamento

1 – As taxas das autarquias locais extinguem-se através do seu pagamento ou de outras formas de extinção, nos termos da lei geral tributária.

2 – As taxas das autarquias locais podem ser pagas por dação em cumprimento ou por compensação, quando tal seja compatível com o interesse público.

Remissão:

1. A Lei Geral Tributária foi aprovada pelo Decreto-Lei nº 398/98, de 17 de dezembro, e vigora com as alterações da Lei nº 24-D/2022, de 30 de dezembro. A presente lei regula as relações jurídico-tributárias, sem prejuízo do disposto no direito da União Europeia e noutras normas de direito internacional que vigorem diretamente na ordem interna ou em legislação especial. Para efeitos da presente lei, consideram-se relações jurídico-tributárias as estabelecidas entre a administração tributária, agindo como tal, e as pessoas singulares e colectivas e outras entidades legalmente equiparadas a estas. Integram a administração tributária, para efeitos do número anterior, a Autoridade Tributária e Aduaneira, as demais entidades públicas legalmente incumbidas da liquidação e cobrança dos tributos, o Ministro das Finanças ou outro membro do Governo competente, quando exerçam competências administrativas no domínio tributário, e os órgãos igualmente competentes dos Governos Regionais e das autarquias locais.

Anotação:

1. A definição de interesse público que permitirá o pagamento de uma taxa por dação em cumprimento, cabe a quem for competente para aplicar a taxa.

Comentário:

1. "No que respeita às formas de extinção da obrigação tributária e, muito em particular, no que respeita ao pagamento das taxas locais, (este artigo), limita-se a remeter para a Lei Geral Tributária, (pelo que serão) aplicáveis às taxas locais as disposições da LGT que disciplinam as formas de pagamento, o pagamento por terceiro ou o pagamento em prestações. Bem como o pagamento indevido da prestação tributária." (apud Vasques, Sérgio, (2008), Regime das Taxas Locais. Introdução e comentário. Cadernos IDEFF. Nº 8. Almedina. Coimbra. 2008.).
2. Os regulamentos passam a fixar com rigor o modo de pagamento e outras foprmas de extinção da prestação tributária admitidas.
3. Interessante se revela o facto de se deixar às autarquias locais a decisão sobre o pagamento em prestações das respetivas taxas, num claro desvio ao previsto na LGT.
4. "Questão melindrosa (...), é a da dação em cumprimento e da compensação. Como é sabido, o artigo 40º da LGT apenas admite a dação em cumprimento e a compensação nos casos em que a lei o preveja expressamente, tornando verdadeiramente excecional estas formas de extinção da obrigação tributária." (apud Vasques, Sérgio, (2008), Regime das Taxas Locais. Introdução e comentário. Cadernos IDEFF. Nº 8. Almedina. Coimbra. 2008.). Este Regime de Taxas admite a dação em

cumprimento e a compensação sempre que se mostrem compatíveis com o interesse público, transpondo alguma subjetividade e menos transparência para a relações entre as autarquias locais e os contribuintes.

Artigo 12º – Incumprimento

1 – São devidos juros de mora pelo cumprimento extemporâneo da obrigação de pagamento de taxas das autarquias locais.

2 – As dívidas que não forem pagas voluntariamente são objecto de cobrança coerciva através de processo de execução fiscal, nos termos do Código de Procedimento e de Processo Tributário.

Remissão:

1. O Código de Procedimento e Processo Tributário foi aprovado pelo Decreto-Lei nº 433/99 de 26 de outubro, vigorando com as alterações da Lei nº 56/2021 de 16 de agosto. O presente Código aplica-se, sem prejuízo do disposto no direito da União Europeia, noutras normas de direito internacional que vigorem diretamente na ordem interna, na lei geral tributária ou em legislação especial, incluindo as normas que regulam a liquidação e cobrança dos tributos parafiscais:

a) Ao procedimento tributário;
b) Ao processo judicial tributário;
c) À cobrança coerciva das dívidas exigíveis em processo de execução fiscal;
d) Aos recursos jurisdicionais.

Jurisprudência:

1. Acórdão do Tribunal Central Administrativo Sul (Processo nº 955/20.9BESNT), de 27-05-2021. Acordam em conferência os Juízes que constituem a Secção do Contencioso Tributário do Tribunal Central Administrativo Sul: I Relatório. A FAZENDA PÚBLICA vem deduzir recurso da sentença proferida pelo TAF de Sintra, que considerou procedente a intimação requerida pelo MUNICÍPIO DE CASCAIS para a prestação de informações, pedindo a intimação do Ministério das Finanças a "fornecer a informação relativa ao domicílio fiscal das pessoas singulares" que indica, e que, em consequência, intimou o Ministério das Finanças, a fornecer ao Município de Cascais, a informação solicitada, tendo para o efeito apresentado as seguintes conclusões: "63º. A sentença ora posta em causa ao decidir como decidiu, interpretando a redação do artigo 7º do Decreto-Lei nº 433/99, de 26 de outubro, e qualificando-a como norma habilitante para a cessação do dever de sigilo fiscal, violou de forma grosseira o espírito do legislador e a lei substantiva da proteção de dados

(Regulamento Geral de Protecção de Dados) e a sua transposição para a ordem interna (Lei nº 58/2019 e 59/2019, ambos de 8 de agosto). 64º. Não se reconhece ao MC, apesar de integrar a administração tributária para aplicação das normas da LGT e CPPT, as mesmas atribuições e competências que a autorize legalmente a aceder à base de dados da AT. 65º. A recolha de dados pessoais pela AT não tem a finalidade de identificar os cidadãos perante toda e qualquer entidade administrativa. 66º. A cedência de dados protegidos pelo dever de confidencialidade por parte de um funcionário da AT, sem que exista fundamentação legal que a permita, implica não só responsabilidade disciplinar como responsabilidade criminal para o funcionário que atue em desconformidade com a lei. 67º. Conforme se defende, para a cessação do dever de confidencialidade na cooperação legal da AT com outras entidades públicas, previsto na alínea b) do nº 2 do artigo 64º da LGT, é necessário a consagração na lei de poderes gerais de acesso por entidades públicas, sendo que, o artigo 7º do Decreto-Lei 433/99, de 26 de outubro, exige a publicação de uma Portaria que regulamente a forma de acesso e, na sua falta, por força do artigo 23º da Lei da Proteção de Dados Pessoais, deverá ser elaborado um Protocolo entre o MC e a AT. 68º. Não estando na disponibilidade do MC a aprovação da Portaria, estará, no entanto, a elaboração do Protocolo. 69º. Salienta-se que existe uma outra base de dados – BDIC (Base Dados de Identificação Civil) – que tem por finalidade organizar e manter atualizada a informação necessária ao estabelecimento da identidade dos cidadãos, que contém, entre outros, o dado residência e na qual é reconhecida a possibilidade de acesso a outras entidades, aos dados nela constantes, cfr. alínea f) do artigo 5º e alínea d) do artigo 22º da Lei nº 33/99, de 18 de maio, alterada por último pela Lei nº 32/2017, de 1 de junho, configurando a morada, livremente escolhida pelo cidadão, para ser contactado pelos serviços de identificação civil, os serviços fiscais, os serviços de saúde e os serviços da segurança social, igualmente o seu domicílio fiscal. Nestes termos, e nos demais de direito aplicáveis, e sempre com o mui douto suprimento de V. Exas., deverá ser concedido provimento ao presente recurso por a transmissão dos dados solicitado pela Recorrida configurar violação do previsto no artigo 64º da LGT conjugado com a Lei nº 58/2019 e 59/2019, de 8 de agosto, e artigo 26º, artigo 35º, nº 4 e artigo 266º, todos da Constituição da República Portuguesa, absolvendo a AT do pedido, com as legais consequências." O Requerente apresentou contra-alegações em que sustenta nas respectivas conclusões o seguinte: "A sentença recorrida deve ser integralmente mantida, negando-se provimento ao recurso interposto e mantendo-se a intimação ao Ministério das Finanças a prestar as informações requeridas, no prazo máximo de dez dias, como de seguida se conclui, em síntese. Vejamos: 1. O Tribunal a quo decidiu acertadamente pela procedência do pedido de intimação apresentado pelo Recorrido para obtenção de informações relativas ao domicílio fiscal de oito contribuintes executados no âmbito dos correspondentes processos de execução fiscal por si instaurados, em razão de existir, por um lado, norma específica que legitima a derrogação do sigilo fiscal ao abrigo do dever de cooperação legal da AT com outras entidades públicas, previsto no artigo 64º, nº 2, alínea b) da LGT e, por outro, que ainda que não existisse teria que considerar-se as autarquias locais como parte da AT quando no exercício de competências tributárias em tudo idênticas, como o são as relativas à cobrança coerciva dos tributos da sua titularidade. 2. Como resulta da sentença recorrida existe, ao contrário do que insiste em defender a Recorrente, «norma que atribua ao requerente o acesso à informação protegida ou a possibilidade de determinar a quebra do dever de sigilo e a prestação dessa informação, para efeitos da alínea b), do nº 2, do artigo 64º da LGT» – cfr. Acórdão do TCA Sul, de 30 de setembro de 2020, proferido no processo nº 108/20.6BEFUN. 3. A Lei nº 114/2017, de 29 de dezembro, que aprovou o Orçamento do Estado para 2018, procedeu à alteração do artigo 7º do Decreto-Lei nº 433/99, de 26 de outubro, passando a facultar expressamente às autarquias locais o acesso à informação indispensável à realização de diligências de citação, notificação e execução no âmbito dos processos de execução fiscal por si instaurados, prevendo, no seu nº 6, o direito de consulta nas bases de dados da administração tributária, de informação sobre o domicílio fiscal e a identificação e a localização dos bens do executado. 4. As alterações a que o artigo 7º do Decreto-Lei nº 433/99, de 26 de outubro foi sujeito, visaram esclarecer os contornos do dever de confidencialidade, imposto pelo artigo 64º, nº 1 da LGT à administração tributária face às autarquias locais, tornando, simultaneamente, efetivos e praticáveis os poderes tributários relativamente aos impostos e outros tributos a cuja receita estas tenham direito, nos termos do disposto no artigo 15º do RFALEI, os quais compreendem, nomeadamente, a possibilidade de cobrança coerciva desses mesmos impostos e tributos, como determina a alínea c) do mesmo normativo, através do processo de execução fiscal previsto e regulado no CPPT, tal como postula o artigo 12º, nº 2 do RGTAL e como passou igualmente a prever, de forma mais genérica, o próprio artigo 7º, nº 1 do Decreto-Lei nº 433/99, de 26 de outubro, na sua redação inicial. 5. Com efeito, de pouco serviria a atribuição de uma competência específica no âmbito da execução coerciva dos tributos a cuja receita os municípios têm direito, se depois se vissem estes impedidos de levar a cabo as diligências necessárias, por falta de informação fidedigna relativamente ao domicílio fiscal dos executados e, bem assim, aos bens suscetíveis de penhora. 6. Acresce que não é diferente, no que respeita ao seu peso jurídico, o interesse da AT em conhecer o domicílio fiscal dos contribuintes no âmbito de uma execução fiscal, do interesse das autarquias locais em obter essa mesma informação para esse mesmo efeito, no domínio dos tributos por si administrados, não fazendo qualquer sentido conferir tratamento díspar à AT e às autarquias locais, permitindo à primeira o conhecimento do domicílio fiscal dos devedores e vedando essa mesma informação às segundas, tal como decidiu o Tribunal a quo. 7. Neste contexto, irreleva a necessidade de regulamentação, via Portaria ainda não aprovada, dos termos em que poderá decorrer a consulta informática direta àquelas bases de dados, como dispõe o nº 8, do artigo 7º do Decreto-Lei nº 433/99, de 26 de outubro, pois que, o facto de a consulta informática direta às bases de dados se encontrar carecida de maiores desenvolvimentos legislativos, em nada belisca a legitimidade dos municípios no que respeita à consulta não direta, ou seja, por meio dos serviços da AT (como, de resto, vinha acontecendo, sem qualquer oposição, até outubro de 2020, conforme se demonstrou e se pretende que se dê como provado). 8. Esta é a única conclusão que se coaduna com os princípios subjacentes à interpretação da Lei, vigentes no nosso ordenamento jurídico e plasmados no artigo 9º do Código Civil: desde logo, os elementos literal e lógico favorecem o entendimento do ora Recorrido, na medida em que o termo 'consulta', referido no nº 6 do artigo 7º do Decreto-Lei nº 433/99, de 26 de outubro é um termo que abrange qualquer tipologia de consulta, seja ela direta informática, direta não informática, indireta informática ou indireta não informática, e na medida em que, permitindo-se o 'fim' consulta, necessariamente se permitem os meios necessários à sua consecução, não se restringindo os mesmos à aprovação de sistema informático próprio para o efeito – como foi igualmente decidido pelo Tribunal a quo no âmbito da intimação que correu termos sob o nº 130/21.5BESNT e cuja sentença se encontra junta como doc. nº 1 (p. 30). 9. Também os elementos sistemático e histórico validam a autonomia do direito à consulta das bases de dados da AT independentemente da instituição de um sistema informático para consulta direta, como se retira da análise do regime de consulta instituído para os agentes de execução e previsto no artigo 749º do CPC (cuja redação é, atualmente, bastante próxima da que veio a ser conferida ao artigo 7º do Decreto-Lei nº 433/99, de 26 de outubro), de onde resulta que a Lei já previa a possibilidade de consulta a determinadas bases de dados antes mesmo de conceber a possibilidade de a mesma ser efetuada informática e diretamente pelos agentes de execução, não tendo esse direito sido suspendido durante o tempo em que aquela não se encontrou regulamentada por Portaria. 10. O artigo 7º do Decreto-Lei nº 433/99, de 26 de outubro, na redação que lhe foi dada pela LOE para 2018 é claro ao afirmar que apenas a consulta informática direta – e não a consulta em termos genéricos – está dependente de operacionalização por meio de Portaria e ao estabelecer que a identificação do domicílio fiscal dos executados, por mera indicação do respetivo nome e NIF, se encontra abrangida pelo direito de consulta previsto – cfr. artigo 7º, nº 7 do Decreto-Lei nº 433/99, de 26 de outubro.

11. Não existe qualquer impedimento, de natureza legal, institucional ou procedimental, a que os municípios acedam às informações necessárias ao exercício das suas competências em matéria de cobrança coerciva dos tributos por si administrados, sendo inequívoca a legitimidade do Recorrido, decorrente dos números 6 e 7 do artigo 7º do Decreto-Lei nº 433/99 de 26 de outubro, bem como o seu interesse legítimo e qualificado, decorrente das suas competências em matéria de cobrança coerciva dos impostos e outros tributos por si administrados em conhecer a informação relativa ao domicílio fiscal dos executados nos processos de execução fiscal por si instaurados. 12. Acresce que o direito de consulta não pode, pois, ser ilegalmente limitado nos termos pretendidos pela Recorrente: seja pela obtenção da informação junto de outra fonte, seja pela celebração prévia de um qualquer protocolo para o efeito, a exemplo do que foi feito por outras entidades, criteriosamente enumeradas, nas alegações apresentadas: primeiramente, porque é à base de dados da AT que a Lei Fiscal confere expressamente o direito de acesso e, segundamente, porque o confere especificamente às autarquias locais e não a qualquer dessas outras entidades, razão pela qual certamente se viram as mesmas obrigadas a celebrar o protocolo a que se refere o artigo 23º, nº 2 da Lei da Proteção de Dados Pessoais. 13. Se assim é, ou seja, se é a própria Lei que estabelece a faculdade de acesso à base de dados da AT para efeitos da obtenção, por parte das autarquias locais, da informação relativa ao domicílio fiscal dos contribuintes, nos termos já sobejamente expostos, a existência de outras possibilidades não é nem pode ser utilizada pela AT como pretexto para se escusar de lhe dar cumprimento. 14. Conclusão diversa violaria o disposto nos números 6 e 7 do artigo 7º do Decreto-Lei nº 433/99 de 26 de outubro e, bem assim, na alínea b), do nº 2, do artigo 64º da LGT, que impõem a derrogação do sigilo fiscal no âmbito do dever legal de cooperação entre entidades públicas. 15. Razão pela qual andou bem o Tribunal a quo ao conceder provimento à intimação apresentada, devendo ser negado provimento ao recurso interposto e mantida integralmente a sentença recorrida. 16. Em todo o caso, ainda que pudesse entender-se que o artigo 7º, nº 6 institui, não um direito à consulta de informações, mas, na esteira do que defende a Recorrente, um direito à 'consulta informática direta' sempre teria de reconhecer-se que o legislador acautelou devidamente a possibilidade de demora na operacionalização dessa faculdade, pois que, a par da consulta às bases de dados da AT, o artigo 7º do Decreto-Lei nº 433/99, de 26 de outubro também passou a prever, de forma expressa, no seu nº 10 que «quando não seja possível o acesso eletrónico, pelo município, aos elementos sobre a identificação e a localização dos bens do executado, a AT deve fornecê-los pelo meio mais célere e no prazo de 30 dias». 17. O entendimento da Recorrente no sentido de que só em caso de "indisponibilidade do sistema informático" podem os Municípios invocar o disposto

naquela norma não pode proceder, desde logo porque o que a Lei prevê como pressuposto do acesso indireto ou mediato, por meio de solicitação, às bases de dados da AT é a impossibilidade de acesso eletrónico e não a mencionada 'indisponibilidade do sistema informático'. 18. Quando o legislador estabelece que a AT deve facultar a consulta às informações a que os municípios têm direito por consulta direta, por qualquer outro meio 'quando não seja possível o acesso eletrónico', refere-se, na falta de menção em contrário, a qualquer impossibilidade no acesso eletrónico e não a uma impossibilidade específica e temporária derivada de uma qualquer falha de funcionamento de um sistema informático que a ser criado no âmbito de uma Portaria que não existe ainda. 19. A diferença entre mencionar, por um lado, a possibilidade do recurso aos serviços da AT, quando não seja possível o 'acesso eletrónico' e, por outro, a 'indisponibilidade do sistema informático', torna-se, neste ponto, evidente: é que, enquanto a falta de um sistema informático apropriado à consulta direta consubstancia a impossibilidade de acesso eletrónico por excelência, já a indisponibilidade do sistema informático pressupõe a existência de um, como condição prévia de acesso à informação. 20. Perante a redação da Lei, apenas há que questionar se à data em que foi solicitada à AT prestação das informações sub judice era possível o acesso eletrónico direto às suas bases de dados por parte da Requerente, devendo a AT, em caso de resposta negativa – como sucede in casu – facultar a consulta aos dados solicitados pelo Recorrido, no prazo de 30 dias, conforme decorre do nº 10, do artigo 7º, do Decreto-Lei nº 433/99, de 26 de outubro. 21. Neste ponto, valem igualmente as considerações já tecidas a propósito dos princípios da interpretação da Lei, mormente no que respeita aos elementos sistemático e histórico, por paralelismo com o regime aplicável aos agentes de execução, para quem a Lei sempre previu o direito à consulta, em variadas bases de dados, dos elementos identificativos dos executados e dos bens suscetíveis de penhora e respetiva localização e, bem assim, um prazo para que o produto dessa consulta lhes fosse disponibilizado pelas entidades competentes – cfr. artigo 833º, nº 1 e nº 3 do CPC, entretanto revogado (hoje artigo 749º do CPC). 22. Com a aprovação do Decreto-Lei nº 226/2008, de 20 de novembro, que substituiu o artigo 833º pelo artigo 833º-A, passou, então a prever-se o mesmo direito de consulta, desta feita por meio preferencial de consulta direta informática, nunca se tendo questionado que o direito à consulta em si mesmo se manteve intacto durante o tempo que mediou esta alteração e a aprovação da portaria que regulamentou aquela consulta direta informática. 23. Sendo factual que não lhe é, presentemente, possível o acesso eletrónico às bases de dados da AT, é inequívoca a sua obrigação em facultar ao Recorrido as informações oportunamente solicitadas, ao abrigo do nº 10, do artigo 7º do Decreto-Lei nº 433/99, de 26 de outubro, conclusão a que chegou igualmente o Tribunal a quo na sentença recorrida, mas também no âmbito da intimação que correu termos sob o nº 130/21.5BESNT, entre as mesmas partes e versando sobre a mesma questão, em cuja sentença se lê que «a impossibilidade de acesso eletrónico, sujeita a regulamentação ou à celebração de protocolos direcionados para o efeito, não pode condicionar o acesso à informação, pelo que o direito de consulta deve ser assegurado por qualquer outra via, designadamente, como se passa no caso dos autos, mediante a apresentação de um pedido, devidamente circunstanciado, com a indicação da finalidade a que se destina e do processo de execução fiscal em causa.» – cfr. p. 30 da sentença junta como doc. nº 1. 24. Pelo que andou bem o Tribunal a quo ao ter intimado o Ministério das Finanças a prestar essas mesmas informações, conforme dispõe o artigo 108º, nº 1 do CPTA, devendo ser negado provimento ao recurso interposto e confirmada a sentença recorrida. 25. Finalmente, como decorre do disposto no artigo 1º, nº 3 da LGT e como concluiu o Tribunal a quo, no âmbito da intimação nº 130/21.5BESNT, sempre se dirá que as autarquias locais «integram a administração tributária, não se justificando uma diferença de tratamento entre entidades que detêm, nos termos da lei, os mesmos poderes tributários, in casu, a Autoridade Tributária e as autarquias locais.» – p. 24 da sentença junta como doc. nº 1. 26. Já no âmbito do enquadramento legislativo anterior à LOE para 2018, devia entender-se que o sigilo fiscal previsto no artigo 64º, nº 1 da LGT não é aplicável entre os órgãos da AT stricto sensu e as demais entidades integrantes da Administração Tributária para efeitos do disposto no artigo 1º, nº 3 da LGT. 27. Quer a AT e o Recorrido são, para efeitos daquela norma, entidades similares, dotadas dos mesmos poderes tributários, sendo que a comunicação ao Recorrido dos dados recolhidos pela AT nesse âmbito não desvirtua a finalidade da dita recolha. 28. Adicionalmente, do artigo 64º, nº 3 da LGT resulta que o dever de sigilo, previsto no nº 1 do mesmo artigo se comunica a quem quer que obtenha da Autoridade Tributária os elementos protegidos pelo dever de confidencialidade, nos mesmos termos em que esta está sujeita e obrigada a tal dever. 29. Nestes termos, «a derrogação do sigilo comporta uma extensão do dever de confidencialidade às entidades e agentes a favor de quem tal derrogação opera». 30. Concluindo-se, na esteira do que se deixou plasmado no Parecer nº 496/2015, proferido no âmbito do processo nº 745/2015 pela Comissão de Acesso aos Documentos Administrativos (CADA), que a comunicação ao Recorrido da informação relativa ao domicílio fiscal dos executados nos processos por si instaurados, no âmbito dos poderes tributários de que dispõe, não acarreta necessariamente a violação do dever de confidencialidade ou do direito à reserva da intimidade da vida privada e familiar dos titulares da informação, uma vez que o Recorrido se encontra, igualmente, sujeito ao dever de sigilo. 31. Com as alterações legislativas operadas pela LOE para 2018, o legislador mais não fez do que tornar expressa uma interpretação que, na verdade, já resultava da Lei fiscal: a de que, por via dos poderes tributários que lhe são conferidos por Lei, nomeadamente em matéria de cobrança coerciva dos tributos por si administrados, as autarquias locais têm legitimidade de acesso às informações necessárias à realização das diligências de execução cabíveis, no âmbito dos processos por si instaurados, em pé de igualdade com a AT. 32. Em conclusão, mesmo que fosse possível entender o artigo 7º do Decreto-Lei nº 433/99, de 26 de outubro como uma norma 'incompleta' para efeitos da derrogação do sigilo fiscal ao abrigo do disposto no artigo 64º, nº 2, alínea b) da LGT, sempre se diria que ela não era necessária para fundamentar a partilhas das informações nos termos requeridos. 33. Tudo razões para que seja negado provimento ao recurso e mantida na íntegra a sentença recorrida. III. DO PEDIDO. Termos em que, deve ser negado provimento ao presente recurso jurisdicional, mantendo-se integralmente a douta sentença proferida pelo proficiente Tribunal a quo e intimando-se, em consequência, o Ministério das Finanças a facultar a informação relativa ao domicílio fiscal dos executados no âmbito dos processos de execução fiscal nºs ....., instaurados e a correr termos na Câmara Municipal de Cascais, com as necessárias consequências legais, pois, Só nestes termos será respeitado o DIREITO e feita JUSTIÇA!" O Ministério Público apresentou contra-alegações, nas quais sustenta as seguintes conclusões: "I – O Ministério Público vem aos autos, em defesa da legalidade e em sede de contra-alegações, no recurso jurisdicional apresentado pela Autoridade Tributária e Aduaneira relativamente à aliás douta sentença proferida na data de 15.03.2021, de fls. (...), pela qual foi julgado procedente o pedido formulado pela Entidade Requerida, o Município de Cascais, no sentido de que lhe seja fornecida informação sobre o domicílio fiscal de várias pessoas singulares de acordo com o pedido que apresentara previamente. II – Vem a Autoridade Tributária e Aduaneira recorrer por discordar da decisão proferida pela Mma. Juiz a quo, referindo para tanto, e em síntese, ser a mesma ilegal, por violação do dever de sigilo profissional, por dele ter feito uma errada interpretação, o que conduziu à errada subsunção dos factos à lei, com violação da lei substantiva relativa à protecção de dados pessoais, que foi desaplicada no caso. III – Todavia, a nosso ver, e sempre salvo o devido respeito, a recorrente Autoridade Tributária e Aduaneira carece de legitimidade para os termos do recurso, que apresentou, e como aliás carece mesmo de legitimidade processual, pois que a instância se desenvolveu e correu termos sem que nela tivesse intervindo a parte que fora demandada pelo Município de Cascais, e citada no processo, o Ministério das Finanças, e a recorrente carece igualmente de personalidade judiciária, uma e outra excepções dilatórias de conhecimento oficioso (artigos 577º, alíneas c) e e), e 578º, ambos do CPC). IV – Com efeito, refere o artigo 105º, nº 1, do CPTA, em sede de pressupostos, que "..a intimação deve ser requerida contra a pessoa colectiva de direito público, o ministério ou a secretaria regional cujos órgãos sejam competentes para facultar a informação ou a consulta, ou passar a certidão...", o que vale dizer que, e no que ora importa, que foi isso mesmo que sucedeu no processo, pois o Município de Cascais indicou como entidade requerida o Ministério das Finanças, que foi justamente citado pela secretaria para responder à pretensão formulada pela Requerente. V – E refere o artigo 8-Aº, nº 3, também do CPTA, que os ministérios têm personalidade judiciária correspondente à legitimidade que lhes é conferida pela lei processual administrativa. VI – Essas duas excepções dilatórias, seja a ilegitimidade processual (passiva) da Autoridade Tributária e Aduaneira, e seja a sua própria falta de personalidade judiciária, ainda podem ser conhecidas pelo tribunal de recurso, e isto por serem de conhecimento oficioso (artigo 578º, do CPC), porque não foram suscitadas no processo e nem conhecidas, não relevando para o efeito a referencia tabular que consta do saneamento da sentença, ao referir-se que as partes têm personalidade judiciárias e dotadas de legitimidade, ou seja, pela sua própria natureza sempre impende sobre o tribunal, em qualquer das fases do processo, um dever de conhecimento das mesmas. VII – A preterição desse dever do juiz, de providenciar pelo suprimento das excepções dilatórias, que decorre das disposições dos artigos 590º, nº 2, alínea a), e 6º, nº 2, ambos do CPC, que, como se disse, não depende da posição que as partes processuais assumam nos seus articulados, configura uma nulidade processual. VIII – Nestes termos, e no mais de direito, que doutamente não deixará de ser suprido, será de conhecer das excepções ora mencionadas, e da nulidade processual decorrente da omissão do dever de providenciar pelo seu suprimento. Porém, V.Exas., Venerandos Desembargadores, apreciarão como for de Direito!" O Exmº Sr. Procurador Geral Adjunto emitiu douto Parecer no qual refere que: "A presente acção de intimação para a prestação de informações é regulada pelas normas previstas no C.P.T.A. Nos termos daquele diploma legal, em especial o seu artigo 146º, o MºPº pode pronunciar-se sobre o mérito do recurso em defesa dos direitos fundamentais dos cidadãos, de interesses públicos especialmente relevantes ou de algum dos valores ou bens referidos no nº 2 do artigo 9º do mesmo diploma legal, desde que ele não se encontre na posição de recorrente ou recorrido. No caso dos autos, os interesses em causa não são nenhum daqueles enunciados no referido artigo 146º do C.P.T.A. Por outro lado, no caso presente, o MºPº apresentou contra alegações, tomando a posição de recorrido. Assim, não se vislumbra razão para que o MºPº se pronuncie sobre o mérito do presente recurso." Por despacho de 6 de maio de 2021, o TCAS ordenou a notificação das partes primitivas para, ao abrigo do disposto no nº 3, do artigo 199º, do CPC, e com observância do artigo 201º do CPC, se pronunciarem quanto à ilegitimidade da entidade que contestou a intimação, conforme alegada pelo Ministério Público nas suas contra-

-alegações de recurso. Em resposta, veio a AT pugnar pela não verificação da exceção dilatória de falta de legitimidade referido no artigo 577º, al. e) do CPC e imputada à AT, nem da alegada falta de personalidade judiciária. Por seu turno, o Município de Cascais emitiu resposta nos termos das respectivas conclusões, e assim pugnando que, "(...) a sentença recorrida não padece da nulidade invocada, devendo por isso ser mantida, e os presentes Autos prosseguir os seus regulares trâmites até decisão final, por não se verificarem as exceções dilatórias alegada pelo D.M.P.P. nas contra-alegações apresentadas." Com dispensa dos vistos legais, cumpre apreciar e decidir. Na decisão recorrida foi a decisão sobre a matéria de facto a seguinte: "A. Entre 2 de outubro de 2019 e 20 de agosto de 2020, a Direcção de Serviços e Registo de Contribuintes da Autoridade Tributária e Aduaneira, enviou à Câmara Municipal de Cascais, cópia da Situação Cadastral de contribuintes, em resposta a solicitações daquela. – Ofícios da Câmara Municipal de Cascais, nºs ..... e .....e documentação anexa, e mensagens de correio eletrónico. B. Em 24 de agosto de 2020, a Direcção de Serviços e Registo de Contribuintes da Autoridade Tributária e Aduaneira informou a Câmara Municipal de Cascais, que "as questões e dúvidas relacionadas com as áreas de Identificação e de Actividade (por exemplo: questões relacionadas com a alteração de morada de pessoas singulares e com a representação fiscal; (...) etc.), deveriam passar a ser tratadas no e-balcão do Portal das Finanças". C. Em 2 de Setembro de 2020, o Serviço de Execuções Fiscais da Câmara de Cascais solicitou no Portal das Finanças "informação relativa ao domicilio" de uma pessoa que identifica em documento anexo. D. Em 6 de setembro de 2020, em resposta ao pedido descrito na alínea anterior, a Autoridade Tributária informou aquele Serviço que "os dados pessoais do contribuinte encontram-se abrangidos pelo regime de confidencialidade, previsto no nº 1 do artigo 64º da LGT, pelo que só com despacho judicial de autorização poderá ser fornecida a informação requerida – domicílio fiscal". E. Em 10 e 12 de novembro de 2020, o Serviço de Execuções Fiscais da Câmara de Cascais enviou cartas ao Director de Serviços de Registo de Contribuintes, a solicitar informação relativa ao domicílio fiscal de oito pessoas, identificadas por nome e número de identificação fiscal e com menção ao processo de execução fiscal contra aquelas instaurado, nos seguintes termos: As autarquias locais exercem poderes tributários nos termos consagrados por lei, os quais compreendem as competências relativas à cobrança coerciva dos tributos que administram, enquanto administração tributária, conforme resulta do nº 3, do artigo 1º, da Lei Geral Tributária. Tais competências são exercidas com recurso ao processo de execução fiscal, nos termos decorrentes do artigo 12º, nº 2, da Lei nº 53-E/2006, de 29 de dezembro, que aprovou o Regime Geral das Taxas das Autarquias Locais e da alínea c) do artigo 15º, da Lei nº 73/2013, de 3 de setembro, que aprovou o Regime Financeiro das Autarquias

Locais e das Entidades Intermunicipais. Ao abrigo das mencionadas disposições legais e tendo em vista a Instrução do processo de execução fiscal identificado em epígrafe, a Responsável pelo Serviço de Execuções Fiscais, da Câmara Municipal de Cascais, considerando a existência de um dever geral de cooperação das entidades públicas com a Administração Tributária, consagrado no artigo 49º, do Código de Procedimento e de Processo Tributário e ainda, a obrigação decorrente dos números 7 e 10, do artigo 7º, do Decreto-lei nº 433/99, de 26 de outubro, que aprova o Código de Procedimento e de Processo Tributário, na redação dada pela Lei nº 114/2017, de 29 de dezembro, que aprova o Orçamento de Estado para o ano de 2018, nos termos dos quais a informação relativa ao domicílio fiscal do executado deverá ser fornecida pela Autoridade Tributária no prazo de 30 dias, vem solicitar informação relativa ao domicílio fiscal do(a) executado(a) supra identificado(a). F. Os ofícios descritos na alínea anterior visam obter o domicilio fiscal de: (...). G. Em 24 de novembro de 2020, a SubDirectora Geral dos Impostos proferiu despacho de concordância com a informação elaborada pela Direcção de Serviços de Justiça Tributária, a respeito do pedido do Autor descrito na alínea anterior, de cujo teor se extrai: "Assunto: Sigilo fiscal (art. 64º LGT). Pedido informação s/domicílio fiscal-CM Cascais (...) 2. Questão prévia: Da LEGISLAÇÃO ESPECÍFICA relativa ao acesso a informação e documentos abrangidos pelo SIGILO FISCAL. (...) 2.2. Ora, como é sabido, o acesso a DADOS protegidos pelo DEVER de SIGILO encontra-se regulado em LEGISLAÇÃO ESPECÍFICA, desde logo, para o que agora interessa, no artigo 41º do Decreto-Lei nº 14/2013, de 28 de janeiro (institui o NIF bem como as condições da sua atribuição, efeitos e gestão) e no artigo 64º da Lei Geral Tributária (LGT). (...) Sendo que, dos termos conjugados, do disposto no artigo 37º do Decreto-Lei nº 14/2013, de 28 de janeiro, com o artigo 64º da LGT, resulta que, tal dever de sigilo só poderá, nas situações tipificadas no nº 2 do mesmo artigo 64º da LGT, de que se destaca na alínea b) a cooperação legal da administração tributária com outras Entidade Pública, na medida dos seus poderes. 3.2. Contudo, esta não é uma norma de aplicação direta, mas de REMISSÃO para os preceitos legais que, no caso, afastem o dever de sigilo. E a derrogação do sigilo fiscal com fundamento na alínea b) do nº 2 do artigo 64º da LGT, dependerá ainda da existência de uma NORMA ESPECÍFICA que atribua à Entidade Pública que solicita os elementos, poderes de acesso à informação protegida. (...) 4.1. Ora, sobre o conceito/definição de DADO PESSOAL, na parte que aqui releva, o ponto 1) do artigo 4º do Regulamento (EU) 2016/679 do Parlamento Europeu e do Conselho, de 27 de abril, estabelece o seguinte: "Informação relativa a uma PESSOA SINGULAR identificada ou identificável («titular dos dados»); é considerada identificável uma pessoa singular que possa ser identificada, direta ou indiretamente, em especial por referência a um IDENTIFICADADOR como por exemplo um nome, um número de identificação, dados de localização, identificadores por via eletrónica ou a um ou mais elementos específicos da identidade física, fisiológica, genética, mental, económica, cultural ou social dessa pessoa singular." E assim sendo, isto é, por ser uma "informação relativa a uma pessoa singular identificada ou identificável", o DOMICÍLIO FISCAL, de cada um dos contribuintes pessoas singulares, identificados pela CM de Cascais nos pedidos que efetuou, através do respetivo NOME e NIF, integra o conceito de DADO PESSOAL - ponto 1) do artigo 4º do Regulamento (EU) 2016/679 do Parlamento Europeu e do Conselho, de 27 de abril. 4.2. Como é sabido, o SIGILO FISCAL abrange, não apenas os dados sobre a situação tributária dos contribuintes (pessoas singulares e coletivas), mas também, e de igual modo, relativamente às pessoas singulares - os seus DADOS PESSOAIS. Donde, e em resposta à questão que formulámos no início do ponto 4 da presente informação, outra não poderá ser a conclusão, senão a de que: o DOMICÍLIO FISCAL de cada um dos contribuintes pessoas singulares (titulares dos dados), identificados pela CM de Cascais nos pedidos que efetuou, é um DADO PESSOAL, abrangido pelo dever de sigilo, nos termos conjugados do disposto no artigo 41º Do Decreto-Lei nº 14/2013, de 28 de janeiro, com o nº 1 do artigo 64º da LGT.(...) 5. Importa, portanto, averiguar se existe alguma NORMA ESPECÍFICA que, derrogando o dever de sigilo, atribua à CM de Cascais o acesso à informação protegida, no âmbito da cooperação legal da AT com outras Entidades Públicas, nos termos da alínea b) do nº 2 do artigo 64º da LGT. O que se fará de seguida: 5.1. O artigo 7º do Decreto-Lei nº 433/99, de 26 de outubro, com a redação que lhe foi dada pelo artigo 269º da Lei nº 114/2017, de 29 de dezembro (aprovou o OE/2018) é a NORMA ESPECÍFICA que, derrogando o dever de sigilo, vem atribuir aos MUNICÍPIOS, poderes de acesso à informação protegida peio dever de sigilo. Assim, na parte que aqui releva, os números 6, 7, 8, 9 e 10 do artigo 7º do Decreto-Lei nº 433/99, de 26 de outubro (aprovou o CPPT), estabelecem o seguinte: (...) 5.2. Ora, o que a LEI prevê nos números 6, 7, 8, 9 e 10 do artigo 7º do Decreto-Lei nº 433/99, de 26 de outubro, é a CONSULTA DIRETA, através do sistema informático (acesso eletrónico), pelos próprios MUNICÍPIOS, designadamente pelos seus "trabalhadores e titulares de órgãos municipais", das bases de dados da AT, para no âmbito das diligencias prévias à PENHORA, obterem informações: sobre a IDENTIFICAÇÃO do executado; e, sobre a IDENTIFICAÇÃO e LOCALIZAÇÃO dos BENS do executado. 5.3. Para esse efeito, conforme resulta do disposto nos números 8 e 9 da mesma disposição legal, será ainda necessária a DEFINIÇÃO e regulamentação através de PORTARIA, dos termos em que se irá processar aquela CONSULTA DIRETA. PORTARIA que, em outras matérias, deverá definir/especificar, acerca: dos utilizadores credenciados (trabalhadores e titulares e órgãos municipais), que terão legitimidade para a consulta direta das bases de dados da AT; do registo e conservação dos dados relativos às consultas, efetuadas pelos mesmos trabalhadores e titulares e órgãos municipais; dos dados ou categorias de dados, que estarão disponíveis na CONSULTA DIRETA (acesso eletrónico), como de seguida, passaremos a explicar de forma mais detalhada. 5.3.1. No que respeita aos dados sobre a "Identificação do Executado", que como é sabido, quando relativos a pessoas singulares, são DADOS PESSOAIS, quis o legislador, deixar expressamente estabelecido no nº 7 do artigo 7º do Decreto-Lei nº 433/99, de 26 de outubro, que: o DOMICÍLIO FISCAL é o único DADO PESSOAL que poderá ser disponibilizado para CONSULTA DIRETA nas bases de dados da AT. Ficando EXCLUÍDA, a possibilidade da Portaria poder vir a comtemplar, a consulta de outros DADOS PESSOAIS sobre a "identificação do Executado". E nessa medida, o nº 7 do artigo 7º do Decreto-Lei nº 433/99, de 26 de outubro, é uma norma que visa a PROTEÇÃO dos DADOS PESSOAIS dos contribuintes: (i) autorizando o acesso ao Dado Pessoal – domicílio fiscal; (ii) e impedindo o acesso a outros dados pessoais. Contrariamente, ao que sucede com os dados sobre a "Identificação e Localização de BENS" do executado (dados sobre a sua situação tributária), cuja definição e especificação "deixou em aberto". Remetendo para o legislador, no âmbito da Portaria, a definição/concretização dos dados e/ou categorias de dados sobre "Identificação e Localização de BENS" dos executados, que estarão disponíveis na consulta direta. (...) 5.4. Assim sendo, quando em conformidade com o estabelecido nos números 6, 7, 8 e 9 do artigo 7º do Decreto-Lei nº 433/99, de 26 de outubro, bem como, com o que vier a ser definido na Portaria, estiver implementada a FUNCIONALIDADE que permitirá o ACESSO ELETRÓNICO (através de meios informáticos), às bases de dados da AT, serão os próprios Municípios, designadamente os seus "trabalhadores e titulares de órgãos municipais" (credenciados para o efeito), que terão LEGITIMIDADE para proceder à CONSULTA DIRETA das bases de dados da AT e à pesquisa de informação sobre o DOMICÍLIO FISCAL dos executados, nos PEF's instaurados e a tramitar pelos mesmos Municípios. Só EXCECIONALMENTE, quando por "indisponibilidade do sistema informático" não for possível o ACESSO ELETRÓNICO, e consequentemente, a CONSULTA DIRETA das bases de dados da AT, pelos próprios Municípios, será possível aos mesmos Municípios, invocarem o disposto no nº 10 do artigo 7º, para solicitarem DIRETAMENTE aos Serviços de Finanças, informações sobre o DOMICÍLIO FISCAL dos executados. Sendo que, nesse caso, porque a LEI assim o prevê, os Serviços de Finanças já poderão prestar-lhes as informações solicitadas, nos mesmos termos em que esta informação estaria acessível "por consulta direta", se não tivesse ocorrido a impossibilidade de acesso eletrónico. À contrário, isto é, por falta de DISPOSIÇÃO

LEGAL expressa nesse sentido, nas restantes situações, que serão todas aquelas que não integram a previsão do nº 10 do artigo 7º Do Decreto-Lei nº 433/99, de 26 de outubro, os serviços da AT NÃO têm LEGITIMIDADE para, em resposta aos pedidos que lhes sejam dirigidos – diretamente – pelos Municípios, efetuarem pesquisas nas bases de dados da AT e prestarem informações sobre o DOMICÍLIO FISCAL dos executados, nos PEF›s instaurados e a tramitar nos Municípios. (...) 5.5. Não tendo ainda sido publicada a Portaria a que se referem os números 8 e 9 do artigo 7º Do Decreto-Lei nº 433/99, de 26 de outubro e, em conformidade, implementada a FUNCIONALIDADE que permitirá a CONSULTA DIRETA das bases de dados da AT, pelos trabalhadores dos Municípios e pelos titulares de Órgãos Municipais (credenciados para esse efeito), teremos de concluir que: Na presente data, não pode ter ocorrido qualquer situação de impossibilidade de "acesso eletrónico" às bases de ciados da AT, de modo a fundamentar a aplicação do nº 10 do mesmo artigo 7º do referido diploma legal. Sendo que, conforme já aqui foi referido, por falta de disposição legal expressa nesse sentido, nas restantes situações (que serão todas aquelas que não integram a previsão do referido nº 10 do artigo 7º), os serviços da AT NÃO têm LEGITIMIDADE para, em resposta aos pedidos que lhes sejam dirigidos – diretamente – pelos Municípios, efetuarem pesquisas nas bases de dados da AT, e prestarem informações sobre o "DOMICÍLIO FISCAL" dos executados, nos PEF's instaurados e a tramitar pelos Municípios. Pese embora o alegado pela CM de Cascais, os pedidos de informação que efetuou, sobre o domicílio fiscal de cada um dos contribuintes pessoas singulares, melhor identificados no ponto 1 da presente informação, não integram a previsão do nº 10 do artigo 7º do Decreto-Lei nº 433/99, de 26 de outubro. E consequentemente, esta disposição legal não pode fundamentar a cessação do dever de sigilo, e a prestação pelo Serviço de Finanças do respetivo domicílio fiscal ou pela DSRC – diretamente – à CM de Cascais, das informações que solicitou sobre o DOMICÍLIO FISCAL dos mesmos contribuintes pessoas singulares, no âmbito da cooperação legal da AT com outras – entidades púbicas, nos termos da alínea b) do nº 2 do artigo 64º da LGT. Ainda neste âmbito, e conforme explicámos de forma mais detalhada nos pontos 5.3.1. e, 5.3.2. da presente informação, salienta-se que o nº 7 do artigo 7º do Decreto-Lei nº 433/99, de 26 de outubro, é uma norma que visa a PROTEÇÃO dos DADOS PESSOAIS dos contribuintes: (i) AUTORIZANDO o acesso ao Dado Pessoal – domicílio fiscal (por Lei da Assembleia da República); (ii) e, IMPEDINDO o acesso a outros dados pessoais. Ficando EXCLUÍDA, a possibilidade da Portaria poder vir a comtemplar, a consulta de outros DADOS PESSOAIS sobre a "identificação do Executado". O que significa que, o nº 7 do artigo 7º do Decreto-Lei nº 433/99, de 26 de outubro, NÃO tem por finalidade "permitir ou facilitar", o acesso ao dado pessoal – domicílio fiscal dos executados – antes de publicada a Portaria e implementada a FUNCIONALIDADE que permitirá o acesso eletrónico, por invocação do nº 10 do artigo 7º do Decreto-Lei nº 433/99, de 26 de outubro, como parece ser convicção da CM de Cascais. 6. Finalmente, importa ainda referir, que o artigo 49º do CPPT, também invocado pela CM de Cascais, apenas consagra um DEVER GERAL de COOPERAÇÃO ou de AUXILIO, entre Entidades Públicas. Pelo que, não tendo a caraterística de Norma Específica, também não pode fundamentar a cessação do dever de sigilo, e a prestação da informação solicitada pela CM de Cascais, no âmbito da cooperação legal da AT com outras entidades publicas, nos termos da alínea b) do nº 2 do artigo 64º da LGT. (...)". Quanto a factos não provados, refere a decisão recorrida que: "Não foram alegados outros factos com relevo para a decisão da causa e que importe registar como não provados." Em matéria de motivação, consta da decisão recorrida o seguinte: "A convicção do Tribunal quanto aos factos considerados provados resultou da posição das partes, vertida nos articulados, e no exame dos documentos, não impugnados, constantes dos autos, conforme referido no probatório junto a cada alínea." [Fundamentação de direito 1ª instância] "Não sendo controvertido que a informação pretendida pelo Autor – domicílio fiscal dos Executados – constitui um dado pessoal e se encontra abrangida pelo sigilo fiscal previsto no artigo 64º da LGT, o que importa apurar, e como refere o TCAS no acórdão acima citado, é tão somente se o Município beneficia de uma norma que "atribua ao requerente o acesso à informação protegida ou a possibilidade de determinar a quebra do dever de sigilo e a prestação dessa informação, para efeitos da alínea b) do nº 2 do artigo 64º da LGT". Para o Município, a sua legitimidade para acesso a tais dados encontra-se consagrada no nº 6 do artigo 7º do Decreto-Lei nº 433/99, na redação que lhe foi dada por pela Lei nº 114/2017, de 29 de dezembro (Lei do Orçamento do Estado para 2018). Na tese da Entidade Demandada, e defendendo uma interpretação global do invocado artigo 7º, a aplicação desta norma "está dependente de portaria (nº 8 do mesmo artigo) que define a forma de consulta directa pelo município à base de dados da AT, portaria essa que ainda não foi publicada", e na sua falta têm sido celebrados protocolos entre a Autoridade Tributária e diversas entidades com interesse e legitimidade de acesso aos dados que detém. Conclui que na inexistência da referida portaria "somente com despacho judicial fundamentado" será possível fornecre os dados solicitados, e que o artigo 64º da LGT conjugado com as Leis nºs 58/2018 e 59/2019, obsta à disponibilização da informação solicitada. Ora, sob a epígrafe "Confidencialidade", dispõe o artigo 64º da LGT, o seguinte: "1 – Os dirigentes, funcionários e agentes da administração tributária estão obrigados a guardar sigilo sobre os dados recolhidos sobre a situação tributária dos contribuintes e os elementos de natureza pessoal que obtenham no procedimento, nomeadamente os decorrentes do sigilo profissional ou qualquer outro dever de segredo legalmente regulado. 2 – O dever de sigilo cessa em caso de: a) (...); b) Cooperação legal da administração tributária com outras entidades públicas, na medida dos seus poderes; (...) 3 – O dever de confidencialidade comunica-se a quem quer que, ao abrigo do número anterior, obtenha elementos protegidos pelo segredo fiscal, nos mesmos termos do sigilo da administração tributária. (...)". Estando em causa a interpretação deste preceito legal, importa recordar que a interpretação não deve cingir-se à letra da lei, mas reconstituir a partir dos textos a ratio legis, ou seja, o pensamento legislativo, tendo em conta a unidade do sistema jurídico, as circunstâncias em que a lei foi elaborada e as condições específicas do tempo em que é aplicada. E, na fixação do sentido e alcance da lei, deve ainda o intérprete presumir que o legislador consagrou as soluções mais acertadas e soube exprimir o seu pensamento em termos adequados, como determina o artigo 9º do Código Civil. Por conseguinte, o intérprete deve procurar a vontade do legislador, conformando-a depois ao caso concreto, partindo desde logo do texto legal (pois não pode considerar como pensamento legislativo algo que não tenha na letra da lei um mínimo de correspondência verbal, ainda que imperfeitamente expresso). O intérprete não pode substituir-se ao legislador, competindo apenas apreender a vontade daquele, socorrendo-se, dos pertinentes elementos da interpretação. Como ensina a doutrina, para este efeito, deve atender-se aos elementos literal (já que a letra da lei é o primeiro estádio da interpretação, funcionando simultaneamente como ponto de partida e limite de interpretação para determinar o alcance de uma lei), lógico, sistemático histórico, teleológico. Ora, diz-nos, com clareza, o nº 2 do artigo 64º da LGT, no que para os presentes autos releva, o dever de sigilo cessa perante o dever de cooperação legal da administração tributária com outras entidades públicas, na medida dos poderes de tais entidades e da Autoridade Tributária (cf. alínea b) do nº 2 da norma em análise). Resulta ainda da mesma norma que o dever de confidencialidade se comunica a "quem quer que", obtenha da Autoridade Tributária os elementos protegidos pelo segredo fiscal, "nos mesmos termos" em que esta está sujeita e obrigada a tal sigilo. (cf. nº 3 da norma em análise). Ou seja, a derrogação do sigilo comporta uma extensão do dever de confidencialidade às entidades e agentes a favor de quem tal derrogação opera. E da norma em análise não resulta qualquer compressão ao âmbito das entidades públicas abrangidas pelo dever de cooperação "legal", ou seja, não se vislumbra, como pretende a Entidade Demandada, que o legislador tenha pretendido afastar deste âmbito os Municípios. Tanto mais que estes se encontram munidos de poderes de cobrança coerciva ao abrigo do regime jurídico aplicável à Autoridade Tributária, ou seja, o Processo de Execução Fiscal tramitado nos termos do Código de Procedimento e de Processo Tributário (CPPT). Ora, a aplicação deste processo por parte de outras entidades públicas com poderes de cobrança coerciva de receitas públicas visa justamente dotá-las de meios para assegurar a cobrança de tais receitas. E, numa primeira análise, deve ser à luz de tal premissa que devemos interpretar a previsão da cessação do sigilo fiscal face ao dever de colaboração, na medida em que a Autoridade Tributária é detentora de um conjunto ímpar de informações sobre os contribuintes, das quais apenas parte diz respeito, exclusivamente, às obrigações tributárias. Refira-se que a tendência do legislador em uniformizar dos dados "básicos" de identificação dos cidadãos (em concreto, e no que aqui nos ocupa, o domicílio fiscal), tem vindo a evidenciar-se, desde logo, com a agregação das entidades que recolhem tais dados através do sistema de identificação civil, entre os quais se inclui, o que respeita ao domicílio fiscal das pessoas singulares, a Autoridade Tributária. Assim, será neste enquadramento do sistema jurídico, visto como um todo e à luz dos princípios consagrados no citado artigo 9º do Código Civil, que deve ser "lido" o artigo 64º da LGT. E da letra desta norma, consta justa e vinculadamente que "o dever de sigilo cessa", e não que "pode ceder", quando se tratar de caso de «cooperação legal» da «administração tributária» com «outras» entidades públicas além da Tributária, e, na «medida dos seus poderes». Mais ainda, o legislador, alarga o dever de confidencialidade a quem quer que seja que, no âmbito dessa cooperação legal, obtenha da AT os elementos protegidos pelo segredo fiscal, "nos mesmos termos" em que a AT está obrigada, incorrendo nas "mesmas" consequências, criminais, disciplinares ou outras, por violação do segredo fiscal, em que incorre quem pertença à Autoridade Tributária. Como vem afirmando o Tribunal Central Administrativo Sul (TCAS), a "cessação do sigilo fiscal depende da existência de uma norma que atribua ao requerente o acesso à informação protegida ou a possibilidade de determinar a quebra do dever de sigilo e a prestação dessa informação, para efeitos da alínea b) do nº 2 do artigo 64º da LGT". (cf. Acórdão proferido em 30 de Setembro de 2020, no processo nº 108/20.6BEFUN, com nosso destaque a negrito). E ainda quanto ao âmbito de aplicação da norma supra transcrita, transpomos para os presentes autos a clara e exaustiva análise do Supremo Tribunal Administrativo (STA), que subscrevemos sem reservas, e que nos permitirá adiante apreciar a posição das partes. Assim, explica o STA, em Acórdão proferido em 16 de novembro de 2011, no processo nº 838/11: "Em primeiro lugar, convém recordar que o direito à informação encontra expressão normativa de primeiro grau na Constituição da República Portuguesa, desde logo no artigo 268º, onde se distingue entre o direito à informação procedimental (que pressupõe a qualidade de interessado num procedimento administrativo em curso – nº 1) e o direito de acesso a arquivos e registos administrativos (em que um dos pressupostos é a inexistência de procedimento administrativo em curso – nº 2). Segundo este nº 2, "Os cidadãos têm também o direito de acesso aos arquivos e registos administrativos, sem prejuízo do disposto na lei em matérias relativas à segurança interna e externa, à investigação criminal e à intimidade das pessoas". E encontra, também, abrigo no artigo 37º da Constituição, que acolhe a "liberdade de expressão e informação", dispondo o seu nº 1 que todos têm "o direito de informar, de se informar e de ser informados (...) sem impedimentos nem discriminações", direitos cujo exercício – acrescenta o nº 2 – "não pode ser impedido ou limitado por qualquer tipo ou forma de censura", bem como no artigo 48º da Constituição, que ao definir os parâmetros fundamentais da "participação na vida pública", preceitua que todos os cidadãos têm "o direito de ser esclarecidos objectivamente sobre actos do Estado e demais entidades públicas e de ser informados pelo Governo e outras autoridades acerca da gestão dos assuntos públicos". Estes dois planos constitucionais do direito à informação (procedimental e não procedimental) foram transpostos para a lei ordinária através do Código de Procedimento Administrativo, encontrando-se o primeiro consagrado nos artigos 61º a 64º, e o segundo no artigo 65º, proclamando este último o princípio da "administração aberta" que flui directamente do artigo 268º nº 2 da CRP, ao estabelecer que "1 – Todas as pessoas têm direito de acesso aos arquivos e registos administrativos, mesmo que não se encontre em curso qualquer procedimento que lhes diga directamente respeito, sem prejuízo do disposto na lei em matérias relativas à segurança interna e externa, à investigação criminal e à intimidade das pessoas". Por outro lado, o artigo 5º da Lei nº 46/2007, de 24 de agosto, que regula o acesso aos documentos administrativos, estabelece expressamente que «todos, sem necessidade de enunciar qualquer interesse, têm direito de acesso aos documentos administrativos, o qual compreende os direitos de consulta, de reprodução e de informação sobre a sua existência e conteúdo» e, no específico domínio da actividade tributária, o artigo 63º da Lei Geral Tributária garante aos contribuintes o "direito à informação" sobre as matérias nele definidas. Todavia, face ao reconhecimento, também constitucional, do direito à privacidade ou direito de reserva da intimidade da vida privada e familiar, plasmado no artigo 26º da CRP (Dispõe o artigo 26º da Constituição da República Portuguesa, no seu nº 1, que «a todos são reconhecidos os direitos (...) à reserva da vida privada familiar» e, no seu nº 2, que «a lei estabelecerá garantias efectivas contra a utilização abusiva, ou contrária à dignidade humana, de informações relativas às pessoas e famílias».), que visa impedir o acesso de estranhos a informações sobre a vida privada e familiar e impedir a divulgação de informações que se tenham sobre a vida privada e familiar de outrem, o legislador foi obrigado a estabelecer restrições ao direito à informação e a criar instrumentos jurídicos que funcionem como garantias do direito à privacidade, como é o caso, designadamente, do sigilo profissional, do sigilo bancário e do sigilo fiscal. Na verdade, e conforme resulta do disposto no artigo 18º da

Constituição, é possível a restrição de certos direitos fundamentais para garantir a salvaguarda de outros direitos constitucionalmente protegidos, restrições que se devem, porém, limitar ao necessário para alcançar os objectivos visados. Ou seja, perante a necessidade de conciliar o princípio da administração pública aberta e da cooperação institucional pública (resultante de uma administração pública regida por coordenadas de legalidade e transparência na prossecução do interesse público) com o direito constitucional à privacidade e sequente carácter sigiloso de certos dados, os conflitos que surjam entre o direito à informação em poder da Administração e o direito dos administrados à privacidade terão de ser analisados à luz das disposições que regulam o acesso à informação e das disposições que restringem esse acesso, numa equilibrada ponderação dos interesses em jogo. Ora, a consagração da regra do sigilo fiscal corresponde, precisamente, à extensão e reconhecimento do direito à privacidade no âmbito da actividade tributária, enquanto direito fundamental constitucionalmente consagrado, que privilegia a tutela da intimidade privada dos contribuintes e que se traduz num impedimento quer ao acesso a estranhos quer à divulgação de informações disponíveis acerca da vida pessoal e privada dos contribuintes. (...) Como também esclarecem Carlos Pamplona Corte-Real, J. Bacelar Gouveia e J. Cardoso da Costa, na obra citada e que acompanhamos nesta parte, «a ideia de "situação tributária" reflecte um grau relativamente significativo da repercussão dos dados fiscais eventualmente solicitados sobre a visualização e denúncia, parcelar que seja, da situação patrimonial do cidadão fiscalmente relevante, como expressão da sua confidencialidade contributiva. Quer isto dizer que não é tanto um dado fiscal isolado que preocupará o legislador quando impõe a confidencialidade fiscal, mas os dados fiscais que digam algo de forma mais ampla acerca da situação patrimonial dos contribuintes» (sublinhado nosso). Daí decorre, desde logo, que os dados fiscais confidenciais não excluem o seu carácter económico, como se poderia antever de uma eventual conexão que se admitiu de tais dados com uma perspectiva, personalizada ou intimista do princípio da confidencialidade fiscal. Portanto, deve assentar-se que se tem em vista dados de natureza pessoal, sim, mas cujo teor possa retratar, de algum modo, a capacidade contributiva dos cidadãos» (sublinhado nosso). (...) Há, pois, que fazer a conjugação do princípio da confidencialidade fiscal com a protecção legal dos dados ditos pessoais, buscando no recurso à noção de capacidade contributiva e de personificação dos dados o critério delimitador do objecto de sigilo fiscal. Deverá, entretanto, ressalvar-se, como é óbvio, os dados retidos pela Administração Fiscal que tenham natureza pública, porquanto a sua divulgação já decorre inclusive de outros institutos. (...). Resumindo e concluindo: os dados fiscalmente trabalhados terão uma natureza plúrima: podem ter uma natureza pública, quando sejam livremente cognoscíveis por recurso a outras vias jurídico-institucionais (v.g. registo predial, civil, comercial, etc.); podem ser, diversamente, dados estritamente fiscais, mas de índole "neutra" em termos da expressão personalizada de uma situação tributária, como será o caso de todos os dados que se reportem a bens, actos ou factos, enquanto tais e porque objecto de incidência real ou de quaisquer obrigações acessórias de natureza tributária; por fim, a larga maioria dos dados fiscais terá um carácter, por regra, sigiloso porque e se reveladores de capacidade contributiva». Também a Procuradoria-Geral da República, através do seu Conselho Consultivo, emitiu parecer sobre o sentido e alcance do artigo 17º, alínea d), do Código de Processo Tributário, combinando-o quer com o artigo 26º, quer com o artigo 35º, ambos da Constituição, por forma a habilitar a Administração Fiscal a responder às solicitações que lhe vão sendo efectuadas. De acordo com o seu Parecer nº 20/94, de 9 de Fevereiro, "A intimidade da vida privada é um desses campos sensíveis, e a situação patrimonial insere-se no vasto campo da vida privada. Por conseguinte, os dados referentes à situação patrimonial de um indivíduo, que a Administração tenha recolhido para determinado fim, só podem ser revelados a terceiros – outros sectores da Administração – nos casos previstos na lei, para responder a um motivo social imperioso e na medida estritamente necessária, no justo equilíbrio entre o interesse que postula a revelação e a protecção da intimidade da vida privada". Nesta medida – prossegue o referido Parecer – encontram-se abrangidos pelo sigilo fiscal, integrando-se nos "dados relativos à situação tributária dos contribuintes (...), quaisquer informações, quaisquer elementos informatizados ou não, que reflictam de alguma forma a situação patrimonial dos sujeitos passivos da obrigação de imposto, sejam pessoas singulares ou colectivas, comerciantes e não comerciantes". Não estarão, contudo, abrangidos pelo dever de sigilo os dados que tenham natureza pública, por serem livremente cognoscíveis por recurso a outras vias jurídico-institucionais, como sejam, os registos predial, comercial e civil. Razão por que se concluiu, nesse Parecer, que a expressão "dados relativos à situação tributária dos contribuintes" abrange, na sua previsão, quaisquer informações ou elementos que reflictam de alguma forma a situação patrimonial dos sujeitos passivos da obrigação de imposto, sejam pessoas singulares, ou pessoas colectivas, comerciantes e não comerciantes; mas a confidencialidade fiscal protegida não abrangerá os dados que tenham natureza pública, por serem livremente cognoscíveis por recurso a outras vias. Por conseguinte, e como também salientam Carlos Pamplona Corte-Real, J. Bacelar Gouveia e J. Cardoso da Costa, na obra citada, não é tanto um dado fiscal isolado que preocupará o legislador quando impõe a confidencialidade fiscal, mas os dados fiscais que digam algo de forma mais ampla acerca da situação patrimonial dos contribuintes. Os dados fiscais, de per se, terão uma índole "neutra" se não configurarem a expressão personalizada da situação tributária do contribuinte. De todo o exposto decorre, em conclusão, que estão abrangidos pelo sigilo fiscal os dados de natureza pessoal dos contribuintes (pessoa singular ou colectiva) e os dados expressivos da sua situação tributária (...), os quais só podem ser revelados a terceiros – outros sectores da Administração ou particulares – nos casos expressamente previstos na lei, para responder a um motivo social imperioso, e só na medida estritamente necessária para satisfazer o equilíbrio entre os interesses em jogo. Poderão, contudo, ser revelados os dados pessoais livremente cognoscíveis (dados públicos ou dados pessoais constantes de documento público oficial, como acontece, por exemplo, com o número de identificação fiscal, com a identificação dos bens inscritos na matriz predial ou no registo predial e comercial) ou os dados que não reflictam nem denunciem minimamente a situação tributária do contribuinte – como acontece, por exemplo com a declaração de início e de cessação de actividade ou com outras obrigações acessórias que não revelem a sua capacidade contributiva. (...) Ora, consta do artigo 11º da Lei das Finanças Locais, que «Os municípios dispõem de poderes tributários relativamente a impostos e outros tributos a cuja receita tenham direito, designadamente: a) Acesso à informação actualizada dos impostos municipais e da derrama, liquidados e cobrados, quando a liquidação e cobrança seja assegurada pelos serviços do Estado». E o nº 6 do seu artigo 13º estabelece que «A Direcção-Geral dos Impostos fornece à Associação Nacional de Municípios Portugueses (ANMP) informação, desagregada por municípios, relativa às relações financeiras entre o Estado e o conjunto dos municípios e fornece a cada município informação relativa à liquidação e cobrança de impostos municipais e transferências de receita para o município». Deste modo, apesar de o artigo 64º da Lei Geral Tributária consagrar o dever de sigilo fiscal, ele também estabelece que tal dever cessa nas circunstâncias previstas no seu nº 2, designadamente no caso de «Cooperação legal da administração tributária com outras entidades públicas, na medida dos seus poderes» – alínea b). Existindo, assim, o apontado dever legal de cooperação entre a Administração e os Municípios no que toca à informação actualizada dos dados referentes à liquidação e cobrança de impostos municipais e à transferências dessas receitas para os municípios, tem de cessar, quanto a esses dados, o dever de confidencialidade fiscal, embora apenas na medida estritamente necessária para alcançar os objectivos visados com a norma que autoriza o acesso e impõe o dever de cooperação, tendo sempre em atenção a ponderação dos interesses em jogo. Razão por que continuarão a ter carácter reservado ou confidencial todos os dados de natureza pessoal cuja divulgação, não sendo livremente cognoscível, não se mostre necessária para alcançar os objectivos visados pela norma que legitima o acesso dos Municípios àquela informação, bem como todos os dados cuja difusão, parcelar ou globalmente, evidencie a situação patrimonial ou capacidade contributiva das empresas sujeitas à liquidação e cobrança dos impostos municipais, sabido que essa norma de acesso não afasta expressamente do dever de confidencialidade fiscal a matéria relativa à situação tributária dos contribuintes. (...)". Sumariando, conclui este Supremo Tribunal, que podem "ser revelados os dados pessoais livremente cognoscíveis (dados públicos ou dados pessoais constantes de documento público oficial, como acontece, por exemplo, com o número de identificação fiscal, com a identificação dos bens inscritos na matriz predial ou no registo predial e comercial) bem como os dados fiscais que não reflictam nem denunciem a situação tributária dos contribuintes". Enunciada a norma e o seu enquadramento, apliquemo-la ao caso dos autos. Para este efeito, cumpre enfatizar as informações solicitadas pelo Autor, se restringem ao domicílio fiscal dos Executados. Ou seja, o Município não pretende saber qual o património ou rendimentos dos executados, nem tão pouco a sua situação patrimonial. Pretende apenas obter um meio para os contactar. Como resulta do acórdão supra citado, que efectua uma análise exaustiva da doutrina, incluindo doutrina administrativa, referente à norma em causa, e em especial no que se refere ao dever de cooperação "entre a Administração e os Municípios no que toca à informação actualizada dos dados referentes à liquidação e cobrança de impostos (...), tem de cessar, quanto a esses dados, o dever de confidencialidade fiscal, embora apenas na medida estritamente necessária para alcançar os objectivos visados com a norma que autoriza o acesso e impõe o dever de cooperação, tendo sempre em atenção a ponderação dos interesses em jogo", salvaguardando sempre a confidencialidade dos dados que evidenciem a situação patrimonial ou a capacidade contributiva dos contribuintes. Aqui chegados, resta-nos aferir se do artigo 7º do Decreto-Lei nº 433/99 (Decreto Preambular do CPPT), resulta, ou não, uma derrogação do sigilo fiscal consagrado no artigo 64º da LGT, ou seja, e como refere o TCAS, se confere, ou não, aos Municípios o direito de "acesso à informação protegida ou a possibilidade de determinar a quebra do dever de sigilo e a prestação dessa informação". No que para os presentes autos releva (e na redação invocada), determina o referido artigo o seguinte: "5 – A competência para cobrança coerciva de tributos administrados pelas freguesias pode ser atribuída aos municípios a cuja área pertençam mediante protocolo. 6 – A realização de penhoras é precedida das diligências que a autarquia considere úteis à identificação ou localização de bens penhoráveis, procedendo esta, sempre que necessário, à consulta, nas bases de dados da administração tributária, de informação sobre a identificação do executado e sobre a identificação e a localização dos bens do executado. 7 – A informação sobre a identificação do executado referida no número anterior apenas inclui o domicílio fiscal, mediante indicação à Autoridade Tributária e Aduaneira do número de identificação fiscal. 8 – A consulta direta pelo município às bases de dados referidas no nº 6 é efetuada em termos a definir por portaria dos membros do Governo responsáveis pelas áreas das finanças e das autarquias locais. 9 – A regulamentação referida no número anterior deve especificar, em relação a cada consulta, a obtenção e a conservação dos dados referentes à data da consulta e à identificação do respetivo processo executivo e dos trabalhadores e titulares de órgãos municipais que tenham acesso a informação transmitida pela AT. 10 – Quando não seja possível o acesso eletrónico, pelo município, aos elementos sobre a identificação e a localização dos bens do executado, a AT deve fornecê-los pelo meio mais célere e no prazo de 30 dias". Como referimos acima, não é controvertido que a informação pretendida pelo município se resume ao domicilio fiscal dos executados, nem tão pouco a sua legitimidade para a instauração dos processos de execução fiscal a que se destinam os dados solicitados. Ora, como decorre da sua epígrafe, a norma em análise visa justamente dotar as autarquias locais de meios para realizar as suas competências de cobrança coerciva dos tributos por si administrados. E para esse efeito, entendeu o legislador, nos números 6 e 7 da referida norma, permitir às Autarquias o acesso a informação sobre os executados, com expressa menção ao seu domicílio fiscal "mediante indicação à Autoridade Tributária e Aduaneira do número de identificação fiscal". Tendo presentes os critérios de interpretação das normas que acima enunciamos, retiramos da norma invocada pelo Autor, o nº 6 do artigo 7º do Decreto Preambular do CPPT, a vontade expressa e inequívoca de conferir aos municípios o direito de acesso a informação dos contribuintes contra quem pretenda instaurar execução fiscal, em particular, ao seu domicílio fiscal, desde que faculte à Autoridade tributária o respetivo número de identificação fiscal. (cf. nº 7 do mesmo artigo). E será apenas esta a condição para a disponibilização do domicílio fiscal dos executados. Ao contrário do que defende a Entidade Demandada, os números 8 a 10 seguintes, contém normas procedimentais que visam assegurar o exercício do direito concedido no nº 6 anterior. Perante a eventual inércia legislativa, no que respeita à aprovação da Portaria, defende a Entidade demandada que o invocado nº 6 constituísse letra morta da lei, quando não foi essa a vontade expressa do legislador. Aqui chegados, podemos concluir que, pelo menos desde 1 de Janeiro de 2018 (data de entrada em vigor da Lei do Orçamento do estado para 2018 – Lei nº 114/2017), os Municípios beneficiam de um regime derrogatório do sigilo fiscal consagrado no artigo 64º da LGT, previsto no artigo 7º do Decreto-Lei nº 433/99, na redação que lhe foi conferida por aquela lei. E tanto assim é que esse procedimento foi seguido, pelo menos, em 2019 e até Agosto de 2020 (cf. alínea A) da factualidade assente), e do despacho de indeferimento não resulta qualquer nova norma que justifique a alteração de procedimentos (cf. alínea G) da factualidade assente). Porém, na contestação à presente acção invocou as obrigações decorrentes da Lei e Regulamento da Protecção de Dados Pessoais. Porém, não se afigura que destas normas, decorra uma limitação ao que determina o invocado artigo 7º. Refere o artigo 23º nº 2 da Lei nº 59/2019, que "..." (conforme o original). Ora, a norma invocada fundamenta o levantamento do sigilo, invocando as competências executivas conferidas aos Municípios, que delimitam a finalidade explicita e legítima, a que reporta o artigo 4º nº 2 alínea b) da Lei nº 59/2019, e estabelece os procedimentos a seguir para o concretizar. É certo que entre a Autoridade tributária e o Município de Cascais não existirá qualquer protocolo nos termos exactamente previstos na norma em análise, mas a reserva e sigilo no tratamento dos dados pessoais em causa, encontra-se prevista nos diversos normativos aplicáveis (desde logo, quando determinam a extensão do sigilo fiscal às entidades e funcionários que tenham acesso aos dados), salvaguardando as exigências previstas pela Lei nº 59/2019. Aqui chegados, teremos de concluir pela ilicitude da recusa de partilha de dados entre a Autoridade Tributária e Aduaneira e o Município, tendo em vista a cobrança por este último de receitas públicas. ". Nos presentes autos recursivos interposto pela ATA, da decisão proferida pelo Tribunal de 1ª Instância, que julgou procedente o pedido formulado pela entidade recorrida, o Município de Cascais, relativa a informação procedimental do domicílio fiscal de determinadas pessoas singulares formulada em sede de execução por dívidas de tributos autárquicos, veio o D.M.M.P. junto do Tribunal recorrido, suscitar a questão prévia de legitimidade processual da entidade demandada nos autos e da necessária personalidade da parte ora recorrente no referido processo de intimação para prestação de Informações, em razão de entender que a instância correu termos sem qualquer intervenção da parte demandada, o Ministério das Finanças, tal como foi demandada em juízo pelo interessado, ao abrigo do disposto nos artigos 104º e 105º, todos do CPTA, e artigo 49º, nº 1, alínea e), subalínea vi), do ETAF. Nos termos aplicáveis ao presente recurso, será de conhecer, em 1º lugar das ditas questões processuais que possam determinar a absolvição da instância e segundo a ordem imposta pela sua precedência lógica – cfr nº 1, do artigo 608º, do CPC. Notificadas as partes primitivas, nos termos do disposto nos números 1 e 2, do artigo 146º do CPTA, para responderem no prazo de 10 dias, vem a recorrente pronunciar-se nos seguintes termos conclusivos: "... a AT é um serviço da administração central direta do Estado de acordo com o Decreto-Lei nº 118/2011, de 15 de dezembro, fazendo parte das suas atribuições, entre outras, promover a correta aplicação da legislação e das decisões administrativas relacionadas com as suas atribuições e propor as medidas de carácter normativo, técnico e organizacional que se revelem adequadas, exercendo a ação de justiça tributária e assegurando a representação da Fazenda Pública junto dos órgãos judiciais. a apresentar defesa ... É lícito concluir que não se verifica a exceção dilatória de falta de legitimidade referido no artigo 577º, alínea e) do CPC e imputada à AT, nem a alegada falta de personalidade judiciária, conforme foi exposto." Por seu turno vem a recorrida responder sustentando a legitimidade da entidade por si demandada para os autos, independentemente da resposta formulada na dita intimação para prestação de informação ser um órgão que no seio do referido Ministério das Finanças assim conduzindo a defesa da conduta adoptada e designando o respectivo representante em juízo do Ministério. Cumpre conhecer das questões prévias assim colocadas: Da alegada ilegitimidade processual passiva e da falta de personalidade judiciária do recorrente para o processo de intimação. Compulsados os autos verificam-se os seguintes factos, ora aditados ao probatório ao abrigo do disposto no nº 1, do artigo 662º, do CPC que importam ao conhecimento das preditas excepções: a) Na p.i. interposta pelo Município de Cascais, vem o interessado requerer contra o Ministério das Finanças, uma intimação dirigida à informação procedimental e de acesso aos registos administrativos contidos nos documentos e bases de dados da ATA, e relativos à identificação de determinados executados pelas dívidas de tributos autárquicos, no que tange ao respectivo domicílio fiscal, que lhe havia sido recusada; b) Citada a entidade demandada, apresentou resposta a ATA, no qual pugna pela improcedência do pedido; c) O Tribunal A Quo, após apresentação dos respectivos articulados pelas partes, proferiu despacho saneador, nos seguintes termos: "II. Saneamento. O Tribunal é competente em razão da nacionalidade, da matéria, da hierarquia e do território. O processo é o próprio e não padece de vícios que o invalidem total ou parcialmente. As partes são dotadas de personalidade e capacidade judiciárias, encontrando-se devidamente representadas, e são legítimas. Não existem nulidades, excepções ou questões prévias que obstem ao conhecimento do mérito da causa e de que cumpra conhecer." d) O presente recurso foi deduzido através de requerimento apresentado pela ATA junto do Tribunal recorrido, tendo apresentado as respectivas alegações e conclusões, em que pugna pelo provimento do recurso e consequente revogação da sentença proferida. – cfr autos de Intimação constantes do "SITAF". Fixados os factos pertinentes às questões postas, vejamos: Nos termos do disposto no artigo 89º, nº 1 e 2, conjugado com o disposto nas alíneas c) e e), do mesmo preceito legal, e do disposto nas alíneas c) e e), do artigo 577º e 578º, todos do CPC, importa conhecer das referidas excepções dilatórias suscitadas pelo D.M.M.P., as quais são de conhecimento oficioso por este Tribunal. Já quanto à personalidade judiciária, resulta a mesma na susceptibilidade de ser parte no processo (cfr nº 1, do artigo 8º-A, do CPTA), sendo certo que a ora recorrente, enquanto órgão administrativo que lhe recusou o acesso à informação contida nos registos pertinentes do cadastro dos contribuintes, tem necessariamente personalidade judiciária em razão de ser dotada de personalidade jurídica, sendo que, nos termos da lei, e por efeito da extensão da personalidade judiciária ao respectivo Ministério contida no nº 3, do artigo 8º-A, do CPTA, esta última é dotada de personalidade judiciária na medida da "legitimidade passiva que lhes é conferido pelo Código", pelo que se julga que improcede tal excepção dilatória de falta de personalidade judiciária da referida ATA para os autos. Com bem assinala o Ilustre Professor e Jurisconsulto José Carlos Vieira de Andrade, in "A Justiça Administrativa", 3ª Ed. 2002, Almedina Coimbra, pags 219, tais regras de atribuição de personalidade judiciária deixaram de ter justificação a partir do momento em que "se constrói o processo administrativo e em especial os meios impugnatórios como "processos de partes". No que tange à invocada ilegitimidade processual passiva do requerido para os autos, constata-se que consiste a mesma na verificação da alegada ilegitimidade da entidade que contestou a intimação na pessoa do órgão da pessoa colectiva administrativa de um determinado ente público, neste caso a ATA, e não assim da pessoa colectiva de direito público com poderes de autoridade para a emissão do acto que, no caso do Estado, é o Ministério a cujos órgãos seja imputável o acto jurídico impugnado, neste caso do indeferimento da pretensão do direito de informação procedimental dos referidos dados, face ao disposto no nº 2, do artigo 10º, do CPTA, – diga-se aliás, "a latere" que tal também se observaria mesmo em caso de a pretensão ser dirigida contra o próprio órgão administrativo, face ao disposto no nº 4, do mesmo preceito legal, situação em que se consideraria regularmente proposta a acção contra o dito Ministério, o que, em qualquer caso, não foi o que se verificou nos autos, tendo o intimidante demandado correctamente o Ministério competente que, em qualquer caso impunha que parte demandada fosse sempre o correspondente Ministério, o que a intimidante fez e instou a cumprir tal informação dos dados de morada fiscal dos contribuintes sujeitos a liquidação e cobrança dos tributos autárquicos "sob judicio". Atento o disposto no nº 1, do artigo 105º, do CPTA, norma definidora da legitimidade passiva para intervir no presente processo de intimação, o qual determina que tal providência deva ser requerida contra a pessoa colectiva de direito público, neste caso o ministério das finanças cujos órgãos sejam competentes para facultar a informação ou consulta pretendida pelo interessado, e promovida oficiosamente a citação da entidade demandada, nos termos do disposto na norma contida no nº 1, do artigo 107º, do CPTA, e tendo sido a entidade administrativa inserida naquele ministério a apresentar resposta, importa apreciar da mesma. Quanto à legitimidade processual, resultando do referido artigo 10º do CPTA, conjugado com o disposto no artigo 105º, do mesmo Código, pode então concluir-se que " em todas as acções que no contencioso administrativo sejam intentadas contra entidades públicas, a legitimidade passiva corresponde à pessoa colectiva e não a um órgão que dela faça parte ...". vd M. Aroso de Almeida in "O novo Regime de Processo nos Tribunais Administrativos" – Almedina Coimbra, pags 46 e segs (vide no mesmo sentido Ac. do STA, de 13.11.2013, proferido no Proc. Nº 0148913). Não obstante. A questão que então põe-se é a de saber se, num caso como dos autos, tendo sido citada devidamente a pessoa colectiva correctamente identificada na p.i., se a apresentação da contestação pode ser subscrita por aquele órgão pertencente à pessoa colectiva pública, o Ministério das Finanças, ou ao invés, como propende o D.M.M.P. tal correcta identificação do Ministério não a desobrigava de apresentar a referida resposta. Ora, em tais casos em que esteja em causa a "omissão de um determinado órgão administrativo, ainda que se trate de um órgão subordinado a poderes hierárquicos, seja esse órgão a conduzir a defesa da conduta adoptada" admitindo a lei nesses casos que seja esse órgão a "designar o representante em juízo ... do Ministério...", nas palavras do Ilustre Prof. Mário de Almeida, in idêntica obra, pags 47. Perante tal circunstancialismo, e como bem observam o Ilte Professor Doutor Freitas do Amaral e autor supra citado, in "Grandes Linhas da Reforma do Contencioso Administrativo", Ed Almedina 2002, pags 77, "...as inovações introduzidas no que respeita à legitimidade passiva e mais concretamente, à identificação da entidade pública demandada em juízo foram determinadas por uma razão de natureza teórica e por duas razões de ordem prática", (aqui com o sentido de que quem defende a legalidade do acto impugnado é o órgão que praticou o acto, e simultaneamente se proponha uma acção contra uma entidade publica em caso de impugnação de um acto administrativo), diziam os referidos autores que "... a partir do momento em que se admita, porém, que também quando se impugna um acto administrativo se está a propor uma acção contra uma entidade pública..." concluem que não existirão "...razões que sustentem a diferenciação". – cfr no mesmo sentido "CPTA Anotado", M. Aroso de Almeida, pags 73 e segs. – vide ainda o mesmo autor e C. Cadilha in "Dicionário ....."; Almedina 2006, pags 307. Face a tal enquadramento, pode-se então afirmar que a legitimidade processual passiva do recorrente se concretiza na dita identificação da entidade pública demandada em juízo. Improcede assim a alegada ilegitimidade da recorrida para os autos de intimação. Já quanto à necessidade de o Tribunal a Quo dever proferir despacho de aperfeiçoamento para efeitos de suprir tais excepções dilatórias, nos termos do disposto no artigo 88º, nº 2, do CPTA, ao constatar-se que inexistiam tais excepções que obstavam ao conhecimento do mérito da acção e determinariam a absolvição da instância, não se impunha ao Tribunal a quo, qualquer despacho de correcção dos referidos articulados pelas partes, tendo procedido e bem à elaboração do correspondente despacho saneador, em que verificou da regularidade processual dos autos e da verificação dos pressupostos processuais, pelo que improcede a arguição de nulidade processual, por o Tribunal não haver omitido qualquer acto ou formalidade prescrita na lei, não sendo aplicável aos autos o disposto no nº 1, do artigo 195º do CPC. Ainda relativamente à ilegitimidade do recorrente na presente instância, ela não se observa, desde logo porque se admitiu que as partes eram legítimas e dotadas de personalidade judiciária. Nos termos expostos improcede a alegação do D.M.M.P., sendo a instância válida e legal. Nos presentes autos recursivos, interposto pela ATA, da decisão pelo Tribunal de 1ª Instância, que julgou procedente o pedido formulado pela entidade requerida, o Município de Cascais, relativa a informação sobre o domicílio fiscal de determinadas pessoas singulares formulado em sede de execução fiscal por dívidas de tributos autárquicos, importa então abordar as questões postas pela recorrente: Quanto ao erro na aplicação e interpretação do artigo 7º, do Decreto-Lei nº 433/99, de 26 de outubro, por o mesmo não habilitar à predita cessação do dever de confidencialidade, tal como ela é desenhada na alínea b), do nº 2, do artigo 64º, da LGT, importa dizer o seguinte: Em matéria de tributos administrados pelas autarquias locais, a atribuição de poderes tributários aos municípios ao abrigo da autonomia local, tem a máxima expressão, no que respeita ao património e finanças próprias, no disposto no artigo 238º, a C.R.P. (cujo ratio visa a arrecadação de receitas e realização de despesas). – cfr Lei de Finanças Locais (Lei nº 73/2013, de 3 de setembro), criando tributos próprios na sua titularidade (Cfr Titulo II, da L.F.L.), cuja disciplina encontra-se vertida no artº 15º, da mesma lei, assim como do regime de taxas locais (Lei nº 53-E/2006, de 29 de dezembro), o que determina o estabelecimento de relações jurídicas tributárias entre os municípios e os contribuintes (cfr nº 2, do artigo 1º, da LGT). – e nessa medida a RTL determina que, a tais relações jurídicas tributárias geradoras da obrigação de pagamento de taxas às autarquias locais, se aplica subsidiariamente a LGT (cfr alínea b), do artigo 2º, daquele diploma legal). Dai que, as regras relativas à relação jurídica tributária vertido no Titulo II, da LGT, são "... em larga medida aplicáveis "às relações jurídico-tributárias geradoras de obrigação de pagamento às autarquias locais", em tudo em que não tenha sido especificamente regulado no próprio RTL, nas palavras do Ilte Professor da F.D.U.L., Dr. Sérgio Vasques, in "Regime das Taxas Locais" – Cadernos IDEF nº 8, Almedina, 2008, pags 78 e segs. Já no âmbito do procedimento tributário, vertido no Titulo III, da LGT e Título II, do CPPT igualmente acolhido na alínea e), do referido artº 2º, daquele R.T.L., não tem a administração local competências próprias para proceder, nos mesmos termos que a Adm. Central, a actos procedimentais, designadamente os actos inspectivos, ou os procedimentos de avaliação directa e indirecta da matéria tributável ou do V.P. tributário dos tributos sobre o património. E nos mesmos termos quanto ao acesso à informação obtida legalmente quanto aos elementos de identificação e domicilio fiscal (cfr artigo 19º, da LGT). Actuando as autarquias, em qualquer caso, no âmbito de criação de tributos públicos (cfr artigo 3º, nº 1, da LGT), tal significa que tais edilidades e, especificamente os seus órgãos com competência para o efeito, integram a Administração Tributária quanto às ditas relações jurídicas tributárias a si acometidas – cfr. nº 3, do artigo 1º da LGT, "in fine". Isto dito, tal não significa que os municípios detêm o direito de exigir, designadamente, o cumprimento do dever que impende sobre os contribuintes, de comunicar o respectivo domicílio fiscal, ou a designação de representante fiscal, muito menos de rectificar oficiosamente o domicilio fiscal, ou considerar como ineficaz a mudança de domicilio enquanto não comunicada à Adm. tributária, a que se referem os números 3 a 11, do artigo 19º, da LGT. Ora, todos esses dados obtidos apenas pela pessoa colectiva pública estadual são, naturalmente sigilosos, quer os mesmos respeitem à situação tributária dos contribuintes, quer se trate de elementos pessoais a que tenham acesso – cfr. nº 1, do artigo 64º, da LGT: Assim, tal dever de confidencialidade dos elementos obtidos em qualquer procedimento tributário, deverá ceder apenas na medida em que exista um dever de colaboração e de comunicação, no âmbito da cooperação daquela entidade estadual com outras entidades públicas, e na medida dos seus poderes – cfr alínea b), do nº 2, do artigo 64º, da LGT. Importa então responder à questão de saber se, no âmbito das competências atribuídas às autarquias locais em matéria de execução fiscal e aos órgãos periféricos locais, quanto aos tributos por si administrados, e a que se refere expressamente o nº 1, do artigo 7º do Decreto-Lei nº 433/99, na redacção dada pela Lei nº 100/2017, de 29 de agosto, e especialmente no que tange à realização de penhoras e demais apreensões de bens aos executados, e demais diligências tendentes à identificação e localização de bens penhoráveis, em que medida podem obter tais elementos através da consulta nas bases de dados da Adm. Central, assim como sobre a identificação do executado, a qual apenas se refere ao domicílio fiscal, e apenas mediante indicação à ATA, do número de identificação fiscal (cfr números 6 e 7, do artigo 7º, do Decreto-Lei nº 433/99, de 26 de outubro, na redacção dada pela Lei nº 114/2017, de 29 de dezembro. Quanto à questão então posta de que tal regime supra exposto, não legitima o acesso do referido município à referida base de dados da ATA, sempre se impondo o cumprimento do disposto no nº 8, do mesmo preceito legal relativo à necessária publicação de Portaria que regulamente tal forma de acesso e a que se refere o artigo 23º, da LPDP (Lei nº 58/2019, de 8 de agosto), dir-se-á que, independentemente do carácter cumulativo ou disjuntivo das referidas regras apostas nos números 6 a 8, do mencionado artigo 7º, daquele decreto-lei, o que, no entendimento deste Tribunal importa considerar é que, da interpretação conjugada do artigo 1º, nº 3, com o nº 2, alínea b), do artigo 64º, da LGT, o que resulta singelamente é que, integrando-se os municípios, no âmbito dos poderes tributários a si conferidos, na Adm. Tributária "lato sensu", o carácter sigiloso dos elementos de natureza pessoal dos s.p., obtidos legalmente pela mesma entidade pública ainda que estadual, deverão ser facultados aos municípios por estes integrarem também a administração tributária, desde que formalizado tal pedido à 1ª, não carecendo de qualquer densificação de tal poder de acesso, o que não se confunde com a dita regulamentação de acesso directo e automático à base de dados, essa sim submetida à necessária regulamentação que defina o respectivo "modus operandi" da sua obtenção pelo município, nos termos referidos nos ditos números 6 a 8, do dito preceito legal. Diga-se ainda que a tal conclusão não contende com o mencionado regulamento de acesso de dados pessoais ínsito no artigo 23º, nº 2, da Lei nº 58/2019, de 8 de agosto, já que o mesmo respeita às condicionantes na transmissão de dados entre entidades públicas, quando a mesma se destinar a finalidades diferentes da determinada legalmente para recolha e tratamento de tais dados, no caso vertente atribuída no âmbito estadual, o que no presente caso não se verifica já que, finalisticamente a mesma se destina ao exercício do poder tributário conferido por lei às autarquias locais. Assim sendo, entende-se que não impende qualquer necessidade de se protocolar tal transmissibilidade e tratamento de tais dados pessoais, sendo que no âmbito do "Regime de Acesso à Informação Administrativa e Ambiental e de Reutilização dos Documentos Administrativos", introduzida pela Lei nº 26/2016, de 22 de agosto, quanto ao acesso à informação abrangida pelo segredo fiscal, e a que se refere a alínea d), do nº 4, do seu artigo 1º, no sentido de tal regime não derrogar "...a aplicação do disposto em legislação especifica ...", a que alude o corpo da dita norma, é precisamente o caso presente, atento o regulado no referido artigo 1º, nº 3, "in fine", daquela lei geral. Como bem refere o recente Acórdão deste TCA, proferido em 13.05.2021, proferido no Proc. Nº 130/ 21, o que se pretende indagar não é das condicionantes impostas por lei (no referido artigo 7º), para efeitos de acesso directo à base de dados da ATA, porquanto se acolhe aqui a susceptibilidade de consulta de tais dados pessoais a pedido da autarquia em causa nos autos. De facto, do dito acórdão consta o seguinte quanto a tal questão: "...Ora, a própria Recorrente não põe em causa que o Município integra a administração tributária (cf. conclusão 58º), discorda, isso sim, que tenha as mesmas atribuições e competências que o autorizem legalmente a aceder à base de dados da AT. Todavia, não está aqui em causa o acesso direito ou consulta direta pelo Município Requerente, ora Recorrido, às bases de dados da Autoridade Tributária e Aduaneira, sendo certo, como se decidiu, que os funcionários do Município estão sujeitos aos mesmos deveres de reserva e confidencialidade que recaem sobre os trabalhadores da Autoridade Tributária e Aduaneira." Quanto ainda à possibilidade legal do município consultar outra base de dados que lhe é igualmente facultada, não contende, na perspectiva deste Tribunal, da necessidade estritamente tributária de obter a referida residência fiscal, independentemente da constante do registo civil, como também refere o

Douto Acórdão supra citado, de que se respiga o seguinte §: "Acrescente-se ainda que os processos de execução fiscal foram já instaurados, e foram devidamente identificados pelo número no pedido de informações, sendo que os próprios contribuintes têm a expetativa de ser notificados/citados para o seu domicílio fiscal e não no local da sua residência habitual. Com efeito, apesar de o domicílio fiscal e o local de residência habitual serem, em regra coincidentes, os contribuintes podem aderir ao sistema de notificações eletrónicas, indicando, nesse caso, um endereço eletrónico ou ter nomeado representante fiscal, informações estas que constariam do cadastro." De resto, como bem refere o recorrido nas suas contra-alegações, o que aqui se subscreve, tal entendimento não resulta contrariado pelo Parecer nº 496/2015, da CADA, na medida em que considerou que tal comunicação à referida edilidade local, daquela informação pertinente ao domicilio fiscal dos devedores dos tributos autárquicos, não significa a violação de tal dever de confidencialidade. De facto no ponto 30 das contra-alegações ficou exarado o seguinte: "... Concluindo-se, na esteira do que se deixou plasmado no Parecer nº 496/2015, proferido no âmbito do processo nº 745/2015 pela Comissão de Acesso aos Documentos Administrativos (CADA), que a comunicação ao Recorrido da informação relativa ao domicílio fiscal dos executados nos processos por si instaurados, no âmbito dos poderes tributários de que dispõe, não acarreta necessariamente a violação do dever de confidencialidade ou do direito à reserva da intimidade da vida privada e familiar dos titulares da informação, uma vez que o Recorrido se encontra, igualmente, sujeito ao dever de sigilo." Assim e em conclusão entende-se que se encontra legitimado o acesso aos dados pessoais dos devedores dos tributos coercivamente cobrados nos autos de execução fiscal em causa nos autos, apenas quanto ao respectivo domicilio fiscal dos executados, ainda que com os presentes fundamentos, decisão a que se procede na parte dispositiva do presente Acórdão. Dispositivo: Nos termos expostos, vai negado provimento ao recurso deduzido pela recorrente, sendo confirmada a sentença proferida pelo Tribunal A Quo, ainda que com os presentes fundamentos. Custas em ambas as instâncias a cargo do recorrente. Notifique.

2. Acórdão do Supremo Tribunal Administrativo (Processo nº 15/12), de 10-04-2013. Acordam no Pleno da Secção do Contencioso Tributário do Supremo Tribunal Administrativo: I. O Excelentíssimo Senhor Juiz Conselheiro Presidente do TAF de Braga formulou pedido de reenvio prejudicial para o Pleno da Secção de Contencioso Tributário do Supremo Tribunal Administrativo com vista à apreciação da seguinte questão: «No domínio de vigência da Lei das Finanças Locais de 2007 (Lei nº 2/2007, de 15 de janeiro) e do Decreto-Lei nº 194/2009, de 20 de agosto, cabe na competência dos tribunais tributários a apreciação de litígios emergentes da cobrança coerciva de dívidas a uma empresa municipal provenientes de abasteci-

mento público de águas, de saneamento de águas residuais urbanas e de gestão de resíduos urbanos?» Para fundamentar o pedido alegou o seguinte: 1. No processo de oposição à execução fiscal nº 484/11.1.BEBRG do Tribunal Administrativo e Fiscal de Braga foi suscitada pela Meritíssima Juíza a questão da competência dos tribunais tributários para o conhecimento de processos relativos a cobrança coerciva, através de processo de execução fiscal, de dívidas derivadas de prestação de serviços públicos de abastecimento público de águas, de saneamento de águas residuais urbanas e de gestão de resíduos urbanos efectuada por uma empresa municipal, nos seguintes termos: A prestação dos serviços de águas e resíduos, enquanto serviços públicos essenciais, é feita ao abrigo de um contrato de consumo, regendo-se, consequentemente pelo direito privado. No que não esteja previsto nas normas especiais da Lei dos Serviços Públicos Essenciais (Lei nº 23/96, de 26 de julho, alterada e republicada pela Lei nº 12/2008, de 26 de fevereiro) e do regime jurídico dos serviços municipais de abastecimento de água, de saneamento de águas residuais e de gestão de resíduos urbanos (Decreto-Lei nº 194/2009, de 20 de agosto), serão aplicáveis as normas gerais de direito privado. Assim, estando em causa preços e não taxas, a competência para o conhecimento de processos relativos às questões dos contratos de fornecimento de água, quer relativas às ligações, quer às quantias mensais do consumo, afigura-se pertencer aos Tribunais comuns. 2 – O artigo 27º, nº 2, do ETAF de 2004 estabelece que compete ao Pleno da Secção de Contencioso Tributário do Supremo Tribunal Administrativo pronunciar-se, nos termos estabelecidos na lei de processo, relativamente ao sentido em que deve ser resolvida, por um tribunal tributário, questão de direito nova que suscite dificuldades sérias e se possa vir a colocar noutros litígios. Não havendo norma especial do contencioso tributário estabelecendo os termos a seguir para concretizar esta competência, terá de fazer-se apelo às normas sobre processo nos tribunais administrativos, por força do disposto no artigo 2º, alínea c), do CPPT. O artigo 93º do CPTA, adaptado aos tribunais tributários, estabelece, no seu nº 1, que, quando à apreciação de um tribunal tributário se coloque uma questão de direito nova que suscite dificuldades sérias e possa vir a ser suscitada noutros litígios, pode o respectivo presidente determinar que no julgamento intervenham todos os juízes do tribunal, sendo o quórum de dois terços, ou, em alternativa, proceder ao reenvio prejudicial para o Supremo Tribunal Administrativo, para que este emita pronúncia vinculativa sobre a questão no prazo de três meses. É de difícil resolução a questão em causa, pois há argumentos no sentido de as receitas em causa serem de natureza tributária (Designadamente os invocados pela Exequente ao pronunciar-se sobre esta questão, com base no Parecer do Senhor Provedor de Justiça, sancionado em 6-01-2010, em que se defende que, já à face do regime do Decreto-Lei nº 194/2009, de 20 de agosto, as receitas em causa são de natureza tributária. Argumentos em sentido contrário, designadamente o facto de a Lei das Finanças Locais de 2007 (Lei nº 2/2007, de 15 de janeiro) ter deixado de fazer qualquer referência a "tarifas", ao lado dos "preços" no seu artigo 16º, em que se inserem as actividades de abastecimento público de água, saneamento de águas residuais e gestão de resíduos sólidos, ao contrário do que sucedia com a anterior Lei das Finanças Locais de 1998 (Lei nº 42/98, de 6 de agosto), que falava em "tarifas e preços" relativamente a tais actividades (artigo 20º). Esta alteração introduzida pela Lei nº 2/2007 poderá, eventualmente, impor que seja reformulada a posição normalmente assumida pela Secção do Contencioso Tributário do Supremo Tribunal Administrativo em relação às anteriores Leis das Finanças Locais, que se reconduzia a dar às denominadas tarifas o tratamento jurídico próprio das "taxas". (Essencialmente nesta linha podem ver-se os seguintes acórdãos: – de 28-9-1994, processo nº 17305, BMJ nº 439, 368.AP-DR de 31-12-96, página 2130; – de 25-11-1998, processo nº 22593, AP-DR de 21-1-2002, página 3276; – de 15-6-2000, processo nº 24153, AP-DR de 23-12-2002, página 2641; – de 31-1-2001, processo nº 25685, AD nº 478, 1324.AP-DR de 27-6-2003, página 340; – de 30-5-2001, processo nº 26109, AD nº 486, 807.AP-DR de 8-7-2003, página 1558; – de 23-5-2001, processo nº 24880, AP-DR de 8-7-2003, página 1333; – de 17-10-2001, processo nº 25979, AP-DR de 13-10-2003, página 2324; – de 22-5-2002, processo nº 26472, AP-DR de 8-3-2004, página 1626; – de 13-11-2002, processo nº 973/02, AP-DR de 12-3-2004, página 2624; – de 31-3-2004, processo nº 1921/03.). Para além disso, o Decreto-Lei nº 194/2009, de 20 de agosto, dá um tratamento unitário às relações das entidades gestoras daqueles serviços públicos com os consumidores (Capitulo VII), em que inclusivamente se utiliza uma terminologia própria das relações de direito comercial, designadamente "facturação" (artigo 67º), que contrasta com a que normalmente é utilizada em actos que definem dívidas de natureza tributária ("liquidação"). Trata-se, por outro lado, de uma questão nova, na medida em que é levantada em face da nova Lei das Finanças Locais de 2007 (Lei nº 2/2007, de 15 de janeiro) e do Decreto-Lei nº 194/2009, de 20 de agosto, e sobre ela não há ainda jurisprudência consolidada dos Tribunais Superiores. Assim, no caso em apreço, estão reunidos os requisitos exigidos no referido artigo 93º para reenvio prejudicial, pois, para além de a questão referida ser nova, suscita dificuldades sérias e é seguro que se trata de questão que pode vir a ser necessário resolver em muitos processos tributários. Por outro lado, tratando-se de questão que se pode colocar em todos os tribunais administrativos e fiscais, não se justifica que se determine o julgamento alargado previsto no referido artigo 93º do CPTA, sendo adequado proceder ao reenvio prejudicial. II. Por acórdão de 2 de maio de 2012 foi admitido o pressente reenvio prejudicial. III. Cumpre então decidir. IV. Comecemos por fazer uma passagem pela legislação que foi sendo aplicável nesta matéria. IV.1. A Lei nº 1/87, de 6 de janeiro, estabelecia no seu artigo 4º, nº 1, alínea h) que constituíam receitas do município: o produto da cobrança de taxas ou tarifas resultantes da prestação de serviços pelo município. O artigo 11º do mesmo diploma indicava depois as taxas que os municípios podiam cobrar, regulando o artigo 12º as tarifas, indicando o seu nº 1 que estas respeitavam às seguintes actividades: a) Abastecimento de água; b) Recolha, depósito e tratamento de lixos, bem como ligação, conservação e tratamento de esgotos; c) Transportes urbanos colectivos de pessoas e mercadorias. O nº 2 do mesmo artigo estabelecia que as tarifas a fixar pelos municípios ... não deviam ser inferiores aos respectivos encargos previsionais de exploração e de administração, acrescidos do montante necessário à reintegração do equipamento, sob pena de ter de inscrever obrigatoriamente como despesa o montante correspondente à indemnização compensatória (nº 3). O artigo 23º, nº 5 do mesmo diploma estabelecia ainda que competia aos tribunais tributários de 1ª instância a cobrança coerciva de dívidas às autarquias locais provenientes de impostos, derramas, taxas e encargos de mais-valias, aplicando-se com as necessárias adaptações, os termos estabelecidos no CPCI. É de notar que não estão aqui incluídas as tarifas e preços atrás referidos pelo que, à primeira vista, seríamos levados a concluir pela não cobrança desses em execução fiscal; adiante veremos que não era esta a conclusão retirada pela jurisprudência deste STA). IV.2. O artigo 16º da Lei nº 42/98, de 6 de agosto, veio determinar na sua alínea d) que constituíam receitas dos municípios: o produto da cobrança de taxas, tarifas e preços resultantes da prestação de serviços pelo município. O artigo 19º indicava depois e também como a anterior Lei, as taxas que os municípios podiam cobrar, dizendo o artigo 20º quanto a tarifas e preços o seguinte: "1 – As tarifas e preços a cobrar pelos municípios respeitam, designadamente, às actividades de exploração de sistemas públicos de: a) Distribuição de água; b) Drenagem de águas residuais; c) Recolha, depósito e tratamento de resíduos sólidos; d) Transportes colectivos de pessoas e mercadorias; e) Distribuição de energia eléctrica em baixa tensão. 2 – Os municípios podem ainda cobrar tarifas por instalação, substituição ou renovação dos ramais domiciliários de ligação aos sistemas públicos de distribuição de água e de drenagem de águas residuais. 3 – As tarifas e os preços, a fixar pelos municípios, relativos aos serviços prestados e aos bens fornecidos pelas unidades orgânicas municipais e serviços municipalizados, não devem, em princípio, ser inferiores aos custos directa e indirectamente suportados com o fornecimento dos bens e com a prestação dos serviços". Relativamente à cobrança coerciva o nº 4 do artigo 30º veio manter a execução fiscal nos seguintes termos: "4 – Compete aos órgãos executivos, à excepção dos municípios de Lisboa e do Porto, em que a competência coerciva das dívidas às autarquias locais provenientes de taxas, encargos de mais-

-valias e demais receitas de natureza tributária que aquelas devam cobrar, aplicando-se o Código de Processo Tributário, com as necessárias adaptações". (É de notar que também neste diploma se faz apena referência às taxas e não às tarifas e preços). IV.3. O artigo 10º, nº 1 da Lei nº 2/2007 de 15 de janeiro, veio determinar na sua alínea c) que constituíam receitas dos municípios: o produto da cobrança de taxas e preços resultantes da concessão de licenças e da prestação de serviços pelo município, de acordo com o disposto nos artigos 15º e 16º. Assim, os municípios podiam criar taxas nos termos do regime geral das taxas das autarquias locais, ficando esta criação subordinada aos princípios da equivalência jurídica, da justa repartição dos encargos públicos e da publicidade, incidindo sobre utilidades prestadas aos particulares, geradas pela actividade dos municípios ou resultantes da realização de investimentos municipais (artigo 15º). Relativamente a preços, o artigo 16º estabelecia no seu nº 3 que os mesmos poderiam incidir sobre actividades de exploração de sistemas municipais ou intermunicipais de: a) Abastecimento público de água; b) Saneamento de águas residuais; c) Gestão de resíduos sólidos; d) Transportes colectivos de pessoas e mercadorias; e) Distribuição de energia eléctrica em baixa tensão. Quanto à fixação dos preços os nºs 1 e 2 do mesmo artigo estabeleciam o seguinte: "1 – Os preços e demais instrumentos de remuneração a fixar pelos municípios relativos aos serviços prestados e aos bens fornecidos em gestão directa pelas unidades orgânicas municipais ou pelos serviços municipalizados não devem ser inferiores aos custos directa e indirectamente suportados com a prestação desses serviços e com o fornecimento desses bens. 2 – Para efeitos do número anterior, os custos suportados são medidos em situação de eficiência produtiva e, quando aplicável, de acordo com as normas do regulamento tarifário em vigor". O nº 4 do mesmo artigo estabelecia ainda que, relativamente às actividades mencionadas no número anterior, os municípios deviam cobrar preços nos termos de regulamento tarifário a aprovar. Relativamente à cobrança coerciva das dívidas, esta Lei continha no seu artigo 56º, nº 3, norma semelhante às anteriores leis e do seguinte teor: "3 – Compete aos órgãos executivos a cobrança coerciva das dívidas às autarquias locais provenientes de taxas, encargos de mais-valias e outras receitas de natureza tributária que aquelas devam cobrar, aplicando-se o Código de Procedimento e de Processo Tributário, com as necessárias adaptações". IV.4. Cabe ainda aqui referir que, anteriormente à publicação da Lei nº 2/2007, de 15 de janeiro (mas para entrar em vigor na mesma data daquela), tinha sido publicada a Lei nº 53-E/2006, de 29 de dezembro que aprovou o regime geral das taxas das autarquias locais. Deste diploma e para a questão que nos ocupa, relevam as seguintes normas: "As taxas das autarquias locais são tributos que assentam na prestação concreta de um serviço público local, na utilização privada de bens do domínio público e privado das autarquias locais ou na remoção de um obstáculo jurídico ao comportamento dos particulares, quando tal seja atribuição das autarquias locais, nos termos da lei (artigo 3º). "1 – As taxas municipais incidem sobre utilidades prestadas aos particulares ou geradas pela actividade dos municípios, designadamente: a) Pela realização, manutenção e reforço de infra-estruturas urbanísticas primárias e secundárias; b) Pela concessão de licenças, prática de actos administrativos e satisfação administrativa de outras pretensões de carácter particular; c) Pela utilização e aproveitamento de bens do domínio público e privado municipal; d) Pela gestão de tráfego e de áreas de estacionamento; e) Pela gestão de equipamentos públicos de utilização colectiva; f) Pela prestação de serviços no domínio da prevenção de riscos e da protecção civil; g) Pelas actividades de promoção de finalidades sociais e de qualificação urbanística, territorial e ambiental; h) Pelas actividades de promoção do desenvolvimento e competitividade local e regional. 2 – As taxas municipais podem também incidir sobre a realização de actividades dos particulares geradoras de impacto ambiental negativo. (artigo 6º). "2 – As dívidas (resultantes de taxas) que não forem pagas voluntariamente são objecto de cobrança coerciva através de processo de execução fiscal, nos termos do Código de Procedimento e de Processo Tributário. (artigo 12º). V. Aqui chegados parece que poderíamos concluir, em face das normas legais acima transcritas, que a execução fiscal apenas poderia servir para cobrança coerciva das taxas, impostos ou outras receitas de natureza aduaneira, nas quais se não incluiriam as tarifas e os preços. Importa, por isso, reflectir um pouco sobre a natureza das tarifas e dos preços previstos nas normas citadas. V.1. No Acórdão deste STA, de 30.05.2001 – Processo nº 026109- AP DR 8.08.2003 – pág. 1588 e segs., relativo a dívida por fornecimento de água, e no âmbito de vigência da Lei nº 42/98, ficou escrito, para além do mais, o seguinte: "Logo na alínea d) do seu artigo 16º da Lei nº 42/98 estatui que, entre outras, constituem receitas dos municípios "o produto da cobrança de taxas, tarifas e preços resultantes da prestação de serviços pelo município". E no artigo 20º, nº 1 a mesma lei esclarece relativamente a quais actividades é que os municípios podem cobrar as tarifas e preços, prescrevendo: "1 – As tarifas e preços a cobrar pelos municípios respeitam, designadamente, às actividades de exploração de sistemas públicos de: a) Distribuição de água; b) Drenagem de águas residuais; c) Recolha, depósito e tratamento de resíduos sólidos; d) Transportes colectivos de pessoas e mercadorias; e) Distribuição de energia eléctrica em baixa tensão". Quer isto dizer que, da óptica da lei, os municípios tanto poderão optar pela instituição de tarifas como pela de preços pela utilização por banda dos interessados dos bens propiciados pelo município através das actividades de exploração dos sistemas públicos que identifica, entre elas se contando a da distribuição de água em cuja categoria se insere a receita exequenda. Estamos aqui perante o fornecimento de bens por parte dos municípios que visam satisfazer essencialmente necessidades privadas, mas porque, segundo a concepção política dominante na sociedade se entende que esses bens deverão ser propiciados segundo uma lógica independente da do mercado, "fundando-se em razões distintas, como a justa distribuição dos encargos públicos, ou em considerações de ordem política, como a de facilitar ou dificultar o acesso a certos bens ou serviços", o legislador confere a possibilidade aos municípios de subtraírem a fixação das contraprestações pela utilização desses serviços ou bens à lógica ou às regras do mercado e submeterem-nas a critérios diferentes, fixando-as autoritariamente, se bem que, – e aqui apela-se a um elemento comum na formação do preço na lógica do mercado –, não "devam, em princípio, ser inferiores aos custos directa e indirectamente suportados com o fornecimento dos bens e com a prestação dos serviços", segundo se manda no nº 3 daquele artigo 20º da Lei nº 42/98. Mas isso não impede que os municípios não possam fornecer esses bens segundo o regime de preços de mercado, assente essencialmente na regra da oferta e da procura, traduzida juridicamente num acordo de vontades e que dá origem a uma obrigação voluntária em vez de uma obrigação autoritária ou de fonte legal, como ali acontece, e ainda que esses preços não possam ser sujeitos a condicionamentos na sua determinação (preços tabelados, preços condicionados à demonstração dos elementos da sua formação, preços públicos e preços políticos). Se a receita corresponde a um preço autoritariamente estabelecido pela utilização individual dos referidos bens que atenta aquela concepção são bens semipúblicos – tendo a sua contrapartida numa actividade dos municípios (do Estado ou de outros entes públicos) especialmente dirigida ao obrigado ao pagamento estamos perante uma tarifa; de contrário, estamos perante um preço. Mas tarifa, aqui equivale-se totalmente, na perspectiva da sua natureza, a taxa, correspondendo a denominação apenas a um simples nomen especificamente atribuído pelo legislador das finanças locais quando ela respeita à utilização de certos bens semipúblicos – precisamente os indicados no nº 1 do artigo 20º da citada Lei nº 42/98 e com correspondência em preceitos similares das leis anteriores". Isto porque, tal como se salienta no mesmo aresto e o Tribunal Constitucional também afirmou nos seus acórdãos números 1139/96 (D.R., II Série, de 10/02/1997) e 76/88 (DR, II Série, de 21/04/1988), "uma tarifa, no campo das finanças locais, se não delineia como uma figura em absoluto nova, ou seja, como uma espécie de tercium genus entre taxa e imposto", apresentando-se de «de facto, e sob todos os aspectos», como uma simples taxa, embora taxa sui generis «cuja especial configuração lhe advém apenas da particular natureza dos serviços a que se encontra ligada", sendo que a «tarifa, se ao nível da lei ordinária pode ter significação própria, não releva, porém, numa perspectiva constitucional, pelo que, nesta óptica, ela constitui apenas uma modalidade especial de taxa e nada mais». Deste modo entendia-se que a tarifa pelo fornecimento de água cabia, como taxa sui generis, na previsão do nº 4 do citado artigo 30º da Lei nº 42/98, onde se atribui a competência para a sua cobrança coerciva aos próprios órgãos executivos dos municípios que sejam delas credoras, salvo os de Lisboa e Porto. V.2. Em jurisprudência, quer anterior (v., entre outros, os acórdãos de 15.06.2000 – Processo nº 024153 e de 09.10.1996 – Processo nº 019322 – Apêndice ao DR, de 28.12.1998, págs. 2759 e segs.), quer posterior (v., entre outros, os acórdãos de 22.05.2002 – Processo nº 026472 e de 31.03.2004 – Processo nº 01921/03), este Supremo Tribunal reafirmou o mesmo entendimento de que a tarifa não constitui um tertium genus entre o imposto e a taxa, não tendo verdadeira autonomia conceitual, caracterizando-se, afinal, por não dever ser inferior ao preço do serviço prestado. V.3. Casalta Nabais, por sua vez, reportando-se ao conceito de tarifas, diz-nos o seguinte (Cadernos de Justiça Administrativa, nº 6, 1997, págs. 48 e segs.): "...no concernente às tarifas, é de referir que elas integram um conceito polissémico, relativamente ao qual é possível detectar, pelo menos, quatro sentidos, que podemos designar por sentido normativo, sentido financeiro, sentido tributário e sentido fiscal (ou melhor, aduaneiro). Em sentido financeiro, por seu turno, as tarifas significam, ou podem significar, duas coisas. Umas vezes, referem-se elas aos quadros donde constam, de um lado, as unidades de consumo e, de outro, os respectivos preços: se em tais quadros figura apenas uma unidade de consumo por cada quadro, temos tarifas unitárias; se neles figuram mais do que uma unidade de consumo, então temos tarifas múltiplas. Nesta versão, as tarifas constituem quadros de unidades de consumo dos serviços públicos e dos correspondentes preços, ou seja, tabelas ou listas de preços (s). A maioria das vezes, porém, as tarifas em sentido financeiro referem-se, não aos mencionados quadros, listas ou tabelas, mas aos preços dos serviços públicos prestados pelas administrações públicas ou pelos concessionários, sejam os mesmos preços públicos ou privados, ou seja, trate-se de tarifas públicas ou privadas. Neste caso, as tarifas reconduzem-se aos preços dos serviços públicos, relativamente aos quais se põe o problema de saber qual o exacto âmbito dessa figura financeira, ou seja, se abarcam todos e quaisquer preços dos serviços públicos, sejam estes voluntariamente estabelecidos ou autoritariamente fixados, se dizem respeito apenas aos preços voluntariamente estabelecidos, ou se integram somente os preços autoritariamente fixados. Enquanto na primeira hipótese as tarifas constituem uma figura complexa, pois integram, de um lado, um especial tipo de taxas ou preços públicos e, de outro, os preços, na segunda temos unicamente preços, e, na terceira, deparamo-nos com uma figura tributária em sentido estrito, ou seja, com um tributo bilateral ou uma taxa. E aqui temos as tarifas em sentido tributário, constituídas assim pelos preços dos serviços públicos autoritariamente fixados. Em nossa opinião, este devia ser o sentido reservado para as tarifas, um sentido que, como vamos ver, de algum modo está subjacente à Lei das Finanças Locais (artigos 11º e 12º). Neste último sentido as tarifas, como dissemos, constituem um especial tipo de taxas ou preços públicos. Um especial tipo de taxas que tem de específico o facto de não dizerem respeito a serviços públicos que sejam por essência da titularidade do Estado, uma vez que não correspondem às funções institucionais fundamentais próprias da Administração Pública nem visam, por conseguinte, a realização dos fins estaduais primários. Por isso, podem tais serviços ser objecto de oferta e procura e susceptíveis, assim, de uma avaliação em termos de mercado. Por outras palavras, trata-se de taxas equivalentes, de taxas cujo montante não deve, assim, ser inferior ao efectivo custo do correspondente serviço. Um sentido que, acentue-se, está patente no mencionado artigo 12º da Lei das Finanças Locais, ao dispor, no nº 1, que as tarifas respeitam às actividades de abastecimento de água, de recolha, tratamento e depósito de lixos, de ligação, conservação e tratamento de esgotos e de transportes urbanos colectivos de pessoas e de mercadorias, e ao estabelecer, no nº 2, o princípio de que os montantes das tarifas não devem ser inferiores aos respectivos encargos provisionais de exploração e de administração, acrescidos do montante necessário à reintegração do equipamento. Assim as tarifas equiparam-se, de algum modo, às redevances do direito francês, aos precios publicos do direito espanhol, etc". Temos então que, segundo este autor, as tarifas não passam de taxas que revestem as seguintes particularidades: a) não dizem respeito a serviços públicos que sejam por essência da titularidade do Estado, uma vez que não correspondem às funções institucionais fundamentais próprias da Administração Pública nem visam, por conseguinte, a realização dos fins estaduais primários; b) por outro lado, podendo tais serviços ser objecto de oferta e procura e susceptíveis, assim, de uma avaliação em termos de mercado, o seu montante não deve, em princípio, ser inferior ao efectivo custo do correspondente serviço. (Sobre esta questão v. também António Malheiro de Magalhães – O Regime Jurídico dos Preços Municipais, Almedina 2012 que aqui seguiremos de perto e, entre outros, Teixeira Ribeiro – Noção Jurídica de Taxa – R.L.J., ano 117º, nº 3727, págs., 292/293 e Lições de Finanças Públicas, 2ª edição, págs. 206, Sousa Franco, Direito Financeiro e Finanças Públicas e Alberto Xavier, Manual de Direito Fiscal, I, págs. 54 e 55). V.4. Acontece, porém, que, como acima se referiu, a nova Lei das Finanças Locais, aprovada pela Lei nº 2/2007, de 15 de janeiro, deixou de considerar as tarifas entre as receitas dos municípios (ao contrário do que sucedia nas Leis números 1/87, de 6 de janeiro – artigo 4º e 42/98, de 6 de agosto – artigo 16º), limitando-se a referir apenas no artigo 10º, alínea c) "cobrança de taxas e preços resultantes da concessão de licenças e da prestação de serviços pelo município, de acordo com o disposto nos artigos 15º e 16º". Se a isto acrescentarmos que o artigo 16º, nº 3, refere que os preços e demais instrumentos de remuneração a cobrar pelos municípios respeitam, designadamente, às actividades de exploração de sistemas municipais ou intermunicipais de abastecimento público de água e que os preços devem obedecer a regulamento tarifário a aprovar, parece que seríamos levados a concluir no sentido de que tais preços deixaram de ser considerados taxas, ficando, por isso, a cobrança das respectivas dívidas sujeita ao foro comum. Será assim? V.5. Acompanhando António Malheiro de Magalhães, Ob. citada, diremos que os agora designados "preços" cobrados por serviços prestados e bens fornecidos pelos Municípios não perdem o sentido e o alcance que anteriormente lhes eram assacados pela doutrina e pela jurisprudência em face da Lei das Finanças Locais aprovada pela lei nº 42/98, já que mantêm a mesma natureza das "tarifas e preços" a que se referia o artigo 20º daquele diploma. Com efeito, apesar da supressão do termo "tarifa", quer as taxas quer os preços agora previstos como receitas municipais nos artigo 15º e 16º, respectivamente, da Lei nº 2/2007, continuam a integrar o conceito de "taxa lato sensu" porque autoritariamente fixados pela prestação de bens semi-públicos, integrando-se, por isso, no conceito dado pelo artigo 4º da LGT. Aliás, já Marcello Caetano – Manual de Direito Administrativo, Vol. II, págs. 1067 a 1084 ensinava que de acordo com o critério do objeto os serviços públicos se classificavam como serviços públicos económicos, sociais ou de segurança social e culturais, sendo serviços públicos económicos aqueles que visam a satisfação das necessidades colectivas de caráter económico produzindo bens materiais, facilitando a circulação das pessoas, das coisas ou das ideias ou fornecendo bens para consumo, incluindo no primeiro grupo, nomeadamente, os serviços de produção e distribuição de água. E acrescentava ainda que podendo alguns desses serviços ser gratuitos ou onerosos, o pagamento de um preço pelos serviços prestados a título oneroso por pessoas colectivas de direito público revestia a natureza de taxa, nessa qualidade ficando sujeito ao regime da cobrança das recitas fiscais. E justificava ainda a fixação autoritária de tais "preços" porque os mesmos não podiam ser adaptados pelo empresário no decurso da exploração às vicissitudes da procura, às conveniências da oferta ou aos encargos imprevisto, tal como pode suceder com os preços do mercado. E não se diga que, no caso concreto, estamos em face de um contrato entre consumidor e prestador do serviço (artigos 59º, 63º e 64º do Decreto-Lei nº 194/2009) pois que isso não é suficiente para afastar o conceito de taxa. Na verdade, a autonomia da vontade negocial da entidade gestora e do consumidor final nada ou pouco interfere na denominação do respectivo conteúdo e grau de vinculação da relação contraída, pelo que a respectiva contrapartida reveste natureza coativa (Aliás, o artigo 69º do Decreto-Lei nº 194/2009, de 24 de Agosto, constitui um bom exemplo da inexistência da autonomia contratual ao impor que todos os edifícios, existentes ou a construir, com acesso ao serviço de abastecimento público de água ou de saneamento de águas residuais devem dispor de sistemas prediais de distribuição de água e de drenagem de águas residuais devidamente licenciados, de acordo com as normas de concepção e dimensionamento em vigor, e estar ligados aos respectivos sistemas públicos, sob pena da aplicação da coima prevista no 72º, nº 2, alínea a).) Conforme salienta Sérgio Vasques - Manual de Direito Fiscal, Almedina, Coimbra, 2011, págs. 208 e segs., ainda que as taxas sejam exigidas em virtude da prestação de bens ou serviços, dando corpo a uma relação de troca com os contribuintes, elas não deixam de possuir natureza coativa, característica de todos os tributos públicos. E acrescenta o mesmo autor que dois critérios materiais relevantes para a distinção entre preços e taxas são o do regime económico em que é realizada a prestação administrativa e o da indispensabilidade que essa prestação administrativa reveste para o particular. Assim, estaremos perante uma taxa quando, por razões de direito ou de facto, não se encontrem no mercado prestações sucedâneas daquelas que a administração realize e o particular se veja por isso verdadeiramente coagido ao seu consumo (ou, por outras palavras, quando o aproveitamento da prestação administrativa se revela imprescindível para a sobrevivência condigna do particular, atentos os padrões sociais de cada momento e da cada lugar); já, pelo contrário, estaremos perante preço se o particular dispuser de liberdade de escolha entre prestações asseguradas pelo sector público e pelo sector privado (isto quando a administração realize essas prestações em condições de concorrência), ou por outras palavras também, quando o particular possa prescindir da prestação administrativa sem sacrifício relevante para a sua qualidade de vida. Ora, não restam dúvidas, no caso que nos ocupa, quanto à indispensabilidade do serviço de abastecimento de água, tendo aliás, a Assembleia Geral da ONU reconhecido como direito fundamental do cidadão o abastecimento de água potável e o saneamento básico, enquanto realização do direito à saúde e a um nível de vida adequado. Por outro lado, embora, como adiante se dirá, a gestão da água possa até ser efectuada por várias entidades (entre elas privadas. em regime de concessão), a verdade é que não existe concorrência para que os particulares possam optar por outro fornecedor. Em face do que ficou dito concluímos então no sentido de que, não obstante a Lei nº 2/2007 (Lei da Finanças Locais) ter eliminado a expressão "tarifas" como receitas das autarquias, que a doutrina e a jurisprudência qualificavam como taxas, a expressão "preços" constante do seu artigo 16º, nº 3, reportada a abastecimento público de água e saneamento de águas residuais, mantém o mesmo sentido e alcance das mencionadas "tarifas". VI. Aqui chegados, parece então que podemos concluir que as dívidas não pagas podem coercivamente ser cobradas em processo de execução fiscal, "ex vi" artigos 12º, nº 2 da Lei nº 53-E/2006, de 29 de dezembro e 56º, nº 3 da Lei nº 2/2007, de

15 de janeiro. Porém, ainda se pode suscitar a questão da aplicação da Lei nº 23/96, de 26 de julho (alterada e republicada pela Lei nº 12/2008, de 26 de fevereiro, com a última alteração introduzida pela Lei nº 10/2013, de 28 de janeiro). Com efeito, o artigo 1º daquela Lei diz o seguinte: "1 – A presente lei consagra regras a que deve obedecer a prestação de serviços públicos essenciais em ordem à protecção do utente. 2 – São os seguintes os serviços públicos abrangidos: a) Serviço de fornecimento de água; b) Serviço de fornecimento de energia eléctrica; c) Serviço de fornecimento de gás natural e gases de petróleo liquefeitos canalizados; d) Serviço de comunicações electrónicas; e) Serviços postais; f) Serviço de recolha e tratamento de águas residuais; g) Serviços de gestão de resíduos sólidos urbanos. 3 – Considera-se utente, para os efeitos previstos nesta lei, a pessoa singular ou colectiva a quem o prestador do serviço se obriga a prestá-lo". 4 – Considera-se prestador dos serviços abrangidos pela presente lei toda a entidade pública ou privada que preste ao utente qualquer dos serviços referidos no nº 2, independentemente da sua natureza jurídica, do título a que o faça ou da existência ou não de contrato de concessão". O decreto-lei nº 194/2009 estabeleceu o regime jurídico dos serviços municipais de abastecimento público de água, de saneamento de águas residuais urbanas e de gestão de resíduos urbanos, dizendo o seu artigo 3º que a exploração e gestão daqueles sistemas municipais consubstanciam serviços de interesse geral e visam a prossecução do interesse público, estando sujeitas a obrigações específicas de serviço público. A gestão dos serviços municipais de abastecimento público de água, de saneamento de águas residuais urbanas e de gestão de resíduos urbanos é uma atribuição dos municípios e pode ser por eles prosseguida isoladamente ou através de associações de municípios ou de áreas metropolitanas, mediante sistemas intermunicipais (artigo 6º, nº 1). A gestão daqueles serviços pode ser efectuada de acordo com um dos seguintes modelos de gestão: a) Prestação directa do serviço; b) Delegação do serviço em empresa constituída em parceria com o Estado; c) Delegação do serviço em empresa do sector empresarial local; d) Concessão do serviço (artigo 7º, nº 1). No modelo de gestão direta o serviço pode ser prestado através de serviços municipais, de serviços intermunicipais, de serviços municipalizados ou de serviços intermunicipalizados (artigo 14º, nº 1). No modelo de gestão em parceria podem ser estabelecidas parcerias entre o Estado e os municípios, as associações de municípios ou as áreas metropolitanas com vista à exploração e gestão de sistemas municipais de abastecimento público de água, de saneamento de águas residuais urbanas e de gestão de resíduos urbanos (artigo 16º, nº 1). No modelo de delegação do serviço em empresa do sector empresarial local o serviço é prestado por empresa municipal delegatária constituída nos termos previstos no regime jurídico do sector empresarial local, aprovado pela Lei nº 53-F/2006, de 29 de dezembro (artigo 17º e 18º).

No modelo de gestão concessionada a concessão dos serviços municipais, a realizar de acordo com este diploma e, subsidiariamente, com o Código dos Contratos Públicos, inclui a operação, a manutenção e a conservação do sistema, previstas no nº 1 do artigo 2º, e pode incluir ainda a construção, a renovação e a substituição de infra-estruturas, instalações e equipamentos (artigo 31º e 32º). Sendo então o abastecimento de água efectuado por várias entidades – podendo ser entidades privadas em regime de concessão – ainda que se aceite que no caso de a gestão ficar a cargo dos municípios ou empresas municipais possa ser usado o processo de execução fiscal, subsiste a questão quando a gestão estiver a cargo de concessionárias. Ora, quanto a estas acompanhamos António Malheiro de Magalhães (Ob. Citada), quando escreve que o processo de execução fiscal é um meio jurisdicional específico contemplado na lei apenas ao dispor do Estado e outras pessoas colectivas de direito público para procederem à cobrança coerciva de tributos bem como de outras dívidas quando a lei assim o previr. Por isso, quando uma entidade privada – neste caso uma concessionária – desenvolve uma actividade materialmente administrativa traduzida na prestação de um serviço público essencial previsto na Lei nº 23/96, está excluído o âmbito do processo de execução fiscal, com o recurso aos meios de execução comuns. Deste modo, o processo de execução fiscal continua a ser o meio próprio para cobrança coerciva de dívidas por abastecimento de água e saneamento, quando o serviço for prestado pelo Município ou por empresa municipal. Sendo o serviço prestado por concessionário, e como refere Pedro Gonçalves – A Concessão de Serviços Públicos, Almedina, Coimbra, 1999, pág. 320, "em caso de incumprimento do utente, a nota de cobrança emitida pelo concessionário está desprovida de força executiva, não podendo portanto, dar lugar a um imediato processo de execução fiscal". Este entendimento em nada colide com o regime da Lei nº 23/96, já que, tratando-se da cobrança de dívidas aos municípios ou empresas municipalizadas, a "propositura da acção" a que se refere o artigo 10º tem de entender-se como reportada à instauração da execução fiscal, devendo noutras matérias aplicar-se a LGT (suspensão da prescrição, por exemplo, como bem se refere no Parecer do Provedor de Justiça acima identificado). Esta cobrança coerciva pelos próprios serviços, como se escreveu no acórdão deste STA, de 30.05.2001 – Processo nº 026109, acima parcialmente transcrito, situa-se "na linha de atribuição legislativa do poder de auto tutela administrativa dos efeitos jurídicos pecuniários estatuídos pelos seus próprios actos administrativo-tributários, mais não representa do que uma simples adaptação do regime que vigora para a cobrança de outras dívidas de natureza tributária em relação à administração tributária (artigos 149º e segs.). Consubstanciando-se a execução forçada do acto tributário essencialmente em tarefas administrativas, que dão assim expressão à força jurídico-imperativo-vinculante que os efeitos do acto administrativo tributário importa, entendeu o legislador atribuir essa tarefa à própria administração, embora sob o directo controlo do tribunal, dada a natureza apertada do regime jurídico a que essa execução está sujeita, quase que diríamos estritamente vinculada, desonerando o tribunal de levar a cabo tarefas de cariz meramente executivo. É essa visão das coisas que está afirmada no artigo 103º da LGT. Mas isso não impede, mas antes é sugerido em virtude da diferente natureza das dívidas de que sejam credoras, que essa actividade de auto-tutela seja levada a cabo pela diversa administração que leva a cabo a gestão dos interesses públicos a que respeitam as receitas a cobrar coercivamente. É nesta linha que se posiciona a competência da administração tributária dependente da Direcção-Geral dos Impostos que está prevista na al. f) do nº 1 do artigo 10º do CCPT de "instaurar os processos de execução fiscal e realizar os actos a estes respeitantes" pelas receitas cuja arrecadação deva garantir. É ainda o mesmo princípio axiológico que justifica a opção recente do legislador de cometer aos Centros Regionais de Segurança Social, através de secção de processos, a cobrança coerciva dos valores relativos às cotizações e às contribuições (artigo 63º da Lei nº 17/2000, de 8 de agosto, já entrado em vigor – artigo 119º da mesma Lei). VII. Para concluir e dar então uma resposta à questão, há que referir que, nos casos acima referidos em que seja instaurada execução fiscal, o tribunal tributário é competente para apreciar as questões colocadas no processo de execução fiscal, por força do disposto no artigo 151º do CPPT. VIII. Em face de todo o exposto, ao abrigo do disposto no artigo 93º do CPTA, e relativamente à questão: «No domínio de vigência da Lei das Finanças Locais de 2007 (Lei nº 2/2007, de 15 de janeiro) e do Decreto-Lei nº 194/2009, de 20 de agosto, cabe na competência dos tribunais tributários a apreciação de litígios emergentes da cobrança coerciva de dívidas a uma empresa municipal provenientes de abastecimento público de águas, de saneamento de águas residuais urbanas e de gestão de resíduos urbanos?» Acordam os Juízes do Pleno da Secção de Contencioso Tributário em responder à mesma pela forma seguinte: No domínio de vigência da Lei das Finanças Locais de 2007 (Lei nº 2/2007, de 15 de janeiro) e do Decreto-Lei nº 194/2009, de 20 de agosto, cabe na competência dos tribunais tributários a apreciação de litígios emergentes da cobrança coerciva de dívidas a uma empresa municipal provenientes de abastecimento público de águas, de saneamento de águas residuais urbanas e de gestão de resíduos urbanos, uma vez que, o termo "preços" utilizado naquela Lei equivale ao conceito de "tarifas" usado nas anteriores Leis de Finanças Locais e a que a doutrina e jurisprudência reconheciam a natureza de taxas, pelo que podem tais dívidas ser coercivamente cobradas em processo de execução fiscal. Sem custas. Lisboa, 10 de Abril de 2013. – João António Valente Torrão (relator) – Joaquim Casimiro Gonçalves – Alfredo Aníbal Bravo Coelho Madureira – Dulce Manuel da Conceição Neto

– Isabel Cristina Mota Marques da Silva – Francisco António Pedrosa de Areal Rothes – Pedro Manuel Dias Delgado – José da Ascensão Nunes Lopes – Maria Fernanda dos Santos Maçãs.

Comentário:

1. Verifica-se uma aplicação subsidiária do artigo 44º da LGT, onde se revela clara a obrigação de pagar juros de mora sempre que o pagamento das taxas não seja efetuado atempadamente.

2. O artigo 44º da Lei Geral Tributária (na versão atualizada pela Lei nº 24-D/ /2022, de 30 de dezembro), dispõe o seguinte:

Artigo 44º – Falta de pagamento da prestação tributária

1 – São devidos juros de mora quando o sujeito passivo não pague o imposto devido no prazo legal.

2 – Os juros de mora aplicáveis às dívidas tributárias são devidos até à data do pagamento da dívida.

3 – A taxa de juros de mora é a definida na lei geral para as dívidas ao Estado e outras entidades públicas, excepto no período que decorre entre a data do termo do prazo de execução espontânea de decisão judicial transitada em julgado e a data do pagamento da dívida relativamente ao imposto que deveria ter sido pago por decisão judicial transitada em julgado, em que será aplicada uma taxa equivalente ao dobro daquela.

4 – No caso de a dívida ser paga no prazo de 30 dias contados da data da citação, os juros de mora são contados até à data da emissão desta.

3. O processo de execução fiscal abrange a cobrança dos tributos, incluindo os aduaneiros, especiais e extrafiscais, taxas, demais contribuições financeiras a favor do Estado, adicionais cumulativamente cobrados, juros e outros encargos legais, onde se integram facilmente a taxas locais.

4. A esse propósito o artigo 148º do Código de Procedimento e Processo Tributário (na versão atualizada pela Lei nº 12/2022 de 27 de junho), dispõe o seguinte:

Artigo 148º – Âmbito da execução fiscal

1 – O processo de execução fiscal abrange a cobrança coerciva das seguintes dívidas:

a) Tributos, incluindo impostos aduaneiros, especiais e extrafiscais, taxas, demais contribuições financeiras a favor do Estado, adicionais cumulativamente cobrados, juros e outros encargos legais;

b) Coimas e outras sanções pecuniárias fixadas em decisões, sentenças ou acórdãos relativos a contra-ordenações tributárias, salvo quando aplicadas pelos tribunais comuns.

c) Coimas e outras sanções pecuniárias decorrentes da responsabilidade civil determinada nos termos do Regime Geral das Infracções Tributárias.

2 – Poderão ser igualmente cobradas mediante processo de execução fiscal, nos casos e termos expressamente previstos na lei:

a) Outras dívidas ao Estado e a outras pessoas colectivas de direito público que devam ser pagas por força de acto administrativo;

b) Reembolsos ou reposições;

c) Custas, multas não penais e outras sanções pecuniárias fixadas em processo judicial.

Artigo 13º – Publicidade

As autarquias locais devem disponibilizar, quer em formato papel em local visível nos edifícios das sedes e assembleias respectivas, quer na sua página electrónica, os regulamentos que criam as taxas previstas nesta lei.

Comentário:

1. Uma inovação importante é a obrigação de que as autarquias devem proceder à divulgação dos seus regulamentos de taxas, não apenas em suporte papel, mas através da internet, nas páginas eletrónicas das autarquias.

2. Conforme Vasques, Sérgio, (2008), Regime das Taxas Locais. Introdução e comentário. Cadernos IDEFF. Nº 8. Almedina. Coimbra. 2008, "um dos maiores problemas com que se confrontam os operadores económicos e o comum dos contribuintes (...), no que respeita às taxas locais reside na divulgação deficiente dos regulamentos em vigor. A tradição firmada entre nós passou, primeiro, pela afixação dos regulamentos nos lugares de estilo dos municípios e freguesias, depois pela publicação dos regulamentos nos respetivos boletins ou jornais da região, acreditando-se que o comum dos contribuintes se desloca com alguma frequência à sede das autarquias e que os operadores económicos fazem a leitura regular dos boletins que elas editam ou dos jornais que noticiam os acontecimentos locais. (...) as deliberações dos órgãos autárquicos destinadas a ter eficácia externa, como o são os regulamentos de taxas, devem ser publicadas em edital afixado nos lugares de estilo durante 5 dos 10 dias subsequentes à tomada da deliberação ou decisão, assim como no boletim da autarquia local e nos jornais regionais editados na área do respetivo município que tenham maior divulgação. (...) a publicação em Diário da República apenas deve ter lugar quando a lei expressamente o imponha, não constituindo este, portanto, um requisito geral de eficácia dos regulamentos de municípios e freguesias.

É evidente, contudo, que hoje em dia o contacto quotidiano do comum dos contribuintes com os serviços da administração local é bastante distante (...). Na verdade, a única forma segura de hoje garantir a divulgação completa dos regulamentos de taxas locais estaria, em primeira linha, em obrigar à respetiva publicação em Diário da República, cuja edição eletrónica constitui hoje um instrumento de informação jurídica da maior importância, e em segunda linha, em obrigar à publicação destes regulamentos nos próprios sites eletrónicos das autarquias locais."

3. O presente artigo não obriga à publicação dos regulamentos de taxas locais em Diário da República, mas obriga à sua disponibilização nas páginas eletrónicas das autarquias locais.

4. Contudo, o que acontece com regularidade, é que a informação disponibilizada na internet raras vezes se encontra atualizada, ou devidamente organizada.

Artigo 14º – Caducidade

O direito de liquidar as taxas caduca se a liquidação não for validamente notificada ao sujeito passivo no prazo de quatro anos a contar da data em que o facto tributário ocorreu.

Comentário:

1. A caducidade traduz-se no termo da vigência de um ato, em virtude da superveniência de um facto com força bastante para tal.

2. O prazo de caducidade do direito à liquidação das taxas consagrado neste artigo corresponde ao previsto no artigo 45º da Lei Geral Tributária, com a redação da Lei nº 24-D/2022, de 30 de dezembro:

> Artigo 45º – Caducidade do direito à liquidação
>
> 1 – O direito de liquidar os tributos caduca se a liquidação não for validamente notificada ao contribuinte no prazo de quatro anos, quando a lei não fixar outro.
>
> 2 – No caso de erro evidenciado na declaração do sujeito passivo o prazo de caducidade referido no número anterior é de três anos.
>
> 3 – Em caso de ter sido efetuada qualquer dedução ou crédito de imposto, o prazo de caducidade é o do exercício desse direito.
>
> 4 – O prazo de caducidade conta-se, nos impostos periódicos, a partir do termo do ano em que se verificou o facto tributário e, nos impostos de obrigação única, a partir da data em que o facto tributário ocorreu, excepto no imposto sobre o valor acrescentado e nos impostos sobre o rendimento quando a tributação seja efectuada por retenção na fonte a título definitivo, caso em que aquele

prazo se conta a partir do início do ano civil seguinte àquele em que se verificou, respectivamente, a exigibilidade do imposto ou o facto tributário.

5 – Sempre que o direito à liquidação respeite a factos relativamente aos quais foi instaurado inquérito criminal, o prazo a que se refere o nº 1 é alargado até ao arquivamento ou trânsito em julgado da sentença, acrescido de um ano.

6 – Para efeitos de contagem do prazo referido no nº 1, as notificações sob registo consideram-se validamente efectuadas no 3º dia posterior ao do registo ou no 1º dia útil seguinte a esse, quando esse dia não seja útil.

7 – O prazo referido no nº 1 é de 12 anos sempre que o direito à liquidação respeite a factos tributários conexos com:

a) País, território ou região sujeito a um regime fiscal claramente mais favorável, constante de lista aprovada por portaria do Ministro das Finanças, que devendo ser declarados à administração tributária o não sejam; ou

b) Contas de depósito ou de títulos abertas em instituições financeiras não residentes em Estados membros da União Europeia, ou em sucursais localizadas fora da União Europeia de instituições financeiras residentes, cuja existência e identificação não seja mencionada pelos sujeitos passivos do IRS na correspondente declaração de rendimentos do ano em que ocorram os factos tributários.

Artigo 15º – Prescrição

1 – As dívidas por taxas às autarquias locais prescrevem no prazo de oito anos a contar da data em que o facto tributário ocorreu.

2 – A citação, a reclamação e a impugnação interrompem a prescrição.

3 – A paragem dos processos de reclamação, impugnação e execução fiscal por prazo superior a um ano por facto não imputável ao sujeito passivo faz cessar a interrupção da prescrição, somando-se, neste caso, o tempo que decorreu após aquele período ao que tiver decorrido até à data da autuação.

Anotação:

1. O Regime de Protecção dos Utentes dos Serviços Públicos foi aprovado pela Lei nº 23/96, de 26 de julho. Vigora com a redação da Lei nº 51/2019, de 29 de julho. O Regime de Protecção dos Utentes dos Serviços Públicos cria no ordenamento jurídico alguns mecanismos destinados a proteger o utente de serviços públicos essenciais

Artigo 1º – Objecto e âmbito

1 – A presente lei consagra regras a que deve obedecer a prestação de serviços públicos essenciais em ordem à protecção do utente.

2 – São os seguintes os serviços públicos abrangidos:

a) Serviço de fornecimento de água;

b) Serviço de fornecimento de energia eléctrica;

c) Serviço de fornecimento de gás natural e gases de petróleo liquefeitos canalizados;

d) Serviço de comunicações electrónicas;

e) Serviços postais;

f) Serviço de recolha e tratamento de águas residuais;

g) Serviços de gestão de resíduos sólidos urbanos;

h) Serviço de transporte de passageiros.

3 – Considera-se utente, para os efeitos previstos nesta lei, a pessoa singular ou colectiva a quem o prestador do serviço se obriga a prestá-lo.

4 – Considera-se prestador dos serviços abrangidos pela presente lei toda a entidade pública ou privada que preste ao utente qualquer dos serviços referidos no nº 2, independentemente da sua natureza jurídica, do título a que o faça ou da existência ou não de contrato de concessão.

(De acordo com o Decreto-Lei nº 56-B/2021, de 7 de julho, na redação que lhe foi dada pelo Decreto-Lei nº 119-B/2021, de 23 de dezembro (suplemento), o fornecimento dos serviços previstos no nº 2 do presente artigo não pode ser suspenso até 31 de março de 2022).

Artigo 2º – Direito de participação

1 – As organizações representativas dos utentes têm o direito de ser consultadas quanto aos actos de definição do enquadramento jurídico dos serviços públicos e demais actos de natureza genérica que venham a ser celebrados entre o Estado, as Regiões Autónomas ou as autarquias e as entidades concessionárias.

2 – Para esse efeito, as entidades públicas que representem o Estado, as Regiões Autónomas ou as autarquias nos actos referidos no número anterior devem comunicar atempadamente às organizações representativas dos utentes os respectivos projectos e propostas, de forma que aquelas se possam pronunciar sobre estes no prazo que lhes for fixado e que não será inferior a 15 dias.

3 – As organizações referidas no nº 1 têm ainda o direito de ser ouvidas relativamente à definição das grandes opções estratégicas das empresas concessionárias do serviço público, nos termos referidos no número anterior, desde que este serviço seja prestado em regime de monopólio.

Artigo 3º – Princípio geral

O prestador do serviço deve proceder de boa fé e em conformidade com os ditames que decorram da natureza pública do serviço, tendo igualmente em conta a importância dos interesses dos utentes que se pretende proteger.

Artigo 4º – Dever de informação

1 – O prestador do serviço deve informar, de forma clara e conveniente, a outra parte das condições em que o serviço é fornecido e prestar-lhe todos os esclarecimentos que se justifiquem, de acordo com as circunstâncias.

2 – O prestador do serviço informa directamente, de forma atempada e eficaz, os utentes sobre as tarifas aplicáveis pelos serviços prestados, disponibilizando-lhes informação clara e completa sobre essas tarifas.

3 – Os prestadores de serviços de comunicações electrónicas informam regularmente, de forma atempada e eficaz, os utentes sobre as tarifas aplicáveis aos serviços prestados, designadamente as respeitantes às redes fixa e móvel, ao acesso à Internet e à televisão por cabo.

Artigo 5º – Suspensão do fornecimento do serviço público

1 – A prestação do serviço não pode ser suspensa sem pré-aviso adequado, salvo caso fortuito ou de força maior.

2 – Em caso de mora do utente que justifique a suspensão do serviço, esta só pode ocorrer após o utente ter sido advertido, por escrito, com a antecedência mínima de 20 dias relativamente à data em que ela venha a ter lugar.

3 – A advertência a que se refere o número anterior, para além de justificar o motivo da suspensão, deve informar o utente dos meios que tem ao seu dispor para evitar a suspensão do serviço e, bem assim, para a retoma do mesmo, sem prejuízo de poder fazer valer os direitos que lhe assistam nos termos gerais.

4 – A prestação do serviço público não pode ser suspensa em consequência de falta de pagamento de qualquer outro serviço, ainda que incluído na mesma factura, salvo se forem funcionalmente indissociáveis.

5 – À suspensão de serviços de comunicações eletrónicas prestados a consumidores aplica-se o regime previsto no artigo 52º-A da Lei nº 5/2004, de 10 de fevereiro, alterada pelo Decreto-Lei nº 176/2007, de 8 de maio, pela Lei nº 35/2008, de 28 de julho, pelos Decretos-Lei nº 123/2009, de 21 de maio, e 258/2009, de 25 de setembro, pela Lei nº 46/2011, de 24 de junho, e alterada e republicada pela Lei nº 51/2011, de 13 de Setembro.

Artigo 6º – Direito a quitação parcial

Não pode ser recusado o pagamento de um serviço público, ainda que facturado juntamente com outros, tendo o utente direito a que lhe seja dada quitação daquele, salvo o disposto na parte final do nº 4 do artigo anterior.

Artigo 7º – Padrões de qualidade

A prestação de qualquer serviço deverá obedecer a elevados padrões de qualidade, neles devendo incluir-se o grau de satisfação dos utentes, especialmente quando a fixação do preço varie em função desses padrões.

Artigo 8º – Consumos mínimos e contadores

1 – São proibidas a imposição e a cobrança de consumos mínimos.

2 – É proibida a cobrança aos utentes de:

a) Qualquer importância a título de preço, aluguer, amortização ou inspecção periódica de contadores ou outros instrumentos de medição dos serviços utilizados;

b) Qualquer outra taxa de efeito equivalente à utilização das medidas referidas na alínea anterior, independentemente da designação utilizada;

c) Qualquer taxa que não tenha uma correspondência directa com um encargo em que a entidade prestadora do serviço efectivamente incorra, com excepção da contribuição para o audiovisual;

d) Qualquer outra taxa não subsumível às alíneas anteriores que seja contrapartida de alteração das condições de prestação do serviço ou dos equipamentos utilizados para esse fim, excepto quando expressamente solicitada pelo consumidor.

3 – Não constituem consumos mínimos, para efeitos do presente artigo, as taxas e tarifas devidas pela construção, conservação e manutenção dos sistemas públicos de água, de saneamento e resíduos sólidos, nos termos do regime legal aplicável.

Artigo 9º – Facturação

1 – O utente tem direito a uma factura que especifique devidamente os valores que apresenta.

2 – A factura a que se refere o número anterior deve ter uma periodicidade mensal, devendo discriminar os serviços prestados e as correspondentes tarifas.

3 – No caso do serviço de comunicações electrónicas, e a pedido do interessado, a factura deve traduzir com o maior pormenor possível os serviços prestados, sem prejuízo do legalmente estabelecido em matéria de salvaguarda dos direitos à privacidade e ao sigilo das comunicações.

4 – Quanto ao serviço de fornecimento de energia eléctrica, a factura referida no nº 1 deve discriminar, individualmente, o montante referente aos bens fornecidos ou serviços prestados, bem como cada custo referente a medidas de política energética, de sustentabilidade ou de interesse económico geral (geralmente denominado de custo de interesse económico geral), e outras taxas e contribuições previstas na lei.

5 – O disposto no número anterior não poderá constituir um acréscimo do valor da factura.

Artigo 10º – Prescrição e caducidade

1 – O direito ao recebimento do preço do serviço prestado prescreve no prazo de seis meses após a sua prestação.

2 – Se, por qualquer motivo, incluindo o erro do prestador do serviço, tiver sido paga importância inferior à que corresponde ao consumo efectuado, o direito do prestador ao recebimento da diferença caduca dentro de seis meses após aquele pagamento.

3 – A exigência de pagamento por serviços prestados é comunicada ao utente, por escrito, com uma antecedência mínima de 10 dias úteis relativamente à data limite fixada para efectuar o pagamento.

4 – O prazo para a propositura da acção ou da injunção pelo prestador de serviços é de seis meses, contados após a prestação do serviço ou do pagamento inicial, consoante os casos.

5 – O disposto no presente artigo não se aplica ao fornecimento de energia eléctrica em alta tensão.

Artigo 11º – Ónus da prova

1 – Cabe ao prestador do serviço a prova de todos os factos relativos ao cumprimento das suas obrigações e ao desenvolvimento de diligências decorrentes da prestação dos serviços a que se refere a presente lei.

2 – Incide sobre o prestador do serviço o ónus da prova da realização das comunicações a que se refere o artigo 10º, relativas à exigência do pagamento e do momento em que as mesmas foram efectuadas.

Artigo 12º – Acerto de valores cobrados

Sempre que, em virtude do método de facturação utilizado, seja cobrado ao utente um valor que exceda o correspondente ao consumo efectuado, o valor em excesso é abatido da factura em que tenha sido efectuado o acerto, salvo caso de declaração em contrário, manifestada expressamente pelo utente do serviço.

Artigo 13º – Carácter injuntivo dos direitos

1 – É nula qualquer convenção ou disposição que exclua ou limite os direitos atribuídos aos utentes pela presente lei.

2 – A nulidade referida no número anterior apenas pode ser invocada pelo utente.

3 – O utente pode optar pela manutenção do contrato quando alguma das suas cláusulas seja nula.

Artigo 14º – Direito ressalvado

Ficam ressalvadas todas as disposições legais que, em concreto, se mostrem mais favoráveis ao utente.

Artigo 15º – Resolução de litígios e arbitragem necessária

1 – Os litígios de consumo no âmbito dos serviços públicos essenciais estão sujeitos a arbitragem necessária quando, por opção expressa dos utentes que sejam pessoas singulares, sejam submetidos à apreciação do tribunal arbitral dos centros de arbitragem de conflitos de consumo legalmente autorizados.

2 – Quando as partes, em caso de litígio resultante de um serviço público essencial, optem por recorrer a mecanismos de resolução extrajudicial de conflitos, suspendem-se, no seu decurso, os prazos previstos nos nºs 1 e 4 do artigo 10º.

Artigo 16º – Disposições finais

O elenco das organizações representativas dos utentes, com direito de participação nos termos do artigo 2º, será certificado e actualizado pelo departamento governamental competente, nos termos das disposições regulamentares da presente lei.

Aprovada em 23 de Maio de 1996.

O Presidente da Assembleia da República, António de Almeida Santos. Promulgada em 4 de Julho de 1996.

Publique-se.

O Presidente da República, Jorge Sampaio.

Referendada em 8 de Julho de 1996.

O Primeiro-Ministro, António Manuel de Oliveira Guterres.

2. Entretanto, a Lei nº 16/2022, de 16 de agosto, aprovou a nova Lei das Comunicações Eletrónicas, sem fronteiras, e transpõe para a ordem jurídica interna: A Diretiva 98/84/CE do Parlamento Europeu e do Conselho, de 20 de novembro de 1998, relativa à proteção jurídica dos serviços que se baseiem ou consistam num acesso condicional; A Diretiva 2002/77/CE da Comissão, de 16 de setembro de 2002, relativa à concorrência nos mercados de redes e serviços de comunicações eletrónicas; A Diretiva (UE) 2018/1972 do Parlamento Europeu e do Conselho, de 11 de dezembro de 2018, que estabelece o Código Europeu das Comunicações Eletrónicas. Aprova também, como referido, a nova Lei das Comunicações Eletrónicas, e procede à alteração dos seguintes diplomas: Comunicações Eletrónicas – Proteção e Tratamento de Dados Pessoais: altera os artigos 7º e 10º da Lei nº 41/2004, de 18 de agosto que regula as Comunicações Eletrónicas – Proteção e Tratamento de Dados Pessoais; Regime Quadro das Contraordenações do Setor da Comunicação Social: dá nova redação aos artigos 1º, 3º, 7º, 11º, 12º, 15º, 21º, 23º, 24º, 27º, 32º e 35º do Regime Quadro das Contraordenações do Setor da Comunicação Social, aprovado pela Lei nº 99/2009, de 4 de setembro; Adita o artigo 27º-A (Tramitação eletrónica) ao indicado Regime; Revoga as alíneas e), g), h) e n) do nº 3 do artigo 1º e o nº 4 do artigo 15º da Lei nº 99/2009, de 4 de setembro; Decreto-Lei nº 151-A/2000, de 20 de julho: altera o artigo 4º do Decreto-Lei nº 151-A/2000, de 20 de julho, que regula o licenciamento de redes e estações de radiocomunicações; Regime Aplicável aos Contratos Celebrados à Distância e Fora do Estabelecimento Comercial: altera o artigo 30º do Regime Aplicável aos Contratos Celebrados à Distância e Fora do Estabelecimento Comercial, aprovado pelo Decreto-Lei nº 24/2014, de 14 de fevereiro.

3. Finalmente, revoga: A Lei nº 5/2004, de 10 de fevereiro que aprovou a Lei das Comunicações Eletrónicas; A Portaria nº 791/98, de 22 de setembro; A Portaria nº 469/2009, de 6 de maio.

4. Determina ainda que todas as remissões para a Lei nº 5/2004, de 10 de fevereiro, consideram-se feitas para as correspondentes disposições da nova Lei das Comunicações Eletrónicas.

5. Finalmente, a estabelece que a presente lei se aplica a todos os contratos celebrados após a sua entrada em vigor, com exceção do nº 5 do artigo 22º, das alíneas i) e l) do artigo 113º, dos números 6 e 7 do artigo 120º, do nº 5 do artigo 122º, da alínea h) do nº 3 do artigo 126º, dos artigos 129º e 133º, da subalínea ii) da alínea b) do artigo 136º e do artigo 137º da nova Lei de Comunicações Eletrónicas, que se aplicam imediatamente a todos os contratos já existentes.

6. Determina ainda que se mantêm em vigor, até à respetiva substituição ou revogação pela ANACOM, os regulamentos e atos da ANACOM que, tendo sido adotados ao abrigo da Lei nº 5/2004, de 10 de fevereiro, não sejam incompatíveis com o disposto na nova Lei das Comunicações Eletrónicas. Estipula, ainda a manutenção em vigor da Portaria nº 1473-B/2008, de 17 de dezembro, até à sua revogação pela portaria a que se referem os artigos 167º e 168º da Lei das Comunicações Eletrónicas. Prevê norma específica relativa à aplicação no tempo do presente diploma: A presente lei entra em vigor 90 dias após a sua publicação; Não obstante o disposto na alínea anterior, o artigo 59º, os números 3, 4, 5, 6 e 7 do artigo 62º, o artigo 65º, o artigo 177º, a alínea q) do nº 3 do artigo 178º, o artigo 179º, o artigo 180º, o artigo 181º, o artigo 182º e o artigo 183º da Lei das Comunicações Eletrónicas, entram em vigor no dia seguinte ao da sua publicação.

7. O presente diploma foi posteriormente corrigido pela Declaração de Retificação nº 25/2022, de 12 de outubro.

8. Sugere-se, também, a consulta da Portaria nº 284/2022 de 28 de Novembro que aprova as funcionalidades da plataforma de cessação de contratos.

9. Concretamente sobre a taxa municipal de direitos de passagem, dispõe o artigo 169º o seguinte:

> Artigo 169º – Taxas pela concessão de direitos de passagem.
>
> 1 – As taxas pelos direitos de passagem devem refletir a necessidade de garantir a utilização ótima dos recursos e ser objetivamente justificadas, proporcionais, transparentes e não discriminatórias, devendo, ainda, ter em conta os objetivos gerais previstos no artigo 5º.
>
> 2 – Os direitos e encargos relativos à implantação, passagem e atravessamento dos domínios público e privado municipal por sistemas, equipamentos e demais recursos das empresas que oferecem redes públicas de comunicações eletrónicas e serviços de comunicações eletrónicas acessíveis ao público, em local fixo,

podem dar origem ao estabelecimento de uma taxa municipal de direitos de passagem (TMDP) e à remuneração pela utilização de infraestruturas aptas ao alojamento de redes de comunicações eletrónicas que pertençam ao domínio público ou privativo das autarquias locais prevista no Decreto -Lei nº 123/2009, de 21 de maio.

3 – A TMDP obedece aos seguintes princípios:

a) É determinada com base na aplicação de um percentual sobre o total da faturação mensal emitida pelas empresas que oferecem redes e serviços de comunicações eletrónicas acessíveis ao público, em local fixo, para todos os clientes finais do correspondente município;

b) O percentual referido na alínea anterior é aprovado anualmente por cada município até ao fim do mês de dezembro do ano anterior a que se destina a sua vigência e não pode ultrapassar os 0,25%.

4 – Nos municípios em que seja aprovada a cobrança da TMDP nos termos do número anterior, as empresas que oferecem redes e serviços de comunicações eletrónicas acessíveis ao público em local fixo são as responsáveis pelo seu pagamento.

5 – O Estado e as regiões autónomas não cobram às empresas que oferecem redes públicas de comunicações eletrónicas e serviços de comunicações eletrónicas acessíveis ao público taxas ou quaisquer outros encargos pela implantação, passagem ou atravessamento dos domínios público e privado do Estado e das regiões autónomas, à superfície ou no subsolo, por sistemas, equipamentos e demais recursos físicos necessários à sua atividade.

6 – Compete à ARN aprovar o regulamento que define as regras e procedimentos a adotar pelas empresas que oferecem redes públicas de comunicações eletrónicas e serviços de comunicações eletrónicas acessíveis ao público, em local fixo, para o apuramento, liquidação e entrega da TMDP aos municípios.

10. O Regime dos Serviços Municipais de Abastecimento Público de Água, de Saneamento de Águas Residuais, foi aprovado pelo Decreto-Lei nº 194/2009, de 20 de Agosto, vigorando com a redação da Lei nº 12/2014, de 6 de março.

CAPÍTULO I – Disposições gerais

Artigo 1º – Objecto

O presente decreto-lei estabelece o regime jurídico dos serviços municipais de abastecimento público de água, de saneamento de águas residuais urbanas e de gestão de resíduos urbanos.

Artigo 2º – Âmbito

1 – Os serviços municipais de abastecimento público de água, de saneamento de águas residuais urbanas e de gestão de resíduos urbanos abrangidos pelo presente decreto-lei compreendem, no todo ou em parte:

a) A gestão dos sistemas municipais de captação, elevação, tratamento, adução, armazenamento e distribuição de água para consumo público, bem como a gestão de fontanários não ligados à rede pública de distribuição de água que sejam origem única de água para consumo humano;

b) A gestão dos sistemas municipais de recolha, drenagem, elevação, tratamento e rejeição de águas residuais urbanas, bem como a recolha, o transporte e o destino final de lamas de fossas sépticas individuais;

c) A gestão dos sistemas municipais de recolha, transporte, armazenagem, triagem, tratamento, valorização e eliminação de resíduos urbanos, bem como as operações de descontaminação de solos e a monitorização dos locais de deposição após o encerramento das respectivas instalações.

2 – Os serviços referidos no número anterior podem incluir a valorização de subprodutos resultantes daquelas actividades, nomeadamente a disponibilização de águas residuais tratadas aptas a novas utilizações.

3 – Os serviços referidos nas alíneas a) e b) do nº 1 devem ser prestados através de instalações e redes fixas e, excepcionalmente, através de meios móveis.

4 – Os serviços referidos na alínea b) do nº 1 podem incluir a gestão de sistemas municipais de águas pluviais, onde se engloba a sua drenagem e destino final, devendo, nesse caso, ambos os sistemas ser tendencialmente distintos.

5 – Os serviços referidos na alínea c) do nº 1 podem incluir a limpeza urbana.

6 – Para efeitos do presente decreto-lei, são sistemas municipais todos os que não devam ser considerados sistemas multimunicipais, nos termos do nº 2 do artigo 1º da Lei nº 88-A/97, de 25 de julho, incluindo os sistemas geridos através de associações de municípios ou pelas áreas metropolitanas.

Artigo 3º – Serviços de interesse geral

A exploração e gestão dos sistemas municipais, tal como referidas no nº 1 do artigo anterior, consubstanciam serviços de interesse geral e visam a prossecução do interesse público, estando sujeitas a obrigações específicas de serviço público.

Artigo 4º – Exclusividade territorial e obrigação de ligação

1 – A prestação dos serviços referidos no nº 1 do artigo 2º é realizada em regime de exclusividade territorial.

2 – Excepcionalmente e em zonas delimitadas, um determinado serviço pode ser assegurado transitoriamente por terceiras entidades, quando a entidade gestora não esteja em condições de o fazer e seja necessário salvaguardar os interesses dos utilizadores, por decisão da entidade titular dos serviços.

3 – É obrigatória para os utilizadores a ligação aos sistemas municipais respetivos.

4 – A obrigação consagrada no número anterior não se verifica quando razões ponderosas de interesse público o justifiquem, reconhecidas por deliberação da câmara municipal.

5 – Para efeitos do disposto no presente artigo, é considerado utilizador dos sistemas municipais qualquer pessoa singular ou coletiva, pública ou privada, cujo local de consumo se situe no âmbito territorial do sistema.

Artigo 5º – Princípios gerais

1 – As actividades referidas no nº 1 do artigo 2º devem ser prestadas de acordo com os seguintes princípios:

a) A promoção tendencial da sua universalidade e a garantia da igualdade no acesso;

b) A garantia da qualidade do serviço e da protecção dos interesses dos utilizadores;

c) O desenvolvimento da transparência na prestação dos serviços;

d) A protecção da saúde pública e do ambiente;

e) A garantia da eficiência e melhoria contínua na utilização dos recursos afectos, respondendo à evolução das exigências técnicas e às melhores técnicas ambientais disponíveis;

f) A promoção da solidariedade económica e social, do correcto ordenamento do território e do desenvolvimento regional.

2 – Os princípios estabelecidos no número anterior devem ser prosseguidos de forma eficaz, de forma a oferecer, ao menor custo para os utilizadores, elevados níveis de qualidade de serviço.

3 – A organização dos sistemas deve privilegiar:

a) A gestão integrada territorialmente mais adequada associada à prestação de cada um dos serviços, de forma a minimizar custos através da maximização de economias de escala;

b) A gestão integrada dos sistemas de abastecimento público de água e de saneamento de águas residuais urbanas e de sistemas de saneamento de águas pluviais, de forma a maximizar economias de gama;

c) A gestão integrada de todo o processo produtivo associado a cada um destes serviços, de forma a maximizar economias de processo através de um maior grau de integração vertical.

CAPÍTULO II – Entidades intervenientes

Artigo 6º – Entidade titular dos serviços

1 – Sem prejuízo do regime específico dos serviços de titularidade estatal, objecto de legislação própria, a gestão dos serviços municipais de abastecimento público de água, de saneamento de águas residuais urbanas e de gestão de resí-

duos urbanos é uma atribuição dos municípios e pode ser por eles prosseguida isoladamente ou através de associações de municípios ou de áreas metropolitanas, mediante sistemas intermunicipais, nos termos do presente decreto-lei.

2 – Para efeitos do presente decreto-lei, as entidades referidas na parte final do número anterior são as entidades titulares da gestão dos respectivos sistemas municipais.

Artigo 7º – Entidade gestora dos serviços e modelos de gestão

1 – A entidade gestora dos serviços municipais é definida pela entidade titular, de acordo com um dos seguintes modelos de gestão:

a) Prestação directa do serviço;

b) Delegação do serviço em empresa constituída em parceria com o Estado;

c) Delegação do serviço em empresa do sector empresarial local;

d) Concessão do serviço.

2 – As situações existentes de gestão de serviços de águas e resíduos por freguesias ou associações de utilizadores ficam sujeitas ao regime transitório previsto no artigo 78º.

Artigo 8º – Deveres da entidade gestora dos serviços

1 – As entidades gestoras devem definir os objectivos a atingir para o serviço em causa, integrados nos objectivos estratégicos nacionais definidos para o sector, e as medidas que se propõem implementar, incluindo metas temporais e indicadores que permitam aferir o seu sucesso.

2 – As entidades gestoras devem promover a recolha de informação histórica e previsional quanto aos níveis de utilização, à cobertura e à qualidade dos serviços, ao seu desempenho ambiental, à produtividade e à eficiência da sua gestão, aos investimentos a realizar, incluindo o respectivo cronograma físico e financeiro, e às demonstrações financeiras de cariz geral e analítico.

3 – No tocante à obrigação prevista na parte final do número anterior relativa a demonstrações financeiras de cariz geral e analítico, às entidades gestoras em modelo de gestão directa que sirvam menos de 5000 habitantes apenas é exigível o previsto na Lei das Finanças Locais, aprovada pela Lei nº 2/2007, de 15 de janeiro.

4 – As entidades gestoras devem:

a) Dispor de informação sobre a situação actual e projectada das infra-estruturas, a sua caracterização e a avaliação do seu estado funcional e de conservação;

b) Garantir a melhoria da qualidade do serviço e da eficiência económica, promovendo a actualização tecnológica dos sistemas, nomeadamente quando daí resulte um aumento da eficiência técnica e da qualidade ambiental.

5 – As entidades gestoras que sirvam mais de 30 000 habitantes devem promover e manter:

a) Um sistema de garantia de qualidade do serviço prestado aos utilizadores;

b) Um sistema de gestão patrimonial de infra-estruturas;

c) Um sistema de gestão de segurança;

d) Um sistema de gestão ambiental;

e) Um sistema de gestão da segurança e saúde no trabalho.

6 – Os sistemas referidos no número anterior devem ser implementados no prazo de três anos a contar da criação de novas entidades gestoras.

Artigo 9º – Autorizações ambientais do sistema

As entidades gestoras devem obter as autorizações ambientais necessárias à prossecução do serviço, designadamente os títulos de utilização dos recursos hídricos e as licenças relativas às operações de gestão de resíduos, nos termos da legislação aplicável.

Artigo 10º – Análise de desempenho

1 – As entidades gestoras devem implementar mecanismos de avaliação, cujo conteúdo contemple, pelo menos, um sistema de análise de desempenho.

2 – O sistema referido no número anterior tem em consideração factores de contexto e contempla pelo menos as seguintes vertentes:

a) A defesa dos interesses dos utilizadores, correspondentes a aspectos que estão relacionados com as tarifas praticadas e a qualidade do serviço a eles prestado;

b) A sustentabilidade da prestação dos serviços públicos em causa, nomeadamente aspectos que traduzam uma capacidade infra-estrutural, operacional e financeira necessária à garantia de uma prestação de serviço regular e contínua aos utilizadores de acordo com elevados níveis de qualidade;

c) A sustentabilidade ambiental, nomeadamente aspectos que traduzam o impacte ambiental da actividade da entidade gestora, por exemplo em termos de conservação dos recursos naturais.

3 – Para efeitos da avaliação referida nos números anteriores, as entidades gestoras devem utilizar o modelo de sistema de análise de desempenho elaborado pela entidade reguladora.

4 – As entidades gestoras devem enviar anualmente à entidade reguladora a informação resultante do sistema de análise de desempenho, cabendo a essa entidade realizar a sua análise e proceder à competente divulgação pública.

5 – Cabe à entidade reguladora medir, avaliar e divulgar os níveis de satisfação dos utilizadores dos serviços.

Artigo 11º – Entidade reguladora dos serviços

1 – A entidade reguladora para efeitos do presente decreto-lei é a Entidade Reguladora dos Serviços de Águas e Resíduos.

2 – Compete à entidade reguladora zelar pelo cumprimento das obrigações das entidades gestoras, decorrentes do presente decreto-lei e demais legislação aplicável, com o objectivo de promover a eficiência e a qualidade do serviço prestado aos utilizadores e a sustentabilidade económico-financeira da prestação destes serviços, contribuindo para o desenvolvimento geral do sector.

3 – O âmbito de intervenção da entidade reguladora é extensível à entidade titular dos serviços, quando esta for distinta da entidade gestora, sempre que estejam em causa direitos e obrigações desta última ou dos utilizadores.

4 – Compete à entidade reguladora, na prossecução dos números anteriores:

a) Emitir recomendações gerais relativas à interpretação e à forma de implementação do presente decreto-lei;

b) Emitir pareceres, a pedido das entidades titulares e das entidades gestoras dos sistemas, sobre questões relativas à interpretação e à forma de implementação do presente decreto-lei;

c) Emitir pareceres sobre os contratos atinentes aos diversos modelos de gestão e respectivas peças pré-contratuais;

d) Emitir instruções vinculativas quanto às tarifas a praticar pelos sistemas municipais que não se conformem com as disposições legais e regulamentares em vigor, de acordo com os princípios estabelecidos na Lei da Água, aprovada pela Lei nº 58/2005, de 29 de dezembro, e no Decreto-Lei nº 97/2008, de 11 de junho, permitindo a recuperação gradual dos custos associados, garantindo a transparência na formação da tarifa e assegurando o equilíbrio económico e financeiro do serviço prestado pelas entidades gestoras e de acordo com o princípio geral de equivalência previsto no Decreto-Lei nº 178/2006, de 5 de setembro, permitindo a compensação tendencial dos custos sociais e ambientais da atividade de gestão de resíduos urbanos;

e) Elaborar códigos de boas práticas, não vinculativos, no que diz respeito à implementação do presente decreto-lei e da restante legislação aplicável;

f) Exercer as restantes competências previstas na lei.

5 – Salvo disposição expressa em contrário, os pareceres da entidade reguladora previstos no presente decreto-lei são emitidos no prazo improrrogável de 30 dias úteis.

6 – Quando haja lugar à audição da entidade reguladora nos termos previstos no presente decreto-lei, a mesma é obrigatória e realiza-se da seguinte forma:

a) Os projectos de actos em causa são remetidos à entidade reguladora, para seu conhecimento;

b) Quando tal se justifique, a entidade reguladora pode decidir emitir parecer no prazo previsto no número anterior sobre a desconformidade, total ou parcial, do projecto de acto em causa com o presente decreto-lei, com pareceres, recomendações ou códigos de boas práticas emitidos ao abrigo do nº 4, ou restante legislação aplicável.

7 – São nulos os actos praticados sem a obtenção de parecer obrigatório da entidade reguladora ou antes do decurso do prazo para a respectiva emissão, bem como os actos realizados sem o decurso do procedimento de audição obrigatória a que se refere o número anterior.

8 – Sem prejuízo do regime previsto nos artigos 11º-A e 11º-B, as entidades titulares ou gestoras que tomem decisões desconformes com as decisões, recomendações, pareceres ou instruções da entidade reguladora ficam obrigadas ao dever de fundamentação expressa da decisão, com a exposição circunstanciada dos fundamentos de facto e de direito que justifiquem a motivação do ato.

9 – A entidade reguladora procede à divulgação através da Internet das recomendações gerais e dos pareceres que emita, bem como dos relatórios periódicos sobre o grau de implementação do presente regime e de concretização dos objectivos que o norteiam.

10 – (Revogado).

Artigo 11º-A – Regulação económica

1 – A definição das tarifas dos serviços municipais obedece às regras definidas nos regulamentos tarifários aprovados pela entidade reguladora para os serviços em alta e para os serviços aos utilizadores finais, sendo sujeitas a atualizações anuais que entram em vigor a 1 de janeiro de cada ano.

2 – A entidade reguladora emite parecer sobre as atualizações tarifárias dos serviços geridos por contrato, com vista à monitorização do seu cumprimento, podendo emitir instruções vinculativas em caso de incumprimento, nos termos previstos no regulamento tarifário.

3 – Para efeitos de fiscalização das normas relativas ao cálculo e formação de tarifas, as entidades gestoras remetem à entidade reguladora os tarifários dos serviços, acompanhados da deliberação que os aprovou e da respetiva fundamentação económico-financeira nos moldes definidos pelos regulamentos tarifários, no prazo de 15 dias após a sua aprovação.

4 – A entidade reguladora publicita os tarifários referidos no número anterior no seu sítio na Internet.

Artigo 11º-B – Incumprimento dos regulamentos tarifários

1 – Sem prejuízo da responsabilidade contraordenacional em que a entidade gestora incorra, a entidade reguladora, quando considere, com base na informação disponível, que existem indícios de que as tarifas aprovadas não cumprem a legislação e regulamentação aplicáveis, deve:

a) Solicitar à entidade gestora informações adicionais justificativas, fixando um prazo não inferior a 10 dias para a sua prestação;

b) Até 20 dias após a prestação de informações adicionais a que se refere a alínea anterior ou o decurso do prazo previsto para a sua prestação e caso da respetiva análise resulte a emissão de parecer no sentido de incumprimento, conceder à entidade gestora e à entidade titular, se distinta, um período de contraditório, não inferior a 10 dias, para se pronunciarem sobre o incumprimento detetado, assim como sobre os valores que a entidade reguladora considera deverem ser praticados;

c) Até 15 dias após a receção das pronúncias referidas na alínea anterior ou após o termo do respetivo prazo, e uma vez ponderada a pronúncia e os elementos apresentados em contraditório, aceitar os valores aprovados ou emitir uma instrução vinculativa indicando os novos valores das tarifas a praticar;

d) No caso de serviços geridos por contrato, determinar, no prazo referido na alínea anterior, se existe necessidade de o rever.

2 – Para efeitos do disposto no número anterior, considera-se incumprimento a violação da legislação ou regulamentação aplicáveis à definição, fixação, revisão e atualização das tarifas, designadamente do disposto no artigo 82º da Lei da Água, nos artigos 20º a 23º do Decreto-Lei nº 97/2008, de 11 de junho, no artigo 16º da Lei das Finanças Locais, e no regulamento tarifário, em termos que possam comprometer, designadamente, a sustentabilidade económico-financeira do serviço ou a acessibilidade económica ao mesmo por parte dos utilizadores finais, onerando-o injustificadamente.

3 – Decorrido o prazo de 30 dias após a emissão da instrução vinculativa prevista na alínea c) do nº 1, sem que as tarifas tenham sido adaptadas nos termos indicados pela entidade reguladora, as mesmas são fixadas pela entidade reguladora e comunicadas às entidades gestoras e às entidades titulares dos serviços.

4 – Os valores a definir pela entidade reguladora nos termos previstos no número anterior devem assegurar uma variação progressiva face aos valores em vigor, de modo a garantir a acessibilidade económica ao serviço, salvo quando esteja em causa a cobertura de custos definida pela trajetória tarifária dos pressupostos de viabilidade económica do sistema.

5 – As tarifas dos sistemas municipais aprovadas pela entidade reguladora são publicadas no sítio na Internet da entidade reguladora e das entidades gestoras, produzindo efeitos a partir do primeiro dia do mês seguinte ao da sua publicação.

6 – Para efeitos de monitorização da sustentabilidade económica e financeira das entidades gestoras, estas remetem à entidade reguladora, até 30 de abril do ano seguinte a que respeitam, os relatórios e contas ou documento

equivalente de prestação de contas, acompanhados da ata de aprovação de contas pelo órgão competente e certificados por auditor externo independente, quando aplicável.

Artigo 12º – Regulação de níveis de qualidade do serviço prestado aos utilizadores

Através de regulamento, a entidade reguladora define níveis mínimos de qualidade para os aspectos que estão directamente relacionados com a qualidade do serviço prestado aos utilizadores e por eles sentidos directamente, bem como as compensações devidas em caso de incumprimento.

Artigo 13º – Obrigação de informação à entidade reguladora

1 – As entidades gestoras devem remeter à entidade reguladora:

a) Os tarifários dos serviços, acompanhados da deliberação que os aprovou;

b) Os relatórios e contas ou documento equivalente de prestação de contas;

c) As restantes informações decorrentes da aplicação das disposições do presente decreto-lei, do estatuto da entidade reguladora e demais legislação aplicável.

2 – Os elementos previstos na alínea a) do número anterior devem ser enviados no prazo de 10 dias após a respectiva aprovação.

3 – Os elementos previstos na alínea b) do nº 1 devem ser enviados anualmente e até ao termo do 1º semestre do ano seguinte àquele a que respeite o exercício considerado, devendo, no caso de entidades gestoras empresariais, estar certificados por auditor externo independente.

CAPÍTULO III – Modelo de gestão directa

Artigo 14º – Gestão directa do serviço

1 – Um município, uma associação de municípios ou uma área metropolitana podem prestar os respectivos serviços descritos no artigo 2º directamente através de serviços municipais, de serviços intermunicipais, de serviços municipalizados ou de serviços intermunicipalizados.

2 – Sem prejuízo das regras orçamentais e de contabilidade aplicáveis aos serviços da administração local autárquica, os serviços municipais de águas e resíduos prestados em modelo de gestão directa devem ser objecto de apuramento económico-financeiro específico, através de contabilidade analítica.

Artigo 15º – Serviços intermunicipais e intermunicipalizados

A constituição de sistemas intermunicipais e intermunicipalizados de gestão directa deve ser precedida de estudo que fundamente a racionalidade económica e financeira acrescentada decorrente da integração territorial dos sistemas municipais, devendo ser ouvida a entidade reguladora, nos termos do nº 6 do artigo 11º.

CAPÍTULO IV – Modelo de delegação em empresa constituída em parceria com o Estado

Artigo 16º – Gestão em regime de parceria

1 – Podem ser estabelecidas parcerias entre o Estado e os municípios, as associações de municípios ou as áreas metropolitanas com vista à exploração e gestão de sistemas municipais de abastecimento público de água, de saneamento de águas residuais urbanas e de gestão de resíduos urbanos.

2 – As parcerias referidas no número anterior regem-se pelo disposto no Decreto-Lei nº 90/2009, de 9 de abril.

CAPÍTULO V – Modelo de gestão delegada

Artigo 17º – Delegação dos serviços

1 – Um município, uma associação de municípios ou uma área metropolitana podem delegar os respectivos serviços descritos no artigo 2º em empresa do sector empresarial local, abreviadamente designada por empresa municipal, cujo objecto compreenda a gestão dos mesmos.

2 – A delegação referida no número anterior inclui a operação, a manutenção e conservação do sistema descritos no nº 1 do artigo 2º e pode incluir ainda a construção, renovação e substituição das infra-estruturas, instalações e equipamentos, na totalidade ou em parte do território da entidade delegante, sem prejuízo do nº 1 do artigo 4º.

3 – A delegação referida no nº 1 é efectuada através da celebração de contrato de gestão delegada entre o município, a associação de municípios ou a área metropolitana e a empresa municipal delegatária.

Artigo 18º – Constituição da empresa municipal delegatária

A empresa municipal delegatária é constituída nos termos previstos no regime jurídico do sector empresarial local, aprovado pela Lei nº 53-F/2006, de 29 de dezembro.

Artigo 19º – Afectação de bens municipais à prestação dos serviços por empresa municipal delegatária

1 – A afectação de bens municipais à prestação dos serviços por empresa municipal delegatária é realizada mediante contrato de compra e venda, doação, arrendamento, comodato ou outra forma de cedência temporária a título gratuito ou oneroso.

2 – Quando a afectação prevista no número anterior seja feita a título oneroso, o seu valor não deve ultrapassar o resultante da aplicação dos critérios valorimétricos previstos no Decreto Regulamentar nº 2/90, de 12 de Janeiro, cabendo a uma entidade independente a realização da respectiva avaliação.

3 – Para efeitos do nº 1, os aterros sanitários não podem ser cedidos temporariamente.

4 – Tornando-se desnecessários à prestação dos serviços, os bens cedidos temporariamente são devolvidos aos municípios.

5 – Quando, por exigência legal, os bens previstos no número anterior devam ser desactivados, compete à entidade gestora assumir essa tarefa e respectivos encargos.

Artigo 20º – Conteúdo do contrato de gestão delegada

1 – A entidade delegante e a empresa municipal delegatária celebram um contrato de gestão delegada, mediante o qual esta última é autorizada a prestar os serviços delegados, dele constando:

a) O âmbito da delegação, especificando os serviços, a tipologia de utilizadores e o espaço territorial abrangido;

b) A data a partir da qual a empresa municipal delegatária assume a responsabilidade pela prestação dos serviços;

c) As regras de determinação da taxa de remuneração dos capitais próprios, bem como da sua base de incidência de acordo com o previsto no artigo seguinte;

d) As sanções aplicáveis pelo incumprimento dos objectivos e metas definidos nos termos das alíneas a) a c) do nº 3.

2 – O contrato de gestão delegada tem um prazo mínimo de vigência de 10 anos.

3 – O contrato de gestão delegada define as obrigações da empresa municipal delegatária, devendo compreender informação sobre os seguintes aspectos:

a) Os objectivos para a empresa municipal delegatária integrados nos objectivos definidos para o sector, materializados em indicadores de cobertura e de qualidade de serviço, de desempenho ambiental, de produtividade e de eficiência de gestão;

b) A identificação das principais iniciativas de carácter estratégico que a empresa municipal delegatária deve implementar, incluindo metas temporais e indicadores que permitam aferir o seu sucesso;

c) O plano de investimentos a cargo da empresa municipal delegatária;

d) O tarifário e a sua trajectória de evolução temporal.

4 – O contrato de gestão delegada pode definir obrigações da entidade delegante quanto ao financiamento da prestação dos serviços delegados através da atribuição de subsídios ou outras transferências financeiras, nos termos do artigo 25º.

5 – Os dados previsionais referidos nos números anteriores incidem sobre um horizonte temporal de 15 anos, sendo os aspectos constantes do nº 3 e do número anterior definidos vinculativamente para os primeiros 5 anos.

6 – No momento da celebração do contrato de gestão delegada, a empresa municipal delegatária deve apresentar uma apólice de seguro de responsabili-

dade civil extracontratual de acordo com habituais práticas vigentes no mercado segurador e de montante aprovado pela entidade delegante.

7 – A entidade reguladora é ouvida sobre o contrato de gestão delegada, nos termos do nº 6 do artigo 11º.

Artigo 21º – Remuneração do capital accionista da empresa municipal delegatária

1 – A trajectória tarifária prevista no contrato de gestão delegada deve permitir previsionalmente que, no decurso de cada período vinculativo, os accionistas aufiram uma adequada remuneração dos capitais próprios.

2 – Para efeitos do disposto no número anterior, é objecto de remuneração o valor do capital próprio apurado no início de cada exercício económico, deduzido do valor de reservas de reavaliação e do valor de capital social subscrito mas ainda não realizado nessa data.

3 – A taxa de remuneração de referência a aplicar ao capital previsto no número anterior corresponde ao valor mais recente da taxa de juro sem risco, à data dos estudos que fundamentam a criação da empresa municipal delegatária, ou outra equivalente que a venha a substituir, acrescida de prémio de risco definido no contrato de gestão delegada.

Artigo 22º – Riscos não transferidos pela entidade delegante

1 – Permanece da responsabilidade da entidade delegante o impacte financeiro decorrente da verificação dos seguintes riscos:

a) Atrasos na disponibilização de bens do domínio municipal;

b) Modificação unilateral do contrato de gestão delegada, excepto modificações impostas ao plano de investimentos, caso em que é aplicável o previsto no nº 3;

c) Casos de força maior cujos efeitos se produzam independentemente da vontade da entidade gestora, tais como desastres naturais, epidemias, conflitos armados e actos de terrorismo.

2 – O impacte financeiro da verificação dos riscos previstos no número anterior deve ser objecto de quantificação, circunscrita ao período vinculativo em curso, acordada entre as partes, e ser regularizado através de transferência financeira directa entre as partes.

3 – As modificações ao plano de investimentos impostas pela entidade delegante ou por esta autorizadas devem ser reflectidas na trajectória tarifária da empresa municipal delegatária no período vinculativo subsequente.

4 – A entidade delegante responde perante terceiros por danos causados pela empresa municipal delegatária no desenvolvimento das actividades delegadas quando não haja seguro e esteja esgotado o património da empresa municipal delegatária.

Artigo 23º – Receitas tarifárias

1 – As tarifas a aplicar pela empresa municipal delegatária são definidas no contrato de gestão delegada em vigor, expressas a preços constantes e subsequentemente actualizadas com base na taxa de inflação, devendo a entidade delegante ratificar o seu cálculo.

2 – Para efeitos da actualização prevista no número anterior, o cálculo da variação do tarifário deve ser realizado com base num índice de preços de Laspeyres, em que as quantidades utilizadas são as apuradas no período completo de 12 meses findo no mês de junho do ano precedente ao exercício no qual é aplicado o novo tarifário.

3 – Não são considerados como custos admissíveis para efeitos de fundamentação de uma proposta de trajectória tarifária os seguintes custos:

a) Sanções aplicáveis pelo incumprimento dos objectivos e metas definidos nas alíneas a) a c) do nº 3 do artigo 20º;

b) Coimas e sanções pecuniárias compulsórias previstas no artigo 72º ou noutra legislação aplicável.

Artigo 24º – Poderes da entidade delegante

1 – A entidade delegante dispõe dos seguintes poderes relativamente à actividade da empresa municipal delegatária:

a) Definição dos objectivos previstos na alínea a) do nº 3 do artigo 20º, que devem também nortear as revisões do contrato de gestão delegada;

b) Aprovação do tarifário dos serviços para os períodos vinculativos e ratificação das actualizações anuais;

c) Modificação unilateral do contrato, desde que respeitado o objecto e âmbito do contrato, nomeadamente imposição de modificações ao plano de investimentos previsto no contrato de gestão delegada;

d) Autorização do exercício de actividades complementares e acessórias pela empresa municipal delegatária, devendo a entidade reguladora ser informada da mesma;

e) Autorização de aumentos de capital social propostos pela empresa municipal delegatária, ou da sua abertura a terceiros, sem prejuízo dos limites impostos pelo presente decreto-lei;

f) Aplicação das sanções previstas na alínea d) do nº 1 do artigo 20º.

2 – A empresa municipal delegatária de capitais exclusivamente públicos está sujeita ao poder da entidade delegante de emitir ordens ou instruções relativamente à actividade delegada de gestão do sistema em causa, bem como de definir as modalidades de verificação do cumprimento das ordens ou instruções emitidas.

Artigo 25º – Subsídios da entidade delegante à empresa municipal delegatária

1 – Caso haja subvenção da prestação dos serviços de interesse geral a cargo da empresa municipal delegatária por parte da entidade delegante, a mesma obedece ao regime que regula as transferências financeiras necessárias ao financiamento anual da actividade de interesse geral, devendo constar do contrato de gestão delegada.

2 – As subvenções previstas no número anterior podem ser condicionadas, minoradas ou majoradas conforme o grau de desempenho da empresa municipal delegatária na concretização dos objectivos previstos na alínea a) no nº 3 do artigo 20º.

Artigo 26º – Participação de capitais privados em empresas municipais delegatárias

1 – A participação de capitais privados no capital de empresas municipais delegatárias não pode conferir-lhe posição de influência dominante, tal como previsto no nº 1 do artigo 3º do regime jurídico do sector empresarial local, aprovado pela Lei nº 53-F/2006, de 29 de dezembro.

2 – Quando haja participação de capital privado no capital de empresas municipais delegatárias, o contrato de sociedade deve prever um período mínimo de permanência, que não deve ser inferior a 10 anos.

3 – No termo do período mínimo previsto no número anterior o parceiro privado pode exercer uma opção de venda sobre a entidade delegante relativa às suas acções na empresa municipal delegatária, por um preço de exercício igual a 70% do seu valor de aquisição.

4 – No termo do período mínimo previsto no nº 2, a entidade delegante pode exercer uma opção de compra sobre o parceiro privado relativa às suas acções na empresa municipal delegatária, por um preço de exercício igual a 130% do seu valor de aquisição.

5 – O contrato de sociedade deve prever ainda a possibilidade de exercício das opções de venda e de compra referidas nos números anteriores no final de cada ciclo de 10 anos subsequente ao período inicial.

6 – O exercício das opções previstas no presente artigo deve ser precedido de uma notificação à contraparte com uma antecedência de 18 meses.

7 – No termo do período mínimo previsto no nº 2, o parceiro privado pode transmitir a sua posição a terceiros, total ou parcialmente, ficando tal transmissão sujeita ao direito de preferência dos demais accionistas, nos termos a fixar no pacto social.

8 – É vedado o acesso de empresas que integram o sector empresarial do Estado ao capital de empresas municipais delegatárias com participação de capitais privados nos termos do nº 1.

Artigo 27º – Procedimento de selecção de capitais privados

1 – A selecção de capitais privados realiza-se mediante procedimento de contratação pública, nos termos do Código dos Contratos Públicos, que tem por objecto a participação financeira do parceiro privado bem como o seu contributo para a melhor gestão do serviço delegado.

2 – O caderno de encargos do procedimento define os seguintes pressupostos a observar por todos os concorrentes nas respectivas propostas:

a) Valor de realização do capital social, bem como a participação do parceiro privado;

b) Níveis de qualidade de serviço;

c) Taxas de atendimento exigidas e seu escalonamento no tempo;

d) Investimentos estratégicos a realizar;

e) Mapa de quantidades para os primeiros cinco anos, incluindo número de clientes por segmento e respectivos níveis de utilização dos serviços;

f) Modelo financeiro do projecto;

g) Valor máximo e mínimo para a taxa de rentabilidade do capital accionista expressa em termos de prémio de risco a acrescer à taxa de juro sem risco;

h) Minuta de acordo parassocial.

3 – Em anexo ao caderno de encargos constam o contrato de sociedade, os estatutos da empresa municipal delegatária e o contrato de gestão delegada celebrado com a entidade delegante, os quais devem ser revistos em função da proposta vencedora.

4 – Os aspectos deixados à concorrência pelas peças do procedimento, sobre os quais incide o critério de adjudicação, devem ser seleccionados de entre os seguintes:

a) Valor actualizado à taxa de juro sem risco dos proveitos tarifários para os primeiros cinco anos, englobando todos os serviços a prestar pela empresa municipal delegatária;

b) Taxa de remuneração do investimento accionista;

c) Estrutura de financiamento com recurso a capitais alheios, sua evolução ao longo do tempo, respectivo custo e robustez/credibilidade da proposta;

d) Identificação de áreas de potencial melhoria de eficiência e provas apresentadas da sua capacidade de implementação;

e) Natureza dos serviços de apoio à gestão a serem contratados pela empresa municipal delegatária e respectivo custo;

f) Valor actualizado à taxa de juro sem risco dos proveitos mínimos a que a empresa municipal delegatária tem direito durante os primeiros cinco anos na eventualidade dos proveitos tarifários reais serem inferiores àqueles mínimos;

g) Alterações ao contrato de sociedade, estatutos, acordo parassocial e contrato de gestão delegada.

5 – No caso previsto na alínea f) do número anterior, cabe à entidade delegante pagar o défice correspondente à empresa municipal delegatária.

6 – A entidade reguladora é ouvida sobre as peças do procedimento e a minuta dos contratos a celebrar com o parceiro privado, nos termos do nº 6 do artigo 11º.

7 – Na verificação do preenchimento de requisitos ou condições impostos aos concorrentes devem ser atendidos os requisitos, condições ou controlos equivalentes ou comparáveis quanto à finalidade a que os concorrentes já tenham sido submetidos em Portugal ou noutro Estado membro.

Artigo 28º – Concessão parcial do serviço a entidades privadas

1 – A empresa municipal delegatária de serviços intermunicipais pode, desde que autorizada pela entidade delegante, concessionar parte do serviço que nela foi delegado, aplicando-se com as devidas adaptações o previsto no capítulo VI do presente decreto-lei.

2 – No âmbito do procedimento de contratação pública para escolha do concessionário, as tarifas definidas no contrato de gestão delegada constituem um limite máximo para efeitos das propostas a apresentar pelos concorrentes.

3 – No caso de haver concessão de parte do serviço, a empresa municipal delegatária mantém os direitos e obrigações perante a entidade delegante fixados no contrato de gestão delegada.

Artigo 29º – Revisão do contrato de gestão delegada

1 – A revisão do contrato de gestão delegada deve reflectir a actualização do indexante previsto no nº 3 do artigo 21º e permitir previsionalmente uma adequada remuneração do capital accionista durante o novo período vinculativo.

2 – A base de cálculo do capital próprio para efeitos do número anterior corresponde aos valores registados nas contas da empresa municipal delegatária segundo os critérios previstos no artigo 21º.

3 – Compete à empresa municipal delegatária preparar uma proposta de revisão do contrato de gestão delegada, instruída com os seguintes elementos:

a) Os aspectos referidos no nºs 3 e 4 do artigo 20º;

b) A evolução das principais variáveis operacionais da empresa municipal delegatária;

c) Uma análise custo-benefício dos principais novos investimentos propostos;

d) Demonstrações financeiras da empresa municipal delegatária e plano de financiamento;

e) Relatório comparativo do histórico do cumprimento dos aspectos referidos nos nºs 3 e 4 do artigo 20º.

4 – Os elementos descritivos no número anterior devem incluir os dados históricos reportados aos últimos 5 anos, quando aplicável, e os dados previsionais para um horizonte temporal de 15 anos, sendo os aspectos referidos nos nºs 3 e 4 do artigo 20º definidos vinculativamente para o período subsequente de 5 anos.

5 – A entidade reguladora é ouvida sobre a revisão do contrato de gestão delegada, nos termos do nº 6 do artigo 11º.

6 – Eventuais revisões extraordinárias intercalares da trajectória tarifária em vigor devem ser previamente autorizadas pela entidade delegante, após parecer vinculativo da entidade reguladora.

Artigo 30º – Consequências da revogação do contrato de gestão delegada

No caso de revogação do contrato de gestão delegada e quando haja participação de entidades privadas no capital da empresa municipal delegatária, estas devem ser indemnizadas pelo valor calculado nos termos do nº 4 do artigo 26º.

CAPÍTULO VI – Modelo de gestão concessionada

Artigo 31º – Regime jurídico aplicável

A atribuição e a execução da concessão de serviços descritos no artigo 2º rege-se pelo disposto no presente decreto-lei e, subsidiariamente, no Código dos Contratos Públicos.

Artigo 32º – Conteúdo da concessão

1 – A concessão dos serviços municipais inclui a operação, a manutenção e a conservação do sistema, previstas no nº 1 do artigo 2º, e pode incluir ainda a construção, a renovação e a substituição de infra-estruturas, instalações e equipamentos.

2 – No caso da concessão de serviços municipais de saneamento de águas residuais urbanas, podem ser incluídos no objecto da concessão os serviços de gestão de águas pluviais, devendo o concessionário ser directamente remunerado pelo concedente pela respectiva gestão.

3 – No caso da concessão de serviços municipais de gestão de resíduos urbanos, podem ser incluídas no objecto da concessão as actividades de limpeza urbana, devendo o concessionário ser directamente remunerado pelo concedente pela respectiva execução.

Artigo 33º – Âmbito territorial da concessão

1 – A concessão abrange a totalidade do território de um município, de uma associação de municípios ou de uma área metropolitana, na data de celebração do contrato de concessão.

2 – Excepcionalmente, podem ser excluídas partes do território referido no número anterior, por razões técnicas, económicas ou administrativas.

3 – O contrato de concessão pode prever o alargamento do território a áreas servidas por junta de freguesia ou associação de utilizadores após a extinção de tais situações.

4 – O âmbito territorial da concessão deve ser claramente delimitado pelo concedente no procedimento de contratação pública e no contrato de concessão.

Artigo 34º – Prazo da concessão

A fixação do prazo da concessão obedece ao disposto no nº 1 do artigo 410º do Código dos Contratos Públicos, não podendo este prazo exceder, incluindo a duração de qualquer prorrogação, 30 ou 15 anos consoante haja ou não investimento significativo de expansão, modernização ou reabilitação a cargo do concessionário.

Artigo 35º – Partilha de riscos

1 – A concessão deve implicar uma significativa e efectiva transferência do risco para o concessionário, sem prejuízo da possibilidade de o contrato de concessão identificar riscos que permanecem sob responsabilidade financeira do concedente ou cujo impacte possa ser repercutido através das tarifas aplicadas aos utilizadores.

2 – Permanecem obrigatoriamente na esfera da responsabilidade financeira do concedente os seguintes riscos, cujo impacte deve ser regularizado através de compensação directa entre as partes:

a) Atrasos na disponibilização de bens do domínio municipal ou de eventuais investimentos que fiquem a cargo do concedente;

b) Modificação unilateral de obrigações previstas no contrato de concessão, excepto modificações impostas ao plano de investimentos;

c) Casos de força maior cujos efeitos se produzam independentemente da vontade do concessionário, tais como desastres naturais, epidemias, conflitos armados e actos de terrorismo, e cuja cobertura por seguros contratados pelo concessionário não esteja prevista no contrato de concessão;

d) Atrasos nos processos de licenciamento municipal, na obtenção de autorizações ambientais e na realização de expropriações e servidões por motivo não imputável ao concessionário;

e) Custos relativos aos processos de expropriação e constituição de servidões que excedam o valor definido do contrato de concessão;

f) Custos provocados por atrasos na conclusão de eventuais obras que terceiros tenham assumido perante o concedente e cujos prazos de conclusão constituam um pressuposto do contrato de concessão;

g) Atrasos na entrega de subsistemas geridos por juntas de freguesia ou associações de utilizadores, caso tal esteja previsto no contrato de concessão.

3 – Devem ser reflectidos no tarifário aplicado aos utilizadores os impactes decorrentes da verificação dos seguintes riscos:

a) Alterações legislativas ou regulamentares;

b) Alteração das tarifas do sistema multimunicipal em cujo território se insere diferentes do previsto no contrato de concessão;

c) Modificações ao plano de investimentos autorizadas pelo concedente que não reflictam a incorporação de meros desvios de custos ou calendário face ao plano de investimentos previsto no contrato de concessão.

4 – Compete ao concedente quantificar o impacte financeiro da verificação dos riscos afectos a cada uma das partes, circunscrito ao período em causa, de forma a permitir a sua regularização de três em três anos para os casos previstos no nº 2, ou em sede de revisão do contrato de concessão para os casos referidos no nº 3, nos termos previstos no artigo 54º.

5 – O impacte decorrente da verificação de riscos associados à prestação do serviço que não estejam expressamente ressalvados no contrato de concessão é apropriado ou suportado pelo concessionário até aos limites fixados no contrato de concessão, a partir dos quais há lugar à transferência de benefícios ou perdas anormais, através da revisão do contrato de concessão, nos termos previstos no artigo 54º.

Artigo 36º – Decisão de concessionar

1 – A decisão de atribuir a concessão de um serviço municipal deve ser precedida de estudo que demonstre a viabilidade financeira da concessão e a racionalidade económica e financeira acrescida decorrente do desenvolvimento da actividade através deste modelo de gestão, designadamente em função de expectáveis ganhos de eficiência e de transferência para o concessionário de riscos passíveis de por este serem melhor geridos.

2 – É vedado o acesso de empresas que integram o sector empresarial do Estado ao capital de concessionários de sistemas municipais.

3 – Na verificação do preenchimento de requisitos ou condições impostos aos concorrentes devem ser atendidos os requisitos, condições ou controlos equivalentes ou comparáveis quanto à finalidade a que os concorrentes já tenham sido submetidos em Portugal ou noutro Estado membro.

Artigo 37º – Recomendações da entidade reguladora

A entidade adjudicante deve ter em consideração as recomendações da entidade reguladora na elaboração das peças do procedimento.

Artigo 38º – Caderno de encargos

1 – Sem prejuízo do disposto no Código dos Contratos Públicos, do caderno de encargos deve constar:

a) Os objectivos e as condições a atingir no serviço a concessionar, nomeadamente níveis de cobertura e de atendimento e exigências quanto ao desempenho da exploração, concretizadas em indicadores de qualidade do serviço escalonados no tempo e procedimentos de cálculo para a sua aferição periódica;

b) O modelo de partilha de riscos que se pretenda adoptar para a concessão;

c) Eventuais investimentos que fiquem a cargo do concedente e as datas limite para a sua entrada em exploração;

d) Eventuais obras da responsabilidade de terceiros e respectivas calendarizações que possam requerer articulação com aquelas;

e) As datas limite para a entrada em exploração de investimentos a cargo do concessionário;

f) Eventuais limites quantitativos à subcontratação de serviços, empreitadas e fornecimentos pelo concessionário;

g) As posições contratuais do concedente que são transmitidas para o concessionário relativas à prestação do serviço a concessionar;

h) Os pressupostos a serem observados por todos os concorrentes na elaboração do modelo financeiro que sustentam as suas propostas, designadamente de natureza macroeconómica, demográfica e sócio-económica;

i) Identificação dos serviços passíveis de facturação através de tarifários próprios, bem como requisitos relativos às estruturas tarifárias a aplicar;

j) O montante e o calendário de pagamento da retribuição ao concedente, caso haja lugar à mesma;

l) O montante anual destinado a suportar os encargos de funcionamento da comissão de acompanhamento, repartido em partes iguais entre o concessionário e o concedente;

m) O regime de multas contratuais a aplicar por incumprimento do contrato de concessão, clarificando as circunstâncias e a forma de determinação do valor das multas;

n) As condições e o montante da apólice de seguro de responsabilidade civil extracontratual a contratar pelo concessionário;

o) A forma de cálculo da indemnização devida em caso de resgate.

2 – Do caderno de encargos podem constar:

a) Exigências que o concedente entenda formular quanto aos investimentos de expansão ou renovação pelo concessionário, designadamente a definição de um plano de investimentos mínimo obrigatório para o horizonte temporal da concessão;

b) Exigências especiais que o concedente entenda formular quanto à estrutura accionista e aos estatutos do concessionário;

c) Eventuais restrições ao modelo de financiamento a adoptar pelo concessionário.

3 – Em anexo ao caderno de encargos devem constar, pelo menos, os seguintes elementos:

a) Inventário dos bens e relações jurídicas afectos ao serviço a concessionar, incluindo, no que respeita às principais infra-estruturas e equipamentos:

i) A avaliação das suas condições de conservação e funcionamento;

ii) O regime da propriedade e título de utilização actual, os ónus ou encargos a que esteja sujeita, bem como a modalidade de afectação à futura concessão;

iii) O respectivo valor nos termos previstos no artigo 19º;

b) Listagem das obrigações contratuais referentes à aquisição de serviços ou fornecimentos assumidas pelo concedente e a transferir para o concessionário e cópia dos respectivos contratos, sempre que materialmente relevantes.

Artigo 39º – Critério de adjudicação

1 – A selecção dos concorrentes obedece ao princípio geral de que os utilizadores devem dispor, ao menor custo, de um serviço com a qualidade especificada nos documentos do procedimento e exigida por lei, tendo por base os critérios de adjudicação definidos no programa do procedimento.

2 – A entidade reguladora pode emitir recomendações genéricas relativas aos factores e subfactores que densificam o critério de adjudicação e respectivas ponderações.

3 – Dos factores referidos no número anterior deve constar:

a) O valor actualizado, à taxa de juro sem risco, dos proveitos tarifários para o período da concessão, englobando todos os serviços a prestar pelo concessionário com base no mapa de quantidades fornecido no caderno de encargos;

b) A taxa de remuneração do investimento accionista;

c) O valor actualizado, à taxa de juro sem risco, dos proveitos mínimos a que o concessionário tem direito durante o período da concessão na eventualidade dos proveitos tarifários reais serem inferiores àqueles mínimos;

d) A adequação do plano de investimentos proposto ao cumprimento dos objectivos exigidos pelo caderno de encargos e clareza quanto aos compromissos de realização de investimentos assumidos para todo o período da concessão;

e) A proposta de estrutura de financiamento, sua evolução ao longo do tempo, respectivo custo e credibilidade da proposta, bem como sua robustez perante cenários de evolução adversa.

4 – No caso previsto na alínea c) do número anterior, cabe ao concedente pagar o défice correspondente ao concessionário.

5 – Para efeitos do previsto na alínea e) do nº 3, o plano de financiamento a apresentar pelos concorrentes deve discriminar as formas e fontes de financiamento propostas, bem como os respectivos custos.

Artigo 40º – Contrato de concessão

1 – Do contrato de concessão constam obrigatoriamente:

a) O tarifário a aplicar no primeiro exercício económico em que o concessionário inicie a exploração, bem como a subsequente trajectória tarifária nos termos previstos no artigo 43º;

b) O plano de investimentos da concessão, especificando a responsabilidade pela respectiva execução e as datas limite de conclusão dos investimentos críticos;

c) O caso base do modelo financeiro da concessão, o qual serve de referência para o cálculo de eventuais compensações entre as partes e para a eventual negociação de uma revisão do contrato de concessão;

d) Os proveitos mínimos anuais, expressos a preços constantes, a que o concessionário tem direito durante o período da concessão na eventualidade dos proveitos tarifários reais serem inferiores àqueles mínimos.

2 – No momento da celebração do contrato de concessão, o concessionário deve apresentar uma apólice de seguro de responsabilidade civil extracontratual, de acordo com habituais práticas vigentes no mercado segurador, e de montante definido no caderno de encargos.

3 – A entidade reguladora é ouvida antes da celebração do contrato de concessão sobre a minuta do contrato, nos termos do nº 6 do artigo 11º.

Artigo 41º – Período de transição e início da concessão

1 – O contrato de concessão define o período de transição que se inicia na data da sua celebração e não pode ter uma duração superior a seis meses.

2 – O período de transição tem por objectivo permitir ao concessionário o desenvolvimento de todas as acções de implementação da estrutura destinadas a garantir que não ocorram quebras de continuidade e qualidade do serviço com o início da sua exploração.

3 – Durante o período de transição, o concedente, que mantém a responsabilidade pelo serviço, deve prestar todo o apoio ao concessionário, designadamente, permitindo o livre acesso a todas as instalações afectas à concessão e assegurando a diligente colaboração do pessoal afecto ao serviço.

4 – Durante o período de transição:

a) As partes assinam um auto de vistoria no qual é ratificado ou alterado o inventário dos bens e relações jurídicas anexo ao contrato de concessão, passando a substituí-lo;

b) O concessionário, no caso de serviços de abastecimento de água, submete à autoridade competente um programa de controlo da qualidade da água para consumo humano, com a antecedência necessária à sua aprovação antes do final do período de transição;

c) O concedente transmite para o concessionário as autorizações ambientais de que disponha, necessárias aos serviços concessionados, nos termos da legislação aplicável;

d) O concessionário informa os utilizadores do serviço, através de comunicação escrita, da data a partir da qual esta assume a responsabilidade pela prestação do serviço e a posição contratual do concedente.

5 – A contagem do prazo da concessão inicia-se com o termo do período de transição, assumindo o concessionário a partir dessa data a plena responsabilidade pela gestão do sistema.

Artigo 42º – Retribuição

1 – O contrato de concessão pode prever o pagamento de uma retribuição do concessionário ao concedente, referente a:

a) Alienação ou cedência da utilização a título oneroso dos bens afectos à concessão;

b) Financiamento de eventuais investimentos que, no contrato de concessão estejam a cargo do concedente.

2 – A retribuição não pode constituir uma contrapartida pela cedência da exploração do serviço público.

3 – O montante e o calendário de pagamento da retribuição ao concedente são fixados pelo concedente previamente à abertura do procedimento de formação do contrato de concessão e devem constar do contrato.

4 – Os pagamentos relativos à retribuição devem ser feitos sob a forma de anuidades ao longo de toda a concessão, não antecipáveis, e cujo valor previsto para os primeiros cinco anos do contrato de concessão não pode exceder 40% do valor actualizado à taxa de juro sem risco da totalidade dos pagamentos previstos no contrato de concessão.

5 – A retribuição devida pelo concessionário deve ser revista se o concedente alterar o plano de investimentos.

Artigo 43º – Receitas e tarifário

1 – As tarifas do primeiro ano de exploração resultam da proposta vencedora no âmbito do concurso público.

2 – Para além das variações médias do tarifário, expressas a preços constantes, que sejam fixadas no contrato de concessão, as actualizações anuais do tarifário médio incorporam a taxa de inflação.

3 – Para efeitos das actualizações previstas no número anterior, o cálculo da variação do tarifário deve ser realizado com base num índice de preços de Laspeyres, em que as quantidades utilizadas são as apuradas no período completo de 12 meses findo no mês de Junho do ano precedente ao exercício no qual é aplicado o novo tarifário.

Artigo 44º – Comissão de acompanhamento da concessão

1 – Na data de celebração do contrato de concessão é constituída uma comissão de acompanhamento integrando um representante designado pelo concedente, um representante designado pelo concessionário e um terceiro elemento co-optado pelos anteriores, que preside.

2 – Compete à comissão de acompanhamento:

a) Emitir parecer sobre a conformidade com o contrato de concessão dos projectos de execução de investimentos submetidos pelo concessionário à prévia aprovação do concedente;

b) Emitir relatório anual relativo ao cumprimento do contrato de concessão, a remeter igualmente à entidade reguladora, até ao final do 1º trimestre do ano seguinte ao que diz respeito;

c) Emitir parecer sobre a aplicabilidade das sanções contratuais previstas para situações de incumprimento e respectivo montante;

d) Emitir parecer sobre a efectiva verificação de riscos que permanecem na responsabilidade do concedente e quantificar as compensações devidas ao concessionário ou concedente, conforme o caso;

e) Auscultar ambas as partes e recolher os respectivos contributos em sede de preparação de alterações do contrato de concessão;

f) Emitir parecer sobre diferendos entre as partes, nomeadamente quanto à interpretação de cláusulas contratuais.

3 – O prazo para a emissão dos pareceres referidos no número anterior é de 45 dias úteis após a solicitação por uma das partes, salvo no caso da alínea f) do número anterior, em que é de 20 dias úteis.

4 – Os pareceres da comissão de acompanhamento não são vinculativos, aplicando-se os mecanismos de resolução de diferendos e arbitragem sempre que os mesmos não sejam voluntariamente seguidos pelas partes.

Artigo 45º – Poderes do concedente

Compete ao concedente, nos termos previstos no presente decreto-lei:

a) Ratificar a actualização anual das tarifas, nos termos previstos no contrato de concessão;

b) Aprovar os projectos de execução de investimentos previstos no contrato de concessão submetidos pelo concessionário;

c) Impor modificações unilaterais do contrato de concessão, por razões de interesse público;

d) Fiscalizar o concessionário, procedendo, no caso de incumprimento, à aplicação de multas e demais sanções contratuais, ao sequestro ou à resolução unilateral do contrato de concessão;

e) Resgatar a concessão por razões de interesse público.

Artigo 46º – Dever do concedente quanto ao cumprimento de normas ambientais

No período inicial da concessão e enquanto não haja condições para o cumprimento imediato pelo concessionário das normas ambientais em vigor, o concedente deve diligenciar junto das autoridades ambientais a celebração de contratos de adaptação ambiental, nos termos da legislação aplicável.

Artigo 47º – Responsabilidade do concessionário perante terceiros

1 – O concessionário é responsável perante terceiros pelos prejuízos causados pelos serviços concessionados, incluindo danos materiais e morais, continuados ou não, e lucros cessantes, resultantes, nomeadamente, de doença, intoxicação, envenenamento e poluição.

2 – A responsabilidade do concessionário mantém-se ainda que recorra à subcontratação de terceiros para realizar qualquer parte dos serviços concessionados.

Artigo 48º – Dever do concessionário quanto à localização das instalações dos serviços

O concessionário deve manter as instalações dos serviços operacionais, de assistência domiciliária e de atendimento presencial no perímetro territorial do concedente.

Artigo 49º – Relações com outras entidades gestoras municipais e multimunicipais

1 – O concessionário pode prestar ou adquirir os seguintes serviços a outras entidades gestoras localizadas fora do âmbito territorial da respectiva concessão, desde que autorizada pelo concedente:

a) Venda ou aquisição de água bruta ou tratada em zonas de fronteira entre âmbitos territoriais de serviços;

b) Recepção ou entrega de águas residuais urbanas e ou pluviais em zonas de fronteira entre âmbitos territoriais de serviços;

c) Recepção ou entrega de resíduos urbanos.

2 – O concessionário assume a posição de utilizador do sistema multimunicipal em cujo território se insere, quando aplicável.

3 – Para efeitos do número anterior, o concedente deve comunicar à entidade gestora do sistema multimunicipal a transmissão da respectiva posição contratual, no prazo de 30 dias a contar da celebração do contrato de concessão.

4 – No caso previsto no nº 2, o município responde subsidiariamente ao concessionário perante a entidade gestora do sistema multimunicipal.

Artigo 50º – Relações funcionais com os municípios

1 – Na execução do contrato de concessão, o concessionário deve articular-se com os serviços competentes dos municípios no sentido de respeitar as orientações definidas em matéria de planos municipais de ordenamento do território.

2 – O concessionário deve ser consultado no âmbito do controlo prévio de operações urbanísticas, no que respeita à viabilidade de disponibilização atempada do serviço e respectivo impacte na economia da concessão.

Artigo 51º – Dever de informação sobre o exercício de actividades acessórias ou complementares

O concessionário informa a entidade reguladora da autorização dada pelo concedente para exercer actividades que, não constituindo o objecto principal do contrato de concessão, possibilitem uma mais-valia para os utilizadores dos serviços ou uma utilização mais eficiente dos recursos geridos pelo concessionário.

Artigo 52º – Alienação ou oneração da concessão

Não é permitida a transmissão, total ou parcial, da concessão, salvo nos casos de estipulação contratual de direitos de step in e step out previstos no Código dos Contratos Públicos.

Artigo 53º – Subconcessão e subcontratação

1 – O concessionário pode, desde que autorizado pelo concedente, subconcessionar parte do serviço, não podendo daí resultar a aplicação de tarifas superiores às previstas no contrato de concessão.

2 – No caso de haver subconcessão de parte do serviço, o concessionário mantém os direitos e obrigações perante o concedente fixados no contrato de concessão.

3 – O contrato de concessão pode prever limites quantitativos à subcontratação de serviços, empreitadas e fornecimentos pelo concessionário.

4 – O concedente pode recusar a utilização de subcontratados quando haja fundado receio de que a subcontratação envolve um aumento de risco de incumprimento das obrigações emergentes do contrato de concessão ou quando não seja evidente uma mais-valia dessa subcontratação para a qualidade e custo dos serviços para os utilizadores.

Artigo 54º – Revisão do contrato de concessão

1 – O concedente pode exigir a revisão do contrato de concessão caso se perspective uma taxa interna de rentabilidade para o investimento accionista relativa a todo o período da concessão superior ao dobro daquela que consta do caso base do modelo financeiro vertido no contrato de concessão inicial.

2 – Nos casos previstos no número anterior, a revisão do contrato de concessão deve traduzir-se numa trajectória tarifária futura mais favorável para os utilizadores.

3 – A entidade reguladora é ouvida sobre a proposta de revisão do contrato de concessão prevista nos números anteriores, nos termos do nº 6 do artigo 11º.

4 – A comissão de acompanhamento pronuncia-se sobre a verificação dos fundamentos para a revisão do contrato de concessão à luz do previsto no Código dos Contratos Públicos.

5 – Não pode ser objecto de revisão:

a) O conteúdo da concessão quando tal conduza a um aumento dos proveitos tarifários da concessão superior a 30%;

b) O âmbito territorial da concessão quando tal conduza a um aumento dos proveitos tarifários da concessão superior a 50%;

c) O plano de investimentos a cargo do concessionário quando o valor acumulado das novas obras exceder em 25% o montante dos investimentos inicialmente previsto;

d) O prazo da concessão para além do limite previsto no artigo 34º;

e) O modelo de partilha de riscos em desrespeito do previsto no artigo 35º;

f) Os limites quantitativos à subcontratação de serviços, empreitadas e fornecimentos pelo concessionário fixados no caderno de encargos;

g) Os proveitos mínimos anuais previstos na alínea d) do nº 1 do artigo 40º.

6 – Para efeitos de verificação da observância dos limites previstos nas alíneas a) a c) do número anterior, deve ser utilizado o valor actualizado, à taxa de juro sem risco, dos respectivos fluxos de caixa previstos no caso base do modelo financeiro anexo ao contrato de concessão.

7 – A revisão do caso base do modelo financeiro da concessão não pode incorporar o impacte financeiro passado de riscos que devam ser suportados pelo concedente ou pelo concessionário, nos termos previstos no artigo 35º.

Artigo 55º – Excepção de não cumprimento

O concessionário pode reter valores devidos ao concedente a título de retribuição nos casos em que este não cumpra atempadamente as suas obrigações quanto à disponibilização de bens, à realização de expropriações e constituição de servidões ou à execução de investimentos a cargo do mesmo, nos termos previstos no contrato de concessão.

Artigo 56º – Sequestro

1 – Quando o concedente considere existirem razões para o sequestro, deve notificar disso o concessionário, nos termos previstos no Código dos Contratos Públicos, e informar a entidade reguladora e a comissão de acompanhamento.

2 – O sequestro não pode exceder 120 dias, assumindo o concedente a responsabilidade pela gestão do sistema, cabendo-lhe adoptar todas as medidas para restabelecer a normalidade do serviço.

Artigo 57º – Resgate

Quando o concedente considere existirem razões para o resgate, deve notificar disso o concessionário, nos termos previstos no Código dos Contratos Públicos, ouvindo previamente a entidade reguladora sobre a decisão de resgate, nos termos do nº 6 do artigo 11º.

Artigo 58º – Reversão

1 – Até um ano antes do termo da concessão, o concedente deve indicar ao concessionário quais as relações jurídicas conexionadas com a continuidade da prestação do serviço, nomeadamente laborais, de empreitada, de locação, de fornecimento de serviços, de aprovisionamento e de financiamento que pretende assumir após aquele termo.

2 – O disposto no número anterior e no Código dos Contratos Públicos não prejudica o que dispõe em matéria de reversão o Decreto-Lei nº 226-A/2007, de 31 de maio, nem o estabelecido no título de utilização dos recursos hídricos.

CAPÍTULO VII – Relações com os utilizadores

Artigo 59º – Direito à prestação do serviço

1 – Qualquer pessoa cujo local de consumo se insira na área de influência da entidade gestora tem direito à prestação do serviço, sempre que o mesmo esteja disponível.

2 – O serviço de abastecimento público de água e de saneamento de águas residuais urbanas através de redes fixas considera-se disponível desde que o sistema infra-estrutural da entidade gestora do serviço esteja localizado a uma distância igual ou inferior a 20 m do limite da propriedade.

3 – Quando a rede de saneamento de águas residuais esteja localizada a uma distância superior à referida no número anterior e não seja solicitado o prolongamento do ramal, a entidade gestora deve assegurar, através de meios próprios e ou de terceiros, a provisão do serviço de limpeza de fossas sépticas, no cumprimento da legislação ambiental.

4 – O serviço de gestão de resíduos urbanos considera-se disponível desde que o equipamento de recolha indiferenciada se encontre instalado a distância inferior a 100 m do limite do prédio e a entidade gestora efectue uma frequência mínima de recolha que salvaguarde a saúde pública, ambiente e qualidade de vida dos cidadãos, cujos critérios são definidos em regulamento pela entidade titular.

5 – O limite previsto no número anterior pode ser aumentado até 200 m em áreas predominantemente rurais, quanto tal esteja previsto em regulamento de serviço aprovado pela entidade titular.

Artigo 60º – Direito à continuidade do serviço

1 – O abastecimento de água aos utilizadores deve ser assegurado de forma contínua, só podendo ser interrompido no caso de se verificar alguma das seguintes situações:

a) Deterioração na qualidade da água distribuída ou previsão da sua ocorrência iminente;

b) Ausência de condições de salubridade no sistema predial;

c) Trabalhos de reparação ou substituição de ramais de ligação, quando não seja possível recorrer a ligações temporárias;

d) Trabalhos de reparação ou substituição do sistema público ou dos sistemas prediais, sempre que exijam essa suspensão;

e) Casos fortuitos ou de força maior;

f) Detecção de ligações clandestinas ao sistema público;

g) Anomalias ou irregularidades no sistema predial detectadas pela entidade gestora no âmbito de inspecções ao mesmo;

h) Mora do utilizador no pagamento dos consumos realizados, sem prejuízo da necessidade de aviso prévio, nos termos previstos na legislação aplicável.

2 – A recolha de águas residuais urbanas aos utilizadores só pode ser interrompida no caso de se verificar alguma das seguintes situações:

a) Trabalhos de reparação ou substituição de ramais de ligação, quando não seja possível recorrer a ligações temporárias;

b) Casos fortuitos ou de força maior;

c) Detecção de ligações clandestinas ao sistema público, uma vez decorrido prazo razoável definido pela entidade gestora para a regularização da situação;

d) Verificação de descargas com características de qualidade em violação dos parâmetros legais e regulamentares aplicáveis, uma vez decorrido prazo razoável definido pela entidade gestora para a regularização da situação;

e) Mora do utilizador no pagamento da utilização do serviço quando não seja possível a interrupção do serviço de abastecimento de água e sem prejuízo da necessidade de aviso prévio, nos termos previstos na legislação aplicável.

3 – A recolha indiferenciada e selectiva de resíduos urbanos aos utilizadores só pode ser interrompida em casos fortuitos ou de força maior.

4 – São considerados casos fortuitos ou de força maior, os acontecimentos imprevisíveis ou inevitáveis que impeçam a continuidade do serviço, apesar de tomadas pela entidade gestora as precauções normalmente exigíveis, não se considerando as greves como casos de força maior.

5 – A entidade gestora deve comunicar aos utilizadores com uma antecedência mínima de 48 horas qualquer interrupção programada no abastecimento de água ou na recolha de águas residuais urbanas.

6 – Quando ocorrer qualquer interrupção não programada no abastecimento de água aos utilizadores, a entidade gestora do serviço deve informar os utilizadores que o solicitem da duração estimada da interrupção, sem prejuízo da disponibilização desta informação no respectivo sítio da Internet e da utilização de meios de comunicação social, e, no caso de utilizadores especiais, tais como hospitais, tomar diligências específicas no sentido de mitigar o impacte dessa interrupção.

7 – Em qualquer caso, a entidade gestora do serviço deve mobilizar todos os meios adequados à reposição do serviço no menor período de tempo possível e tomar todas as medidas que estiverem ao seu alcance para minimizar os inconvenientes e os incómodos causados aos utilizadores dos serviços.

Artigo 61º – Direito à informação

1 – Os utilizadores têm o direito a ser informados de forma clara e conveniente pela entidade gestora das condições em que o serviço é prestado, em especial no que respeita aos tarifários aplicáveis.

2 – As entidades gestoras devem dispor de um sítio na Internet no qual seja disponibilizada informação essencial sobre a sua actividade, nomeadamente:

a) Identificação da entidade gestora, suas atribuições e âmbito de actuação;

b) Estatutos e contrato relativo à gestão do sistema e suas alterações, quando aplicável;

c) Relatório e contas ou documento equivalente de prestação de contas;

d) Regulamentos de serviço;

e) Tarifários;

f) Condições contratuais relativas à prestação dos serviços aos utilizadores;

g) Resultados da qualidade da água, no caso de entidades gestoras do serviço de abastecimento de água, bem como outros indicadores de qualidade do serviço prestado aos utilizadores;

h) Informações sobre interrupções do serviço;

i) Contactos e horários de atendimento.

3 – O sítio na Internet deve ser implementado no prazo de seis meses a contar da criação de novas entidades gestoras.

4 – No caso de gestão de sistemas municipais por juntas de freguesia ou associações de utilizadores, a obrigação referida no número anterior impende sobre o respectivo município.

Artigo 62º – Regulamento de serviço

1 – As regras de prestação do serviço aos utilizadores constam do regulamento de serviço, aprovado pela entidade titular que deve conter, no mínimo, os elementos estabelecidos por portaria a aprovar pelo membro do Governo responsável pela área do ambiente.

2 – Quando os serviços sejam objecto de delegação ou concessão, a proposta de regulamento de serviço é elaborada pela entidade gestora, a apresentar à entidade titular no prazo máximo de um ano a contar da assinatura do contrato de gestão delegada ou de concessão.

3 – A entidade titular promove um período de consulta pública do projecto de regulamento de serviço, de duração não inferior a 30 dias úteis, que deve ser disponibilizado ao público no sítio da Internet da entidade gestora, bem como nos locais e publicações de estilo.

4 – A entidade reguladora emite parecer sobre a proposta de regulamento de serviço, que deve ser solicitado pela entidade titular, durante o período de consulta pública.

5 – O regulamento de serviço e respectivas alterações são publicados na 2ª série do Diário da República, devendo a entidade gestora do serviço afixá-lo em local visível nos respectivos serviços de atendimento, assim como no respectivo sítio de Internet.

6 – A entidade gestora deve ainda informar os utilizadores da data de publicação do regulamento de serviço no Diário da República e da possibilidade da sua consulta através de comunicação escrita e individual, a qual pode constar do contrato de fornecimento ou de recolha, de facturas ou qualquer outro meio.

7 – Até à entrada em vigor do regulamento de serviço proposto é aplicável o regulamento existente em tudo quanto não contrarie as condições definidas no contrato de gestão delegada ou de concessão.

8 – Compete à entidade gestora fiscalizar o cumprimento das normas constantes do regulamento de serviço relativas aos utentes e instruir os eventuais processos de contra-ordenação aí previstos, competindo à entidade titular a decisão de aplicação aos utilizadores das coimas a que haja lugar.

Artigo 63º – Contratos de fornecimento e de recolha

1 – Os utilizadores que disponham de título válido para a ocupação do imóvel podem solicitar a contratualização dos serviços de abastecimento público de água e de saneamento de águas residuais sempre que os mesmos se encontrem disponíveis.

2 – A entidade gestora do serviço de abastecimento de água ou de saneamento de águas residuais deve iniciar o fornecimento no prazo de cinco dias úteis a contar da data da recepção do pedido de contrato de fornecimento e de recolha, com ressalva das situações de força maior.

3 – A entidade gestora deve disponibilizar aos utilizadores, por escrito e no momento da celebração do contrato de fornecimento, as condições contratuais da prestação do serviço, incluindo informação clara e precisa acerca dos principais direitos e obrigações dos utilizadores e da entidade gestora, nomeada-

mente, quanto à medição, facturação, cobrança, condições de suspensão do serviço, tarifário, reclamações e resolução de conflitos.

4 – Quando a entidade gestora do serviço de abastecimento de água não seja responsável pelos serviços de saneamento e de gestão de resíduos, deve comunicar às entidades gestoras destes serviços uma listagem mensal dos novos utilizadores do serviço de abastecimento, considerando-se todos os serviços contratados a partir da data do início de fornecimento de água, caso estes não tenham sido objecto de contrato autónomo.

5 – Nos casos a que se refere o número anterior, os elementos referidos no nº 3 relativos aos serviços de saneamento e de gestão de resíduos devem ser enviados pelas respectivas entidades gestoras aos utilizadores no prazo de 30 dias a contar da comunicação a que se refere o número anterior, podendo essas entidades gestoras acordar com a entidade gestora do serviço de abastecimento de água que todos esses elementos sejam igualmente disponibilizados no momento da celebração do contrato.

6 – A alteração do utilizador pode ser feita por transmissão da posição contratual ou através da substituição do contrato de fornecimento e de recolha.

7 – Não pode ser recusada a celebração de contratos de fornecimento e de recolha com novo utilizador com base na existência de dívidas emergentes de contrato distinto com outro utilizador que tenha anteriormente ocupado o mesmo imóvel, salvo quando seja manifesto que a alteração do titular do contrato visa o não pagamento do débito.

8 – Os contratos de fornecimento e de recolha respeitam obrigatoriamente o disposto no regulamento de serviço, sendo o contrato tipo aprovado pela entidade titular.

Artigo 64º – Denúncia dos contratos de fornecimento e de recolha

1 – Os utilizadores podem denunciar a todo o tempo os contratos de fornecimento e de recolha que tenham celebrado por motivo de desocupação do local de consumo, desde que o comuniquem por escrito à entidade gestora.

2 – Num prazo de 15 dias os utilizadores devem facultar a leitura dos instrumentos de medição instalados, quando aplicável, produzindo a denúncia efeitos a partir dessa data.

3 – Não sendo possível a leitura no prazo referido no número anterior por motivo imputável ao utilizador, este continua responsável pelos encargos entretanto decorrentes.

Artigo 65º – Cláusulas especiais de prestação do serviço

1 – São objecto de cláusulas especiais os serviços de fornecimento de água e de recolha de águas residuais que, devido ao seu elevado impacte hidráulico nas redes de distribuição ou de drenagem, devam ter tratamento específico.

2 – Quando as águas residuais não domésticas a recolher possuam características agressivas ou perturbadoras dos sistemas públicos, os contratos de recolha devem incluir a exigência de pré-tratamento dos efluentes antes da sua ligação ao sistema público, de forma a garantir o respeito pelas condições de descarga fixadas no regulamento de serviço, de acordo com o previsto no Decreto-Lei nº 152/97, de 19 de junho.

3 – Devem ser estabelecidas ainda condições especiais para fornecimentos temporários ou sazonais de água a:

a) Estaleiros e obras;

b) Zonas de concentração de população ou de actividades com carácter temporário, tais como feiras, festivais e exposições.

Artigo 66º – Instrumentos de medição

1 – Os utilizadores têm direito à medição dos respectivos níveis de utilização dos serviços, aplicando-se as recomendações emanadas pela entidade reguladora sobre esta matéria também às entidades gestoras utilizadoras.

2 – Compete à entidade gestora a colocação, a manutenção e a substituição de instrumentos de medição adequados às características do local e ao perfil de consumo do utilizador, dando cumprimento ao estabelecido na legislação sobre controlo metrológico.

3 – Em prédios em propriedade horizontal devem ser instalados instrumentos de medição em número e com o diâmetro estritamente necessários aos consumos nas zonas comuns ou, em alternativa e por opção da entidade gestora, nomeadamente quando existir reservatório predial, podem ser instalados contadores totalizadores, sem que neste caso o acréscimo de custos possa ser imputado aos proprietários.

4 – Não pode ser imposta aos utilizadores a contratação de serviços para a construção e a instalação de caixas ou nichos destinados à colocação de instrumentos de medição, sem prejuízo da possibilidade da entidade gestora fixar um prazo para a execução de tais obras.

5 – Os utilizadores devem avisar a entidade gestora de eventuais anomalias que detectem nos instrumentos de medição, tendo direito à sua verificação extraordinária em instalações de ensaio devidamente credenciadas, bem como a receber cópia do respectivo boletim de ensaio.

6 – A entidade gestora pode igualmente solicitar a verificação extraordinária quando o entenda conveniente.

7 – No caso de ser necessária a substituição de instrumentos de medição por motivos de anomalia, exploração e controlo metrológico, a entidade gestora deve avisar o utilizador da data e do período previsível para a intervenção que não ultrapasse as duas horas.

8 – Na data da substituição deve ser entregue ao utilizador um documento de onde constem as leituras dos valores registados pelo instrumento de medição substituído e pelo que, a partir desse momento, passa a registar o consumo de água ou a produção de águas.

9 – A entidade gestora é responsável pelo pagamento dos custos com a substituição ou reparação dos instrumentos de medição por anomalia não imputável ao utilizador.

10 – A água fornecida através de fontanários dependentes do sistema público de abastecimento de água deve igualmente ser objecto de medição.

Artigo 67º – Medição dos níveis de utilização dos serviços e facturação

1 – A facturação dos serviços objecto do presente decreto-lei deve possuir periodicidade mensal, podendo ser disponibilizados ao utilizador mecanismos alternativos e opcionais de facturação, passíveis de serem por este considerados mais favoráveis e convenientes.

2 – Para efeitos de facturação, a entidade gestora deve proceder à leitura real dos instrumentos de medição por intermédio de agentes devidamente credenciados, com uma frequência mínima de duas vezes por ano e com um distanciamento máximo entre duas leituras consecutivas de oito meses.

3 – O utilizador deve facultar o acesso da entidade gestora ao instrumento de medição, com a periodicidade a que se refere o número anterior, quando este se encontre localizado no interior do prédio servido.

4 – Sempre que, por indisponibilidade do utilizador, se revele por duas vezes impossível o acesso ao instrumento de medição por parte da entidade gestora, esta deve avisar o utilizador, por carta registada ou meio equivalente, da data e intervalo horário, com amplitude máxima de duas horas, de terceira deslocação a fazer para o efeito, assim como da cominação da suspensão do fornecimento no caso de não ser possível a leitura.

5 – Sem prejuízo da suspensão do serviço, o prazo de caducidade das dívidas relativas aos consumos reais não começa a correr enquanto não puder ser realizada a leitura por parte da entidade gestora por motivos imputáveis ao utilizador.

6 – Nos períodos em que não haja leitura, o consumo é estimado:

a) Em função do consumo médio apurado entre as duas últimas leituras reais efectuadas pela entidade gestora;

b) Em função do consumo médio de utilizadores com características similares no âmbito do território municipal verificado no ano anterior, na ausência de qualquer leitura subsequente à instalação do contador.

7 – O disposto nos números anteriores não se aplica quando a entidade gestora utilize sistemas tecnológicos que assegurem os mesmos efeitos.

8 – Sem prejuízo do disposto nos números anteriores, a entidade gestora deve disponibilizar aos utilizadores, de forma acessível, clara e perceptível, meios alternativos para a comunicação das leituras, como a Internet, o serviço de mensagem curta de telemóvel (sms), os serviços postais ou o telefone.

9 – As entidades gestoras de sistemas municipais devem emitir faturas detalhadas aos utilizadores finais que incluam a decomposição das componentes de custo que integram o serviço prestado a tais utilizadores, seja de abastecimento de água, de saneamento de águas residuais ou de gestão de resíduos urbanos.

10 – A obrigação de decomposição prevista no número anterior abrange apenas os principais custos agregados, designadamente, no caso de sistemas municipais vinculados a sistemas multimunicipais ou intermunicipais, incluindo os geridos através de parcerias públicas, a componente respeitante aos serviços prestados pelas entidades gestoras dos sistemas multimunicipais ou intermunicipais de abastecimento de água, saneamento de águas residuais ou recolha de resíduos urbanos.

11 – A decomposição referida nos números anteriores deve ser suficientemente clara e rigorosa, de maneira a permitir a afetação do produto da cobrança do valor de cada fatura às diferentes entidades abrangidas, nos termos dos números seguintes.

12 – A percentagem do produto da cobrança de cada fatura emitida pela entidade gestora do sistema municipal a afetar ao pagamento dos serviços prestados pela entidade gestora do sistema multimunicipal ou intermunicipal é de 50% sobre o valor da fatura relativamente a cada um dos serviços referidos no nº 9.

13 – O valor apurado nos termos do número anterior deve ser transferido pelas entidades gestoras dos sistemas municipais até ao final do mês da correspondente cobrança, não podendo ser utilizado para qualquer outro fim.

14 – O disposto no número anterior não se aplica no caso de a entidade gestora do sistema municipal já ter efetuado o pagamento dos valores devidos à entidade gestora do sistema multimunicipal ou intermunicipal nem na parte que os exceda.

15 – A realização das transferências nos termos dos números anteriores determina a extinção da obrigação das entidades gestoras dos sistemas municipais de pagamento dos valores devidos à entidade gestora do sistema multimunicipal ou intermunicipal, apenas na parte correspondente ao montante efetivamente transferido, sem prejuízo do acerto final a realizar com a entidade gestora do sistema municipal no termo de cada exercício, caso se mostre necessário.

16 – A falta de pagamento de qualquer fatura pelos utilizadores finais ou a sua insuficiência não afastam a responsabilidade das entidades gestoras de sis-

temas municipais no pagamento dos valores devidos às entidades gestoras dos sistemas multimunicipais ou intermunicipais.

17 – As entidades gestoras dos sistemas municipais devem remeter, no final de cada mês, às entidades gestoras dos sistemas multimunicipais ou dos sistemas intermunicipais a que se encontrem vinculadas, informação sobre os montantes cobrados aos utilizadores finais no mês imediatamente anterior.

18 – Os valores devidos às entidades gestoras dos sistemas multimunicipais ou intermunicipais a que se referem os números anteriores correspondem aos constantes das faturas por si emitidas no mês anterior ao da transferência prevista no nº 13.

19 – Em caso de incumprimento do disposto no nº 17, as entidades gestoras dos sistemas multimunicipais ou intermunicipais podem recorrer ao disposto nos artigos 104º e seguintes do Código de Processo nos Tribunais Administrativos, aprovado pela Lei nº 15/2002, de 22 de fevereiro, sem necessidade de pedido prévio, para efeitos de obtenção das informações em causa.

20 – Os documentos informativos a que se referem os números anteriores são título suficiente para a cobrança coerciva por parte das entidades gestoras dos sistemas multimunicipais ou intermunicipais das importâncias que lhes sejam devidas nos termos do presente artigo, sendo aplicável, para este efeito, o disposto nos artigos 170º e seguintes do Código de Processo nos Tribunais Administrativos.

21 – Os procedimentos necessários à implementação do sistema de faturação detalhada são estabelecidos em decreto-lei, o qual deve ser publicado no prazo de 90 dias após a entrada em vigor do presente diploma.

Artigo 68º – Reclamações

1 – A apresentação de reclamação escrita alegando erros de medição do consumo de água suspende o prazo de pagamento da respectiva factura caso o utilizador solicite a verificação extraordinária do contador após ter sido informado da tarifa aplicável.

2 – Para além do livro de reclamações, exigido pela legislação aplicável, as entidades gestoras devem garantir a existência de mecanismos apropriados para a apresentação de reclamações pelos utilizadores relativamente às condições da prestação do serviço que não impliquem a deslocação do utilizador às instalações da entidade gestora.

3 – Para além da obrigação de envio das folhas de reclamação para a entidade reguladora e sem prejuízo de outros prazos legais ou contratuais mais curtos aplicáveis, as entidades gestoras devem responder por escrito, no prazo máximo de 22 dias úteis, a todos os utilizadores que apresentem reclamações escritas por qualquer meio.

4 – A entidade reguladora aprecia todas as reclamações que lhe sejam remetidas pelos utilizadores ou pelas entidades gestoras, com respeito pelo direito de resposta da entidade gestora.

Artigo 69º – Ligação de imóveis edificados aos sistemas de abastecimento público de água e de saneamento de águas residuais

1 – Todos os edifícios, existentes ou a construir, com acesso ao serviço de abastecimento público de água ou de saneamento de águas residuais devem dispor de sistemas prediais de distribuição de água e de drenagem de águas residuais devidamente licenciados, de acordo com as normas de concepção e dimensionamento em vigor, e estar ligados aos respectivos sistemas públicos.

2 – Sem prejuízo do disposto no número anterior, podem ser aceites pela entidade gestora, em casos excepcionais, soluções simplificadas, desde que garantidas as condições adequadas de saúde pública e protecção ambiental.

3 – O disposto no nº 1 não é aplicável a edifícios que disponham de sistemas próprios de abastecimento ou saneamento devidamente licenciados nos termos da legislação aplicável, nomeadamente unidades industriais.

4 – A instalação dos sistemas prediais e respectiva conservação em boas condições de funcionamento e salubridade é da responsabilidade do proprietário.

5 – Durante o procedimento de controlo prévio de operação urbanística, deve ser consultada a entidade gestora, para emissão de parecer, sobre os projectos dos sistemas prediais de distribuição de água e de drenagem de águas residuais, nos termos do regime jurídico da urbanização e da edificação, aprovado pelo Decreto-Lei nº 555/99, de 16 de dezembro.

6 – Compete à câmara municipal, caso o município não seja a entidade gestora, promover a consulta a que se refere o número anterior.

7 – Nos sistemas prediais de grande capacidade e quando se justifique pelo impacte no funcionamento do sistema público, pode a entidade gestora exigir aos utilizadores um programa de operação que refira os tipos de tarefas a realizar, a sua periodicidade e sua metodologia.

8 – A entidade gestora deve, com uma antecedência mínima de 30 dias, notificar os proprietários dos edifícios abrangidos pelo serviço de abastecimento público de água ou de saneamento de águas residuais das datas previstas para início e conclusão das obras dos ramais de ligação para a disponibilização dos respectivos serviços.

9 – A execução de ligações aos sistemas públicos ou a alteração das existentes compete à entidade gestora, não podendo ser executada por terceiros sem a respectiva autorização.

Artigo 70º – Inspecção aos sistemas prediais

1 – Os sistemas prediais ficam sujeitos a acções de inspecção da entidade gestora sempre que haja reclamações de utilizadores, perigos de contaminação ou poluição ou suspeita de fraude.

2 – Para efeitos do previsto no número anterior, o proprietário deve permitir o livre acesso à entidade gestora desde que avisado, por carta registada ou outro meio equivalente, com uma antecedência mínima de oito dias, da data e intervalo horário, com amplitude máxima de duas horas, previsto para a inspecção.

3 – O respectivo auto de vistoria deve ser comunicado aos responsáveis pelas anomalias ou irregularidades, fixando prazo para a sua correcção.

4 – Em função da natureza das circunstâncias referidas no nº 1, a entidade gestora pode determinar a suspensão do fornecimento de água.

Artigo 71º – Salvaguarda da integridade dos sistemas prediais e públicos

1 – De forma a garantir a integridade dos sistemas prediais de distribuição de água, a entidade gestora deve:

a) Tomar as medidas necessárias para evitar deterioração anormal nos sistemas prediais resultantes de pressão excessiva ou variação brusca de pressão na rede pública de distribuição de água, nos termos previstos na legislação aplicável;

b) Fornecer água para consumo humano que não cause uma deterioração anormal dos componentes físicos dos sistemas prediais.

2 – Os utilizadores não devem fazer uso indevido ou danificar qualquer infra-estrutura ou equipamento dos sistemas públicos de abastecimento de água, de saneamento de águas residuais urbanas e de gestão de resíduos urbanos.

CAPÍTULO VIII – Regime sancionatório

Artigo 72º – Contra-ordenações

1 – Constitui contraordenação, punível com coima de €10.000,00 a €500.000,00, no caso das pessoas coletivas, a prática dos seguintes atos e omissões:

a) Falta de implementação de qualquer um dos sistemas previstos no nº 5 do artigo 8º;

b) Incumprimento das obrigações de informação à entidade reguladora, previstas no nº 4 do artigo 10º, no artigo 11º-A, no artigo 11º-B, no artigo 13º e no artigo 51º;

c) Prestação de um deficitário nível de serviço nos termos estipulados no regulamento de qualidade de serviço previsto no artigo 12º;

d) Falta de comunicação aos utilizadores do serviço da data a partir da qual o mesmo passa a ser prestado sob responsabilidade do concessionário, nos termos previstos na alínea d) do nº 4 do artigo 41º;

e) Recusa de prestação dos serviços de águas ou resíduos nos casos em que os mesmos se devam considerar disponíveis, nos termos previstos no artigo 59º;

f) Falta de comunicação prévia aos utilizadores sobre interrupções programadas no abastecimento de água ou na recolha de águas residuais nos termos previstos no nº 5 do artigo 60º;

g) Incumprimento dos deveres de informação aos utilizadores previstos nos nºs 2 a 4 do artigo 61º e do dever previsto no nº 6 do artigo 80º;

h) Inexistência do regulamento de serviço exigido pelo artigo 62º ou manifesta desconformidade com o conteúdo mínimo exigido;

i) Não apresentação da proposta de regulamento no prazo de um ano previsto no nº 2 do artigo 62º;

j) Falta de prestação de informação aos utilizadores sobre as condições contratuais nos casos previstos no nº 3 do artigo 63º;

l) Incumprimento da obrigação de envio das listagens mensais de utilizadores nos casos previstos no nº 4 do artigo 63º;

m) Recusa de celebração de contratos de fornecimento e de recolha com utilizador em violação do disposto no nº 6 do artigo 63º;

n) Incumprimento das obrigações decorrentes do sistema de faturação detalhada previstas nos ns. 9 a 20 do artigo 67º;

o) Inexistência de mecanismos apropriados para a apresentação de reclamações pelos utilizadores nos termos previstos no nº 2 do artigo 68º.

2 – Constitui contraordenação, punível com coima de €1.500,00 a €3.740,00, no caso de pessoas singulares, e de €7.500,00 a €44.890,00, no caso de pessoas coletivas, a prática dos seguintes atos ou omissões por parte dos proprietários de edifícios abrangidos por sistemas públicos ou dos utilizadores dos serviços:

a) O incumprimento da obrigação de ligação prevista no nº 3 do artigo 4º;

b) O incumprimento da obrigação de ligação dos sistemas prediais aos sistemas públicos, quando tal resulte do disposto no artigo 69º;

c) Execução de ligações aos sistemas públicos ou alteração das existentes sem a respectiva autorização da entidade gestora, nos termos previstos no nº 9 do artigo 69º;

d) Uso indevido ou dano a qualquer obra ou equipamento dos sistemas públicos.

3 - Constitui contraordenação, punível com coima de €200.000,00 a €2.500.000,00, a aplicação de tarifas diferentes das fixadas, em caso de incumprimento do regulamento tarifário, pela entidade reguladora.

4 – A negligência é punível, sendo nesse caso reduzidos para metade os limites mínimos e máximos das coimas referidos nos números anteriores.

Artigo 73º – Processamento das contra-ordenações e aplicação das coimas

1 – O processamento e a aplicação das coimas compete à entidade titular dos serviços na área onde tiver sido praticada a infracção quando o infractor seja um utilizador e à entidade reguladora sempre que o infractor seja a entidade gestora.

2 – A fiscalização e instrução dos processos de contra-ordenação previstos no nº 2 do artigo anterior pertencem à entidade gestora delegatária ou concessionária, quando aplicável, cabendo a decisão à entidade titular respectiva.

3 – O produto da aplicação das coimas aplicadas pelas entidades titulares:

a) Reverte integralmente para as mesmas, no caso da primeira parte do nº 1;

b) É repartido em partes iguais entre a entidade titular e a entidade gestora delegatária ou concessionária nos casos a que se refere o número anterior.

4 – O produto das coimas aplicadas pela entidade reguladora reverte integralmente para o Fundo de Intervenção Ambiental, criado pelo nº 1 do artigo 69º da Lei nº 50/2006, de 29 de agosto.

CAPÍTULO IX – Disposições finais e transitórias

Artigo 74º – Regulamentação dos sistemas municipais e prediais

As normas técnicas a que devem obedecer a concepção, o dimensionamento, a construção e a exploração dos sistemas municipais de abastecimento público de água e de saneamento de águas residuais e os respectivos sistemas prediais, bem como as normas de higiene e segurança a observar por estes sistemas, são aprovadas por decreto regulamentar.

Artigo 75º – Taxa de inflação e taxa de juro sem risco

1 – Para efeitos do disposto no presente decreto-lei, a actualização de valores expressos a preços constantes para preços correntes deve utilizar os últimos valores históricos, estimados ou previstos da variação do índice harmonizado de preços ao consumidor M (12,12), ou de outro equivalente que o venha substituir, que, à data da actualização, estejam publicados pelo Banco de Portugal.

2 – Para efeitos da realização dos cálculos que neste decreto-lei prevêem a sua utilização, a taxa de juro sem risco corresponde ao valor mais recente da rentabilidade das obrigações do Tesouro portuguesas a 10 anos publicado pelo Banco de Portugal, ou outra equivalente que a venha substituir.

Artigo 76º – (Revogado).

Artigo 77º – Extensão do âmbito de aplicação às empresas do sector empresarial do Estado

O disposto nos artigos 8º a 13º e nos capítulos VII e VIII é aplicável às actividades de abastecimento público de água, de saneamento de águas residuais urbanas e de gestão de resíduos urbanos prestadas por empresa do sector empresarial do Estado, legalmente habilitada para o efeito, em relação directa com os utilizadores finais.

Artigo 78º – Regime transitório aplicável à gestão de serviços por freguesias e associações de utilizadores

1 – Os municípios devem assegurar a progressiva extinção das situações de prestação do serviço de águas e resíduos por freguesias ou associações de utilizadores num prazo máximo de cinco anos a partir da entrada em vigor do presente decreto-lei.

2 – Até à regularização prevista no número anterior, as entidades titulares devem inventariar e comunicar anualmente à entidade reguladora as situações ainda existentes nos respectivos territórios, devendo as juntas de freguesias e as associações de utilizadores aplicar aos utilizadores finais tarifários idênticos aos aprovados para o município respectivo.

Artigo 79º – Norma revogatória

1 – São revogados os artigos 6º a 18º do Decreto-Lei nº 379/93, de 5 de novembro, e os Decretos-Leis nºs 207/94, de 6 de agosto, e 147/95, de 21 de junho.

2 – Mantém-se em vigor o Decreto Regulamentar nº 23/95, de 23 de agosto, em tudo o que não contrarie o disposto no presente decreto-lei, até à aprovação do decreto regulamentar previsto no artigo 74º.

Artigo 80º – Aplicação no tempo

1 – As disposições do presente decreto-lei são aplicáveis às entidades gestoras de serviços municipais em gestão directa ou delegada dois anos após a data da sua publicação, excepto as constantes do capítulo VII e as respeitantes à recolha de informação sobre a caracterização geral do sector e a caracterização específica das entidades gestoras, as quais são aplicáveis a estas entidades desde a entrada em vigor do presente decreto-lei.

2 – Os contratos de concessão existentes e os regulamentos de serviço vigentes no momento da entrada em vigor do presente decreto-lei devem ser adaptados ao mesmo no prazo de três anos após a data da sua publicação.

3 – O disposto no artigo 63º não prejudica a vigência dos contratos de fornecimento e de recolha escritos celebrados até à entrada em vigor do presente decreto-lei, devendo as entidades gestoras remeter aos respectivos utilizadores a informação referida no nº 4 daquele artigo nas situações em que não exista contrato escrito.

4 – O presente decreto-lei não se aplica aos procedimentos relativos à atribuição de concessão de serviços municipais e para a selecção de parceiros privados para empresas municipais em curso à data da sua entrada em vigor, nos quais já tenha havido apresentação de propostas.

5 – Os sistemas referidos no nº 5 do artigo 8º devem ser implementados no prazo de três anos a contar da entrada em vigor do presente decreto-lei no que respeita às entidades gestoras existentes.

6 – O sítio na Internet previsto no nº 3 do artigo 61º deve ser implementado no prazo de seis meses a contar da entrada em vigor do presente decreto-lei, no que respeita às entidades gestoras existentes.

Artigo 81º –Entrada em vigor

O presente decreto-lei entra em vigor em 1 de Janeiro de 2010.

Visto e aprovado em Conselho de Ministros de 5 de Junho de 2009. – José Sócrates Carvalho Pinto de Sousa – Emanuel Augusto dos Santos – Alberto Bernardes Costa – João Manuel Machado Ferrão – António José de Castro Guerra – Mário Lino Soares Correia – Ana Maria Teodoro Jorge.

Promulgado em 8 de Agosto de 2009.

Publique-se.

O Presidente da República, Aníbal Cavaco Silva.

Referendado em 14 de Agosto de 2009.

O Primeiro-Ministro, José Sócrates Carvalho Pinto de Sousa.

Jurisprudência:

1. Acórdão do Supremo Tribunal Administrativo (Processo nº 125/11), de 2-03--2011. Acordam na Secção de Contencioso Tributário do Supremo Tribunal Administrativo: RELATÓRIO. 1.1. A Câmara Municipal de Lisboa recorre da sentença que, proferida pelo Tribunal Tributário de Lisboa, julgou procedente a reclamação de actos do órgão da execução fiscal deduzida pela executada Fundação Nossa Senhora do Bom Sucesso contra o acto da Directora Municipal de Finanças que determinou a redução da penhora efectuada no âmbito da respectiva execução fiscal por dívidas da taxa de conservação de esgotos e declarou prescritas aquelas dívidas quanto aos anos de 1999 e 2000. 1.2. A recorrente termina as alegações formulando as conclusões seguintes: 1ª – A sentença recorrida apenas considerou relevante a verificação de factos interruptivos da prescrição, nos termos previstos na Lei Geral Tributária (LGT), negando o efeito suspensivo da mesma prescrição relativamente aos factos invocados pela Fazenda Pública, ao abrigo do nº 4, do artigo 49º, da mesma Lei. 2ª – A correcta aplicação do nº 4, do artigo 49º, da LGT, designadamente, no que respeita à suspensão da contagem da prescrição no período correspondente à pendência dos autos de oposição à penhora teria obstado à declaração da prescrição da dívida exequenda. 3ª – A dívida exequenda reporta-se à taxa de conservação de esgotos relativa aos anos de 1999 e 2000 e tratando-se de um tributo periódico, o prazo de prescrição começou a correr a partir do termo do ano em que se verificou o facto tributário, nos termos do nº 1, do artigo 48º, da LGT – respectivamente 1 de janeiro de 2000 e 1 de Janeiro de 2001. 4ª – Porque as dívidas em questão se reportam presentemente aos anos de 1999 e 2000, elegeu-se o processo

de execução fiscal mais antigo como processo principal. 5ª – No âmbito deste processo salientam-se os seguintes factos relevantes para apreciação da matéria em apreço – suspensão da contagem do prazo prescricional: a) A execução foi autuada em 28 de maio de 2001 sob o nº 1106200101063065; b) A executada foi citada em 5 de junho de 2001; c) O processo de execução fiscal esteve parado desde 5 de Junho de 2001 até 30 de Outubro de 2007, data em que se efectuou a penhora de créditos de conta bancária na Caixa Geral de Depósitos; d) A Reclamante deduziu oposição à penhora cm 5 de dezembro de 2007. e) Por Acórdão proferido em 16 de junho de 2009, pelo Tribunal Central Administrativo Sul, transitado em julgado em 2 de julho de 2009, foi decidido, em confirmação da sentença proferida em 15 de janeiro de 2009: 1 – Declarar a prescrição da dívida dos anos de 1997 e 1998; 2 – Julgar improcedente o pedido relativo à impenhorabilidade do saldo da conta de depósito a prazo; 3 – Julgar a reclamação procedente relativamente a custas; 4 – Julgar parcialmente procedente o pedido de levantamento de penhora, determinando a redução da penhora na proporção do valor da dívida. f) Em execução da mencionada decisão judicial, por despacho proferido em 16 de março de 2010, pela Senhora Directora Municipal de Finanças, da Câmara Municipal de Lisboa, foi determinada a anulação das dívidas prescritas, a redução da penhora e a notificação da executada para efectuar o pagamento da dívida exequenda, sob cominação de accionamento da garantia – é este o acto reclamado nos presentes autos. 6ª – Porque com a redacção dada ao artigo 49º, da LGT, pela Lei nº 100/99, de 26 de julho, a citação passou a ter efeito interruptivo, substituindo-se à instauração da execução, o prazo prescricional interrompeu-se em 5 de junho de 2001. 7ª – Aplicando-se à presente contagem a redacção do nº 2, do artigo 49º, da LGT, a interrupção durou até 5 de junho de 2002, ou seja, decorreram até esta data, 1 ano, 5 meses e 5 dias. 8ª – Em 5 de dezembro de 2007 foi deduzida oposição à penhora – entre estas duas datas – 5 de Junho de 2002 e 5 de dezembro de 2007 – decorreram 5 anos e 6 meses. 9ª – Entre 5 de dezembro de 2007 e 2 de julho de 2009, data do trânsito em julgado do Acórdão proferido pelo Tribunal Central Administrativo Sul, a Recorrente entende que a contagem do prazo prescricional se encontrou suspensa, ao abrigo do nº 4, do artigo 49º, da LGT. 10ª – A sentença recorrida erra quando restringe os efeitos da suspensão da contagem do prazo prescricional aos casos de impugnação judicial e de reclamação graciosa contra o acto de liquidação, dado que o nº 4, do artigo 49º, introduzido pela Lei nº 53-A/2006, de 29 de dezembro, em vigor desde 1 de janeiro de 2007, determina que O prazo de prescrição legal suspende-se em virtude de pagamento em prestações legalmente autorizadas, ou enquanto não houver decisão definitiva ou passada em julgado, que puser termo ao processo nos casos de reclamação, impugnação, recurso ou oposição, quando determinem a suspensão da cobrança da dívida.

11ª – A ora Recorrente não pretende retirar da Lei nenhum efeito que esta não preveja expressamente: a Recorrida deduziu oposição à penhora e esse meio processual constitui um dos factos suspensivos da contagem do prazo legal de prescrição, nos termos expressamente previstos na redacção do nº 4, do artigo 49º, da LGT, pelo que se impõe, como imperativo lógico a conclusão de que o prazo prescricional não correu no período compreendido entre 5 de dezembro de 2007 e 2 de julho de 2009, data do trânsito em julgado do Acórdão do Tribunal Central Administrativo Sul, supra mencionado. 12ª – Durante o período em que estiveram pendentes os autos de oposição à penhora a Administração tributária esteve impedida de prosseguir com o processo de execução fiscal para cobrança coerciva da dívida, pelo que se impõe a suspensão da contagem do prazo prescricional. 13ª – Existe uma causa de suspensão autónoma em relação ao facto com efeito interruptivo, que produz os seus próprios efeitos, independentemente dos produzidos pelo facto interruptivo. 14ª – Admitindo, ainda, que o prazo de prescrição teria recomeçado a correr a partir da data de trânsito em julgado do Acórdão do Tribunal Central Administrativo Sul – 3 de julho de 2009 – sempre se dirá que por força do mesmo nº 4, do artigo 49º, da LGT, tal prazo ficou novamente suspenso por força da presente reclamação contra o acto do órgão de execução fiscal, a qual foi apresentada, como vimos em 14 de abril de 2010. 15ª – É que se o nº 3 do artigo 49º apenas admite um facto interruptivo da prescrição da dívida tributária, o nº 4, do mesmo artigo não estabelece qualquer limite ao número de causas suspensivas da mesma prescrição: uma vez verificadas, estas operam os respectivos efeitos. 16ª – A questão sub judice prende-se precisamente com este ponto. É que, quer a reclamante nos presentes autos, quer a sentença recorrida se limitaram a contar o prazo de prescrição da dívida em apreço, atendendo apenas ao facto interruptivo da prescrição, sem atender aos factos suspensivos da mesma prescrição, violando, assim, o disposto no nº 4, do artigo 49º, da LGT. 17ª – A correcta aplicação do nº 4, do artigo 49º, da LGT teria obstado à declaração de prescrição da dívida exequenda relativa aos anos de 1999 e 2000. 18ª – O despacho reclamado não padece de vícios e assim deve manter-se na ordem jurídica, prosseguindo os processos de execução fiscal supra identificados termos até efectiva cobrança da dívida exequenda. Termina pedindo a revogação da sentença recorrida e a consequente manutenção do despacho reclamado. 1.3. A Recorrida apresentou contra-alegações, concluindo do seguinte modo: I – A interrupção do decurso do prazo de prescrição ocorreu, por uma única vez, com a citação da executada, em 25.05.2001 e 23.09.2003; II – Decorrido um ano sobre a interrupção, recomeçou a contagem do prazo de prescrição, somando-se o período de tempo decorrido até à interrupção ao que decorreu após o decurso do prazo de suspensão; III – Encontram-se prescritos ambos os tributos exequendos; IV – A douta sentença recorrida fez correcta aplicação da Lei, pelo que deve ser confirmada. Termina pedindo que seja negado provimento ao recurso e confirmada a sentença recorrida. 1.4. O MP emite Parecer no sentido da improcedência do recurso, nos termos seguintes: «1. A dívida exequenda remanescente emerge da falta de pagamento voluntário de taxa de conservação de esgotos (anos 1999 e 2000). É aplicável o prazo de prescrição de 8 anos, iniciado em 1.01.2000 e 1.01.2001 (art. 48º nº 1 LGT). A citação da reclamante como executada em 6.06.2001 e 26.09.2003, nos respectivos processos de execução fiscal (PEF), interrompeu o prazo de prescrição (artigo 49º nº 1 LGT; probatório nºs 1/2). O efeito interruptivo cessou em consequência da paragem dos PEF, por período superior a um ano e por motivo não imputável à executada, em 7.06.2002 (taxa do ano 1999) e em 27.09.2004 (taxa do ano 2000); os prazos prescricionais retomaram o seu curso, somando-se o período decorrido desde o início (1.01.2000 e 1.01.2001) até à data da autuação dos PEF (28.05.2001 e 23.09.2003, respectivamente) ao que decorrer após 7.06.2002 e 27.09.2004 (artigo 49º nº 2 LGT). A revogação do artigo 49º nº 2 LGT (operada pelo artigo 90º Lei nº 53-A/2006, 29 dezembro) é inaplicável, porque o período superior a um ano de paragem dos PEF já tinha decorrido antes do início da vigência da norma revogatória (artigo 91º Lei nº 53-A/ /2006, 29 dezembro). Posteriormente à cessação da interrupção não se verificaram outros factos com eficácia interruptiva ou suspensiva do prazo de prescrição. A soma dos períodos temporais relevantes supra indicados ultrapassa o período de 8 anos, correspondente ao prazo de prescrição. 2. A oposição à penhora apresentada pela executada foi convolada para reclamação contra acto praticado pelo órgão da execução fiscal (artigo 276º CPPT; probatório nº 3, 5ª conclusão das alegações de recurso). A reclamação contra decisão proferida pelo órgão da execução fiscal não suspende o prazo de prescrição pelos motivos que se enunciam: – não está contemplada como facto com eficácia suspensiva na previsão da disposição normativa aplicável (actual artigo 49º nº 4 LGT; anteriormente artigo 49º nº 3 LGT). – inscrevendo-se a prescrição das obrigações tributárias no domínio das garantias dos contribuintes, está sujeita ao princípio da legalidade tributária e abrangida na reserva de lei da Assembleia da República (artigos 103º nº 2 e 165º nº 1 alínea i) CRP RC/97; artigo 8º nº 1 LGT). – eventual lacuna de norma tributária sobre garantias dos contribuintes não é susceptível de integração analógica (artigo 11° nº 4 LGT). – a expressão reclamação deve ser interpretada como significando reclamação graciosa, por conjugação com a norma constante do artigo 169º nº 1 CPPT, onde se estabelece a suspensão da execução fiscal em consequência da apresentação de reclamação graciosa, desde que constituída ou prestada garantia ou efectuada penhora que garanta a totalidade da quantia exequenda e do acrescido. No contexto descrito verifica-se a prescrição das dívidas tributárias exequendas.» 1.5. Sem vistos, dada a natureza urgente do processo, cabe decidir. FUNDAMENTOS. 2. Na sentença recorrida julgaram-se provados os factos seguintes: 1. O processo apenso nº 1106200101063065, é relativo a duas prestações em dívida provenientes da taxa de conservação de esgotos do ano de 1999, no valor de €28.466,77, acrescidos no valor de €10.248,04 e custas, foi autuado em 28/5/2001, tendo a ora Reclamante sido citada em 6/6/2001 (cfr. fls. 32 e fls. 10). 2. O processo apenso nº 1106200401308238, é relativo a duas prestações em dívida provenientes da taxa de conservação de esgotos do ano de 2000, no valor de € 28.466,77, acrescidos no valor de €10.248,04 e custas, foi autuado em 23/9/2003, tendo a citação ocorrido a 26/9/2003 (idem e fls. 6 do PET). 3. Em 5/12/2007 a ora Reclamante deduziu oposição que veio a ser convolada em reclamação (idem). 4. Por sentença de 15/1/2009 deste Tribunal, proc. nº 1412/08, foi declarada a prescrição da dívida no âmbito do processo de execução fiscal nº 1106199801120247 quanto aos anos de 1997 e 1998. 5. Por Acórdão do TCA Sul de 16/6/2009, proc. 3207/07 foi negado provimento ao recurso interposto da decisão supra identificada, mantendo a decisão recorrida. 6. Por despacho de 16/3/2010 da Directora Municipal de Finanças da Câmara Municipal de Lisboa, foi determinada a anulação das dívidas prescritas, a redução da penhora e a notificação da executada para efectuar o pagamento da dívida exequenda. 7. A presente reclamação foi autuada em 13/4/2010 e junta ao apenso executivo por termo de 10/5/2010. 3.1. Com base nesta factualidade, a sentença recorrida veio a julgar procedente a reclamação, com a fundamentação seguinte: – Sendo, no caso, aplicável o prazo de prescrição de 8 anos, tendo sido instauradas execuções fiscais (em 28/5/2001 – processo nº 1106200101063065; e em 23/9/2003 – processo nº 1106200401308238), apesar de a prescrição se ter interrompido com a citação da executada, em 6/6/2001 e em 26/9/2003, respectivamente, nos termos do disposto no nº 1 do artigo 49º da LGT (redacção da Lei nº 100/99, de 26 de julho), se verificou que, posteriormente, depois das citações ambos os processos de execução fiscal pararam por mais de um ano, por facto não imputável à contribuinte. E esse ano de paragem completou-se em 7/6/2002 (no processo de execução da dívida relativa à Taxa do ano de 1999) e em 27/9/2004 (no processo de execução da dívida relativa à Taxa do ano de 2000). – Pelo que, por virtude de tal paragem por mais de uma ano, cessou a interrupção do prazo da prescrição, tendo o mesmo voltado a correr (nº 2 do artigo 49º da LGT – anteriormente à sua revogação pela Lei nº 53-A/2006, de 29 de dezembro) e "somando-se, neste caso, o tempo que decorrer após esse período ao que tiver decorrido até à data da autuação". – E como o prazo de prescrição voltou a correr a partir de 7/6/2002, para a dívida reportada à Taxa relativa ao ano de 1999 e a partir de 27/9/2004, para a dívida reportada à Taxa relativa ao ano de 2000, então: – relativamente à dívida de 1999, somando o prazo decorrido desde 1/1/2000 até 28/5/2001 (autuação do processo de execução) com o que decorreu depois de 7/6/2002 (data em que se completou 1 ano após a paragem do processo de execução) perfez-se já o prazo total de 8 anos da respectiva prescrição. – relativamente à dívida de 2000, somando o prazo decorrido desde 1/1/2001 até 23/9/2003 (autuação do processo de execução) com o que decorreu depois de 27/9/2004 (data em que se completou 1 ano após a paragem do processo de execução) perfez-se já o prazo total de 8 anos da respectiva prescrição. – Por outro lado, os factos constantes dos números 3 a 7 do Probatório não são susceptíveis de suspender o prazo de prescrição (cfr. artigo 48º da LGT), uma vez que nem o acto de liquidação foi impugnado, nem foi deduzida reclamação graciosa. 3.2. Discorda a recorrente Fazenda Pública, continuando a sustentar que a correcta aplicação do disposto no nº 4 do artigo 49º da LGT, no que respeita à suspensão da contagem da prescrição no período correspondente à pendência dos autos de oposição à penhora, teria obstado à declaração da prescrição da dívida exequenda. Isto, porque, tendo a recorrida deduzido, em 5/12/2007, oposição à penhora, e tendo a última decisão (o acórdão do TCAS, de 16/6/2009, que confirmou a sentença da 1ª instância proferida em 15/1/2009) que recaiu sobre esse pedido, transitado em julgado em 2/7/2009 [aí se tendo decidido: (i) declarar a prescrição da dívida dos anos de 1997 e 1998; (ii) julgar improcedente o pedido relativo à impenhorabilidade do saldo da conta de depósito a prazo; (iii) julgar a reclamação procedente relativamente a custas; e (iv) julgar parcialmente procedente o pedido de levantamento de penhora, determinando a redução da penhora na proporção do valor da dívida], então havia que considerar que entre 5/12/2007 e 2/7/2009 a contagem do prazo prescricional se encontrou suspensa, ao abrigo do nº 4 do artigo 49º da LGT. Pelo que a sentença recorrida erra quando restringe os efeitos da suspensão da contagem do prazo prescricional aos casos de impugnação judicial e de reclamação graciosa contra o acto de liquidação, dado que o nº 4, do artigo 49º, introduzido pela Lei nº 53-A/2006, de 29 de dezembro, determina que o prazo de prescrição legal se suspende enquanto não houver decisão definitiva ou passada em julgado, que puser termo ao processo nos casos, além do mais, de oposição, quando determine a suspensão da cobrança da dívida. E, assim sendo, durante o período em que estiveram pendentes os autos de oposição à penhora a AT esteve impedida de prosseguir com o processo de execução fiscal para cobrança coerciva da dívida, pelo que se impõe a suspensão da contagem do prazo prescricional. 3.3. A questão a decidir é, portanto, a de saber se, no caso, o prazo de prescrição esteve suspenso durante o período decorrido entre 5/12/07 e 2/7/09, por virtude da dedução da invocada oposição à execução fiscal. Vejamos. 4.1. As dívidas exequendas respeitam a taxas de conservação de esgotos relativas aos anos de 1999 e 2000. Atentando nos termos em que o nº 2 do artigo 1º da LGT considera as relações jurídico-tributárias e nos termos em que também o seu art. 3º classifica os tributos (ali incluindo as taxas), no presente caso será aplicável o prazo de prescrição de 8 anos referido no nº 1 do artigo 48º da LGT [cfr., aliás, no sentido da aplicação de tal prazo de prescrição, os acs. desta Secção do STA, de 15/2/2006, rec, nº 01049/05 e de 22/11/2006, rec. nº 01099/05, entre outros; veja-se, igualmente, que é de 8 anos o prazo fixado actualmente no nº 1 do artigo 15º da Lei nº 53-E/2006, de 29 de dezembro (Regime geral das taxas das autarquias locais)]. O prazo de prescrição das dívidas exequendas é, portanto, de 8 anos, contados do início do ano seguinte àquele em que tivesse ocorrido o facto tributário, ou seja, tal prazo iniciou-se em 1/1/2000 e 1/1/2001, respectivamente (nº 1 do artigo 48º da LGT). Assim, o prazo de prescrição terminaria em 1/1/2008 para a dívida emergente da taxa relativa ao ano de 1999 e em 1/1/2009 para a emergente da taxa do ano de 2000. Todavia, em 6/6/2001 e em 26/9/2003, ocorreram factos a que a lei reconhece efeito interruptivo: as citações da executada, nos respectivos processos de execução fiscal (cfr. o nºs 1 e 2 do Probatório). Na verdade, tal citação constitui-se como facto interruptivo da prescrição, conforme resulta do disposto no artigo 49º da LGT (a partir da alteração da Lei 100/99, de 26 de julho). E este efeito interruptivo das citações originaria, em princípio, a inutilização do prazo de prescrição até então decorrido. Porém, tal efeito interruptivo veio a cessar em consequência da paragem do processo de execução fiscal, por período superior a um ano e por motivo não imputável à executada, entre as datas de 7/6/2001 a 19/11/2007 (na execução nº 1106200101063065) e entre as datas de 27/9/2003 a 19/11/2007 (na execução nº 1106200401308238) – factos estes que são enunciados e tidos como assentes nos autos no discurso jurídico da sentença e não contraditados pelas partes – fls. 197 e 198). Na verdade, nos termos do disposto no nº 2 do artigo 49º da LGT (na redacção anterior à sua revogação pela Lei nº 53-A/2006, de 29 de dezembro), a paragem do processo por período superior a um ano por facto não imputável ao sujeito passivo, faz cessar a interrupção da prescrição, voltando a correr esse prazo e «somando-se, neste caso, o tempo que decorrer após esse período ao que tiver decorrido até à data da autuação». Com efeito, a revogação deste nº 2 do artigo 49° da LGT (operada pelo art. 90º da citada Lei nº 53-A /2006, de 29 de dezembro) é inaplicável ao presente caso, uma vez que o período superior a um ano de paragem do processo de execução fiscal já tinha decorrido antes do início da vigência dessa norma revogatória (cfr. o artigo 91º da mesma Lei, que dispõe: «a revogação do nº 2 do artigo 49º da LGT aplica-se a todos os prazos de prescrição em curso, objecto de interrupção, em que ainda não tenha decorrido o período superior a um ano de paragem do processo por facto não imputável ao sujeito passivo». Ou seja, se o curso do prazo de prescrição já tivesse sido reatado em 1/1/2007 (data em que opera a revogação do nº 2 do artigo 49º da LGT), por força de paragem do processo nos termos ali previstos, essa revogação não pode produzir efeitos sobre essa consumada cessação do efeito interruptivo e a sua transmutação em efeito meramente suspensivo da prescrição. Assim, no caso dos autos, a referida interrupção não teve virtualidade de inutilizar para a prescrição todo o prazo até então decorrido. Ao invés, os prazos prescricionais retomaram o seu curso, somando-se o período decorrido desde o seu início (1/1/2000 e 1/1/2001) até à data da autuação dos PEF (28/5/2001 e 23/9/2003, respectivamente) ao que tiver decorrido após 7/6/2002 e 27/9/2004 (artigo 49º nº 2 LGT), uma vez que o período superior a um ano de paragem dos processos de execução fiscal já tinha decorrido antes do início da vigência daquela norma revogatória. Ora, na data em que foi proferida a sentença ora recorrida (30/9/2010 – cfr. fls. 191 a 198) tinham decorrido: a) Relativamente à dívida proveniente da taxa do ano de 1999: Desde 1/1/2000 até 28/5/2001 (data da instauração da execução) – decorreram 1 ano, 4 meses e 28 dias; Desde 7/6/2002 (dia seguinte àquele em que se completou 1 ano de paragem do processo) até 30/9/2010 – decorreram 8 anos, 3 meses e 23 dias. Ou seja, somando os dois períodos de tempo, decorreram mais do que 8 anos. b) Relativamente à dívida proveniente da taxa do ano de 2000: Desde 1/1/2001 até 23/9/2003 (data da instauração da execução) – decorreram 2 anos, 8 meses e 23 dias; Desde 27/9/2004 (dia seguinte àquele em que se completou 1 ano de paragem do processo) até 30/9/2010 – decorreram 6 anos e 3 dias. Ou seja, somando os dois períodos de tempo, decorreram mais do que 8 anos. 4.2. A recorrente sustenta, porém, que, uma vez que o prazo de prescrição esteve suspenso desde 5/12/2007 até 2/7/2009 (enquanto decorreu o processo de oposição deduzida pela recorrida) ainda não se completou o prazo de prescrição de 8 anos. Afigura-se-nos, porém, que carece de razão legal quanto a tal alegação. Com efeito em 5/12/2007 a recorrida deduziu oposição à execução, mas por despacho proferido em 17/4/2008 (cfr. fls. 171 a 173) foi liminarmente indeferida tal oposição e ordenado que o processo passasse a seguir a forma de reclamação previstas no artigo 276º do CPPT (cfr. o nº 3 do Probatório e a Conclusão 5ª das alegações de recurso). Resulta dos autos que tal despacho transitou em 2/5/2008 e que, posteriormente, a respectiva petição inicial foi autuada como reclamação, prosseguindo os seus termos. Ora, a entender-se que a recorrida deduziu a alegada oposição, a suspensão do prazo de prescrição a ela associada, só operaria até 3/5/2008 (pois que, embora se tenha socorrido desse meio processual, a respectiva petição inicial veio a ser indeferida liminarmente e veio a ser ordenado que a mesma seguisse a forma da reclamação prevista nos arts. 276º e seguintes do CPPT (cfr. fls. 172/173). Ou seja, teria que descontar-se ao período total contado nos termos das alíneas a) e b) do Ponto 4.1 supra, o período de 4 meses e 27 dias decorrido entre 5/12/2007 e 2/5/2008, desconto esse que, ainda assim, não obstaria a que até 30/9/2010 tivessem decorrido mais de 8 anos, relativamente a ambas as dívidas ali referidas. Mas será que, de todo o modo, essa reclamação também suspendeu o prazo de prescrição? A resposta não pode deixar de ser negativa. Com efeito, como observa o MP, a reclamação prevista nos artigos 276º e seguintes do CPPT, não está contemplada como facto com eficácia suspensiva na previsão da disposição normativa aplicável (actual nº 4 e, anteriormente, o nº 3, ambos do artigo 49º da LGT), pois que a expressão «reclamação» ali mencionada deve ser interpretada como significando reclamação graciosa, por conjugação com a norma constante do artigo 169º nº 1 CPPT, onde se estabelece a suspensão da execução fiscal em consequência da apresentação de reclamação graciosa, desde que constituída ou prestada garantia ou efectuada penhora que garanta a totalidade da quantia exequenda e do acrescido. Assim, na falta de preceito que tal disponha, não pode entender-se que a reclamação prevista nos artigos 276º e seguintes do CPPT suspenda a execução, pois que, por um lado não se encadeia com a prestação de garantia e, por outro lado, é processada nos próprios autos de execução fiscal, sendo que também o recurso dela interposto sobe nos próprios autos, (imediatamente, aliás, quando se invocar prejuízo irreparável ou quando a retenção lhe fizer perder a respectiva utilidade – cfr. por todos, o ac. de 20/1/2010, rec. nº 01258/09). Conclui-se, portanto, que a reclamação prevista nos artigos 276º e seguintes do CPPT, forma processual para a qual foi convolada a oposição que fora deduzida pela recorrente, não teve a virtualidade de suspender o prazo de prescrição que, no caso, estava em curso, sendo que, mesmo tendo em conta que, como se disse, tal reclamação é processada nos próprios autos da execução, também nada obstava a que os processos (apensados) relativos às dívidas referentes aos anos de 1999 e 2000, aqui em causa e aos quais não dizia respeito a reclamação apresentada pela recorrida, continuassem os respectivos termos. É certo que o Cons. Jorge de Sousa (Sobre a Prescrição da Obrigação Tributária, Notas Práticas, 2ª ed., 2010, pags. 54/55; cfr., também, do mesmo autor, o CPPT, anotado, 5ª ed., Vol. II, pag. 202) refere, a este propósito, que entre os casos de suspensão da prescrição se enquadrarão todos os que sejam abrangidos pelas designações genéricas de meios processuais incluídas no nº 4 do artigo 49º da LGT, aí se incluindo «a reclamação de actos praticados pelo órgão da execução fiscal e outras autoridades da administração tributária [prevista nos artigos 276º a 278º do CPPT, denominada também como «recurso» no artigo 101º, alínea d), da LGT e no artigo 97º, nº 1, alínea n), do CPPT], desde que seja invocado um fundamento de inexigibilidade (pois só nestes casos se suspenderá a execução, à face do nº 1 do artigo 169º do CPPT)». Mas, ainda que assim fosse, nem este entendimento aproveitaria à recorrente, já que, no caso dos autos, apesar de ter sido efectuada penhora, na petição inicial da reclamação convolada (cfr. fls. 150 a 154) não foi invocado nenhum fundamento de inexigibilidade das presentes dívidas exequendas [apenas se invocou a ilegalidade da penhora efectuada e a prescrição de parte (que não a correspondente às actuais dívidas) das quantias exequendas – as dívidas pelas taxas de conservação de esgotos dos anos de 1996 e 1997 e respectivos juros – cfr. artigos 4º e 10º a 14º da dita petição inicial]. Aliás, constituindo a inexigibilidade da dívida fundamento de oposição, não haveria, então, fundamento legal para que se tivesse decidido que a oposição inicialmente apresentada seguisse sobre a forma de reclamação. No caso, não se verificou, portanto, o mencionado efeito suspensivo do qual a recorrente pretende extrair a conclusão de que não decorreu ainda o prazo de prescrição. Impõe-se, pelo exposto, decidir pela improcedência das Conclusões do recurso. DECISÃO. Nestes termos acorda-se em negar provimento ao recurso e confirmar a sentença recorrida. Custas pela recorrente. Lisboa, 2 de Março de 2011. – Casimiro Gonçalves (relator) – Brandão de Pinho – Isabel Marques da Silva.

Comentário:

1. Sobre a prescrição das dívidas às autarquias locais, por taxas de fornecimento de água, de recolha e tratamento de águas residuais e de serviços de gestão de resíduos sólidos urbanos Num processo em que é Reclamante o Senhor A. e a entidade visada a Câmara Municipal de Vila Nova de Gaia, no âmbito de processos de execução fiscal que lhe foram instaurados por falta de pagamento da taxa de saneamento, contra os quais deduziu oposição, e no qual se suscitavam questões relacionadas com a prestação de serviços públicos essenciais, objecto de diversas outras queixas apresentadas, foi determinado um estudo conjunto das dúvidas. A Lei nº 23/96, de 26 de julho, consagra a protecção do utente de serviços públicos essenciais, independentemente da natureza jurídica da entidade prestadora. Ora, é precisamente a natureza jurídica da entidade prestadora do serviço público essencial que define a qualificação da contraprestação pelo serviço. Nomeadamente as queixas que deram origem à abertura dos processos. Deve procurar-se conciliar as normas de carácter geral e especial, aplicáveis às relações entre o utente de todo e qualquer serviço público essencial, independentemente da natureza jurídica da entidade prestadora, com as normas próprias do direito tributário, devidamente adaptadas, e, quando o credor é uma autarquia local....

2. Sobre a qualificação jurídica das taxas de fornecimento de água, de recolha e tratamento de águas residuais e de serviços de gestão de resíduos sólidos urbanos. Os serviços de fornecimento de água, de recolha e tratamento de águas residuais e de gestão de resíduos sólidos urbanos são serviços públicos essenciais, cujos utentes beneficiam da protecção que lhes é conferida pela Lei nº 23/96, de 26 de Julho, com a redação da Lei nº 51/2019 de 29 de julho, encontrando-se enumerados nas alíneas a), f) e g), do nº 2 do seu artigo 1º, respectivamente (De acordo com o

Decreto-Lei nº 56-B/2021, de 7 de julho, na redação que lhe foi dada pelo Decreto-Lei nº 119-B/2021, de 23 de dezembro, o fornecimento dos serviços previstos no nº 2 do presente artigo não podia ser suspenso até 31 de março de 2022). Ora, trata-se de serviços prestados pelas autarquias locais, por empresas públicas municipais ou por empresas concessionárias, cujas receitas são da titularidade dos municípios.

3. O entendimento de que, muito embora as referidas receitas possam ser cobradas directamente (na fase de pagamento voluntário) pelas empresas concessionárias, não constituem receitas próprias, mas sim receitas municipais, saiu reforçada quando se prevê a sua transferência para a empresa concessionária.

4. Tais receitas, independentemente do nome que lhes seja atribuído – taxas, tarifas ou preços (tanto a Lei nº 23/96, de 26 de julho, como o Decreto-Lei nº 194/2009, de 20 de agosto – que vigora com a redação da Lei nº 12/2014 de 6 de março –, usam, cumulativamente, as três designações) –, são receitas de natureza tributária, constando o seu regime geral da Lei Geral Tributária (LGT), aprovada pelo Decreto-Lei nº 398/98, de 17 de Dezembro, que vigora com a redação do Decreto-Lei nº 44/2022 de 8 de julho, cujo artigo 3º – Classificação dos tributos –, as inclui na categoria de tributos locais (nº 1, alínea b) e nº 2), embora sujeitas ao regime de lei especial (nº 3).

5. Os preços e demais instrumentos de remuneração a fixar pelos municípios relativos aos serviços prestados e aos bens fornecidos em gestão directa pelas unidades orgânicas municipais ou pelos serviços municipalizados não devem ser inferiores aos custos directa e indirectamente suportados com a prestação desses serviços e com o fornecimento desses bens.

6. Os custos suportados são medidos em situação de eficiência produtiva e, quando aplicável, de acordo com as normas do regulamento tarifário em vigor.

7. Os preços e demais instrumentos de remuneração a cobrar pelos municípios respeitam, designadamente, às actividades de exploração de sistemas municipais ou intermunicipais de: a) Abastecimento público de água; b) Saneamento de águas residuais; c) Gestão de resíduos sólidos; d) Transportes colectivos de pessoas e mercadorias; e) Distribuição de energia eléctrica em baixa tensão.

8. Relativamente às actividades mencionadas, os municípios devem cobrar preços nos termos de regulamento tarifário a aprovar.

9. Salvo disposições contratuais em contrário, nos casos em que haja receitas municipais ou de serviços municipalizados provenientes de preços e demais instrumentos contratuais associados a uma qualquer das actividades referidas que sejam realizadas através de empresas concessionárias, devem tais receitas ser transferidas para essas empresas até ao 30º dia do mês seguinte ao registo da respectiva receita, devendo ser fornecida às empresas informação trimestral actualizada e discriminada dos montantes cobrados.

10. Cabe à entidade reguladora dos sectores de abastecimento público de água, de saneamento de águas residuais e de gestão de resíduos sólidos a verificação das situações descritas, devendo, caso se trate de gestão directa municipal, de serviço municipalizado, empresa municipal ou intermunicipal, informar a assembleia municipal e a entidade competente da tutela inspectiva caso ocorra violação de algum destes preceitos, sem prejuízo dos poderes sancionatórios de que disponha.

11. No que respeita à generalidade das taxas das autarquias locais, a lei especial a que se refere o nº 3 do artigo 3º, da Lei Geral Tributária, é a Lei nº 56-E/2006, de 29 de dezembro, que aprovou o "Regime Geral das Taxas das Autarquias Locais" (RGTAL); contudo, tratando-se de serviços públicos essenciais, a sua regulamentação específica é a que decorre da já citada Lei nº 23/96, de 26 de julho, complementada por outros diplomas legislativos, entre os quais o Decreto-Lei nº 194/2009, de 20 de agosto, cujo objecto é, de acordo com o seu artigo 1º, "o de estabelecer o regime jurídico dos serviços municipais de abastecimento público de água, de saneamento de águas residuais urbanas e de gestão de resíduos urbanos".

12. A cobrança coerciva destes tributos municipais segue as regras do processo de execução fiscal, conforme o estabelecido pelo artigo 7º, do Decreto-Lei nº 433/99, de 26 de outubro, que aprovou o Código de Procedimento e de Processo Tributário (CPPT), confirmado pelo nº 2 do artigo 12º do RGTAL.

13. Apesar das particularidades do regime das taxas, procurar-se-á definir o regime aplicável à extinção da respectiva prestação tributária, por caducidade e por prescrição.

Artigo 7º – Tributos administrados por autarquias locais

1 – As competências atribuídas no código aprovado pelo presente decreto-lei a órgãos periféricos locais serão exercidas, nos termos da lei, em caso de tributos administrados por autarquias locais, pela respectiva autarquia.

2 – As competências atribuídas no código aprovado pelo presente decreto-lei ao dirigente máximo do serviço ou a órgãos executivos da administração tributária serão exercidas, nos termos da lei, pelo presidente da autarquia.

3 – As competências atribuídas pelo código aprovado pelo presente decreto-lei ao representante da Fazenda Pública serão exercidas, nos termos da lei, por licenciado em Direito desempenhando funções de mero apoio jurídico.

Artigo 12º – Incumprimento

1–São devidos juros de mora pelo cumprimento extemporâneo da obrigação de pagamento de taxas das autarquias locais.

2–As dívidas que não forem pagas voluntariamente são objecto de cobrança coerciva através de processo de execução fiscal, nos termos do Código de Procedimento e de Processo Tributário.

14. Sobre a caducidade. A caducidade é um instituto que, quer no direito civil, quer no direito tributário, se relaciona com os efeitos do decurso do tempo sobre o objecto imediato de uma relação jurídica, conduzindo à extinção do direito tutelado. No direito tributário, o conceito de caducidade encontra-se definido como sendo o período temporal em que pode ser exercido o direito à liquidação dos tributos e validamente emitida a respectiva notificação ao sujeito passivo. Tal definição consta do nº 1 do artigo 45º, da LGT, e, no que respeita à generalidade das taxas devidas às autarquias locais.

15. Artigo 299º – Alteração da qualificação

1. Se a lei considerar de caducidade um prazo que a lei anterior tratava como prescricional, ou se, ao contrário, considerar como prazo de prescrição o que a lei antiga tratava como caso de caducidade, a nova qualificação é também aplicável aos prazos em curso.

2. No primeiro caso, porém, se a prescrição estiver suspensa ou tiver sido interrompida no domínio da lei antiga, nem a suspensão nem a interrupção serão atingidas pela aplicação da nova lei; no segundo, o prazo passa a ser susceptível de suspensão e interrupção nos termos gerais da prescrição.

16. Artigo 45º – Caducidade do direito à liquidação

1 – O direito de liquidar os tributos caduca se a liquidação não for validamente notificada ao contribuinte no prazo de quatro anos, quando a lei não fixar outro.

2 – (...)

3 – (...)

4 – O prazo de caducidade conta-se, nos impostos periódicos, a partir do termo do ano em que se verificou o facto tributário e, nos impostos de obrigação única, a partir da data em que o facto tributário ocorreu, excepto no imposto sobre o valor acrescentado e nos impostos sobre o rendimento quando a tributação seja efectuada por retenção na fonte a título definitivo, caso em que aquele prazo se conta a partir do início do ano civil seguinte àquele em que se verificou, respectivamente, a exigibilidade do imposto ou o facto tributário.

5 – (...)

6 – (...)

17. No que respeita às taxas devidas pelos utentes dos serviços de abastecimento público de água, de saneamento de águas residuais urbanas e de gestão de resíduos urbanos, haverá que proceder à devida adaptação daquela norma, tendo em conta que: 1. São, quase sempre, tributos de periodização mensal, cujo facto tributário consiste na prestação de um serviço continuado, em regra mediante contrato entre o utente e a entidade gestora, cuja liquidação (quantificação do valor

da dívida) se considera efectuada com a notificação para pagamento voluntário, consubstanciada no envio da respectiva factura (cfr. os artigos 9º e 11º, da Lei nº 23/96, de 26 de julho, e o artigo 67º, nº 1, do Decreto-Lei nº 194/2009, de 20 de agosto); 2. A única norma relativa à caducidade é a que consta do artigo 10º, nº 2, da Lei nº 23/96, relativa "às diferenças" entre o valor inicialmente pago e o correspondente ao consumo efectuado, na qual se estabelece que o direito do prestador ao seu recebimento caduca dentro do prazo de 6 meses após aquele primeiro pagamento. Porém, o referido artigo 10º, sob a epígrafe de "prescrição e caducidade", estabelece um prazo prescricional de seis meses após o termo do período da prestação do serviço, o que deixa indiciar que, mesmo para o pagamento inicial, o prazo de caducidade seja igualmente de 6 meses.

18. Artigo 14º – Caducidade

O direito de liquidar as taxas caduca se a liquidação não for validamente notificada ao sujeito passivo no prazo de quatro anos a contar da data em que o facto tributário ocorreu. Quanto a este ponto, é ainda necessário o apelo às disposições dos números 2 e 5, do artigo 67º, do Decreto-Lei nº 194/2009, de 20 de agosto, que se afiguram conter causas de suspensão da própria caducidade do direito à liquidação: – O nº 2 obriga a entidade gestora à leitura real dos instrumentos de medição, com uma frequência mínima de duas vezes por ano e com um distanciamento máximo de oito meses entre duas leituras reais consecutivas. Tal obrigatoriedade, conjugada com a facturação mensal do serviço, determina que a facturação intermédia seja efectuada por estimativa (cfr. o nº 6, do mesmo artigo) sendo que, quando o pagamento por estimativa seja inferior ao do consumo real, o credor dispõe de um prazo adicional, igual ao prazo inicial, para proceder à liquidação da diferença apurada em seu benefício; – O nº 5 estabelece outra causa suspensiva da caducidade do direito à liquidação da taxa devida pelos consumos reais: o prazo fica suspenso enquanto não for possível a realização da leitura do consumo real, por facto imputável ao utilizador (por exemplo, porque o contador se situa no interior da sua habitação e este não faculta o acesso à entidade gestora).

19. Sobre a prescrição e respetivos fundamentos no direito tributário. A prescrição é outra das repercussões do decurso do tempo sobre as relações jurídicas, conhecida do direito civil, assim como do direito tributário, embora com efeitos diferentes e regimes distintos em diversos aspectos. No domínio do direito tributário, o carácter oficioso do conhecimento da prescrição (artigo 175º do CPPT) é um sinal evidente da presença do interesse público como fundamento da prescrição, deve prevalecer sobre o interesse patrimonial do credor tributário. Ora, sendo as taxas de que trata o presente estudo receitas de natureza tributária, crê-se ser este o fundamento que preside à sua prescrição.

20. Sobre a prescrição e cobrança, modalidades de cobrança e prazo de pagamento voluntário. A doutrina tem definido o prazo de prescrição como sendo o período temporal em que o credor pode exigir a satisfação do seu direito à cobrança do tributo. As modalidades de cobrança das receitas tributárias das autarquias locais, de acordo com o nº 1 do artigo 10º do RGTAL, são definidas mediante regulamentos autárquicos, não podendo a autarquia negar a prestação do serviço, por falta do pagamento da respectiva taxa, quando o sujeito passivo deduzir reclamação ou impugnação e for prestada, nos termos da lei, garantia idónea (cfr. o nº 2 do artigo 10º, do RGTAL). Se a cobrança consiste num procedimento tendente à arrecadação da receita, pela entidade pública, ele tem como correspectivo o acto de pagamento, através do qual o devedor satisfaz o direito do credor, pondo termo à obrigação tributária. Embora o pagamento seja indissociável da cobrança, a verdade é que ele tem tratamento autonomo no artigo 11º do RGTAL, como forma de extinção da obrigação. Em caso de incumprimento, começam a vencer-se juros de mora e deve ter início a cobrança coerciva, através do processo de execução fiscal – cfr. o artigo 12º, do RGTAL.

21. Sobre o regime da prescrição das taxas de fornecimento de água, de recolha e tratamento de águas residuais e de serviços de gestão de resíduos sólidos urbanos, em concreto. Interrupção e suspensão da prescrição. Se o artigo 15º do RGTAL não contém a regulamentação integral do instituto da prescrição das taxas municipais, sendo, nessa medida, uma norma aberta, há que integrar analogicamente as lacunas daí decorrentes, mediante a aplicação subsidiária das normas da LGT, onde se contém o regime geral dos tributos. O prazo de prescrição das taxas de fornecimento de água, de recolha e tratamento de águas residuais e de serviços de gestão de resíduos sólidos urbanos é de 6 meses após a prestação do serviço a que respeitam, nos termos do nº 1 do artigo 10º, da Lei nº 23/96, de 26 de julho. Sobre as causas de suspensão ou interrupção da prescrição aproveitam igualmente ao devedor principal e aos responsáveis solidários ou subsidiários. A interrupção da prescrição relativamente ao devedor principal não produz efeitos quanto ao responsável subsidiário se a citação deste, em processo de execução fiscal, for efectuada após o 5º ano posterior ao da liquidação.

22. Artigo 15º – Prescrição

1–As dívidas por taxas às autarquias locais prescrevem no prazo de oito anos a contar da data em que o facto tributário ocorreu.

2–A citação, a reclamação e a impugnação interrompem a prescrição.

3–A paragem dos processos de reclamação, impugnação e execução fiscal por prazo superior a um ano por facto não imputável ao sujeito passivo faz cessar a interrupção da prescrição, somando-se, neste caso, o tempo que decorreu após aquele período ao que tiver decorrido até à data da autuação.

23. Quando a prestação do serviço público essencial não é directamente assegurada pelos serviços da Autarquia Local, por se encontrar delegada em empresa constituída em parceria entre o Município e o Estado, em empresa do sector empresarial local ou concessionada a uma empresa privada, tal modelo de gestão não afecta a natureza pública da receita, cuja cobrança coerciva continuará a ser assegurada pelos serviços de execuções da câmara municipal que assuma a qualidade de sujeito activo da prestação tributária.

24. Concluindo, os serviços de fornecimento de água, de recolha e tratamento de águas residuais e de serviços de gestão de resíduos sólidos urbanos são serviços públicos essenciais, nos termos das alíneas a), f) e g), do nº 1 do artigo 1º, da Lei nº 23/96, de 26 de julho. Trata-se de serviços prestados pelas autarquias locais, por empresas públicas municipais ou por empresas concessionárias, cujas receitas são da titularidade dos municípios. A cobrança coerciva destas receitas segue as regras do processo de execução fiscal, conforme o estabelecido pelo artigo 7º, do Decreto-Lei nº 433/99, de 26 de outubro, que aprovou o Código de Procedimento e de Processo Tributário (CPPT), confirmado pelo nº 2 do artigo 12º, do RGTAL. O prazo de prescrição das taxas de fornecimento de água, de recolha e tratamento de águas residuais e de serviços de gestão de resíduos sólidos urbanos é de 6 meses após a prestação do serviço a que respeitam, nos termos do nº 1 do artigo 10º, da Lei nº 23/96, de 26 de julho. Os factos interruptivos do prazo de prescrição das dívidas de taxas das autarquias locais são a citação (na execução fiscal), a reclamação e a impugnação, conforme a enumeração taxativa do nº 2 do artigo 15º, do RGTAL. O primeiro efeito dos factos interruptivos da prescrição é a inutilização de todo o tempo decorrido anteriormente, começando, a partir da sua produção, a correr novo prazo prescricional, de 6 meses, prazo de natureza especial quanto aos serviços públicos essenciais, previsto no artigo 10º, da Lei 23/96, de 26 de julho. Os efeitos continuados dos factos interruptivos da prescrição (maxime, da reclamação graciosa e da impugnação judicial) são suspensivos do reinício da contagem do novo prazo prescricional. Em caso de paragem dos processos de reclamação, impugnação ou da própria execução fiscal, por determinado período de tempo, por facto não imputável ao sujeito passivo, cessam os efeitos dos factos interruptivos, operando a conversão legal da interrupção em suspensão do prazo prescricional, somando-se o tempo decorrido após aquele período com o que tiver decorrido até à data da sua autuação (ou da citação, na execução fiscal). No que respeita à reclamação, estabelece o artigo 68º, do Decreto-Lei nº 194/2009, de 20 de agosto, o prazo especial de 22 dias úteis (se o regulamento da autarquia não estabelecer um prazo mais curto) para a notificação da decisão das reclamações contra as condições da prestação do serviço – será a ultrapassagem deste prazo, por facto não imputável ao utente, que determina

o termo da suspensão do prazo de prescrição, a que alude o nº 3 do artigo 15º, do RGTAL. Se o processo da impugnação judicial deduzida contra o indeferimento da reclamação graciosa ficar parado por período superior a um ano, por facto não imputável ao utente, os efeitos interruptivos do prazo prescricional convertem-se em suspensivos somando-se o tempo decorrido após aquele período de um ano, com o que tiver decorrido até à data da sua autuação. Não identificando a lei o período de paragem do processo de execução fiscal, por facto não imputável ao utente, sem que tenha ocorrido outro facto suspensivo do prazo de caducidade, não poderá aquele período ser superior ao prazo de prescrição de 6 meses, cuja contagem se reiniciou com a citação do executado.

25. A prescrição traduz-se na possibilidade do sujeito passivo da relação jurídica tributária se poder opor ao exercício do direito à cobrança da taxa, se este não for exercitado durante o tempo previsto na lei.

26. O prazo de prescrição aqui consagrado corresponde ao disposto no artigo 48º da LGT. O prazo começa a contar a partir da data em que o facto tributário ocorreu e nessa medida, é importante ter presente a distinção entre taxas de obrigação única e taxas de natureza periódica. O artigo 48º dispõe o seguinte:

Artigo 48º – Prescrição

1 – As dívidas tributárias prescrevem, salvo o disposto em lei especial, no prazo de oito anos contados, nos impostos periódicos, a partir do termo do ano em que se verificou o facto tributário e, nos impostos de obrigação única, a partir da data em que o facto tributário ocorreu, excepto no imposto sobre o valor acrescentado e nos impostos sobre o rendimento quando a tributação seja efectuada por retenção na fonte a título definitivo, caso em que aquele prazo se conta a partir do início do ano civil seguinte àquele em que se verificou, respectivamente, a exigibilidade do imposto ou o facto tributário.

2 – As causas de suspensão ou interrupção da prescrição aproveitam igualmente ao devedor principal e aos responsáveis solidários ou subsidiários.

3 – A interrupção da prescrição relativamente ao devedor principal não produz efeitos quanto ao responsável subsidiário se a citação deste, em processo de execução fiscal, for efectuada após o 5º ano posterior ao da liquidação.

4 – No caso de dívidas tributárias em que o respectivo direito à liquidação esteja abrangido pelo disposto no nº 7 do artigo 45º, o prazo referido no nº 1 é alargado para 15 anos.

Artigo 16º – Garantias

1 – Os sujeitos passivos das taxas para as autarquias locais podem reclamar ou impugnar a respectiva liquidação.

2 – A reclamação é deduzida perante o órgão que efectuou a liquidação da taxa no prazo de 30 dias a contar da notificação da liquidação.

3 – A reclamação presume-se indeferida para efeitos de impugnação judicial se não for decidida no prazo de 60 dias.

4 – Do indeferimento tácito ou expresso cabe impugnação judicial para o tribunal administrativo e fiscal da área do município ou da junta de freguesia, no prazo de 60 dias a contar do indeferimento.

5 – A impugnação judicial depende da prévia dedução da reclamação prevista no nº 2 do presente artigo.

Jurisprudência:

1. Acórdão do Supremo Tribunal Administrativo (Processo nº 2459/15.2BEPRT), de 12-05-2021. Acórdão do Supremo Tribunal Administrativo (STA), com sede em Lisboa; I. O Município de Vila Nova de Gaia, ..., recorre da sentença, proferida no Tribunal Administrativo e Fiscal (TAF) do Porto, em 2 de ezembro de 2020, que julgou procedente impugnação judicial, apresentada, por A........., S.A., ..., visando "decisão de indeferimento da reclamação apresentada contra o ato de liquidação de taxa devida pela instalação de infraestruturas de suporte de estações de radiocomunicações, localizadas em diversos locais no Município de Vila Nova de Gaia, relativa ao ano de 2015, no montante de €120.662,00". O recorrente (rte) formalizou alegação, terminada com este quadro conclusivo: «1ª – A douta sentença, ao decidir como decidiu, que a liquidação da taxa anual devida pela instalação das infraestruturas de suporte de estações de radiocomunicações, localizadas em vários locais no Município de Vila Nova de Gaia, relativa ao ano de 2015, viola o disposto no artigo 6º, nº 10 do Decreto-Lei nº 11/2003, de 18 de janeiro, partiu de pressupostos errados e errou no seu julgamento, violando nomeadamente o disposto no artigo 6º do RGTAL e o artigo 55º, nº 1 do Regulamento Municipal da Defesa da Paisagem, Publicidade e Ocupação do Espaço Público e o artigo 25º da Tabela de Taxas do Regulamento Municipal de Taxas e Outras Receitas do Município. 2ª – A impugnante alega na sua petição que existe violação do disposto no artigo 6º, nº 10, do Decreto-Lei nº 11/2003, de 18 de janeiro, por o tributo ser a contrapartida pela autorização municipal de instalação de infraestrutura de suporte de estação de radiocomunicações, sendo devido uma única vez, não existindo fundamento legal para a sua liquidação anual. 3ª – Alegação esta absorvida pela douta sentença que com fundamento no Acórdão do TCA Sul de 04/12/2014, proferido no processo 3230/07, conclui que efetivamente tal taxa é só devida uma vez e não pode ser anual, por não abranger a sua permanência no local. 4ª – Dos factos assentes resulta que a impugnante, e em consequência a douta sentença, identificaram erradamente a taxa que foi notificada

pelo Município à impugnante e que se encontra assente no facto provado A). 5ª – Na verdade, da notificação da liquidação realizada à impugnante resulta que as taxas são devidas por tais instalações integrarem o conceito de atividade privada suscetível de causar impacto ambiental negativo e foram liquidadas ao abrigo do artigo 55º, nº 1 do Regulamento Municipal da Defesa da Paisagem, Publicidade e Ocupação do Espaço Público (RMDPPOEP) e de acordo com o disposto no artigo 25º nº 1 da Tabela de Taxas constante do Anexo II do Regulamento de Taxas e Outras Receitas do Município. 6ª – O artigo 55º, nº 1, alínea a) e nº 2 do RMDPPOEP, integrado no Capítulo V com a epígrafe "Atividades e instalações geradoras de impacto ambiental negativo", que aqui se dá por reproduzido, define o conceito e âmbito de atividades e instalações geradoras de impacto ambiental negativo, onde se inclui as infra-estruturas de suporte das estações de radiocomunicações e respetivos acessórios. 7ª – O artigo 25º da Tabela de Taxas do Regulamento Municipal de Taxas e Outras Receitas do Município integrado na Secção IV com a epígrafe "Sustentabilidade Local" fixa o valor das taxas e define os critérios. 8ª – Na fundamentação económico-financeira das taxas previstas nesta Secção IV é referido que: "a fixação dos tributos previstos na presente secção tem por sinalagma a promoção e a preservação do equilíbrio urbano e ambiental." 9ª – Assim, é bem claro que não está em causa a taxa devida pela instalação, procedimento de licenciamento, das identificadas infraestruturas de estação de radiocomunicações e respetivos acessórios, prevista no artigo 6º do Decreto-Lei nº 11/2003, de 18 de janeiro, como entendeu a impugnante a decisão sob recurso. 10ª – Na verdade, a taxa cuja liquidação está a ser impugnada não é pelo procedimento de autorização municipal, não respeita a qualquer contrapartida pelo pedido de autorização para construção da infraestrutura nem é cobrada no âmbito do procedimento regulado pelo Decreto-Lei nº 11/2003, que regula a autorização municipal inerente à instalação e funcionamento das infraestruturas de suporte das estações de radiocomunicações e respetivos acessórios, como dispõe o seu artigo 1º. 11ª – Aliás, este diploma legal não é aplicável ao caso em apreciação, pois que in casu não existe nem o ato impugnado decorre de qualquer pedido de autorização municipal de construção/instalação das infraestruturas identificadas, efetuado ao abrigo do disposto nesse Decreto-Lei nº 11/2003. 12ª – A taxa em questão é uma taxa anual prevista no artigo 55º, nº 1, do Regulamento Municipal da Defesa da Paisagem, Publicidade e Ocupação do Espaço Público (RMDPPOEP), e é devida pelo facto de se considerar que a existência de instalações de infraestruturas de telecomunicações integra uma atividade geradora de impacto ambiental negativo, ao abrigo do nº 2 do artigo 6º da Lei nº 53-E/2006, de 29 de dezembro. 13ª – E a sua liquidação foi efetuada em conformidade com valores objetivos, previstos no artigo 25° da Tabela de Taxas e Outras Receitas do Município, aplicados a cada uma das infraestruturas consoante estejam localizadas em Zona I ou Zona II estando estas zonas perfeitamente definidas no artigo 6º, em que a Zona I é a área do concelho abrangida pela cidade, integrando as freguesias de Mafamude, Santa Marinha, Afurada, Canidelo, Gulpilhares, Madalena, Oliveira do Douro, Valadares, Vilar de Andorinho e Vilar do Paraíso, e a Zona II a restante área do concelho. 14ª – Como consta do Anexo I ao Regulamento de Taxas e Outras Receitas do Município e que consiste na Fundamentação Económica-Financeira, a previsão da referida taxa surge na sequência do disposto na alínea g) do nº 1 e no nº 2 do artigo 6º do Regime Geral de Taxas das Autarquias Locais (Lei nº 53-E/2006, de 29 de dezembro) que dispõe que as taxas municipais podem incidir sobre a realização de atividades dos particulares geradoras de impacto ambiental negativo. 15ª – Também na Nota Justificativa do artigo 99º do RMTCU cujo conteúdo foi agora transposto para o artigo 55º do Regulamento da Defesa da Paisagem, Publicidade e Ocupação do Espaço Público, no Capítulo V sob a epígrafe "Atividades e Instalações Geradoras de Impacto Ambiental Negativo", disponível e publicitado em cm-gaia.pt, consta que a previsão da referida taxa surge na sequência do disposto no nº 2 do artigo 6º do Regime Geral de Taxas das Autarquias Locais (Lei nº 53-E/2006, de 29 de dezembro) que dispõe que as taxas municipais podem incidir sobre a realização de atividades dos particulares geradoras de impacto ambiental negativo. 16ª – Aliado à circunstância de existirem certos domínios das atividades económicas que foram considerados como o maior exemplo de atividades geradoras de impacto ambiental negativo onde consta a instalação de infraestruturas de radiocomunicações mas também a existência de postos de abastecimento de combustíveis junto aos eixos rodoviários e vias estruturantes, a ocupação do solo com parques de estacionamento a descoberto e os stands de exposição para venda de veículos automóveis ou outros objetos ao ar livre. 17ª – E efetivamente é do próprio senso comum que estas atividades elencadas, pela agressão que constituem à paisagem urbana ou rural, pelas limitações na sua apreciação e restrições no seu indeferimento bem como pelo desequilíbrio urbano e paisagístico que provocam, são atividades que causam impacto ambiental negativo, isto é, produzem alterações desfavoráveis em termos ambientais numa determinada área. 18ª – A existência das infraestruturas de radiocomunicações face ao seu elevado número e à sua proliferação em prol de uma cobertura de rede eficaz constitui, por isso, uma atividade prejudicial ao ambiente urbano degradando o ordenamento do território e o urbanismo e a paisagem urbana ou rural em que se insere bem como a qualidade de vida, bens ambientais que incumbe ao Município preservar e manter dentro de determinados parâmetros. 19ª – Pelo que, o funcionamento desta atividade representa um risco para os bens jurídicos ambientais que, em prejuízo da qualidade ambiental da vida urbana e segurança no concelho, o Município tem de suportar passivamente, acrescido do facto de que com fundamento no princípio da responsabilização o beneficiário da atividade, e que com ela tem lucro económico, tem o dever de contribuir, através da taxa em apreço, para ressarcir a comunidade dos danos ambientais reais ou potenciais, aos bens afetados. 20ª – Havendo, por isso, fundamento legal para a aplicação da taxa constante do artigo 55º do Regulamento Municipal da Defesa da Paisagem, Publicidade e Ocupação do Espaço Público, anteriormente artigo 99º do Regulamento Municipal de Taxas e Compensações Urbanísticas. 21ª – Assim, considerando a periodicidade da taxa, a sua inserção no Capítulo do RDPPOEP referente às "Actividades geradoras de impacto ambiental negativo" bem como na Nota Justificativa mencionada, e ainda a sua fundamentação constante da Fundamentação económico-financeira do Anexo I do RTOR, inserida na secção de "Sustentabilidade Local" ter-se-á de concluir que a taxa em apreciação tem por referência o impacto ambiental negativo gerado pela instalação das infraestruturas identificadas e não pela autorização de instalação, prevista no artigo 6º do Decreto-Lei nº 11/2013. 22ª – O Acórdão do TCA Sul de 04/12/2014, proferido no processo 03230/07 e que serviu de fundamento à decisão sob recurso aprecia questão totalmente diversa da que se discute no presente processo, que consiste em decidir sobre a aplicação retroativa da taxa devida pela autorização das estações de radiocomunicações. 23ª – No presente caso, como resulta claramente do exposto e dos factos assentes, não estamos perante a impugnação de um ato administrativo proferido no âmbito do processo de licenciamento da instalação das referidas infraestruturas, esse sim regulado pelo Decreto-Lei nº 11/2003, de 18 de janeiro, mas perante a impugnação da liquidação da taxa devida pelo impacto ambiental negativo gerado pela instalação das referidas infraestruturas, nos termos do artigo 55º do RDPPOEP e, por isso, as conclusões e os ensinamentos retirados daquele douto Acórdão do TCA Sul não são aplicáveis nem podem servir de fundamento à decisão a tomar no presente pleito porquanto são situações totalmente distintas. 24ª – Em face do que a douta sentença ao partir do pressuposto de que a taxa em apreciação respeitava à taxa pela autorização de instalação prevista no artigo 6º do Decreto-Lei nº 11/2003 partiu de pressupostos errados e, em consequência, errou no seu julgamento, motivo pelo qual viola não só este normativo mas também o disposto no artigo 55º do RDPPOEP e o artigo 25º da Tabela de Taxas constante do Anexo II ao RMTOR, e, por isso, deve ser revogada e substituída por outra que conclua pela legalidade da taxa impugnada. 25ª – Com efeito a instalação das infraestruturas mencionadas trata-se de uma atividade geradora de impacto ambiental que tem verdadeiros efeitos intrusivos no ambiente, planificado pelo município e cuja preservação lhe compete. 26ª – O forte impacto negativo que as infraestruturas causam na paisagem urbana e rural do concelho e os desequilíbrios que provocam nos interesses públicos gerais de ordenamento pela proliferação de antenas de telemóveis – situação não possível de acautelar pela autorização de instalação – potencia a necessidade de promoção de atividades de qualificação urbanística territorial e ambiental, aliado ao benefício que a impugnante tem com a manutenção desta atividade exige e impõe uma contraprestação pelos efeitos negativos dessa atividade que se mantém por tempo indeterminado, consubstanciada na taxa em apreciação. 27ª – Assim, a taxa é devida enquanto a atividade geradora de impacto ambiental negativo se mantiver, sendo a anuidade apenas uma opção temporal de cobrança da mesma, regulamentarmente definida. 28ª – Deste modo, e em face de todo o exposto, ao contrário do decidido na sentença sob recurso, a liquidação da taxa anual devida pela instalação das infraestruturas de suporte de estações de radiocomunicações, localizadas em vários locais no Município de Vila Nova de Gaia, relativa ao ano de 2015, não viola o disposto no artigo 6º, nº 10 do Decreto-Lei nº 11/2003, de 18/01, é uma taxa legal e devida pelo que, revogando-se a sentença sob recurso deve o ato de liquidação manter-se na ordem jurídica por válido e legal. Termos em que, deve ser dado provimento ao recurso, revogando-se a sentença por violar os comandos legais atrás invocados, com as legais consequências, como é de JUSTIÇA » A recorrida (rda) produziu contra-alegação e, subsidiariamente, requereu a ampliação do âmbito do recurso, terminando com estas conclusões: «1ª O Tribunal da 1ª Instância, na sua douta decisão de 2.12.2020, julgou procedente a Impugnação Judicial deduzida pela ora Recorrida, considerando, acertadamente, que a liquidação da taxa anual devida pela instalação das infraestruturas de suporte de estação de radiocomunicações, localizadas em vários locais no Município de Vila Nova de Gaia, relativa ao ano 2015, viola o disposto no artigo 6º, nº 10, do Decreto-Lei nº 11/2003, de 18 de janeiro, determinando a sua anulação, assim como a anulação da decisão que indeferiu a reclamação. 2ª A douta decisão do Tribunal a quo fundou-se, essencialmente, nos argumentos expendidos no Acórdão do Tribunal Central Administrativo Sul proferido, em 4.12.2014, no âmbito do processo nº 3230/07, segundo o qual as taxas liquidadas pelo Município da Lourinhã não eram taxas devidas pela instalação mas sim pela permanência no local das infraestruturas de suporte de antenas de radiocomunicações, taxas essas que, de acordo com o referido Acórdão, o disposto no artigo 6º, nº 10, do Decreto-Lei nº 11/2003, de 18 de janeiro não permite que sejam liquidadas pelos Municípios. 3ª Sustentou a Recorrente nas suas Alegações de Recurso que a douta sentença do Tribunal a quo "ao decidir como decidiu, partiu de pressupostos errados e errou no seu julgamento, violando nomeadamente o disposto no artigo 6º do RGTAL e o artigo 55º, nº 1 do Regulamento Municipal da Defesa e da Paisagem, Publicidade e Ocupação do Espaço Público e o artigo 25º da Tabela de Taxas do Regulamento Municipal de Taxas e Outras Receitas do Município.". 4ª Entendeu, assim, a Recorrente que o douto Tribunal a quo identificou erradamente a taxa impugnada, não estando em causa "a taxa devida pela instalação, procedimento de licenciamento, das identificadas infraestruturas de estação de radiocomunicações e respetivos acessórios prevista no artigo 6º do Decreto-Lei nº 11/2003, de 18 de janeiro", mas antes "uma taxa municipal pelo impacto ambiental negativo gerado pelo funcionamento e exploração das infraestruturas de estações de radiocomunicações e respetivos acessórios". 5ª Contudo, a este propósito a Recorrente limitou-se repetir a argumentação que havia já aduzido nas suas alegações escritas, recorrendo a formulações genéricas, não havendo qualquer esforço de fundamentação sobre o concreto impacto ambiental alegadamente causado pela instalação de infraestruturas de radiocomunicações. 6ª Competia, pois, ao Município fundamentar de forma expressa ainda que sucinta, com exposição dos fundamentos de facto e de direito da decisão, de forma clara e suficiente em que medida a instalação de cada uma das 88 infraestruturas (62 instaladas em Zona 1 e 26 instaladas em Zona 2) que foram taxadas têm um impacto ambiental negativo (pois nem todas as infraestruturas terão impacto ambiental negativo, nem esse impacto será necessariamente o mesmo para todas elas). 7ª Ora, nada disto se reflete nem no ato de liquidação, nem na decisão de indeferimento, nem agora nas Alegações de Recurso, pois de parte alguma resulta explícito o concreto impacto ambiental causado pela instalação das concretas infraestruturas objeto das taxas aplicadas pelo Município. 8ª A instalação de infraestruturas de suporte de estação de radiocomunicações e respetivos acessórios não pode, sem mais, ser legalmente considerada como uma atividade geradora de impacto ambiental negativo, o que invalida a liquidação e cobrança da presente taxa. 9ª A avaliação do impacto ambiental de um projeto ou infraestrutura depende da realização de estimativas prospetivas dos fatores ambientais na ausência da realização do projeto//infraestrutura, sendo, apenas, através de tal comparação que se obtém uma medida da magnitude do impacto ambiental do projeto em questão. 10ª E a verdade é que a Recorrente não apresenta, nem se baseia em quaisquer avaliações ou estudos que apurem o impacto negativo causado pela manutenção dessas infraestruturas. 11ª Sendo que, a admitir a existência de impacto ambiental, a densificação de tal impacto sempre teria de ser casuisticamente avaliada e devidamente fundamentada pela Recorrente, o que não sucedeu no caso em apreço. 12ª Com efeito, tal análise ou estudo, não foi efetuado pela Recorrente, ou se o foi jamais a mencionou, nem tão pouco consta da fundamentação do tributo em apreço. 13ª E só assim se compreende que o Decreto-Lei nº 151-B/2013, de 31 de dezembro, como já sucedia com o Decreto-Lei 69/2000, de 3 de maio, não inclua no seu âmbito de aplicação a atividade de instalação de infraestruturas de suporte de estação de radiocomunicações e respetivos acessórios, dado o seu reduzido impacto. 14ª Pelo que, face ao exposto, considera-se que não resulta demonstrado que a instalação de infraestruturas de radiocomunicações cause impacto ambiental negativo, nem tão pouco que essa circunstância possa servir de fundamento à liquidação da taxa; ao contrário, a instalação permitindo aos habitantes do concelho efetuar comunicações eletrónicas de voz e dados deverá ser vista como tendo um impacto positivo. 15ª A Recorrente procura ainda justificar a liquidação da taxa em apreço com fundamento nas alegadas dificuldades no indeferimento do pedido de autorização para instalação de infraestruturas de radiocomunicações. 16ª Ora, tal não só não corresponde à verdade, como jamais as insuficiências de qualquer tipo de procedimento previsto na lei poderia legitimar a liquidação de uma taxa que não tem previsão legal. 17ª Com efeito, nos termos do disposto no artigo 7º do Decreto-Lei nº 11/2003, de 18 de janeiro, diploma que visou regular o regime de autorização municipal inerente à instalação e funcionamento das infraestruturas de suporte das estações de radiocomunicações e respetivos acessórios, estabelece-se que o pedido de autorização de instalação de infraestruturas de suporte de estação de radiocomunicações e respetivos acessórios deve ser indeferido, designadamente, quando o justifiquem razões objetivas e fundamentadas relacionadas com a proteção do ambiente, do património cultural e da paisagem urbana ou rural. 18ª De igual modo, o nº 1 do artigo 9º do referido Decreto-Lei nº 11/2003 estatui que "quando existir projecto de decisão de indeferimento do pedido de autorização, deve ser realizada uma audiência prévia que tenha por objectivo a criação das condições de minimização do impacto visual e ambiental que possam levar ao deferimento do pedido" (negrito e sublinhado nossos). 19ª Ora, se o município aprova a instalação da infraestrutura (ao abrigo do Decreto-Lei nº 11/2003) é porquanto a mesma, tudo ponderado, não é passível de gerar um impacto ambiental negativo. 20ª Ou seja, quando a Recorrente aprecia os pedidos de autorização formulados e quando profere despacho de deferimento dos mesmos, autorizando a instalação das infraestruturas, avalia sempre o critério do impacto ambiental das mesmas, como, aliás, o impõe expressamente o artigo 7º do Decreto-Lei nº 11/2003. 21ª Resumindo, o próprio procedimento administrativo subjacente à autorização da instalação das infraestruturas já integra a avaliação do impacto ambiental das infraestruturas, i.e., a emissão da autorização de instalação das infraestruturas pressupõe que as mesmas estão em condições de ser aceites e de funcionar sem causar impactos negativos no ambiente. 22ª Assim, se a Recorrente entendia que as instalações objeto do ato de liquidação em apreço configuravam agressões intoleráveis e desproporcionadas à paisagem e ao equilíbrio urbanístico do concelho, poderia ter indeferido os respetivos pedidos de instalação, ao abrigo dos poderes e habilitações legais que lhe são conferidos, o que, contudo, não sucedeu, não podendo aceitar-se que, após devida autorização das instalações, a Recorrente vise onerar a Recorrida com a cobrança adicional de tributos cujo fundamento assenta precisamente no alegado impacto negativo objeto de deferimento camarário. 23ª Pelo que não é verdade o alegado pela Recorrente quanto às dificuldades em indeferir o pedido de autorização para instalação de infraestruturas de radiocomunicações, nem tal pode servir de fundamento à liquidação da taxa. 24ª Por fim, considera a Recorrente que o Acórdão que serviu de fundamento à decisão sob recurso aprecia uma questão diversa da que se discute nos presentes autos. 25ª Em suma, entende a Recorrente que a situação em análise nos presentes autos não pode ser comparada com a situação descrita no Acórdão do Tribunal Central Administrativo Sul, porquanto neste último está em causa uma ação administrativa especial cujo objeto era um ato do Presidente da Câmara que deferiu o requerimento de autorização municipal para instalação de infraestruturas de suporte de radiocomunicações, onde se discute, alegadamente, não a legitimidade da liquidação da taxa em si, mas sim a possibilidade, ou não, de a mesma poder ser aplicada retroativamente. 26ª Tal não corresponde à verdade, tendo o Tribunal a quo, uma vez mais, decidido bem a questão em juízo. 27ª É, pois, irrelevante o tipo de ação que esteve na origem da decisão proferida no âmbito do Acórdão citado pelo douto Tribunal a quo, apenas relevando se a questão de fundo discutida no referido processo tem ou não similitudes com a questão em discussão nos presentes autos. 28ª E, quanto a esse aspeto, não há dúvidas de que no Acórdão do Tribunal Central Administrativo Sul está sob apreciação, tal como nos presentes autos, a violação do artigo 6º nº 10 do Decreto-lei nº 11/2003, de 18 de janeiro, questionando-se não só a aplicação retroativa da taxa liquidada pelo Município, mas também a aplicação daquela mesma taxa para o ano em causa e seguintes, discutindo-se naquele Acórdão a legalidade da liquidação da própria taxa por ser uma taxa anual que não encontra fundamento legal. 29ª Pelo que, face ao exposto, uma vez mais, bem andou o Tribunal a quo ao decidir como decidiu. 30ª Face ao exposto, o Tribunal a quo decidiu bem, não merecendo a decisão recorrida qualquer censura. 31ª Com efeito e sob pena de se cometer uma grave injustiça, deverá a douta sentença manter-se na íntegra, devendo a decisão proferida na reclamação e o ato de liquidação impugnado ser anulados conforme determinado na sentença proferida. 32ª Por fim, subsidiariamente, caso, por mera hipótese académica – o que apenas se considera por mera cautela de patrocínio, sem conceder –, o presente recurso venha a ser julgado procedente, requer-se a ampliação do objeto do recurso nos termos e para os efeitos do artigo 636º nº 1 do CPC, aplicável ex vi artigo 2º alínea e) do CPPT, devendo o Tribunal ad quem reapreciar as questões e fundamentos suscitados pela ora Recorrida na sua Impugnação e que não foram apreciadas ou decididas a favor da Recorrida pelo tribunal de primeira instância. Termos em que deve o presente recurso ser julgado improcedente e, consequentemente, ser confirmada a douta decisão recorrida, com as demais consequências legais; Só assim fazendo V. Exas., JUSTIÇA!» Por despacho do relator, foi suscitada a incompetência, em razão da hierarquia, da Secção de Contencioso Tributário, do STA, para conhecer deste apelo. Notificadas as partes do seu conteúdo, a rda pronunciou-se, neste sentido, em síntese: «(...). O que está em causa é, pois, decidir se a taxa liquidada pela Recorrente viola, ou não, alguma das normas jurídicas indicadas, não sendo posta em causa, em momento algum, qualquer matéria de facto. Ou seja, parece não haver dúvidas de que o recurso interposto pela Recorrente versa apenas sobre matéria de direito. Contudo, a Recorrida apresentou as suas contra-alegações e, subsidiariamente, requereu a ampliação do objeto do recurso nos termos e para os efeitos do artigo 636º nº 1 do CPC, aplicável ex vi artigo 2º alínea e) do CPPT, requerendo que o douto Tribunal ad quem reapreciasse as questões e fundamentos suscitados pela Recorrida na sua Impugnação que não tenham sido apreciadas ou decididas a favor da Recorrida pelo tribunal de primeira instância, caso, por mera hipótese de raciocínio, o recurso viesse a ser julgado procedente. Ora, para determinar se o requerimento da ampliação do âmbito do recurso determina a apreciação de questões de facto que impliquem a alteração da competência do Tribunal de recurso, importa apurar se as questões e fundamentos cuja apreciação subsidiariamente se impõe no âmbito da ampliação do objeto do recurso, são, ou não, questões que versam exclusivamente sobre matéria de direito. Na sua impugnação judicial, a ora Recorrida, para além de alegar a ilegalidade da taxa liquidada por violação do artigo 6º, nº 10, do Decreto-Lei nº 11/2003, de 18 de janeiro – fundamento pelo qual o Tribunal a quo veio a considerar a impugnação judicial procedente –, sustentou ainda a ilegalidade da referida taxa com base nos seguintes fundamentos: a. Falta de fundamentação do ato de liquidação; b. Falta de fundamentação da taxa: do alegado impacto ambiental negativo justificativo da aplicação das taxas sub ezemb; c. Falta de fundamentação económico-financeira e da quantificação da taxa, designadamente, por da violação dos princípios da equivalência e da proporcionalidade; d. Dupla tributação; e. Violação do princípio da precedência de lei. Os fundamentos cuja reapreciação se requereu – embora apenas subsidiariamente –, ao abrigo da ampliação do objeto do recurso, parecem apenas versar sobre matéria de direito: existência, ou não, de falta de fundamentação nas suas diversas vertentes, existência, ou não, de dupla tributação e violação, ou não, do princípio da precedência de lei. Contudo, atendendo ao entendimento que os nossos Tribunais têm por vezes adotado relativamente ao que se deve entender por questões de direito ou de facto, a questão parece-nos duvidosa. (...). Assim, face ao exposto, e havendo dúvidas sobre se o recurso em apreço tem fundamento exclusivamente em matéria de direito ou também em matéria de facto, entende a Recorrida que deverá V. Exa., nos termos e ao abrigo do disposto no artigo

18º, nº 1 do CPPT, determinar a remessa dos presentes autos para o Tribunal Central Administrativo Norte. Porém, V. Exª, melhor decidirá.» Cumpridas as formalidades legais, compete apreciar e decidir. II. Na sentença, em sede de julgamento factual, expressou-se: «A) Com data de 01-04-2015, a Direção Municipal de Urbanismo e Ambiente da Câmara Municipal de Vila Nova de Gaia, procedeu à emissão do ofício sob a referência 4634/15, dirigido à "A..............., S.A.", remetido sob carta registada com A/R, sob o Assunto: LIQUIDAÇÃO DE TAXAS DEVIDAS PELA INSTALAÇÃO DE INFRAESTRUTURAS DE ESTAÇÃO DE RADIOCOMUNICAÇÕES – 2015, para, no prazo de 30 dias, pagar a taxa anual devida pela instalação das infraestruturas de estação de radiocomunicações e respetivos acessórios, instalados nos locais que melhor constam da folha em anexo, relativa ao ano de 2015, no montante de €120.662,00, constando da referida notificação, além do mais, que "[a] instalação de infra-estruturas de estação de radiocomunicações e respetivos acessórios na área do Concelho integra o conceito de atividade privada suscetível de causar impacto ambiental negativo, encontrando-se, por isso, sujeita ao pagamento de taxa anual, variável em função da zona de localização" e que "[a] cobrança deste tributo justifica-se pelo elevado número de infraestruturas já existentes e sua cobertura de rede no concelho de Vila Nova de Gaia, bem como pelo impacto negativo das mesmas na paisagem urbana ou rural, dificultando a promoção de um justo equilíbrio entre os interesses de cobertura de rede e da defesa da paisagem urbana ou rural em que se inserem, pretendendo-se, deste modo, acautelar a proliferação das antenas de telemóveis" – cfr. Doc. junto com a PI sob o nº 1; B) Em 05-05-2015, a Impugnante apresentou reclamação, ao abrigo do artigo 16º da Lei nº 53-E/2006, de 29 de dezembro, do ato de liquidação mencionado na alínea antecedente, pedindo a sua revogação, nos termos e com os fundamentos constantes do doc. junto com a PI sob o nº 2, cujo teor se dá, aqui, por integralmente reproduzido; C) A reclamação graciosa mencionada na alínea antecedente foi indeferida por deliberação da Câmara Municipal de Vila Nova de Gaia de 03-08-2015.» Nos termos (entre outros normativos vertidos no Estatuto dos Tribunais Administrativos e Fiscais (ETAF) e que apontam no mesmo sentido (artigos 26º alínea b) e 38º alínea a).), do disposto no artigo 280º nº 1 do Código de Procedimento e de Processo Tributário (CPPT), das decisões dos tribunais tributários (de 1ª instância) cabe recurso a interpor, em primeira linha, para os, dois, Tribunais Centrais Administrativos, "salvo quando a decisão proferida for de mérito e o recurso se fundamente exclusivamente em matéria de direito", caso em que tal apelo tem de ser interposto para a Secção de Contencioso Tributário do STA. A violação desta regra de competência, em razão da hierarquia, determina, por previsão explícita do artigo 16º nº 1 do CPPT, a incompetência absoluta do tribunal, a que é, indevidamente, dirigido o recurso. Versando a delimitação de competências entre o STA e o/s TCA/s para o conhecimento de recursos visando decisões dos tribunais tributários, o Exmo. Conselheiro Jorge Lopes de Sousa (Cf. Código de Procedimento e de Processo Tributário (CPPT), anotado, 4ª edição, Vislis, pág. 144 segs.) dá nota das posições que sobre a matéria o STA tem vindo a adotar (há longo tempo)de forma unânime e reiterada. Assim, é inquestionável e perfeitamente percetível dever entender-se que um recurso "não tem por fundamento exclusivamente matéria de direito sempre que nas conclusões das respectivas alegações (...), o recorrente pede a alteração da matéria fáctica fixada na decisão recorrida ou invoca, como fundamento da sua pretensão, factos que não têm sequer suporte na decisão recorrida, independentemente da atendibilidade ou relevo desses factos para o julgamento da causa" (Nos específicos termos utilizados pelo Ac. STA de 15.11.2006, rec. 461/06, "..., o que há a fazer para decidir a questão da competência hierárquica, é apenas verificar se o recorrente pede a alteração da matéria de facto ou invoca factos que não vêm dados como provados (...)".). E também não tem esse imprescindível e específico fundamento "... se em recurso for pedida a apreciação da necessidade de realização de diligências (de) prova ou sua determinação". Acresce o ditame de que "a questão da competência (...) tem de ser decidida em face do quid disputatum ou quid decidendum e não em face daquilo que, na sequência da actuação do tribunal competente, será mais tarde o quid decisum". Como, já, se havia avançado no despacho, preliminar, acima mencionado, perscrutado o conteúdo das conclusões formuladas, pela rda, sem perder de vista a alegação que sintetizam, no que tange à requerida ampliação do âmbito do recurso (com a cobertura, legitimante, do artigo 636º nº 1 do CPC.), interposto pelo requerente, sendo certo que, objetivamente, este "versa apenas sobre matéria de direito", já, a eventual/potencial necessidade de o thema decidendum ter de ser alargado, para apreciar e julgar os fundamentos, acima explicitados, invocados pela impugnante, ora requerida, no pressuposto, ainda, de que a matéria da competência se decide em função do que se discute/disputa num recurso e não do que poderá ser a decisão final, por parte do tribunal competente, é evidente ter, então, incontornavelmente, de se versar alegação factual produzida no articulado inicial deste processo, como é o caso, a título meramente indicativo, dos respetivos artigos 119º, 123º, 129º, 130º, 132º, 174º, 177º, 185º e 192º a 195º. Registe-se que este entendimento não é suscetível de ser prejudicado, sob o pretexto de a rda haver requerido a ampliação do âmbito do recurso "caso, por mera hipótese de raciocínio, o recurso viesse a ser julgado procedente". Primeiramente, porque estamos a versar uma questão de competência, de conhecimento prévio, em relação, a todas as outras (Cf. artigo 13º do Código de Processo nos Tribunais Administrativos (CPTA).), ao STA, in casu, está vedada qualquer ambição de, perfunctoriamente, avançar algo, sobre o destino/sentido final do recurso interposto pelo requerente. Em segundo lugar, sendo indiscutível a mútua dependência entre alagamento do âmbito do recurso (ao conhecimento do(s) fundamento(s) em que a parte vencedora decaiu) e procedência do recurso da parte vencida, mostra-se inviabilizado, no limite, pelo disposto no artigo 130º do CPC (ilicitude da realização no processo de atos inúteis), uma atuação, nossa, no sentido de prosseguir com os termos do recurso e, a final, confrontados com o provimento do mesmo, sermos compelidos a declinar a competência para julgar da, pedida e legítima, ampliação. Por outras palavras, a lógica e o bom desempenho processual, impõem a solução de, desde já, se remeter o processo a tribunal competente, nas vertentes de facto e de direito, capaz de, em qualquer dos cenários, julgar, em definitivo e na plenitude, este apelo. Neste enquadramento, não estamos, por virtude da exercida prerrogativa de ampliação do âmbito a requerimento do recorrido, na presença de recurso que tem em matéria de direito o seu único, exclusivo, fundamento. III. Pelo exposto, em conferência, na Secção de Contencioso Tributário do Supremo Tribunal Administrativo, acordamos declarar este, Supremo Tribunal, incompetente, em razão da hierarquia, para conhecer do presente recurso jurisdicional. Custas pela recorrida, fixando-se a taxa de justiça em 2 UC. Oportunamente, remeta-se o processo, ao Tribunal Central Administrativo Norte (TCAN), em deferimento do requerido na pág. 651 (SITAF) – artigo 18º nº 1 do CPPT.

2. Acórdão do Supremo Tribunal Administrativo (Processo nº 1805/12.5BEPRT), de 4-12-2019. Acordam os juízes da secção do Contencioso Tributário do Supremo Tribunal Administrativo: A...., SA, inconformada, interpôs recurso da decisão do Tribunal Administrativo e Fiscal do Porto (TAF do Porto) datada de 23 de novembro de 2018, que julgou extinta a instância por inutilidade superveniente da lide, de impugnação judicial deduzida contra o indeferimento tácito da reclamação apresentada junto do MUNICÍPIO DE VILA NOVA DE GAIA, contra os actos de liquidação de 23 de Janeiro de 2012, relativos ao pagamento de taxa anual instalação e funcionamento dos postos de abastecimento de combustíveis sitos na Avenida ......, Oliveira do Douro e na Rua ...., Canelas, no valor de €5000,00 cada. Alegou, tendo apresentado conclusões, como se segue: A. O presente recurso vem interposto da sentença proferida pelo Tribunal Administrativo e Fiscal do Porto, que julgou verificada a excepção dilatória de caso decidido ou resolvido relativamente ao acto de indeferimento da reclamação graciosa apresentado contra as liquidações da taxa devida pela instalação e funcionamento de postos de combustível efectuada pelo Município de Vila Nova de Gaia com respeito ao ano de 2012. B. Na base da sua decisão, encontra-se o facto de o Município ter emitido, em Novembro de 2012, dois supostos 'novos' actos de liquidação da taxa em crise, na sequência da reclamação graciosa cujo indeferimento tácito se impugnou, tendo o Tribunal a quo considerado

que os mesmos careciam de ter sido previamente reclamados ao abrigo do disposto no artigo 16º, nº 5 do Regime Geral das Taxas das Autarquias Locais (RGTAL), aprovado pela Lei nº 53-E/2006, de 29 de dezembro. C. Na interpretação do Tribunal a quo, «não consta dos Autos, nem sequer vem alegado pela Impugnante, a apresentação da reclamação prevista no nº 2 do artigo 16º da Lei nº 53-E/2006, de 29 de dezembro o que à face do nº 5 do mesmo preceito legal, impede a Impugnante de sindicar a legalidade das novas liquidações, notificadas em 23/11/2012» (sentença recorrida, cit.). D. Todavia, o Tribunal a quo parte de premissa errada – a de que as liquidações emitidas na pendência da acção consubstanciaram actos novos e anulatórios das liquidações contestadas – o que não sucedeu in casu. E. Como o próprio Município admite na sua contestação, na sequência da reclamação apresentada, este limitou-se a reemitir as liquidações por reconhecer nelas «a existência de algumas irregularidades». F. Os 'novos actos' praticados em Novembro de 2012, embora anulando parcialmente os notificados à Recorrente em Fevereiro de 2012, nada dizem de diferente e, muito menos, de novo e agressivo para a ora Recorrente para além do que já tinha ocorrido aquando das primeiras liquidações, não consubstanciando, pois, verdadeiros e novos actos tributários. G. Este entendimento é o sustentado por toda a jurisprudência que se pronunciou sobre a matéria, de que são exemplo o Acórdão do STA de 14 de dezembro de 2015, emitido no processo nº 01104/13 e o Acórdão do TCA Sul de 3 de dezembro de 2007, emitido no processo nº 01507/06 dos quais resulta claramente que meras correcções, ainda que sob a forma de anulação parcial, dos actos tributários não consubstanciam novos actos tributários nem eliminam da ordem jurídicas os efeitos dos actos anteriores que não sejam compatíveis com os actos correctivos. H. Também a doutrina se tem pronunciado de forma sólida no sentido de que as liquidações adicionais de imposto, embora alterem ou corrijam as originárias, não as revogam na parte em que não sejam com elas incompatíveis e, nesta medida, apenas são judicialmente sindicáveis quanto aos vícios próprios decorrentes da correcção – este é o entendimento de autores como Alberto Xavier, Paulo Marques e Jorge Lopes de Sousa. I. Perante os elementos constantes dos Autos e a jurisprudência e a doutrina citadas, depressa se conclui que os actos de liquidação reemitidos na sequência da reclamação apresentada pela ora Recorrente não destroem nem apagam os efeitos das liquidações que lhes estão na base, limitando-se a proceder a uma anulação parcial das mesmas sem, contudo, as expurgar dos vícios de que já padeciam e relativamente aos quais a ora Recorrente apresentou – e bem – reclamação graciosa e impugnação judicial. J. Ao não reclamar dos 'novos' actos emitidos a ora Recorrente mais não fez do que cumprir a Lei e poupar o Tribunal a actos inúteis, na medida em que essas 'novas' liquidações não continham qualquer vício 'a mais' do que as anteriores que fosse susceptível de impugnação autónoma. K. Assim, a Recorrente cumpriu o ónus de reclamação prévia que sobre ela recai nos termos do disposto no artigo 16º do RCTAL ao reclamar das liquidações originárias, não lhe sendo exigível – ou permitido – que volte a reclamar dos actos corrigidos com os mesmos fundamentos e alegando os mesmos vícios que reputa imputáveis aos actos originários. L. De onde se conclui que Tribunal a quo decidiu erroneamente ao considerar verificada a excepção dilatória de caso decidido ou resolvido (decidindo assim pela inutilidade superveniente da lide) quanto ao acto de indeferimento da reclamação graciosa dirigida pela Recorrente ao Município de Vila Nova de Gaia, relativamente às liquidações da taxa devida pela instalação e funcionamento de postos de abastecimento de combustíveis que lhe foram ilegalmente efectuadas. M. Deve por isso a sentença recorrida ser revogada, com a consequente baixa dos Autos ao Tribunal a quo para que se decida da materialidade da causa. Termos em que deve a sentença recorrida ser revogada, com as demais consequências legais, designadamente, a baixa dos Autos para que o processo de impugnação corra os seus normais trâmites até que seja proferida sentença de fundo relativamente às questões de legalidade aí colocadas. Contra-alegou a recorrida tendo concluído: 1 – A douta sentença recorrida que julgou extinta a instância por impossibilidade superveniente da lide é uma decisão acertada, não merece qualquer reparo, fez correcta interpretação da lei aos factos, não violando quaisquer normativos legais, pelo que deve ser mantida. 2 – Em face dos factos assentes na douta sentença e dos documentos juntos aos autos e transcritos nos pontos 2, 5, 9 e 11 dos pontos assentes não pode haver dúvidas que existem dois actos de liquidação da mesma taxa referente ao mesmo ano e para os mesmos postos de abastecimento, um acto de liquidação praticado em 23/01/2012 e outro em 15/11/2012, sendo, contudo, diferente a sua fundamentação. 3 – Assim, houve uma substituição implícita dos actos de liquidação iniciais por revogação tácita, não consistindo o segundo acto de liquidação, praticado em 15/11/2012, a uma liquidação adicional, como pretende a recorrente, porquanto não houve qualquer rectificação do valor calculado. 4 – E, tanto existe essa substituição dos actos de liquidação que da notificação do segundo ato de liquidação consta, como epígrafe, que se trata de liquidação da taxa identificada bem como consta a possibilidade de reclamação dessa liquidação e de eventual impugnação judicial, não obstante a situação jurídica ser a mesma. 5 – Não há, por isso, uma anulação parcial por liquidação adicional, como pretende a recorrente, mas sim uma substituição integral dos actos de liquidação com a emissão de duas novas liquidações que, tacitamente fizeram desaparecer da ordem jurídica as liquidações impugnadas, como bem entendeu a sentença sob recurso. 6 – Assim, é a recorrente que erra nos pressupostos ao pressupor que houve uma liquidação adicional e uma mera rectificação dos primeiros actos de liquidação. 7 – E, como este pressuposto é errado por não se estar perante qualquer correcção de cálculo da taxa, a jurisprudência e doutrina invocada que tem como base correcções técnicas de liquidações efectuadas não é aplicável ao caso em apreço. 8 – ln casu existem novos actos de liquidação que regulam a mesma situação jurídica e, como tal, os segundos actos revogam os primeiros por substituição e tendo a presente impugnação sido interposta contra os primeiros actos de liquidação a impugnação em apreço perdeu o seu objecto, como bem decidiu a sentença em apreciação. 9 – O presente processo só podia prosseguir se fosse requerida a substituição do objecto da impugnação, isto é se a impugnante requeresse o prosseguimento do processo contra as novas liquidações, como efectivamente o veio a fazer pelo requerimento apresentado em 09/09/2014, onde expressamente mantém a impugnação e o pedido para as novas liquidações, nos termos e para os efeitos do artigo 112º nº 3 do CPPT. 10 – Acontece, todavia, que o artigo 16º do RGTAL dispõe no seu nº 5 que a impugnação judicial depende de prévia dedução da reclamação prevista no nº 2 deste artigo deduzida perante o órgão que efectuou a liquidação da taxa e no prazo de 30 dias, sendo esta reclamação necessária e condição essencial para a impugnação judicial. 11 – Como não houve a reclamação prévia das novas liquidações prevista no nº 2 do artigo 16º da Lei nº 53-E/2006 de 29 de dezembro, consubstanciadas nos despachos de 15/11/2012, ocorre a falta de pressuposto para a sua impugnação. 12 – Pelo que, como bem decidiu a sentença, face à não reclamação das novas liquidações e que consubstanciam o actual objecto de impugnação, estamos perante "caso decidido ou resolvido", estabilizando-se os referidos actos na ordem jurídica. 13 – De qualquer modo sempre não poderia prosseguir a impugnação destes novos actos de liquidação por falta de pressuposto processual, a reclamação prévia dos mesmos, que origina a sua inimpugnabilidade. 14 – Pelo que a decisão de extinção da instância com os fundamentos invocados é uma decisão acertada e correcta, encontrando-se em conformidade com o disposto no artigo 16º da Lei nº 53-E/2006 de 29 de dezembro, e com o artigo 130º do CPC e demais legislação, pelo que não ocorrendo a violação de qualquer normativo devem improceder todas as conclusões das alegações de recurso e a douta sentença manter-se por válida e legal. O Ministério Público notificado, pronunciou-se pela procedência do recurso e baixa dos autos ao tribunal recorrido a fim de conhecer das questões suscitadas e não apreciadas. Colhidos os vistos legais cumpre decidir. Na sentença recorrida deu-se como assente a seguinte factualidade concreta: 1) Pela Informação de 21/01/2012, emitida pelos serviços da Unidade de Apoio Técnico à Direção da "Gaiurb, E.E.M." no âmbito do Processo 88/12 – Canelas, que mereceu despacho concordante da Senhora Vereadora da Câmara Municipal de Gaia de 23/01/2012, foi proposto a liquidação de uma taxa à ora Impugnante, nos termos conjugados do artigo 100º do Regulamento Municipal de Taxas e Compensações Urbanísticas de Vila Nova de Gaia, do artigo 6º, nº 2 da Lei nº 53-E/2006, de 29 de dezembro, e do artigo 29º da Tabela Anexa ao referido Regulamento, no valor de €5.000,00, devida pela instalação e funcionamento de posto de abastecimento de combustíveis na Rua ...., Canelas, em conformidade com os valores previstos no artigo 28º da Tabela Anexa ao Regulamento Municipal de Taxas e Compensações Urbanísticas de Vila Nova de Gaia. 2) Em 7/02/2012, no âmbito do Processo referido no ponto antecedente, foi emitida pelo Município de Vila Nova de Gaia, a fatura/recibo nº 22610/PUB/2012, dirigida à ora Impugnante, cujo teor, para o que ora interessa, consta o seguinte: "(...) Instalação e funcionamento de posto de abastecimento de combustíveis. Pagamento de taxa anual – artigo 100º do Regulamento Municipal de Taxas e Compensações Urbanísticas Nos termos do disposto no artigo 100º do Regulamento Municipal de Taxas e Compensações Urbanísticas de Vila Nova de Gaia, (...), a instalação de postos de abastecimento de combustíveis na área do Concelho integra o conceito de atividade privada suscetível de causar impacto ambiental negativo, encontrando-se, por isso, sujeita a uma taxa anual, variável em função da zona de localização e cujo valor se encontra previsto no artigo 29º da Tabela Anexa ao Regulamento. Nestas circunstâncias, deverão V. Exa., proceder ao pagamento da taxa abaixo indicada, por Multibanco, na Tesouraria da Gaiurb, EEM, ou através de cheque emitido à ordem de Gaiurb - urbanismo e habitação, EEM. Caso o pagamento seja efetuado através de cheque enviado pelo correio, deverá juntar envelope selado e endereçado para posterior devolução de comprovativo de pagamento. Processo: 88/12. Localização: Rua ..... Canelas. Descrição: Instalação de Postos de Combustíveis (Zona A). Valor: €5.000,00. Data limite de pagamento: 31/03/2012 (...)". 3) O documento a que se alude em 2) foi notificado à Impugnante em 9/02/2012, conforme assinatura no aviso de receção que consta de fls. 2 verso do Processo Administrativo nº 88/12 e que aqui se dá por inteiramente reproduzido. 4) Pela Informação de 21/01/2012, emitida pelos serviços da Unidade de Apoio Técnico à Direção da "Gaiurb, E.E.M." no âmbito do Processo 82/12 – Oliveira do Douro, que mereceu despacho concordante da Senhora Vereadora da Câmara Municipal de Gaia de 23/01/2012, foi proposto a liquidação de uma taxa à ora Impugnante, nos termos conjugados do artigo 100º do Regulamento Municipal de Taxas e Compensações Urbanísticas de Vila Nova de Gaia, do artigo 6º, nº 2 da Lei nº 53-E/2006, de 29 de dezembro, e do artigo 29º da Tabela Anexa ao referido Regulamento, no valor de €5.000,00, devida pela instalação e funcionamento de posto de abastecimento de combustíveis na Avenida ..., Oliveira do Douro, em conformidade com os valores previstos no artigo 28º da Tabela Anexa ao Regulamento Municipal de Taxas e Compensações Urbanísticas de Vila Nova de Gaia. 5) Em 7/02/2012, no âmbito do Processo referido no ponto antecedente, foi emitida pelo

Município de Vila Nova de Gaia, a fatura/recibo nº 22604/PUB/2012, dirigida à ora Impugnante, cujo teor, para o que ora interessa, consta o seguinte: "(...) Instalação e funcionamento de posto de abastecimento de combustíveis Pagamento de taxa anual – artigo 100º do Regulamento Municipal de Taxas e Compensações Urbanísticas. Nos termos do disposto no artigo 100º do Regulamento Municipal de Taxas e Compensações Urbanísticas de Vila Nova de Gaia, (...), a instalação de postos de abastecimento de combustíveis na área do Concelho integra o conceito de atividade privada suscetível de causar impacto ambiental negativo, encontrando-se, por isso, sujeita a uma taxa anual, variável em função da zona de localização e cujo valor se encontra previsto no artigo 29º da Tabela Anexa ao Regulamento. Nestas circunstâncias, deverão V. Exa., proceder ao pagamento da taxa abaixo indicada, por Multibanco, na Tesouraria da Gaiurb, EEM, ou através de cheque emitido à ordem de Gaiurb – urbanismo e habitação, EEM. Caso o pagamento seja efetuado através de cheque enviado pelo correio, deverá juntar envelope selado e endereçado para posterior devolução de comprovativo de pagamento. Processo: 82/12. Localização: Av. .... Oliveira do Douro. Descrição: Instalação de Postos de Combustíveis. (Zona A). Valor: €5.000,00. Data limite de pagamento: 31/03/2012 (...)". 6) O documento a que se alude em 5) foi notificado à Impugnante em 9/02/2012, conforme assinatura no aviso de receção que consta de fls. 2 verso do Processo Administrativo nº 82/12 e que aqui se dá por inteiramente reproduzido. 7) Com data de registo de entrada nos serviços da Gaiurb, EEM de 16/03/2012, mas enviadas por correio em 12/03/2012, a ora Impugnante apresentou reclamação, nos termos do disposto nos números 2 e 5 do artigo 16º da Lei nº 53-E/2006, de 29 de dezembro e da al. A) do nº 1 do artigo 97º, ex vi artigo 70º, nº 1, ambos do CPPT, contra as liquidações referidas em 2) e 5) deste probatório. 8) Em 11/07/2012, a Impugnante deu entrada da presente ação neste Tribunal. 9) Com data de 20/11/2012, o Município de Vila Nova de Gaia remeteu à ora Impugnante, o ofício com a referência 3311/12, que o recebeu em 23/11/2012, conforme assinatura no aviso de receção, cujo teor, para o que ora interessa, consta o seguinte: "(...) Assunto: Liquidação de taxas devidas pela instalação e funcionamento de posto de abastecimento de combustíveis Requerente: A.........., SA. Proc. Nº 88/12 – Canelas. Req. Nº: 858/12. Local: Rua ...... Canelas. Comunico que por despacho proferido pela Senhora Vereadora Engª ......, de 15/11/2012, foi determinado notificar que foi liquidada a taxa anual devida pela instalação e funcionamento de posto de abastecimento de combustíveis sito na Rua ...., freguesia de Canelas, no montante de € 5.000,00 (cinco mil euros). Nos termos do disposto no artigo 100º do Regulamento Municipal de Taxas e Compensações Urbanísticas de Vila Nova de Gaia, (...), a instalação de postos de abastecimento de combustíveis na área do Concelho integra o conceito de atividade privada suscetível de causar impacto ambiental negativo, encontrando-se, por isso, sujeita a uma taxa anual, variável em função da zona de localização e cujo valor se encontra previsto no nº 1.1 do artigo 29º da Tabela de taxas constante do Anexo I do mesmo Regulamento, sendo que, no caso concreto, o posto de abastecimento explorado pela requerente se encontra localizado em Zona A, tendo a taxa liquidada sido calculada nos termos do nº 3 do artigo 58º do RMTCU. (...) Mais comunico que da liquidação de tal tributo poderão, no prazo de 30 dias a contar da notificação, apresentar reclamação nos termos do nº 2 do artigo 16º da Lei nº 53-E/2006, de 29 de dezembro. Poderá ainda, em caso de indeferimento da reclamação, impugnar judicialmente tal decisão perante o Tribunal Administrativo e Fiscal do Porto, no prazo de 60 dias a contar do indeferimento, de acordo com o estabelecido no nº 4 do mesmo artigo, sendo que a impugnação judicial depende de prévia dedução da reclamação, conforme previsto no nº 5 da mesma norma (...)». 10) Em 20/12/2012, a ora Impugnante efetuou o pagamento da taxa a que se alude no ponto antecedente. 11) Com data de 21/11/2012, o Município de Vila Nova de Gaia remeteu à ora Impugnante, o ofício com a referência 3315/12, que o recebeu em 23/11/2012, conforme assinatura no aviso de receção, cujo teor, para o que ora interessa, consta o seguinte: "(...) Assunto: Liquidação de taxas devidas pela instalação e funcionamento de posto de abastecimento de combustíveis Requerente: A.........., SA. Proc. Nº 82/12- Oliveira do Douro. Req. Nº: 859/12. Local: Av. .... Comunico que por despacho proferido pela Senhora Vereadora Engª ...., de 15/11/2012, foi determinado notificar que foi liquidada a taxa anual devida pela instalação e funcionamento de posto de abastecimento de combustíveis sito na Avenida ...., freguesia de Oliveira do Douro, no montante de €5.000,00 (cinco mil euros). Nos termos do disposto no artigo 100º do Regulamento Municipal de Taxas e Compensações Urbanísticas de Vila Nova de Gaia, (...), a instalação de postos de abastecimento de combustíveis na área do Concelho integra o conceito de atividade privada suscetível de causar impacto ambiental negativo, encontrando-se, por isso, sujeita a uma taxa anual, variável em função da zona de localização e cujo valor se encontra previsto no nº 1.1 do artigo 29º da Tabela de taxas constante do Anexo I do mesmo Regulamento, sendo que, no caso concreto, o posto de abastecimento explorado pela requerente se encontra localizado em Zona A, tendo a taxa liquidada sido calculada nos termos do nº 3 do artigo 58º do RMTCU. (...) Mais comunico que da liquidação de tal tributo poderão, no prazo de 30 dias a contar da notificação, apresentar reclamação nos termos do nº 2 do artigo 16º da Lei nº 53-E/2006, de 29 de dezembro. Poderá ainda, em caso de indeferimento da reclamação, impugnar judicialmente tal decisão perante o Tribunal Administrativo e Fiscal do Porto, no prazo de 60 dias a contar do indeferimento, de acordo com o estabelecido no nº 4 do mesmo artigo, sendo que a impugnação judicial depende de prévia dedução da reclamação, conforme previsto no nº 5 da mesma norma (...)". 12) Em 20/12/2012, a ora Impugnante efetuou o pagamento da taxa a que se alude no ponto antecedente. Nada mais se deu como provado. Há que conhecer do recurso que nos vem dirigido. A questão colocada pelas partes passa por saber se a prática de novos actos tributários, que expurgam os anteriores de "algumas irregularidades" (no dizer da recorrida), já na pendência do processo de impugnação dos anteriores actos, exigiria a impugnação expressa pela via graciosa ou contenciosa destes novos actos, determinando a impossibilidade superveniente desta instância, ou deveria ter prosseguido a impugnação contra os novos actos, porque mantêm em substancia os anteriores, tal como pretendido pela recorrente. Está assente, porque é afirmado pela recorrida, que o novos actos tributários de liquidação de taxas visaram eliminar algumas irregularidades que afectaram os anteriores actos tributários de liquidação de taxas, mantendo-se, no essencial, a substância e o conteúdo dos anteriores actos. À data dispunha o artigo 137º, nº 4 do CPA que, desde que não tenha havido alteração ao regime legal, a ratificação, reforma e conversão retroagem os seus efeitos à data dos actos a que respeitam. Ou seja, sabendo-se que a ratificação, reforma ou conversão dos actos se destinam a sanar invalidades, e sabendo-se que os novos actos se destinaram, também eles, a eliminar algumas irregularidades que os primeiros continham, mantendo, no entanto, a substância dos primeiros actos, há que aplicar o disposto neste preceito legal. Dispunha também à data o artigo 64º do CPTA, sob a epígrafe Revogação do acto impugnado com efeitos retroactivos: 1 – Quando, na pendência do processo, seja proferido acto revogatório com efeitos retroactivos do acto impugnado, acompanhado de nova regulação da situação, pode o autor requerer que o processo prossiga contra o novo acto, com a faculdade de alegação de novos fundamentos e do oferecimento de diferentes meios de prova. 2 – O requerimento a que se refere o número anterior deve ser apresentado no prazo de impugnação do acto revogatório e antes do trânsito em julgado da decisão que julgue extinta a instância. 3 – O disposto no nº 1 é aplicável a todos os casos em que o acto impugnado seja, total ou parcialmente, alterado ou substituído por outro com os mesmos efeitos, e ainda no caso de o acto revogatório já ter sido praticado no momento em que o processo foi intentado, sem que o autor disso tivesse ou devesse ter conhecimento. Resulta da matéria de facto levada ao probatório, que os novos actos foram praticados em Novembro de 2012, quando a petição inicial desta impugnação já havia dado entrada em juízo em Julho de 2012, sendo certo, como consta da decisão recorrida, que a recorrente manteve interesse no prosseguimento da impugnação, mas agora contra os novos actos, por despacho datado de 15.07.2014 o Sr. Juiz a quo determinou que a recorrente informasse se mantinha a impugnação contra as novas liquidações, nos termos do disposto no artigo 112º, nº 3 do CPPT, vindo a mesma informar que assim era, pretendia o prosseguimento da impugnação contra as novas liquidações. Na verdade, as normas constantes dos artigos 112º, nº 3 do CPPT e 64º do CPTA, prevêem um regime e tramitação própria para os casos como o dos autos, em prol dos princípios da economia de meios, celeridade processual e tutela judicial efectiva, que afastam a necessidade de o interessado ter que impugnar novamente, quer pela via graciosa, quer pela via contenciosa, os novos actos praticados que, em substância, mais não são do que a repetição dos anteriores actos que visam substituir. Assim, a sentença não se pode manter. Termos em que, face ao exposto, acordam os juízes da Secção de Contencioso Tributário do Supremo Tribunal Administrativo em conceder provimento ao recurso e determinar a baixa dos autos ao tribunal a quo para a aí prosseguir com o conhecimento da causa. Custas pela recorrida. D.n. Lisboa, 4 de Dezembro de 2019. – Aragão Seia (relator) – Suzana Tavares da Silva – Aníbal Ferraz.

3. Acórdão do Supremo Tribunal Administrativo (Processo nº 2819/13.3BEPRT). de 27-11-2019. 1. RELATÓRIO. 1.1. Município do Porto interpôs recurso para o Supremo Tribunal Administrativo da sentença proferida pelo Tribunal Administrativo e Fiscal do Porto que julgou verificada a excepção de inimpugnabilidade do acto impugnado, no processo de impugnação judicial deduzido por A.........., contra a liquidação de taxas municipais urbanísticas, no montante de €749.418,58, absolvendo da instância o município, sem prejuízo da aplicação do disposto no artigo 37º nº 4 CPPT. 1.2. O recorrente apresentou alegações que sintetizou com a formulação das seguintes conclusões: 1. O presente recurso interposto da Douta Sentença proferida em 15 de Janeiro pp., pelo Tribunal Administrativo e Fiscal do Porto, que, em sede de apreciação liminar dos respectivos pressupostos processuais, absolveu a entidade ora Recorrente da instância com fundamento na inimpugnabilidade do acto de liquidação sindicado por falta de dedução prévia de reclamação graciosa, sem prejuízo da aplicação do artigo 37º, nº 4 do CPPT. 2. A sentença recorrida incorreu em manifesto erro de julgamento de Direito, ao determinar que ao caso vertente, ao qual subjaz a liquidação de taxas municipais urbanísticas, é aplicável o artigo 16º do Regime Geral das Taxas das Autarquias Locais ("RGTAL"), aprovado pela Lei nº 53-E/2006, de 29 de dezembro, em matéria de garantias, ou seja, que a impugnação judicial a deduzir contra taxas urbanísticas deve ser precedida de reclamação graciosa, e não, como sempre se impunha, as disposições de carácter especial que, nesse domínio, decorrem do Regime Jurídico da Urbanização e Edificação ("RJUE"), aprovado pelo Decreto-Lei nº 555/99, de 16 de dezembro, na redacção à data aplicável e do nº 6 do artigo G/32º do Código Regulamentar do Município do Porto que é reflexo daquela. 3. A questão central que se coloca no presente recurso, eminentemente jurídica, revela-se essencial para uma acurada delimitação do regime de

impugnação, administrativa e judicial, subjacente às taxas municipais urbanísticas. 4. Nesta medida, a questão que urge apreciar, e cuja intervenção desse Colendo Supremo Tribunal Administrativo se requer, incide em saber se a impugnação judicial da liquidação das taxas urbanísticas se encontra, ou não, condicionada por prévia reclamação graciosa, qualificando, assim, como necessária, por força da aplicação do regime que decorre do artigo 16º do RGTAL, tal como definido pela sentença recorrida. 5. Pese embora se reconheça, como bem assume a sentença recorrida, que esse Venerando Tribunal tem, em boa verdade, vindo a pronunciar-se em sentido análogo à decisão recorrida, certo é que o aqui Recorrente não se pode conformar com a tese vertida, atento o bloco normativo que considera aplicável, mais admitindo como curial, para uma adequada aplicação do Direito, reposição da legalidade tributária e estabilidade do ordenamento jurídico pátrio, a reapreciação da questão decidenda, que qualifica assim, como demonstrado, de cariz eminentemente jurídico. 6. Entendemos, assim, que a impugnação judicial da liquidação de taxas urbanísticas como a que subjaz, e cuja incidência objectiva e subjectiva se encontra expressamente prevista, como consabido é, nos artigos 3º, 6º, nº 1 e 7º do RGTAL, e no artigo 116º do RJUE, não dependia de prévia impugnação administrativa, uma vez que o disposto no nº 5 do artigo 16º do RGTAL não tem aplicabilidade ao caso vertente mas sim o regime previsto no CPPT, por via da remissão expressa do nº 3 do artigo 117º do RJUE. 7. De facto, se a aplicação do RGTAL fosse tão linear como a decisão recorrida sustenta, não se entenderia o motivo pelo qual, após a aprovação deste Regime e da sua entrada em vigor em 01.01.2007 (em conformidade com o artigo 18º daquele diploma legal), o legislador pátrio, através da aprovação da Lei nº 60/2007, de 4 de dezembro, alterou e reformulou a disciplina das taxas urbanísticas, determinando no sobredito nº 3 do artigo 117º que do acto de liquidação destas taxas cabe reclamação graciosa ou impugnação judicial, não nos termos previstos no RGTAL mas nos termos e com os efeitos previstos no CPPT, ou seja, através dos mecanismos admissíveis pelos respectivos artigos 70º e 120º daquele diploma tributário. 8. É o que decorre do bloco normativo aplicável ao caso, que vem assim manifestamente violado em virtude da errada interpretação que lhe é conferida pela decisão recorrida. 9. Ademais, e sem prescindir, é também o próprio RJUE que estabelece, no seu artigo 3º, nº 1, que "No exercício do seu poder regulamentar próprio, os municípios aprovam regulamentos municipais de urbanização e ou de edificação, bem como regulamentos relativos ao lançamento e liquidação das taxas e prestação de caução que, nos termos da lei, sejam devidas pela realização de operações urbanísticas." [sublinhado do aqui Recorrente], na esteira, aliás, do que veio posteriormente a ser consagrado no regime ínsito ao RGTAL, que serve assim como trave mestra para o exercício do poder regulamentar municipal. 10. Por conseguinte, cumpre não perder de vista que o RGTAL ao delinear e estabelecer princípios enformadores quanto à criação, regulamentação e aplicação das taxas municipais pelos municípios, materializando, deste modo, a reserva relativa parlamentar atribuída à Assembleia da República na criação de um regime geral no domínio das taxas [cfr. artigo 165º, nº 1 alínea i) da CRP], delega, contudo, na esfera municipal e dentro dos limites que expressamente impõe, a competência para a regulamentação desta matéria (cf. Artigo 8º do RGTAL), em consonância, de resto, com o preceituado no artigo 241º da Constituição da República Portuguesa ("CRP"). 11. Termos em que, também na apreciação da questão sub judice se terá necessariamente que atentar no disposto no artigo G/32º do CRMP aprovado pelo Regulamento Municipal nº 180/2011 e publicado em Diário da República nº 50, 2ª Série de 11.03.2011, aqui aplicável, que, na senda do regime especial definido pelo RJUE, consagra que "Exceptuam-se do disposto no nº 1 do presente artigo os sujeitos passivos das obrigações tributárias constituídas por força do Regime Jurídico da Urbanização e Edificação, caso em que as reclamações ou impugnações das respectivas liquidações devem ser efectuadas ao abrigo do disposto no Código de Procedimento e de Processo Tributário", determinando, com evidência, que no caso paradigmático das taxas urbanísticas a impugnação administrativa dos correspondentes actos de liquidação tem carácter meramente facultativo. 12. Pelos fundamentos transpostos, deverá ser revogada a decisão proferida pelo Digníssimo Tribunal a quo, por in casu o acto de liquidação sindicado ser directamente impugnável pela via contenciosa e o meio de reacção indicado na correspondente notificação não padecer de qualquer irregularidade – não se vislumbrando, portanto, a aplicação do nº 4 do artigo 37º do CPPT, 13. E, em consonância, determinar-se o prosseguimento dos autos com a adopção da ulterior tramitação legal, concedendo-se, consequentemente, provimento ao presente recurso. Termos em que, revogando a sentença recorrida e determinando-se o prosseguimento dos autos com a adopção da ulterior tramitação legal, V. Exas. Farão inteira e merecida JUSTIÇA! 1.4. O recorrido não apresentou contra-alegações. 1.5. O Ministério Público emitiu parecer no sentido de ser negado provimento ao recurso 1.6. Após os vistos dos juízes conselheiros adjuntos cumpre apreciar e decidir em conferência. 2. FUNDAMENTAÇÃO 2.1. DE FACTO. A sentença recorrida julgou provados os seguintes factos: A) Por requerimento registado com o nº 19733, em 13.08/2001, a sociedade comercial B............., Lda., apresentou junto dos serviços do Impugnado, pedido de licenciamento de operação de loteamento para o terreno sito na Travessa ...., freguesia de ...., Porto, tendo anexado para o efeito peças escritas e desenhadas [cfr. Fls. 1 e ss. Do processo administrativo instrutor nº 27073/01 (doravante "PA"), vol. 01, junto aos autos cujo teor se dá por integralmente reproduzido]. B) Em 24/02/2011, através do requerimento registado com o nº 21444/

/11/CMP, o aqui Impugnante solicitou ao Presidente da Câmara Municipal do Porto o averbamento do processo de licenciamento em curso para o seu nome, tendo junto documento comprovativo da aquisição da propriedade do terreno. C) Em 30/03/2011 foi elaborada, pelo gestor do processo, informação final com proposta de deferimento do pedido de licenciamento da operação de loteamento com obras de urbanização. D) Em 01/04/2011 o Vereador do Pelouro do Urbanismo e Mobilidade proferiu despacho, o qual refere, entre o mais, o seguinte: "Defiro o pedido de licenciamento de obras de urbanização nos termos da informação que antecede. (...)". E) Em 14/04/2011, o Vereador do Pelouro do Urbanismo e Mobilidade retificou o despacho referido em D), o qual refere, entre o mais, o seguinte: "Defiro o pedido de licenciamento de obras de urbanização nos termos da informação que antecede. (...)". F) Em 17/06/2011, através do requerimento registado com o nº 67905/11/CMP, o Impugnante solicitou a emissão do alvará de loteamento ao Presidente da Câmara Municipal do Porto. G) Em 19/07/2011 o Diretor do Departamento de Gestão Urbanística, no uso de competências delegadas, deferiu o pedido de emissão de alvará de loteamento com obras de urbanização com fundamento na informação nº I/109934/11/CMP. H) Em 12/08/2011, na sequência do deferimento do pedido de emissão de alvará de loteamento com obras de urbanização referido em G), foi emitida a liquidação das taxas urbanísticas correspondentes, no valor de €749.418,58, pela Chefe da Divisão Municipal da Receita. I) Em face do não pagamento das taxas constantes da liquidação referida em H), os serviços da Direção Municipal de Urbanismo do Impugnado propuseram a declaração de caducidade do acto de deferimento do pedido de licenciamento da operação urbanística, tendo, para o efeito notificado o Impugnante da sua proposta de decisão. J) Após a audiência prévia do Impugnante, os serviços da Direção Municipal de Urbanismo do Impugnado emitiram a informação nº I/88383/13/CMP, concluindo pela não declaração de caducidade do acto de deferimento do pedido de licenciamento da operação urbanística, a qual veio a ser deferida pela Chefe de Divisão dos referidos serviços. K) Através do ofício nº I/147670/13/CMP, datado de 26/08/2013, os serviços da Direção Municipal de Urbanismo do Impugnado, remeteram notificação ao Impugnante, do acto de liquidação referido em H) concedendo 30 dias de prazo para o seu pagamento, da qual consta, entre o mais, o seguinte: "(...) Informa-se, ainda, V. Exª que, nos termos dos artigo 70º e 102º do Código de Procedimento e Processo Tributário, o acto de liquidação em causa é susceptível de: a) reclamação graciosa a apresentar no prazo de 120 dias contados do termo do prazo de pagamento voluntário; b) impugnação judicial a apresentar no prazo de 90 dias contados do termo prazo pagamento voluntário. Poderá, ainda, ser objecto de recurso hierárquico a apresentar no prazo de 30 dias a contar da presente notificação, nos termos do artigo 66º do Código de Procedimento e de Processo Tributário. (...)". L) Em 28/08/2013, o Impugnante foi notificado do ofício referido em K). M) Em 27/09/2013, o Impugnante procedeu ao pagamento da liquidação referida em H). N) Em 27/11/2013, o Impugnante apresentou a presente impugnação no Tribunal. 2.2. DE DIREITO. 2.2.1. Questão decidenda: apreciação da legalidade da prévia reclamação graciosa antes da dedução de impugnação judicial contra a liquidação pelo município do Porto de taxa devida por operação urbanística. 2.2.2. Apreciação jurídica 2.2.2.1. A questão decidenda tem merecido pronúncia em jurisprudência reiterada e uniforme do Supremo Tribunal Administrativo – Secção de Contencioso Tributário (STA--SCT), afirmando a necessidade da dedução de reclamação graciosa prévia como via de acesso à impugnação contenciosa da liquidação de taxas pelas autarquias locais, designadamente destilada nos acórdãos STA-SCT 18.11.2015 processo nº 729/15; 25.06.2015 processo nº 045/14; 28.01.2015 processo nº 206/13; 17.12.2014 processo nº 1611/13; 9.10.2013 processo nº 452/13. Interessando à decisão do recurso transcreve-se excerto relevante de aresto onde se apreciou a consequência jurídica da falta de reclamação graciosa prévia à impugnação judicial de liquidação de taxa incidente sobre operação urbanística (acórdão STA-SCT 18.11.2015 processo nº 0729/15): Dispunha à data da emissão da liquidação da taxa em questão o artigo 116º do Decreto--Lei nº 555/99, de 16 dezembro, sob a epígrafe "Taxa pela realização, manutenção e reforço de infra-estruturas urbanísticas: 1 – A emissão dos alvarás de licença e de autorização de utilização e a admissão de comunicação prévia previstas no presente diploma estão sujeitas ao pagamento das taxas a que se refere a alínea b) do artigo 6º do Decreto-Lei nº 53-E/2006, de 29 de dezembro. 2 – A emissão do alvará de licença e a admissão de comunicação prévia de loteamento estão sujeitas ao pagamento das taxas a que se refere a alínea a) do artigo 6º do Decreto-Lei nº 53-E/2006, de 29 de desembro. 3 – A emissão do alvará de licença e a admissão de comunicação prévia de obras de construção ou ampliação em área não abrangida por operação de loteamento ou alvará de obras de urbanização estão igualmente sujeitas ao pagamento da taxa referida no número anterior. 4 – A emissão do alvará de licença parcial a que se refere o nº 6 do artigo 23º está também sujeita ao pagamento da taxa referida no nº 1, não havendo lugar à liquidação da mesma aquando da emissão do alvará definitivo. 5 – Os projectos de regulamento municipal da taxa pela realização, manutenção e reforço de infra-estruturas urbanísticas devem ser acompanhados da fundamentação do cálculo das taxas previstas, tendo em conta, designadamente, os seguintes elementos: a) Programa plurianual de investimentos municipais na execução, manutenção e reforço das infra-estruturas gerais, que pode ser definido por áreas geográficas diferenciadas; b) Diferenciação das taxas aplicáveis em função dos usos e tipologias das edificações e, eventualmente, da respectiva localização e correspondentes infra-estruturas locais. 6 – O disposto nos números anteriores aplica-se igualmente às operações urbanísticas objecto de comunicação prévia Também com interesse, dispunha o artigo 117º, do mesmo diploma legal, sob a epígrafe "Liquidação das taxas". 1 – O presidente da câmara municipal com o deferimento do pedido de licenciamento, procede à liquidação das taxas, em conformidade com o regulamento aprovado pela assembleia municipal. 2 – O pagamento das taxas referidas nos número 2 a 4 do artigo anterior pode, por deliberação da câmara municipal, com faculdade de delegação no presidente e de subdelegação deste nos vereadores ou nos dirigentes dos serviços municipais, ser fracionado até ao termo do prazo de execução fixado no alvará, desde que seja prestada caução nos termos do artigo 54º 3 – Da liquidação das taxas cabe reclamação graciosa ou impugnação judicial, nos termos e com os efeitos previstos no Código de Procedimento e de Processo Tributário. 4 – A exigência, pela câmara municipal ou por qualquer dos seus membros, de mais-valias não previstas na lei ou de quaisquer contrapartidas, compensações ou donativos confere ao titular da licença ou comunicação prévia para a realização de operação urbanística, quando dê cumprimento àquelas exigências, o direito a reaver as quantias indevidamente pagas ou, nos casos em que as contrapartidas, compensações ou donativos sejam realizados em espécie, o direito à respetiva devolução e à indemnização a que houver lugar. 5 – Nos casos de autoliquidação previstos no presente diploma, as câmaras municipais devem obrigatoriamente disponibilizar os regulamentos e demais elementos necessários à sua efetivação, podendo os requerentes usar do expediente previsto no nº 3 do artigo 113. Por sua vez, dispunha à data o artigo 16º da Lei nº 53-E/2006 de 29 de dezembro, sob a epígrafe "Garantias". 1 – Os sujeitos passivos das taxas para as autarquias locais podem reclamar ou impugnar a respectiva liquidação. 2- A reclamação é deduzida perante o órgão que efectuou a liquidação da taxa no prazo de 30 dias a contar da notificação da liquidação. 3 – A reclamação presume-se indeferida para efeitos de impugnação judicial se não for decidida no prazo de 60 dias. 4 – Do indeferimento tácito ou expresso cabe impugnação judicial para o tribunal administrativo e fiscal da área do município ou da junta de freguesia, no prazo de 60 dias a contar do indeferimento. 5 – A impugnação judicial depende da prévia dedução da reclamação prevista no nº 2 do presente artigo. A incidência objectiva e subjectiva desta TRIU encontra-se expressamente prevista nos artigos 6º, nº 1, al. A) e 7º do RGTAL (Lei nº 53-E/2006) e artigo 116º do RJUE, anteriormente citados. Nestes dois diplomas legais prevê-se expressamente que a TRIU liquidada possa ser impugnada por via de meios graciosos e contenciosos, reclamação graciosa e impugnação judicial, previstos no CPPT, sendo que os prazos e modos para o fazer se encontram estabelecidos no RGTAL. Se por regra o meio impugnatório da reclamação graciosa se assume como um meio impugnatório meramente facultativo para que se abra a via contenciosa, no caso das taxas liquidadas pelas autarquias locais o legislador impôs expressamente a necessidade de lançar mão deste meio impugnatório administrativo prévio para que seja aberta ao interessado a via contenciosa da impugnação judicial, cfr. Artigo 16º, nº 5 do RGTAL. (...) a redacção do nº 5 daquele artigo 16º é cristalina, não permitindo dúvidas quanto à sua interpretação, sendo certo, também, que já por diversas vezes o legislador teve oportunidade de alterar a redacção de tais preceitos legais e não o fez. 2.2.2.2. É improcedente o argumento esgrimido pelo recorrente com a alteração da norma constante do artigo 117º nº 3 RJUE pela Lei nº 60/2007, 4 setembro, na vigência da norma constante do artigo 16º nº 5 RGTAL, que prescreve a necessidade da reclamação graciosa prévia à dedução da impugnação judicial, pelos seguintes motivos: a) a alteração limita-se à actualização da nomenclatura do diploma remitido, em consequência da entrada em vigor do Código de Procedimento e de Processo Tributário em 1 janeiro 2000 (artigo 4º Decreto-Lei nº 433/99, 27 outubro), após a publicação da versão originária do RJUE aprovado pelo Decreto-Lei nº 555/99, de 16 de dezembro); b) a remissão para os termos e efeitos do Código de Procedimento e de Processo Tributário(na actual redação do artigo 117º, nº 3 RJUE) deve ser interpretada com o sentido de que lhe é aplicável o regime geral da reclamação graciosa dos actos tributários previsto naquele diploma, designadamente: – as regras fundamentais de qualquer procedimento de reclamação graciosa (artigo 69º CPPT); – os respectivos fundamentos (artigo 70º números 1, 4 e 5 CPPT); – a possibilidade de recurso hierárquico e de impugnação judicial de decisão desfavorável (artigo 76º CPPT). C) o sentido e alcance da remissão, interpretada nestes termos, é compatível com o regime da reclamação graciosa necessária previsto no RGTAL, aplicável no caso concreto de taxa incidente sobre concessão de licença para operação de loteamento (artigo 6º nº 1 al. B) do diploma). 2.2.2.3. A norma constante do artigo G-33º nº 6 do Código Regulamentar do Município do Porto (aprovado pelo Regulamento Municipal nº 180/2001, Diário da República nº 50 2ª Série, 11.03.2011), excluindo expressamente a aplicação do regime da reclamação e impugnação judicial da liquidação das taxas previsto no RGTAL aos sujeitos passivos das obrigações tributárias constituídas por força do RJUE, não pode prevalecer sobre as normas do regime jurídico excluído (artigo 16º números 1/5 RGTAL, aprovado pela Lei nº 53-E/2006, 29 dezembro), integradas em acto legislativo de hierarquia superior a um acto normativo regulamentar (artigo 112º números 1 e 6 CRP). 2.2.2.4 Neste contexto, sendo a reclamação graciosa necessária condição de dedução de impugnação judicial contra a liquidação da taxa pela concessão da licença para a operação de loteamento a realizar pelo impugnante, o acto de notificação ao sujeito passivo (factos provados al.k) enferma de erro na indicação dos meios de reação contra o acto notificado, permitindo-lhe o exercício do meio de reação adequado (reclamação graciosa necessária) no prazo de 30 dias a contar do trânsito em julgado do acórdão (artigo 37º nº 4 CPPT). 3. DECISÃO. Acordam na Secção de Contencioso Tributário do Supremo Tribunal Administrativo em negar provimento ao recurso. Custas pela recorrente. Lisboa, 27 de ezembro de 2019. – Neves Leitão (relator) – Nuno Bastos (com voto de vencido que anexo) – Francisco Rothes.

4. Acórdão do Supremo Tribunal Administrativo (Processo nº 3129/12.9BEPRT 01398/17), 18-09-2019. 1. RELATÓRIO. 1.1 A sociedade acima identificada Recorrente recorre para o Supremo Tribunal Administrativo da sentença por que o Juiz do Tribunal Administrativo e Fiscal do Porto absolveu da instância o Município de Vila Nova de Gaia (adiante Recorrido) na impugnação judicial por ela deduzida mediante a invocação do disposto no nº 4 do artigo 16º do Regime Geral das Taxas das Autarquias Locais (RGTAL) e na qual pediu que, na procedência da impugnação, seja «anulado o acto de liquidação praticado pela Câmara Municipal de Vila Nova de Gaia relativo ao posto de …….. e ao ano de 2012» com fundamento em vícios desse acto tributário. 1.2 O recurso foi admitido, para subir imediatamente, nos próprios autos e com efeito meramente devolutivo e a Recorrente apresentou as alegações, que resumiu em conclusões do seguinte teor: «A) A decisão recorrida errou ao qualificar – ainda que implicitamente – o acto impugnado como acto de liquidação, que como se demonstrou não o é; B) Mesmo que o fosse, a benefício do raciocínio, o que não se concede, sempre se teria de concluir, tal como se invocou em sede de Petição Inicial, que o acto de liquidação é um acto completa – e claramente ilegal, violando, nomeadamente, as disposições legais previstas no Regulamento das Taxas do Município de Vila Nova de Gaia à data vigente; C) A decisão recorrida errou ao pressupor que se verificou uma alegada intempestividade da Reclamação prevista no artigo 16º do Regime Geral das Taxas, pois o acto de liquidação só existe quando é emitida uma "nota de liquidação", o que não foi o caso, pelo que a Reclamação apresentada seria sempre tempestiva; D) Presumindo-se que estávamos efectivamente diante de um acto de liquidação – o que não é o caso – sempre se teria de concluir que tendo havido uma decisão de indeferimento expresso – no âmbito da qual se apreciou o mérito da questão, e sem que tenha sido invocado pela autoridade administrativa, qualquer argumento relativo à questão da tempestividade da exposição/Reclamação – essa decisão não poderia deixar de ser passível de apreciação jurisdicional, ou seja, não poderia negar-se – como fez a decisão recorrida – o direito de a Recorrente impugnar o acto final, pois tal a ocorrer consubstanciaria – e consubstanciou – uma clara e flagrante violação dos artigos 20º nº 1 e 268º, nº 4 da Constituição da República Portuguesa e do artigos 6º e 13º da CEDH, além de seguir um visão monista entre procedimento e processo que não se compadece no actual quadro constitu-

cional e legal. Termos em que se requer ao Colendo Supremo Tribunal Administrativo que o presente Recurso seja julgado totalmente PROCEDENTE, devendo anular-se a sentença ora recorrida, e consequentemente ser julgada procedente a impugnação judicial, com a consequente devolução do montante liquidados, mais juros vincendos, tudo com as consequências legais que daí resultem, nomeadamente condenação nas custas, como é de JUSTIÇA». 1.3 O Município contra-alegou, resumindo a sua argumentação em conclusões do seguinte teor: «1 – A douta sentença recorrida que absolveu da instância o Município relativamente ao pedido de anulação das liquidações identificadas em 6, não merece qualquer reparo, encontra-se devidamente fundamentada e fez correcta interpretação da lei aos factos, não violando quaisquer normativos legais, pelo que deve ser mantida. 2 – Não é verdade, como alega a recorrente, que o tribunal tenha efectuado qualquer qualificação jurídica do acto, aliás, como resulta da douta sentença a mesma nem sequer conheceu do mérito da causa por entender verificada a excepção dilatória de falta de requisitos de procedibilidade. 3 – Quem qualificou juridicamente o acto impugnado como acto de liquidação, e bem porque o é, foi a impugnante na sua petição inicial. 4 – A sentença recorrida não fez qualquer qualificação jurídica do acto impugnado, apenas apreciou a questão tal como lhe foi colocada e, como tal não praticou qualquer erro jurídico, pelo que deve improceder a conclusão A) das alegações de recurso. 5 – Como resulta da sentença, a mesma não conheceu do mérito da causa por a isso obstar a verificação da excepção dilatória da inimpugnabilidade do acto de liquidação das taxas. 6 – Ora, apreciar a legalidade ou ilegalidade do acto impugnado é uma questão de mérito como consta do Acórdão do Tribunal da Relação de Lisboa proferido em 5-12-2012 no processo 1706/11 4TTLSB L1-4, disponível em www.dgsi.pt "Conhecer do mérito da causa significa que o tribunal irá determinar e aplicar o direito aos factos, podendo vir a concluir quer pela procedência total, quer pela parcial, quer ainda pela improcedência" pelo que também deve improceder a conclusão B) das alegações de recurso. 7 – Quanto à tempestividade da reclamação a douta sentença não fez qualquer pressuposição apenas em face dos factos assentes, resultantes do processo administrativo, factos esses admitidos pela impugnante e não impugnados tomou a única decisão que poderia tomar em conformidade com o legalmente previsto. 8 – Com efeito, dispondo o nº 2 do artigo 16º do RGTAL que a reclamação é deduzida perante o órgão que efectuou a liquidação da taxa no prazo de 30 dias a contar da notificação da liquidação e resultando dos factos assentes que a liquidação foi comunicada à impugnante por carta recebida em 9-02-2012 e que a reclamação foi apresentada em 17/07/2012, a douta sentença só poderia concluir pela intempestividade da reclamação porquanto em 17 de Julho há muito que já tinha decorrido o prazo de 30 dias, pelo que não padecendo a douta sentença de qualquer erro deve improceder a conclusão C) das alegações de Recurso. 9 – O tribunal decidiu que a apreciação da reclamação extemporânea não pode convalidar a omissão da impugnante na interposição da reclamação necessária em tempo, reabrindo a possibilidade de apreciação judicial da liquidação, pois tal desvirtuaria o disposto no artigo 16º nº 5 do RGTAL transformando a exigência deste normativo numa mera faculdade. 10 – Mais referiu a douta sentença que a exigência de reclamação prévia à dedução de impugnação judicial é um pressuposto do exercício do direito de acção que, não constituindo restrição infundada e desproporcionada das possibilidades de defesa do interessado ou das suas garantias processuais, não viola o princípio constitucional da tutela jurisdicional efectiva plasmado nos artigos 20º nº 1 e 268º nº 4 da CRP. 11 – Entendimento este, aliás, sufragado e suportado pela jurisprudência não só do Tribunal Constitucional como indicada na sentença sob recurso mas também no Venerando Supremo Tribunal Administrativo, nomeadamente no Acórdão proferido em 09-10-2013, no processo 0452/13, disponível em www.dgsi.pt. 12 – Não obstante sempre se esclareça que a impugnante na sua petição inicial apenas requereu a anulação do acto de liquidação, ao qual assacou todas as ilegalidades e não requereu a anulação de qualquer outro acto de indeferimento expresso, pelo que também deve improceder a conclusão D) das alegações de recurso. 13 – Em face de todo o exposto, bem decidiu a douta sentença ao julgar pela absolvição da instância do Município, e, não ocorrendo a violação de qualquer normativo, deve a douta sentença manter-se por válida e legal. Termos em que deverá se manter a sentença recorrida absolvendo-se a recorrida da instância como decidido, assim se fazendo JUSTIÇA». 1.4 Dada vista ao Ministério Público, o Procurador-Geral Adjunto emitiu parecer no sentido de que seja negado provimento ao recurso. Isto, após enunciar o objecto do recurso e a fundamentação da sentença, com a seguinte fundamentação: «[...] III. Análise do recurso. A questão que se coloca consiste em saber se a sentença recorrida incorreu em erro de julgamento ao dar como verificada a excepção de inimpugnabilidade do acto de liquidação das taxas. Como decorre da matéria de facto dada como assente na sentença recorrida e não questionada pela Recorrente, esta foi notificada em 09/02/2012 do diferimento do pedido de licenciamento e simultaneamente para efectuar o pagamento das taxas de licença de construção, taxa de urbanização e taxa de compensação urbanística devidas pelo acto. Questiona a Recorrente que o acto que lhe foi então comunicado não configura um acto de liquidação de tributo (taxa), mas é manifesta a sua falta de razão. Ainda que se considere que o acto de notificação padecia de deficiências ou irregularidades estas não se repercutem sobre o acto tributário, sendo certo que não foram arguidas tempestivamente. Por outro lado a Recorrente não fundamenta minimamente a invocação da inexistência ou nulidade do acto de liquidação por falta de requisitos essenciais do acto. Com efeito não se descortina, nem a Recorrente esclarece, quais as deficiências que inquinam aquele acto e que desvirtuam a natureza de acto tributário. Do mesmo modo, impondo o Regime Geral das Taxas das Autarquias Locais como pressuposto da impugnação contenciosa a apresentação prévia de reclamação graciosa, a tempestividade desta última é condição "sine qua non" da possibilidade de impugnação contenciosa do acto. Doutro modo e como se entendeu na sentença recorrida, o acto torna-se inimpugnável. Neste sentido se pronunciou o STA no acórdão de 02/04/2009, proc. 0125/09 ao estabelecer que "Só a tempestividade da reclamação graciosa abre à impugnante, neste caso, a possibilidade de discutir a legalidade das liquidações impugnadas, pois a sua extemporaneidade da reclamação ainda que não consequencie a extemporaneidade da impugnação conduz à sua necessária improcedência, por se reagir, então, contra um caso decidido ou resolvido» (No mesmo sentido se pronunciaram os acórdãos de 10/05/2017, proc. Nº 1490/15, e de 30/05/2017, proc. Nº 01609/13). Assim e independentemente de a decisão da reclamação graciosa poder ser impugnável, certo é que a pretensão formulada pela impugnante e aqui Recorrente é a anulação das taxas que lhe foram liquidadas e a restituição dos montantes pagos, e é este pedido que importa julgar improcedente. Entendemos, assim, que a sentença recorrida não padece dos vícios que lhe são assacados pela Recorrente, antes se impõe a sua confirmação, ainda que com outra fundamentação, atenta a inimpugnabilidade do ato tributário, por o mesmo se ter consolidado na ordem jurídica, e absolvendo-se a Fazenda Pública do pedido (e não da instância como se deixou exarado na sentença)». 1.5 Notificada do teor do parecer do Ministério Público, a Recorrente manteve que não existe uma liquidação, motivo por que não é aplicável o nº 2 do art. 16º do RGTAL, e que, ainda que assim não fosse, que tendo o mérito da reclamação sido expressamente conhecido, sem que a autoridade administrativa colocasse sequer a questão da intempestividade da mesma, não podia o Tribunal a quo eximir-se à apreciação jurisdicional do mérito e decidir, como decidiu, pela inimpugnabilidade da liquidação com fundamento na intempestividade da reclamação. 1.6 Colheram-se os vistos dos Conselheiros adjuntos. 1.7 Cumpre apreciar e decidir. 2. FUNDAMENTAÇÃO. 2.1 DE FACTO. O Juiz do Tribunal Administrativo e Fiscal do Porto efectuou o julgamento da matéria de facto nos seguintes termos: «Com relevância para a decisão da causa, com base nos documentos apresentados pelas partes e constantes do processo administrativo apenso, que aqui se dão para todos os efeitos por integralmente reproduzidos, e na posição assumida nos respectivos articulados, considero provados os seguintes factos: A) A Impugnante A........ tem como objecto principal a comercialização de produtos petrolíferos possuindo mais de 250 postos de abastecimento de combustível no território nacional, entre os quais o sito à Rua ...... – EN .... Vila

Nova de Gaia (Fls. 351 e 358 do PA e admitido); B) Na sequência de pedido de licenciamento de obras de alteração no posto de abastecimento identificado em A) que correu termos no Município de Gaia sob o nº 897/96, por carta datada de 03/02/2012 enviada por carta registada com aviso de recepção assinado em 09/02/2012, foi comunicado à Impugnante o deferimento do projecto de licenciamento de alterações proferido em 27/01/2012 sob as condições de satisfação de parecer relativo ao projecto de abastecimento de água e drenagem de águas residuais, pagamento das taxas de Licença de Construção (€1.002,40), Urbanização (€1.990,34) e de Compensação Urbanística (€85.083,30), preenchimento de pedido de concessão de autorização de utilização em modelo próprio acompanhado de certificado de exploração, termo de responsabilidade de obra, avaliação acústica e celebração de Escritura de cedência ao Município de área de terreno a integrar no domínio público, e informando que no prazo de um ano deveria ser requerida a emissão de aditamento ao alvará de licença de obras de edificação, a emitir no prazo de 30 dias a contar da apresentação do pedido, desde que se mostrem pagas as taxas devidas; C) Em resposta à comunicação identificada em B) a Impugnante apresentou em 17/07/2012 reclamação escrita requerendo, a final, 1) a revogação das taxas aplicadas com base na nulidade da liquidação efectuada em violação do artigo 16º nº 2 do RGTAL, 2) a revogação da taxa de licença de construção por tal taxa já ter sido paga e emitida a licença, a revogação da taxa municipal de urbanização por não corresponder ao seu pedido nem aos factos objecto do processo, a revogação da taxa de compensação urbanística por já terem ocorrido as cedências para o domínio público, por nenhuma prestação ter sido realizada pelo Município, pelo seu valor desmesurado e desproporcional, pondo em causa os direitos adquiridos e o deferimento tácito da sua pretensão, 3) e a emissão do competente título ou Autorização de Utilização; D) Por ofício datado de 19/10/2012 o Município comunicou a decisão de indeferimento da reclamação apresentada proferida em 16/10/2012, transcrevendo informação dos serviços, com o seguinte teor: "E) A Impugnante apresentou a presente Impugnação em 03/12/2012; F) Tendo efectuado o pagamento das taxas identificadas em B) 28/12/2012; G) Em 18/02/2013 o Município de Gaia emitiu o 1º aditamento ao Alvará de Licença de Obras de Construção nº 498/97». 2.2 DE FACTO E DE DIREITO. 2.2.1 AS QUESTÕES A APRECIAR E DECIDIR. A ora Recorrente pediu ao ora Recorrido o licenciamento de obras de alteração num posto de abastecimento de combustível e, na sequência, este liquidou-lhe taxa de licença de construção, taxa de urbanização e taxa de compensação urbanística. A ora Recorrente reclamou junto do Município ora Recorrido contra a liquidação dessas taxas, invocando expressamente o nº 2 do artigo 16º do RGTAL e pedindo «a revogação das taxas aplicadas». A reclamação foi indeferida, nos termos da "informação dos serviços" transcrita pela sentença na matéria de facto, que foi apropriada pela decisão. Na sequência do indeferimento da reclamação, a ora Recorrente apresentou a presente impugnação judicial, pedindo que «seja anulado o acto de liquidação praticado pela Câmara Municipal de Vila Nova de Gaia». O Juiz do Tribunal Administrativo e Fiscal do Porto, apreciando a impugnação judicial, considerou, em síntese, que a reclamação – que nos termos dos números 2 e 5 do artigo 16º do RGTAL é obrigatória para abrir a via judicial – foi apresentada para além do termo do prazo legal para o efeito, motivo por que as liquidações se consolidaram na ordem jurídica. Em consequência, julgou verificada a excepção da inimpugnabilidade e decidiu no sentido da absolvição da instância do Município de Gaia. A Recorrente discorda da sentença. As razões da sua discordância podem resumir-se nos seguintes termos: a sentença enferma de erro de julgamento i) porque o acto impugnado não é um acto de liquidação, contrariamente à qualificação que foi efectuada pelo Juiz do Tribunal a quo [cf. Conclusão A)]; ainda que assim não fosse (ou seja, mesmo a admitir-se que o acto impugnado é uma liquidação), a sentença enferma de erro de julgamento ii) porque considerou que a reclamação foi apresentada intempestivamente, iii) porque tendo a autoridade administrativa conhecido do mérito da reclamação, decidindo-a sem nunca invocar a intempestividade da mesma, não podia o Tribunal a quo eximir-se a reapreciar a decisão, sob pena de violação «dos artigos 20º nº 1 e 268º, nº 4 da Constituição da República Portuguesa e do artigos 6º e 13º da CEDH » e iv) porque o acto de liquidação enferma das ilegalidades que lhe foram assadas na petição inicial. Por seu turno, o Recorrido e o Procurador-Geral Adjunto neste Supremo Tribunal sustentam que bem andou a sentença, uma vez que quem qualificou o acto impugnado como liquidação foi a ora Recorrente, que a apresentação intempestiva da reclamação tem como consequência que se considere não cumprida a exigência do nº 5 do artigo 16º do RGTAL e que este incumprimento determina a inimpugnabilidade da liquidação. Expostos os termos em que se coloca a divergência da Recorrente com o decidido pelo Tribunal Administrativo e Fiscal do Porto, cumpre apreciar e decidir se se impunha a reclamação prevista no nº 2 do artigo 16º do RGTAL para abrir a via contenciosa e se a intempestividade dessa reclamação tem como consequência a inimpugnabilidade da liquidação. Antes, impõe-se uma breve nota relativamente ao objecto da impugnação judicial. Como resulta do teor da petição inicial, não há dúvida de que a ora Recorrente se pretende insurgir contra a liquidação das taxas que elencou no artigo 8º daquela peça processual e cuja anulação pediu expressamente na parte final do mesmo articulado. Também não há dúvida de que a ora Recorrente apresentou junto do Município de Vila Nova de Gaia uma reclamação, ao abrigo do nº 2 do artigo 16º do RGTAL, contra a liquidação das mesmas taxas, pedindo a revogação desse acto. Aliás, atento o disposto nos números

2 e 5 do artigo 16º do RGTAL, a impugnação de actos de liquidação de taxas devidas a autarquias locais é obrigatoriamente precedida de reclamação. É certo que na impugnação judicial após reclamação graciosa necessária, o acto imediatamente atacado deve ser a decisão, expressa ou ficcionada, e não o acto de liquidação contra o qual se reclamou, que apenas mediatamente constitui o objecto da impugnação judicial (Cf. Jorge Lopes de Sousa, Código de Procedimento e de Processo Tributário, Áreas Editora, 2011, 6ª edição, volume I, nota 12 ao art. 69º, págs. 639/640. Vide, entre outros, os seguintes acórdãos da Secção de Contencioso Tributário do Supremo Tribunal Administrativo: – de 18 de Junho de 2014, proferido no processo com o nº 1942/13, – de 12 de Outubro de 2016, proferido no processo com o nº 427/16. No entanto, é inequívoca a pretensão da ora Recorrente: a anulação da liquidação das taxas que o Município de Vila Nova de Gaia lhe liquidou e que ela identificou na petição inicial. 2.2.2 DA INTEMPESTIVIDADE DA RECLAMAÇÃO PRÉVIA NECESSÁRIA E SUA REPERCUSSÃO SOBRE A POSSIBILIDADE DE IMPUGNAR A LIQUIDAÇÃO. O Tribunal Administrativo e Fiscal do Porto considerou que a reclamação graciosa prévia não foi apresentada tempestivamente, mas para além do termo do prazo de 30 dias a contar da notificação da liquidação, fixado pelo nº 2 do artigo 16º do RGTAL. Não se discute nos autos que a impugnação judicial da liquidação das taxas municipais deve ser precedida de reclamação graciosa, nem sequer que o prazo para a apresentação dessa reclamação é de 30 dias. Também não se discute que a reclamação foi apresentada depois do termo desse prazo. A Recorrente não questionou a sentença nessa parte. O que a Recorrente sustenta é que não houve liquidação e, por isso, que não havia necessidade de reclamação prévia para impugnar contenciosamente. Vimos já que essa tese não colhe e nem sequer logra suporte na actuação da ora Recorrente, que apresentou reclamação perante o Município de Vila Nova de Gaia, invocando o nº 2 do art. 16º do RGTAL e pedindo a revogação do acto de liquidação das taxas, e que, na sequência do indeferimento da reclamação, apresentou a presente impugnação judicial, afirmando pretender reagir contra a liquidação das taxas e pedindo expressamente a sua anulação. Dando como certo que a ora Recorrente reage contra esse acto de liquidação, cumpre averiguar se o Tribunal Administrativo e Fiscal do Porto decidiu correctamente ao considerar que a intempestividade da reclamação determina a estabilização da liquidação na ordem jurídica e, por isso, a inimpugnabilidade desse acto tributário. A nosso ver, o Juiz do Tribunal a quo interpretou e aplicou correctamente a lei. Tendo a reclamação sido deduzida para além do prazo, não pode considerar-se verificada a condição de acesso à via judicial estipulada no nº 5 do artigo 16º do RGTAL. Na verdade, entendimento diverso postergaria a exigência legal de respeito pelos prazos para o exercício do direito de impugnação contenciosa, podendo

este reabrir-se mediante a apresentação em qualquer momento de reclamação graciosa. Como bem salientou a sentença recorrida, a entender-se de outro modo, «estaria aberto o caminho para a transformação da exigência consagrada no artigo 16º nº 5 do RGTAL em mera faculdade». Assim, como bem concluiu a sentença recorrida, sendo a prévia reclamação graciosa condição necessária à abertura da via judicial, só a tempestiva apresentação da reclamação dá satisfação a essa exigência; se a reclamação não for tempestivamente apresentada, o acto consolida-se na ordem jurídica e não mais será impugnável. É neste sentido que tem vindo a decidir este Supremo Tribunal (Vide os seguintes acórdãos da Secção de Contencioso Tributário do Supremo Tribunal Administrativo: – de 2 de Abril de 2009, proferido no processo com o nº 125/09. – de 10 de Maio de 2017, proferido no processo com o nº 1490/15. – de 31 de Maio de 2017, proferido no processo com o nº 1609/13. Nem se argumente com uma pretensa inconstitucionalidade da norma do nº 5 do artigo 16º do RGTAL por violação do princípio do acesso ao direito, questão à qual a jurisprudência já deu resposta em sentido negativo com o fundamento de que a exigência de reclamação prévia necessária não constitui um obstáculo que dificulte ou prejudique, sem fundamento ou de modo desproporcionado, o acesso ao direito pelos particulares (Vide os seguintes acórdãos da Secção de Contencioso Tributário do Supremo Tribunal Administrativo: – de 17 de Dezembro de 2014, proferido no processo com o nº 1611/13. – de 18 de Novembro de 2015, proferido no processo com o nº 729/15. Pretende ainda a Recorrente que, porque a intempestividade da reclamação não foi apreciada pela autoridade administrativa, não podia o Tribunal a quo dela ter conhecido. Mas, salvo o devido respeito, não é assim. É que, como este Supremo Tribunal tem vindo a dizer repetida e uniformemente, «[n]a impugnação judicial subsequente a decisão da AT que recaia sobre reclamação graciosa ou pedido de revisão oficiosa do acto tributário, podem, e devem, os órgãos jurisdicionais conhecer de todas as ilegalidades de substância que afectem o acto tributário em crise, quer essas ilegalidades tenham ou não sido suscitadas na fase graciosa do litígio, impondo-se-lhes um dever acrescido quando se tratem de questões de conhecimento oficioso» (Cf. O acórdão do Pleno da Secção de Contencioso Tributário do Supremo Tribunal Administrativo, proferido em de 3 de Junho de 2015, proferido no processo com o nº 793/14. Entendemos, pois, que a sentença não enferma dos erros que lhe foram assacados pela Recorrente, não podendo, obviamente, entrar-se na apreciação do mérito da impugnação judicial. Uma nota final para referir que não concordamos com o Procurador-Geral Adjunto na parte em que sustenta que a situação é de absolvição do pedido e não de absolvição da instância. Na verdade, a intempestividade da reclamação prévia necessária, com a consequente formação do caso decidido ou caso resolvido, obsta à impugnabilidade da liquidação. Ora, por opção legislativa – cuja bondade não cumpre sindicar – a inimpugnabilidade é considerada uma excepção dilatória [cf. artigo 89º, nº 4, alínea i), do Código de Processo dos Tribunais Administrativos, aplicável subsidiariamente à impugnação judicial, ex vi da alínea c) do artigo 2º do Código de Procedimento e de Processo Tributário]. Assim, o recurso não merece provimento, sendo de manter na íntegra a sentença recorrida, que bem decidiu. 2.2.3 CONCLUSÕES. Preparando a decisão, formulamos as seguintes conclusões: I – Se, em regra, a reclamação graciosa se assume como um meio impugnatório facultativo, no caso da liquidação de taxas pelas autarquias locais o legislador faz depender a abertura da via contenciosa da prévia reclamação, como decorre do disposto nos números 2 e 5 do artigo 16º do RGTAL, exigência que não pode ter-se por violadora do princípio constitucional do acesso ao direito, uma vez que não constitui um obstáculo que dificulte ou prejudique, sem fundamento ou de modo desproporcionado, o acesso ao direito pelos particulares. II – Se a reclamação graciosa foi apresentada para além do termo do prazo legal para o efeito, não pode considerar-se verificada a exigência legal acima referida e, consequentemente, a verificação do caso resolvido determina a inimpugnabilidade da liquidação, motivo por que a impugnação judicial contra a liquidação de taxas municipais, não tendo sido oportunamente rejeitada liminarmente, determina a final a absolvição da instância do município [cfr. artigo 89º, nº 4, alínea i), do CPTA]. 3. DECISÃO. Em face do exposto, os juízes da Secção do Contencioso Tributário deste Supremo Tribunal Administrativo acordam, em conferência, em negar provimento ao recurso e manter a sentença recorrida. Custas, na modalidade de custas de parte, a suportar pela Recorrente, que ficou vencida no recurso (cfr. artigos 527º, nº 1, 529º, nº 4, e 533º, nº 1, do CPC e artigos 1º, números 1 e 2, e 3º, nº 1, do RCP). Lisboa, 18 de Setembro de 2019. – Francisco Rothes (relator) – Aragão Seia – Dulce Neto.

5. Acórdão do Supremo Tribunal Administrativo (Processo nº 751/10), de 12-01-2011. Acordam na Secção de Contencioso Tributário do Supremo Tribunal Administrativo: 1. A..., com os demais sinais dos autos, recorre da sentença que o Tribunal Administrativo e Fiscal de Loulé proferiu no âmbito de processo de impugnação judicial que tem por objecto o acto de indeferimento da reclamação graciosa instaurada contra a liquidação de Taxa de Ocupação da Via Pública efectuada pela Câmara Municipal de Lagos, sentença que julgou procedente a excepção peremptória da caducidade do direito de impugnar judicialmente esse acto, absolvendo a Câmara Municipal do pedido. Terminou a sua alegação de recurso enunciando as seguintes conclusões: 1. A ora RECORRENTE no âmbito do exercício da sua actividade de distribuição de televisão por cabo possui equipamentos e redes de distribuição por cabo, em todo o território nacional, sendo titular de licenças para Ocupação da Via Pública com construções ou instalações no solo em diversos pontos

da cidade de Lagos, emitidas pela respectiva Câmara Municipal. 2. No quadro desta ocupação, a ora RECORRENTE foi notificada através de Ofício emitido pela Câmara Municipal de Lagos para proceder ao pagamento das Taxas pela Ocupação da Via Pública, do ano de 2006, no valor de €2.282,96, taxas estas cuja legalidade contestou em sede de reclamação graciosa e, posteriormente, em sede de impugnação judicial. 3. Através de parecer emitido pela Digna Procuradora da República, o Ministério Público pronunciou-se pela procedência da impugnação judicial considerando que a expressão "podem", prevista no artigo 106º, nº 2, da Lei das Comunicações Electrónicas pretende significar que os municípios podem ou não criar a Taxa Municipal de Direitos de Passagem, mas se o fizerem, fica sendo essa, a TMDP, a única taxa aplicável às empresas em causa, ou seja, fica vedada aos Municípios a liquidação simultânea das duas taxas. 4. Sucede, porém, que, por Sentença proferida em 16 de Junho de 2010, o Tribunal a quo julgou intempestiva a impugnação judicial deduzida pela ora RECORRENTE contra os actos de liquidação de Taxa de Ocupação da Via Pública do ano de 2006 praticados pela Câmara Municipal de Lagos e, bem assim, contra a decisão de indeferimento da reclamação graciosa apresentada contra aqueles actos de liquidação. 5. Com efeito, de acordo com o entendimento sufragado pelo Tribunal a quo, a impugnação judicial apresentada em 30 de dezembro de 2007 é intempestiva, pois, foi apresentada "já depois de decorrido o prazo de 15 dias a que se refere o artigo 102º do CPPT". 6. Enferma a Sentença recorrida de manifesto erro de direito ao concluir pela aplicação ao caso vertente do artigo 102º, nº 1, alínea a), do Código de Procedimento e de Processo Tributário uma vez que a decisão da reclamação graciosa que antecedeu a presente impugnação foi já proferida após a entrada em vigor do Regime Geral das Taxas das Autarquias Locais. 7. Ora, de acordo com o artigo 16º, nº 4, do Regime Geral das Taxas das Autarquias Locais vem nesta matéria afastar as regras genericamente estabelecidas pelo Código de Procedimento e Processo Tributário ao prescrever que o prazo para impugnação do indeferimento da reclamação um prazo de 60 dias, a contar do indeferimento (expresso ou tácito), o que se traduz num alargamento do prazo de 15 dias que até agora valia para os caos de indeferimento expresso nos termos do artigo 102º do Código de Procedimento e de Processo Tributário erradamente aplicado ao caso vertente. 8. Este prazo de 60 dias, enquanto prazo processual, é de aplicação imediata, pelo que, tendo o novo regime jurídico entrado em vigor em 1 de Janeiro de 2007, é inegável a sua aplicação ao caso sub judice. 9. Ora, tendo a ora RECORRENTE sido notificada da decisão de indeferimento da reclamação graciosa apresentada contra os actos de liquidação de Taxa de Ocupação da Via Pública do ano de 2006, em 20 Junho de 2007, deverá concluir-se que o prazo para deduzir a impugnação judicial terminava em dezembro de 2007, transferindo-se para o primeiro dia útil após ferias, ou seja, dia 3 de Setembro de 2007, ao abrigo do disposto no artigo 279º, alínea e), do Código Civil. 10. Em face do exposto resulta manifesto que a presente impugnação foi atempadamente apresentada em juízo ao abrigo do artigo 16º, nº 4, do Regime Geral das Taxas das Autarquias Locais e do artigo 279º, alínea e), do Código Civil, devendo em consequência determinar-se a revogação da sentença recorrida. 11. Em face do exposto, prevenindo a hipótese de ser determinada a revogação da decisão desta Instância e de se concluir que nenhum motivo obsta a que se conheça do mérito da causa a RECORRENTE apresenta, por cautela, os fundamentos que sustentam a ilegalidade dos actos de liquidação praticados pelo Município de Lagos, com referência ao ano de 2006. 12. Assenta a ora RECORRENTE o presente recurso, para além do mais, no entendimento de que os actos de liquidação impugnados são ilegais por violação do direito comunitário e do regime jurídico aprovado pela Lei nº 5/2004, de 10 de fevereiro – Lei das Comunicações Electrónicas, uma vez que para além da Taxa Municipal de Direitos de Passagem (TMDP) mais nenhuma taxa municipal pode ser liquidada às empresas autorizadas a oferecer redes públicas de comunicações pelo direito de instalação dos seus recursos e equipamentos no domínio público e privado municipal. 13. A regulamentação das redes e serviços de comunicações electrónicas, incluindo os serviços de distribuição de televisão por cabo, e, bem assim, a regulamentação dos denominados "direitos de passagem", encontra-se enquadrada em diversas directivas comunitárias, nomeadamente na directiva autorização – a Directiva 2002120/CE e, na directiva-quadro – a Directiva 2002/21/CE, que visam, para além do mais, garantir às empresas e cidadãos europeus o acesso a uma infra-estrutura de comunicações de grande qualidade, com uma vasta gama de serviços, a baixo custo, mediante a harmonização e simplificação da legislação que regula o acesso ao mercado de serviços e redes de comunicações electrónicas (cf. Considerando 3 e 4 da Directiva 2002121/CE e Considerando 1 e artigo 1º da Directiva 2002/20/CE). 14. De acordo com o disposto no artigo 11º da directiva-quadro, os "direitos de passagem" correspondem aos direitos atribuídos às empresas autorizadas a oferecer redes públicas de comunicações de instalação de recursos em, sobre ou sob propriedade pública ou privada, sendo conferido aos Estados-Membros a possibilidade de imporem taxas sobre estes "direitos de passagem" às empresas autorizadas a oferecer redes públicas de comunicações que procedam à instalação de tais recursos (e não aos clientes destas ou a quaisquer outras entidades). 15. Ora, estas taxas, previstas especificamente no artigo 13º da directiva autorização são as únicas que podem ser cobradas em contrapartida dos referidos direitos de instalação, conforme, aliás, se depreende do objectivo expresso no Considerando (3) da directiva autorização, de criação "de um quadro jurídico que garanta a liberdade de oferta de serviços e redes de comunicações electrónicas, apenas sujeitos às condições previstas na presente directiva e a restrições de acordo com o nº 1 do artigo 46º do Tratado (...)". 16. Em face deste enquadramento jurídico comunitário, resulta manifesto que para além das taxas a que alude o artigo 13º da directiva autorização, mais nenhum encargo ou condição pode ser imposto às entidades autorizadas a oferecer redes públicas de comunicações pela atribuição de direitos de passagem. 17. Em concretização destes preceitos comunitários, foi aprovada a Lei nº 5/2004, de 10 de fevereiro – Lei das Comunicações Electrónicas, diploma em cujo artigo 24º sob a epigrafe "Direitos de passagem" se reconhece as empresas que oferecem redes e serviços de comunicações electrónicas acessíveis ao público, o direito de utilização do domínio em condições de igualdade, para a implantação, a passagem ou o atravessamento necessários a instalação dos respectivos sistemas e equipamentos. 18. Estabelecendo-se neste mesmo Diploma, a Taxa Municipal de Direitos de passagem (TMDP) em contrapartida dos "direitos e encargos relativos a implantação passagem e atravessamento de sistemas, equipamentos e demais recursos das empresas que oferecem redes e serviços de comunicações electrónicas acessíveis ao público, em local fixo, dos domínios público e privado municipal" (cf. Nº 2 do artigo 106º da Lei nº 5/2004, de 10 de fevereiro). 19. Com a entrada em vigor da TMDP, foram tacitamente revogadas as disposições dos regulamentos camarários que, em conformidade com o estabelecido na Lei das Finanças Locais e no Regime Geral das Taxas das Autarquias Locais prevêem a cobrança de outras taxas que tributem a mesma realidade tributada pela TMDP. 20. Com efeito, se a TMDP não excluísse a aplicação da Taxa de Ocupação da Via Pública quando a mesma tributa a ocupação do domínio público decorrente da "implantação, passagem e atravessamento de sistemas, equipamentos e demais recursos das empresas que oferecem redes e serviços de comunicações electrónicas", frustrar-se-iam os objectivos prosseguidos pelo legislador, comunitário e nacional, quando se determinou que a TMDP deve reflectir a necessidade de garantir a utilização óptima dos recursos, ser objectivamente justificada, transparente, não discriminatória e proporcional relativamente ao fim a que se destina e, que a mesma não pode exceder 0,25% do valor de cada factura (cf. artigo 106º, nº 1 e 2, alínea b) da Lei nº 5/2004). 21. Assim, tendo o legislador português optado por criar a TMDP para comutar os benefícios decorrentes dos "direitos de passagem", é porque, forçosamente, abdicou, no que se refere especificamente à ocupação do espaço do domínio municipal por empresas autorizadas a oferecer redes de comunicações electrónicas acessíveis ao público, da tributação desses benefícios através de outras taxas municipais, nomeadamente das Taxas de Ocupação da Via Pública, sendo a cobrança destas taxas e, consequentemente, os actos de liquidação que também constituem o objecto do presente recurso, nessa medida, ilegais. 22. Sem prejuízo do exposto, os actos de liquidação impugnados são, ainda, ilegais, devendo ser anulados em conformidade, uma vez que no procedimento de liquidação não foram respeitados os mais elementares direito e garantias da RECORRENTE. 23. Do Ofício através do qual a Câmara Municipal de Lagos procurou promover a notificação à RECORRENTE dos actos de liquidação impugnados não resulta a necessária fundamentação de direito, uma vez que em momento algum são identificadas as concretas normas legais ou regulamentares aplicáveis pelo que, os actos tributários de liquidação das taxas de ocupação da via pública, do ano de 2006, ora em crise, estão inquinados de vício de forma, por falta de fundamentação em violação dos artigos 77º, nº 1, da Lei Geral Tributária e 125º, nº 1, do Código de Procedimento Administrativo, devendo ser anulados em conformidade (cf. artigo 135º do Código de Procedimento Administrativo). 24. Acresce ainda que, a ora RECORRENTE não foi notificada, em violação do disposto no artigo 60º, nº 1, alínea a), da Lei Geral Tributária, para exercer o seu direito de participação na formação da decisão em momento anterior ao da emissão dos actos de liquidação, pelo que também por este motivo, nos termos e para efeitos do disposto no artigo 135º do Código do Procedimento Administrativo deverão os actos de liquidação de Taxa de Ocupação da Via Pública ora controvertidos ser anulados em conformidade. 25. No entanto, a própria decisão da reclamação graciosa é ilegal, por preterição de formalidade legal essencial no procedimento que lhe veio a dar origem, dado que ao arrepio do disposto no artigo 60º, nº 1, alínea b), da Lei Geral Tributária, a ora RECORRENTE não foi notificada para se pronunciar em sede de exercício do direito de participação antes do indeferimento daquela mesma reclamação. 26. Mas mais: a fundamentação da decisão de indeferimento da reclamação graciosa é ainda incongruente com a decisão final de indeferimento proferida pelo Município de Lagos, pelo que este deveria ter retirado os necessários corolários, deferindo a reclamação graciosa apresentada, pelo que é também a mesma ilegal por assentar em erro sobre os pressupostos de direito e em vício de falta de fundamentação. 27. Importa ainda referir que, confirmando-se que o Regulamento das Licenças para Ocupação da Via Pública do Município de Lagos era aplicável aquando da emissão dos actos de liquidação impugnados, o mesmo não menciona a lei habilitante padecendo de inconstitucionalidade, por violação do disposto no artigo 112º, nº 7, da Constituição da República Portuguesa, não podendo servir de sustentação legal a qualquer acto tributário pelo que os actos de liquidação de Taxa de Ocupação da Via Pública deverão, também com este fundamento, ser anulados. 28. Em face do exposto, resulta manifesto que quer por violação do direito comunitário e do regime jurídico aprovado pela Lei nº 5/2004, de 10 de fevereiro – Lei das Comunicações Electrónicas, dos princípios, designadamente, da proporcionalidade, transparência e da igualdade, quer por violação dos direitos e garantias da RECORRENTE no procedimento de liquidação que lhes veio dar origem, os actos de liquidação impugnados, são manifestamente ilegais, padecendo ainda de ilegalidade a decisão da reclamação deduzida contra esses mesmos actos de liquidação, por violação do direito de audiência prévia. 29. Por provado que está o pagamento das Taxas de Ocupação da Via Pública do ano de 2006 e verificados que estão os pressupostos enunciados pelo artigo 43º da Lei Geral Tributária, para o efeito, mostra-se, ainda, devida a restituição da quantia indevidamente paga pela RECORRENTE a título de Taxa de Ocupação da Via Pública do ano de 2006, acrescida de juros indemnizatórios calculados à taxa legal, contados desde a data em que ocorreu aquele pagamento até à data da emissão da respectiva nota de crédito. 1.2. A Recorrida apresentou contra-alegações para sustentar a manutenção do julgado, na consideração de que também o prazo de 60 dias aplicável por força do disposto no artigo 16º da Lei nº 53-E/2006, de 29 de dezembro se encontrava já excedido quando foi apresentada a impugnação judicial em 30/08/2007 e, ainda, para defender a legalidade dos actos de liquidação impugnados. 1.3. O Exmo. Procurador-Geral-Adjunto junto deste Tribunal não emitiu parecer. 1.4. Colhidos os vistos dos Exmºs Juízes Conselheiros Adjuntos, cumpre decidir em conferência. 2. A sentença recorrida julgou como provada a seguinte matéria de facto: A – A ora Impugnante dedica-se, designadamente, à distribuição de televisão por cabo, satélite ou qualquer outra plataforma. B – A prossecução da sua actividade implica que a Impugnante possua equipamentos e redes de distribuição por cabo, designadamente na área geográfica do Município de Lagos. C – A ora Impugnante é titular de licenças para a Ocupação da Via Pública com construções ou instalações no solo em diversos pontos da cidade de Lagos, emitidas pela respectiva Câmara Municipal. D – A ora Impugnante foi notificada, pelo ofício nº 42505, de 20/09/2006, para, no prazo de 30 dias, promover o pagamento da taxa no valor de €2.282,96. E – Efectuou o pagamento em 27 de Outubro de 2006, tendo a Câmara Municipal de Lagos emitido as respectivas Guias de Recebimento. F – Em 15/01/2007 a Impugnante reclamou graciosamente contra os actos de liquidação, cfr. Processo instrutor. G – A reclamação a que se refere a alínea anterior foi registada sob o nº 1498/2007, cfr. Processo instrutor. H – A reclamação graciosa foi indeferida por despacho de 16/05/2007. I – A Impugnante foi notificada do despacho de indeferimento da reclamação graciosa em 20/06/2007, por carta registada com aviso de recepção. J – A petição inicial foi apresentada em 30/08/2007. A questão que cumpre decidir é a de saber se a sentença recorrida incorreu em erro de julgamento, por errada aplicação da norma contida no artigo 102º do Código de Procedimento e de Processo Tributário, ao ter pressuposto que a presente impugnação judicial estava sujeita ao prazo de caducidade previsto nesse preceito legal, julgando, com base nisso, caducado o direito de atacar judicialmente o acto impugnado por terem decorrido mais de 15 dias sobre a data da sua notificação ao contribuinte. O objecto imediato da presente impugnação judicial é constituído pelo acto expresso de indeferimento da reclamação graciosa deduzida pela A... contra a liquidação de Taxa de Ocupação da Via Pública efectuada pela Câmara Municipal de Lagos com referência ao ano de 2006, proferido em 16/05/2007 [ponto H do probatório], notificado à sociedade em 20/06/2007 [ponto I do probatório] e que deu origem à instauração desta impugnação judicial em 30/08/2007 [ponto J do probatório], constituindo os actos de liquidação o seu objecto mediato. Na altura em que esse objecto imediato foi praticado e notificado à Impugnante, estava já em vigor o Regime Geral das Taxas das Autarquias Locais, aprovado pela Lei nº 53-E/2006, de 29 de Dezembro, que entrou em vigor no dia 1/01/2007, cujo artigo 16º dispõe o seguinte: artigo 16º Garantias 1 – Os sujeitos passivos das taxas para as autarquias locais podem reclamar ou impugnar a respectiva liquidação. 2 – A reclamação é deduzida perante o órgão que efectuou a liquidação da taxa no prazo de 30 dias a contar da notificação da liquidação. 3 – A reclamação presume-se indeferida para efeitos de impugnação judicial se não for decidida no prazo de 60 dias. 4 – Do indeferimento tácito ou expresso cabe impugnação judicial para o tribunal administrativo e fiscal da área do município ou da junta de freguesia, no prazo de 60 dias a contar do indeferimento. 5 – A impugnação judicial depende da prévia dedução da reclamação prevista no nº 2 do presente artigo. Donde resulta que do indeferimento, tácito ou expresso, da prévia e necessária reclamação deduzida contra o acto de liquidação de taxa municipal cabe impugnação judicial a deduzir no prazo de 60 dias. Trata-se de norma especial, que prevalece sobre a norma geral contida no artigo 102º do CPPT, pelo que tendo em conta a data da notificação do indeferimento da reclamação em 20/06/2007, temos de concluir que o prazo de 60 dias para impugnar o acto terminava, em princípio, no dia 19/08/2007. Todavia, a alínea e) do artigo 279º do Código Civil preceitua que «O prazo que termine em domingo ou dia feriado transfere-se para o primeiro dia útil; aos domingos e dias feriados são equiparadas as férias judiciais, se o acto sujeito a prazo tiver de ser praticado em juízo». Isto é, embora os prazos substantivos não sofram de suspensão nas férias, feriados ou fins de semana, como acontece com os prazos processuais, o certo é que, nos preditos termos do artigo 279º, o termo do seu prazo, ocorrendo num destes dias, transfere-se para o primeiro dia útil. Como assim, e tendo em conta que a Impugnante podia instaurar a presente impugnação até ao primeiro dia útil após férias judiciais, mais concretamente, até ao dia 3/09/2007 (sabido que o dia 1 e 2 de Setembro correspondem a um sábado e a um domingo, respectivamente) é tempestiva a presente impugnação judicial, apresentada no dia 30/08/2007. Por conseguinte, não se verifica a caducidade do direito de deduzir impugnação judicial, pelo que se impõe a revogação da sentença recorrida que assim não entendeu. Face a essa revogação, importa passar ao conhecimento, por substituição, das questões suscitadas pela Impugnante com vista à pretendida anulação do acto impugnado, questões cujo conhecimento ficara prejudicado pela solução dada ao litígio na sentença recorrida. Na verdade, o artigo 715º, nº 2 do Código de Processo Civil determina que «Se o tribunal recorrido tiver deixado de conhecer certas questões, designadamente por as considerar prejudicadas pela solução dada ao litígio, a Relação, se entender que a apelação procede e nada obsta à apreciação daquelas, delas conhecerá no mesmo acórdão em que revogar a decisão recorrida, sempre que disponha dos elementos necessários». Norma que é aplicável ao recurso de revista interposto para o Supremo Tribunal Administrativo por força do disposto nos artigos 749º e 762º, nº 1 e do preceituado no artigo 726º, todos do CPC, desde que não esteja em causa matéria de facto (já que, nesse caso, seria de dar cumprimento ao disposto nos arts. 729º e 730º do CPC). Constituindo as matérias em discussão na presente impugnação questões exclusivamente de direito e oferecendo os autos todos os elementos de facto necessários à decisão, cumpre apreciar e decidir, sem necessidade de ouvir as partes nos termos previstos no nº 3 do artigo 715º do CPC uma vez que elas já se pronunciaram nas alegações e contra-alegações deste recurso. A questão que primeiramente se coloca é a de saber se é ou não ilegal a liquidação da taxa de ocupação da via pública efectuada pela Câmara Municipal de Lagos e que tem como facto gerador a instalação, pela Impugnante, de equipamento subterrâneo em terreno do domínio público municipal para construção da rede de TV por cabo, taxa essa que é bem distinta da taxa municipal de direitos de passagem (TMDP) prevista no artigo 106º da Lei das Comunicações Electrónicas (Lei nº 5/2004, de 10 de Fevereiro) e que a Impugnante sustenta a ilegalidade do acto de tributação na violação do direito comunitário e do regime jurídico da Lei das Comunicações Electrónicas, na medida em, que para além da TMDP, nenhuma outra taxa municipal pode ser liquidada às empresas autorizadas a oferecer redes públicas de comunicações pelo direito de instalação dos seus recursos e equipamentos no domínio público e privado municipal. A este propósito, e em situação idêntica à destes autos, se pronunciou, recentemente, esta Secção do Supremo Tribunal Administrativo, nos acórdãos de 6/10/2010 e de 30/11/2010, proferidos nos recursos nºs 363/10 e 513/10, respectivamente, cuja doutrina sufragamos face à sua proficiente fundamentação e à qual nada se nos oferece acrescentar. Razão por que nos limitaremos a transcrever o que aí foi dito, tendo em vista uma interpretação e aplicação uniformes do direito, em conformidade com o preceituado no artigo 8º, nº 3 do Código Civil. Decidiu-se, no aresto proferido no recurso nº 363/10, que «nos termos do nº 2 do artigo 106º da Lei das Comunicações Electrónicas, na origem da possibilidade do estabelecimento da taxa municipal de direitos de passagem (TMDP) estão os direitos e encargos relativos à implementação, passagem e atravessamento de sistemas, equipamentos e demais recursos das empresas que oferecem redes e serviços de comunicações electrónicas acessíveis ao público em local fixo, dos domínios público e privado municipal, ou seja, a contraprestação correspondente ao direito de utilização do domínio público (...) para a implementação, passagem ou atravessamento necessários à instalação de sistemas, equipamentos e demais recursos (cfr. A alínea b) do nº 1 do artigo 24º da Lei das Comunicações Electrónicas) necessários ao fornecimento ao público de serviços de comunicações electrónicas. O facto gerador da Taxa Municipal de Direitos de Passagem está, pois, legislativamente definido (aliás, em transposição das normas comunitárias sobre a matéria – cfr. O artigo 1º da Lei das Comunicações Electrónicas e, em especial, o artigo 11º da Directiva 2002/21/CE e o artigo 13º da Directiva 2002/ /20/CE), consistindo precisamente na utilização do domínio público para a implementação, passagem ou atravessamento necessários à instalação de sistemas, equipamentos e demais recursos necessários ao fornecimento ao público de serviços de comunicações electrónicas. Ora, a Taxa de Ocupação da Via Pública liquidada à ora recorrida e sindicada nos presentes autos respeita precisamente à ocupação de parcelas do Domínio Público Municipal com a instalação de equipamentos necessários à ampliação da rede de distribuição de televisão por cabo, justificando-se a sua cobrança, no caso concreto, como contrapartida do aproveitamento especial de bens do domínio público municipal através da respectiva ocupação com infra-estruturas de rede (cfr. Suzana Tavares da Silva, As Taxas e a Coerência do Sistema Tributário, CEJUR, Coimbra, 2008, p. 35). Assim, o respectivo facto tributário não pode deixar de considerar-se como subsumível no conceito de "direitos de passagem", cuja contrapartida municipal – pois que da nacional e regional houve renúncia legal expressa, como decorre do nº 4 do artigo 106º da Lei das Comunicações Electrónicas –, é assegurada pela cobrança da Taxa Municipal de Direitos de Passagem, nos municípios que, em obediência aos princípios fixados na lei, a decidam criar e cobrar (pois que a sua criação ou cobrança constitui uma faculdade dos Municípios, e não um dever jurídico (cfr. O teor do nº 2 e 3 do artigo 106º da Lei das Comunicações Electrónicas). Conclui-se, pois, que bem decidiu a sentença recorrida ao considerar "haver sobreposição de normas de incidência" entre a taxa liquidada e a Taxa Municipal de Direitos de Passagem, não merecendo igualmente censura a decisão tomada no sentido da ilegalidade da liquidação à recorrida da Taxa de Ocupação da Via Pública pela instalação de infra-estruturas necessárias ao fornecimento de serviços de televisão por cabo. Na verdade, embora a dupla incidência/dupla tributação não seja, em geral, constitucional e legalmente proibida quando estão em causa tributos com natureza de impostos, há que reconhecer que conflitua com a natureza bilateral ou sinalagmática da taxa que a mesma utilidade possa constituir facto gerador de mais do que um tributo dessa natureza, pois que pelo menos a um deles faltará a contraprestação específica que o legitimará materialmente (cfr. SÉRGIO VASQUES, «Acórdãos do Tribunal Constitucional nº 652/2005 e nº 52/2006 (Dupla Tributação por Taxas Locais)», CTF, nº 418, 2006, pp. 449/454). Daí que, como diz SÉRGIO VASQUES (op. Cit., p. 453) ocorre muitas vezes ser o próprio legislador a tomar as precauções necessárias a evitar a dupla tributação. Ora, a Lei das Comunicações Electrónicas, relativamente à Taxa Municipal de Direitos de Passagem, o legislador tomou tal precaução, pois que dispõe o nº 2 do artigo 106º da Lei nº 5/2004, de 10 de dezembro, que os direitos e encargos relativos à implantação, passagem e atravessamento de sistemas, equipamentos e demais recursos das empresas que oferecem redes e serviços de comunicações electrónicas acessíveis ao público, de local fixo, dos domínios público e privado municipal, podem dar origem ao estabelecimento de uma taxa municipal de direitos de passagem (TMDP), a qual obedece aos seguintes princípios: (sublinhados nossos). A letra da lei permite, desde logo, que se interprete a transcrita disposição legal como disposição permissiva do estabelecimento de uma única taxa municipal remuneratória dos direitos de passagem, excluindo outras, taxa esta que obedecerá necessariamente ao figurino legal. Esta interpretação, que a letra da lei permite ou mesmo postula, sai reforçada atendendo a que a Lei das Comunicações Electrónicas procede à transposição de directivas comunitárias (cfr. O seu artigo 1º) que procuram a "criação de um quadro jurídico que garanta a liberdade de oferta de serviços e rede de comunicações electrónicas, apenas sujeitos às condições previstas na presente Directiva e a restrições de acordo com o nº 1 do artigo 46º do Tratado (...)" – cfr. O considerando (3) da Directiva 2002/20/CE. Ora, que a interpretação que propugnamos do nº 2 do artigo 104º da Lei das Comunicações Electrónicas foi a que o legislador teve em vista, confirma-o o próprio legislador através do Decreto-Lei nº 123/2009, em cujo preâmbulo se lê: «No que respeita às taxas devidas pelos direitos de passagem nos bens do domínio público e privado municipal, o presente Decreto-Lei remete para a Lei das Comunicações Electrónicas, aprovada pela Lei nº 5/2004, de 10 de fevereiro, a qual prevê a taxa municipal de direitos de passagem (TMDP). Porém, e em cumprimento dos princípios constitucionais aplicáveis, é clarificado que neste âmbito não podem ser exigidas outras taxas, encargos ou remunerações pelos direitos de passagem, evitando-se, assim, a duplicação das taxas relativas ao mesmo facto». Assim, embora o disposto no Decreto-Lei nº 123/2009 – que expressa e inequivocamente sanciona o entendimento segundo o qual no domínio das comunicações electrónicas acessíveis ao público a utilização do domínio público municipal para instalação e funcionamento de infra-estruturas necessárias ao funcionamento de tais serviços apenas pode ser taxada através da Taxa Municipal de Direitos de Passagem, com exclusão de quaisquer outras (cfr. Os seus artigos 12º números 1 e 2, 13º nº 4 e 34º) –, apenas tenha entrado em vigor no dia 22 de eze de 2009 (cfr. O seu artigo 110º), há-de entender-se, pois que o legislador assim o determina, que tais normas, nesta matéria, vêm clarificar (nas palavras do legislador), tornando inequívoco, o entendimento que o nº 2 do artigo 106º da Lei das Comunicações Electrónicas já comportava e que melhor se adequava, aliás, ao seu espírito (de promoção e incentivo ao desenvolvimento de redes de comunicações desta natureza). Resulta do exposto que a partir da entrada em vigor da Lei das Comunicações Electrónicas, aprovada pela Lei nº 5/2004, de 10 de fevereiro, apenas se consente aos Municípios taxar as utilidades decorrentes da ocupação e utilização do domínio público municipal com a implementação e funcionamento de estruturas necessárias às redes de comunicações daquela natureza acessíveis ao público através da Taxa Municipal de Direitos de Passagem prevista naquela lei, deixando de lhes ser lícito taxá-las através de tributos ou encargos de outra espécie ou natureza, cuja cobrança se deve, pois, ter por ilegal (...)». Donde se conclui que, para além da TMDP, não podem ser cobradas às empresas que oferecem redes e serviços de comunicações electrónicas acessíveis ao público quaisquer outras taxas pela instalação de sistemas, equipamentos e demais recursos em terrenos do domínio público municipal e que tenham como contrapartida a utilização desses terrenos, sob pena de se estar a tributar duplamente a mesma realidade. Dupla tributação que é inadmissível em matéria de taxas, na medida em que elas constituem, por natureza, a contrapartida pela obtenção de um determinado benefício (relação de bilateralidade ou de sinalagmaticidade que caracteriza as taxas) e não se poder justificar um duplo pagamento pelo mesmo benefício. Tanto basta para que a liquidação padeça da ilegalidade que lhe é imputada, procedendo, deste modo, a pretensão anulatória formulada. Por outro lado, provado que está o pagamento da taxa impugnada e verificados que estão os pressupostos enunciados pelo artigo 43º da Lei Geral Tributária, justifica-se a pedida restituição da quantia indevidamente paga acrescida do pagamento de juros indemnizatórios calculados à taxa legal, os quais serão contados desde a data em que ocorreu esse pagamento até à data da emissão da respectiva nota de crédito. 4. Face ao exposto, acordam os juízes da Secção de Contencioso Tributário do Supremo Tribunal Administrativo em: – conceder provimento ao recurso, revogar a sentença recorrida e julgar tempestiva a impugnação judicial; – conhecendo em substituição, julgar procedente a impugnação judicial, anulando os actos impugnados, com todas as consequência legais; – condenar a Câmara Municipal de Lagos a pagar à Impugnante juros indemnizatórios calculados sobre o montante da taxa paga, desde a data em que foi efectuado o pagamento até à data em que vier a ser emitida a respectiva nota de crédito. Custas a cargo da Recorrida, com procuradoria que se fixa em 1/8. Lisboa, 12 de Janeiro de 2011. – Dulce Manuel Neto (relatora) – Alfredo Madureira – João Valente Torrão.

6. Acórdão do Supremo Tribunal Administrativo (Processo nº 98/10), de 07-07-2010. Acordam nesta Secção do Contencioso Tributário do Supremo Tribunal Administrativo: 1 – A..., melhor identificada nos autos, não se conformando com a sentença do Tribunal Tributário de Lisboa que absolveu da instância a Câmara Municipal de Lisboa, por julgar verificada a excepção de caducidade do direito de impugnação judicial, que aquela deduziu contra o acto de liquidação da taxa de publicidade em empenas cegas ou fachadas laterais de edificações particulares sediadas na cidade de Lisboa, referentes ao 1º e 2º trimestre de 2007, no valor global de €14.183,40, dela vem interpor o presente recurso, formulando as seguintes conclusões: I. A Douta Sentença proferida pelo Tribunal "a quo" entendeu julgar procedente a excepção da caducidade do direito de acção, e consequentemente, absolveu a IMPUGNADA, ora RECORRIDA do pedido, uma vez que, apesar de a RECORRENTE não ter exercido o seu direito de audição prévia, tal não revela que tenha sido emitido qualquer acto expresso de indeferimento. II. Sucede porém que, não tendo a RECORRENTE exercido o seu direito de audição prévia no prazo de 10 dias, a verdade é que ocorreu um indeferimento expresso, e a decisão da RECORRIDA tornou-se válida e eficaz. III. Ora, a RECORRIDA notificou a RECORRENTE do projecto de decisão de indeferimento do pedido formulado, para que esta em 10 dias exercesse o direito de audição prévia. IV. Contudo, a RECORRENTE não exerceu o mencionado direito no prazo estabelecido. V. Assim sendo, e porque a RECORRENTE não reagiu contra o mencionado projecto, a verdade é que se verificou o indeferimento expresso da reclamação graciosa deduzida contra o tributo referente à factura nº 40000046450. VI. Pelo que, tendo a RECORRIDA notificado a RECORRENTE da sua intenção de indeferir, e não tendo a RECORRENTE contestado, o projecto passou de intenção, a uma decisão válida e eficaz. VII. Ora, contrariamente ao proclamado na Douta Sentença, a RECORRENTE não deduziu o articulado inicial, com fundamento no indeferimento tácito, e sim com fundamento no indeferimento expresso, pois após o decurso do prazo que dispunha para exercer o seu contraditório, relativamente ao projecto de decisão de indeferimento da reclamação, o mesmo passou a produzir os seus efeitos, ou seja, a Reclamação foi indeferida expressamente. VIII. Perante o exposto, mal andou o Tribunal "a quo" ao julgar procedente a excepção da caducidade do direito de acção procedente, e consequentemente absolveu a RECORRIDA do pedido. IX. Assim, a excepção da caducidade do direito de acção, jamais poderia ter sido julgada procedente, uma vez que, ocorreu o indeferimento expresso. A entidade recorrida contra-alegou nos termos que constam de fls. 224 e segs., que se dão aqui por integralmente reproduzidos para

todos os efeitos legais, para concluir do seguinte modo: 1ª estabelece o nº 1, do artigo 280º, do CPPT, que das decisões dos tribunais tributários de 1ª instância cabe recurso para o Tribunal Central Administrativo, salvo quando a matéria for exclusivamente de direito, situação em que o recurso deverá ser dirigido à Secção do Contencioso Tributário do STA; 2ª Nos presentes autos, a Recorrente questiona matéria de facto dada como assente, uma vez que pretende defender que a Impugnação Judicial na qual foi proferida a douta Decisão recorrida incidiu sobre o indeferimento expresso da Reclamação, enquanto que, na douta Sentença, é dado como provado (e bem, acrescenta-se), que tal Reclamação não foi decidida, razão pela qual só pode concluir-se pela incompetência desse Venerando Supremo Tribunal; 3ª Ao contrário do entendimento pugnado pela Recorrente e como se havia já defendido na Contestação e nas Alegações, a Impugnação Judicial de cuja Decisão final vem interposto o presente Recurso é manifestamente extemporânea; 4ª Foi provado nos autos de Impugnação Judicial que a Reclamação Graciosa, sobre cujo indeferimento tácito aquela incidiu, foi deduzida em 2 de Julho de 2007 e que a Impugnação Judicial foi deduzida em 20 de Novembro de 2007; 5ª Considerando as referidas datas e o disposto no nº 3, do artigo 16º, da Lei nº 53-E/2006 de 29 de dezembro, a presunção de indeferimento tácito verifica-se, para efeitos de impugnação judicial, caso a Reclamação não seja decidida no prazo de 60 dias, sendo que, de acordo com o nº 4 da mesma norma, cabe impugnação Judicial (do indeferimento tácito) no prazo de 60 dias a contar da ocorrência do mesmo; 6ª Tendo o indeferimento tácito da referida Reclamação Graciosa ocorrido em 31 de dezembro de 2007, o prazo de dedução de Impugnação Judicial, decorridos 60 dias daquele, findou em 30 de Outubro do mesmo ano, o que implica, atendendo a que a douta Petição Inicial deu entrada na CML em 20 de dezembro, a extemporaneidade da Impugnação; 7ª O prazo de dedução de Impugnação Judicial reveste natureza substantiva, é peremptório, de caducidade e de conhecimento oficioso, importando o seu decurso a extinção do direito de praticar o acto, nos termos do nº 3 do artigo 145º do C.P.C., ex vi da alínea e), do artigo 2º, do CPPT, configurando, pois, uma excepção peremptória, à Luz do previsto no nº 3 do artigo 493º do CPC, ex vi da alínea e) do artigo 2º do C.P.P.T., a qual importa, para o Município de Lisboa e ao abrigo do mesmo dispositivo legal, a absolvição do pedido, como se arguiu na Contestação e conforme decidiu a douta Sentença recorrida; 8ª Na Reclamação Graciosa a cujo indeferimento tácito se refere a Impugnação na qual foi proferida a douta Sentença recorrida não foi praticado qualquer acto expresso, nem a ora Recorrente se referiu a tal realidade ao longo dos autos, nos quais, aliás, se refere, reiteradamente, ao acto tácito e ao facto de a ocorrência do mesmo possibilitar a dedução da Impugnação, em clara contradição com a tese que pugna no presente Recurso; 9ª Ainda que tal não acontecesse, a tese que a Recorrente defende, no sentido de o acto expresso se seguir, como que automaticamente, ao decurso do prazo de pronúncia em sede de audiência de interessados, não encontra qualquer apoio legal, doutrinal ou jurisprudencial, devendo improceder. Da questão prévia suscitada pela recorrida, nas conclusões 1ª e 2ª, foi notificada a recorrente (artigo 704º do CPC), sem que sobre a mesma se tivesse pronunciado. O Exmº Procurador-Geral Adjunto emitiu parecer no sentido de ser negado provimento ao presente recurso. Colhidos os vistos cegais, cumpre decidir. 2 – A sentença recorrida considerou provada a seguinte matéria de facto: A) A impugnante é uma sociedade comercial que se dedica à prestação de serviços na área da publicidade e de marketing, concepção e produção de artes gráficas, projectos, consultoria e representações. B) No âmbito dessa sua actividade, a Impugnante, faz exploração comercial de publicidade, designadamente, através da afixação de suportes publicitários em empenas cegas ou fachadas laterais de edificações particulares sediadas na cidade de Lisboa. C) Em 31/05/2007 foi emitida a factura nº 40000046540 no montante total de €14.183,40, pela "publicidade em empenas ou fachadas laterais", "taxa referente a lona publicitária, afixada na Av. ..., em Lisboa", referente ao 1º e 2º trimestre de 2007. D) A lona publicitária em causa foi afixada em imóvel de propriedade particular. E) A impugnante deduziu reclamação graciosa da liquidação mencionada em C) em 02/07/2002. F) A reclamação graciosa não foi decidida. G) A impugnante apresentou impugnação judicial em 20/11/2007. 3 – Comecemos, então, pela apreciação da questão prévia suscitada pela recorrida, por que prejudicial. Nas conclusões 1ª e 2ª da sua contra-alegação, a recorrida excepciona a incompetência, em razão da hierarquia, desta Secção do STA para conhecer do mérito do presente recurso, uma vez que, nas conclusões da sua motivação do recurso, a recorrente questiona matéria de facto, já que "pretende defender que a Impugnação Judicial na qual foi proferida a douta Decisão recorrida incidiu sobre o indeferimento expresso da Reclamação, enquanto que, na douta Sentença, é dado como provado (e bem, acrescenta-se), que tal Reclamação não foi decidida...". Mas não tem razão. Com efeito e como resulta das conclusões da sua motivação do recurso, o que a recorrente refere é que, ao contrário do que foi decidido na sentença recorrida, tendo sido notificada para no prazo de dez dias exercer o seu direito de audição prévia e não o tendo feito, verificou-se o indeferimento expresso e não tácito, da reclamação graciosa que previamente havia deduzido. Ou seja, o que a recorrente questiona, como bem anota o Exmº Procurador-Geral Adjunto no seu parecer, é, tão só, a interpretação que a sentença recorrida fez da norma contida no artigo 16º da Lei nº 53-E/06 de 29 de dezembro. Daí que, não se pretendendo discutir matéria de facto assente, nem invocar factos novos, não verse o presente recurso matéria de facto, mas sim de direito, pelo que para o seu conhecimento será, assim, competente esta Secção do STA. Razão por que improcede, pois, a questão prévia suscitada pela entidade recorrida. Posto isto, passemos, então, a conhecer do objecto do presente recurso. 4 – Dispõe o artigo 16º da Lei nº 53-E/2006 de 29 de dezembro, sob a epígrafe "garantias", que: "1. Os sujeitos passivos das taxas para as autarquias locais podem reclamar ou impugnar a respectiva liquidação. 2. A reclamação é deduzida perante o órgão que efectuou a liquidação da taxa no prazo de 30 dias a contar da notificação da liquidação. 3. A reclamação presume-se indeferida para efeitos de impugnação judicial se não for decidida no prazo de 60 dias. 4. Do indeferimento tácito ou expresso cabe impugnação judicial para o tribunal administrativo e fiscal da área do município ou da junta de freguesia, no prazo de 60 dias a contar do indeferimento. 5. A impugnação judicial depende da prévia dedução da reclamação prevista no nº 2 do presente". Para efeitos da aplicação deste artigo, recordemos os factos relevantes para o efeito, acima dados como provados: A recorrente deduziu reclamação graciosa, em 02/07/2007 (e não em 2/7/02, como por lapso se refere na sentença recorrida) (vide al. E) do probatório), a qual não obteve decisão nos 60 dias seguintes (vide al. F) do probatório). Assim, formou-se acto tácito de indeferimento no dia 1/9/07. A impugnação judicial deu entrada nos serviços da CML em 20/11/07, ou seja, para além do prazo de 60 dias previsto no artigo 16º, nº 4 da Lei nº 53-E/06 de 29 de ezembro. A impugnação é, pois intempestiva. Isto na decorrência dos princípios legais aplicáveis, a saber: artigo 20º do CPPT, atigo 279º do CC e artigo 144º do CPC. Pelo que, bem andou, assim, a o Mmº Juiz "a quo" em julgar caduco o direito de acção, absolvendo a CML do pedido. 5 – Há, porém, que tomar posição quanto à pretensão da recorrente de ver considerada como decisão de indeferimento expresso o facto de não ter exercido o seu direito de audição prévia, à qual a sentença recorrida não respondeu. Alega a recorrente, como resulta das conclusões supra transcritas, que, não tendo a recorrente contestado o projecto de decisão, "o projecto passou de intenção, a uma decisão válida e eficaz", passando "a produzir todos os seus efeitos, ou seja, a Reclamação foi indeferida expressamente." A este propósito, escreveu-se no recente Acórdão desta Secção do STA de 21/4/10, in rec. Nº 101/10, que versou questão idêntica, sendo as mesmas as partes e as conclusões da motivação do recurso, que "a recorrente nenhum apoio legal ou doutrinário acrescenta em defesa deste entendimento, mas, desde já adiantaremos que o mesmo não colhe o apoio legal. Com efeito..., a Constituição da República Portuguesa reconhece aos cidadãos o direito de participação na formação das decisões e deliberações que lhes disserem respeito, nos termos do disposto no artigo 267º, nº 5 da CRP. O artigo 60º da LGT veio concretizar este direito no domínio do procedimento tributário, preceituando o momento em que deve ser efectivado o direito de audição – antes da liquidação, antes do indeferimento total ou parcial dos pedidos, reclamações, recursos ou petições, entre outros –, sendo certo que o mesmo é exercido finda a instrução e antes da decisão final. Dispõe ainda o nº 4 do artigo 60º da Lei Geral Tributária, sob a epígrafe "Princípio da Participação, que: "em qualquer das circunstâncias referidas no nº 1, para efeitos do exercício do direito de audição, deve a administração tributária comunicar ao sujeito passivo o projecto de decisão e sua fundamentação (...)". Tal direito permitirá ao sujeito passivo, para além do direito a ser ouvido, expor as razões que sustentam o seu entendimento, tentando levar a administração tributária a inverter o sentido da decisão. E, se é certo que a administração tributária pode manter a decisão de indeferimento – e isso pode muito bem suceder quando, num caso como o dos autos, o interessado não oferecer elementos de facto ou de direito que, no entendimento da administração tributária, possam conduzir a solução jurídica diversa do projecto de indeferimento – também não é menos certo que essa decisão pode ser alterada. Daí que, um projecto de indeferimento constitui sempre uma decisão provisória, mas que não goza de qualquer eficácia. Ainda que a decisão venha a ser exactamente igual à do projecto, só a decisão final do procedimento é válida e produz os legais efeitos, e só contra esta o interessado pode reagir judicialmente. O que acabou de se dizer resulta com toda a clareza do Acórdão deste Tribunal, de 09.12.2009, proferido no Recurso nº 0594/09, num caso idêntico ao dos presentes autos, onde ficou escrito o seguinte: "De harmonia com o preceituado no artigo 16º, números 1, 2 e 5, do Regime Geral das Taxas das de Autarquias Locais, aprovado pela Lei nº 53-E/2006, de 29 de dezembro, a impugnação judicial dos actos de liquidação de taxas das autarquias locais está dependente de prévia reclamação graciosa, que tem de ser apresentada no prazo de 30 dias, a contar da notificação da liquidação. No caso em apreço, a ora Impugnante observou este regime, tendo apresentado tempestivamente a reclamação graciosa. Até ao momento em que a ora Impugnante apresentou esta impugnação judicial, não tinha sido proferido um acto expresso de indeferimento. Na verdade, o despacho que ordenou a sua audição sobre a proposta de indeferimento, não é um acto de indeferimento, mas um acto preparatório da decisão final. Por outro lado, a tese defendida pela Impugnante, de que os actos que ordenam a audição prévia sobre propostas de indeferimento se transformam em actos de indeferimento expresso se o interessado nada disser, não tem qualquer fundamento legal. O acto que determina a notificação para exercício do direito de audição é um mero acto preparatório da decisão final que, mesmo quando contém projecto de decisão (como impõe o nº 5 do artigo 60º LGT), não dispensa um ulterior acto final de decisão do procedimento, que, mesmo quando concorda com o teor da proposta de decisão, é um acto distinto daquela, materializado numa declaração de concordância, como se estabelece no nº 1 do artigo 77º da LGT. Por isso, é de considerar assente que, até ao momento em que foi apresentada a presente impugnação judicial, não tinha sido proferido um acto expresso de indeferimento da reclamação graciosa, nem o projecto de decisão se transformou em decisão. Assim, não podia a Recorrente impugnar um inexistente acto expresso de indeferimento da reclamação graciosa, pois a impugnação carece de objecto. Por outro lado, o acto que ordenou a notificação para exercício do direito de audição também não é impugnável, por não ser lesivo e não ser o acto final do procedimento, e, na falta de norma especial que disponha em contrário, só actos lesivos e actos finais dos procedimentos tributários são contenciosamente impugnáveis (artigo 54º do CPPT). Assim, não tendo sido proferido um acto expresso de indeferimento, a impugnação apenas poderia ter por objecto a ficção de indeferimento tácito daquela reclamação graciosa, que se forma com o decurso do prazo legal de decisão, no caso, após o decurso de 60 dias a contar da entrada da reclamação nos serviços do Município de Lisboa (artigos 16. nº 3, do RGTAL e 57º, nº 5, da LGT), isto é, em 1-9-2007. Mas, o aproveitamento da petição como impugnação do indeferimento tácito não pode concretizar-se, pois, de harmonia com o disposto no artigo 16º, nº 4, do RGTAL, do indeferimento tácito de reclamação graciosa cabe impugnação judicial a interpor no prazo de 60 dias a contar do indeferimento e, no caso, tendo-se formado indeferimento tácito em 1-9-2007, a impugnação judicial podia ser apresentada até 30-10-2007 e ela só o foi em 20-11-2007. Por isso, tem de se concluir que a impugnação do indeferimento tácito é intempestiva, como se entendeu na sentença recorrida, e que a impugnação do inexistente indeferimento expresso invocado pela Recorrente, carece de objecto, pelo que é impossível, pois o processo de impugnação judicial tem de ter por objecto um acto, real ou ficcionado, como decorre do disposto no artigo 124º do CPPT." Em face de tudo o que ficou dito, improcedem as conclusões das alegações da recorrente e, em consequência, o recurso. No mesmo sentido, pode ver-se o recente Acórdão desta Secção do STA de 23/6/10, in rec. Nº 100/10, tirado em caso em tudo idêntico. 6 – Nestes termos e com esta fundamentação, acorda-se em negar provimento ao recurso jurisdicional e manter a sentença recorrida. Custas pela Recorrente, com procuradoria de 1/6. Lisboa, 7 de Julho de 2010. – Pimenta do Vale (relator) – Jorge Lino – Casimiro Gonçalves.

7. Acórdão do Supremo Tribunal Administrativo (Processo nº 100/10), de 23-06-2010. Acordam na Secção de Contencioso Tributário do Supremo Tribunal Administrativo: 1. A..., LDA, com os demais sinais dos autos, recorre para este Supremo Tribunal da decisão do T.A.F. de Lisboa que julgou improcedente a impugnação judicial deduzida contra o acto de liquidação de receita fiscal autárquica, no montante de €4.989,03, efectuado pela Câmara Municipal de Lisboa com referência ao licenciamento, no 2º trimestre do ano de 2006, da afixação de uma tela

publicitária na fachada de um prédio urbano de propriedade particular. Rematou as suas alegações de recurso formulando as seguintes conclusões: I A Douta Sentença proferida pelo Tribunal "a quo" entendeu julgar procedente a excepção da caducidade do direito de acção, e consequentemente, absolveu a IMPUGNADA, ora RECORRIDA do pedido, uma vez que, apesar de a RECORRENTE não ter exercido o seu direito de audição prévia, tal não revela que tenha sido emitido qualquer acto expresso de indeferimento. II Sucede porém que, não tendo a RECORRENTE exercido o seu direito de audição prévia no prazo de 10 dias, a verdade é que ocorreu um indeferimento expresso, e a decisão da RECORRIDA tornou-se válida e eficaz. III Ora, a RECORRIDA notificou a RECORRENTE do projecto de decisão de indeferimento do pedido formulado, para que esta em 10 dias exercesse o direito de audição prévia. IV Contudo, a RECORRENTE não exerceu o mencionado direito no prazo estabelecido. V Assim sendo, a RECORRENTE ao não ter reagido contra o mencionado projecto, a verdade é que se verificou o indeferimento expresso da reclamação graciosa deduzida contra o tributo referente à factura nº 40000046515. VI Pelo que, tendo a RECORRIDA notificado a RECORRENTE da sua intenção de indeferir, e não tendo a RECORRENTE contestado, o projecto passou de intenção a uma decisão válida e eficaz. VII Ora, contrariamente ao proclamado na Douta Sentença, a RECORRENTE não deduziu o articulado inicial, com fundamento no indeferimento tácito, e sim com fundamento no indeferimento expresso, pois após o decurso do prazo que dispunha para exercer o seu contraditório, relativamente ao projecto de decisão de indeferimento da reclamação, o mesmo passou a produzir os seus efeitos, ou seja, a Reclamação foi indeferida expressamente. VIII Perante o exposto, mal andou o Tribunal "a quo" ao julgar procedente a excepção da caducidade do direito de acção procedente, e consequentemente absolveu a RECORRIDA do pedido. IX Assim, a excepção da caducidade do direito de acção, jamais poderia ter sido julgada procedente, uma vez que, ocorreu o indeferimento expresso. Termos em que deverá ser dado provimento ao recurso, julgando improcedente a excepção da caducidade do direito de acção, decidindo V. Exas. No sentido do provimento do presente recurso, conforme é do direito e da justiça. 1.2. A Recorrida apresentou contra-alegações, que concluiu do seguinte modo: 1º Estabelece o nº 1 do artigo 280º do CPPT, que das decisões dos tribunais tributários de 1ª instância cabe recurso para o Tribunal Central Administrativo, salvo quando a matéria for exclusivamente de direito, situação em que o recurso deverá ser dirigido à Secção do Contencioso Tributário do STA; 2º Nos presentes autos, a Recorrente questiona matéria de facto dada como assente, uma vez que pretende defender que a Impugnação Judicial na qual foi proferida a douta Decisão recorrida incidiu sobre o indeferimento expresso da Reclamação, enquanto que, na douta Sentença, é dado como provado (e bem, acrescenta-se), que tal Reclamação não foi decidida, razão pela qual só pode concluir-se pela incompetência desse Venerando Supremo Tribunal; 3º A Impugnação Judicial de cuja Decisão final vem interposto o presente recurso carece de objecto, por não ter sido praticado o acto expresso sobre o qual a ora Recorrente pretendeu fazer a mesma incidir; 4º Efectivamente, a Reclamação Graciosa autuada sob o nº 21931/DMSC/07, de cujo indeferimento vem deduzida a Impugnação Judicial em causa nos presentes autos foi impulsionada em 2 de Julho de 2007, como a douta Sentença recorrida deu como assente; 5º Pretende a Recorrente que, uma vez notificada, no âmbito da aludida Reclamação Graciosa, para se pronunciar, querendo, em sede de exercício do direito de audição e não o tendo feito, findo o prazo de pronúncia, "verificou-se o indeferimento expresso da reclamação graciosa que apresentou", assistindo-lhe o direito de impugnar o mesmo; 6º É certo que dispunha a Impugnante, como qualquer sujeito passivo, do direito de impugnar os actos da administração tributária, contudo, importa determinar os actos que em concreto se impugnam, ou seja, considerando o caso concreto e de acordo com a posição assumida nos presentes autos, ou o acto de indeferimento tácito da Reclamação Graciosa ou o indeferimento expresso da mesma; 7º Logo, importa questionar se, uma vez decorrido o prazo de pronúncia em sede de audiência de interessados, se produz o acto expresso, questão que só poderá ter resposta negativa; 8º Na verdade, decorrido aquele prazo, deveria a Recorrente ter aguardado a notificação da decisão final para, face à mesma, caso o pretendesse fazer, impugnar a decisão, sobretudo porque, no momento em que foi notificada para pronunciar-se, querendo, sobre a proposta de decisão, havia já decorrido o prazo de impugnação do indeferimento tácito; 9º Assim, pretendendo a Recorrente fazer incidir a Impugnação Judicial sobre o acto de indeferimento expresso da Reclamação Graciosa, como afirma, carece a mesma de objecto, uma vez que, à data da sua apresentação, não existia, ainda, tal acto, de igual modo inexistindo neste momento; 10º O princípio da participação encontra a sua sede, no procedimento tributário, no artigo 60º da LGT, dispositivo legal que determina as situações e o momento procedimental em que o mesmo deverá ocorrer, sem que, no entanto, fixe os respectivos pressupostos, efeito para o qual terá de recorrer-se ao CPA; 11º No CPA, a audiência dos interessados é consagrada nos artigos 100º e seguintes, o qual fixa o momento em que se inicia tal fase do procedimento, após a conclusão da instrução (nº 1, do artigo 100º) e "antes de ser tomada a decisão final", devendo aquela audiência conter informação "sobre o sentido provável desta"; 12º O artigo 101º do mesmo Código determina os termos em que deverá ser realizada a audiência escrita, caso a administração opte por tal forma, como aconteceu in casu. O artigo 104º permite a realização de diligências complementares consideradas convenientes, oficiosamente ou a pedido dos interessados, após o que, de acordo com o artigo 105º, é elaborado o relatório do instrutor, consagrando a denominada fase de preparação da decisão; 13º Finda a fase da Audiência dos Interessados, a qual se processa nos sobreditos termos, inicia-se, então, a fase da decisão, mediante a qual, para o que interessa na presente discussão, o procedimento se extingue, de acordo com o artigo 106º, constituindo a denominada decisão final expressa o acto típico que põe termo ao procedimento administrativo; 14º Não se vislumbra, assim, em que fundamentação jurídica poderá a Recorrente assentar a tese que pugna nos presentes autos, no sentido de o acto expresso se produzir logo que finde o prazo concedido pela Administração para pronúncia em sede de audiência de interessados; 15º Dificilmente se poderá compatibilizar tal interpretação com as normas que, efectivamente, regulam o procedimento administrativo tributário e disciplinam o mesmo; 16º Tal realidade pode observar-se no caso concretamente sob apreciação, uma vez que, deduzida a presente Impugnação Judicial, a Reclamação Graciosa foi enviada à signatária, para os efeitos do nº 3 do artigo 11º e do nº 4 do artigo 110º, ambos do Código de Procedimento e de Processo Tributário, tendo sido junta aos autos com a Contestação, no estado em que se encontrava, ou seja, sem que tenha sido proferida a decisão final; 17º Só pode concluir-se, assim, pela inimpugnabilidade do acto que a Recorrente elegeu para objecto dos presentes autos, porquanto aquele, no momento da interposição destes, simplesmente, não existia, como bem decidiu a douta Sentença recorrida; 18º Efectivamente, reitera-se, ainda que a Recorrente pretendesse fazer incidir a presente Impugnação Judicial sobre o indeferimento tácito da Reclamação Graciosa, a mesma sempre seria extemporânea; 19º Com efeito, a Reclamação Graciosa nº 21931/DMSC/07 deu entrada nos serviços da Impugnada em 02/07/2007 e a Impugnação Judicial em 29/11/2007, após o que foi enviada a esse douto Tribunal, para distribuição; 20º Considerando o nº 3 do artigo 16º da Lei nº 53-E/2006, de 29 de dezembro, a Reclamação presume-se indeferida, para efeitos de impugnação judicial, caso não seja decidida no prazo de 60 dias, ao que acresce, de acordo com o nº 4 da referida norma, que do indeferimento tácito cabe Impugnação Judicial, no prazo de 60 dias a contar do mesmo; 21º Em consequência, o indeferimento tácito da Reclamação ocorreu em 31 de dezembro de 2007 e, por seu turno, volvidos 60 dias, o prazo de interposição da Impugnação Judicial eventualmente incidente sobre o mesmo terminou em 30 de Outubro do mesmo ano, nos termos do nº 1, do artigo 20º, do CPPT e do artigo 279º do CC, sendo certo que a douta Petição Inicial que impulsionou a presente Impugnação Judicial deu entrada na CML em 29 de dezembro, conforme foi dado como provado; 22º O prazo de apresentação de impugnação judicial é contínuo, correndo seguidamente, mesmo durante os sábados, domingos, dias feriados e férias, revestindo natureza substantiva, sendo peremptório, de caducidade e de conhecimento oficioso, pelo que o respectivo decurso extingue o direito de praticar o acto, nos termos do nº 3, do artigo 145º, do CPC, ex vi da alínea e), do artigo 2º, do Código de Procedimento e de Processo Tributário; 23º Assim, ainda que, face à inexistência de acto expresso impugnável, se pretendesse considerar, como objecto dos presentes autos, o indeferimento tácito, verificar-se-ia uma excepção, peremptória, à luz do previsto no nº 3, do artigo 493º do CPC, ex vi da alínea e), do artigo 2º do C.P.P.T., a qual, de idêntico modo, importaria, para o Município de Lisboa e ao abrigo do mesmo dispositivo legal, a absolvição, do pedido; 24º Decorrido o prazo de interposição da Impugnação Judicial com base em indeferimento tácito sem que a mesma tenha sido tempestivamente impulsionada e na falta de decisão expressa da Reclamação Graciosa, sempre aquela improcederia, por extemporaneidade ou por falta de objecto, não sendo possível a dedução de Impugnação Judicial, nos termos em que a Recorrente o fez, e como ora defende, considerando o disposto nos nºs 3 e 4, do artigo 16º da Lei nº 53-E/2006, de 29 de dezembro. 1.3. O Exmo. Procurador-Geral-Adjunto emitiu douto parecer no sentido de que devia ser negado provimento ao recurso, enunciando, para o efeito, a seguinte motivação: «A representante da Fazenda Pública levanta a questão prévia da incompetência do STA em razão da hierarquia. Entendemos, no entanto, que nem nas alegações nem nas suas conclusões se invocam factos que possam colocar em causa os poderes de apreciação deste Supremo Tribunal. Com efeito, a jurisprudência deste STA vem-se consolidando no sentido de que a sua competência se mantém para o conhecimento da questão de direito, se os factos invocados nas conclusões, abstractamente considerados, não relevarem para o conhecimento de tal questão (entre outros o acórdão do STA de 20 de Janeiro de 2010, processo nº 950/09). Ora, o que a Recorrente alega no ponto VII das conclusões, é que a sentença recorrida terá considerado que o fundamento da impugnação terá sido o indeferimento tácito da reclamação graciosa apresentada. Não é, porém, isso que diz a sentença recorrida, onde se afirma, expressamente, que a impugnante vem deduzir impugnação judicial do indeferimento expresso da reclamação graciosa (artigo 24º da p.i.) com entendimento de que tal indeferimento se verificou em 27/11/2007. Aliás, considerou ser a impugnação intempestiva por antecipação, relativamente a decisão expressa que não veio a acontecer. Subscrevemos este entendimento, dado não ter qualquer suporte legal a tese da impugnante, ora recorrente, de que ao não exercer o direito de audição prévia no prazo estabelecido se terá verificado o indeferimento expresso decorrido aquele prazo; O que a decisão recorrida fez foi apreciar também a hipótese da impugnante poder deduzir impugnação com fundamento em indeferimento tácito da reclamação graciosa, julgando que a mesma seria igualmente intempestiva, por na data em que deu entrada já haver caducado o direito de acção. Na verdade, tendo em conta o disposto no artigo 16º do Regime Geral das Taxas, aprovado pela Lei nº 53-E/2006, de 29 de dezembro, como a reclamação graciosa não foi decidida no prazo de 60 dias, presume-se tacitamente indeferida em 31 de Agosto de 2007, pelo que, podia a Recorrente deduzir impugnação judicial no prazo de 60 dias a contar deste indeferimento (nº 4 do artigo 16º), prazo este que se esgotava em 30 de dezembro de 2007. Como a impugnação foi apresentada em 29/11/2007, sempre seria manifestamente intempestiva.». 1.4. Colhidos os vistos dos Exmºs Juízes Conselheiros Adjuntos, cumpre decidir em conferência as questões colocadas neste recurso. 2. A sentença recorrida considerou provada a seguinte matéria de facto: A A impugnante é uma sociedade comercial que se dedica à prestação de serviços na área da publicidade e de marketing, concepção e produção de artes gráficas, projectos, consultoria e representações. B No âmbito dessa sua actividade, a Impugnante, faz exploração comercial de publicidade, designadamente, através da afixação de suportes publicitários em empenas cegas ou fachadas laterais de edificações particulares sediadas na cidade de Lisboa. C Foi emitida a factura nº 40000046515 no montante total de €4.989,03, pela "publicidade em empenas ou fachadas laterais", "taxa referente a lona publicitária, referente ao 2º trimestre de 2006". D A lona publicitária em causa foi afixada em imóvel de propriedade particular. E A impugnante deduziu reclamação graciosa da liquidação mencionada em C) em 02/07/2002. F Em 12/11/2007 foi assinado o aviso de recepção referente ao ofício nº 722/DAJAF/DAT/07 pelo qual a Câmara Municipal de Lisboa notificou a impugnante para exercer o direito de audição prévia, no prazo de 10 dias, nos termos da alínea a) do nº 1 da Lei Geral Tributária sobre o projecto de indeferimento da reclamação graciosa mencionada em E). G A impugnante não exerceu o seu direito de audição prévia para o qual foi notificada. H A reclamação graciosa não foi decidida. I A impugnante apresentou impugnação judicial em 29/11/2007. 3. A única questão que a Recorrente submete à apreciação deste tribunal de recurso é a de saber se a sentença incorreu em erro ao julgar que ocorria a caducidade do direito de acção. Porém, tendo a Recorrida suscitado a questão prévia da incompetência, em razão da hierarquia, deste Tribunal para o conhecimento do recurso, há que começar por apreciar esta questão, tendo em conta que a infracção das regras da competência em razão da hierarquia determina a incompetência absoluta do Tribunal, que é de conhecimento oficioso e pode ser arguida até ao trânsito em julgado da decisão final (artigos 16º nº 2 do Código de Procedimento e de Processo Tributário e 101º e seguintes do Código de Processo Civil). 3.1. Tal como resulta da normatividade inserta no ETAF, aprovado pela Lei nº 107-D/2003, de 31 de dezembro, a competência do Supremo Tribunal Administrativo para apreciação dos recursos jurisdicionais interpostos de decisões dos Tribunais Tributários restringe-se, exclusivamente, a matéria de direito [artigo 26º, alínea b)], constituindo, assim, uma excepção à competência generalizada do Tribunal Central Administrativo, ao qual compete conhecer "dos recursos de decisões dos Tribunais Tributários, salvo o disposto na alínea b) do artigo 26º [artigo 38º, alínea a)]. Deste modo, para aferir da competência, em razão da hierarquia, do STA, há que olhar para as conclusões da alegação do recurso (sabido que elas definem e delimitam o objecto e âmbito do mesmo – cf. Os artigos 684º, nº 3, e 690º, nº 1 e 3, do CPC) e verificar se, perante elas, as questões controvertidas se resolvem mediante uma exclusiva actividade de aplicação e interpretação de normas jurídicas, ou se, pelo contrário, implicam a necessidade de dirimir questões de facto – seja porque o recorrente defende que os factos levados ao probatório não estão provados, seja porque diverge das ilações de facto que deles se devam retirar, seja porque invoca factos que não vêm dados como provados e que não são, em abstracto, indiferentes para o julgamento da causa. A Recorrida entende que no recurso se questiona matéria de facto porquanto na decisão recorrida se deu como provado que a reclamação graciosa nunca fora decidida [alínea H) do probatório] e a Recorrente vem afirmar que a impugnação judicial incidiu sobre o indeferimento expresso dessa reclamação. Não lhe assiste, porém, razão, dado que a Recorrente não pugna pela modificação ou ampliação da matéria de facto plasmada na decisão nem diverge das ilações de facto que deles se devam retirar. O que a Recorrente advoga é que, uma vez que não exerceu o direito de audição, para cujo efeito fora notificada, o projecto de indeferimento da reclamação passou automaticamente de intenção a decisão e, por essa razão, deve considerar-se que a impugnação foi deduzida contra esse acto de indeferimento manifestado no projecto de decisão. Ou seja, essa afirmação da Recorrente não constitui uma afronta à materialidade vertida no probatório, constituindo, antes, uma posição de carácter jurídico, uma mera tese argumentativa no sentido de que os actos que ordenam a audição prévia sobre propostas de indeferimento se transformam em actos de indeferimento expresso se o interessado nada disser. E assim sendo, o objecto do recurso reconduz-se, ainda aqui, ao conhecimento de uma mera questão de direito – de saber se o projecto de decisão de indeferimento de reclamação graciosa de acto de liquidação, notificado ao reclamante para exercício do direito de audição, se transforma ou não automaticamente em decisão final pelo facto de o reclamante nada dizer – sem necessidade de dirimir qualquer questão de facto. Improcede assim a suscitada questão prévia, nada obstando a que este Supremo Tribunal aprecie o mérito do presente recurso jurisdicional. 3.2. Aqui chegados, cumpre então apurar se a sentença incorreu em erro ao julgar que ocorria a caducidade do direito de acção. A sentença julgou procedente a excepção da caducidade do direito de acção com base no entendimento de que, não tendo sido expressamente decidida a reclamação deduzida contra o acto de liquidação de receita fiscal autárquica, a presente impugnação judicial não podia deixar de ter por objecto o acto de indeferimento tácito dessa reclamação, o qual tinha de ser judicialmente atacado no prazo de 60 dias face ao disposto no artigo 16º, nº 3, do Regime Geral das Taxas das Autarquias Locais, aprovado pela Lei 53-E/2006, de 29 de dezembro. Prazo que se encontrava ultrapassado quando foi apresentada a impugnação judicial. Advoga, porém, a Recorrente que se tem de considerar tempestiva a impugnação em face da formação de acto expresso de indeferimento na sequência do seu silêncio perante a proposta de indeferimento constante do projecto de decisão da reclamação que lhe foi notificado para efeitos de audição. Ou seja, na sua perspectiva, uma vez que não contestou o projecto de decisão "o projecto passou de intenção, a uma decisão válida e eficaz", passando "a produzir todos os seus efeitos, ou seja, a Reclamação foi indeferida expressamente". Todavia, e salvo o devido respeito, não lhe assiste razão. Como se deixou já explicado nos acórdãos que este Tribunal proferiu em 21/04/2010 e em 9/12/2009, nos recursos nºs 0101/10 e 0594/09, respectivamente, a propósito de situação em tudo idêntica à dos autos (em que estava em causa um tributo da mesma natureza, liquidado a esta mesma empresa), «a tese defendida pela Impugnante, de que os actos que ordenam a audição prévia sobre propostas de indeferimento se transformam em actos de indeferimento expresso se o interessado nada disser, não tem qualquer fundamento legal. O acto que determina a notificação para exercício do direito de audição é um mero acto preparatório da decisão final que, mesmo quando contém projecto de decisão (como impõe o nº 5 do artigo 60º da LGT), não dispensa um ulterior acto final de decisão do procedimento, que, mesmo quando concorda com o teor da proposta de decisão, é um acto distinto daquela, materializado numa declaração de concordância, como se estabelece no nº 1 do artigo 77º da LGT.». Deste modo, o despacho que ordenou a audição da reclamante, ora Recorrente, sobre a proposta de indeferimento, constituía um mero acto preparatório da decisão final, que não era susceptível de se transformar, automaticamente, face ao silêncio da reclamante, no acto final de indeferimento expresso da reclamação. E porque até ao momento em que foi apresentada a impugnação não tinha sido proferido qualquer acto expresso de indeferimento da reclamação, a impugnação apenas poderia ter por objecto a ficção desse indeferimento (acto tácito), que se forma com o decurso do prazo legal de decisão (60 dias a contar da entrada da reclamação nos serviços do Município de Lisboa, em harmonia com o disposto no artigo 16º, nº 3 da Lei 53-E/2006 e do artigo 57º, nº 5 da LGT). Acresce que na falta de norma especial que disponha em contrário, só os actos lesivos e os actos finais dos procedimentos tributários são contenciosamente impugnáveis, em harmonia com o princípio da impugnação unitária contido no artigo 54º do CPPT, e, por isso, o objecto da impugnação também não podia ser constituído pelo acto que ordenou a notificação da reclamante para exercício do direito de audição – por não ser um acto lesivo nem ser o acto final do procedimento. Pelo que é totalmente indefensável a tese da Recorrente, no sentido de que se havia formado acto expresso de indeferimento da reclamação e que era a partir dele que se contava o prazo para deduzir a presente impugnação. E porque sem acto expresso se torna insustentável a instauração da impugnação, por carência de objecto, justifica-se plenamente a interpretação dada pelo julgador, no sentido de que o acto de indeferimento impugnado não podia deixar de reportar-se ao acto de indeferimento tácito da reclamação graciosa. Neste contexto, e considerando que, em face do artigo 16º da Lei nº 53-E/2006, a impugnação judicial dos actos de liquidação de taxas das autarquias locais está dependente de prévia reclamação graciosa, a apresentar no prazo de 30 dias a contar da notificação da liquidação, a qual se presume indeferida caso não seja decidida no prazo de 60 dias, e que desse acto de indeferimento tácito cabe impugnação no prazo de 60 dias, não podem restar dúvidas sobre o acerto do julgado quanto à intempestividade da presente impugnação judicial. Nesta conformidade, a sentença não merece a censura que lhe é dirigida, devendo ser mantida, embora com a ressalva de que a julgada caducidade do direito de impugnar conduz, não à improcedência do pedido, mas à absolvição da instância do Município de Lisboa, em harmonia com o preceituado no nº 2 do artigo 493º do Código de Processo Civil e na alínea h) do nº 1 do artigo 89º do Código de Processo nos Tribunais Administrativos. 4. Face ao exposto, acordam os juízes da Secção de Contencioso Tributário do Supremo Tribunal Administrativo em absolver o Município de Lisboa da instância, assim negando provimento ao recurso jurisdicional. Custas a cargo da Recorrente, com procuradoria que se fixa em 1/6. Lisboa, 23 de Junho de 2010. – Dulce Neto (relatora) – Alfredo Madureira – Valente Torrão.

Comentário:

1. Os prazos previstos contam-se nos termos do Código do Procedimento Administrativo, ou seja, suspendem-se aos sábados, domingos e feriados.

2. Nos termos do artigo 87º do novo Código do Procedimento Administrativo, a propósito da contagem dos prazos, não se inclui o dia em que ocorra o evento a partir do qual o prazo começa a correr. O prazo suspende-se aos sábados, domingos e feriados. Nos prazos de 6 meses incluem-se sábados, domingos e feriados. Um dia ou dois dias correspondem a 24 ou 48 horas. O termo do prazo que coincida com dia em que o serviço perante o qual deva ser praticado o ato não esteja aberto ao público, ou não funcione durante o período normal, transfere-se para o primeiro dia útil seguinte. Considera-se que o serviço não está aberto ao público quando for concedida tolerância de ponto total ou parcial.

3. A impugnação assume a forma de ação administrativa especial.

4. Note-se que a ideia expressa no nº 5, quando refere que a impugnação judicial depende de prévia reclamação, reconduz-nos para a figura da reclamação ou impugnação administrativa necessária, o que constitui objeto de algumas criticas da doutrina.

5. Este artigo vem estabelecer um conjunto de regras especificamente aplicáveis às taxas locais no que respeita às garantias impugnatórias dos contribuintes.

6. O prazo para a reclamação graciosa passa a ser de 30 dias apenas, contados desde a notificação da liquidação.

7. A presunção de indeferimento tácito passa a formar-se aos 60 dias.

8. O prazo para impugnação do indeferimento da reclamação é fixado uniformemente em 60 dias, a contar do indeferimento.

9. Determina-se que a impugnação judicial depende de prévia reclamação graciosa.

10. "A obrigatoriedade de apresentação de reclamação graciosa e o encurtamento do prazo para o efeito representam uma diminuição das garantias dos contribuintes, a redução para 60 dias do período de formação da presunção de indeferimento tácito permite ao contribuinte avançar para a impugnação judicial em prazos afinal semelhantes aos que até agora vigoravam." in Vasques, Sérgio, (2008), Regime das Taxas Locais. Introdução e comentário. Cadernos IDEFF. Nº 8. Almedina. Coimbra. 2008.

Artigo 17º – Regime transitório

As taxas para as autarquias locais actualmente existentes são revogadas no dia 30 de Abril de 2010, salvo se, até esta data:

a) Os regulamentos vigentes forem conformes ao regime jurídico aqui disposto;

b) Os regulamentos vigentes forem alterados de acordo com o regime jurídico aqui previsto.

Remissão:

1. Redação dada pela Lei nº 117/2009, de 29 de Dezembro, com entrada em vigor no dia 1 de Janeiro de 2010.

Jurisprudência:

1. Acórdão do Supremo Tribunal Administrativo (Processo nº 1041/09.8BEALM 0832/17), de 01-07-2020. Acordam na secção do Contencioso Tributário do Supremo

Tribunal Administrativo: I – Relatório. 1 – O Município do Barreiro interpôs recurso da sentença proferida pelo Tribunal Administrativo e Fiscal de Almada, em 6 de Fevereiro de 2017, que julgou procedente a impugnação intentada por A........... da Publicidade, Lda., sobre a liquidação das taxas publicidade, referentes ao ano de 2009, no valor global de €20.930,40, apresentando, para tanto, alegações que conclui do seguinte modo: 1 – A douta sentença recorrida padece de erro na determinação do Direito aplicável. 2 – O Regulamento de Liquidação e cobrança de Taxas, Licenças e Autorizações do Município do Barreiro aprovado em 10 de Outubro de 2006 foi alterado em 7 de março de 2008. 3 – O Mmº Juiz a quo decidiu não aplicar o Regulamento Municipal supra referido por entender que o mesmo viola o artigo 8º nº 2 al. c) da Lei 53-E/2006, de 29 de dezembro, que aprovou o Regime Geral das Taxas das Autarquias Locais (RGTAL). 4 – Porém, a al. c) do nº 2 do artigo 8º que aprovou o RGTAL só entrou em vigor no dia 30 de abril de 2010, conforme resulta do disposto no artigo 53º da Lei nº 64-A/2008, de 31 de dezembro, que alterou o artigo 17º da Lei nº 53-E/2006, de 29 de dezembro (RGTAL), que alargou o período transitório para 1 de Janeiro de 2010 e da Lei nº 117/2009 de 29 de dezembro. 5 – Por isso, só com a entrada em vigor do artigo 17º da Lei nº 53-E/2006, de 29 de dezembro, em 1 de janeiro de 2010 (sublinhado nosso) é que os Regulamentos Municipais que criem taxas devem observar, sob pena de nulidade, o que dispõe o dispõe o artigo 8 nº al. c) quanto à fundamentação ao valor das taxas. 6 – Assim sendo, em março de 2008, não era aplicável o artigo 8º nº 2 al. c) do RGTAL à modificação da taxa no Regulamento em causa e, por consequência, a liquidação que nela se fundamenta não padece do vício que a recorrida lhe imputa e o Tribunal a quo entendeu verificar-se. 7 – Por isso a Recorrente considera, que a douta sentença sob censura padece de erro de direito, ao julgar procedente o vício decorrente do alegado decurso do período transitório, concedido pelo artigo 17º do RGTAL para adaptação dos regulamentos municipais aos ditames daquele regime e nessa medida anular a liquidação, não atendendo à redacção que veio a ser imprimida àquela norma, da qual resultou o alargamento daquele prazo e, afinal, julgando de forma diversa da pedida pela Impugnante, por referência a tal vício. 8 – Aliás, a própria recorrida, na douta PI, referindo-se à efectiva redacção da norma que invocava, defendeu a necessidade de adaptação dos Regulamentos em vigor, ao abrigo do mencionado artigo 17º do RGTAL, até 30 de abril de 2010 (cfr. artigo da PI), aludindo à Lei nº 117/2009, que supra se citou. 9 – Face a tal alteração legislativa e considerando o antedito Diploma, que prolongou aquele prazo até ao dia 30 de abril de 2010, considerado o dia 17/03/2009, fixado na douta Sentença para a liquidação, forçoso é concluir que, aquando da verificação desta, não havia aquele sido ultrapassado. 10 – Padecendo a douta Sentença de erro de direito, por ter desconsiderado a efectiva redacção da norma que aplicou, concretamente do artigo 17º do RGTAL. 11 – Aliás, tal entendimento resulta, inclusive, da própria alegação da Impugnante, pois o vício que considera verificar-se é o da ilegalidade da liquidação resultante da violação dos princípios da proporcionalidade e da sinalagmaticidade que caracteriza as taxas e que determinaria a inconstitucionalidade dos preceitos que concretamente prevêem as referidas taxas no Regulamento Municipal respectivo, pois bem sabia a ora Recorrida que os regulamentos municipais só deveriam obediência à norma prevista no artigo 8º nº 2 al. c) do RGTAL, a partir de 30 de abril de 2010. 12 – Poderia, até, questionar-se se a condenação não terá ido além do pedido da Impugnante, nessa parte, pois aquela não peticiona a anulação do acto com fundamento naquele preceito do RGTAL (bem sabia que o prazo de adaptação ainda não decorrera), como a douta sentença veio a decidir, ultrapassando, pois, a delimitação do pedido e violando o disposto no nº 1, do artigo 661º, do CPC, nessa medida podendo equacionar-se a sua nulidade, nos termos da al. e), do nº 1, do artigo 668º, do CPC. Nestes termos e nos melhores de Direito que Vªs Exªs suprirão, revogando a decisão recorrida e mantendo o acto de liquidação na Ordem Jurídica, farão a costumada JUSTIÇA». 2 – O recorrido contra-alegou tendo concluído da seguinte forma: «Termos em que, e concluindo, deve a douta sentença ser mantida, ainda que se admita, que a sua decisão deva ser suportada não só na violação do disposto pelo artigo 8º do RGTAL, mas também, e como expressamente invocado pela ora Recorrida, por ocorrer clara violação do disposto pelos artigos 15º/2 da Lei nº 2/2007, 4º, 6º e 8º da Lei nº 53-E/ /2006, artigos 5º, 123º e 124º do CPA e artigo 4º da Lei Geral Tributária, e ainda e não menos importante, do disposto pelo artigo 268º/3 da CRP, tudo por ser de elementar JUSTIÇA!» 3 – O Excelentíssimo Procurador-Geral Adjunto junto deste Tribunal emitiu parecer no sentido de ser revogada a sentença, por não se verificar a ilegalidade fundada no vício de violação de lei, e devolvido o processo ao tribunal a quo para conhecer das questões prejudicadas. 4 – Colhidos os vistos legais, cabe decidir. 5 – O objecto do recurso, sendo delimitado pelas conclusões das respectivas alegações, nos termos do artigo 635º números 4 e 5 do C.P.C., é relativo a saber se a decisão vertida na sentença, a qual julgou procedente a impugnação intentada pela ora recorrida, padece de erros de julgamento no entendimento tido quanto à violação dos artigos 17º e 8º, nº 2, c) do Regime Geral das Taxas das Autarquias Locais (R.G.T.A.L.), aprovado pela Lei nº 53-E/2006, de 29 de dezembro. Com efeito, dissentindo do entendimento tido, o recorrente defende uma interpretação do artigo 17º do R.G.T.A.L. segundo a qual apenas os regulamentos municipais que no dia 30/4/2010 não cumpram com as exigências previstas no artigo 8º são nulos. E, segundo ainda o recorrente, a situação dos autos, sendo anterior a essa data, quer considerando a alteração regulamentar datada de 7-3-2008, quer a data da liquidação,

17-3-2009, não padece de qualquer vício. Pese embora a recorrente refira que "poderia" ainda invocar-se ter-se decidido para além do pedido, em violação do nº 1 do artigo 661º do C.P.C., bem como "poder-se" equacionar a nulidade da sentença, nos termos da al. e) do nº 1 do artigo 668º do C.P.C., deixa ao critério do tribunal a sua apreciação, razão pela qual não se vai conhecer como tal das mesmas. II – Fundamentação: 1. De facto. Na sentença recorrida deu-se como assente a seguinte factualidade concreta: A) A impugnante é uma sociedade comercial que actua na área da publicidade – cfr. artigo 1º da petição inicial; B) No exercício da sua actividade, a impugnante requereu junto da Câmara Municipal do Barreiro o licenciamento de um conjunto de "posições" para a colocação de anúncios publicitários – cfr. artigo 2º da petição inicial; C) Por ofício de 03.04.2009, a impugnante foi notificada pela Câmara Municipal do Barreiro do acto de liquidação de taxas referentes ao licenciamento dos painéis publicitários mencionados em B), para o ano de 2009, no montante total de €20.930,40, discriminados da seguinte forma: – cfr. Documento nº 1 junto com a petição inicial; D) Em 30.04.2009, ao abrigo do disposto nos números 2 e 5 do artigo 16º da Lei nº 53º-E/2006, de 29 de dezembro, a impugnante apresentou reclamação contra a liquidação de taxas de publicidade mencionada em C) – cfr. Documento nº 2 junto com a petição inicial; E) Por ofício expedido em 19.06.2009, a impugnante foi notificada pela Câmara Municipal do Barreiro do indeferimento da reclamação mencionada em D) – cfr. Documento nº 3 junto com a petição inicial; 2. De direito. Vai seguir-se de perto a fundamentação constante do acórdão do S.T.A. de 6-11-2019, proferido no processo nº 01014/08.8BEALM – no mesmo sentido ainda o acórdão do S.T.A. de 27-11-2019, proferido no processo nº 0797/09.2BEALM. De acordo com aquele acórdão: "Como é manifesto, a questão nuclear radica na correcta hermenêutica do artigo 8º do RGTAL, à luz do que se acha previsto no artigo 17º do RGTAL o qual estabelece o regime transitório para a adaptação dos Regulamentos Municipais, para determinar se o Município deveria ter observado na alteração do Regulamento, em Março de 2008, a exigência legal, que limitou a revogação dos demais regulamentos que com ela fossem desconformes em 30/4/2010. Ora, sobre a primeira vertente da questão, não subsistem dúvidas de que o facto tributário da Taxa em apreço referente ao ano de 2008 ocorreu nesse mesmo ano. E é inquestionável que o artigo 8º, nº 2, alínea c), do RGTAL, impõe que "2 – O regulamento que crie taxas municipais ou taxas das freguesias contém obrigatoriamente, sob pena de nulidade: c) A fundamentação económico-financeira relativa ao valor das taxas, designadamente os custos directos e indirectos, os encargos financeiros, amortizações e futuros investimentos realizados ou a realizar pela autarquia local;". Há ainda que atentar no disposto no artigo 17º, alínea a), do RGTAL que estabelece o regime transitório e que determina que "As taxas para as autarquias locais actualmente existentes são revogadas no dia 30 de Abril de 2010, salvo se, até esta data: a) Os regulamentos vigentes forem conformes ao regime jurídico aqui disposto; b) Os regulamentos vigentes forem alterados de acordo com o regime jurídico aqui previsto." Do que vem dito decorre com inteira clareza que uma vez que o facto tributário ocorreu em 2008 No presente caso, 2009, o Regulamento só não estaria, por força do regime transitório previsto no artigo 17º, alínea a), do RGTAL, obrigado a conter a fundamentação económico-financeira relativa ao valor da Taxa se não estivesse conforme ao regime jurídico disposto nesse diploma. Vale isto por dizer que estando em causa uma Taxa cujo facto gerador ocorreu em 2008, ou seja, durante o período transitório previsto no artigo 17º, alínea a), do RGTAL, o Regulamento em causa já era aplicável com a alteração nele introduzida por aplicação do inciso do artigo 17º, al. a) à situação em apreço. Na verdade, na norma transitória do art. 17º referido "As taxas para as autarquias locais atualmente existentes são revogadas no início do segundo ano financeiro subsequente à entrada em vigor da presente lei, salvo se, até esta data: a) Os regulamentos vigentes forem conformes ao regime jurídico aqui disposto; b) Os regulamentos vigentes forem alterados de acordo com o regime jurídico aqui previsto." Com bem denota a sentença, o corpo desta norma foi posteriormente alterado (mantendo-se as suas alíneas) pela Lei nº 64-A/2008 de 31 de dezembro e pela Lei nº 117/2009 de 29 de dezembro. E a redacção dada pela Lei nº 64-A/2008 de 31 de dezembro era a seguinte "As taxas para as autarquias locais atualmente existentes são revogadas no início do 3º ano financeiro subsequente à entrada em vigor da presente lei, salvo se, até esta data (...)". Por seu turno, a redacção conferida pela Lei nº 117/2009 de 29 de dezembro apontava para que "As taxas para as autarquias locais atualmente existentes são revogadas no dia 30 de abril de 2010, salvo se, até esta data (...)". Impõe-se, por isso, concluir que ocorria uma revogação automática das taxas das autarquias locais caso não fossem adaptadas de acordo com o regime previsto no RGTAL, às seguintes datas, por ordem, 01/01/2009, 01/01/2010 e 30/04/2010. Contudo e como se enfatiza na sentença recorrida, a existência dessa revogação automática, não afasta a necessidade de que uma alteração regulamentar não tenha de respeitar as regras consagradas no RGTAL, designadamente quanto à exigência de fundamentação económico-financeira prevista na citada alínea c) do nº 2 do artigo 8º. Ora e continuando a sufragar o discurso fundamentador da sentença, no caso concreto o Regulamento de Liquidação e Cobrança de Taxas, Licenças e Autorizações do Município do Barreiro foi publicado no Diário da República, II série, de 12/12/2006 e foi parcialmente alterado por deliberação da Assembleia Municipal do Barreiro em 07/03/2008 mediante proposta da respectiva Câmara Municipal. Com esta alteração ao regulamento que aconteceu em 07/03/2008, em plena vigência do RGTAL, deveria ter observado as regras nele consagradas, designadamente, "a fundamentação económico-financeira relativa ao valor das taxas, designadamente os custos diretos e indiretos, os encargos financeiros, amortizações e futuros investimentos realizados ou a realizar pela autarquia local", prevista na alínea c) do nº 2 do artigo 8º da Lei nº 53-E/2006. O certo é, como se enfatiza na sentença e objectivam os autos, o Município do Barreiro informou expressamente o tribunal que a alteração promovida ao Regulamento de Taxas não foi acompanhada do estudo económico-financeiro (cfr. alínea H) do probatório), por entender que só a partir de 01/01/2010 é que os regulamentos deviam conter essa fundamentação face ao artigo 17º da mesma lei. Mas, como já antevisto, a alteração ao Regulamento verificada em 07/03/2008 deveria ter sido acompanhada do estudo económico-financeiro, e não o tendo sido, o referido regulamento padece de nulidade nos termos da alínea c) do nº 2 do artigo 8º do RGTAL, pelo que consequentemente a liquidação de taxa ora impugnada deve ser anulada. Ao lavrar nesse entendimento, a sentença recorrida é assertiva pois, como decorre das normas transcritas, a publicação do RGTAL, em 29/12/2006, com entrada em vigor 1/01/2007, implicou que, sob pena de nulidade, os regulamentos de aprovação de regulamentos prevendo taxas das autarquias locais passassem a conter um conjunto de elementos, entre os quais, a fundamentação económico financeira relativa ao valor das taxas. Por sua vez, o artigo 17º do mesmo corpo de normas, dava até 30/04/2010 para que os regulamentos já aprovados viessem a pôr-se conforme as novas exigências contidas no RGTAL, sob pena de serem revogados e a alteração de que foi alvo o Regulamento tem de ser valorada no sentido de que, com ela, se operou a sua conformação como o RGTAL. Assim sendo e na senda do Acórdão do TCA Sul, de 17/04/2012, tirado no Processo nº 04796/11 e relatado pelo ora 1º adjunto desta formação, "(...) 3. Consagra o artigo 8º, nº 2, da Lei nº 53-E/2006, de 29 de dezembro (diploma que prevê o Regime Geral das Taxas das Autarquias Locais) exigências precisas para a edição dos regulamentos locais de taxas. A norma em causa obriga as autarquias à enunciação clara da base de incidência, da base de cálculo, das isenções e modo de pagamento das taxas locais, mais exigindo, a par destes elementos, que se explicite a fundamentação económica e financeira das taxas criadas, tudo sob pena de nulidade do diploma em causa. 4. Especificamente, no que respeita à fundamentação económica e financeira das taxas criadas refere a norma (cfr. artigo 8º, nº 2, al. c), do Regime Geral das Taxas das Autarquias Locais), que o valor dos tributos deve levar em consideração, designadamente, os custos diretos e indiretos, os encargos financeiros, as amortizações e os investimentos realizados, ou a realizar, pela autarquia local. Na estruturação da fundamentação económico-financeira da taxa criada a autarquia deve levar em consideração, desde logo, o princípio da equivalência jurídica consagrado no artigo 4º, do Regime Geral das Taxas das Autarquias Locais". Entendemos ainda, tal como no acórdão acima extractado, por referência ainda à doutrina fixada no acórdão do S.T.A. de 27-9-2017, proferido no processo 0479/16, acessível na mesma base de dados, que ocorre ilegalidade na liquidação em causa. A sentença recorrida, que assim decidiu, não merece censura e deve ser confirmada. III – DECISÃO: Nos termos expostos, os Juízes Conselheiros da Secção de Contencioso Tributário do Supremo Tribunal acordam em negar provimento ao recurso e confirmar a decisão recorrida. Custas pelo recorrente – artigo 527º números 1 e 2 do Código de Processo Civil. Lisboa, 1 de julho de 2020. – Paulo Antunes (relator por vencimento) – Francisco Rothes – Suzana Tavares da Silva. Vencida, com a seguinte declaração: Entendo que da conjugação do disposto no artigo 8º com o disposto no artigo 17º, ambos do RGTAL, resulta que aos Regulamentos Municipais de Taxas existentes à data da entrada em vigor Regime Geral das Taxas das Autarquias Locais foi imposto um prazo limite para se adaptarem às novas disposições da lei, findo o qual aqueles Regulamentos seriam revogados. Mas da conjugação dos mesmos artigos 8º e 17º do RGTAL não resulta que os municípios estivessem proibidos de actualizar os seus regulamentos tarifários, designadamente, os montantes das respectivas taxas, após a entrada em vigor do RGTAL, ou que só pudessem promover actualizações dos montantes das taxas previstas no Regulamento se essa modificação fosse acompanhada da aprovação de um estudo económico-financeiro que justificasse o novo valor. Uma tal exigência revelar-se-ia, em meu entender, pouco razoável, por impor, na prática, a cristalização das tabelas de taxas municipais e a proibição da sua adaptação à desvalorização própria da inflação enquanto os municípios não reunissem (ou adquirissem) a capacitação técnica imposta pela lei, contrariando, de resto, o próprio sentido do regime transitório que decorria do artigo 17º do RGTAL. Um regime transitório que, lembre-se, foi prorrogado por duas vezes, precisamente para permitir aos municípios coligir dados e obter os referidos estudos, fosse por contratualização ("compra em mercado" do estudo económico-financeiro justificativo do montante das taxas), fosse por elaboração pelos respectivos serviços. Desrazoável, também, por esse novo requisito legal se traduzir, na prática, num mero requisito formal de validade dos tributos, dele não decorrendo qualquer critério material efectivo para a determinação do valor das taxas, como a prática revela à saciedade com as disparidades entre os valores fixados em cada regulamento para contraprestações idênticas. E pouco razoável ainda por ter como consequência a ilegalidade das modificações regulamentares, ilegalidade que, consequentemente, determinaria a invalidade dos actos tributários praticados ao seu abrigo, pondo em causa o financiamento municipal naquele período. No caso em apreço, uma tal interpretação tem como consequência a ilegalidade de todas as taxas liquidadas e cobradas pelo Município do Barreiro em 2008 e 2009 ao abrigo da tabela de taxas modificada pela alteração regulamentar de 2008, o que poderia até, in extremis, determinar que o município ficaria privado das receitas tributárias das taxas durante estes dois anos, tendo de proceder à sua devolução aos respectivos sujeitos passivos.

Comentário:

1. O prazo limite para as autarquias locais reverem os seus regulamentos de acordo com as disposições do presente diploma, era o de 31.12.2009.
2. Por força da alteração passou a ser 30.04.2010.
3. As autarquias locais deverão ter procedido à adaptação dos seus regulamentos de taxas, sob pena de se considerarem revogadas as suas disposições.

Artigo 18º – Entrada em vigor

A presente lei entra em vigor em 1 de Janeiro de 2007.

Aprovada em 16 de Novembro de 2006.

O Presidente da Assembleia da República, Jaime Gama.

Promulgada em 28 de Dezembro de 2006.

Publique-se.

O Presidente da República, Aníbal Cavaco Silva.

Referendada em 28 de Dezembro de 2006.

Pelo Primeiro-Ministro, Luís Filipe Marques Amado, Ministro de Estado e dos Negócios Estrangeiros.

REFERÊNCIAS BIBLIOGRÁFICAS:

(Todas as obras e autores mencionados infra contribuíram, com os seus estudos, para a conclusão deste trabalho, e sem os quais esta obra não seria possível)

Amaral, Diogo de Freitas, (2006), Direito Administrativo. Volume I. Curso. Almedina. Coimbra. 2006.

Amaral, Diogo de Freitas, (1988), Direito Administrativo. Volume IV. Lições. Lisboa. 1988.

Andrade, Robin de, (1997), "Taxas municipais – limites à sua fixação". in Revista Jurídica do Urbanismo e do Ambiente. nº 8. 1997.

Andrade, Vieira de, (2007), A justiça administrativa. Almedina. Coimbra. 2007.

Andrade, Vieira de, (1993), Lições de direito administrativo e fiscal. Coimbra. 1994.

Andrade, Vieira de, (2007), "Finanças Locais e Cidadania Fiscal". in Revista de Legislação e Jurisprudência. 2007.

Baleiras, Rui Nuno, e, Dias, Rui, e, Almeida, Miguel, (2018), Finanças Locais: Princípios Económicos, Instituições e a Experiência Portuguesa desde 1987. Edições Conselho das Finanças Públicas. Lisboa. 2018.

Basto, Xavier e, Xavier, Lobo, (1994), "Ainda a distinção entre taxa e imposto: a inconstiotucionalidade dos emolumentos notariais e registrais devidos pela constituição de sociedades e pelas modificações dos respetivos contratos". in Revista de Direito e Estudos Sociais. 1994.

Botelho, José Manuel Santos (e outros), (2000), Código do Procedimento Administrativo. Anotado e comentado. Almedina. Coimbra. 2000.

Cadernos de Justiça Administrativa. CEJUR. Braga.

Caetano, Marcello, (1985), Manual de Direito Administrativo. Tomo I e I. Almedina. Coimbra. 1985.

Caetano, Marcello, (1996), Princípios Fundamentais de Direito Administrativo. Coimbra. 1996.

Canotilho, J. Gomes, (2003), Direito Constitucional e Teoria da Constituição. Almedina. Coimbra. 2003.

Canotilho, J. Gomes, e Moreira, Vital, (2010), Constituição da República Portuguesa Anotada. Volume II, Coimbra. 2010.

Carvalho, Jorge e Oliveira, Fernanda Paula, (2003), Perequação, taxas e cedências: Administração urbanística em Portugal. Coimbra. 2003.

Carvalho, João Batista da Costa, (e outros), (2002), Plano Oficial de Contabilidade das Autarquias Locais. Comentado. Editora Rei dos Livros. Lisboa. 2002.

Comissão de Coordenação e Desenvolvimento Regional – Algarve. (CCDR).

Comissão de Coordenação e Desenvolvimento Regional – Centro (CCDR).

Comissão de Coordenação e Desenvolvimento Regional – Lisboa e Vale do Tejo (CCDR).

Correia, Sérvulo, (1982), Noções de Direito Administrativo. Vol. I. Lisboa. 1982.

Costa, Cardoso da, (2006), "Ainda a distinção entre taxa e imposto na jurisprudência constitucional", in Livro de Homenagem a José Guilherme Xavier de Basto. Coimbra. 2006.

Costa, Cardoso da, (2006), "Sobre o princípio da legalidade das taxas (e das demais contribuições financeiras)". in Estudos de Homenagem ao Professor Doutor Marcello Caetano no Centenário do seu nascimento. Volume I. FDUL. Coimbra Editora. Coimbra. 2006.

Costa, Gonçalo Ribeiro da, (2009), Lei das Finanças Locais. Anotada. CSA, Sociedade de Advogados, RL. Bnomics. Lisboa. 2009.

Cunha, Pitta e, Basto, Xavier de, e Xavier, Lobo, Os conceitos de taxa e imposto a propósito das licenças municipais, in Fisco, números 51 e 52. Lisboa.

Delgado, António Pedro, (2013), A Configuração do Poder Local na Constituição da República Portuguesa de 1976: A Autonomia do Poder Local e o Poder Regulamentar Municipal. UAL. Lisboa. 2013.

Dias, José de Figueiredo, e Oliveira, Fernanda Paula, (2005), Noções Fundamentais de Direito Administrativo. Almedina. Coimbra. 2005.

Dicionário Jurídico da Administração Pública (1994), Lisboa. 1994.

Direção-Geral das Autarquias Locais. (DGGAL).

Ferreira, Paz, Ainda a propósito da distinção entre impostos e taxas: o caso da taxa municipoal pela realização de infreestruturas urbanísticas, in Ciência e Técnica Fiscal, nº 380. Lisboa.

Fontes, José, (2015), Curso sobre o Novo Código do Procedimento Administrativo. Almedina. Coimbra. 2015.

Garcia, Alberto Álvaro, Pinto, Eliana de Almeida, Fonseca, João Evangelista, (2018), Comentários à Lei nº 75/2013. Rei dos Livros. Lisboa. 2018.

Gomes, Carla Amado, e, Neves, Ana Fernanda, e, Saraiva, Rute, (2017), Finanças Públicas Locais e Good Governance. Instituto de Ciências Jurídico-Políticas. Centro de Investigação de Direito Público. Faculdade de Direito da Universidade de Lisboa. Lisboa. 2017.

Gonçalves, Fernando, (e outros), (2016), Novo Código do Procedimento Administrativo. Anotado e comentado. Almedina. Coimbra. 2016.

Gonçalves, Pedro, (2005), Entidades privadas com poderes públicos. Almedina. Coimbra. 2005.

Legix, (2016), Priberam Informática, SA. Lisboa. 2016.

Miranda, Medeiros, Jorge, Rui, (2006), Constituição Portuguesa Anotada. Tomo II. Coimbra. 2006.

Moreira, Vital, e, Maçãs, Fernanda (2003), Autoridades Reguladoras Independentes. Coimbra Editora. Coimbra. 2003.

Nabais, José Casalta, (1990), A Autonomia Local. Alguns aspetos gerais. Coimbra. 1990.

Nabais, José Casalta, (2004), O Dever Fundamental de Pagar Impostos. Contributo para a compreensão constitucional do Estado fiscal contemporâneo. Almedina. Coimbra. 2004.

Nabais, José Casalta, (2005), Por um Estado Fiscal Suportável. Estudos de Direito Fiscal. Almedina. Coimbra. 2005.

Nabais, José Casalta, (2006), Direito Fiscal. Almedina. Coimbra. 2006.

Nabais, José Casalta (2006), "A autonomia financeira das autarquias locais". in Boletim da Faculdade de Direito. Coimbra. 2006.

Nabais, José Casalta, (2017), Recursos Financeiros e Poderes Tributários das Autarquias Locais: que melhorias?. Revista de Legislação e Jurisprudência. Lisboa. 2017.

Oliveira, Mário Esteves de, (e outros), (1997), Código do Procedimento Administrativo. Comentado. Almedina. Coimbra. 1997.

Pinto, Carlos Alberto Jeremias, (2015), As Implicações do Novo Regime Financeiro das Autarquias Locais no Apuramento do Endividamento do Grupo Municipal: o caso do Município de Lisboa. Instituto Superior de Contabilidade e Administração de Lisboa do Instituto Politécnico de Lisboa. Lisboa. 2015.

Pinto, Rui Pedro, (2020), A descentralização administrativa o caso especial da transferência de competências do Estado para as comunidades intermunicipais. Questões atuais de direito local. Braga. 2020.

Portal Autárquico (www.portalautarquico.dgal.gov.pt).

Ribeiro, António Edmundo Freire, (2018), Lei das Finanças Locais. Comentada e anotada. Edições Sílabo. 2018.

Ribeiro, José Joaquim Teixeira, (1985), Noção jurídica de taxa in Revista de Legislação e Jurisprudência. Vol. 117. Coimbra. 1985.

Rodrigues, António José, (2015), Autarquias Locais. Almedina. Coimbra. 2015.

Salazar, João, (2022), Municípios e Freguesias. Novas Competências. Volume I. Regime Jurídico. Almedina. Coimbra. 2022.

Salazar, João, (2022), Municípios e Freguesias. Novas Competências. Volume II. Diplomas Sectoriais. Almedina. Coimbra. 2022.

Salazar, João, (2023), Municípios e Freguesias. Novas Competências. Volume

III. Regime Financeiro. Almedina. Coimbra. 2023.

Santos, Marta Costa, (2019), Desafios ao Financiamento das Novas Competências das Autarquias e Entidades Intermunicipais revistas na Lei nº 50/2018 de 16 de agosto. in Descentralização Administrativa. Coimbra. 2018.

Santos, Marta Costa, (2019), O Pacote Financeiro das Novas Competências das Autarquias e Entidades Intermunicipais previstas na Lei nº 50/2018 de 16 de agosto. Questões atuais de direito local. Braga. 2019

Serrano, J., (2007), Autarquias Locais. Finanças. Competências. Organização. Funcionamento. Dislivro. Lisboa. 2007.

Silva, Suzana Tavares da, (2006), Poder Local, Governança e Financiamento Municipal, Fiscalidade, nº 24, 2006.

Silva, Suzana Tavares da, (2008), As Taxas e a Coerência do Sistema Tributário. Estudos Regionais e Locais. CEJUR. Braga. 2008.

Soares, Rogério Ehrhardt, (1978), Direito Administrativo. Lições. Coimbra. 1978.

Sousa, António Francisco de, (1992), Direito Administrativo das Autarquias Locais. Lusolivro. Lisboa. 1992.

Teixeira, Bráz, (1993), Princípio de Direito Fiscal. Volume I. Almedina. Coimbra. 1993.

Teixeira, Maria Eduarda Oliveira, e, Rocha, Rosa Maria, e, Miranda, Nuno, (2015), O Poder Tributário das Autarquias Locais. Revista Jurídica Portucalense. Porto. 2015.

Teixeira, Maria Eduarda Oliveira, e, Rocha, Rosa Maria Sousa Martins, e, Miranda, Nuno Monteiro, (2015), As várias leis das finanças das autarquias locais. Revista Jurídica da Universidade Portucalense Infante D. Henrique. Porto. 2015.

Vasques, Sérgio, (2008), Regime das Taxas Locais. Introdução e comentário. Cadernos IDEFF. Nº 8. Almedina. Coimbra. 2008.

Vieira, Lourdes, (2000), Autarquias – Atribuições e competências. Roteiro do poder local e central. Editorial Notícias. Lisboa. 2000.

Zbyszewski, João Paulo, (2005), Regime de Atribuições e Competências das Autarquias Locais. Edições LEX. Lisboa. 2005.

ÍNDICE GERAL